＊全体の構成は『詳説日本史』に準拠しております。
＊各テーマごとの構成も『詳説日本史』の節・小見出しに沿って構成されています。
＊すべてのテーマの冒頭に項目のまとめとして，年表や模式図を入れ込み，その項目が一目で分かるよう工夫しました。
＊時代にまたがるテーマや他国との関係については，**特集ページ**を設定いたしました。

凡例 ■国宝 ■国指定名勝 ■世界遺産

古代の文字資料を読みとくために 木簡や金石文（金属や石材などに刻まれた文字資料），古文書など古代の文字資料の多くは断片的なものであるため，これを読みとくには，複数の資料を相互に関連付けたり，遺跡・遺物や絵画，地図，民俗資料なども活用して歴史像をつくりあげていくことが必要である。ここでは，『三国志』の「魏志」倭人伝をとりあげ，その記事をさまざまな資料と関連付けることで読みとき，邪馬台国の謎にアプローチしてみよう。

「魏志」倭人伝を読みとくにあたって 『三国志』が成立したのは3世紀後半と考えられ，邪馬台国が存在した時代とほぼ同時代であることから邪馬台国に関するさまざまな情報を手に入れることができる。しかし，『三国志』は，中国の晋の陳寿が多くの史・資料に基づいて編纂したものであり，誤解や先入観によって執筆された記事も多いことに注意することが大切である。

資料 「魏志」倭人伝（現代語訳）

その国では，以前は男王を立てていた。七，八十年を経過すると，以前は男王を立てていた。七，八十年を経過すると，倭国は乱れ，互いに攻撃しあって幾年かが過ぎた。そこで，諸国は一人の女子を共に立てて王とした。名を卑弥呼という。……（の女王が大夫の難升米等を帯方郡に遣わし，（魏の）皇帝に謁見して朝貢することを求めた。そこで太守は，これを（魏の都）にて，卑弥呼の真意に適見して帯方郡に行き，互いに攻撃し合っている状況を報告させた。

……景初二年（景初三年〈二三九年〉の誤り）六月，倭の女王が大夫の難升米等を帯方郡に遣わし，（魏の）皇帝に謁見して朝貢することを求めた。その年の十二月，詔書を下して倭の女王に報じて言うには「……今，汝を親魏倭王となし，金印紫綬を授け，……また，特に汝に③……銅鏡百枚，……を賜い，ことごとく，汝の国中の人に示し，わが国が汝をいとおしんでいることを知らしめよ」と。その（正始）八年（二四七年）……倭の女王卑弥呼は，狗奴国の男王卑弥弓呼と以前から不和であった。倭の載斯烏越らを派遣して帯方郡に，互いに攻撃し合っている状況を報告させた。

その④直径は百余歩（約一四〇ｍ）で，殉死した者は男女の奴隷百余人。その後，男子の王が即位したが国を統治できず，互いに殺し合って千余人が殺された。そこで，卑弥呼の一族の女子で壱与十三歳を立てると国中は遂に治まった。

読みとき Ⅰ 「魏志」倭人伝の傍線部②にある百枚の「銅鏡」とはどんな種類の鏡だったのだろう。また，卑弥呼はそれらの「銅鏡」をどうしたのだろう。「魏志」倭人伝の傍線部③と 資料1 ～ 資料3 ，およびそれぞれに関する情報に基づいて仮説を立ててみよう。

資料1 画文帯神獣鏡（左）と三角縁神獣鏡（右）

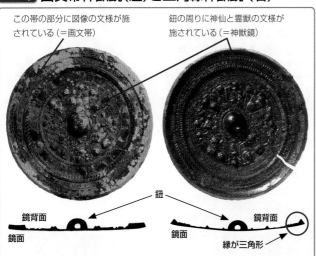

この帯の部分に図像の文様が施されている（＝画文帯）

鈕の周りに神仙と霊獣の文様が施されている（＝神獣鏡）

鈕

鏡背面　鏡面　　鏡背面　鏡面　縁が三角形

情報1　左の画文帯神獣鏡は，大阪府和泉市の和泉黄金塚古墳（4世紀後半頃の築造とされる前方後円墳）から出土したもので，直径23.3cm。

情報2　右の三角縁神獣鏡は，島根県雲南市の神原神社古墳（4世紀中頃の築造とされる方墳）から出土したもので，直径23.0cm。

情報3　三角縁神獣鏡は，画文帯神獣鏡より少し後につくられはじめた。

情報4　写真の鏡の背面には，どちらも「景初三年（239年）」の銘がある。

情報5　三角縁神獣鏡は，卑弥呼が魏の皇帝から下賜された100枚の「銅鏡」であるという有力な説がある。

情報6　三角縁神獣鏡は，日本全国で600枚近くが出土しているが，中国では1枚も出土していない。また，京都府椿井大塚山古墳からは32枚，奈良県黒塚古墳からは33枚がまとまって出土している。

資料2 黒塚古墳

画文帯神獣鏡

三角縁神獣鏡

情報1　黒塚古墳は，奈良県天理市の柳本古墳群にある全長約130mの前方後円墳で，近くには纒向遺跡がある。

情報2　築造されたのは3世紀後半〜4世紀前半と推定されている。

情報3　木棺は内部を水銀朱で染められ，棺の外に三角縁神獣鏡33枚，棺内の被葬者の頭の上方に画文帯神獣鏡1枚が副葬されていた。

情報4　銅鏡は，諸国の王たちが自らの墓の副葬品とするほど貴重なものであったと考えられている。

資料3 画文帯神獣鏡の出土地

情報1　画文帯神獣鏡は，大和を中心として各地で出土している。

（福永伸哉『邪馬台国からヤマト政権へ』より）

（資料・情報の分析と仮説）

❶ 卑弥呼が魏の皇帝に朝貢したのは「（ ア ）〈239年〉」で，その際に傍線部②にあるように「銅鏡百枚」を賜った。 資料1 によれば，その「銅鏡」は（ イ ）であるとする説が有力であるが，「（ ア ）」の銘は（ イ ）にも（ ウ ）にもみられる。また，（ イ ）は国内で600枚近くが出土しているのに中国では出土していない。さらに，椿井大塚山古墳や（ エ ）古墳のように一つの古墳に大量に副葬されることもある。一方， 資料2 の（ エ ）古墳の例から，当時は（ イ ）よりも（ ウ ）のほうが重視されていたのではないかと推測される。これまでに出土した（ ウ ）の枚数や，（ ウ ）が中国からも出土していることを踏まえるなら，卑弥呼が下賜された「銅鏡」は（ ウ ）であるという説が成り立つ。

❷ 「魏志」倭人伝の傍線部③と 資料3 の（ ウ ）が（ オ ）を中心に各地で出土している事実から，卑弥呼はこれらの銅鏡を各地の王たちに分け与えることで，魏の皇帝を後ろ盾とする自己の権威を示し，あわせて各地の王との同盟関係を強化したという説が成り立つ。

読みときの答え ア-景初三年　イ-三角縁神獣鏡　ウ-画文帯神獣鏡　エ-黒塚　オ-大和

読みとき　**Ⅱ**　邪馬台国の所在地については九州説と近畿説が有力である。近畿説をとった場合，その中心地はどこにあったと考えられるだろう。「魏志」倭人伝の傍線部①・④と **資料4** 〜 **資料7** ，およびそれぞれに関する情報に基づいて仮説を立ててみよう。

資料4　纒向遺跡想定復元図

三輪山
大型建物群
ホケノ山
箸墓古墳
南飛塚
纒向大溝
纒向石塚
勝山
矢塚
東田大塚

（©寺沢薫・加藤愛一）

情報1　奈良県桜井市の纒向遺跡には，弥生時代終末期の築造とされる纒向石塚・矢塚・勝山などの前方後円形の墳丘墓があり，3世紀中頃につくられたホケノ山（全長86m）は，定型化される直前の前方後円形墳丘墓と考えられている。この遺跡では，前方後円墳が出現するまでの墳墓の変遷をたどることができる。

資料5　箸墓古墳

情報1　纒向遺跡内の南側にある箸墓古墳は，古墳出現期における最古・最大（全長280m）の定型化された前方後円墳であると考えられている。弥生時代の墳丘墓で全長100mを超える規模のものはない。

情報2　箸墓古墳の後円部（通常は被葬者の棺を納めた埋葬施設がある場所）の直径は約150m。

情報3　古墳周囲から出土した土器について，国立歴史民俗博物館が放射性炭素による年代測定をおこなった結果，箸墓古墳は240〜260年に築造されたことがわかった。

資料6　纒向遺跡で確認された大型建築物群の遺構

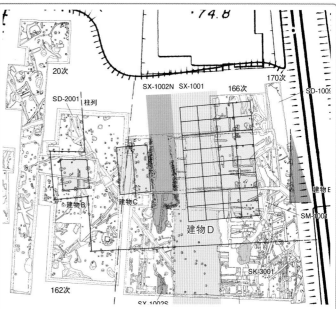

20次
SX-1002N　SX-1001
166次
170次
SD-1009
SD-2001　柱列
建物B
建物C
建物E
建物D
SM-100
162次
SK-3001
SX-1002S

（桜井市教育委員会2013『纒向遺跡発掘調査概要報告書—トリイノ前地区における発掘調査—』より部分引用）

情報1　この時代の最大規模の建物を含む建築物群が西向き一直線に計画的に配置されている，弥生時代には他に例がない遺構である。

情報2　建物Dは，高床の高さが2m，全体の高さが約10mにもなる巨大な建築物であったと推定されている。

資料7　纒向遺跡から出土した土器群

オワリ・イセの土器
北陸の土器
キビの土器
カワチの土器
15cm
近江の土器
山陰の土器

（土器の分類は石野博信氏による）

情報1　纒向遺跡から出土した古墳時代前期の土器の15〜20%は，東海・山陰をはじめ，大和以外の地域でつくられ纒向に持ち込まれた土器である。

（資料・情報の分析と仮説）

❶　**資料4**・**資料5** によれば，箸墓古墳は出現期の古墳のなかで最大の規模をもち，（　**カ**　）の直径約150mは，「魏志」倭人伝の**傍線部④**にある「径百余歩」（直径約144m）に近い。また，箸墓古墳が築造されたとされる240〜260年は，（　**キ**　）が死んだとされる時期（250年前後）と重なっている。したがって，箸墓古墳は，築造された位置と時期，突出した規模や（　**カ**　）の大きさなどからみて倭国の女王であった（　**キ**　）の墓である可能性が高い。

❷　**資料6** の大型建築物群は，弥生時代の他の集落とは明らかに異なる構造をもっていて，なかでも建物Dは，大型建築物群の中で中心的な役割をもつ建物であったと推測される。このことから，大型建築物群の遺構は，この地域の最有力者であった女王（　**キ**　）が居住した「魏志」倭人伝の**傍線部①**にある（　**ク**　）の跡であったと推定される。

❸　**資料7** の（　**ケ**　）遺跡から出土した各地の土器群は，ここに広範囲の地域から人々や物資が集まってきていたことを示している。このことから，（　**ケ**　）遺跡は各地から人と物資が集まる（　**コ**　）地方の中心地であったと考えられる。

❹　以上のことから，邪馬台国近畿説に立てば，邪馬台国の中心（=都）は，（　**コ**　），現在の奈良県の（　**ケ**　）遺跡にあったという説が成り立つ。

読みときの答え　**カ**-後円部　**キ**-卑弥呼　**ク**-宮殿　**ケ**-纒向　**コ**-大和

資料を読みとく

東郷荘の歴史　東郷荘は伯耆国河村郡の東部，現在の鳥取県東伯郡湯梨浜町にあたる。日本海に臨む海岸砂丘の内側に潟としての東郷湖が広がる地域である。荘園としての成立時期は定かではないが，1240年には京都西郊の松尾大社が領有権の侵害を訴えている。1258年，領家である松尾大社と地頭（名前不詳）との間で下地中分がなされ，この絵図が作成されたと思われる。室町時代に入ると伯耆守護山名氏や配下の南条氏による押領や乱妨がおこり，領家松尾大社の支配は困難となった。

荘園絵図の作成　荘園領主同士，荘園領主と地頭，荘園領主と守護など，荘園の領有について何らかの紛争が発生した場合に，領有権を主張したり，互いの領有権を確認するために作成され，のちの裁判で証拠として利用された。そのため，荘園内の山野・河川・住居・寺院・神社は詳しく描かれ，荘園の四至の境目を示す「牓示」や境界線，互いの領有地を区切る中分線が明確に記載されている。

下地中分　荘園領主（領家）と地頭との土地の領有権（下地）を巡る紛争の解決法として，係争地を二分して他方の干渉を排除して一円支配を確立する下地中分が行われたが，解決に至るまでに裁判を経て確定する場合と，和与（話合いによる和解）で決着する場合があった。和与中分の場合，両者が合意の上で作成した和与状と，係争地の絵図（朱線で中分の区画を示したもの）を提出する。これに対し，幕府は執権・連署が署判した裁許状を交付し，絵図の朱線（中分線）部分に執権・連署が花押を据して当事者へ返付した。

京都（松尾大社）
東郷荘
鎌倉

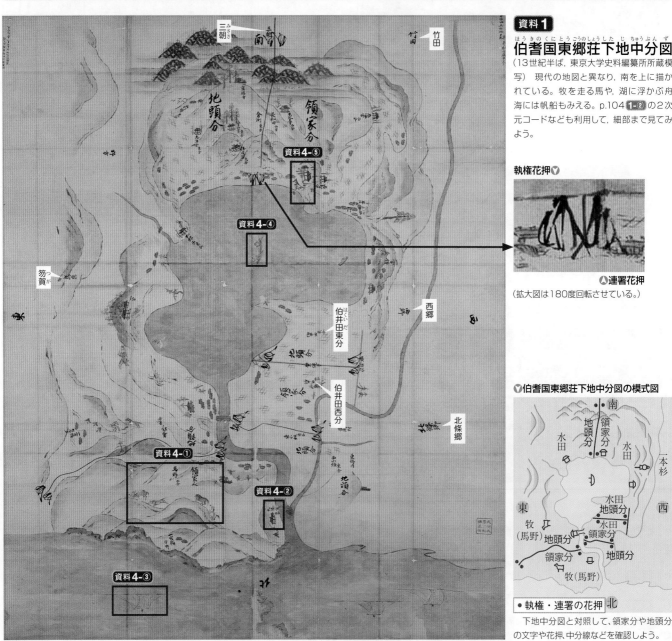

三朝
南
竹田

地頭分
領家分

資料4-⑤

資料4-④

勿賀

伯井田東分
西郷

伯井田西分
北條郷

資料4-①
領家
地頭分

資料4-②

資料4-③

資料1

伯耆国東郷荘下地中分図

（13世紀半ば，東京大学史料編纂所所蔵模写）　現代の地図と異なり，南を上に描かれている。牧を走る馬や，湖に浮かぶ舟，海には帆船もみえる。p.104 **1-②** の2次元コードなども利用して，細部まで見てみよう。

執権花押 ▼

▲連署花押
（拡大図は180度回転させている。）

▼伯耆国東郷荘下地中分図の模式図

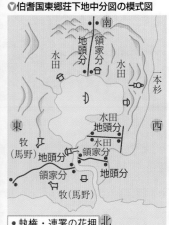

南
領家分
地頭分
水田
水田
一本杉
東
西
水田
地頭分
牧（馬野）
水田
地頭分
領家分
地頭分
領家分
地頭分
牧（馬野）

● 執権・連署の花押　北

下地中分図と対照して，領家分や地頭分の文字や花押，中分線などを確認しよう。

資料2 伯耆国東郷荘下地中分図の裏書

（現代語訳）

領家と地頭が和解し、道路がある場所はそこを境界とし、ないところには朱線を引き、その場所には両方が協議の上、堀を通した。この様に東方（地頭分）と西方（領家分）への土地の折半は伯井田は終了している。ただし、田畠を等分するには、東方に割き分ける必要がある。このような理由で、馬野（牧場）・橋津（湊）・伯井田などの地区は、領家分・地頭分双方の土地が混在することとなった。小垣地区については北条河の東西両岸ともに東方地頭分である。絵図にはそれぞれ東分と西分を置くように記入した。南方（絵図の上方）については福寺・木谷寺の中間に朱線を引いて堀を通したが、山あり谷ありのため、堀を通すことができない。よって、三朝郷との境まで真っ直ぐに引いた朱線の通りに、東西［地頭方と領家方］の領地に分けたことは了解している。

正嘉二年十一月　日　沙弥舜［法名阿弥、東郷信康か？］
　　　散位政久［松尾神社預所か？］

　［　］は推測

資料3 伯耆国河村郡東部の在地領主「原田氏」の系図

```
                                        笏賀地頭
                                        ┌ 種平
  29代    31代           34代           │
  種頼─種基─頼平─義平─俊平─家平─信平┤ 家平
                                        │
                                        │ 竹田地頭
                                        ├ 信康（阿弥）
                                        │
                                        │ 三朝地頭
                                        ├ 信定
                                        │
                                        │ 三徳山湯谷院主
                                        └ 宣行（良全）
```

系図に記された注釈

種頼─29代、伯耆国河村東郡司として入部

頼平─31代、所領を冷泉院北政所に寄進、笏賀荘の成立

父 家平─34代、東郷太郎左衛門尉、1179（治承3）年に小鴨基保との戦で討死

兄 種平─笏賀地頭

信平─東郷七郎左衛門尉、所領を松尾社に寄進［東郷荘の成立か？］

子 家平─法名阿生、東郷五郎

子 信康─法名阿弥［裏書署名「沙弥舜」か？］、東郷六郎、竹田地頭　　　　［　］は推測

子 信定─三朝地頭

子 良全─三徳山湯谷院主、天下無双手跡無隠、鎌倉殿管領、御成敗式目草案了

資料4-① 草原を走る馬群

資料4-② 河口付近の神社

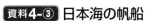
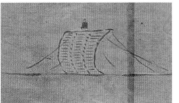

資料4-③ 日本海の帆船

資料4-④ 東郷湖の舟

読みとき I 東郷荘の下地中分の原則や実際に行われた対応を 資料1・2 から考えてみよう。

❶ 東郷荘での下地中分の原則は湖を中心に折半するという考え方で、基本的に絵図の西側に松尾大社が領有する（ ア ）分を置き、裏書では西方と呼んでいる。一方、裏書に東方と書いている地頭分は東側に配置された。しかし、実際の下地中分はそれほど単純ではない。裏書によれば、（ イ ）地区（奈良時代の条里制に起源をもつ）は、本来、西方（領家分）に位置しているが、田畠を等分するために半分は東方（地頭分）とすると書かれており、同じ理由で馬野（放牧場）や橋津（津＝湊）も西方（領家分）・東方（地頭分）が混在すると書いている。

❷ このように田畠・馬野・湊を両方に分かつために引かれた中分線は（ ウ ）本あり、その両端に2人ずつの花押（名前の草書体の字体がデザイン化したもの）が添えられている。それは鎌倉幕府の（ エ ）北条長時・連署北条政村の花押であり、幕府権力によって保証されていることがわかる。

読みとき II 東郷荘を領家松尾大社と下地中分した地頭は誰なのか、資料1・2・3 から考えてみよう。

❶ 絵図では東郷荘と他領との間に東側・南側は山が描かれ、西側は北条川（現在は天神川）を境としている。資料1 には東郷荘の東隣に「笏賀」、絵図上部の中分線の先に「三朝」、南西隣に「竹田」、川沿いに「西郷」、海沿いの砂丘の部分に「北條郷」の地名が見える。

❷ 「原田氏」の系図には、河村東郡司として伯耆国に入部した種頼の孫、頼平が笏賀の地を寄進したと記載され、さらに3代経た家平が東郷の地名を名乗り、子の信平が所領を松尾大社に寄進したとある。絵図 資料1 や裏書 資料2、松尾大社所蔵の文書にも地頭の名前は記載されていないので、地頭は不明となっているが、この系図によると、信平や子たちが東郷の地名を名乗り、一族が近隣の笏賀・竹田・三朝で（ オ ）を務め、裏書署名の沙弥舜が信康の法名阿弥と重なることなどから、この一族が東郷荘地頭であったと類推される。

❸ 三徳山とは三朝郷内にある三仏寺（→p.92 ❸）の山号で、この寺の湯谷院主を務めた宣行（良全）は、博学であったので鎌倉殿管領（執権の家宰）として（ カ ）の起草に従事したとある。彼の法的知識も、松尾大社との間で和与による下地中分が成立した背景と考えられる。

＊鎌倉殿は、当初は将軍のことであったが、鎌倉中期以降、執権の北条氏を指した。

読みとき III 資料1・4 を参考に、東郷荘の荘園の特徴や松尾大社、地頭との関わりなど社会・経済的な意義も考えてみよう。

❶ 馬野（放牧地）が折半されているのはなぜだろうか。馬は神社の神事に不可欠なものであり、武士にとっても（ キ ）に臨んでなくてはならないものである。馬野の折半は松尾大社にも地頭にも馬が大切だったからと考えられる。

❷ 海上の帆船は、どんな役割を担っていたのだろうか。東郷湖から日本海に流れ込む河口部分に大湊宮という神社が描かれている。この地は、絵図の時代には、日本海沿岸の物資物流を扱う（ ク ）の寄港地として機能し、この神社は航海の安全を祈る船乗りたちの信仰を集めていたと考えられる。

❸ 湖上に描かれている船を手掛かりに東郷荘の荘民の暮らしを考えてみよう。2人が乗った舟は（ ケ ）を行っていたと思われる。東郷荘の荘民は農業だけでなく、さまざまな方法で生活の糧を得ていたと考えられる。

資料4-⑤ 松尾社

❹ 湖の南岸の領家分にある松尾社は、南岸にある寺社のなかでもひときわ大きく描かれており、荘園領主である京都の（ コ ）から勧請され、現地支配の象徴として、地域の信仰の対象になっていたと考えられる。

江戸朱引図を読みとく　1818（文政元）年，幕府の目付役人から「御府内外境筋の儀」（江戸の範囲はどこまでか）についての伺いが出され，これを契機に，評定所で4カ月にわたる評議が行われた。答申にもとづき江戸朱引図が作成され，老中阿部正精から「別紙絵図朱引の内を，御府内と相心得候」と，赤い線を用いて江戸の範囲を示す幕府の見解が示された（黒い線の範囲が江戸町奉行支配の範囲）。これは江戸の四宿（千住，板橋，内藤新宿，品川）の範囲内であった。

江戸図屏風を読みとく　寛永期の江戸を描くとともに，3代将軍徳川家光の事績が描かれている六曲一双の屏風。江戸城天守を中心に，金雲を用いて画面の分割が施され，大名屋敷や町屋，宿場や街道のほか，鷹狩の様子や近郊の景観など，各地に暮らす人々の様子を活き活きと描いている。

江戸切絵図を読みとく　江戸〜明治時代に作成された，市街地域の絵図。1849（嘉永2）〜70（明治3）年には絵草子商の尾張屋清七によって出版された尾張屋版（金鱗堂版）が知られている。尾張屋版は神社仏閣，町屋，道・橋，堀・川，山林・畑などを5色で色分けする，鮮やかな切絵図である。

資料1 江戸朱引図 （東京都公文書館蔵）

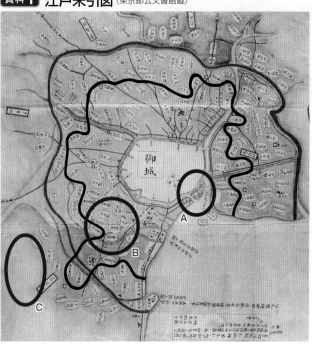

読みとき Ⅰ　資料1 から江戸にかかわる情報を読み取り，空欄の適語を答えてみよう。

❶ 資料1 の中央の「御城」は，徳川将軍が居所にした（ ア ）を示し，濠によって囲まれていたことがわかる。

❷ 江戸時代前半，江戸の範囲は二里四方などと言われたが，1657年の明暦の大火後，再建事業により，四里四方と言われるまでに拡大し，1818年には，資料1 の（ イ ）が境を示し，線の内側が江戸ということになった。江戸の範囲は，おおむね東は中川，西は神田上水，南は目黒川辺，北は荒川・石神井川下流など，各川筋に及んだ。

❸ 黒い線の内側は，江戸（ ウ ）が支配する空間を示している。資料1 の東側では，武蔵国から，隅田川を越えて（ エ ）国まで拡大していたことがわかる。

❹ 資料1 のA地域は，将軍のお膝元で，大名のほか多くの町人たちが居住した地域であり，B地域には，武士や町人が中心として居住し，（ イ ）の外の西側に位置するC地域では，田や畑が広がり，多くの（ オ ）が居住していたことが推測される。

資料2 江戸図屏風 （国立歴史民俗博物館蔵）

読みとき Ⅱ　A地域にかかわる 資料2 資料3 から，江戸の町の様子を読み取り，空欄の適語を答えてみよう。

❶ 資料2 の中央に位置している橋が，文字表記が示すように（ カ ）で，五街道の起点になった場所である。橋の左手が南の方角で，東海道に続く。橋は木造りの反り橋で，欄干には擬宝珠が見え，橋の格式を示している。

❷ 橋の左手のたもと（南西側）には（ キ ）場が置かれ，ここで掟などを周知していたことがわかる。向かい側には，見せしめとして罪人を大衆にさらす晒し場もあった。

❸ 橋の下には（ カ ）川が流れており，手前側が江戸湊に通じており，資料2 の右手の河岸は（ カ ）の魚河岸である。河岸の近くには，天秤棒を担いで振り歩く（ ク ）の姿も見え，ここは水運を利用した江戸を支える商業地域であった。

❹ 資料3 は，A地域に入荷してきた商品の記録をもとに，江戸入荷高と，「下り物」「地廻り物」の高，その占める比率を表したものである。これを見ると，一定の技術水準を必要とする醤油や油などの商品が，江戸中期の1726年には（ ケ ）物に依拠していたものの，1856年の江戸末期には（ コ ）物の生産が進展し，多くを占めるようになったことがわかる。

※「下り物」は上方で生産された商品，「地廻り物」は江戸周辺地域で生産された商品。

資料3

品目	1726年			1856年			
	a 江戸入荷高（樽）	b 大坂より入荷高（樽）	b/a×100	c 江戸入荷高（樽）	d 下り物（樽）	地廻り物（樽）	d/c×100
醤油	132,829	101,457	76.4	1,565,000	90,000	1,475,000	5.8
油	90,811	69,172	76.2	100,000	60,000	40,000	60.0

（谷山正道「上方経済と江戸地廻り経済」『日本の近世17』中央公論社による）

読みときの答え ア-江戸城　イ-朱引（赤線）　ウ-町奉行　エ-下総　オ-百姓　カ-日本橋　キ-高札　ク-棒手振　ケ-下り　コ-地廻り

資料を読みとく

資料4 江戸切絵図

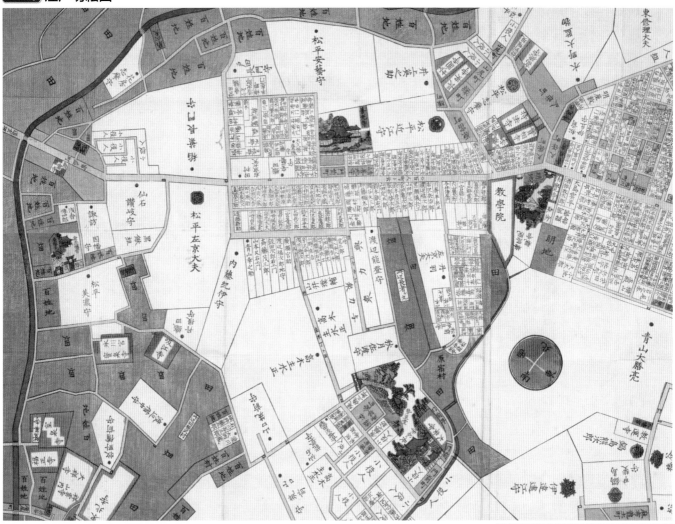

凡例：
御紋御屋敷／御中屋敷／御下屋敷／神社佛閣／町家／道路弁橋／堀川／山林土手／馬場植溜等

読みとき Ⅲ B地域にかかわる**資料4**から，江戸とその周辺の様子を読み取り，空欄の適語を答えてみよう。

❶ **資料4** は，19世紀前半作成の江戸切絵図で，右の凡例を参考に読み取ると，緑色が山林土手・田畑，水色が堀川，黄色が道路・橋，鼠色が町屋を表しており，（ **サ** ）が赤色で囲って彩色されるほか，無色の（ **シ** ）地が広がっていることがわかる。ここから江戸及び周辺地域が，（ **ス** ）ごとに区分されていたことが読み取れる。（ **シ** ）地でも，家紋が入っているのは，大名家の上屋敷を示している。

❷ **資料4** の中央には東西に大山道（現，青山通り）が通っており，右手（東側）が江戸城，左手（西側）が渋谷方面である。右手の「青山大膳亮」は，美濃郡上藩青山家の下屋敷で，ここから左手の伊予西条藩の（ **セ** ）左京大夫の上屋敷を過ぎれば，台地から宮益町を下がって渋谷川に至る。

❸ 大山道に沿って（ **シ** ）地とともに町屋や寺社がある。中央下には「原宿村」の名が見え，左手には南北に渋谷川が流れ，これに沿って渋谷村の田畑や同じく緑色に塗られている（ **ソ** ）地が広がっている。

資料5

源兵衛殿・三右衛門殿
元禄二年（一六八九）正月四日
上野毛村中（名前略）

連判手形の事
一、御屋敷下糞の儀、御助けに下され候ところ、有難く存じ奉り候、……もし上野毛伝馬も仰せ付けられ候はば、村中より伝馬出し申すべく候、そのため、かくの如くに御座候、以上

※武蔵国荏原郡上野毛村（現、東京都世田谷区）の百姓が村役人に提出した文書（『世田谷区史料』）。

読みとき Ⅳ C地域にかかわる**資料5**を読み取り，空欄の適語を答えてみよう。

❶ **資料5** の「御屋敷下糞」は，彦根藩井伊家の江戸屋敷から出る排泄物を指す。江戸周辺にある上野毛村では，江戸の武家屋敷から出る排泄物を（ **タ** ）として買い取るかわりに，井伊家より，街道の宿駅で人馬を提供する（ **チ** ）の負担を命じられた場合には，応じることを，百姓らが村役人宛てに手形を提出した。このように，C地域の上野毛村など，江戸周辺の農村では，武家屋敷から出る尿尿を（ **タ** ）として活用して蔬菜類を生産し，江戸に住む人々の需要に応えていた。

読みときの答え サ-神社仏閣　シ-武家　ス-身分　セ-松平　ソ-百姓　タ-金肥（屎尿，下肥）　チ-伝馬

資料を読みとく

遼東半島 遼東半島は，中国東北部の遼寧省南部にあり，渤海に突き出た中国第二の大きさを誇る半島で，19世紀末から20世紀前半にかけて，ロシアと日本との間で支配権争いが続けられた地である。風刺画・地図・史料・年表を読み取り，日本やロシアは何故遼東半島を重要視したのかを考えてみよう。

1 日清戦争

資料1

資料2

奉天
A
大連
旅順 B
漢城
C
日本海
日本

資料3 下関条約

第一条 清国ハ朝鮮国ノ完全無欠ナル独立自主ノ国タルコトヲ確認ス。……

第二条 清国ハ左記ノ土地ノ主権並ニ該地方ニ在ル城塁，兵器製造所及官有物ヲ永遠日本国ニ割与ス。

一 左ノ経界内ニ在ル奉天省南部ノ地……

二 台湾全島及其ノ付属諸島嶼

三 澎湖列島……

第四条 清国ハ軍費賠償金トシテ庫平銀二億両ヲ日本国ニ支払フヘキコトヲ約ス。……

読みとき Ⅰ

・資料1は，日清戦争直後の風刺画（1895年）で，下駄を履いている日本の大使が，細い杖で指している場所を清に割譲するよう要求する姿が描かれている。指されている場所の形状から，遼東半島と考えられる。
・では，資料2で遼東半島はA〜Cの半島のどこに該当するか，確認しよう。（ ア ）
・資料3は，日清戦争の講和条約（1895年）の史料である。資料1や資料3を読み取って，下記の解説文の空欄に何が入るか，考えてみよう。

資料1の杖で指されている場所や，資料3で線が引かれた場所は，同じ遼東半島である。ここには貿易港の（ イ ）と，その先端に清国の北洋艦隊の軍港（ ウ ）があるうえ，中国の東北部の満洲や朝鮮半島とも内陸部で繋がっていて地理的に近いため，重要視されていた。日清戦争で清に勝利し，下関条約（資料3）を結んだ日本は，（ エ ）や澎湖諸島の他，遼東半島の割譲を取り決めた。また，日本が進出を考えていた（ オ ）の独立も清に認めさせるとともに，（ カ ）億両（約3億1000万円）の賠償金も約束させた。

2 三国干渉と中国分割

資料4

CHINE

資料5

満洲
東清鉄道
ハルビン
長春
南満洲支線
奉天
ウラジヴォストーク
大連
旅順
日本海

読みとき Ⅱ

資料4には，1898年の遼東半島周辺をめぐり，中国から鉄道敷設権を獲得しようと，テーブルの上で鉄道ゲームに熱中する列国の様子が描かれている。右端の日本人の表情も読み取り，日本が清から遼東半島を割譲された後，情勢がどのように変化したか，資料5や年表Ⅰも踏まえて考えてみよう。

東アジアへの進出を目論むロシアは，日本が遼東半島を抑えることを防ぎたかった。1895年，ロシアは，同盟を組む（ キ ）を含めた2国を誘い，日本に遼東半島を返還することを求めた。日本は，3大国との国力の違いを認識して，この勧告を受け入れ，遼東還付条約を結んだ。
それを受けてロシアは，1896年の露清条約で（ ク ）鉄道の敷設権を獲得し，翌年から満洲とウラジヴォストーク間の建設に着手した。1898年，ロシアは，遼東半島の旅順・大連を租借し，南満洲支線の敷設権も得て，（ ケ ）・旅順間を結ぶ鉄道は1903年に完成した。この後，ロシアは旅順に軍港を置き，アジア進出の拠点とした。

年表Ⅰ

1894	日清戦争開始，旅順港占領。露仏同盟成立
1895	下関条約締結。清，遼東半島を日本に割譲
	三国干渉。露・独・仏による遼東半島返還要求
	⇒遼東還付条約（代償金は3000万両（約4665万円））
1896	露清密約。露，（ ク ）鉄道の敷設権を獲得
1898	露，旅順・大連を租借（25年）。露，（ ク ）鉄道の南満洲支線の敷設権を獲得
1900	北清事変。露，遼東半島を占領
1901	（ ク ）鉄道の完成
1903	南満洲支線の完成

読みときの答え ア-A（Bは山東半島 Cは朝鮮半島） イ-大連 ウ-旅順 エ-台湾 オ-朝鮮 カ-2 キ-フランス ク-東清 ケ-ハルビン

3 日露戦争と満鉄

資料6

資料7
軍備増強のための特別予算

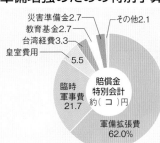

災害準備金2.7　その他2.1
教育基金2.7
台湾経費3.3
皇室費用 5.5
臨時軍事費 21.7

賠償金特別会計
約（コ）円

軍備拡張費 62.0%

資料8 ポーツマス条約

第五条　露西亜帝国政府ハ、清国政府ノ承諾ヲ以テ、旅順口、大連並其ノ付近ノ領土及領水ノ租借権及該租借権ニ関連シ又ハ其ノ一部ヲ組成スル一切ノ権利、特権及譲与ヲ日本帝国政府ニ移転譲渡ス……

第六条　露西亜帝国政府ハ、①長春旅順口間ノ鉄道及其ノ一切ノ支線並同地方ニ於テ之ニ付属スル一切ノ権利、特権及財産及同地方ニ於テ該鉄道ニ属シ又ハ其ノ利益ノ為ニ経営セラルル一切ノ炭坑ヲ、補償ヲ受クルコトナク日清国政府ノ承諾ヲ以テ日本帝国政府ニ移転譲渡スヘキコトヲ約ス……

読みとき Ⅲ

・**資料6**は、日露戦争前に描かれた風刺画で、遼東半島を足で押さえているロシアに挑むよう、そそのかされている日本の軍人が描かれている。
・三国干渉でロシアに屈した日本が、「臥薪嘗胆」を合言葉に国力を増強し、日露戦争を起こす過程とその後の影響を、遼東半島を通して考えてみよう。
・その際、三国干渉後、日本政府が組んだ軍事増強予算を示す円グラフ（**資料7**）や、**資料8**の傍線部①、**資料3**や**年表Ⅰ**を読み取り、右の解説文の空欄に何が入るか、考えてみよう。

三国干渉後の日本はロシアへの対抗心を強め、2つの条約で得た賠償金を基に、約（**コ：A** 3億　**B** 3億6000万　**C** 4億）円の特別会計を組んで、軍備の拡張につとめた。1904年5月、日露戦争において、日本軍は遼東半島に上陸し、（**サ**）を3回にわたって総攻撃し、12月に203高地を占領して、翌年1月に陥落させた。日露戦争に勝利した日本は、講和条約（ポーツマス条約）（**資料8**）により、（**サ**）と（**シ**）の租借権を譲渡された。

4 満洲への進出

資料9

資料10

清
東清鉄道
シベリア鉄道
ハルビン
ロシア
長春
凡例
南満洲鉄道
ロシアの鉄道
清国の鉄道
日本敷設の鉄道
奉天
撫順
ウラジヴォストーク
旅順　大連
韓国　漢城
日本海
日本

南満洲鉄道
遼東半島
1906〜19 関東都督府
1919〜34 関東庁
旅順　大連
関東州(1905〜45)
南満洲鉄道株式会社本社
1906〜45
韓国

資料11 日露戦争後の国際関係

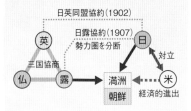

日英同盟協約(1902)
日露協約(1907)
勢力圏を分断
英　日
三国協商　対立
仏　露　米
満洲　経済的進出
朝鮮

年表Ⅱ

1904	日露戦争。日、遼東半島上陸、203高地占領
1905	旅順陥落、ポーツマス条約。日、露から遼東半島の租借権を引き継ぎ、半島南部を（ **セ** ）として支配。（ **ス** ）以南の鉄道の権利を露から譲渡　第2次日英同盟協約締結
1906	関東都督府の設置(旅順)、（ **ソ** ）鉄道(本社：大連)の開業
1907	第1次日露協約締結
1919	関東庁の設置〔（ **セ** ）の行政を担当〕（ **タ** ）の設置〔（ **セ** ）の防備などをおこなう天皇直属の機関〕

読みとき Ⅳ

・**資料9**は、子ども（日本）が満洲を指して「世界地図に少しだけ変更を加えたい」と教師役のアメリカに言っている風刺画である。日本がポーツマス条約の締結後、遼東半島の鉄道敷設権や近隣の炭鉱や製鉄所を経営しながら、満洲へ進出していく過程を考えてみよう。
・その際、**資料8**の傍線部②、**資料10**、**資料11**や**年表Ⅱ**などの複数の資料を読み取り、右の解説文の空欄に何が入るか、考えてみよう。

1905年、日本は、ポーツマス条約において、（ **ス** ）以南の鉄道とその付属利権を譲渡され、遼東半島南端の租借地を（ **セ** ）と呼び、支配した。1906年、（ **セ** ）を統治する関東都督府を旅順に置き、同年、半官半民の国策会社である（ **ソ** ）鉄道株式会社が大連に設立された。この会社は鉄道業務に加え、撫順炭鉱などの経営も行い、日本の満洲進出の足掛かりとなった。1919年、関東都督府を廃して関東庁を置き、（ **セ** ）や（ **ソ** ）鉄道の防備を主な任務とする（ **タ** ）も旅順に設置された。

これに対して、満洲に関心を持っていたアメリカは、日本の南満洲権益の独占に反対し、日米関係が悪化した。そこで日本は、イギリスとの間に第2次日英同盟協約を、ロシアと（ **チ** ）を結び、満洲権益を国際社会で承認させた。

読みときの答え　**コ**-B　**サ**-旅順　**シ**-大連　**ス**-長春　**セ**-関東州　**ソ**-南満洲　**タ**-関東軍　**チ**-日露協約

浅草は，浅草寺を中心に栄えた町である。浅草寺は飛鳥時代に隅田川から観音像が出現したという古い伝承をもつ寺院であり，東国の人々の信仰を集め続けていた寺院である。江戸時代には江戸の庶民の信仰から多くの参詣者を引き付け，浅草寺の裏庭である奥山はさまざまな娯楽・芸能の小屋や店が立ち並んでいた。明治政府は浅草寺一帯を浅草公園として，一区から六区の区画に分けたが，六区はその後，寄席・曲芸・映画の興行街となった。関東大震災の前後の絵葉書から浅草の様子を考えてみよう。

資料1 昭和初頭の浅草の地図

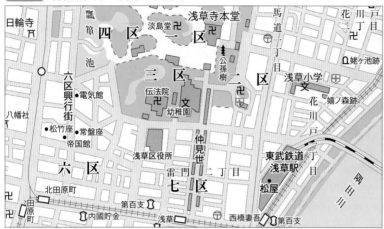

＊五区は本堂の北側である。

資料2 浅草の松屋デパートの開業 (絵葉書)

△2階に東武鉄道浅草駅をもつ松屋デパートが開業したのが1931（昭和6）年である。右上の黄色い建物は浅草小学校。

資料3-① 関東大震災前の仲見世 (絵葉書)

資料3-② 復興したコンクリート造の仲見世 (絵葉書)

資料4 再建された浅草六区の映画・興行街 (絵葉書)

資料5
浅草・上野間で開業した日本初の地下鉄のポスター (杉浦非水画)

△浅草・上野間を走る地下鉄 (絵葉書)

読みとき Ⅰ 資料1・資料2・資料3-①・②から浅草の立地や近代化を考えよう。

❶ （ ア ）への参詣客は，門前の商店街である（ イ ）で買い物を楽しみ，浅草六区では活動写真とよばれた（ ウ ）や軽演劇・落語などの興行を楽しんだ。浅草は信仰と娯楽の町として栄えた。

❷ 門前の（ イ ）は，明治初期の（ エ ）の時代に近代化の象徴としてつくられた銀座の街並みと同じ（ オ ）造であったが，関東大震災で瓦礫の山と化した。震災後は松屋デパートや浅草小学校と同じ耐震・耐火の鉄筋コンクリート造で再建された。

❸ 浅草の隅田川沿いに銀座から松屋デパートが進出した。その2階に東武鉄道の浅草駅が開業した。大阪の阪急梅田駅と同じ時代に浅草にも（ カ ）が誕生した。

読みとき Ⅱ 資料3-②・資料4・資料5から浅草の観光地としての性格を考えよう。

❶ 浅草・上野間に開通した日本初の地下鉄のポスターに描かれた乗客は洋服の人が多いが，（ イ ）や六区の興行街を行きかう人々は洋服よりも（ キ ）の人が多い。ポスターをデザインした杉浦非水は，なぜ地下鉄を待つ人々の多くを洋服姿で描いたのだろうか。東京の（ ク ）化や都市化を象徴する地下鉄の乗客として洋服を強調する必要があったのであろう。

❷ こうしたことから，浅草は江戸時代以来の庶民の街であり，大正・戦前期においても職人層や労働者層のいわゆる（ ケ ）とよばれる人々が娯楽を求めに来た街だったと考えられる。

読みときの答え ア-浅草寺 イ-仲見世 ウ-映画 エ-文明開化 オ-煉瓦（レンガ） カ-ターミナル・デパート キ-和服 ク-近代 ケ-ブルーカラー

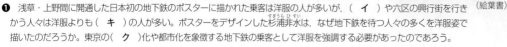

銀座は、江戸時代には銀貨をつくる鋳造所である銀座がおかれていたが、1801年に日本橋蛎殻町に銀座が移転させられると商人の店が集まり発展した。1872年の大火を機に煉瓦造の洋館街がつくられ、文明開化を象徴する場所となった。資生堂、はじめてあんパンを売り出した木村屋パン店、服部時計店などが進出し、洋風の街として新名所となった。関東大震災後、銀座とそれに隣接する有楽町がどのような街として発展していったかを考えよう。

資料6 銀座通りの地図 (1930年頃)

資料8 1930年頃の銀座資生堂のうちわに描かれた女性と街並み

資料7 昭和初頭の夜の銀座4丁目交差点 (絵葉書)

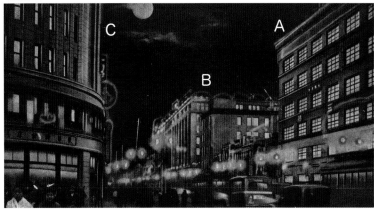

読みとき III 　資料6の銀座通りの地図と資料7の銀座の夜景から1930年頃の銀座の街を考えよう。

❶ 資料7の銀座の夜景は資料6の地図のカメラの視角から見たものである。A・B・Cのビルの店名の正しい組み合わせは（ ケ ）である。
　① A―服部時計店　B―三越　C―松屋
　② A―松屋　B―服部時計店　C―三越
　③ A―三越　B―松屋　C―服部時計店

❷ 銀座六丁目には上野に本店がある松坂屋も進出している。銀座通りには松坂屋・松屋・三越の東京の代表的な3つの（ コ ）（百貨店）が立ち並んだ。

資料9 銀座に隣接する有楽町の日本劇場 (左) と東京宝塚劇場 (右) (絵葉書)

資料10 昭和初期の浅草と銀座

劇場の数だけ見れば、浅草と銀座は互角の争いをしたように見えるかもしれない。けれども勝敗は明らかだった。銀座を広い意味で取れば、歌舞伎では伝統的な芝居を出す大きな劇場があったし、その他にも、イタルの会場として帝劇や日比谷公会堂があったし、日劇と宝塚劇場があった。……それに何より、銀座は東京の中心、時代の先端をゆく町、「文化」を求めて人の集まる場所だった。……浅草なら、金を出しさえすればとにかく上質のものを見ることのできた劇場を払い意味で取れば、歌舞伎をはじめとする歌舞伎座があったし、コンサートやリサイタルの会場として帝劇や日比谷公会堂があった……銀座はまた外国の演奏家や演技者もほとんど独占していた。

（サイデンステッカー『立ちあがる東京』より）

読みとき IV 　資料6〜資料10から戦前の銀座の特徴を考えよう。

❶ 資料6の地図には、世界初の真珠養殖に成功した御木本幸吉の御木本真珠店、万年筆などの西洋文房具の伊東屋、日本で最初にオルガン・ピアノを製造した日本楽器（ヤマハ）の銀座店、フランスなどから輸入した高級化粧品の資生堂もみえる。資料8の資生堂が広告用に製作したうちわには、最新のファッションで夜の銀座を歩く（ サ ）が描かれている。

❷ 関東大震災から復興した夜の銀座は、明治時代の初頭に設置された（ シ ）灯にかわるネオンとヨーロッパの都市のような街灯の照明で輝いていた。銀座は日本で最も華やかな高級ショッピング街であった。

❸ 銀座の周辺には多くの娯楽施設もあった。資料9は有楽町にできた客席2000を超える日本劇場と、東京の若い女性の憧れであった関西の宝塚（ ス ）団が東京で公演を行う東京宝塚劇場である。

❹ 資料10には、人々が銀座に求めたのは上質の欧米文化であったことが述べられている。その欧米文化を求めた人々は、大戦景気から成長した高学歴のホワイトカラーを中心とした都市（ セ ）層とその家族たちであった。

読みときの答え ケ-③　コ-デパート　サ-モガ（モダンガール）　シ-ガス　ス-少女歌劇　セ-中間

世界遺産とは

世界遺産とは，顕著な普遍的価値を有する自然景観，地形，生態系，生物多様性が認められる「自然遺産」，人類の英知と人間活動の所産である遺跡や建造物群の「文化遺産」，自然遺産と文化遺産の両方の価値をもつ「複合遺産」からなる。世界遺産は，1972年のユネスコ総会で採択された「世界の文化遺産及び自然遺産の保護に関する条約」(世界遺産条約)に基づいて世界遺産リストに登録されたものである。日本は，1992年6月30日に世界遺産条約に入り，条約締約時には125番目の締約国となった。

世界遺産は，2021年8月現在，1154件で167カ国に分布する。自然遺産218件，文化遺産897件，複合遺産39件である。日本で世界遺産に登録されたものは自然遺産5件，文化遺産20件の計25件。

自然遺産

❶屋久島(鹿児島県) ❷白神山地(青森県，秋田県) ❸知床(北海道) ❹小笠原諸島(東京都) ❺奄美大島，徳之島，沖縄島北部及び西表島(鹿児島県，沖縄県)

文化遺産

❶法隆寺地域の仏教建造物(奈良県)→p38
❷姫路城(兵庫県)→p149
❸古都京都の文化財(京都府，滋賀県)
❹白川郷・五箇山の合掌造り集落(岐阜県，富山県)
❺原爆ドーム(広島県)→p300
❻厳島神社(広島県)→p91
❼古都奈良の文化財(奈良県)
❽日光の社寺(栃木県)→p165
❾琉球王国のグスク及び関連遺産群(沖縄県)→p128
❿紀伊山地の霊場と参詣道(三重県，奈良県，和歌山県)→p88
⓫石見銀山遺跡とその文化的景観(島根県)→p144
⓬平泉―仏国土(浄土)を表わす建築・庭園及び考古学的遺跡群(岩手県)→p94
⓭富士山―信仰の対象と芸術の源泉(静岡県，山梨県)
⓮富岡製糸場と絹産業遺産群(群馬県)→p223
⓯明治日本の産業革命遺産(岩手県，静岡県，山口県，福岡県，熊本県，佐賀県，長崎県，鹿児島県)
⓰ル＝コルビュジエの建築作品―近代建築運動への顕著な貢献(うち，国立西洋美術館。東京都)
⓱「神宿る島」宗像・沖ノ島と関連遺産群(福岡県)→p33
⓲長崎と天草地方の潜伏キリシタン関連遺産(長崎県，熊本県)→p225
⓳百舌鳥・古市古墳群―古代日本の墳墓群(大阪府)→p29
⓴北海道・北東北の縄文遺跡群(北海道，青森県，岩手県，秋田県)→p17

❹白川郷

⓬平泉　観自在王院跡

⓭富士山と三保の松原

❷姫路城

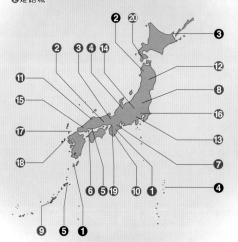

❼東大寺二月堂　お水取り

⓳百舌鳥古墳群

❺西表島　イリオモテヤマネコ

❾勝連城跡

⓲天草の崎津集落と教会

❻厳島神社

1 旧石器時代の年代

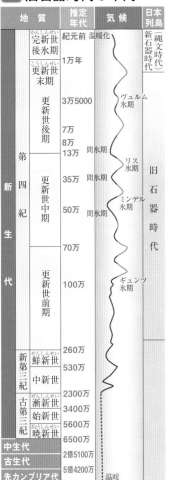

地質	推定年代	気候	日本列島
完新世 後氷期	紀元前	温暖化	新石器時代（縄文時代）
更新世 末期	1万年		
更新世 後期	3万5000 7万 8万	ヴュルム氷期	
	13万	間氷期	旧石器時代
更新世 中期	35万 50万	リス氷期 間氷期 ミンデル氷期 間氷期	
	70万		
更新世 前期	100万	ギュンツ氷期	
鮮新世	260万 530万		
中新世	2300万		
漸新世	3400万		
始新世	5600万		
暁新世	6500万		
中生代	2億5100万		
古生代	5億4200万	温暖	
先カンブリア代			

（第四紀/新生代/新第三紀/古第三紀 は地質欄の縦書き区分）

2 4万年前の人類の分布（馬場悠男氏構成による）

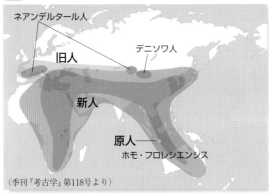

ネアンデルタール人
旧人
デニソワ人
新人
原人
ホモ・フロレシエンシス

（季刊『考古学』第118号より）

解説 4万年前の人類の分布
30〜25万年前のアフリカで旧人から進化した新人（ホモ＝サピエンス）は、6〜5万年前頃、ユーラシア各地に急速に広がりはじめた。発達した狩猟技術を持つ新人は、食料獲得のうえで優位に立ち、先住していた原人や旧人の子孫を圧倒して居住域を広げていく。やがて温暖な東南アジア地域に到達した新人は、豊富な食料を得て人口を増やし、その一部が4〜3万年前頃までに東アジアに移動し、日本にもやって来たと考えられている。しかし、新人が旧大陸のほぼ全域に拡散した約4万年前でも、辺境には原人・旧人がかろうじて生き残っていたのである。デニソワ人は、ネアンデルタール人から分かれて進化した旧人で、ユーラシア大陸内陸部を中心に分布していた。ホモ＝フロレシエンシスは、大人でも身長1m程度の人類で、原人の子孫と考えられるが、1万数千年前まで生存していた。

3 大型動物の渡来（更新世後期）

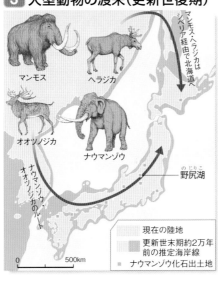

マンモス
ヘラジカ
マンモス・ヘラジカはシベリア経由で北海道へ
オオツノジカ
ナウマンゾウ
ナウマンゾウ・オオツノジカのルート
野尻湖

現在の陸地
更新世末期約2万年前の推定海岸線
■ ナウマンゾウ化石出土地

0　500km

4 日本の更新世化石人骨

化石人	発見場所	発見年	出土骨片	推定時代
浜北人	静岡県浜北市（現浜松市）	1960〜62	女性の頭骨・鎖骨・上腕骨など	1万8000年前
港川人	沖縄県八重瀬町	1970〜71	男女4体分の全身骨格など	2万1000年前
山下町第一洞人	沖縄県那覇市	1968	子どもの大腿骨・顎骨	3万2000年前
ピンザアブ洞人	沖縄県宮古島	1979〜83	頭頂骨・後頭骨・尖頭骨など	2万6000年前
下地原洞人	沖縄県久米島	1983・86	乳児の下顎骨・右上腕骨・右大腿骨など	1万5200年前
白保竿根田原洞人	沖縄県石垣島	2010・2012〜16	30代〜40歳前後の男性の全身骨格など約20体分	2万7000年前

5 港川人（全身骨格と復元）

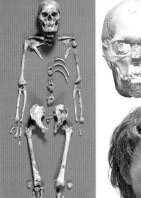

◀港川人の頭骨復元モデル　破損部はコンピュータで画像を修正してある。

解説 港川人　写真の港川人は、成人男性で推定身長155cm。現代人と比べ小柄で、上半身は華奢であるが、手足は身体のわりに頑丈である。最近の研究では、港川人の形質に縄文人と異なる点が多いことから、縄文人の祖先とすることは難しいとされる。また下顎骨の特徴は、オーストラリアの先住民に近いという指摘もある。

6 日本人の形成

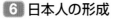

⑥
⑦
北海道縄文人の祖先？
港川人の祖先？
④
⑧
①
②
縄文人の祖先？
③

（溝口優司『アフリカで誕生した人類が日本人になるまで』p.171より）

※現在、日本で発見されている更新世の化石人骨はいずれも新人段階のものである。
※次の化石骨は、いずれも更新世のものではないことがわかった。
葛生人（栃木県佐野市）：縄文時代以降
牛川人（愛知県豊橋市）：上腕骨は動物の骨
明石人（兵庫県明石市）：現代人の骨に類似
聖嶽人（大分県佐伯市）：中世以降
三ヶ日人（静岡県浜松市）：縄文時代早期

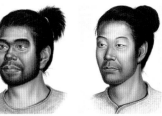
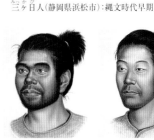

▲縄文人　　　　▲渡来系弥生人

解説 日本人の形成　東南アジアに達した新人のうち、北へ移動した集団の一部がおよそ3万8000年前に日本列島に到達し、縄文人の祖先になった（②・④）。一方、シベリアに向かい、バイカル湖付近に定着して寒冷地適応を遂げた集団が、その後南下（⑥）・東進し、縄文時代末期から朝鮮半島経由で九州北部に渡来した（⑦）。その後、先住の縄文人との混血を重ねながら日本列島に拡散し（⑧）、現代の日本人を形成していった。

14 旧石器人の生活

第❶部 原始・古代

1 旧石器人の食・住

特徴	
食	大型動物の狩猟 ナイフ形石器・尖頭器をつけた石槍を使用 植物性食料の採集
住	一定範囲内の移動生活 テント式の小屋に居住 洞穴・岩陰も一時的に利用 日常生活は10人前後の集団 小集団が集まった部族的な集団も形成

2 岩宿遺跡の発見

▲相沢忠洋（1926～89）独力で考古学を学び、群馬県岩宿ではじめて旧石器時代遺跡を発見した。

相沢忠洋「岩宿の発見」

赤土の断面に目を向けたとき、私はそこに見慣れないものが、なかば突きささるような状態で見えているのに気がついた。……それを目の前に見たとき、私は危く声をだすところだった。じつにみごとというほかない、完全な形をもった石器なのではないか。われとわが目を疑った。考える余裕さえなくただ茫然としてみつめるばかりだった。……もう間違いない。赤城山麓の赤土（関東ローム層）のなかに土器をいまだ知らず、石器だけを使って生活した祖先の生きた跡があったのだ。

相沢忠洋・岩宿の発見

▲相沢忠洋が発見した黒曜石の槍先形石器（縦約7cm）

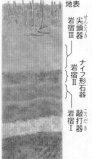

岩宿遺跡の関東ローム層断面

3 さまざまな旧石器とその使用法

打製石斧
直接手で握るか、短い柄につけ、木材の伐採用や加工具、土掘り具として使用した。

 9.6cm

群馬県 岩宿遺跡

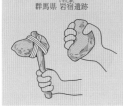

ナイフ形石器
形状により、直接持つか柄をつけてナイフのように切断する道具、あるいは槍先につけて刺突する道具として使用した。

 8.3cm

埼玉県 砂川遺跡

尖頭器
槍先形尖頭器・石槍ともよばれる。柄の先端につけ、刺突具として使用した。

 8.9cm

北海道 白滝遺跡

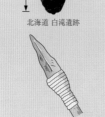

細石器
長さ3～4cm程度の小さな打製石器（細石器）をいくつか組み合せて、木・骨・角などの軸にはめ込み、銛や槍・鋸として使用した。

0.8cm

長野県 矢出川遺跡

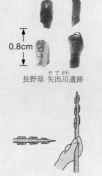

4 細石器の伝播

（集英社『日本の歴史①日本史誕生』による）

▲解説 シベリアのバイカル湖周辺で生まれた細石器文化は、1万4000～1万3000年前、北海道から日本海沿岸を中心に中国地方までにおよんだ。

5 旧石器時代のおもな遺跡

白滝遺跡群（北海道）
国内最大級の黒曜石原産地。石器製作のために役割分担した「切り出し基地」「中継地」「集落」からなる遺跡群。

野尻湖立ヶ鼻遺跡（長野県）
ナウマンゾウ・オオツノジカなどの骨や牙などとともに、それらを解体したと考えられる石器が出土した。写真は、ナウマンゾウの牙とオオツノジカの角。

茶臼山・上ノ平遺跡（長野県）
近くに黒曜石の一大原産地和田峠がある。茶臼山遺跡からは、黒曜石製のナイフ形石器が多く出土した。上ノ平遺跡から出土した多くの尖頭器は、旧石器時代における尖頭器文化の存在を確定させた。

早水台遺跡（大分県）
この遺跡から出土した石器群が、中国の前期旧石器に類似しているとして注目されたが、そのほとんどは自然のものと判明した。遺跡の年代は、旧石器時代後期初頭または中期終末とみられる。

置戸安住遺跡（北海道）
細石器文化段階の遺跡。近くに道内有数の黒曜石産地があり、遺跡からは多数の黒曜石製細石器が出土した。

樽岸遺跡（北海道）
北海道ではじめて組織的に発掘調査された、旧石器時代の遺跡。1万7000～1万5000年前と推定される大形石刃や、船底形石器などが出土した。

岩宿遺跡（群馬県）→ 2

国府遺跡（大阪府）
旧石器時代～室町時代の複合遺跡。瀬戸内・近畿地方に分布する瀬戸内技法（横長剥片の剥離技術）を用いてつくられたナイフ形石器は、この遺跡の名称をとって国府型と名づけられた。

茂呂遺跡（東京都）
この遺跡から出土した、両側の縁が加工されたナイフ形石器は茂呂型とよばれ、2万5000～2万年前の関東・中部地方南部に多く分布するナイフ形石器の代表的なタイプとされる。

 4.6cm

月見野遺跡群（神奈川県）
厚く堆積したローム層中に石器群が整然と包含されていたためナイフ形石器→尖頭器→細石刃といった石器の変遷を層位的にとらえることができた画期的な遺跡群である。

7.5cm

現在の陸地
更新世末期約2万年前の推定海岸線
● 旧石器時代の主要遺跡

Question p.14 2 の史料や写真に注目して、岩宿遺跡で出土した槍先形の打製石器が旧石器時代のものと判断された理由を考えてみよう。

1 縄文時代の道具と生活の変化

	縄文文化を特徴づける道具	特徴	生活の変化
縄文土器の製作	縄文土器の器形は，獣皮袋や樹皮製編籠に由来したものとみられる。土器はものを煮るための道具として普及。 ▶隆起線文土器 東京都 なすな原遺跡 高23.5cm ◀爪形文土器 群馬県 下宿遺跡 高28.6cm	①縄目文様を持つものが多い。②低温（850〜950度）で焼かれている。③厚手で，色は茶褐色または黒褐色を示す。	植物性の食物を煮ることが可能となり，食料の範囲が拡大。植物性食料に鳥獣や魚介の肉などを加えた煮込み料理があらわれ，栄養面も充実する。
弓矢の使用	石鏃は，木や竹の軸の先端に装着する。弓は長さ150〜160cmの長弓で，カシやマユミでつくられた。 ▶石鏃 7.5cm 神奈川県 花見山遺跡	旧石器時代の槍や投げ槍に比べ，射程距離が長く（約30〜40m），動きのすばやい動物を射とめることができる。狩猟犬もともなっていたとみられる。	イノシシやニホンジカ・ウサギなどの中小動物や，鳥を射とめられるようになる。
磨製石器の普及	研磨技術が発達し，全面をみがいた磨製石斧のほか，石棒・石剣など磨製の石製祭祀具も多くつくられた。 ▶磨製石斧 青森県 三内丸山遺跡 長14.0cm	大型磨製石斧は伐採や木材をけずるために，小型磨製石斧は木の細部加工や楔として用いられた。	木材の伐採・加工が効率よくおこなわれるようになり，丸木舟の製造も盛んになる。→p.16 2-⑥

2 縄文土器の編年

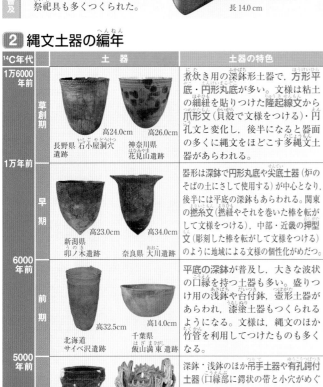

¹⁴C年代	土器	土器の特色
1万6000年前	草創期 長野県 石小屋洞穴遺跡 高24.0cm 神奈川県 花見山遺跡 高26.0cm	煮炊き用の深鉢形土器で，方形平底・円形丸底が多い。文様は粘土の細紐を貼りつけた隆起線文から爪形文（貝殻で文様をつける）・円孔文と変化し，後半になると器面の多くに縄文をほどこす多縄文土器があらわれる。
1万年前 6000年前	早期 新潟県 卯ノ木遺跡 高23.0cm 奈良県 大川遺跡 高34.0cm	器形は深鉢で円形丸底や尖底土器（炉のそばの土にさして使用する）が中心となり，後半には平底の深鉢もあらわれる。関東の撚糸文（撚紐やそれを巻いた棒を転がして文様をつける），中部・近畿の押型文（彫刻した棒を転がして文様をつける）のように地域による文様の個性がめだつ。
6000年前 5000年前	前期 北海道 サイベ沢遺跡 高32.5cm 千葉県 飯山満東遺跡 高14.0cm	平底の深鉢が普及し，大きな波状の口縁を持つ土器も多い。盛りつけ用の浅鉢や台付鉢，壺形土器があらわれ，漆塗土器もつくられるようになる。文様は，縄文のほか竹管を利用してつけたものも多くなる。
5000年前 4000年前	中期 千葉県 後貝塚 高24.5cm 新潟県 沖ノ原遺跡 高29.3cm	深鉢・浅鉢のほか吊手土器や有孔鍔付土器（口縁部に鍔状の帯と小穴がめぐらされる）など，さまざまな器形の土器があらわれる。とくに関東から中部にかけては，立体的に装飾された火炎土器がみられる。文様は，竹管やへらを用いてつけたものが主流となる。
4000年前 3000年前	後期 茨城県 椎塚貝塚 高22.2cm 青森県 小渡遺跡 高35.0cm	器形がいっそう多様化し，用途に応じた多くの器種がつくられるようになる。急須形の注口土器が普及し，形式として定着する。文様は，磨消縄文が多くなり，後期末には縄文がみられなくなる。
3000年前	晩期 滋賀県 滋賀里遺跡 高35.0cm 宮城県 沼津貝塚 高16.9cm	東日本では器種の分化がさらに進み，東日本一帯に広がった亀ヶ岡式土器のように，精巧な文様をほどこした土器や漆塗の土器もあらわれる。逆に西日本では器種が減り，縄文を用いて器面を磨いた黒色磨研土器が広がり，やがて粘土紐を貼りつけただけの突帯文土器があらわれる。

3 植生の変化と食用になる木の実　3-① 植生の変化

- ツンドラ
- 森林ツンドラまたは亜寒帯林
- 亜寒帯針葉樹林
- 冷温帯落葉広葉樹林（針・広混合林を含む）
- 暖温帯落葉広葉樹林
- 照葉樹林
- 亜熱帯林

晩氷期　　縄文時代前期

泉拓良「縄文文化論」『日本の時代史1倭国誕生』をもとに作成。

◀解説 完新世になって，地球の気候が温暖化すると，東日本はコナラ・クリを主とする暖温帯落葉広葉樹林におおわれるようになり，西日本一帯には常緑のカシ・シイなどを主とする照葉樹林が拡大してくる。

3-② 食べられる木の実

| 照葉樹 | スダジイ | イチイガシ | アラカシ | シラカシ |
| 落葉広葉樹 | クリ | クルミ | トチ | クヌギ |

赤字…食用とするには，苦みや渋みを抜く（アク抜き）必要がある木の実

4 土器の製作方法

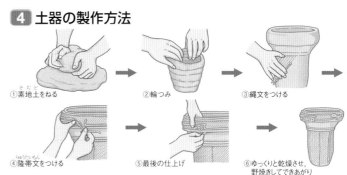

①素地土をねる → ②輪つみ → ③縄文をつける →

④隆帯文をつける → ⑤最後の仕上げ → ⑥ゆっくりと乾燥させ，野焼きしてできあがり

Answer 更新世（旧石器時代）の火山活動によって噴出された火山灰が，堆積してできた関東ローム層からこの石器が出土したことから。

第1部 原始・古代

1 縄文人の暮らし　1-① 暮らしの特徴

食	植物性食料の採集→木の実・ヤマイモなど 　クリ林の管理，ヤマイモの保護・増殖，マメ類・エゴマなどの栽培 狩猟（弓矢・落し穴・狩猟犬）→ニホンジカ・イノシシなど 2-⑥ 漁労（骨角製釣針・銛・網・丸木舟）→貝・魚・海獣 2-⑦ 2-⑧
住	定住的な生活の開始 　炉のある竪穴住居 →p.17 2-① 　日当たりのよい，水はけのよい台地上の集落 　4～6軒程度の世帯からなる20～30人ほどの集団 　他集団との通婚，交易（黒曜石・ヒスイなど）
信仰	アニミズム→呪術・儀礼の発達（土偶・石棒）→p.18 2 抜歯や屈葬の風習 →p.18 3

1-② 縄文人の四季

▶解説　日本列島には四季の変化があり，縄文人の食料となる動植物も，季節によって移りかわっていた。春は野山で野草，海で貝をとり，夏には漁労が最盛期をむかえる。秋には森で木の実をひろい，川を遡上するサケをとり，飛来するガンやカモも食料となる。冬から春にかけては，狩猟の季節であった。

（小林達雄氏原図）

2 縄文人の生活（食）

2-① トチやドングリの加工

①人々が共同で木の実をひろう
②殻を石で割る
③すりつぶして粉状にする
④水でさらし，アクを抜く
⑤ダンゴ状に練りあげる
⑥蒸したり，焼いたり，汁に入れて食べる

採集

2-② 貯蔵穴

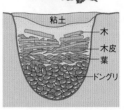

おもに木の実を貯蔵するための穴。乾燥地につくられたものと，アク抜きの効果をねらって湧水地につくられたものがある。

粘土／木／木皮／葉／ドングリ

2-③ 石皿と磨石

石皿に木の実をのせ，磨石ですりつぶして粉にするのに使用した。
長野県 棚畑遺跡　長41.8cm

2-④ パン状の食物

木の実の粉を，ヤマイモをつなぎとして固めて焼いた縄文人の食物。
長野県 曽利遺跡　長15.5cm

2-⑤ 石斧の使用法

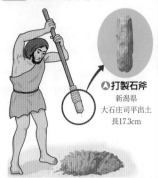

▲打製石斧
新潟県 大石庄司平出土　長17.3cm

2-⑥ 狩猟具

石槍／石鏃／毛皮／石匙（石の小刀）／石錐（穴あけ具）／毛皮

狩猟

▶埋葬されていた犬の骨
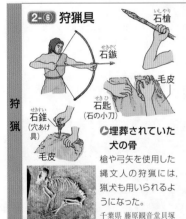
槍や弓矢を使用した縄文人の狩猟には，猟犬も用いられるようになった。
千葉県 藤原観音堂貝塚

▲落し穴　ケモノ道にもうけるほか，動物を追い落とすために数多く配置した例もある。穴の底に先のとがった杭を立てるなど，確実に動物を捕獲できるよう工夫したものもみつかっている。

2-⑦ 漁労具

▶釣針
宮城県 田柄貝塚　長3.3cm

やす（骨角器）／もり（骨角器）

木製の浮き／刺し網／石錘　新潟県 金塚遺跡　長8.2cm／石錘（石のおもり）

漁労

2-⑧ 丸木舟

輪切りにした太い丸木の中を火でこがし，石斧などでけずってつくった。材には，クスノキ・ケヤキ・クリなどを使用。全長5～7m，幅60cm前後のものが多い。波のおだやかな湖や河川・磯の舟として，移動や漁労に用いられた。（福井県ユリ遺跡）

3 貝塚

▲貝塚（千葉県加曽利貝塚）
貝塚からは貝殻や食用にした魚・鳥獣の骨などのほか，埋葬した人骨も出土する。貝塚はたんなるゴミ捨て場ではないと考えられている。

▶詳しくみてみよう！　貝塚

大森貝塚の発見

横浜に上陸して数日後，初めて東京へ行った時，貝殻の堆積があるのを，通行中の汽車の窓から見て，私は即座にこれを本当のKjoekken-moedding（貝墟）であると知った。私はメイン州の海岸で，貝塚を沢山研究したから，ここにある物の性質もすぐ認めた。……我々は東京から6マイルの大森まで汽車に乗り，それから築堤までの半マイルは，線路を歩いて行った。……我々は手で掘って，ころがり出した砕岩を検査し，そして珍奇な形の陶器を沢山と，細工した骨片を3個と，不思議な焼いた粘土の小牌1枚とを採集した。

▲モース（1838～1925）

▲大森貝塚の発掘風景

（E.モース『日本その日その日』石川欣一訳，平凡社，東洋文庫）

Question p.16 2 の図から，縄文時代に現れた新しい道具が人々の食生活をどのように変えたのか考えてみよう。

縄文人の生活と信仰② 17

1 年代の科学的測定法

年代の科学的測定法

放射性炭素年代測定法とAMS法

放射性炭素¹⁴C は，大気中にほぼ一定濃度でふくまれ，生物はそれと同じ濃度で¹⁴C を体内に取りこんでいる。生物が死ぬと，体内の¹⁴C は一定の割合で減少し，5730年で半分になる（半減期）。この原理を応用して，生物遺体に残る¹⁴C の量を測定し，生物の死後，経過した絶対年代を算出するのが放射性炭素年代測定法である。しかし，実際には大気中の¹⁴C濃度が変動しているため誤差が生じる。AMS

法（加速器質量分析法）は，微量の¹⁴C でも濃度を測定できる方法で，この測定法の採用により，試料の種類が拡大したことから，精度の高い測定が可能になっている。

年輪年代法

気候の変化による木材の年輪幅の違いをもとに，伐採年の確かな多数の現生材を計測し，過去に遡る年輪幅の標準パターンをつくる。これに古建築部材や遺跡から出土

した木材の年輪幅データを加えて暦年標準パターンとする。年代不明の木材の年輪幅をこのパターンと照合させ，木材の伐採年を割り出す方法が年輪年代法である。

図（グラフ）：
A₁ 大気中の¹⁴C含有率
1万7190年前の試料の¹⁴C含有率の変化
A₂ / A₃ / A₄
縦軸：¹⁴C の含有率 1.2 / 1.0 / 0.5 / 0.25 / 0.125
横軸：1万7190年前 / 1万1460年前 / 5730年前 / 0年前（1950年）

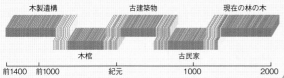

木製遺構　　　古建築物　　　現在の林の木
木棺　　　古民家
前1400　前1000　紀元　1000　2000

2 縄文人の生活（住居と集落）

2-① 竪穴住居

◀ **竪穴住居**（長野県与助尾根遺跡）　地表を50cmほど掘りさげて床面とした半地下式の住居。掘立柱によって支えられた屋根は，入母屋または円錐屋根として復元されることが多い。床面の炉跡は，**定住的生活**を示している。

2-② 広場を中心とした集落

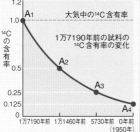

図：ゴミ捨て場 / 住居 / 大型建物 / 広場 / ゴミ捨て場

解説　縄文時代の平均的な集落は4～6軒程度の世帯からなっていた。広場は，祭りや集会，共同作業の場であったと考えられている。数十の住居跡が環状や馬蹄形状に並ぶ集落遺跡は，数世代にわたってそこに住み続けた結果，形成されたものである。図は新潟県中郷和泉A遺跡の集落復元図による。

三内丸山遺跡（青森県）

最盛期には，500人を超える人々が定住していたとされる中期の巨大集落遺跡。大型竪穴住居跡や6本の巨木を柱とする建物跡も発見された。また，ヒョウタンやゴボウなど栽培植物の種子が出土し，クリの栽培・管理がおこなわれたことも想定されている。**世界遺産**

◀ **大型竪穴住居**（右）　全長32m，幅9mの大型竪穴住居で，集会所や共同作業所などと推定されている。このほか，竪穴住居跡が500軒あまりもみつかっている。

◀ **イグサ科の草で編まれた袋**　高さ13cmで，なかには割られたクルミの半分が入っていた。

3 縄文時代のおもな遺跡

鳥浜貝塚（福井県）

草創期から前期の貝塚。海抜下の貝層から櫛・弓などの木製品，漁網などの縄製品が多数出土した。ヒョウタンやエゴマなど，栽培植物の種子も発見された。

津雲貝塚（岡山県）

後期・晩期の人骨170体以上が出土した。多くが**屈葬**されていて，成人のほとんどに**抜歯**のあとがみられた。

福井洞穴（長崎県）

洞穴から細石刃をともなって出土した隆起線文土器・爪形文土器は，放射性炭素による年代測定により，約1万2000年前の草創期のものと判明した。

亀ヶ岡遺跡（青森県）

精巧な文様や黒・赤の漆などで飾られた晩期の多様な土器が大量に出土した。東日本に分布する「亀ヶ岡式土器」の名称の由来となる。**世界遺産**

高11.3cm

大森貝塚（東京都）

後期・晩期の貝塚。1877（明治10）年，**モース**が発見し，日本ではじめて科学的な方法による発掘調査がおこなわれた。→p.16コラム

尖石遺跡（長野県）

標高約1000m の台地上にある中期の大規模な集落遺跡。近くの棚畑遺跡からは，「縄文のヴィーナス」とよばれる完全な形の土偶が出土した。

中里貝塚（東京都）

中期の日本最大級の貝塚で，貝層は4.5mにもなる。近くに集落跡はなく，カキなどの加工場であったとみられている。

是川遺跡（青森県）

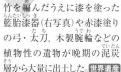

竹を編んだうえに漆を塗った藍胎漆器（右写真）や赤漆塗りの弓・太刀，木製腕輪などの植物性の遺物が晩期の泥炭層から大量に出土した。**世界遺産**

大湯環状列石（秋田県）

後期の遺跡で，直径48mと45mの二つの環状列石が，約90m離れて存在する。それぞれに径15m前後の内帯があり，「日時計」とよばれる立石のある特殊な遺構をともなっている。下部に土坑があり，共同墓地とする説が有力である。**世界遺産**

堀之内貝塚（千葉県）

後期・晩期に形成された大型の馬蹄形貝塚。ここから出土した土器は，「堀之内式」とよばれ，後期前半を代表する標式土器とされる。

上野原遺跡（鹿児島県）

早期，約9500年前の大規模な集落遺跡。日本最古，最大規模の定住集落で，南九州における先進的な縄文文化の存在があきらかになった。

夏島貝塚（神奈川県）

早期の貝塚。ここで出土した「夏島式土器」はそれまでの土器編年を改めさせた。活発な漁労活動の存在もあきらかとなった。

加曽利貝塚（千葉県）

中期・晩期の貝塚。この時期の東京湾岸にある貝塚としては最大で，環状と馬蹄形状の貝塚がつらなる。

地図：鳥浜貝塚 / 尖石遺跡 / 亀ヶ岡遺跡 / 三内丸山遺跡 / 大湯環状列石 / 是川遺跡 / 津雲貝塚 / 福井洞穴 / 上野原遺跡 / 中里貝塚 / 大森貝塚 / 堀之内貝塚 / 夏島貝塚 / 加曽利貝塚

Answer 土器で煮ることにより植物性食物の種類が広がり，弓矢を使った狩猟や丸木舟を用いた漁労も発達し，人々の食生活は豊かになった。

第1部 原始・古代

1 縄文時代の交易

サヌカイト
近畿・中国・四国地方は黒曜石の産出が少なく、石器の原材料にはおもにサヌカイトが用いられた。原産地は、香川県金山・五色台、奈良県二上山などである。縄文晩期には、黒曜石の産地に近い中部地方でも用いられ、交易圏が拡大したことがわかる。

アスファルト
アスファルトは、鏃や槍先を柄の先に固定したり、土器を補修したりする接着剤として利用された。原産地は、日本海側の秋田から新潟にかけての油田地帯に限られているため、土器に入れられて産地から遠隔地まで運ばれた。

ヒスイ（硬玉）
縄文時代のヒスイは、すべてが新潟県の姫川流域の原産で、装飾品の貴重な原材料として利用された。代表的な製品である大珠が、全国に分布していることから、広範な交易ルートの存在が推定される。

ヒスイ 山梨県 天神遺跡

凡例：
- アスファルト産出地
- アスファルト産出地（推定）
- アスファルト高度利用地域
- ヒスイ原産地
- ヒスイの頻繁な交易範囲
- サヌカイト原産地
- サヌカイトの頻繁な交易範囲
- 黒曜石原産地
- 黒曜石の頻繁な交易範囲

サハリン 沿海州へ
白滝 十勝
三内丸山
槻木
橋立 小滝川 和田峠
隠岐
朝鮮半島へ
腰岳 多久 姫島 金山 五色台 二上山 箱根 柏峠 神津島

サヌカイト 香川県金山産 山口県立山口博物館蔵 縦15cm 横18cm

アスファルト 新潟県 大坂上道遺跡

我孫子昭二『アスファルト』、江坂輝彌『いわゆる硬玉製大珠について』、薬科哲男ほか『黒曜石、サヌカイト製石器の産地推定による古文化交流の研究』などによる

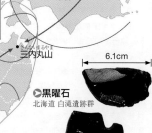
黒曜石 北海道 白滝遺跡群 6.1cm

黒曜石
黒曜石は、石器の原材料としてさかんに用いられた。北海道白滝、長野県和田峠など、60カ所以上の原産地が確認されている。製品の広範な分布から、原産地・消費地間の交易のあり方がわかる。

2 縄文人の信仰

土偶の変遷

草創期	早期	前期	中期	後期	晩期

    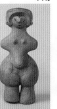 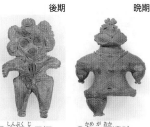

土偶
- 粥見井尻遺跡（三重県）高6.8cm
- 花輪台貝塚（茨城県）高4.9cm
- 松木遺跡（埼玉県）高2.7cm
- 棚畑遺跡（長野県）高27.0cm
- 真福寺貝塚（埼玉県）高20.5cm
- 亀ヶ岡遺跡（青森県）高34.5cm

母性を示す土偶

- **尖石遺跡**（長野県）高8.5cm
- **宮田遺跡**（東京都）高7.1cm

◀解説 土偶の役割
土偶は、出現した当初から乳房や腰など、女性の身体的特徴を誇張して表現されたものが多い。また、妊娠した姿や子どもを抱いているものもある。このことから、縄文人は女性の持つ生殖力を神秘と感じ、その力が大地に生える植物やそこに生きる生物、すなわち食料の豊穣をもたらすことを土偶に願ったものと考えられている。しかし、顔を表現しない土偶も多くあり、土偶は性を超越した精霊の姿とする説もある。また、大部分の土偶が壊された状態で出土し、はじめから壊されることを想定してつくられたとみられるものもあることから、人々が土偶を故意に傷つけることで、病気や災害を土偶に転嫁しようとしたという説もある。

土面 縦10.8cm 横11.5cm 青森県 亀ヶ岡遺跡

土面 人間の顔の大きさに近い土面は、儀式などで実際に顔にあてられたと考えられている。小さなものは、額などにつけていた可能性がある。

土版 護符として、穴に紐を通して吊り下げて用いたと考えられている。縦16.7cm 横14.0cm 茨城県 福田貝塚

石棒 男性の生殖器を模したもので、豊かな恵みを願う呪術に用いられたと推定されている。青森県 三内丸山遺跡

3 縄文人の風習

屈葬 屈葬は、縄文時代を通しておこなわれた埋葬法で、屈葬した理由には、①死者の霊が生者に危害を加えるのを防ぐために封じ込めた、②胎児の姿をまねて母なる大地へもどした、③墓穴を掘る労力を減らした、などの説がある。静岡県 蜆塚

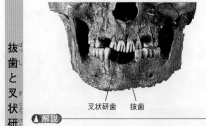
叉状研歯 抜歯

抜歯と叉状研歯

▲解説 抜歯は、14～16歳頃にほどこされることが多い。身体の一部を犠牲にして身体の安全を祈る成年式の儀礼や、他集団との婚姻との関係が指摘されている。叉状研歯の例は少なく、呪術者などがおこなったと考えられている。

Question p.19 ▲ の図から、弥生文化にみられる大陸から伝えられた文化と、縄文文化を継承した文化にはどのようなものがあるか答えよう。

1 弥生文化の特色

特色	① 水稲耕作の開始→食料採集から食料生産の段階へ
	② 金属器の使用〔青銅器…おもに祭器 / 鉄器…おもに武器・加工具〕
	③ 大陸系磨製石器（石斧・石包丁）の使用
	④ 機織り技術の導入
	⑤ 弥生土器の製作

2 弥生文化の年代

西暦	中国	韓国	AMS法による九州北部遺跡の年代		従来の年代
	殷(商)	漁隠	縄文時代 晩期	黒川	縄文時代 晩期
1000	—1072 西周	欣岩里	早期	夜臼I / 夜臼IIa	
	—770 春秋	無文土器時代 松菊里	前期	夜臼IIb / 板付I / 板付IIa / 板付IIb / 板付IIc	晩期
500	—403 戦国	ソンンニ 水石里	弥生時代	城の越	弥生時代 早期 前期
	—221 秦 —206	勒島	中期	須玖I / 須玖II	中期
紀元前	前漢				
紀元後	新 8	原三国時代	後期		後期
250	25 後漢				

解説 従来，弥生文化は，西日本に農耕社会が成立する紀元前5世紀の初め頃に成立し，やがて紀元前4世紀頃には，北海道と南西諸島をのぞく日本列島のほとんどの地域が，食料生産の段階に入ったとされてきた。しかし，近年，AMS法（→p.17）を用いた年代測定により，水稲耕作の開始時期が紀元前約1000年前後であるという研究成果が発表され，弥生文化の始まりが従来よりも数百年遡る可能性が出てきている。

縄文文化の継承

4-⑤ 弥生土器

◁向ヶ岡貝塚(東京都)出土の弥生土器　1884(明治17)年，東京本郷の弥生町にあった向ヶ岡貝塚で発見された壺形土器。赤焼きで文様が少ないなど，それまでに出土した土器にはない特徴が注目され，「弥生式土器」とはじめて命名された。クビから上は欠けていて残存せず，クビの付け根部分にはボタン状の文様と羽状縄文の装飾がある。 高22.0cm

①壺　④高杯(坏)　41.5cm　②壺　③甕

▷弥生土器の基本的な組合せ　弥生土器の器形は，用途に応じて，煮炊きに使う甕，貯蔵用の壺，ものを盛りつける高杯(坏)に分けられ，それらがセットで用いられた。

①・③・④は福岡市今川遺跡出土，②は福岡市板付遺跡出土。

3 縄文時代の地域性（縄文晩期〜弥生早期）

——東日本と西日本▼解説

東日本と西日本では，木の実やサケ・マスなどの食料の豊かさにおいて大きな差が認められる。しかし，人々は，それぞれが居住する地域の自然環境に適応した生活を送り，その中から多様な文化をつくりだした。
とくに縄文晩期には，東と西の地域性が土器の形状などに顕著にあらわれるようになった。
→p.15 2

凡例：
- サケ・マス
- クルミ
- 落葉性ドングリ
- クリ
- トチ
- 常緑性ドングリ

4 弥生文化

中国大陸・朝鮮半島から伝播した文化

4-① 水稲耕作

- 4000〜3000年前の遺跡
- 5000年前の遺跡
- 7000年前の遺跡

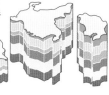

早生ジャポニカ
晩生(I型)温帯ジャポニカ
南西諸島 晩生(II型)ジャバニカ(熱帯ジャポニカ)
東亜半月弧
野生稲の分布北限(現在)
(佐藤洋一郎氏の原図による)

ジャポニカ　インディカ
ジャバニカ

解説 水稲耕作の伝播
稲の短粒種ジャポニカは，中国の長江中・下流域で誕生したのち，朝鮮半島南部を経由して九州北部に伝播したと考えられるが，東シナ海をわたって，直接日本に伝わったという説もある。

4-② 金属器

△青銅器　大阪府 加美遺跡
△鉄器　佐賀県 吉野ヶ里遺跡

解説 青銅器と鉄器
青銅器と鉄器は，水稲耕作の技術とほぼ同時期に日本にもたらされた。日本では，青銅器は主に祭器として用いられ，鉄器はもっぱら武器として，また弥生時代後期には大陸系の磨製石器に代わる工具としても利用された。

4-③ 大陸系磨製石器

柱状片刃石斧
太型蛤刃石斧
磨製石剣　石鎌

△大陸系磨製石器　佐賀県 菜畑遺跡

4-④ 機織り技術（復元想像図）

糸を紡ぐ　機織りの様子

▽紡錘車　紡錘車で紡いだ糸を機にかけて織った布の幅は約30〜40cmと推定される。佐賀県 吉野ヶ里遺跡

Answer 朝鮮半島経由で伝わった大陸文化には水稲耕作や金属器の使用などがあり，縄文文化を継承した文化には弥生土器の製作や石器の使用がある。

1 続縄文文化

北海道	本土
縄文時代	
	弥生時代
続縄文文化	古墳時代
オホーツク文化	奈良・平安時代
擦文文化	鎌倉・室町時代
近世アイヌ文化	江戸時代
	明治時代

(年代目盛: 前500 紀元 200 400 600 800 1000 1200 1400 1500 1600 1700 1800 1900)

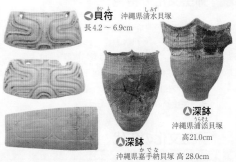

◀骨角器
北海道恵山貝塚

14.1cm

▶恵山式土器
北海道恵山貝塚
高25.5cm

◀解説 水稲耕作は，津軽海峡を越えず，北海道では7〜8世紀まで縄文文化を継承した食料採集の文化＝続縄文文化が続く。この時代の前半，北海道南部で広く用いられた恵山式土器は，縄文土器の直系とされる。この時代には漁労法の改良により，大型の魚やクジラ・アザラシなどの海獣の漁が活発におこなわれ，クマなどを獲物とする狩猟も盛んにおこなわれた。

2 貝塚後期文化

沖縄	本土
早期	早期
貝塚文化 前期	縄文時代 前期・中期・後期・晩期
中期	
	弥生時代
貝塚文化 後期	古墳時代
	奈良・平安時代
グスク時代	鎌倉・室町時代
首里時代（琉球王国）	江戸時代
	明治時代

(年代目盛: 前4000 前2000 前1000 前500 紀元 600 1200 1400 1500 1600 1700 1800 1900)

◀貝符 沖縄県清水貝塚
長4.2〜6.9cm

▶深鉢
沖縄県浦添貝塚
高21.0cm

◀深鉢
沖縄県嘉手納貝塚 高28.0cm

◀解説 沖縄などの南西諸島では，本土の縄文時代を貝塚時代早〜中期，弥生時代の始まりから12世紀頃までを貝塚時代後期としている。貝塚時代後期の段階でも水稲耕作はおこなわれず，漁労を中心とした食料採集の文化が続いた。一方，交易は活発におこなわれており，とくに南西諸島産のイモガイ・ゴホウラなどの貝は，九州を中心に北海道にまで分布している。畑作が始まったのは，この時代の終わり頃と考えられている。

3 縄文人と弥生人

3-① 縄文人系弥生人

◀縄文人系弥生人の頭骨
鹿児島県広田遺跡

3-② 渡来人系弥生人

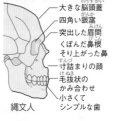

◀渡来人系弥生人の頭骨
福岡県金隈遺跡

3-③ 縄文人と渡来人系弥生人の頭骨の横顔

縄文人：
大きな脳頭蓋／四角い眼窩／突出した眉間／くぼんだ鼻根／そり上がった鼻／寸詰まりの顔／毛抜状のかみ合わせ／小さくてシンプルな歯

渡来人系弥生人：
円い眼窩／平坦な眉間／平坦な鼻根／低い鼻／面長の顔／はさみ状のかみ合わせ／大きくて複雑な形の歯

（『日本人はるかな旅展』図録による）

◀解説 渡来人系弥生人は，縄文人にくらべ，顔の骨が全体に長く，眉間や鼻根は平坦で眼球がおさまる眼窩はまるくなっている。このことから，渡来人系弥生人の顔は，面長で凹凸の少ないのっぺりとした顔立ちであったと考えられる。歯のかみ合わせも，縄文人は毛抜状であるのに対して，渡来人系弥生人は現代日本人と同じはさみ状であり，歯も大きく複雑な形である。

4 弥生時代のおもな遺跡

菜畑遺跡（佐賀県）

縄文晩期〜弥生前期の水稲耕作開始期の遺跡。縄文晩期後半にさかのぼる矢板列・畔で区画された最古の水田跡が検出された。

荒神谷遺跡（島根県）

丘陵の南斜面の中腹で，358本の銅剣，約7m離れた場所で16本の銅矛と6個の銅鐸が出土した。銅矛と銅鐸がはじめて同じ場所から出土した。
→p.23コラム

加茂岩倉遺跡（島根県）

荒神谷遺跡から南東約3.5kmにある遺跡で，39個の銅鐸が一括して埋納されていた。1カ所から出土した銅鐸の個数としては最多である。

▶出土した銅鐸

砂沢遺跡（青森県）

弥生前期末の小さく区画された水田跡が検出された。東日本最古であるが，木製農具や石包丁は出土せず，水稲耕作は定着しなかったと考えられる。

▶水田跡

垂柳遺跡（青森県）

弥生中期の水田跡。畦で小さく区画された656面もの水田跡や水路が発見され，弥生人の足跡も検出された。田舎館遺跡ともいう。

▶水田跡

弥生町遺跡（東京都）

東京大学構内にあり，向ヶ岡貝塚ともよばれる。最初の「弥生式土器」が出土した遺跡。しかし，正確な位置は不明のままである。→p.19 4-⑤

登呂遺跡（静岡県）

第二次世界大戦後の1947（昭和22）年に発掘調査が再開され，弥生後期の集落跡とその南に広がる大規模な水田跡が一体のものとして確認された。住居跡・高床倉庫跡のほか，多数の木製品も出土。
→p.22 2-ⅰ

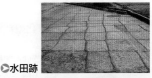

▶水田跡杭列

（地図上の地名: 砂沢，垂柳，荒神谷，加茂岩倉，弥生町，唐古・鍵，登呂，菜畑，板付，吉野ヶ里）

吉野ヶ里遺跡（佐賀県）

弥生時代の約600年間にわたる最大級の環濠（壕）集落遺跡。中期後半には大規模な墳丘墓が築造され，後期には2階建てと推定される大型建物や物見櫓が築かれた。「魏志」倭人伝に描かれた「クニ」の拠点的集落と考えられている。→p.21 4，p.24 2

板付遺跡（福岡県）

縄文晩期〜弥生前期の集落遺跡。縄文晩期の土器が出土する土層で，水田跡や水路・取排水遺構などを検出。縄文晩期終末における水稲耕作の存在が判明した。

唐古・鍵遺跡（奈良県）

弥生前期〜後期の大規模な環濠集落遺跡。唐古池の底から多量の木製農具が出土し，弥生時代の水稲耕作法が判明した。近年，高層建物を描いた土器片が出土して話題となった。→p.24 1

Question p.21 2・3-③の図や写真に注目して，弥生時代と現代の水稲耕作では，稲の収穫方法にどのような違いがあるか答えよう。

詳日 第1章2 p.14〜17

1 弥生時代の水稲耕作

水田	・小区画の田が多い ・灌漑, 排水用の水路をそなえる ・湿田, 半乾田	農作業	① 浅耕…木製農具（鍬・鋤）3-① ←朝鮮半島系磨製 　（後期には鉄製の刃先　　　　石器で加工 　を持つものが登場） ② 代掻き…えぶり 3-① , 田下駄をはく 3-② ③ 直播き, 田植え(?)	④ 除草 ⑤ 収穫…石包丁による穂首刈り 3-③ ⑥ 脱穀…木臼・竪杵 3-④ ⑦ 貯蔵…(穂束のまま)高床倉庫 4 ・貯蔵穴

2 水稲耕作の様子 (想像図)

⑥脱穀　⑦貯蔵　④除草　①浅耕　⑤収穫　③田植え(?)　②代掻き

詳しくみてみよう！
弥生時代の稲の化石

図は, 春から夏を経て秋に至るまでの農作業の様子を, 一つの場面にまとめて描いたものである。(中西立太画)

3 弥生時代の農具 3-① 耕作具

鍬 平たい板に柄のついた農具で, 田畑を耕したり, ならしたりする。

鋤 直線的に土中に刃先を突き込む。深耕が可能になる。

復元図

▲平鍬　奈良県 唐古・鍵遺跡 長33.4cm

▲広鍬　静岡県 登呂遺跡 長25.0cm

▲鉄製鋤先　福岡県 宮ノ前遺跡 幅10.1cm

▲青銅製鋤先　福岡県 田隈遺跡 幅8.8cm

▲鋤　大阪府 瓜生堂遺跡 長127cm

鉄鎌 柄につけた鉄製の刃で草や稲を根元から刈り取った。

復元図

えぶり
水田の表面をならす

▲えぶり　静岡県 山木遺跡 幅38.4cm

3-② 田下駄

▲田下駄　静岡県 登呂遺跡 長38.6cm

▲鉄製手鎌　福岡県 赤井手遺跡 長10cm

3-③ 収穫

▲石包丁　佐賀県 吉野ヶ里遺跡 長12.7cm

▲石包丁で稲の穂をつむ

3-④ 脱穀

▲脱穀の様子 (再現)
刈り取った稲の穂は, 木臼に入れ棒状の竪杵でついて籾をとる。

▶**竪杵** 脱穀には, 円筒形や鼓形の材をくり抜いてつくった木臼, 棒状の材の中程を握りやすく削った竪杵が対で用いられた。
長崎県 里田原遺跡　高94cm

高38.6cm

▲木臼　大阪府 亀井遺跡

4 高床倉庫

▲復元された高床倉庫　佐賀県 吉野ヶ里遺跡

解説 板材を多く用い, 長い柱で床を地表から持ち上げた高床倉庫は, 湿気を防ぎ, 洪水をさけるのに有効で, ねずみや虫から米を守る上でも効果的である。柱や梯子と建物の床の間に, 「ねずみ返し」という板をつけたものもある。

高床倉庫の復元図

Answer 弥生時代には石包丁で稲の穂首を刈り取っていたが, 現代では稲の根元から刈り取っている。

22 弥生人の生活②

第①部 原始・古代

1 弥生人の住居・集落と墓制

住居と集落	竪穴住居・平地式建物 **2-①** 高床倉庫（掘立柱） 環濠集落の出現 **2-②**
墓制 **3**	集落近くの共同墓地←伸展葬 土坑墓・木棺墓・箱式石棺墓 地域による特徴 　九州北部➡支石墓・甕棺墓 　東日本➡再葬墓 盛土を持つ墓の出現 　（各地）方形周溝墓 　（岡山県）楯築墳丘墓 　（山陰地方）四隅突出型墳丘墓

▶**大塚遺跡・歳勝土遺跡**（復元模型）　弥生中期の遺跡で、大塚遺跡は環濠集落跡、歳勝土遺跡は方形周溝墓群。環濠外の方形周溝墓群は、集落に住んだ人々の墓で、居住域と墓域とが一体的に把握できる貴重な遺跡である。ともに神奈川県

2 平地式建物と環濠集落

2-① 平地式建物

◀解説 **平地式建物とは**　土間を掘り込まず、地表面を床として周囲に土を盛り、その外側に排水用の溝をめぐらせたもので、はじめは低湿地に多くつくられた。静岡県 登呂遺跡

2-② 環濠集落

◀解説 **環濠集落とは**　外敵や獣からの防御を目的として、周囲に濠をめぐらした集落。環濠内部には住居や貯蔵穴・倉庫が設けられ、外側には土塁が築かれた。神奈川県 大塚遺跡

2-③ 環濠集落と墓域

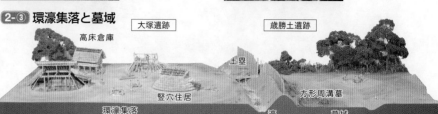

大塚遺跡　高床倉庫　歳勝土遺跡　土塁　竪穴住居　方形周溝墓　環濠集落　濠　墓域

3 弥生時代の墓制

土坑墓

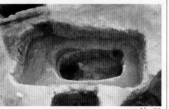

▲**土坑墓**　地面を掘り下げてつくった坑（墓穴）に、遺体を直葬するもっとも基本的な埋葬形態。弥生時代の全時期にわたってつくられ、広範囲に分布する。佐賀県吉野ヶ里遺跡

木棺墓

▲**木棺墓**　木製の棺に遺体をおさめた埋葬形態。棺用の木材加工には、磨製石器や金属器の使用が不可欠であったため、弥生前期の出現とされる。古墳時代前期まで広く用いられた。大阪府安満遺跡

箱式石棺墓

▲**箱式石棺墓**　墓穴のなかに、板石などで長方形の箱状の棺を設け、そこに遺体をおさめた墓。広島県 花園遺跡

甕棺墓

▶**甕棺墓**　棺として製作した大型の甕に遺体をおさめ、土坑に安置した墓で、弥生前期～中期の九州北部に多くみられる。弥生中期が最盛期で、中国大陸・朝鮮半島との関係を示す青銅器などを副葬した墓も多い。福岡県 永岡遺跡

支石墓

▲**支石墓**　数個の支石の上に大きな主石をのせた墓で、遺体は直下の甕棺・木棺・箱式石棺などにおさめられた。朝鮮半島南部の影響をうけて、縄文晩期の九州西北部に出現し、弥生中期頃までつくられた。九州北部を中心に、南は熊本県、東は愛媛県にまで分布する。長崎県 里田原遺跡

支石墓模式図

主石　支石　土坑　甕棺

方形周溝墓

方形周溝墓　一辺10～15mほどの方形に溝をめぐらし、溝の内側に1m前後の盛土をして、中央部分に土坑や木棺墓を設けて遺体をおさめる。弥生前期に近畿を中心として出現し、九州から東北地方まで分布する。複数の遺体をおさめる墓や、いくつもの方形周溝墓が接してつくられることも多い。古墳時代初期までみられる。福井県 吉河遺跡

方形周溝墓想像図

墳丘墓

▲**墳丘墓**　盛土や周辺を削って、一部を高くした墓。古墳が出現する直前、特定の集団墓から特定個人の墓が分離していく過程でつくられたもの。佐賀県 吉野ヶ里遺跡

楯築墳丘墓

▷**楯築墳丘墓**（墳頂部）　直径約40m、高さ約5mの主墳に、長さ約22mの二つの突出部を持つ弥生後期の最大級の墳丘墓。主墳上には巨石が立てられ、斜面にも列石が確認された。主墳中心部で発見された木製外箱には、被葬者のものとみられる木棺が鉄剣や首飾りなどとともにおさめられていた。岡山県 楯築遺跡

楯築墳丘墓模式図

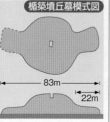

83m　22m

四隅突出型墳丘墓

◀**四隅突出型墳丘墓**　方形または長方形の墳丘の四隅に突出部があるヒトデ型の墳丘墓で、側面と突出部には貼石・葺石がほどこされる。多くは丘陵の尾根上に盛土してつくられる。2世紀末に出現し、山陰地方・北陸地方に分布する。写真の洞ノ原1号墓（墳丘部6.4m×5.4m）は、妻木晩田遺跡（弥生後期を中心とする大集落遺跡）にある11基の四隅突出型墳丘墓のうちの一つ。鳥取県 洞ノ原1号墓（妻木晩田遺跡）

Question p.23 **4-②**の図から、青銅製祭器のうち武器形祭器と銅鐸は、それぞれどのような地域を中心に分布しているか答えよう。

1 青銅製祭器の変遷

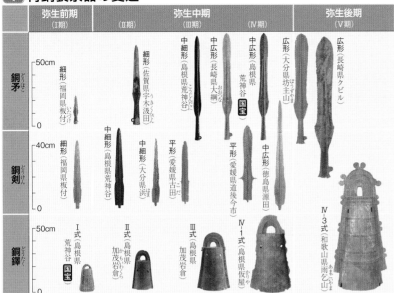

	弥生前期（Ⅰ期）	弥生中期（Ⅱ期）	（Ⅲ期）	（Ⅳ期）	弥生後期（Ⅴ期）
銅矛	細形（福岡県板付）	細形（佐賀県宇木汲田）	中細形・中広形（島根県荒神谷 国宝）	中広形（長崎県大網）	中広形（島根県荒神谷 国宝）／広形（大分県坊主山）／広形（長崎県クビル）
銅剣	細形（福岡県板付）	中細形（島根県荒神谷）／中細形（大分県浜）	平形（愛媛県古田）	平形（愛媛県道後今市）／中広形（徳島県源田）／中広形（島根県源田）	
銅鐸	Ⅰ式（島根県荒神谷 国宝）	Ⅱ式（島根県加茂岩倉）	Ⅲ式（島根県加茂岩倉）／Ⅳ-1式（島根県仮屋）	Ⅳ-3式（和歌山県雨乞山）	

▲解説 銅剣・銅矛・銅戈は、朝鮮半島でも儀仗的な意味を持っていたが、日本で生産が始まるとしだいに大形化し、形状も細形→中細形→中広形→広形・平形と変遷して、純然たる祭器に変貌する。銅鐸も、朝鮮半島で司祭者が身に着けたとされる朝鮮式銅鈴が日本で独自の発達をとげて祭器となり、大形化するにつれて、実際に音を鳴らすものから見るだけのものへとかわった。

2 武器形祭器と銅鐸の起源

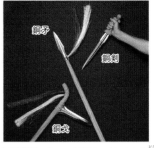

▲解説 左は、武器として用いられた銅剣・銅矛・銅戈の使用法を推定復元したもので、日本で大型化して武器形祭器となった。右は、銅鐸の起源となった朝鮮式銅鈴（韓国合松里出土、高さ16.1cm）で、内側に舌という青銅製の棒をつるしてカネのように鳴らした。

3 「聞く」銅鐸から「見る」銅鐸へ

◀つり下げた状態の銅鐸 銅鐸は大形化するにつれて、吊手（鈕）の幅が広くなり、多くの装飾もほどこされるようになる。このことは、カネのように鳴らしていた銅鐸が、「見る」だけの銅鐸へと変化したことを示している。

4 青銅製祭器の分布

4-① 弥生前期〜中期前半

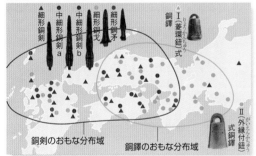

細形銅剣／中細形銅剣a／中細形銅剣b／中細形銅戈／細形銅矛／銅鐸 Ⅰ（菱環鈕）式／Ⅱ（外縁付鈕）式銅鐸
銅剣のおもな分布域／銅鐸のおもな分布域

4-② 弥生中期後半

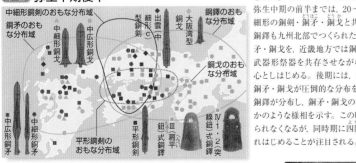

中細形銅剣のおもな分布域／銅鐸のおもな分布域／中細形銅剣 中広形銅戈／中広形銅剣／中細形銅矛／出雲型細形銅剣c／大阪湾型銅戈／銅戈のおもな分布域／中広形銅矛／中細形銅矛／平形銅剣／平形銅剣のおもな分布域／Ⅲ（扁平鈕）式銅鐸／Ⅳ-1・2（扁平鈕・突線鈕）式銅鐸

4-③ 弥生後期

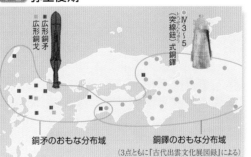

広形銅矛／広形銅戈／Ⅳ-3〜5（突線鈕）式銅鐸
銅矛のおもな分布域／銅鐸のおもな分布域
（3点ともに『古代出雲文化展図録』による）

▶解説 時期による青銅製祭器分布域の変化
弥生中期の前半までは、20〜30数センチ程度の小形の銅鐸が、中細形の銅剣・銅矛・銅戈と共存し、武器形祭器は近畿でもつくられ、銅鐸も九州北部でつくられた。中期後半になると、九州北部では銅矛・銅戈を、近畿地方では銅鐸を、山陰・瀬戸内海地方では銅鐸と武器形祭器を共存させながらも新たに銅剣を、それぞれ祭器の中心としはじめる。後期には、九州北部から四国の西側にかけて広形銅矛・銅戈が圧倒的な分布をみせる一方、近畿地方を中心に大形の銅鐸が分布し、銅矛・銅戈の祭祀圏と銅鐸の祭祀圏が対峙しているかのような様相を示す。この時期に、中国地方では青銅製祭器がみられなくなるが、同時期に四隅突出型墳丘墓や大型墳丘墓がつくられはじめることが注目される。

島根県荒神谷遺跡

この遺跡で出土した358本の銅剣は、刃をおこして接する状態で4列7群に分けて並べられていた（写真上）。6個の銅鐸は鰭を立てて3個ずつ向かい合せにおかれ、いっしょに埋納されていた16本の銅矛は、それぞれが互い違いにおかれていた（写真下）。

5 銅鐸に描かれた絵

▶解説 絵のある銅鐸は、これまでに発見された銅鐸全体数のうち、11%弱しかない。銅鐸に描かれた絵は、銅鐸を用いたマツリに深く関連するものと考えられている。もっとも多く描かれているのはシカ、ついでサギとみられる水鳥であり、イノシシや犬、魚のほかクモ・トンボなどの昆虫も登場する。また、人は男性が○、女性は△の頭で描き分けられたと考えられている。

▲銅鐸に鋳出された絵 左からシカと狩人、魚をとる人、脱穀する人。いずれも兵庫県 桜ヶ丘出土5号銅鐸 国宝

詳しくみてみよう！ 伝香川県出土の銅鐸に描かれた絵

Answer 銅矛・銅戈は主に九州北部、平形銅剣は主に瀬戸内海中部、銅鐸は主に近畿地方を中心にそれぞれ分布している。

第1部 原始・古代

1 唐古・鍵遺跡（奈良県）

解説

唐古・鍵遺跡は、奈良県田原本町にある、弥生時代約600年間にわたる大環濠集落遺跡で、面積は約42haにおよぶ。弥生前期に3カ所に分かれていた集落が、中期になって統合され、周囲に大環濠がめぐらされたと考えられる。青銅器の鋳造施設が発見され、糸魚川周辺産のヒスイ製勾玉や、さまざまな地域の土器が出土するなど、集落の規模や構造などから大和地域における拠点的集落と考えられている。

△遺跡全景

唐古池
ヒスイ・勾玉出土地
青銅器鋳造工房跡
楼閣絵画のある土器片出土
鍵池

△楼閣絵画がある土器片 1991年の調査で出土した土器片の一つに2層の屋根と渦巻き状の屋根飾り、もう一つに2本の柱と梯子が描かれていた。

△楼閣（復元） 土器片の絵をもとに復元された楼閣は、高さ12.5mの2階建てで、4本の柱は直径50cm。屋根は茅葺きで、藤蔓でつくった屋根飾りがつけられた大陸風の建物となっている。

△ヒスイ製勾玉入りの鉱石 1993年、二つのヒスイ製勾玉をおさめた褐鉄鉱の容器が出土した。勾玉はそれぞれ長さ4.64cm、3.63cmという大形のもので、石の原産地は新潟県糸魚川周辺である。

▽環濠遺構

▷大型建物遺構

2 吉野ヶ里遺跡（佐賀県）

解説

吉野ヶ里遺跡は、佐賀県神埼市と神埼郡吉野ヶ里町にまたがって存在する、弥生時代約600年間にわたる日本最大級の環濠集落遺跡である。弥生中期には首長を埋葬した大型墳丘墓や甕棺の集団墓地が営まれ、後期には大規模なV字形の外濠に囲まれた内側に、特別な空間として二つの内郭がつくられ、大型の2階建て建物や物見櫓などが建てられた。「魏志」倭人伝に記された「クニ」の姿を思わせる遺跡である。

◁大型建物（推定復元）

▷復元された集落 二つある内郭のうちの南内郭で、環濠と土塁で囲まれた内側には、竪穴住居が十数棟あり、環濠の張り出し部分には、物見櫓が建てられていたと考えられる。南内郭の隣接地には、大形の高床倉庫もあった。

△遺跡の全景

南内郭
外濠
北内郭
田手川

詳しくみてみよう！
弥生時代の村のようす

△把頭飾付有柄銅剣とガラス製管玉 墳丘墓に埋納されていた朱塗りの甕棺からは、柄から把頭飾まで青銅で鋳造した細形銅剣と、約80個のガラス製管玉が発見された。

◁甕棺墓群 2500基以上の甕棺が2列、約600mにわたって整然と並べられ、集団墓地を形成している。

Question p.25 1 の年表や 2 ・ 3 の図から、分立していた小国が、しだいに連合体を形成するようになった理由を考えてみよう。

詳日 第1章2 p.17〜18

1 前1世紀〜後2世紀の日本

中国	中国史書にみる日本の様子
前漢	**『漢書』地理志** 夫れ楽浪海中に倭人有り，分れて百余国と為る。歳時を以て来り献見すと云ふ。 （倭は百余国が分立し，なかには定期的に漢に朝貢する国もあった。） （紀元前1世紀頃の日本）
紀元後8 新 25	
後 57	**『後漢書』東夷伝** 建武中元二年，倭の奴国，貢を奉じて朝賀す。（中略）光武，賜ふに印綬を以てす。 （倭の奴国の王が後漢に朝貢し，光武帝より「漢委奴国王」の印綬を賜った。）
漢 107	安帝の永初元年，倭の国王帥升等，生口百六十人を献じ，請見を願ふ。 （倭国王の帥升等が生口〈奴隷〉160人を安帝に献上した。）
147〜189	桓霊の間，倭国大いに乱れ，更相攻伐して歴年主なし。 （倭国で大乱が起きた。たがいに戦いあい，年を経ても盟主がいなかった。）
220 221 222 魏 蜀 呉	**『魏志』倭人伝** 其の国，本亦男子を以て王と為す。住まること七，八十年。倭国乱れ，相攻伐して年を歴たり。乃ち共に一女子を立てて王と為す。名を卑弥呼と曰ふ。 （その国はもとは男子が王であり，70〜80年君臨した。倭国で乱が起こり，たがいに戦いあって年を経た。そこで，ともに一人の女性を王とした。名は卑弥呼という。）

3 高地性集落の分布

種松山　貝殻山　会下山
紫雲出山　古曽部・芝谷

◀解説
高地性集落は，弥生中期〜後期の瀬戸内海や大阪湾の沿岸を中心に，見晴らしのよい山頂や斜面，または丘陵上に形成された。日常の農作業には支障をきたす立地と，武器として発達した石器が大量に出土することから，**軍事的な緊張を反映して**営まれたものと考えられている。

（小野忠熙『高地性集落跡の研究』による）

◀**紫雲出山遠景**　紫雲出山遺跡は，弥生中期後半(前1世紀〜後1世紀)の代表的な高地性集落遺跡で，瀬戸内海をのぞむ標高352mの紫雲出山山頂にある。竪穴住居や高床倉庫などの遺構のほか，大型の石鏃や石槍などの武器が大量に出土した。
香川県

◀**古曽部・芝谷遺跡全景**　古曽部・芝谷遺跡は，弥生後期前半(後1世紀)，標高80〜100mの丘陵上に営まれた東西600m南北500mにおよぶ集落遺跡で，周囲に幅8m深さ5mの環濠が巡らされている。遺跡からは100棟以上の竪穴住居址や木棺墓，土器・石器のほか鉄製武器や農耕具も出土した。大阪府高槻市

2 戦争の始まり

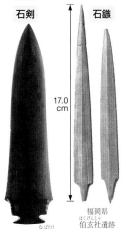

石剣
佐賀県 棄畑遺跡
長 21.7cm

石鏃
17.0cm
福岡県 伯玄社遺跡

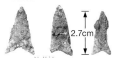

鉄鏃
2.7cm
福岡県 吉ヶ浦遺跡

9.8cm
長崎県 原の辻遺跡

◭**首のない被葬者**
佐賀県 吉野ヶ里遺跡

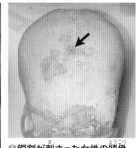

◭**銅剣が刺さった女性の頭骨**
突き刺された銅剣の先が折れて，骨のなかに残っているが，致命傷ではなかった。長崎県 根獅子遺跡

◭◮**朝日遺跡と復元想像図**　愛知県朝日遺跡は，弥生中期〜後期の環濠集落遺跡。集落の周囲に濠を掘って防壁を築き，濠に枝つきの木を植え込んだ(逆茂木)防御柵を設け，外側には先端を斜めに切った杭を打ち込んで，守りを固めた様子がわかる。

4 東アジアにおける印の分布

（国立歴史民俗博物館『新弥生紀行』による）

駝鈕銅印
「漢匈奴悪適尸逐王」
（出土地不詳）

蛇鈕金印
「漢委奴国王」
（福岡県志賀島）

高句麗
馬韓　辰韓　弁韓 弁辰
倭
（弥生時代）

亀鈕金印
「廣陵工璽」
（中国江蘇省甘泉鎮）

洛陽
後漢

蛇鈕金印
「滇王之印」
（中国雲南省石塞山）

亀鈕金印「泰子」
（中国広東省南越王墓）

龍鈕金印「文帝行璽」
（中国広東省南越王墓）

中国皇帝から下賜された印の分布
中国の印は，それを持つ人物の身分や地位によって材質やつまみ(鈕)の形が異なる。皇帝・皇后は螭虎鈕，高官は亀鈕，皇族は駝鈕の印を持った。また北方諸民族の王には駝鈕，南方諸民族の王には蛇鈕の印が与えられた。奴国の王は，南方民族の王とみられていたらしい。

Answer 出土した武器や高地性集落の分布などから推測される小国間の戦争に備えるための同盟や敗戦による併合の結果，連合体が形成された。

26 邪馬台国連合

第1部 原始・古代

1 倭人の特色(「魏志」倭人伝より)

項目	内容
身分制度	「大人」－「下戸」－「生口(奴隷)」という身分が成立していた
衣	男子は「横幅(横に長い布)，ただ結束して相連ね，ほぼ縫ふことなし」 女子は「単被(ワンピース)の如く，その中央を穿ち，頭を貫きてこれを衣る」
食	「冬夏生菜を食す」「食飲には籩豆(高杯)を用ゐ手食す」「酒を嗜む」
住	「屋室あり」「父母兄弟，臥息処を異にす」
習俗	男子は「皆黥面文身す」 「朱丹を以てその身体に塗る」
税制度	「租賦(税)を収むに邸閣(倉庫)あり」
交易	「国々に市有り」て「有無を交易」す
法制	「其の法を犯すや，軽き者は其の妻子を没し，重き者は其の門戸および宗族を没す」

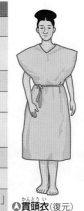

Ⓐ貫頭衣(復元)

Ⓐ「黥面」のある土器
愛知県 亀塚出土 高26.5cm

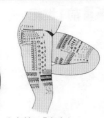

Ⓐ女性の「文身」
(カロリン諸島ラモルトリケ島)

Ⓐ解説 「黥面」と「文身」
「黥面」は顔の入れ墨，「文身」は身体の入れ墨と解釈される。亀塚出土の土器には，鼻を中心として左右対称に入れ墨をした顔が描かれ，「黥面」を思わせる。右は女性にほどこされた入れ墨であるが，「文身」はこのようなものと考えられている。

2 3世紀の東アジア

Ⓐ解説 中国は魏・呉・蜀がたがいに覇権を争う三国時代であり，魏は呉との対抗上有利との判断から倭の女王卑弥呼を優遇したと考えられる。

3 九州北部の小国

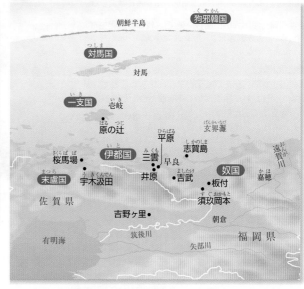

◀解説 邪馬台国連合に属する小国の所在地については，対馬国・一支国はそれぞれが対馬・壱岐であり，末盧国は佐賀県松浦地方，伊都国は福岡県糸島平野，奴国は福岡県のかつて那津ともよばれた博多を含む福岡平野にあった，と諸説が一致している。壱岐にある巨大な環濠集落遺跡・原の辻遺跡は，一支国の王都と考えられている。

4 邪馬台国論争

帯方郡より邪馬台国への道程

邪馬台国の所在地については，近畿説と九州説が有力である。九州説では，「魏志」倭人伝に記された帯方郡から邪馬台国にいたる道程で，伊都国以降の国々を伊都国を中心に放射状に位置づける解釈によって，邪馬台国を九州北部にあったとする。近畿説では，伊都国以降の方位について南は東の誤りと解釈し，邪馬台と大和の音の一致，3世紀の大型墳丘墓や大規模集落遺跡の存在などを説の根拠とする。

邪馬台国の位置に関する諸説
❶ 大隅・薩摩説
❷ 筑後国山門郡
❸ 肥後国菊池郡山門郷
❹ 筑後国御井郡
❺ 豊前国宇佐郡山門郷

凡例:
━━ 魏志の推定交通路
━━ 九州説(放射式読み方，榎一雄説)
━━ 近畿説

道程図:
帯方郡 たいほうぐん
水行7000余里 → 狗邪韓国 ぐやかん 狗邪韓国
渡海1000余里対馬国
対馬国 つしま
渡海1000余里一支国
一支国 いき
渡海1000余里末盧国
12000余里
末盧国 まつら
東南陸行500里伊都国
伊都国までは方位・里数(日数)・国名の順に記述，伊都国から以下の国は方位・国名・里数の順に記述
伊都国 いと
東行不弥国100里 → 不弥国 ふや(ふみ)
東南奴国100里
奴国 な
東行不弥国100里 → 不弥国
南投馬国水行20日 → 投馬国 南投馬国水行20日
投馬国 とうま(つま)
南邪馬台国水行10日陸行1月
邪馬台国 やまたい(やまと) → 邪馬台国
南邪馬台国水行10日陸行1月

0 100km (約25万)

Question p.27 1・4・5 の表や図から，前期に築造された前方後円墳には，どのような特徴があるか考えてみよう。

古墳の出現とヤマト政権 27

1 古墳の変遷

＊後期の7世紀を**終末期**とよぶこともある。

時 期	前期（3世紀中頃〜4世紀後半）	中期（4世紀末〜5世紀末）	後期（6世紀〜7世紀）
分 布	近畿・瀬戸内海沿岸に出現	全国に広がる（大王墓は大和から河内・和泉に）	全国に分布
立 地	丘陵の尾根や山腹	平野	山間部や小島にも
形 状	前方後円墳・前方後方墳・円墳・方墳など	前方後円墳が巨大化（周濠・陪家を持つ）	前方後円墳の規模縮小（近畿中央部をのぞく）群集墳（小規模な円墳，横穴墓）の増加
埴 輪	円筒埴輪，家形埴輪，器財埴輪（盾・靫・蓋など）	円筒埴輪，家形埴輪，器財埴輪，人物・動物埴輪も出現	人物・動物埴輪が盛ん（近畿では減少）
内 部	竪穴式石室，粘土榔に割竹形木棺や石棺をおさめる	竪穴式石室九州北部で横穴式石室が出現→5世紀には近畿地方へ	横穴式石室が全国に普及家形石棺が出現装飾古墳が出現（九州・茨城・福島）
副葬品	銅鏡・碧玉製腕輪・剣・玉（管玉・勾玉など）・鉄製農工具など＝呪術的・宗教的色彩が強い→被葬者は司祭者的性格	鉄製武器・武具の増加，馬具が加わる→被葬者は**武人的性格**	多量の土器（土師器・須恵器）・馬具・金銅製装身具・日用品
代表的な古墳	ホケノ山古墳（奈良県桜井市）箸墓古墳（奈良県桜井市）浦間茶臼山古墳（岡山県岡山市）石塚山古墳（福岡県苅田町）黒塚古墳（奈良県天理市）	誉田御廟山古墳（大阪府羽曳野市）大仙陵古墳（大阪府堺市）太田天神山古墳（群馬県太田市）造山古墳（岡山県岡山市）	藤ノ木古墳（奈良県斑鳩町）五条野丸山古墳（奈良県橿原市）高松塚古墳（奈良県明日香村）岩戸山古墳（福岡県八女市）新沢千塚古墳群（奈良県橿原市）

2 弥生時代の首長墓

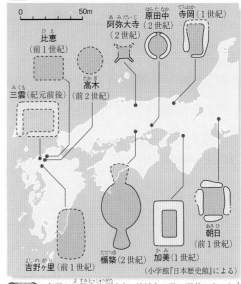

0　　　50m

比恵（前1世紀）
阿弥大寺（2世紀）
寺岡（1世紀）
三雲（紀元前後）
原田中（2世紀）
高木（前2世紀）
吉野ヶ里（前1世紀）
楯築（2世紀）
加美（1世紀）
朝日（前1世紀）

（小学館『日本歴史館』による）

A 解説 方形や四隅突出型など，地域色の強い形状であった首長墓が，3世紀後半には前方後円墳・前方後方墳に統一されていく。

3 箸墓古墳と纒向遺跡

▲箸墓古墳復元模型

▼纒向遺跡想定復元図

三輪山／大型建物群／ホケノ山／箸墓古墳／南飛塚／纒向大溝／纒向石塚／勝山／矢塚／東田大塚

（ⓒ寺沢薫・加藤愛一）

A 解説 奈良県桜井市の**纒向遺跡**には，弥生時代終末期の築造とされる纒向石塚・矢塚・勝山などの前方後円形の墳丘墓があり，3世紀中頃につくられたホケノ山（全長約86m）は，定型化される直前の前方後円形墳丘墓と考えられている。ホケノ山の西約200mに位置する**箸墓古墳**（全長約280m）は，古墳出現期最大の定型化された前方後円墳である。この遺跡では前方後円墳出現までの変遷をたどることができる。ただし，纒向石塚・矢塚・勝山・ホケノ山などを古墳出現期の前方後円墳とする説もある。

4 前期古墳の特徴

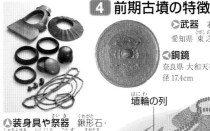

▷**武器** 右から刀・剣・槍 愛知県 東之宮古墳

109.5cm

▷**銅鏡** 奈良県 大和天神山古墳 径17.4cm

▲**装身具や祭器** 鍬形石・車輪石・石釧・合子・勾玉・管玉 愛知県 東之宮古墳

埴輪の列／（後円部）／周濠／（前方部）／葺石

墳丘上の葺石と円筒埴輪，竪穴式石室と木棺，副葬された銅鏡，碧玉製腕輪，剣などが前期古墳の特徴である。

5 石室の構造

● 竪穴式石室

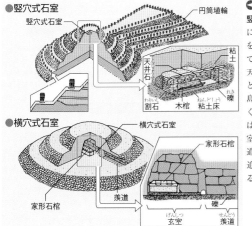

円筒埴輪／竪穴式石室／天井石／割石／木棺／粘土／礫／粘土床

● 横穴式石室

横穴式石室／家形石棺／家形石棺／羨道／（玄室）／（羨道）

◁ 解説 **竪穴式石室**は，墳丘に掘った竪穴に木棺を安置し，石を積んでつくった壁の上に天井石をのせて石室としたもの。朝鮮半島の影響をうけてつくられた**横穴式石室**は，外部と墓室（玄室）を結ぶ通路（羨道）と出入口を持ち，追葬を可能にしている。

6 ヤマト政権の成立

出現期の古墳の画一的な特徴		
	形 状	前方後円墳，前方後方墳
	埋葬施設	竪穴式石室・割竹形木棺
	副葬品	呪術的な副葬品（銅鏡・石釧・鍬形石など）

広域的な政治連合の形成　　大和地方に巨大古墳が集中

↓

ヤマト政権の成立

A 解説 **ヤマト政権の成立と前期古墳** 弥生時代の地域性に富んだ首長墓が，3世紀後半には画一的な形状・埋葬施設・副葬品を持つ大型の前方後円墳・前方後方墳として定型化される。出現期の前方後円墳の分布は，近畿大和を中心に瀬戸内海沿岸から九州北部におよび，ここに広域的な政治連合（**ヤマト政権**）が成立したことを物語る。一方，古墳時代前期前半，東日本では前方後方墳が多くつくられるが，その規模は前方後円墳に比べはるかに小さい。前方後円墳は，ヤマト政権の成立当初から政権を支えてきた地域の首長がつくり，前方後方墳は遅れて政権に加わった地域の首長がつくったものと考えられている。

Answer 墳丘上には葺石が葺かれ，円筒埴輪が置かれた。竪穴式石室が設けられ，銅鏡などの祭器や腕輪などの装身具が多く副葬された。

第1部 原始・古代

1 円筒埴輪と器財埴輪

▲私市円山古墳の円筒埴輪 京都府

◀解説 埴輪の起源と用途 埴輪の起源は，吉備地方の弥生後期の墳丘墓にみられる特殊壺と，それをのせる特殊器台のセットであると考えられている。4世紀前半に，その器台のみをあらわしたものが円筒埴輪，器台に壺をのせた状態をあらわしたものが朝顔形埴輪として確立した。墳丘上に並べられた円筒埴輪・朝顔形埴輪は，古墳を聖域として画するためのもの，盾や靫など武具形の器財埴輪は，被葬者を邪気から守る役割をはたしていたとみられる。

▲特殊器台 岡山県 中山遺跡 高92.4cm

▲円筒埴輪 奈良県 メスリ山古墳 高118cm

▲朝顔形埴輪 千葉県 子の神 7号墳 高78.5cm

▶靫形埴輪 大阪府 萱振1号墳 高154.5cm

▶船形埴輪 宮崎県 西都原169号墳 長101.2cm

▶家形埴輪 奈良県 歌姫1号横穴 長60cm

◀解説 器財埴輪とは 蓋形埴輪は，被葬者の地位の高さを示す。家形埴輪は，住居や倉庫のほか，特別な建物をあらわしたものもある。船形埴輪は，霊魂が，冥界におもむくための乗り物とされる船を模したという説がある。

▲蓋形埴輪(復製) 奈良県 佐紀陵山古墳 高150cm

2 副葬品の変化

2-① 前期古墳に多い副葬品

▲四獣鏡 京都府 芝ヶ原12号墓 径11.9cm

▲勾玉 京都府 芝ヶ原12号墓 長16〜24mm

▲管玉 京都府 芝ヶ原12号墓 長3〜15mm

◀鍬形石 愛知県東之宮古墳 長15.38cm

▲車輪石 愛知県 東之宮古墳 直径12.9cm

▲鉄製農工具・鉄斧 奈良県 メスリ山古墳 長13.0cm

▲鉄製農工具・鉇 奈良県 メスリ山古墳

▲玉杖 奈良県 茶臼山古墳 19.0cm

2-② 中期古墳に多くみられる副葬品

◀冑 千葉県 大塚山古墳 左右径18.8cm 前後径21.7cm

▲鉄鏃 滋賀県 雪野山古墳

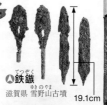

▲短甲 熊本県 マロ塚古墳 高43.5cm

▲馬具(鎧・轡・馬鈴・杏葉など) 和歌山県 大谷古墳

▲環頭大刀 京都府 湯舟坂2号墳 推定全長122cm

59cm
19.1cm

◀解説 前期古墳に多く副葬されている銅鏡は祭祀や呪術に用いられ，勾玉・管玉や車輪石・鍬形石などの碧玉製の腕輪も呪術的意味合いの強い装身具とみられる。これに対し，中期古墳の副葬品として目立つ武器・武具や馬具は，いずれも実用的なものである。こうした副葬品の変化は，**司祭者・呪術者から武人へ**という被葬者の性格の変化を物語っている。

3 古墳の分布

造山古墳(岡山県)
岡山県第1位，全国で第4位の規模を持つ中期の前方後円墳(全長約360m)。同時期の近畿の大王墓に匹敵する規模。→p.29 5

椿井大塚山古墳(京都府)
三角縁神獣鏡32面を含む38面以上の銅鏡が出土した。3世紀後半の築造とされる前方後円墳(全長約185m)。

竹原古墳(福岡県)
石室の奥壁に一対の翳(貴人にかざす団扇)と馬をひく人物や船などが，左右の袖石には朱雀・玄武が描かれた装飾古墳。6世紀後半築造の円墳(径約18m)。

岩戸山古墳(福岡県)
527年に乱をおこした筑紫国造磐井の墓と推定されている九州最大級の後期の前方後円墳(全長約135m)。古墳の周囲には，多くの石人・石馬が並べられていた。→p.32 3

江田船山古墳(熊本県)
銀象嵌の75文字の銘文がある鉄刀が出土した，後期の前方後円墳(全長約62m)。銘文中の「獲□□□歯大王」は，稲荷山鉄剣にある「獲加多支鹵大王」と同一人物と考えられる。→p.31 3

岩橋千塚古墳群(和歌山県)
紀ノ川下流の丘陵上に築造された大古墳群で，5世紀中頃〜7世紀築造の前方後円墳・円墳・方墳など約600基が群集している。

稲荷山古墳(埼玉県)
「獲加多支鹵大王」の文字を含む115文字の金象嵌銘がある鉄剣が出土した。埼玉古墳群中にある，後期の前方後円墳(全長約120m)。→p.31 3

吉見百穴(埼玉県)
6世紀末〜7世紀末につくられた横穴墓群。凝灰岩質の山の斜面に掘られたもので，現在219個が確認できる。→p.32 5

黒塚古墳(奈良県)
1998年に，過去最多となる33面の三角縁神獣鏡と画文帯神獣鏡1面が未盗掘の状態で出土した。前期の前方後円墳(全長約130m)。

高松塚古墳(奈良県)
1972年に石槨内で極彩色の男女群像や四神・日月像などの壁画が発見された。7世紀末〜8世紀初頭に築造された円墳(径約16m)。壁画補修のため石槨が解体された。→p.58 3

毛野
尾張・美濃
出雲
吉備
大和
筑紫
日向

• 古墳・古墳群　□ おもな勢力範囲
• 横穴・横穴群

Question p.28 2 の写真から，前期古墳と中期古墳のそれぞれに多くみられる副葬品の違いは，何を示しているか考えてみよう。

1 前方後円墳の変遷と古墳の形状

前方後円墳の変遷

| 出現期 | 前期中頃 | 中期前半 | 中期後半 |

双方中円墳　前方後方墳　帆立貝式古墳　円墳　上円下方墳　方墳

◀五色塚古墳　明石海峡を見下ろす高台にある前方後円墳（全長約194m），4世紀末～5世紀初の築造。兵庫県

◀雨の宮1号墳　能登半島にある北陸地方最大級の前方後方墳（全長約64m），前期の築造。石川県

2 前期のおもな古墳の分布

- ⚑ 前方後円墳
- ⚑ 前方後方墳
- ■ 方墳

造山1号　造山3号　大成　吉都家1号　六呂瀬山1号　前橋天神山　前橋八幡山　網野銚子山　森将軍塚　馬ノ山1号　神原神社　大寺　松本3号　松本1号　藤本観音山　大元1号　一貴山銚子塚　石山　甲斐銚子塚　金蔵山　渋谷向山（景行陵）

（『古代出雲文化展』〈図録〉による）

3 おもな古墳の編年

年	九州 宮崎・福岡周辺	山陽 岡山	近畿 兵庫	近畿 京都	近畿 大阪	近畿 奈良	東海 岐阜～静岡	関東 群馬・栃木

出現期／前期／中期／後期／終末期

纒向石塚　箸墓　上石津ミサンザイ　誉田御廟山　仲津山　渋谷向山　五色塚　造山　作山　太田天神山　土師ニサンザイ　岩戸山　河内大塚山　大仙陵　五条野丸山　石舞台　高松塚

0　200m

（石野博信編『全国古墳編年集成』による）

解説　3世紀後半～4世紀に奈良県（大和）に集中していた大型前方後円墳が，4世紀末～5世紀に巨大化し，大阪府（河内）に築造されるようになる。この時期には，岡山県（吉備）や群馬県（上毛野）にも大型前方後円墳がみられるが，6世紀になると全国的に古墳の規模は縮小する。

4 近畿地方の大規模古墳群

4-① 百舌鳥古墳群 世界遺産

大仙陵古墳（仁徳天皇陵古墳）

⬆️百舌鳥古墳群　大阪府堺市の大阪湾に臨む台地上に築かれた大規模な古墳群。かつては100基以上の古墳があったとされる。現在は大仙陵古墳や上石津ミサンザイ古墳など大王墓と考えられる巨大前方後円墳をはじめ，4世紀末ないし5世紀初頭～6世紀後半頃に築かれた古墳44基が残っている。

▶詳しくみてみよう！　大仙陵古墳（大仙古墳）

4-② 古市古墳群 世界遺産

津堂城山古墳　王見塚用水路　市野山古墳　仲津山古墳　古室山古墳　岡ミサンザイ古墳　大鳥塚古墳　三ツ塚古墳　卍道明寺　はざみ山古墳　古市大溝跡　誉田御廟山古墳（応神天皇陵古墳）　宮山古墳　浄元寺山古墳　墓山古墳　野中ボケ山古墳　青山古墳　前の山古墳　石川　峯ケ塚古墳　高屋城山古墳　白髪山古墳

5 吉備と上毛野の大型古墳

⬆️造山古墳　古墳時代中期の前方後円墳（全長約360m）で，規模は全国第4位。墳丘は三段築成で，葺石・埴輪が確認されているが，周濠はなかったらしい。吉備氏一族の首長墓と推定される。岡山県

⬆️太田天神山古墳　5世紀中頃の築造とされる前方後円墳（全長約210m）。規模は東日本では最大で，墳丘は三段築成，二重の周濠を持つ。上毛野君一族の首長墓と推定されている。群馬県

Answer　前期に多い銅鏡や勾玉などに代わり中期に武器・武具が多くなるのは，被葬者の性格が司祭者・呪術者から武人に変化したことを示す。

第1部 原始・古代

1 4〜5世紀の朝鮮・中国との交渉

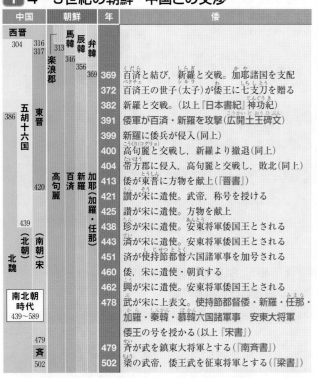

中国	朝鮮			年	倭
西晋 304　316　317	馬韓 313	辰韓	弁韓		
	楽浪郡				
五胡十六国 386	馬韓 百済 346	新羅 356	加耶（加羅・任那）	369	百済と結び，新羅と交戦。加耶諸国を支配
				372	百済王の世子（太子）が倭王に七支刀を贈る
				382	新羅と交戦。（以上『日本書紀』神功紀）
東晋	高句麗			391	倭軍が百済・新羅を攻撃（広開土王碑文）
				399	新羅に倭兵が侵入（同上）
				400	高句麗（コグリョ）と交戦し，新羅より撤退（同上）
420				404	帯方郡に侵入，高句麗と交戦し，敗北（同上）
				413	倭が東晋に方物を献上（『晋書』）
				421	讃が宋に遣使。武帝，称号を授ける
				425	讃が宋に遣使。方物を献上
439	高句麗	新羅 百済	加耶	438	珍が宋に遣使。安東将軍倭国王とされる
（北朝）北魏	（南朝）宋			443	済が宋に遣使。安東将軍倭国王とされる
				451	済が使持節都督六国諸軍事を加号される
				460	倭，宋に遣使・朝貢する
南北朝時代 439〜589				462	興が宋に遣使。安東将軍倭国王とされる
				478	武が宋に上表文。使持節都督倭・新羅・任那・加羅・秦韓・慕韓六国諸軍事　安東大将軍倭王の号を授かる（以上『宋書』）
479	斉			479	斉が武を鎮東大将軍とする（『南斉書』）
502				502	梁の武帝，倭王武を征東将軍とする（『梁書』）

石上神宮七支刀銘文

（表）泰和四年□月十六日，丙午正陽，百練□七支刀を造る。□百兵を辟く。供供たる侯王に宜しく。□□□作。

（裏）先世以来，未だ此の刀有らず。百済国世□，奇生聖音故に倭王旨の為めに造り，後世に伝示せんとす。

▲奈良県石上神宮所蔵の七支刀　この銘文から，七支刀は，東晋の太和4（369）年につくられ，百済王の世子（太子）が倭王に贈ったものとされる。

長74.9cm　厚0.3〜0.5cm　国宝

5 5世紀の東アジアと倭の五王

柔然　契丹　丸都（広開土王碑）　高句麗（コグリョ）　平城　平壌　倭　北魏 439〜534（北朝）　黄河　新羅（シルラ）　大和　長安　洛陽　百済（ペクチェ）　建康　加耶（カヤ）　宋 420〜479（南朝）　長江　会稽

← 南朝への遣使推定路
— 当時の海岸線
— 当時の黄河

『古事記』『日本書紀』

応神1 — 仁徳2 — 允恭 反正5 履中4 — 雄略7 安康6

※数字は皇位継承の順

『宋書』
珍　讃　済　武　興

『梁書』
弥　賛　済　武　興

▲解説 倭の五王と天皇　『宋書』『梁書』に記される倭の5人の王は，いずれもヤマト政権の大王と考えられるが，彼らが「記紀」にみえる「天皇」のうち，誰にあたるかについては諸説がある。五王のうち，済＝允恭，興＝安康，武＝雄略とすることは，中国史書と「記紀」の系譜の一致からみてもほぼ異論はない。『梁書』の記事は信憑性に乏しく，『宋書』には珍と済の関係が記載されていないため，讃・珍に該当する「天皇」を特定することはむずかしい。

2 倭と加耶諸国との関係

長38.5cm

▲鉄鋌　鉄鋌は古墳時代の短冊形の鉄板で，鉄製品の素材として加耶諸国から搬入されたものと考えられている。重さには一定の規格があり，貨幣的な機能もはたしていた可能性がある。兵庫県 宮山古墳

◀巴形銅器　巴型銅器は盾などにつける青銅製の飾金具。魔除けに用いられるスイジガイ（水字貝）を模したものという有力な説がある。日本でのみ出土していたが，加耶の墳墓からも大量に発見され，日本・加耶の緊密な関係が裏づけられることになった。韓国 大成洞13号墳

3 4世紀の朝鮮半島

襄平（遼陽）　鴨緑江　広開土王碑　丸都・国内城（集安）　高句麗（コグリョ）　平穣（平壌）　漢山城（ソウル）　中原高句麗碑　新羅（シルラ）　百済（ペクチェ）　新羅城（慶州）　金官（金海）　加耶（加羅）　倭

4 広開土王（好太王）碑

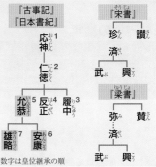

広開土王碑文

百残（百済）・新羅は旧是属民なり。由来朝貢す。而るに倭，辛卯の年よりこのかた，海を渡りて百残を破り新羅を□□し，以て臣民と為す。六年丙申を以て，王躬ら水軍を率ゐて，残国を討科す。……十四年甲辰，而るに倭，不軌にして帯方の界に侵入す。……倭寇潰敗す。

▲広開土碑　鴨緑江北岸，中国吉林省集安市にある。高句麗の長寿王が父・広開土王の事績を顕彰するために建立した。高さ約6.4mの角柱で，1800余りの文字が刻まれている。右は，拓本の文字の輪郭を写したものに墨を加え，文字を鮮明にさせた墨水廓填本（双鉤加墨本）である。

乗馬の技術と騎馬民族征服王朝説

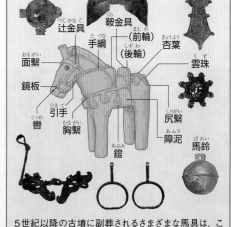

辻金具　鞍金具　杏葉　手綱（前輪）（後輪）　面繋　雲珠　鏡板　尻繋　引手　胸繋　障泥　馬鈴　鐙

5世紀以降の古墳に副葬されるさまざまな馬具は，このころ，日本に乗馬の技術が伝わったことを物語る。騎馬民族征服王朝説では，4世紀前半に東北アジアの騎馬民族が北部九州に渡来し，その王が4世紀後半〜5世紀初めに近畿に入って，河内を拠点に征服王朝をたてた。乗馬技術の伝来は，その結果であるとする。

Question p.30 1 の年表や 5 の図に注目して，倭の五王があいついで中国南朝に朝貢し，皇帝から称号を得ようとした理由を考えてみよう。

大陸文化の受容 31

1 5〜6世紀の渡来人

	渡来人	時代	本国	事績	その他
5世紀	王仁	応神天皇のとき	百済	『論語』『千字文』を伝えたという	西文氏の祖
	阿知使主	応神天皇のとき	?	文書記録を担当する史部を管理したという	東漢氏の祖
	弓月君	応神天皇のとき	百済	養蚕・機織りを伝えたという	秦氏の祖
6世紀	五経博士（段楊爾以降、交替で渡来）	513年〜	百済	儒教を伝える ＊五経＝『書経』『易経』『詩経』『春秋』『礼記』	
	司馬達等	522年	梁？	大和国高市郡に建てた草堂で仏像を礼拝。孫は鞍作鳥（止利仏師）	鞍作氏の祖
	易・暦・医博士	554年	百済	易学（陰陽道）・暦法・医学を伝える	

仏教公伝：百済の聖（明）王より欽明天皇の朝廷へ。公伝年には、下の2説がある。
戊午年（538）：『上宮聖徳法王帝説』『元興寺伽藍縁起并流記資財帳』
壬申年（552）：『日本書紀』

2 土師器と須恵器

▲土師器 東京都 中田遺跡 高27.5cm

▶須恵器 福井県 獅子塚古墳 高約44cm

▲解説 土師器は弥生土器の製法を継承した赤褐色の土器で、野焼きのため、焼成温度は800℃前後と低い。文様はほとんどつけられず、おもに杯・甕・甑などの日用品がつくられた。須恵器は朝鮮半島から伝えられた製法により、5世紀初頭からつくられはじめる。ロクロを用いて成形し、密閉した窯で1000℃以上で焼きあげるため、青灰色の硬い陶質の土器となる。

2-① 窖窯（のぼり窯）

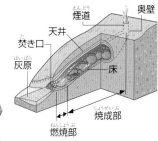

（講談社『日本の原始美術④ 須恵器』による）

▲解説 須恵器を焼く窯は、山の斜面を掘り込んでつくられた。薪をくべる焚き口から風を吹き込ませて火勢をそそり、土器をおいた焼成部に熱を送る仕組みで、密閉性が高いため、焼成温度は1000℃以上になる。

3 漢字の使用

3-① 江田船山古墳出土鉄刀

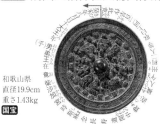

（訳例）天下を治めるワカタケル大王の世に、典曹人として仕えた。名はムリテ。八〇回鍛え、六〇回精錬を重ねた長さ三尺の良い刀である。この刀を持っている者は長寿であり、子孫もまた、その恩恵を得る。文を書いた者は張安である。

天下治らしめす獲□□□鹵大王の世、奉□事□典曹人、名は无□弓、八月中、大いなる釡を用い、并せて四尺の廷刀を用う。八十たび練り、□□六十たび捃じ上好の□刀なり。此の刀を服する者は長寿、子孫洋々三恩を得る也。其の統ぶる所を失はざらむ。刀を作れる者の名は伊太□、書せる者は張安也。

熊本県 現長約90.6cm 東京国立博物館蔵 **国宝**

3-③ 隅田八幡神社人物画像鏡

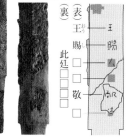

和歌山県 直径19.9cm 重さ1.43kg **国宝**

▲隅田八幡神社人物画像鏡 隅田八幡神社に伝えられた日本製の銅鏡。銘文の「癸未年」には443年、503年の2説がある。503年とすれば「男弟王」は『日本書紀』に男大迹王と記される継体天皇と考えられる。「意柴沙加宮」は大和の忍坂宮で、「オシサカ」を漢字の音をあてて表記した古い例である。

解説 鉄剣・鉄刀の銘 —
稲荷山古墳出土鉄剣の「辛亥年」は471年、「獲加多支鹵大王」は『日本書紀』に大泊瀬幼武と記される雄略天皇と考えられる。江田船山古墳出土鉄刀の峰（刃と反対側の背の部分）に象嵌されている「獲□□□鹵大王」も、また雄略天皇を示すと考えられ、5世紀後半には大王の権力が、東国から九州にまでおよんでいたことがわかる。

稲荷山古墳
江田船山古墳
稲荷台1号墳
隅田八幡神社

3-④ 稲荷台1号墳出土鉄剣

◀稲荷台1号墳出土鉄剣（復元） 鉄剣は、5世紀後半の築造とされる円墳（径27m）から出土した。鉄剣の表裏に銀象嵌の銘文12文字が確認され、（表）「王賜□□敬[安]」、（裏）「此廷[刀]□□□□」と解読される。「王賜」とは、この鉄剣が王から下賜されたことを示し、王とはヤマト政権の大王と推定されている。

千葉県 全長約73cm

（裏）
王
賜
□
□
敬

（表）
王
賜
此
廷

3-② 稲荷山古墳出土鉄剣

（訳例）〔表〕辛亥年七月中に記す。ヲワケの臣。先祖代々杖刀人の首（大王の親衛隊長）として、今に至る。私（ヲワケの臣）は大王が天下を治めるのを補佐した。

〔裏〕其の児名は加差披余、其の児名は乎獲居臣、世々杖刀人の首と為り、奉事し来り今に至る。獲加多支鹵大王の寺、斯鬼宮に在る時、吾、天下を左治し、此の百練の利刀を作らしめ、吾が奉事せる根原を記す也。

埼玉県 全長73.5cm 中央幅3.15cm 厚さ0.75cm 文化庁蔵 **国宝**

▶▶稲荷山古墳出土鉄剣 鉄剣の表裏に115文字が金象嵌されている。471年を示すと思われる「辛亥年」、雄略天皇と考えられる「獲加多支鹵大王」や「乎獲居」「意富比垝」などの人名や「斯鬼宮」の宮名が記されている。5世紀後半。

（訳例）辛亥の年、七月に記す。私はヲワケの臣。いちばん最初の名はオホヒコ、その子の名はタカリノスクネ、その子の名はテヨカリワケ、

〔表〕辛亥年七月中記す。乎獲居臣、上祖の名は意富比垝、其の児名は多加利足尼、其の児名は弖已加利獲居、其の児名は多加披次獲居、其の児名は多沙鬼獲居、其の児名は半弖比、

第1部 原始・古代

1 後期古墳の特色

古墳のあり方	前方後円墳が縮小(近畿地方をのぞく)
	群集墳(小円墳・横穴)の造営→山間部・小島にまで分布
	地域色 石人・石馬(九州北部) 3
	装飾古墳の出現(九州・茨城県・福島県など) 4
埴輪	形象埴輪(人物埴輪,動物埴輪)が増加
埋葬施設	横穴式石室が一般化
副葬品	多量の土器(土師器・須恵器),金銅製の武器・馬具,日用品

2 人物埴輪と動物埴輪

◁姫塚古墳 人物埴輪は5世紀中頃から登場してくる。姫塚古墳では,墳丘の外周で武人や女性などの人物や飾り馬が列をなした状態で出土した。これは,被葬者の葬送の行列を表現したものと考えられている。姫塚古墳は,7世紀初期の前方後円墳。全長 約58m 千葉県

◁昼神車塚古墳 動物埴輪には,馬・牛・犬・鶏などの家畜や獲物とされたイノシシ・シカ・水鳥・魚などがある。昼神車塚古墳では,交互に並べられた犬やイノシシ,角笛をふく狩人などが出土し,狩猟の様子をあらわしたものとされる。6世紀中頃の前方後円墳。全長 約60m 大阪府

3 岩戸山古墳(福岡県)と石人・石馬

高160cm

▲◁岩戸山古墳と石人(複製)・▽石馬(部分) 岩戸山古墳は,九州地方最大級の前方後円墳(全長約135m)で,527年に乱をおこした筑紫国造磐井の墓(→p.34 4)と考えられている。この古墳と周囲からは,埴輪とともに100点以上の石人・石馬や靱・盾などの器財を模した石製造形物が出土した。同じような石製造形物は,有明海沿岸地域にある他の古墳からも,1古墳につき1点から数点ほどが出土していて,この地域の古墳を特徴づけている。

4 装飾古墳

▲王塚古墳(復元) 6世紀中頃の前方後円墳。石室の壁面には,赤・緑・黄・黒を基本色とする騎馬・盾・連続三角文・双脚輪状文・蕨手文が描かれ,石室の上半部と天井全体には,星と考えられる黄色の珠文が散らされている。全長 約86m 福岡県

▲虎塚古墳 7世紀前半の前方後円墳。石室の壁面は白色粘土で下塗りされ,その上に連続三角文・環状文などの幾何学模様と靱や槍・盾・大刀などの武器・武具が赤色のベンガラ(酸化第二鉄)で描かれている。 全長 約56m 茨城県

5 群集墳

5-① 巨勢山古墳群(奈良県)

『図解日本の人類遺跡』東京大学出版会による

5-② 吉見百穴(埼玉県)

▲吉見百穴 6〜7世紀頃につくられた横穴墓群で,現在219個が確認できる。凝灰岩質の岩山の斜面に横穴式石室の玄室にあたる横穴が掘られ,一つに複数の遺体が葬られた。

◁解説 国内最大級の群集墳。奈良県御所市にある巨勢山丘陵上の東西3km,南北2kmの範囲に,総数700基におよぶ古墳が築かれている。ほとんどが径10〜20mの小円墳で,埋葬施設は横穴式石室と木棺直葬がある。築造時期は,5世紀から7世紀後半にわたる。

藤ノ木古墳の発掘

藤ノ木古墳は,奈良県斑鳩の法隆寺の西350mにあり,6世紀後半の築造とされる円墳(径約50m)。石棺は未盗掘で,内部からは2体の人骨と冠・沓などの金銅製品,多数の玉類,銅鏡,大刀・剣など,豊富な副葬品が検出された。また,石室内からも華麗な装飾がある金銅装馬具や武器・武具などが発見された。

▲石棺内の状況

Question p.32 5 の図と写真に注目して,古墳時代後期に現れる群集墳には,どのような特徴があるか考えてみよう。

古墳時代の人々の生活 **33**

1 古墳時代の人々の生活

住居と集落	豪族の居館 **2**	村落から離れた場所 環濠・柵列をめぐらす
	民衆の集落 **3**	複数の竪穴住居（カマドをともなう） 平地建物，高床倉庫が基本単位
土器	土師器：弥生土器の系譜をひく 須恵器：朝鮮半島伝来の製作技術	
衣服	男性：衣・袴（乗馬ズボン風） 女性：衣・裳（スカート風）	
祭り	祈年の祭り，新嘗の祭り 神奈備山・大樹・巨岩・孤島・川の淵などへの祭祀 **5** 氏神への祭祀	
呪術	禊・祓，太占の法 **6**，盟神探湯	

2 豪族の居館

△三ツ寺Ⅰ遺跡（群馬県）**の復元模型**
5世紀後半〜6世紀初頭の豪族の居館。一辺約90mの方形を，幅30〜40mの濠がめぐり，柵列で囲まれた内部の南側には，大規模な掘立柱建物を中心に，井戸や祭祀の場とみられる石敷などがある。柵をへだてた北側には，竪穴住居が並び，銅・鉄の精錬をおこなった工房もあった。

3 古墳時代の民衆集落

△黒井峯遺跡（群馬県）**の復元模型**
6世紀の榛名山噴火の際の軽石に埋もれていた遺跡。竪穴住居や平地建物，家畜小屋のほか，垣根や道などが確認され，集落全体の姿が明らかになった。

△カマドのある竪穴住居
群馬県 黒井峯遺跡

4 古墳時代の服装

美豆良　襟紐　衣　袴　脚結
島田まげ　耳輪　首飾り　衣　たすき　裳

△人物埴輪とその復元（左:男性，右:女性，ともに埴輪は千葉県芝山古墳）

5 古墳時代の祭祀

5-① 三輪山と大神神社

△三輪山（上）**と大神神社**（下）　三輪山は神が宿る山（神奈備山）として，古くから信仰の対象となった。山中には神の降臨地とされ，古代祭祀の場となった3カ所の巨石群（磐座）がある。三輪山全体を神体とする神社が大神神社で，現在でも神体をまつる本殿がなく，拝殿のみがある古代の神社の形態をとどめている。奈良県

5-② ゴトビキ岩

△ゴトビキ岩　熊野速玉神社の摂社（本社に付属し，本社と関係深い神を祀る神社）である神倉神社の神体で，神倉山の山頂付近にある巨大な岩である。周辺からは銅鐸の破片や祭祀具などが出土した。和歌山県

5-③ 宗像大社沖津宮 世界遺産

釜山 プサン　沖津宮 おきつのみや　対馬　つしま　中津宮 なかつのみや　沖ノ島　辺津宮 へつのみや　玄界灘　大島　下関 しものせき　壱岐 いき　志賀島 しかのしま　大宰府 だざいふ　宗像大社 むなかた

△宗像大社沖津宮と沖ノ島　沖ノ島は玄界灘に浮かぶ周囲約4kmの孤島で，島全体が神体とされる。宗像大社沖津宮は，宗像大社の三宮の一つで沖ノ島にあり，海路の安全を祈る祭祀が古代からおこなわれていた。

6 祓，太占の法

△祓　身についた穢れや災いを，神に祈って払いのぞく。

馬の骨　鹿の骨

△太占　鹿の肩胛骨などを焼いて，できたひび割れの状態で吉凶を占う。

Answer 多数の小円墳や横穴墓によって構成されていて，山間部や小島にもつくられ，血縁関係があるとみられる複数の人物が埋葬されている。

第❶部 原始・古代

1 氏と姓（カバネ）

氏 支配者層に特有のもの
・ヤマト政権によって生み出された政治組織
・祖先の系譜を同じくする集団の親族組織
[本拠地名を氏の名とする
葛城・平群・蘇我
[職業名を氏の名とする
物部・大伴・中臣・膳

姓 大王により政治的地位と職掌に応じて与えられた称号
臣→ヤマト地方の有力氏
連→職掌を氏の名とする有力氏
君→有力な地方豪族
直→地方豪族

2 氏の仕組み（氏姓制度）

構造

皇子・后妃	子代・名代		ヤツコ（奴婢）
大王		部曲	ヤツコ（奴婢）
氏上─氏人	部曲	ヤツコ（奴婢）
氏上─氏人	部曲	ヤツコ（奴婢）

制度

大王
大臣　中央　伴造─伴　　部・品部
　　　国造　伴造　　　　田部─耕作→屯倉　ヤマト政権の直轄地
大連　地方　　　　　　部曲─耕作→田荘　豪族の私有地
　　　県主　　　　　　部曲─耕作→田荘

近畿の有力豪族	近畿・地方の豪族	部民
葛城臣・平群臣 蘇我臣・物部連 大伴連	中臣連・東漢直 出雲臣・吉備臣 筑紫君・上毛野君 笠原直	部曲（豪族の私有民）→田荘を耕作 　　　蘇我部・大伴部 田部（屯倉の耕作民）→屯倉を耕作 名代 泊瀬部・穴穂部・春日部 子代 舎人部・膳部・靫負部 職能部民 　錦織部・鞍作部・韓鍛冶部・服部

3 姓の実例

各田𠂤臣□□素□大利□

◁岡田山1号墳出土の大刀 岡田山1号墳は，島根県松江市にある6世紀後半の前方後円墳（全長約24m）である。1984（昭和59）年，大正時代に出土した大刀に「各田𠂤（＝額田部）臣」という銀象嵌の銘文が発見された。額田部とは名代の民，それを管理する「臣」の姓を持つ豪族が，当時の出雲に存在していたことが，これにより明らかとなった。

▲X線写真 全長49.8cm

4 筑紫国造磐井の乱

別区

▲岩戸山古墳と別区 福岡県八女市にある岩戸山古墳（全長約135mの前方後円墳）は，527年に乱を起こした**筑紫国造磐井**の墓とされている。古墳の東北角には，一辺約43mの方形区画がある。これは，磐井の墓について記した『筑後国風土記』（逸文）「東北の角に当りて一つの別区あり。号けて衛頭と曰ふ（衛頭は政所なり）」の「別区」にあたると考えられている。福岡県→p.32 3

4-① 九州の石人・石馬の分布

・石人・石馬を持つ古墳
■ 阿蘇溶結凝灰岩分布

福岡県　佐賀県　大分県　大分市　久住山　臼塚・下山　臼杵市　日向市　熊本県　宮崎県　岩戸山古墳　豊福　八女　石人山　石神山　稲荷山　チブサン・白塚　フタツカサン　三ノ宮　船山　山鹿市　富ノ尾　熊本市　イシノムロ　阿蘇山　姫ノ城　天堤　佐賀市

▲解説 筑紫国造磐井は，火・豊の2国を勢力範囲として乱を起こしたとされる。これは九州のほぼ北半分にあたるが，この地域に分布する5世紀代の古墳では，**石人・石馬**などの石製造形物が発達していて，この地域の独自性を示している。磐井が，1年半もの間，ヤマト政権の軍と戦うことができたのは，こうした地域の勢力を背景にしていたからであると考えられる。

5 屯倉の分布

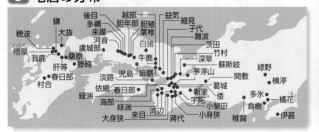

穂波　糟屋　我鹿　肝等　膝碕　鎌　大抜　後目　多禰　鞍橋　河音　桑原　盧城部　越部　胆年部　殖廬　白猪　牛鹿　益気　縮見　子代　菜椎　難波　茨田　竹村　深草　蘇斯岐　緑野　横渟　淡路　児島　飾磨　茅淳山　間敷　葛城　倭　多氷　橘花　依網　春日部　新家　宇陀　小墾田　倉樹　伊甚　経湍　海部　経湍　河辺　蔣代　小身狭　稚贄　村合　春日部　大身狭　来目

▲解説 6世紀以降，ヤマト政権は，従属させた地方の有力豪族を**国造**に任じ，その勢力下にあった地域の要所要所に直轄領としての**屯倉**を設置して，地方支配を強化していった。

6 終末期古墳　6-① 東国豪族の古墳

▲龍角寺岩屋古墳 龍角寺古墳群中の1基で，7世紀前半または中頃の築造。一辺80m，高さ13.2mの大方墳で，印波国造一族の墳墓と推定されている。千葉県

▲壬生車塚古墳 7世紀前半の築造。直径80m，高さ11.6mで二重の濠をもつ円墳。東国の首長墓と考えられている。栃木県

6-② 八角墳

明日香村教育委員会提供

▲野口王墓古墳（天武・持統合葬陵）と復原想像図 7世紀後半の築造。現在は，東西約径58m，南北約径45mの円墳状をなすが，本来は八角墳。天武・持統両天皇の合葬陵とされる。大王墓として造られた八角墳の最初は，奈良県桜井市の段ノ塚古墳（舒明天皇陵に比定）と考えられている。

1 ヤマトの豪族勢力の推移

大王(天皇)	倭（日本）	大臣〈蘇我氏〉	大連〈物部氏〉〈大伴氏〉	朝鮮
武烈				
継体	507 大伴金村ら，継体天皇を迎える 512 大伴金村，加耶4県を百済に割譲 527 筑紫国造磐井の乱 528 物部麁鹿火，磐井の乱を鎮圧		麁鹿火（物部）／金村（大伴）	加耶
安閑 宣化	538 百済の聖(明)王，仏像と経論を献上 　（552年説もあり） 蘇我稲目と物部尾輿，崇仏論争	稲目／【崇仏派】	尾輿／【排仏派】	百済／高句麗
欽明	540 大伴金村，加耶問題で失脚 562 新羅が加耶を滅ぼす	対立	失脚	
敏達		馬子／対立	守屋	新羅
用明	587 蘇我馬子，厩戸王(聖徳太子)らと物部守屋を滅ぼす		滅亡	
崇峻	588 蘇我馬子，飛鳥寺造営を開始			
推古	592 蘇我馬子，東漢直駒に崇峻天皇を暗殺させる	暗殺		

5 冠位十二階と位階制

	603年(12階) 推古	647年(13階) 孝徳	649年(19階) 孝徳	664年(26階) 中大兄称制	685年(48階) 天武	701年(30階) 文武
					明・浄(8階級)	正従 一位 正従 二位 正従 三位
	大小 織 大小 繍 大小 紫	大 織 大 繍 大 紫	大小 織 大小 繍 大小 紫	大小 縫 大小 紫	正(8階級)	正従上下 四位
大小 徳	大 錦	大 花 上下	大錦	直(8階級)	正従上下 五位
大小 仁	小 錦	小 花 上中下	小錦		
大小 礼	大 青	大 山 上下	大山	勤(8階級)	正従上下 六位
大小 信	小 青	小 山 上中下	小山	務(8階級)	正従上下 七位
大小 義	大 黒	大 乙 上下	大乙	追(8階級)	正従上下 八位
大小 智	小 黒	小 乙 上中下	小乙	進(8階級)	大小 初位
	建武	立身	大小 建		

解説 冠位制は，官人が賜り着用する冠の材料や色によって，位階を表示させるもので，位の名称や階数に変化はあるものの，天武天皇の代まで続いた。飛鳥浄御原令によって，官人には位を記した文書(位記)が発給されるようになり，大宝令の施行で冠の授与が停止され，30階の位階制が完成した。

2 7世紀初頭の東アジアと遣隋使

― 遣隋使の航路

高句麗 (?～668) 平壌／天津／隋 (581～618) 黄河／大興城(長安)／洛陽／運河／長江／江都(揚州)／餘杭(杭州)／明州／百済(4世紀半～660)／新羅(676年統一，～935)／金城／飛鳥

▲隋の皇帝煬帝

解説 7世紀初頭の東アジア――
581年に隋が建国されると，すぐに高句麗・百済は遣使朝貢し，589年に隋が中国を統一すると，間もなく新羅も朝貢している。『隋書』は，倭王による第1回の遣使派遣を600年と記すが，この頃，隋と高句麗は敵対関係にあった。大礼小野妹子を使とする遣隋使が派遣された607年当時，隋の皇帝は2代目の煬帝で，612年から3度にわたり高句麗遠征をおこなっている。倭王の国書が，煬帝を激怒させたにもかかわらず，両国の国交が継続された背景に注目したい。

3 推古朝関係年表

592	推古天皇即位
593 (推古元)	厩戸王(聖徳太子)，推古天皇の政を摂る 厩戸王，難波で四天王寺建立を開始
594	三宝(仏教)興隆の詔
600	第1回遣隋使を派遣
601	厩戸王，斑鳩宮をつくる
602	百済僧観勒，暦本・天文地理などの書を伝える
603	冠位十二階を制定
604	憲法十七条を制定
607 (推古15)	小野妹子らを隋に派遣 斑鳩に法隆寺を創建
608 (推古16)	小野妹子，答礼使裴世清とともに帰国 妹子を再び隋に派遣。高向玄理・旻・南淵請安ら同行し，留学
610	高句麗僧曇徴，紙・墨・絵の具の製法を伝える
614	犬上御田鍬らを隋に派遣
618	隋滅亡し，唐建国
620 (推古28)	厩戸王，蘇我馬子とともに『天皇記』『国記』 『臣連伴造国造百八十部并公民等本記』を著す
622	厩戸王死去
	橘大郎女(厩戸王の后)，天寿国繡帳を作成
628	推古天皇死去。舒明天皇即位

4 大王(天皇)家・蘇我氏関係系図

太字は天皇，数字は皇位継承の順
×は争いで殺された人物

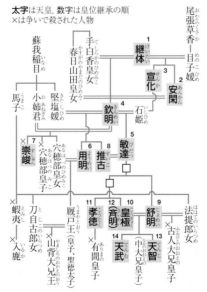

解説 蘇我氏と厩戸王　蘇我氏は，一族の女子を妃にすることで，天皇家と深い関係を築いていた。とりわけ厩戸王は，父(用明天皇)方・母(穴穂部皇女)方の祖母が，ともに蘇我稲目の娘であり，みずからも馬子の娘刀自古郎女を妃としていることから，蘇我氏とのつながりが濃厚であった。

石舞台古墳と蘇我馬子

▲石舞台古墳

石舞台古墳は，墳丘の盛土がすべて失われていて，約77tの天井石などおよそ30の巨石からなる横穴式石室が露出している。7世紀前半の築造で，周囲に濠と外堤をめぐらした，一辺約51mの方墳または上円下方墳と考えられている。所在地は奈良県明日香村大字島庄で，『日本書紀』に「嶋大臣」とある蘇我馬子の墓と推定されている。

Answer 臣は地名を氏の名としている葛城・平群など近畿の有力豪族，連は職掌を氏の名としている物部・大伴などの有力豪族に与えられた。

36 飛鳥の朝廷と文化

1 飛鳥文化の特色と文化財

時期	7世紀前半
中心地	飛鳥・斑鳩地方
担い手	王族・豪族(蘇我氏ほか)・渡来人
特色	①最初の仏教中心の文化 ②百済・高句麗・中国南北朝文化の影響 ③西アジア・インド・ギリシアの文化との共通性
おもな建築・美術作品	**建築** →p.38,39 法隆寺金堂・五重塔・中門・歩廊(回廊)
	彫刻 →p.40,41 法隆寺金堂釈迦三尊像〈金銅像〉 〃 百済観音像〈木像〉 〃 夢殿救世観音像〈木像〉 中宮寺半跏思惟像〈木像〉 広隆寺半跏思惟像〈木像〉
	絵画 法隆寺玉虫厨子須弥座絵・扉絵
	工芸 →p.37 法隆寺獅子狩文様錦 法隆寺玉虫厨子 中宮寺天寿国繡帳(断片)

2 古代飛鳥の王宮

凡例：■飛鳥時代の道 —現在の道

解説 推古天皇が,豊浦宮で即位して以降の約100年間,大王(天皇)の王宮は奈良盆地南部の飛鳥の地にあいついで営まれた。王宮の周囲に諸施設が整えられるにつれ,飛鳥は宮都としての様相を示すようになる。

4 エンタシスの柱

△ギリシアのパルテノン神殿

◁法隆寺中門の柱

解説 柱の中ほどにふくらみを持たせるエンタシスの様式は,法隆寺金堂や歩廊,唐招提寺金堂などの柱にもみられる。古代ギリシア建築の影響をうけながらも,柱の下から上に向かって直線的に細くなる古代ギリシアのエンタシスとは,やや異なった形状が認められる。

5 忍冬唐草文様

ギリシア

ササン朝

唐

高句麗

日本

解説 花や葉のつるがからみあって連続する文様が唐草文様で,古代エジプトで始まり,ギリシア・ローマを経てイランのササン朝や中国西域に伝わり,仏教美術の装飾文様として中国から朝鮮半島・日本へともたらされた。忍冬とはスイカズラのこと。

3 仏教の伝播ルートと仏像の源流

仏陀誕生地
→上座部系統
上座部仏教の広まった地域
→大乗系統
0　1000km

解説 前5世紀にインドで誕生した仏教は,中央アジアを経て,紀元前後には中国に伝来した。そこで変容をとげた中国仏教が,朝鮮半島から日本へと伝わった。

△雲崗石窟の仏像　像高14m　中国

6 獅子狩文様

△ササン朝の絵皿
騎馬の人物がふり向きざまに獅子を射る狩猟文は,王権を象徴する文様としてササン朝で流行した。銀製の皿の図柄などに多くみられるが,錦の文様にも用いられた。法隆寺蔵の「獅子狩文様錦」は,唐でつくられたものと考えられている。→p.37

△ガンダーラ仏
像高148cm　パキスタン

△敦煌莫高窟の仏像
像高3.34m　中国

△竜門石窟の仏像　像高13m　中国

Question p.36の図や写真に注目して,飛鳥文化には世界のどのような地域との関わりが認められるか考えてみよう。

飛鳥文化❶…絵画・工芸 37

1 法隆寺玉虫厨子

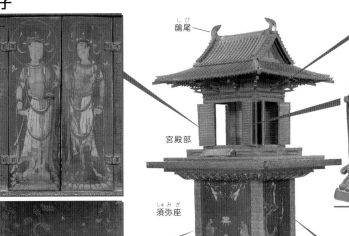

▶宮殿部側面扉絵菩薩像
宮殿部扉と須弥座4面に描かれた絵については、密陀絵（油絵の一種）、漆絵、両者の併用という三つの説があり定まっていない。宮殿部の正面には武装した二天像、左右の扉にはそれぞれに2体の菩薩像、背面には釈迦の説法の場である霊鷲山が描かれている。

▶施身聞偈図（須弥座左側面）前世の釈迦が修行中、羅刹（人を食う鬼）に化した帝釈天から「諸行無常、是生滅法」の偈（経典中の教理を詩の形でのべたもの）を聞いた。その続き（「生滅滅已、寂滅為楽」）を教えてもらうため、自らの身体を羅刹に与えようと崖から身を投げる場面を描いたもの。

鴟尾
宮殿部
須弥座
台脚部

▲宮殿部正面軒下透彫
厨子をおおう金銅透彫金具は、忍冬唐草文。その下には黒漆がほどこされ、多数のタマムシの翅が敷きつめられていた。現在は、そのほとんどが失われているが、この部分には翅の輝きがわずかに認められる。

▲タマムシ 体長約4cm

◀厨子におさめられている観音像

▲法隆寺玉虫厨子 厨子は、本尊をおさめた宮殿部と須弥座・台脚部からなる。宮殿部は、飛鳥建築の典型的な様式。須弥座に描かれた絵や各所の透彫金具などに、すぐれた技法が認められる。高233.0cm 奈良県 国宝

▶捨身飼虎図（須弥座右側面）釈迦の前世での善行を集めた、古代インドの物語『ジャータカ』の一話。前世の釈迦が山中で飢えた虎の親子に出会い、我が身を与えて救おうと、崖から身を投げ虎の餌食になったという。この一連のできごとを、同一画面のなかで連続的に表したもの。

2 法隆寺獅子狩文様錦

▲獅子狩文様錦 馬上の人物がふり向きざまに矢を射る戦法は、パルティアン・ショットとよばれる。図柄としてはアッシリアの頃からあらわれ、ササン朝で盛んに用いられた。王が王冠を載せたままの姿で馬上から獅子を射る姿は、銀皿の文様に数多く、しかも王冠から王名が判別されるので、獅子狩文には王権を象徴する意味がある。法隆寺に伝来した「獅子狩文様錦」は、4騎のペガサスに乗る狩猟者と4頭の獅子を円形に配置した文様が3個ずつ5段に並べられた図柄で、7世紀前半に唐で製作され、日本にもたらされたものと考えられている。縦250.0cm 横134.5cm 部分 奈良県 国宝

3 中宮寺天寿国繡帳

▲中宮寺天寿国繡帳（断片）『上宮聖徳法王帝説』によれば、厩戸王（聖徳太子）の死後、妃の橘大郎女の願いによって、厩戸王が往生した天寿国のありさまを刺繡であらわしたものという。渡来糸の人物が下絵を描き、宮中に仕えた采女たちが刺繡した。もとは2m×4mほどの繡帳が2帳あったとされるが、現存は88.8cm×82.7cm。奈良県 国宝

▲解説 裾が開いたスカート状の裳の上に、盤領とよばれる丸えりの上着をつけた女性像（写真上）から、飛鳥時代の女性の盛装の様子がよくわかる。高松塚古墳壁画に描かれた女性群像（→p.58）よりやや時代はさかのぼるが、共通するところが多い。

また、繡帳には甲羅に四つの文字が縫い込まれた100匹の亀（写真下）が刺繡されていた。現在判読できるのは24文字のみで、全文は『上宮聖徳法王帝説』などで知ることができる。

Answer 飛鳥文化には、百済・高句麗や中国南北朝文化の強い影響がみられ、西アジアやインド・ギリシアとのつながりも認められる。

第1部 原始・古代

1 法隆寺の建築

奈良県，法隆寺旧境内　国史跡　世界遺産

法隆寺西院伽藍　現在の法隆寺は，金堂・五重塔などがある西院と，夢殿を中心とする東院にわかれる。西院伽藍は，厩戸王（聖徳太子）が607年に創建した伽藍が焼失したのち再建されたものと考えられるが，現存する**世界最古の木造建築物群**であり，1993年に世界遺産に登録された。国宝

法隆寺五重塔　金堂に続いての建立とみられる。各層の平面と屋根の大きさが，上層に向けて急に小さくなり，最上層の柱間は初層の半分となっている。軒が深く，本瓦葺の屋根はゆるい勾配をみせる。初層の内陣には，8世紀初頭の塑像群が安置されている。高さ32.6m　国宝

法隆寺金堂　西院伽藍で，最古の建築物。二重の基壇上に立つ2層の建物であるが，下層の裳階は8世紀につけられたもの。堂内には，**止利仏師**作の**金堂釈迦三尊像**や薬師如来像などが安置されている。壁面には，大小12面の壁画が描かれていたが，1949年の火災により，大部分が焼損した。高15.2m　国宝

詳しくみてみよう！
法隆寺金堂

法隆寺の組物　組物とは，重い瓦屋根を支える梁と柱の接合部を強化するための構造物。柱上の**雲斗・雲肘木**などの組物や**卍崩しの勾欄**，勾欄を支える**人字形割束**は飛鳥時代の建築を特徴づける様式である。

法隆寺中門　中門は，西院伽藍の正門。正面中央に柱があり，その両側に入口がある独特の様式。5本の柱は，真ん中からやや下の部分にふくらみがある**エンタシス**の円柱である。深い軒やその下の組物，勾欄（手すり）なども，飛鳥時代の建築様式を伝える。門の左右に安置された金剛力士像は，8世紀初頭のもの。高14.4m　国宝

法隆寺の歩廊（回廊）　西院伽藍は，中門から出て講堂に達する歩廊によって囲まれる。エンタシスの円柱が続き，柱間には連子窓が組み込まれている。東の歩廊は延長約76m，西の歩廊は約73mで，長さの違いは金堂と五重塔のバランスを考慮したものとされる。国宝

Question p.39 **1**の図と写真から，現在の法隆寺西院伽藍が，厩戸王（聖徳太子）の時代に建立されたものではないとされる理由を考えてみよう。

1 法隆寺再建・非再建論争 1-① 現法隆寺境内図

△若草伽藍跡

◁解説 現在の法隆寺
西院伽藍が厩戸王(聖徳
太子)創建時のものとする
説と、『日本書紀』の「670

△若草伽藍跡出土の瓦 この瓦は、飛鳥
寺や四天王寺で出土した瓦と同じ木型(瓦
范)でつくられたことが、確認されている。

年の火災により、法隆寺は焼失した」という記事から、全焼後に再建されたものとする説とが対立し、論争がおきた。しかし、西院伽藍東南部の境内で発見された若草伽藍跡が、四天王寺に似た伽藍配置であることなどが確認され、再建説が定説となっている。

2 伽藍配置の変遷

△解説
伽藍は、はじめ仏舎利(釈迦の遺
骨)をおさめる塔を中心に配置され
たが、時代がくだるにつれて、本尊
を安置する金堂が中心となり、つい
には、塔が回廊の外に建てられる
ようになる。これを、信仰対象の変
化のあらわれとする説もある。

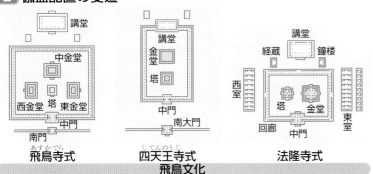

飛鳥寺式　四天王寺式　法隆寺式
飛鳥文化

薬師寺式　東大寺式　大安寺式
白鳳文化　天平文化

3 飛鳥寺復元図と塔心礎出土品

4 四天王寺

▷復元された四天王寺 厩戸王(聖
徳太子)の発願により、593年に建立開
始と伝えられる。南から北に中門、塔、
金堂、講堂を 直線に並べる「四天王
寺式伽藍配置」は、法隆寺若草伽藍と
同様の伽藍配置である。現在の伽藍は、
1963年に再建されたもの。
大阪府

△塔心礎出土品

△解説
蘇我馬子が建立した
飛鳥寺は、塔を中心
として東・西・北の三
方に金堂を配置した、
壮大な寺院であった。
建立にあたっては
百済からの技術者も
参加し、礎石の上に
柱を立て屋根に瓦を
葺く建築技法が用い
られた。地下式の塔
心礎からは、金銅製
耳飾りや勾玉・管玉、
青銅製の馬鈴など古
墳の副葬品と同様の
埋納品が出土した。

Answer 西院東南部で発掘された若草伽藍跡が四天王寺式の伽藍配置であったことから、若草伽藍が厩戸王の時代の建立と考えられている。

1 飛鳥彫刻の様式の比較

北魏様式 （鞍作鳥〈止利仏師〉の一派）	百済・中国南朝様式 （非止利派）
①杏仁形の目と仰月形の唇	①柔和な顔の表現
②左右対称の衣文	②衣文の自然な表現
③力強く端正な顔立ち	③全体に丸みがあり，写実的
飛鳥寺釈迦如来像 3-①	法隆寺百済観音像→p.41 1-①
法隆寺金堂釈迦三尊像 3-②	広隆寺半跏思惟像（弥勒菩薩像）→p.41 1-③
法隆寺夢殿救世観音像 3-③	中宮寺半跏思惟像（弥勒菩薩像）→p.41 1-②

2 中国三国時代から唐へ

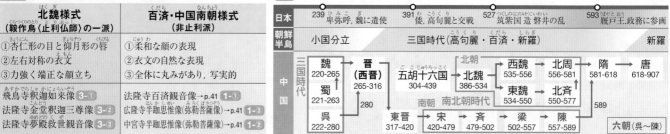

日本	239 卑弥呼，魏に遣使	391 倭，高句麗と交戦	527 筑紫国造磐井の乱	593 厩戸王，政務に参画
朝鮮半島	小国分立	三国時代（高句麗・百済・新羅）		新羅

（中国）

三国時代：魏 220-265／蜀 221-263／呉 222-280 → 晋（西晋）265-316 → 280 → 五胡十六国 304-439

北朝：北魏 386-534 → 西魏 535-556 → 北周 556-581／東魏 534-550 → 北斉 550-577 → 隋 581-618 → 唐 618-907

南朝 南北朝時代：東晋 317-420 → 宋 420-479 → 斉 479-502 → 梁 502-557 → 陳 557-589 → 589

六朝（呉～陳）

3 北魏様式の仏像

3-① 飛鳥寺釈迦如来像

◁飛鳥寺釈迦如来像　蘇我馬子が建立した飛鳥寺（法興寺）の本尊で，飛鳥大仏ともよばれる。鞍作鳥（止利仏師）作の現存最古の仏像（金銅像）。後世の補修が多いが，目や額，右手指3本に造立当時の部分が残る。　像高275.2cm　飛鳥寺（安居院）／奈良県

▲飛鳥寺釈迦如来像復元図

アルカイックスマイルと杏仁形の目

3-①
▲飛鳥寺釈迦如来像

3-②
▲法隆寺金堂釈迦三尊像（中尊）

3-③
▲法隆寺夢殿救世観音像

古代ギリシアの人物彫刻に特有の，口元に浮かぶ微笑が，「アルカイックスマイル（古拙の微笑）」である。結んだ唇の両端がやや上向きになり（仰月形），微笑んでいるようにみえる表情は，飛鳥時代の彫刻にも多くみられる。「杏仁」は，アンズ（杏）の種のなかにある核（仁）のことで，まぶたの上下が同じじに弧を描く，「杏仁」に似た目の形も，飛鳥彫刻独特のものである。

3-② 法隆寺金堂釈迦三尊像

壁画飛天図

中尊／右脇侍／左脇侍

弥勒浄土図／薬師浄土図

▷法隆寺金堂釈迦三尊像　光背の銘文に，623年，厩戸王（聖徳太子）の冥福を祈って一族・諸臣らが発願し，鞍作鳥（止利仏師）につくらせたとある。北魏様式の代表的な仏像（金銅像）で，正面からみると左右対称の造形や衣文の誇張した表現，杏仁形の目や仰月形の唇などに，その特徴が認められる。　像高：中尊86.4cm　左脇侍90.7cm　右脇侍92.4cm　奈良県　国宝

▷法隆寺夢殿救世観音像　法隆寺夢殿の本尊で，クスノキの一木造。厩戸王の等身大像といわれ，長い間秘仏とされてきた。1884年（1886年とも）に，フェノロサと岡倉天心によって像を何重にもおおっていた白布がのぞかれた。保存状態が良好で，像におされた金箔などが，よく残っている。体軀は扁平で正面観を重視した北魏様式の特徴がみられる。像高197cm　奈良県　国宝

▲フェノロサ

▲岡倉天心

3-③ 法隆寺夢殿救世観音像

Question p.40 3 の写真から，鞍作鳥の一派が制作した北魏様式と呼ばれる仏像に共通する特徴は何か考えてみよう。

詳日 第2章2 p.36

1 百済・中国南朝様式の仏像

1-① 法隆寺百済観音像

◀解説 宝冠は金銅透彫で、3個の瑠璃色のガラス玉で飾られる。光背を支える竿は、竹の形を模し、蓮華座は五角形。一木造ではあるが、両腕の肘から先は別材で、しなやかな指の造形が目をひく。左手に下げられた水瓶はヒノキでつくられたもの。

◀▲法隆寺百済観音像　クスノキの一木造、八頭身の像。百済観音像とよばれているが、朝鮮半島ではクスノキは用材として使用されないため、日本でつくられたものとみられる。丸みを帯びた体軀が、特徴的である。像高210.9cm　奈良県 国宝

1-② 中宮寺半跏思惟像（弥勒菩薩像）

▲▷中宮寺半跏思惟像　クスノキの木像。片足をもう一方の足の上にのせて台座にすわる姿勢を、半跏という。中宮寺では如意輪観音菩薩と伝えるが、右心指先を頰にあてく思索する様子は、釈迦が悟いを求めて苦悩する姿、あるいは仏陀となることを約束された修行中の弥勒菩薩の姿をあらわしたものとされる。丸みをおびた体軀に、柔和な表情がよく調和している。像高87.9cm　奈良県 国宝

1-③ 広隆寺半跏思惟像

▶▽広隆寺半跏思惟像　アカマツの一木造。アカマツ材の木像は朝鮮半島に多い。秦河勝が厩戸王（聖徳太子）から仏像を与えられ、広隆寺を創建したという伝承との関係が注目される。像高84.2cm　京都府 国宝

1-④ 朝鮮三国時代の半跏思惟像

▲韓国国立中央博物館所蔵の金銅像　1920年代に慶州で出土したと伝えられる。微笑を浮かべたふっくらした顔立ちや、繊細な右手指の表現、衣の襞の自然な形状など、全体の様式が広隆寺の半跏思惟像とよく似た菩薩像である。像高93.5cm

Answer 力強く端正な顔立ちで、目はアーモンドのような杏仁形、口は三日月のような仰月形、正面観を重視した左右対称の衣文が特徴。

1 大化改新関係年表

天皇	年代			事 項
舒明	629	1		舒明天皇即位
	630	8		第1回遣唐使(大使犬上御田鍬)の派遣
	632	8		犬上御田鍬ら帰国
	640	10		南淵請安・高向玄理ら帰国
皇極	642	1		皇極天皇即位
	643	11		蘇我入鹿,山背大兄王を襲撃し,自殺させる
	645	6		中大兄皇子・中臣鎌足ら,大極殿で蘇我入鹿を殺害,蘇我蝦夷は自邸で自殺(乙巳の変)
孝徳				孝徳天皇即位。中大兄皇子,皇太子となるはじめて年号を大化と定める
		8		東国国司を派遣する
		12		難波長柄豊碕宮に都を移す
	646	1		改新の詔を出す
		3		薄葬令を出し,身分により墳墓の規模などを規定
	647			渟足柵をつくる
	648			磐舟柵をつくる
	649			冠位十九階を制定,八省・百官をおく
		3		右大臣蘇我倉山田石川麻呂,山田寺で自殺
斉明	655	1		斉明天皇即位(皇極の重祚)
	658	4		阿倍比羅夫を蝦夷の地に派遣
		11		有間皇子(孝徳の子),謀反の罪により処刑
	660			百済滅亡
	661	7		斉明天皇没。中大兄皇子,称制を開始
	663	8		白村江の戦い →p.44 2

3 新政府の中枢

孝徳天皇
(皇太子)中大兄皇子

政策執行		政策立案	
左大臣	右大臣	内臣	国博士
阿倍内麻呂	蘇我倉山田石川麻呂	中臣鎌足	旻 高向玄理

▲解説 内臣の職掌は不明,国博士は政治顧問と考えられている。いずれも,新政府の政策立案に深く関わっていたと推測される。

4 難波長柄豊碕宮

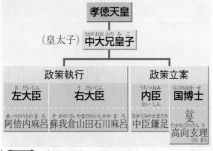

◀難波長柄豊碕宮(復元模型) 難波宮は645年の難波遷都により造営が開始され,652年に完成した。八角形の楼閣が建てられ,16棟の朝堂が配置されるなど,これまでにない特徴のある宮廷が復元されている。

(大阪歴史博物館)

2 天皇家・蘇我氏の関係系図

太字は天皇,数字は皇位継承の順,赤い字は女帝

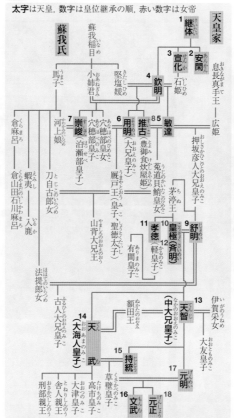

▲解説 系図から,蘇我氏と大王(天皇)家との深い関係が読みとれる。大化改新の直前に舒明天皇が死去し,皇極天皇が即位した。その後の皇位継承をめぐって山背大兄王・古人大兄王・軽皇子,そして中大兄皇子の間に確執があり,一方では権力を強める蘇我入鹿の存在があった。

5 新政府の政策

「改新の詔」の内容	(第1条)公地公民制の原則
	・天皇らのたてた子代の民と屯倉,豪族が所有する曲部の民(私有民)と田荘(私有地)の廃止
	・豪族には食封,布帛を支給
	(第2条)中央集権的行政制度と軍事・交通制度の樹立
	・地方行政区画…京師(京)の制定,畿内の範囲確定,国・郡(評)の設置
	・地方官制…国司・郡司の任命
	・軍事施設…関塞・斥候(北辺の守護兵,のろしをつかさどる人などの説あり)・防人の設置
	・交通制度…駅馬・伝馬の設置
	(第3条)班田制の制定
	・戸籍・計帳の作成,班田収授法の制定
	・里の設置…50戸1里,里長を任命
	・町段歩制…360歩=1段,10段=1町
	・租稲…段別の租稲(2束2把)
	(第4条)新税制の施行
	・田の調,戸別の調,調副物の徴収
	・その他…兵士,仕丁,庸,采女

▲解説 「改新の詔」は大宝律令などによって潤色(事実を書きかえること)された箇所も多く,改新政治の具体的内容をとらえることは難しい。

▲蘇我入鹿の首塚 飛鳥寺跡に建つ安居院の西側近くにある,花崗岩製の五輪塔。鎌倉時代あるいは南北朝時代の造立とみられるが,飛鳥板蓋宮で中大兄皇子らによって斬殺された蘇我入鹿の首塚であると伝えられている。飛鳥寺は入鹿の祖父蘇我馬子の建立した寺院で,かつてのその境内に五輪塔がある。蘇我氏とこの場所との深い関係が,首塚の伝承を生み出したといえよう。

6 評制と郡制

③安房国安房郡公餘郷長尾里 戸主大伴忍麻呂 大伴部黒麻呂 鰒調陸斤 陸拾貳條 天平七年十月

②出雲国嶋根郡 副良里伊加大贄廿斤

①庚子年四月 若佐国小丹生評 木ツ里秦人申二斗

▲藤原宮跡出土木簡

①長 170mm 厚 5mm 幅 33mm
②長 186mm 厚 4mm 幅 18mm

▶大宝令以降の木簡
(平城宮跡二条大路木簡)
長 306mm 厚 4mm 幅 31mm

▲解説 「改新の詔」では,地方に国・郡をおいたとあるが,藤原宮跡から出土した木簡により,実際には「郡」は「評」であったことがわかった。大宝令施行(701年)によって「評」は「郡」と表記が改められて国郡里制となり,その後,国郡郷里制を経て740年頃には国郡郷里制にかわった。

Question p.42 1・2・3・5 の表や図から,蘇我蝦夷・入鹿はなぜ倒され,「大化改新」は何をねらいとして進められたか考えてみよう。

1 斉明天皇の時代

『日本書紀』には，斉明天皇の時代に，大規模な土木工事があいついでおこなわれたという記事がある。王宮としての後飛鳥岡本宮と多武峰・吉野の離宮造営，天香具山と石上山のあいだの運河（「狂心渠」として人々の批判をあびた）と王宮東の「石山丘」の建設がそれである。「狂心渠」と「石山丘」の建設については，誇張された記事であるという見方もあったが，近年の発掘調査によって，これらに関連するとみられるさまざまな遺跡が発見され，大土木工事の実態が明らかになりつつある。

2 酒船石遺跡

▲酒船石遺跡の石敷き広場遺構

◀解説 1992年に飛鳥寺の南東，酒船石のある丘陵の中腹から，切石を積みあげた石垣が数十mにわたって発見され，「石山丘」との関連が推定されている。また，2000年には丘陵北裾の谷間で，亀形・小判形の石槽を配置した石敷き広場と，階段状の石垣が発見された。

2-① 酒船石遺跡の石造施設模式図

← 水の流れ　（共同通信社提供）
木樋？
亀形石槽
小判形石槽
湧水井戸

1-① 飛鳥京跡周辺の地図

飛鳥川
雷丘
飛鳥資料館
石神遺跡 3
万葉文化館
甘樫丘（甘樫丘）
飛鳥池工房遺跡
飛鳥寺
亀形石槽
酒船石
飛鳥京跡
苑池遺構
酒船石遺跡 2
川原寺跡
川原宮跡
浄御原宮跡（天武）
伝岡本宮跡（斉明）
役場
伝板蓋宮跡（皇極）
0　500m

▲解説 舒明朝以降，飛鳥の王宮はすべてほぼ同一の場所に営まれ，周囲には広場や苑池などの施設も設けられていった。

▲亀形石槽と湧水施設

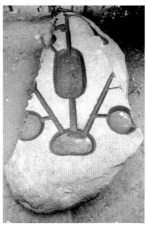

▲酒船石

▲酒船石付近の石垣

3 石神遺跡と水落遺跡

▼石神遺跡・水落遺跡復元模型

石神神社
水落遺跡

◀解説 飛鳥寺の北西，石神遺跡からは，石人像や須弥山石が出土している。復元模型は，斉明朝のもっとも整備された状態をあらわしたもので，石組溝や石敷きの方形池などもこの頃につくられた。これらは外国使節などをもてなす饗宴のための施設と推定されている。隣接する水落遺跡には，貼石で外装された低い基壇上に楼閣があり，1階に漏刻（水時計）が，2階に時を告げる鐘鼓がおかれていた。

4 斉明天皇の陵墓か？牽牛子塚古墳

▲牽牛子塚古墳（奈良県明日香村）

牽牛子塚古墳は，2010年の発掘調査で墳丘の裾を正八角形にめぐる切石が出土し，八角墳であることが確認された。八角墳は，7世紀の天皇陵に採用された特別な形状をもつ古墳で，斉明天皇の夫舒明天皇や天武・持統天皇の陵墓などがこの形である。埋葬施設の横口式石槨は2室に分かれていて，斉明天皇は娘の間人皇女と合葬されたという『日本書紀』の記述とも　致することから，この古墳が斉明天皇の陵墓である可能性が強くなった。

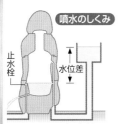

◀復元された須弥山石と内部構造 須弥山石は，もとは4個の石を積みあげてつくられ，1段目の石の小穴から水が出る仕組みの噴水施設であった。

噴水のしくみ
止水栓
水位差

▲水落遺跡の漏刻台跡 漏刻が設置された楼閣は，柱が礎石に彫られた穴に固定され，礎石も互いが玉石を並べて連結されるという堅固なつくりであった。基壇内部からは，給排水用の木樋，水を通す銅管，黒漆塗りの木箱などが検出され，漏刻の仕組みが明らかになった。

▲漏刻復元模型 漏刻は，660年に中大兄皇子がはじめてつくったと『日本書紀』に記されている。上部の給水槽から最下段の受水槽に水を流し，受水槽に浮かぶ人形の目盛りを読んで，時を計る仕組み。漏刻は，大王による時の支配が始まったことを象徴的に示している。

Answer 中大兄皇子らは，大王家との関係を深め権力の集中をはかる蘇我蝦夷・入鹿を倒し，王族中心の中央集権体制を樹立しようとした。

44 天智天皇・天武天皇

第1部 原始・古代

1 律令国家への道

天皇	年代	事項
中大兄皇子（称制）	663 8	倭の遠征軍，唐・新羅軍と戦い大敗（白村江の戦い）**2**
	664 2	冠位二十六階を制定，氏上・民部・家部などを定める
		対馬・壱岐・筑紫などに防人と烽をおき，筑紫に水城をつくる
	665 8	筑紫に大野城・基肄城を築く
	667 3	都を近江大津宮に移す
	11	大和に高安城，讃岐に屋島城，対馬に金田城を築く
天智	668 1	中大兄皇子即位，近江令を制定する(?)
	669 10	中臣鎌足，藤原の姓を賜る。鎌足，死去
	670 2	全国的に戸籍（庚午年籍）をつくる
（弘文）	672 6	壬申の乱がおこる（7月大海人皇子勝利）**3**
天武	673 2	大海人皇子，飛鳥浄御原宮で即位
	675 2	諸氏に与えた部曲を廃止する
	681 2	律令の編纂を開始する
	684 10	八色の姓を制定する
	686 9	天武天皇，死去
	10	大津皇子，謀反を理由に逮捕（大津皇子の変）
持統	689 6	飛鳥浄御原令を施行する
	690 9	戸令により戸籍をつくらせる（庚寅年籍）
	694 12	藤原京に遷都 →p.46 **2**
文武	701 8	大宝律令が完成（702年10月，施行）

解説 水城は全長1.2km，幅約75mの広い壇上に設けられた高さ約7mの堤と，博多湾側につくられた幅60m，深さ4mの水を貯えた堀からなっていた。大野城は，大宰府後方にある四王寺山の山頂に築かれた古代朝鮮式山城で，山腹をめぐる土塁や石垣，建物の礎石などが残されている。水城・大野城とも，博多湾方面からと想定される唐・新羅軍の攻撃から大宰府を防衛するための軍事施設と考えられている。

2 白村江の戦い

凡例：■ 朝鮮式山城 ● 神籠石式山城 ／ 対外防衛のための軍事施設

解説 百済復興の支援に向かった倭の水軍は，白村江河口付近で唐・新羅連合軍と戦って大敗。一方，白村江の岸上でも百済・倭の軍が，新羅軍との戦いに敗れた。

鬼ノ城 白村江での敗戦後，亡命百済人の指導のもとに唐・新羅軍の襲来に備えてつくられた山城。鬼ノ城は，文献に記載がない。神籠石式山城ということもある。岡山県

2-① 古代朝鮮式山城

2-② 水城と大野城

水城の横断面模式図（岩波書店『古代日本を発掘する4 大宰府と多賀城』による）

▲水城全景 福岡県

3 壬申の乱と天武・持統朝

3-① 壬申の乱関係地図

凡例：← 大海人皇子軍　← 大友皇子軍　数字は『日本書紀』による行程の月日

解説 壬申の乱 大海人皇子が吉野を発った時，従ったのは妃（のちの持統天皇）と2人の王子，少数の従者のみだったが，東国豪族たちの軍事動員に成功して軍勢は数万となった。近江朝廷軍は，瀬田での最後の激戦に敗れ，大友皇子は自害した。

3-② 大王の神格化

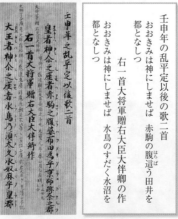

▲『万葉集』巻19におさめられた歌　歌にある「おおきみ」とは，天武天皇のこと。「おおきみは神にしませば」は「大王は神でいらっしゃいますから」という意味で，田や水沼を都に変貌させたことをあげながら，壬申の乱に勝利して即位した天武天皇を，「神」としてたたえる当時の豪族たちの心情をとらえることができる。左写真：西本願寺本

3-③ 「天皇」の号

▶「天皇」号の木簡　奈良県明日香村の飛鳥池遺跡から，「天皇」「丁丑年」（677年）と墨書された木簡が出土し，天武朝における「天皇」号の存在が明らかとなった。長11.8cm 幅1.9cm 厚0.3cm

3-④ 富本銭の鋳造

径約2.4cm

▲富本銭　飛鳥池遺跡の発掘調査により，多数の富本銭や鋳型などが出土し，ここにあった工房で富本銭が鋳造されていたことが明らかとなった。富本銭は，『日本書紀』天武12(683)年条にある，「今より以後，必ず銅銭を用いよ」の銅銭にあたる可能性が高く，和同開珎（708年発行，→p.51）をしのぐ国内最古の鋳造貨幣である。

Question p.44 **1** の年表や **2** の図・写真から，白村江の戦いの後，水城や古代朝鮮式山城がつくられた理由を考えてみよう。

1 キトラ古墳壁画

1-① キトラ古墳石槨内部

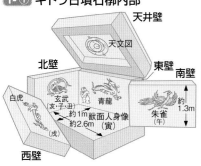

天井壁
天文図
北壁
東壁
南壁
白虎
玄武（亥・子・丑）
青龍
朱雀（午）
獣面人身像（寅）
約1m 約2.6m
約1.3m
西壁

▲キトラ古墳壁画玄武（北壁）

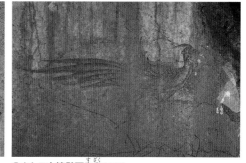

▲キトラ古墳壁画朱雀（南壁）

解説 キトラ古墳は、高松塚古墳よりやや小さく、またやや早く築造された2段築成の円墳である。1983年からの調査で、石槨壁面に描かれた四神図や獣面人身像、天井の天文図などが発見された。

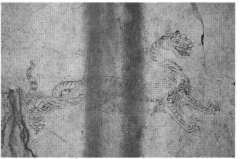

▲キトラ古墳壁画白虎（西壁）

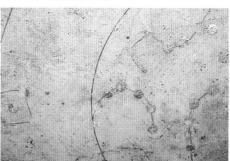

▲キトラ古墳壁画天文図（天井） 部分

◀キトラ古墳壁画獣面人身像図寅（東壁） 四神の下に描かれた獣面人身像は十二支像とみられ、四方にそれぞれ3体ずつあったとされる。東壁・青龍の下の「寅」のほか、北壁の「子」、西壁の「戌」など、6体のみが確認されている。

2 飛鳥の石造遺物

2-① 飛鳥の石造遺物

解説 飛鳥には、多くの石造遺物が残されている。いずれも7世紀の中頃ないし後半に造られたものとされている。鬼のまな板・鬼の雪隠が、もとはキトラ古墳と同じ横口式石槨の石室（雪隠）と底石（まな板）であったことがわかっている以外、誰によって、何のために造られたのかわからない謎の遺物である。

▲亀石

▲猿石

2-② 飛鳥の石造遺物の位置

石神遺跡
豊浦寺跡 卍
水落遺跡
入鹿首塚 卍飛鳥寺
亀形石造物
弥勒石
酒船石
川原寺跡 卍
欽明天皇陵
鬼のまな板
亀石
二面石（橘寺）
天武・持統天皇陵
猿石
鬼の雪隠
石舞台古墳
中尾山古墳
飛鳥駅
マラ石
高松塚古墳
文武天皇陵
■ 石造遺物
キトラ古墳
0 500m 1km

▲二面石

▲鬼の雪隠

▲鬼のまな板

Answer 白村江の戦いに大勝した唐・新羅軍が博多湾から侵攻してくることを想定し、それに対する防御施設としてつくられたと考えられる。

1 律令の制定

名　称	制定年・天皇	施行年・天皇	巻数	編者
おうみりょう 近江令	668？ (天智7)　天智	671？ (天智10)　天智	22？	なかとみのかまたり 中臣鎌足ら
あすかきよみはらりょう 飛鳥浄御原令	681？ (天武10)　天武	689 (持統3)　持統	令22	くさかべのみこ 草壁皇子ら
たいほうりつりょう 大宝律令	701 (大宝元)　文武	律702 令701　文武	律6 令11	おさかべしんのう ふじわらのふ ひ と 刑部親王・藤原不比等ら
ようろうりつりょう 養老律令	718 (養老2)　元正	757 (天平宝字元)　孝謙	律10 令10	藤原不比等ら

大宝律令

▶解説　本格的な宮都の造営　天武天皇の遺志を継いだ持統天皇は，藤原京の造営を開始し，694年に一応の完成をみる。京域は，発掘調査をもとに5.3km四方の正方形と推定されている。その規模は，平城京よりも大きく，京域内には大和三山が含まれる(大和三山とは，畝傍山〈199m〉・耳成山〈139m〉・香具山〈152m〉のこと。古来，多くの歌に詠まれ，『万葉集』にもそれらが収められている)。宮は京の中心におかれ，宮殿としてははじめて瓦葺きが採用された。京域内は条坊制により整然と区画され，人々の住宅や市・寺院などが配置された。

2 藤原京

▲藤原京復元模型

3 律令官制

中央官制　二官八省一台五衛府(二馬寮三兵庫)

- 神祇官　神祇・祭祀を司る
- 太政官　律令行政を司る
  - [太政官] 国政を統轄
    - 左大臣
    - 太政大臣　適任者がなければおかない「則闕の官」
    - 右大臣
    - 大納言
    - 少納言　外記(書記局)
    - *左弁官
    - *右弁官
    - 公卿の合議
    - *諸司・諸国からの文書受付けや命令を伝達

- 中務省　(八省中最重要の省，詔勅の起草，後宮関係の事務)
- 式部省　(文官の叙位・任官，朝廷儀礼・儀式，大学を統轄)
- 治部省　(喪葬・陵墓，外交事務，僧尼・仏事の監督，雅楽)
- 民部省　(民政全般，戸籍・計帳の管理，徴税と国家財政)
- 兵部省　(軍事全般，武官の叙位・任官，諸国衛士の管理)
- 刑部省　(裁判，刑罰の執行，監獄の管理)
- 大蔵省　(貨幣鋳造，度量衡の公定，朝廷の大蔵の管理)
- 宮内省　(宮中の庶務全般)

弾正台(中央行政の監察，官人の非違摘発，京内の綱紀粛正)
五衛府〔衛門府(宮城諸門の警備)，左・右衛士府(宮内諸官衙の警備，京中の巡検)，左・右兵衛府(天皇親衛隊の管理，城門内の警衛)〕
左・右馬寮(朝廷所有の馬の飼養と調教)
左・右兵庫(武器の保管)と内兵庫(供御用の武器管理)

地方官制

〔要地〕
- 左・右京職(京)　(京の行政・警察・司法)
  - 坊(坊令)
  - 東市(司)・西市(司)
- 摂津職(難波)　(摂津国の行政，難波津の管理と外交)
  - 防人司など
- 大宰府(筑前)　(外国使節の接待，外敵防衛，西海道9国・壱岐・対馬・多褹の統治)

〔諸国〕
- 国(*国司)　*中央政府から派遣
  - 部(*郡司)　*もとの国造などから任命
    - 里(里長)　*715年，里は郷と改められ，里長は郷長となる(717年とも)
  - 軍団

国の分立

712	出羽(←陸奥)	757	安房(←上総)
713	丹後(←丹波)		能登(←越中)
	美作(←備前)		和泉(←河内)
	大隅(←日向)	823	加賀(←越前)

4 古代の行政区分

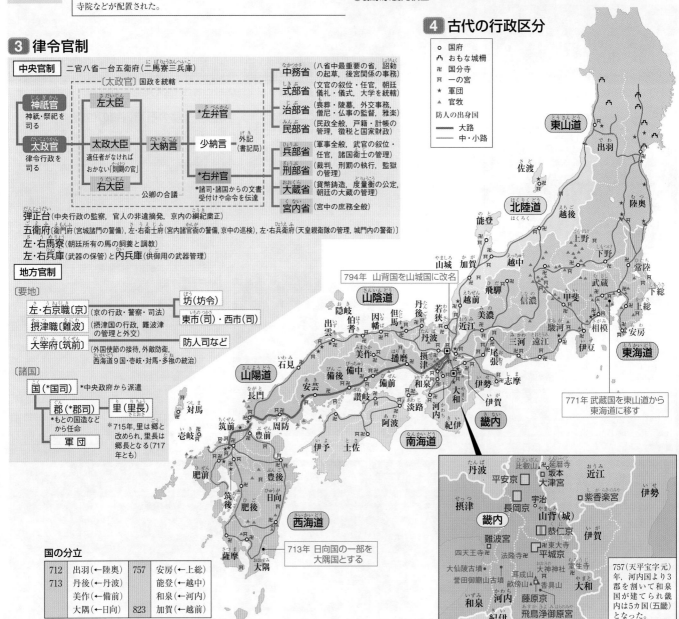

凡例：
- ○ 国府
- ⊕ おもな城柵
- 卍 国分寺
- 卐 一の宮
- ★ 軍団
- ▲ 官牧
- 防人の出身国
- ━━ 大路
- ─── 中・小路

794年　山背国を山城国に改名

771年　武蔵国を東山道から東海道に移す

713年　日向国の一部を大隅国とする

757(天平宝字元)年，河内国より2郡を割いて和泉国が建てられ畿内は5カ国(五畿)となった。

東山道　北陸道　山陰道　山陽道　南海道　西海道　東海道　畿内

Question p.47 の図や表に注目して，律令制下の貴族には，どのような特権が与えられていたか考えてみよう。

1 官位相当制

※公卿の「公」は大臣，「卿」は大納言・中納言・参議および三位以上の者をいう。

■長官　■次官　■判官　■主典　赤字は令外官

位階		官職	神祇官	太政官	中務省	中務以外の7省	衛府	大宰府・弾正台	国司	勲位
貴（公卿）		正一位 従一位		太政大臣						
		正二位 従二位		左右大臣 内大臣				（下線は大宰府管轄下の防人司）		
		正三位		大納言						勲一等
		従三位		中納言			大将	帥		二等
貴族	通貴	正四位 上			卿					三等
		下		参議		卿				三等
		従四位 上		左右大弁				尹		四等
		下	伯				中将			四等
		正五位 上		左右中弁	大輔		衛門督	大弐		五等
		下		左右少弁		大輔 大判事	少将	弼		五等
		従五位 上			少輔		兵衛督		大国守	六等
		下	大副	少納言	侍従	少輔	衛門佐	少弐	上国守	六等
官人		正六位 上	少副	左右大史				大忠		七等
		下			大丞	大丞 中判事	兵衛佐	大監 少忠	大国介 中国守	七等
		従六位 上	大祐		少丞	少丞		将監	少監	上国介	八等
		下	少祐			少判事	衛門大尉	大判事	下国守	八等
		正七位 上		大外記 左右少史	大録	大録	衛門少尉	大典・防人正 大疏		九等
		下			大主鈴	判事大属	兵衛大尉	主神	大国大掾	九等
		従七位 上		少外記			兵衛少尉		大国少掾 上国掾	十等
		下					将曹	博士		十等
		正八位 上			少録 少主鈴	少録		少典・医師 防人佑・少疏	中国掾	十一等
		下	大史			判事少属	衛門大志			十一等
		従八位 上	少史				衛門少志 兵衛大志		大国大目	十二等
		下					兵衛少志		大国少目 上国目	十二等
		大初位						判事大令使	中国目	
		少初位						判事少令使	下国目	

解説 大宝律令のうち，律は12篇あり，五刑と八虐は第1篇で定められている。第2篇〜11篇は刑法犯罪の規定，第12篇は刑事訴訟法・監獄法となっている。律に定められた刑罰は，唐律の五刑をほぼそのまま導入したものと考えられている。五刑のうち，杖刑・笞刑は，衆人環視のなかで身体を打つ体罰刑で，死刑も市で人々に公開し，執行された。八虐は，天皇・国家・神社・尊属に対する犯罪で，律令ではもっとも重罪とされた。八虐を犯せば，通常は贖銅（実刑のかわりに罪相当額の銅・貨幣を国家におさめる）などで減刑される貴族でも許されず，おおむね斬刑に処せられた。

2 四等官制

	神祇官	太政官	省	衛府	大宰府	国	郡	鎮守府
長官	伯	左右大臣	卿	督	帥	守	大領	将軍
次官	大副 少副	大納言	大輔 少輔	佐	大弐 少弐	介	少領	副将軍
判官	大祐 少祐	左大・中・少弁 少納言	大丞 少丞	大尉 少尉	大監 少監	大掾 少掾	主政	軍監
主典	大史 少史	左右大史 大少外記	大録 少録	大志 少志	大典 少典	大目 少目	主帳	軍曹

3 貴族の特権　3-① 位階による収入

給与 位階	位田 （町）	位封 （戸）	位禄 絁（匹）	位禄 綿（屯）	位禄 布（端）	位禄 庸布（常）	季禄（半年分） 絁（匹）	季禄 綿（屯）	季禄 布（端）	季禄 鍬（口）	位分資人（人）
正一位	80	300					30	30	100	140	100
従一位	74	260					30	30	100	140	100
正二位	60	200					20	20	60	100	80
従二位	54	170					20	20	60	100	80
正三位	40	130					14	14	42	80	60
従三位	34	100					12	12	36	60	60
正四位	24		10	10	50	360	8	8	22	40	40
従四位	20		8	8	43	300	7	7	18	30	35
正五位	12		6	6	36	240	5	5	12	20	25
従五位	8		4	4	29	180	4	4	10	20	20
正六位							3	3	5	15	
従六位							3	3	4	15	
正七位							2	2	4	15	
従七位							2	2	3	15	
正八位							1	1	3	15	
従八位							1	1	3	10	
大初位							1	1	2	10	
少初位							1	1	2	5	

解説 位封は，封戸に指定された一定数の戸がおさめる租の半分と調・庸のすべてをみずからの収入とするもので，三位以上の貴族に支給された。四位・五位には，位禄として絁（太糸で織った絹布）や綿（繭からつくった真綿）などが与えられた。季禄は春・秋の2回，すべての官人に鍬・布（麻布）などが支給されるもの。資人は雑務などをおこなう従者。

3-② 官職による収入

官職	職田	職封	職分資人
太政大臣	40（町）	3000（戸）	300（人）
左・右大臣	30	2000	200
大納言	20	800	100
大宰帥	10		

解説 官人には，その官職に応じて，田地・封戸・資人が支給された。職田は租を免除される不輸租田とされていた。

3-③ 蔭位の制

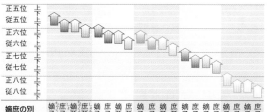

男親の位階	一位	二位	三位	正四位	従四位	正五位	従五位

（縦軸：正五位／従五位／正六位／従六位／正七位／従七位／正八位／従八位）
（各位階下に 嫡子・庶子・嫡孫・庶孫 の別）

解説 官人になるためには，大学・国学や式部省がおこなう試験に合格して，位階を得ることが必要であった。しかし，五位以上の子（蔭子）・三位以上の子と孫（蔭孫）は，21歳になると父祖の位階に応じて一定の位階が与えられ，それに相当する官職につくことができた。

4 五刑・八虐

五刑

笞（体刑）		10・20・30・40・50の5段階。細い棒で臀を打つ
杖（体刑）		60・70・80・90・100の5段階。太い棒で臀を打つ
徒（懲役刑）		1年・1年半・2年・2年半・3年の5段階
流（流刑）		近流（越前・安芸など） 中流（信濃・伊予など） 遠流（伊豆・安房・常陸・佐渡・隠岐・土佐など） の3段階
死（死刑）		絞（絞首）・斬（斬首）の2段階

八虐

謀反（ぼうへん・むへん）	天皇の殺害や国家の転覆を企てる罪
謀大逆（ぼうたいぎゃく）	陵墓や皇居を破壊しようと企てる罪
謀叛（ぼうはん・むほん）	敵国との内通・亡命・降伏・開城などをはかる罪
悪逆（あくぎゃく）	祖父母・父母を殴打して殺そうと企てたり，尊属を殺害する罪
不道（ふどう）	一家3人以上を殺したり，尊属の殴打・告訴・殺害をはかる罪
大不敬（だいふけい）	神社を壊したり，神宝・祭具を盗んだり，勅使に反抗したりする罪
不孝（ふこう）	祖父母・父母を訴え呪ったり，籍を別にしたり，財産を異にしたりする罪
不義（ふぎ）	主人・国守・自分の師を殺したり，夫の喪中に再婚したりする罪

Answer 貴族には，その位階や官職に応じて田地や封戸・資人が支給された。また刑罰が軽減され，蔭位の制により官職に就くこともできた。

第1部 原始・古代

1 律令制下の民衆

```
律令国家
班田収授法      各種の負担
  ↓       ┌ 租・調・庸・雑徭など
口分田を班給 ┤ 出挙・仕丁・義倉
         └ 兵役（軍団・衛士・防人）
民衆（郷戸に所属）
戸籍・計帳に登録
```

班田収授法：6歳以上の男女に口分田を班給
6年ごとに班給＝6年1班
　良民男性＝2段　　　賎民男性＝240歩
　良民女性＝1段120歩　賎民女性＝160歩

解説 律令国家では，民衆を戸主を代表者とする郷戸（戸）に属する形で戸籍・計帳（租税台帳）に登録された。この戸を単位に班田収授法に基づいて口分田が班給され，税が課せられた。

2 戸籍の例 —下総国葛飾郡大嶋郷嶋俣里　721（養老5）年—

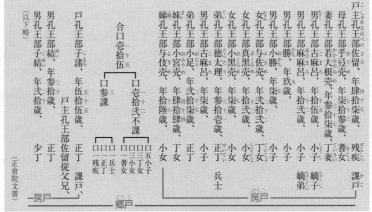

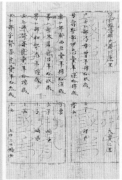

戸籍断簡（筑前国嶋郡川辺里）東大寺に反故紙として払い下げられた，筑前国の戸籍の一部。正倉院宝物 **国宝**

3 計帳の例 —山背国愛宕郡出雲郷下里　726（神亀3）年—

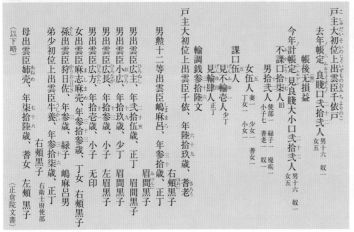

4 条里制の遺構

（京都府相楽郡精華町付近）

5 公民の税負担

区分	負担者			備考
	正丁（21～60歳）	次丁（老丁）（61～65歳）	中男（少丁）（17～20歳）	
租	田地にかかる租税。田1段につき2束2把の穎稲（籾付きの穂を束ねたもの）を納入（収穫の約3％）			諸国の財源，諸官司の常食用。706年に1束5把に改めたが，実量は2束2把と同じ
課役 調	正規の調は，絹・絁（太糸で織った絹布）8尺5寸（約2.6m），糸（絹糸）8両（300g），綿（絹綿）1斤（600g），布（麻布）2丈6尺（約7.9m）などのうち1種を納入	正丁の1/2	正丁の1/4	京と畿内諸国は半減。正規の調を納めない場合は，その地の特産物34種（雑物）のうち1種を納入。中央政府の財源。運脚（京へ運ぶ）の義務（食料自弁）あり。調・庸の布の幅は，約72.7cm
課役 庸（歳役）	京での労役（歳役）年間10日にかえて布（麻布）2丈6尺（約7.9m）を納入	正丁の1/2	—	京と畿内諸国は免除措置あり
課役 調副物	染料（紫・紅・茜）・胡麻油・塩・漆・麻などのうち1種を納入			正丁のみが負担。京と畿内諸国は免除
雑徭	年間60日を限度とする労役（国府の雑用や国内の土木工事など）	正丁の1/2	正丁の1/4	795年，桓武天皇は雑徭を半減。以降，正丁30日となる
兵役	正丁3～4人に1人（国内の正丁の3分の1）を徴集。軍団兵士（諸国の常備軍）：10番交代で勤務（毎番10日）。衛士（宮城の警備）：1年間。防人（九州沿岸の警備）：3年間			大宝令では正丁4人に1人。兵士の武器や食料は自弁が原則。軍団兵士は庸・雑徭が免除。衛士・防人は庸・調・雑徭が免除。防人は多く東国の兵士があてられる
仕丁	50戸につき正丁2人を3年間徴発（食料は50戸で負担）			中央諸官司の労役に従事
出挙（公出挙）	国家が春に稲を貸し付け，秋の収穫時に高い利息とともに徴収する。当初は勧農救貧政策であったが，のちに強制的な貸付けに変質。利息（出挙利稲）は5割（のち3割）			諸国の財源。私出挙もある。利息は10割（のち5割から全面禁止に）。公民の戸ごとに課す
義倉	備荒貯蓄策で，親王を除く全戸が貧富に応じて粟などを納める			貧富は9等級に区分

6 諸国より京への運脚日数

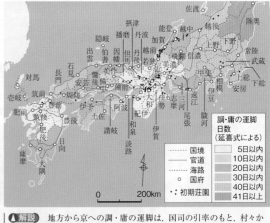

調・庸の運脚日数（延喜式による）
■ 5日以内
■ 10日以内
■ 20日以内
■ 30日以内
■ 40日以内
■ 41日以上
----国境　——官道　——海路　○国府　・初期荘園

解説 地方から京への調・庸の運脚は，国司の引率のもと，村々から選び出された正丁がその任にあたった。運脚にかかる往復の食料は，各村の調・庸の納税者が負担しなければならず，帰路の途中食料が尽き，飢えや病のため倒れる者も少なくなかった。『続日本紀』和銅5（712）年1月の記事には「諸国の役民，郷に還るの日，食糧絶え乏しくして，多く道路に飢えて，溝壑に転填すること，其の類少なからず」とある。なお，西海諸国と壱岐・対馬の調・庸は大宰府に納められ，そのうちの一定量が京に運ばれた。

1 律令の身分制

皇族			
良民	官人	上級	五位以上（貴族）。位田・位封・位禄・季禄・資人などの給付。課役負担なし
		中・下級	六位以下。季禄の給付。課役負担なし
	公民		一般農民。戸籍・計帳に登録され，口分田班給。租・調・庸などを負担
	雑色人		品部・雑戸（官庁に所属する手工業者）

		（官有）	（私有）
賤民（五色の賤）	陵戸	陵墓の守衛。戸の形成は可能。良民なみに口分田班給	家人	貴族・有力者の世襲的な隷属民。戸の形成は可能。口分田は良民の3分の1
	官戸	官司で雑役に従事。戸の形成は可能。良民なみに口分田班給		
	公奴婢（官奴婢）	官有奴隷。売買の対象。良民なみに口分田班給	私奴婢	私有奴隷。売買の対象。口分田は良民の3分の1

2 律令官人の収入

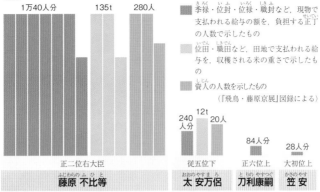

- 季禄・位封・位禄・職封など，現物で支払われる給与の額を，負担する正丁の人数で示したもの
- 位田・職田など，田地で支払われる給与を，収穫される米の重さで示したもの
- 資人の人数を示したもの

（『飛鳥・藤原京展』図録による）

1万40人分　135t　280人

240人分　12t　20人

84人分　28人分

正二位右大臣　従五位下　正六位上　大初位上

藤原 不比等　太 安万侶　刀利康嗣　笠 安

解説 官人の年収は位階・官職によっていちじるしい差があった。最下級の官人の年収は，銭に換算して，およそ310文（和同開珎1枚が1文。市で米1.8kgほどが買える），右大臣は30万9070文となり，1000倍もの開きがある。

解説 奈良時代の官人の人口は約1万人で，貴族は100人前後であったと推定されている。

3 貴族の衣服

△**貴族の衣服（再現）** 衣服令によって定められていた。二～三位の貴族の衣服（朝服）を復元したもの。

4 貴族の食事

◁**貴族の食事** ❶鴨とセリの汁 ❷塩 ❸醤（醤油に似た調味料） ❹ハスの実入りご飯 ❺生鮭・大根・紫菜の鱠 ❻シカ肉の塩辛 ❼生牡蠣 ❽干鮹 ❾いりこ（→p.176）❿車エビの塩焼 ⓫タケノコ・フキ・菜の花の炊きあわせ ⓬焼アワビ ⓭蘇（乳製品）⓮漬け物 ⓯ナスと瓜の漬け物 ⓰菓子（干し柿・草餅・煮あずき）⓱荷葉飯（❹をハスの葉で包んだもの）

下級官人の食事　**庶民の食事**

下級官人や庶民が使う食器は，土師器や須恵器である。食事は一汁一菜でご飯は玄米が基本。下級官人の膳には主菜の魚に，カブやキュウリが添えられ，糟湯酒（酒糟を湯に溶かしたもの）もある。庶民の膳にあるのはご飯のほかに，ゆでたノビルと海藻の汁に塩のみ。全部で407Kcalしかない。

5 宅地の割り当て基準

（『平城京展』図録による）

4町（6万7000m²）　三位以上

四～五位　1町（1万6000m²）

六位　1/2町（8000m²）

六～七位　1/4町（4000m²）

七位　1/8町（2000m²）

七～八位　1/16町（1000m²）

八位　1/32町（500m²）

無位　1/64町（250m²）

解説 京内で割り当てられる宅地は，1町（約120m四方）を単位として，三位以上には4町，四・五位には1町など，位階に応じて広さが異なった。位の高い官人ほど，勤務場所である宮廷に近い場所が割り当てられた。

6 貴族の邸宅

（『飛鳥・藤原京展』図録による）

△**藤原京右京七条一坊の邸宅復元図** 藤原宮の朱雀門に近い右京七条一坊で検出された，広さ1町の貴族の邸宅を復元したもの。建築面積が約100坪の正殿を中心に，数棟の建物が整然と建ち並んでいたと考えられる。

▽**貴族の邸宅内部**

▽**復元された庭園**（平城京左京三条二坊宮跡庭園）

Answer 戸籍に記された戸を単位として口分田の班田収授がおこなわれ，計帳に基づいて各種の税が課せられた。

第1部 原始・古代

1 隋・唐との通交

	出発年	帰国年	航路	おもな使節と随行・帰国した留学生・僧
遣隋使	600			不明(隋書に記述あり)
	607	608		小野妹子,隋使裴世清を伴い帰国
	608	609		小野妹子(裴世清の送使),高向玄理(留学生),南淵請安(学問僧),旻(学問僧)を伴う
	610			不明
	614	615		犬上御田鍬,百済使を伴い帰国
遣唐使 1	630	632	北路?	犬上御田鍬ら。(帰国)旻
2	653	654	北路?	吉士長丹,高田根麻呂,道昭(学問僧)
3	654	655	北路	高向玄理(唐で没),河辺麻呂
4	659	661	北路	坂合部石布
5	665	667	北路	守大石(送唐客使)
6	667	668	北路	伊吉博徳(送唐客使)
7	669	?	?	河内鯨
8	702	704-707	南島路	粟田真人,高橋笠間,山上憶良
9	717	718	南島路?	多治比県守,阿倍安麻呂,玄昉(学問僧),吉備真備・阿倍仲麻呂・井真成(留学生)
10	733	734-736	南島路	多治比広成,(帰国)玄昉・吉備真備
11	746	(発遣中止)		石上乙麻呂
12	752	753・754	南島路	藤原清河,吉備真備(副使),鑑真来日(753)
13	759	761	渤海路	高元度(迎入唐大使)
14	761	(発遣中止)		仲石伴,石上宅嗣
15	762	(発遣中止)		中臣鷹主(送唐客使)
16	777	778・779	南路	佐伯今毛人,小野石根(副使)
17	779	781	南路	布勢清直(送唐客使)
18	804	805・806	南路	藤原葛野麻呂,最澄(請益僧),空海(学問僧),橘逸勢(留学生)
19	838	839・840	南路	藤原常嗣,小野篁(副使),円仁(請益僧)
20	894	(発遣中止)		菅原道真

吉備真備・玄昉—両者は帰国後,聖武天皇に重用され,橘諸兄政権を支えた。

阿倍仲麻呂—朝衡と名乗って唐の朝廷に仕える。帰国かなわず,「天の原ふりさけみれば春日なる三笠の山に出でし月かも」の歌を残して死去した。

A解説 遣唐使派遣の目的 当初は唐の制度・文物の導入にあり,同行した留学生・僧が帰国後にはたした政治・文化上の役割は大きかった。奈良時代には,東アジアでの日本の地位確保をめざす政治外交上の使命も重要となったが,のちには貿易利益の獲得も目的とするようになった。請益僧とは,短期留学の学問僧のこと。

2 8〜9世紀の東アジア

A解説 遣唐使船の航路 難波津から瀬戸内海・博多を経て,はじめは朝鮮半島西岸沿いを北上する**北路**をとったが,676年に半島を統一した新羅との関係が悪化したため,**南島路・南路**をとることになる。東シナ海を横断する航路は危険が大きく,このために遭難する船が続出し,遣唐使の航海はまさに命がけとなった。

遣唐留学生の墓誌

▷井真成の墓誌 2004年,中国西安(旧,長安)で奈良時代の日本人留学生「井真成」の墓誌が発見された。井真成は,吉備真備らと同じ717(養老元)年,19歳で入唐したと考えられる。墓誌には,36歳で病死し,玄宗皇帝から官職を贈られたことが記されている。また「国号日本」とあり,唐が当時「日本」を国号として認めていたことがわかる。

3 遣唐使船

A実物大の復元船 遣唐使船は,長さ約30m,幅7〜8m,帆柱2本で平底。鉄釘はほとんど使用されず,平板を継ぎ合わせてつくられていたらしい。当初は2隻,8世紀以降は4隻が派遣され,「四つの船」とよばれた。船1隻には大使をはじめとする使節団以外に,通訳・医師・細工師や留学生・学問僧,乗員の半数を占める船の漕ぎ手(水手)たちを含め,およそ120人ほどが乗船していた。写真は,「遣唐使船再現プロジェクト」実行委員会が企画し,中国江蘇省の造船所で2010年に建造された復元船。

4 唐・新羅・渤海と日本

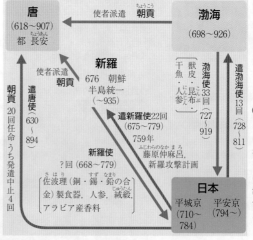

A渤海東京城出土の和同開珎

▷解説 7〜8世紀の東アジアでは,日本・新羅・渤海がそれぞれ唐に臣従して朝貢をおこなっているが,同時にこの3国は互いに使節を派遣しあっていた。日本では,その回数は遣唐使をしのぐほどで,このルートで活発な交易がおこなわれていた。

Question p.50 の 1 の年表や 2 の図に注目して,遣唐使の航路が朝鮮半島沿いの北路から,東シナ海を横断する航路に変わった理由を考えてみよう。

1 平城京

特色

①唐の都長安をモデルとするが，外京と北辺坊を持つ

②碁盤目状に道路で区切られた条坊制を持つ都市

③中央を南北に走る朱雀大路によって，東の左京と西の右京に分けられる

④中央北部に平城宮が位置する

⑤左京・右京の八条には官営の市が設けられ，多くの寺院が建立された

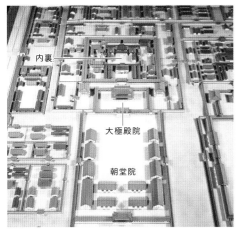

内裏 / 大極殿院 / 朝堂院

▲平城宮復原模型

北辺坊 / 西大寺 / 平城宮 / 法華寺 / 東大寺 / 右京 / 左京 / 興福寺 / 外京 / 新薬師寺 / 唐招提寺 / 朱雀大路 / 薬師寺 / 佐保川 / 大安寺 / 元興寺 / 西市 / 東市 / 羅城門

▲**平城京復原模型** 平城京は南北約4.8km，東西約4.3km。唐の長安城をモデルとしているが，京域を囲む羅城の城壁はつくられなかった。内裏や諸官衙を含む平城宮は，「天子南面」の思想に基づき，京の最北端にある。外京は東大寺・興福寺などが京域外に建立されたため，のちに左京を伸ばして拡張されたもの。北辺坊も西大寺建立のために広げられたと考えられている。

3 本朝(皇朝)十二銭と蓄銭叙位令

❶和同開珎（708年） 2.4cm
❷万年通宝（760年）
❸神功開宝（765年）

❹隆平永宝（796年）
❺富寿神宝（818年）
❻承和昌宝（835年）

❼長年大宝（848年）
❽饒益神宝（859年）
❾貞観永宝（870年）

❿寛平大宝（890年）
⓫延喜通宝（907年）
⓬乾元大宝（958年）

蓄銭叙位令

（和銅四年冬十月甲子）詔して曰く、「夫れ銭の用なるは、財を通して有无を貿易する所以なり。当今、百姓なほ習俗に迷ひて未だ其の理を解せず。僅に売買すと雖も、猶ほ銭を蓄ふる者无し。其の多少に随ひて節級して位を授くべし。其れ従六位以下、蓄銭一十貫以上有る者には、位一階を進めて叙せよ。廿貫以上には二階を進めて叙せよ。……其の五位以上及び正六位、十貫以上有らむ者は、臨時に勅を聴け。……」〔続日本紀〕

2 貴族の邸宅と庶民の住居

◀**左京三条二坊（長屋王邸）** 左大臣長屋王の邸宅は宮城の近くにあり，約6万m²の広さがあった。居所である正殿のほかに，食物を扱う大炊司，馬司や鋳物所などもあった。

◀**左京九条三坊** 八位の下級官人の宅地は1/32町（500m²）で，1〜2棟の建物の屋根は板葺き，または草葺きで，井戸が必ずあった。敷地の大部分は野菜などを栽培する畑であったらしい。

4 東市・西市

▷**市の賑わい（想像図）** 東市は左京八条三坊，西市は右京八条二坊にあり，左右京職に所属する市司が管理した。市は正午から日没まで開かれていて，米穀・野菜などの食物や布帛・里筆・陶器など，各地から運ばれてきた品々が商われ，売買には銭貨が使用された。官人たちも禄として支給される布などを売り，必要な物を購入した。

Answer 676年に朝鮮半島を統一した新羅と日本との関係が悪化したことから，朝鮮半島沿いの航路をとることが危険だと判断されたため。

第1部 原始・古代

1 古代の交通路と官衙・国分寺・鉱山

1-① 駅家（播磨国布勢駅家復元図）

◀解説 官道（駅路）に沿って、約16kmごとに設けられた駅家には、乗り継ぎ用の馬が常備され、宿泊施設も設けられていた。兵庫県たつの市の布勢駅家は、はじめて駅家と確定された遺跡。

1-② 国分寺

◀陸奥国分寺（復元模型） 国分寺は、国分尼寺とともに国府の近くに建立され、その国の文化センターとなった。伽藍配置は、金光明最勝王経をおさめる七重塔を中心とするが、多様である。陸奥国分寺は、塔が回廊の外に建つ、東大寺式であった。→p.53 6

1-③ 駅鈴

▶隠岐国駅鈴（模型） 駅鈴は、中央官庁と各国府に備えられていて、官人が公務で往来するさいに交付される。駅では、駅鈴の剋数に応じた馬を調達できた。隠岐家に伝わる駅鈴のみが現存する。

1-④ 多賀城

西脇殿　正殿　後殿　南門　東脇殿

◀多賀城政庁（復元模型） 724年に、大野東人が築城したとされる。陸奥国府と鎮守府がおかれ、東北支配の拠点となった。築地・材木塀で囲まれたなかには政庁や役所群・倉庫群・兵士の住居群などがある。

1-⑤ 国庁

▲伯耆国国庁（復元模型） 国府は、国司が政務や儀式をおこなう政庁（国衙）を中心に、役所群や正倉・兵庫群、国司居館などによって構成されていた。伯耆国府は東西約237m、南北約227mの規模である。

1-⑥ 古代の交通路

◀東山道武蔵路 古代七道のうちの、東山道から上野国と下野国の中間あたりでわかれ、武蔵国府にいたる往還路。7世紀末ごろの完成とされる。両側に側溝があり、幅12mほどの道であった。

（地図）
隠岐国駅鈴　布勢駅家　伯耆国庁　長登銅山　大宰府政庁
多賀城　陸奥国分寺　東山道武蔵路　駿河国志太郡家

○ 国府
⛫ おもな城柵
━ 大路
━ 中・小路

1-⑦ 大宰府政庁

正殿　東脇殿　西脇殿　中門　南門　回廊

◀大宰府政庁（10世紀後半〜11世紀中頃の復元模型）「遠の朝廷」とよばれ、西海道諸国を統轄した大宰府の中心政庁。建物は、周囲を築地で囲まれたなか、南門・中門・正殿・後殿が一直線に並び、東西に2棟の脇殿が配置されていた。大宰府は、この政庁を中心に、各種の官衙が建ち並び、勤務する官人は大宰帥以下50名、雑務の従事者を加えると1000名以上といわれる。

1-⑧ 郡家（郡衙）

正殿　井戸　厨　館

◀駿河国志太郡家（復元模型） 郡司が政務をとった郡家の構造は、国府に似て、正殿・脇殿のほか、租や出挙利稲をおさめる正倉・館などからなり、各郡を支配する拠点となっていた。

1-⑨ 長門国長登銅山

▲奈良時代に採掘された銅鉱石

▶解説
長登銅山は、7世紀末には採鉱が開始されていた国内最古の銅山とされる。8世紀初頭には、採銅・精錬官衙がおかれ、和同開珎の原料銅も生産された。8世紀中頃になると、大仏鋳造のための銅が大量に生産された。出土した木簡は、奈良時代前半を中心に、銅塊や炭などの生産関係や貢進物関係のものなど、800点を超えた。

▲鉱山出土の木簡

2 「辺境」への支配領域の拡大

◀隼人塚（鹿児島県） 中央政府により「辺境」とみられていた東北地方には蝦夷、南九州地方には隼人とよばれる、政府に服属していない人びとが居住していた。政府は、これらの地方への支配領域拡大につとめ、7世紀半ば以降たびたび軍を派遣した（蝦夷については→p.67）。隼人塚には、政府軍に抵抗して討たれた隼人の慰霊のために造られたとの伝承がある（ただし、近年の発掘調査により平安後期の造営であることが判明した）。713年の大隅国の新設は、政府がこの地域の統治体制を強化したことを物語る。720年には、隼人が蜂起して大隅国司を殺害するという事件が起きたが、征隼人持節大将軍大伴旅人の軍により鎮圧された。

Question p.53 **1**の年表や**4**〜**8**の図・写真から、聖武天皇が国分寺の建立や大仏の造立を進めた背景と理由を考えてみよう。

藤原氏の進出と政界の動揺 53

1 奈良時代の政治の推移

天皇	政界の実力者		年号	政治
	藤原氏	皇族・他氏		
文武	不比等		701	大宝律令を制定
元明			710	平城京に遷都
			711	蓄銭叙位令を発令
			718	養老律令を編纂
元正		長屋王	721	長屋王，右大臣に就任
			722	百万町歩開墾を計画
			723	三世一身法を制定
	四子 (武智麻呂・房前・宇合・麻呂)		729	長屋王の変
			〃	光明子立后（光明皇后）
			737	天然痘により，藤原四子病死
聖武	橘諸兄 玄昉 吉備真備		740	藤原広嗣の乱 4
			740～45	聖武天皇，あいつぎ遷都 5
			741	国分寺建立の詔 6
			743	墾田永年私財法を制定
			〃	大仏造立の詔（紫香楽宮）
			752	東大寺大仏の開眼供養 7
孝謙			756	左大臣橘諸兄辞任，聖武太上天皇死去
	仲麻呂 〈南家〉		757	養老律令施行。橘奈良麻呂の変
淳仁	(恵美押勝)		758	仲麻呂，恵美押勝の名を賜る
			〃	官名を唐風に改称
			764	恵美押勝の乱
称徳 (孝謙重祚)	道鏡		765	道鏡，太政大臣禅師に就任
			769	宇佐八幡神託事件
			770	称徳天皇死去，道鏡下野薬師寺に追放
光仁	百川〈式家〉 永手〈北家〉		780	伊治呰麻呂の乱

2 天皇家系図

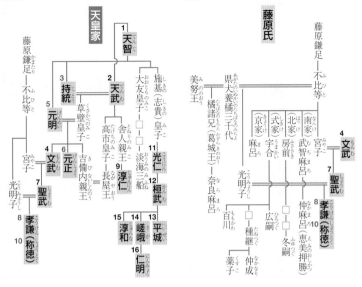

太字は天皇，数字は皇位継承の順，赤い数字は女性天皇

3 藤原氏系図

4 藤原広嗣の乱

凡例：
➡ 広嗣側軍勢
➡ 政府軍
✕ 激戦地
‥‥ 広嗣の逃亡経路

解説 大宰府管内の兵からなる総勢1万の藤原広嗣軍は，勅使佐伯常人・阿部虫麻呂らを擁する政府軍6000と板櫃川で激突。敗れた広嗣は，東シナ海に逃れたが，西風に吹き戻されて値嘉島に漂着。そこで捕らえられ，大宰府への移送途中に処刑された。

5 あいつぐ遷都

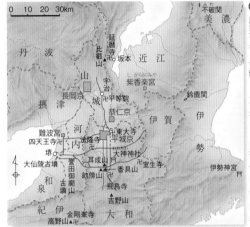

解説 藤原広嗣の乱に衝撃をうけた聖武天皇は，740年の伊勢行幸をきっかけに平城京を離れ，以後5年の間，恭仁・難波・紫香楽と矢継ぎ早に遷都を繰り返した。恭仁京は，左京・右京や条坊の地割りがおこなわれ，平城京から大極殿が移築されるなど都としての体裁が整えられたが，およそ3年後に難波宮に遷都された。難波宮への遷都は一時的なもので，まもなく，聖武天皇がたびたび行幸した紫香楽宮に都が移された。その後，社会不安を背景に，都は平城京に戻された。

6 国分寺・国分尼寺の分布

解説 国分寺の建立
国分寺・国分尼寺の建立はかならずしも順調には進まず，政府は国司の怠慢を叱咤し，郡司に協力を求める詔も出された。それでも，道鏡政権の頃までには，おおよそ完成したらしい。国分寺は国府近くに建立され，現在も遺跡をとどめる。

凡例：
国境
● 国分寺
● 国分尼寺

7 大仏造立

東大寺西大門勅額 大仏は747～749年にかけて鋳造され，752年に開眼供養がおこなわれた。創建当時の大仏殿は，正面11間（約86m）と推定され，現在のもの（正面7間，57m）よりひとまわり大きかった。西大門に掲げられていた勅額の「金光明四天王護国之寺」の文字は，聖武天皇の直筆とされる。

8 宇佐八幡宮

宇佐八幡宮南中楼門 宇佐八幡宮は，豊前国（大分県）宇佐にある全国八幡宮の総本社。大仏造立の際に，神託をくだして以来，中央政界との結びつきを強め，貴族たちの尊崇を集めた。

Answer 天然痘の流行や藤原広嗣の乱による社会不安が高まるなか，聖武天皇は仏教の鎮護国家の思想によって国家の安定を図ろうとした。

第1部 原始・古代

1 土地政策の推移

公地公民制の変化

土地	人民
・人口増加 ・荒廃田の増加 ・税の増収確保 ・口分田の不足	班田農民の負担過重 偽籍・浮浪・逃亡 私度僧・資人の増加 ↓ 課丁減少による財源不足

長屋王政権

722（養老6）年 百万町歩開墾計画
・農民に食料・道具を支給
↓
成果なし

723年（養老7年の格） 三世一身法
・灌漑施設を新造し開墾した者は，子・孫・曾孫の三代（三世）※までの所有を認める
・旧来の灌漑施設を利用し再開墾した者は，本人一代（一身）のみの所有を認める
・墾田は輸租田
※本人・子・孫の三代とする説あり。

橘諸兄政権

743年（天平15年の格） 墾田永年私財法
・墾田の永久私有を許可
ただし，位階により墾田所有面積を制限
↓
貴族・寺院は国司・郡司の協力を得て開墾を進め，私有地を拡大➡初期荘園へ
・墾田は輸租田
・大仏造立との関連

道鏡政権

765（天平神護元）年 加墾禁止令
・寺院などを除き開墾を禁止
➡道鏡失脚後，772年，禁止令撤回

初期荘園の成立

8～9世紀 初期荘園（墾田地系荘園）
・耕作には周辺の班田農民や浮浪人を動員
2割の賃租
・とくに東大寺は北陸地方などに大規模な荘園開発
・郡司の弱体化にともない衰退する

2 律令制下の地方民衆

▲▶奈良時代の住居とかまど（谷地前C遺跡，復元） 福島県

3 初期荘園の形成 3-① 東大寺領越前国道守荘

福井市社地区

▲道守荘開田図

凡例：
一 荘境
百姓家
寺田
墾田
畠（百姓畠ほか）
野地，その他
欠損部分

（地図の条里：14里 13里 12里 11里 10里 9里／五条 四条 三条 二条 一条。味間川，弥江，柏沼，葦江，寺溝上）

▲解説 初期荘園は，大寺社・貴族が買得・寄進によって集積した墾田を中心に形成された。越前国足羽郡にあった東大寺領道守荘はその典型で，在地豪族が寄進した墾田100町をもとに成立した。初期荘園には荘民はおらず，耕作は周辺の農民の賃租でおこなわれた。道守荘絵図では「百姓家」が荘域の外にあることがわかる。

3-② 北陸の東大寺領荘園

（千田稔氏原図）

日本海／富山湾／河北潟／手取川／黒部川／神通川／九頭竜川

主な荘園：須加荘，鹿田荘，丈部荘，横江荘，幡生荘，槻田荘，鳴戸荘，伊加留伎荘，井山荘，石栗荘，大藪荘，溝江荘，子見荘，杵名蛭荘，高串荘，桑原荘，椿原荘，田宮荘，鯖田国富荘，鴨野荘，栗川荘，道守荘，粟置荘

凡例：
■ 施入　▲ 買得
■ 寄進　● 不明
このほか水成荘（地名のみ文献に登場。位置不明）
─○─古代官道と駅家
═══100mの等高線

3-③ 初期荘園の景観（越前国桑原荘）

墾田／荘所

（福井県立博物館「桑原庄景観想定復元図」による）

▲解説 東大寺が所有した初期荘園約4,800町のうちの過半が北陸に集中していた。越前国坂井郡にあった桑原荘は，755年に成立した初期荘園。自然堤防上に設けられ，草葺き・板敷きの家屋や倉庫からなる荘所（経営拠点）の周辺に墾田が広がっている。

4 班田農民の逃亡 4-① 逃亡の記録（山背国愛宕郡出雲郷：神亀3年）

山背国愛宕郡出雲郷計帳　神亀三年（七二六）

戸主少初位上出雲臣広足年六九歳　香老

出雲臣真床	年三四歳	老妻	
出雲臣山村	年二六歳	正丁	右頬黒子
出雲臣槻麻呂	年一五歳	少丁	太左頬下黒子 位分資人太政大臣家
出雲臣秦勝	年一〇歳	小子	右耳下黒子
出雲臣加比売	年一二歳	丁女	逃 出雲国 神亀五年逃 和銅五年
出雲臣玉売	年二五歳	丁女	因幡国 逃 和銅五年
出雲臣志豆売	年四六歳	丁女	左頬黒子
出雲臣稲売	年三三歳	丁女	左日尻疵
出雲臣敷売	年三六歳	丁女	右頬黒子
出雲臣真売	年三四歳	丁女	顔黒子
出雲臣蓮羽売	年二五歳	丁女	左頬上黒子
出雲臣員売	年一二歳	小女	右頬疵
出雲臣然志売	年八四歳	小女	
出雲臣酒屋売	年四一歳	丁女	紀伊国伊刀郡 和銅五年逃
出雲臣乎美奈売	年五一歳	丁女	

（以下，十六人略）
（正倉院文書）

4-② 遠隔地におよぶ逃亡先（山背国愛宕郡出雲郷：神亀3年・天平5年）

▲解説 逃亡民は，見つけしだい連れ戻すのが原則であった。しかし実際には，逃亡先で課役を負担させることが多く，こうした状態を「浮浪」とよんだ。計帳には不在者を「逃」と記している。山背国出雲郷の計帳からは，逃亡先が九州・北陸などの遠隔地にまでおよんでいることがわかる。

	逃	在
雲上里計帳	●	▲
雲下里計帳	●	▲
愛宕郡計帳	●	▲

（『週刊朝日百科 日本の歴史』2による）

白鳳文化❶…建築 55

1 白鳳文化の特色と文化財

時期	7世紀後半〜8世紀初頭
中心地	飛鳥地方(藤原京)
担い手	天武天皇・持統天皇,豪族
特色	①律令国家形成期の生気ある若々しい文化 ②新羅を介した唐初期文化の影響 ③仏教文化を基調とする

おもな美術作品	彫刻	法隆寺阿弥陀三尊像〈金銅像〉→p.56 **1** 法隆寺夢違観音像〈金銅像〉→p.56 **2** 興福寺仏頭〈金銅像〉→p.56 **3** 薬師寺金堂薬師三尊像〈金銅像〉→p.56 **4** 薬師寺東院堂聖観音像〈金銅像〉→p.56 **5**
	絵画	法隆寺金堂壁画→p.57 **1** 高松塚古墳壁画→p.58 **3**
	工芸	金銀鍍龍首水瓶

出土した山田寺回廊

△山田寺回廊出土状況

◁復元された山田寺回廊

山田寺は,蘇我倉山田石川麻呂の発願になる氏寺で,天武朝に完成された。1982(昭和57)年の発掘調査で,東回廊が倒れたままの状態で出土し,白鳳期の建築を知る貴重な資料となった。

2 薬師寺

△薬師寺全景 薬師寺は,天武天皇が皇后(のちの持統天皇)の病気回復を祈って発願し,698年に完成したとされる。藤原京内に創建され,平城京遷都にともない現在の場所に移された。奈良県

2-① 薬師寺式伽藍配置

△本薬師寺金堂礎石 平城京移転後に残された寺院は,本薬師寺とよばれ,金堂や塔の礎石,土壇が現存する。

2-② 薬師寺東塔

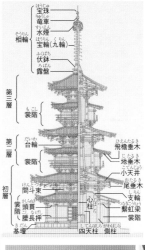

◁薬師寺東塔 薬師寺東塔は,平城京に移転された当時から現存する唯一の建築物である。730(天平2)年の建立とされるが,白鳳期の建築様式をよく伝えている。三重塔であるが,各層に裳階という建物を保護するための小さな屋根がつけられているため六重にみえる。屋根の軒と裳階とが交互に重なる塔のリズミカルな美しさは「凍れる音楽」と評される。西塔は近年の再建である。高34.1m 国宝

3 大官大寺の変遷

熊凝精舎	→	百済大寺	→	高市大寺	→	大官大寺	→	大安寺
厩戸王(聖徳太子)が建立		639年,舒明天皇が百済川畔に建立		673年,舒明天皇が香具山の南に移転・建立		677年,天武天皇が高市大寺を改称		745年,平城京に移転した大官大寺を改称

▷大官大寺復元模型 天武天皇が創建した大官大寺は,舒明天皇勅願の百済大寺を移転して建立した高市大寺を改称したもので,白鳳期には官寺の筆頭であった。平城京遷都にともなって再び移転され,745(天平17)年には大安寺となった。

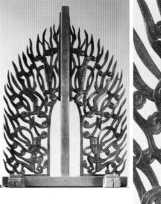

△薬師寺東塔の水煙(左)と飛天(右) 水煙は相輪の上部にある火焔状の装飾であるが,火災を避ける意を込めて水煙とよぶ。東塔の水煙には,飛雲のなかに天衣をひるがえし,笛を奏で,祈りをささげる24体の天女が透彫されている。

Answer 貴族や寺院,地方豪族たちの私有地拡大を進める結果となり,やがてそのなかから初期荘園が生まれてくる。

第1部 原始・古代

1 法隆寺阿弥陀三尊像

△**法隆寺阿弥陀三尊像** 光明皇后の母 橘 三千代(橘夫人)の念持仏と伝えられ、白鳳期に制作された厨子内に安置される。蓮池から生じる蓮華の上に、阿弥陀如来と観音・勢至の両菩薩をあらわしたもので、丸みをおびた柔和な面立ちに、白鳳期の特徴が認められる。
金銅像 中尊:像高33.3cm、脇侍:各像高26.9cm 奈良県 国宝

4 薬師寺金堂薬師三尊像

▷▽**薬師寺金堂薬師三尊像** 薬師寺金堂の本尊薬師如来を中央に、脇侍として日光菩薩(右)、月光菩薩(左)を配する。藤原京の薬師寺から本尊を移したか、平城京で新造されたかで造像時期は二説に分かれる。豊かで調和のとれた体軀や自然な衣の表現などに初唐芸術の影響が認められる。両脇侍のやや腰をひねった姿はほかの白鳳仏にはみられない。金銅像 像高:如来像(中)254.7cm、左脇侍317.3cm、右脇侍315.3cm 奈良県 国宝

2 法隆寺夢違観音像

△**法隆寺夢違観音像** この仏像に祈れば、悪夢をよい夢にかえてくれるという信仰がある。丸顔でふくよかな姿態が特徴的である。金銅像 像高87.0cm 奈良県 国宝

4-① 薬師如来像台座

◁**薬師如来像台座** 台座には、インド起源の鬼形(南方の崑崙?)や西域伝来の葡萄唐草文様、中国の四神などのレリーフがほどこされている。台座高 約150.7cm 奈良県 国宝

3 興福寺仏頭

△**興福寺仏頭** もとは、山田寺の薬師三尊像の中尊であった。鎌倉時代に、山田寺から奪われ興福寺東金堂の本尊とされた。1411(応永18)年の火災で頭部のみが残り、以来、現本尊の台座下におさめられていたが、1937(昭和12)年に発見された。金銅像 総高98.3cm 奈良県 国宝

5 薬師寺東院堂聖観音像

△**薬師寺東院堂聖観音像** 東院堂の本尊。直立する姿勢や左右に広げた裳などの正面観を重視する点は、薬師三尊像に比べやや古式である。衣の襞を通して脚が透けてみえる技法には、インドのグプタ様式の影響がうかがわれる。金銅像 像高188.9cm 奈良県 国宝

Question p.56の写真から、薬師寺金堂薬師三尊像や興福寺仏頭に代表される白鳳文化期の仏像の表現には、どのような特徴があるか考えてみよう。

1 法隆寺金堂壁画

▽法隆寺金堂壁画 第6号壁：阿弥陀浄土図(模写) 縦3.14m 横2.65m 部分

▲法隆寺金堂壁画 第10号壁：薬師浄土図(模写) 部分

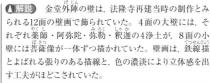

▲解説 金堂外陣の壁は, 法隆寺再建当時の制作とみられる12面の壁画で飾られていた。4面の大壁には, それぞれ薬師・阿弥陀・弥勒・釈迦の4浄土が, 8面の小壁には菩薩像が一体ずつ描かれていた。壁画は, 鉄線描とよばれる張りのある描線と, 色の濃淡により立体感を出す工夫がほどこされていた。

◀アジャンター石窟壁画 インドのムンバイの東北方, ワゴーラー川に面した断崖をくり抜いて築かれた29の石窟寺院に, 5世紀後半から6世紀初頭にかけて描かれた, グプタ美術を代表する壁画が残されている。第1石窟に描かれたこの蓮華手観音菩薩像は, 金堂壁画の阿弥陀浄土図にある勢至・観音両菩薩と類似するところが多い。

▲法隆寺金堂壁画 第1号壁：釈迦浄土図(模写) 部分

飛天図

阿弥陀浄土図

◀法隆寺金堂内部 法隆寺金堂は1949(昭和24)年に焼損したが, それ以前の金堂内部を再現したもの。外陣の壁に描かれた浄土図や菩薩図, 内陣の小壁に描かれた飛天図の様子がよくわかる。

▽法隆寺金堂壁画
第8号壁：文殊菩薩図
(模写) 部分

▽法隆寺金堂壁画
第7号壁：聖観音菩薩図
(模写) 部分

法隆寺金堂壁画焼損と文化財保護法

法隆寺の金堂壁画は, 金堂解体修理中の1949年1月26日, 壁画模写作業中の失火により, 当時取りはずされていた内陣小壁の飛天図をのぞき, その大半が焼損した(焼損後の壁画は法隆寺大宝蔵殿横の収蔵庫に保存されている)。こ

▲焼損後の法隆寺金堂壁画と柱 国宝

の事件を契機に, 文化財保護の体制整備を求める世論が高まり, 1950年5月30日に文化財保護法が制定された。この法律では, 文化財を国民の共有財産とし, 「国民の文化的向上と世界文化の進歩のため」に, それを保存・活用することがうたわれている。なお, 1月26日は「文化財防火デー」とされている。

▲解説 文殊・聖観音の両菩薩図は, 外陣小壁に描かれていた8体の菩薩のうちの2体である。

Answer 全体に丸みを帯びた豊かで調和のとれた体躯や穏やかで柔らかい表情, 自然な衣の表現などの特徴がある。

第①部 原始・古代

1 法隆寺金堂壁画と敦煌石窟壁画の飛天

△**法隆寺金堂壁画飛天図** 焼損をまぬがれた内陣小壁20面に描かれていたもので，敦煌石窟壁画と類似する。縦70.3cm 横136.0cm 部分

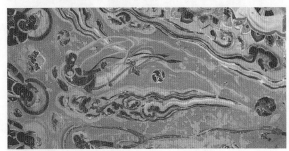

△**敦煌石窟壁画飛天図** 中国

2 上淀廃寺出土の壁画

(米子市教育委員会)

△**神将の復元図**

△**上淀廃寺出土の壁画**(神将部分) 上淀廃寺は鳥取県淀江町(現，米子市)にあった，600年代に創建されたと推定される寺院である。1991年の発掘調査で，金堂跡周辺から彩色された壁画片が出土した。破片は，現在までに約5500点が確認されている。壁画は，神将・飛天・天蓋・菩薩などを描いたもので，白鳳期の制作と考えられ，法隆寺の金堂壁画と並ぶ国内最古級の仏教壁画の発見となった。縦22.0cm 横12.0cm 部分

3 高松塚古墳壁画 国宝

△**高松塚古墳壁画女子群像**(西壁)

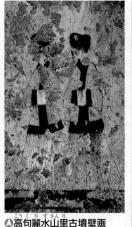

△**高句麗水山里古墳壁画**

◁**高松塚古墳壁画男性群像**(東壁南側) 東壁には，掛袋をさげる2人の男性，蓋を持つ男性，大刀袋状のものをかつぐ男性の計4人が描かれている。持ち物は，律令制の時代に元日の朝賀の儀式に参列する官人のものと一致する。

解説 奈良県明日香村にある高松塚古墳は，7世紀末～8世紀初めの築造とされる2段築成の円墳で，直径は23m(下段)と18m(上段)，高さは約5m。1972年の調査により，石槨内に極彩色の壁画が発見された。西壁に描かれた4人の女性群像は，もっとも鮮明なもので，当時の女性の盛装した様子がよくわかる。彼女らが身につけている丈の長い上着や縞模様の裳は，高句麗の水山里古墳壁画(5世紀後半)の女性像とよく似ている。壁画は，カビなどによる劣化が進んだため，石槨全体が解体され，恒久保存のための修復作業がおこなわれている。

△**高松塚古墳壁画玄武**(北壁，左)**と青龍**(東壁，右) 玄武と青龍は，古代中国の思想で東西南北の4方位をつかさどるとされる四神のうちの二つ。西壁には白虎も描かれていたが，南壁にあるはずの朱雀は盗掘の穴が開けられていたため，はがれ落ちていた。

3-① 高松塚古墳石槨内部

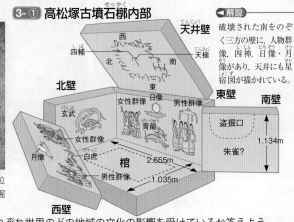

解説 破壊された南をのぞく三方の壁に，人物群像，四神，日像・月像があり，天井にも星宿図が描かれている。

天井壁

西　北　南　東

四輔　天極

北壁　東壁　南壁

玄武　日像　男性群像

女性群像　青龍　盗掘口

月像　白虎　朱雀？

棺　1.134m

2.655m

1.035m

男性群像

西壁

Question p.57 1 や p.58 3 から，白鳳文化期を代表するこの二つの絵画は，それぞれ世界のどの地域の文化の影響を受けているか答えよう。

1 天平文化の特色と史書・文学

時期	8世紀初頭～8世紀末
中心地	平城京
担い手	聖武天皇・光明皇后, 貴族ら
特色	①平城京中心の高度な貴族文化 ②盛唐文化の影響が強い, 国際色豊かな文化 ③鎮護国家思想に基づく仏教文化

おもな史書・文学	歴史書	『古事記』稗田阿礼が誦習, 太安万侶が筆録 『日本書紀』(舎人親王ら編) 六国史の最初
	地誌	『風土記』常陸・出雲・播磨・豊後・肥前が残存
	文学	『懐風藻』(天智朝以降の作品) 現存最古の漢詩集 『万葉集』(大伴家持?編) 現存最古の和歌集

◀**出雲大社本殿**(復元模型) 『出雲国風土記』に「所造天下大神」とされる大国主大神を祭神とする出雲大社。模型は, 平安時代の本殿を推定復元したもので, 高さは約48mあったという。

4 『懐風藻』と漢詩文の文人

淡海三船 鑑真の伝記『唐大和上東征伝』の著者。神武～光仁(弘文, 文武を除く)の漢風諡号を一括して定めたという。『懐風藻』の撰者とする説もあるが疑問。

石上宅嗣 光仁天皇擁立を推進。文人としては淡海三船と双璧をなし, 『経国集』に詩がおさめられている。芸亭を開設し, 書籍を一般に開放した。

◀**『懐風藻』** 現存最古の漢詩集で, 751年成立とされる。写真は江戸時代初期の写本で, 『懐風藻』の「序」にあたる部分。国立公文書館蔵

2 六国史

六国史	巻数	成立年代	天皇	対象とする時代	編者
日本書紀	30	720(養老4)	元正	神代～持統	舎人親王
続日本紀	40	797(延暦16)	桓武	文武～桓武	藤原継縄
日本後紀	40	840(承和7)	仁明	桓武～淳和	藤原緒嗣
続日本後紀	20	869(貞観11)	清和	仁明一代	藤原良房
日本文徳天皇実録	10	879(元慶3)	陽成	文徳一代	藤原基経
日本三代実録	50	901(延喜元)	醍醐	清和・陽成・光孝	藤原時平

▶**解説 六国史とは** 『日本書紀』から『日本三代実録』に至る六つの正史。天皇による支配の正当性の由来とその後の歴史を, 中央政権の視点で撰修したもの。勅命に基づいて政府に設けられた担当部局が編纂した。いずれも漢文・編年体の体裁をとっている。

3 『風土記』が残存する国

肥前 出雲 播磨 豊後 ひぜん いずも はりま ぶんご ひたち 常陸

◀**解説** 元明天皇の勅命により, 国ごとに編纂された『風土記』は, ほぼ完全な形で残る『出雲国風土記』(733年)のほか, 一部が欠損した形で常陸・播磨・豊後・肥前のものが残る。他の国の『風土記』は, 一部が後世の書物に引用された逸文として知られるのみ。

◀**太安万侶の墓** 奈良県
1979年に奈良市此瀬町で発見された銅製の墓誌。「左京四条四坊」に居住していた「太安萬侶」が, 「癸亥年(723年)七月六日」に死去したと刻まれている。これにより, この墓が『古事記』の編者太安万侶のものであることが判明した。

太安万侶の墓誌

左京四條四坊従四位下勲五等太朝臣安萬侶以癸亥年七月六日卒之養老七年十二月十五日乙巳

長29.1cm 幅6.1cm 厚0.1cm

5 『万葉集』と万葉歌人

5-① 万葉の歌人

白鳳期	第1期	7世紀中頃(天智天皇時代まで)	天武天皇 有間皇子 額田王ら
	第2期	7世紀後半～8世紀初め(平城京遷都まで)	持統天皇 柿本人麻呂 高市黒人ら
天平期	第3期	8世紀前半(天平年間(729～749)の初め頃まで)	山部赤人 山上憶良 大伴旅人ら
	第4期	8世紀中頃(淳仁天皇時代まで)	大伴家持 大伴坂上郎女ら

◀**柿本人麻呂像** 人麻呂は万葉第2期から第3期にかけて秀歌を残し, 万葉歌人中の第一人者とされるが, 詳細な経歴は不明。『万葉集』には, 人麻呂作の長歌・短歌と『柿本人麿歌集』からとられた歌が多数収録されている。画像は佐竹本「三十六歌仙絵」のもの。
出光美術館蔵

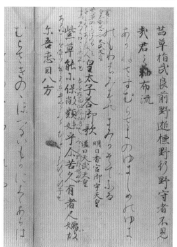

◀**『万葉集』** 770(宝亀元)年頃に成立した和歌集で, 20巻, 約4500首を収める。写真は元暦元(1184)年の校本(諸種の異本を比べ, 本文の異同を示した本)である。
東京国立博物館蔵

6 律令国家の教育制度

	大学…中央(都)	国学…地方(国ごと)
所管	式部省の管轄	国司の管轄
入学資格	・五位以上の貴族の子・孫 ・東西(大和・河内)史部の子 ・八位以上の子で志願する者 ・13～16歳	・郡司の子弟で聡明な者 ・13～16歳 (学生定員で欠員がある時は庶民の子弟の入学も許可)
学生定員	学生 400名	国学生 20～50名(国の大きさによる)
試験と授位・授官	句試(10日ごと)・歳試(年1度)	大学に準じる
	秀才・明経・進士・明法…いずれかの試験に合格すれば, 位階が授与され官人になれる	郡司の要員。推薦されて中央の大学に入る者もあった

◀**解説** 律令国家の官人養成機関として, 中央に式部省管轄の**大学**, 地方には国司管轄の**国学**がおかれた。儒教の基本書・注釈書を習得する経学が学問の中心で, 算学が補助的に加えられた。学生の入学年齢は13～16歳で, 在学年数は最長9年。規程の課目を習得し, 秀才・明経などの試験に合格すれば位階を得て, 官人になれた。貴族の子は蔭位の制(→p.47 3-⑧)があったことから, 学生は下級官人層の出身が多かった。

Answer 法隆寺金堂壁画には, アジャンター石窟壁画があるインドや西域, 高松塚古墳壁画には中国や高句麗など朝鮮の影響が認められる。

第1部 原始・古代

1 国家仏教の発展

鎮護国家の思想：仏教によって国家の安定をはかるという仏教思想
南都六宗：三論・成実・法相・倶舎・華厳・律
南都七大寺：大安寺・薬師寺・元興寺・興福寺・東大寺
　　　　　　西大寺・法隆寺（または唐招提寺）

社会事業←善行をつむことで福徳を生むという，仏教思想に基づく
　行基：用水・救済施設の設立，架橋
　光明皇后：悲田院（孤児・病人を収容）・施薬院（医療施設）の設立
　和気広虫（法均尼）：恵美押勝の乱後の孤児を養育

2 奈良時代のおもな僧侶の活動

僧名	業績
義淵 （？～728）	法相宗。龍蓋寺（岡寺）など龍の字のある5カ寺を建立。703年に僧正となり，元正・聖武朝の内裏に仕える。弟子に玄昉，行基，良弁らがいる
行基 （668～749）	法相を学ぶ。民衆教化・社会事業に取り組み，各地に道場を開き，弟子を率いて橋・堤などを築造した。政府から再三弾圧をうけたが，743年からの大仏造立には弟子・民衆を率いて協力し，大僧正に任じられた
良弁 （689～773）	義淵に法相，審祥に華厳を学ぶ。金鐘寺（東大寺の前身）で華厳宗の発展に努めた。大仏開眼供養ののち，初代東大寺別当に就任した
道慈 （？～744）	702年に入唐。長安の西明寺で学び三論に精通するようになった。718年に帰国。その後律師に任じられ，平城京での大安寺建立に尽力した
玄昉 （？～746）	717年に吉備真備とともに入唐し，法相を学ぶ。735年に帰国。その後，僧正となり橘諸兄政権を支えるが，740年に玄昉排斥を求める藤原広嗣の乱が起こり，745年に筑紫観世音寺に左遷された
鑑真 （688?～763）	中国揚州の生まれ。入唐僧栄叡・普照の要請をうけて742年に渡日を決意したが，5度の渡航に失敗。その後の失明にも屈せず，6度目の渡航で753年に来日。戒律を伝え，東大寺の戒壇で聖武・光明・孝謙にはじめて授戒。唐招提寺を創建し，戒律普及に努めた
菩提僊那 （704～760）	天竺（インド）僧。唐で修行中に招請をうけ，仏哲らとともに736年に来日。751年に僧正に任じられ，翌年には東大寺大仏の開眼導師を勤めた
仏哲 （？）	林邑国（インドシナ半島南東部）の僧。菩提僊那に従って唐に赴き，736年ともに来日。林邑楽とよばれる音楽や舞を伝え，多くの密教経典ももたらしたという

本朝（天下）三戒壇

戒壇とは，正式な僧となるため高僧から戒律を授かる儀式をおこなう場で，日本最初の戒壇は754年に東大寺に臨時に設けられた。ここで鑑真が，聖武太上天皇・光明皇太后・孝謙天皇に戒律を授けた。翌年，その戒壇の土を移して東大寺戒壇院が建立され，761年には筑紫観世音寺と下野薬師寺にも戒壇が築かれた。これらが「本朝（天下）三戒壇」とよばれ，以後，いずれかの戒壇で受戒しなければ正規の僧と認められないこととなった。

△東大寺戒壇堂

△筑紫観世音寺戒壇院本堂（現，聖福寺）

◁下野薬師寺戒壇（推定復元図）

3 鑑真の来日

鑑真

△『鑑真和上東征絵伝』　渡航途中で難船し，なんとか浜辺にたどりついた鑑真一行。唐招提寺蔵／奈良県

▶詳しくみてみよう！
鑑真和上と唐招提寺

4 行基と大仏造立　4-① 大仏鋳造（推定図）

△行基像（13世紀の作）

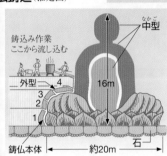
中型
鋳込み作業　ここから流し込む
外型
16m
約20m
鋳仏本体
石

△解説　大仏師国中公麻呂を総責任者とする大仏の鋳造は，8回に分けておこなわれ，2年余りの歳月を要した。開眼会がおこなわれたのは造立の詔が出されてから9年後の752年のこと。この大事業にたずさわったのは，知識（寄進者）42万余人，役夫（作業者）のべ約218万人とされる。行基はこれに多くの弟子と民衆を率いて参加した。

△創建当時の東大寺大仏殿（復元模型）　東大寺蔵

4-② 東大寺大仏の残存状況

■天平時代当初の部分
■鎌倉時代の修補部分
□江戸時代初期の修補部分

松山鉄夫ほか東京藝術大学調査グループによる

△大仏蓮弁の毛彫り　大仏は，1180（治承4）年の平重衡による焼討ちと，戦国時代の1567（永禄10）年の兵火で2度焼失している。現在の大仏は，江戸時代の1691（元禄4）年に再鋳されたもので，造立当初のものが台座など一部に残存する。とくに台座の蓮弁1枚ずつに毛彫りで描かれた釈迦如来や菩薩像などは，天平芸術の最高傑作とされる。

Question p.60　2・3の表や図に注目して，唐から来日した鑑真は，日本の仏教の発展にどのような役割を果たしたか考えてみよう。

1 天平の建築物

建築
法隆寺夢殿 2-① ・伝法堂 2-②
唐招提寺金堂 3-② ・講堂 3-①
東大寺法華堂〔三月堂〕 4-① ・転害門 4-②
正倉院宝庫 4-③

▶法隆寺夢殿　739年，行信により厩戸王（聖徳太子）の斑鳩宮跡に創建された法隆寺東院の中心。八角円堂の形式は唐の影響を受けた斬新な建築様式で，たびたびの修理を経ているが，創建当時の姿をよくとどめている。堂内の厨子には，厩戸王の等身と伝えられる救世観音像（→p.40 3-⑧）が安置されている。高14.4m　奈良県　国宝

2 法隆寺の建築　2-① 法隆寺夢殿

2-② 法隆寺伝法堂

△法隆寺伝法堂　法隆寺東院の講堂で，聖武天皇の夫人橘古那可智（あるいは光明皇后の生母橘三千代）の邸宅を移築し，仏堂としたもの。移築の際に檜皮葺きを瓦葺きに改めたと推定されている。床板張りの建築物としては，現存最古とされる。高7.7m　国宝

3 唐招提寺の建築　3-① 唐招提寺講堂

△平城宮朝集殿（復元模型）

◀唐招提寺講堂　平城宮の朝集殿を移築したもので，その際に各部材につけた番号が今も残る。現在は入母屋造であるが，もとは切妻造。13世紀の改築により，当時の外観は失われた。高11.8m　奈良県　国宝

唐招提寺全景
鑑真墓所
講堂
戒壇
金堂

△唐招提寺全景

3-② 唐招提寺金堂

3-③ 唐招提寺金堂柱廊

◀▷唐招提寺金堂（左）と柱廊（右）　8世紀中頃の建造と推定される。正面7間，側面4間の寄棟造。前面庇の柱間が開放され，胴部にわずかな膨らみ（エンタシス）のある柱の美しさが強調されている。柱間は中央がもっとも広く，両脇に向かうにつれ，しだいに狭くなっていて，屋根のゆるい勾配と調和を保ちながら，しかも安定感が出るように工夫されている。高17.0m　国宝

4 東大寺の建築　4-① 東大寺法華堂（三月堂）

△東大寺法華堂　仏像が安置されている寄棟造の正堂は，東大寺の前身金鐘寺の羂索堂として建立されたもので，740年代の完成とみられる。軒を接する入母屋造の礼堂（右）は鎌倉時代13世紀の建築。高12.5m　奈良県　国宝

4-② 東大寺転害門

▽東大寺転害門　高10.6m　国宝

4-③ 東大寺正倉院宝庫

南倉　中倉　北倉

◀東大寺正倉院宝庫（左）と校倉造（右）　東大寺にあった倉庫群のうち，唯一現存するもの。750年代の建造でヒノキ材の寄棟造，床下約2.7mの高床式倉庫である。北倉・南倉は校木という三角材を井桁に組み上げて壁面を造る校倉造，中倉は角柱の間に厚板をはめ込んだ板倉で，構造が異なる。内部は屋根裏を入れると3階造。光明皇后が東大寺大仏に奉献した聖武天皇遺愛の品々は北倉におさめられ，南倉には東大寺の法会に関係する物品がおさめられていた。総高14.0m　床下2.7m　間口33.0m　奥行9.4m　国宝

Answer 鑑真は，正式な僧侶となるために必要な受戒の際の正式な戒律のあり方を伝え，唐招提寺を建立して戒律の普及に努めた。

1 天平の彫刻

2 東大寺の塑像

塑像

①座板に角柱を立てて心木とし，荒縄を巻く。②麻の繊維やワラなどを混ぜて強度を高めた荒土を心木にしっかりと食い込むように盛りつける。③荒縄を巻いた銅の針金を肩に差し込んで腕の芯とし，紙や布の繊維を入れた中土を全体につけておおよその形をつくる。④粒子の細かい仕上土で形を整え，最後に表面に白土を塗り彩色をほどこす。

2-① 月光菩薩像・日光菩薩像

◀月光菩薩像（左）・日光菩薩像（右）　法華堂の本尊不空羂索観音の脇侍であったが，他所から移されたもの。本来の像名は梵天・帝釈天という説もある。現状はほとんど白色であるが，袖口の朱色，裾にある忍冬文の截金など制作当時の彩色がわずかに残る。
像高207.0cm・206.0cm　奈良県　国宝

2-② 法華堂執金剛神像

◀執金剛神像　法華堂の厨子に北向きに安置され，鬼門の守りとされていた。写実的な憤怒の表情，邪悪な者を打ち据えようという力感あふれる表現など，天平彫刻の特色がよく表れている。秘仏であるため制作当時の彩色がよく残る。像高173.0cm 国宝

2-③ 戒壇堂四天王像

▲持国天　像高160.6cm

▲増長天　像高165.0cm

▲広目天　像高163.0cm

▲多聞天　像高165.0cm

戒壇院の壇上四隅に安置された仏法の守護神。東隅から南・西・北の順に持国天・増長天・広目天・多聞天と名づけられている。いずれもが西域風の皮革製甲冑に身を固め，足下の邪鬼を踏みつけて威嚇・沈痛の表情を示す。鋭い眼差しや固く結んだ口，あるいは怒号する口，複雑な筋肉の動きなど真に迫る写実的な表現は，天平彫刻を代表するにふさわしい。国宝

▲持国天　▲広目天

3 新薬師寺十二神将像

伐折羅大将像　　　昭和の補作

▲新薬師寺十二神将像　本尊薬師如来坐像を囲む。12軀のうち1軀のみ昭和の補作であるが，他は天平期末年の作とされる最古の十二神将像。奈良県 国宝

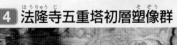

▲新薬師寺伐折羅大将像　誇張された手足の動きに対し，表情は極めて写実的。目には黒曜石がはめ込まれている。
像高162.9cm

4 法隆寺五重塔初層塑像群

▲法隆寺五重塔初層塑像群　五重塔北面，涅槃の場面をあらわした塑像群で，711年の作。釈迦の入滅を悲しみ，号泣する弟子や信者の姿が，一人ひとり克明に表現されている。国宝

Question p.62・63 の写真や図から，天平文化の時代に発達した仏像彫刻の技法とは，どのようなものであったか考えてみよう。

1 東大寺法華堂不空羂索観音像

◁東大寺法華堂不空羂索観音像
法華堂の本尊で8世紀前半の作。現存最古の不空羂索観音像。不空羂索観音は，煩悩に悩み苦しむ衆生を綱（羂索）でもれなく救い上げるという誓願を持ってあらわれた観音菩薩。三目八臂（8本の腕）の大きな像で，手には円環のついた羂索を携える。金色に輝く堂々とした体軀，対照的に繊細な手指と流麗な衣の襞など，写実性豊かな天平彫刻の特色が認められる。頭に戴く宝冠は，水晶や翡翠・真珠・琥珀などで飾られた豪華なもの。像高362.0cm 国宝

▶阿修羅像　8世紀の作で，興福寺西金堂の本尊釈迦如来像の周囲に安置されていた。八部衆とは，仏の眷属として仏法守護や諸仏供養の役目を与えられたインド古来の8種の神々のこと。武装した姿でつくられるが，阿修羅だけは上半身裸である。三面六臂の阿修羅像は，正面の眉を寄せた少年のような面立ち，固く合掌する胸元の手と，それに対して空間に大きく開いた4本の手の調和のとれた構成が美しい。八部衆像は十大弟子像とともに同じ工房でつくられたことが知られる。
像高153.0cm 国宝

△阿修羅像彩色復元想像図

乾漆像

漆で固める　麻布を重ねて　支柱

脱乾漆像

脱乾漆像　①土でおおよその像形をつくり，その上に粗目の麻布を漆で塗り重ねる。②漆が乾いたら内部の土を取り除き，補強の木枠を組み込む。③表面に木屎漆（木の粉末などを漆で練ったもの）を盛って形を整える。
木心乾漆像　像の原型を木彫でつくり，その上に麻布を漆ではり固め，木屎漆で細部を整形したもの。

2 興福寺八部衆像

△五部浄像　象の冠をかぶる頭部と上半身の一部が残る。正面をみつめる少年のような表情が印象深い。
現状高48.8cm 国宝

3 興福寺十大弟子像

△富楼那像　8世紀前半の作。釈迦に従った10人の高弟のうち，6軀が残る。剃髪し袈裟をまとう姿は共通であるが，顔の表情や手の形など，それぞれが個性的に表現される。
像高148.8cm 国宝

4 聖林寺十一面観音像

△聖林寺十一面観音像　8世紀中頃に東大寺造仏所で制作された。大神神社の神宮寺大御輪寺の本尊であったが，明治期の神仏分離に際して聖林寺に移された。均整のとれた量感あふれる姿が美しい。
像高209.0cm 国宝

5 唐招提寺鑑真像

▶唐招提寺鑑真像　『唐大和上東征伝』によれば，763年，76歳で死去する直前に弟子たちによってつくられたものとされる。盲目の両眼と口元に微笑をたたえる慈悲の表情，頰やうなじにみられる肉づきの意外なほどのたくましさなど，細部まで写実的に表現された生前の容貌のなかに，数々の困難を克服して渡日をはたした鑑真の不屈の精神を感じとることができる。
像高80.1cm 国宝

6 唐招提寺金堂盧舎那仏像

▶唐招提寺金堂盧舎那仏像　鑑真が唐招提寺の建立を始めた759年に近いころの作とみられる。金堂の本尊で，千体の釈迦像をつけた光背を持つ独特の造形。重厚で迫力ある体軀と写実的に表現された衣文に天平彫刻の特色が認められる。台座の一部に残る墨書銘から物部広足・漆部造弟麻呂などこの像の制作にたずさわった造仏工，乾漆工と推定される人々の名が知られる。
像高304.5cm 国宝

Answer 木を芯として粘土で塗り固めてつくる塑像と，原型の上を麻と漆で何重にも塗り固めた後，原型を抜き取って整形する乾漆像の技法。

第1部 原始・古代

1 天平の絵画・工芸

3 薬師寺吉祥天像

△薬師寺吉祥天像　8世紀後半の作。福徳豊穣の守護神とされる吉祥天は，宮中や寺院で毎年正月におこなわれる吉祥悔過会の本尊とされ，除災招福や五穀豊穣などが祈願されていた。ふっくらとした容貌に太い眉，風になびく着衣の繊細な表現に天平期の特色がよく認められる。

縦53.3cm　横32.0cm　国宝

2 過去現在絵因果経

△過去現在絵因果経　釈迦の前世を記した『過去現在因果経』の経文を下段に書き，それに相当する絵を上段に描いた絵巻物。唐の原本をもとに制作されたとみられる。縦26.5cm　横1095cm　部分　東京藝術大学蔵　国宝

4 東大寺大仏殿八角灯籠

◁東大寺大仏殿八角灯籠(左)と菩薩像(右)　8世紀につくられた最古・最大の金属製灯籠。火袋部分の4つ扉と他の4面を飾る獅子と楽器を持つ菩薩像のレリーフは，当時の鋳造技術の水準の高さを示す。灯籠 高4.62m　国宝

5 百万塔と陀羅尼

◁百万塔(左下)と陀羅尼(右下)　称徳天皇が恵美押勝の乱の戦没者を慰霊するためにつくらせたもの。塔のなかにおさめられた陀羅尼は，**日本最古の印刷物**。ともに奈良国立博物館蔵

トルファン出土の樹下美人図

トルファン(現，中国新疆ウイグル自治区)は唐代にさかえた中央アジアのオアシス都市。乾燥した砂漠地帯では樹木は生命の象徴であり，それを生み出す地母神が崇拝された。樹下美人像は，こうした背景のもと吉祥・豊饒の願いを込めてつくられたモチーフであり，鳥毛立女屏風や吉祥天像の源流となっている。

◁樹下美人図　紙本着色
縦139.1cm　横53.3cm
MOA美術館蔵／静岡県

6 正倉院鳥毛立女屏風

△正倉院鳥毛立女屏風　8世紀後半の作。6扇で構成される屏風図で，唐風の盛装をした豊満な女性が，樹下に立ったり，岩に腰掛けた姿を描いている。もとは頭髪や衣服の一部に鳥毛をはってあったが，現在ではほとんど残っていない。紙本着色　縦127.5～136.2cm　横56.0～56.5cm

Question p.65 の写真から，正倉院宝物の中心となっている優れた工芸品は，どのような来歴をもち，誰が納めたものか答えよう。

詳日 第3章3　p.54

1 正倉院宝物

▼解説

正倉院宝庫は，北倉・中倉・南倉からなる。光明皇太后が東大寺大仏に献納した聖武太上天皇遺愛の品々は書跡・刀剣・調度品・遊戯具・楽器などで，それらは北倉に納められ，出蔵には勅許が必要とされた。中倉・南倉には，大仏開眼会などの法会に使用した物品が納められていた。

◀▲螺鈿紫檀五絃琵琶　インド起源とされる五絃琵琶の現存する唯一最古のもの。撥受け部分には，駱駝に乗って琵琶を弾く異国風の人物が，螺鈿で描かれている。
全長108.1cm　最大胴幅30.7cm

▲漆胡瓶　曲物の輪を重ねてつくったペルシア風水瓶の表面に漆を塗り，銀で鳥獣・花鳥などを描く。高さ41.3cm

▲銀燻炉　2頭の獅子と2羽の鳳凰，その間を埋める唐草文といった透かし彫りがほどこされた銀製の香炉。内部は，回転軸の異なる三重の銀環で火皿を支え，常に水平に保たれるような構造になっている。球の下半分は明治時代に補われたもの。球の高さ18.8cm　径18cm

▲白瑠璃碗　6世紀頃にササン朝・ペルシアで作られたと考えられているガラス製の碗。全体に80個の円形の切子が整然とほどこされている。
口径12cm　高さ8.5cm

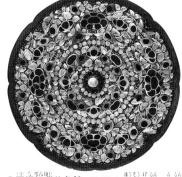

▲平螺鈿背八角鏡　鏡背には宝相華文・荘文などが螺鈿と琥珀で描かれ，トルコ石の粒が散りばめられている。
径27.4cm　重さ2160g

▲木画紫檀棊局（上）と棊子（下）　棊局とは碁盤，棊子とは碁石のこと。棊局の盤面の界線や側面の装飾には象牙が使用されている。棊子は象牙を紅と紺とに染めたのち，表面を彫って文様を浮かび上がらせる撥鏤という技法を用いて鳥が描かれている。棊局：縦49cm　横48.8cm　高さ12.7cm　棊子：直径約1.6cm　厚さ約0.8cm

Answer 正倉院宝物の中心をなす優れた工芸品の多くは，聖武太上天皇の死後，太上天皇の遺愛の品々を光明皇太后が東大寺に寄進したもの。

第❶部 原始・古代

1 長岡京から平安京へ

長岡京：山背国乙訓郡

- 784(延暦3)年 桓武天皇が平城京より遷都

遷都の理由

① 仏教政治と断絶し，天皇権力の強化を企図
② 桓武天皇の母方である渡来系氏族と関係の深い土地
③ 水陸の交通が至便
④ 天武系から天智系への皇統の変化にともなう人心の一新

- 1954年からの発掘調査により，平城京や平安京と同様に本格的な都城として造営されたことが判明

平安京：山背(のち山城)国葛野郡・愛宕郡

- 794(延暦13)年 和気清麻呂の建議により，桓武天皇が再遷都

遷都の理由

① 造長岡宮使藤原種継暗殺事件にかかわる怨霊への恐怖
② あいつぐ河川の氾濫などによる長岡京完成の遅れ

- 京域は東西約42町，南北約49町，左京・右京はそれぞれ9条4坊に分かれる。都城の外郭をなす羅城は未完成のまま

3 長岡京と平安京の位置

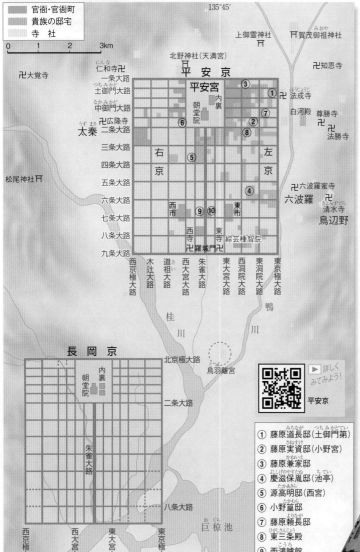

凡例：
- 官衙・官衙町
- 貴族の邸宅
- 寺社

① 藤原道長邸(土御門第)
② 藤原実資邸(小野宮)
③ 藤原兼家邸
④ 慶滋保胤邸(池亭)
⑤ 源高明邸(西宮)
⑥ 小野篁邸
⑦ 藤原頼長邸
⑧ 東三条殿
⑨ 西鴻臚館
⑩ 東鴻臚館

2 天皇家系図

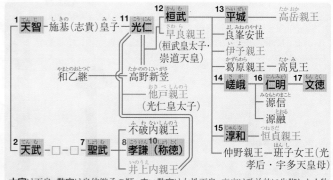

太字は天皇，数字は皇位継承の順。赤い数字は女性天皇，青字は政治的に失脚した人物

4 桓武天皇

桓武天皇(737〜806，在位781〜806) 光仁天皇の第1皇子であったが，母高野新笠が渡来系氏族であったため，天皇になる可能性は低かった。政争により皇太子他戸親王が廃されたのち，藤原良継らの支持を得て皇太子となり，781年に45歳で即位した。

5 平安宮内裏

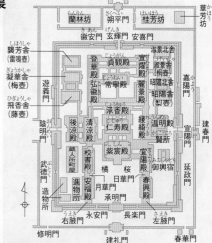

平安宮内裏 内裏は，宮城内での天皇の御在所。平安宮では建礼門を正門とし，紫宸殿を正殿とする。天皇は紫宸殿で政務をとったが，10世紀以降には，清涼殿が日常政務の場と私的生活の場を兼ねた。

6 平安宮

京都市平安京創生館
(京都市生涯学習総合 センター内)

Question p.66 1・3 の表や図から，平城京から遷都された長岡京が，わずか10年で平安京に再遷都された理由を考えてみよう。

1 蝦夷関係年表

647	越国に淳足柵をおく
648	越国に磐舟柵をおく
658	阿倍比羅夫の軍，日本海を北上
659	阿倍比羅夫，蝦夷を征討
660	阿倍比羅夫，粛慎を征討
698	越後・陸奥国の蝦夷，方物を献上
708	越後国に出羽郡を設置
709	陸奥・越後国の蝦夷征討のため軍を派遣
712	越後国出羽郡を割いて出羽国を設置する
720	陸奥国の蝦夷反乱，按察使上毛野広人を殺害
724 (神亀元)	大野東人，多賀城を築造(伝) 3 。陸奥国府，鎮守府を設置。持節大将軍藤原宇合，蝦夷を征討
733	出羽柵を秋田に移転(秋田城) 4
759	陸奥国に桃生城，出羽に雄勝城を築造
767	陸奥国に伊治城を築造
774	陸奥国の蝦夷，桃生城に侵攻
780 (宝亀11)	陸奥国覚鷩城を築城。伊治呰麻呂，按察使紀広純らを殺害し反乱。多賀城焼亡
789	征東大使紀古佐美軍，蝦夷の首領阿弖流為の軍に大敗
797	坂上田村麻呂，征夷大将軍に就任
801	坂上田村麻呂，蝦夷を征討
802 (延暦21)	坂上田村麻呂，胆沢城を築造(鎮守府，多賀城から胆沢城に移転) 5 。蝦夷の首領阿弖流為が降伏
803	坂上田村麻呂，志波城を築造 6
805	徳政相論により，桓武天皇が蝦夷征討を中止
811	文室綿麻呂，征夷将軍に就任し蝦夷を平定
878	出羽国の夷俘が反乱。秋田城などが焼亡(元慶の乱)

2 東北地方の城柵

記号	経営の進展
一 官道	
◎ 国府	9世紀中頃までに服属
二 関	9世紀初期 〃
• 軍団	8世紀末期 〃
∧ 城柵	8世紀中期 〃
	7世紀 〃

津軽海峡
太平洋
米代川
志波城 803
秋田城 733
陸奥
徳丹城 813
雄物川
出羽
奥
北上川
最上川
雄勝城 759
胆沢城 802
出羽柵708
伊治城 767
羽
桃生城 759
佐渡
磐舟柵648
牡鹿柵737
阿賀野川
多賀城 724
淳足柵647
越
石城 718〜27?
信濃川
阿武隈川
石背718〜27?
後
白河関
陸多関(勿来関)
菊多関(勿来関)

多賀城碑文

西

多賀城碑

多賀城
去京一千五百里
去蝦夷国界一百廿里
去常陸国界四百十二里
去下野国界二百七十四里
去靺鞨国界三千里

此城神亀元年歳次甲子按察使兼鎮守将軍従四位上勲四等大野朝臣東人之所置也天平寶字六年歳次壬寅参議東海東山節度使従四位上仁部省卿兼按察使鎮守将軍藤原恵美朝臣獺造也

天平寶字六年十二月一日

3 多賀城

◀▲多賀城碑と碑文　762年に建てられた多賀城碑によれば，多賀城は724年に大野東人によって築城されたという。政庁は約900m四方の城域のほぼ中央にあり，10世紀に至るまで4度建て替えられているが，一貫して**陸奥国府**がおかれ，東北地方の政治・軍事・文化の中心となった。城外南には，碁盤目状の地割で町並みが形成された。

4 秋田城

▲政府正殿跡(左)と西辺築地跡(右)　733年に出羽柵が移され，のちに**秋田城**とよばれるようになる。出羽国司の次官(介)が城に常置され，**秋田城介**として出羽北部の統治にあたった。一辺約550mの築地塀に囲まれた城域の中央に政庁があった。

5 胆沢城

▶胆沢城外郭の築地・堀跡　802年，坂上田村麻呂によって築かれた胆沢城には，のちに多賀城から**鎮守府**が移され，10世紀後半頃まで**陸奥国北部の軍事拠点**とされていた。城は，総延長2.7kmの築地塀とその内外に掘られた幅3〜5mの堀に囲まれ，内部の中央南寄りに一辺90m四方の政庁域があった。

▲多賀城政庁復元模型

◀胆沢城出土軒丸瓦・軒平瓦　胆沢城の政庁正殿などが瓦葺きとなるのは，志波城・徳丹城が廃絶し，胆沢城の支配領域が拡大した10世紀中葉から後半代と考えられる。写真はその頃の瓦で，多賀城で使用された瓦の系統をひく。

6 志波城

▲志波城外郭南門復元　志波城は，坂上田村麻呂が蝦夷を降伏させ，胆沢城を築いた翌年の803年に，**最北端の城柵**として築かれた。840m四方の築地塀と020m四方の堀で二重に区画された外郭内に，国府多賀城に匹敵する規模の政庁がおかれた。811年の蝦夷との戦いはここを拠点としておこなわれたが，水害を理由にその役割は南の徳丹城に移された。

Answer 長岡京の造営を主導した藤原種継が暗殺されたことと，河川のあいつぐ氾濫により長岡京がなかなか完成しなかったことが主な理由。

第1部 原始・古代

1 平安初期の政治

桓武天皇（在位781〜806）

782	国司交代期間を120日とする
784	長岡京に遷都
785	藤原種継暗殺→早良親王を廃太子
788〜	蝦夷征討→東北経営拡大
792	健児の制を定める（陸奥・出羽・佐渡・大宰府以外の軍団兵士制を廃止）
794	平安京に遷都
795	公出挙率を3割に減らし，雑徭を半減
797頃	勘解由使を設置 坂上田村麻呂を征夷大将軍とする
801	畿内の班田を一紀（12年）一班とする
805	徳政相論→軍事（蝦夷征討）と造作（平安京造営）を中止

平城天皇（在位806〜809）

806	観察使をおき，国司らを監督 藤原薬子を寵愛し，その兄仲成を重用

嵯峨天皇（在位809〜823）

809	平城太上天皇，平城旧京に移る
810	蔵人所設置（藤原冬嗣〈北家〉，巨勢野足を蔵人頭とする） 平城太上天皇の変（薬子の変）→藤原式家没落
816	検非違使設置 
820	弘仁格式撰進
823	大宰府管内に公営田制実施

■は公地公民制の維持策・転換策

▲解説
桓武天皇は，仏教勢力をおさえて天皇権力の強化を進めたが，律令制の再建をめざした政治改革の成果は十分にはあがらなかった。嵯峨天皇は，眼前の課題を解決するために改革を進めたが，その過程で，律令制はしだいに変容していった。

2 検非違使

◀検非違使（『伴大納言絵巻』） 検非違使とは，非違（＝非法・違法）を検察・糾弾するという意味の職名。おもに京内の治安維持や衛生などの民政を担当したが，やがて令制の京職・弾正台・衛府・刑部省の職権を吸収し，京の統治をになう重要な職となっていった。

3 格式の編纂

	名称		内容	巻数	編者	編纂年（天皇）	施行年（天皇）
三代格式	弘仁	格	701〜819年の間の格	10	藤原冬嗣ら	820年（嵯峨）	830年（淳和）修訂840年（仁明）
		式	701〜819年の間の式	40			
	貞観	格	819〜868年の間の詔勅・官符	12	藤原氏宗ら	869年（清和）	869年（清和）
		式	弘仁式の補遺	20		871年（清和）	871年（清和）
	延喜	格	869〜907年の間の詔勅・官符	12	藤原時平ら	907年（醍醐）	908年（醍醐）
		式	弘仁・貞観式の改訂	50	藤原忠平ら	927年（醍醐）	967年（冷泉）
注釈書	令義解		養老令の注釈書（官撰）	10	清原夏野ら	833年（淳和）	834年（仁明）
	令集解		養老令の注釈書（私撰）諸家の私説を広く編集	30	惟宗直本	貞観年間	

▲解説
格（＝律令の規定を改める内容の単行法令）の編纂は，桓武天皇の主導下で始められ，嵯峨天皇の時に弘仁格として完成した。
式（＝律令の施行細則）は，奈良時代に官司ごとに集積されたものもあったが，法典として完成されたのは弘仁式が最古である。

4 令外官

官職	設置年	天皇	おもな職務	都城
中納言	705	文武	職掌は大納言と同じ。ただし大臣不在の際でも，大納言のように職務代行はできない	藤原京
按察使	719	元正	地方行政の監察官。数カ国の国守から1人を選任し兼務させた。798年，蝦夷対策のため常設となる	平城京
参議	731	聖武	公卿として政務に参与する。中納言につぐ重職	
内大臣	777	光仁	左右大臣につぐ重職。左右大臣が出仕しない時，代理として政務・儀式などをつかさどる	
征夷大将軍	794	桓武	蝦夷征討軍を率いる臨時の最高指揮官	
勘解由使	797頃	桓武	国司交替時の不正や紛争を防止するため，引き継ぎ文書（解由状）を審査し，監督する	
蔵人頭	810	嵯峨	平城太上天皇の変（薬子の変）〈810〉の直前，藤原冬嗣・巨勢野足が任じられた。機密事項を扱う蔵人所の長官	平安京
検非違使	816頃	嵯峨	京中の犯罪者検挙，風俗取締り。のち訴訟・裁判も扱う。後年，左右検非違使庁が設置される	
摂政	866	清和	勅命を受け，幼少の天皇に代わって政治を執り行う	
押領使	878	陽成	盗賊・暴徒の鎮圧にあたる。10世紀半ば以降諸国に常設	
関白	884	光孝	天皇を後見して政治を補佐。天皇より先に奏上を内覧	
追捕使	932	朱雀	海賊掃討のために設置。その後諸国の盗賊・暴徒の追捕にあたる。承平・天慶の乱後，ほぼ常設	

5 土地制度の変貌

直営方式の田地

中央政府 ─ 大宰府 ／ 各官庁

公営田 823年設置。農民に食料などを支給して耕作させ，収穫物を収公する

官田 879年，畿内に設置（元慶官田）。請作と直営の二方式。収益は中央財政に充てる。のち諸司に分割

諸司田 8世紀末以降。諸官庁が所有する田。9世紀末，官田の諸官庁分配により増加

私有地の拡大

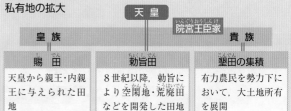

天皇 ─ 皇族 ／ 院宮王臣家 ／ 貴族

賜田 天皇から親王・内親王に与えられた田地

勅旨田 8世紀以降，勅旨により空閑地・荒廃田などを開発した田地

墾田の集積 有力農民を勢力下において，大土地所有を展開

▲解説
浮浪・逃亡や偽籍の横行などにより中央官庁や官人給与の財源となる調・庸の徴収が困難になったため，財源確保の方策として田地の直営方式が広がり，また私有地の拡大も進んだ。

Question p.68 **1**・**2**・**4**の図や表から，嵯峨天皇の下で令外官として設けられた蔵人頭と検非違使が，その後どうなったか答えよう。

詳日 第3章4 p.58〜60

1 弘仁・貞観文化の特色

時期	平安遷都〜9世紀末	中心地	平安京
	＊弘仁・貞観は嵯峨・清和天皇の時代の年号	担い手	貴族

特色	①文芸を中心として国家の隆盛をめざす文章経国思想の広まり
	②宮廷における漢文学の発展
	③仏教における密教の興隆

2 弘仁・貞観期のおもな著作物

勅撰漢詩文集	『凌雲集』	814(弘仁5)年成立。嵯峨天皇の勅。小野岑守ら編
		作者23人，782〜814年につくられた詩90首を収録(現存本では91首)
	『文華秀麗集』	818(弘仁9)年成立。3巻。嵯峨天皇の勅
		藤原冬嗣・菅原清公ら編。詩148首(5首欠)を収録
	『経国集』	827(天長4)年成立。20巻。淳和天皇の勅。良岑安世ら編
		作者178人，707〜827年につくられた詩文を収録
空海の著書・作品	『文鏡秘府論』	819〜820(弘仁10〜11)年頃成立。6巻
		空海の漢詩文作成に関する評論書
	『性霊集』	835(承和2)年頃成立。全10巻からなる詩文集
		空海の弟子真済の編。詩・碑文・願文・表白など，詩文128を収録
その他の著作物	『菅家文草』	菅原道真の自撰詩文集。12巻。少年時代からの漢詩と散文を収録。900(昌泰3)年に醍醐天皇に献上したもの
	『日本霊異記』	822(弘仁13)年成立。薬師寺の僧景戒の編
		現存する日本最古の説話集。仏教説話を中心に説話を年代順に配列
	『類聚国史』	892(寛平4)年成立。200巻。菅原道真の編
		『三代実録』をのぞく六国史の記事を事項別に分類し，年代順に配列

3 弘仁・貞観期の代表的な文人

⚫️嵯峨天皇(786〜842，在位809〜823)→p.71 4

⚫️小野篁(802〜852)

⚫️菅原道真(845〜903)→p.76 2

4 学問・教育の発展

大学教科の内容

明経道：儒教の経典を学ぶ。清原氏・中原氏が世襲

明法道：律令・格式を研究。中原氏・坂上氏が明法家として著名

紀伝道(文章道)：中国の文学・歴史を学ぶ。教官は文章博士といい大江氏・菅原氏が主流。小野氏からも出た

算　道：算術を学ぶ。算博士は小槻氏・三善氏から出た

大学別曹：各氏族が子弟のために設けた大学の寄宿施設

和気氏－弘文院：800年頃　和気広世が創設

藤原氏－勧学院：821年　藤原冬嗣が創設

橘　氏－学館院：844年頃　檀林皇后(嵯峨天皇の皇后,橘嘉智子)が創設

在原氏・皇族－奨学院：881年　在原行平(在原業平の兄)が皇族のために創設

綜芸種智院

828(天長5)年，空海が東寺の東隣に設けた私学校。庶民にも門戸を開き，儒・仏・道をはじめ幅広い諸典の教育をめざした。開設20年後に売却され，廃絶

5 最澄と空海

	天台宗	真言宗
開祖	最澄(伝教大師)〈767〜822〉  ⚫️最澄像　一乗寺蔵／兵庫県 [国宝]	空海(弘法大師)〈774〜835〉 ⚫️空海像　教王護国寺(東寺)蔵／京都府
略歴	767 近江国滋賀郡に生まれる 785 比叡山に草堂を創建(後の延暦寺) 804 入唐し，天台山に赴く 805 帰国，翌年に天台宗を開く 818 翌年にかけて『山家学生式』を定め，大乗戒壇設立を奏上 822 死後7日目に大乗戒壇設立が勅許	774 讃岐国多度郡に生まれる 804 入唐，長安で恵果から密教を学ぶ 806 帰国，真言宗を開く 819 高野山で金剛峯寺の建立に着手 821 讃岐国満濃池を修築 823 嵯峨天皇より京都教王護国寺(東寺)を賜る
教義	中心経典＝法華経 「一切皆成仏」(人間の仏性の平等)を説く	中心経典＝大日経・金剛頂経 加持祈禱など秘密の呪法で即身成仏が可能と説く
著書	『顕戒論』(820)：大乗戒壇設立に反対する南都諸宗に反論	『三教指帰』(797)：儒・仏・道の三教の優劣を論じ，仏教の優位を説く 『十住心論』(成立年不詳)：真言密教を解説し，信仰の立場を明示
展開	最澄の弟子円仁，円珍により，密教化→台密 993 円珍派が園城寺に移る(寺門派)以後，寺門派(円珍派・園城寺)と山門派(円仁派・延暦寺)に分裂，対立する	本来的に密教(在来の仏教を顕教とする)→東密 現世利益的傾向が貴族層の支持を得て，密教流行をもたらす
影響	延暦寺は仏教教学の中心となり，鎌倉新仏教を生み出す	教王護国寺(東寺)は密教の根本道場となり，祈禱儀式に影響を与える
在来信仰との関係	①神祇信仰と結びつき，神仏習合の風潮を生み出す ②山岳信仰(吉野の大峰山，北陸の白山など)と融合し，修験道の源流となる	

⚫️解説　最澄と空海は，平安時代最初の遣唐使に従い，別々の船ではあったが，同じ年に唐に渡った。すでに名声のあった最澄は還学僧(特定の課題について学ぶ短期留学僧)，空海は学問僧という資格であった。帰国後，最澄は南都仏教と対立しつつ，延暦寺における大乗戒壇の設立をめざす。一方，空海は南都仏教とは協調を保ちながら，真言密教の流布に努めた。

5-① 受戒

⚫️比叡山における受戒　比叡山で教えを受けた者でも，正式に僧となるためには，最澄と対立する南都東大寺の戒壇で受戒しなければならなかった。延暦寺に戒壇設立の勅許が下されたのは，最澄死去(822年)の7日後のこと。

5-② 真言

オン　アビラ　ウンケン

本不生を証せる胎蔵界如来に帰命し奉る，特に大日如来

オン　バ　サラ　ダ　トバン

金剛界如来に帰命し奉る，大誓願

(木耳社『梵字手帖』による)

⚫️解説　真言とは大日如来の真実の言葉のことで，密教経典に由来する。

第1部 原始・古代

1 密教の広まり

最澄・空海以後の天台宗・真言宗

天台宗	真言宗
(円仁・円珍により密教化)	↓
台密	東密
山門派（延暦寺） 寺門派（園城寺）	(教王護国寺〈東寺〉)

円仁と『入唐求法巡礼行記』

△円仁像 輪王寺蔵／栃木県

円仁は794年、下野国に生まれ、808年延暦寺に入って最澄の弟子となった。遣唐使に従って唐に渡ったのは838年のこと。839年に揚州から五台山を経て長安に至り、そこで密教を修めるが、皇帝武宗の仏教排斥にあって苦難を強いられた。847年、新羅船に便乗して帰国、その後、天台宗の密教化に邁進する。この在唐9年間の記録である『入唐求法巡礼行記』は、円仁の足跡のみならず、遣唐使の様子や当時の唐の生活様式、仏教排斥の状況などを克明に伝える貴重な史料である。

2 神仏習合

神々への信仰	- - - - - - -	山岳信仰
	密教	
神社境内に神宮寺を建立 寺院境内に鎮守をまつる 神前での読経		修験道

解説

仏教が在来の神々に対する信仰と融合し、やがて仏と神とは本来同一のものとする神仏習合の思想が生まれる。空海以前、すでに流入していた密教の呪術的な修法や現世利益を肯定する性格が、神々への信仰との結びつきをもたらしたと考えられる。

1-① 密教の護摩壇

△護摩壇 密教の修法の一つである護摩法は、護摩壇中央におかれた炉の智恵の火で、細く切った迷いの薪木(護摩木)を焼きつくし、息災・増益・敬愛・降伏などの成就を祈願するもの。江寄山常福寺／三重県

▷白檀に彫られた「諸尊仏龕」 7世紀頃に唐でつくられたもの。三分割した白檀の材を蝶番でつないで仏龕(仏像を納める厨子)とし、釈迦如来と脇侍の菩薩を細密に彫刻している。左右の龕は扉でもあり、閉じれば携帯できるように工夫されている。空海が唐から帰国する際に、持ち帰ったものと伝えられる。
金剛峯寺 高野山霊宝館蔵／和歌山県

2-① 神宮寺

1-② 密教の法具

金剛盤
金剛鈴(五鈷鈴)
金剛杵(五鈷杵)

◁密教修法にもちいる法具 煩悩を打ち破る金剛杵、仏性を覚醒させる金剛鈴、それらをのせる金剛盤などからなる。写真は空海が唐から持ち帰ったものとされる。
教王護国寺蔵／京都府

1-③ 白檀に彫られた「諸尊仏龕」

◁現代に残る神宮寺 天台宗の寺院である福井県小浜市の神宮寺は、近世までは若狭国一宮(若狭彦神社・若狭姫神社)の神宮寺であった。現在でも本堂正面には、神域と外界とを隔てる紙垂をつけた注連縄が張られている。また、本堂内陣の仏像が並ぶ須弥壇の隣りには、若狭比古・若狭比女などの神号を記した3幅の掛軸が掛けられている。

2-② 神前読経

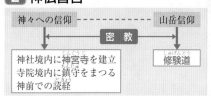
△興福寺貫主社参式 奈良の春日大社では毎年正月2日、興福寺貫主が従僧とともに若宮社前で般若心経を読み上げる儀式がおこなわれている。

2-③ 修験道

△羽黒山の山伏 修験道は、在来の山岳信仰と仏教・道教などが融合して生まれた。霊山にこもり、蔵王権現などを本尊として修行する修験者は、山で寝起きするため山伏とよばれるようになる。山形県

△吉野大峰山の全景(明治44年版の図) 吉野の大峰山(奈良県)は古くから修験道の山として知られ、山上ヶ岳山頂上の大峰山寺本堂地下からは、平安中期の仏教関係遺物が多数出土している。

Question p.71 3 の写真に注目し、密教で重視される仏画である両界曼荼羅は、何を表しているか答えよう。

1 弘仁・貞観期のおもな絵画・書道

絵画	園城寺不動明王像（黄不動） 青蓮院不動明王二童子像（青不動） 西大寺十二天像 **2** 神護寺両界曼荼羅 **3-①** 教王護国寺両界曼荼羅 **3-②**
書道	風信帖（空海）**4**

3 曼荼羅

曼荼羅とは サンスクリット語（古代インドの言語）のmandalaを漢字の音であらわしたもので，本来，悟りの境地に達することを意味する。日本では密教の世界観を象徴的に構図化したもので，密教の根本尊である大日如来を中心に，多くの像を一定の秩序に従って配置している。

両界曼荼羅とは 空海が唐からもたらした曼荼羅は，空海の師恵果が統合した「金剛界曼荼羅」と「胎蔵界曼荼羅」の二つからなるものであった。「金剛界曼荼羅」は金剛石のように強い仏の力と煩悩を打ち破る智徳をあらわし，「胎蔵界曼荼羅」は慈悲を表し，胎児が母胎のなかで成長していくように，人間が悟りに向かい菩薩から如来に進んでいく姿を示す。

2 密教絵画

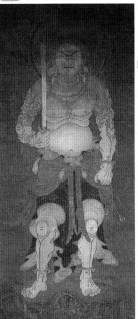

曼殊院不動明王像 12世紀頃の作。曼殊院は京都市にある天台宗の寺院。この不動明王像は「黄不動」とよばれ，園城寺（三井寺）の秘仏である画像（9世紀後半頃の作）を原本として制作された。園城寺の黄不動は，円珍が，修行中に眼前に現れた金色の不動明王を写し取ったものという。上半身裸形で黄白色の身体や弁髪が無いなど，通常の不動明王像とは異なる特徴がある。園城寺の黄不動は，高野山明王院の赤不動，京都青蓮院の青不動とあわせて「三不動」といわれる。

縦168.2cm 横80.3cm 京都府 **国宝**

西大寺十二天像帝釈天 9世紀後半の作。十二天とは，東西南北と東北・東南・西北・西南の八つの方位，天・地・日・月を守護する12の護法神のこと。西大寺の十二天像は現存最古の画像とされる。帝釈天は東の守護神で象に乗る。縦159.7cm 横134.5cm 奈良県 **国宝**

西大寺十二天像日天 9世紀後半の作。西大寺の十二天像は密教の修法の際に掲げられたもの。全体に絵具の剥落や褪色が目立つが，12幅すべてが現存する貴重な遺品。西大寺の十二天は，毘沙門天・地天以外は鳥獣に乗る。縦160.0cm 横134.5cm 奈良県 **国宝**

3-① 神護寺両界曼荼羅

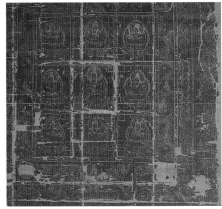

神護寺両界曼荼羅（金剛界）9世紀前半の作。通称は高雄曼荼羅。空海が唐から請来した原本を手本とした，最古の遺品とされる。紫色に染めた円形鳳凰文の綾地に金銀泥の線だけで図像が描かれ，彩色はほどこされていない。

縦409cm 横368cm 京都府 **国宝**

3-② 教王護国寺両界曼荼羅

教王護国寺両界曼荼羅（金剛界）
縦183.0cm 横154.0cm 京都府 **国宝**

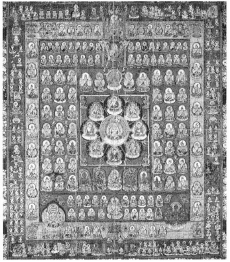

教王護国寺両界曼荼羅（胎蔵界）
縦183.0cm 横154.0cm 京都府 **国宝**

4 三筆の書

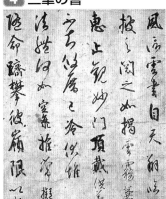

空海「風信帖」（左）・**伝 橘逸勢「伊都内親王願文」**（中）・**嵯峨天皇「光定戒牒」**（右） 弘仁・貞観期には，「書聖」と称された王羲之をはじめとする中国の書家にならった中国風の書が好まれた。空海・橘逸勢・嵯峨天皇はとくに優れた書家として尊崇され，江戸時代には「三筆」というよび名が定着した。「風信帖」は空海が最澄に宛てた手紙でもっとも有名な筆跡。嵯峨天皇の筆跡には空海の影響がみられる。橘逸勢は隷書体に優れていた。左：810年代前半，縦28.8cm 横158.0cm 部分 教王護国寺蔵／京都府 **国宝**
中：833年，縦29.7cm 横340.9cm 部分 宮内庁蔵 右：823年，縦37.0cm 横148.0cm 部分 延暦寺蔵／滋賀県 **国宝**

Answer 密教の本尊である大日如来の智徳を表す金剛界と慈悲を表す胎蔵界の二つの仏教世界を，大日如来を中心に図化して示している。

第①部 原始・古代

1 弘仁・貞観期のおもな建築と彫刻

建築	室生寺五重塔・金堂 2
彫刻	室生寺弥勒堂釈迦如来坐像・金堂十一面観音立像，金堂釈迦如来像〈木像〉 2 教王護国寺講堂不動明王像〈木像〉→p.73 1 神護寺薬師如来像〈木像〉→p.73 観心寺如意輪観音像〈木像〉→p.73 3 法華寺十一面観音像〈木像〉→p.73 4 元興寺薬師如来像〈木像〉→p.73 5 新薬師寺薬師如来像〈木像〉→p.73 6 薬師寺僧形八幡神像〈木像〉→p.73 7

2-① 室生寺の伽藍配置図

御影堂／五重塔／灌頂堂／(本堂)／金堂／弥勒堂

2 室生寺の建築と彫刻

◀室生寺五重塔　800年頃の建立。高さ16m余りの小型の塔で，屋外にある木造五重塔としては，法隆寺五重塔についで古い。塔は，屋根の大きさが1層目と5層目とであまり変わらず，厚みがあって勾配がゆるい，塔の規模が小さいわりに柱も太い，などが特色とされる。1998年9月の台風で大きな被害を受けたが，現在は修復されている。
高16.7m　奈良県　国宝

◀室生寺金堂　正面5間，側面4間(現在は5間)の正堂は，9世紀後半の建造とされる。屋根は寄棟造・柿葺きで，大斗肘木をおくだけの簡素な構造が特徴。鎌倉時代末期に大修理を受け，江戸時代には前面部分に奥行1間の礼堂がつけられて，現在の姿となった。
高8.57m　国宝

◀解説　弘仁・貞観期の寺院は山間に建立されることが多い。9世紀前半の創建とされる室生寺は，室生山の山麓から中腹にかけて堂塔が配置される典型的な山岳寺院。

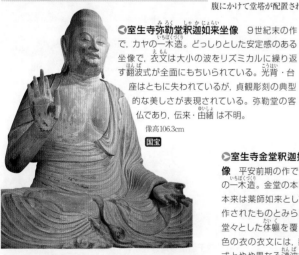

◀室生寺弥勒堂釈迦如来坐像　9世紀末の作で，カヤの一木造。どっしりとした安定感のある坐像で，衣文は大小の波をリズミカルに繰り返す翻波式が全面にもちいられている。光背・台座はともに失われているが，貞観彫刻の典型的な美しさが表現されている。弥勒堂の客仏であり，伝来・由緒 は不明。
像高106.3cm　国宝

一木造と翻波式

9～10世紀の仏像の多くは，一木造という技法でつくられている。カヤやヒノキなどの一木から一体の像を彫り出すことが基本であるが，実際には頭部や胴部など身体の中心部以外の出っ張った部分，腕や坐像の膝などは別につくることが多い。また，ひび割れを防ぐために内刳りを施すが，別材で蓋をすることもあった。一木造の仏像には，衣の襞を太く丸みのある大波，細く鋭い小波を交互に繰り返してあらわす翻波式とよばれる衣文の技法が多く用いられた。この技法も，木の特徴をいかして仏像を制作した弘仁・貞観期を特徴づけるものである。

◀室生寺弥勒堂釈迦如来坐像の部分

▶室生寺金堂釈迦如来像　平安前期の作でカヤの一木造。金堂の本尊で，本来は薬師如来として制作されたものとみられる。堂々とした体躯を覆う朱色の衣の衣文には，翻波式とやや異なる漣波式が用いられている。七仏薬師や宝相華などが描かれた華麗な板光背も，平安時代の絵画資料として重要。
像高234.8cm　国宝

▲室生寺金堂十一面観音立像　平安前期の作でカヤの一木造。金堂内陣の向かって左端に安置されているが，本来は本尊の脇侍としてつくられたものと考えられている。木の特徴をいかした流麗な衣文や精緻に彩画された華麗な板光背など，本尊釈迦如来像と同様に室生寺様といわれる独特の作風が認められる。八重蓮華座とよばれる台座も平安前期の様式をよく伝える。
像高196.2cm　国宝

Question　p.72・73 の仏像彫刻の写真から，弘仁・貞観文化の時期に制作された仏像には，どのような特徴があるか考えてみよう。

1 教王護国寺(東寺)の仏像

軍荼利明王　不動明王　降三世明王
大威徳明王　金剛夜叉明王

△教王護国寺講堂五大明王像　教王護国寺(東寺)の講堂内中央には、大日如来を中心とする五仏、その右側には五菩薩、左側には不動明王を中心とする五大明王、さらに四隅に四天王、両端に梵天・帝釈天と計21体の諸像が安置されている。これらは、空海の指導に基づいて配置された立体曼荼羅であるとされる。五仏と五菩薩の中尊をのぞく15体の像は839年の完成で、多くは乾漆(→p.63)を併用した木彫像。不動明王像は両眼を正面に見開き、左右の牙を下向きに出すなど、後世のものと異なる特徴がある。京都府 国宝

△教王護国寺講堂不動明王像
高175.1cm 国宝

2 神護寺薬師如来像

△神護寺薬師如来像　8世紀末の作。カヤの一木造。厳かで神秘的な容貌と鋭い眼差し、大きな螺髪、ボリュームのある体軀が特徴。両脚の間に下る衣の襞は翻波式。彩色を一部に限った素木仕上げの立像。像高170.6cm　京都府 国宝

3 観心寺如意輪観音像

△観心寺如意輪観音像　9世紀の作。細部は木造の上に乾漆を盛り上げて造形され、肌の柔らかさが表現される。密教像の典型で、六臂像(腕が6本)の代表作。秘仏であったため、彩色や文様がよく残る。像高109.4cm　大阪府 国宝

4 法華寺十一面観音像

△法華寺十一面観音像　9世紀の作。白檀の一木造。髪・瞳などの墨、唇の朱のほかに、彩色をせず素地仕上げとし、木肌の美しさをいかしている。豊かで女性的な姿態、みごとな翻波式衣文が特徴的である。像高100.0cm　奈良県 国宝

5 元興寺薬師如来像

◁元興寺薬師如来像　9世紀の作。カヤの一木造。神護寺薬師如来像の影響をうけてつくられたとみられ、肩幅が広く堂々とした量感あふれる体軀が特徴的な立像。翻波式衣文は、両脚の太股を覆う部分が長円形をなすが、この形状はインドに源流があるという。
像高164.8cm　奈良県 国宝

6 新薬師寺薬師如来像

◁新薬師寺薬師如来像　9世紀初頭の作。カヤの一木造。新薬師寺の本尊で、十二神将像に取り巻かれた中央に安置される坐像。唇や瞳・齒などに墨、唇に朱の彩色がほどこされるほかは、素木で仕上げられている。短い首に堂々とした体軀、切れ長で大きく見開かれた目に特徴がある。像高190.0cm　奈良県 国宝

7 神像彫刻

△薬師寺僧形八幡神像(左)と神功皇后像(右)　9世紀後半の作。薬師寺の鎮守休ヶ岡八幡宮の神体で、仲津姫命像とともに、三神一具の像としてまつられている。現存最古の木彫神像の一つ。左：像高38.8cm　右：像高33.9cm　奈良県 国宝

Answer 密教と関わりのある仏像が多数つくられ、それらの多くが一木造で、衣文に翻波式の技法が用いられていることが特徴である。

第1部 原始・古代

1 摂関政治関係年表

天皇	藤原北家	特色	年	事項
嵯峨	冬嗣	北家の台頭期	810	冬嗣, 蔵人頭に就任
			810	平城太上天皇の変 （薬子の変）
淳和				
仁明			842	承和の変
文徳	良房		857	良房, 太政大臣に就任
		摂関政治開始期	858	良房, 事実上摂政となる
清和			866	応天門の変
				良房, 正式に摂政に就任
陽成	基経		872	基経, 摂政に就任
光孝			884	基経, 事実上関白となる
			887	基経, 正式に関白に就任
宇多			888	阿衡の紛議
			891	菅原道真, 蔵人頭に就任
			894	遣唐使派遣中止
	時平	延喜の治	899	菅原道真, 右大臣に就任
醍醐				時平, 左大臣に就任
			901	昌泰の変
朱雀	忠平	天暦の治	939～941	天慶の乱
村上	実頼	摂関政治確立期	967	実頼, 関白に就任
冷泉			969	安和の変
				以後, 摂政・関白は常置
円融			972	兼通(兄)・兼家(弟)の対立
花山			995	道長(叔父)・伊周(甥)の対立
一条	道長		995	道長, 内覧となる
			1016	道長, 摂政に就任
三条		摂関政治全盛期	1017	頼通, 摂政に就任
後一条			1020	道長, 法成寺を建立
	頼通		1051～	前九年合戦始まる
後朱雀			1052	永承7年＝末法元年
後冷泉			1053	頼通, 平等院鳳凰堂建立

事件の概要

- 平城京遷都と復位を企てた平城太上天皇と嵯峨天皇が対立し、政治が混乱。天皇側の迅速な出兵で勝利→太上天皇は出家。側近の式家仲成は射殺、薬子は自殺
- 皇太子恒貞親王派の伴健岑・橘逸勢が謀反の企てがあるとして配流→皇太子が廃され、道康親王(良房の妹順子の子、のちの文徳天皇)が皇太子となる
- 左大臣源信の失脚をねらった伴善男が応天門に放火し、発覚→伴善男と息子の中庸・紀豊城らを流罪に処す
- 宇多天皇が発した関白就任の詔中の語句を理由に、基経が出仕せず政務が混乱→天皇が非を認め、起草者橘広相を処罰
- 菅原道真に娘婿斉世親王を天皇に擁立するとの陰謀があると左大臣藤原時平が讒言→道真は大宰府に権帥として左遷
- 左大臣源高明に娘婿為平親王を天皇に擁立するとの陰謀があると、源満仲らが密告→源高明は大宰府に左遷

2 応天門炎上

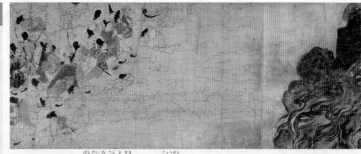

▲応天門炎上 （『伴大納言絵巻』）866(貞観8)年閏3月10日の応天門炎上事件を描いた一場面。燃え上がる紅蓮の炎、群衆の生き生きとした表情がみごとに描かれている。

3 清涼殿への落雷

▲清涼殿への落雷（『北野天神縁起絵巻』）菅原道真は死後、雷神(＝天神)となって清涼殿に雷を落とし公卿らを死傷させたという。天満宮は道真を天神としてまつる。

▲太宰府天満宮

4 延喜・天暦の治

醍醐天皇―(左大臣)藤原時平		
延喜の治	901 (昌泰4/延喜元)	右大臣菅原道真を大宰権帥に左遷／『日本三代実録』編集(六国史の最後)
	902 (延喜2)	延喜の荘園整理令(最初の荘園整理令)／班田の実施(最後の班田)
	905 (延喜5)	紀貫之ら『古今和歌集』編集(最初の勅撰和歌集)
	907 (延喜7)	延喜通宝鋳造／『延喜格』完成
	914	三善清行「意見封事十二箇条」を奏上
	927	『延喜式』完成(三代格式完成)

村上天皇―(左大臣)藤原実頼		
天暦の治	951 (天暦5)	『後撰和歌集』編集
	957 (天徳元)	菅原文時「封事三箇条」を奏上
	958 (天徳2)	乾元大宝鋳造(本朝十二銭の最後)

5 藤原北家関係系図

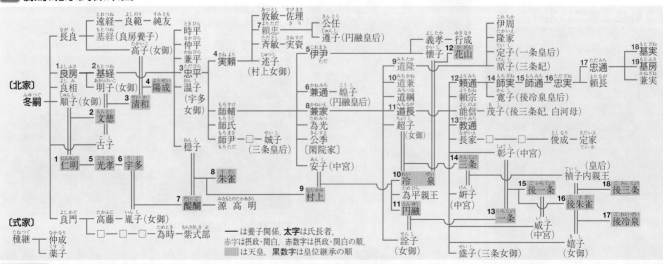

——は養子関係、太字は氏長者、赤字は摂政・関白、赤数字は摂政・関白の順、▨は天皇、黒数字は皇位継承の順

Question p.74 1・5 の年表や系図から、藤原氏の北家はどのような政治手法を用いて摂政・関白となり政治権力を握ったのか考えてみよう。

摂関政治 75

1 摂関政治の構造と経済的基盤

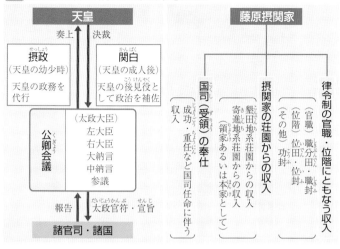

天皇

摂政（天皇の幼少時）天皇の政務を代行
関白（天皇の成人後）天皇の後見役として政治を補佐

奏上／決裁

公卿会議
（太政大臣）
左大臣
右大臣
大納言
中納言
参議

報告／太政官符・宣旨

諸官司・諸国

藤原摂関家

国司（受領）の奉仕
成功・重任など国司任命に伴う収入

摂関家の荘園からの収入
墾田地系荘園からの収入（領家あるいは本家として）
寄進地系荘園からの収入

律令制の官職・位階にともなう収入
（官職）職分田・職封
（位階）位田・位封
（その他）功封

2 藤原氏の系図

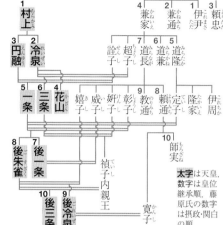

村上
円融
冷泉
兼家
兼通
伊尹
頼忠
詮子
超子
道長
道兼
道隆
一条
三条
花山
嬉子
威子
妍子
彰子
教通
頼通
定子
隆家
伊周
後朱雀
後一条
師実
禎子内親王
後三条
後冷泉
寛子

①兼通・兼家の争い
兄兼通、弟兼家は兄伊尹の死後、摂政の地位をめぐり激しく争った。

②伊周・道長の対立
道兼の死後、関白の地位をめぐり伊周は叔父道長と対立。大宰府に左遷された。

③摂関家の全盛
道長・頼通の父子はそれぞれ内覧・摂政、摂政・関白として約70年にわたり政界に君臨し、摂関政治の全盛期を築いた。

太字は天皇、数字は皇位継承順、藤原氏の数字は摂政・関白の順

3 藤原氏の公卿数

（笠井昌昭『公卿補任年表』）

天皇	年	出来事	10 20 人
清和	866	応天門の変	15
光孝	884	藤原基経、関白就任	16
宇多	887	基経、関白の政治的地位を確立	16
醍醐	901	菅原道真、左遷	14
朱雀	930	藤原忠平、摂政就任	16
冷泉	969	安和の変	18
一条	989	兼家、関白・太政大臣に就任	22
一条	995	藤原道長、内覧に就任	23
後一条	1017	藤原頼通、摂政に就任	24
後冷泉	1067	頼通、関白を辞任	24
後三条	1070		23
白河	1075	藤原師実、関白に就任	27

凡例：藤原氏／源氏／他氏

△解説 摂政・関白、大臣、大・中納言、参議および三位以上を公卿とよぶ。摂関政治の全盛期であった道長・頼通の時代には藤原氏が公卿の大多数を占めている。

4 藤原道長

△土御門殿の道長（『紫式部日記絵巻』） 1008（寛弘5）年、一条天皇の土御門殿（道長邸）行幸を間近に控えた道長が、遊宴に用いる新造の船を検分する姿を描いたもの。当時、一条天皇の中宮彰子が、土御門殿に里帰りして敦成親王（のちの後一条天皇）を出産。行幸の主な目的は、天皇が我が子と対面することであった。

5 陣定

△陣定（復元想像図） 摂関政治期においても、おもな政務は**太政官**を中心とする**公卿会議**の審議で進められた。10世紀中頃には、国政の重要事項に関しては、内裏の左近衛府の陣がおかれていた陣座（紫宸殿の東に隣接する渡廊下のような所）に公卿が集められて、意見交換がおこなわれ、その結果を天皇や摂関が決裁するようになった。藤原道長が、一条天皇の外戚として関白になれたにも関わらず内覧の地位にとどまったのは、左大臣として陣定に出席することを選んだからと考えられている。実際、1006（寛弘3）年には、陣定が37回も開催されるなど、道長の執政期には陣定が頻繁に開催されている。

6 貴族の結婚

△貴族の結婚（『源氏物語絵巻』） 男性が女性のもとに三晩通うことが、男性の結婚の意志を示すことであった。翌日、女性の両親や親類縁者と対面し、その晩に祝宴がおこなわれた（「露顕」という）。これをもって正式に結婚が成立する。図は、匂宮が夕霧の娘六の宮のもとに三晩通った翌朝の様子を描いた場面。

Answer 藤原氏北家は政敵となり得る人物を政界から排斥するとともに、天皇との間に外戚関係をつくるため一族の女性を皇太子に嫁がせた。

第❶部 原始・古代

1 9〜12世紀の東アジア

唐 907	渤海 916	新羅	894	遣唐使派遣を中止
五代十国	926	918	907	唐滅亡
		935	916	遼建国
			918	高麗建国
			919	渤海使が来日
	契丹 (遼)		936	高麗, 朝鮮半島統一
960			960	宋(北宋)建国
宋(北宋)		高麗	979	宋, 中国を統一
			983	奝然, 宋に渡る
			986	奝然, 帰国
			1019	刀伊の来襲
			1072	成尋, 宋に渡る
			1094	藤原伊房ら, 遼との私貿易で処罰
			1105	宋人, 博多に来航
1127 1125	1115	1115	1115	金建国
南宋	金		1116	宋から牒状が来る

契丹(遼) 916〜1125 / 女真(刀伊) / 刀伊 1019 / 西夏 1038〜1227 / 開封府 / 平安京 / 東京開封府(汴京, 宋の国都) / 北京大名府 / 高麗 918〜1392 / 西京河南府 / 博多津 / 坊津 / 南京応天府 / 揚州 / 杭州 / 明州 / 北宋 960〜1127 / 大理 937〜1254 / 福州 / 広州

—— 日宋交通路
☐ 宋の領域
→→ 刀伊の来襲
0 ───── 800km

解説 中国東北部では, 926年に契丹(遼)が渤海を滅ぼしました。朝鮮半島でも, 935年に高麗が新羅を滅ぼし, 翌年, 統一国家を建設した。唐の滅亡後, 五代十国の分裂状態が続いた中国では, 五代最後の王朝後周から出た趙匡胤が960年に宋を建国し, 979年には中国を統一する。日本は, 宋との正式な国交をもたなかったが, 宋商人の来航, 日本僧の渡航など活発な交流があった。

2 遣唐使派遣の中止

▲菅原道真(845〜903) 道真は, 894(寛平6)年, 遣唐大使に任じられるが, 唐の衰退と航路の危険などを理由に派遣中止を進言し, 決定された。唐は907年に滅亡する。

北野天満宮蔵／京都府

3 宋(北宋)の建国

▲趙匡胤(927〜976, 在位960〜976) 宋の太祖。

4 高麗の建国

▲高麗の王宮跡(満月台) 918年, 王建が建国した高麗は, 都を開城(現, 朝鮮民主主義人民共和国)においた。満月台はその王宮が築かれた所。高麗は, 936年に朝鮮半島を統一。李成桂によって滅ぼされる1392年まで続いた。

▲宋の都開封の賑わい(『清明上河図』) 960年, 趙匡胤によって建国された宋は, 都を開封(現, 河南省開封市)においた。宋の時代の中国では, 農業をはじめとする産業が飛躍的に発展し, 道路・水路なども整備されて消費がふえ, 貨幣経済が広がった。開封では, 夜でも路上に商店が立ち並び, 賑やかであったという。絵は12世紀の開封を描いたものとされる。

奝然, 成尋の渡航

◀▲清凉寺釈迦如来像(左)と釈迦如来像の内臓(上) 釈迦如来像は, 入宋した東大寺の僧奝然が985年に模刻し, 翌年持ち帰ったもの。1953年, 胎内から絹製の五臓六腑が発見された。

成尋の北宋巡礼

代州 五台山 / 太原府 / 汾州 / 晋州 / 河陽 / 黄河 / 宋州 / 宿州 / 開封(東京) / 泗州 / 長 / 楚州 / 秀州 / 蘇州 / 杭州 / 天台山 / 明州 / 台州 / 江 / 洞庭湖 / 鄱陽湖 / 福州× / 南雄州× / 泉州× / 高麗 / 壱岐 / 対馬 / 耽羅(済州島) / 舟山群島 / 東 / シ / 海

—— 日本↔中国
—— 杭州↔天台山
—— 杭州↔開封
—— 開封↔五台山
× 成尋の乗った船の船頭の出身地

成尋は渡航許可を得ないまま, 1072年, 宋商人の船に便乗して大陸に渡った。

北宋との交易品

輸入品	書籍・陶磁器・薬品
輸出品	金・水銀・真珠

日本は宋との国交を開かなかったが, 博多に頻繁に来航する宋の商人との間で, 活発な交易がおこなわれた。

▼天台山国清寺

Question p.77 2・3・4の図や表から, 10〜11世紀に主に女性を担い手とする国文学が著しく発達したのはなぜか考えてみよう。

1 国風文化の特色

時期	10〜11世紀
中心地	平安京
担い手	皇族・貴族
特色	①大陸文化を消化した,日本人の人情・嗜好にかなう優雅で洗練された文化 ②かな文字と国文学の発達 ③浄土信仰の普及

2 かな文字の成立

漢字 → 万葉仮名

（草書体を簡略化）→ 平がな
- 当初はおもに女性が使用→女手
- 平安末期に五十音図・「いろは歌」が成立

（漢字の一部から）→ 片かな
- 仏典訓読の際の符号から成立
- 漢文訓読体を含む文章表記に使用

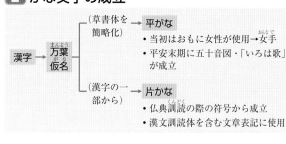

△平がなが記された最古級の土器
平安時代前期の右大臣・藤原良相の「西三条第」邸宅跡（京都市中京区）で出土した9世紀後半の土器片約20点に平がなが書かれていた。これは,平がなの最古級の発見例となる。図版の赤枠の部分は「ひとにくしとお○はれ」（人憎しと思われ）と読むことができる。

3 国文学の発達

時代	物語文学 伝奇物語	物語文学 歌物語	日記・随筆	詩歌・その他
10世紀	『竹取物語』 竹取の翁とかぐや姫,貴公子による求婚失敗の物語。最古の物語文学			六歌仙 僧正遍昭　在原業平 小野小町　僧喜撰 文屋康秀　大友黒主
10世紀	『宇津保物語』 琴の霊力をめぐる音楽と恋愛中心の写実的物語 『落窪物語』 継母にいじめられた落窪姫が,貴公子と結ばれ幸せになるシンデレラとよく似た物語	『伊勢物語』 在原業平を主人公とする恋愛物語を,和歌を中心にして構成した短編集 『大和物語』 当時流行の歌語りを採録。後半は説話集的性格が強くなる	『土佐日記』〔紀貫之〕 国守として赴任していた土佐から帰京するまでを綴った,最初のかな日記。女性に仮託して記す 『蜻蛉日記』〔藤原道綱の母〕 夫兼家との21年間の結婚生活を自叙伝風に記す	『古今和歌集』〔紀貫之ら編〕醍醐天皇の勅による最初の勅撰和歌集 **4** 『和名類聚抄』〔源 順〕 漢語の出典,字音,和名などを説明した百科事典
11世紀	『源氏物語』〔紫式部〕 光源氏の恋愛,その子薫の悲劇を描く54帖からなる長編小説		『枕草子』〔清少納言〕 宮廷生活や四季の情趣を感性豊かに描写した305段からなる随筆集 『和泉式部日記』 敦道親王との恋愛関係を回想する自叙伝風の日記物語 『紫式部日記』 宮廷での見聞や人物評などをしるした随筆と消息文	『和漢朗詠集』〔藤原公任編〕 朗詠に適した詩歌を約800首編纂・収録する
11世紀				八代集　905〜1205年 8番目までの勅撰和歌集の総称。 『古今和歌集』『後撰和歌集』 『拾遺和歌集』『後拾遺和歌集』 『金葉和歌集』『詞花和歌集』 『千載和歌集』『新古今和歌集』

紫式部
越前守藤原為時の娘
藤原宣孝と結婚
夫と死別後,一条天皇の中宮彰子（藤原道長の娘）の女房となる

清少納言
歌人清原元輔の娘
橘 則光と結婚
一条天皇の皇后定子（藤原道隆の娘,伊周の妹）に女房として仕える

『栄華物語』〔赤染衛門？〕
『栄花物語』とも書く。藤原道長の栄華をたたえた歴史物語。

『更級日記』〔菅原孝標女〕
父の任国上総からの帰京に始まり,著者の老境に至るまでを回想

△紫式部（『紫式部日記絵詞』）　のちの後一条天皇を宿した中宮彰子（左）に,『白氏文集』を進講する紫式部（右）。

4 『古今和歌集』仮名序

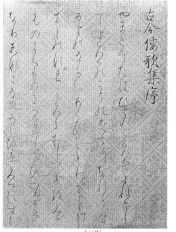

『古今和歌集』仮名序

やまとうたは,ひとのこゝろをたねとして,よろづのことの葉とぞなれりける。世中にある人,ことわざしげきものなれば,心におもふことを,見るもの,きくものにつけて,いひいだせるなり。花になくうぐひす,みづにすむかはづのこゑをきけば,いきとしいけるもの,いづれかうたをよまざりける。ちからをもいれずして,あめつちをうごかし,めに見えぬ鬼神をも,あはれとおもはせ,をとこ女のなかをもやはらげ,たけきもの、ふのこゝろをも,なぐさむるは歌なり。

△『古今和歌集』仮名序　醍醐天皇の勅命により編纂された最初の勅撰和歌集は,『万葉集』以降の秀歌約1100首を集めて,905（延喜5）年に成立した。序文は真名序・仮名序からなり,紀貫之が執筆した仮名序は,歌論としても優れるだけでなく,「女手」とよばれた平がなを公に権威づけたとされる。

5 男性貴族の日記

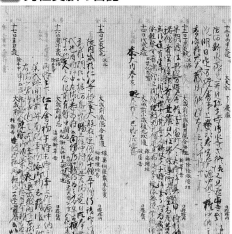

『御堂関白記』
平安時代の男性貴族は,朝廷から支給される具注暦（その日の吉凶を判断するための暦）に日記を記した。その内容は,朝廷での会議や儀式の手順が主であり,日記は子孫に伝える記録と考えられていた。『御堂関白記』は藤原道長の自筆の日記で,一部を欠くものの,33歳から56歳,998年から1021年までの記述がある。

摂関政治全盛期の同時代史料としてきわめて重要であるが,誤字・脱字,字句の挿入・抹消が著しい箇所があって,難解な部分も多い。また内容も簡明であり,道長本人の内面を叙述した部分もない。14巻の自筆本が残る,現存最古の自筆日記である。陽明文庫蔵／京都府

Answer 平がなが女性の間で広く用いられるようになり,日本語で人々の感情や感覚を生き生きと表現できるようになったから。

1 摂関時代の信仰

密教(天台宗・真言宗)の隆盛
祈禱により現世利益を求める
→貴族層と強く結びつく

神仏習合の進展
仏教と神祇信仰が融合する
→本地垂迹説 2 が生まれる

御霊信仰の広まり 3
怨霊・疫神をまつり災厄から逃れる
→御霊会が各地で催される

浄土教の流行 5
阿弥陀仏を信仰し極楽往生を願う
→貴族や庶民にも広まる

2 本地垂迹説(おもな権現と本地仏)

権現		本地仏
天照大神(あまてらすおおみかみ)	←	大日如来(だいにちにょらい)
八幡神(はちまんしん)	←	阿弥陀如来(あみだにょらい)
大山祇神(おおやまつみのかみ)	←	聖観音菩薩(しょうかんのんぼさつ)
大国主神(おおくにぬしのかみ)	←	大黒天(だいこくてん)
熊野権現(くまのごんげん)	←	阿弥陀如来(あみだにょらい)
愛宕権現(あたごごんげん)	←	地蔵菩薩(じぞうぼさつ)

解説 平安時代に入り、神と仏とは同体であるとする考え方が生まれ、さらに進んで11世紀には、日本在来の神々は仏(本地)が仮に形を変えてこの世にあらわれた(垂迹)姿であるとする説が形成された。

3 御霊信仰と御霊会

△疫神たち(『融通念仏縁起絵巻』) 都に流行する疫病は、疫神がもたらすと考えられていた。

3-① 御霊会の開催地

高雄　松ヶ崎　高野
紫野　出雲寺　鹿ヶ谷
衣笠　船岡　平安宮・神泉苑　粟田口
嵯峨野　花園　祇園
桂　羅城門
東寺
桂川　鴨川　鳥羽

3-② 祇園御霊会

△祇園御霊会(『年中行事絵巻』) 天変地異や疫病の流行を個人の怨霊や疫神の祟りと考え、それらをまつり慰めることで災いから逃れようと催されたのが**御霊会**である。869(貞観11)年、都をはじめ日本各地に疫病が流行した際、京都祇園社(現在の八坂神社)にまつられる疫神牛頭天王の祟りとされ、都の神泉苑で牛頭天王をまつり、神輿を担ぎ入れて盛大な御霊会がおこなわれた。これが祇園御霊会の最初とされ、以後6月におこなわれる祇園社の例祭として定着する。絵は12世紀後半の御霊会の様子。

4 陰陽道

△陰陽師安倍晴明(『不動利益縁起絵巻』) 中務省陰陽寮に属する陰陽師の頭は、賀茂氏・安倍氏が独占した。安倍晴明は10世紀に実在した、当代随一の陰陽師とされる。

5 浄土教の流行

5-① 空也

△空也(903〜972) 「市聖(いちのひじり)」と称された空也は、比叡山を離れ、京中を遊行(ゆぎょう)して人々に念仏の教えを説き、社会事業をおこなった。疫病流行の際、その鎮静を祈って建てた西光寺が、現在の**六波羅蜜寺**である。浄土寺蔵／愛媛県

5-② 源信と『往生要集』

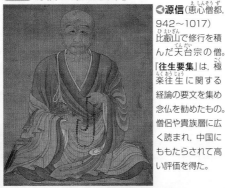

◁源信(恵心僧都、942〜1017) 比叡山で修行を積んだ天台宗の僧。『往生要集』は、極楽往生に関する経論の要文を集め念仏を勧めたもの。僧侶や貴族層に広く読まれ、中国にももたらされて高い評価を得た。

5-③ 末法思想

前949年	52年	1052年
釈迦入滅 (中国仏教による)		
正法 1000年	像法 1000年	末法

解説 末法思想とは、釈迦入滅の時を基準とし、釈迦の教え(教)がよく実践(行)され、その証果(証)が得られる時代を正法、証が得られなくなった時代を像法、災厄と闘争により世界が滅びに向かう時代を末法とする仏法の年代観のこと。日本では永承7(1052)年が、「末法元年」と信じられた。

藤原道長と浄土の信仰

道長は1007年、弥勒の浄土と信じられていた吉野金峯山に参詣し、極楽往生を願って経筒に法華経・阿弥陀経などをおさめて埋めた。一方、「望月の歌」を詠んだ1018年頃から病に苦しむことが多くなった道長は、1019年、密教修法に息災を託し、天台僧院源を戒師として出家した。そして1027年、臨終の時を迎えた道長は、法成寺阿弥陀堂で金色に輝く9体の阿弥陀如来像の手から延びる蓮の組糸をしっかり握りながら息を引き取ったという。

△藤原道長埋納経筒

△出家姿の道長(右端の人物、『石山寺縁起絵巻』)

Question p.78 5-①② の写真から、浄土教を人々の間に広めた代表的な人物は誰か、またその人物はどのようなことをしたのか答えよう。

1 おもな文化財一覧

書道・絵画	屏風土代(小野道風)	
	秋萩帖(伝小野道風)	2
	離洛帖(藤原佐理)	
	白氏詩巻(藤原行成)	
	阿弥陀聖衆来迎図(高野山)	4
	平等院鳳凰堂扉絵	
建築	平等院鳳凰堂→p.80 1	
	醍醐寺五重塔→p.80 2	
	法界寺阿弥陀堂→p.80 3	
彫刻	平等院鳳凰堂阿弥陀如来像〈寄木造〉→p.81 1	
	法界寺阿弥陀如来像〈寄木造〉→p.81 2	

2 三跡の書

△屏風土代(小野道風筆) 道風は当代随一の能書家として絶大な評価を受けた。真跡は少ないが、「屏風土代」は、928年、内裏の屏風に詩句を書いた時の下書き(土代)で確実なもの。宮内庁蔵 国宝

△秋萩帖(伝小野道風筆) 一部分が道風の書と伝えられる。『古今和歌集』の「安幾破起乃…」の歌から始まるのでこの名がある。和歌のほか東晋の王羲之の書状も臨書されている。道風は王羲之の書風を基礎としながら、和様の書をつくったとされる。東京国立博物館蔵 国宝

△離洛帖(藤原佐理筆) 佐理は藤原実頼の孫で、「日本第一の御手」(『大鏡』)といわれた能書家。「離洛帖」の御手は、大宰府に赴任する途中で書いた手紙で、一筆で書き上げた緩急の変化に富む筆致は個性的。畠山記念館蔵／東京都 国宝

3 蒔絵と螺鈿

△宝相華迦陵頻伽蒔絵冊子箱 金銀粉を蒔いて文様を描いた面を漆で塗り込め、ふたたびその文様を研ぎ出す蒔絵の技法は、平安時代に完成された。冊子箱は、麻布を漆で貼り重ねてつくられ、表面は研出蒔絵の文様で飾られる。919(延喜19)年の作。
縦37.0cm 高83cm 仁和寺蔵／京都府 国宝

△澤千鳥螺鈿蒔絵小唐櫃 研出蒔絵と螺鈿(貝殻の虹色光沢のある内側部分を研磨し、さまざまな形に切って彫刻された材の表面にはめ込む、→p.187)の技法を併用した唐櫃。平安後期の作。縦30.5cm 横39.9cm 高30.0cm 金剛峯寺蔵／和歌山県 国宝

△白氏詩巻(藤原行成筆) 行成は藤原伊尹の孫。小野道風の書を継承して和様を完成させ、書道「世尊寺流」の始祖となった。白氏詩巻は唐の詩人白居易の詩集『白氏文集』を書写したもの。 国宝

4 仏教絵画

△阿弥陀聖衆来迎図(高野山) 11〜12世紀の作。現存する来迎図のうちで、最大のもの。西方浄土から、多くの菩薩を従えた阿弥陀如来が念仏行者を迎えにやってくるという情景を、大和絵の手法で描いている。比叡山の別所安楽谷に伝わっていたものが、織田信長の焼討ちの際に略奪され、1587年に高野山八幡講に寄進されたという。左右：縦210.0cm 横105.2cm 部分、中央：縦210.0cm 横210.0cm 部分 高野山有志八幡講蔵／和歌山県 国宝

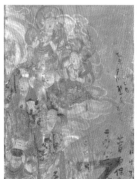

△平等院鳳凰堂扉絵 11世紀の作。鳳凰堂内部の四面の扉と周囲の壁に描かれた仏画のうち、九品来迎図の一部。平安京の郊外宇治周辺の風景を背景に来迎する聖衆の姿を描く。下は、南扉の来迎図の遠景で、馬や山水などの自然が描写されている。現存する大和絵としては最古級のものとされる。
縦374.0cm 横137.5cm 部分 京都府 国宝

Answer 遊行僧の空也は京中をめぐって人々に浄土教の教えを説き、比叡山の僧源信は『往生要集』を著して念仏往生の教えを説いた。

1 平等院鳳凰堂

▲◀▶平等院鳳凰堂とCGで復元された内陣　平等院は、藤原頼通が父道長から伝領した別荘「宇治殿」を、「末法元年」とされる1052（永承7）年に、寺に改めたもの。鳳凰堂は、阿弥陀堂として1053（天喜元）年に落成した。中堂を中心にして左右に翼廊が配され、全体として鳳凰が翼を広げたようにみえること、屋根の両端に鳳凰が飾られていることから、鳳凰堂とよばれる。『後拾遺往生伝』（12世紀）には「極楽いぶかしくば宇治の御寺を礼まえ」という記述がある。

中堂幅14.24m　京都府　国宝　世界遺産

2 醍醐寺五重塔

▲醍醐寺五重塔　醍醐天皇の一周忌に朱雀天皇によって起工され、951（天暦5）年に落成した。応仁の乱で焼亡した醍醐寺伽藍に残る、唯一の創建時からの建物。

高38.1m　京都府　国宝

3 法界寺阿弥陀堂

▲法界寺阿弥陀堂　法界寺は、藤原氏の一族である日野氏の氏寺。日野資業が、薬師如来を安置する堂を建てたのが始まりという。創建は平等院と同じ1051（永承6）年頃。阿弥陀堂は広縁を持つ住宅風の建築物で、方5間（正面、背面、両側面の柱間の数がどれも5間の正方形）の周囲に1間の裳階をめぐらし、宝形造で檜皮葺きの屋根は緩やかな勾配をなす。鎌倉時代に焼失した後に再建されたもの。

高約14.8m　京都府　国宝

◀鳳凰　鳳凰堂中堂の大棟に据えられていた1対の鳳凰のうち向かって右側のもの。金銅製で11世紀の作。

像高98.8cm　国宝

4 平安時代の寺院の立地

▲解説　平安京内には東寺・西寺があったが、それ以外に寺院の建立は認められず、貴族たちは条坊の外に寺院を営んだ。平安時代後期には、京内に安置された仏像が信仰を集めることもあったが、本格的に寺院が建立されるようになるのは、法華宗が京に進出した室町時代以降のことである。

1 平等院鳳凰堂の仏像彫刻

1-① 鳳凰堂内陣

△平等院鳳凰堂内陣 京都府 国宝

1-② 鳳凰堂阿弥陀如来像

日光 肉髻 頭光 / 肉髻珠 / 螺髪 / 白毫 / 三道 / 衲衣 / 蓮華座

化仏 身光

弥陀定印（上品上生印）

◁平等院鳳凰堂阿弥陀如来像 1053（天喜元）年の作。寄木造の技法を完成させた仏師定朝の現存唯一の確実な遺品で、晩年の傑作。頬の丸い円満な顔立ち、均整のとれた自然な姿態など、定朝様として後世の仏師の模範となった特徴がよくあらわれている。
像高277.2cm 国宝

1-③ 鳳凰堂雲中供養菩薩像

▽平等院鳳凰堂雲中供養菩薩像 鳳凰堂中堂の長押上の壁面に懸けられている52体の浮彫りの菩薩像。いずれも飛雲に乗り、琴や笛・琵琶などの楽器を奏で、合掌し、舞を舞うなど、さまざまなポーズをとり、阿弥陀如来とともに来迎する様子をあらわしている。本尊阿弥陀如来像と同じ1053年に、定朝の工房で制作されたと考えられ、穏やかな顔立ちや柔らかな肉どりなど、本尊と共通する特徴が認められる。後世に補修された部分も多い。52体が 国宝

2 法界寺阿弥陀如来像

△法界寺阿弥陀如来像 11世紀末頃の作。平等院鳳凰堂の阿弥陀如来像より、およそ50年ほど後につくられたとみられる。穏やかな容貌、柔らかく自然な体軀など、鳳凰堂のものと共通する特徴を持つ。定朝様を踏襲した典型的な像。像高280.0cm 京都府 国宝

1-④ 鳳凰堂阿弥陀如来像光背

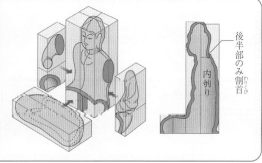

◁平等院鳳凰堂阿弥陀如来像光背 本尊の阿弥陀如来像と同時期につくられた光背で、透彫りの周縁部を除いた部分。頭光・身光とも正円形の珍しい形で、中心に八葉蓮華、周縁には飛雲が表されている。

寄木造の技法

仏師定朝によって完成されたという造像技法。まず、像の各部をつくり出す部材を像の形に組み合せ、そのまま彫刻する。材を解体した後、各部分の内割りを完全にほどこして厚さをそろえ、それぞれを接ぎ合わせて完成させる。この技法の一般化によって、①多くの仏師による分業制作、②短時間での大量制作、③大型の仏像制作が可能となり、造仏・造寺にはげむことが極楽往生への近道と考える平安時代後期の貴族たちの要望に応えられるようになった。

後半部のみ割首
内割り

Answer 仏像の身体をいくつかの部分に分けて別々に彫り、それらを寄せ合わせて造像する寄木造の技法が用いられた。

第1部 原始・古代

1 平安貴族の衣・食・住

衣（絹物）	男性	〔正装〕束帯（略式は衣冠）2-①
		〔平服〕直衣，狩衣 2-④
	女性	〔正装〕女房装束（十二単）2-②
		〔平服〕小袿・袴
食	1日2食（朝・夕）	・強飯と副食 3
		・獣肉は食べない
		・調理に油を用いない
住	寝殿造の邸宅 4	・多くは左京に構える
		・白木造・檜皮葺
その他	成人式（10〜15歳）	男性…元服
		女性…裳着
	寺社参詣…（大和）長谷寺など近郊の寺社 6
	年中行事の発展 5
	陰陽道の強い影響→p.78 4	・祈禱による除災・招福
		・物忌（凶日に屋敷にこもって慎む）
		・方違（凶の方角を避けて行動する）

2 貴族の衣服

2-① 束帯

▲束帯（『三十六歌仙絵』紀友則）

笏／冠／裾／袍

2-② 女房装束（十二単）

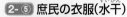
裳／唐衣／垂髪

▲女房装束（十二単，『三十六歌仙絵』小大君）

2-③ 直衣

▲直衣（『春日権現験記絵』模本）

2-④ 狩衣

▲狩衣（『春日権現験記絵』模本）

2-⑤ 庶民の衣服（水干）

▲水干（『伴大納言絵巻』）

3 貴族の食事

◀貴族の食事　貴族の食事は，米を蒸した強飯と干物や蒸鮑などの魚介類，調理した野菜に塩や酢・醤（米・マメ・麦などを発酵させて塩を含ませたもの）といった調味料がつき，食べるときに自分の好みで味つけをした。食品の種類は多いが新鮮なものは少なく，食物へのタブーもあり，栄養がかたよった食事になりがちであった。

4 貴族の邸宅（寝殿造）

東北対／北対／渡殿／東対／寝殿／侍所／東透廊／西透廊／透渡殿／車宿／釣殿／中島

◀東三条殿復元模型

灯台／几帳／円座／鏡台／角盥／火桶／高麗縁の畳／二階棚

◀貴族の邸宅内部（復元）

5 年中行事

＊太字は下の図版参照のこと

祓	元日節会・白馬節会・七種粥（1月），巳日祓（3月），端午（5月），重陽節（9月），追儺（12月），大祓（6・12月）
神事	四方拝（1月），祈年祭（2月），新嘗祭・豊明 節会（11月）
仏事	御斎会（1月），灌仏会（4月），盂蘭盆会（7月），御仏名（12月）
政務	朝賀・小朝拝・叙位・女叙位・県召除目（1月），司召除目（3月のち秋）
武芸	射礼・賭弓（1月），競馬（5月），**相撲節**（7月），駒牽（8月）
遊興	踏歌節会（1月），曲水宴・**闘鶏**（3月），七夕（7月），観月宴（8月）
祭	祇園御八講，春日祭（2月・11月），石清水臨時祭（3月），賀茂祭（4月），祇園臨時祭（6月），北野祭（8月）

▲解説　年中行事
嵯峨天皇による『内裏式』制定以来，宮廷行事の整備が進み，摂関政治期はそれらが年中行事としてさらに発達した。

▲相撲節（『平安朝相撲節会図』）

▲闘鶏（『年中行事絵巻』）

6 大和長谷寺

▲大和長谷寺　長谷寺は，8世紀前半の創建と伝えられる。本尊は十一面観音像で，観音信仰の流行にともない貴族たちが多く参詣するようになった。『枕草子』『源氏物語』をはじめ，さまざまな古典文学に登場し，藤原道長も参詣している。奈良県

▲長谷寺登廊

Question p.83 1・3・4の表と図に注目して，9世紀中頃以降，郡司や百姓等に訴えられたのはどのような受領であったか考えてみよう。

受領と負名 83

1 10世紀の地方政治の変化

1-① 国司の徴税請負人化

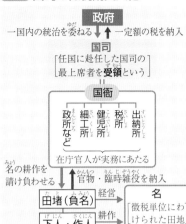

1-② 成功と重任

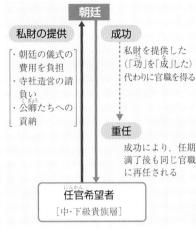

1-③ 遙任国司の出現

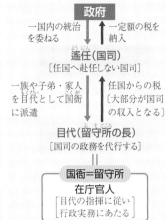

解説
10世紀には、国司が中央政府に対して任国での一定額の税納入を請負い、かわりに任国の運営に専権を持つという国衙領の支配体制が成立する。この頃から、赴任した国司の最上席者を受領とよぶようになる。受領は、田堵（負名）から徴収した税のうち、上納分をのぞいたものを収入としたから、増税すれば自らの収入を増やすことができた。中央政府での昇進が望めない中・下級貴族にとって、収益の多い受領は魅力的であり、その地位を得るために成功がおこなわれたのである。

2 任国に赴任する受領の一行

任国に赴任する受領の一行（「因幡堂縁起絵巻」）
因幡国の国守に任じられた橘行平一行が任国に赴く様子を描いている。受領は、天皇や摂関・大臣等に挨拶をした後、吉日を選び、妻子や従者を引き連れて任国に下向した。任国に入る際には、在庁官人が受領を迎える「境迎」という儀式がおこなわれ、その後、前任者から印と正倉の鑰（かぎ）を受け取り、国の支配権を引き継いだ。

尾張国郡司百姓等解
988（永延2）年、上京した尾張国の郡司や百姓らが、国守藤原元命の暴政を朝廷に訴えた31カ条にわたる愁状。内容は、①これまでに比べ極端に増税したこと、②行政上必要な経費を支出しなかったこと、③元命の従者がさまざまな乱暴を働いたこと、④百姓の訴えを聞かず、自分に都合の悪い法令を国内に知らせなかったこと、などに分類される。

3 訴えられた受領たち

年代	国	職	国司名	理由
834	佐渡	守	嗣根	
856	讃岐	守	弘宗王	
860	伊勢	介	清原長統以下国郡司	
871	越前	守	弘宗王	出挙増加
974	尾張	守	藤原連貞	
988	尾張	守	藤原元命	訴状31カ条
999	淡路	守	讃岐扶範	
1001	大和	守	源孝道	
1007	因幡	守	橘行平	介殺害
1008	尾張	守	藤原仲清	非法
1012	加賀	守	源政職	訴状32カ条
1016	尾張	守	藤原経国	
1018	長門	守	高階業敏	
1019	丹波	守	藤原頼任	訴状24カ条
1026	伊勢	守	藤原親任	非道
1028	但馬		某	
1036	近江	守	藤原実縄	非法
1038	但馬		（不明）	
1040	和泉		（不明）	

4 尾張国の郡司百姓等による上訴

5 偽籍の実例

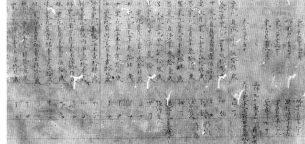

延喜2（902）年阿波国戸籍
この戸籍には、5戸435人の名が記載されているが、その内訳は男性59人、女性376人となっており、100歳以上の女性も多数みられる。よってこの戸籍は、実態を表したものとはいえない。これは、農民にとって負担の大きい調・庸が男性のみに課される税ぐあったため男性を女性と偽り、班田が回収されないよう死亡者を届け出ないといった偽籍がおこなわれた結果であると考えられる。

Answer 任国運営の専権を握った受領のうち、郡司・百姓等に増税を課して巨利を得ようとするなどの暴政をおこなった者が訴えられた。

1 荘園の推移

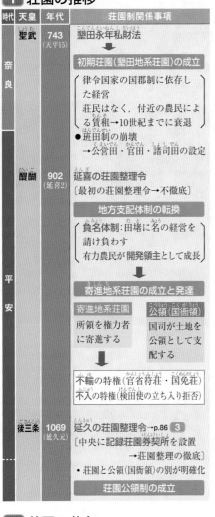

時代	天皇	年代	荘園制関係事項
奈良	聖武	743 (天平15)	**墾田永年私財法**
			初期荘園（墾田地系荘園）の成立
			律令国家の国郡制に依存した経営 / 荘民はなく，付近の農民による賃租→10世紀までに衰退 / ● 班田制の崩壊 →公営田・官田・諸司田の設定
平安	醍醐	902 (延喜2)	**延喜の荘園整理令** 〔最初の荘園整理令→不徹底〕
			地方支配体制の転換
			負名体制：田堵に名の経営を請け負わす / 有力農民が開発領主として成長
			寄進地系荘園の成立と発達
			寄進地系荘園 所領を権力者に寄進する ／ **公領（国衙領）** 国司が土地を公領として支配する
			不輸の特権（官省符荘・国免荘） / **不入の特権**（検田使の立ち入り拒否）
	後三条	1069 (延久元)	**延久の荘園整理令**→p.86 **3** 〔中央に記録荘園券契所を設置 →荘園整理の徹底〕 / ・荘園と公領（国衙領）の別が明確化
			荘園公領制の成立

2 寄進地系荘園の成立とその構造

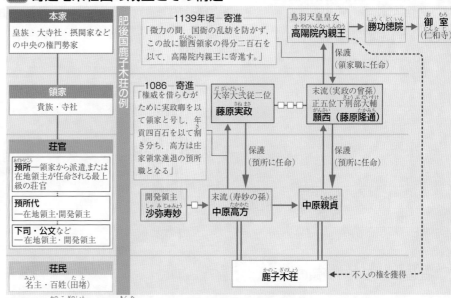

本家
皇族・大寺社・摂関家などの中央の権門勢家

領家
貴族・寺社

荘官

預所—領家から派遣，または在地領主が任命される最上級の荘官

預所代
—在地領主・開発領主

下司・公文など
—在地領主・開発領主

荘民
名主・百姓（田堵）

肥後国鹿子木荘の例

1139年頃 寄進
「微力の間，国衙の乱妨を防がず，この故に願西領家の得分二百石を以て，高陽院内親王に寄進す。」

鳥羽天皇皇女 高陽院内親王 → 勝功徳院 → 御室（仁和寺）

保護（領家職に任命）

1086 寄進
「権威を借らむがために実政卿を以て領家と号し，年貢四百石を以て割き分ち，高方は庄家領掌進退の預所職となる」

大宰大弐従二位 藤原実政

末流（実政の曾孫）正五位下刑部大輔 願西（藤原隆通）

保護（預所に任命）

開発領主 沙弥寿妙 □ 末流（寿妙の孫）中原高方 → 中原親貞

鹿子木荘 ← 不入の権を獲得 ←

解説 鹿子木荘は肥後国飽田郡（現在の熊本市）にあった。東寺に残された史料により，この荘園の成立事情やその重層的な支配関係がよくわかる。ただし史料は，13世紀末の論争の際に作成された文書であったことを考慮する必要がある。

3 紀伊国桛田荘

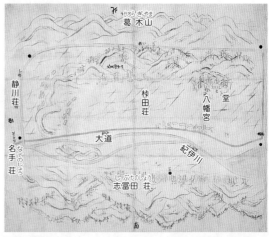

紀伊国桛田荘 絵図は，12世紀後半に作成されたと推定される。四隅と紀伊川の南にある黒点は，荘域を示す牓示。山裾と大道に沿って集落があり，「八幡宮」と「(仏)堂」は同じ境内にある現在の宝来山神社と神願寺にあたる。

荘園にあった宝来山神社と神願寺 和歌山県

4 荘園の分布

・11世紀までの荘園

肥後・鹿子木荘
東寺領
寄進地系荘園の成立事情と預所─領家─本家の重層的関係がわかる

丹波・大山荘
東寺領
国衙とのあいだで検田使の立入りをめぐり，紛争

越前・道守荘
東大寺領
代表的な初期荘園

美濃・茜部荘
東大寺領
臨時雑役をめぐり，国衙と争論

山城・上桂荘
東寺領
10世紀末に成立。寄進後，開発領主は中司（のちの下司）として現地支配

紀伊・桛田荘
神護寺領
9世紀に開発。12世紀に神護寺に寄進される

解説 畿内・北陸に多く分布する初期荘園は，10世紀までにほとんど衰退する。かわってあらわれた寄進地系荘園は，11世紀半ばに全国に広がる。荘園が不輸権・不入権を獲得し，国衙の支配から離れるのは11世紀末以降のこと。

Question p.85 **1**・**2** の図に注目して，中央政府から地方に派遣され，そこに土着して武士（兵）となったのはどのような人々であったか考えてみよう。

地方の反乱と武士の成長 **85**

1 武士の登場と武士団の形成

1-① 武士の成長

中央	押領使・追捕使→盗賊の追捕，内乱の鎮圧
	侍 ┬ 滝口の武者→宮中の警備
	└ 貴族の身辺警護・市中の警備
地方	館侍（受領の家子・郎等からなる受領直属の武士）
	国侍（地方の武士を国衙の軍事力として組織）
	押領使・追捕使

1-② 京の武士と従者

▶京の武士と従者（『伴大納言絵巻』） 朝廷で官位を得ようとする武士は，公卿などに仕える「侍」として従者を従え，公卿の参内・寺社参詣の警護などにあたった。

1-③ 武士の家の構造

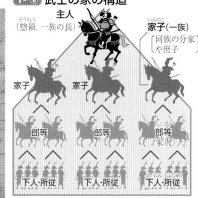

主人（惣領，一族の長）
家子（一族）〔同族の分家や庶子〕
家子　家子
郎等　郎等　郎等（家兵）
下人・所従　下人・所従　下人・所従

解説 武士の家は，主人のもとに，一族である家子，主人と血縁関係のない郎等や下人・所従とで構成されていた。

2 各地の武士団

① 刀伊の来襲（1019）

沿海州地方の女真族（刀伊とは朝鮮語で夷狄のこと）が対馬・壱岐を襲撃し，筑前博多にまで侵入。大宰権帥藤原隆家の指揮のもと，九州の武士たちがこれを撃退した。日本側では，殺害された者が365名に及んだという。
→p.76 ①

② 多田源氏

摂津国多田荘を本拠とする，**源満仲**に始まる摂津源氏の一流。満仲は，安和の変で源高明の謀反を密告。摂津国に土着して武士団を形成し，摂関家の武力となった。

③ 河内源氏

源満仲の3男頼信が本拠とした河内壺井に形成した武士団。頼信―頼義―義家と東国の乱に戦功をあげ，摂津源氏をしのいで源氏武士団の主流となる。

④ 伊勢平氏

平将門を倒した平貞盛の子，維衡に始まる。桓武平氏の嫡流で，もとは関東を本拠としたが，源氏が関東に勢力を拡大するなか，伊勢・伊賀に勢力基盤を築いた。

凡例：
● 桓武平氏
■ 清和源氏
▲ 藤原氏庶流
○ その他の氏族および旧来の土豪
△ 主な僧兵

⑤ 武蔵七党

平安末期から武蔵国を中心に勢力を伸ばしていた，横山・児玉・猪俣などの同族的な武士団。

（地図中の地名）
宗像　松浦党　出雲国造　城　富樫　村上　足利　佐竹　千葉　上総　三浦　鎌倉　北条　荒木田　度会　東大寺　興福寺　熊野別当　石川　多田　延暦寺　河野　越智　佐伯　菊池　阿蘇　宇佐　土持　阿多　肝属　土佐

3 天慶の乱

3-① 藤原純友の乱（939～941）

藤原純友は，摂関家傍流（父良範は摂政藤原忠平の従兄弟）の出で，伊予掾として海賊討伐に功をあげた。任期終了後，伊予に土着した純友は，939（天慶2）年に軍勢を率いて摂津に向かい，備前介の一行を襲撃した。その後純友は，瀬戸内海沿岸の豪族と結び，伊予・讃岐・阿波を制圧。伊予日振島を根拠地とし，941（天慶4）年には大宰府を占領した。しかし，追捕使小野好古，源経基らの政府軍に敗れ，逃れた伊予で捕らえられ，斬殺された。

◀純友を攻める藤原倫実
（『楽音寺縁起絵巻』）

（系図）
長良 ┬ 遠経 ― 良範 ― 純友
　　　└ 基経（もとつね）
冬嗣 ┬ 養子 基経
良房 ┴ ... ― 忠平 ┬ 実頼
　　　　　　　　　└ 師輔

◀日振島

（地図中）
❶939.12 備前介子高の一行を襲撃
❷940.11 周防国の鋳銭司を襲撃
❹941.5 小野好古らに敗れる
❸941.5 大宰府を急襲，政庁を焼払う
❺941.6 逃亡先で捕えられ，斬殺

京都　山崎関　須岐駅　播磨　摂津　備後　備中　備前　安芸　周防　長門　讃岐　伊予　土佐　大宰府　喜多郡家　博多津　豊前　豊後　日振島　鋳銭司

■ 純友の本拠地　⊗ 純友らの襲撃地　◉ 国府

3-② 平将門の乱（939～940）

はじめ一族の内紛であったが，939年の常陸国府襲撃により国家への反逆となった。関東一円を制圧した将門は，自ら「新皇」と称し，東国国家の樹立を企てるが，藤原秀郷・平貞盛らに倒された。

◀平将門像　下総豊田郡・猿島郡を本拠に広大な私営田を経営。

（系図）
桓武天皇 -- 高望王 ┬ 国香 ―― 貞盛
　　　　　　　　　├ 良兼
　　　　　　　　　├ 良将（良持）― 将門
　　　　　　　　　├ 良正
　　　　　　　　　└ 良文

▶平将門の首塚

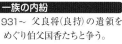

（地図中）
❷藤原秀郷　平国香・貞盛　源経基　平良正　平良兼
上野　下野　常陸　武蔵　甲斐　相模　上総　下総　安房　伊豆
唐沢山　猿島郡　筑波山　鎌輪　石井　相馬郡　鹿島神宮　香取神宮

■ 平将門の本拠地　⊗ 将門らの襲撃地　◉ 国府
　将門の最大勢力範囲　◉ 国府

一族の内紛
931～　父良将（良持）の遺領をめぐり伯父国香たちと争う。
935　国香を殺害。

① 国家への反逆
939　常陸国司の追捕を受けた藤原玄明を保護→常陸国府を占拠，下野・上野国府を制圧。

② 「東国国家」樹立へ
939　上野国府で「新皇」に即位。関東諸国の受領を任命。

③ 乱の鎮圧
940　下総猿島で押領使藤原秀郷・平貞盛に敗れ，討死。

Answer 地方での紛争を鎮めるため押領使・追捕使に任じられて派遣された中・下級貴族のうち，在庁官人となってそのまま現地に残った者。

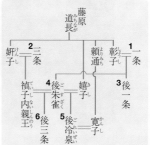

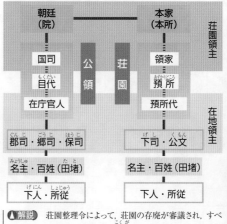

第②部 中世

1 後三条天皇の治世

後一条	1016（長和5）	後一条天皇（母＝藤原道長の娘彰子）即位＝9歳
		左大臣藤原道長，摂政就任
	1017（寛仁元）	摂関政治全盛（1017〜67）＝頼通，半世紀にわたる摂政・関白就任
		藤原道長，隠退
		左大臣藤原頼通，摂政就任
後朱雀	1036（長元5）	後朱雀天皇（母＝道長の娘彰子）即位＝28歳
		左大臣藤原頼通，関白に就任
後冷泉	1045（寛徳2）	後冷泉天皇（母＝道長の娘嬉子）即位＝21歳
		左大臣藤原頼通，関白に就任
		頼通，娘の寛子を入内させるが，皇子の誕生なし
		↓
		外戚でない尊仁親王（後三条天皇）が皇太子に就任
		↓以降，24年間，関白頼通は皇太子と対立
	1067（治暦3）	藤原頼通，弟藤原教通に関白を譲り，宇治に隠退
		↓
		後三条天皇の治世（1068〜73）＝摂関政治の後退
後三条	1068（治暦4）	後三条天皇（母＝三条天皇の女禎子内親王）即位＝36歳
		左大臣藤原教通，関白となるが，実権なし
	1069（延久元）	延久の荘園整理令
		記録荘園券契所を設置。
		寄人（大江匡房・源経長）を任命
		荘園券契の審査を徹底
	1072（延久4）	沽価法を制定（物資の公定価格）
		斗枡法を制定＝宣旨枡
		枡の基準として，太閤検地まで存続する
		譲位→白河天皇（母＝藤原能信の養女茂子）即位＝18歳
白河		院蔵人所を設置・院司任命
	1073（延久5）	摂関にかわり，国家大事の決裁を示唆
		後三条上皇死去（40歳）
		↓
		白河天皇が親政を開始
		左大臣藤原教通，関白となるが，実権なし

3 荘園整理令　3-① おもな荘園整理令

醍醐	902（延喜2）	延喜の荘園整理令（最初の荘園整理令） ①勅旨田の設置を禁止 ②院宮王臣家の山川藪沢占有を禁止 ただし券契（証拠書類）が明らかで，国務を妨げないものは公認する例外規定あり →荘園の公認を求める動き活発化
後冷泉	1045（寛徳2）	寛徳の荘園整理令（以降の荘園整理の基準となる） ①前任国司の任期以降に立荘された荘園が対象 →以後の荘園整理令の出発点となる
	1055（天喜3）	①1045年以後の新立荘園を停止
	1069（延久元）	延久の荘園整理令 ①1045年以後の新立荘園を廃止 ②1045年以前でも，券契不明な荘園は廃止 ③1045年以前でも，国務を妨げる荘園は，券契があっても廃止 ・記録荘園券契所を設置し，券契審査を徹底 ・藤原氏領有の荘園も対象
白河	1075（承保2）	1045年以後の新立荘園を廃止
堀河	1099（康和元）	1045年以後の新立荘園を廃止

廃止された荘園13

石清水八幡宮領荘園 34カ所

整理を免除された荘園 21

2 外戚関係からの脱却
2-① 外戚とは

▼解説

天皇の母親もしくは妃の一族のこと。藤原氏は，何代にもわたって娘を入内させた。当時，出産・養育は母方の里でおこなう慣習があったので，外戚の影響は大きく，生まれた皇子を立太子・即位させると，外祖父もしくは母方の伯父が摂関に就任し，一族の政治力を強化することができた。後三条天皇の外祖父は藤原道長と対立していた三条天皇となり，藤原氏を外戚としない。

【藤原氏系図】
藤原道長
- 妍子
- 三条
- 頼通
- 彰子
- 一条
（下段）禎子内親王／後朱雀／後一条／嬉子／後三条／後冷泉／章子

◀解説

続古事談
関白摂政ノオモクオソロシキ事ハ帝ノ外祖ナトナルコソアレ，我ハナニトモオモハムソ。

歴代天皇が摂政・関白を重く用いてきたのは外戚（母方尊属）であるためで，自分は何とも思わないと宣言していた。藤原氏を外戚としない後三条天皇の即位は，藤原頼通から忌避され，東宮（皇太子）の地位に24年間もとめおかれることとなった。この対立は，即位直前の頼通の宇治隠退，藤原家領荘園をも対象とした整理令の徹底につながった。

2-② 摂関政治から院政期の天皇

【年表グラフ 1020〜1200】
- 後三条 1034 立太子12 36 1072
- 白河 1053 17 20 1086 1129
- 堀河 1079 8 1107
- 鳥羽 1103 5 1129 1156
- 崇徳 1119 5 1164
- 近衛 1139 3 1155
- 後白河 1127 29 1158 1192 1186

天皇位についたときの年齢／院政を開始した年／生年20／1186没年／天皇在位期間／院政期間

▶解説

摂関期の天皇即位年齢は，傍系から即位した光孝天皇の55歳をのぞくと，平均15歳である。それにもまして，前期院政期（白河・鳥羽院政）の天皇は幼年期の即位が続き，青年期には譲位を余儀なくされている。母方尊属・父方尊属の差こそあれ，天皇自身の持つ統治権は，きわめて弱い。その点で，外戚関係のなかった後三条天皇の36歳での即位は遅く，みずから政治判断が可能であった。

3-② 記録荘園券契所

記録荘園券契所（口語訳）

この後三条天皇の御時に，……延久の記録所というものを初めて設けられたのは，全国にある私領（荘園）が，宣旨や官符で認められたわけでもないのに公田をかすめ取っており，それが大いなる害悪だとお聞きになっておられ，特に諸国に荘園があふれ，受領の任務が果たせないなどという不満の声があがっていたのを御耳にとめておいでになったからだろう。摂関家の御領だ（藤原頼通）の時に，「摂関家の御領だ」といって諸国に荘園があふれ，受領の任務が果たせないなどという不満の声があがっていたのを御耳にとめておいでになったからだろう。（愚管抄）

▶解説

延久の荘園整理令では，荘園整理の審査について，従来は国司任せであったのを，中央に記録荘園券契所を設置しておこなった。実務にあたる寄人には大江匡房ら受領出身の学識層や反摂関的貴族を任命し，荘園領主に提出させた券契（立荘を認可した際の証拠書類）と，国司からの勘験（支配の実態を記した書類）をもとに，存廃審査を徹底した。石清水八幡宮領荘園のように停止になった荘園（左下グラフ）も多かったが，一方で，この時に承認をうけた荘園は，存立の正統性を保証される（太政官符を発給）こととなった。

4 荘園公領制
4-① 荘園公領制のしくみ

朝廷（院）――本家（本所）　荘園領主
- 国司 / 領家
- 目代 / 預所
- 在庁官人 / 預所代　在地領主
- 郡司・郷司・保司 / 下司・公文
- 名主・百姓（田堵） / 名主・百姓（田堵）
- 下人・所従 / 下人・所従

（中央に「公領」「荘園」）

解説　荘園整理令によって，荘園の存廃が審議され，すべての土地の支配系統は，公領（国衙領）・荘園のいずれかが明確になった。

4-② 荘園公領制の推移

11〜13世紀	地頭の設置 源義経追討→地頭（本補地頭）の設置→p.99 承久の乱→新補地頭の設置→p.101・102 地頭の荘園・公領侵略 地頭請所・下地中分→p.104
14〜15世紀	守護の荘園・公領侵略 半済令・守護請→p.125 荘園公領制崩壊の動き① 応仁の乱→荘園領主の没落→p.130 惣村による地下請→p.129
16世紀	荘園公領制崩壊の動き② 戦国大名の成長 戦国大名の一円支配→p.142 荘園公領制崩壊の動き③ 太閤検地→p.147

Question p.86 2-① の系図に注目して，後三条天皇の即位は，当時の政治体制にどういう影響を及ぼしたか考えてみよう。

第❷部 中世

1 源氏と平氏

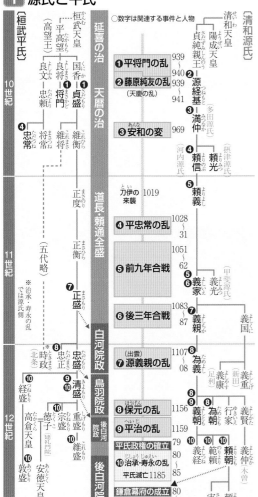

○数字は関連する事件と人物

【桓武平氏】

桓武天皇 — 葛原親王（高棟王）… 平高棟
桓武天皇 — （高望王）平高望 — 国香 — 貞盛 — 維衡 — 正度 — 正衡 — 正盛 — 忠盛 — 清盛
国香 — 良兼 — 公雅
良将 — 将門 ❶
良文 — 忠頼 — 忠常

（五代略）

【清和源氏】

清和天皇 — 貞純親王 — 源経基 — 満仲 ❸（多田源氏）
満仲 — 頼光（摂津源氏）
満仲 — 頼信（河内源氏）— 頼義 ❺ — 義家 ❻ — 義親 — 為義 ❽ — 義朝 ❾ — 頼朝 ❿
頼義 — 義光（甲斐源氏）
義家 — 義国 —（足利）義康／（新田）義重

延喜の治		
天暦の治		

		10世紀
❶平将門の乱	939〜940	
❷藤原純友の乱（天慶の乱）	939〜941	
❸安和の変	969	

道長・頼通全盛

		11世紀
刀伊の来襲	1019	
❹平忠常の乱	1028〜31	
❺前九年合戦	1051〜62	
❻後三年合戦	1083〜87	

※治承・寿永の乱では源氏側

白河院政	
鳥羽院政	
後白河院政	

		12世紀
❼源義親の乱（出雲）	1107〜08	
❽保元の乱	1156	
❾平治の乱	1159	
平氏政権の確立	79〜80	
❿治承・寿永の乱 平氏滅亡1185	80〜85	
鎌倉幕府の成立 奥州藤原氏滅亡1189	80〜92	

2 前九年合戦・後三年合戦

	郡 奥六郡
前九年合戦 1051〜62年	
	合戦前の安倍氏の勢力範囲
→	源頼義の推定進路
後三年合戦 1083〜87年	
	合戦前の清原家衡の勢力範囲
	合戦前の清原清衡の勢力範囲
→	源義家の推定進路

0 50km

2-② 安倍貞任の軍勢

▲安倍貞任の軍勢（『前九年合戦絵巻』） 奥六郡（現在の岩手県内陸部）を勢力下におく安倍頼時が、納税を拒否して国衙と対立、公領にも進出したことが合戦の発端。貞任は、頼時死後、安倍氏の棟梁となった。

2-① 前九年合戦関係図

安倍頼時 — 貞任／宗任／女
奥六郡に「俘囚の長」として勢力をもつ

藤原経清

源 頼義（父）・義家（子）（陸奥守・鎮守府将軍）
加担 清原武則（出羽の豪族）

結果	清原武則 → 鎮守府将軍に就任 陸奥・出羽両国を勢力下におく
	源頼義 源義家 → 東国武士団の棟梁としての地位を確立

2-③ 安倍・清原・奥州藤原氏関係系図

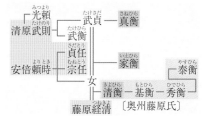

清原武則 — 光頼／武貞 — 真衡／武衡
安倍頼時 — 貞任 — 宗任／家衡
安倍頼時 — 女 — 清衡 — 基衡 — 秀衡 — 泰衡
藤原経清 〔奥州藤原氏〕

2-⑤ 後三年合戦関係図

清原氏一族の内紛

真衡 × 家衡・（藤原）清衡
家衡 × （藤原）清衡

介入 陸奥守 源 義家〔清衡を支援〕

結果	源義家 → 東国武士との主従関係を強化 藤原清衡 → 陸奥・出羽押領使に就任 平泉を拠点に東北全域を支配

2-④ 源氏の行軍

◁源氏軍の行軍（『前九年合戦絵巻』） 安倍頼時追討の宣旨を下された源頼義のもとへは、関東の武士たちが雲のように集まったという。『前九年合戦絵巻』は、頼義が陸奥に向けて出発する場面から安倍宗任の敗走までを描く、13世紀末期の作品。

2-⑥ 源義家の活躍

◁源義家（『後三年合戦絵巻』） 源義家は、頼義の長男。1083（永保3）年、陸奥守として着任した義家は、清原氏一族の内紛に介入。これを平定したが、この戦いを政府は私合戦として勲功賞を出さなかったため、義家は私財を投じて部下に褒賞を与えたという。この合戦を通し、義家と東国武士の絆はいっそう強固となった。

2-⑦ 金沢柵の落城

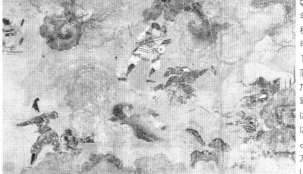

◁金沢柵の落城（『後三年合戦絵巻』） 金沢柵（現、秋田県横手市）は、後三年合戦での最後の激戦地。1087（寛治元）年、難攻不落といわれる金沢柵に入った清原家衡を、源義家の軍勢が攻撃するが、容易には落ちなかった。義家軍は作戦を兵糧攻めに改め、ようやく落城させたが、双方に多大な犠牲が出たという。

Answer p.86 2-① の『続古事談』で後三条天皇は、藤原氏と外戚関係にないから、母方尊属を摂政・関白とした摂関政治から脱却できるとしている。

第❷部 中世

1 院政関係年表

天皇	院政	年	院政関係事項
白河		1072	白河天皇即位
		1077	法勝寺を建立(六勝寺の始まり)
—1086	—1086	1086	白河上皇の院政開始
堀河	白河		北面の武士を設置
			天下三不如意
			「鴨川の水, 双六の賽, 山法師」
		1098	源義家に院昇殿を許可
—1107		1105	延暦寺僧兵が入京し, 強訴におよぶ
鳥羽		1108	北面の武士, 延暦寺僧兵の入京を制止
—1123	—1129	1129	白河法皇, 死去(77歳)
崇徳	鳥羽		鳥羽上皇の院政開始
		1132	平忠盛に院昇殿を許可
—1141			
近衛			
—1155	—1156	1156	鳥羽法皇, 死去(54歳)
			保元の乱(平清盛・源義朝, 上皇方の白
後白河			河殿を襲い, 天皇側が勝利)→p.90 ❷
—1158	—1158	1158	後白河上皇の院政開始
二条		1159	平治の乱(平清盛の勝利)→p.90 ❸
—1165	後白河	1167	平清盛, 太政大臣に就任。平氏全盛
六条		1177	鹿ヶ谷の陰謀→p.91 ❸
—1168			(院近臣が平氏打倒を計画)
高倉		1179	平清盛, 後白河法皇を幽閉。院政停止
—1179	—1180	1180	以仁王・源頼政が挙兵, 敗死
—1180	高倉		福原京へ遷都。源頼朝・源義仲の挙兵
安徳	—1180	1183	平氏の都落ち
	後白河		後白河法皇, 頼朝の東国支配権を承認
—1185		1185	平氏滅亡
		1192	後白河法皇, 死去(66歳)
			源頼朝, 征夷大将軍に就任
—1198	—1198	1198	後鳥羽上皇の院政開始
土御門	後鳥羽		この頃, 西面の武士を設置

前期院政—武士の利用 / 後期院政—武家政権との対応

4 院政の機構

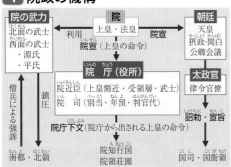

- 院の武力：北面の武士・西面の武士・源氏・平氏
- 院：上皇・法皇 — 院宣 → 利用
- 朝廷：天皇・摂政・関白・公卿会議
- 院宣(上皇の命令)
- 院庁(役所)
- 院近臣(上皇側近・受領層・武士)
- 院司(別当・年預・判官代)
- 太政官：律令官僚
- 院庁下文(院庁から出される上皇の命令)
- 僧兵による強訴 ← 鎮圧 ← 南都・北嶺
- 院知行国・院領荘園
- 詔勅・宣旨
- 国司・国衙領

🅰解説 院とは本来, 太上天皇(=上皇, 出家すると法皇)の住居を示したが, やがて上皇・法皇自身をさすようになった。院の家政機関は院庁とよばれ, 院近臣(受領層・武士層)から任命された院司が, 院庁下文を発給して, 院知行国や院領荘園の運営にあたった。

2 院政の開始

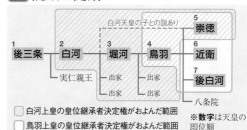

1 後三条 — 2 白河 — 3 堀河 — 4 鳥羽 — 5 崇徳 / 6 近衛 / 7 後白河
- 実仁親王
- 出家 / 出家 / 出家 / 出家
- 八条院
- 白河天皇の子との説あり

▨ 白河上皇の皇位継承者決定権がおよんだ範囲
□ 鳥羽上皇の皇位継承者決定権がおよんだ範囲
※数字は天皇の即位順

🅰解説 摂関政治が天皇の母方尊属(=外戚)による統治であったのに対し, 院政は天皇の父方尊属にあたる上皇(=院)が統治した。院は「治天の君」とよばれ, 院宣(院の発給した宣旨)の影響をうける天皇は, 「東宮の如し(皇太子のように実権なし)」とされた。

3 離宮造営と六勝寺

3-① 白河殿

鴨川 / 白河南殿 / 白河北殿 / ②尊勝寺 / ③最勝寺 / ⑥延勝寺 / ⑤成勝寺 / ④円勝寺 / ①法勝寺

名称	発願者	造立年	名称	発願者	造立年
①法勝寺	白河天皇	1077	④円勝寺	待賢門院	1128
②尊勝寺	堀河天皇	1102	⑤成勝寺	崇徳天皇	1139
③最勝寺	鳥羽天皇	1118	⑥延勝寺	近衛天皇	1149

◀白河殿と六勝寺(復元模型) 白河天皇は鴨川東岸白河の地に八角九重塔を持つ法勝寺を建立(六勝寺のはじめ)。譲位後, 院の御所をおいたことから, 追号が白河上皇となった。保元の乱の際には, 崇徳院の拠点であったため焼亡した。

3-② 鳥羽殿

桂川 / 至羅城門 / 北殿 / 鳥羽の作道 / 金剛心院 / 東殿 / 南殿 / 鴨川(当時)

◀鳥羽殿(復元模型) 白河上皇が平安京の南, 鴨川の畔にひらいた離宮で, 鳥羽上皇が院の御所をおいて政治の場とした。1179年, 後白河法皇は平清盛により, この地に幽閉されている。

5-① 上皇の熊野詣

世紀	上皇	回数
11	白河	9
12	鳥羽	21
	崇徳	1
	後白河	34
13	後鳥羽	28
	後嵯峨	3
	亀山	1

▶解説 熊野詣は907(延喜7)年の宇多上皇が初例。それ以降, 上皇の熊野詣は100回以上にのぼる。

5 熊野詣 世界遺産

熊野三山・王子 / 京都 / 淀 / 船路 / 大坂 / 山城 / 摂津 / 河内 / 和泉 / 大和 / 紀伊 / 伊勢神宮 / 志摩 / 高野山 / 小辺路 / 発心門王子 / 中辺路 / 熊野本宮大社 / 熊野川 / 大辺路 / 熊野新宮速玉大社 / 熊野那智大社

🅰熊野大社 末法思想を背景に, 熊野権現に救いを求めた熊野御幸。院政期には数千人の伴をつれ, 京からの道中に設けられた王子をたどりつつ, 熊野三山(本宮大社・新宮速玉大社・那智大社)にいたる参詣をいく度もおこなった。

1 院政期の社会

院政の経済的基盤

- 院への荘園寄進 **2**
  - 八条院領→鳥羽法皇が皇女八条院に与えた荘園群
  - 長講堂領→後白河法皇が長講堂に寄進した荘園群
- 知行国の制度（院分国）**3**
  - 知行国→一国の知行権（支配権・税の徴収権）給付
  - → 公領の私領化
- 成功・重任などの売位・売官
  - 成功：院の寺社造営への献金などの見返りに，国司の職を得ること
  - 重任：任期満了に際して財物を贈り，国司に再任されること

寺院勢力

- 南都・北嶺 興福寺・延暦寺
- 荘園の大量所有→朝廷・院・国司と対抗
  - → 僧兵による強訴 **4**
  - → 武士による鎮圧→台頭の契機

3 知行国制

```
知行国主（知行権＝支配権保有）
  │子弟・近親者を任命    │派遣    │公領の税を上納
  ↓                    ↓         │
国守（遙任）          目代（国守の統治代行）
遙任＝赴任せず        留守所（国衙）
                     在庁官人
                     │統治   ↑納税
                     ↓
                   公領（国衙領）
```

解説 国の知行権（支配権）を与え，税を収入とする一種の俸禄制度。沙法国・領国・分国ともいう。除目（任官の議）の際に給せられ，知行国主（国主）は国守（国司）を任命，現地には目代を派遣して，任期4年間の税収入を得たが，のちには相伝・売買が認められるようになった。

2 院領荘園

2-① 八条院領の所在地

（『朝日百科 日本の歴史』による）

解説 院領荘園とは，在地領主や下級貴族が院の保護を求め，上皇や女院が建立した寺社に寄進した荘園。膨大な院領荘園は八条院領と長講堂領に二分され，皇室が分立する一因ともなった。八条院領は，鳥羽上皇の皇女八条院の下に集積された荘園群で，父母からの伝領荘園のほか，女院の建立した蓮華心院へ寄進された荘園などによって構成されている。鎌倉時代後期，亀山上皇に伝えられ，以降，大覚寺統の経済的基盤となっていった。一方の長講堂領は，後白河上皇の持仏堂である法華長講弥陀三昧堂（長講堂）に付属した荘園群で，のち，後深草天皇に伝えられ，以降，持明院統の歴代天皇の財政基盤となっている。→p.122 **2**

美福門院 鳥羽法皇の皇后。実子の近衛天皇のほか後白河天皇の即位に関与するなど，政治力を発揮した。

八条院 鳥羽法皇と美福門院の間に生まれた皇女。

4 僧兵の強訴

4-① 強訴の背景

```
院（法皇） 朝廷（天皇・藤原氏）
北面の武士・検非違使
  │鎮圧        ↑強訴
  ↓
南都（興福寺）
奈良大衆・南京大衆・衆徒
藤原氏氏寺─興福寺
藤原氏氏神─春日神社
  ↓
春日神社の神木の榊

北嶺（延暦寺）
山法師・山大衆
都の鬼門守護─延暦寺
比叡山地主神─日吉神社
  ↓
日吉神社の神輿
```

4-② 僧兵装束

袈裟頭巾（けさずきん）
法衣（ほうえ）
素絹（そけん）
腹巻（簡易な鎧）（はらまき）
小桜黄威鎧（こざくらきおどしのよろい）
数珠（じゅず）
葛袴（くずばかま）
足駄（あしだ）

4-③ 春日神社と神木

解説 藤原氏一門の氏寺である興福寺は，荘園をめぐる国司との対立や，人事介入の問題解決を求め，衆徒の軍事力を背景に，同じ奈良にある氏神，春日神社の神木を捧げて，朝廷へ強訴をおこなった。要求がいれられない場合は神木を放置してひきあげてしまうが，朝廷方は祟りを恐れて，結局は要求をのむこととなる。そこで北面の武士・検非違使を使い，京都南郊の宇治川で衆徒の入京阻止をはかり，合戦におよんだ。

春日神社回廊

春日神社の神木（榊の木）

4-④ 延暦寺僧徒の強訴

延暦寺僧徒と日吉神社の神輿 京の北東に位置し，鬼門守護にあたっている比叡山延暦寺は，朝廷に影響力をもっていた。奈良大衆が神木をもって強訴におよんだのに対し，山法師は地主神の日吉神社の神輿を使い，同様に要求を通したので，武士は鴨川に防御線を張った。

4-⑤ 強訴と武士

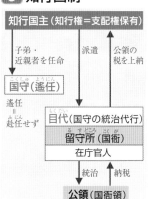

強訴と武士

り院の指し遣はすは所なり。……

合戦し，数十人を射殺し畢ぬ。是，群議に依て，遂に以て氏・平氏の輩，丹後守正盛以下，皆南京の大衆を禦がむが為めに，宇治・一坂に遣はさる。此の中，忠盛行き向ふ。各，死する者，互に疵を蒙る者多しと云々。……今日申時許，衆は宇治の南辺に来たると云々。……是に於て京の武士，源衆の大衆，甲冑を帯して東の河原に下り来たれり。又，末だ此の如き事有らず。京の大衆，奈良大衆，甲冑を帯して東の河原に下り来たれり。未だ此の如き事有らず。天下の災，今日申時許，

（一一一三）四月卅日（二十）……山大衆，南（永久元年）

検非違使正盛，重時，忠盛行き向ふ。

昔より今に南原辺に於て，互に疵を蒙る者多しと云々。……死する者，互に疵を蒙る者多しと云々。……是，群議に依て

仏法の滅ぶ時か。遂に以て

《中右記》

解説 白河院は「鴨川の水，双六の賽，山法師，是ぞ朕が心に随わぬ者」と嘆いている。たびたび氾濫する鴨川から離宮白河殿をどう守るか，当時流行していた賭博の規制ができない事とともに，強訴におよぶ延暦寺の僧兵を天下三不如意の一つとしてあげている。南都・北嶺の強訴を抑えるため活用した武士が，しだいに存在感を増していった。

▶**僧兵装束** 大寺院の僧侶には学業を本務とする学侶（学生）と，堂塔の管理など雑役を務める衆徒（堂衆・大衆）の2階層があり，下層僧侶集団の衆徒のうち，寺院や寺領荘園の自衛のために武装していったものを僧兵という。腹巻（簡易な鎧）の上に法衣をまとい，袈裟頭巾で覆面をするのを常とした。絵巻では太刀を佩き，長刀を手に描かれることが多い。

Answer 南都北嶺（興福寺・延暦寺）の僧兵による強訴に悩むことになり（p.89 **4**），これをおさえるために動員された武士の存在感が増した。

第2部 中世

1 平氏台頭と源氏衰退

桓武平氏（伊勢平氏）	年	院	清和源氏
	1087	白河	義家：後三年合戦で勝利
	1091		義家への土地寄進を禁止する
正盛：伊賀国鞆田荘を六条院（白河皇女）に寄進	1097		
→北面の武士に任命	1098		義家：院昇殿を許可される
源義親追討	1107		義親：源義親の乱
南都北嶺の僧兵の入京阻止→p.89 4	1109		為義：従六位下左衛門尉に叙任
	1113		南都北嶺の僧兵の入京阻止
忠盛：山陽・南海道の海賊を平定	1129	鳥羽	
院昇殿許可→院庁別当に就任	1132		
院領肥前国神埼荘の管理→日宋貿易	1133		従五位下検非違使を兼任
清盛：従四位下中務少輔・安芸守に叙任	1146		左大臣藤原頼長に接近

院への接近

△源義親の乱（『大山寺縁起絵巻』） 源義親は、後三年合戦を通じて武士の支持が高かった源義家の子。対馬守在任中の不法行為で隠岐配流となったが、その後も出雲目代殺害・財物押領などを犯した。白河院が派遣した追討使平正盛が鎮圧したことで、源氏の衰退、平氏の台頭が印象づけられた。この場面は、船上の正盛が洞窟に座する義親を攻めているところ。

2 保元の乱

2-① 保元の乱関係系図

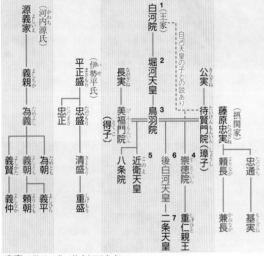

赤字は保元の乱で後白河天皇方
青字は保元の乱で崇徳院・藤原頼長方　数字は皇位継承順

△解説　鳥羽天皇の長子崇徳上皇出生時のわだかまり（実父が白河院とする風聞があり、鳥羽院は崇徳を「叔父子」とよんだ）を遠因に、皇子重仁親王の皇位継承権の喪失を意味する後白河天皇の即位など、崇徳の鳥羽・後白河に対する怒りが乱の背景にある。また、摂関家でも、家督をめぐる争いが藤原忠実・頼長親子と長子藤原忠通の間にあった。

2-② 保元の乱の構図

	弟	兄	甥	兄
勝	後白河天皇	関白忠通	清盛	義朝
	皇室	藤原氏	平氏	源氏
	兄	弟	叔父	父 弟
負	崇徳上皇	左大臣頼長	忠正	為義 為朝
	配流 讃岐	傷死	斬首	斬首 伊豆大島配流

2-③ 保元の乱の経過（1156年）

7月2日	鳥羽法皇死去（54歳）
7月10日	崇徳上皇、 藤原頼長・源為義・為朝・平忠正を白河殿に召集 為義の高松殿夜襲提案を却下 後白河天皇、 藤原忠通・藤原通憲（信西）・源義朝・平清盛を高松殿に召集 義朝の提案により白河殿を急襲
7月14日	頼長、矢傷がもとで死去
7月23日	崇徳上皇、讃岐へ配流
7月30日	為義斬首される
8月26日	為朝捕縛され、伊豆大島へ配流

2-④ 保元の乱後の対立構図

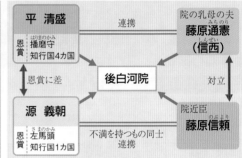

平清盛
恩賞 播磨守 知行国4カ国

院の乳母の夫 藤原通憲（信西）

連携

後白河院

恩賞に差

源義朝
恩賞 左馬頭 知行国1カ国

不満を持つもの同士 連携

対立

院近臣 藤原信頼

3 平治の乱

3-① 平治の乱の構図

		平氏		
勝	通憲（信西） 自殺	清盛	重盛	頼盛
	院近臣			
負	信頼 斬首	源氏 義朝 殺害	義平 斬首	頼朝 伊豆配流

3-② 平治の乱の経過（1159〜60）

12月4日	平清盛ら平氏一門、熊野参詣に出発
12月9日	藤原信頼・源義朝、 後白河上皇仮御所の三条殿襲撃。 後白河上皇・二条天皇を幽閉
12月10日	清盛、クーデタを知る
12月13日	藤原通憲（信西）、自害
12月17日	平清盛帰洛（上皇・天皇奪還を計画）
12月20日	二条天皇は女装し、内裏から清盛の六波羅邸へ脱出
12月25日	後白河上皇、内裏から仁和寺に脱出。 清盛、上皇・天皇を確保し、信頼の追討の院宣を得る
12月26日	清盛、内裏・六条河原で義朝に勝利
12月27日	信頼、斬首される
1月4日 1160（平治2）	義朝、家人長田忠致により尾張国で謀殺される
3月11日	清盛、頼朝を助命し、伊豆に配流

△平治の乱での三条殿夜討（『平治物語絵巻』）　1159（平治元）年12月9日夜半、藤原信頼・源義朝軍が後白河院の仮御所三条殿を襲撃。ボストン美術館蔵／アメリカ

▶詳しくみてみよう！
平治の乱

Question p.91 1・2 に注目して、平氏政権が鎌倉幕府に代表される本格的な武家政権への過渡期といわれている理由を考えてみよう。

1 平氏政権関係年表

1129	忠盛，西国の海賊を平定
1132	忠盛，院庁別当に就任
1133	忠盛，院領肥前国神埼荘の貿易管理→日宋貿易
1135	忠盛・清盛，西国の海賊を平定 [2-④]
1146	清盛，安芸守に任官→厳島神社 [2-⑤]
1155	清盛，大量に銅銭を輸入。貨幣経済で商業活動活発化
1156 (保元元)	鳥羽法皇死去。保元の乱
	清盛，後白河天皇方で参戦
	清盛，播磨守に任官→日宋貿易の航路を整備
1158	清盛，大宰大弐に任官→日宋貿易
1159	平治の乱
1160	清盛，参議に任官＝武士で初の公卿
1164 (長寛2)	清盛，蓮華王院(願主後白河上皇)建立
	清盛，厳島神社に「平家納経」を奉納
1165	清盛，権大納言に任官
1166	清盛，内大臣に任官
1167 (仁安2)	清盛，従一位太政大臣に任官，のち辞職
	平氏一門公卿16人，殿上人30余人
1168	清盛，出家し，摂津福原に移る
1170	平資盛，摂政藤原基房と対立
1171	清盛の娘徳子(建礼門院)，高倉天皇に入内
1177 (治承元)	鹿ヶ谷の陰謀が発覚 [3]
	清盛，後白河法皇近臣を処罰
	西光死罪，俊寛・藤原成親配流
	清盛，洛中に禿童を放ち，反平氏勢力を監視
1179	清盛，後白河法皇を鳥羽殿に幽閉，院政を停止
1180 (治承4)	安徳天皇，即位。摂津福原京に遷都，のち京都に還都。清盛，摂津大輪田泊を修築

平治の乱

公卿姿

出家姿

▲清盛肖像　武門の棟梁でありながら，日宋貿易で実利をあげる広い視野を持つ。武士ではじめて太政大臣となり，異例の出世をとげた。清盛には，白河上皇の実子説がある。

2 平氏政権

2-① 平氏政権の特徴

院・朝廷との関係

院・朝廷
後白河法皇
高倉天皇
安徳天皇

軍事援助(保元・平治の乱)・蓮華王院を建立
清盛の義妹滋子(後白河女御・高倉母)入内
清盛の娘平徳子(高倉中宮・安徳生母)入内

↑律令制官位の叙任　　←旧勢力(院近臣・寺社・源氏)反発
↓知行国主

平氏政権
太政大臣清盛・内大臣重盛以下公卿16人・殿上人30余人

平氏の経済基盤

知行国	荘園	日宋貿易
「平家知行の国三十余カ国，すでに半国にこえたり」	・全国に500余所 ・家人＝地頭に任命	・交易ルートの安全確保 (大輪田泊・厳島・大宰府)

平氏軍事基盤　西国武士＝海賊追討を通して家人化

2-② 平氏と皇室

平正盛 ─ 忠盛 ─ 清盛 ─ 重盛 ─ 維盛
　　　　　忠正　　　　　宗盛
　　　　　　　　時子　　徳子(建礼門院)
　　　　　平時信　時忠　　時忠
　　　　　　　　滋子(建春門院)　安徳
赤字は天皇　　　　　　高倉
　　　　　　　　　　　後白河
藤原季成 ─ 成子　　　以仁王

◀解説　平清盛の義妹滋子(建春門院)は，後白河上皇の女御として高倉天皇の生母となり，その天皇に清盛の娘徳子(建礼門院)が入内している。清盛は，外祖父として安徳天皇の即位を強行したが，これにより，即位の可能性の消えた以仁王は，源氏に挙兵をうながす令旨を発給することになる。

2-④ 日宋貿易

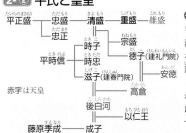
── 日宋交通路

金(1115～1234)　黄河
開封
建康(南京)　揚州
臨安(杭州)　明州(寧波)
南宋(1127～1279)　長江
坊津
大宰府
神埼荘
松浦
高麗(918～1392)
厳島
平安京
福原京
大輪田泊
日本
開城
0　500km

◀解説　平忠盛は，鳥羽院領の肥前国神埼荘の倉敷地のあった博多で**日宋貿易**を開始した。その際，対外交渉を統轄する大宰府が，越権行為として批判したが，忠盛は院宣をもってこれを抑えた。子の清盛は，安芸守・播磨守・大宰大弐を歴任し，瀬戸内航路の確保や大宰府の対外交渉権の接収を経て，修築した摂津**大輪田泊**まで宋船を通航させ，日宋貿易を拡大した。大量に輸入された**宋銭**は，日本経済に大きな影響を与えた。

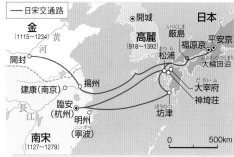
▶宋銭
◀宋船の模型

2-③ 平氏知行国

『平家物語』(→教科書p.82史料参照)の如く「三十余国」を数えた知行国に目代が派遣され，平家の財政基盤の一翼になった。

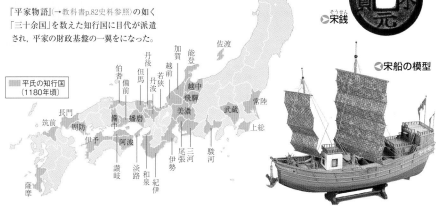
平氏の知行国(1180年頃)

佐渡　能登　加賀　越中　越後　飛驒　信濃　武蔵　常陸　上総　下総
伯耆　但馬　丹後　若狭　越前　美濃　尾張　三河　駿河
因幡　丹波　播磨　備前　美作　　　伊勢　志摩
長門　周防　備中　　　　和泉　紀伊
筑前　安芸　伊予　阿波　淡路
薩摩　讃岐

2-⑤ 厳島信仰

安芸国
宮島
厳島神社
弥山
江田島
能美島
音戸瀬戸
倉橋島

◀厳島神社　神社の後ろ弥山には，巨大な磐坐(神が宿るとされる石)があり，古くから航海安全の神として信仰をうけてきた「神の斎く島」であった。平清盛が安芸守になってから，平氏の信仰があつく，海上に張り出した社殿の築造や装飾絵の奉納(平家納経，→p.97 [4])のほか，参詣が頻繁におこなわれた。 世界遺産

3 鹿ヶ谷の陰謀

▲鹿ヶ谷の陰謀(『平家物語絵巻』)　後白河法皇の近臣たちが，平氏打倒を画策したが，密告され，処罰された事件。西光は処刑，藤原成親は備前へ，俊寛は薩摩鬼界島へ配流となった。林原美術館蔵/岡山県

Answer 平氏政権は，外戚関係や知行国制を基盤とする貴族性と，武士の家人化や日宋貿易など武家性の両方の特徴をもっていたから。

1 院政期の文化の特徴

中心地	平安京周辺の離宮(白河殿・鳥羽殿・法住寺殿〈→p.88〉)で開花→文化の地方普及
担い手	上皇・貴族中心→武士・庶民への広がり
特徴	・浄土思想の広まり (阿弥陀堂建築・浄土教美術) ・今様,田楽・猿楽の流行→p.95 ・歴史物語・軍記物語・絵巻物→p.95〜97

2 おもな建築・彫刻

彫刻	蓮華王院千手観音像〈京都〉→p.93 1 臼杵磨崖仏〈大分〉 5 浄瑠璃寺本堂九体阿弥陀如来像〈京都〉 →p.93 4
建築	中尊寺金色堂内陣〈岩手〉→p.94 3-1 富貴寺大堂〈大分〉 4 白水阿弥陀堂〈福島〉→p.93 3 三仏寺投入堂〈鳥取〉 3

3 三仏寺奥院(投入堂)

三仏寺奥院
(投入堂)

遙拝所

▶三仏寺奥院(投入堂)　山岳宗教の修行場を持つ岩壁の寺院。断崖のくぼみに投げ入れられたという伝承を持つ懸造の建築物。複雑な斜面に対応した,不揃いな長さの柱が印象的である。国宝

4 富貴寺大堂

△富貴寺大堂　大分県の国東半島にある九州最古の阿弥陀堂建築物で,浄土教の地方伝播を示す典型例。堂内には「来迎壁画」と定朝様阿弥陀如来坐像を有する。下は復元。
国宝

（地図）

3 三仏寺奥院
鳥取県三朝町

4 富貴寺
大分県豊後高田市

蓮華王院
京都府京都市
→p.93 1

中尊寺
岩手県平泉町
→p.93 2,94

白水阿弥陀堂
福島県いわき市
→p.93 3

厳島
広島県廿日市市
→p.91 2-5

浄瑠璃寺
京都府木津川市加茂町
→p.93 4

5 臼杵磨崖仏
大分県臼杵市

5 臼杵磨崖仏

▽臼杵磨崖仏　大日如来(写真中央)を中心に菩薩・不動明王など,凝灰岩にきざまれた62体の石仏群で,日本最大規模を誇る。大部分は平安時代後期につくられた。大日如来像高280.0cm 国宝

❶ 蓮華王院

◎蓮華王院　蓮華王院は1164年に後白河法皇を願主に，平清盛が造営した寺院。本堂（三十三間堂）には千手観音坐像（→p.117 ❸ ）と千体の千手観音立像があったが，坐像と立像のほとんどが1249年に焼亡。1254年に運慶の長子，湛慶により千手観音坐像が造立された。本堂の再建は1266年で，和様建築の典型とされている。
蓮華王院千手観音立像：像高165.0〜168.5cm 国宝

❷ 中尊寺

◀中尊寺　1124年に藤原清衡が建立した中尊寺金色堂は，鎌倉7代将軍惟康親王の命で建設されたという覆堂により保護されてきた。現在の覆堂は鉄筋コンクリート造で，金色堂は温度・湿度が調節されたガラスケースにおさめられている。
→p.94 ❸-❶

❸ 白水阿弥陀堂

▶▽白水阿弥陀堂　豪族岩城則道の妻徳尼（藤原秀衡の妹）が，夫の菩提をとむらうため，1160年に建立した阿弥陀堂。「白水」は平泉の「泉」の文字を分割したのが由来という。高 10.8m 国宝

第❷部 中世

❹ 浄瑠璃寺

◀▲浄瑠璃寺　9体の阿弥陀仏（写真左上）は極楽往生の9通りの道筋を表し，それぞれ手印（合掌する手の形）が異なる。西方極楽浄土をになう九体阿弥陀をおさめた本堂（写真左下）と，東方瑠璃光浄土をになう薬師如来をまつった三重塔（写真上）を池をはさむ形で配している。阿弥陀如来 中像：像高224.0cm 脇仏：像高139.0〜145.0cm 国宝

Answer p.78 ❺-❸ 末法思想を背景とする阿弥陀堂建築（p.80）や彫刻（p.81）が，p.92の地図のように京都近辺から奥州や九州など全国に広まった。

第②部 中世

1 奥州藤原氏関連年表

1083〈永保3〉	清原氏, 内紛勃発（清原清衡・家衡と真衡が対立）→p.87 ②〈後三年合戦〉陸奥守源義家の介入 真衡敗死, 清衡と家衡が対立
1087	家衡, 金沢柵で敗死
1103頃	清衡, 藤原を名乗り, 平泉を拠点とする
1105	清衡, 中尊寺を創建
1124〈天治元〉	清衡, 中尊寺金色堂建立（その後, 基衡が毛越寺を, 秀衡が無量光院を創建）
1170	秀衡, 鎮守府将軍となる
1174	源義経, 平泉にいたる
1180	源頼朝挙兵に際し, 義経, これに加わる
1181	秀衡, 陸奥守・鎮守府将軍を兼任
1187	義経, 平泉に逃れる。秀衡死去
1189〈文治5〉	泰衡, 衣川柵を襲い, 義経を殺害 頼朝, 奥州平定（奥州藤原氏滅亡）

2 奥州藤原氏

奥六郡：岩手・志波・稗貫・和賀・江刺・胆沢

山北三郡：山本・平鹿・雄勝

◁藤原三代　後三年合戦で, 陸奥「奥六郡」と出羽「山北三郡」の支配権を得た初代藤原清衡（清原清衡）は, 支配地南端の平泉を拠点に定め, 2代基衡, 3代秀衡の約100年間にわたり, 柳の御所（平泉館＝政庁）を中心に, 中尊寺などの寺院群を配する政治・宗教都市を築いた。金・馬を経済力とする奥州藤原氏は, 朝廷・平氏と良好な関係を結び, 秀衡は陸奥守・鎮守府将軍・押領使を兼任するなど, 名実ともに奥州の支配をになった。毛越寺蔵（江戸時代の模写）／岩手県

3 平泉—世界文化遺産

3-① 中尊寺

△中尊寺金色堂　高803.8cm　国宝

△金色堂内陣　藤原清衡が, 1124年に建立した阿弥陀堂。奥州での豊富な金の産出を背景に, 外面・内面・須弥壇にいたるまで, 黒漆を塗った上に金箔を押し, さらに須弥壇や巻柱には, 南海産の夜光貝を用いた螺鈿や金蒔絵・飾金具をほどこしている。須弥壇の下には, 清衡・基衡・秀衡三代の遺骸が安置されていた。須弥壇　長径193.9cm　高52.5cm　国宝

3-② 無量光院

△無量光院（復元模型）　3代秀衡が, 伽羅御所近くに建立した寺院。丈六阿弥陀如来を本尊とし, 翼廊を持つ阿弥陀堂建築は, 宇治平等院を模倣している。

▽毛越寺庭園　毛越寺は2代基衡の創建で「金銀を散り嵌め, 万宝を尽くした」ものだったが13世紀に焼亡した。大泉が池に石組を配した浄土庭園は, 平安最古の庭園書『作庭記』に基づく貴重な遺構で, 発掘調査の結果をもとに, 旧観に復された。国特別名勝

3-③ 毛越寺庭園

Question p.94 3 の地図と建物・庭園の写真に注目して, 奥州藤原氏が営んだ平泉が世界遺産に指定された理由について考えてみよう。

1 院政期の芸能・文学

芸能	今様	当代の流行歌謡。後白河法皇が編纂した『梁塵秘抄』が有名
	催馬楽	神事の神楽歌や古謡を編曲したもの
	猿楽	古代以来の宮廷芸能である「散楽」に由来
	田楽	農耕時の芸能から貴族にも流行
文学	『今昔物語集』	作者不明，1130〜40年頃，31巻
		1000余りの仏教・世俗の説話集。武士・庶民の生活を描く
	『将門記』	作者不明，軍記物語
		平将門の乱を題材とした軍記物語
	『陸奥話記』	作者不明，軍記物語
		前九年合戦を題材とした軍記物語
	『大鏡』	作者不明，歴史物語
		190歳の大宅世継に道長の栄華を批判的に語らせる形態で『世継物語』ともよばれる
	『今鏡』	藤原為経，歴史物語
		大宅世継の孫で150歳の老女に『大鏡』以降，高倉天皇の時代までを語らせる形態で『続世継物語』ともよばれる

2 今様

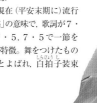

▶ 解説 今様

今様とは，「現在（平安末期に）流行している歌謡」の意味で，歌詞が7・5，7・5，7・5，7・5で一節を構成するのが特徴。舞をつけたものは「今様舞」とよばれ，白拍子装束で舞う。

◀後白河法皇 近衛天皇の死にともない，急遽即位するまで，皇位継承の可能性が低かったので，十代のころは今様などの芸能に熱中し，謡いすぎて3度も喉をつぶしたと『梁塵秘抄』に記されている。

《梁塵秘抄》

遊びをせむとや生まれけむ
戯れせむとや生まれけむ
遊ぶ子どもの声聞けば
我が身さへこそ動がるれ

仏は常に在せども
現ならぬぞあはれなる
人の音せぬ暁に
仄かに夢に見えたまふ

我等は何して老いぬらむ
思へばいとこそあはれなれ
今は西方極楽の
弥陀の誓ひを念ずべし

（新潮日本古典集成『梁塵秘抄』）

◀『梁塵秘抄』 後白河法皇が，今様をはじめ，催馬楽などの雑芸をも集成したもので，「梁の上の塵が舞うほどの今様の名人の秘伝を示した書」との意味である。

3 猿楽と田楽

猿楽	奈良時代	唐楽の一つとして伝来。雅楽の末尾に物真似・曲芸・奇術など，滑稽な内容（散）を付属的に演じた ↓ 「散楽戸」として官制上の保護をうけた
	平安時代	散楽戸の廃止後，各地に分散 寺社の保護のもと，猿楽として祭礼時に各地を巡演 ↓ のちの狂言に発展
田楽	平安時代	田植えなど農耕時の祭祀に起源をもつ芸能 京都などで流行 寺社の保護のもとに座を形成していった ↓
	鎌倉時代	『太平記』には鎌倉幕府14代執権北条高時が田楽に耽溺したとの記録あり

▲田楽（『大山寺縁起絵巻』模写，東京大学史料編纂所蔵） 本来，田楽は田植え時の神事芸能であったが，やがて，永長の大田楽にみられる公家ら都市住民への流行をよんだ。

（画像内ラベル：田楽，田植え，牛耕（代かき），田おこし，苗代から苗を運んでいる）

▲御霊会の歩田楽（『年中行事絵巻』） 神輿行列の先頭を，笛や大太鼓や編木の音にあわせて踊り歩く田楽。

◀編木 田楽に用いた楽器。数十枚の札状の板をつづり合わせたもので，両端を握って動かすと，板同士が打ち合って音が鳴る。

▶ 詳しくみてみよう！
壬生の花田植

4 説話集

今昔物語集巻一九第四話

今昔、円融院ノ天皇ノ御代二、左ノ馬ノ頭源ノ満仲ト云フ人有ケリ。筑前守経基ノ人皆此レヲ用イテゾ有ケル。世二並ビ無キ兵ニテ有ケレバ、公モ此レヲ止事無キ者ニナム思食ケル。亦、大臣・公卿ヨリ始テ、ズ、水尾天皇ノ近キ御後ナレバ、国王モ賤シカラ仕ケレバ、国ミノ司トシテ勢徳モ並ニ無キ者ニテゾ有ケル。階モ不賤ニシテ、年来公ケテナム有ケル。年瀬ノ老二臨テ、摂津守ニビ無キ者ニテゾ有ケル。絞ニハ摂津守ニ国ノ豊島ノ郡ニ多々ト云フ所ニ家ヲ造テ、籠居タリケリ。

▲『今昔物語集』 清和源氏（多田源氏，→p.85 ❷）の棟梁源満仲は，摂関家の侍として警固にあたり，時には陰謀にも加担する。969年の安和の変では，源高明らを密告する役割を演じ，見返りとして受領にもなっている。武士として殺生も日常のことであった満仲が，源信の説教によって出家を決意した場面である。

▲田楽 田植えに際し音曲を奏で舞を奉納する田楽は，中国地方を中心に今でも残っている。飾り立てた牛による代掻きのあと，腰鼓の演奏をうけて早乙女が田植えをする神事。広島県北広島町の「壬生の花田植」は2011年にユネスコの無形文化遺産に指定された。

Answer 3-① 阿弥陀堂建築の金色堂や 3-③ 浄土式の毛越寺庭園などから，指定理由は「仏国土（浄土）を表す建築と庭園」（p.12）となっている。

第❷部 中世

第②部 中世

1 絵画

絵巻物

源氏物語絵巻 現存は4巻 **2**
　貴族の需要によって宮廷生活を描写

伴大納言絵巻 3巻 **3**
　みごとな構成力と動きのある描写で庶民を描く

年中行事絵巻 60巻，原本は焼失（近世の模本） **4**

信貴山縁起絵巻 3巻 →p.97 **1**
　信貴山朝護孫子寺を中興した命蓮の霊験譚
　庶民の生活や風俗を描写

鳥獣人物戯画 4巻 →p.97 **2**
　動物の擬人化により，社会を風刺

その他

扇面古写経 10帖 →p.97 **3**
　下絵に庶民の生活を描写した装飾経

平家納経 33巻 →p.97 **4**
　厳島神社に奉納された装飾経

2 源氏物語絵巻

汰杯（髪を梳くための米のとぎ汁などを入れる器）

巻子
冊子
筆

天皇

大床子（腰掛け用台）

◁**源氏物語絵巻** 『源氏物語』54帖の場面を絵画化し，物語の本文を詞書として添えている。絵巻物は平面におかれ，見下ろす鑑賞法と，天地の幅が狭いという画面の制約から，斜め上方から見下ろした「俯瞰描写」が多くみられる。また，室内情景を描く場合，内部の人物がみえるように，建物の屋根と天井を省略する表現法の「吹抜屋台」が使われた。紙本着色　縦21.5cm　平安時代（12世紀前半）　徳川黎明会蔵 **国宝**

▷**引目鉤鼻** 大和絵の人物の描き方で，下ぶくれの顔に細い線を引き，瞳だけをわずかに入れた目，細い墨の線を何本も引き重ねた眉，鉤のように「くの字」型に曲がった鼻，朱を点じただけの口などが特徴となっている。五島美術館蔵／東京都

3 伴大納言絵巻

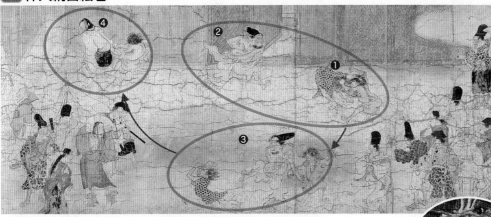

④ ② ① ③

▷**伴大納言絵巻**（常磐光長筆）異時同図法の典型である「子どもの喧嘩」の場面で，右から左に絵巻を追うと，❶喧嘩をしている2人の子ども，❷喧嘩をみて飛び出してきた，一方の子どもの父親（大納言家の出納＝会計係）の姿，❸出納が喧嘩相手の子どもを蹴とばす姿，❹自分の家へ駆け込む出納の妻と子どもが描かれている。一場面に同一人物が複数回出てきて，めまぐるしくおこった一瞬のできごとを表現している。次の場面で，喧嘩相手の親である右兵衛舎人が，目撃した応天門放火の犯人を告発する伏線となっている。紙本着色　3巻　縦31.3cm　出光美術館蔵／東京都 **国宝**

仁寿殿
清涼殿
昭慶殿
大極殿
朝堂院
応天門
朱雀門
会昌門

❶解説　絵巻の構図　『伴大納言絵巻』の上巻は，朱雀門→炎上する応天門→会昌門→内裏清涼殿へと展開し，鑑賞者を徐々に平安宮の奥へと誘っていく。

▷**見物人**　引目鉤鼻という表現法を，技法の稚拙さや観察眼の欠如とみるべきではない。表情のない抽象化された顔は，高貴さの象徴であり，逆に個性豊かな表情は卑俗さを表現していた。

4 年中行事絵巻

異時同図法

同一画面内に，同一人物が複数回登場し，その間の時間的推移を示す手法で，『伴大納言絵巻』の子どもの喧嘩の場面と，『信貴山縁起絵巻』の東大寺大仏殿の場面が代表例。後者（→p.97 **1**）では登場人物の尼公が一場面に6回描かれている。これは尼公が大仏殿に到着し，礼拝し，夜通し参籠し，明け方出発するという，一連の時間的経過を表現したものである。

◁**年中行事絵巻** 12世紀後半，後白河上皇の命で宮中や公家の年中行事を描いた絵巻物。製作には常磐光長・藤原基房らがかかわった。この場面は，院御所であった法住寺殿（→p.88 **3**）に二条天皇が拝謁する朝覲行幸を迎えての内宴を示している。南庭で催される舞楽に対して，上皇と天皇は寝殿中央に衣がわずかにみえる姿で描かれている。田中家蔵

Question p.96 **2** 源氏物語絵巻・**3** 伴大納言絵巻，p.97 **1** 信貴山縁起絵巻の描写に注目して，絵巻物の表現法について考えてみよう。

1 信貴山縁起絵巻

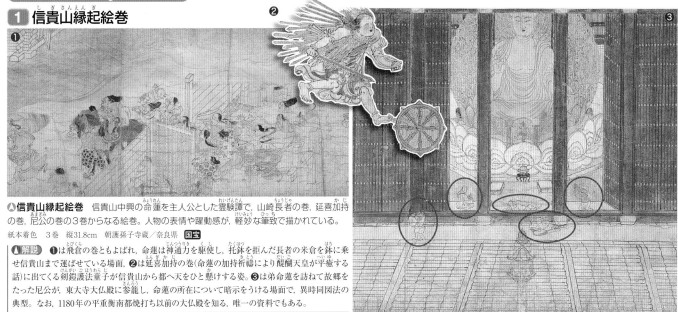

⚠**信貴山縁起絵巻** 信貴山中興の命蓮を主人公とした霊験譚で，山崎長者の巻，延喜加持の巻，尼公の巻の3巻からなる絵巻。人物の表情や躍動感が，軽妙な筆致で描かれている。

紙本着色 3巻 縦31.8cm 朝護孫子寺蔵／奈良県 国宝

📖**解説** ❶は飛倉の巻ともよばれ，命蓮は神通力を駆使し，托鉢を拒んだ長者の米倉を鉢に乗せ信貴山まで運ばせている場面，❷は延喜加持の巻（命蓮の加持祈禱により醍醐天皇が平癒する話）に出てくる剣鎧護法童子が信貴山から都へ天をひと懸けする姿。❸は弟命蓮を訪ねて故郷をたった尼公が，東大寺大仏殿に参籠し，命蓮の所在について暗示をうける場面で，異時同図法の典型。なお，1180年の平重衡南都焼打ち以前の大仏殿を知る，唯一の資料でもある。

2 鳥獣人物戯画

⚠**鳥獣人物戯画** 「日本最初のアニメ」とも称される絵巻物。全編，詞書のない白描画で，僧侶・俗人の振舞いを，擬人化した蛙・兎・狐などを通して風刺している。作者は天台座主で絵画に精通し，『宇治拾遺物語』にも悪戯好きで批判精神に富む人物と描かれた鳥羽僧正覚猷に仮託されるが，全4巻の内容・作風の相違から，複数の人物により平安時代末期〜鎌倉時代前期に作成されたとみられる。4巻 紙本墨画 縦30.4〜31.2cm 長さ289〜1148cm 高山寺蔵／京都府 国宝

3 扇面古写経

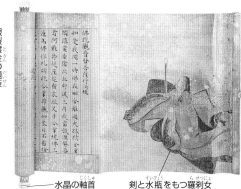

▶**扇面古写経** 貴族や庶民の姿を大和絵で描いた扇型料紙に，妙法蓮華経を書写し，奉納した装飾経。

辺25.8cm 上弦25.8cm 下弦10.6cm 四天王寺蔵／大阪府 国宝

4 厳島神社平家納経

 蓬の花に童子の縁金具　銀製鍍金の題簽

水晶の軸首　剣と水瓶をもつ羅刹女

▶**平家納経** 平清盛・重盛らが一門の繁栄を願い，1164年，厳島神社に奉納した装飾経の総称。水晶に金銀透彫の金具をほどこした軸首や砂子・切箔などを多用した料紙などに，当時の工芸技術を伝える一級資料。33巻 紙本着色 縦（見返し）25.5cm 全長（観普賢経）780.0cm 厳島神社蔵／広島県 国宝

▶厳島神社

絵巻の形式

①交互並列式（段落式構図） 例：源氏物語絵巻

②交互並列式（連続式構図） 例：伴大納言絵巻

③書き込み式 例：福富草紙

絵巻物は，「絵」と「詞」が交互に出てくる交互並列式が一般的で，通常は詞と，それに対応する絵がくる。ひと続きの詞や絵を「段」とよび，「詞四段，絵四段」と解説にある場合は，詞と絵が4度ずつ交互にあらわれる。『源氏物語絵巻』は交互並列式の典型で，机で広げた際に，一目でみわたせる大きさを一画面とし，詞書によって場面と場面をつないでいる。この形式を「段落式構図」という。一方，『伴大納言絵巻』の応天門放火の場面は，炎上する門と火事場の群衆などが詞書で分断されない，絵巻の特性を活かした動きをともなった構図で，これを「連続式構図」という。また，『鳥獣人物戯画』のように詞書のない絵巻や，『福富草紙』のように画中人物の脇に台詞のごとく書き込んだものもある。

▼**絵巻の見方** 絵巻物の特徴は掛軸・屏風・襖絵などと異なり，作品全体を一度に視野に入れることができない点である。博物館での展示は，ケース内で大きく広げた姿でおこなわれるが，本来は作品を机の上におき，左手で新しい場面を繰り広げながら，右手ですでにみ終わった画面を巻き込んでいくという，鑑賞方法がとられる。

Answer p.96 **2** に天地が狭い絵巻物の制約に対する俯瞰描写や吹抜屋台の技法が，**p.96 3**・**p.97 1** に動きを示す異時同図法の技法がみられる。

98 源平の争乱

詳日 第6章1 p.90～91

1 源平の争乱関係年表

年	月	事項
1177(治承元)	6	鹿ヶ谷の陰謀
1179	11	平清盛，後白河法皇を鳥羽殿に幽閉
1180(治承4)	2	安徳天皇，即位
	5	以仁王・源頼政ら挙兵，敗死 5 ❶
	6	福原京に遷都(11月には京都に還都)
	8	源頼朝挙兵 2，石橋山の戦いで敗北 5 ❷
	9	源義仲挙兵 3
	10	頼朝，鎌倉入り。富士川の戦いに勝利 5 ❸(以降，西上せず，東国の安定確保に専念)
	11	頼朝，侍所を設置
	12	平重衡，南都を焼打ち(東大寺大仏殿・興福寺炎上)
1181(養和元)	閏2	清盛死亡，「墓前に頼朝の首を供えよ」
	4	養和の飢饉(～83)おこる
1183(寿永2)	5	義仲，倶利伽羅峠(砺波山)の戦いに勝利 5 ❹
	7	平氏都落ち，義仲入京(義仲軍の略奪多発)
	10	後白河法皇，義仲討伐を要請 寿永二年十月宣旨＝東国支配権容認
1184(元暦元)	1	頼朝，範頼・義経を派遣し，義仲を討伐 5 ❺ 法皇，平氏討伐を要請(見返りに平家没官領支配権を与える)
	2	摂津一の谷の戦い
	8	法皇，鎌倉殿(頼朝)の推挙なしで義経を叙任(以降，頼朝・義経対立)
	10	頼朝，公文所・問注所を設置
1185(文治元)	2	讃岐屋島の戦い 5 ❼
	3	壇の浦の戦いで平氏滅亡 5 ❽
	10	法皇，義経に頼朝討伐の院宣を発給(義経，挙兵に失敗し，奥州平泉へ逃亡)
	11	頼朝，法皇に義経追討の院宣を要求 頼朝，法皇に守護・地頭設置の許可を要求
1189(文治5)	4	頼朝，藤原泰衡に義経追討を要求 泰衡，義経を急襲(衣川の戦い) 5 ❾
	7	頼朝，法皇に奥州藤原氏追討の院宣を要求
	9	頼朝，奥州平定→奥州藤原氏滅亡
1190(建久元)	11	頼朝，征夷大将軍任官を要求→法皇拒否 法皇，頼朝を権大納言・右近衛大将に叙任
1191	1	頼朝，政所(公卿＝三位以上の家政機関)をおく
1192		法皇死去→頼朝，征夷大将軍となる

2 源頼朝の挙兵
2-① 頼朝の東国覇権

解説 頼朝の挙兵は以仁王の令旨に基づくが，同時に東国武士団の支持がなければありえなかった。彼らの願望は東国領知権の確立であり，この点は養和の飢饉にともなう西国の食料難とともに，富士川の戦いで敗走する平氏を追っての上洛を断念した理由となっている。上洛中止後，頼朝は源氏庶流(甲斐武田・常陸佐竹)を制圧し，東国における実質的な支配権を確立した。

4 源氏系図

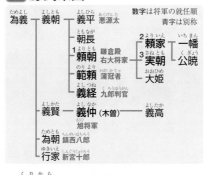

3 源義仲の挙兵

解説 義仲は養和の飢饉で弱体化した平氏を追い，北陸道から上洛した。しかし，飢饉による食料難の洛中で，略奪をおこなったことから，後白河法皇は頼朝に対し，寿永二年十月宣旨(東国支配権)の発給を見返りに，義仲討伐を要請することとなる。

5 源平の争乱関係地図

▢	寿永二年十月宣旨(1183年)の頼朝の支配地
	源頼朝の勢力範囲
	源義仲の勢力範囲 (宣旨前)
	平氏の勢力範囲
	奥州藤原氏の勢力範囲
⊙ 国府	✕ おもな戦場
━	源頼朝の行動(1180)
━	源義仲の進路(1180～84)
━	源範頼の進路(1180～85)
━	源義経の進路(1180～85)
┈	源頼朝の奥州征討(1189)

❾ 衣川の戦い(1189.4)
藤原秀衡の子泰衡は，頼朝の圧力に抗しきれず，義経を衣川館に急襲。

❹ 倶利伽羅峠の戦い(1183.5)(砺波山の戦い)
平維盛の軍勢は総崩れとなり，義仲は入京する。

❽ 壇の浦の戦い(1185.3)

平宗盛が率いる平氏は，安徳天皇を擁して源平最後の戦いに臨むが敗北，滅亡する。

❼ 屋島の戦い(1185.2)

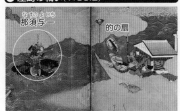

海上からの攻撃に備えた讃岐屋島に対し，荒天のなか，阿波に渡海した義経は陸路から奇襲をおこなった。

❻ 一の谷の戦い(1184.2)
義経の「鵯越の逆落し」により摂津福原の平氏は讃岐屋島へ敗走した。

❶ 源頼政挙兵(1180.5)
令旨の発給が露見し，以仁王を奉じて挙兵したが，宇治の平等院で敗死。

❺ 粟津の戦い(1184.1)
後白河法皇の要請をうけ，頼朝が派遣した範頼・義経によって，近江粟津で義仲は討死。

❷ 石橋山の戦い(1180.8.23)
挙兵直後，平家方の大庭景親に石橋山で敗れた頼朝は，海路安房に逃れた。

❸ 富士川の戦い(1180.10.20)
頼朝軍と対陣した平維盛の軍勢は，水鳥の羽音を源氏方の夜襲と間違えて敗走。

Question p.98 1・2・3に注目して，挙兵した後の源頼朝と源義仲の行動の違いについて，当時の食糧事情を背景に考えてみよう。

1 鎌倉幕府の成立段階

鎌倉殿　鎌倉を拠点とする源氏の嫡流としての立場

源頼朝 →（軍事力・支配）→ 東国荘園・公領

御家人 →（所領支配権保障・紛争調停力）

源頼朝 →（軍役・官位叙任）→ 御家人

御家人 →（軍役）→ 源頼朝

後白河法皇 →（政治交渉力）→ 源頼朝

寿永二年十月宣旨 1183

◉源頼朝像 東京国立博物館蔵

△解説 源頼朝の立場は，鎌倉を拠点とする源氏の嫡流としての存在＝鎌倉殿であった。これは公的な地位ではなく，東国武士団の棟梁として，頼朝に求めた資質に裏づけられた立場である。その資質とは，東国に確立した軍事的で実質的な支配権を，朝廷に公的に認めさせる政治交渉力と，所領訴訟にあたって公平な裁定を下す調停力であった。

2 守護と地頭の比較

	設置範囲	職務	得分
守護	国地頭・惣追捕使ともいった 各国に1人 東国出身の有力御家人を任命	大犯三カ条 ・大番催促 ・謀叛人逮捕 ・殺害人逮捕 在庁官人の統轄 国内の武士を統率	特になし
地頭	荘園・公領に設置 限定{平家没官領 謀叛人跡}	年貢の徴収・納入 荘園・公領の管理 治安維持	従来の荘官としての収益 兵粮米（段別5升）徴収 （1186年廃止）

△解説 義経追討を理由に，全国に守護・地頭を設置すべきという大江広元の建言をうけ，源頼朝は京都に北条時政を派遣。交渉の結果，国地頭（のちの守護）・荘郷地頭（のちの地頭）の設置，段別5升の兵粮米徴収権を認めさせた。しかし，朝廷方の反発が強く，兵粮米徴収権は翌年に廃止され，地頭の設置は平家没官領・謀叛人跡に限定された。

3 鎌倉幕府職制（初期）

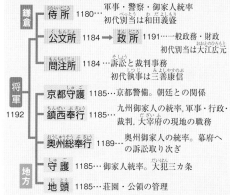

鎌倉
- 侍所 1180… 軍事・警察・御家人統率　初代別当は和田義盛
- 公文所 1184 → 政所 1191…一般政務・財政　初代別当は大江広元
- 問注所 1184… 訴訟と裁判事務　初代執事は三善康信

将軍 1192
- 京都守護 1185…京都警備。朝廷との関係
- 鎮西奉行 1185…九州御家人の統率，軍事・行政・裁判，大宰府の現地の職務
- 奥州総奉行 1189…奥州御家人の統率。幕府への訴訟取り次ぎ

地方
- 守護 1185…御家人統率。大犯三カ条
- 地頭 1185…荘園・公領の管理

△解説 1190年，後白河法皇は頼朝を権大納言・右近衛大将に任じた。頼朝は直後に両官を辞任したが，右近衛大将任は制度上，幕府を設立できる立場（→教科書p.92注①）で，以後，『吾妻鏡』に「前右大将家」の表現が多数みられるようになる。また，1185年，従二位叙任を期に家政機関は公文所（四位以下に認められる機関）にかわって政所（公卿＝三位以上の機関）を称していたが，1191年にあらためて前右大将家政所を開設している。翌1192年の法皇の死去にともない，後鳥羽天皇より征夷大将軍に任命された。

4 御家人体制

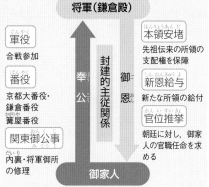

将軍（鎌倉殿）

奉公：
- 軍役（合戦参加）
- 番役（京都大番役・鎌倉番役・篝屋番役）
- 関東御公事（内裏・将軍御所の修理）

御恩：
- 本領安堵（先祖伝来の所領の支配権を保障）
- 新恩給与（新たな所領の給付）
- 官位推挙（朝廷に対し，御家人の官職任命を求める）

封建的主従関係

御家人

△解説 封建的主従関係 鎌倉殿と御家人の間には，封建＝土地の給付に基づく主従関係，すなわち御恩（地頭補任による本領安堵・新恩給与）と，奉公（軍役・番役・公事）の契約が結ばれた。

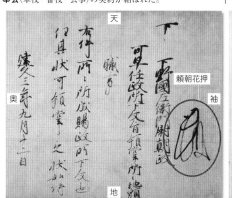

天
奥
地
袖
頼朝花押
◉源頼朝袖判下文

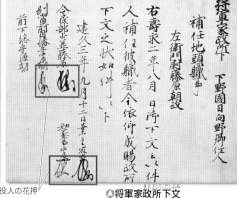

政所役人の花押
◉将軍家政所下文

◁△解説 御家人は，幕府という組織との関係でなく，源頼朝＝鎌倉殿個人との主従関係を重視していた。1190年の右近衛大将の任官を機に，1191年に前右大将家政所が設立されると，地頭補任状が政所から発給されるようになったが，政所下文は家司（役人）の花押のみなので，裁判の際の証拠としては弱いとの理由で，御家人の多くは公的ではない頼朝本人発給の補任状（袖判下文＝袖〈すなわち文書の右端〉に頼朝本人の花押がある下文）も求めた。

（縦書き囲み記事）
千葉介常胤先ず御下文を賜はる。而して，御上階以前は御判なき文に載せられ訖んぬ。政所を始め置かるるの後はこれを召し返され，政所下文を成さるるの処，常胤等の輩，御判を賜はらむことを望み申すの間，別して，これを申し請ふ。仍てその所望の如しと云々。

二通の下文
御判を副へ置かれ，子孫末代の亀鏡となすべきの由，これを申し請ふと云々。

（『吾妻鏡』建久三年八月五日）

5 幕府の経済基盤

関東知行国（関東御分国）
将軍家が，国主（知行国主）である知行国。
国守（国司）を任命し，国衙へ派遣した目代が国衙領の税を徴収し，納入した

関東御領
将軍家の荘園（おもに平家没官領）。
現地管理にあたる地頭は，将軍家に年貢・公事・夫役を納めるほか，軍役・番役をつとめた。関東知行国とともに幕府の有力な経済基盤

関東進止所領
将軍が荘園・国衙領の領主任命権を持つ所領。
地頭は荘園領主・国司に年貢や税を納入し，将軍への軍役・番役をつとめた

6 公武二元体制

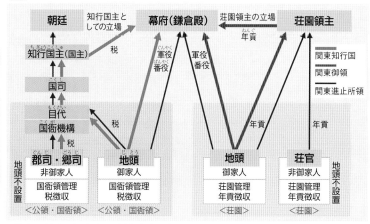

朝廷 ←（知行国主としての立場）→ 幕府（鎌倉殿） ←（荘園領主の立場・年貢）← 荘園領主

知行国主（国主） →（税）

国司

目代

国衙機構 →（税）

軍役・番役

関東知行国
関東御領
関東進止所領

郡司・郷司 非御家人 国衙領管理 税徴収	地頭 御家人 国衙領管理 税徴収	地頭 御家人 荘園管理 年貢徴収	荘官 非御家人 荘園管理 年貢徴収
〈公領・国衙領〉	〈公領・国衙領〉	〈荘園〉	〈荘園〉

地頭不設置（左端）
地頭不設置（右端）

Answer 養和の飢饉のなか上洛した源義仲の軍勢は略奪をおこない，後白河法皇は源頼朝に義仲追討を命じる見返りに寿永二年十月宣旨を出した。

1 城塞都市 鎌倉（南東上空より俯瞰）

鎌倉は源氏ゆかりの武士の都で，南方を海に，残る三方を山に囲まれた城塞都市である。山稜部分は人工的に切削され，平場や枡形・切岸などの防衛線が築かれ，鎌倉への出入りは7カ所ある「切通」を通らなければならない。切通付近には，北条氏の有力氏族が配され，防衛にあたった。

1-① 鶴岡八幡宮

源頼義が1063（康平6）年に京都南郊の石清水から勧請した由比若宮を，1180（治承4）年頼朝が現社殿地に移転。鎌倉の精神的支柱・都市計画の起点である。

1-② 頼朝の墓

1-⑦ 建長寺

1253（建長5）年に5代執権北条時頼が創建（開山は蘭渓道隆）。この地の山之内は鎌倉外郭線の西北部，巨福呂坂切通・亀ヶ谷坂切通の外側にあたり，鎌倉街道中ツ道を来襲した敵に対応する拠点となる。

1-⑥ 極楽寺

3代執権北条泰時の弟で，六波羅探題・連署を歴任した北条重時は，鎌倉外郭線南西部に別の地にあった極楽寺（中興開山は忍性→p.113 ③）を再興し，古東海道を抑える極楽寺切通の防御拠点とした。

円覚寺

山内路

浄智寺

鎌倉外郭線

亀ヶ谷坂

化粧坂

寿福寺

大仏坂

鎌倉大仏

極楽寺 6

極楽寺坂

今大路

若宮大路

小町大路

由比若宮

前浜

清川

（由比ガ浜）

建長寺 7

巨福呂坂

鶴岡八幡宮 1

政所

大倉幕府（1185〜1225）

頼朝の墓 2

二階堂

永福寺

北条氏邸（現，宝戒寺）

東勝寺

若宮幕府（北条泰時邸跡）（1236〜1333）

宇都宮辻子幕府（1225〜36）

矢浦路

浄妙寺

至朝比奈切通・六浦（金沢）

北条時政邸

名越の切通 3

切岸 4

鎌倉外郭線

和賀江島 5

稲村ガ崎

1-③ 名越の切通

山稜部を開削して設けた出入り口である。あえて道幅を狭くしたり，見通しを悪くすることで，大軍の通過を阻害した。また，兵軍の勢いを削ぐ目的で，上下の勾配に変化をつけたりする。

1-⑤ 和賀江島

遠浅で波が荒かったため，入船に困難をともなった鎌倉材木座海岸に，1232（貞永元）年に築造された港湾施設。

1-④ 切岸

切岸跡

切通以外の山稜越えを困難にするため，山裾を垂直に切り落とした防御施設。近年の調査で，石切場とする説も浮上してきた。

▶詳しくみてみよう！
鎌倉街道と切通

Question p.101 3-② 『神皇正統記』の記述，p.114 ③ の慈円の歴史観に注目して，承久の乱への貴族側の評価について考えてみよう。

第2部 中世

1 源家3代と北条氏の台頭

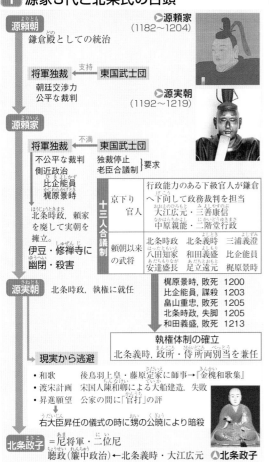

源頼朝

▶源頼家（1182〜1204）

鎌倉殿としての統治

将軍独裁 ← 支持 ← 東国武士団
朝廷交渉力
公平な裁判

源頼家

▶源実朝（1192〜1219）

将軍独裁 ← 不満 ← 東国武士団
不公平な裁判
側近政治
比企能員
梶原景時

独裁停止
老臣合議制 ｝要求

十三人合議制	行政能力のある下級官人が鎌倉へ下向して政務裁判を担当
京下り官人	大江広元・三善康信 中原親能・二階堂行政
頼朝以来の武将	北条時政　北条義時　三浦義澄 八田知家　和田義盛　比企能員 安達盛長　足立遠元　梶原景時

北条時政，頼家を廃して実朝を擁立。

伊豆・修禅寺に幽閉・殺害

源実朝

北条時政，執権に就任

梶原景時，敗死 1200
比企能員，謀殺 1203
畠山重忠，敗死 1205
北条時政，失脚 1205
和田義盛，敗死 1213

執権体制の確立
北条義時，政所・侍所両別当を兼任

現実から逃避

・和歌　後鳥羽上皇・藤原定家に師事→『金槐和歌集』
・渡宋計画　宋国人陳和卿による大船建造，失敗
・昇進願望　公家の間に「官打」の評

右大臣昇任の儀式の時に甥の公暁により暗殺

北条政子　尼将軍・二位尼
聴政（簾中政治）←北条義時・大江広元　▶北条政子

2 鎌倉幕府関係系図

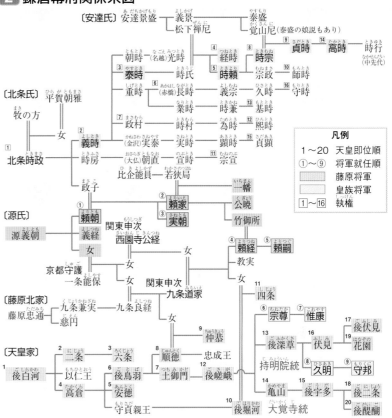

〔安達氏〕安達景盛 — 義景／松下禅尼 — 泰盛／覚山尼（泰盛の娘説もあり）

〔北条氏〕
牧の方
北条時政 — 義時 — 泰時 — 時氏 — 時頼 — 時宗 — 貞時 — 高時 — 時行（中先代）
朝時（名越）光時，経時，宗政，師時
重時（極楽寺），長時，義宗，久時，守時
葉室光親，時兼，基時
政村，時村，為時，熈時
実泰，鎮時，貞顕
時房，朝直（大仏），宣時，宗宣

平賀朝雅 — 女
比企能員 — 若狭局
政子

〔源氏〕
源義朝
頼朝 — 頼家 — 一幡／公暁／竹御所
　　　— 実朝
義経 — 女
西園寺公経
京都守護一条能保 — 女

〔藤原北家〕
藤原忠通 — 九条兼実 — 九条良経
慈円
九条道家 — 教実
　　　— 頼経 — 頼嗣
　　　— 女

〔天皇家〕
後白河 — 二条 — 六条
　　　— 以仁王
　　　— 高倉 — 後鳥羽 — 順徳 — 仲恭
　　　　　　　　　　　— 土御門 — 後嵯峨
　　　　　　— 安徳
四条
後深草（持明統）— 伏見 — 後伏見
　　　　　　　　　　　　— 花園
久明 — 守邦
亀山（大覚寺統）— 後宇多 — 後二条
　　　　　　　　　　　　— 後醍醐
宗尊，惟康
忠成王
守貞親王
後堀河

凡例
1〜20 天皇即位順
①〜⑨ 将軍就任順
（グレー）藤原将軍
（白）皇族将軍
1〜16 執権

△解説　源氏（■色）と北条氏，北条得宗家（■色）の重代の姻族である安達氏，源氏から藤原（摂家）将軍につながる藤原諸家（九条・西園寺），天皇（■色）系図の五つの家系の組合せで構成。この系図から，御家人でありながら，得宗家の寄合に参加していた安達泰盛（→p.108）の立場や，4代将軍藤原頼経と執権との対立（→p.102 5）にかかわった九条道家の存在，皇族将軍を出す持明院統に有利な幕府の介入に後醍醐天皇が反発したことが理解できる。

3 承久の乱

▶後鳥羽上皇（1180〜1239，伝藤原信実筆）
水無瀬神宮蔵／大阪府

3-① 後鳥羽院政（1198〜1221）

後鳥羽上皇の施策

経済面 — 皇室領荘園の集約
軍事面 — 西面の武士＋北面の武士
政治面 — 地頭の罷免要求
1219 皇族将軍の要請を拒否
実朝暗殺

藤原頼経＝藤原将軍
（三寅）　（摂家将軍）

1221 北条義時追討宣旨

畿内・西国武士，｜尼将軍（北条政子），
寺社・僧兵神人，｜対｜北条義時・泰時・時房，
東国武士の一部｜｜東国武士

3-② 乱の経過

王者の戦いというのは，罪科ある者のみを討ち，非難すべき点のない者は滅ぼさないものである。頼朝が高い官職につき，総守護職を給わったのは，すべて後白河院みずからの定めである。不法に奪いとったものときめつけることはできない。頼朝の未亡人政子がその名跡を適切に処置し，義時が政治の実権をにぎって人々の期待にそむかなかったのであるから，これでは臣下に非難すべき点があるとはまだいえないのである。通り一遍の理由ばかりで幕府を追討するのは，難すべき点があるとはまだいえないのである。謀叛をおこした朝敵が勝利した例とは比較できないものであれば，機は熟しておらず，天も許さぬことであったのは疑いない。

お上（後鳥羽院）の過失にあることは比較できないものであれば，機は熟しておらず，天も許さぬことであったのは疑いない。（神皇正統記）

3-③ 乱の経過と守護改替・新補地頭

承久の乱後の朝廷

上皇配流
乱に積極参加
後鳥羽→隠岐へ配流
順　徳→佐渡へ配流
乱に消極的参加
土御門→処分なし
　　　自ら土佐へ（のち阿波）

六波羅探題の監視下
皇位継承者決定権
経済力 ｝減退
政治力
叙任権
年号制定 ｝残存
外交権

蒙古使の対応時に外交権喪失

凡例
守護の交替があった国
北条氏一門の守護分国
北条氏一門の守護分国（乱後追加分）

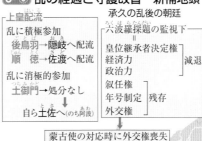

佐渡　順徳上皇
国府 5.30
北条朝時
隠岐　後鳥羽上皇
垂井 6.5　大井戸 6.5
京都 6.15　黒俣 6.6
宇治 6.14
橋本 5.30
鎌倉 5.22
武田信光
北条泰時・時房

—— 幕府軍の進路
● 3上皇配流地
0　200km

3-④ 六波羅探題

◀解説
平氏の居館があった六波羅は，幕府に継承され，京都守護がおかれていた。承久の乱で上洛した北条泰時・時房が，六波羅探題を開設，それぞれ同北方・南方に就任した。六波羅探題は朝廷監視・西国（尾張以西，のち三河以西）御家人の統率をにない，その後は西国の裁判権を幕府から分掌した。篝屋は1238（暦仁元）年，幕府が洛中警固のために，辻ごとに設置，篝火を灯した。

（京都の地図）
中御門大路／大炊門大路／二条大路／三条大路／四条大路／五条大路／六条大路／七条大路／八条大路／九条大路
神泉苑／閑院／六角堂／市町／京極大路
■篝屋設置場所
室町小路内裏／一条邸（兼子）／悲田院／京極院／法勝寺／祇園社／建仁寺／六波羅蜜寺／六波羅探題／清水寺／鳥辺野／蓮華王院／東寺／東福寺／観音寺／泉涌寺
朱雀大路／壬生大路／大宮大路／西洞院大路／東洞院大路／東京極大路
0　1000m

Answer 幕府を裏切って上皇方につく武士も少なく，敗戦で上皇配流や荘園没収に至った結果も含めて，後鳥羽上皇の判断を批判的にみている。

第❷部 中世

1 執権政治の推移

義時	1221 (承久3)	後鳥羽上皇, 北条義時追討の院宣を発給
		承久の乱→六波羅探題を設置
	1223	新補率法の制定
	1224	北条義時, 死去→北条泰時, 3代執権に就任
泰時	1225	大江広元・北条政子, 死去→連署・評定衆の設置
	1226	藤原頼経(9歳), 4代将軍に就任 摂家将軍
	1232	御成敗式目(貞永式目)を制定 2
	1242 (仁治3)	北条泰時, 皇位継承に介入
経時		北条泰時, 死去→北条経時, 4代執権に就任
	1244	将軍藤原頼経を廃し, 5代将軍藤原頼嗣(6歳)を立てる
	1246 (寛元4)	北条経時, 死去→北条時頼, 5代執権就任
		幕府, 院評定衆の設置を, 朝廷に要求
時頼		宮騒動=前将軍藤原頼経を京都に追放
	1247	宝治合戦=三浦泰村の敗死
	1249	引付衆を設置
	1252	将軍藤原頼嗣を廃し, 6代将軍宗尊親王(11歳)を立てる 皇族将軍
長時	1256 (建長8)	北条時頼, 出家→北条長時, 6代執権に就任
		(北条時頼が得宗として実質統治)
	1264 (文永1)	北条長時, 死去→北条政村が7代執権, 北条時宗は連署に就任
政村	1266	将軍宗尊親王を廃して京都に追放, 惟康親王(3歳)を立てる
	1268 (文永5)	高麗使, 蒙古の国書を持参
		北条時宗, 8代執権に就任。北条政村は連署に就任
	1271	九州に所領を持つ御家人に下向を命じる
時宗	1274	文永の役
	1275	異国警固番役を強化
	1276	長門探題を設置
	1281	弘安の役
	1284	北条時宗, 死去→北条貞時, 9代執権に就任
貞時	1285	霜月騒動=安達泰盛, 敗死。平頼綱が権力掌握(得宗専制政治)

4 北条時頼の治世

北条時頼 1246 ～ 1256 ～ 1263
就任　　辞任　　実質統治
執権　　　　　得宗

- 引付衆設置=所領裁判の迅速化

- 朝政刷新
- 将軍廃立(摂家将軍→皇族将軍) } →5
- 執権廃立=得宗専制体制へ

- 京都大番役軽減
- 地頭の農民への非法禁止 } 廻国伝説 (鉢の木伝説)
- 質素倹約→『徒然草』215段

- 執権廃立

父 5代 時頼 ━━→ 得宗
赤痢で出家　　　　僧体で実質統治
6代 長時　　　時頼病気平癒
実権のない執権
7代 政村 ─ 連署・時宗
子 8代 時宗 ─ 連署・政村

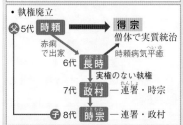

△北条時頼(1227～63)

解説 北条時頼の執権就任直後より, 宮騒動・宝治合戦があいついだ。幼少時に4代将軍に就任した藤原頼経の政治的自立と, 得宗家への権力集中を嫌う北条支族(名越氏)や三浦氏などの有力御家人の結びつきから起こった。頼時は武力で鎮圧すると, 泰時以来の合議制を制限し, 寄合により重要事項を決定していった(→p.108 3)。

得宗家 2代執権北条義時の法名である徳宗に由来し, 北条氏本宗家(義時・泰時・経時・時頼・時宗・貞時・高時の7人, 時政と時氏を含める場合もある)を指す。実際に得宗を称したのは時宗であるが, 時宗の父時頼の代に, 得宗邸内の私的な会合である寄合(得宗家を中心に北条支族・姻戚・御内人が構成員)の決定を, 評定会議に優越させたこと, 執権職を一族の北条長時に譲ったのちも政治上の権限を保った点などから, 実態として存在していた。

2 御成敗式目(貞永式目)

制定	1232(貞永元)年, 執権北条泰時
基準	頼朝以来の先例→頼朝時代の政治・裁判にならうこと
	武家社会の道理(慣習・道徳)
目的	御家人同士や御家人と荘園領主とのあいだの紛争を, 公平に裁く基準
適用範囲	幕府の支配領域のみ→武家法 朝廷側—公家法 荘園領主—本所法
おもな内容	全51カ条 ・御家人の所領争論の基準　14条 ・御家人の所領相続・譲渡の規定　8条 ・犯罪に対する刑罰　12条 ・守護・地頭の職掌　4条 — 知行年紀法(年紀の制)=中世武家法の法理

中世武家法体系

貞永式目 → 式目追加 → 建武式目 → 建武以来追加 → 戦国大名分国法

解説 北条泰時は, 弟の北条重時(六波羅探題)を通して(→教科書p.96北条泰時書状), 式目はあくまでも武家社会における法であり, 公家法(律令に基づく法)・本所法(荘園領主の定めた法)を否定するものでないと, 朝廷方に申し入れさせた。しかし, のちに幕府勢力が拡大するのにともない, 鎌倉後期には, 御家人のかかわらない裁判も鎌倉でおこなわれるようになった。公家法・本所法の衰退をうけ, 中世の法体系の中核に位置づけられるようになっていった。

知行年紀法(年紀の制)=中世武家法の法理

所領・所職の不知行
↓ 20年経過
知行回復の請求権は喪失
影響 ・永仁の徳政令
・後醍醐天皇個別安堵法

年紀法
⇕
不易法
公家法・本所法の法理

3 鎌倉幕府職制(中期)

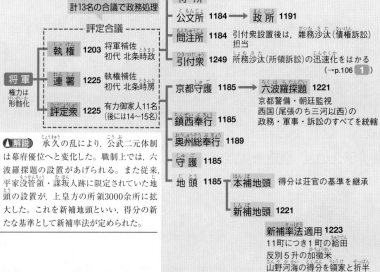

執権・連署・評定衆の計13名の合議で政務処理

評定合議
- 執権 1203 将軍補佐 初代 北条時政
- 連署 1225 執権補佐 初代 北条時房
- 評定衆 1225 有力御家人11名(後には14～15名)

将軍 権力は形骸化

- 侍所 1180
- 公文所 1184 → 政所 1191
- 問注所 1184 引付衆設置後は, 雑務沙汰(債権訴訟)担当
- 引付衆 1249 所務沙汰(所領訴訟)の迅速化をはかる (→p.106 1)
- 京都守護 1185 → 六波羅探題 1221 京都警備・朝廷監視 西国(尾張のち三河以西)の政務・軍事・訴訟のすべてを統轄
- 鎮西奉行 1185
- 奥州総奉行 1189
- 守護 1185
- 地頭 1185 ┬ 本補地頭 得分は荘官の基準を継承
　　　　　　　└ 新補地頭 1221

新補率法適用 1223
11町につき1町の給田
反別5升の加徴米
山野河海の得分を領家と折半

解説 承久の乱により, 公武二元体制は幕府優位へと変化した。職制上では, 六波羅探題の設置があげられる。また従来, 平家没官領・謀叛人跡に限定されていた地頭の設置が, 上皇方の所領3000余所に拡大した。これを新補地頭といい, 得分の新たな基準として新補率法が定められた。

5 天皇・将軍廃立関係

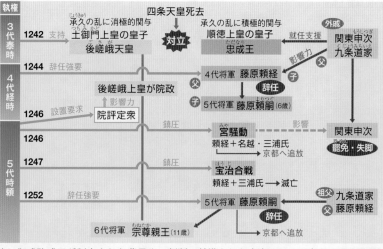

執権					
3代泰時	1242	承久の乱に消極的関与 支持 土御門上皇の皇子 後嵯峨天皇	四条天皇死去 対立	承久の乱に積極的関与 順徳上皇の皇子 忠成王 就任支援	外戚 関東申次 九条道家
4代経時	1244	辞任強要		影響力 4代将軍 藤原頼経 辞任 子	
		後嵯峨上皇が院政		5代将軍 藤原頼嗣(6歳) 子	
	1246	設置要求→ 院評定衆 影響力			
	1246		鎮圧	宮騒動 頼経+名越・三浦氏 京都へ追放 影響	関東申次 寵免・失脚
5代時頼	1247		鎮圧	宝治合戦 頼経+三浦氏→滅亡	
	1252	辞任強要		5代将軍 藤原頼嗣 辞任	祖父 九条道家 父 藤原頼経
				6代将軍 宗尊親王(11歳) 京都へ追放	

Question p.102 1・2や p.104 1に注目して, 承久の乱の後に御成敗式目が制定された背景や, 判断の基準とした内容について考えてみよう。

1 武士とは何者か？

貴族→地方に定着＝武士団の棟梁
職能集団―武者(もののふ)・兵(つわもの)
開発領主

（侍奉公 上級貴族への勤仕）

↓自衛・武装＝「一所懸命」
農村に常住＝微高地に館を築造
- 防衛の拠点
- 農業経営の拠点
  直営地(佃・門田・正作・用作 など)
  開墾事業・治水権→勧農
  農村の管理者(地頭など)
  　年貢 ➡ 国衙・荘園領主へ
- 武士の道徳―後世の武士道の起源
  「武家のならい」「兵の道」「弓馬の道」

3 分割相続

| 1223 | 大友能直から妻深妙尼に相続。 |
| 1240 | 深妙尼から子に相続。 |

＊＝一期分の適用

（系図）
深妙尼 ― 故大友能直 豊後国守護
- 帯刀左衛門尉後家 ＊
- 美濃局 ＊
- 犬御前 ＊
- 九郎入道
- 八郎
- 大和太郎兵衛尉
- 宅万別当 嫡男
- 大炊助入道

豊後国大野荘を分割相続
- 内保多田名
- 中村 半分地頭職
- 上村 半分地頭職
- 地頭郷司職
- 下村 地頭職
- 志賀村 半分地頭職
- 上村 半分地頭職
- 志賀村 半分地頭職

本領①
相模国大友郷 地頭郷司職(名字発祥地)

庶子の相続分
- ③上村
- ⑦志賀村
- 豊後国大野荘300町
- ④
- ②
- ⑧中村
- 下村

惣領の相続分
相模国大友郷
❶地頭郷司職 大友親秀

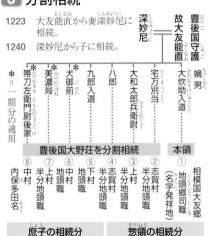

<解説>**分割相続とは**――嫡子だけでなく、庶子や女性にも財産が分割され、相続される財産法。庶子は財産を分与されても、惣領の下で血縁的集団の構成員として行動した。しかし、分割相続は所領の細分化・武士の窮乏化を招き、しだいに**一期分**(一代限りの財産相続で、死後は実家の惣領が相続)が女性に、ついで庶子へと導入され、さらに**単独相続**へと移行した。(→p.111❶)

左は大友氏の分割相続の例。豊後守護であった大友能直の死後、所領を継承していた妻深妙尼が、1240年に子に分割した様子を示す。惣領が本貫地(本領・名字の地)の相模国大友郷を、庶子・女性が豊後国大野荘を相続している。ただし、女性の相続は、一期分となっている。

2 武士の生活

🔺**武士の館**(『一遍上人絵伝』)　一遍が筑前国の武家を訪ね、主人に念仏をほどこしている場面。館は板塀と堀(農業用水として活用)をめぐらし、弓矢や楯を備えた矢倉(櫓)門を構えて、防御を固めている。母屋は板敷で、畳は奥の一部にのみ敷かれ、広縁の脇に狩猟用の鷹が飼われている。持仏堂の奥には厩があり、馬の魔よけに飼われている猿もみえる。清浄光寺／神奈川県

4 惣領制

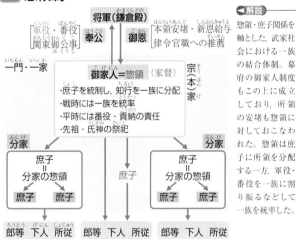

将軍(鎌倉殿)
（軍役・番役・関東御公事）奉公 ⇅ 御恩（本領安堵・新恩給与・律令官職への推薦）

一門・一家 ― **御家人＝惣領**(家督) ― 宗家(本)家
- 庶子を統制し、知行を一族に分配
- 戦時には一族を統率
- 平時には番役・貢納の責任
- 先祖・氏神の祭祀

分家 ― 庶子＝分家の惣領 → 庶子・庶子
　　　　庶子
分家 ― 庶子＝分家の惣領 → 庶子・庶子

郎等 下人 所従　｜　郎等 下人 所従　｜　郎等 下人 所従

<解説>惣領・庶子関係を軸とした、武家社会における一族の結合体制。幕府の御家人制度もこの上に成立しており、所領の安堵も惣領に対しておこなわれた。惣領は庶子に所領を分配する一方、軍役・番役を一族に割り振るなどして、一族を統率した。

5 騎射三物―流鏑馬・笠懸・犬追物

▶詳しくみてみよう！
流鏑馬・笠懸・犬追物

馬手　弓手　的

🔺**鎌倉鶴岡八幡宮流鏑馬神事**　疾走する馬上から3枚の的(1尺8寸角の檜板)を鏑矢で射る。騎射の鍛練法・儀式。鶴岡八幡宮の流鏑馬は源頼朝が文治3(1187)年の放生会で催したのが始め。

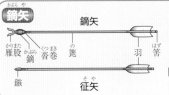

鏑矢
鏑矢
雁股　鏑　筈巻　篦　羽　筈
鎌　　征矢

<解説>弓を掴む左手を弓手とよぶ(右手は馬手)が、馬の首があり、弓を放つ範囲が限定されるので、騎馬武者は弓手側に敵をとらえる形で馬を進める。

戦闘用の征矢と違い、鏃の根の部分に、角・木・竹根製の球状部品をつけた矢。部品の形が、蕪に似ていることから「かぶら」とよばれ、中が空洞で穴があいているので、射た時に音を発する。ゆえに「鳴鏑」ともいい、合戦の合図もしくは狩猟用・騎射訓練用として使用された。

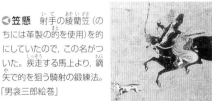

◀**笠懸**　射手の綾藺笠(のちには革製の的を使用)を的にしていたので、この名がついた。疾走する馬上より、鏑矢で的を狙う騎射の鍛練法。「男衾三郎絵巻」

◀**犬追物**　獲物に見立てた犬が馬場を走り抜けるのを、馬で追いつめ、鏑矢で射る騎射(弓馬技術)の鍛練法。

🔻**巻狩**　源頼朝の催した「富士の巻狩」のように、軍事調練を兼ねて、広い原野でおこなわれる大規模な狩猟。多数の勢子を動員して鳥獣を追い立て、武士が弓矢で仕とめる。

勢子　猪　鹿　犬

第❷部 中世

1 武士の土地支配力の浸透　1-① 地頭の勢力伸張

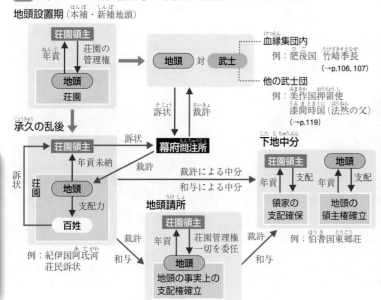

地頭設置期（本補・新補地頭）

荘園領主 ─年貢─ 地頭 / 荘園の管理権 / 地頭・荘園

地頭 対 武士
血縁集団内　例：肥後国 竹崎季長（→p.106, 107）
他の武士団　例：美作国押領使 漆間時国（法然の父）（→p.119）

承久の乱後

荘園領主 ←訴状→ 幕府問注所
地頭 年貢未納／支配力／百姓
例：紀伊国阿氏河 荘民訴状

下地中分
裁許による中分／和与による中分
荘園領主 / 地頭
年貢─支配 / 年貢─支配
領家の支配確保 / 地頭の領家権確立

地頭請所
荘園領主 / 年貢・荘園管理権一切を委任 / 地頭
地頭の事実上の支配権確立
例：伯耆国東郷荘

解説 幕府は成立当初，公武二元体制のもとで，年貢未納の地頭を罰するなど荘園・公領の維持に配慮していたが，承久の乱後には不法行為をする地頭があらわれた。幕府による裁判制度が整備される一方，荘園領主のなかには年貢納入の確約と引き替えに，荘園管理（事実上の支配権）を地頭に請け負わせる**地頭請所**や，荘園の相当部分を地頭に分与することで，互いの支配権に関与しない**下地中分**が，裁許（裁判による決定）や和与（和解による訴訟を取り下げ）により進められた。

1-② 伯耆国東郷荘下地中分図

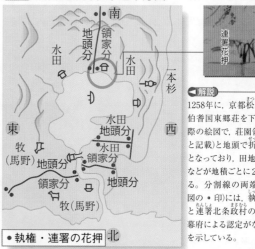

● 執権・連署の花押

解説
1258年に，京都松尾神社領の伯耆国東郷荘を下地中分した際の絵図で，荘園領主（領家方と記載）と地頭で折半する内容となっており，田地・山林・牧などが地積ごとに2分されている。分割線の両端左右（模式図の ● 印）には，執権北条長時と連署北条政村の花押があり，幕府による認定がなされたことを示している。

伯耆国東郷荘 下地中分図

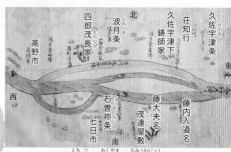

❸越後国奥山荘波月条絵図 1277年頃，地頭和田氏の一族内での所務沙汰（所領訴訟）に際して作成された，近衛家領越後国奥山荘の絵図である。絵図には三斎市の開催にちなんだ高野市・七日市や，石油の湧出をうかがわせる久佐宇津＝臭水の地名がみられる。

2 荘園の分布

有名な荘園（領家）
※領家は時代により異なるものがある
● 9〜11世紀の荘園
◆ 12〜13世紀の荘園

茜部荘（東大寺）
地頭請所，のち相論

黒田荘（東大寺）
13世紀後半に悪党が横行

太良荘（東寺）
13世紀に悪党行為

❸ 奥山荘（近衛家）
荘園絵図

足利荘
足利氏本貫地

新田荘
新田氏本貫地

東郷荘（松尾神社）
下地中分の絵図

福岡荘
『一遍上人絵伝』に福岡市が描かれる

桛田荘（神護寺）
四至牓示がある絵図

矢野荘（東寺）
下地中分

大田荘（高野山）
15世紀に守護請

❶ 弓削島荘（東寺）
下地中分絵図

❷ 日根荘（九条家）
荘園絵図

大野荘
大友氏の分割相続

大庭御厨（伊勢神宮）
伊勢神宮領の荘園を御厨という

阿氏河荘（寂楽寺）（→教科書p.103）
地頭の非法に農民抵抗

新見荘（東寺）

鹿子木荘
寄進地系荘園の典型（→p.84, 教科書p.72）

▶❶伊予国弓削島荘下地中分図 京都東寺領の伊予国弓削島荘は，古来より製塩を生業としており，年貢も塩をもっておさめていた。1281年以降，地頭と東寺雑掌の抗争が続き，1303年に領家方3分の2，地頭方3分の1で下地中分が成立した。

▲❷和泉国日根荘絵図 1234年に九条家領荘園として立荘された，和泉国日根荘（室町以降は日根野荘）の絵図。溜池など灌漑施設の開発にあたって，荘内の現況を実検したもの。

Question p.105 1・2・4から，元が日本に対して国書を出したり，襲来したりした背景について説明してみよう。

詳日 第6章3 p.99〜100

1 モンゴル襲来(元寇)関係年表

中国	執権	年	事項
金		1206	チンギス=ハンが即位
	-1256	1231	モンゴルが高麗に侵入(以後6次)
	長時	1259	高麗がモンゴルに降伏
	-1264	1260 (文応元)	フビライが即位(世祖)
モンゴル	政村		日蓮が『立正安国論』を北条時頼に献上
	-1268	1268 (文永5)	高麗使がフビライの国書を携えて大宰府に到着
			連署北条時宗, 執権に就任
			(執権北条政村が連署に就任)
南宋		1270	高麗で三別抄が反乱をおこす(〜1273)
		1271 (文永8)	元王朝成立。元使の趙良弼が来航
			九州に所領を持つ御家人に下向を命じる
		1272	鎮西御家人に筑前・肥前の要害警固を命じる
	時宗	1274 (文永11)	文永の役(10.5〜20)
			西国本所一円地に総動員令を出す
			(西国の守護に非御家人の動員を命じる)
		1275 (建治元)	異国警固番役を強化。
			元使の杜世忠らを鎌倉で斬る
		1276	鎮西武士に防塁(石築地)を築かせる
		1279 (弘安2)	南宋滅亡
			元使を博多で斬る
		1280	朝廷が諸寺に異国降伏の祈禱を命じる
元		1281	弘安の役(5.21〜閏7.1)
	-1284	1284	北条時宗, 死去
		1286	元, 3度目の日本遠征を中止
	貞時	1291	幕府が諸国の寺社に異国降伏の祈禱を命じる
		1293 (永仁元)	鎮西探題設置
			『蒙古襲来絵詞』完成
		1299	元使一山一寧が来航, 和平の国書をもたらす

2 東アジア通商圏

2-① 日宋・日元関係年表

1180	平清盛が大輪田泊を修築する
1191	僧栄西が宋より帰国
1199	僧俊芿が入宋
1226 (嘉禄2)	武藤資頼, 大宰少弐に就任 =鎌倉幕府が外交・貿易に関与
1227	僧道元が宋より帰国
1242 (仁治3)	西園寺公経の派遣した商船が, 宋より銭貨10万貫を積載して帰国する
1246	宋僧蘭溪道隆が来日
1274	文永の役
1278	元が日本商船の交易を許す
1279	宋僧無学祖元が来日
1281	弘安の役
1307 (徳治2)	日本商人が元の役人と衝突, 寧波市街を焼く
1325	幕府, 建長寺船を元に派遣する

2-② 日宋貿易

私貿易=民間貿易(国交=冊封なし)
- 摂津国大輪田泊
- 筑前国博多大唐街

宋の商人, 博多綱首=謝国明

2-③ 日宋間の物的交流

日本への輸入	日本からの輸出
宋銭・高級絹織物 陶磁器・薬品 書籍・文具など	金・水銀・刀剣 扇・漆器・硫黄など

2-④ 日宋間の人的交流

入宋		来日	
北宋	奝然・成尋	南宋	陳和卿
南宋	重源・栄西・道元		蘭溪道隆・無学祖元

3 モンゴル帝国の拡大 3-① ユーラシア大陸の征服 3-② 東アジア征服

4 モンゴル襲来(元寇)の背景 4-① 概念図

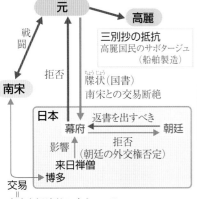

北条時宗
鎌倉幕府第8代執権。蒙古牒状の到来に際して, 執権に就任。国内体制を強化し, 文永・弘安の両役で元軍の侵入を防いだ。

チンギス=ハン
モンゴル族をはじめ, 遊牧諸部族を統一し, ユーラシア大陸にまたがる大帝国を築く。

フビライ
チンギス=ハンの孫。モンゴル帝国5代皇帝で, 国号を元と改め, 都を大都(北京)に定める。南宋制圧に向け, 南宋と交易をおこなっていた日本の臣従を求めたが, 拒否にあい, 2度にわたって攻撃したが失敗。

蒙古牒状 1268年に届いたフビライの牒状(国書)。日本が冊封体制に入ることを望んでいる。南宋を経済的に支えている日宋貿易の断絶を期待したからだが, 国書の末尾で軍事的圧力をほのめかしている。
東大寺蔵/奈良県

4-② モンゴル襲来の侵攻ルート

文永の役	弘安の役
元・高麗軍 約2万8000人余 (約900隻)	東路軍約4万人 (約900隻) 江南軍約10万人 (約3500隻)

Answer 元が南宋を経済的に支える日宋貿易の断絶を求めて国書を出したが, 幕府が拒否したためモンゴル襲来に至ったとわかる。

第❷部 中世

1 竹崎季長関係年表

年号	季長	事項
1268	23歳	高麗使の潘阜，蒙古牒状をもたらす
1273	28歳	元軍，高麗の三別抄を鎮圧
1274 (文永11)	29歳	文永の役
		先駆けの功名をはかる 1-①
		竹崎季長の危機 2
1275 (建治元)	30歳	鎌倉へ出訴 3
		烏帽子親 三井氏
		御恩奉行安達泰盛との対面
		恩賞下る 4
1276	31歳	防塁の築造開始
1281 (弘安4)	36歳	弘安の役 5
		水軍による夜襲・神風 6
1284	39歳	北条時宗死去，北条貞時執権就任
1285	40歳	霜月騒動・岩門合戦
1289	44歳	弘安の役の論功行賞を実施
1293 (正応6)	48歳	2 絵巻制作 7
		7 平頼綱（平禅門）の乱・泰盛派復権
		8 永仁に改元

解説 蒙古襲来絵詞

『蒙古襲来絵詞』は，身内との所領争いに敗れて没落していた肥後の御家人竹崎季長（1246～1314？）が文永の役と弘安の役で戦功をあげ，地頭職をうけた経緯を描いている。当時の社会の様子，合戦の情況，使われた武器や武具がわかり，絵画資料として大きな価値がある。

国宝

1-① 先駆けの功をはかる

◁指揮官少弐景資に「本訴に達していないため，季長の勢はわずか5騎。この軍勢では大功は無理なので，先駆けをして将軍の見参に入れるしかない者」と言上している。訴訟の相手は定かではないが，無足（所領をもたない）の状態がうかがえる。

▼解説 鎌倉幕府の訴訟制度

下図は鎌倉幕府の訴訟制度を示したもので，訴状（訴えの状）と陳状（答弁書）を3回ずつ交わす三問三答の書面審理ののち，口頭弁論をへて，引付が判決原案を作成，評定で判決を下しており，裁判の長期化は必至であった。

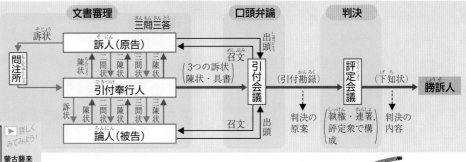

文書審理 / 三問三答 / 口頭弁論 / 判決

訴人（原告） 三問状 陳状 三問状 陳状 — 出頭 召文 — 引付会議 — 評定会議 — 勝訴人
問注所 — 引付奉行人 — （3つの訴状 陳状・具書） — 判決の原案 — 判決の内容
論人（被告） 訴状 陳状 三問状 陳状 三問状 — 出頭 召文

引付会議（引付勘録）→ 評定会議（執権・連署，評定衆で構成）→（下知状）→ 勝訴人

▶詳しくみてみよう！ 蒙古襲来絵詞

2 竹崎季長の危機

▲郎等の「味方は続いて参ります。お待ちになって，証人を立ててから合戦されては」の言葉に対し，「弓箭の道は先駆けを以て賞とす。ただ駈けよ」と叫んで進撃した。この場面は，『蒙古襲来絵詞』のもっとも有名な場面で，破裂する「てつはう」が投げられ，馬を射られた季長の命も危ないところへ，肥前国御家人白石通泰が駆けつけ，命拾いをしている。なお，この場面は続きの場面に比べて，輪郭がくっきりと取られているので，後世の加筆とする説もある。

2-① モンゴルの武器

▲てつはう
長崎県鷹島海底遺跡出土

▶元軍の弓矢
大山祇神社蔵／愛媛県

▶元軍の兜
大山祇神社蔵

▲解説 「てつはう」は，陶製の球形容器のなかに黒色火薬を詰めたもので，殺傷能力より，大きな音と強い光をこわがる馬の動揺をねらった武器とされる。元軍の使用した弓は，鎌倉武士が使用する弓よりも短かったが，その分扱いやすく，連射も容易であった。貫通力の低さは，鏃に毒薬を塗ることで補ったといわれている。

3 鎌倉へ出訴の旅 3-① 鎌倉への道程

▼解説

恩賞のないのは先駆けの勲功が上聞に達していないからと考え，鎌倉への出訴を思い立つ。一族の反対のなか，馬と鞍を売り，従者2名のみを連れて旅立っている。途中，長門国の赤間関（下関）で長門守護代三井季成のもとに立ち寄る。季成は季長の烏帽子親で，馬と路銀を餞別にくれた。

恩賞の手続き

戦功 → 引付（戦功簿）→ 恩賞
＝ のちには感状

赤間関（下関） / 長門 / 博多 / 大宰府 / 肥後 / 竹崎（6月3日出発） / 海東郷（恩賞地として補任） / 京 / 逢坂関 / 三島 8月10日 / 箱根 8月11日 / 鎌倉 8月12日

▲烏帽子親 武家は元服にあたり，主君もしくは相応の家柄の人物に，烏帽子親を願う。烏帽子親は元服の際，烏帽子を被せ，烏帽子名（偏諱＝烏帽子親の名前の一字を入れることが多い）をつけるもので，擬似親子関係を築くこととなる。季長の烏帽子親三井季成と，季長の姉婿三井資長は一族と考えられる。

▼安達泰盛に直訴 三島大社や箱根権現に上訴の成功を祈願した季長は，鎌倉へ向かい多くの奉行に面会を願うがはたせず，御恩奉行安達泰盛邸の門前に座りこんで直訴した。邸内に招き入れられた季長（右側）は，泰盛（左側）に対して先駆けの功の認定を申し入れる。

Question p.106・107 の資料から，『蒙古襲来絵詞』が描かれた時期の社会の様子と竹崎季長の行動を確認しよう。

4 恩賞下る

◁将軍より領地拝領（肥後国海東郷地頭職）の御下文を賜り，さらに馬の名手として『徒然草』に名高い安達泰盛（右端）から黒栗毛の馬と小巴の鞍をもらったことに対して，竹崎季長は「将軍の見参に入りましたのであれば，急いで九州に下向し，重ねて忠勤に励む」ことを約束している。

『徒然草』一八五段

城陸奥守泰盛は，双なき馬乗りなりけり。馬を引き出させけるに，足をそろへて閾をゆらりと越ゆるを見ては，「これは勇める馬なり」とて，鞍を置きかへさせけり。また，足をのべて閾に蹴あてぬれば，「これはにぶくして，あやまちあるべし」とて，乗らざりけり。道を知らざらん人，かばかり恐れなんや

5 弘安の役

◁**防塁（石築地）の築造** 海東郷地頭職に就いて経済的に余裕ができた竹崎季長（騎馬の先頭）は，兜・鎧などの武備を整えた姿で，生の松原の石築地に陣取る肥後国の有力御家人菊池武房（防塁上の左から4人目）に対し，「蒙古軍の大将の船に攻撃を掛けます。ご存命であったならば（私の戦功を）ご披露下さい」といいながら通りすぎていく。

防塁

◭**防塁（石築地）**
1276（建治2）年に築造が開始され，博多湾沿岸の主要地に約20km続く石積みの要害。現在は，砂に埋没して高さを感じないが，築造当時は海側が高さ3m近くあり，弘安の役では元軍の上陸を阻む効果があった。御家人・非御家人を問わず，九州に所領のある武士が地区毎に分担して築造したので，石材や工法に微妙な違いがみられる。

6 水軍による夜襲

◁自船のない竹崎季長は，肥後国守護安達盛宗（泰盛の子）の配下と称して軍船に便乗し，元船に向かっている。連日にわたる日本側の小船による夜襲に，元軍船は互いの船を鎖で結んで対応したが，それが大嵐による被害を拡大させたともいわれている。

6-① 筥崎宮の扁額

▷筑前筥崎宮にかかる亀山上皇宸筆の「敵国降伏」の額 朝廷は，寺社に異国調伏の祈禱などをさせた。モンゴル襲来ののち，活躍した武士だけでなく，寺社も恩賞要求をおこない，それにこたえられない幕府は急速に求心力を失っていった。

6-② 神風

◬解説 2度の戦いで元船は嵐のあと姿を消している。**文永の役**は旧暦10月で，今の暦では初冬となり，台風とは考えにくい。威力偵察（戦闘を通して相手の実力をはかる行為）としての計画的退却とする説がある。一方，**弘安の役**は旧暦の閏7月で，台風の可能性が高く，国難にあたっての神仏の加護と認識された。この点が，太平洋戦争時の特別攻撃隊に「神風」の名を冠する由縁となっている。

◬**神風特攻隊の出撃**（1944年）

7 絵巻作成までの途

1284（弘安7）	北条貞時の執権職就任
	貞時の外戚 有力御家人 安達泰盛 ← 対立 → 貞時の乳母の夫 内管領（得宗家御内人の頭人）平頼綱
1285（弘安8）	霜月騒動 安達泰盛一族，小笠原・吉良・三浦・伊東氏など有力御家人が敗死した
	岩門合戦 泰盛派だった少弐景資が，頼綱派の惣領少弐経資との合戦で敗死した
	竹崎季長の恩人（安達泰盛・盛宗父子，少弐景資）の死
1289（正応2）	安達泰盛・盛宗父子・少弐景資の所領は謀叛人跡として，弘安の役の恩賞地となる
1293（永仁元）	平頼綱（平禅門）の乱 平頼綱が北条貞時により討滅され，泰盛派の復権がなされた

◭解説 『蒙古襲来絵詞』の奥書の日付が永仁元年2月9日とあるが，改元は8月であり，正応6年2月は存在しても，永仁元年2月は存在しない。この点から，作成はもっとあと（1314年頃）ではないかとする説もある。

Answer 分割相続から単独相続への移行で血族内の対立が多発。訴訟に敗れ没落していた季長は，文永の役での戦功を訴えて所領を得る。

第2部 中世

1 鎌倉幕府の衰退

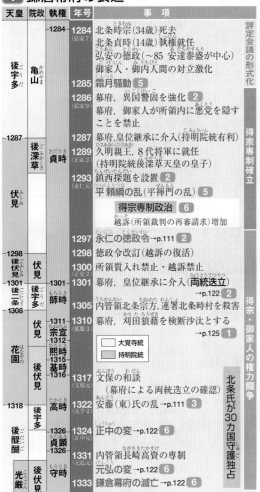

天皇	院政	執権	年号	事項	
後宇多			1284		評定会議の形式化
	亀山	貞時	1284(弘安7)	北条時宗(34歳)死去 北条貞時(14歳)執権就任 弘安の徳政(～85 安達泰盛が中心) 御家人・御内人間の対立激化	
			1285	霜月騒動 5	
			1286(弘安9)	幕府, 異国警固を強化 2 幕府, 御家人が所領内に悪党を隠すことを禁止	
後深草			1287	幕府, 皇位継承に介入(持明院統有利)	得宗専制確立
伏見			1289(正応2)	久明親王, 8代将軍に就任(持明院統後深草天皇の皇子)	
			1293(永仁1)	鎮西探題を設置 2 平頼綱の乱(平禅門の乱) 5	
				得宗専制政治 6 越訴(所領裁判の再審請求)増加	
後伏見	伏見		1297	永仁の徳政令→p.111 2	
			1298	徳政令改訂(越訴の復活)	
			1300(正安2)	所領質入れ禁止・越訴禁止	得宗・御家人の権力闘争
後二条	後宇多	師時	1301	幕府, 皇位継承に介入(両統迭立) →p.122	
			1305	内管領北条宗方, 連署北条時村を殺害	
伏見			1310(延慶3)	幕府, 刈田狼藉を検断沙汰とする →p.125 1	
花園		宗宣	1311 1312		
	後伏見	基時	1315 1316		
			1317(文保元)	文保の和談(幕府による両統迭立の確認)	
			1318		
後醍醐	後宇多	高時	1322(元亨2)	安藤(東)氏の乱→p.111 3	北条氏が30カ国守護独占
		貞顕	1324(正中元)	正中の変→p.122 6	
			1326 1326		
			1331(元弘元)	内管領長崎高資の専制 元弘の変→p.122 6	
光厳	後伏見	守時	1333	鎌倉幕府の滅亡→p.122 6	

□ 大覚寺統
■ 持明院統

2 モンゴル襲来への対応

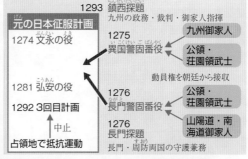

元の日本征服計画

1293	鎮西探題 九州の政務・裁判・御家人指揮
1274 文永の役	異国警固番役 → 九州御家人
	→ 公領・荘園領武士
	1275 異国警固番役
1281 弘安の役	動員権を朝廷から接収
1292 3回目計画	1276 長門警固番役 → 公領・荘園領武士
↓ 中止	→ 山陽道・南海道御家人
占領地で抵抗運動	1276 長門探題 長門・周防両国の守護兼務

◀解説 異国警固番役の実質的開始は, 1271年, 御家人に九州の所領への下向を指示したことにあるが, 制度的には文永の役後の1275年に定められた。当初は, 御家人が負担する番役であったが, 防塁の構築を含め負担が重いことから, 荘園・公領の非御家人層も対象となっていった。弘安の役ののちも, 3回目の来襲の噂が絶えず, 警固番役は幕府崩壊まで続いており, 武士の負担は大きなものがあった。なお, 御家人の警固番役専念にむけて, 九州での訴訟機関として鎮西探題が1293年に設立された。

3 幕府職制(後期)

得宗私邸で開催
重要事項決定

寄合

得宗	内管領		御内人
			得宗被官
北条本(宗)家	御内人代表		御内人
任免介入	構成員 北条支族(金沢氏) 得宗姻族(安達氏) 任免権	内管領兼任	対立
	↓影響力		→ 御家人

将軍				
	執権 1203		侍所 1180	軍事・警察 別当・頭人 統率 (長官)(次官) → 御家人
幕府組織	連署 1225		政所 1191	一般政務・財政
	評定衆 1225		問注所 1184	訴訟受付と雑務沙汰(債権訴訟)
	北条一門 評定会議		引付衆 1249	所務沙汰(所領訴訟) 北条一門 引付会議
			六波羅探題 1221	
	↓形骸化		長門探題 1276	長門・周防国守護兼任・北条一門
			鎮西探題 1293	西海道(九州)の政務・裁判・御家人指揮 北条一門
			奥州総奉行 1189	奥州御家人の統率
			守護 1185	北条一門の寡占進む
			地頭 1185	北条一門の寡占進む

◀解説 執権政治は, 評定会議を中心に運営されていたが, 得宗専制政治では得宗私邸での寄合で重要事項が決定され, 評定会議は形骸化していった。

4 鎌倉幕府の権力推移

鎌倉初期	鎌倉中期	鎌倉後期
鎌倉殿	将軍	将軍 ← 得宗 寄合
北条 三浦 和田 比企 畠山 梶原	執権 北条氏	執権 ← 内管領(御内人)
御家人	評定衆(御家人)	評定衆(御家人)
鎌倉殿(将軍)独裁政治	北条氏執権政治	形骸化 政権主導 得宗専制政治

◀解説 有力御家人の一つにすぎなかった北条氏が執権となり, なかでも家督を継ぐ得宗の権力伸張とともに得宗家臣の御内人と御家人の対立も激化した。

5 北条貞時の時代

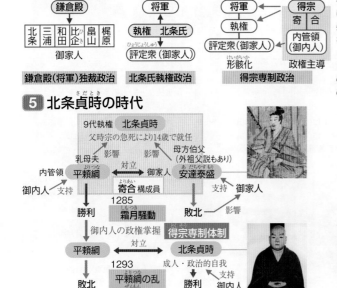

9代執権 北条貞時
父時宗の急死により14歳で就任

乳母夫 母方伯父(外祖父説もあり)
内管領 ← 影響 / 対立 / 影響 →
平頼綱 ← 対立 → 御家人 → 安達泰盛
御内人 支持 / 寄合構成員 1285 / 支持 御家人 / 影響
勝利 ← 霜月騒動 → 敗北
御内人の政権掌握 得宗専制体制
平頼綱 ← 対立 → 北条貞時
成人・政治的自我
敗北 / 1293 平頼綱の乱(平禅門の乱) / 勝利 支持 御内人
貞時直断(一時引付廃止) 1293～95

6 鎌倉末期の守護の配置

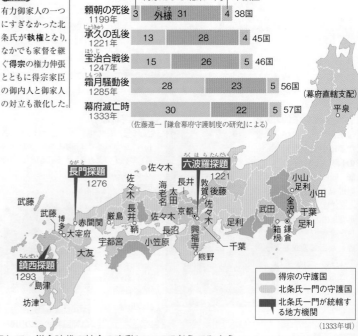

得宗および北条一門 / 外様 / 不設置

頼朝の死後 1199年	3	外様 31	4	38国
承久の乱後 1221年	13	28	4	45国
宝治合戦後 1247年	15	26	5	46国
霜月騒動後 1285年	28	23	5	56国
幕府滅亡時 1333年	30	22	5	57国

(幕府直轄支配)

(佐藤進一『鎌倉幕府守護制度の研究』による)

長門探題 1276
六波羅探題 1221
鎮西探題 1293

武藤 博多 大宰府 赤間関 厳島 長井 佐々木 海老名 太田 佐々木 京都 佐々木 後藤 金沢 小山 足利 小田 千葉 足利 武田 箱根 鎌倉

宇都宮 小笠原 長沼 興福寺 熊野 大友 島津 坊津

□ 得宗の守護国
□ 北条氏一門の守護国
■ 北条氏一門が統轄する地方機関

(1333年頃)

Question p.109 3-①の農業技術の進展と4-①の貢納方法の変遷に注目して, 鎌倉時代の社会の変動について考えてみよう。

1 古代～中世の琉球

		琉球(沖縄)	日本	蝦夷(北海道)	
貝塚時代	土器・石器(後期には鉄器)をともなうが，水稲農耕はおこなわれず。漁労を主にして，九州へ貝輪の材料をもたらした	旧石器時代	旧石器時代	縄文文化	先史時代
		縄文時代	縄文時代	続縄文文化	
		貝塚時代(南島文化)	弥生時代		
1100頃	グスクが築造され，按司が各地を統治		古墳時代		
1296	元軍の襲来		奈良時代	オホーツク文化／擦文文化	
1326頃	三山(山北〈北山〉・中山・山南〈南山〉)の対立が始まる	グスク時代	平安時代		
1368	明建国		鎌倉時代		
1372	中山王察度，はじめて明に入貢	第一尚氏王朝	南北朝時代		中世 古琉球
1402	明から冊封使がはじめて来琉		室町時代	アイヌ文化	
	シャム(タイ)船が来琉し，交易	第二尚氏王朝前期	戦国時代		
1429	尚巴志，山南を滅ぼし，琉球を統一		安土桃山時代		近世
		第二尚氏王朝後期	江戸時代	(松前藩支配)	近世琉球

1-① 三山統一

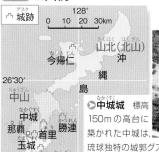

△ 城跡
128°
0 10 20 30km

山北(北山)
今帰仁
沖
縄
26°30′
島
中山
今帰仁
那覇 首里 勝連
中城
玉城
山南(南山)

△ 中城城　標高150mの高台に築かれた中城は，琉球独特の城郭グスクの典型的な例で，第一尚氏王朝の護佐丸の反乱の地でもある。

2 古代～中世の蝦夷ヶ島

オホーツク文化	北海道北東部，オホーツク海沿岸に広がった海洋狩猟文化
擦文文化	北海道南西部に広がった文化。本州の土師器の影響をうけた
1219頃	執権北条義時，安藤(安東)氏を蝦夷管領に任命 安藤氏，十三湊を拠点に勢力を伸張

浜明神
中世の水戸口
十三湊
現在の水路

△ 十三湊遺跡　津軽半島を北流する岩木川河口の十三湖にある。水戸口(外海への出口)の位置は現在と異なり，大きく湾曲しており，日本海の波浪を避けられる良港であった。

2-① 十三湊

● 三津
○ 七湊
他はおもな港湾都市

十三湊
秋田
輪島 柏崎
本吉 今町
三国 岩瀬
三保関 敦賀
温泉津 小浜
博多 堺 安濃津

▷解説　「廻船式目」で，三津七湊の一つにあげられる海上交易の要地で，史料上で確認できる鎌倉期を遡り，奥州藤原氏との関係も示唆される。

第2部 中世

3 農業 3-① 先進地型農業の発展(畿内・西日本)

集約的農耕
二毛作の普及 → 地力の低下
肥料使用
刈敷・草木灰
鉄製農具の普及
鍬・鋤・鎌
牛耕・馬耕
多収穫品種を導入
大唐米(赤米・唐法師)

土地生産性向上
段あたり収穫量の増大
↓
余剰農作物
↓
有力農民 ← → 小農民(作人・下人)
↓自立
構成員
惣村の形成
→p.129

踏み込んでいる人
投げ入れている人

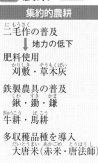

△ 牛耕(『松崎天神縁起絵巻』)　牛や馬に犂を牽かせることによって，人力よりも深耕が可能となる。これにより，土中の根粒細菌が空気中の窒素(肥料の三要素の一つ)を取り込み，地力が回復する。

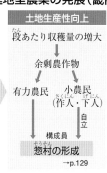

△ 刈敷(『成形図説』)　入会地(村落民共有の山野地)から刈った枝・草を地中に埋めて発酵させ，肥料とした。一方，草木灰は連作により酸性に傾いた土壌の中和とカリ成分(肥料の三要素の一つ)の補給のため，枝・草を焼いた灰をまいた。

3-② 荏胡麻と苧麻

越後上布(苧麻)
▷詳しくみてみよう！

△ 荏胡麻　灯油の原料として，大山崎離宮八幡宮の油座が独占仕入権をもっていた。

△ 青苧(苧・苧麻)　青苧は苧(苧麻)の茎をたたき，晒した繊維で，越後がおもな生産地。三条西家を本所とした天王寺苧座などが流通を独占した。戦国時代には越後国守護代長尾氏が販売権を握り，上杉謙信(長尾景虎)の経済的基盤となった。

4 貢納 4-① 貢納の方法

A 現物納と問丸

現地			京
名主 →年貢 荘官・地頭 →現物 問丸 →現物 荘園領主

問丸は港湾や都市に居住して，荘園年貢や商品の輸送・保管に従事した運送業者。鎌倉末期には運搬のみではなく，年貢徴収・委託販売などにも業態を広げていった。

B 代銭納と市場

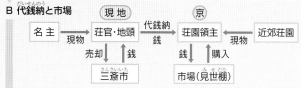

現地
名主 →現物 荘官・地頭 →代銭納・銭 荘園領主 ← 近郊荘園 →現物
売却↑銭 ↑銭購入
三斎市 市場(見世棚)

現物納は運送費がかさむ上，輸送途中の危険性があるため，鎌倉中期頃から，銭納(代銭納)の形態をとるようになっていった。背景には地方における三斎市の増加があるが，荘官・地頭にとっては，取引相場による銭納額との差を収入とする利点もあった。

C 為替(替米・替銭)

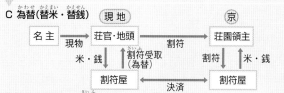

現地
名主 →現物 荘官・地頭 →割符 荘園領主
米・銭↓割符受取(為替) 割符↓米・銭
割符屋 ←決済→ 割符屋

遠隔地の年貢納入には割符(手形)を活用した決済がおこなわれるようになった。割符には支払額・受取人(荘園領主)・支払人(受取側の割符屋)が記載され，盗難の場合は支払われないので安全であった。割符屋間では毎度金銭・米の決済をするのではなく，一定期間の割符の授受を帳簿上で相殺し，差額のみをやりとりした。

4-② 座

朝廷 貴族 寺社
供御人 特権 認定 神人
座 ＝ 同業者組合
独占購入(安価仕入) 製造 販売(売価協定)
原料生産者 消費者

▷解説　手工業者は座とよばれる同業者組合を結成し，特権層(皇族・貴族・寺社)により，独占的な原材料購入や販売の権利を認められた。安価な一括仕入れや高値で協定した販売価格によって得られた利益の一部は，保障を与えた特権層に上納された。→p.132

Answer　二毛作・施肥など農業技術の進展で米・商品作物が増産され，輸入された銭を介した定期市での売買や代銭納が進んだことがわかる。

1 定期市

語源（語説あり）
神仏の祭祀＝斎との関連説が有力で，三斎市などの呼称は，神仏の行事＝斎日に市が開かれることに由来する

荘園・公領の中心地
余剰生産物・手工業者の専業化が背景
代銭納のための年貢物を売買

交通の要地（備後国草戸千軒・備前国福岡市）
河原は，渡河点・舟運集積地として適しているが，氾濫で水没する危険性がある

寺社門前
参詣者など多くの人々が集まる地
＊河原・寺社門前は領主のいない無縁地（アジール）でもある

2 『一遍上人絵伝』から読み取れるもの

中世の市の様子を伝えるのは，時宗（臨済終時宗）の一遍上人の遊行を描写した『一遍上人絵伝』である。備前国福岡の市のほか，信濃国伴野の市（踊念仏を始めた地）などの市も描かれている。

2-① 備前国福岡の市の立地

解説
備前国福岡荘にあった市で，東西に貫通する山陽道に近く，南北に貫流する吉井川沿いの河原に立地。備前国は中国山地の砂鉄が豊富で，枕詞の「真金吹く」とは鉄の精錬を意味している。近隣に備前焼（伊部）と刀剣（長船）の産地を持つ。吉井川はしばしば氾濫し，天正期に福岡の市は水没し，衰退した。現，瀬戸内市。

消された弓矢

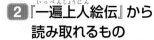
一般的な履物のほかに，高下駄も商っている。絵巻物では高下駄は悪党や琵琶法師の履物として描かれることが多い。

一遍の説法を聞いた妻が，仏門に入り，尼になったことを怒った吉備津神社の神主の息子が，刀に手をかけ，斬りつけようとしている。後方の従者は，弓に矢をつがえる姿であったが，描き改められている。

一升枡で米をはかって売っている様子。市では，代銭納のために売られた米が流通していた。

周囲では掘立小屋での商いが展開されているが，この女は笠をかぶり，立ったまま，布を売ろうとしている。男は銭緡（銭束）を手に値の交渉か。

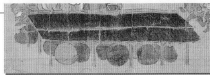
商いに従事する者だけではなく，琵琶を弾く男や乞食の姿がみえる。河原は領主権のおよばない無縁地（アジール）で，芸能者などもみられた。

福岡の市の東，伊部は備前焼の主産地である。備前焼は砂鉄を多く含んだ粘土でつくられ，焼き色などに特徴を持つ。商品は，大型の酒甕とみられる。

船着場には，2艘の船，対岸に1駄（米俵2俵）を背にした馬が描かれている。舟運は陸上輸送に比べ，大量の荷を迅速に運ぶことができた。市が河原に立地する背景の一つである。

信濃国伴野の市　一遍がはじめて踊念仏をおこなった小田切近くの伴野の市。市の立たない日の様子を示している。

3 市・問丸の分布

海上輸送 大輪田泊（のちの兵庫湊）に入ろうとする船。室町時代の廻船式目に，主要な湊として三津七湊（→p.109 2-①）の記載があるが，鎌倉時代から海上交通は整備されていた。何より，年貢米など大量の荷を運ぶには，船での海上輸送が適していた。湊からは川船に載せ替えたり，馬借（→p.129）・車借が輸送をになった。

● おもな市の開催地
● おもな問丸の所在地

山城国淀市　若狭国遠敷市
坂本
三国
小浜　敦賀
越後国奥山荘七日市
高野市
→p.104
直江津
信濃国伴野市
博多
尾張国下津五日市
備前国福岡市
大湊
安芸国沼田荘市
兵庫　紀伊湊　堺　大津

過所の旗章 関や津でも，関銭や津料を免除される特権を，北条得宗家から認可されたことを示す旗。旗上部の三鱗は北条氏の家紋。

4 京・奈良・鎌倉

見世棚

京・奈良・鎌倉　京・鎌倉のような政治都市，奈良のような宗教都市では，高級品の需要があり，供給する職人，介在する商人が集まった。この図は『一遍上人絵伝』の四条京極釈迦堂の場面で，常設店舗の見世棚（店棚）がみえる。

Question p.110 2の『一遍上人絵伝』備前国福岡の市の場面に注目して，市で何が売られているかなど，気づいたことをあげてみよう。

1 分割相続と御家人制の崩壊

1-① 相続法の転換

分割相続
庶子・女子にも相続
所領細分化の危険

→ 庶子相続
女子は一期分
→ 庶子も一期分
女子の相続権
なし

単独相続
嫡子のみ相続＝安定
庶子・女子は，相続権なし

庶子の動向
→ 嫡子への被官化
→ 守護への被官化
→ 訴訟
→ 独立もしくは悪党化
（血縁集団→地縁集団）

1-② 裁判制度の変化と御家人の不満

1284 北条時宗，急死
①**弘安の徳政** 1284～85
安達泰盛 → 引付・奉行人 → 公平な裁定

②**霜月騒動以後** 1285～93
平頼綱 → 安達氏ほか御家人の敗死・没落
守護職・地頭職 → 没収
得宗に集中（御内人が管理）

③**平頼綱の乱以後** 1293～
北条貞時 → 平頼綱，敗死
得宗独裁
引付廃止，執奏の設置 ← 安達泰盛派の復権で**越訴**（再審請求）集中
＝裁判機能が混乱
裁判の迅速化，しかし公平性は欠如

1-③ 借上出現の背景

貨幣経済の浸透
↓
所領相論の増大
↓
訴訟
鎌倉への下向・滞在

▶借上（『山王霊験記絵巻』）和泉市久保惣記念美術館蔵／大阪府

銭さし

悪党の活動

悪党とは単なる悪者ではなく，幕府や荘園領主からみて，反幕府的・反体制的行動をとるものすべてを指した。すでに貞永式目32条で，「悪党を所領内に隠しおくこと」を禁じているが，鎌倉後期には広汎にみられる存在となっている。悪党の出現は，生産力の高かった畿内周辺や西国に多く，荘官層の年貢滞納・強奪のほか，瀬戸内海沿岸・河川・街道など，流通の結節点を掌握するものがあらわれ，御家人の悪党化もうかがえる。初期の悪党は，少人数の異形の衆であったが，14世紀の鎌倉末期には金銀を散りばめた鎧・武具を着した五十騎・百騎の集団がみられたと『峰相記』にある。

▶**異類異形**（『融通念仏縁起絵巻』）『峰相記』には「異類異形ナルアリサマ，人倫ニ異ナリ，柿帷ニ六方笠ヲ着テ，烏帽子・袴ヲ着ス」とある。当時，烏帽子をつけずに人前に出ることはなかった。烏帽子・袴をつけず，高下駄をはいた姿は，当時の常識からはずれた異形であった。清凉寺蔵／京都府

▶**悪党の合戦**（『春日権現験記』模本） 春日大社の神鏡を奪った悪党に，追討軍が遣わされた。場面では，悪党方の大将が討ち取られているが，多くの場合，悪党はゲリラ的戦法を駆使し，逃げては再蜂起を繰り返したので，体制側は対応に苦慮した。東京国立博物館蔵

2 永仁の徳政令

1条 ・越訴（再審）の禁止
2条 ・御家人所領の質入・売買禁止
・質券売買地の無償返還

永仁の徳政令の内容

買得人が有力御家人の場合
御家人 ―所領の質入・売買→ 御家人
売却20年未満は無償返却
御家人 ―所領の質入・売買×→ 御家人
売却20年以上は返却不要

買得人が非御家人・凡下（借上）の場合
御家人 ―質入・売却→ 非御家人・凡下
無償返却（年数不問）

3条 ・金銭貸借に関する訴訟を受理しない

有力御家人・凡下（借上など）不満
↓
買得・質入拒否
↓
困窮御家人の窮乏激化

1298年 ・第1条・第3条廃止
・第2条のうち，所領の無償返却条項は残存

永仁の徳政令（原文・縦書き）

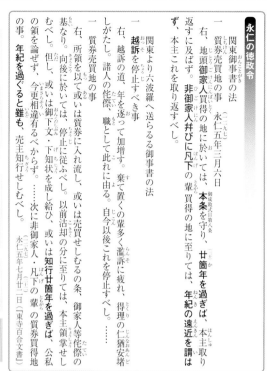

永仁の徳政令

関東御事書の法
一 質券売買地の事
右，所領を以て或いは質券に入れ流し，或いは売買せしむるの条，御家人等侘傺の基なり。向後に於いては，停止に従ふべし。以前沽却の分に至りては，本主領掌せしむべし。但し，或いは御下文・下知状を成し給ひ，或いは知行廿箇年を過ぐれば，公私の領を論ぜず，今更相違有るべからず。……次に非御家人・凡下の輩の質券買得地の事，年紀を過ぐると雖も，売主知行せしむべし。

関東より六波羅へ送らるる御事書の法
一 越訴を停止すべき事
右，越訴の道，年を逐つて加増す。棄て置くの輩多く濫訴に疲れ，得理の仁猶安堵しがたし。自今以後これを停止すべし。……

関東御事書の法
一 質券売買地の事 永仁五年三月六日
右，地頭御家人買得の地に於いては凡下の輩は，本条を守り，廿箇年を過ぎば，本主取り返すに及ばず。非御家人并びに凡下の輩，買得の地に至りては，年紀の遠近を謂はず，本主これを取り返すべし。

永仁五年七月廿二日（『東寺百合文書』）

御成敗目録第八条（『東寺百合文書』）

3 幕府権威の失墜

得宗・執権 北条高時
↓ 政権委任
内管領 長崎高資
↓ 優柔不断
乱に発展
↓
鎮圧困難
↓
幕府権威失墜

蝦夷・夷族 ＋ 惣領 安藤季長
⇅ 対立
庶子 安藤季久・宗季 ＋ 蝦夷・夷族
→ 賄賂 → 内管領

蝦夷管領職（得宗被官）・十三湊流通圏をめぐる内紛から，蝦夷を巻きこむ乱に発展

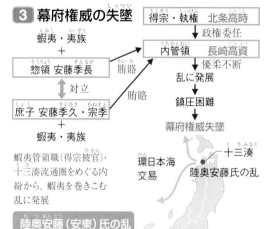

環日本海交易
十三湊
陸奥安藤氏の乱

陸奥安藤（安東）氏の乱 1322～28

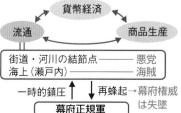

西国の悪党
瀬戸内の海賊

西国の悪党・南海の海賊

モンゴル襲来後の西国支配浸透
↓
流通を担っていた悪党・海賊の権益抑制

貨幣経済
流通 ⇄ 商品生産

街道・河川の結節点 ——— 悪党
海上（瀬戸内） ——— 海賊

一時的鎮圧 ↑ ↓ 再蜂起→幕府権威は失墜
幕府正規軍

Answer 米・履物・布・酒甕などが売られている。銭の使用，流通での船の使用の場面も見られる。

第②部 中世

1 鎌倉文化

1-① 鎌倉文化の特徴

中心地	京都・鎌倉		
担い手	貴族・武士・庶民（公家が伝統文化を継承，一方で武士・庶民に支持された文化が形成）		
	公家文化	仏教文化	武家文化
特徴	伝統文化の継承・変化 ↓ 家職（和歌・有職故実）の成立	無常観 隠者文学 易行・選択・専修	武家社会の進展 軍記物語・合戦絵巻・彫刻

↑影響

南宋・元からの文化移入——禅・宋学
地方武士の質実な気風

1-② 宋学（朱子学）

宋学とは

南宋の朱熹により大成され，中国をはじめ東アジア世界に影響を与えた儒学の哲学大系

大義名分

君主・臣民のあり方において，君主として徳政を，臣民として忠誠を守るべき基本的な道理として分を正すとの考え方

尊王斥覇

覇道（北狄－金・元の力による支配）を排斥し，王道（中華－徳による支配）を尊ぶ考え方

2 鎌倉仏教

2-① 仏教の変遷

飛鳥	白鳳	天平	弘仁・貞観	国風（藤原）	鎌倉
氏族仏教	鎮護国家	鎮護国家	現世利益	末法思想	易行
氏寺 渡来系	大寺制 国家保護 僧尼令	顕教 学力必要	密教 資質必要	極楽往生 阿弥陀堂 財力必要 念仏 庶民でも可	選択 専修

▲解説 国家の保護と統制をうけた白鳳・天平期，学問的能力を必要とした顕教，超人的な能力と厳しい修行が前提の密教，経済力の裏づけあっての阿弥陀堂建立に対して，鎌倉仏教は「易行＝厳しい修行ではない，選択＝救済方法を一つ選ぶ，専修＝ひたすらに打ち込む」の特徴を持つ。念仏・題目・坐禅は，庶民にも受容できる仏教のあり方であった。

2-② 宗派・宗祖一覧

系統	浄土宗系（他力本願）			天台宗系	禅宗系（不立文字）	
	念仏（「南無阿弥陀仏」）			題目（「南無妙法蓮華経」）	禅	
宗派	浄土宗	浄土真宗（一向宗）	時宗（遊行宗）	日蓮宗（法華宗）	臨済宗	曹洞宗
開祖	法然（源空）（1133～1212）	親鸞（1173～1262）	一遍（1239～89）	日蓮（1222～82）	栄西（1141～1215）	道元（1200～53）
来歴	美作国押領使であった父，漆間時国が夜襲にあい，遺言で仏門に入る（→p.119 4） 比叡山西塔黒谷叡空に師事，法然房源空と名乗る 1175 京都東山吉水にて念仏を布教 九条兼実・熊谷直実らが帰依 1198『選択本願念仏集』（高弁『摧邪輪』で反論） 1207 承元の法難（旧仏教の訴えで土佐〈実際は讃岐〉配流） 1212 京都東山吉水で入滅（知恩院）	貴族日野有範の子。9歳で青蓮院慈円に師事 1201 京都六角堂への参籠を機に，法然に師事 1207 承元の法難（越後配流）強制還俗・妻帯＝破戒（妻・恵信尼） 悪人＝戒律を守れない者こそ救われるべき ↓ 悪人正機 1211 赦免，東国で布教（長男善鸞中心） 1235 帰洛，京都で布教（三女覚信尼中心） 1262 入滅（大谷御影堂＝大谷本願寺）	伊予国豪族河野通広の子 出家・還俗・再出家 信濃善光寺に師事 紀伊熊野本宮に参籠 1279 踊念仏を信濃小田切（伴野市近く）で創始 1289 兵庫和田岬観音堂で入滅 ▲清浄光寺	安房小湊の海人の子 安房清澄寺で出家後，比叡山などで修行 1253 日蓮宗（法華宗）開宗 1260『立正安国論』 モンゴル襲来を予言 1264 小松原法難（安房小湊の地頭による襲撃） 1271 竜の口法難（相模竜の口での幕府による斬首を免れ佐渡へ流罪） 1274 流罪赦免 →甲斐身延山久遠寺 1282 武蔵池上で入滅（池上本門寺）	備中吉備津神社の神職，賀陽氏の子 比叡山で受戒 1168 入宋（天台山万年寺）俊乗房重源と同行 1187～91 再び入宋 1198『興禅護国論』比叡山の圧迫うける 鎌倉寿福寺（北条政子）・京都建仁寺（源頼家）『喫茶養生記』→源実朝 1215 京都で入滅	内大臣久我（源）通親の子 比叡山で出家 1223～27 入宋 1233 京都興聖寺で『正法眼蔵』の執筆開始 比叡山・興福寺の圧迫 1244 越前大仏寺に移る 1246 大仏寺の寺名を永平寺にあらためる 永平寺を弟子懐奘に譲り，京へ移る 1253 京都で入滅
教義	専修念仏 阿弥陀の本願にすがる念仏は易行であるが，往生の唯一の方法として，ひたすら「南無阿弥陀仏」を称えることが必要	一向専修（一向宗の称の由来）一心一向に阿弥陀仏に帰依することを旨とする 悪人正機 武士・猟師など戒律を守れないような悪人こそが阿弥陀の本願の対象	踊念仏 賦算 ┤全国遊行 念仏を記した算を配り，受け取ったものを往生させる→のちに，念仏を称えるだけですべての人が救われるという教義になる	題目唱和 ┤法華経のみが唯一の釈迦の教え 他宗攻撃「念仏無間・禅天魔・真言亡国・律国賊」	坐禅 公案（禅問答）師の出す問を通して悟りにいたる 政治に通じる 幕府の保護	只管打坐 ただひたすら坐禅を組むことで，悟りにいたる 出家第一主義 女人成仏を否定
布教対象	京都周辺の公家・武士	関東，のちに北陸・東海・近畿の武士・農民，とくに下層農民	全国の武士・農民層	下級武士・商工業者	京・鎌倉の上級武士，地方の有力武士	地方の中小武士・農民
主著	『選択本願念仏集』1198年頃，九条兼実の求めに応じて教義を説いた『一枚起請文』1212年，死期間近の法然が残した，念仏往生の要点	『教行信証』関東布教期の書で，念仏・悟り・往生をまとめたもの 『歎異抄』関東布教期の弟子唯円が宗内の異説を嘆いた書。悪人正機について記載	『一遍上人語録』一遍は死の直前，自身の著書をすべて焼いたが，死後に門弟らが法語・消息などをまとめた	『立正安国論』1260年に得宗北条時頼に提出した書。念仏を禁じないと反乱と侵略（モンゴル襲来）を招くと主張 『開目鈔』1272年，配流先の佐渡での著書	『興禅護国論』1198年，旧仏教の圧迫に対し，坐禅の本質を説いた書 『喫茶養生記』1211年，源実朝に茶の効用を説いた書	『正法眼蔵』曹洞禅の本質・規範に関する道元の説法を収録した書 『正法眼蔵随聞記』道元の言行を弟子懐奘が筆録した書
中心寺院	知恩院（京都）	本願寺（京都）	清浄光寺（神奈川）	久遠寺（山梨）	建仁寺（京都）	永平寺（福井）

Question p.112・113 の資料から，鎌倉時代のできごとと鎌倉仏教の各派宗祖の布教の時期との関係性を考えてみよう。

鎌倉仏教❷ 113

1 鎌倉仏教関連地図

知恩院 法然が比叡山を下り，念仏をひろめたのは京都東山吉水。1212年の法然入滅後，月命日ごとに開かれた知恩講が基となり，知恩院が建立された。

建仁寺 臨済宗の栄西による開山。源頼家の創建による日本最初の禅院。

永平寺と坐禅風景

- 親鸞流罪地 1207〜11
- 日蓮流罪地 1271〜74
- 江刺
- 本願寺（真）
- 知恩院（浄）
- 建仁寺（臨）
- 塚原
- 親鸞誕生地 1173〜1262
- 道元誕生地 1200〜53
- 法然誕生地 1133〜1212
- 高山寺（華）
- 泉涌寺（律）
- 国府
- 栄西誕生地 1141〜1215
- 善光寺
- 永平寺（曹）
- 一遍踊念仏創始
- 聖福寺（臨）
- 厳島
- 吉備津神社
- 稲岡荘
- 延暦寺
- 伴野
- 専修寺（真）
- 道後
- 兵庫
- 池上本門寺（日）
- 小松荘
- 笠置山（法）
- 身延山久遠寺（日）
- 鹿島神宮
- 四天王寺
- 西大寺（律）
- 法華経寺（日）
- 高野山
- 伊東
- 清澄寺（日）
- 一遍誕生地 1239〜89
- 法然流罪地 1207〜11
- 熊野本宮大社
- 日蓮流罪地 1261〜63
- 清涼光寺（時）
- 極楽寺（律）
- 寿福寺（臨）
- 日蓮誕生地 1222〜82

凡例：
- ◉ 新仏教の寺院・要地
  - ◉（浄）…浄土宗
  - ◉（真）…浄土真宗
  - ◉（日）…日蓮宗
  - ◉（臨）…臨済宗
  - ◉（曹）…曹洞宗
  - ◉（時）…時宗
  - ── 一遍の足跡
- ● 旧仏教の寺院・要地
  - ●（法）…法相宗
  - ●（華）…華厳宗
  - ●（律）…真言律宗

1-① 本願寺の変遷 →p.140 5

1272	**大谷御影堂**を建立
1321	**大谷本願寺**に改称
1465	延暦寺僧兵が，大谷本願寺を焼打ち
1471	**吉崎御坊**を建立，御文による布教 →加賀一向一揆（1488〜1580）
1479	**山科本願寺**を建立
1496	石山御坊（石山本願寺）を建立
1532	法華一揆が，山科本願寺を焼打ち →石山本願寺へ退去
1570	織田信長と対立，石山戦争が始まる（〜1580）
1580 （天正8）	11世顕如が石山本願寺を退去 →退去後，紀伊鷺森や和泉貝塚などを転々とする
1591	豊臣秀吉の寄進をうけ，**西本願寺**を建立 ┐本願寺は東西に分裂
1602	徳川家康の寄進をうけ，**東本願寺**を建立 ┘

久遠寺 日蓮が佐渡流罪をとかれたのちに，甲斐の豪族波木井実長に請われて，山梨県身延山に開いた寺院。

一遍と踊念仏（『一遍上人絵伝』） 一遍の時宗集団は，日本全国を遊行した。この場面は，最初に踊念仏をおこなったときの様子で，信濃国伴野市近くの小田切でのこと。

2 鎌倉仏教の時代性

	1130 40	60		1200	20	40	60	80	1300
事項	56 保元の乱	80 81 養和の飢饉 源氏挙兵	92 頼朝 征夷大将軍	21 承久の乱	30 32 御成敗式目 〜31 寛喜の飢饉	47 宝治合戦	57 59 正嘉の飢饉 鎌倉 大地震	74 81 文永の役 弘安の役	93 鎌倉 大地震

開宗の年

新仏教		
法然 1133 ─ 1175（42歳） ─ 1212（79歳）		
栄西 1141 ─ 1191（50） ─ 1215（74）		
親鸞 1173 ─ 1224（51） ─ 1262（89）		
道元 1200 ─ 1227（27） ─ 1253（53）		
日蓮 1222 ─ 1253（31） ─ 1282（60）		
一遍 1239 ─ 1274（35） ─ 1289（50）		

旧仏教		
貞慶 1155 ─ 1213		
明恵 1173 ─ 1232		
俊芿 1166 ─ 1227		
叡尊 1201 ─ 1290		
忍性 1217 ─ 1303		

3 旧仏教側の新たな動き

僧	我禅房俊芿 (1166〜1227)	解脱房貞慶 (1155〜1213)	明恵房高弁 (1173〜1232)	思円房叡尊 (1201〜90)	良観房忍性 (1217〜1303)
宗派	律宗	法相宗	華厳宗	（真言）律宗	
おもな活動内容	南宋からの帰国後，後鳥羽上皇らの帰依をうけ，京都に**泉涌寺**を再興して，台・密・禅・律の四宗兼学道場とした	法相宗の中興。僧の堕落を憂い，**笠置寺**・**海住山寺**で戒律の復興につとめる。法然の浄土宗を批判する『**興福寺奏状**』を書き，法然弾圧の契機をつくる。	京都栂尾に**高山寺**を開く。戒律を尊重し，『**摧邪輪**』で法然の所説に反論。栄西より茶の種子を譲られたことから，栂尾は茶の名産地となる。	奈良**西大寺**を再興し，戒律復興につとめた。病者・貧者の救済や架橋などの社会活動をおこなう	叡尊の弟子。鎌倉**極楽寺**を再興し，戒律復興につとめ，病人救済のため，奈良に**北山十八間戸**を設立

北山十八間戸 忍性が，ハンセン病患者を救済するために設けた。間取が18ある棟割長屋であることから，十八間戸と称した。

Answer p.112 2-② や p.113 3 から，源平合戦を背景に信者を増やす法然とそれを攻撃する旧仏教側の関係性などがうかがえる。

1 おもな中世文学

和歌集

『山家集』（西行）**2**
もと北面の武士の佐藤義清が出家，各地を遍歴

『新古今和歌集』（藤原定家）**4**
後鳥羽上皇の命で編まれた8番目の勅撰和歌集

『金槐和歌集』（源実朝）
鎌倉の槐門（大臣を表す唐名）から源実朝を意味

説話集

『宇治拾遺物語』（未詳）
1221年頃。今昔物語集＝宇治大納言物語の補遺の意

『十訓抄』（未詳）
1252年。教訓を述べた儒教色の強い説話集

『古今著聞集』（橘成季）
1254年。神祇・政道を扱い，教訓を添える

『沙石集』（無住）
1283年。仏の功徳を扱った仏教説話集

随筆

『方丈記』（鴨長明）**2**
1212年。一丈四方の庵に隠棲した作者の随筆

『徒然草』（兼好法師）
1331年頃。動乱期の人間観察に基づく随筆

紀行

『十六夜日記』（阿仏尼）**4-①**
1279年10月16日に京都を出立，鎌倉へ向かう日記

『東関紀行』（源親行？）
1242年に京都を出立，鎌倉までの途次を記述

『海道記』（未詳）
1223年頃。京都・鎌倉間の東海道を記述

軍記物語

『保元物語』（未詳）
保元の乱を源為朝中心に叙述

『平治物語』（未詳）
平治の乱を悪源太義平（源義朝の子）中心に叙述

『平家物語』（信濃前司行長？）**5**
平家の興亡を琵琶法師が平曲にのせて弾き語り

歴史

『水鏡』（中山忠親？）
大鏡以前の神武〜仁明の時期について叙述

『愚管抄』（慈円）**3**
神武〜承久の乱の歴史を「道理」を通してみる

『吾妻鏡』（未詳）
6代将軍宗尊親王帰京までの幕府の記録

有職故実

『禁秘抄』（順徳天皇）
1221年頃。朝廷の儀式・先例を扱う有職故実書

そのほか

宋学（朱子学）
南宋の朱熹が唱えた大義名分，尊王斥覇の考えが
後醍醐天皇の討幕に影響

『類聚神祇本源』（度会家行）**7**
1320年成立。神主仏従の伊勢神道を体系化

2 隠者文学

遁世，すなわち自らの意志で俗世間から離れ，山野に閑居した人々の作品。思索を重ね，世人とは違うものの見方を貫く。

△西行（1118〜90）もとは北面の武士で，隠者となり，各地を遍歴して秀歌を残す。

方丈記

ゆく河の流れは絶えずして，しかも，もとの水にあらず。淀みに浮かぶうたかたは，かつ消え，かつ結びて，久しくとどまりたる例なし。

△鴨長明『方丈記』

3 歴史観

△慈円（慈鎮，1155〜1225）関白九条兼実の弟。天台座主慈円は『愚管抄』のなかで，歴史の移り変わる筋道を「道理」として，保元の乱以降を「武者ノ世」とよび，後鳥羽上皇の討幕行為を批判的にとらえている。

4 新古今和歌集

△『新古今和歌集』
後鳥羽上皇の院宣による勅撰和歌集。

4-① 和歌師範の家柄＝御子左家

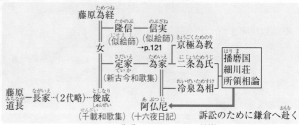

```
藤原為経 ─ 隆信 ─ 信実
              （似絵師）  （似絵師）
                        → p.121      京極為教
        女 ─ 定家 ─ 為家 ─ 二条為氏      播磨国
              （新古今和歌集）          冷泉為相   細川荘
藤原 ─ 長家 …（2代略）… 俊成                    所領相論
道長        （千載和歌集）（十六夜日記）
                    阿仏尼 ← 訴訟のために鎌倉へ赴く
```

△解説 藤原道長の子長家は，醍醐天皇皇子の左大臣兼明親王の旧邸に住んだことから御子左家と称した。この家系は藤原俊成・定家・為家と歌人を輩出する。『十六夜日記』の作者阿仏尼は為家の後妻で，子の冷泉為相は為家の嫡子二条為氏との間で，播磨国細川荘をめぐり，争論になった際，鎌倉への出訴の旅に出て，客死している。

4-② 後鳥羽・定家・実朝相関図

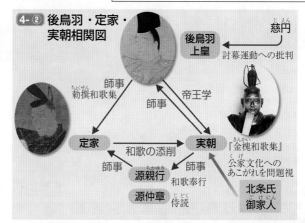

```
                              後鳥羽        慈円
                              上皇
                                  ↑   討幕運動への批判
              師事             師事  帝王学
              勅撰和歌集
                                            『金槐和歌集』
        定家 ←─ 和歌の添削 ─→ 実朝     公家文化への
        師事                 師事      あこがれを問題視
        源親行             和歌奉行
                                         北条氏
        源仲章             侍読         御家人
```

▷琵琶法師 『平家物語』は，中世初頭の内乱を平家興亡の無常観を中心に叙述。原作者として，『徒然草』に信濃前司行長，琵琶法師生仏の名があげられているが，内容の差異から複数の作者の介在がうかがえる。琵琶法師とは琵琶の伴奏で平曲を語る僧形の盲目芸能者。

5 平家物語

平家物語

祇園精舎の鐘の声，諸行無常の響きあり。沙羅双樹の花の色，盛者必衰の理をあらわす。おごれる人も久しからず，唯春の夜の夢のごとし。たけき者も遂にはほろびぬ，偏に風の前の塵に同じ。

6 金沢文庫

◁北条実時（1224〜76）と金沢文庫　北条氏支族の金沢実時が，鎌倉の外港であった武蔵国六浦荘金沢の別邸（のちの称名寺）に設立した文庫（図書館）。称名寺は，金沢氏の菩提寺で金沢文庫を運営した。

7 伊勢神道（度会神道）と神仏習合の変化

提唱		本地垂迹説	反本地垂迹説（神本仏迹説）
伊勢外宮の神官 度会家行	時期	10世紀以降	モンゴル襲来以降
時期・主著 1320年 『類聚神祇本源』 ↑体系化 平安末〜鎌倉 『神道五部書』 伊勢神宮の縁起書	理論	仏が本地（本来の姿）で，神は衆生を救うために迹（仮の姿）としてあらわれたものとした。権現は権の姿であらわれた仏の意	本地垂迹説に反発して，神道の優位を主張するために，神を本地とし仏を迹とした
	代表例	山王一実神道（天台系） 両部神道（真言系） 両部曼荼羅（＝両界曼荼羅→p.71 ❸）をもとに理論化	伊勢神道（度会神道） 伊勢外宮神官　度会家行 唯一神道（吉田神道） 神祇大副　吉田（卜部）兼倶

Question p.114 4-② の相関図に注目して，鎌倉時代前期の京都と鎌倉における，政治と文化の関係性を考えてみよう。

1 俊乗房重源の東大寺復興事業

1180 (治承4)	平重衡, 南都を焼打ち 東大寺・興福寺炎上 (除二月堂・法華堂・転害門)
1181 (養和元)	重源, 東大寺造営勧進職に就く。
	後白河上皇・九条兼実の寄進
1182	宋から陳和卿を招請
1185	大仏開眼供養・大仏殿再建を開始
1186 (文治2)	周防国を東大寺造営料国とし, 木材 の伐り出し開始
1188 (文治4)	源頼朝に用材運搬協力を要請。
	瀬戸内海航路・湊の整備をおこなう
1189	重源, 東大寺造営大勧進職に就く
1195 (建久6)	大仏殿落慶供養
	後鳥羽上皇・源頼朝・政子ら参列
1199	南大門を再建
1203	東大寺総供養
1206	東大寺にて入滅

2 鎌倉時代のおもな建築

東大寺南大門〈大仏様〉 3-①
円覚寺舎利殿〈禅宗様〉 4-①
観心寺金堂〈折衷様〉 5-①
三十三間堂〔蓮華王院本堂〕〈和様〉 6-①
石山寺多宝塔〈和様〉 6-②

3 大仏様 3-① 東大寺南大門

▼東大寺南大門 高約26m 国宝

南大門断面図

大棟 大棟／蟇股／大虹梁／垂木鼻隠板／木鼻／丸桁／挿肘木／通柱(円柱)／貫

▲南大門軒下の挿肘木

▲解説 大仏様 東大寺復興にあたり, 重源が採用した中国南方の雄大豪壮な建築技術。貫と柱を組み込んで構造を強化し, 柱の途中に差し込むように組物をつけた挿肘木で, 巨大な屋根を支える。

5 折衷様 5-① 観心寺金堂

▼解説 折衷様
和様に, 禅宗様もしくは大仏様を部分的に取りいれた様式。

▲観心寺金堂 楠木正成との関係も深く, 南朝の行在所にもなった観心寺の金堂は, 折衷様の代表例である。堂内には, 弘仁・貞観期の**如意輪観音**(→p.73)像が安置されている。高12m 大阪府 国宝

4 禅宗様(唐様) 4-① 円覚寺舎利殿

▲円覚寺舎利殿 入母屋造, 柿葺き, 2階建てにみえるが一重裳階つきである。名は源実朝が宋から請来した仏舎利を安置したことに由来する。円覚寺創建時の建物ではなく, 1563年の焼失後, 扇谷太平寺仏殿を移築したもので, 15世紀の建築と推定される。高10m 神奈川県 国宝

▲解説 禅宗様(唐様) 宋の建築技術で, 禅宗寺院に多く採用された。入母屋造で, 屋根は急勾配, 強い軒反りを示す。組物を密に配した詰組, 軒裏の垂木を扇形に配する扇垂木, 釣鐘型の花頭窓や縦横に桟をはめた扉である桟唐戸の使用などが特徴。

舎利殿断面図

花頭窓／蟇股／桟唐戸／大棟／軒付／尾垂木／木鼻／大瓶束／大虹梁／台輪／棕／木負／藁座／盤盤／海老虹梁／礎盤／須弥壇／藁座

▲花頭窓と桟唐戸

6 和様 6-① 蓮華王院本堂(三十三間堂)

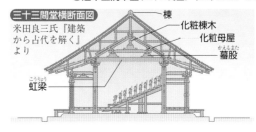

▶解説 和様
大仏様・禅宗様など宋から導入した建築様式に対する, 前代以来の日本式様式。ゆるい屋根の勾配, 穏やかな軒反りが特徴。

▲蓮華王院本堂(三十三間堂, →p.93) 高16m 京都府 国宝

三十三間堂横断面図
米田良三氏『建築から古代を解く』より

棟／化粧棟木／化粧母屋／蟇股／虹梁

6-② 石山寺多宝塔

▶石山寺多宝塔 1194年の建立で, 現存する最古の多宝塔。多宝塔とは下層が方形, 上層が円形の二重塔。本来は釈迦如来と多宝如来をまつる塔をさすが, この塔は大日如来を安置している。高約16m 滋賀県 国宝

Answer 3代将軍源実朝は公家文化にあこがれ, 後鳥羽上皇に官位を求めただけでなく, 和歌の指導を受けるなど親密な関係にあったとわかる。

第②部 中世

1 おもな彫刻

東大寺僧形八幡神像(快慶) **3**
南大門金剛力士像(運慶・快慶ら) **4**
重源上人像 **6**
興福寺金剛力士像 **5**
無著・世親像(運慶ら)→p.117 **1**
天灯鬼・竜灯鬼像(康弁ら)→p.117 **2**
蓮華王院千手観音坐像 →p.117 **3**
明月院上杉重房像 →p.117 **4**
六波羅蜜寺空也上人像(康勝)→p.117 **5**
高徳院阿弥陀如来像〔鎌倉大仏〕→p.117 **6**

2 仏師系譜と作品

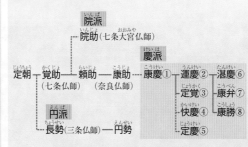

院派			
院助(七条大宮仏師)			
	慶派		
定朝―覚助(七条仏師)―頼助―康助(奈良仏師)―康慶①―運慶②―湛慶⑥			
		定覚③―康弁⑦	
		快慶④―康勝⑧	
		定慶⑤	
円派			
長勢(三条仏師)―円勢			

①康慶	興福寺南円堂の諸仏
②運慶	東大寺南大門金剛力士像(阿形),興福寺北円堂無著像・世親像
③定覚	東大寺南大門金剛力士像(吽形)
④快慶	東大寺南大門金剛力士像(阿形)・僧形八幡神像
⑤定慶	伝興福寺金剛力士像
⑥湛慶	蓮華王院(三十三間堂)千手観音像,東大寺南大門金剛力士像(吽形)
⑦康弁	興福寺天灯鬼像・竜灯鬼像,興福寺北円堂広目天,東寺仁王像
⑧康勝	六波羅蜜寺空也上人像,興福寺北円堂多聞天,東寺弘法大師像

3 東大寺僧形八幡神像

▶**東大寺僧形八幡神像** 重源の依頼で,快慶が1201年に制作。東大寺鎮守八幡宮の神体で,写実的な鎌倉彫刻。像高87.1cm 奈良県 国宝

5 興福寺金剛力士像

▶**興福寺金剛力士像**(阿形) 1180年の平重衡の南都焼打ちで焼亡した興福寺の再建に合わせて,13世紀初頭に制作されたとみられる。写実性に富み,力動感あふれる肉体表現がみられる鎌倉彫刻の秀作。
像高154.0cm 奈良県 国宝

4 東大寺南大門金剛力士像

 阿

 吽

▲**東大寺南大門金剛力士像** 重源の東大寺復興の一環として再建された,南大門の仁王。阿形(南大門の向かって左で口を開けている)・吽形(口を閉じている)があり,運慶・快慶・定覚・湛慶の慶派一門により,1203年に69日間で制作された寄木造(部材数約3000)の傑作。1991年の解体修理の際,阿形像の金剛杵から墨書銘がみつかっている。
像高 阿形像(左)8.4m 吽形像(右)8.4m 奈良県 国宝

6 東大寺重源上人像

3

▲**墨書銘** ❶大仏師法眼運慶,❷(安)阿弥陀仏(快慶の別称),❸造東大寺大勧進大和尚南無阿弥陀仏(重源の別称)とみられる。

◀**東大寺重源上人像** 1180年の平重衡による南都焼打ちで荒廃した東大寺の復興造営にあたった大勧進俊乗房重源の肖像彫刻。重源に多くの造仏を依頼された慶派により,1206年の重源の死後,間をおかずに制作されたとみられる。像高82.2cm 奈良県 国宝

1 興福寺無著像・世親像

▶興福寺無著像(左)・世親像(右) 5世紀頃, 北西インド・ガンダーラに生まれ, 法相(大乗仏教唯識派)教学を確立した無著・世親兄弟の写実性の高い立像。法相宗の宗源とされる弥勒坐像(北円堂本尊)左右に, それぞれが片足を踏み出した形で安置されている。寄木造 像高 左194.7cm 右191.6cm 奈良県 国宝

▶興福寺天灯鬼(左)・竜灯鬼(右) 西金堂に安置されていた像で, 通常, 四天王像に踏みつけられる邪鬼に仏前を照らす灯籠の役目を与えた。2体で阿・吽, 赤・青, 動・静を表現している。巧みな写実をこなしつつ, 力強くユーモアを持った鬼彫刻の傑作。寄木造 像高 左78.2cm 右77.8cm 奈良県 国宝

2 興福寺天灯鬼像・竜灯鬼像

3 蓮華王院本堂(三十三間堂)千手観音坐像

▲蓮華王院千手観音 運慶長子の湛慶最晩年の造仏で, 鎌倉仏教彫刻の典型とされるヒノキ材の寄木造十一面四十二臂像。四十二臂とは前面で合掌する一組と法具を持つ40本の手を示し, 千手とは千の方法で衆生を救済する意である。像高334.8cm 京都府 国宝

4 明月院上杉重房像

▼明月院上杉重房像 重房は本姓藤原氏で, 宗尊親王が6代将軍に就任する際に近侍した。丹波国上杉荘を賜ったことから, 上杉氏を称し, 謀叛の疑いで解任された宗尊親王の帰洛後も幕府に仕えた。足利氏と婚姻関係を結び, 孫の清子が足利尊氏・直義兄弟を産んだことから, 子孫は関東管領に任じられた。像高68.2cm 神奈川県

東大寺盧舎那仏 14.8m

東大寺南大門 金剛力士像 吽形 8.4m

高徳院阿弥陀如来像 11.4m (大仏)

5 六波羅蜜寺 空也上人像

◀空也上人像 運慶の第四子康勝の作で, 鹿角の杖をつき, 鹿革をまとい, 手に撞木を携え胸に鉦を抱いている。六波羅蜜寺のこの像は, 念仏を唱え市中をめぐる姿を示しており, 唱えた念仏が口元の6体の阿弥陀仏になったという伝承にしたがっている。寄木造 像高117.6cm 京都府

6 高徳院阿弥陀如来坐像

◀高徳院阿弥陀如来像 (鎌倉大仏) 鎌倉大仏と通称される阿弥陀如来像は, 『吾妻鏡』に1252年造立の記事がある。礎石跡の残る大仏殿は15世紀末の津波で失われた。像高11.4m 神奈川県 国宝

7 各像の大きさの比較

1m

三十三間堂千手観音像

興福寺無著像・世親像

六波羅蜜寺 空也上人像

興福寺 竜灯鬼像・天灯鬼像

上杉重房像

1 おもな絵巻物

合戦物	平治物語絵巻 蒙古襲来絵詞→p.106, 107 後三年合戦絵巻
縁起物	北野天神縁起絵巻 春日権現験記(高階隆兼) 石山寺縁起絵巻
物語	紫式部日記絵巻→p.120
伝記物	一遍上人絵伝(円伊) 法然上人絵伝 西行物語絵巻 鑑真和上東征絵伝
その他	男衾三郎絵巻 六道絵(地獄草紙・病草紙・餓鬼草紙)→p.120

2 合戦物

◀『平治物語絵巻』 鎌倉時代の代表的な合戦絵巻で,三条殿夜討巻・信西巻・六波羅行幸巻の3巻のほか,六波羅合戦巻の残欠が数葉残っている。この場面は,源義朝の軍勢が後白河上皇の三条殿を襲い,上皇を内裏に移す部分である。縦42.7cm 横1012.8cm 部分 ボストン美術館蔵／アメリカ

▶『後三年合戦絵巻』(飛騨守惟久筆,1347年・南北朝) 奥州清原氏の内紛に介入した,源義家を描いた絵巻。前九年合戦の後,大江匡房から孫子の兵法を学んだ源義家が,飛雁の列の乱れから敵の伏兵を見破った場面を描写している。縦45.5cm 横19.5m 部分 東京国立博物館蔵

3 縁起物

▲『北野天神縁起絵巻』 醍醐天皇・藤原時平により大宰権帥に左遷され,失意のうちに死去した菅原道真の一生と,死後,雷神(怨霊)と化した道真を鎮めるために設けられた北野天満宮の由来を描いた縁起絵巻。場面は清涼殿を襲う雷神に恐れおののく公卿たちと,一人 毅然と太刀を構える時平の姿。全8巻。縦51.5cm 横926cm 部分 北野天満宮蔵／京都府

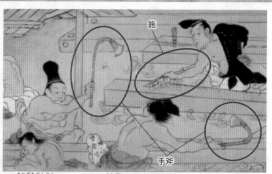

▲『松崎天神縁起』 菅原道真の天神縁起絵巻の一つ。大宰府配流の途次,周防国勝間浦での奇端に因んで松崎天神が創建された由来が描かれている。造営場面に鉇や手斧といった大工道具が見える。6巻 防府天満宮蔵／山口県

▶『石山寺縁起絵巻』 観音霊場として名高い石山寺の沿革と石山寺造立の場面(1巻,高階隆兼筆)で,曲尺や木の葉鋸,鑿など当時の大工道具と使用法がうかがえる。縦33.3cm 横15.2m 部分 石山寺蔵／滋賀県

Question p.118 3 の『松崎天神縁起』『石山寺縁起絵巻』の描写に注目して,当時の建築の様子について何がわかるか考えてみよう。

◢『春日権現験記』 春日明神の霊験譚・春日大社の由来を描いた絵巻。1309年，左大臣西園寺公衡が発願し，宮廷絵所高階隆兼に制作させた。春日神人と神鹿を随行させた牛車に出会った恵珍が，車中の地蔵菩薩の姿をした明神から声をかけられた場面。全20巻 縦41.8cm 横921.8cm 部分 宮内庁蔵 国宝

◢『西行物語絵巻』 北面の武士佐藤義清(のちの西行)が，23歳で出家したのちの漂泊の生涯を描いた伝記絵巻。図は旅をともにしてきた大峰山の修験者(山伏)との別れに際し，出立の挨拶を交わしている場面。縦30.3cm 横11.8m 部分 文化庁蔵

4 伝記物

◢『一遍上人絵伝』 一遍上人の布教の様子を，弟子聖戒・絵師円伊・外題世尊寺経尹が制作した伝記絵巻。備前福岡市・京都四条の踊念仏の場面が有名。この図は，鎌倉郊外片瀬にある浜の道場での念仏踊りの場面。縦38.1cm 横6.3m 部分 全12巻 清浄光寺蔵／神奈川県 国宝

◢『法然上人絵伝』 法然上人行状絵図ともいわれる，浄土宗開祖法然房源空の伝記絵巻。1307年，伏見天皇勅願による制作とされる。この図は，父の美作国押領使漆間時国が夜襲をうけた際に，襖の陰から幼少の勢至丸(出家前の法然)が矢を射掛けて応戦している姿。こののち，父の遺言で出家することになる。全48巻 縦約32.7cm 横1124.9cm 部分 知恩院蔵／京都府 国宝

◢『鑑真和上東征絵伝』 失明を乗りこえ，日本に戒律を伝えた唐僧鑑真の伝記絵巻で，1298年に鎌倉極楽寺の忍性が唐招提寺に施入したもの。図は右から唐土の鑑真，遣唐使船内，博多に上陸した様子が描かれている。全5巻 縦37.0cm 横15.4m 部分 唐招提寺蔵／奈良県

Answer 鉋や手斧のほか，曲尺や木の葉鋸など現在ではほとんど使われなくなった道具とその使用法，技術者集団の作業工程がわかる。

第2部 中世

第❷部 中世

❶ その他の絵巻

◀『紫式部日記絵巻』 紫式部日記を絵画化した彩色絵巻。現存するのは4巻。若宮（後の後一条天皇）誕生50日の祝宴の場面。左上では右大臣藤原顕光が女房の扇を取りあげ，右下では右大将（後に右大臣の昇進，「小右記」の作者）藤原実資が十二単の袖口を数えている。五島美術館蔵／東京都 国宝

▼『男衾三郎絵巻』 武家社会での継子いじめと観音利生を描いた絵巻。武蔵国在住の武家の兄弟，都ぶりの生活を送る兄吉見二郎と，武技一辺倒の弟男衾三郎を通し，鎌倉時代の武士のあり方がわかる。図は三郎の館で弓の弦を張っている姿。武具の手入れや武技の修練を疎かにしない武士の日常がうかがえる。この部分の右側が，p.103 ❺ で取り上げた笠懸の場面である。 縦29.2cm 横1255.3cm 部分 東京国立博物館蔵

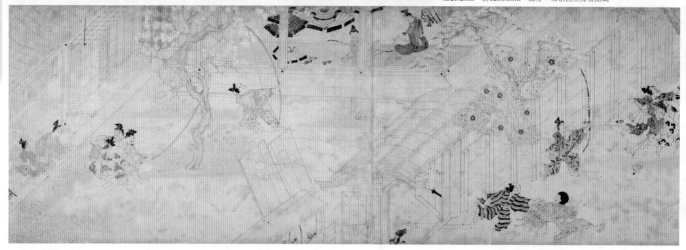

❷ 六道絵

▲『餓鬼草紙』 六道絵巻の一つで，前世の悪業の報いによって，餓鬼道に墜ちた姿を描いた鎌倉初期の絵巻。図は人糞を食う伺便の様子であるが，当時，排泄時に高下駄を履いていた姿がうかがえる。縦27.3cm 横384.0cm 部分 東京国立博物館蔵 国宝

▲『地獄草紙』 六道（因果応報により天上・人間・修羅・畜生・餓鬼・地獄の六界を転生）絵巻の一つで，仏経典で説かれた地獄のありさまを描いたもの。図は，現世で計量をごまかした悪徳商人が赤熱した鉄枡で炭火を量らされている場面。縦26.0cm 横2.4m 部分 奈良国立博物館蔵 国宝

▶『病草紙』 さまざまな奇病や身体の異常を描いた鎌倉初期の絵巻物。この場面は，悪辣な商法で儲け，贅沢な生活を繰り返したために肥満し，一人では歩けなくなった借上の女性を描いている。縦25.5cm 横45.5cm 部分 10面分が 国宝

Question p.120 ❶ の『男衾三郎絵巻』の描写に注目して，当時の武士が日常においてどのような生活を送っていたか考えてみよう。

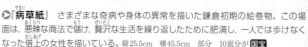

詳日 第6章4 p.109

1 おもな絵画・工芸

絵画	伝源頼朝像・伝平重盛像 親鸞聖人像(鏡御影) 後鳥羽上皇像(伝藤原信実筆) 蘭溪道隆像 明恵上人樹上坐禅図(成忍筆)
書蹟	鷹巣帖(尊円入道親王)
工芸	刀剣	正宗(鎌倉) 藤四郎吉光(京都) 長光(備前長船)
	瀬戸焼

解説 似絵 鎌倉時代に発達した大和絵の肖像画。対象を個性的・写実的に表現したのが特徴で、定家の異父兄藤原隆信・信実父子が似絵の名手といわれ、京都神護寺の「源頼朝像」「平重盛像」「藤原光能像」が代表作品とされていたが、近年、美術史学の立場から異論が出されている。1345年の足利直義願文から足利尊氏・直義・義詮の3名とする説である。上が「伝源頼朝像」と表現されるようになったのはこれゆえである。下は伝藤原信実筆の「後鳥羽上皇像」で、承久の乱の後、隠岐配流の直前に描かれたものである。

2 肖像画(似絵・頂相)

賛→

△伝源頼朝像 縦143.0cm 横112.8cm
部分 神護寺蔵/京都府 国宝

△後鳥羽上皇像(伝藤原信実筆)
縦40.3cm 横30.6cm 部分 水無瀬神宮蔵
/大阪府 国宝

△親鸞聖人像 藤原信実の子、専阿弥陀仏の作。親鸞在世中に描かれ、容姿を忠実に伝えたので、「鏡御影」とよばれている。
縦71.8cm 横32.9cm 部分
本願寺蔵/京都府 国宝

△蘭溪道隆像 縦104.8cm 横46.4cm 部分 建長寺蔵/神奈川県 国宝

解説 頂相 頂相とは禅僧の肖像画のこと。禅宗では弟子が一人前になると、師が自分の肖像画に賛(詩文)を添えて贈ったもので、自画自賛の語源ともなっている。この頂相は5代執権北条時頼が帰依し、建長寺の開山にすえた南宋の僧蘭溪道隆で、頂相上部に文永8年(1271)の自賛がある。

△明恵上人樹上坐禅図 京都栂尾に高山寺を開いた明恵房高弁の肖像画で、恵日房成忍の作。松林のなかの縄床樹の上で修行している姿を描いている。
縦145.0cm 横59.0cm 部分 高山寺蔵/京都府 国宝

3 書道(青蓮院流)

解説 青蓮院流は、持明院統伏見天皇の皇子で、青蓮院門跡であった尊円入道親王が、一跡(蹟)の一人藤原行成の世尊寺流をもとに、宋の書風を加味したものである。世尊寺流にかわり、和様書道の主流となり、のち江戸時代の御家流(江戸幕府公用書の書体)に発展した。

△鷹巣帖 尊円入道親王が、後光厳天皇のために書いた習字の手本。
縦31.0cm 横485.0cm 部分 本願寺蔵/京都府

4 陶芸

△瀬戸焼(黄釉牡丹唐草文壺) 1223年に道元とともに入宋した加藤四郎左衛門景正が、帰国後、猿投・常滑などの中世古窯が点在した尾張国の瀬戸で創始したと伝えられる。子孫は代々「藤四郎」を襲名した。
高28.1cm 東京国立博物館蔵

5 甲冑

△赤糸威鎧 鎌倉初期の有力御家人畠山重忠が奉納した大鎧。騎射戦に対応した重厚な甲冑で、赤糸威とは、鎧を構成する鉄製小札を茜草で赤色に染めた紐で組み合わせていることを表している。高85.0cm
武蔵御嶽神社/東京都 国宝

刀剣の変遷

日本刀 日本刀は「折れず、曲がらず、良く切れる」が特徴とされる。これは刃に踏鞴製鉄(砂鉄を木炭で低温製鉄)により得られる玉鋼(炭素1.3%含有)をもちい、外側にかたい皮鉄を組み合わせることにより実現している。19世紀、ドイツの製鉄会社ゾーリンゲンが切れる日本刀の科学的分析をおこなったといわれる。

剣と刀 剣とは両刃(諸刃)のものを、刀とは片刃のものをさす。金象嵌がほどこされた稲荷山古墳出土鉄剣は前者であるが、日本では早くに廃れた。一方、銀象嵌のある江田船山古墳出土鉄刀は後者である。

直刀と湾刀
①**直刀(反りのない刀)** 四天王寺の「丙子椒林剣」や「七星剣」、正倉院の「金銀鈿荘唐大刀」などで、中国もしくは朝鮮からの渡来品と考えられる。

②**湾刀(反りのある刀)** 湾刀への変化は、平安中期とされる。9世紀初頭の蝦夷征討や10世紀半ばの平将門の乱などを通して、戦闘方法が徒歩戦から騎馬戦へと移行したことが影響している。直刀は突く動作に向いたもので、馬上から斬りおろすためには刀身に反りをつけた方が理にかなっている。

太刀と打刀
①**太刀** 直刀の時代の「大刀」や湾刀となった「太刀」は、刃を下に向けた鞘に、帯取をつけて腰に吊る。これを「太刀を佩く」という。

②**打刀=腰刀** 戦闘形式が集団密集戦に変化すると、太刀は廃れ、打刀が主流になる。装着法は刃を上に向けた鞘を帯に挟み込むようになる。これを「刀を差す」という。

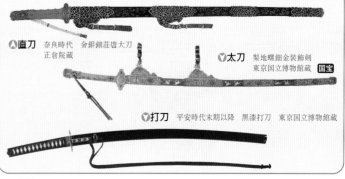

△直刀 奈良時代 金銀鈿荘唐大刀 正倉院蔵

▽太刀 梨地螺鈿金装飾剣 東京国立博物館蔵 国宝

▽打刀 平安時代末期以降 黒漆打刀 東京国立博物館蔵

第**2**部 中世

第②部 中世

1 皇統の分裂から討幕へ

——持明院統 ＝＝大覚寺統

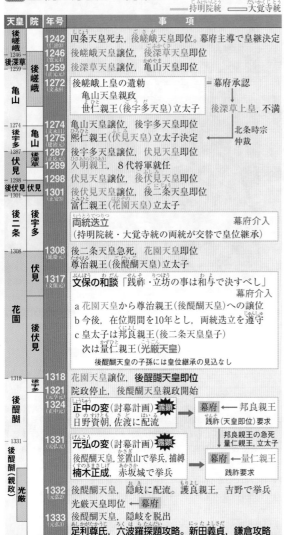

天皇	院	年号	事 項
後嵯峨		1242（仁治3）	四条天皇死去，後嵯峨天皇即位。幕府主導で皇継決定
後深草	後嵯峨	1246（寛元4）	後嵯峨天皇譲位，後深草天皇即位
		1259（正元元）	後深草天皇譲位，亀山天皇即位
亀山		1272（文永9）	後嵯峨上皇の遺詔　＝幕府承認 亀山天皇親政 世仁親王（後宇多天皇）立太子　後深草上皇，不満
後宇多	亀山	1274（文永11）	亀山天皇譲位，後宇多天皇即位
		1275（建治元）	熙仁親王（伏見天皇）立太子決定　北条時宗仲裁
伏見	後深草	1287（弘安10）	後宇多天皇譲位，伏見天皇即位
		1289（正応2）	久明親王，8代将軍就任
後伏見	伏見	1298（永仁6）	伏見天皇譲位，後伏見天皇即位
		1301（正安3）	後伏見天皇譲位，後二条天皇即位 富仁親王（花園天皇）立太子
後二条	後宇多		両統迭立　幕府介入 （持明院統・大覚寺統の両統が交替で皇位継承）
花園	伏見	1308（延慶元）	後二条天皇急死，花園天皇即位 尊治親王（後醍醐天皇）立太子
	後伏見	1317（文保元）	文保の和談「践祚・立坊の事は和与で決すべし」 幕府介入 a 花園天皇から尊治親王（後醍醐天皇）への譲位 b 今後，在位期間を10年とし，両統迭立を遵守 c 皇太子は邦良親王（後二条天皇皇子） 次は量仁親王（光厳天皇） 後醍醐天皇の子孫には皇位継承の見込なし
	後宇多	1318（文保2）	花園天皇譲位，後醍醐天皇即位
後醍醐		1321（元亨元）	院政停止，後醍醐天皇親政開始
		1324（正中元）	正中の変（討幕計画）　幕府←邦良親王 日野資朝，佐渡に配流　践祚（天皇即位）要求
		1331（元弘元）	元弘の変（討幕計画）　邦良親王の急死 量仁親王，立太子 後醍醐天皇，笠置山で挙兵，捕縛　幕府←量仁親王 楠木正成，赤坂城で挙兵　践祚要求
後醍醐（親政） 光厳		1332（元弘2／正慶元）	後醍醐天皇，隠岐に配流　護良親王，吉野で挙兵 光厳天皇即位←幕府
		1333（元弘3／正慶2）	後醍醐天皇，隠岐を脱出 足利尊氏，六波羅探題攻略。新田義貞，鎌倉攻略

2 両統対立の背景

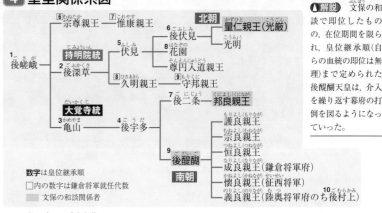

・治天の君
・皇位継承権の独占
・皇位継承　←幕府介入
（将軍＝持明院統出身）
関東申次西園寺実兼の介在
・膨大な皇室領荘園の独占→p.89　2
暫定的に八条院領→大覚寺統
長講堂領→持明院統
室町院領→両統折半
　　　　幕府介入

3 討幕勢力の形勢

・後醍醐天皇
宋学（大義名分論・尊王斥覇）
幕府の皇位継承介入への反感
・新興武士＝悪党
得宗体制がすすめてきた，
　モンゴル襲来以来の非御家人層の統制
　流通を掌握する新興武士（悪党→p.111）への抑圧
　拡大する得宗領への悪党行為の取締り
　　　　　　　　　　　　　　などに反発
・御家人層
得宗体制での御内人と対立

4 皇室関係系図

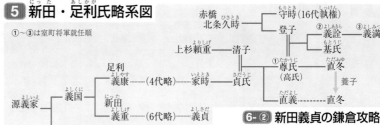

数字は皇位継承順
□内の数字は鎌倉将軍就任代数
▒ 文保の和談関係者

解説 文保の和談で即位したものの，在位期間を限られ，皇位継承順（自らの血統の即位は無理）まで定められた後醍醐天皇は，介入を繰り返す幕府の打倒を図るようになっていった。

5 新田・足利氏略系図

①～③は室町将軍就任順

源義家──義国──┬足利──義康──（4代略）──家時──貞氏──┬尊氏（高氏）──直冬
　　　　　　　├新田──義重──（6代略）──義貞　　　　　　├（養子）
　　　　　　　└義親──為義──義朝──頼朝　　　　　　　　└直義──直冬

赤橋 北条久時──守時（16代執権）
上杉頼重──清子──登子──┬義詮②──義満③
　　　　　　　　　　　　├基氏

6 鎌倉幕府の滅亡

6-① 足利尊氏の六波羅探題攻略

源義家を先祖に持つ新田氏と足利氏。北条氏と姻戚関係を結び，有力御家人として優遇されていた足利氏であったが，幕府軍の中核として派遣された尊氏が，丹波篠村で後醍醐方に寝返り，六波羅探題を攻略した。

▲楠木正成（?～1336）

元弘の変 1331年
皇位継承にからみ，後醍醐天皇が計画した討幕事業。密告で露顕し，天皇は急遽笠置山で挙兵したが，捕えられ隠岐へ配流。

▲隠岐

正中の変 1324年
皇位継承にからみ後醍醐天皇が計画した討幕事業。密告で露顕し，日野資朝は佐渡に配流。

6-② 新田義貞の鎌倉攻略

幕府から冷遇されていた新田義貞は，上野生品で挙兵し，鎌倉へ南下。鎌倉の外郭線を極楽寺坂・巨福呂坂などの切通で防衛した幕府軍だったが，義貞は稲村ヶ崎の海岸線を突破して鎌倉に侵入，得宗北条高時以下北条一門は東勝寺で自害，ここに鎌倉幕府は滅亡した。

1333年 4.27 足利高氏，天皇方につく
1333年 5.7 足利尊氏，六波羅攻略
1333年 6.5 後醍醐天皇，京都還幸
1331年 8.27 笠置山 後醍醐天皇挙兵
1331年 9.11 護良親王挙兵
楠木正成挙兵 赤坂城
1332年 11. 楠木正成再挙兵 千早城

0 10km

丹波 近江 京都 篠村八幡 六波羅探題 山城 摂津 河内 奈良 阿倍野 堺 大和 吉野

1333年 閏2.24 後醍醐天皇，隠岐脱出
1333年 閏2.28 名和長年，挙兵
1333年 1.21 赤松則村，挙兵
1333年 3.13 菊池武時，挙兵

→後醍醐天皇の脱出路
⇢足利尊氏の六波羅攻め
➡新田義貞の鎌倉攻め

隠岐 船上山 番場 篠村八幡 京都 ▶稲村ヶ崎

1333年 5.8 新田義貞，挙兵
1333年 5.9 探題北方北条仲時，自刃
1333年 5.22 幕府滅亡

新田 小手指原 分倍河原 鎌倉

→新田義貞軍
×切通

1333年 5.21 新田義貞，鎌倉侵入
海を歩いた稲村ガ崎

建長寺 巨福呂坂 鶴岡八幡宮 大仏坂 大仏（高徳院）東勝寺 極楽寺 極楽寺坂 出由比ガ浜 幕府 名越 1333年 5.22 北条高時自刃

0 500m

Question p.122 1 ～3 や p.123 1-2 に注目して，鎌倉幕府が滅亡に至った背景，建武政権が早期に崩壊した原因について考えてみよう。

1 建武の新政

1-① 建武の新政関係年表

1333 (元弘3)	閏2	後醍醐天皇，隠岐を脱出
	5	足利尊氏，六波羅探題を襲撃
		新田義貞，鎌倉幕府を襲撃
	6	後醍醐天皇，京都に還幸。光厳天皇廃位
		個別安堵法(旧領回復法)を出す
		旧領主への返還
		以後は綸旨による所有権の安堵
		記録所・恩賞方を設置
	7	諸国平均安堵法を出す
		当知行を容認，安堵は国司がおこなう
	9	武者所・雑訴決断所を設置
1334 (建武元)	1	大内裏の造営・紙幣の発行を計画
	3	新銭乾坤通宝の鋳造を計画

1-② 建武の新政の特徴と内容

特徴

①後醍醐天皇による天皇親政
　醍醐・村上天皇の親政(延喜・天暦の治)を理想視
　「今の例は昔の新儀也，朕が新儀は未来の先例たるべし」
②幕府・摂政・関白(令外官)の廃止
③官位相当制の無視

内容

①建武と改元
　後漢(中国)を再興した光武帝の年号にあやかる
②天皇の綸旨による所領安堵制度「夜討・強盗・謀綸旨」
　旧領(貴族・寺社所領)回復が前提

　　武士が実効支配している貴族・寺社領荘園を返還せよ
　　↕矛盾
　　20年間実際に知行していない所領は知行権を喪失する
　　御成敗式目第8条＝武家慣習(知行年紀法)の無視

③土地訴訟の増加「本領ハナル、訴訟人、文書入タル細葛」
④不公平な恩賞(貴族・寺社・一部武士を厚遇)
　「追従讒人禅律僧，下克上スル成出者」
⑤大内裏の造営を計画
　造営費用捻出＝貨幣(乾坤通宝)・紙幣の発行を計画
　地頭に費用負担を命令

武士の不満増大

4 建武政権の崩壊　4-① 建武政権崩壊関連年表

1335 (建武2)	7	北条時行(得宗高時の子)，中先代の乱(先代=北条，後代=足利の間)を起こす。時行，足利直義を破り，鎌倉を占拠
	8	足利尊氏，建武政権の許可なく鎌倉へ下向，北条時行を撃破
	11	尊氏，建武政権の帰洛命令を拒否
	12	尊氏，建武政権に反旗を翻し，箱根竹ノ下の戦いで新田義貞を撃破し，京都へ進撃 ❷
1336 (建武3)(延元元)	1	尊氏，京都で北畠顕家，楠木正成らに敗北 ❸
	2	尊氏，光厳上皇から義貞追討の院宣獲得 ❹ (朝敵の汚名をまぬがれる)
	3	尊氏，元弘の変での没収地返付令を出す
		尊氏，九州に上陸
		尊氏，多々良浜の戦いで菊池武敏を撃破 ❺
		楠木正成，尊氏との和睦を提案するが却下
		正成，京都での迎撃を提案するが却下
	5	正成，湊川の戦いで自刃 ❻
	8	尊氏，京都を占領し，光明天皇を擁立
	11	建武式目を制定
	12	後醍醐天皇，吉野へ脱出(南北朝分立)

2 後醍醐天皇

◀後醍醐天皇
(1288～1339，位1318～39)

両統立の原則のなかで即位した天皇は，限られた在位ののち，持明院統に皇位を譲ることを是とせず，自らの意志を強烈に示した。父の後宇多上皇の院政を停止し，記録所の再興など，天皇親政をめざし，持明院統への譲位を求める幕府の打倒を計画した。この画像も密教の法衣をまとい，手には三鈷杵を持って，幕府転覆の護摩を焚いたといわれる「異形の天皇」を示している。建武の新政でも，自ら発給する綸旨の絶対性を貫いたので，混乱を招いて，建武政権は短命に終わった。

3 建武政府の機構

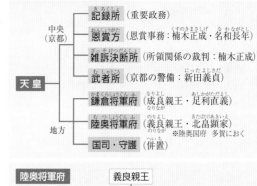

中央(京都) — 記録所(重要政務)
　　　　　　 恩賞方(恩賞事務：楠木正成・名和長年)
　　　　　　 雑訴決断所(所領関係の裁判：楠木正成)
天皇 ─　　　 武者所(京都の警備：新田義貞)
地方 ─　　　 鎌倉将軍府(成良親王・足利直義)
　　　　　　 陸奥将軍府(義良親王・北畠顕家)※陸奥国府 多賀におく
　　　　　　 国司・守護(併置)

陸奥将軍府

義良親王 — 陸奥守北畠顕家 ※奥州統治の全権委任
　侍所／安堵奉行／寺社奉行／評定奉行／政所執事／引付衆／式評定衆

解説 記録所・雑訴決断所・恩賞方への登用は多くが公家で，武家は楠木・名和など少数であった。人事のかたよりと武家社会の慣習を無視した所領安堵は，武士の不満を増大させ，それを背景に足利尊氏は建武政権を離反していく。一方，陸奥将軍府など地方統治機関の多くは，鎌倉幕府を踏襲し，その官僚機構を継承していた。

4-② 各地の合戦

◀足利尊氏(1305～58) 源義家の血統で，鎌倉幕府の有力御家人にもかかわらず，六波羅探題を攻略，討幕に功績のあった尊氏(はじめ高氏，のち後醍醐天皇の尊治の一字をもらう)だが，建武政権には参加せず，新政に不満を持つ武士の支持をうけた。

凡例：
→ 足利尊氏軍の進路
→ 新田義貞軍の進路
→ 北畠顕家軍の進路
→ 北畠親房の東国行

1335.12.11～12 竹ノ下の戦い
新田義貞 対 足利尊氏

1335.7.25～8.19 中先代の乱
北条時行 対 足利直義

1336.3.2 多々良浜の戦い
菊池武敏 対 足利尊氏

1336.5.25 湊川の戦い
楠木正成 対 足利尊氏

1336.1 京都で正成らに敗れる
1336.2 京都から敗走中に光厳上皇の院宣を得る
1335 義貞を破り京都へ進撃
1335.8 北条時行を破る
1336 京都に向かう
1336 京都に向かい反撃
1336.5 正成を破り入京

（地図上の地名：多賀城，霊山城，白河，小山，関城，小田城，神宮寺城，鎌倉，国府，矢矧川，手越河原，青野原，愛知川，芥川，白旗城，福山城，三石，室津，石津，奈良，男山，兵庫，京都，大湊，厳島，鞆津，府中，赤間関，芦屋，大宰府）

▶楠木正成(？～1336)の自決　第二次世界大戦前の学校教育では，忠臣の鑑とされた正成。『梅松論』に義貞と訣別して逆臣の尊氏と和睦すべしと提唱したとある。また『太平記』では摂津湊川におもむく際，元弘の変の時と異なり兵が集まらないと述べている。正成の言葉は，当時の武士が何を求め，参陣する側を決定したかを如実にあらわしている。

第②部 中世

1 南北朝の動乱

建武政権成立〜崩壊	1333	建武政権成立
	1335	足利尊氏, 中先代の乱を機に建武政権から離反
	1336	湊川の戦い(楠木正成戦死)
	(建武3)	建武政権崩壊, 光明天皇(持明院統)を擁立
		尊氏, 建武式目を制定 2
南北朝分立〜南朝衰退	1336	後醍醐天皇, 京都から吉野へ脱出(南北朝分立)
	1338 (暦応元/延元3)	石津の戦い(北畠顕家戦死)
		藤島の戦い(新田義貞戦死)
		尊氏, 征夷大将軍に就任
	1339	後醍醐天皇死去, 尊氏, 天龍寺を建立し菩提を弔う
		北畠親房, 『神皇正統記』執筆(常陸国小田城)
	1348	四条畷の戦い(楠木正行〈正成の子〉戦死)
		高師直, 吉野攻略(南朝行宮は賀名生へ移転)
幕府分裂・南朝勢力回復	1350	観応の擾乱(〜52, 幕府内部分裂は64年まで) 4
	1352 (文和元/正平7)	尊氏, 直義を毒殺(直冬が旧直義派率い抵抗継続)
		南朝が京都を攻撃
		尊氏派, 観応半済令→p.125 を出す
幕府分裂・南朝勢力回復		義詮(京都)が, 尊氏(鎌倉)との連絡路維持のため, 京都の後背地である近江・美濃・尾張の確保を企図
	1358	尊氏死去, 義詮2代将軍に就任
	1359	筑後川の戦い(九州の南朝勢力が拡大)
	1361	征西将軍懐良親王(南朝), 大宰府を占拠
	1363	直冬派山名時氏, 幕府に帰順
	1364	直冬派, 幕府に帰順(幕府内部分裂の終了)
義満権力掌握・南北朝動乱の収束	1368	義詮死去, 義満(11歳→管領細川頼之が補佐)将軍就任
	1371	応安半済令→p.125 を出す
		今川了俊, 九州探題に就任
	1372	今川了俊, 南朝征西将軍府を攻撃, 大宰府占拠
	1378	義満, 室町第(花の御所・花営)に移る
	1379	康暦の政変(管領細川頼之罷免)・将軍独裁体制
	1383	征西将軍懐良親王死去, 九州の南朝勢力弱体化
	1390	土岐康行の乱
	1391	明徳の乱→p.126
	1392	南北朝の合体

2 建武式目

建武式目

鎌倉元の如く柳営たるべきか, 他所たるべきや否や
……就中, 鎌倉郡は, 文

治に右幕下始めて武館を構へ, 承久に義時天下を併呑す. 武家にこ於いては, 尤も吉土と謂ふべきか. 爰に於きか, 他所たるべきや. 偏に諸人の欲に随ふべきか. 縦ひ他所為りと雖も, 衆人若し遷移せんと欲せば, 衆人の情に随ふべし.

尤も多く徳政を施さるべきか. 政道の興廃は, 人の善悪に依る. 近くは亡国の乱を改めず, 頗る傾危何の疑ひ有るべけんや.

▶建武式目 建武政権を破った, 足利尊氏が, 柳営(幕府)を鎌倉・京都の何れに置くべきかと諮問したのに対し, 明法家の中原章賢(是円房道昭・中原是円)が, 「鎌倉は頼朝が幕府を開き, 義時が承久の乱を制した武士政治の適地だが, 北条氏滅亡の不吉な土地でもある. 正しい政道があれば幕府の土地はどこでもよく, 世論に従うべき」と答えた前文がついている. 建武式目は, ほかに守護任用の規定や裁判規定など, 全17カ条からなる.

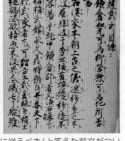

3 吉野 ▶吉野

西行庵 / 金峯神社 / 吉野水分神社 / 上千本 / 後醍醐天皇陵 / 如意輪寺 / 中千本 / 金峯山寺(蔵王堂) / 吉水神社 / 下千本 / 近鉄吉野線 / 河原屋 / 上市

▲解説 吉野は, 大峰・熊野へ続く修験道の中核で, 日本全国の修験者(山伏)が南朝を支えた. 悪党とよばれる新興武士とのかかわりもあり, 楠木正成の担った辰砂(水銀)交易や悪党の戦い方にも修験道が影響している. 後醍醐天皇は死に際して, 「玉骨は縦南山の苔に埋るとも, 魂魄は常に北闕の天を望まん」との言葉をのこし, 北(京都)向きの陵墓をつくらせている(通常, 天皇陵は南向き).

5 動乱長期化の要因

分割相続から単独相続への移行

分割相続による経営難

嫡子の単独相続 ／ 惣領制の解体

庶子の独立・反抗(守護の被官化, 悪党化)

血縁的結合から地縁的結合への移行

嫡子が北朝なら, 庶子は南朝を支持

4 観応の擾乱

主従制的支配権		統治制的支配権
軍事・恩賞	対立	裁判・行政
足利尊氏(兄) ‖実子 足利義詮(尊氏次子)	派生	足利直義(弟) ‖養子 足利直冬(尊氏長子)
執事 高師直	対立	引付頭人上杉重能
守護・国人		守護・国人

対立 ↓ 南朝 ↑ 提携

▲解説 幕府成立当初, 兄尊氏は軍事動員・恩賞給与を担当し, 弟直義は裁判制度をにない, 秩序維持にあたるなど, 協力の下に幕政を執った. しかし, 武士の荘園侵略を容認する高師直と荘園領主の訴えをうける上杉重能の対立はしだいに尊氏・直義兄弟の反目へと発展した. 観応の擾乱は尊氏による直義毒殺で終結をみるが, 尊氏の庶子で直義の養子となっていた直冬が, 尊氏派との対立を継承した. 両派閥はそれぞれ状況により自派の勢力伸長をはかり, 弱体化していた南朝は勢力を回復した. **観応半済令**は, 旧直義派と結んだ南朝の圧力に対して, 尊氏派が発令したものである. →p.125 1-3

6 南北朝の動乱

1352 旧直義派 / 美濃 / 鎌倉の尊氏との連絡路維持 / **1352 観応半済令** →p.123 1-3 / 近江 / 尾張 / 伊勢

1338 石津の戦い 高師直が北畠顕家を破る
丹波 / 鞍馬寺 / 神護寺 / 延暦寺 / 園城寺 / 醍醐寺 / 1352 足利義詮 / 京都 / 山城

1348 四条畷の戦い 高師直が楠木正行を破る
播磨 / **1352 旧直義派** / 摂津 / 男山八幡(石清水八幡) / 笠置山 / 伊賀 / 大山寺 / 四条畷 / 河内 / 興福寺 / 大和

1348 吉野攻略 高師直が南朝の拠点である吉野を攻め蔵王堂を焼き払う

1339 『神皇正統記』 北畠親房執筆. 神代より後村上天皇までを記述. 南朝の正統性を主張

住吉神社 / 石津 / 観心寺 / 赤坂城 / 金剛寺 / 千早城 / 和泉 / 吉野 / 金峯山寺 / 行宮移動 / **1352 南朝方** / 紀伊 / 粉河寺 / 賀名生

凡例:
北朝方 / 南朝方 / 南朝方のち北朝方 / 南北両朝に分裂 / 南朝の在所 / 南北朝前期 / 南北朝中期

越前 / 旧直義派 / 美濃 / 尾張 / 鎌倉 / 常陸国小田城 / 旧直義派 / 南朝方 / 連絡路確保 / 筑後

1359 筑後川の戦い 懐良親王・菊池武光が少弐頼尚を破り, 九州の南朝勢力が拡大

1338 藤島の戦い 斯波高経が新田義貞を破る

1350〜52 観応の擾乱 室町幕府の内部対立

Question p.124 4 の模式図, 6 の地図に注目して, 観応の擾乱がこの時代の政治状況にもたらした影響について考えてみよう.

1 守護から守護大名へ　1-① 守護の権限拡大

	鎌倉時代		南北朝・室町時代		守護領国制
任命	有力御家人 （後期は北条氏一門増加）		足利氏一門 有力武将		幕府の任命が前提 一国全体におよぶ支配権の確立
役割	国内の御家人統制 治安維持など	➡	動乱期に権限拡大 使節遵行権 半済地給付権 段銭徴収権 など	➡	荘園や公領への侵略 半済令→下地半済・守護請 公領機能吸収・家臣団編成

	鎌倉前期	鎌倉後期	南北朝時代	室町時代
軍事 警察 関係	1185～ 大犯三カ条（京都大番役の催促，謀反人・殺害人の検断権）			
	1232～ 夜討・強盗などの検断権			
	1310～ 刈田狼藉の検断権	＊刈田狼藉は，他人の持つ田畑の作物を実力で刈り取り，奪うこと		
指揮	1346～ 使節遵行権（裁判判決の強制執行）			
所得 給与	1352～ 半済（年貢半分）の給与権			
	闕所（没収地）の預置権			
	1368～ 半済地（下地半分）の給与権			
課税 関係	1372～ 一国検注権（賦課台帳の作成）			
	段銭などの徴収権			
徴税 請負	守護請			

1-② 守護領国制

将軍

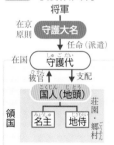

（将軍→[在京原則]守護大名→[任命（派遣）]守護代→[被官/支配]国人（地頭）→名主・地侍（荘園・郷村）／領国）

◀解説
鎌倉期の守護は権限が限定されていたうえ交替を原則としていたが，南北朝動乱期に権限拡大と世襲がみられるようになり，室町期には一国全体の地域的支配権を確立するに至った。守護所（守護は在京が原則なので，実質的には守護代が主導）は国衙機能を吸収し，守護請を通して，国内にある荘園の実質支配権も獲得していった。また，国人の被官化（家臣化）も進められた。

▼解説 国人一揆
地頭・荘官のほか，悪党とも称された新興武士などを出自とする国人は，守護の支配強化への抵抗や自立傾向にあった惣村の農民層抑圧など，利害が一致する者同士で地縁的結合を形成した。これを国人一揆という。

2 国人から戦国大名へ

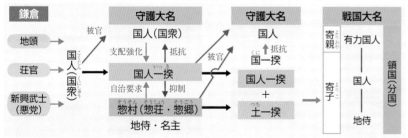

（鎌倉：地頭／荘官／新興武士（悪党）→国人（国衆）→[被官]守護大名：国人（国衆）→[支配強化／抵抗]国人一揆→[自治要求／抑制]惣村（惣荘・惣郷）地侍・名主→[被官]守護大名：国人／国一揆／国人一揆＋土一揆→[抵抗]戦国大名：寄親―有力国人―国人―地侍／寄子／領国（分国））

→ 守護請

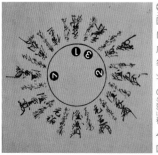

◈傘連判状
国人一揆では誓紙に署名・加判する際，序列を設けず，対等を意味する傘連判をもちいた。この写真には毛利元就・隆元，吉川元春・小早川隆景の4人のほか，安芸国人・石見国人の署名・加判がみえる。

❶毛利元就 ❷毛利隆元 ❸吉川元春
❹小早川隆景

1-③ 半済令・守護請

観応半済令 1352

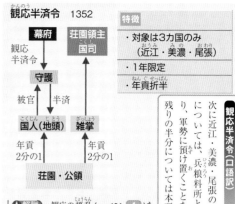

（幕府→[観応半済令]守護→[被官/半済]国人（地頭）→[年貢2分の1]荘園・公領←[年貢2分の1]雑掌←荘園領主・国司）

特徴
- 対象は3カ国のみ（近江・美濃・尾張）
- 1年限定
- 年貢折半

❶解説　観応の擾乱（→p.124 ❹）を背景に，京都の後背地に位置する近江・美濃・尾張3カ国を対象に出された観応半済令は，荘園・公領の年貢の半分を1年限定で兵粮米とする権限を認めた。半済権の給付を通して，守護は国人の被官化を進めていった。

【観応半済令（口語訳）】
次に近江・美濃・尾張の三国の本所領の半分については，軍勢に預け置くことを守護人に通知した，今年一年限り，兵粮料として。残りの半分については本所にわたしなさい。

応安半済令 1368

（幕府→[応安半済令]守護→[被官/半済]国人（地頭）→[支配権]荘園公領〔下地〕←[支配権]雑掌←[年貢]荘園領主・国司／荘園公領）

特徴
- 対象が全国に拡大
- 永久
- 下地折半

❶解説　皇室領・殿下渡領（藤原家の氏長者の所領）など，一部をのぞく全国の荘園・公領で，永続的に下地そのものを折半し，一方の知行権を守護が給付できるようになった。一方で，それ以上の土地への権限拡大に歯止めをかけたという解釈も成り立つ。

【応安半済令（口語訳）】
皇室領・寺社一円領・殿下渡領は，他の荘園と異なるので半済の対象とはしない（その他の荘園は対象となる）ので，武士の侵略は固く禁止する。その他の荘園は半分に分け，土地の経営は雑掌（荘園領主側）が，今後の支配を全うせよ。あと半分の預かり人（武家側）が，規定以上に土地を掠め取ることがあれば，すべての土地は荘園領主に与えられ，罪を問うこととなる。

守護請

（荘園領主・国司←[年貢納入]守護［請負］←[年貢納入/現地支配権]国人（地頭）←[年貢納入/現地管理請負]荘園公領）

▶解説
荘園領主・国司は，一定額の年貢上納を見返りとして，守護に現地管理を請け負わせたが，これにより，荘園領主は，年貢を受け取るのみの得分権者となり，請地は事実上守護領となった。こうして荘園制の解体は進んでいった。

▶解説
幕府の口入（斡旋）により守護請が成立した。備後国太田荘の年貢は1800石なので，金剛峰寺への納入が1000石，山名時煕の収益は800石という請負であるが，実際には規定の半分くらいしか納入されなかった。

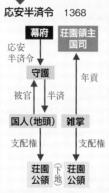

【守護請（口語訳）】
高野山領の備後国太田荘と桑原郷の地頭職，尾道の倉敷の事　現地の支配は守護が行い，年貢については毎年千石を高野山金剛峰寺に納めるように備後守護国護山名時煕に命ぜられた。この内容について，理解し徹底するようにとのご命令である。

応永九年七月十九日
管領畠山基国
高野山金剛峰寺衆徒へ

第②部　中世

126 室町幕府

第②部 中世

1 足利義満の治世　1-① 義満関連年表

1368 (応安元)	義詮死去，義満（11歳）3代将軍就任
	→管領細川頼之が実質統治，応安半済令を出す
1378	義満，室町第（花の御所・花営）に移る
1379	康暦の政変（管領細川頼之を罷免）＝将軍独裁
1383	義満，准三后宣下をうける
この頃	段銭・棟別銭の徴収権を幕府が接収
1385	検非違使の洛中警察権を侍所に接収
1390	土岐康行の乱
1391	明徳の乱（山名氏清敗死）
1392	南北朝合体
1393	土倉役・酒屋役徴税権を幕府政所に接収
1394	義満，将軍職を義持に譲り，太政大臣に就任
1395 (応永2)	義満，太政大臣を辞任し，出家する（法名，道義）
	九州探題今川了俊を罷免
1399	応永の乱（大内義弘敗死）
1400	今川了俊を討伐
1401	義満，明へ遣使（朝廷の外交権接収）
1402	義満，明の冊封（日本国王）をうける
1404	勘合貿易を開始
1406	義満の妻日野康子，天皇准母となる
1408 (応永15)	後小松天皇，北山殿に行幸（義満，天皇と並座）
	義満，義嗣の元服を内裏にて立太子の礼で実施
	義満死去，将軍義持が義満の治世を否定

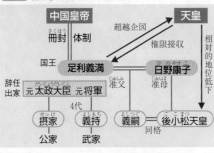

◀足利義満（1358～1408）　2代将軍義詮の子として生まれる。幼少時には南北朝動乱・幕府分裂の状態で，京都を逃れ，播磨赤松氏など守護の庇護をうけた。それゆえ，将軍権力の確立に向け，南北朝合体前後に有力守護の抑制を進めている。また，征夷大将軍辞任後，平清盛以来の武家出身の太政大臣となった。朝廷の京都市政権，段銭・棟別銭徴税権，外交権を接収し，天皇をしのぐ意図があったともされる。

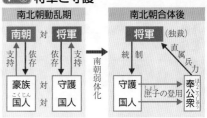

◀足利将軍邸　古来中国では，将軍の居館を柳営とよぶ。義満は尊氏以来の将軍邸高倉殿を廃し，京都室町通り沿いに幕府名称の由来となる室町殿を建てた。新邸に多種の花があったこと（崇光上皇御所の通称を起源とする説もあり）から花の御所（花亭・花営）の名でよばれている。

1-② 権力の確立・超越

（図：中国皇帝—冊封体制—国王—足利義満（元太政大臣・元将軍）—天皇—日野康子，後小松天皇など）

▲解説　義満は将軍・太政大臣と公武の頂点を極め，さらに辞任することで両職を超越している。また，父方・母方ともに天皇の子孫である上，妻日野康子が後小松天皇の准母（名目上の母）となったことから，義満は准父（太上法皇）の立場となる。北山第に行幸した天皇と並座したり，次男義嗣を皇太子に準じて元服させたこと，死後，朝廷が太上法皇の号を贈ろうとしたこと（4代将軍義持が辞退）もこれによる。さらに明との冊封体制も，単に貿易を求めたのではなく，皇帝の権威をもって，日本国王としての地位を確立する意図があった。

1-③ 将軍と守護

（図：南北朝動乱乱期／南北朝合体後　南朝・将軍・守護・国人・奉公衆など）

1-④ 守護抑制

■ 明徳の乱直前の山名一族の領国（11カ国）
■ 大内義弘の領国（1392年，6カ国）

九州探題今川了俊を罷免 1395（応永2）年
九州探題として，南朝勢力攻略に功績があったが，南北朝合体ののちは，その勢力が義満に警戒された。1400年に義満の討伐をうけたが，許され隠退。

明徳の乱 1391（明徳2）年
山名家は山陰を中心に一族で11カ国の守護をつとめており，六分の一衆とよばれる有力守護であった。義満は山名家の家督争いに介入して山名氏清を討ち，勢力を削減した。

土岐康行の乱 1390（明徳元）年
土岐一族の内紛を機に，伊勢・美濃・尾張3カ国の守護を兼任していた土岐康行を討伐。

応永の乱 1399（応永6）年
長門・周防など6カ国の守護を兼任した上，朝鮮貿易を独占していた大内義弘を挑発し，領国和泉堺国堺での蜂起を促した。

2 室町幕府　2-① 幕府の機構

陸奥・出羽は1392年鎌倉府管轄に入る

（機構図：将軍を中心に地方・中央に分かれる。地方：鎌倉府（公方）—10カ国統轄（関東8カ国・伊豆・甲斐）—関東管領—侍所・政所・評定衆，羽州探題，奥州探題，九州探題，守護・地頭。中央：奉公衆（将軍直属兵力管理），管領（細川・斯波・畠山氏が交代で将軍を補佐）＝三管領，侍所（所司）＝四職（赤松・京極・山名・一色），政所（執事），評定衆，引付）

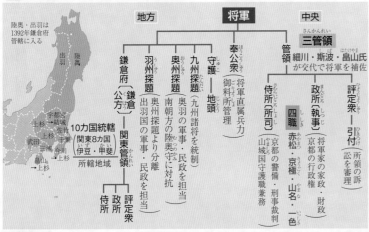

2-② 足利氏略系図

太い数字は将軍職就任順
細い数字は鎌倉公方就任順

（系図略）

2-③ 幕府の財源

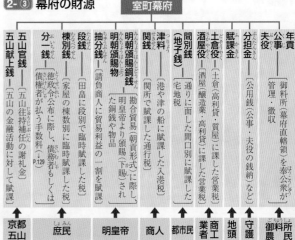

室町幕府															
五山官銭	五山献上銭	分一銭	棟別銭	段銭	抽分銭	明朝頒賜物	明朝頒賜銅銭	関銭	津料	間別銭（地子銭）	酒屋役	土倉役	賦課金	分担金	夫役・公事・年貢

（下段の負担者）京都五山／庶民／明皇帝／商人／都市民／業者商工／地頭守護／御料所農

Question p.126 1-①の年表，2-③の幕府財政に注目して，室町幕府の財政基盤の特徴と，そのようになった背景について考えてみよう。

詳日 第7章 1 p.116〜118

1 室町時代の対外関係と倭寇

1-① 対外関係年表

中国	元・明との交渉	日本	将軍	朝鮮	高麗・朝鮮との交渉
元	1325 建長寺船派遣	鎌倉	建武	高麗	
	1342 天龍寺船派遣	南北朝	尊氏		1367 倭寇禁圧を要請
			義詮		前期倭寇
	1368 明建国、洪武帝(朱元璋)		義満		
	1369 南朝の征西将軍である懐良親王に倭寇禁圧を要請				1392 朝鮮建国(李成桂)
明	1401 遣明使(祖阿・肥富)派遣	室町			1398 朝鮮から幕府に遣使
	1404 明、勘合貿易を開始		義持		
	1411 足利義持、国交と貿易を中断				1419 応永の外寇(朝鮮軍、対馬に来寇)
	1432 足利義教、国交と貿易を再開		義量	朝鮮(李朝)	1420 回礼使宋希璟来日 →p.130 1-③
	1434 宣徳要約(永享条約)10年1貢、3隻、300名、刀剣3000以下に制限		義教		1438 文引の制(対馬宗氏、朝鮮への渡航証明を発給)
	1467〜77 応仁の乱、幕府権力衰退		義勝		1443 癸亥約条(嘉吉条約)宗氏歳遣船50隻 宗氏へ米・大豆200石給与(宗氏の日朝両属)
	競合 大内氏・博多商人 細川氏・堺商人		義政		
	1513 正徳勘合100号・底簿2扇→大内氏が途中でうばい、勘合管理を幕府に認めさせる		義尚 義稙 義澄		1510 三浦の乱(恒居倭人蜂起) ↓日朝貿易を停止
	1523 大内氏、遣明船3隻 正徳勘合所持 細川氏、遣明船1隻 古い弘治勘合を所持して派船 ↓中国側と交易開始	戦国	義稙		1512 壬申約条(永正条約)(開港は乃而浦のみ 宗氏歳遣船年25隻)恒居倭人禁止
	寧波の乱 大内氏が、細川側を攻撃 以後、大内氏が貿易独占		義晴		1544 蛇梁の変 倭船、慶尚道蛇梁を襲撃
	1547 最後の勘合貿易		義輝		1547 丁未約条(天文条約)宗氏歳遣船年25隻
	1551 大内氏滅亡				1557 丁巳約条(弘治条約)宗氏歳遣船年30隻
	1553 嘉靖の大倭寇 王直を首領に内陸まで襲撃		義栄		
		後期倭寇	義昭		
	1588 海賊取締令→p.147 1	桃山			1592 秀吉の朝鮮侵略

1-② 室町時代遣明船一覧表

回数	出発年	隻数	派船者
1	1401		幕府船
2	1403		
3	1404		
4	1405		寺社・内裏船
5	1406	38	
6	1408		大名船
7	?		
8	?		
	足利義持 ←中断期間→ 足利義教		
9	1432	5	大内船
10	1434	6	山名船 細川船
11	1451	9	山名船 大友
12	1465	3	
13	1476	3	
14	1483	3	
15	1493	3	
16	1506	3	
17	1520・?	4	寧波の乱
18	1538	3	
19	1547	4	

1-③ 冊封体制と勘合貿易

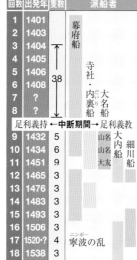

永楽帝(1360〜1424, 在位1402〜24) 甥の2代建文帝(3代将軍義満の国書に返書を出す)を廃して、3代皇帝となり、明の最盛期をつくる。

明成祖(永楽帝)勅書 永楽帝が1407(明年号、永楽5)年に源道義(足利義満)に与えた勅書。義満は勅書受取の儀式で、跪拝(ひざまづく礼)をした。冊封をうけ、臣従したことを示すもので、のちに義持が屈辱的だとして、勘合貿易を中断する背景になっている。

1-④ 日明貿易の構造

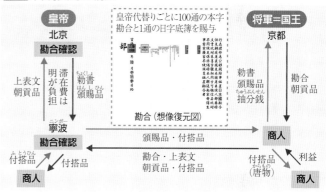

皇帝代替りごとに100通の本字勘合と1通の日字底簿を賜与

皇帝 北京 勘合確認 — 京都 将軍=国王

上表文 朝貢品 / 滞在費は明が負担 / 勅書 頒賜品

寧波 勘合確認 頒賜品・付搭品 商人 勘合 朝貢品

付搭品 / 勘合・上表文 朝貢品・付搭品 / 付搭品(唐物) 利益

商人

※付搭品：朝貢品・頒賜品のほかに船への搭載を許された品物

2 倭寇と日明交渉

2-① 東アジアの国際貿易

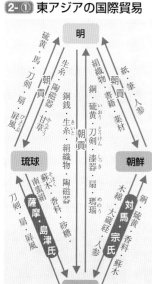

2-② 倭寇の活動

前期倭寇の侵略地 / 前期倭寇の根拠地 / 遣明使航路 / 後期倭寇の侵略地 / 後期倭寇の根拠地

遣明船(復元) 広島県立歴史博物館蔵

3 日朝貿易

3-① 三浦の恒居倭人

富山浦(釜山)453人 / 塩浦(蔚山)52人 / 乃而浦(薺浦)2500人

解説 恒居倭人とは三浦(富山浦・塩浦・乃而浦の3つの港)への居留を許された日本人。数の増加もみられたが、密貿易などに関与するものがあらわれ、朝鮮王国は課税や送還など規制を加えた。これに反発した恒居倭人と貿易拡大を図る対馬宗氏が三浦の乱を起こした。

「図書」印 朝鮮王国が日本人の通行者(受図書人)に交付した銅印。図書印には、受給者の実名が刻まれ、使者に持たせる書契(外交文書)に押された。

海印寺大蔵経板 大蔵経とは、仏教経典を網羅したもので、一切経ともよばれる。この「高麗八万大蔵経」は、モンゴル侵攻下の江華島で1251年に完成し、1398年に海印寺に納められた。この板木で印刷された大蔵経が、日本へ請来された。

Answer 動乱の長期化で土地支配力が弱かった幕府は、京都市政権の接収を背景とする高利貸への課税、貿易・五山への賦課や関銭を財源とした。

第②部 中世

1 中世の琉球

1406	尚巴志，拠点を首里城に移す	第一尚氏王朝
1416	尚巴志，山北を滅ぼす	
1429	尚巴志，山南を滅ぼし，琉球を統一	
1439	中国福建に琉球館をおき貿易を振興	
1458	万国津梁鐘つくられる　貿易立国	
1470	クーデタにより尚円（金丸）即位	第二尚氏王朝
1477	第3代尚真王即位，中央集権を確立	
1570	シャムへ最後の貿易船を派遣 →以後，南海貿易は途絶	
1609	島津侵攻。名目上は独立を保つも実質上統治（貿易のため明との冊封維持）	

▶皮弁冠　中国皇帝と冊封関係を結んだ琉球国王に下賜された冠。

琉球(沖縄)	日本	蝦夷(北海道)	
旧石器時代	旧石器時代		先史時代
貝塚時代	縄文時代	縄文文化	
	弥生時代	続縄文文化	
	古墳時代		
	奈良時代	オホーツク／擦文文化	
	平安時代		
グスク時代	鎌倉時代		中世
	南北朝時代		
第一尚氏王朝	室町時代	アイヌ文化	
第二尚氏王朝前期	戦国時代		
	安土桃山時代	（松前藩支配，1799〜1821，幕府直轄のち東北諸藩など分割支配）	近世
第二尚氏王朝後期	江戸時代		

△尚真王　第二尚氏王朝第3代の王で，貿易振興・神女組織の整備，按司の首里移住，玉陵創設など，黄金時代を築いた。

△首里城正殿　15世紀初め，中山王の尚巴志が王宮として首里城を築造した。内郭（正殿などの主要施設）外部の周囲には，石積みの城壁がつくられた。第二次世界大戦中の沖縄戦で焼失し，1992年に復元されたが，2019年に焼失した。世界遺産

▶詳しくみてみよう！　首里城

2 中世の蝦夷ヶ島

14C	和人の道南進出 本州から移住してきた和人が安藤（安東）氏の下，館を築き勢力圏を拡大
1457	コシャマインの蜂起 アイヌの大首長コシャマインが和人進出に対し蜂起したが，蠣崎氏の客将武田信広が平定
1514	蠣崎光広，松前に本拠を移す
1551	蠣崎季広，蝦夷地交易の制を定める
1593	蠣崎慶広，豊臣秀吉より蝦夷ヶ島主に認定される
1599	蠣崎慶広，松前に改姓

◁武田信広　松前子爵旧蔵　北海道大学附属図書館撮影協力

2-① コシャマインの蜂起

▼解説　蝦夷ヶ島南部の和人の進出地には，現在いわれている「道南十二館」が建てられ，アイヌと交易した。1457年のコシャマインの蜂起は，交易をめぐる対立から起こったもので，鎮圧した蠣崎氏は道南の和人居住地の支配者に成長した。

蠣崎氏／道南十二館／コシャマインの蜂起で陥落した館／コシャマイン軍／蠣崎軍

［今谷明『日本国王と土民』による］

3 琉球の中継貿易

△進貢船

北京／朝鮮（1392〜1910）／釜山／堺／博多／日本／明（1368〜1644）／南京（応天府）／那覇／福州／広東／琉球王国／ルソン／安南／シャム（暹羅）／アユタヤ朝／アユタヤ／カンボジア／インドシナ半島／パタニ／アチェー（スマトラ）／スマトラ島／ジャンビ／パレンバン／カラパー／グレシク／マジャパヒト王国／三線

琉球王国への交易ルート

［高良倉吉『琉球王国』による］

▷三線

△万国津梁鐘　1458年につくられ，首里城正殿に架けられた。中継貿易で万国の架け橋となる精神が，その銘にみられる。高155.5cm　沖縄県立博物館蔵

3-① 明への入貢回数

1	琉　球	171	6	暹　羅	73
2	安　南	89			
3	チベット	78	10	朝　鮮	30
4	ハ　ミ	76			
5	占　城	74	13	日　本	19

［村井章介『アジアのなかの中世日本』による］

△志苔館跡

▶蝦夷錦　江差市

▽銅銭　「道南十二館」の一つ志苔館は，津軽海峡に臨む段丘上にある。この地からは，大甕3基分で約39万枚の宋銭・元銭などが発掘され，この地の交易の規模・範囲を推察させる。

琉球国は南海の勝地にして，三韓（朝鮮）の秀を鐘め，大明（中国）を以って輔車となし，日域を以って唇歯（輔車，唇歯はともにひじょうに深い関係があること）となす。此の二中間に在りて湧出するの蓬萊島なり。舟楫（船のこと）を以て万国の津梁（かけ橋）となし，異産至宝（異国の産物や宝物）は十方刹（国中）に充満せり。……　（原漢文）

万国津梁鐘の銘文

万国津梁鐘の銘文

詳日 第7章2 p.119〜121

1 惣村の形成

形成時期・地域

時期	14〜15世紀
地域	畿内および周辺地域
背景	生産力の高さ，社会経済の発展
形態	自治的・自立的村落結合

結合理由

①入会地（肥料供給用の村落共有地）・用水の共同管理
②荘園領主や有力守護の収奪に対する減免要求
③国人の非法（支配強化）への抵抗
④戦乱・略奪に対する自衛

結合の中核

①寄合　指導者層・惣百姓で構成する会議で意志決定

指導者層＝地侍（武士的性格の有力名主）が中核
　　　　　名称＝長・乙名・沙汰人・年行事・年寄など
構成員＝名主・百姓

②祭祀　鎮守＝神社での共同の祭礼行事
　　　　精神的統合の中核とする

宮座が祭祀に関する奉仕
一味神水
　神仏に奉った起請文を燃やし，灰を飲んで一致団結を誓約

自治

①惣掟＝地下掟・村掟
　惣寄合で定めた規約。違反者は自検断の対象とされた
②地下検断＝自検断
　警察権・裁判権を惣の構成員自らが行使すること
　領主の検断権を否定するもので，自治の特徴の一つ
③地下請＝百姓請・惣請
　惣が領主から荘園管理・年貢徴収を請け負うこと

要求方法

①愁訴　年貢減免などを領主に嘆願すること
②強訴　惣やその連合体（惣荘・惣郷）が，領主に対して強圧的に要求をすること
③逃散　要求が容れられない場合に，村が団結して耕作を放棄し，他領や山林に逃げ込んで，領主に威圧をかけた行為
④土一揆→下のコラム参照

おもな一揆

	一揆（発生場所）	政治上の関連事項
1428 （正長元）	正長の徳政一揆 ❶ 「代始めの徳政」 　→幕府が要求を拒否→私徳政 　柳生の徳政碑文	前将軍足利義持死去 政治的空白が生じる
1429	播磨の土一揆 ❷	播磨国守護赤松氏の家督争い
1432	徳政一揆（伊勢）	
1441 （嘉吉元）	嘉吉の徳政一揆 ❸ 「代始めの徳政」要求 　→幕府が要求をのみ徳政令公布	嘉吉の変（将軍足利義教横死） 京都に政治的・軍事的空白が生じる
1447	山城西岡の徳政一揆	
1454 （享徳3）	享徳の徳政一揆 ❹ 分一徳政・分一徳政禁制	畠山政長・義就の対立
1457 （長禄元）	長禄の徳政一揆 東寺占拠・幕府軍撃退	
1459		京都七口に新関設置
1462 （寛正3）	徳政一揆（京都）京都七口占拠	寛正の飢饉（61〜62） 京都の死者8万2000人以上
1465	徳政一揆（京都）東寺占拠	
1467		応仁の乱（〜77）
1480	京都七口関所撤廃一揆	
1485	山城の国一揆	畠山政長・義就の対立
1488	加賀の一向一揆	守護富樫政親と一向宗の対立

一揆の形態

一揆　「揆（行動）を一にする」の意で，特定集団が，一味同心の下，目的の達成を求めた。

土一揆　惣を基盤とする土民（支配層からみて，農民・馬借など一般庶民）が主体となった一揆をさし，領主への年貢減免や徳政を要求した。

徳政一揆　徳政の発令を要求した土一揆。徳政とは，高利貸業者の債権破棄を求める行為で，幕府や守護が徳政令を公布する場合と，徳政令をまたず，土倉などを襲って借金証文を焼いてしまう私徳政があった。

② 播磨の土一揆（1429）

守護赤松氏の家督争いに乗じて，土民が守護軍の退去を要求して蜂起したが，鎮圧された。

① 正長の徳政一揆（1428）

前将軍足利義持が死去し，後継者は籤引きで弟の青蓮院門跡義円に決定したが，僧体であったため（髻が結えず加冠ができない），将軍空位という政治的空白が生じた。近江国大津の馬借の蜂起を契機に，畿内一帯の土民が酒屋・土倉・寺院など高利貸を襲撃し，私徳政をおこなった。

← 正長の徳政一揆の波及
（ ）内数字は徳政一揆の初見日

太良（12.）
若狭　近江
伊和神社付近（11.19）
大山（2.19）
丹波
坂本（8.）
□京都（正長・嘉吉・享徳）（9.18）
矢野（11.17）
播磨
摂津
木津
奈良（11.2）
和束
柳生
伊賀
山田（7.20）
宇陀（11.）
和泉
河内
大和
紀伊
伊勢

立籠った場所

徳政一揆の根拠地
● 襲撃された土倉
京の七口
街道

上賀茂　松ヶ崎
下賀茂
鞍馬口
長坂口
出雲路土倉
北白川
仁和寺　北野
北野口
大原口
天龍寺　神祇官
粟田口
太秦　推定市街地
粟田口
山科
丹波口　六波羅　将軍塚
将軍塚　清水
桂川　丹波口
北花山
四ノ宮
上野　川勝寺　戒光寺
竹鼻　音羽
上桂　下津林　東寺
法性寺　野村
西岡　下鳥羽　東福寺
山科七郷
川島　牛ヶ瀬　吉祥院
鳥羽口（東寺口）
物集女　上久世
寺戸　下久世　上鳥羽
伏見口
鶏冠井　塔ノ森　竹田
久我　下鳥羽　深草
六地蔵
醍醐

Ⓐ柳生の徳政碑文　奈良から柳生に向かう道沿いに，疱瘡地蔵岩がある。その一角に，正長の徳政一揆を契機に農民たちが負債破棄を宣言した文字がきざみ込まれた。→教科書p.120

Ⓐ馬借　内陸輸送の中核であった馬借は，流通・経済など社会情勢をよく知る立場にあり，しばしば一揆の中心となった。

③ 嘉吉の徳政一揆（1441）

嘉吉の変を起こした赤松氏を幕府軍が追討した際，京都には将軍不在の政治的空白と幕府軍不在の軍事的空白が生じた。「代始めの徳政」を要求する土民数万人が京都を包囲するなか，幕府は一揆の鎮圧を断念し，徳政令を正式に発令した。

④ 享徳の徳政一揆（1454）

徳政令を出すと，幕府財源の一つである土倉役の賦課が困難となる。そこで幕府は，土民の債権放棄の見返りに分一銭（債権の1/10の金額）の納入を要求した。これを「分一徳政」という。もし分一銭納入がない場合は，土倉側の分一銭（債権の1/5の金額）納入により，徳政対象からはずす「分一徳政禁制」も翌年に導入された。

Answer 中国の皇帝と冊封関係を結んだ琉球国王は，中継貿易で入手した日本など他国産品を朝貢品として，頻繁に入貢していた。

第❷部 中世

■ 幕府の動揺

1-① 4代将軍足利義持の治世

3代義満治世の否定

義満	義持
将軍独裁	宿老会議(合議体制)
皇位篡奪企図	義満への太上法皇追号を辞退
日明貿易	日明貿易を中止(冊封体制は屈辱的)

宿老会議にゆだねた後継者決定

死亡時に後継者を決定せず

「面々あい計らい定めおくべし(宿老の合議で決定せよ)」
石清水八幡宮前での籤引き

弟青蓮院門跡義円，還俗＝足利義教

1-② 6代将軍足利義教の治世

3代義満治世の復活

義教	将軍独裁 日明貿易復活	＝	史料『看聞御記』「薄氷を踏むの時節恐るべし」「万人恐怖，言う莫れ」

守護の家督相続への介入・守護追討
鎌倉公方足利持氏との対決

1-③ 義持・義教期の戦乱

応永の外寇 1419
朝鮮が，対馬を倭寇の拠点とみなし襲撃した事件。事態収拾に来日した宋希璟は『老松堂日本行録』で尼崎の三毛作について記述。

結城合戦 1440
下総の結城氏朝が，足利持氏の遺児春王丸を擁し結城城に蜂起，敗退。

嘉吉の変 1441
播磨国守護赤松満祐が将軍足利義教を謀殺。追討軍により，満祐は播磨で討たれるが，その間の軍事空白をついて，京都で嘉吉の徳政一揆が起こる。

永享の乱 1438〜39
足利義教の将軍就任に反対した鎌倉公方足利持氏が起こした反乱。幕府と結んだ関東管領上杉憲実により，翌年持氏は自害。

上杉禅秀の乱 1416〜17
鎌倉公方足利持氏と関東管領上杉氏憲(禅秀)の対立に際し，将軍義持は持氏に援兵し，鎮圧。

凡例：
- 姓氏 足利氏一族系統の守護大名(1440年頃)
- 姓氏 足利氏一族以外の守護大名(1440年頃)
- 鎌倉府の管轄領域(1392年から出羽・陸奥も管轄)

足利持氏 ─ 義久・安王丸・春王丸・成氏

2 応仁の乱 (1467〜77)

2-① 応仁の乱経過年表

1454(享徳3) 4	畠山義就と政長の家督争いが始まる
1464(寛正5) 12	足利義政，弟の義視を還俗させ，後嗣指名する
1465(寛正6) 11.23	義政と日野富子の間に義尚誕生
1466(文正元) 7	義政，斯波義敏と義廉の家督争いに介入
1467(応仁元) 1	畠山義就と政長の対立が激化 上御霊社の戦い(応仁の乱勃発)
	5	東軍─細川勝元，花の御所に本陣 西軍─山名持豊，堀川西岸に本陣(西陣)
1468(応仁2)	京都周辺社寺が戦場となり炎上 (足軽の活動が活発化)
1469	戦乱が地方に波及
1473(文明5) 3〜5	山名宗全・細川勝元，あいつぎ死去
12.19	義尚，9代将軍に就任
1474(文明6)	山名政豊と細川政元が和睦 畠山義就・大内政弘は戦いを継続
1477(文明9) 9.22	義就，河内国へ撤兵
11.12	山名氏，六角氏，領国に撤兵
11.20	幕府が天下静謐の祝賀を催す(乱の終息)

▲足軽(『真如堂縁起』) 当時の記録に「足軽をする」という表現があり，本来，放火・略奪など後方攪乱活動をさしていたが，のちにそのような行為をおこなう軽装の雑兵を意味するようになった。図は足軽が陣の構築のために真如堂の部材を略奪しているところ。

2-② 対立関係

	西軍	東軍
将軍継嗣問題	1467年 将軍 足利義政	
	子 義尚	養子 義視
将軍家	1468年11月 義視 西軍は義視をさそい，東西二つの幕府が成立	義政 義尚
幕府内勢力争い	守護 山名持豊(宗全)	管領 細川勝元
畠山氏家督争い	管領 畠山満家	
	持国─子─義就	子─持富─政長
斯波氏家督争い	斯波義健	
	養子 義廉	養子 義敏
有力守護による争いに	山名氏・一色氏・大内氏・河野氏・仁木氏 ほか	赤松氏・富樫氏・京極氏・武田氏 ほか

2-③ 京都の焼失

2-④ 応仁の乱とその後

加賀の一向一揆 1488〜1580
延暦寺との抗争で，大谷廟堂を焼かれた蓮如は，姻戚の興福寺大乗院門跡の助けで，興福寺領越前国河口荘吉崎に御坊(→p.140 ⑤)を設け，御文を用いて布教をおこなう。浄土真宗を精神的支柱とした門徒(僧・国人・百姓)の一揆は加賀国守護富樫政親を破り，以後，約100年間「百姓ノ持チタル国」をつくりあげた。

- 氏名 西軍守護大名(山名方)20カ国11万余人
- 氏名 東軍守護大名(細川方)24カ国16万余人
- 西軍側守護大名の領国
- 東軍側守護大名の領国
- 中立地域

※本陣の位置から西軍・東軍とよぶ

享徳の乱 1454〜77
鎌倉公方足利成氏が関東管領上杉憲忠を謀殺し，幕府軍の追討をうけた反乱。成氏は鎌倉を放棄し，古河公方となる。一方，幕府から派遣された足利政知も鎌倉に入れず，堀越公方として対峙した。

山城の国一揆 1485〜93
応仁の乱の契機となった畠山義就・政長両派の対立は，乱の終結後も続いていた。戦場となっていた山城南部の国人・地侍は一揆を結成し，両派の国外退去を求め，のち，宇治平等院で掟法をさだめ，月行事を中心に自治をおこなった。

Question p.131 ■の農業発達や❸の特産品の図，❹の商業の資料から，室町時代の商工業の発達について考えてみよう。

第❷部 中世

1 農業の発達

1-① 技術の進歩と経営の変化

集約化	二毛作の普及 三毛作の出現『老松堂日本行録』→p.130 **1-③** 牛馬耕 肥料(刈敷・草木灰・下肥・厩肥)
多角化	稲の品種改良(早稲・中稲・晩稲など) 商品作物生産(苧・桑・楮・漆・藍・茶) ↓ 手工業の発達・年貢銭納

段あたり収量増大 →

惣村結合
惣百姓の自立
小農民の成長

1-② 灌漑・排水施設の整備

▲竜骨車(右)と投げ釣瓶(左)(『たはらかさね耕作絵巻』)ともに，低水位の用水路などから，田に灌水する施設。竜骨車は中国から導入されたと伝えられるが，構造的に破損が多かった。

1-③ 農業技術の発達

▲施肥(『洛中洛外図屏風』)鎌倉時代に畿内で導入された二毛作の全国的普及は，地力の回復が前提で，施肥の重要性が増した。農村では刈敷や草木灰(→p.109 **3**)のほか，絵のように下肥(人糞尿)を水田にまく姿もみられた。

2 製塩—自然浜(揚浜)塩田

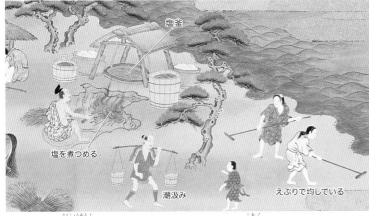

塩釜
塩を煮つめる
潮汲み
えぶりで均している

▲製塩風景(『文正草子』)揚浜塩田は，粘土の上に敷いた砂に潮汲みした水をまき，乾燥させて砂に付着した塩分を集めて製塩する方法で，中世の製塩の中心であった。現在では能登半島に残っている。説教節「さんせう太夫」で，山椒太夫に買われた安寿・厨子王姉弟の姉，安寿が従事したのが重労働の潮汲みであった。宮内庁蔵

3 おもな手工業と諸国の特産物

織物業	絹織物(京都・丹後・美濃・尾張・越前・加賀・常陸・足利・桐生・山口) 綿織物(三河・備後) 麻織物(近江高宮・奈良・宇治・越中・信濃)
製紙業	美濃紙(美濃)・但馬紙(但馬)・杉原紙(播磨)・鳥の子紙(越前)・檀紙(讃岐・備中)・奈良紙(奈良)・飛騨紙(飛騨)
金属業	鋳物—鍋・釜・鍬(河内・大和・筑前・能登) 刀剣(山城・備前・美濃・越中・相模)
酒造業	河内・大和・摂津・筑前
製油業	大山崎(山城)←西国各地の荏胡麻産地
製陶業	瀬戸焼(尾張)・伊部焼(備前)・美濃焼(美濃)

▲海水をくみ揚げる様子

▲揚浜に海水をまく様子

▲塩釜で加熱して製塩

▲紙漉(『七十一番職人歌合』)この時代には，鳥子紙(越前)，杉原紙(播磨)など全国的に著名な和紙の生産が始まった。東京国立博物館蔵／東京都

下野 絹織物
常陸 絹織物
上野 絹織物
能登 鋳物(釜)
越中 麻織物 刀剣
信濃 麻織物
加賀 絹織物
飛騨 飛騨紙
越前 絹織物 鳥の子紙
美濃 絹織物 美濃焼 刀剣 美濃紙
相模 刀剣
三河 綿織物
尾張 瀬戸焼
但馬 但馬紙
備前 刀剣 伊部焼
備後 綿織物
備中 檀紙
讃岐 檀紙
長門 絹織物
筑前 鋳物(釜) 酒

近畿地方拡大図
丹後 絹織物
近江 麻織物
京都 絹織物 麻織物 刀剣
播磨 杉原紙
摂津 酒 荏胡麻
河内 鋳物(鍋) 酒
大和 麻織物 奈良紙 鋳物 酒

4 商業

4-① 行商人

連雀商人
連雀(荷を運ぶ木製の背負道具)を用いた行商人をさす。室町・戦国期に遠距離の交易圏をもって活躍した。

大原女
京都北東部の山里，大原の女性は炭・薪・柴を頭上にのせて，京の町中で売り歩いた。

▶詳しくみてみよう！
奥能登の塩

振売
肩にかついだ天秤棒の両端に商品を提げて売り歩いた商人。近世では棒手振ともいわれる。

桂女
京都西郊の桂に住む鵜飼の女性で，桂川(大堰川)で捕れた鮎を商った。白布を頭に巻き上げた桂包が特徴的。

4-② 見世棚

▲京都の常設店舗(『洛中洛外図屏風』，部分)室町時代末期の京都の室町通りあたりを描いたもの。板屋根の店舗の中や通りに面した見世棚(店棚)には商品が並べられている。米沢市蔵／山形県

Answer 育成適地での商品作物の増産により諸国に特産品が生まれ，行商人が流通を担い，都市には常設店舗の見世棚ができた。

1 座

大宰府 紺屋・鍛冶座
福岡 酒座・餅座
博多 油座
宇佐 唐物座
府中 魚座
撫養 舟座
今立 紙座
大野 絹屋座
輪島 素麺座
直江津 青苧座
小浜 麴座
大矢田 紙座

京都
四府駕輿丁座(米・呉服・絹)
祇園社綿座・材木座
北野神社酒麴座
蔵人所灯炉供御人(鋳物師)

京都 三条・七条の米場
淀 魚市
粟津 粟津供御人魚座
木津 塩座・材木座
丹生 水銀座
大山崎 離宮八幡宮油座
今宮 魚座
堺 馬座
奈良 興福寺大乗院 油座・綿座・塩座
興福寺一乗院 貝新座・薬座
天王寺 青苧座・菓子座・刀座など
東大寺 木工座・葺工座など
山田八日市 豆腐座・麻座・油座など

出身	由来する職種	本所	名称	商品
神人	神社に奉仕する下級の神職	石清水八幡宮	大山崎油神人(離宮八幡神人)	油
			淀魚神人(八幡綱引神人)	魚・塩
寄人	荘園領主に隷属し奉仕した荘民に由来	興福寺一乗院	大和貝新座寄人	鍬
公人	朝廷・幕府・寺社などの公的組織の下級職員	室町幕府侍所	小舎人雑色	織物
散所	権門勢家の正職員でない増員者	賀茂御祖神社	摂津長洲荘住人散所雑色	魚介

A 解説 座とは 職能民・商人が結成した同業者組織。本所(朝廷・寺社)の保護下にあった職能民には、供御人・駕輿丁・神人・寄人などの称号を与えられた。**課税免除・関所通行権(関銭免除)・独占的な仕入権や販売権**を保障され、座役として労役奉仕や物品・座金を本所におさめた。対外的に閉鎖性が強く、**価格高騰**や**流通停滞**を招いた。室町中期以降、座に所属しない座外商人もあらわれ、戦国時代には流通促進をはかるため、**座の特権を否定する楽市令**が出されることとなる。

A 駕輿丁 天皇行幸の鳳輦(天皇の輿)や祭礼の神輿を担いだ雑色。駕輿丁が左右の近衛府・兵衛府に所属したことから四府駕輿丁座とよばれた。米・呉服・絹などの専売権をもち、京都上京の商圏を掌握していた。

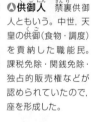

A 供御人 くごにんともいう。中世、天皇の供御(食物・調度)を貢納した職能民。課税免除・関銭免除・独占的販売権などが認められていたので、座を形成した。

2 大山崎離宮八幡宮油座

2-① 油座の構造

本所・石清水八幡宮

↑ 奉仕(座役)　↓ 保護(特権)

座衆・大山崎離宮八幡宮の神人

座役	特権
①4月3日の日使神事の奉仕	①畿内・近国の関銭・津料免除
②石清水八幡宮の淀川遡航船の綱を引く労働奉仕	②幕府の公事・土倉役の免除
③石清水八幡宮内殿灯油を寄進	③荏胡麻の仕入れ、製造、販売の独占権

⬇

京都市中の灯油販売権の独占
西国諸国への行商もおこなった

2-② 関所

▼ 解説 古代・近世の関所が反乱防止を意図して設置されたのに対して、中世の関所は**関銭・津料**を徴収する目的で、朝廷・幕府・寺社・武士などが設けた。人・物資流通の多い主要な街道では、わずか15kmほどの距離に60余りの関所があり、関銭が徴収された。結果として**商品価格の高騰・物流停滞**を招いたので、享徳の徳政一揆は新関撤廃を要求し、商業の振興をはかった。戦国大名は**関所を撤廃した**。

++ おもな関所
○ おもな港
● 馬借の所在地
□ 都市

近江朽木関銭表

一駄は馬頭に積める米二俵分、徒荷は人が背負える米一俵分

一、かいさう(海藻) 一駄七문、かち(徒荷)三文
一、うを(魚) 一駄七文、かち三文
一、くろかね(鉄) 一駄十文、かち三文
一、あかかね(銅) 一駄廿文、かち五文
一、お(苧) 一駄七文、かち七文

2-③ 油商人

▷ 油売 食用・灯火用の油を丸桶にいれ、天秤棒で担いで売り歩いた行商人。多くは寺社の保護をうけた油座に所属しており、油貢納などの座役の代わりに、公役免除などの保護をうけた。

2-④ 大山崎

▷ 大山崎離宮八幡宮 山城・摂津の国境の山系(南端が天王山)が淀川に接する先端に、山崎の地名がある。社名は嵯峨天皇離宮の故地で、宇佐から石清水への勧請の際、八幡神が一時奉斎されたことに由来する。京都府

▷ 大山崎の位置 石清水八幡が鎮座する淀川南岸男山と北岸の天王山にはさまれた狭隘地。京につながる桂川、琵琶湖からの宇治川、大和との流通路木津川の三河川が合流し、京と西国を結ぶ街道も通る流通の結節点。瀬戸内から運ばれた荏胡麻を原料とした油が京・奈良で販売された。山崎での製油は、『信貴山縁起絵巻』の飛倉の巻(→p.97 1)で、山崎長者の家に製油道具が描かれていることからもうかがえる。

2-⑤ 大山崎の位置

天王山
大山崎離宮八幡宮
妙喜庵待庵(→p.151 1-③)
淀川
男山 石清水八幡宮
桂川
宇治川
至京都→
木津川

Question p.132 1 の座の分布や 2-② の地図の情報に注目して、座や関所などの経済的な利点と難点について考えてみよう。

第2部 中世

1 室町時代の流通と金融

貨幣の流通

銭の流通　精　銭＝宋銭
渡唐銭＝明銭(永楽通宝・洪武通宝・宣徳通宝)
悪　銭＝鐚銭・私鋳銭・欠銭・割銭・焼銭

撰　銭＝良貨を選別することで流通を阻害 2

撰銭令＝良貨と悪貨の交換を促す法令 2-②

貫高制(永高制，銭何貫文と表示)
所領への課役・軍役負担を面積でなく，年貢銭高で表示したもの。永楽銭での換算が永高

金融

遠隔地取引—為替手形＝割符を使用
金融業者——土倉・酒屋・中小寺院
庶民金融——無尽・頼母子

運送業

問屋——商品の保管・販売をおこなう卸売商
廻船——海上運送業者。大型の千石船も出現
馬借——馬を利用した陸上輸送業者
車借——牛車を利用した陸上運送業者

2 撰銭

Ⓐ洪武通宝　Ⓑ宣徳通宝

Ⓒ永楽通宝　Ⓓ私鋳銭

2-① 撰銭の背景

[図：撰銭の背景の流れ図]

明皇帝—明製銭(頒賜品)→将軍—段銭棟別銭→領主・商人
渡唐銭
明商人—明私鋳銭(付搭品)→商人
私鋳銭
地悪銭(私鋳銭)　欠銭・割銭・焼銭　戦災・火災で摩耗
埋納銭(精銭)　通貨流通量減少＝経済への影響
農民・庶民

Ⓐ解説　中国での貨幣鋳造の最盛期は北宋時代で，原料も潤沢で，貨幣の質もよかった。日宋貿易で輸入された銅銭で貨幣経済が進展した。その後，銅の枯渇もあり，広大な国土を持つ元では鈔銭(紙幣)がおもに使われた。明代に貨幣鋳造は再開されるが，量・質ともに北宋におよばず，生産が経済実態に追いつかない状況で，私鋳銭(日本国内の私鋳銭よりは格段に良質)が大量に作られはじめた。室町期の銭輸入量のうち，明皇帝が朝貢品の見返りに日本国王(将軍)に下した頒賜品の明製銭は決して多くなく，勘合貿易をになった商人が付搭品(朝貢船に積載させた商品)として持ち込んだ明私鋳銭が大部分を占めている。その結果，宋銭が精銭，地銭(国内私鋳銭)や欠銭・割銭が悪銭とされ，その間に渡唐銭とよばれた明銭と明で作られた私鋳銭が位置づけられている。これは精銭保管を目的とした埋納銭の7〜8割を，宋銭が占めていることからもうかがえる。

2-② 撰銭令

1485年　大内氏　撰銭令(口語訳)
段銭は善銭(北宋銭)で出すべきだが，永楽銭・宣徳銭を100文につき20文あてて混ぜてよろしい。私的な金融や売買については，100文のうち30文混ぜること，さかひ銭・洪武銭(縄きり)・打平目(鐚銭)を悪銭として排除すること

1500年　幕府　撰銭令(口語訳)
日本新鋳の料足は悪銭として排除し，渡唐銭の永楽銭・洪武銭・宣徳銭は混ぜて使うことを指定している

◀解説　撰銭令は撰銭(悪銭の受取拒否)による貨幣流通阻害をおさえるため，排除すべき悪銭の規定と，渡唐銭と精銭との混合比率を定めたものである。1485年の大内氏のものは，もっとも早い例で，領主に納める段銭は渡唐銭の率をおさえ，その分，民間取引にあてるように規定している。

3 金融　3-① 京都の土倉・酒屋

・1419年(「酒麹師起請文」北野神社文書)
(中央公論社『日本の歴史』による)
○ 1425・26年(「酒屋名簿」北野神社文書)
▲ 1467年(「御酒一臈座」南禅寺真乗院文書)

[地図：京都の土倉・酒屋。相国寺，花の御所，京都御所，吉田社，聖護院，熊野社，神泉苑，鴨川，祇園社，建仁寺，万寿寺などの位置。北大路，一条大路，二条大路，三条大路，四条大路，五条大路，六条大路，西大宮大路，七条大路，朱雀大路，大宮大路，西洞院大路，東洞院大路，東京極大路などの通り。]

△土倉　質屋は，担保として預かった質物を保管する必要があった。土倉とはそのような高利貸の土蔵を意味し，倉役を納めるなど幕府の財政の一翼を担っていた。それゆえ，酒屋とともに，土一揆の襲撃対象となることも多かった。図は近世初頭の『洛中洛外図屏風』に描かれた土蔵であるが，同様の店構えであったと考えられる。

△酒屋　酒屋＝酒造業を営むには，敷地・資金・材料が必要であった。年貢米が集まる京都は酒屋が多く，その潤沢な資金から高利貸をかねることが多かった。図は近世の酒造業である。

4 流通　4-① 京都周辺の流通路

◀解説　北陸方面の物資は若狭で陸揚げされ，琵琶湖を舟運でつなぎ，坂本・大津から逢坂峠を馬借が運んだ。一方，瀬戸内方面からの荷は兵庫や尼崎，淀川を経由し，淀からは車借が京都に搬入した。油座はこのルートを利用して荏胡麻を大山崎に陸揚げしているし，東大寺復興用の木材も周防から筏を組んで淀川・木津川をたどり，奈良に運んだ。

[地図：京都周辺の流通路。越前，敦賀，塩津，小浜，海津，今津，若狭，丹後，丹波，近江，坂本，京都，大津，逢坂峠，山城，淀，大山崎，摂津，大坂，尼崎，兵庫，堺，河内，和泉，木津，奈良，大和，伊賀などの位置。]

◯地理的に陸送に頼ることの多い東日本からは軽物(絹・綿・麻布)が持ち込まれ，重量のある物品は舟運を利用できる瀬戸内周辺や北陸(琵琶湖経由)からの搬入が多かった。

4-② 瀬戸内の港

◯兵庫北関入船納帳　関銭徴収を目的とする中世の関所は陸上・海上を問わず数多く設けられ，徴収された関銭や津料は朝廷や幕府，寺社，貴族などの収入源になっていた。重要な流通ルートに面した兵庫湊(かつての大輪田泊)にも，南北2つの海上関が置かれ，南関は興福寺，北関は東大寺が管轄していた。「兵庫北関入船納帳」は兵庫湊の北関を運営していた東大寺が関銭収入を記録したもので，1445年に(1か月分欠損)に兵庫湊へ入津した船舶が，瀬戸内海各地から塩・米・木材をもたらしたことが伺える。物資の一部は荘園からの年貢(関銭免除)であったが，大部分は商品として扱われ津料徴収の対象となっていた。

[地図：瀬戸内海周辺。出雲，石見，安芸，備後，備中，備前，美作，播磨，長門，周防，豊前，豊後，伊予，阿波，讃岐，土佐，淡路，摂津，和泉，河内，大和，紀伊，山城，京都，丹波などの国名。赤間関，門司，三原，尾道，鞆，下津井，牛窓，片上，兵庫，堺，尼崎などの地名。]

兵庫北関入船納帳に記載された1445年の入津艘数は1960。瀬戸内海に面した各地から，塩：10万石，米：2.4万石，木材3.7万石が兵庫湊にもたらされた。ほかにも史料があり，出入りした船の総数は2700隻以上におよんだ。

Answer 座には商品加工の安定化，関所には設置者の関銭収入という利点があったが，商品の価格高騰や流通停滞という難点があった。

1 室町文化

| 特色 | ①南北朝文化
北山文化(足利義満時代)→p.136
東山文化(足利義政時代)→p.137 } 総称して
室町文化
②武家文化⟷公家文化
大陸文化⟷伝統文化 } 文化の融合
中央文化⟷地方文化
③日本固有の文化の形成
能・狂言・茶の湯・生花 |

▶▲鹿苑寺金閣(右)・金閣第3層「究竟頂」(上) 将軍職を子の義持に譲ったあとに,足利義満が住んだ北山殿の舎利殿として1398年に建立された。義満の死後,その法号鹿苑院にちなんで鹿苑寺となった。3層の殿閣建築で,第1層は寝殿造の「法水院」で釣殿が池に張り出している。第2層は観音像が安置された和様「潮音洞」。第3層は花頭窓や桟唐戸が特徴の禅宗様を呈した「究竟頂」。内装は天井・壁すべてに金箔が押されている。放火により焼失したが,再建。高13.6m 京都府 世界遺産

2 建築

◀○慈照寺銀閣 銀閣は8代将軍足利義政が,1489年,東山山荘(東山殿)に建てた観音殿の俗称。山荘は義政の死後,法名をとって慈照寺となった。2層の楼閣建築で,上層は桟唐戸や花頭窓など禅宗様の特徴を持つ「潮音閣」,下層は書院造風の「心空殿」で,腰高障子を使用している。

山荘の持仏堂であった東求堂の東北隅の四畳半は,「同仁斎」と称され,床・違い棚・付書院・明障子・襖など,のちの和風家屋に通じる書院造の代表例。庭園は同朋衆善阿弥の作庭。高10.9m 京都府 国宝 世界遺産

▲慈照寺東求堂同仁斎

Question p.134 2の金閣・銀閣・東求堂同仁斎の写真や解説に注目して,平安～室町時代の建築様式の特徴とその変遷について考えてみよう。

1 南北朝文化 14世紀中頃

特色
- 南北朝動乱の緊張感を反映
  歴史書・軍記物語など
- 新興武士の「バサラの精神」
  派手でぜいたくで、新しいものを好む
  連歌・能楽・茶寄合・闘茶の流行を生む
  有力守護の佐々木道誉、諸芸能に才能発揮

歴史書	『増鏡』（未詳） 源平争乱〜幕府滅亡（1180〜1333）を公家の立場で記述 『神皇正統記』（北畠親房） 伊勢神道の理念のもと、南朝の正統性を主張 『梅松論』（未詳） 足利政権の成立過程を細川氏の活躍を折り込み記述
軍記物語	『太平記』（未詳） 南北朝動乱を南朝寄りに記述 『難太平記』（今川了俊） 足利政権の成立過程を今川氏の活躍を折り込み記述
芸能	能楽・茶寄合・闘茶 3
庭園	天龍寺庭園（夢窓疎石）4
建築	永保寺開山堂（夢窓疎石）〈禅宗様〉
絵画	〈絵巻物〉慕帰絵詞 本願寺3代覚如の生涯を描く

2 軍記物語

△太平記読み（『人倫訓蒙図彙』）当初、物語僧により語られたが、近世初頭、政道・兵法を講釈して全国を歩く太平記読みが流布した。

3 茶寄合 3-① 茶会所の唐物趣味

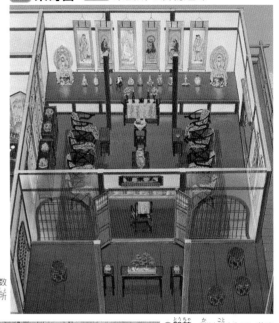

▷唐物道具・卓・椅子・多数の掛軸を使用する豪奢な会所飾がほどこされた。

▷闘茶 賭け事として、茶の味を飲み分ける遊戯。栄西の請来した茶種を贈られた高弁（明恵）が、高山寺近辺の栂尾で育てたことから、栂尾茶を本茶とし、ほかの産地の茶を非茶として飲み当てを競った。茶寄合は、闘茶ののち、歌舞管弦をともなう酒宴となるなど、婆娑羅の精神に通じる茶会で、建武式目では制限の対象となった。

会所飾として並べられた唐物道具

産地の異なる茶を点てている

茶の産地を飲み当てている

茶を運ぶ

4 夢窓疎石（庭園・建築）

△夢窓疎石（1275〜1351）後醍醐天皇・足利尊氏の帰依をうけた臨済僧。禅の精神に基づく作庭で有名。門下として初代僧録の春屋妙葩、五山文学の双璧とされる義堂周信・絶海中津らがいる。

△永保寺開山堂 永保寺は1313（正和2）年に夢窓疎石が開いた寺院。開山堂には夢窓国師と高弟元翁本元の頂相（木像）がある。祠堂（内陣）と礼堂（外陣・昭堂）、二つをつなぐ相の間からなり、入母屋造・檜皮葺・一重（祠堂のみ裳階付）で強い軒反り・扇垂木・桟唐戸など、禅宗様の特徴を有している。幅13.1m
岐阜県 国宝

◁天龍寺庭園 天龍寺は、後醍醐天皇の菩提を弔うため、足利尊氏が開いた寺院。幕府は1341年、天龍寺船を元に送り、その利益で造営費用を捻出している。作庭は開山となった夢窓疎石で、嵐山を借景とした池泉回遊式庭園。
京都府 国特別名勝 世界遺産

Answer 金閣は p.82 4 の寝殿造、p.93 1 の和様、p.115 4 の禅宗様を用い、現代の和室につながる書院造は、銀閣下層と同仁斎にみられる。

第❷部 中世

1 北山文化 14世紀末～15世紀初め

特色	・3代将軍義満の時代 ・禅宗文化の普及 　水墨画・建築・庭園，五山・十刹の制 　漢詩文集などの出版（五山版） ・明の文化の普及（遣明船）
建築	鹿苑寺金閣〔寝殿造・禅宗様〕→p.134
庭園	鹿苑寺庭園
臨済宗	夢窓疎石→p.135 五山・十刹の制の完成 2 京都五山・鎌倉五山・十刹・諸山 僧録（春屋妙葩）
水墨画 3	寒山拾得図（伝周文） 妙心寺退蔵院瓢鮎図（如拙） 南禅寺金地院渓陰小築図（伝明兆）
文学	五山文学（義堂周信・絶海中津） 五山版（五山文学の出版）
芸能	猿楽能 大和四座（観世・宝生・金春・金剛） →p.138 2 観阿弥・世阿弥 『風姿花伝』（花伝書，世阿弥）

2 五山・十刹の制

```
僧録（鹿苑僧録）
　初代　春屋妙葩
　人事　相国寺鹿苑院塔主
　官寺住持の任免
　寺領の管理，訴訟の裁定
　財政　鹿苑院 子院 蔭凉軒主
　五山官銭の管理
```

```
　　南禅寺　　　　　　　五山　　　　林下
京都五山　鎌倉五山　　　＝　　　　　＝
①天龍寺　①建長寺　　　叢林 ←→ 叢林下
②相国寺　②円覚寺　　　　　　　　臨済宗
③建仁寺　③寿福寺　　　　　　　　大徳寺
④東福寺　④浄智寺　　　　　　　　妙心寺
⑤万寿寺　⑤浄妙寺　　　　　　　　曹洞宗
　　　　　　　　　　　　　　　　永平寺
京都十刹　関東十刹　　　　　　　　総持寺
等持寺など　瑞泉寺など
```

権力者の保護をうけた五山派に対し，民間布教につとめた禅宗諸派

```
諸　山
```

▶春屋妙葩　夢窓疎石の甥で，南禅寺住持などを歴任した禅僧。足利義満の帰依をうけ，1379年僧録となる。1382年，花の御所の東に相国寺を開山，同寺の鹿苑院塔主となって以降，歴代塔主が僧録を兼ねたので，鹿苑僧録ともよばれている。また，鹿苑院内の蔭凉軒は副僧録として，五山官銭（五山住持補任への礼金）収納にあたり，政治にもかかわることとなる。慈照寺蔵／京都府

2-② 鎌倉五山

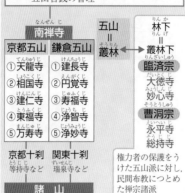

（地図）北鎌倉駅・東慶寺・円覚寺・明月院・浄智寺・建長寺・覚園寺・浄光明寺・鶴岡八幡宮・寿福寺・鎌倉駅・金沢・浄妙寺　鎌倉五山

2-① 京都五山

（地図）鹿苑寺（金閣）・大徳寺・龍安寺・相国寺・妙心寺・御所・慈照寺（銀閣）・嵐山・二条城・鴨川・天龍寺・鹿王院・建仁寺・清水寺・南禅寺・桂・京都・万寿寺・東福寺　京都五山

3 水墨画

▶寒山拾得図（周文筆）　寒山拾得図は宋代に始まり，禅僧の間で盛んに描かれた画材で，世俗を超越した唐僧の姿。縦100.3cm　横37.4cm　部分　東京国立博物館蔵

△渓陰小築図（1413年）　漢詩文を添えた詩画軸の代表例である。縦101.5cm　横34.5cm　部分　南禅寺金地院蔵／京都府　国宝

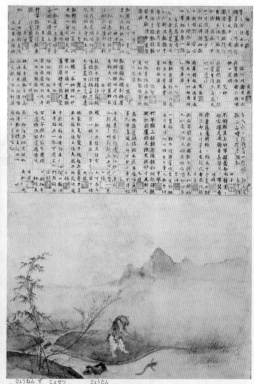

△瓢鮎図（如拙筆）　「瓢箪で鮎（国字でアユだが，中国ではナマズを表す）を捺える」との禅問答を如拙が視覚化し，五山僧31名が賛を寄せたもの。このように，禅の悟りを開く機縁を描いた水墨画を禅機画ともいう。縦111.5cm　横75.8cm　部分　妙心寺退蔵院蔵／京都府　国宝

Question p.136 3 と p.137 3 の水墨画の画題の違いに注目して，禅宗との関係性や禅の精神について考えてみよう。

1 東山文化 15世紀～16世紀前半

特色		・8代将軍義政の時代 ・禅の精神に基づく簡素さ ・幽玄・侘など，精神性を基調とする ・芸術性が生活文化に浸透する ・現代の日本文化の基調となる
建築・庭園	建築	慈照寺（東山山荘） 　銀閣→p.134・東求堂同仁斎（書院造）
	庭園	慈照寺庭園（善阿弥） 枯山水 　龍安寺庭園 ❷ 　大徳寺大仙院庭園 ❷
絵画	水墨画	四季山水図巻（山水長巻，雪舟）❸ 秋冬山水図（雪舟）❸ 天橋立図
	大和絵	土佐光信〈土佐派〉
	狩野派	周茂叔愛蓮図（狩野正信）❸ 大仙院花鳥図（伝狩野元信）
工芸	能面	能の隆盛で需要
	金工	後藤祐乗
芸能	茶道	書院茶の湯（殿中茶の湯） 草庵茶の湯（侘茶） 　村田珠光→武野紹鷗→p.138
	花道	供花→立花（池坊専慶）→p.138
学問・文学	和歌	古今伝授（東常縁）→p.138
	有職故実	『建武年中行事』（後醍醐天皇） 　朝廷の年中行事を月を追って記述 『職原抄』（北畠親房） 　官職沿革を研究 『公事根源』（一条兼良） 　年中行事の起源・変遷を記述
	政治	『樵談治要』（一条兼良） 　1480年，9代将軍足利義尚の諮問に応えた政治意見書
	古典研究	『花鳥余情』（一条兼良） 　『源氏物語』の注釈書
	歴史	『善隣国宝記』（瑞溪周鳳）
	朱子学	桂庵玄樹・南村梅軒→p.139 ❶
宗教	神道	唯一神道（吉田兼倶）

2 庭園（枯山水）

🅐龍安寺庭園　枯山水は，水を用いずに山水を表現する庭園技法で，禅の精神世界に通じる。龍安寺庭園は14世紀末の作庭で，長方形の平庭に白砂と大小15個の石を配した構成で，「虎の子渡し」の俗称を持つ。
京都府 国特別名勝 世界遺産

🅐大徳寺大仙院庭園　大徳寺塔頭の大仙院に，16世紀初頭に造営された枯山水。上石庭は深山幽谷の落瀑を，下石庭は大河のゆるやかな流れを石と白砂を以て表現している。
京都府 国特別名勝

3 絵画

🅐秋冬山水図（雪舟筆）　秋・冬の2幅からなる山水画で，図は秋景。1幅 縦46.4cm 横29.4cm 東京国立博物館蔵 国宝

🅑周茂叔愛蓮図（狩野正信筆）　狩野正信は，幕府御用絵師で，狩野派の祖。この作品は，蓮華を愛した宋代の文人周茂叔の故事をもとに描いた作品で，朝焼け空の下，柳枝の垂れる池辺に咲く白い蓮華が清新である。一幅 縦84.5cm 横33.0cm 部分 九州国立博物館蔵 国宝

🅐四季山水図巻（雪舟筆）　雪舟は，相国寺の画僧で，周文の弟子。大内氏の庇護をうけ，1467年に入明し，水墨画をきわめた。長大な画面に，山水の四季の変化（この図は夏）と人々の生活を描いた1486年の作品。縦40.4cm　横15.7m　部分　毛利博物館蔵／山口県 国宝

Answer 北山文化では『瓢鮎図』のように禅問答を視覚化した禅機画が多かったが，東山文化では自然のなかに禅の精神をみる山水画が主となった。

第❷部 中世

1 茶道・花道

1-① 茶道の歴史

禅院茶の湯	坐禅・公案(→p.112)とともに臨済禅の修行の一つとして茶を喫した
茶寄合	賭け事としての闘茶(→p.135 3)を豪奢な唐物趣味の会所でおこなった
殿中茶の湯(書院の茶)	書院造の座敷を会所としておこなった茶会。同朋衆の整えた絵画・香・花など座敷飾を鑑賞しながら茶を喫した
草庵茶の湯	侘の精神的な深さを求めた閑寂な草庵の茶で, 道具も唐物ではなく和物を使用

◁村田珠光(1423〜1502) 大徳寺の一休宗純に禅を学び, 茶と禅の一体化を主張した。8代将軍義政の茶道師範(異説あり)として, 能阿弥の華麗な殿中茶の湯を批判。侘茶の精神を強調して, 草庵茶の湯をおこした。

1-② 花道

◁花道(『慕帰絵詞』) 仏前に花を供える供花から, 座敷飾としての立花が発達, 侘茶の流行とともに, 投げ入れの技法を用いる生花が主流となった。立花の名手として同朋衆の立阿弥や, 京都六角堂頂法寺の塔頭である池坊の僧侶専慶・専応が知られる。

2 猿楽から能楽へ

△観世能の興行風景(『洛中洛外図屛風』) 自然の松を背景とし, 壁もなく, 橋掛りも簡略で, 常設小屋ではない。場所は鴨川の河原と思われる。

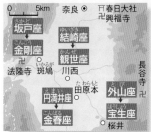

0 5km

奈良 ⊚
春日大社 卍興福寺
坂戸座
結崎座
金剛座
観世座
法隆寺 斑鳩 川西
長谷寺 卍
円満井座 田原本 外山座
金春座 桜井 宝生座

▷解説 散楽戸(→p.95 3)が廃止されたのち, 猿楽座として寺社の保護をうけた。興福寺を本所とする大和猿楽四座(結崎・外山・円満井・坂戸の四座)は能楽の大和四座(観世・宝生・金春・金剛の四座)に発展したが, 現在の能楽四流派の基となっている。結崎座に属していた観阿弥は, 曲舞をとり入れ, 猿楽を変革したが, 画期は1374年, 京都今熊野での観阿弥・世阿弥父子による猿楽興行を足利義満が鑑賞したことであった。とくに世阿弥は義満の庇護をうけ, 能楽を大成し, その奥義を『風姿花伝(花伝書)』にまとめている。

3 古今伝授

三条西実隆─公条─実枝─公国
〔三条西家〕
東常縁─宗祇
　　　細川藤孝(幽斎)
　　　島津義久
　　　中院通勝
　　　智仁親王
肖柏─林(饅頭屋)宗二
(松永)貞徳

▷解説 古今伝授とは, 『古今和歌集』の故実・解釈などの秘伝を弟子に伝えることで, 武士で二条流歌人でもあった東常縁が, 1471年, 宗祇に伝授したのが始まり。1600年, 関ヶ原の戦いの前哨戦で, 細川藤孝(幽斎)の敗死が濃厚になった際, 古今伝授の断絶を惜しんだ後陽成天皇の勅命(実弟の八条宮智仁親王の嘆願)により, 降伏・助命が実現し, 後代に伝わった。

4 庶民文化

4-① 特色とおもな内容

特色	公家文化・武家文化の普及 / 茶・連歌・能・狂言 / 町衆の祭礼催行 / 祇園祭(山車巡行) / 惣村での祭礼・寄合
能・狂言	農村祭礼での上演
諸芸能	幸若舞 / 古浄瑠璃 / 小歌 『閑吟集』
御伽草子	『酒呑童子』『文正草子』『浦島太郎』『物くさ太郎』『一寸法師』
連歌	『菟玖波集』(二条良基・救済) 1356年, 準勅撰連歌集, 連歌集の初め / 『応安新式』(二条良基) 1372年, 連歌規則の集大成 / 『新撰菟玖波集』(宗祇) / 『水無瀬三吟百韻』(宗祇・肖柏・宗長) / 『犬筑波集』(宗鑑)
祭礼	念仏踊り・風流踊り・盆踊り

4-② 御伽草子

△『酒呑童子絵巻』(狩野元信筆) 源頼光が, 金太郎の成長した姿である坂田公時や渡辺綱たち頼光四天王とともに, 京都大江山の酒呑童子を退治する話。サントリー美術館蔵/東京都

◀解説 御伽草子は庶民的な短編物語で, 酒呑童子のような武家物のほか, 『一寸法師』『物くさ太郎』など, 庶民物は出世譚や教訓譚となっている。

4-③ 連歌師の系譜

赤字：三賢

(南北朝)	(応永)	(永享)	(文明・明応)	(永正)	(享禄)
善阿		良基	梵燈	宗砌	宗祇	肖柏
救済					
信昭	周阿	宗砌	智蘊	宗長─宗牧	
順覚	周阿	宗助	専順	宗碩─宗桂─(紹巴)	
良阿			心敬		
			行助		

◁宗祇

4-④ 盆踊りの起源

△風流踊り 祭礼の際に小歌などにあわせ, 華美な服装で踊りながら大路を練り歩く風流踊り(のちの歌舞伎踊りにも影響)が, 15世紀前半, 鉦・太鼓にあわせ念仏を唱えて踊る念仏踊りと融合し, 現在の盆踊りになったとされる。盆踊りには櫓を中心とする輪踊りと徳島の阿波踊りのような行列踊りの形態がある。

Question p.130 2-③にみられる京都の被害, p.139 1・2・3の時系列的・空間的情報に注目して, 文化人の動向について考えてみよう。

第2部 中世

第**②**部 中世

1 文化の地方普及

『応仁記』

応仁ノ一変ハ仏法王法トモニ破滅シ，諸宗皆悉ク絶ハテヌルヲ感嘆ニ堪ヘズ　飯尾彦六左衛門尉，一首ノ歌ヲ詠ジケル。「汝ヤシル都ハ野辺ノ夕雲雀アガルヲ見テモ落ルナミダハ」

↓京都の荒廃

一条兼良（関白 1402～82）

応仁の乱で，子の興福寺大乗院門跡尋尊を頼り，奈良に下向。のちに斎藤妙椿の招きで美濃におもむき，「ふぢ河の記」を執筆

雪舟（相国寺画僧 1420～1502）

1464年に山口に下向する。67年に大内船で入明し，山水画をきわめる。帰国後，山口を拠点に諸国を遍歴

桂庵玄樹（南禅寺僧侶 1427～1508）

1467年大内船で入明し，儒学をきわめる。帰国後，山口・隈府（熊本県菊池市）・鹿児島に招かれ，『大学章句』を著述。**薩南学派**の祖

万里集九（相国寺漢詩僧 1428～？）

応仁の乱で美濃に下向。1485年に太田道灌の招きで江戸に向かい，関東一円から越後・飛騨などを回遊する

南村梅軒（生没年不詳）

大内義隆に仕えていたが，1548年頃，土佐国弘岡に招かれ儒学を講ずる。谷時中・山崎闇斎らを**南学派（海南学派）**の祖とされるが，実在は疑問視されている

2 西の京 山口

△**瑠璃光寺五重塔**　応永の乱で戦死した大内義弘の菩提寺である香積寺に，1442年弟の大内盛見が建立した五重塔。のち，瑠璃光寺（1468年戦死した大内教弘房の菩提寺）が当地に移転してきた。山口県　国宝

大内氏の経済力と山口に集った人々

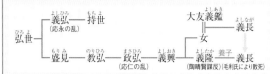

大内氏は百済聖明王の子孫多々良氏を本姓とし，平安末期以来の周防国在庁官人で，鎌倉時代には六波羅評定衆に列した。南北朝期に勢力を伸ばしたが，3代将軍義満と対立し，応永の乱で義弘が討伐された。政弘の代に大内氏掟書を定めるなど領国経営を充実させ，応仁の乱では京都に大軍を派遣し大きな影響を与えた。教弘が開始した日明貿易，政弘が参画した日明貿易，石見銀山からの収益が文化面に注がれた結果，城下町山口は「西の京」ともよばれ，宗祇・雪舟・桂庵玄樹・南村梅軒らの文化人がつどい，鹿児島に上陸したザビエルも京都への往復の際に訪れている。

◁**雪舟**　雪舟は35歳の頃山口を訪れ，以後，1506年に87歳前後で没するまで，入明と諸国行脚の約20年間を除き，山口の雲谷庵で制作に励んだ。雪舟を山口にひきつけたのは，大内氏の文化的雰囲気であったろうか。図は雪舟71歳の自筆寿像を江戸初期に徳力善雪が模写したもの。東京国立博物館蔵

3 知識人の足跡

大内版
1410年の『蔵乗法数』から1539年の『聚分韻略』まで，大内氏の経済的繁栄を背景に，山口で刊行された書物群。

阿佐井野宗瑞
室町後期の堺の医師・商人。1528年，明版の医書『医書大全』を翻訳・刊行。

━━━ 飯尾宗祇の足跡
（摂津・近江・紀伊への小旅行は省略）

━━ 雪舟の足跡

学芸を奨励した大名

おもな文化人

京都五山
天竜寺・東福寺・相国寺・万寿寺・建仁寺
五山文学　五山版

鎌倉五山
建長寺・浄智寺・円覚寺・浄妙寺・寿福寺

饅頭屋宗二（林宗二）

南北朝期に来日した林浄因を祖に，代々饅頭屋を家業とする。肖柏に古今伝授を，清原宣賢に儒学を師事。『節用集』（用字・語源・語義を示したいろは引きの国語辞典→教科書p.131）を刊行した。

4 寺院の教育

△**『庭訓往来』**　南北朝期～室町初期の教科書で，往来（往復書簡）の形態をとっている。武士の道徳観などにも触れている。

△**中村の送り火焼**　関白教房の下向に発する戦国大名一条氏にちなんで実施。

5 足利学校

◁**足利学校**　下野国足利におかれた儒学・易学・暦学の学校。創立については諸説（下野国学・小野篁創設・足利義兼創設）あるが定かではない。1439年永享の乱（→p.130 **1-8**）に勝利した関東管領上杉憲実が鎌倉の円覚寺快元を庠主に招いて再興。ザビエルは「高野・根来・比叡・三井寺と並ぶ坂東における大学」と評している。

Answer 文化人は街や寺社の荒廃した京を離れ，日明貿易で繁栄する大内氏の「西の京山口」など，地方の有力者に招かれたことがわかる。

第②部 中世

1 新仏教の動き

禅宗（五山派）❶	・3代将軍義満は五山・十刹の制で寺格を定め、五山僧の統轄を僧録（初代春屋妙葩）に命じる→p.136 2 ・幕政に関与　瑞溪周鳳：6代将軍義教の外交顧問　季瓊真蘂：8代将軍義政の政治顧問 ・文化面：五山の僧侶を中心に、五山文学とされる漢詩文（義堂周信・絶海中津）創作、儒学（桂庵玄樹・藤原惺窩）研究、水墨画（如拙・雪舟）作成など
禅宗（林下）❷	・幕府の庇護をうけ、官寺として栄えた五山派に対し、五山・十刹の格を離れ、林下として自由な布教活動につとめた
日蓮宗（法華宗）❸	・東国を基盤に、日像・日親が出て、宗勢を京都・中国・九州に伸ばした ・京都では6代将軍義教の弾圧に屈しない日親の布教活動で、商工業者（町衆）に信者を増やした ・1532年に法華一揆を結び、山科本願寺を焼くなどし、一時期京都の町政を担ったが、1536年の天文法華の乱で延暦寺僧兵による焼打ちをうけ、京を追放された
浄土真宗本願寺派❹	・8世蓮如の布教活動により、宗勢を北陸・東海・近畿に拡大 ・門徒集団は「進むは往生極楽、退くは无（無）間地獄」の旗の下、大名権力と衝突して各地で一向一揆を結ぶ

2 新仏教の拠点

❶京都五山
❷大徳寺・妙心寺
❸日蓮宗21カ寺
❹大谷・山科本願寺

4 日蓮宗の宗勢拡大

△日親（1407〜88）　室町中期の日蓮宗僧侶。京都を中心に布教するなか、『立正治国論』を以て6代将軍義教に改宗を勧めたが投獄される。頭に焼けた鍋を被せられたので、鍋冠り上人ともよばれた。

3 林下の禅

◁一休宗純　林下大徳寺の僧で、五山僧の腐敗・堕落を強く批判した。参禅した村田珠光が茶禅一致を唱え、侘茶を創始して以降、武野紹鷗・千利休ら多くの茶人が大徳寺と関係を持っている。

◀解説 林下　禅宗諸派のうち、五山派が権力志向だったのに対して、より自由な民間布教につとめたもの。五山を叢林とよんだのに対して、その下にある叢林下の意味で林下とよんだ。永平寺や総持寺といった曹洞宗系と、大徳寺・妙心寺といった臨済宗系がある。→p.136 2

△金毛閣と呼称された大徳寺山門の写真

5 浄土真宗本願寺派（一向宗）の宗勢拡大 →p.113 1-❶

5-❶ 蓮如の活動

年号	年齢	事項	年号	年齢	事項
1457	43	蓮如、本願寺8世となる	1475	61	蓮如、対立を危惧し、吉崎御坊を去る
1461	47	御文（平易な文章）による布教開始	1479	65	京都山本願寺を建立
1465	51	京都大谷本願寺、延暦寺の襲撃うける	1488	74	加賀の一向一揆（加賀の門徒、守護富樫政親を倒し、以後1580年まで領国を支配）
1468	54	近江堅田本福寺、延暦寺の襲撃うける	1489	75	蓮如、隠居
1471	57	越前国に吉崎道場（吉崎御坊）設立	1496	82	石山御坊（のちの石山本願寺）建立
この頃		御文による布教で門徒拡大　門徒国人・農民と守護勢力の対立激化	1499	85	蓮如死去

5-❷ 吉崎御坊

▲吉崎御坊復元図（イラスト：吉田桂二）　吉崎御坊は、蓮如が加賀国境に近い越前吉崎に構えた坊舎。三方を湖に囲まれた、守りやすく攻めにくい地形に建てられていた。

▷永平寺

比叡山の圧迫で京都を離れた道元が越前国に創建した寺院。曹洞禅は権力に頼らず、只管打坐・出家至上主義を貫くので、権力と結びついた臨済禅の五山派に対して林下に位置づけられる。曹洞宗中興の祖、永平寺4世瑩山紹瑾が能登国に開いた総持寺も、永平寺とともに曹洞宗本山として興隆した。→p.112, 113

◁大徳寺

後醍醐天皇（大覚寺統）の帰依をうけた臨済宗寺院。一時は京都五山の上に位置づけられたが、室町幕府と対立して十刹の下位まで降格されたことから五山派を離れ、林下の禅を追求した。臨済宗では妙心寺も林下である。写真は金毛閣と呼称された大徳寺山門。上層部分は千利休の寄進をうけて整備されたものとされる。

△蓮如と御文（御文章）
蓮如は、浄土真宗高田専修寺派・仏光寺派が優勢だった北陸で、越前吉崎を拠点に本願寺派（一向宗）の勢力を拡大した。惣村指導者に御文（教義を平易な文で説いた手紙形式の布教書）を送り、惣村ごとに講を組織して構成員の教化を進めた。1475年、一向宗を精神的支柱とした門徒（国人・農民）がしだいに領主層との対立を深め、それを危惧した蓮如は吉崎を離れた。各地に設けられた道場に拠る坊主の主導で、加賀一向一揆がおこり、加賀は武士門徒と有力坊主の合議制が支配する国となった。

Question p.140 5-❶の蓮如の活動年表に注目して、浄土真宗本願寺派（一向宗）と他宗派あるいは世俗権力との関係性について考えてみよう。

1 有力守護(守護大名)と戦国大名の比較

	有力守護(守護大名)	戦国大名
権限	幕府の守護任命が前提 南北朝動乱期に権限を拡大 →p.125 **1**	幕府任命によらず実力で領国を支配 ・守護大名からの成長 ・下剋上(守護代・国人など) **3**
対幕府	京都在住・幕府出仕が原則 (除 鎌倉公方・九州探題の統轄国) 幕府の要職につき、幕政に参画 (三管領・四職など)	幕府の権限がおよばず、権威として利用するのみ ・官職の推挙 ・偏諱頂戴(将軍の一字をもらう)
家臣統制	半済令を通して国人を被官化 →p.125 **1-3** ↕ 国人一揆(→p.125 **2**)の抵抗	国人一揆を鎮圧 国人・地侍を家臣団に編成 ・寄親・寄子制で支配 **5** 分国法→p.142・貫高制を用いて統制
領国支配	荘園制は存在するが 半済令により下地を折半 守護請により侵略	在地支配 荘園制の否定・指出検地 領国経営 農業(治水・灌漑) 商業(城下町形成・楽市令→p.145 関所撤廃・鉱山開発→p.142)

2 戦国大名の出自

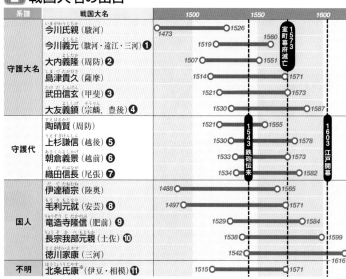

系譜	戦国大名	1500	1550	1600
守護大名	今川氏親(駿河)	1473〇―〇1526		
	今川義元(駿河・遠江・三河) **1**	1519〇――〇1560		
	大内義隆(周防) **2**	1507〇――〇1551		
	島津貴久(薩摩)	1514〇――――〇1571		
	武田信玄(甲斐) **3**	1521〇――――〇1573		
	大友義鎮(宗麟、豊後) **4**	1530〇――――――〇1587		
守護代	陶晴賢(周防)	1521〇――〇1555		
	上杉謙信(越後) **5**	1530〇―――――〇1578		
	朝倉義景(越前) **6**	1533〇――――〇1573		
	織田信長(尾張) **7**	1534〇――――〇1582		
国人	伊達稙宗(陸奥)	1488〇――――――〇1565		
	毛利元就(安芸) **8**	1497〇―――――――〇1571		
	竜造寺隆信(肥前) **9**	1529〇――――〇1584		
	長宗我部元親(土佐) **10**	1538〇――――――〇1599		
	徳川家康(三河)	1542〇―――――――〇1616		
不明	北条氏康※(伊豆・相模) **11**	1515〇――〇1571		

（年表中）1573 室町幕府滅亡／1543 鉄砲伝来／1603 江戸開幕

※近年では北条氏の始祖早雲を幕臣伊勢氏の一族とする説が有力。

第**2**部 中世

3 下剋上

畿内	将軍・細川晴元→執事・三好長慶→家宰・松永久秀
近江	京極氏→国人・浅井久政・長政
美濃	土岐氏→守護代・斎藤氏→不明・斎藤道三
尾張	斯波氏→守護代・織田氏→奉行・織田信秀・信長
越前	斯波氏→守護代・朝倉孝景
関東	鎌倉公方→堀越公方→北条早雲 →古河公方・山内上杉→北条氏綱・氏康
中国	出雲 京極氏→守護代・尼子氏→国人・毛利元就 周防 大内義隆→守護代・陶晴賢→国人・毛利元就

4 群雄割拠
(1560年頃)

戦国大名

3 武田信玄(晴信)

清和源氏の支流で、鎌倉時代から甲斐国の守護。版図を信濃・駿河・遠江に広げたが、上洛途上で死去。

6 朝倉義景

越前国一乗谷を本拠とした戦国大名。一時、足利義昭を保護したが、上洛要請には応じず、義昭は織田信長を頼り、去っていった。

7 織田信長

尾張守護代織田氏の支流。同族内の争いに勝利して、尾張国を統一。→p.145

5 上杉謙信

出自は越後国守護代長尾氏で、上杉憲政から家督と関東管領職を譲られる。武田信玄との川中島の戦いで名高い。

11 北条氏康

北条氏3代目。古河公方・扇谷上杉・山内上杉を破り、関東をほぼ手中にする。

解説 **北条氏**

伊勢長氏(または盛時、出家して早雲庵宗瑞)は、今川氏親の外戚として家督継承を支援。のちに隣国伊豆の堀越公方足利茶々丸を追い、ついで相模国小田原を掌握した。北条を名乗るのは、2代氏綱以降である。鎌倉幕府の北条氏と区別するため、後北条氏とよぶこともある。

伊勢宗瑞
(北条早雲)
│
北条氏綱
│
氏康
├──┬──┐
氏政　氏照
│
氏直

8 毛利元就

安芸国の国人であったが、陶晴賢を厳島で討ち、大内・尼子氏を制して、中国10カ国を領有。

2 大内義隆

中国・九州の7カ国守護、日明・日朝貿易も統轄し、その富から山口は「西の京」ともいわれる。守護代陶晴賢の謀叛で自害。

9 竜造寺隆信

肥前国の国人であったが、守護少弐氏を追い、一時は島津・大友氏と九州を3分したが戦死し、家臣の鍋島直茂に代わられる。

4 大友義鎮

鎌倉時代から豊後国の守護をつとめる。キリシタン大名として布教・南蛮貿易を盛んにおこなう。

10 長宗我部元親

土佐の国人出身で、一時期、四国全土を領したが、豊臣秀吉の四国平定に屈して臣従。

1 今川義元

足利一門で、代々駿河守護になる。遠江・三河を領して上洛をはかるが、桶狭間の戦いで敗死。

（地図内の武将名）
浪岡具永／南部晴政／安東愛季／斯波詮元／小野寺輝道／葛西晴胤／最上義光／大崎義直／伊達晴宗／畠山晴国／結城顕頼／蘆名盛氏／宇都宮尚綱／佐竹義重／上杉謙信／武田信玄／朝倉義景／織田信長／徳川家康／今川義元／北条氏康／里見義堯／一色義道／山名祐豊／波多野秀治／松永久秀(松平元康)／細川晴元／尼子義久／畠山晴具／赤松晴政／三好長慶／宇喜多直家／筒井順昭／毛利元就／畠山政国／大内義隆／陶晴賢／宇都宮貞綱／一条房基／長宗我部元親／大友義鎮／松浦隆信／竜造寺隆信／大村純忠／菊池政隆／相良義滋／伊東義祐／島津貴久

5 家臣団の構成

大名
寄親
一門・家一族／譜代／外様／国衆 ── 地頭クラスの武将
寄子 ── 名主・侍(地侍)クラス

直臣・宿老／馬廻／様／衆
軍役衆／軍役衆／軍役衆／軍役衆
中間・小者・若党／中間・小者・若党／中間・小者・若党／中間・小者・若党
足軽／武家奉公人

第2部 中世

1 戦国大名の分国支配

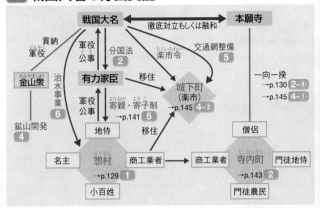

▲解説 軍事力増強・家臣統制と、城下町形成(有力家臣集住・楽市令による商人移住)・交通網整備・治水事業・鉱山開発などの振興策は戦国大名にとって分国支配の両輪であった。

2 分国法

○制定地(居城) 数字は制定年　■領国は制定当時の推定範囲

① 朝倉氏　朝倉孝景条々　朝倉敏景　十七箇条
② 大内氏　大内氏掟書　大内家壁書
③ 相良氏　相良氏法度
④ 北条氏　早雲寺殿廿一力条
⑤ 今川氏　今川仮名目録
⑥ 伊達氏　塵芥集
⑦ 武田氏　甲州法度之次第(信玄家法)
⑧ 結城氏　結城氏新法度(結城家法度)
⑨ 六角氏　六角氏式目(義治式目)
⑩ 三好氏　新加制式
⑪ 長宗我部氏　長宗我部氏掟書　長宗我部元親百箇条

特徴	・喧嘩両成敗　・私的同盟禁止　・厳罰主義 ・家臣相互婚姻許可制　・連座制　・家臣の城郭破却			
①朝倉孝景条々	朝倉孝景(敏景)	1471～81	朝倉敏景十七箇条
②大内氏掟書	大内持世～義隆	1495頃	大内家壁書
③相良氏法度	相良為続～晴広	1493～1555	
④早雲寺殿廿一力条	北条早雲	不明	
⑤今川仮名目録	今川氏親・義元	1526(1552)	「仮名目録追加」制定
⑥塵芥集	伊達稙宗	1536	
⑦甲州法度之次第	武田信玄	1547	信玄家法
⑧結城氏新法度	結城政勝	1556	結城家法度
⑨六角氏式目	六角承禎・義治	1567	義治式目
⑩新加制式	三好長治	1562～73	
⑪長宗我部氏掟書	長宗我部元親	1596	元親百箇条

3 城下町　▼一乗谷

▲朝倉氏居館復元模型

◀解説 越前の戦国大名朝倉氏は、一乗谷に城下町をつくり、朝倉孝景は分国法で「所領ある者は、一乗谷に移り住み、郷村には代官だけを置くべきである」と命じている。一乗谷沿いの細長い河谷の上流と下流に城戸をおき、武家・町屋など居住区を設けた。東の尾根筋に詰の城が築かれていたが、1573年の織田軍の攻撃により、100年にわたる繁栄は終焉をとげた。

4 鉱山開発　4-① 武田氏の金山

◀解説 黒川・中山などの甲斐金山は、金山衆とよばれる山師により運営され、武田氏から公事役動免除をうけるかわりに、甲州金納入や戦時動員に応じた。

▶甲州金

6 信玄堤

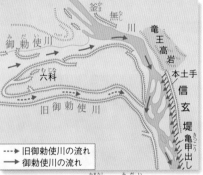

----▶ 旧御勅使川の流れ
──▶ 御勅使川の流れ

▲解説 甲斐国西部の釜無川と御勅使川が合流する付近ではたびたび洪水が発生し、大きな被害を出していた。領国の安定経営をはかる武田信玄は、御勅使川の流路を北に移し、釜無川左岸の竜王高岩にぶつけて水勢を弱めた。また洪水多発部分の堤防は直線状にはせず、聖牛や蛇籠という技法を用いて、斜めに突き出した亀甲出しを多数設けた。これは堤防の決壊を避けるためで、川の流れに逆らわずに、水流を弱めることを主目的としていた。

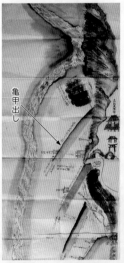

▲信玄堤古図

5 交通網

◀棒道　武田信玄がすみやかな出陣のために、甲斐・信濃間に設けた直線的で、高低差をおさえた軍事用道路。馬は牛に比べ機動力に優れていたが、穀物飼料を与えねばならないうえ、急坂に弱く、宿場と道路の整備が必要であった。

◀伝馬印　諸大名は伝馬制度を整備し、宿駅を設け、近隣の村に伝馬役を課した。伝馬の経営・関銭徴収などは、問屋が請け負い、費用を捻出している。公用の場合、伝馬印を捺した手形の提示で無賃となった。

◀浮橋　川は軍事的機動力や商品流通の阻害要因となっていた。浮橋は小舟を竹綱でつなぎ、その上に板をわたし、押さえ木を打って固定したもので、洪水時や防衛上必要な時には撤去も容易であった。

▲聖牛と蛇籠(復元)　流勢の制御のために丸太を組合わせた聖牛を、竹籠に石をつめた蛇籠で固定した。

Question　p.142 1 ～ 3 や、p.143 1 の都市分布を示した地図に注目して、戦国時代の都市の形成と特徴について考えてみよう。

1 都市の発展

門前町

信濃長野	善光寺
伊勢宇治・山田	伊勢神宮(内宮・外宮)
近江坂本	延暦寺・園城寺
大和奈良	興福寺・春日大社

港町

武蔵品川	江戸湾
伊勢桑名・大湊	伊勢湾
近江大津	琵琶湖舟運
若狭敦賀・小浜	日本海航路
和泉堺	東端・日明貿易
摂津兵庫	
備後草戸千軒	瀬戸内海航路
備後鞆・尾道	
長門赤間関	西端
筑前博多	日明貿易
薩摩坊津	日明貿易・琉球貿易

城下町

相模小田原	北条氏
駿河府中(駿府)	今川氏
越後春日山	上杉氏
越前一乗谷	朝倉氏
周防山口	大内氏
豊後府内	大友氏
薩摩鹿児島	島津氏

● 城下町　● 門前町
● 港町　　● 寺内町

寺内町

加賀金沢	金沢御坊
越前吉崎	吉崎御坊
山城山科	山科本願寺
摂津石山	石山本願寺
河内富田林	興正寺
大和今井	称念寺

2 寺内町

興正寺御坊

解説 戦国時代,一向宗徒寺院などを中心に,他宗派の攻撃に備えて濠・土塁をめぐらせて自衛した。楽市令(公事免除・徳政適用外・市座金免除)と同様の特権を獲得したことで,商工業者が集住した。図は1560年頃に興正寺証秀を中心に芝地を開発した河内の富田林で,周囲を土塁で囲み,木戸を設けて防御にあてた。

3 自由都市

3-① 自由都市一覧

和泉堺	会合衆36名=納屋衆
筑前博多	年行司12名=年寄
摂津平野	年寄衆7名
京都下京	月行事 ← 町衆
伊勢桑名	四人衆・三十六家氏人
伊勢大湊	老分衆=会合衆

3-② 中世の堺(大阪府堺市)

- 中世の町屋跡
- 中世の堀跡
町名は中世史料にあらわれるもの

0　　300m

(續伸一郎「開かれた防衛都市堺」『中世の風景を読む5』による)

解説 日明貿易・南蛮貿易で栄えた堺は,豪商から選ばれた会合衆36名が運営していた自由都市で,宣教使ガスパル=ヴィレラは「ベニスの如く執政官に依りて治められる」とローマのイエズス会本部に報告している。周囲には濠をめぐらせ,傭兵をおいて自衛していたが,1569年,織田信長の軍事的圧力に屈した。

4 草戸千軒(広島県福山市)

▲草戸千軒町の町並復元模型　平安末期〜江戸初期,備後国福山を流れる芦田川河口付近に栄えた草戸千軒は,明王院(中世は常福寺)の門前市場町であり,舟運の拠点でもあった。なお,草戸千軒は,近世にはいって芦田川の河口が南下したことから湊としての機能が低下したうえ,1673年の洪水で壊滅している。発掘調査の結果,中国・朝鮮の陶磁器が出土し,往時の姿を知ることができる。

▲出土した中国産陶磁器

▶草戸千軒町遺跡全体鳥瞰図

瀬戸内海

芦田川

5 戦国時代の京都

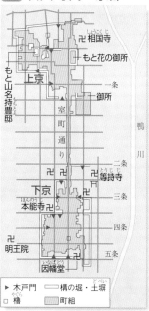

卍 相国寺
┗ もと花の御所
上京
もと山名持豊邸
一条
御所
室町通り
二条
卍 卍 卍 等持寺
下京
三条
本能寺
卍 卍 卍
四条
明王院
五条
因幡堂

鴨川

▶ 木戸門　━ 構の堀・土塀
□ 櫓　　　▨ 町組

詳しくみてみよう！
洛中洛外図屏風(上杉本)

▲祇園祭(『洛中洛外図屏風』)　応仁の乱による荒廃後,京都は公家・武士の町である上京と商工業者の町としての下京が形成され,それぞれ「構」とよばれる堀・土塀で防備を固めた。下京では自治的組織が形成され,町掟が定められ,月行事が運営した。その構成員は土倉・酒屋など富裕な商工業者で町衆とよばれた。応仁の乱で中断していた祇園祭は,1500年に町衆の運営で再開され,町を単位とした山鉾が趣向を凝らした。

Answer 寺内町や門前町など宗教起因,港町や自治都市など産業起因のほか,政治起因の城下町振興がはかられたことがわかる。

第②部 中世

1 大航海時代

1-① 大航海時代の背景

経済	香辛料の需要拡大，東方貿易の不安定(オスマン帝国が東地中海へ進出)
政治	中央集権国家の形成と国王の援助(領土拡大と黄金への欲求)
文化	東方への関心(マルコ=ポーロ『世界の記述』)
宗教	カトリックの拡大(プレスター=ジョンの伝説)
科学	地球球体説，羅針盤，航海術の発達 →羅針盤が，大洋への航海を可能にした

1-② 明の海禁政策

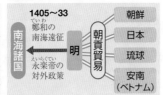

1405～33 鄭和の南海遠征

明 ← 南海諸国
永楽帝の対外政策

朝貢貿易：朝鮮／日本／琉球／安南(ベトナム)

▲解説 明は，民間人の海上交易(私貿易)を許さず，勘合とよばれる証票を与えて，政府の管理する朝貢貿易をおこなった(海禁政策)。

1-③ 新航路発見の歩み

アメリカ大陸への進出		アジアへの進出	
		1415	「航海王子」エンリケ，セウタ攻略
		1431	ポルトガル人，アゾレス諸島到達
1492	コロンブス，サンサルバドル島に到達	1481～95	ジョアン2世，インド航路開拓
1493	教皇アレクサンドル6世の植民地分界線	1488	バルトロメウ=ディアス，喜望峰到達
1494	トルデシリャス条約(教皇の分界線はスペインに有利であったため，ポルトガルの異議により変更)		
1497	カボット，英王ヘンリ7世の命によりグリーンランド，ニューファンドランドへ向かう	1498	ヴァスコ=ダ=ガマ，カリカット到達
1500	カブラル，ブラジル漂着	1509	ディウ沖海戦(ポルトガルの勝利)
1501～02	アメリゴ=ヴェスプッチ，南米調査	1510	ポルトガル，ゴア占領
1513	バルボア，パナマ地峡を横断し太平洋発見	1511	ポルトガル，マラッカ占領
1519～22	マゼラン(マガリャンイス)一行，世界周航	1517	ポルトガル人，広州到達
1521	コルテス，アステカ王国(メキシコ)征服	1518	ポルトガル，スリランカ占領
1529	サラゴサ条約(スペインとポルトガルのアジアでの領土分界線設定)	1521	マゼラン，フィリピン諸島のマクタン島で住民に殺される
1533	ピサロ，インカ帝国(ペルー)征服(最後の皇帝アタワルパを処刑)	1543	ポルトガル人，種子島来航。鉄砲伝来
1545	ポトシ銀山開く	1549	ザビエル，キリスト教を伝える
1577	ドレーク，世界周航出発(～80)	1550	ポルトガル船，平戸に到着
1584	ウォルター=ローリー，ヴァージニア植民地建設(～86)→失敗	1557	ポルトガル人，マカオに居住権を得る
		1571	スペイン，マニラ建設。ポルトガル船，長崎に到着
1585	ドレーク，西インド諸島に遠征	1600	イギリス，東インド会社設立

第3部 近世

2 鉄砲伝来

◀伝八板金兵衛作の国産1号とされる火縄銃

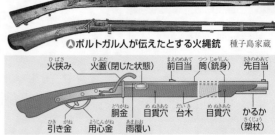

▲ポルトガル人が伝えたとする火縄銃　種子島家蔵

火挟み／火蓋(閉じた状態)／前目当／筒(銃身)／先目当／胴金／目貫穴／台木／目貫穴／かるか(槊杖)／引き金／用心金／雨覆い

▲解説 火縄銃 鉄砲伝来は，『鉄炮記』を根拠に，1543年に種子島に伝来したとする説のほか，1543年以前に中国や朝鮮の原始的な銃が伝来していたという説，東南アジア方面の銃が倭寇の活動によってもたらされたという説などがある。その後，火縄銃は近江の国友，和泉の堺，紀伊の根来・雑賀などで生産された。

▶詳しくみてみよう！ 鉄砲伝来

3 南蛮貿易

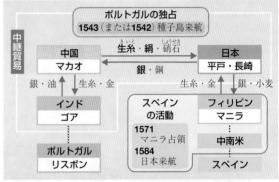

ポルトガルの独占
1543(または1542)種子島来航

中継貿易

中国 マカオ ←生糸・絹・硝石→ 日本 平戸・長崎
←銀・銅→
銀・油／生糸・金
インド ゴア

スペインの活動
1571 マニラ占領
1584 日本来航

生糸・金／銀・小麦
フィリピン マニラ
中南米

ポルトガル リスボン／スペイン

▲解説 南蛮人(ポルトガル人・スペイン人)は，中国の生糸などをもたらし，日本の銀などと交易した。17世紀初頭の日本の銀の産出量は世界の総産銀量の3分の1にあたった。日本では，石見銀山はじめ生野銀山，院内銀山などが開発されていった。

4 キリスト教の伝来

4-① キリスト教の伝来と発展

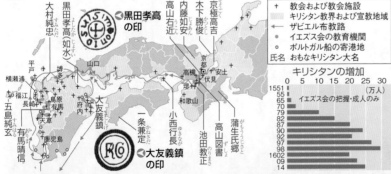

黒田孝高(如水)の印／大友義鎮の印

+ 教会および教会施設
　キリシタン分界および宣教地域
← ザビエル布教路
◇ イエズス会の教育機関
○ ポルトガル船の寄港地
氏名 おもなキリシタン大名

大村純忠／黒田孝高／高山右近／内藤如安／木下勝俊／京極高吉／山口／京都／安土／伏見／高槻／堺／和歌山／蒲生氏郷／池田教正／高山図書／小西行長／大友義鎮／一条兼定／横瀬浦／平戸／博多／府内／島原／有馬／天草／大草／鹿児島／五島純玄／有馬晴信／福江

キリシタンの増加
(0 5 10 15 20 25 30 万人)
1551／55／65／70／79／82／87／90／92／97／98／1602／09／14
イエズス会の把握・成人のみ

5 石見銀山

5-① 石見銀山

◀石見銀山 龍源寺間歩(島根県大田市)

戦国後期から江戸前期にかけて最盛期を迎えたが，明治期以降は銀が枯渇し，銅などが採鉱された。銀山採掘のために掘られた「間歩」と呼ばれる坑道のうち，龍源寺間歩は，一般公開されている。世界遺産

5-② 灰吹法

◀灰吹法
銀鉱石に鉛をあわせた含銀鉛を，骨灰を塗った炉で熱して，鉛などの不要物を除去するという銀の精錬技術。室町時代，朝鮮から伝来したといわれている。

4-② 宣教師の活動

[来日年]	
1549	フランシスコ=ザビエル　マラッカで日本人ヤジローに会い，鹿児島へ。1551年まで鹿児島・山口・豊後府内で布教 ▶ザビエル(1506?～52)
1593	ペドロ=バウチスタ　秀吉と外交交渉。長崎で殉教。26聖人殉教の中心人物
1594	ジェロニモ=デ=ジェズス　家康に接近。関東に教会設立
1603	ルイス=ソテロ　家康・秀忠の信用を得る。伊達政宗と知遇を得，慶長遣欧使節(1613～20)の支倉常長に同行
1556	ガスパル=ヴィレラ　室町幕府より布教許可を獲得。書簡が『耶蘇会士日本通信』にある
1563	ルイス=フロイス　信長・秀吉と親交。僧朝山日乗との宗論に勝つ。『日本史』著述
1570	オルガンティノ　フロイスを助けて，畿内で布教。信長の信任を得て，京都に教会堂(南蛮寺)，安土にセミナリオを建設した
1579	アレッサンドロ=ヴァリニャーノ　日本の国情に適した布教活動を展開。天正遣欧使節に同行(1582～90)，再来日

■=スペイン ■=ポルトガル ■=イタリア

Question p.144 4 の地図について，来日したザビエルは，その布教路をなぜ京都へ進め，その後再び山口や九州へ戻ったのだろうか。

織田政権 145

1 織田信長の統一関係年表

将軍	年	事項
足利義輝	1534	尾張那古屋に生まれる
	1551	父信秀の死去により家督を継ぐ(18歳)
	1560	5 桶狭間の戦い❶。今川義元を倒す
	1565	5 三好義継・松永久秀ら、将軍足利義輝を殺す
	1566	8 足利義昭から幕府権威回復の命をうける
	1567 (永禄10)	8 稲葉山城の戦い。斎藤竜興の稲葉山城を落とし、同城に移り、岐阜と改名(34歳)❷
義栄	1568 (永禄11)	9 足利義昭を奉じて入京❸
		10 足利義昭、征夷大将軍となる
	1570 (元亀元)	6 姉川の戦い❹。浅井長政・朝倉義景を破る
		9 石山合戦、始まる(〜80)❺
	1571	9 比叡山延暦寺を焼討ち(38歳)❻
	1572	12 三方原の戦い。武田信玄、徳川家康を破る
	1573	7 足利義昭を追放。室町幕府滅亡❼
	1574	伊勢長島の一向一揆を鎮圧❽
義昭	1575 (天正3)	5 長篠の戦い❾。武田勝頼を破る
		8 越前の一向一揆を鎮圧
	1576	2 安土城築城(79年完成)❿
	1577 (天正5)	2 安土城を居城とする
		3 根来・雑賀の一向一揆を鎮圧⓫
		6 安土城下を楽市とする 4-② 4-③
		10 羽柴秀吉、中国攻め開始(〜82)⓬
	1580	閏3 石山合戦、終結。顕如と和睦
	1582 (天正10)	3 天目山の戦い。武田勝頼敗死⓭
		5 羽柴秀吉、備中高松城を水攻め
		6 本能寺の変。明智光秀に襲われ敗死(49歳)

◁◁織田信長(1534〜82、左)と「天下布武」の印(下) 尾張の守護代の一族に生まれ、1560年桶狭間の戦いで今川氏を破って統一事業を進め、1567年の美濃征服後は「天下布武」の印判を用いた。1582年に本能寺の変で敗死。

2 信長の政策

政策	
都市	・堺を直轄領とし、畿内の経済力を掌握(堺の商人より矢銭2万貫を集める) ・楽市令により自由な商業活動を促す(1567年美濃加納、1577年安土山下) 4-②
通貨	・撰銭令を出し、貨幣間の交換比率を定め、撰銭を制限した(1569)
交通	・関所を撤廃し、商品流通を盛んにする(1568)
宗教	・仏教勢力の弾圧(1571年比叡山延暦寺焼討ち、石山合戦で一向一揆を屈服させる)
朝廷	・献金(1568)、御所建築開始(1569)

3 織田氏関係略系図

```
信広━━━女(丹羽長秀室)
信長
信行━━━信忠━秀信(三法師)
信定─信秀
       信雄(北畠具教養子)
       信包
       信孝(神戸具盛養子)
       信時
       秀勝(豊臣秀吉養子)
       信興
       五徳(松平信康室)
       長益(有楽斎)
浅井長政━━万福丸
           茶々(淀殿、豊臣秀吉室)
  市
           初(京極高次室)
柴田勝家   江(江与、徳川秀忠室)
```

4-② 楽市令

年代	大名	場所	都市形態
1549	六角定頼	近江石寺	城下町
1566	今川氏真	駿河大宮	門前町
1567	織田信長	美濃加納	城下町
1570	徳川家康	三河小山	新市建設
1577	織田信長	近江安土	城下町
1583	浅野長政	近江坂本	門前町
1585	北条氏直	相模荻野	宿場町
1587	豊臣秀吉	筑前博多津	港町

🅰解説 信長をはじめ戦国大名らは楽市令を出し、新設の城下町を楽市場とした。また市場における自由取引を保証し、種々の商業税を免除するなどの政策をおこなった。

第3部 近世

4 信長の統一事業

4-① 信長の統一事業要図

❶ 桶狭間の戦い(1560)

❷ 稲葉山城の戦い(1567)
戦いに勝ち、岐阜を居城とする。

❸ 足利義昭を奉じて入京(1568)

❹ 姉川の戦い(1570)

◁浅井長政(1545〜73)
近江の戦国大名。夫人の市は信長の妹。姉川の戦いに敗れ、1573年自刃。

◁朝倉義景(1533〜73)
越前の戦国大名。姉川の戦いに敗れ、1573年滅びる。

❻ 比叡山延暦寺焼討ち(1571)

❼ 室町幕府滅亡(1573)
将軍義昭を追放。

❽ 伊勢長島の一向一揆鎮圧(1574)

❺ 石山合戦(1570〜80)

▷顕如(光佐)(1543〜92)
本願寺11世。1570〜80年に信長と石山合戦を展開、のち京都に寺地を得た。

▷一向一揆の軍旗
「進むは往生極楽、退くは无(無)間地獄」と記されている。石山合戦に加わった門徒の軍旗。

信長の領土拡張
- 1560年(桶狭間の戦い)頃
- 1572年(三方原の戦い)頃
- 1575年(長篠の戦い)頃
- 1581年頃
- 1582年(武田家旧領を併合)頃

上杉景勝
前田利家
佐久間盛政 佐々成政
真田昌幸 宇都宮
滝川一益 小山 佐竹
結城
朝倉義景
柴田勝家
波多野秀治
明智光秀
比叡山
斎藤竜興
武田勝頼 北条氏政
山名豊国
清水宗治
別所長治 浅井長政
羽柴秀吉 京都 今川義元
毛利輝元 石山本願寺 ・三方ヶ原
雑賀衆 徳川家康
長宗我部元親 根来寺

信長にほろぼされた武将
反信長の勢力
親信長・信長配下の武将

島津義久

❾ 長篠の戦い(1575)
1575年織田・徳川連合軍は、鉄砲隊の威力で武田軍の騎馬隊を破った。

▷詳しくみてみよう!
長篠合戦図屏風

❿ 安土城築城(1576〜79)

⓫ 根来・雑賀の一向一揆鎮圧(1577)

⓬ 中国攻め(1577〜82)

⓭ 天目山の戦い(1582)

4-③ 安土城と城下町

■信長時代の城下町

琵琶湖
下豊浦
安土城
総見寺
摠見寺
(朝鮮人街道)
ダイウス(セミナリオ)
常楽寺卍
浄巌院
上豊浦
博労町
(小学館「大系日本の歴史8」による)
0 500m

▷解説 上図は、安土城復元図(内藤昌氏復元)で、5階7重の大天守を備えた。1579年、標高199mの安土山に完成。最上階は金の瓦に金の柱がほどこされ、内部の障壁画は狩野永徳らが手がけた。

下図を見ると、安土は水陸交通の要衝であり、信長は1577年、安土山下町に楽市令を出した。信長は、中山道の商人の通行を止めて下街道(中山道から分かれ、琵琶湖沿いに北上する道で、朝鮮人街道ともよばれた)を通らせ、商業の安土への集中をはかろうとした。

第3部 近世

1 豊臣秀吉の全国統一関係年表

1582 (天正10)	6 本能寺の変。毛利輝元と和睦❶
	山崎の戦い(明智光秀, 敗死)❷ 清洲会議❸
	7 太閤検地を開始(〜98)
1583 (天正11)	4 賤ヶ岳の戦い(柴田勝家, 敗死)❹
	8 大坂城築城開始❺ 5
1584	4 小牧・長久手の戦い(織田信雄・家康と和睦)❻
1585 (天正13)	7 紀伊平定❼。関白となる。四国平定(長宗我部元親, 降伏)❽。九州に停戦を命令
1586	12 太政大臣となり, 豊臣の姓を賜る
1587 (天正15)	5 九州平定(島津義久, 降伏)❾
	6 バテレン追放令❿
1588	7 刀狩令, 海賊取締令
1590 (天正18)	7 小田原攻め(北条氏政・氏直, 滅亡)⓫
	奥州平定(伊達政宗を服属, 全国統一)⓬

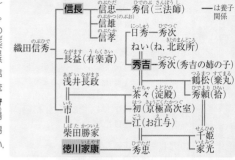

◀ **豊臣秀吉**(1537〜98) 尾張に生まれた。今川氏の武将に仕え, のち織田信長に仕え, 羽柴秀吉と名乗って近江長浜に居城。本能寺の変で信長が倒れた後に全国を統一し, **太閤検地**や**刀狩**などをおこなった。後陽成天皇より豊臣の姓を賜る。朝鮮侵略をおこない, 1598年, 病没。

◀ **秀吉の馬印である千成瓢箪**(左)**と兜**(右)

2 秀吉関係略系図

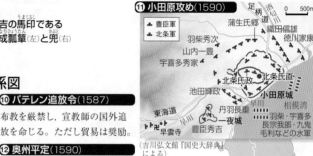

(━は養子関係)

⓫ 小田原攻め(1590)

■ 豊臣軍　■ 北条軍

(吉川弘文館『国史大辞典』による)

3 山崎の戦い関係図

0 2km

羽柴軍
▲ 羽柴秀吉本陣
戦闘展開隊形
行進隊形

明智軍
▲ 明智光秀本陣
戦闘展開隊形
行進隊形

(集英社『日本の歴史10』による)

4 秀吉の全国統一関係図

① 毛利氏と和睦(1582)

② 山崎の戦い(1582)
明智光秀, 敗死。

③ 清洲会議(1582)
織田家武将による会議。信長の後継者に長男信忠の子秀信。

④ 賤ヶ岳の戦い(1583)

⑤ 大坂城築城(1583〜)

⑥ 小牧・長久手の戦い(1584)

⑦ 紀伊平定(1585)

⑧ 四国平定(1585)

⑨ 九州平定(1587)
1587年, 島津義久に圧迫された大友・伊東氏らの要請に応じて, 秀吉が大軍を派遣。義久を降状させ, 九州を平定した。

⑩ バテレン追放令(1587)
布教を厳禁し, 宣教師の国外追放を命じる。ただし貿易は奨励。

⑫ 奥州平定(1590)
▶ **伊達政宗**(1567〜1636)
奥州を平定した戦国大名。秀吉の小田原攻めに参陣して服属。

太閤検地の実施
(天正年間のみ)
1582〜84年
1585〜86年
1587〜88年
1589年以降

➡ 秀吉方の征服路
反秀吉の大名
五大老
✕ 検地反対一揆
国名は蔵入地のある国のみ示す

5 大坂城

▲ **モンタヌスの大坂城**
石山本願寺の跡地に, 秀吉が1583年に築城。現在の天守は1931年に復興。モンタヌス編『東インド会社遣日使節紀行』にある大坂城の鳥瞰図(記録をもとに描いた想像図)。

6 聚楽第

▶ **聚楽第**(『聚楽第図屏風』)
秀吉が内裏跡に造営した城郭風の邸宅。1588年, **後陽成天皇**の**行幸**をあおぎ, 諸大名を集めて忠誠を誓わせた。1586年, 秀吉は天皇より太政大臣に任じられ, 豊臣の姓を賜った。

8 政治組織

五大老	五奉行	担当
徳川家康	浅野長政	検地
前田利家	石田三成	内政
宇喜多秀家	増田長盛	検地
毛利輝元	長束正家	財政
小早川隆景	前田玄以	京都市政
上杉景勝		

※小早川隆景の死後から五大老とよばれた

7 豊臣政権の財政的基盤

① 220万石をこえる直轄地=蔵入地(66ヵ国総石高1857万石余のうち)……蔵入地の70%は畿内とその近国に集中

② 主要な鉱山を直轄……佐渡(金山)・石見大森(銀山)・但馬生野(銀山)

③ 天正大判などの貨幣を鋳造(京都の金工後藤徳乗に命じる)

④ 重要都市の直轄……京都・大坂・堺・伏見・長崎など

⑤ 豪商の経済力を掌握……堺の千利休・小西隆左(行長の父), 博多の島井宗室・神屋宗湛ら

Question p.147 ④の検地帳において,「五郎右衛門」(耕作者)の「中田」の石盛を答えよう。

第**3**部 近世

1 秀吉の政策

特色	関白(1585)・太政大臣(1586)就任, 豊臣賜姓(1586)などを通じ, 朝廷の伝統的な権威を利用
政策	
社会・経済	220万石をこえる蔵入地, 貨幣の鋳造 　重要都市の直轄, 天正大判の鋳造 太閤検地(1582～98) 　単位の統一, 石盛を確定, 検地帳への登録 →①兵農分離, ②荘園の消滅, ③石高を基準とする知行・軍役体制の確立 刀狩令(1588) 　武器没収, 一揆を防止, 農業に専念させる 人掃令(身分統制令, 1591・92〈関白秀次が発令〉) 　武家奉公人(兵)・町人・百姓などの身分を確定
宗教	禁教へ→バテレン(宣教師)追放令(1587) サン=フェリペ号事件→26聖人殉教(1596)
外交	明を中心とする東アジアの国際秩序が変動するなか, 新しい国際秩序の形成をこころざす 海賊取締令(1588)で倭寇などを禁圧 2度の朝鮮侵略(文禄の役〈1592～93〉, 慶長の役〈1597～98〉)→豊臣政権の衰退

2 太閤検地 (実施国数の変遷, 宮川満『太閤検地論』による)

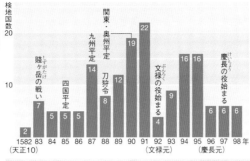

縦軸: 検地国数 / 横軸: 年

年	検地国数	出来事
1582(天正10)	2	
83	7	賤ヶ岳の戦い
84	5	
85	5	四国平定
86	5	
87	14	九州平定
88	8	刀狩令
89	12	
90	19	関東・奥州平定
91	22	
92	4	文禄の役始まる
93	9	
94	16	
95(慶長元)	16	
96	6	慶長の役始まる
97	6	
98年	6	

3 度量衡の統一

度(面積)	量(容積)
6尺3寸四方＝1歩(約191cm) 30歩＝1畝 10畝＝1段 10段＝1町	10勺＝1合 10合＝1升 10升＝1斗 10斗＝1石

※米1石は2.5俵(約150kg)である。

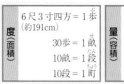

▶**京枡**　太閤検地により, 京都付近で使用された枡。京枡に公定された。内法4寸9分(14.8cm)四方, 深さ2寸7分(8.2cm)。

◀**検地の実施**(『検地絵図』)　検地は方位をはかったのち, 細見竹(●)4本を四隅に立て, その中央に梵天竹(△)4本を立ててそこから水縄を縦横に張り, 中央を直角に交差させておこなった。松本市立博物館蔵／長野県

4 検地帳

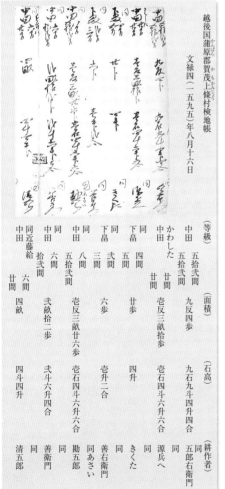

越後国蒲原郡賀茂上条村検地帳
文禄四(一五九五)年八月十六日

等級	中田	下田	下田	中田	中同田	中同田	中同田	中同近藤給田
	かわした							
(面積)	五拾貳間 五拾貳間 廿間	四間 五間 十歩	弐間 三間 六歩	八間 壱間 十歩	五間 三間	五拾貳間 六間	六間 廿間	拾貳間 六間 廿間
	壱反三畝拾歩	壱反四歩	六歩	壱反三畝廿六歩				弐畝拾二歩 四畝
(石高)	九石九斗四升四合六勺	九石九斗四升四合	四升	壱石四斗六升六合	壱升二合	四升	四斗四升	
(耕作者)	五郎右衛門	源兵へ	きくた	勘五郎	善右衛門	同あさい	同善右衛門	同近藤給 清五郎

▲**検地帳**　検地帳は, 1村ずつに, 屋敷・田畑地1筆ごとに, 場所・等級・面積・石高・耕作者などが記載されている。

5 石高の算出法

石盛(1段当り標準生産高)×田の面積＝石高

上田	1石5斗×上田の面積＝収穫高
中田	1石3斗×中田の面積＝収穫高
下田	1石1斗×下田の面積＝収穫高
下々田	9斗×下々田の面積＝収穫高

草高(村全体の収穫高)－除地の石高＝村の石高

村の石高(村高)×2/3(2公1民)＝年貢高

◀**解説** 年貢米の計算　田を上・中・下・下々田などの等級に分けて把握し, それぞれ田の石盛(段当りの標準収穫高)を決め, 面積をかけて, 石高を算定した。

6 検地関係年表

1580	播磨検地(実際の検地の始まり)
1582(天正10)	太閤検地の開始(指出形式による山城検地の実施)
1589(天正17)	検地条目(検地の基本方針や実施細目を定めた規定)の制定→美濃検地
1590	秀吉, 全国統一を完成
1591(天正19)	秀吉, 全国の大名に対し, 領国の検地帳(御前帳)と国絵図の提出を命ずる
1594(文禄3)	検地条目の改正(田畑の等級付け, 6尺3寸＝1間の検地竿の使用)→文禄検地の実施(検地奉行を全国へ派遣)
1598	太閤検地の終わり(秀吉の死去)
結果	①石高制の確立(貫高制からの移行)→「天正の石直し」とよばれる ②一地一作人の原則により, 百姓が貢租負担者として, 年貢を納入(村制制で納入) ③大名の石高が確定→領国の石高にみあう軍役を奉仕

7 国絵図

▲**国絵図**(『石見国図』)　1591年, 秀吉は諸大名に, 検地帳と国の領域を示した国絵図の提出を命じた。石見国の国絵図には, 多くの古城が描かれているほか, 大森銀山を含めた4カ所の銀山が描かれている。宮城県図書館蔵

刀狩令は実際にはどうおこなわれたのだろうか？

秀吉の刀狩令は, どのように実施されたのだろうか。藤木久志『刀狩』によれば, 宣教師のルイス=フロイスは, 諸国で進む刀狩の噂をきいて, 「法令の核心が『武士でない者』から『すべての刀を没収する』ことにある, 刀のあるなしで武士と『武士でない者』を区別する, 刀狩は身分を決めるためのものだ」と見抜いていたという。事実, 秀吉の刀狩令をうけて, 全国の村々で刀狩がおこなわれたが, 実は村々にはなお大量の武器がそのままに残された。これは, 百姓の帯刀を免許制にしたもので, このたてまえを創り出すことに, 刀狩令の真のねらいがあった。このため, 刀狩令は江戸期にも継承され, 綱吉政権のもとで諸国鉄砲改めが本格化していった。

▲**方広寺大仏殿**(『都名所図会』)　1588年に出された刀狩令は, 方広寺の大仏造立を口実に武器を没収した法令である。

Answer 4歩＝4／300反＝0.013反なので, 面積9反4歩は9.013反。石高9.944石÷面積9.013反を計算して, 約1石1斗。

第3部 近世

1 秀吉の対外政策

1-① 秀吉の対外政策関係年表

1582	天正遣欧使節が派遣される
1587 (天正15)	秀吉、九州を平定
	秀吉、朝鮮国王の来日を要求。バテレン追放令を出す
1588	秀吉、海賊取締令を出す
1590 (天正18)	秀吉の全国統一完成。朝鮮国、通信使を派遣
	ヴァリニャーノ、再来日（活字印刷術を伝える）
1591 (天正19)	ゴアのポルトガル政庁に入貢を要求
	マニラのスペイン政庁に入貢を要求
	秀吉、朝鮮派兵を命令。名護屋城築城を命令
1592	文禄の役（壬辰倭乱） 2-①
1593	明の勅使、名護屋城へ来る
1596 (慶長元)	サン＝フェリペ号事件。長崎で26聖人殉教 1-②
	明の冊封使来日
1597	慶長の役（丁酉再乱） 2-②
1598	秀吉、死去。3 日本軍、朝鮮より撤兵

1-② キリスト教政策

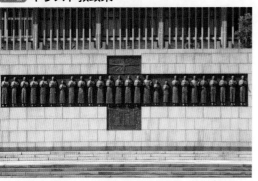

▲26聖人殉教　サン＝フェリペ号事件に端を発し、宣教師・信者26人が長崎郊外で処刑された。殉教地の記念館前に碑が立つ。

2 朝鮮侵略

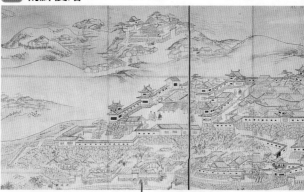

▲肥前名護屋城（狩野光信筆『肥前名護屋城図屏風』）　朝鮮侵略の基地となった名護屋城は、5層7階の天守を中心に、160以上の諸大名の陣屋が並び総面積17万m²を超す、当時としては大坂城につぐ規模をもった巨大な城であった。佐賀県立名護屋城博物館蔵

2-① 文禄の役

凡例：
— 加藤清正の進路
— 小西行長の進路
— 諸軍の進路
抗日義兵の蜂起地域

0 300km

明　会寧　豆満江　白頭山　加藤清正　三水　咸鏡道　李如松（明軍）　咸興　鴨緑江　緑江　義州　平安道　平壌（ピョンヤン）　小西行長　碧蹄館　黄海道　森吉成　江原道　黒田長政　開城　京畿道　漢城（ソウル）　宇喜多秀家　忠清道　毛利輝元　慶州　福島正則　慶尚道　慶州　黄海　蔚山　小早川隆景　全羅道　泗川　釜山　大浦　巨済島　対馬　李舜臣　済州島（朝鮮水軍）　名護屋　壱岐　勝本

2-② 慶長の役

凡例：
— 毛利秀元の進路
— 黒田長政の進路
— 加藤清正の進路
— 宇喜多秀家・島津義弘の進路
→ 抗日軍の進路
● 日本軍所在地

0 200km

京畿道　水原　竹山　忠清道　清州　漢城（ソウル）　江原道　慶尚道　全州　慶州　蔚山　西生浦　南原　竹島　固城　鎮海　大浦　順天　南海　泗川　巨済島　対馬　勝本　壱岐　名護屋

◀解説

文禄・慶長の役

1592（文禄元）年、文禄の役が起こると、15万余りの日本軍は北の会寧まで達したが、抗日義兵の蜂起などで戦局は不利になり、休戦となった。1597（慶長2）年、再び慶長の役が始まったが、日本軍は苦戦を強いられ、秀吉が死去して撤兵した。

2-③ 李舜臣と亀甲船

▲李舜臣（1545〜98）　亀甲船を考案し、朝鮮の水軍を率いてたびたび日本軍を破った。

◀亀甲船　亀形の屋根に鉄板の装甲をほどこした全長36mほどの朝鮮水軍の軍船で、日本軍の鉄砲や斬込みを防ぎ、火砲により敵艦を攻撃した。

2-④ 耳塚

▶耳塚　戦功として首にかえて送られてきた鼻や耳を、秀吉は京都方広寺近くに塚をつくり、供養した。

2-⑤ 倭城

▲順天倭城（韓国順天市）　日本軍が築いた日本式城、倭城で、小西行長らが在陣して、朝鮮・明軍との攻防戦がおこなわれた。

降倭「沙也可」

日朝間の戦争が長期にわたると、戦争への嫌悪で朝鮮に投降した者もいた。これらを降倭といい、加藤清正軍にも、降倭「沙也可」がいた。沙也可は日本軍と戦って功績をあげ、金忠善という名前を与えられて朝鮮に骨を埋めた。

2-⑥ 鼻受取状

◀鼻受取状　鍋島勝茂は、朝鮮侵略であげた首3369のかわりに、その鼻をそぎとって秀吉の奉行に提出した。それに対する受領証である。切り取った鼻は、塩・酢・石灰などで防腐処理をし、1000個ずつ桶に入れ、運ばれたという。

3 秀吉の遺言状と辞世の句

▶解説 秀吉の遺言状と辞世の句

秀吉は1598（慶長3）年3月15日に醍醐寺の花見を催し、その後5月5日に発病した。遺言状の宛名は、徳川家康以下五大老で、文中の「五人の衆（者）」は五奉行のこと。秀吉は、8月18日に死去し、密かに東山阿弥陀峰に葬られた。子の秀頼は、わずか6歳であった。

遺言状と辞世の句

返々秀より、事たのみ申候、五人のしゅ（衆）たのみ申べく候、いさい（委細）五人の物（者）に申わたし候

なごり（名残）おしく候、以上

秀より（頼）事なりたち候やう（様）に、此のかきつけ（書付）候しゅ（衆）として、たのみ申候

しん（真）この（真）のみ申、なに事も此ほか（外）にわ、おもひのこす事なく候、かしく

八月五日（秀吉花押）

いへやす（徳川家康）
ちくぜん（前田利家）
てるもと（毛利輝元）
かけかつ（上杉景勝）
秀いへ（宇喜多秀家）

つゆとをち　つゆときへにし　わがみかな
なにわのことも　ゆめの又ゆめ

松

Question p.148 2-①② の「文禄の役」と「慶長の役」の日本軍の進路を比べて、どのような違いがあったかを解説も参照しながら答えよう。

詳日 第8章2 p.146〜147

1 桃山文化の特色とおもな建築

時期	16世紀後半の信長・秀吉の時代
特色	・仏教色が薄れ，新鮮味あふれる豪華・壮大な文化 ・新興の大名や豪商によって培われた文化 ・南蛮文化の影響をうけた文化
建築	妙喜庵茶室（待庵）→p.151 **1-3** 大徳寺唐門 西本願寺飛雲閣 ｝（伝聚楽第遺構） 都久夫須麻神社本殿（伏見城遺構） 西本願寺書院（鴻の間） 醍醐寺三宝院表書院・庭園 姫路城（白鷺城） 犬山城 松本城天守閣 二条城二の丸御殿

2 建築 **2-①** 天守の変遷

独立式	複合式	連結式	複合連結式	連立式
天守	天守 櫓	天守 小天守	天守 小天守 櫓	小天守 天守 小天守 小天守
丸岡城 彦根城 犬山城	（大坂城 江戸城）	小天守 （名古屋城）	（松本城）	（姫路城）

解説 天守には，天守が単独で建っている独立式や，天守に櫓などが付属した複合式，天守から渡り廊下や多間櫓を小天守や櫓に渡した連結式，さらには複合連結式，連立式などがあった。

2-② 山城・平山城・平城

軍事色の強い山城から平山城，政治・経済を重視した平城へと移っていった。

△**姫路城**（白鷺城，平山城） 赤松氏の築城に始まり，羽柴秀吉らが拡張し，現在の大天守は1609年建築のもの。5層7階の大天守と東・西・乾の小天守をつないだ連立式。 兵庫県 国宝 世界遺産

△**備中松山城**（高梁城，山城） 臥牛山山頂（標高487m）から稜線にかけて城郭の遺構が残っており，天守や二重櫓が現存。岡山県

△**犬山城**（平山城） 木曽川を望む高さ約88m程の丘陵に築かれた。独立式天守（3層4重）としては最古。愛知県 国宝

△**松本城**（平城） 5層6階の天守に小天守のほか，辰巳附櫓・月見櫓をあわせた複合連結式で，三重の水堀が囲んでいる。長野県 国宝

△**二条城二の丸御殿大広間** 遠侍・大広間・黒書院・白書院などが斜めに並ぶ雁行型に配置されている。大広間一の間の天井はもっとも格の高い二重折上格天井となっており，大名らが下段である二の間に座り，一段高くなった上段の一の間に徳川将軍が座って対面をおこなう。国宝

▽**二条城全景** 1603年，徳川家康が京都の警備と上洛時の宿所として創建した平城で，面積は27.5万m²。1626年，後水尾天皇が行幸し，この際，本丸御殿が拡張された。5層の天守は1750年の落雷で焼失。1867年，徳川慶喜が**大政奉還**の上表をおこなう舞台となった。京都府 世界遺産

本丸御殿　二の丸御殿　天守台

第3部 近世

Answer 「文禄の役」は，明の征服をめざし朝鮮北部の会寧まで侵攻したが，「慶長の役」では，朝鮮半島南部の領土獲得に集中した。

第❸部 近世

1 西本願寺書院

△西本願寺書院　1632年の完成といわれるが，桃山建築の豪壮・華麗さを伝える書院造の建築物。鴻の間は203畳からなる豪壮な大広間で，上々段には付書院，違い棚を設け，金碧障壁画や豪華な欄間彫刻などの装飾で彩られている。京都府 国宝

花頭窓

△西本願寺書院の欄間彫刻　天井と鴨居の間にはめ込まれた欄間（浪の間と太鼓の間の間）は，栗鼠と葡萄を透し彫りしている。

2 醍醐寺三宝院

△醍醐寺三宝院表書院　9世紀に創建された醍醐寺は，応仁の乱で荒廃したが，秀吉の援助で再興された。表書院は秀吉の「醍醐の花見」の時に建てられた建物を移築したもので，上段・二の間・三の間からなる。京都府 国宝

△醍醐寺三宝院庭園　秀吉が，1598年に醍醐寺で花見を催した時，自ら設計・監督した庭園で，盛大な花見や茶会が開かれた。

3 西本願寺飛雲閣

△西本願寺飛雲閣　数寄屋風の書院造で，唐破風・入母屋・寄棟の屋根を配し，室内から船に乗れる「舟入の間」など奇抜な意匠がある。高14.0m　京都府 国宝 世界遺産

4 大徳寺唐門

▷大徳寺唐門　聚楽第の遺構とされ，左右切妻，檜皮葺きで，前後が軒唐破風の四脚門である。高8.3m　京都府 国宝
→p.146 6

5 都久夫須麻神社本殿

▷都久夫須麻神社本殿　琵琶湖に浮かぶ竹生島にあり，本殿は伏見城から母屋を移築したといわれる。戸や板壁には豪華な透し彫りや金時絵がほどこされている。滋賀県 国宝

Question p.151 1-4 「かぶき」（『歌舞伎図巻』）の絵と，p.167 4 『彦根屏風』，p.171 2 『豊国祭礼図屏風』は，どのような類似点があるだろうか。

1 町衆の生活

1-① 町衆の生活の特色

茶道	侘茶の完成(千利休)
芸能	阿国歌舞伎(かぶき踊り) 人形浄瑠璃 隆達節(高三隆達)
風俗	小袖での着用が一般化 食事が1日2回から3回へ

1-② 茶道の系譜

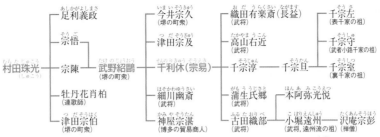

```
                  ┌足利義政                 ┌今井宗久       ┌織田有楽斎(長益)   ┌千宗左
                  │                      │(堺の町衆)    │(武将)        │(表千家の祖)
                  ├宗悟                   ├津田宗及       ├高山右近        ├千宗守
                  │                      │             │(武将)        │(武将小路千家の祖)
村田珠光────┼宗陳──武野紹鷗──┼千利休(宗易)──┼千宗淳──千宗旦─┼千宗室
(珠光)          │        (堺の町衆)      │             │(武将)        │(裏千家の祖)
                  ├牡丹花肖柏            ├細川幽斎       ├蒲生氏郷        └本阿弥光悦
                  │(連歌師)              │(武将)        │(武将)
                  └津田宗伯             └神屋宗湛       └古田織部──小堀遠州──沢庵宗彭
                   (堺の町衆)             (博多の貿易商人)   (武将)    (武将,遠州流の祖)(禅僧)
```

⚠ 解説 室町時代, 村田珠光が亭主と客との精神交流を重視する茶会のあり方である侘茶を創始し, これが武野紹鷗に受け継がれ, 千利休によって茶道として大成された。その後, 茶道は利休の弟子たちに継承され, 今日に至っている。

◀ **千利休**(1522〜91, 長谷川等伯筆) 堺の商人で, 武野紹鷗に学び, 侘茶を大成した。秀吉の北野大茶湯を主宰したが, 大徳寺山門に自分の木像を配した僭上の罪などを理由に, 秀吉から自害を強いられた。

1-③ 妙喜庵の待庵間取図

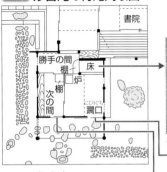

◀ **妙喜庵の待庵** 単層切妻柿葺きの2畳の茶室と1畳の次の間, 1畳の勝手の間からなる。妙喜庵は京都の大山崎にある臨済宗の禅院で, 山崎の戦いで秀吉が休息し, 従軍していた千利休に茶室を建てさせたのが待庵といわれている。

1-④ 歌舞伎

1-⑤ 婦女の礼装

◀ **女性の礼装** 小袖をまとい, 打掛を肩脱ぎにして腰に巻き付ける腰巻は, 下級女官より武家の女性に広まった礼装。図はお市の方(信長妹, 浅井長政夫人)像。

◀ **かぶき者**(『歌舞伎図巻』) 舞台中央の女性がロザリオ(十字架)を下げ, 男装をし, 刀を持つ姿は, まさに「かぶき者」である。

2 工芸

◀ **阿国歌舞伎**(『阿国歌舞伎絵詞』) 出雲大社の巫女であった出雲お国は, 当時流行の念仏踊りを取り入れ, かぶき踊りを始めた。中央の鉦をうっているのがお国。

▲ **秋草蒔絵歌書簞笥** 秀吉の妻北政所が愛用した蒔絵(→p.187)の調度品類を高台寺蒔絵という。高38.8cm 幅33cm 奥行23.5cm 京都府

Answer 長刀をもつほか, 長キセルを使用するなど, 異形・奇行をおこなう「かぶき者」の風俗が類似している。

第3部 近世

1 桃山文化のおもな絵画・工芸

絵画		
洛中洛外図屏風（狩野永徳）		松林図屏風（長谷川等伯）
唐獅子図屏風（狩野永徳）		山水図屏風（海北友松）
松鷹図（狩野山楽）		職人尽図屏風（狩野吉信）
牡丹図（狩野山楽）		花下遊楽図屏風（狩野長信）
檜図屏風（狩野永徳）		高雄観楓図屏風（狩野秀頼）
智積院襖絵楓図（伝長谷川等伯）		南蛮屏風
	桜図（長谷川久蔵）	
工芸	高台寺蒔絵	

2 狩野派の系譜

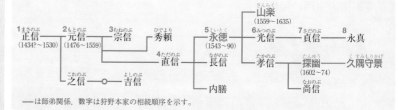

──は師弟関係，数字は狩野本家の相続順序を示す。

ⓘ**解説** **狩野派**は室町末期の狩野正信に始まり，江戸時代に繁栄した流派で，水墨画に華麗な色彩画を取り入れた。江戸幕府の御用絵師として，城郭などの**障壁画**の大量注文をこなしたこともある。狩野派では，先祖伝来の筆法などを忠実に学ぶことが求められ，しだいに創造性を失ったという見方もある。

3 障壁画（濃絵）

ⓐ**唐獅子図屏風**（狩野永徳筆）　6面の襖絵。2頭の唐獅子が歩く姿を描く。画面右下には孫の探幽が永徳の筆であることを証明した紙中極が書いてある。縦223.6cm　横451.8cm　宮内庁蔵 **国宝**

ⓐ**松鷹図**（狩野山楽筆）　大覚寺客殿の三方12面の襖には，さまざまな鷹の姿が描かれている。図は老松の枝にとまった親鷹が，子鷹を見守っている場面。
各面：縦178.5cm　横91.0cm　大覚寺蔵／京都府

ⓐ**洛中洛外図屏風**（狩野永徳筆）　6曲1双。右半双に洛中から東山一帯，左半双に洛中・洛西・洛北部の景観を俯瞰的にとらえ，社寺や貴族の邸宅，商家の町並みや風俗を鮮やかに描いている。上杉本は，1574（天正2）年に織田信長が上杉謙信に贈ったと伝えられる。上杉博物館蔵／山形県 **国宝**

ⓐ**檜図屏風**（狩野永徳筆）　8曲屏風。奔放な筆致や大胆な濃彩は，桃山障壁画の典型。もとは4面の襖絵が，屏風に改められた。縦169.5cm　横460.5cm　東京国立博物館蔵 **国宝**

ⓐ**智積院襖絵**（楓図，伝長谷川等伯筆）　2曲1双。智積院の楓の間の「楓図」，桜の間の「桜図」，草花の間の「松に草花図」など，6室にわたる華麗な金碧障壁画の一つ。智積院は秀吉の建てた祥雲寺跡地に家康が建てさせた寺。各面：縦172.5cm　横139.5cm　京都府 **国宝**

ⓐ**牡丹図**（狩野山楽筆）　大覚寺の「牡丹・紅梅図襖絵」の一つで，金箔地に牡丹を大きく描く。各面：縦184.0cm　横99.0cm　大覚寺蔵／京都府

Question p.152 3 の障壁画（濃絵）は，p.136 3 の水墨画や p.137 3 の絵画と比べてどのような違いがあるか考えてみよう。

第3部 近世

1 風俗画

鎧師

番匠

畳師

桶師

鍛冶師

◀職人尽図屏風（狩野吉信筆）　職人もその社会的な重要性が認められて，近世初期の風俗を描く題材として登場するようになった。6曲1双の各扇に，2枚ずつ帖り込み，全部で24枚を数える。左から，それぞれ鎧師（甲冑の製作を生業とする職人）・番匠（土木建築の工事を請け負った大工職人）・畳師・桶師・鍛冶師（金属を鍛えて武器や農具などを製造した職人）を描いている。部分　喜多院蔵／埼玉県

第3部　近世

▲花下遊楽図屏風（狩野長信筆）　6曲1双の左隻。花咲く海棠の木の下で八角堂に座る貴人をはじめ，風流踊りに興じる男女らを描く。右隻は，修理の最中に関東大震災に見舞われ，中央2扇が焼失した。縦149.0cm　横348.0cm　部分　東京国立博物館蔵

▲高雄観楓図屏風（狩野秀頼筆）　6曲屏風。背景に秋冬の景色を描き，京都高雄の清滝川で紅葉狩りを楽しむ様子を，美しい色彩で描いている。男女の横には，担い茶具で抹茶を立て売りする様子もみえる。縦149cm　横364cm　部分　東京国立博物館蔵　国宝

2 水墨画

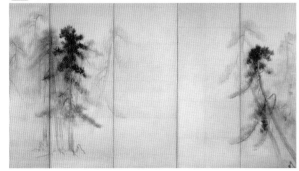

▲松林図屏風（長谷川等伯筆）　6曲1双の右隻。朝霧が立ちこめるなか，黒く姿をあらわしている松林と，かすむ松林を描いた作品。墨の諧調が無限の広がりを生み出している。右隻：縦156.0cm　横347.0cm　東京国立博物館蔵　国宝

▲山水図屏風（海北友松筆）　6曲屏風。1602年に，八条宮智仁親王邸で描かれたもの。　友松は，近江の武士の出身で，宋・元の水墨画にあこがれたが，彩色画も巧みであった。縦155cm　横361cm　東京国立博物館蔵

Answer　金箔地に群青・緑青のほか朱や濃墨等を用いた濃彩色の画法がとられ，権力を象徴する雄大で華麗な画風である。

第❸部 近世

1 南蛮文化

1-① 南蛮文化一覧表

出版	キリシタン版（活字印刷）『平家物語』『伊曽保物語』『日葡辞書』
学問	天文学・地理学・医学・航海術
絵画	油絵・銅版画
キリスト教	南蛮寺（教会堂）・セミナリオ・コレジオの建設
生活文化	地球儀・時計・メガネ・ガラスなど

1-② 南蛮屏風

▶南蛮屏風 入港した南蛮人たちが南蛮寺に向かい、外国人宣教師が出迎えている様子を描いたもの。油絵や銅版画の技法が伝わり、南蛮屏風は狩野派らによって描かれた。南蛮人の帽子・鼻眼鏡、ズボン・マント・ひだのついた衿などは、日本人の興味をよんだ。右隻：縦154.5cm 横363.2cm

📷詳しくみてみよう！ 南蛮屏風

▶トラを運ぶ黒人の従者 南蛮屏風にはトラのほか、馬や犬・鳥などの動物を運んでいる様子も描かれている。

▶カピタン（船長）太もものふくらんだズボンのことをカルサン（軽衫）といい、これも南蛮人の服装の特徴である。

▶黒の長衣とマント、灰色の長衣と長い腰紐は、それぞれイエズス会士とフランシスコ会士とみられる。

南蛮寺

2 天正遣欧使節

◀伊東マンショ 伊東マンショがヴェネツィアを訪問した際に描かれた肖像画。1582年、宣教師ヴァリニャーノの勧めで、キリシタン大名の大友義鎮・大村純忠・有馬晴信らが、ローマ教皇グレゴリオ13世のもとに少年使節を派遣し、ほかに千々石ミゲル、中浦ジュリアン、原マルティノらがいる。

Seminario in Anzucci, prencipale Fortezza nel Regno del Giappone.
▶安土セミナリオ 宣教師ヴァリニャーノが、信長の許可を得て安土に設立した、イエズス会設立の宗教教育施設。

3 活字印刷術

▶駿河版銅活字 活字印刷術が秀吉の朝鮮侵略により朝鮮から、また宣教師ヴァリニャーノによって西欧から導入された。朝鮮の銅活字をもとに、家康が作成させた。

▲慶長勅版 慶長年間に後陽成天皇の勅令により印刷された、日本最初の木製活字本。写真は「日本書紀神代巻」。

NIFON NO COTOBA TO Historia uo narai xiran to POSSVRV FITO NO TAME NI XEVA NI YAVA RAGVETA-RV FEIQENO MONOGATARI.

IESVS NO COMPANHIA NO Collegio Amacuſa ni voite Superiorato no go men-qio to xite coco no fanni qizamu mono nari. Go xuxxi yon｜M.D.L.XXXXII.

▲天草版『平家物語』宣教師により活字印刷術が伝えられ、ポルトガル系ローマ字で記述された。

4 捕虜となった朝鮮の儒学者姜沆

「（1598年、慶長の役の捕虜で）京都の伏見に連れてこられてからというもの、日本の内情を知ろうと思って、時々日本の僧侶と接した。……妙寿院の僧に舜首座（藤原惺窩）なる者がいる。……（彼は）大変聡明で、古文を解し、書についても通じていないものがない。……ある時は、わが国の士分の捕虜や私の兄弟に、六経の大文を書いてほしいと頼み、（その代償として）ひそかに銀銭で私たちの帰国の費用を補い帰国時の準備にあててくれた。……（1600年）船頭で日本人の家にいる者も呼び出し、あれこれと得た銀銭をまとめて、ひそかに船一艘と食料を買った。……私はこうして、家族10人と囚われの士分の人、そして船頭とその妻女、（合わせて）38人と同船し、4月2日に京都を出発した。……5月19日にようやく釜山に着いた。」（姜沆の日本抑留記『看羊録』の記述をわかりやすく改めた）

Question p.154 ❶ 『南蛮屏風』の右上に位置する「南蛮寺」はどのような特徴をもった寺院か、絵から読み取ってみよう。

1 徳川家康関係年表

人質生活	1542	三河国岡崎城で誕生（父は松平広忠）
	1547(〜60)	織田信秀・今川義元の人質となる
	1560	桶狭間の戦い（今川義元の敗死後自立，岡崎城に帰る）
信長・秀吉に協力	1564	三河の一向一揆を平定（三河一国を支配）
	1570	姉川の戦い（浅井・朝倉の軍を破る）。浜松城築城
	1572	三方原の戦い（武田信玄に敗れる）
	1582	天目山の戦い（武田勝頼を滅ぼす，駿河を領有）
	1584	小牧・長久手の戦い（豊臣秀吉と和睦）
	1590	江戸入り（関東を領有，約250万石）
天下人→幕府の基礎形成	1600	関ヶ原の戦い（天下人となる） 3
	1603	征夷大将軍に任じられ，江戸幕府を開設
	1605	将軍職を秀忠に譲る（将軍職の世襲）
	1607	駿府に隠居（大御所として政治に関与）
	1614	方広寺鐘銘事件→大坂冬の陣 4
	1615	大坂夏の陣（豊臣氏滅亡，元和偃武）
	1616	家康死去（75歳）

2 徳川氏系図

将軍（数字は就任順）　———養子関係　三家　三卿
天皇の**数字**は皇位継承の順，赤字は女性天皇

（系図）
信康（岡崎，自害）
秀康（結城・越前，のち松平姓）—忠直
豊臣秀頼
千姫
1 家康　2 秀忠　3 家光　4 家綱　5 綱吉　6 家宣　7 家継　8 吉宗　9 家重　10 家治　11 家斉　12 家慶　13 家定　14 家茂　15 慶喜
綱重—綱豊
綱吉
忠長（松平・駿府，55万石・改易）
和子（東福門院）
明正天皇 2
後水尾天皇
正之（保科・会津）23万石
忠輝（松平・高田）60万石・改易
清水家 重好 10万石
田安家 宗武 10万石　治察
　　　　　　　　　　定信（松平・白河）
一橋家 宗尹 10万石　治済
斉匡
慶永（松平・越前）
慶頼—家達
家斉
斉匡
斉敦—斉礼□—□—□—□ 慶喜
慶福
尾張藩 1607成立 義直 62万石—光友
紀伊藩 1619成立 頼宣 56万石—光貞
水戸藩 1609成立 頼房 25万石—光圀
綱教—頼職—吉宗□—□
頼職
吉宗
斉昭—昭致（慶喜）
慶喜

3 関ヶ原の戦い（＊は関ヶ原の戦いの現場にいなかった者）

西軍（約8万2000人）

五大老	毛利輝元＊	上杉景勝＊
	宇喜多秀家	
五奉行	石田三成	長束正家
	増田長盛＊	前田玄以＊
諸大名	小西行長	佐竹義宣＊
	安国寺恵瓊	真田昌幸＊
	大谷吉継	島津義弘
	長宗我部盛親ら	

凡例：■←東軍　←東軍の本営　■■西軍　■■傍観　■■寝返り

名神高速道路　0 1 2km

▲石田三成
（1560〜1600）
近江国佐和山城主で，五奉行の一人。1600年，関ヶ原の戦いに敗れ，処刑された。

◀将軍宣旨 1603年2月12日，後陽成天皇が徳川家康（史料中の「内大臣源朝臣」）を征夷大将軍に任命し，発給した宣旨。2年後には秀忠が継ぐ。

▲徳川家康
（1542〜1616）
幼名竹千代。江戸幕府を創設し，駿府に引退後も大御所として実権を掌握。

東軍（約7万5000人）

五大老 五奉行	徳川家康	
	浅野長政＊	
諸大名	池田輝政	加藤清正＊
	黒田長政	伊達政宗＊
	藤堂高虎	福島正則＊
	細川忠興	山内一豊ら

4 国絵図と郷帳

▲肥前国の国絵図（慶長図） 徳川家康は慶長年間（1596〜1615），諸大名に命じて国絵図を作成させ，幕府が全国の支配者であることを明示した。

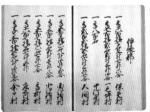

◀郷帳（郷村高帳）
1700（元禄13）年，伊予国の郷帳で，1村ごとの石高を郡単位で記し，これを国単位に集計させた。

5 大坂の陣

◀方広寺の鐘と鐘銘 豊臣秀頼が復興した方広寺の鐘（高さ3.2m）には，「国家安康」「君臣豊楽」という銘文があった。家康はこれをもとに紛争（方広寺鐘銘事件）を起こし，それは大坂冬の陣の原因となった。

▶豊臣秀頼
（1593〜1615）
豊臣秀吉の第2子。大坂の陣で母淀殿とともに自害した。

5-① 大坂冬の陣（1614年）

■徳川軍　■豊臣軍

5-② 大坂夏の陣（1615年）

■徳川軍　■豊臣軍　□冬の陣後埋められた濠

◀解説
大坂冬の陣・夏の陣
1614年冬，徳川軍が防備を整えた大坂城を包囲したが，その後に講和が成立。しかし，徳川方は，講和条件を無視して内堀の埋立てを強行し，1615年夏に再び戦闘状態となり，豊臣氏は滅亡した。

Answer 屋根が入母屋造で花頭窓が施された仏教寺院の建物をもとに建てられ，屋根の上には十字架が載せられている。

第❸部 近世

1 幕藩体制の構造

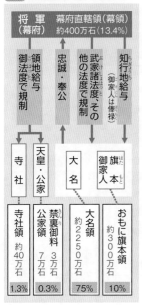

```
将軍          幕府直轄領（幕領）
（幕府）        約400万石（13.4%）
```

◀解説 強力な領主権を持つ将軍と大名が、土地と人民を統治した（幕藩体制）。幕府の領地は、全国総石高約3000万石の約4分の1。

- 領地給与 御法度で規制
- 忠誠・奉公
- 武家諸法度・その他の法度で規制
- 知行地給与（御家人は俸禄）

寺社	天皇・公家	大名	旗本 御家人

寺社領 約40万石	公家領 7万石 禁裏御料 3万石	大名領 約2250万石	おもに旗本領 約300万石
1.3%	0.3%	75%	10%

2 領地宛行状

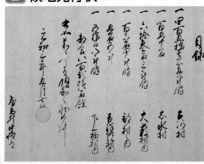

◀領地宛行状 1617年徳川秀忠は上洛し、大名と公家・門跡・諸寺社に領地宛行状を交付した。これは公家の飛鳥井雅胤に出された徳川秀忠の朱印状。

◀徳川秀忠 （1579〜1632）
徳川家康の3男で、2代将軍。1605年に将軍となり、1616年の家康の死以降も、将軍を家光に譲ったのちも、国政の実権を握り続けた。

大名の改易

大名の改易は、5代綱吉の時までに253家1895万石余りにのぼった。初期には軍事的な理由による外様大名の改易が多かったが、大坂の陣以降は末期養子の禁止（→教科書p.176）に触れる例などが多かった。

	改易（領地没収）された大名数（石高）	減封（領地削減）された大名数（石高）
時期 家康〜家光の時代	198家（約1612万石）	20家（約252万石）
4代家綱の時代	22家（約67万石）	4家（約18万石）
5代綱吉の時代	33家（約135万石）	13家（約30万石）
原因 関ヶ原の戦い・大坂の陣など軍事的なもの	93家（約507万石）	4家（約221万石）
末期養子の禁止によるもの	46家（約457万石）	12家（約16万石）
武家諸法度など法制的なもの	59家（約648万石）	4家（約15万石）

3 大名の配置（1664年頃）

宗義貞 10・府中
毛利綱広 37・萩
黒田光之 43・福岡
鍋島光茂 36・佐賀
小笠原 15・小倉
有馬頼利 21・久留米
細川綱利 54・熊本
島津光久 73・鹿児島
浅野光晟 38・広島
池田光政 32・岡山
松平直政 19・松江
松平 5・浜田
森 18
榊原忠次 15・姫路
池田仲恒 32・鳥取
水野 10・福山
松平 15・松山
伊達 7・宇和島
山内忠義 17・高知
京極 6・丸亀
松平 12・高松
蜂須賀光隆 26・徳島
浅野 5
徳川光貞 56・和歌山
井伊直澄 30・彦根
京極 12・宮津
酒井 12・小浜
前田利通 103・金沢
前田 45・大聖寺
松平光長 26・高田
真田 10・松代
水野 3・松本
諏訪 3
徳川光友 62・名古屋
藤堂高次 32・安濃津
本多 5・新居
井伊 4・下田
稲葉 10・小田原
酒井 13
徳川綱重 25・甲府
徳川綱吉 25・館林
徳川光圀 24・水戸
阿部 12・岩槻
土井 10・古河
松平 8・川越
本多忠平 10・白河
保科正之 23・会津
上杉綱憲 15・米沢
伊達綱村 56・仙台
松平 14・山形
酒井忠義 14・庄内
南部重直 10・盛岡
津軽信政 5・弘前
佐竹義隆 21・秋田
松平直政
松平綱紀
徳川秀忠

関八州は、幕領・旗本知行地・譜代大名で固め、東海道・中山道の要地もこれに準じた。外様大名は、九州や中国・四国・東北など、江戸から遠い地に配置された。

凡例:
- 外様大名領
- 親藩・譜代大名領
- 幕府直轄領
- 外様 親藩・譜代 大名
- 外様 / 親藩 国持大名
- 三家
- ○ おもな幕府直轄都市
- •• 城下町
- 数字は石高（単位：万石）

参考：大名の分類と数（1664年）

	50万石以上	20万石以上	10万石以上	5万石以上	5万石未満	計
親藩	3	5	3	1	0	12
譜代	0	1	15	24	73	113
外様	4	12	7	18	59	100
計	7	18	25	43	132	225
	11%		30%		59%	(100%)

4 家光の上洛

▶後水尾天皇の行幸 1623年、徳川秀忠と家光が上洛し、宿所の二条城に後水尾天皇の行幸をあおぎ、幕府と朝廷に融和関係をアピールした。

▲徳川家光 （1604〜51）3代将軍となり、幕府制度の整備に尽力した。

5 参勤交代

▼大名行列の風景 妻子が居住する江戸藩邸の経営や領地と江戸とを往復する大名行列などは、諸大名の藩財政にとって、大きな負担となった。

6 軍役

石高	供連	侍	弓	鉄砲	鑓持	馬口取	小荷駄	挟箱持	甲持	沓取	他
200	8人	1人	領	1人	2人	1人	1人	1人	1人	1人	人
400	12	3			2	2	2	1	1	1	
600	15	5	1	2	2	2	1	1	1	1	
800	19	5	1	3	4	2	1	1	2	1	

石高	供連	馬上	銃	弓	鑓	旗
1,000	23人	騎	1梃	1張	2本	本
2,000	43		2	1	5	
4,000		3	5	2	10	1
8,000		7	15	10	20	2
10,000		10	20	10	30	3
40,000		45	120	30	70	8
80,000		130	250	50	110	15
100,000		170	350	60	150	20

⚠解説 諸大名には石高に応じて、軍事的動員である軍役が課された。幕府の軍役は、1616年に定められ、その後、1633・1649年に改定された。

Question p.156 3 の「大名の配置」図を見て、幕府が譜代大名と外様大名をどのように配置したかを読み取ってみよう。

1 江戸幕府の職制

特徴
①戦国以来の職制を拡充した，いわゆる「庄屋仕立て」で，3代将軍家光の頃までに整備された
②要職には譜代大名・旗本らが就任し，複数制・月番制・合議制がとられた
③行政と司法の区別がなく，評定所（老中と寺社・町・勘定奉行の三奉行らが出席）が，最高合議機関であった
④老中の指揮のもと，平時編成がそのまま軍事編成となった

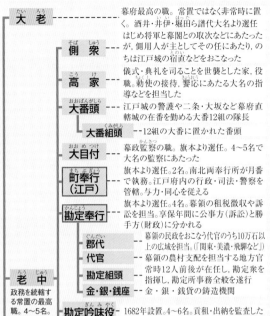

大老	幕府最高の職。常置ではなく非常時に置く。酒井・井伊・堀田ら譜代大名より選任。はじめ将軍と幕閣との取次などにあたったが，側用人が主としてその任にあたり，のちは江戸城の宿直などをおこなった
側衆	
高家	儀式・典礼を司ることを世襲とした家，役職。勅使の接待，饗応にあたる大名の指導などを担当した
大番頭	江戸城の警護や二条・大坂など幕府直轄城の在番を勤める大番12組の隊長
大番組頭	12組の大番に置かれた番頭
大目付	幕政監察の職。旗本より選任。4〜5名で大名の監察にあたった
町奉行（江戸）	旗本より選任。2名。南北両奉行所が月番で執務。江戸府内の行政・司法・警察を管轄。与力・同心を従える
勘定奉行	旗本より選任。4名。幕府の租税徴収や訴訟を担当。享保年間に公事方（訴訟）と勝手方（財政）に分かれる
郡代	幕領の民政をおこなう代官のうち10万石以上の広域を担当。（関東・美濃・飛驒など）
代官	幕領の農村支配を担当する地方官
勘定組頭	常時12人前後が在任し，勘定衆を指揮し，勘定所事務全般を遂行
金・銀・銭座	金・銀・銭貨の鋳造機関
老中 政務を統轄する常置の最高職。4〜5名。	
勘定吟味役	1682年設置。4〜6名。貢租・出納を監査した
関東郡代	関東の幕府支配のほか，水系の整備・治水灌漑など広域行政にあたった。のち勘定奉行の兼職となった
作事奉行	作事奉行が建物の築造や修繕を，普請奉行が土木関係を担当した
普請奉行	
道中奉行	五街道とその付属街道宿駅の伝馬・飛脚などの取締りや，道路・橋など道中に関するすべてのことを管轄した
宗門改	幕領のキリシタン取締りの任にあたった。大目付・作事奉行各1人が兼務した
城代	将軍の代わりに城を預かる職。駿府・二条（京都）に設置された
町奉行	京都・大坂・駿府に置かれた町奉行
奉行	江戸から離れた直轄地に置かれた遠国奉行。伏見・長崎・奈良・山田・日光・堺・下田・浦賀・新潟・佐渡・箱館に設置
甲府勤番支配	甲斐一円が幕領となった際，甲府城の警備と府内の政務をおもな任務として設置された
側用人	将軍に近侍し，将軍の命令を伝え，老中の上申を将軍に伝える役職
若年寄 老中補佐の職。2〜6名で譜代大名より選任。月番制で旗本・御家人の監察を主要任務とした。	
書院番頭	江戸城本丸御殿の白書院前の紅葉之間に勤番した書院番の隊長
書院番組頭	8〜10組の書院番の組頭
小姓組番頭	江戸城本丸御殿の黒書院西溜之間に勤番した小姓組の隊長
小姓組組頭	8〜10組の小姓組の組頭
目付	旗本・御家人の監察にあたる。はじめ10名，のち増員。江戸城巡察・消防などの任にもあたった
奏者番	譜代大名より選任。20〜30名。年始・五節句などの御目見えの際に大名の披露，進物・下賜品の受け渡しなどをおこなった
寺社奉行	譜代大名より選任。4〜5名。寺社・寺社領の管理や宗教統制，関八州外の訴状受理を扱う
京都所司代	朝廷の監察，京都町奉行などの統轄，畿内周辺8または4カ国の幕領の訴訟，西国大名の監視
大坂城代	大坂城の諸役人の長として城の守護にあたり，政務を統轄した。また西日本の諸大名の動静を監察した

□ は三奉行　▨ 原則として譜代大名

2 幕府の財政収入

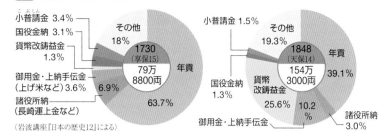

1730（享保15） 79万8800両
- 小普請金 3.4%
- 国役金納 3.1%
- 貨幣改鋳益金 1.3%
- その他 18%
- 御用金・上納手伝金（上げ米など） 3.6%
- 諸役所納（長崎運上金など） 6.9%
- 年貢 63.7%

1848（天保14） 154万3000両
- 小普請金 1.5%
- その他 19.3%
- 年貢 39.1%
- 国役金納 1.3%
- 貨幣改鋳益金 25.6%
- 御用金・上納手伝金 10.2%
- 諸役所納 3.0%

（岩波講座『日本の歴史12』による）

解説 幕府の歳入の多くは年貢収入が占めており，不作で収入不足になる危険があった。当初300万石であった幕領も享保期には新田開発などにより，440万石にのぼった（左図）。幕末にかけ，幕領が増大しないなか，幕府は貨幣改鋳の益金や御用金の増収により，歳入を増大させていった（右図）。

3 幕府の軍事力

構成
- 直参（旗本・御家人……将軍直属の兵力で，その家臣をあわせて俗に旗本八万騎とよばれた
- 諸大名の軍役

総数	旗本	御目見得（将軍に謁見）を許される者で，知行取と蔵米取で構成。約5200人（寛政年間）（知行取 約2260人，蔵米取 約2940人）
	御家人	御目見得は許されない者で，ほとんどが蔵米取で構成。約1万7240人（正徳年間）（うち，知行取が1%にも満たない172人）
組織	役方	行政・経済関係の役職〔旗本〕勘定奉行・町奉行・大目付・目付・代官など〔御家人〕与力・同心など
	番方	軍事部門を担当する役職〔旗本〕大番・書院番・小姓組番など〔御家人〕徒士組・鉄砲百人組など
	無役	寄合組……3000石以上。小普請……3000石以下（のち小普請金を上納）

4 藩の支配機構

大名

地方知行制	俸禄制度
領地を与えて領地支配を認める	藩の蔵入地の年貢米を俸禄として支給

↓ 俸禄制度へ移行

家臣団（藩士）
家老
郡奉行　　町奉行

解説 江戸初期には，大名は一定の土地を有力武士（給人）に与える，地方知行制をとっていた。しかし，給人が勝手に年貢徴収をおこなうこともあったため，大名はおさめる支配領域を拡大し，1690年には俸禄制度をとることがふつうになった。知行制を残す藩の数は，全体の17%になった。

天海と崇伝

天海（1536?〜1643）は，比叡山の南光坊に住んでいたが，家康の信任を得て，川越の喜多院や下野国日光山を主宰したほか，秀忠の命により，江戸上野に東叡山寛永寺を開いた。家康が亡くなると，その遺体は遺言にしたがって駿河国久能山に葬られ，廟の造営がとりおこなわれた。以心崇伝（1569〜1633）は，外交事務と寺社行政を担当し，武家諸法度や禁中並公家諸法度の起草につくし，「黒衣の宰相」とよばれた。南禅寺の金地院に住んだことから，金地院崇伝ともいう。家康の死後，その神号をめぐって，崇伝は「大明神」号を，天海は「大権現」号を主張したが，秀忠が大権現号に決定し，幕府は家康の神号宣下を朝廷に奏請して，後水尾天皇から「東照大権現」号が勅許された。

▷天海

▲徳川家綱霊廟勅額門（寛永寺）

▷以心崇伝

第 ❸ 部 近世

Answer 譜代大名は関八州や東海道・中山道の要地に，外様大名は，九州や中国・四国・東北など，江戸から遠い地域に配置された。

1 朝廷への統制

1600	京都所司代を設置
1603	武家伝奏を任命
1613	公家衆法度を制定
1615	禁中並公家諸法度を制定
1620	秀忠の娘和子（東福門院）入内
1623	後水尾天皇，二条城に行幸
1627	天皇の紫衣勅許を幕府無効にする
1629 (寛永6)	紫衣事件（沢庵ら流罪）。後水尾天皇，興子内親王に譲位（明正天皇）
1643	旗本2名を禁裏付に任命

▶解説　幕府は，朝廷支配のために京都所司代をおき，禁裏財政の管理は，1643年に設置された禁裏付がおこなった。朝廷では，所司代と連絡をとる武家伝奏と摂家（関白・三公），さらには1663年天皇側近の取次役として設置された議奏（のちに幕府より役料をうけた）が公家の統制にあたった。

```
                幕府              設置
              1615  1603     京都所司代
              禁中並公家諸法度     ↑監督統制 ↑報告 ↓指示
              起草者：金地院崇伝
              ●官位・紫衣・改元などを規定
                      朝廷
              摂家 ⇄指示/報告・叡慮⇄ 武家伝奏
              （関白・三公）
              奏上↑↓叡慮      奏上↑↓叡慮
              議奏 ⇄指示/報告⇄
              奏上↑↓叡慮      報告↑↓指示
              天皇              公家
```

▲二条城と京都所司代邸　二条城は，1603年に完成した将軍上洛時の宿所で，寛永期に後水尾天皇が行幸した。二条城の北には京都所司代邸が設けられ，板倉勝重・重宗父子が江戸時代初期の50年間をつとめた。

2 紫衣事件

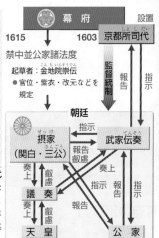

◀後水尾天皇（1596〜1680）　紫衣事件の際には抗議の意志をこめて，明正天皇に譲位をおこなった（1629年）。譲位後も朝廷で発言力を持った。修学院離宮を造営。

◀徳川和子（1607〜78）　東福門院。2代将軍徳川秀忠の娘。1620年，後水尾天皇の女御として入内した。のちの明正天皇を生み，中宮となった。

2-① 天皇系図

```
徳川秀忠 ── 和子（東福門院）
                    │
                   明正
1ごようぜい  2ごみずのお  4ごこうみょう
後陽成 ── 後水尾 ── 後光明
                    │ 5ごさい
                    後西
                    │ 6れいげん
                    霊元
```

天皇の数字は皇位継承の順
赤字は女性天皇

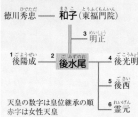

◀紫衣

◀沢庵宗彭（1573〜1645）　大徳寺の住持であったが，紫衣事件で幕府の処置に反対し，1629年に出羽国上山に流された。1632年に許され，3代将軍家光に重用され，東海寺を開いた。

紫衣事件と後水尾天皇の譲位

紫衣は徳の高い僧尼に朝廷が勅許する最高の僧衣であった。幕府は禁中並公家諸法度において紫衣の寺の住持に関する許可規定を定めており，1627年，後水尾天皇による大徳寺や妙心寺への紫衣勅許は問題とされ，幕府はこれに抗議した大徳寺の沢庵らを流罪に処した（紫衣事件）。同年，天皇は明正天皇へ突然の譲位をおこなった。天皇の譲位の計画を事前に知っていながら幕府に注進しなかった武家伝奏中院通村は，1630年に罷免され（6年間江戸に幽閉），摂家と武家伝奏による朝廷統制の枠組みが確認された。

3 キリスト教の禁教政策

◀高山右近（1552〜1615）　高槻，のち明石城主であったが，1587年，秀吉によりその地位を追われ，前田利家に寄食した。1614年の禁教令でマニラへ追放，その地で病死した。
堂本印象筆，堂本印象美術館蔵／京都府

◀元和の大殉教（『元和八年長崎大殉教図』）　1622年，長崎西坂において，55人の宣教師・信者が火刑・斬首刑に処せられた。海外に重大事として報告されたことから，大殉教と称された。ローマ・イル＝ジェズー聖堂蔵／イタリア

4 島原の乱

▢	一揆に全員参加した村
▨	一揆に一部参加した村
▩	領主側の村など
──	板倉重昌の進路
──	老中松平信綱の進路

----- 当時の村界　　⋯⋯ 推定海岸線

▶解説　島原の乱　天草領主寺沢氏，島原領主松倉氏らの圧政に反抗し，益田（天草四郎）時貞を総大将に3万7000人の農民が原城跡にこもった。幕府は12万の軍とオランダ軍艦の海からの砲撃で落城させた。

◀天草四郎の旗指物　聖杯の上のラテン十字架をつけた聖体に向かって，天使が合掌し，礼拝しているので，「聖体讃仰天使図」ともいう。

◀天草四郎（1623〜38）　小西氏の遺臣益田甚兵衛の子で，島原の乱の総大将となった。

Question p.159 3 の支倉常長がヨーロッパに派遣された後に，日本では宗教政策に変化が起きたが，p.160 1 の年表を見て，その変化を答えよう。

1 宗教統制　1-① 寺社への統制

寺院

領地	将軍の朱印状で認められた朱印地や大名の黒印状で認められた黒印地などの寺領
法度	1601〜16年，寺院法度（金地院崇伝による起草，各宗や寺院ごとに46本発布） 1613年，勅許紫衣之法度→紫衣事件 1665年，諸宗寺院法度（9カ条）
統制	寺院間に本山・末寺関係（本末制度）をつくり統制寺請制度により民衆を檀家として登録（宗門改帳を作成）

神社

領地	朱印地や黒印地などの神領 神領への神職の任命は公家の吉田・白川家が取り扱う
法度	1665年，諸社禰宜神主法度

▶**宗門改帳** 島原の乱後，キリシタン弾圧の強化をはかるため，1660年代以降，全国的に寺請による**宗門改**がおこなわれるようになった。宗門改帳には，1戸ごとに，宗旨と檀那寺，戸主と家族らの名前・続柄・年齢などが書き記されている。

◀**踏絵** イエス＝キリストや聖母マリアが彫られた木製あるいは金属製の板で，右の図（シーボルト『日本』）のように，幕府がキリシタンを発見するために踏ませた。この行為を**絵踏**という。

1-② 黄檗宗

◀**隠元隆琦**（1592〜1673） 日本黄檗宗の開祖で，興福寺の僧侶の招きで1654年に来日し，京都の宇治に万福寺を開いた。将軍家綱に謁したほか，後水尾院の信望を得て，大光普照国師号を贈られた。

1-③ 日蓮宗不受不施派の弾圧

◀**日奥**（1565〜1630）
日蓮宗の僧で，**不受不施派**の祖。法華経の信者以外には布施をうけず，ほどこしもしない主義で，幕府に禁圧され，日奥は対馬へ流罪となった。その後，身延山久遠寺（受不施派）側と論争したが，不受不施派側は敗訴し，入滅した日奥の遺骨は対馬に配流となった。

2 江戸時代初期の外交

			スペイン	ポルトガル	イギリス	朝鮮	中国（明・清）	オランダ	朱印船貿易	（奉書船）
-1582 秀吉 -1598	1543	ポルトガル人，種子島に漂着								
	1584	スペイン人，肥前平戸に来航								
	1596	サン＝フェリペ号事件								
家康	1600（慶長5）	オランダ船リーフデ号豊後に漂着 家康，ウィリアム＝アダムズ（三浦按針），ヤン＝ヨーステン（耶揚子）を大坂城に引見 3								
	1601	朱印船制度（〜1635）→p.160 3								
	1604（慶長9）	糸割符制度（京都・堺・長崎の商人に輸入生糸の一括購入を付与）								
-1605	1607	朝鮮使節，来日 →p.160 2								
	1609（慶長14）	島津氏，琉球を侵略。己酉約条 オランダ，平戸に商館を開く								
秀忠	1610（慶長15）	家康，京都商人の田中勝介らをノビスパン（メキシコ）に派遣								
	1611	明の商人に長崎での貿易を許可								
	1613（慶長18）	伊達政宗，支倉常長をヨーロッパに派遣（慶長遣欧使節）。イギリス，平戸に商館を開設								
	1616	明船以外の来航を平戸・長崎に制限								
-1623	1623	イギリス，平戸の商館を閉鎖								
	1624	スペイン船の来航を禁止								
家光	1631	奉書船制度始まる								
	1633	奉書船以外の海外渡航を禁止								
	1634（寛永11）	長崎に出島を建設 慶賀使・謝恩使の始まり 海外との往来や通商を制限								
	1635	日本人の海外渡航・帰国の全面禁止								
	1636	ポルトガル人の子孫を追放								
	1639	ポルトガル船の来航を禁止								
	1641	オランダ商館を出島に移す→p.160 4								

3 オランダ・スペインとの外交

◀**オランダ東インド会社の皿** 注文品の皿一つ一つに，VOC（連合東インド会社）の社章が入れられた。神戸市立博物館蔵／兵庫県

▶**ヤン＝ヨーステン記念碑**（東京駅八重洲口）
左側にオランダ人航海士ヤン＝ヨーステンの像が，右側には豊後に漂着したリーフデ号が描かれている。ヨーステンは家康に重用され，日本橋に屋敷を与えられ，日本人女性と結婚した。

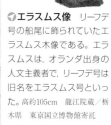

◀**エラスムス像** リーフデ号の船尾に飾られていたエラスムス木像である。エラスムスは，オランダ出身の人文主義者で，リーフデ号は旧名をエラスムス号といった。高約105cm 龍江院蔵／栃木県 東京国立博物館寄託

▶**支倉常長**（1571〜1622）
1613年，慶長遣欧使節の大使として，陸奥国より出帆。翌年11月にスペインに着き，ローマでは教皇パウロ5世に，伊達政宗の書状を届けた。

▲**平戸のオランダ商館**（モンタヌス『東インド会社遣日使節紀行』）
1609年，オランダ人は家康より朱印状を得て平戸に商館を開き，アジア貿易の拠点とした。千代田図書館蔵

▶**リーフデ号の復元模型** 1600年，アダムズやヨーステンを乗せ，豊後に漂着したオランダ船リーフデ号。

第❸部 近世

Answer 1612年に直轄地に禁教令，1613年に全国へ禁教令が出されており，キリスト教への弾圧がおこなわれていた。

1 対外関係の推移

政権	禁教の動き	貿易統制の動き
秀吉 —1598—	1587 (天正15) バテレン追放令（キリスト教宣教師に，20日以内の国外退去を命ず）	1588 (天正16) 海賊取締令
	1596 (慶長元) スペイン船サン＝フェリペ号事件。秀吉，キリスト教徒26人を捕らえ，長崎にて処刑（26聖人殉教）→p.148 1-②	
家康 —1605—		1600 (慶長5) オランダ船リーフデ号，豊後に漂着
		1601 朱印船制度（～35）
		1604 糸割符制度を創設 2
		1607 朝鮮使節，来日
		1609 (慶長14) 島津氏，琉球を侵略 己酉約条（朝鮮と宗氏） オランダ，平戸に商館を開く
		1610 (慶長15) 家康，田中勝介らをノビスパン（メキシコ）へ派遣
秀忠 —1623—	1612 (慶長17) 京都所司代にキリスト教禁止・南蛮寺の破却を命ず。幕府直轄領に禁教令	1611 (慶長16) 明の商人に長崎での貿易を許可
	1613 (慶長18) 全国に禁教令	1613 (慶長18) イギリス，平戸に商館を開く
	1614 (慶長19) 高山右近・内藤如安らのキリスト教徒148人をマニラ・マカオに追放	1616 (元和2) 中国船を除く外国船の来航を平戸・長崎に制限
	1622 (元和8) キリスト教徒55人を長崎で処刑（元和の大殉教）→p.158 3	1623 イギリス，平戸の商館を閉鎖
		1624 (寛永元) スペイン船の来航を禁止
家光	1627 (寛永4) 長崎奉行，キリスト教徒340人を処刑	
	1629 長崎で絵踏が始まる→p.159 1	
	1630 (寛永7) キリスト教関係書物の輸入を禁止	1631 奉書船制度始まる
		1633 奉書船以外の海外渡航を禁止
		1634 長崎に出島を建設
	1635 (寛永12) 寺請制度，始まる	1635 海外渡航・帰国の全面禁止
		1636 (寛永13) ポルトガル人を出島に移す ポルトガル人の子孫などを追放
	1637 (寛永14) 島原の乱（～1638.2平定）→p.158 4	
	1640 (寛永17) 幕領に宗門改役を設置。宗門改帳の作成→p.159 1	1639 ポルトガル船の来航を禁止
	1644 諸藩に宗門改役を設置	1641 (寛永18) オランダ商館を出島に移す 4 オランダ風説書の提出

2 糸割符制度

（中国産）生糸

ポルトガル船・オランダ船・中国船 一括購入

↓

糸割符仲間（五カ所商人）
京都・堺・長崎のち江戸・大坂が加わる

↓

国内の商人

❶解説 幕府は，生糸価格の抑制と商人統制などの目的で，1604年京都・長崎・堺の有力商人を糸割符仲間とし，糸割符仲間が白糸を一括購入することにした。

3 朱印船貿易

3-① 貿易品と担い手

貿易品	
輸入品	生糸・絹織物・砂糖・鹿皮・鮫皮など
輸出品	銀・銅・硫黄・刀剣・鉄・樟脳など

貿易の担い手	1635年まで約350隻，貿易家100余名
大名	島津家久・有馬晴信・松浦鎮信ら
豪商	長崎の末次平蔵，荒木宗太郎，摂津の末吉孫左衛門 京都の角倉了以・茶屋四郎次郎 堺の今井宗薫・納屋助左衛門，博多の島井宗室
外国人	ウィリアム＝アダムズ（三浦按針） ヤン＝ヨーステン（耶揚子）ら

❶解説 朱印船貿易は，幕府の高官や大名，多くの豪商たちの資金で経営され，航海士は中国人やヨーロッパ人・日本人など多様であった。日本からは銀や銅が輸出され，生糸・絹織物が輸入された。

3-② 朱印船渡航地と日本町

- □ 日本町所在地
- ● おもな日本人居住地
- ○ 主要都市
- — 朱印船主要航路

（地図中の地名）江戸 平戸 長崎 日本 南京 寧波 ナンキン ニンポー 明 マカオ 台湾 タイオワン トングー朝 鄭氏 大越 ていし だいえつ カガヤン トンキン ルソン 阮氏 広南 げんし こうなん ホイアン アユタヤ朝 カンボジア マニラ ヴィジャヤ リゴール プノンペン パタニ スマトラ マラッカ ボルネオ スラウェシ アンボイナ バタヴィア バンテン ジャワ

0 ～ 1000km （赤道）

4 鎖国の完成

（長崎市街図中の地名）立神 グラバー園 造船所 大浦天主堂 聖廟 長崎奉行所(1603〜73) 大浦 海軍伝習所(1855〜59) 唐人屋敷跡 高島秋帆宅 銅座川 飽浦 崇福寺 愛宕神社 風頭山▲ 興福寺 出島 長崎会所 亀山社中 福済寺 本蓮寺 伊良林 聖堂 銭座 26聖人殉教地 春徳寺 諏訪神社 立山 鳴滝塾 長崎奉行所(1673〜1867) 片淵 山里 西山 浦上天主堂

- ▨ は現在の市域
- — 当時の海岸線

0 〜 1000m

▶朱印状 「日本よりルソン国に到る船なり」と記され，元和6(1620)年に，秀忠が朱印を押して渡航を許可したものである。近藤正斎編『外蕃書翰』（国立公文書館内閣文庫蔵）

◀長崎市街図 長崎港は稲佐山はじめ三方を山に囲まれた天然の良港であった。オランダ，中国のそれぞれ窓口となった出島，唐人屋敷が設定され，長崎奉行が支配にあたった。

▶朱印船 長崎の荒木宗太郎の朱印船である。帆は唐船と洋船との折衷形である。船首には，東インド会社の社章がつけられている。

▲アユタヤの日本町 上は，現在のタイのアユタヤ県に残る日本町の跡を記す石碑。下は，14〜18世紀に栄えたアユタヤ朝の王都の様子を描いたもので，王都の周囲はチャオプラヤ川と城壁で囲まれていたことがわかり，アユタヤ朝は，チャオプラヤ川を通じて外洋とつながる港市国家であった。図の赤丸は日本町がつくられた場所を示す。

第3部 近世

1 「四つの窓口」(松前藩・薩摩藩・対馬藩・長崎)

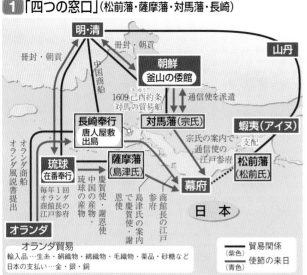

オランダ貿易
輸入品…生糸・絹織物・綿織物・毛織物・薬品・砂糖など
日本の支払い…金・銀・銅

貿易関係(紫色)
使節の来日(青色)

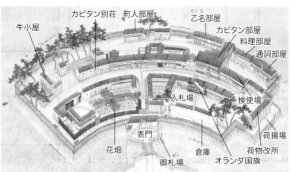

△出島　1634年から建設された港内の扇形埋立地。1636年にポルトガル人を隔離するため収容した。1641年にはオランダ商館が移された。オランダ人は、この島から市中に入れず、日本人は、役人、指定の商人や遊女以外は立ち入り禁止とされた。約4000坪(約1.31ha)。現在、出島は当時の原形を失っているが、長崎市により建物も含めて復元されている。

△門鑑　出島に入るための許可証で、出島の乙名が発給し、門番に提示する必要があった。

2 長崎貿易　2-① 貿易仕法

年代	貿易仕法	内容
1655(明暦元)	相対(自由)貿易	糸割符制度を廃止し、相対貿易とする
1672	市法商法	金銀流出防止のため市法会所を設置
1685(貞享2)	御定高制	市法廃止、糸割符制度を復活、貿易額を制限
1689	唐人屋敷設置	密貿易の取締りのため唐人屋敷を設置
1696(元禄9)	長崎会所設置	輸出品集荷の強化に向けて長崎会所を設置
1715	海舶互市新例	信牌(入港証)を用いた貿易額の制限

△解説　当初、相対(自由)貿易で商人の自由な取引が認められたが、金銀の流出や密貿易の横行により、幕府による貿易統制がおこなわれた。

3 オランダ東インド会社

◁東インド会社の船　1581年に独立を宣言したオランダは、1602年に東インド会社を設立し、アジア進出に乗り出した。復元された東インド会社の船(アムステルダム港)。

△オランダ総督府　ジャワ島のボゴールに立つ旧総督府。オランダは1619年にバタヴィア(現、ジャカルタ)をアジア貿易の拠点とし、東南アジアにおける優位を確立した。

2-② オランダからの輸入品

象牙・鼈甲0.7
金属0.7
雑品0.1
献上品0.1
砂糖2.2
染料・香料・薬物2.9
その他の繊維0.4
皮革5.6
毛織物5.5
麻布0.5
綿織物0.9
絹織物21.0

1636年
輸入総額
1,551,960
グルデン

牛糸59.4%

象牙・鼈甲0.3
金属0.3
染料・香料・薬物
砂糖15.7
皮革7.9

1715年
輸入総額
727,204
グルデン

生糸28.3%
絹織物15.3
綿織物20.7
毛織物2.5
その他の繊維0.4

(秋野孝蔵『オランダ東インド会社の歴史』による)

△解説　1715(正徳5)年には、1636(寛永13)年の輸入額の2分の1の規模に縮小し、綿織物や砂糖の占める割合が増えているなどの変化がよみとれる。1715年当時のオランダの貿易枠は金5万両なので、1グルデンは1両の16分の1程度。

4 オランダ商館長の江戸参府

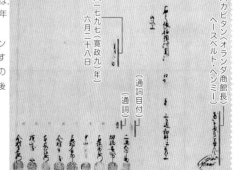

△長崎屋(葛飾北斎筆『画本東都遊』)　長崎屋は、オランダ商館長が江戸参府(1790年以降は4年に1度)の際に宿泊した。

▷オランダ風説書　オランダ商館長が江戸幕府に提出する海外事情報告書。風説書の三カ条目は、フランス革命後の混乱ぶりを伝えている。

5 唐人屋敷

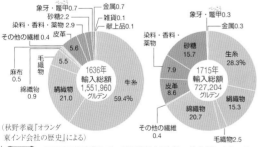

◁唐人屋敷　清商人の居住地(2000人収容でき、約1万坪の屋敷地)。二重の堀と塀に囲まれた。

Answer　p.158 4 の「島原の乱」である。幕府はオランダとの貿易がポルトガルとの貿易を代行できるか確認をおこなって実施した。

第3部 近世

1 中世の日朝関係

1-① 中世の日朝関係年表

1392	李成桂が朝鮮を建国
1398	朝鮮から室町幕府に遣使
1404（応永11）	足利義満が朝鮮に使節（日本国王使）を派遣する（以後，160年間に60余回），朝鮮から幕府に遣使（回礼使）〈国交樹立〉
1406	朝鮮から幕府に遣使
1410	朝鮮から幕府に遣使
1419（応永の外寇）	応永の外寇
1420	朝鮮から幕府に遣使
1423	朝鮮から幕府に遣使
1424	朝鮮から幕府に遣使
1428	朝鮮から幕府に遣使（通信使）
1432	朝鮮から幕府に遣使
1438	文引の制
1439	朝鮮から幕府に遣使（通信使）
1443（嘉吉3）	朝鮮から幕府に遣使（通信使），癸亥約条（嘉吉条約）を締結（宗氏と朝鮮の貿易協定：歳遣船50隻）
1510（永正7）	三浦の乱（三浦の恒居倭人が蜂起→日朝貿易の停止）
1512（壬申）	壬申約条（宗氏の歳遣船年25隻）

2 近世の日朝関係

2-① 近世の日朝関係年表

1592	文禄の役，明軍の参戦
1597	慶長の役
1604	朝鮮から幕府に遣使（探賊使）
1606	朝鮮が講和の条件を提示
1607（慶長12）	朝鮮から幕府に遣使（回答兼刷還使）
1609	朝鮮と対馬が己酉約条を締結
1635	柳川一件
1636（寛永13）	朝鮮から幕府に遣使（通信使）（「日本国大君」号を用いる）
1711（正徳元）	新井白石，通信使の待遇を簡素化　朝鮮から通信使を派遣（「日本国王」号を用いる）
1719（享保4）	朝鮮から通信使を派遣（「日本国大君」号に戻す）
1811（文化8）	朝鮮から通信使派遣（「対馬における易地聘礼」）
1863（文久3）	日本が朝鮮を侵略すべきことを説く対馬藩士の建白書が幕府に提出
1869（明治2）	明治政府が朝鮮王朝に外交文書を送るが，朝鮮は受け取りを拒否

2-② 対馬藩の立場

対馬藩
①藩主は宗氏。10万石以上の格付
②幕府より朝鮮外交・貿易の独占的権利を得る
　→貿易の利潤が知行のかわり
③参勤交代は3年に1度

輸出品	銀2075貫余，銅380貫余，狐皮96貫余　明礬などの鉱物237貫余など
輸入品	生糸（銀709貫余），朝鮮人参300貫余，縮緬195貫余，その他織物200貫余など

数字はすべて1684年のもの（田代和生『倭館』による）

1-② 明の冊封体制と日朝関係

明（北京）　下賜　朝貢
東南アジア　下賜　朝貢
朝鮮　朝貢　下賜
絹織物・陶磁器　朝貢　下賜
蘇木・香木　琉球王国　銅・扇・刀剣　日本　朝鮮人参・大蔵経・木綿など　硫黄・刀剣・蘇木
蘇木・香料・砂糖

朝貢品：銅・硫黄・金・刀剣・扇・屏風など
下賜品：銅銭・生糸・高級織物・陶磁器・書籍・書画など

解説 中世の日本・対馬と朝鮮　14世紀に明中心の国際秩序が形成されると，日本も朝鮮も明中心の冊封体制を受け入れた。「日本国王」号を用いた足利将軍は，朝鮮国王と対等な立場で外交をおこなった。また，朝鮮は対馬の人々に官職を授け，貿易上の特権を与えて，朝鮮中心の秩序に編入しようとした。一方，対馬側も島内支配を進めるため，朝鮮の政策に協力した。

1-④ 室町時代の通信使一覧

年	将軍	使命・備考
1413	義持	倭寇禁止要請，中断
1428	義教	義持・義教慶弔
1439	義教	修好
1443	義勝	義教・義勝慶弔
1459	義政	海上遭難のため中止
1479	義尚	正使が対馬で病気，中断

解説　1404年に足利義満が朝鮮に使節を送ると，両国間で善隣関係が樹立された。1428年からは朝鮮から「通信使」が派遣され，朝鮮国王と足利将軍とは抗礼（対等）関係となった。

2-③ 朝鮮との国交回復

朝鮮国王李　昖

日本国王　殿下　昖　奉復　書

天朝之賜而敵邦何負
交隣有道自古而然二百年来海波不揚何莫非
先王丘墓敵邦臣痛心切骨義不興
貴国華初面新聞礼先乃謂改前代非者致款至此苟如斯説豈非
貴国共戴一天六七年来馬島雖以和事為請実是敵邦所恥今年
両国生霊之福也此馳価庸答来意
不暎土宜具在別幅統希
盛亮
萬暦三十五年正月　日

解説 国書の偽造と柳川一件
秀吉の朝鮮侵略後，日朝間の断絶が続いていたが，徳川家康は対馬藩の宗氏に日朝講和交渉をおこなわせた。一方，朝鮮でも，後金に対処するため，日本との関係修復を考え，1604年に使節を日本へ派遣した。1606年，朝鮮は日本に，先に国書を送ることなどの講和条件を示し，**対馬藩は国書を偽造した**。この国書で徳川将軍の称号には**「日本国王」**が用いられた。1607年，朝鮮から日本へ使節が派遣され（回答兼刷還使），ここに**日朝国交が回復**した。しかし，対馬では御家騒動を機に，対馬藩による国書偽造が露顕し，1635年幕府は，国書偽造の責任として，家臣を処分し（**柳川一件**），朝鮮の国書には，以後は**「日本国大君」**の称号を用いることにした。対馬藩は，この史料の ■ 部分を削除し，加筆（青字）するなど国書の改ざんをおこなった。（田代和生『書き替えられた国書』）

1-③ 告身

告身（複製）　朝鮮国王から官職を授かる時の辞令書（成化18〈1482〉年）。朝鮮側は倭寇対策としても，対馬の人々に官職を授ける告身を発行し，貿易上の特権を与えた。史料にみえる「皮古三甫羅」は「彦三郎」の音訳といわれる。

2-④ 江戸時代の朝鮮使節一覧

年代	使命・備考	人数
1607	回答兼刷還，修好（国交回復）	467
1617	回答兼刷還，大坂平定祝賀	428
1624	回答兼刷還，家光襲職祝賀	300
1636	太平祝賀，以降「通信使」と称す	475
1643	家綱誕生祝賀，日光山致祭	462
1655	家綱襲職祝賀，日光山致祭	488
1682	綱吉襲職祝賀	475
1711	家宣襲職祝賀	500
1719	吉宗襲職祝賀	479
1748	家重襲職祝賀	475
1764	家治襲職祝賀	462
1811	家斉襲職祝賀・易地聘礼	336

2-⑤ 朝鮮通信使の参府経路

…… 朝鮮使節の参府経路

ソウル　漢城　釜山　赤間関　鞆　牛窓　京都　名古屋　駿河　江戸

李元植「朝鮮通信使が残したもの」（『朝鮮通信使と日本人』学生社より）

解説 通信使経路　通信使一行は，楽隊や医者・通訳・画家なども含めて約500人にもおよび，その経路はおおむね4〜5カ月間をかけて，漢城（現，ソウル）から釜山まで陸路，釜山から大坂・京都まで船路，京都から江戸まで陸路をたどった。

銀の道・生糸の道

対馬藩を通じた朝鮮貿易では，18世紀前後の輸出額は密貿易も含めると，年平均で5万両，多いときには10万両にものぼった。また，17世紀末には朝鮮貿易における生糸の輸入量が長崎貿易におけるそれを上回った。対馬→朝鮮→中国という「銀の道」と，中国→朝鮮→日本という「生糸の道」が形成された。上の往古銀は日朝貿易のために特別に鋳造された銀貨。

往古銀

2-⑥ 日朝貿易

草梁倭館図　朝鮮が釜山に設けた日本との窓口で，その広さは約10万坪にもおよび，つねに約500人の対馬の人がいた。

Question　p.162 2-④ の年表の1636年以降，室町期と同様に「通信使」が派遣された背景にアジアのどんな変動があったか，p.358 の年表を見て答えよう

第3部　近世

1 琉球との関係

1-① 琉球王国の歴史

12～15世紀	グスク（城砦）に拠る按司（各地の豪族）の攻防
14世紀初	山北・中山・山南の3つの小王国が成立 14世紀後半より明に入貢
1429	中山の尚巴志による統一（第一尚氏王朝）
1470	尚円（金丸）による第二尚氏王朝
1477	尚真、即位。中央集権的古代国家の確立
15世紀	アジア諸国との中継貿易によって繁栄。島津氏とも善隣友好関係
16世紀中頃	ポルトガルの進出により、中継貿易は衰退
16世紀末	文禄・慶長の役に際し、秀吉が服従と朝貢や軍役を求めるが、拒否
1609	島津家久（薩摩藩）による琉球征服
1611	薩摩の琉球検地が終了。奄美諸島は、島津氏の直轄地となる
1634	慶賀使・謝恩使の初め
17世紀中頃～後半	キリスト教宗門改めが始まる。黒砂糖などの専売制。薩摩へ甘諸を伝える
1853	ペリー来航
1872	明治政府、琉球王国を廃し、琉球藩とする
1879	琉球処分。沖縄県を設置

1-② 琉球使節一覧

年代	将軍	目的
1634	家光	謝恩
1644	家光	慶賀・謝恩
1649	家光	謝恩
1653	家綱	慶賀
1671	家綱	謝恩
1682	綱吉	慶賀
1710	家宣	慶賀・謝恩
1714	家継	慶賀・謝恩
1718	吉宗	慶賀
1748	家重	慶賀
1752	家重	謝恩
1764	家治	慶賀
1790	家斉	慶賀
1796	家斉	謝恩
1806	家斉	謝恩
1832	家斉	慶賀
1842	家慶	慶賀
1850	家慶	謝恩

▷**尚寧**（1564～1620、在位1589～1620）　琉球王朝第7代の国王。尚寧在位中の1609（慶長14）年に薩摩藩の島津氏に侵攻され、以後、琉球は薩摩藩の統治下になる。尚寧王は薩摩藩によって江戸に連行され、徳川秀忠に謁見、のち琉球に戻った。

▲那覇港（『琉球貿易図屏風』）　画面中央には、中国に朝貢し帰国した琉球の進貢船（❶全長40m、マストの高さは30m程）がみえ、ロープで結ばれた小舟によって曳航されている。進貢船の下には「唐物方」という旗をさした薩摩藩の御用船（❷）が描かれている。このほか、進貢船の左手には競漕船ハーリー（❸）、その下には、薩摩藩の弁才船タイプの御用船（❹）が描かれている。中国に進貢をおこない、東アジアの交易ネットワークをもっていた琉球王国は、一方で薩摩藩への年貢米や黒砂糖を納めるという関係を保っていたことが、この図ではよく表されている。このように、那覇港を中心に俯瞰する構図がとられており、画面右上には首里城（❺）、右下には歴代国王の霊位を祀る崇元寺のアーチ門（❻）が遠望される。滋賀大学経済学部附属史料館蔵

2 蝦夷地との関係

2-① 蝦夷地関係略年表

1599（慶長4）	蠣崎慶広、徳川家康により蝦夷地支配を認められ、松前氏と改姓
1604（慶長9）	家康からアイヌ交易の独占権を認められる
	商場知行制　アイヌと交易できるいくつかの場所（商場）に区画して上級藩士に知行として給与
1669（寛文9）	シャクシャインの戦い→鎮圧される
	場所請負制　商場を商人に請け負わせ交易
1789	クナシリ・メナシの蜂起（アイヌ最後の蜂起）

2-② 商場知行制から場所請負制へ

```
蝦夷ヶ島          混住禁止      商場知行制          場所請負制
  │                          ●アイヌ漁猟区域（商場）での独占的
  ├─蝦夷地                   藩主                 藩主＝家臣
  │  アイヌ居住   和人地      │給与               │運上金
  │               和人移住    家臣  交易権約百カ所  │
  └─和人地（和人 拒否のアイ   │交易               │請負（委託）交易
     移住拒否の   ヌは和人と   アイヌ              商人
     アイヌは和   して百姓化                       │
     人として百                                    アイヌ
     姓化
```

交易品
商人	→ アイヌ	← アイヌ	商人
	米・酒・塩など	鮭・鰊・煎海鼠・昆布など	

米一俵四斗が普通だが、八升くらいを一俵として、塩鮭百匹と交換した

2-④ シャクシャインの戦い

▷**シャクシャインの戦い**
1669年、シベチャリ（現、新ひだか町）の総首長シャクシャインが全島のアイヌを集め、松前氏に反抗したが、鎮圧され、松前藩によるアイヌ支配が強まった。

▼**にぎわう松前港**
（小玉貞良『松前屏風』）

2-③ 和人地の北上

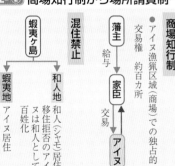

1550年	1669年	1865年

▲解説　蝦夷ヶ島の和人地に勢力をもっていた蠣崎氏は、松前氏と改姓し、1604年に徳川家康からアイヌとの交易独占権を保障されると、蝦夷ヶ島の南部を勢力範囲として徐々に広げていった。

▲**オムシャ**（『日高アイヌオムシャ之図』）　交易の節目におこなったアイヌと和人の交歓の儀礼。その後、アイヌへ物品を供与する儀式となっていった。

Answer 1627年に「後金軍、朝鮮に侵入」とあるように、朝鮮は北方の侵略を受け、南の日本との関係を安定化する必要があった。

本書参照頁 p.20, 128, 163

1 蝦夷地の歴史(アイヌ関係史)

時代	年	月	事項
	13世紀頃		アイヌ文化の形成 安藤(東)氏支配下の和人，蝦夷ヶ島の南部に移住開始(道南十二館の建設 6)
	1457	5	コシャマインの戦い
	1593	1	蠣崎慶広，秀吉から蝦夷島主に認可 7-①
	1599	11	蠣崎氏，松前氏と改姓
江戸時代	1604(慶長9)	1	松前慶広，家康からアイヌとの交易独占権を認可。松前藩の成立→商場知行制(特定の地域におけるアイヌとの交易権を家臣に知行として与える制度)成立
江戸時代	1669	6	シャクシャインの戦い 7-②
江戸時代	18世紀前半		場所請負制度(商場〈場所〉での交易を内地商人に請け負わせる制度)成立 7-③
江戸時代	1789	5	クナシリ・メナシの蜂起
江戸時代	1792	9	ロシア使節ラクスマン，根室に来航
江戸時代	1798	7	近藤重蔵・最上徳内らが，択捉島を探査
江戸時代	1799	1	幕府，東蝦夷地を直轄
江戸時代	1807(文化4)	3	幕府，全蝦夷地を直轄(10 松前奉行の設置)
江戸時代		4~6	ロシア軍艦，択捉・利尻島襲撃
江戸時代		12	幕府，ロシア船打払令公布
江戸時代	1808(文化5)		樺太アイヌの山丹交易を禁止
江戸時代		4	間宮林蔵，樺太とその対岸を調査
江戸時代	1811	6	ゴローウニン事件
江戸時代	1821	12	幕府，蝦夷地を松前藩に還付
江戸時代	1854	12	日露和親(通好)条約を締結(日露国境の画定)
江戸時代	1855	2	幕府，蝦夷地を再び直轄
明治時代	1869(明治2)	7	開拓使設置(東京に開拓使庁)
明治時代		8	蝦夷地を北海道と改称
明治時代	1871(明治4)	4	戸籍法公布(アイヌを平民に編入)
明治時代		10	アイヌに対し入墨などの伝統習俗を禁止
明治時代	1875	5	樺太・千島交換条約
明治時代	1877	12	北海道地券発行条例(アイヌ居住地は官有地)
明治時代	1899	3	北海道旧土人保護法公布
	1997	5	アイヌ文化振興法(北海道旧土人保護法は廃止)

2 続縄文文化

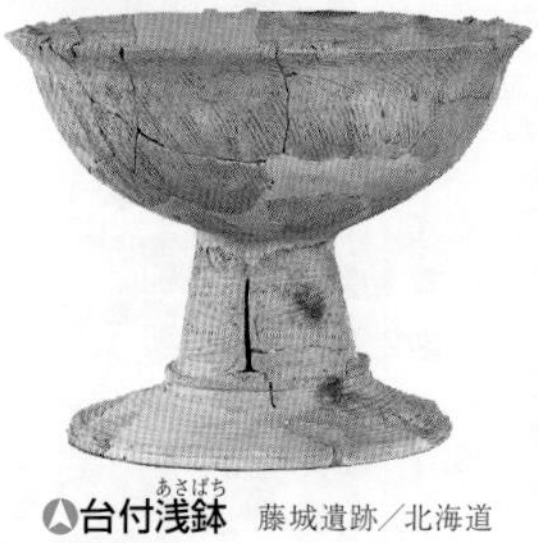

▲台付浅鉢　藤城遺跡／北海道

3 オホーツク文化

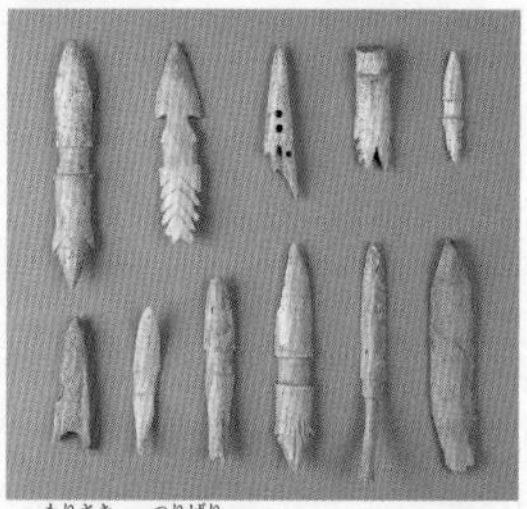

▲銛先・釣針　モヨロ貝塚／北海道

4 擦文文化

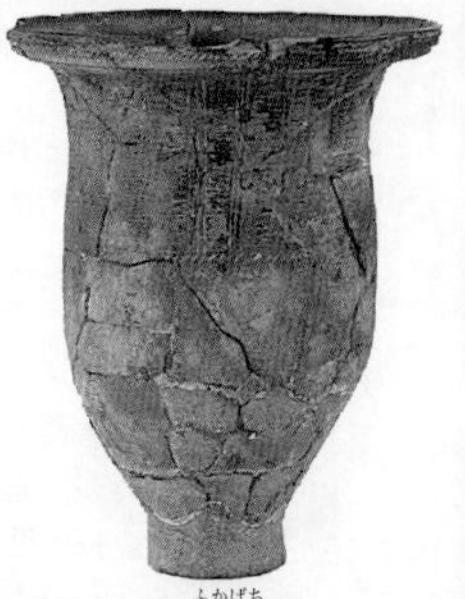

▲深鉢　高砂遺跡／北海道

解説

紀元前後から8世紀頃まで，北海道では**続縄文文化**が展開した。農耕はおこなわず，狩猟・採集を生業とし，縄文土器系の続縄文土器と鉄器による文化であった。7～13世紀にかけては擦文土器と鉄器による**擦文文化**が広く展開した。9～13世紀のオホーツク海沿岸では，オホーツク式土器を持つ**オホーツク文化**が展開した。

5 アイヌ文化

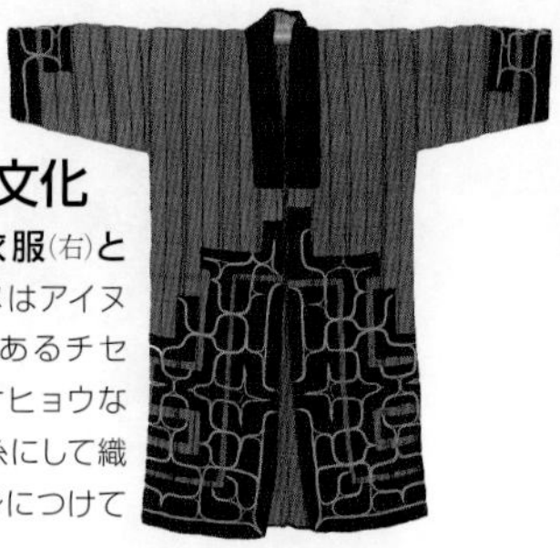

▶▼**アイヌの衣服**(右)と**チセ**(下)　アイヌはアイヌの伝統的住居であるチセに住み，衣服はオヒョウなどの木の樹皮を糸にして織るアツシなどを身につけていた。

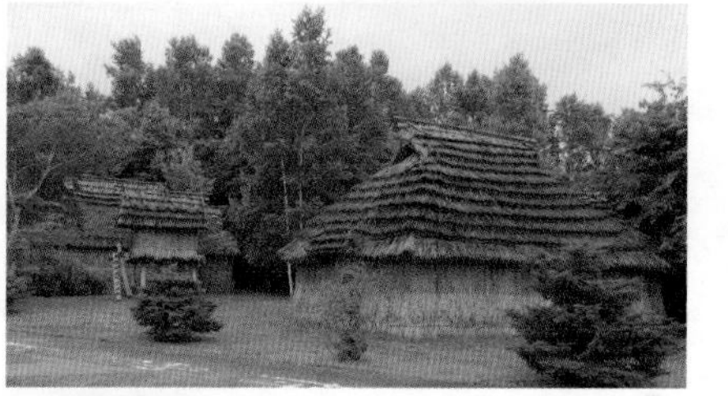

6 和人の進出(道南十二館の成立)

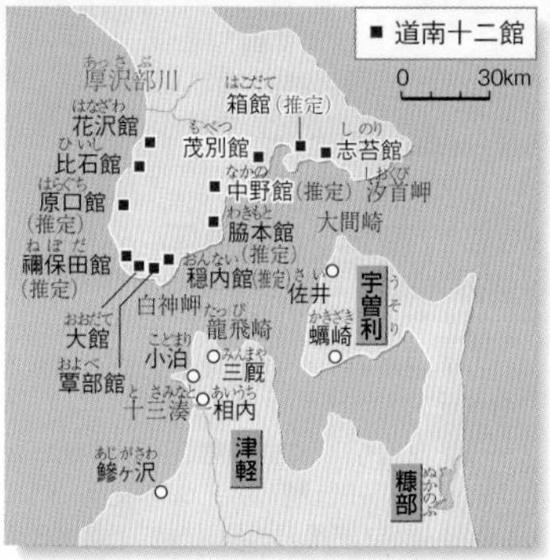
■ 道南十二館
0 30km
厚沢部川
箱館(推定)
花沢館
茂別館
志苔館
比石館
中野館(推定)
汐首岬
原口館(推定)
脇本館(推定)
大間崎
禰保田館(推定)
穏内館(推定)
佐井
宇曽利
白神岬
大館
龍飛崎
蠣崎
小泊
三厩
覃部館
十三湊
相内
津軽
鰺ヶ沢
糠部

解説

道南十二館は，渡島半島の南端にあった**和人**の12の館(土塁と空濠による小規模な城砦)。蝦夷ヶ島に進出した安藤(東)氏らの豪族が，アイヌの蜂起に備えて室町時代に築造。1457年の**コシャマインの戦い**の記録にも記されている。

7 松前藩の蝦夷地支配

7-① 松前藩の成立

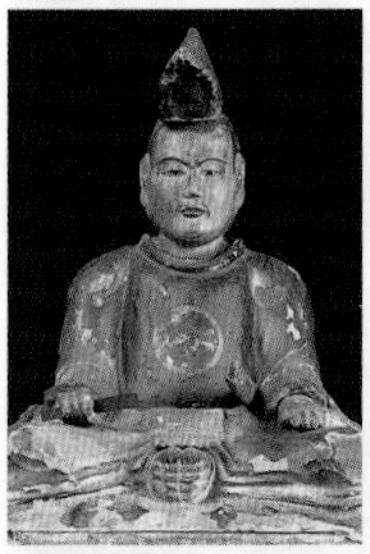

◀**松前慶広**　1593年，蠣崎慶広は，朝鮮出兵で豊臣秀吉から船役徴収権を得た。これにより檜山安藤氏から自立し，蝦夷島主となった。1599年，松前氏と改姓し，1604年に家康からアイヌとの交易独占権を認められて，**松前藩**を設立した。当初は石高制の枠外にある無高の藩であった。

7-② アイヌの抵抗

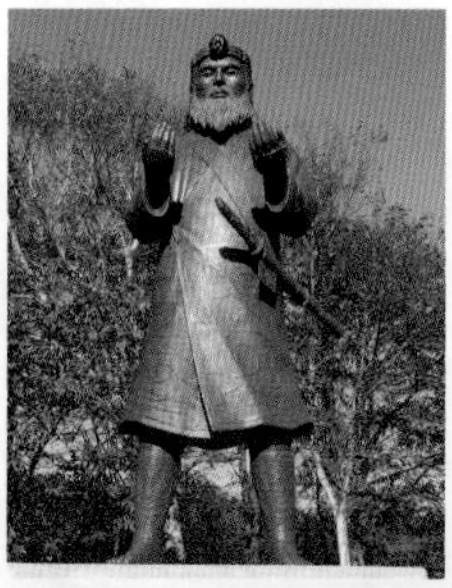

◀**シャクシャイン**　1669年，シベチャリ(現，新ひだか町)の首長**シャクシャイン**のよびかけで，アイヌが松前藩に対していっせいに蜂起した。背景には，**商場知行制**における不等価交換や自由貿易の制限への不満があった。松前藩は和睦とみせかけ，シャクシャインを酒席で謀殺。これ以降，松前藩のアイヌに対する支配が強化された。

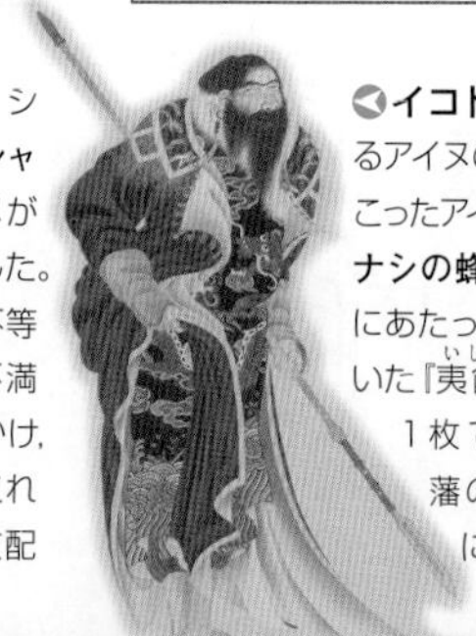

◀**イコトイ**　アッケシにおけるアイヌの首長。1789年におこったアイヌによる**クナシリ・メナシの蜂起**の際に，その鎮静にあたった12人の首長像を描いた『夷酋列像』(1790年)の1枚で，絵の作者は松前藩の蠣崎波響。**蝦夷錦**に身をつつんでいるが，夷酋のイメージが強調されている。

7-③ アイヌ交易の変遷

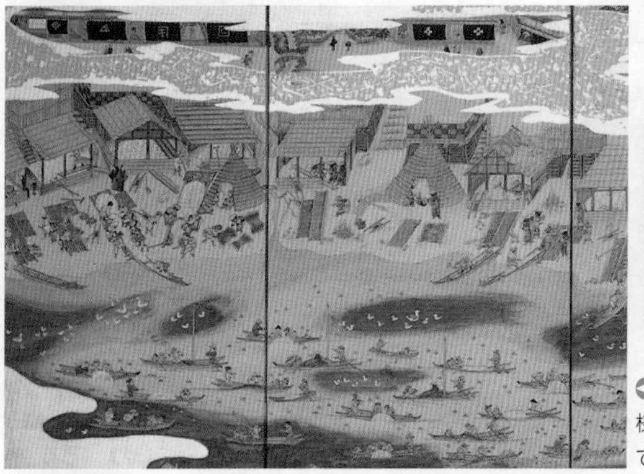

◀**江差前浜での鰊漁**(『江差前浜屏風』)　江差浜における鰊漁の様子。鰊の群れで海が白濁しているなか，アイヌらが漁をおこなっている。円錐形の小屋はアイヌの小屋で，後ろは和人の商人の小屋。

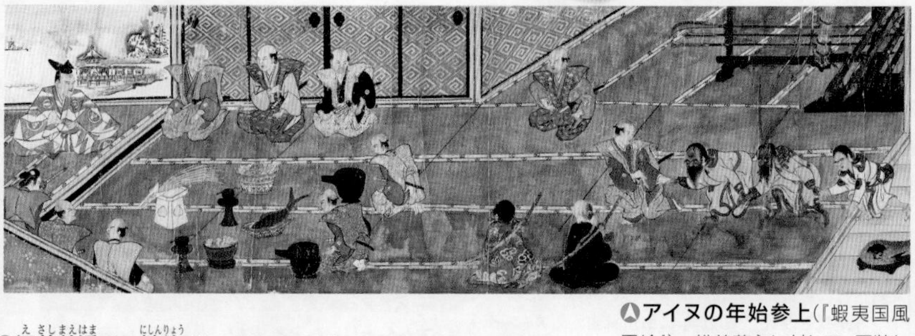

▲**アイヌの年始参上**(『蝦夷国風図絵』)　松前藩主に対して，正装したアイヌが松前城内で年始の参賀をしているところ。

Question p.164 7-②のシャクシャインを中心にアイヌは松前藩と対立して戦ったが，その結果はどのようになったか。

1 寛永期の文化の特色とおもな作品

時代	寛永期(1624〜43)前後
担い手	幕府・朝廷・上層の町衆
特徴	桃山文化を継承した豪華な文化 幕藩体制に順応した文化
学問	〈朱子学〉藤原惺窩・林羅山 2
建築 3 →p.166 1	桂離宮〈数寄屋造〉 日光東照宮〈権現造〉・陽明門 修学院離宮〈数寄屋造〉 清水寺本堂 延暦寺根本中堂 崇福寺大雄宝殿 万福寺大雄宝殿
絵画 →p.167	風神雷神図屏風(俵屋宗達) 大徳寺方丈襖絵(狩野探幽) 夕顔棚納涼図屏風(久隅守景) 彦根屏風
工芸 →p.166 2	舟橋蒔絵硯箱(本阿弥光悦) 色絵花鳥文深鉢(酒井田柿右衛門, 有田 焼〈伊万里焼〉) 赤絵 薩摩焼・萩焼・平戸焼・高取焼・楽焼
文芸	〈仮名草子〉 〈俳諧〉松永貞徳(貞門俳諧)

2 学問(朱子学)

◀姜沆
(1567〜1618)
朝鮮の儒学者。慶長の役で日本軍の捕虜となり, 京都で藤原惺窩と交流し, 朱子学を伝えた。帰国後, 日本の情勢を『看羊録』に著述。

(明石書店『朝鮮通信使』より)→p.154 4

◀藤原惺窩
(1561〜1619)
京都の相国寺の禅僧であったが, 朝鮮儒者姜沆との交流を経て還俗し, 儒学を体系化して, 京学派として独立させた。

◀林羅山(道春,
1583〜1657)
藤原惺窩と論争し, その後, 弟子となった。徳川家康に仕え, 上野忍ヶ岡に学問所を建設。江戸期の朱子学の基礎を築く。

3 建築 3-① 日光東照宮

◀日光東照宮陽明門 日光東照宮は, 1617年, 徳川家康を「東照大権現」としてまつって創建された。1634〜36年に3代家光がその墓所に建てた霊廟。陽明門は1636年にできた入母屋造の三間一層の楼門で, 軒の四方に唐破風をつけ, 「日暮しの門」ともよばれる。門の名は平安京大内裏外郭十二門の東の正門である陽明門に由来する。彫刻の数は500余体にのぼり, 軒下には金や極彩色に彩られた麒麟, 龍などの透彫がほどこされている。

高11.1m 栃木県 国宝 世界遺産

3-② 桂離宮

❖桂離宮 後陽成天皇の弟八条宮智仁親王と子の智忠親王が, 17世紀前半に造営。書院造に茶室建築を加味した, 数寄屋造の建物。池泉回遊式庭園をもつ。京都府

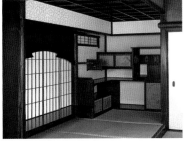

▶桂離宮の一室 新御殿一の間上段の付書院。三畳敷の空間において, 格天井や桂棚(違棚)の直線的な緊張感を, 窓枠の曲線が和らげている。天下三棚の一つ。

権現造
霊廟建築の代表的な様式で, 権現造の名は徳川家康を「東照大権現」と号したことに由来する。日光東照宮は, 本殿の前に拝殿をおき, その間に直角に石の間(合の間)を入れ, エの字形に連結している。きわめて華麗で, 豪華な彫刻や彩色, 金具などで飾られている。

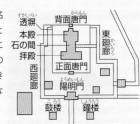

透塀 背面唐門
本殿 東廻廊
石の間
拝殿 正面唐門
西廻廊
陽明門
鼓楼 鐘楼

数寄屋造
茶室風建築のこと。数寄とは, 「好み」や「唐物の珍しいもの」「風流」などを意味し, 茶の湯の代名詞となり, 茶室を数寄屋とよんだ。江戸時代, 身分や格式が重んじられるなかで, 茶室風の軽快な表現を加えた建物が好まれるようになり, 数寄屋造が流行した。

3-③ 修学院離宮

▶修学院離宮 後水尾上皇の設計により, 1659年に造営。比叡山を借景とした雄大な庭園(上・中・下離宮の三離宮)。庭内の建物には数寄屋造が取り入れられている。京都府

Answer シャクシャインの戦いでアイヌは全面的に松前藩に服従させられ, 18世紀前半頃までには, 多くの商場が和人商人の請負となった。

第3部 近世

1 建築

◆崇福寺大雄宝殿 崇福寺は17世紀前半に長崎に建立された，黄檗宗の寺院。1646年に建立された大雄宝殿は，大雄殿ともよばれる。釈迦如来を安置する堂で，入母屋造，本瓦葺きの本殿で，中国風の黄檗宗寺院の建築様式を伝えている。高 約13m 長崎県 国宝

◆万福寺大雄宝殿 隠元が1661年に京都の宇治に開創した黄檗宗の寺院。大雄宝殿は，万福寺の本堂で，黄檗様といわれる，明末清初の建築様式で建造されている。高19.8m 京都府

◆清水寺本堂 清水寺は坂上田村麻呂の創建と伝えるが，本堂は1633年の建造。本堂は内陣と外陣に区画され，急な崖の上に建てられた懸造で舞台がある。屋根は総檜皮葺きの寄棟造で左右に翼廊が突き出る。高：屋根〜床18m，床〜崖下12m 京都府 国宝 世界遺産

◆延暦寺根本中堂 延暦寺の創建時につくられたが，織田信長の焼討ちのあと，1640年，家光によって再建された。瓦棒銅板葺き，入母屋造の屋根。天台宗の本堂の形式を伝える遺構。高24.3m 滋賀県 国宝 世界遺産

2 工芸 2-① 蒔絵

▲舟橋蒔絵硯箱（本阿弥光悦作） 17世紀。蓋が山形に盛り上がり，蓋から身にかけて金地の蒔絵の上に鉛の板を張って橋の形をあらわしている。蓋に『後撰和歌集』の歌を，銀製の文字で貼りつけている。縦24.2cm 横22.9cm 高11.8cm 東京国立博物館蔵 国宝

2-② 陶芸

▷色絵花鳥文深鉢（酒井田柿右衛門様式） 一度焼いた白磁の上に，赤・青・緑などの顔料で絵柄を描き，再び焼き上げる上絵付の技法を用いている。赤が基調色となるので，赤絵とよばれる。口径30.3cm 高21.4cm 東京国立博物館蔵

▷景徳鎮から伊万里へ 諸大名が朝鮮から連れ帰った陶工によって，伊万里焼などの磁器がつくられたが，その作品は中国景徳鎮の磁器を手本としていた。

左：景徳鎮窯 明〜清時代
右：伊万里 江戸時代

高取焼 萩焼 唐津焼 上野焼 平戸焼 有田焼 小代焼 波佐見焼 八代焼 苗代川焼 竜門司焼 堅野焼

◀解説▶ 秀吉の朝鮮侵略で出兵した諸大名が，李参平（肥前へ）や沈当吉（薩摩へ）ら多くの朝鮮人陶工を連行し，各地にお国焼が生まれた。毛利氏では萩焼が，黒田氏では高取焼が，細川氏では上野焼が，松浦氏では平戸焼が，鍋島氏では有田焼が，大村氏では波佐見焼が，島津氏では苗代川焼・竜門司焼・堅野焼などのいわゆる薩摩焼が生まれた。

Question p.166 2-② の深鉢の「赤絵」とは，どのような技法か，答えよう。

1 風神雷神図屏風

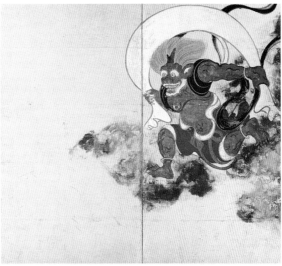

◀**風神雷神図屏風**（俵屋宗達筆） 従来，風神・雷神は仏に仕える神として描かれてきたが，右双には風袋を両手に持つ緑色の風神を，左双には太鼓を打ち鳴らす白い体の雷神を配している。雲は墨や絵の具をにじませて描く，たらしこみの画法を用いており，その装飾性や構成はみごとである。
2曲1双 各縦157cm 横173cm
建仁寺蔵／京都府 国宝

2 大徳寺方丈襖絵

🔺**大徳寺方丈襖絵**（狩野探幽筆） 大徳寺方丈には，狩野探幽が描いた山水など84面の襖絵がある。これは禽鳥図で，漢画の手法を用いた水墨画である。部分 京都府

3 夕顔棚納涼図屏風

🔺**夕顔棚納涼図屏風**（久隅守景筆） 17世紀，夕顔棚の下で夕涼みをしている親子3人を描いた風俗画。作者は狩野探幽の門下だったが，子らの不祥事により，狩野派から距離をおいた。
2曲1隻 縦150.5cm 横167.5cm 東京国立博物館蔵 国宝

4 彦根屏風

🔺**彦根屏風** 彦根藩主井伊家に伝わった屏風。17世紀前半，狩野派の手法で描かれるが，作者は未詳。当時の京の遊里・六条三筋町の様子を描いていると推定される。15人の男女と1匹の犬が登場し，三味線や双六・読書のほか，かぶき者の若衆，たばこ盆・長キセルなど，当時の風俗資料として貴重。6曲1隻 縦94cm 横271cm 彦根城博物館蔵／滋賀県 国宝

`Answer` 一度焼いた白磁の上に，赤・青・緑などの顔料で絵柄を描き，再び焼き上げるという技法である。

168 身分と社会，村と百姓❶

1 身分秩序 1-① 身分制度

支配階級
苗字・帯刀の特権

将軍
旗本 御家人／大名 家臣

天皇
公家
上層の僧侶・神職

被支配階級

村〔百姓〕
＊百姓のなかには，商売や林業・漁業に従事する者も存在

町〔町人〕
＊商人・職人を含む

賤視

〔村や町の周縁における身分集団〕
・僧侶・神職をはじめ修験者，陰陽道などの宗教者
・儒者・医者などの知識人
・人形遣い・役者・講釈師などの芸能者

・かわた（長吏）：死牛馬処理，皮革製造や行刑役
・非人：村や町の番人，芸能・清掃・物乞い
（居住地や衣服・髪型などで区別）

紛らわしき者たち

1691年（元禄4），京都では，刀を帯びた町人ら＝「紛らわしき者」の徘徊が目に付き，京都町奉行は，京都に居住する奉公人が誰の家来か，誰に仕えた浪人か，その調査を命じた。その結果，町奉行が支配の対象とする町人でありながら，一方で公家の家来である者や朝廷に仕える官人を兼ね，刀を帯びる者たちがいることが判明した。その後，京都所司代は，町人に対して，官人としての役を務める時だけ帯刀し，町人としての普段の私用では，帯刀してはならないと命じ，武士身分と町人身分とを兼業する措置をとった。尾脇秀和『近世京都近郊の村と百姓』によれば，江戸時代には様々な身分移動があり，それが広範かつ多数存在した。たとえば，ある時は帯刀した正親町三条家家来の「大島数馬」，またある時は石見上里村の百姓（庄屋）「利左衛門」という2つの名前をその時々で変える者がいた。

1-② 賤民，その他の身分集団

▲囚人の護送 牢屋敷から町奉行所に護送される囚人たちの前後で，彼らを縄でつないで牽引する役目を負ったのが非人らであった。

▶千秋万歳（『職人尽絵』）正月に家々を訪れて，年始の祝福の言葉を囃し立てて舞い，祝儀をもらった芸能者である。

▲虚無僧 禅宗の一派，普化宗の僧で，深い編笠をかぶり，尺八を吹きながら，托鉢をする宗教者として活動した。

2 村の自治
2-① 百姓への統制

村法による村の運営
領主—代官—村方三役〔名主（庄屋・肝煎）・組頭・百姓代〕
水呑／本百姓／隷属農民（名子・被官）
村入用負担

田畑永代売買の禁止令（1643）
土地の兼併・百姓の没落防止のために，土地の売買を禁止

分地制限令（1673・1722・1759）
百姓の没落防止のため，百姓は10石以下（名主は20石以下）に割いての相続を禁止（のちに名主も10石以下に）

田畑勝手作りの禁（1642・43）
五穀以外の商品作物を栽培することを禁止。近年，禁令の存否が問われている。

背景 寛永の大飢饉（1641〜42年）
幕府・諸藩の農政に影響を与えた

解説 幕藩体制は，経済的には百姓の年貢によって支えられていた。このため，幕府は百姓へのさまざまな規制をおこない，五人組制度や寺請制度などによっても，百姓の生活を規制した。

2-② 五人組

代官—本百姓（高持）／水呑（無高）／隷属農民（名子・被官）
村—村役人〔組頭・名主・百姓代〕—五人組・五人組・五人組〈農村・漁村・山村〉

▲河原者の集落（『洛中洛外図屏風』）江戸初期の京都四条河原付近で，死んだ牛の皮をはぎ，解体した牛を運搬する人々の様子が描かれている。

▶用水掘貫（水トンネル）取水口近くの崖の岩盤をくり抜いた。正徳期の段階ですでに8カ所の掘貫があったことがわかり，布施川には木の樋をかけて横断している。

3 新田開発

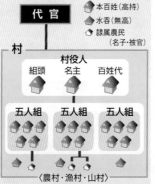
（現在の地図に旧五郎兵衛用水の水路図を書き入れた）

◀解説 五郎兵衛新田 江戸初期の寛永年間に，市川五郎兵衛が中心となり，延長20km以上の用水路を開削し，不毛の原野を五郎兵衛新田村とした（現，長野県佐久市）。

◀つきせぎ箇所 盛り土をした上に水路を通した土樋で，長さ600間（約1km）にものぼる。周囲が五郎兵衛新田である。

Question p.169 3-② の「裏長屋の生活」の絵は，p.190 6-② の「長屋の生活」の図の場合，どこの部分を描いたものと考えられるだろうか。

第3部 近世

詳日 第9章2 p.168～172

1 本百姓の負担

本途物成 （本年貢） ほんとものなり	田畑・屋敷地に課せられる年貢。本途物成とか本年貢・正税ともよばれた。米納が原則だが，畑・屋敷地は現物納・金納（検見法と定免法，初期は四公六民，のちには五公五民の年貢率）
小物成 （雑税） こものなり	小年貢ともよばれた。山林・原野・河海の用益またはその産物を対象に課された租税。農業以外の副業に課せられる雑税で近世前期では米納または現物納であったが，中期以降は金納化していった
国役 くにやく	河川の改修，日光社参や朝鮮使節来日の人馬費用などについて，1国単位に課税
伝馬役 てんまやく	街道の輸送のために課せられた人馬の夫役。人馬不足の際，補助人足を出すよう指定された村々を助郷という
高掛物 （高掛三役） たかがかりもの	伝馬宿入用…五街道の間屋・本陣の給米，宿場入用の費用 六尺給米……江戸城内の六尺（賄方）の給米 蔵前入用……浅草にある幕府米蔵の維持費

🅐解説 幕藩体制下の百姓は，本途物成や小物成など，さまざまな負担を負わねばならなかった。

◀年貢米の納入（『会津農耕春秋図』）中央で米をはかって蔵に納めている様子が描かれ，役人の立会いの下で，年貢納入がおこなわれていることがわかる。

2 百姓の衣食住

🅐結 富山県五箇山の相倉では，現在もなお住民が労働力を提供し合う結により，合掌造の屋根の葺き替えをおこなっている。

🅑農作業（『加賀農耕風俗図絵』）収穫時には，子どもや老人も含め一家総出で農作業をおこなった。百姓らは，茅やわら葺きの粗末な家屋に住み，麦・粟・稗などの雑穀を主食とした。

◀粟・稗 粟・稗は，それぞれ五穀の一つとして，古くから重んじられ，粟は8世紀には栽培が奨励されて，租税として位置づけられている。稗は，悪条件でも生育し，長期間の保存が可能なので，百姓の救荒作物として栽培された。

粟　稗

3 町と町人　3-① 町人への統制

町法による町の運営

町奉行 まちぶぎょう	町役人 まちやくにん	町年寄 町名主 月行事 ちょうとしより まちなぬし がちぎょうじ	町入用・ 町人足役を負担 ちょういりよう ちょうにんそくやく	町人 （地主・家持） じぬし いえもち	地借・ 店借 じがり たながり

◀解説 江戸では，住民の約7割を地借・店借層が占めた。町奉行の支配をうけた，町役人の筆頭である町年寄を中心に，町名主らが各町の家持をたばね，家持らは五人組を組織して，そのなかから選出された月行事が町の政務をつとめた。

3-② 町人の生活

▶裏長屋の生活（式亭三馬『浮世床』）裏長屋の入口の木戸を描いたもの。店借は裏長屋に住み，そこには，行商や日用でその日を暮らす人や，看板をみれば「尺八の指南」「本道外科（内科のこと）」「灸すえ所」など，さまざまな職業の人がいたことがわかる。→p.190 6

3-③ 城下町金沢

武家屋敷
武家下屋敷
足軽屋敷
町屋敷
寺屋敷

北陸街道
尾張町
浅野川
金沢城
香林坊
犀川

🅐解説 城郭とその周囲に武家地や町人地・寺地を設けた都市として建設された。前田家の金沢城の歴史は，前田家が入城した1583（天正11）年に始まった。

Answer 「裏長屋の生活」の絵の中央に，裏長屋の入口の木戸が描かれていることから，「長屋の生活」の木戸の入口を描いていると考えられる。

1 農業　1-① 新田開発

◁千葉県九十九里浜近辺と国絵図に描かれた **椿海**　正保期の下総国絵図には，江戸初期の干拓前の椿海(東西12km，南北6kmの淡水湖)が描かれている。現在の千葉県匝瑳市・旭市など広い地域にわたる椿海が，大規模な干拓によって消えてしまった。

Google Inc.提供

▶詳しくみてみよう！　江戸時代に作られた五郎兵衛用水

1-② 用水路

◁現在の箱根用水
1666年に計画され，江戸町人友野与右衛門の資金で5年がかりで完成。外輪山に約1300mの隧道(トンネル)を掘り，箱根芦ノ湖の水を黄瀬川へ引いた。

3 手工業・鉱山業
3-① 地機

▶地機(『大和耕作絵抄』)　低い腰掛けを用い，足を前方に動かして操作する織機で，農村家内工業として広く普及した。

2 林業・漁業　2-① 林業

▲大材の伐倒(『木曽山材木伐出之図』)　木曽では，鋸ではなく斧が用いられ，根元から1mほどの所に3カ所の穴をあけ，徐々に伐り込んで目的の方向に倒していく伐採法がとられた。

◁杣人(『日本山海名物図会』)　山林のことを杣といい，杣木を切ったり運び出したりする人，きこりを「杣人」と称した。

2-② 鰯漁

▶鰯漁(『飯高家大地曳網掛図絵』)　鰯の群れを2艘の船で囲むように網を投げ入れ，陸の網元(漁業経営者)が網子を使い，地曳網で鰯を陸揚げしている様子。鰯は速効性の高い肥料として，干鰯や〆粕に加工された。→p.174 4

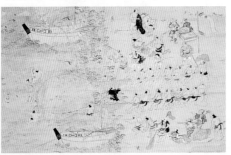

3-② 紙漉

紙漉　ネリを混ぜる

叩解

圧搾

▲紙漉(『製紙勤労之図』)　楮を原料として，蒸して皮をむき，白皮にしてたたいてつぶし，かき混ぜる。そしてネリ(粘着剤)を混ぜて，漉船で紙を漉いていく。漉き上げた紙は，圧搾して水分を取って乾燥させる。

3-③ 鉱山業

▶たたら製鉄(『先大津阿川村山砂鉄洗取之図』)　幕末の長門の精錬の様子を描いたもの。左右の天秤ふいごから中央の製鉄炉に空気を送り込んで砂鉄を熱し，精錬した(「たたら」とは足踏みのふいごを意味する語)。
これは日本独特の技術とされ，中国地方を中心におこなわれた。

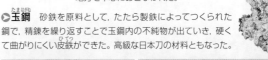

▶玉鋼　砂鉄を原料として，たたら製鉄によってつくられた鋼で，精錬を繰り返すことで玉鋼内の不純物が出ていき，硬くて曲がりにくい皮鉄ができた。高級な日本刀の材料ともなった。

4 商業

◁絵馬末吉船図　摂津国平野の出身である末吉孫左衛門が徳川家康の朱印状を受けて，タイ・フィリピン・安南などに貿易のために渡航した大船。清水寺蔵／京都府

◁佐渡金山(『佐渡金山金掘之図』)　中心は相川鉱山で，16世紀後半には多くの金銀を産出。秀吉は支配下に置き，江戸幕府も佐渡奉行を置いて，開発につとめた。左図は排水，右図は採掘作業の様子。

Question p.171 3 の「由井正雪の乱」は，時の幕府政治のあり方にどのような影響を与えただろうか。

第3部 近世

1 家綱の時代 1-① 家綱政権

補佐役	会津藩主保科正之・大老酒井忠清
課題	由井(比)正雪の乱を機に幕政の転換 ①牢人対策：末期養子の禁止を緩和 ②戦国遺風の廃止 殉死の禁止，大名の人質(証人)の廃止 ③諸法度の整備 諸宗寺院法度，分地制限令
結果	幕政の安定にともない，藩政の安定・領内経済の発展がはかられる

△徳川家綱(1641〜80)
11歳で4代将軍。保科正之らの補佐で，文治政治を推進する。

1-② 家綱政権関係年表

1651 (慶安4)	由井(比)正雪の乱(慶安の変) 3
	大名の末期養子の禁止を緩和
1652 (承応元)	承応事件(戸次庄左衛門らを老中殺害のくわだてにより捕縛)
1657 (明暦3)	明暦の大火(振袖火事) 5
1658	江戸に定火消を設置
1663	武家諸法度を発布＝殉死の禁止 4
1665 (寛文5)	諸大名の人質(証人)の廃止
1673	分地制限令

5 明暦の大火焼失地図

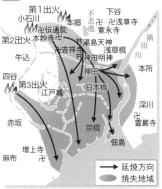

△明暦の大火(『江戸火事図絵巻』) 1657年，本郷丸山の本妙寺から出火し，江戸城を含め江戸の6割が焼失した。死者は5〜10万人。大火後，江戸の都市改造がおこなわれ，広小路や火除地などが設けられた。

2 「かぶき者」のけんか

◁長刀をさし血気にはやるかぶき者(『豊国祭礼図屏風』)
かぶきは，「傾く」「かぶく」に由来し，異形・奇行をさした。江戸では，町人出身の町奴，旗本出身の旗本奴らが，かぶき者がいた。その太刀の鞘には「いきすぎたりや，二三(23歳とは長生きしすぎた)」とある。幕府はこれを取り締まり，弾圧をおこなった。

3 由井(比)正雪の乱 (慶安の変)

江戸初期の牢人の増加
(改易・減封により主家を失う)→p.156

↓

牢人の不満増大
①平和のなか，再度の仕官の道がない
②鎖国により海外進出ができず
③牢人は秩序を乱す者として抑圧

↓

由井正雪の乱 ＝ 牢人による幕府転覆計画
首謀者：兵学者由井正雪
牢人丸橋忠弥ら

↓

露顕して失敗
目的：牢人の救済

↓

幕府の対策 ＝ 大名の末期養子の禁止を緩和

4 殉死 4-① 殉死者の墓 4-② おもな殉死者数

主君	数
島津義久(薩摩)	15
鍋島直茂(佐賀)	12
伊達政宗(仙台)	15
細川忠利(熊本)	19
徳川家光(将軍)	5
鍋島勝茂(佐賀)	26

△家光殉死者の墓(現龍院墓所)
1651年4月，3代将軍家光の死去にともない殉死した，堀田正盛・阿部重次・内田正信ら家臣4名と，さらにその家臣8名の墓が右手奥にある。東京都

解説 江戸時代最初の殉死は，1607年の松平忠吉(家康4男)の死去にともなうものであった。4代将軍家綱は殉死を禁じたが，1668年奥平昌能が没した時に殉死者が出たため，幕府は厳罰で臨んだ。

第3部 近世

6 藩政の刷新

会津藩主 保科正之(1611〜72)

招いた学者 山崎闇斎(朱子学者)
・殉死の禁止などの「家法」15カ条を制定
・漆・蠟などの専売を奨励
・社倉を設立

△会津藩校日新館 1803年，5代藩主松平容頌の時に創立。会津藩初代藩主保科正之は学問を奨励し，藩士の学問所として「講所」をつくり，これが基礎となり，のちの藩校へと発展した。

△水戸藩校弘道館 9代藩主徳川斉昭(→p.204)が設立した水戸藩の藩校で，この地に隣接して，大日本史編纂の拠点となった旧水戸彰考館もある。

岡山藩主 池田光政(1609〜82)

招いた学者 熊沢蕃山(陽明学者)
・治水・新田開発をおこなう
・郷学の閑谷学校を設立→p.194 2

加賀藩主 前田綱紀(1643〜1724)

招いた学者 木下順庵(朱子学者)→p.183 1
・和漢古典の収集・保存・編纂事業をおこなう
・領地を直接支配する，改作法の実施

水戸藩主 徳川光圀(1628〜1700)

招いた学者 朱舜水(明の儒者)
・江戸藩邸に史局(のちの彰考館)を設立
・『大日本史』の編纂を開始→p.184
・紙の専売
(財)水府明徳会 彰考館徳川博物館蔵

1 綱吉の時代 1-① 綱吉政権

側近	前期(1680〜84) 大老堀田正俊	後期(1688〜1709) 側用人柳沢吉保
政策	①学問を奨励：湯島聖堂の建設など ②仏教の保護：護国寺・護持院建立など ③仏教への帰依：生類憐みの令，服忌令 ④財政政策：貨幣の改鋳(元禄金銀)	
結果	①貨幣経済がいっそう発展 ②支出増で，幕府財政が破綻 ③貨幣価値の下落で，物価騰貴	

◁徳川綱吉(1646〜1709) 家光の第4子。館林藩主より5代将軍に就任。学問の奨励や幕政の刷新をおこなった。生類憐みの令を出し，犬公方ともよばれた。

柳沢吉保(1658〜1714) 綱吉の小姓より側用人，大老格へと出世。背景には，堀田正俊暗殺事件を機に，老中部屋が将軍居間と離れ，その間をつなぐ側用人の役割が重くなる事情があった。

1-② 綱吉政権関係年表

1683	武家諸法度(天和令)を発布
1684(貞享元)	服忌令，貞享暦を採用 渋川春海を天文方に登用
1685	最初の生類憐みの令 5
1688	唐人屋敷を長崎郊外に建設(翌年完成)
1687	大嘗会の再興 3
1689	北村季吟を歌学方に登用
1690	湯島聖堂が落成 2
1691	林鳳岡(信篤)を大学頭に登用
1695(元禄8)	勘定吟味役荻原重秀の上申により貨幣改鋳(元禄金銀)をおこなう 7
1702	赤穂事件 4
1705	禁裏御料1万石を献上(計3万石)

2 儒学の奨励

◁湯島聖堂 1690年，徳川綱吉は，江戸上野忍ヶ岡にあった林家の家塾を湯島昌平坂へ移転させ，孔子と高弟をまつる大成殿ほか，付属建物を含めて聖堂を完成。翌年に林鳳岡(信篤)を大学頭に任じた。寛政期(1789〜1801)には幕府管轄の施設となった。

林鳳岡(信篤)(1644〜1732) 家綱から吉宗まで5代の将軍に仕え，とくに綱吉のあつい信任を得て，大学頭に任命される。

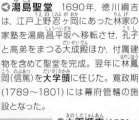

木下順庵(1621〜98) 松永尺五に儒学を学び，加賀藩主前田綱紀に招かれ，のち幕府儒官となって5代将軍綱吉に仕える。

3 大嘗会の再興

▷大嘗会の再興 1687年，東山天皇の即位にともない，大嘗会が221年ぶりに再興された。大嘗宮の中心をなす悠紀殿と主基殿で神事がおこなわれた。

▷石清水八幡宮放生会 石清水八幡宮で復活した「放生大会」の放鳥の様子。仏教儀式としての放生会は，応仁の乱などによる中絶をへて，1679年に再興。このほか，1694年に，京都の下鴨・上賀茂神社の葵祭が復活するなど，朝廷儀式の復興が盛んになった。

4 赤穂事件

△赤穂事件 1701年，江戸城内で赤穂藩主浅野内匠頭長矩が高家吉良上野介義央に斬りつけ，内匠頭は即日切腹，浅野家は改易。翌年，元家老大石良雄ら浅野家旧臣47人が吉良邸に討ち入り，吉良を殺害し，1703年，旧臣47人(実際は46人)は切腹。

5 生類憐みの令

△牛馬犬猫の戸籍帳 綱吉は犬の戸籍をつくらせ，毛色・性別・飼主などを記載させた。

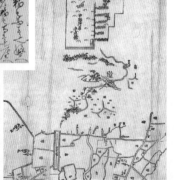

▷中野犬小屋図(「元禄九年江戸図」) 1685年以降，綱吉は生類憐みの令を何度となく出し，江戸の四谷・大久保・中野に犬小屋を設置して，野犬を収容した。1695年に中野に建てられた犬小屋は，25坪ずつの小屋が290棟のほか，子犬の養育所が459カ所あった。

6 服忌令

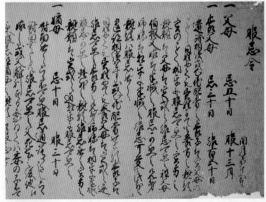

△服忌令 1693年に出された服忌令を写したもの(内藤家文書)。父母が亡くなった場合には忌が50日，服が13カ月と規定されている。忌引の間は門戸を閉ざして酒肴をとらず髪髭を剃らなかった。

7 貨幣政策 7-① 金貨成分の比較

鋳造年	小判の重量 0 1 2 3 4 5(匁)	金含有率
1600 慶長小判		金含有率 84.29%
1695 元禄小判		57.37%
1710 宝永小判		84.29%
1714 正徳小判		84.29%
1716 享保小判		86.79%
1736 元文小判		65.71%
1819 文政小判		56.41%
1837 天保小判		56.77%
1859 安政小判		56.77%
1860 万延小判		56.77%

□金の含有量
1匁=約3.75g

解説 江戸時代の小判 江戸時代に鋳造された小判は10種類。慶長小判を基準にすると，正徳・享保小判以外は，すべて金の含有量が劣る。元禄小判は全体の量は変わらないが，金の含有量を少なくし，差益(出目)を幕府の収入とした。万延小判の重量が極端に少ないのは，開港後の大量の金流出を防ぐため改鋳したことによる。

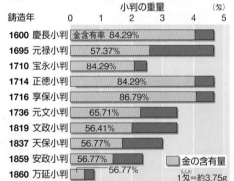

▲慶長小判

▲元禄小判

8 富士山の大噴火

▷富士山宝永噴火口 1707年11月，富士山が突如大噴火し，登山口の須走村では一村が全滅する被害をうけた。周辺の村々に30cmの火山灰が降り，灰は武蔵・相模から駿河にまでおよんだ。

Question p.172 7のグラフのように，元禄小判は金の含有量を減らして発行されたが，これは経済にどのような影響をもたらしただろうか。

1 正徳の政治 1-① 家宣・家継の時代

将軍	6代家宣(1709〜12)	7代家継(1713〜16)
補佐	将軍侍講 新井白石	
	側用人 間部詮房	

1709 (宝永6)	新井白石を登用する
	生類憐みの令を廃止する
	家宣，6代将軍に就任
	柳沢吉保，隠居する
	白石，シドッチを尋問し，西洋事情を聞く 1-③
1710 (宝永7)	武家諸法度を改定する
	閑院宮家を創設する 2
	貨幣改鋳(宝永金銀を発行)
1711 (正徳元)	朝鮮通信使の待遇を簡素化 4
	将軍の称号を「日本国王」とする
1712 (正徳2)	江戸に大名火消を設置
	勘定吟味役を再置する
	荻原重秀を罷免する
	家宣，死去
1713 (正徳3)	家継，7代将軍に就任
	分地制限令を改定
1714 (正徳4)	絵島・生島事件
	貨幣改鋳(正徳金銀を発行)
1715 (正徳5)	海舶互市新例(長崎新令) 5
1716 (享保元)	家継，死去
	徳川吉宗，間部詮房・新井白石らを罷免

▲徳川家宣
(1662〜1712)
新井白石を登用。将軍職3年余りで死去した。

▲徳川家継
(1709〜16)
満3歳で将軍職を継ぐ。

1-② 新井白石と正徳の政治

政策内容	幕政の刷新
	①生類憐みの令の廃止
	②荻原重秀の罷免
	朝幕関係の融和：閑院宮家の創設
	儀礼の整備
	①儀式・服制・官位の整備
	②朝鮮通信使の待遇を簡素化する
	③国書に使用する「日本国大君」号を「日本国王」号に復す
	経済政策
	①貨幣改鋳：正徳金銀＝良質の貨幣を発行
	②海舶互市新例(長崎新令)
	目的：金銀の海外流出を防止
	内容：貿易額を制限
	清船は30隻，銀高6000貫まで
	蘭船は2隻，銀高3000貫まで
結果	儒教に基づく理想主義的政策が，現実と食い違い，かえって政治を混乱させた

▲新井白石
(1657〜1725) 木下順庵門下の儒者。徳川綱豊に仕え，綱豊が将軍家宣となると，幕政に参与。

1-③ 白石とシドッチ

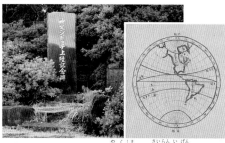

▲◀シドッチ上陸記念碑(屋久島)と『采覧異言』 1708年，イタリア人宣教師シドッチは，侍姿に変装して屋久島に上陸したが，捕らえられて江戸に護送，白石が直接尋問をした。その後，白石はそこで得た西洋の知識をもとに，『西洋紀聞』『采覧異言』を著した。シドッチは，切支丹屋敷に幽閉され，1714年に衰弱死した。

折たく柴の記

白石の自叙伝(3巻)で1716年起筆。白石はこの書のなかで，幕府創業以来の100年間に，長崎貿易で海外に流出した金が4分の1(約730万両)，銀が4分の3(約120万貫)，銅が約22億3000万斤にのぼり，このまま放置すれば100年もたたないうちに，わが国の金銀はつき果てるであろうと述べている。白石はこの解決策として，海舶互市新例の実施に踏み切ったのである。

2 閑院宮家の創設 2-① 閑院宮家系図

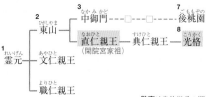

数字は皇位継承の順

A解説 閑院宮家 1710年，3宮家(伏見宮・桂宮・有栖川宮)以外に閑院宮家が創設された。光格天皇の父典仁親王の尊号宣下をめぐり，寛政期に尊号一件が起きた。→p.199 3

▶閑院宮直仁親王
(1703〜53) 東山天皇第6皇子で，中御門天皇の弟。新井白石の献策を機に創設され，幕府は家領として千石を献じた。

▶閑院宮邸 京都御苑西南角に位置し，江戸時代から続いた閑院宮家の屋敷である。宮家が1877年に東京に移るまで，使用されていた。

3 衣服制度の整備

▲江戸城内での装束 前列左から2人目の武士が着ているものが直垂(三位以上)で，一番右が狩衣(四位)，直垂を着ている者の右が大紋(五位)である。官位に応じた装束が規定され，家格が一目で判別できるようになっていた。

4 朝鮮通信使の待遇簡素化

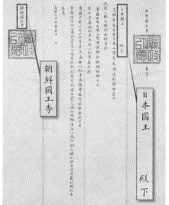

▲朝鮮国王の国書 1607年の朝鮮国王から将軍宛の国書。1711年，白石の献策で，朝鮮国王の国書には「日本国大君」号ではなく「日本国王」号(右から2行目)が用いられた。また，白石は朝鮮通信使の経費を削減する待遇簡素化を図った。吉宗以降は，再びもとの「大君」号に戻った。

5 海舶互市新例

①清船1年間の船数は30隻，銀高6000貫 うち銅300万斤を渡す
蘭船1年間の船数は2隻，銀高3000貫 うち銅150万斤を渡す
②清船は8発航地別に隻数・積荷高を決定

発航地	隻数	1隻の積荷銀高
ナンキン 南京船	10隻	190貫
ニンポー 寧波船	11隻	190貫
アモイ 厦門船	2隻	220貫
台湾船	2隻	130貫
カントン 広東船	2隻	270貫
広南船(フェホォ付近)	1隻	170貫
シャム 暹羅船	1隻	300貫
カラパ 咬𠺕吧(バタビア)	1隻	300貫

③清船に対し信牌(貿易許可証)制を実施
④従来の商人の相対入札ではなく，長崎会所(長崎貿易の統制機関)が値をつけ，すべて買い取ることとなる

(吉川弘文館『国史大辞典』による)

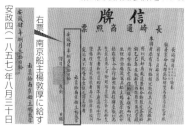

▲信牌 長崎に入港する唐船の数を制限するために，1715年から船頭に渡された貿易許可証。

Answer 品位を低下させた小判が発行され，かつ通貨量が増大されたことで，インフレーションが引き起こされた。

第3部 近世

1 農業の発達

土木技術による大開発の発達による大開発の時代	①治水・灌漑技術の進歩 　箱根用水(17世紀後半) 　見沼代用水(18世紀前半) ②新田開発 2 　村請新田・代官見立新田 　町人請負新田など
農業技術の進歩	①農具の改良 3 　耕作具：備中鍬　調整具：唐箕・千石簁 　脱穀具：千歯扱　揚水具：踏車・竜骨車 ②金肥の利用：干鰯・油粕・〆粕 4 ③農書の普及 5 　『清良記』→宮崎安貞『農業全書』 　大蔵永常『広益国産考』『農具便利論』
商品作物の発達	①四木：桑・漆・茶・楮→p.175 1 ②三草：紅花・藍・麻→p.175 2 ③その他：木綿・菜種・たばこなど→p.175 3

2 新田開発

2-① 田畑面積の増加

(万町歩)

慶長年間(1596～1615)	享保年間(1716～36)	明治7年(1874)
163.5	297	305

(小学館『一目でわかる江戸時代』による)

2-② 石高の増加

(万石)

慶長3年(1598)	元禄10年(1697)	天保5年(1834)	明治6年(1873)
1851	2588	3056	3201

(小学館『一目でわかる江戸時代』による)

◀解説▶
幕府や諸藩による治水工事や新田開発を経て、田畑面積は戦国時代末から江戸中期にかけて激増した。石高は、農具などの技術の発展にともない、江戸時代を通じて増加を続けた。また、新しい栽培技術や農業知識を説く農書が数多く著された。

2-③ 全国の新田開発と類型

19世紀前半(天保)の石高の増加率(約130年前〈元禄〉比)

| 増加せず | 10%未満 | 10～19% |
| 20～29% | 30～39% | 40%以上　白は不明 |

村請新田	一村または数村が新田開発を申請
町人請負新田	町人が開発を請け負った新田。開発後は新田地主
代官見立新田	幕府代官が適地を見立てて、開発させた新田

(菊地利夫『新田開発』、川村博忠『国絵図』などによる)

町人請負　紫雲寺潟新田(享保期の開発)日本最大級の新田開発

町人請負　椿新田(寛文期の開発)椿海の干拓による新田開発。幕府も協力 →p.170 1

越後／武蔵／下総

見沼代用水(1728) →p.189 1

箱根用水(1666～70) →p.170 1-3

村請　武蔵野新田(享保期の開発)武蔵野台地の新田開発 →p.189 1

町人請負　鴻池新田(宝永期の開発)豪商鴻池家が開発

摂津／河内

町人請負　川口新田(江戸初期～幕末)淀川下流の新田の総称

3 農具

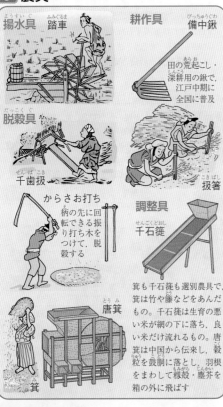

揚水具　踏車／耕作具　備中鍬／脱穀具　千歯扱／からさお打ち　柄の先に回転できる振り打ち木をつけて、脱穀する／扱箸／調整具　千石簁／唐箕／箕

備中鍬　田の荒起こし・深耕用の鍬で、江戸中期に全国に普及

箕も千石簁も選別農具で、箕は竹や藤などをあんだもの。千石簁は生育の悪い米が網の下に落ち、良い米だけ流れるもの。唐箕は中国から伝来し、穀粒を鼓胴に落とし、羽根をまわして籾殻・塵芥を箱の外に飛ばす

4 肥料(金肥)

4-① 干鰯

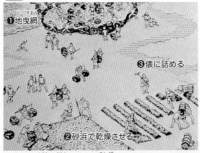

❶地曳網　❸俵に詰める　❷砂浜で乾燥させる

⚫干鰯　鰯や鰊などを、天日で乾燥させた金肥(購入肥料)。

4-② 〆粕

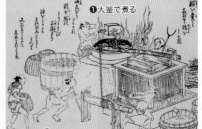

❶大釜で煮る　❷簾の器に入れ油をしぼる

⚫〆粕(『農稼肥培論』)　鰯や鰊などの魚を煮て、油をしぼり取った残り粕(金肥)。

4-③ 油粕

⚫菜種　⚫油粕　菜種・大豆・荏胡麻などから、油をしぼりとったあとの粕。家畜の飼料や商品作物の肥料として利用された。

5 農書

▶『農業全書』(宮崎安貞著、1697年)江戸中期の農書。左図は扱箸を、右図は籾すりとからさお打ちを使用している様子。

▶『広益国産考』(大蔵永常著、1844年脱稿)農書。左図は製茶、右図はぶどう棚の様子。

Question p.174 2-① と 2-② のグラフから、田畑面積と石高の増加がどのように変化したかを読み取ってみよう。

第3部 近世

1 商品作物(四木)

▲桑 クワ科の植物。葉を蚕の飼料に用いる。8世紀頃には、養蚕・栽桑技術が伝わる。

1-① 桑

▲蚕(左)と繭(右) 蚕は4回の脱皮後、繭をつくりその中で蛹になる。この繭を煮て、5〜7本の糸をあわせて、1本に紡いで生糸をつくる。1粒の繭の糸の長さは、1200〜1500mほどで、この9割が生糸となる。

1-② 漆

◀漆 ウルシ科の落葉高木。実は乾燥させて絞り、蠟を精製する。また、漆の樹皮に傷をつけて樹液を採取し、塗料として使う。漆は接着性・防腐性・防水性に優れ、美しいつやがある。

1-③ 茶

◀茶 ツバキ科。摘んだ葉を蒸し、冷ましてから手もみし、遠火で焙じて乾燥させる。

1-④ 楮

▲楮 クワ科。樹皮の繊維を利用して、和紙の原料とする。枝を蒸して皮をむき、表面をけずる。

▲和紙の製作工程 灰汁で煮た樹皮をたたいてほぐし、これを水洗いして簀桁などで漉き、乾かすと和紙になる。

2 商品作物(三草)

2-① 麻

◀麻 アサ科。煮て干し、茎の皮から繊維をとり、乾燥させて糸をつくり、麻布を織った。越後縮・奈良晒・近江麻などの高級麻布製品は有名。衣料のほか、網・綱・蚊帳などの原料にもなった。右は麻布を織る様子。

2-② 藍

◀藍 タデ科。葉や茎から染料をとる。葉を刈りとって発酵させ、臼で搗いて餅状に固めた、藍玉をつくる。紺屋は藍玉を甕に入れて衣料を染めた(写真右)。阿波藍が有名。

3 その他の商品作物

3-① 綿

◀綿 アオイ科。綿と実をわけ、繰り綿を紡車にかけて紡ぎ、その綿糸で機織り(写真右)をした。15世紀に朝鮮より伝わり、戦国時代以降、庶民の衣類の原料として需要が高まった。尾張・三河・河内などで盛んに栽培。

2-③ 紅花

◀紅花 キク科。花の色素を染料や口紅などに用い、種子からは油をとった。花弁に水を加えてよく叩き、丸めて乾燥させ、紅餅(写真右)にして出荷した。最上紅花は有名。

3-② 油菜

◀油菜 種子から油をとった。種子を乾燥させ、蒸してから菜種油(水油)をしぼりとった。江戸時代の灯火用の油原料として、需要が高まった。しぼった油粕は、肥料となった。畿内がおもな産地。

3-③ たばこ

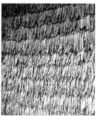

◀たばこ ナス科。葉を乾かして発酵させ(写真右)、干してきざんで喫煙用とした。水府(常陸)や国分(大隅)がおもな産地。

3-④ 藺草

◀畳表の天日干し 藺草を水田で栽培し、1.5mほどに成長したあとに、加工。三角形の太い茎は裂いて、畳表の原料となる。畳表は書院造の成立にともなって広まり、江戸時代初期からは需要が拡大。備後表は有名。

◀藺草 イグサ科の多年草。茎が畳表の原料となる。髄は灯心としても利用。

3-⑤ 甘蔗

▲甘蔗(さとうきび) イネ科の大型多年草。茎の内部の液汁には、しょ糖(甘味成分)が含まれ、砂糖を製造する原料となる。

◀さとうきびしぼり さとうきびの茎をろくろにはさみ、人または牛が回して、液汁をしぼる。集めた汁に石灰を混ぜ、それを煮つめて砂糖をつくる。琉球・奄美大島の黒糖、讃岐・阿波の白糖が有名。

第3部 近世

1 江戸時代の手工業

織物	絹	西陣織（京都），桐生織（上野），伊勢崎絹（上野）足利絹（下野），米沢織，仙台織（平），丹後縮緬，上田紬（信濃），結城紬（下総），博多織
	木綿	小倉織，久留米絣，有松絞（尾張），尾張木綿，河内木綿，真岡晒（下野）
	麻	小千谷縮，奈良晒，越後縮，近江麻，薩摩上布

2 全国の手工業

陶磁器・漆器	陶器	京焼，清水焼，瀬戸焼，備前焼
	磁器	有田焼（肥前），九谷焼（加賀）
	漆器	南部塗・会津塗・輪島塗・春慶塗（飛驒）
製紙	日用紙	美濃，土佐，駿河，石見，伊予
	高級紙	鳥の子紙・奉書紙（越前），檀紙（讃岐），杉原紙（播磨），美濃紙
醸造	酒	伏見（京都），池田・伊丹・灘（摂津）
	醤油	野田・銚子（下総），竜野（播磨）

鉱物
農作物・食品
商品物

3 漁業　3-① 捕鯨

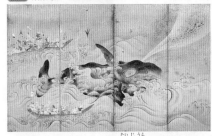

△捕鯨（『捕鯨図屏風』）　紀州太地浦の捕鯨図で，このほか土佐・肥前・長門などで，銛や網を用いて捕鯨がおこなわれた。食肉以外にも，鯨からは灯明や稲の殺虫剤などに使用する鯨油がとれた。

3-② 俵物

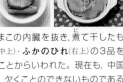

△俵物　いりこ（なまこの内臓を抜き，煮て干したもの，左上）・干し鮑（中上）・ふかのひれ（右上）の3品を，俵につめて輸送したことからいわれた。現在も，中国料理の食材としては，欠くことのできないものである。17世紀末頃からは，対中国貿易のおもな輸出品となり，田沼意次は長崎俵物役所を組織させて，貿易振興をはかった。

4 製塩業

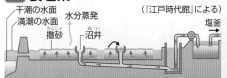

干潮の水面
満潮の水面
撒砂
沼井
水分蒸発
塩釜
塩→

（『江戸時代館』による）

△解説　入浜塩田の構造　堤防を築いてつくられた塩田の溝に海水を導き，地表にまいた細かな砂に海水を浸透させる。そして，日光や風にさらして水分を蒸発させ，塩分のついた砂を沼井に入れて，濃厚な塩水を得る。そこから，塩釜で結晶させて塩をつくる。

▷播州赤穂の入浜塩田（『西国名所之内赤穂千軒塩屋』）　海水をくんで浜にまく揚浜塩田とは違い，人手を使わずに，潮の干満の差を利用する播州赤穂の**入浜塩田**の様子である。赤穂事件の背景には，塩田の技術をめぐり，吉良氏との対立があったとする説もある。

（地図）

有田（伊万里）焼

松浦鉄道
伊万里湾
上伊万里
肥前
長野
伊万里
JR筑肥線
佐賀県
松浦鉄道
小峰窯跡
李参平墓
泉山（磁石場）
柿右衛門窯跡
JR佐世保線
有田
上有田
百間窯跡
長崎県

（全国地図　地名表記）
昆布
鮭
鰊
馬
秋田杉
盛岡
南部鉄瓶
阿仁銅山
出羽
馬　釜石鉄山
院内銀山
米
最上紅花
仙台織（平）
佐渡金山　米沢織　仙台
佐渡銀山　米沢　米
越後　会津塗
輪島塗　会津　陸奥
能登　越後縮　下野
加賀友禅　越中　大谷石
加賀　九谷焼　上野　足尾銅山
京焼　越前　飛驒　上田細　足利絹　常陸
西陣織　加賀　春慶塗　木曽檜　桐生絹　結城紬
友禅染　越前紙　信濃　武蔵　秩父絹
宇治茶　丹後縮緬　美濃紙　甲州ぶどう　浅草海苔
丹波　宮津　尾張　三河　相模
砂鉄　牛　近江　名古屋焼　茶　伊豆金山
石見銀山　伯耆　生野銀山　丹後　瀬戸焼　伊豆
石見　出雲　美作　播磨　京都　伊勢　↓八丈島 八丈絹
半紙　安芸表　備前　姫路　淡路　有松木綿
鯨　備後　赤穂塩　灘酒　醤油
長門萩焼　広島　塩　和歌山 吉野杉　鰯
対馬　岩国　塩　徳島　紀州みかん
鯨　博多織　福岡　小倉織　松坂木綿
有田焼　久留米絣　別子銅山　奈良墨
肥前　久留米　伊予絣　高知　三輪素麺
肥後　土佐節　鰹
日向　鹿児島　国分たばこ
薩摩上布　大隅
薩摩

6 陶磁器

▷色絵唐人物文大壺（柿右衛門様式）　秀吉の朝鮮侵略で出兵した肥前の鍋島氏は，朝鮮から日本へ朝鮮人陶工らを連行し，その陶工らが有田における磁器製造を始めた。有田で生産された磁器の主な積み出し港が伊万里であったことから，消費地では「伊万里焼」とよばれた。東京国立博物館蔵／東京都

5 織物　5-① 高機

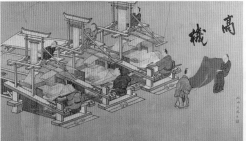

高機

△高機の図　高機とは，高級絹織物を織る織機のこと。織手が踏木を踏んで，緯糸を通すために経糸を開く綜絖という器具を，上げ下げして織る。

5-② 金襴・緞子

△金襴　金襴は金の平箔あるいは金糸で文様を織り出したもので，西陣で初めて織り出されたといわれる。緞子は繻子地のやや厚めのものをいう。

7 醸造業

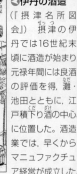

△もろみ仕込みの様子

▷伊丹の酒造（『摂津名所図会』）　摂津の伊丹では16世紀末頃に酒造が始まり，元禄年間には良酒の評価を得，灘・池田とともに，江戸積下り酒の中心に位置した。酒造業では，早くからマニュファクチュア経営が成立した。

Question p.177 ② の地図を参考にして，西廻り海運が酒田からどのような地域を通って江戸に至ったかを確認しよう。

第3部 近世

1 陸上交通

1-① 陸上交通の特徴

五街道→道中奉行の支配

①東海道（53宿）品川－大津	
②中山道（67宿）板橋－守山	
③甲州道中（45宿）内藤新宿－上諏訪	
④日光道中（21宿）千住－鉢石	
⑤奥州道中（10宿）白沢－白河	

脇街道（脇往還）

施設	宿駅・一里塚・渡船場など
通信	継飛脚・大名飛脚・町飛脚
宿場	本陣・脇本陣・旅籠屋

1-② 東海道と中山道

↑…関所

1-③ 一里塚

▲一里塚（静岡県三島市）　1里（約4km）ごとに，街道に設けられた路程標。江戸日本橋を起点に，1里ごとに塚を築き，榎や松などを植えた。

1-④ 箱根関所

▲箱根関所（復元）　東海道の重要な関所で，1618年頃に設置。治安維持が目的で，江戸防衛上，とくに「入鉄砲に出女」を厳しく取り締まった。

1-⑤ 問屋場

▲問屋場（歌川広重筆『東海道五十三次』藤枝）　各宿にある公営の人馬貨物を継ぎ替える施設で，問屋が年寄・帳付・馬指などを管理をした。東京国立博物館蔵

1-⑥ 本陣

▲本陣（歌川広重筆『東海道五十三次』関）　大名らが本陣を出立する様子を描いたもの。本陣は宿駅で大名や公家，幕府役人の宿泊所である。東京国立博物館蔵

1-⑦ 旅籠

▲旅籠屋（『木曽街道六十九次』贄川）　旅籠屋は宿場で一般庶民が用いる宿。薪代を払い自炊する木賃宿から，寝食を整えた旅館形式にかわった。

1-⑧ 継飛脚

▶継飛脚（『富士百撰』暁ノ不二）　幕府公用の飛脚で，各宿場で人馬を継ぎ替える。1590年，家康の関東入府より設置。

▲品川宿宿並模型　東海道第一番目の宿である品川宿は，1601年に設けられ，輸送用の馬と人足を常備し，1843年の調査で6890人の人口をかかえた。品川歴史館／東京都

2 水上交通

2-① 水上交通の特徴

河川	富士川・高瀬川・天竜川 →角倉了以による開削
海上	南海路（江戸－大坂） →菱垣廻船・樽廻船が運航
	東廻り（陸奥－江戸） 西廻り（出羽－大坂・江戸） →河村瑞賢により整備

凡例

━ 五街道	─ 脇街道
❶ 日光道中	Ⓐ 水戸街道
❷ 奥州道中	Ⓑ 北国街道
❸ 甲州道中	Ⓒ 北国路
❹ 中山道	Ⓓ 伊勢街道
❺ 東海道	Ⓔ 山陰街道
	Ⓕ 中国街道
	Ⓖ 長崎街道

── その他の道路
── 海上航路　←→ 関所
○ おもな城下町
● その他の要地

▲北前船　蝦夷地や東北の物資を，西廻りで上方に輸送した船。

2-② 水上と陸上の比較

	水上	陸上	米の損失	計
西廻り海運				
越後〜大坂	19石		0石	19石
陸上と水上				
越後〜敦賀	6石	3.92石		
敦賀〜海津		5.36石	4.8石	22.38石
海津〜大津	2.30石			

（「週刊朝日百科　日本の歴史」7による）

▲解説　越後から畿内への米100石当たりの輸送費は，表のように3石3斗8升の差（銀約180匁）となった。

▲工事を指導する角倉了以（『瑞泉寺縁起』）

京都の豪商角倉了以（1554〜1614，中央の僧形の人物）は，医業から土倉などを営む家に生まれ，この経済力を背景に，国内の河川交通の開発にも力を入れた。

▶解説　大坂・江戸間の回漕船には，両舷に菱組の格子を組んだ菱垣廻船や，酒樽を積み荷とした樽廻船があった。

▲樽廻船　　▲菱垣廻船

第3部 近世

1 貨幣

銭貨の単位
貫・文

寛永通宝（表）
一文（寛永）

寛永通宝（裏）
四文（明和）

豆板銀（小粒）

小判（慶長）
一分金（慶長）

丁銀

一分銀
南鐐弐朱銀
一朱銀

金貨の単位
両・分・朱

銀貨の単位
貫・匁・分・厘・毛

▶藩札（和歌山藩の1匁）藩内や旗本領内で通用・発行された紙幣である。

1-① 貨幣の交換率

金1両＝4分	1分＝4朱
銀1貫＝1000匁（1匁≒3.75g）	
銭1貫＝1000文	
金1両＝銀50匁＝銭4貫	

▶解説 幕府は，金座・銀座・銭座で三貨を鋳造して流通させた。小判や寛永通宝などの銭貨は計数貨幣であったのに対し，丁銀・豆板銀などの銀貨は秤量貨幣であった。交換比率は1609年に金1両＝銀50匁＝銭4貫文と公定，1700年に金1両＝銀60匁と改められたが，実際は時期により変動した。

3 商業の展開 **3-①** 商品流通の仕組み

物資流通図

大坂 — 藩 — 江戸

▶解説 大名の蔵米・蔵物は，大坂などの蔵屋敷に送られ，蔵元・掛屋により売却・輸送された。幕府は問屋の株仲間を公認して，この流れを統制した。

（銀本位制 貫・匁）
（金本位制 両・分・朱）
← 物資
← 貨幣

3-② 大坂の二十四組問屋（二十四組江戸積問屋仲間）

塗物店組	江戸組毛綿仕入積問屋	安永四番組
内店組	乾物店組	安永五番組
通町組	瀬戸物店組	安永六番組
薬種店組	明神講	安永七番組
鉄釘積問屋	紙店一番組	安永八番組
綿買次積問屋	紙店二番組	安永九番組
	油問屋	

▶解説 江戸問屋の十組に対応し，当初は大坂でも十組で結成された。その後，仲間は拡大していき，1784（天明4）年，二十四組江戸積問屋仲間として公認された。

3-③ 江戸の十組問屋（菱垣廻船積問屋仲間）

▼解説 菱垣廻船での下り物を扱う問屋が海難などに対処するため，1694（元禄7）年，荷受問屋の仲間として商品別に十組が結成した。

塗物店など組	綿店組
内店組	表店組
通町組	河岸組
薬種店組	紙店組
釘店組	酒店組

2 金融
2-① 両替商

本両替（金銀交換・預金・貸付・為替など）

大坂 ←→ 江戸

銀遣い

三都の三井
大坂の天王寺屋・平野屋・鴻池屋
江戸の三谷・鹿島屋など

金遣い

銭両替（金銀と銭を交換）

銭は全国で流通

▶解説 江戸期の経済は，大坂・京を中心とする西日本が銀遣い，江戸を中心とする東日本が金遣いという異なった貨幣体系を持っていた。その間には両替商の介在が不可欠であり，金・銀の交換相場が立った。幕府はこの交換相場を操作して，経済政策をおこなっていた。

▲両替商の看板　金・銀・銭三貨の交換から，公金出納や預金・貸付・為替なども扱った。

2-② 三井越後屋

▶越後屋の店内（『浮絵駿河町呉服屋図』）越後屋は，三井高利が1673年に江戸に開いた呉服屋。従来の呉服商が「屋敷売（訪問販売）」で「かけ売り（付け）」が当たり前であった当時，「現金かけ値なし（現金払いとする）」や「店前売（たなさきうり）」「正札売（定価売）」といった薄利多売の新商法により，財をなした。

詳しくみてみよう！
越後屋呉服店

4 問屋制家内工業

◀問屋制家内工業（『河内名所図会』）木綿を織っている農家の庭先で，商人が値段交渉をしている様子を描いている。問屋が資金などを貸与し，商品を買い取る方式が進んだ。

▼日本橋魚市場（「日本橋魚市繁栄図」）多くの舟からつぎつぎと魚が陸揚げされ，早朝の魚市場で仕入れを終えた棒手振たちは，それを天秤棒でかついで売りにいった。神奈川県立歴史博物館蔵

5 卸売市場

◀天満の青物市場（『摂津名所図会』）大坂の野菜・果実の市場で，江戸の神田青物市場と並び称された。1653年に幕府から公認された。

Question p.178 **2-②** の三井越後屋の図にみられる情報から，当時の三井の商法にどのような工夫があったかを答えよう。

本書参照頁 p.155, 172, 178

1 江戸関連略年表

1590	徳川家康，江戸に入府
1600	家康，金座で小判を鋳造させる
1603	家康，征夷大将軍に任じられる
1604	日本橋を起点に諸街道の整備が始まる
1612	銀座を駿府より江戸へ移す
1635	参勤交代制が定められる
1636	寛永通宝の鋳造を開始
1654	玉川上水の完成
1657	明暦の大火(振袖火事)→p.171 5
1673	三井高利，本町で呉服店を開店
1682	八百屋お七の火事
1685	生類憐みの令が出る(～1709)
1690	湯島聖堂を建設
1694	十組問屋が結成される→p.178 3
1701	浅野内匠頭が城中で刃傷におよぶ
1707	富士山噴火。江戸にも降灰
1717	大岡忠相，町奉行に任じられる
1718	町火消が設置される→p.189 4
1719	相対済し令が出る
1721	目安箱が設置される
1722	小石川養生所が設置される
1783	浅間山噴火。江戸にも降灰
1787	打ちこわしが起こる
1789	棄捐令が出る
1790	人足寄場が設置される
1793	和学講談所が設置される
1818	御府内を示す朱引図を作成
1841	株仲間が解散される
1853	ペリーが浦賀へ来航する
1856	蕃書調所が設置される
	築地に講武所が設置される
1860	桜田門外の変
1866	打ちこわしが起こる
1867	大政奉還
1868 (明治元)	官軍に江戸城を明け渡す
	上野戦争，江戸を東京と改称

2 江戸の建設

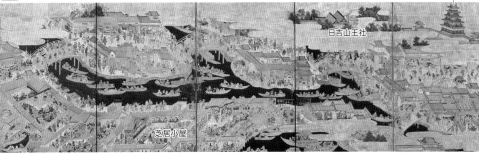

1623年，秀忠のもとで再建された江戸城天守

日吉山王社

芝居小屋

△**建設期の江戸**(『江戸名所図屏風』) 江戸は，1590年に徳川家康が入府して拡張工事をおこない，城下町へと発展していった。出光美術館／東京都

3 江戸の町 3-① 江戸市街図

■ 幕府関係機関
● 大名屋敷
回 江戸の4宿
● 現代の駅

武家地
町人地 いずれも
寺社地 19世紀中頃

▷**四ッ谷内藤新宿**
(『名所江戸百景』)

▷**千住**
(『名所江戸百景』)

◁**解説**
江戸城を中心に武家地(70%)が周辺を取り囲み，その外側の街道沿いには寺社地(15%)が郊外にまで広がり，町人地(15%)は隅田川などに沿って日本橋・新橋へと広がった。江戸の**日本橋**は五街道の起点となり，四宿とよばれた品川・千住・板橋・内藤新宿の内側がおおむね江戸の範囲であった。

△**目黒新富士**
(『名所江戸百景』)

△**町奉行所の管轄地域**
(『江戸朱引内図』)墨引(黒線)内が町奉行所の管轄内であったが，江戸はしだいに拡大し，朱引(朱線)内が「御府内」とされた。1818年の作成。東京都公文書館蔵

4 江戸の藩邸

△**江戸の藩邸**(『江戸図屏風』) 江戸城の北側には，尾張家や水戸家・紀伊家の，いわゆる徳川三家が豪壮な屋敷を構えていた。全国の大名は江戸に屋敷地を与えられ，大名屋敷を営んだが，各藩邸の門は大名の家格を示すものであった。国立歴史民俗博物館蔵

5 江戸の町人の人口構成

▽**解説**
18世紀前半，江戸は男性が多い町で，幕末になり男女ほぼ同数となった。19世紀前半，江戸町人の約4分の1が地方出身者で，その生業は奉公人や日雇いが多かった。(江戸東京博物館『大江戸八百八町』による)

男女別の比率

1721年
計50万1394人
女 178,109人 35.5%
男 323,285人 64.5%

→

1832年
計54万5623人
女 248,087人 45.5%
男 297,536人 54.5%

出身地別の比率

1832年
計54万5623人
江戸以外 130,849人 24.0%
江戸 414,774人 76.0%

地方出身者の生業比率
1843年，越後国西蒲原郡竹町村組船戸村村11カ村から江戸へきた人の生業

1843年 39人

町方奉公 男6人 女4人
日雇い 男6人 女1人
武家奉公 男2人
大工 男2人
医師修業 男3人
縁組み 男3人
不明 男9人 女3人
男31人 女8人

Answer 柱に「現金かけねなし」と記されているように，当時「付け」払いが基本であったが，現金売り，店先売りの薄利多売の商法を用いた。

第3部 近世

1 大坂関連略年表

1583	羽柴秀吉, 大坂城の築城開始
1588	大坂城, ほぼ完成
1614	大坂冬の陣→p.155 5
1615	大坂夏の陣
1619	大坂町奉行・大坂代をおく
1631	大坂の商人, 糸割符仲間に加入
1665	大坂城天守閣, 落雷で焼失
1697	堂島に米市場が移る
1730	堂島米市場が公認される
1783	米価高騰, 打ちこわしが起こる
1784 (天明4)	二十四組問屋, 仲間の名称で, 株仲間公認→p.178 3
1787	天明の打ちこわし
1837	大塩の乱→p.202 6
1843	幕府, 上知令を実施できず失敗
1866	大規模な打ちこわしが起こる
1868 (明治元)	大坂城炎上。大久保利通が大坂遷都を提議する
1931 (昭和6)	大阪市が天守閣を再建する

2 大坂の町 2-① 大坂市街図

🅐蛸石 大坂城本丸の正面入口にある城内最大の巨石。備前岡山の大名の池田忠雄が築造。

🅐現在の大阪城 1931年, 大阪市は天守閣を再建し, 大阪城公園とした。

▷現在の道頓堀 梅田を中心とした「キタ」に対して, 大阪ミナミにある「食いだおれの街」として有名。

堂島米市場 →p.189

◁大坂の町(『大坂市街図屛風』) 大坂の陣で焼失した大坂の町は, 庶民の力で再建され, 京町堀や長堀など大規模な運河も建設された。個人蔵

◁安治川河口の賑わい(『菱垣新綿番船川口出帆之図』) 手前に樽廻船, 向こう岸に菱垣廻船の蔵が建ち並ぶ。

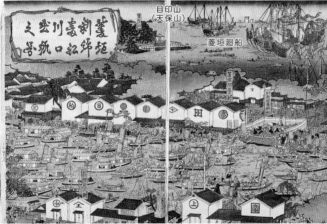

目印山 (天保山)

菱垣廻船

3 蔵屋敷の運営

蔵物	蔵屋敷に集められた年貢米・国産物の総称	納屋物	蔵物に対し民間商人の手を経た商品
蔵元	蔵屋敷で蔵物の出納・売却を取り扱った商人		
掛屋	蔵物の売却代金の保管や藩への送付に当たる商人 大坂の天王寺屋・平野屋・鴻池		
札差 (蔵宿)	蔵米取の旗本・御家人の代理として蔵米の受取・売却を行う一方, 金融業を営み, 巨利を得ていた		

▷大坂の蔵屋敷(『摂津名所図会』) 大名たちは蔵物とよばれる自国の年貢米や特産物を販売するために, 蔵屋敷を設けて倉庫兼取引所とした。大坂の中之島には, 諸藩の蔵屋敷が集まり, 図のように蔵物を点検して陸揚げし, 納めた。国立国会図書館蔵

4 幕府の大坂支配

```
将軍 ─┬─ 老中 ─── 大坂町奉行
      │          1000〜3000石の旗本が着任。2名が
      │          東西両町奉行として町政にあたる。
      │          民政のほか, 消防・警察・糸割符も管
      │          轄。近国幕領の租税徴収もおこなう
      │
      └─── 大坂城代
                 5〜6万石の譜代大名が着任。大坂在
                 勤の諸役人を統率し, 大坂城の守護や
                 西国大名の監視に当たる。老中へ昇進
                 するためのステップとして重要な役職
```

🅐解説 幕府の大坂支配
1619年, 江戸幕府は大坂を直轄地とし, 大坂城代および大坂町奉行をおいた。大坂城代は大坂城の守りと大坂在勤の役人の統率や, 西国大名の監視をおこなった。また, 大坂町奉行は大坂の民政を所管した。

天下の台所

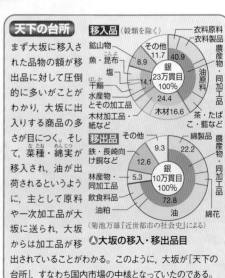

まず大坂に移入された品物の額が移出品に対して圧倒的に多いことがわかり, 大坂に出入りする商品の多さが目につく。そして, 菜種・綿実が移入され, 油が出荷されるというように, 主として原料や一次加工品が大坂に送られ, 大坂からは加工品が移出されていることがわかる。このように, 大坂が「天下の台所」, すなわち国内市場の中核となっていたのである。

移入品(穀類を除く)

銀 23万貫目 100%
- 衣料原料・衣料製品 40.9
- 油原料 24.4
- 木材 16.6
- その他 11.7
- 鉱山物 8.9
- 魚・昆布・塩 14.1

農産物・同加工品 / 茶・たばこ・藍など / 水産品とその加工品 / 木材加工品・紙など / 綿製品

移出品

銀 10万貫目 100%
- 油 72.8
- 綿花 22.2
- その他 9.3
- 鉄・長崎向け付銅など 12.6
- 林産物・同加工品 5.3

農産物・同加工品 / 綿花 / 油粕 / 飲食料品 / (菊池万雄『近世都市の社会史』による)

🅐大坂の移入・移出品目

Question p.180 2-①の「大坂市街図」の安治川の河口の様子がどのようであったか, 下の「錦絵」より読み取ってみよう。

本書参照頁 p.66, 126, 158

1 京都関連略年表

1568	織田信長が入京する
1582	本能寺の変
1586	豊臣秀吉，方広寺をたてる
1590	秀吉，都市改造に着手
1600	京都所司代をおく→p.158 **1**
1603	出雲お国がかぶき踊りを始める
1606	幕府，禁裏・仙洞御所を造営
1615	禁中並公家諸法度が出される
1620	徳川秀忠の娘和子，入内
1629	紫衣事件→p.158 **2**
1634	将軍家光，上洛する
1662	伊藤仁斎，私塾古義堂を開く
1694	賀茂葵祭再興
1758	宝暦事件
1767	明和事件
1788	天明の京都大火
1789	尊号一件
1863	八月十八日の政変
1864	禁門の変
1867	大政奉還

3 幕府の京都支配

老中 ― 京都町奉行
旗本上級者が着任。京都市中の町人・山城国内への触書伝達を主におこなう。東西両奉行を置く

将軍

京都所司代 ― 監督・統制 ― 朝廷
京都市中や山城国内の民政を直轄した。京都の朝廷や公家・寺社の監察に当たった

◀解説 京都所司代が朝廷の監督にあたり，京都町奉行は畿内と近江・丹波など8または9カ国の寺社支配・訴訟を扱い，京都の市政・訴訟を管掌した。

2 京都の町　2-① 京都市街図

鷹ヶ峰
光悦寺
大徳寺
鹿苑寺（金閣）
堀川
賀茂川
賀茂御祖神社
相国寺
西陣
北野天満宮
高野川
知恩寺
宮崎友禅
古義堂（伊藤仁斎）
蛤御門
聚楽第跡
京都守護職屋敷跡
禁裏
所司代下屋敷
山崎闇斎
京都所司代
鴨川
二条城
神泉苑
本能寺
池田屋
近江屋
金座
にじょう
西町奉行所
二条陣屋
東町奉行所
三条大橋（歌川広重筆「東海道五十三次」大尾）
南禅寺
四条河原
祇園社（八坂神社）
建仁寺
粟田口
高台寺
新撰組壬生屯所跡
壬生村
六波羅蜜寺
京焼
清水寺
たんばぐち
西本願寺
東本願寺
方広寺
耳塚
蓮華王院（三十三間堂）
智積院
きょうと
東寺
高瀬川
とうふくじ
東福寺
泉涌寺

0　1km
武家地／町人地／寺社地／朝廷・公家地
17世紀後半
御土居
祇園祭（前祭）の山鉾の巡航路

▲御土居跡

▲内裏　承明門から内裏の正殿，紫宸殿を臨む。即位，大嘗祭など重要な儀式がここでおこなわれた。現在の紫宸殿は，1855年に古式のままに造営されたものである。

▲金閣寺（歌川広重筆「京都名所之内」金閣寺）

▲京都御所と公家屋敷（『文久改正内裏御絵図』）　御所の周囲には公家屋敷が建ち並び，近衛・一条などの摂関家の名もみえる。

▲高瀬舟　船底の平らな河川用小型船。1611年，角倉了以が方広寺大仏の資材を運搬するため開削した高瀬川（二条・伏見間を流れる）を就航した。船は，長さ7間（約13.8m），幅6尺6寸5分（約2m）。森鷗外の『高瀬舟』の舞台。

4 京都の手工業

西陣織	明の織法を導入し，縮緬・金襴・緞子などを織る。応仁の乱後，室町幕府の保護で発展。江戸後期には各地にこの技術が伝えられた
京染	古代以来の伝統的技術をもとに，とくに近世になって発展。**友禅染**はその最上のものとされる
京焼	京都でつくられた楽焼を除く陶磁器の総称。瀬戸・有田焼の技法を取り入れ，**野々村仁清**が大成。その後，粟田・清水の2系統に分かれる

▲西陣織の能装束　唐織という花鳥や花菱などの文様を，刺繡のように浮かせて織ったもので，能の女装束に用いられた。

▶祇園祭（『祇園祭礼図』）　祇園社の祭礼で，旧暦の6月7日の前祭と14日の後祭とに山鉾が巡行した。応仁の乱により中断していた祇園祭は，1500年より，室町幕府の援助で復興し，山鉾も華美になっていった。京都国立博物館蔵

5 三都の比較　5-① 三都の人口の推移

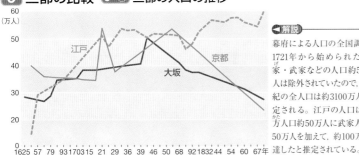

60（万人）
江戸
京都
大坂
50
40
30
20
1625 57 79 93 17 03 15 21 29 36 39 46 50 68 92 18 32 44 54 60 67年

◀解説 幕府による人口の全国調査は，1721年から始められた。公家・武家などの人口約500万人は除外されていたので，18世紀の全人口は約3100万人と推定される。江戸の人口は，町方人口約50万人に武家人口約50万人を加えて，約100万人に達したと推定されている。

5-② 三都気質

▶三都気質（柳亭種彦著）
「三都の気質」は，それぞれ「京の着だおれ，大坂の喰いだおれ，江戸の呑だおれ」と表現されている。東京都立中央図書館東京誌料文庫蔵

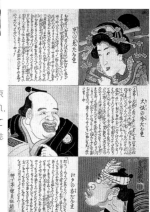

Answer 安治川沿いには，樽廻船や菱垣廻船の蔵が建ち並び，積み荷を積み込む船で賑わっていた。

第❸部 近世

1 元禄文化の特色とおもな作品

時代	17世紀半ば〜18世紀初め（元禄時代を中心に）
中心地	上方（京都・大坂）
担い手	大名，上方の豪商・町人
特色	浮き世（現世）を表現，実証主義的傾向（儒学や科学・古典の研究）
学問	儒学の発達により，合理的思考・実証的研究が発達

文芸	小説	仮名草子 浅井了意『東海道名所記』 浮世草子 井原西鶴『好色一代男』『好色五人女』（好色物） 『武家義理物語』『武道伝来記』（武家物） 『日本永代蔵』『世間胸算用』（町人物）
	俳諧	松永貞徳『御傘』（古風，俳諧の規則を定める）ー貞門派 西山宗因『西翁十百韻』（新風，自由・軽快）ー談林派 松尾芭蕉『俳諧七部集』（冬の日・春の日など）ー蕉風（正風）
	俳文	松尾芭蕉『野ざらし紀行』『笈の小文』『奥の細道』
	脚本	浄瑠璃 近松門左衛門『曽根崎心中』『心中天網島』 『冥途の飛脚』（世話物） 『国性（姓）爺合戦』（時代物）
	古典	契沖『万葉代匠記』 北村季吟『源氏物語湖月抄』
芸能	浄瑠璃	語り手 竹本義太夫
	歌舞伎	和事（恋愛劇）ー坂田藤十郎・芳沢あやめ 荒事（武勇劇）ー市川団十郎

2 文芸

◀井原西鶴
（1642〜93）
談林派の俳人。好色物や町人物などの浮世草子の大成者。

◀松尾芭蕉
（1644〜94）
さび・しおりなどを中心とする蕉風俳諧を確立した俳人。

◀近松門左衛門
（1653〜1724）
人形浄瑠璃や歌舞伎の優れた脚本作者。

◀『好色一代男』
父の莫大な財産を相続した主人公世之介の，三都の女性遍歴をまとめた一代記。挿絵も西鶴自らが描いている。
国文学研究資料館蔵

2-① 『奥の細道』芭蕉の足跡

数字は元禄2（1689）年，曾良旅日記の日付

3 人形浄瑠璃

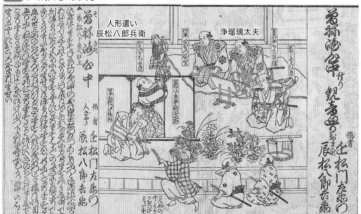

人形遣い 辰松八郎兵衛　浄瑠璃太夫

『曽根崎心中』の口上番付（『牟芸古雅志』）人形浄瑠璃は，浄瑠璃と三味線で演じる人形劇。辰松八郎兵衛の人形遣いは，まだ1人遣いであることに注目。『曽根崎心中』は，1703年に大坂堂島新地の女郎と醤油商平野屋の手代が情死した事件を題材にした。辰松はお初を演じ，女形人形遣いとして人気を博した。

人形浄瑠璃のしかけ

▲文楽（吉田文雀公演）　現在，人形浄瑠璃は，文楽とよばれている。

4 演劇の流れ

	室町	桃山	寛永	元禄	宝暦・天明	化政	幕末
歌舞伎	阿国歌舞伎 （出雲お国）	女歌舞伎 1629禁止	若衆歌舞伎 1652禁止	野郎歌舞伎	市川団十郎（荒事） 坂田藤十郎（和事） 芳沢あやめ（女形）	鶴屋南北（脚本） 河竹黙阿弥（脚本）	
浄瑠璃	古浄瑠璃 （語物）	人形浄瑠璃 （三味線と操り人形の結合）		辰松八郎兵衛（人形遣い） 近松門左衛門（脚本） 竹田出雲（脚本） 近松半二（脚本）	歌浄瑠璃 常磐津節 清元節 新内節		

5 歌舞伎

▶歌舞伎劇場（『百千鳥娘 道成寺』浮絵舞台図）
歌舞伎は江戸初期に出雲お国のかぶき踊り（→p.151 1-④）から始まったといわれ，その後は若衆歌舞伎，野郎歌舞伎へと発展した。舞台構造に能舞台の遺風があり，舞台が見物席に突き出ている。花道に立つのは，嫉妬したおろくが舞姫に化けて箱根権現の鐘供養にあらわれた場面を演じる初世瀬川菊之丞で，1744年に江戸中村座で初演された。

桟敷

花道

Question p.182 3 の左の「人形浄瑠璃」の図と，右の「文楽」の写真とを比較し，人形遣いにどのような違いがあるか考えてみよう。

1 元禄期の儒学の特徴と儒学者業績

正学 寛政異学の禁（1790）で幕府公認の学問とされた

朱子学
南宋の朱熹が大成。天地・万物を秩序原理としての理によって説明し、君臣上下の秩序を重視し、封建社会を維持するための教学として幕府や藩に重んじられた

京学　藤原惺窩が祖

藤原惺窩 (1561～1619)	もと京都相国寺の禅僧であったが、朱子学を学び、近世朱子学の祖となった
林羅山(道春) (1583～1657)	家康に信任され、幕府の思想的基盤を築く。上野忍ヶ岡に私塾をひらき、林家の祖となる
林鵞峰(春斎) (1618～80)	家光に仕える。林家を継ぎ、父羅山とともに『本朝通鑑』を編集する
林信篤(鳳岡) (1644～1732)	家綱以来5代の将軍に仕える。初代大学頭に任じられる
木下順庵 (1621～98)	加賀前田家に仕え、綱吉の侍講となる。のち木門派を形成し、新井白石・室鳩巣らの人材を輩出
新井白石 (1657～1725)	家宣に仕え、正徳の政治を主導する。儒教に基づく理想主義的政策をおこなう。『読史余論』『古史通』
室鳩巣 (1658～1734)	加賀藩主前田綱紀に仕え、幕府儒者となり、吉宗の侍講となる。『六諭衍義大意』など

南学　土佐で成立・発展。海南学派とも称す

谷時中 (1598?～1649)	土佐の人。僧籍にあったが、還俗して南学を大成、実質上の祖といわれる
山崎闇斎 (1618～82)	京都の織医の子。垂加は闇斎の号。朱子学と吉田神道を結合させ、垂加神道を唱えた。京都に塾を設け、崎門学派を形成。『文会筆録』
野中兼山 (1615～63)	土佐藩家老。新田開発・殖産興業など藩政改革を推進

異学 寛政異学の禁で学問所での講義が禁止された

陽明学
明の王陽明が創始。朱子学を批判し、認識と実践の合一（知行合一）という実践的道徳を説き、現実社会の矛盾を改めようとした。大塩平八郎も陽明学者

中江藤樹 (1608～48)	日本の陽明学の祖。朱子学から陽明学に転じ、孝を万事万物の道理として重視。郷里の近江小川村で藤樹書院を開き、近江聖人とよばれた。『翁問答』
熊沢蕃山 (1619～91)	京都の人で中江藤樹に学ぶ。岡山藩主池田光政に仕えたが、著書『大学或問』で社会を批判したことで幕府にとがめられ、下総古河に幽閉され、そこで病死

古学
日本独自の儒学。朱子学や陽明学を後世の解釈として批判し、直接孔子・孟子の教えに学ぶことを主張。古典研究を重視

聖学

山鹿素行 (1622～85)	会津の人で、兵学者。『聖教要録』を刊行して朱子学的解釈を批判。赤穂に流される。配流中には『中朝事実』を著し、日本主義を主張した。赤穂藩家老大石良雄は、素行から兵学を学ぶ

堀川学派（古義学派）

伊藤仁斎 (1627～1705) 伊藤東涯 (1670～1736)	孔子・孟子の古典に直接立ち返ろうとする古義学を提唱。京都堀川に古義堂（堀川塾）を開いて、民衆に開かれた儒学を確立した。仁斎の主著『論語古義』『孟子古義』

▶伊藤仁斎

古文辞学派（蘐園学派）

荻生徂徠 (1666～1728) →p.188	柳沢吉保に仕え、綱吉にも進講した。実証的な文献学、その考究を通して天下を安寧に導く、経世論を説く。武士の土着が必要であると説く。江戸の茅場町に私塾蘐園塾を開く。『政談』『弁道』
太宰春台 (1680～1747)	徂徠の弟子。徂徠の経世論を継承・発展させ、武士も商業をおこない、専売制度により利益をあげるべきと主張。『経済録』『経済録拾遺』

2 近世儒学者の系統図

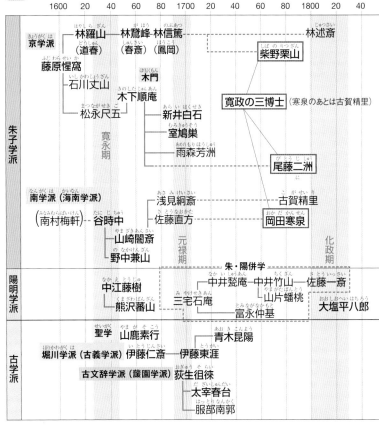

系統図（1600～1840年代）

京学派
- 林羅山(道春) ─ 林鵞峰(春斎) ─ 林信篤(鳳岡) ─── 林述斎
- 藤原惺窩
- 柴野栗山
- 寛政の三博士（寒泉のあとは古賀精里）

朱子学派
- 木門
  - 石川丈山
  - 木下順庵
  - 松永尺五
  - 新井白石
  - 室鳩巣
  - 雨森芳洲
- 寛永期
- 尾藤二洲
- 南学派（海南学派）
  - （南村梅軒）─ 谷時中
    - 浅見絅斎 ─── 古賀精里
    - 佐藤直方
    - 岡田寒泉
  - 山崎闇斎
  - 野中兼山

陽明学派
- 朱・陽併学
- 中江藤樹
  - 熊沢蕃山
  - 三宅石庵
  - 中井甃庵 ─ 中井竹山 ─ 佐藤一斎
  - 山片蟠桃
  - 富永仲基
  - 大塩平八郎

古学派
- 聖学 山鹿素行
- 青木昆陽
- 堀川学派（古義学派）伊藤仁斎 ─ 伊藤東涯
- 古文辞学派（蘐園学派）荻生徂徠
  - 太宰春台
  - 服部南郭

元禄期　化政期

3 儒学者たちの活躍地

古義堂

▼**古義堂**　伊藤仁斎・東涯父子が京都堀川に開いた私塾。「古義」の名の通り、朱子学以前の古い意義を研究した。

藤樹書院

▼**藤樹書院**　中江藤樹が郷里の近江小川村に開いた私塾。自宅に藤の木があったので、塾名とした。

江戸
青柳
京都

蘐園塾

▲**蘐園塾蘐園の額**（直筆）　塾を開いた自宅が、江戸茅場町にあったことから、茅を蘐と書いて蘐園塾と名づけた。

◀『**蘐園小集図**』（雲峰筆）　荻生徂徠（奥の中央の人物）が、蘐園塾で門人らと論じあっている様子。左端が太宰春台、手前の中央が服部南郭。

第❸部 近世

Answer　「人形浄瑠璃」の草創期は人形を1人の人形遣いが操っていたが、現在の「文楽」は「主遣い」「左遣い」「足遣い」の3人が担当する。

第3部 近世

1 歴史学の特徴と業績

特徴	①幕藩制社会における人々の役割を説く ②朱子学の大義名分論が上下の身分関係を重視 ③史料を重視し，合理的・実証的に考究

儒学	人物	著作	特色
朱子学	林羅山（1583〜1657） 林鵞峰（1618〜80）	『本朝通鑑』	羅山・鵞峰の父子で編集した歴史書。神武から後陽成天皇まで編年体による史書。中国の司馬光『資治通鑑』にならい，実証主義的な歴史叙述をめざした
古学	山鹿素行（1622〜85）	『聖教要録』	聖人のおこないと武士の日用道徳
		『中朝事実』	日本中心の考え方を提起
歴史学	徳川光圀（1628〜1700）	『大日本史』	江戸藩邸に彰考館を設置。大義名分による社会の安定→p.171
	新井白石（1657〜1725）	『読史余論』	公家政権は九変し，武家政権は五変して徳川幕府となるとする段階論
		『古史通』	「神とは人也」と『日本書紀』の神代巻を合理的に解釈
		『折たく柴の記』	新井白石の自伝
		『藩翰譜』	大名の系譜と伝記を集録
		『西洋紀聞』	イタリア人シドッチの尋問をもとに著した西洋研究の書

🔺『大日本史』 徳川光圀が始め，明治期に完成した水戸藩編集の歴史書。尊王を基本にして，大義名分論で貫く。397巻。(財)水府明徳会 彰考館徳川博物館蔵

◀🔺『大和本草』（貝原益軒著） 1709年刊の本草書。中国の『本草綱目』の研究と実地調査により，薬用の本草学と博物学として拡充。日本の博物的本草学の確立を示す。

2 諸学問の発達

特徴	①実用の学として，自然科学が発達 ②観察や収集による，実証的・体系的な学問へ ③多数の古典の注釈がおこなわれ，古語の用法を実証的に研究

学問	人物	著作など	特色
本草学・博物学	貝原益軒（1630〜1714）	『大和本草』	日本の1362種の動物・鉱物・植物を分類・解説。
		『養生訓』	健康法を示す
		『和俗童子訓』	体系的児童教育書 ＊益軒の著作を元に女性の心得を説く『女大学』もつくられる
	稲生若水（1655〜1715）	『庶物類纂』	書物の中の物産記事を集大成。加賀藩主前田綱紀が保護
農学	宮崎安貞（1623〜97）	『農業全書』	五穀・野菜・果樹の分類とその農業技術の改良・普及
和算・数学	吉田光由（1598〜1672）	『塵劫記』	そろばんによるかけ算・わり算の基礎。測量や体積の計算
	関孝和（1640?〜1708）	『発微算法』	和算を大成。縦書きの筆算代数式。円周率や円の面積などについての解法を示す
暦学	渋川春海（安井算哲）（1639〜1715）	『貞享暦』	初代の天文方として平安時代の宣明暦の誤差を修正
国文学	戸田茂睡（1629〜1706）	『梨本集』	和歌に使えない言葉（制の詞）の無意味さと，俗語使用の正当さを説く
	契沖（1640〜1701）	『万葉代匠記』	多くの実例と精密な考証で，『万葉集』と戸田茂睡の再評価。徳川光圀の依頼で執筆
	北村季吟（1624〜1705）	『源氏物語湖月抄』 『枕草子春曙抄』	幕府の歌学方として『源氏物語』や『枕草子』の注釈書を書いた

🔺貝原益軒

🔺関孝和

🔺契沖

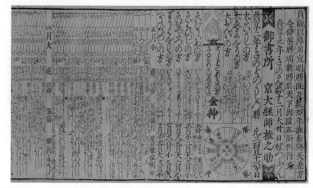

🔽貞享暦（貞享2年版） それまでは宣明暦が用いられていたが，渋川春海は授時暦をもとに補正を行い，日本独自の暦（貞享暦）を作成した。渋川は，幕府から新設の天文方に任命された。当時は，大の月（30日）と小の月（29日）から成り，1年間が365日ではなかったことがわかる。国立公文書館蔵／東京都

🔽渾天儀 天球儀の一種で，指針の回転で天体の位置と経緯度の観測をおこなった。

🔽解説 これは「ねずみ算」の問題で，「正月にねずみの夫婦があらわれ，子を12匹生み（親とともに14匹），2月になると，子どもも成長して親となり，1対で12匹の子を生んで（親もまた12匹産む），親・子・孫の合計は98匹になる。」というように，初項は最初のつがいの2（匹），月数をnとすれば，ねずみの総数は2×7^nとなる。このように，ねずみの総数は，初項2，公比7の等比数列になってふえていくという問題である。

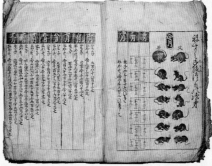

◀『塵劫記』（吉田光由著） 1627年刊行の和算書。かけ算・わり算を基礎として，級数・根・体積・幾何図形までを，平易な日常的例題で説明している。

▶『発微算法』（関孝和著） 1674年刊行の和算書。沢口一之の『古今算法記』の遺題に答えた解答集で，筆算による代数計算の基礎を確立した書である。関孝和は，点竄術とよぶ縦書きの筆算式代数学を創始し，円弧の長さや円の面積を求める円理も樹立した。

🔽解説 これは，大円の中に中円一つ，小円二つ描いたもので，小円の直径をもとに，中円の直径を「中＝小＋5寸」とあらわし，大円径＝x，中円径＝y，小円径＝zとして，6次方程式をたてる問題である。

Question 江戸時代には和算が発達したが，p.184 2を参考にして，代表的な和算の著作を答えよう。

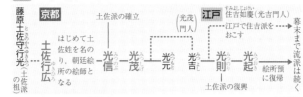

1 元禄期のおもな美術・建築作品

庭園	小石川後楽園・六義園
絵画	春秋花鳥図屏風(土佐光起) **2**
	東照宮縁起絵巻(住吉如慶) **3**
	洛中洛外図巻(住吉具慶) **4**
	紅白梅図屏風・燕子花図屏風(尾形光琳) →p.186 **1**
	見返り美人図(菱川師宣) **4**
建築	東大寺大仏殿・善光寺本堂→p.186 **2**
工芸 陶器	色絵吉野山図茶壺・色絵藤花文茶壺・色絵月梅文茶壺・色絵雉香炉(野々村仁清) →p.187 **1-②**
蒔絵	八橋蒔絵螺鈿硯箱(尾形光琳)→p.187 **1-①**
染色	友禅染(宮崎友禅)→p.187 **1-③**
彫刻	円空仏→p.187 コラム

2 土佐派 **2-①** 土佐派の系譜

```
藤原土佐守行光(土佐派の祖)
【京都】        土佐派の確立          【江戸】 住吉如慶(光吉門人)
土佐行広   はじめて土佐姓を名のり、朝廷絵所の絵師となる
          光信─光茂─光元─光吉─光則─光起   絵所預に復帰 →幕末まで流派は続く
                        土佐派の復興
                 江戸で住吉派をおこす
```

▲**解説** 土佐派は大和絵の一派である。室町時代から発展し、朝廷の絵所預を世襲。住吉派は土佐派から別れた大和絵の一派。代々幕府の御用絵師となる。

▽**春秋花鳥図屏風**(土佐光起筆)　左隻に紅葉の楓、右隻に柳の枝を配している。**土佐光起**は宮廷絵所預となり、室町末期以来、とだえていた土佐派を再興した。6曲1双　各縦156.8cm　横366.8cm　部分　頴川美術館／兵庫県

3 住吉派

▽**東照宮縁起絵巻**(住吉如慶筆)　徳川家康の誕生から日光埋葬までを描いた絵巻。写真は、第5巻の紀州東照宮の造営と春の祭礼(徳川家康の命日)である和歌祭の場面で、渡御行列を詳細に描いている。全5巻　縦36.2cm横1124.8cm　部分　紀州東照宮／和歌山県

4 浮世絵

△**洛中洛外図巻**(住吉具慶筆)　京都と郊外の風景・風習を、四季の推移とともに描いた。**住吉具慶**は如慶の子であり、1685年に幕府御用絵師となり、住吉派隆盛の基礎を築いた。縦40.9cm　横1368.0cm　部分　東京国立博物館蔵

▷**見返り美人図**(菱川師宣筆)　女性が歩きながら、ふと振り返るポーズを描いた肉筆浮世絵である。安房出身の**菱川師宣**は、浮世絵版画にも力をそそぎ、女性風俗などを描いた。縦63cm　横31.2cm　東京国立博物館蔵

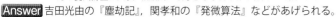

Answer 吉田光由の『塵劫記』、関孝和の『発微算法』などがあげられる。

第**3**部　近世

1 琳派

1-① 琳派の系譜

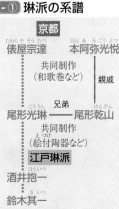

京都
俵屋宗達 ── 本阿弥光悦
　共同制作
　（和歌巻など）　親戚
　　　　兄弟
尾形光琳 ── 尾形乾山
　共同制作
　（絵付陶器など）
江戸琳派
酒井抱一
鈴木其一

🅐紅白梅図屛風（尾形光琳筆）　尾形光琳の二大傑作の一つとされている。2曲1双をあわせた画面の中央上部から流れてくる流水をはさみ，左隻に白梅，右隻に紅梅を配している。流れの渦の文様が独特の光琳波である。左右の梅は，輪郭線を用いず水墨や彩色で形態づける，いわゆる没骨法で描き，地一面の金地に浮き上がるという光琳独特の装飾がほどこされている。各縦156cm　横172.5cm　MOA美術館蔵／静岡県 **国宝**

◀燕子花図屛風（尾形光琳筆）『伊勢物語』に登場する三河国の八橋の情景をモチーフにして，金地に燕子花を生き生きと描いている。装飾味の強い画である。
6曲1双　右隻　縦151.0cm　横358.5cm　根津美術館／東京都 **国宝**

2 建築

🅐東大寺大仏殿　公慶の勧進により1688年に着工，1709年に完成した。天平の大仏殿は治承の兵火で焼け，再建されたが，1567年にも松永久秀の兵火で焼失した。
高47.3m　奈良県 **国宝**

🅐善光寺本堂　古代以来，数回にわたり焼失したが，1707年に幕府が松代藩に命じて再建した。阿弥陀三尊立像を安置する瑠璃壇のほか，礼堂・外陣・内々陣を持つ，奥行のある大建築である。高37.0m　長野県 **国宝**

Question 尾形光琳は絵画や工芸で多くの作品を残したが，その代表作を **p.186・187** の図版や教科書を見て答えよう。

第**3**部　近世

1 工芸

1-① 蒔絵

◁**八橋蒔絵螺鈿硯箱**(尾形光琳作) 2段重ねで上段は硯箱, 下段は料紙を入れる箱である。『伊勢物語』の三河国八橋の情景をもとに, 黒漆で水を, 貝で燕子花を創り出している。縦27.3cm 横19.7cm 高11.2cm 東京国立博物館蔵 **国宝**

螺鈿と蒔絵

螺鈿は奈良時代に唐から伝来した技術。夜光貝や鮑貝などの貝殻を砥石で磨いて適当な厚さにし, 切って装飾に用いた手法である。
蒔絵は漆工芸の一種で, 漆で文様を描いて金銀粉を蒔きつけて装飾を施す技法である。

△**蒔絵の製作**

▷**螺鈿の製作**

円空と木喰

円空(1632〜95)は美濃国の生まれで, 蝦夷地から関東・畿内など全国をめぐった遊行僧であり, 円空仏とよばれる仏像彫刻を残した。
木喰(1718〜1810)も江戸中期の遊行僧で, 形式にとらわれず, 多くの彫仏を刻んだ。円空の作品は, 鉈彫という素朴で新鮮な技法を用いている。庶民のために彫られた仏像であることがよく伝わってくる。

▷**木喰の自刻像**

△**十二神将** 高50.5cm

1-② 陶器

△**色絵吉野山図茶壺**(野々村仁清作) 桜の名所である吉野山を図案化した茶壺。仁清黒とよばれる黒地の上に, 赤と銀の桜花と金彩の霞が絵付けされている。高28.6cm 静嘉堂文庫美術館蔵/東京都

△**色絵月梅文茶壺**(野々村仁清作) 白濁色の釉をかけた地に, 赤と銀を用いた梅の老樹が描かれる一方, 空には満月を描いて巧みにアクセントをつけている。高30cm 東京国立博物館蔵

△**色絵藤花文茶壺**(野々村仁清作) 俗に「藤の壺」とよばれる, 仁清の代表的な茶壺の一つ。茶壺の全面に描かれた藤花文の構図が巧みであり, 上品な雰囲気を醸し出している。高29cm MOA美術館蔵/静岡県 **国宝**

△**色絵雄雉香炉**(手前)と**色絵雌雉香炉**(野々村仁清作) 雌雄つがいの雉をあしらい, 背部に半円状の煙出しの穴をあけた京焼の香炉。手前: 高18.0cm 長47.6cm **国宝** 奥: 頭高16.4cm 長37.5cm 石川県立美術館蔵

1-③ 染色

△**染文縮緬地京都名所模様友禅染小袖** 縮緬地に京都東山の名所絵を模様染めにした友禅染小袖の傑作である。上の方に清水寺, 中ほどに八坂の塔, 裾に三条大橋と四条の芝居小屋など, 洛中洛外図のように染め出されている。

2 庭園

◁**六義園**(東京都) 1695(元禄8)年, 側用人柳沢吉保が自ら造営した, 起伏のある回遊式築山泉水庭園。名称は『古今和歌集』の序文の「六義」という和歌の六つの基調を表す語に由来し, 将軍綱吉の頻繁な御成があった。

第❸部 近世

Answer 絵画では『紅白梅図屛風』や『燕子花図屛風』, 工芸では「八橋蒔絵螺鈿硯箱」などがあげられる。

1 社会の変化

社会の変化	対　策
①農村への貨幣経済の浸透 ②商品作物の生産拡大，農村家内工業の拡大 ③江戸・大坂・京都の発達 ④城下町・港湾都市の商人の富裕化 ⑤貧窮化する大名・武士への商人による貸付け（大名貸）	幕府①貨幣改鋳による出目（差益） ②御用金・献金 ③運上・冥加の営業税 諸藩①家臣の俸禄・知行の借り上げ ②藩札・専売制をおこなう 武士①札差などからの借金　②御家人株を裕福な庶民に売却（養子縁組で幕臣の資格を得る）

△解説 17世紀後半以降，農村では特産物の生産および流通が活発化し，貨幣経済の波に巻き込まれて，百姓の階層分化をもたらすことになった。また，都市では三井家などの新興商人が台頭してくる一方で，棒手振・日用稼ぎの貧民層が大量に生まれることになった。

3 享保の改革（1716〜45）

特　色		①家康時代への復古が目標，御用取次の新設 ②財政再建の企図，商業資本の掌握，江戸の都市対策の強化
経済政策	財政	足高の制（1723）…在職中，役高の不足分を加増 相対済し令（1719）…金銭貸借訴訟をうけつけない 倹約令により支出をおさえる 上げ米（1722）…1万石につき100石を上納（〜1730） 年貢増徴策…定免法の採用（1722） 幕府の年貢率引上げ（1727）
	殖産興業	新田開発奨励（1722）…新田検地の推進 商品作物栽培奨励…甘藷（さつまいも）・甘蔗・櫨・朝鮮人参・胡麻など
	農村政策	質流し（れ）禁令…百姓の階層分化への対処→質地騒動→撤回
	貨幣	元文金銀を鋳造（1736）
文教政策	実学奨励	キリスト教以外の漢訳洋書輸入制限を緩和（1720） 青木昆陽・野呂元丈に蘭学を学ばせる（1740）
	士風引締め	武芸奨励，鷹狩復活
社会政策	民政	町火消の制（1718）…江戸「いろは」47組を結成（1720） →火除地・広小路の設置 目安箱の設置（1721），小石川養生所設置（1722）
	物価調整	堂島米市場の公認（1730）…米価調整をはかる 享保の飢饉（1732）→米価高騰→囲米を放出して，米価の引下げをはかる
法制整備		公事方御定書（1742）…裁判の基準，大岡忠相らが編集（下巻は「御定書百箇条」ともいう） 御触書寛保集成…幕府法令の集大成
権威回復		日光社参の実施（1728）
結　果		幕政の引き締めにより財政が安定 社会の動揺…年貢増徴や享保の大飢饉による農村の疲弊，庶民の不満の増大や物価上昇，百姓の階層分化などで一揆・打ちこわしが頻発

2 幕領の総石高と年貢収納高

①幕領の石高 （1000石以下切捨て）

412 447 459 442 442 438 436 439 449 445 432 420 419

②幕領の年貢収納高 （1000石以下切捨て）

139 147 158 166 164 151 146 141 153 149 146 137 132

享保の改革　寛政の改革　天保の改革

③石高に対する年貢収納率 （小数以下切捨て）

33 33 34 34 37 37 34 33 32 34 33 33 32 31

1716 26 36 46 56 66 76 86 96 06 16 26 36
〜 〜 〜 〜 〜 〜 〜 〜 〜 〜 〜 〜 〜
25 35 45 55 65 75 85 95 1805 15 25 35 41

（『史料日本史』上による）

◀解説 幕領の石高は，享保の改革による年貢増徴政策や新田開発などで増加して，450万石を上回り，この期間で約50万石，率にして12%の増加があった。また，幕領の年貢収納高も着実に上昇を続け，改革後の1744年には180万石という幕政史上最高の収納高となった（グラフは期間内の平均値）。同様に，年貢収納率も享保の改革期を通じて上昇した。その後の幕領の石高と年貢収納高は，寛政の改革後にやや増加するが，低下の一途をたどった。天明の飢饉や天保の飢饉時には約100万石までに落ち込むという，低い収納高が記録されている。

4 徳川吉宗

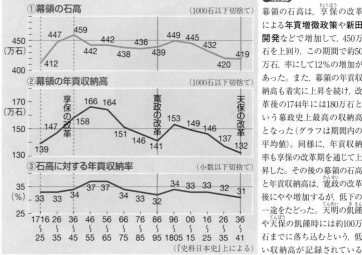

◎徳川吉宗（1684〜1751）　紀伊藩主から8代将軍（在職1716〜45）となり，享保の改革を断行する。米価安定に努力し，米将軍（米公方）とよばれた。

4-① 吉宗関係略系図

```
1家康 ─ 2秀忠 ─ 3家光 ─ 4家綱        9家重 ─ 10家治
         3男                              重好（清水家）
       【紀伊藩（三家の一つ）】          （田安家）
         頼宣 ─ 光貞 ─ 綱教            宗武 ─ 治察
         10男                        （10万石）  定信
                    頼職
                    8吉宗            （一橋家）
                                     宗尹 ─ 治済
                                    （10万石）
```

数字は将軍就任順
■三卿

5 吉宗の人材登用

大岡忠相（1677〜1751）　山田奉行から，吉宗に抜擢されて江戸町奉行となる。小石川養生所や町火消制度の設置，『公事方御定書』の編纂，江戸の物価対策などに取り組んだ。

田中丘隅（？〜1729）　東海道川崎宿の名主であったが，吉宗に農政建言書として『民間省要』を献呈し，役人に抜擢された。荒川・酒匂川の治水など，民政に業績をあげる。

荻生徂徠（1666〜1728）　江戸中期の儒者。古文辞学派の祖。1716年，吉宗の諮問に応えて『太平策』を，1722年には『政談』を献じ，武士土着論を軸に改革案を提示した。

室鳩巣（1658〜1734）　江戸中期の朱子学者。加賀藩より幕府の儒者となり，1722年，将軍吉宗の侍講になる。1721年吉宗の命で，荻生徂徠とともに『六諭衍義大意』を著す。

6 足高の制

6-① おもな役職の禄高基準

5000石	側衆・留守居衆・大番衆
4000石	書院番頭・小姓組番頭
3000石	大目付・町奉行・勘定奉行
2000石	新番頭・作事奉行・普請奉行・旗奉行
1500石	京都町奉行・大坂町奉行・高家衆・惣鉄砲頭
1000石	山田町奉行・奈良町奉行・長崎町奉行・目付・書院番組頭・小姓組頭

6-② 足高の制による人材登用

石　高	大目付		町奉行		勘定奉行	
	足高以前	足高以後	足高以前	足高以後	足高以前	足高以後
500未満	0	13	0	6	1	22
1000未満	4	12	0	6	2	8
1000石台	11	15	15	7	18	19
2000石台	12	6	2	6	7	2
3000石台	3	3	2	1	6	2
4000石台	5	0	1	0	1	0
5000以上	4	1	2	0	4	0

（泉井朝子「足高制に関する一考察」による）

△解説 まず，6-①「おもな役職の禄高基準」をみればわかるように，大目付・町奉行・勘定奉行のいずれの役職も，3000石相当の役職であることがわかる。そして，6-②「足高の制による人材登用」をみて，足高の制の制定前とあととを比べてみると，明らかに石高の低い人材が多数役職に登用されていることがわかる。

詳日 第10章 1 p.193～194

1 新田開発

1-① 武蔵野新田

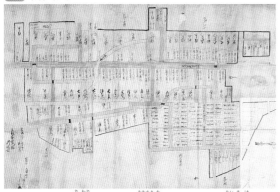

△武蔵野新田の地割(1736年の大沼田新田地割絵図,『当麻家文書』)
武蔵野新田は,大岡忠相の指導のもと,開発が進められた。短冊状に区画された各耕地に地番がつけられ,所持者が定められている。

1-② 見沼代用水

▶解説 1728年,吉宗の命をうけた井沢弥惣兵衛によって,利根川から農業用水路が引かれ,江戸の町人請負で1200町歩の新田を開発した。その後,見沼代用水の周辺の村々と江戸を結ぶため,見沼通船堀がつくられた。

△見沼通船堀

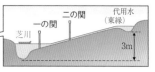

2 米価政策と米市場

△堂島の米商い(『浪花名所図会』) 堂島は,1730年に米取引が公認されると,全国の米価を左右する中央市場となった。図は水をまいて市場の取引の終了を促している様子である。大阪歴史博物館蔵

◁米価の変動

3 実学の奨励

3-① 救荒対策

△甘藷(青木昆陽著『甘藷記』) 青木昆陽は救荒作物として甘藷(さつまいも)の効用と栽培法を説いた。

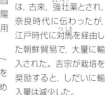

青木昆陽(1698～1769)を著し,甘藷栽培を勧めた。『蕃藷考』を著し,甘藷栽培を勧めた。早稲田大学図書館蔵

3-② 薬草その他の有用植物

△朝鮮人参 朝鮮人参は,古来,強壮薬とされ,奈良時代に伝わったが,江戸時代に対馬を経由した朝鮮貿易で,大量に輸入された。吉宗が栽培を奨励すると,しだいに輸入量は減少した。

△櫨 「はぜうるし」「ろうの木」とよばれる温暖な地方の高木(左)で,その実(右)は灯火用の蝋や蝋付油の原料となり,吉宗は栽培を奨励した。

3-③ 目安箱(左)と鍵(右)

▶目安箱と鍵 美濃国岩村藩に設置された目安箱で,幕府だけでなく諸藩でもこうした目安箱が使われた。岩村歴史資料館蔵,恵那市教育委員会提供

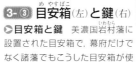

(個人蔵)

4 消化制度と防火施設

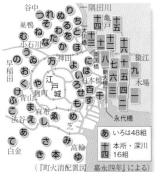

△町火消配置図 語呂の悪い「へ・ら・ひ」に「百・千・万」をあて,その後「本」組を加えて,いろは48組とした。
(『町火消配置図』 嘉永四年」による)

| あ | いろは48組 |
| 十四 | 本所・深川 16組 |

△町火消(歌川国芳筆『火消千組之図大絵馬』) いろは47組の火消し組合のうちの千組。
成田山霊光館蔵／千葉県

△火の見櫓と広小路(『江戸名所図会』) 幕府は,各地に火の見櫓を設け,いち早く火事を発見し,家をこわして類焼を防ごうとした。

第3部 近世

Answer 幕領の石高は増加して450万石を上回り,幕領の年貢収納高と年貢収納率も上昇して改革直後にピークを迎えた。

1 社会の変容

農村内の階層分化	豪農：地主手作をおこなう一方，小作料を取る
	小百姓：小作人，年季奉公，日用稼ぎに従事 **2**
	→豪農と小百姓らの対立
	→村方騒動 **3**
都市の変容	三井などの豪商の出現 **5**
	問屋制家内工業の展開 **5**
	周辺農村から都市への人々の流入
	地借や店借・奉公人の増加
	棒手振・日用稼ぎなどに多くが従事
	零細な棟割長屋に多くが居住

2 本百姓の困窮化

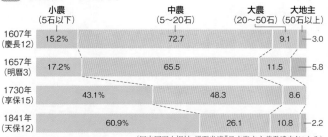

	小農（5石以下）	中農（5〜20石）	大農（20〜50石）	大地主（50石以上）
1607年（慶長12）	15.2%	72.7	9.1	3.0
1657年（明暦3）	17.2%	65.5	11.5	5.8
1730年（享保15）	43.1%	48.3	8.6	
1841年（天保12）	60.9%	26.1	10.8	2.2

（河内国下小坂村，楫西光速『日本資本主義発達史』による）

解説 貨幣経済に巻き込まれた百姓は，手持ちの資金に困窮し，当時は田畑の売買は禁止されていたので，田畑の質入れをおこなった。これにより，有力な百姓たちは土地を集めて地主となり，その田畑を小作人に貸し，小作料を取り立てた。その結果，田畑を失った百姓らは小作人となるか，年季奉公や日用稼ぎに従事することになり，また都市に流入して零細な棟割長屋に住む**都市の下層民を形成する**こととなった。

3 村方騒動

解説 村方騒動とは　村役人ら豪農の不正を追及し，村入用の公開や村役人の交代を領主に訴えた騒動である。

4 豪農

▲**旧守門村　目黒邸**（新潟県魚沼市）　1797（寛政9）年に建築された豪農の邸宅。豪壮な建築で，広大な庭園には池・飛び石・石燈籠などが配置されている。

5 三井家

▷**三井越後屋**（鍬形蕙斎筆「江戸駿河町三井越後屋」）中央から右には越後屋呉服店の江戸本店，中央左の黒塗りの建物が三井両替店，左には越後屋の向店がみえる。三井住友銀行蔵／東京都

6 長屋の暮らし

▲**長屋の内部**　多くの長屋は，間口9尺（約2.7m），奥行2間（約3.6m），面積3坪（約9.9m²）で，押入のない台所兼用の土間つきの4畳半1間が標準であった。裏路地の中央には，どぶ板が通り，井戸・便所・ごみ捨て場は共同となっていた。深川江戸資料館／東京都

6-① 上水井戸

◀**解説** 上水井戸　木樋や竹樋などの枝管で運ばれた上水は枡のなかに溜められ，竹竿の先に取りつけた桶で汲み上げて，長屋の住人が共同で使った。

6-② 長屋の生活

（間取り図：町屋敷，裏，表，上水，木戸，道，井戸，奥行，間口）

（長屋配置図：20間（約36m），5間，表店，道，裏長屋，共同便所，表，ごみ捨て場，井戸，木戸）

◀**解説** 裏長屋　裏長屋の一軒は，畳6畳分の広さのものが多かった。屋根は板葺きが多く，延焼防止の蛎殻を並べることもあった。幅1mほどの路地には下水溝が掘られ，共同の井戸や便所・ごみ捨て場があった。→p.169 **3-②**

7 棒手振

◀**棒手振**（『日本橋図』）　商品を天秤棒に担いで商売する商人のことを「棒手振」と称した。野菜や鮮魚などの食品のほか，日用品も扱った。

8 遊郭と遊女

◀**遊郭と遊女**（歌川広重筆『江戸名所 吉原仲町桜の紋日』）　遊郭の一つ，江戸吉原の妓楼と仲の町の様子で，豪華な着物や髪飾りを身に付け，高下駄を履いて歩く花魁の姿は人々の衆目を集めた。周囲には，背の低い少女の禿や傘をさす男衆の姿もある。

詳しくみてみよう！　遊郭と遊女

Question p.191 **2**を見て，佐倉惣五郎に代表される「義民」とは，どのような人たちを指したか答えよう。

第**3**部 近世

1 江戸時代のおもな災害と一揆

1641	寛永の飢饉
1653	佐倉惣五郎一揆
1657	明暦の大火(振袖火事)
1681	礫茂左衛門一揆
1682	八百屋お七の火事
1686	嘉助騒動
1703	元禄地震(M7.7～8.2),津波発生
1707	富士山の噴火(宝永山の形成)
1732	享保の飢饉(西日本で蝗害が発生,～1733)
1738	元文一揆
1755	宝暦の飢饉(奥羽地方大飢饉,～1756)
1764	明和の伝馬騒動
1772	明和の大火(目黒行人坂の大火)
1782 (天明2)	天明の飢饉(東北地方冷害,～1787)
	打ちこわし(江戸・大坂)
1783	浅間山の噴火
1786	関東大洪水,翌年にかけて飢饉
1793	武左衛門一揆
1831	防長大一揆
1833	天保の飢饉(～1839)
1836	郡内騒動,加茂一揆
1847	天然痘流行
1855	安政江戸地震(M6.9)
1858	コレラ流行
1866	打ちこわし(江戸・大坂)

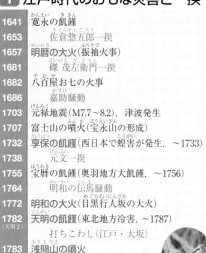

△イナゴ

△ウンカ 体長4mmほどで,稲の害虫。

2 百姓一揆の変遷

(深谷克己『百姓一揆の闘争形態と社会発展』による)

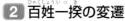

前期(17世紀後半～)
代表越訴型一揆
将軍(幕府)
↓
大名 ← 村人を代表 / 苛政を直訴
↓
苛酷な支配 年貢増徴
↓
村役人 → 義民となる
本百姓・水呑
例:佐倉惣五郎一揆

中期(17世紀末～)
惣百姓一揆
大名・幕府
↑ 強訴
地域的連帯の成立
年貢増徴反対 新税停止 専売制に反対
地域の村役人・百姓が連帯して一揆におよぶ
例:武左衛門一揆

幕末・維新期
世直し一揆
幕府・大名
↑
村役人・豪農 高利貸・地主
↑
支配層全体を攻撃
↑
水呑・小作人・在郷町の中下層民などが参加
例:武州一揆・信達騒動

19世紀初め
(例)1823年 国訴
大坂町奉行所
↓
大坂三所綿問屋の流通独占に対し,綿の自由売買を求める
摂津・河内の1007カ村
在郷商人 → 指導 → 百姓 小作人

△農民の直訴(『夢の浮橋』,1808年成立) 江戸の老中に対しておこなわれた駕籠訴の場面。村の代表者が江戸城の下馬先や往還で上級役人の通行を待ち,嘆願書を差し出した越訴の一つである。致道博物館蔵/山形県

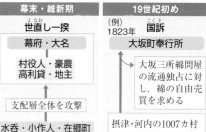

▽義民佐倉惣五郎の亡霊(一勇斎国芳筆『東山桜荘子』) 下総公津村の名主佐倉惣五郎は,領主堀田氏の苛政にあえぐ窮状を将軍に直訴し,妻子とともに処刑されたという。浅倉当吾(佐倉惣五郎)亡霊の図。

△傘連判状 1754(宝暦4)年,常陸国の旗本知行地で,11カ村の村役人たちが連名して代官の罷免を要求した書状。傘連判状または円連判状ともよばれ,署名者が対等であることを示している。島田氏蔵/茨城県

3 おもな百姓一揆

発生時期
- 前期(1590～1710)
■ 中期(1711～1780)
▲ 後期(1781～1867)

発生件数
50件未満
50～99件
100件以上

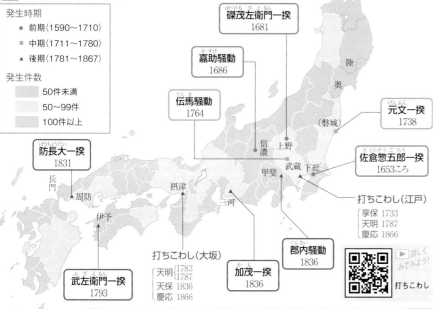

礫茂左衛門一揆 1681
嘉助騒動 1686
伝馬騒動 1764
防長大一揆 1831
武左衛門一揆 1793
打ちこわし(大坂) 天明 1783 1787 / 天保 1836 / 慶応 1866
加茂一揆 1836
郡内騒動 1836
元文一揆 1738
佐倉惣五郎一揆 1653ころ
打ちこわし(江戸) 享保 1733 / 天明 1787 / 慶応 1866

陸奥 / 磐城 / 上野 / 信濃 / 武蔵 / 下総 / 甲斐 / 三河 / 摂津 / 長門 / 周防 / 伊予

▶詳しくみてみよう! 打ちこわし

4 江戸時代の災害

△浅間山噴火(「浅間山噴火夜分大焼之図」) 1783年の浅間山の噴火は,死者2000名の被害を出し,江戸でも火山灰が3cm積ったという。

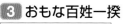

▶打ちこわし(「幕末江戸市中騒動図」) 1866(慶応2)年の打ちこわしの様子。米の価格の上昇により困窮した都市民は,米の安売りを要求して,米屋や富商を襲い,家屋や家財を破壊した。

Answer 年貢などの重圧による生活の困窮を領主に直訴し死罪となるものの,村を救ったその行為が義挙と賞賛され伝説化した村の代表者たち。

第3部 近世

1 徳川家重・家治の時代

家重	1751（宝暦元）	吉宗死去
		大岡忠相, 寺社奉行を罷免
	1758	宝暦事件（竹内式部を追放）
	1759	山県大弐『柳子新論』を著す
1760（宝暦10）	1760（宝暦10）	宝暦事件に関与の公家ら7人に, 落飾（出家）を命じる
	1767（明和4）	田沼意次, 側用人（田沼時代）
		明和事件（山県大弐死刑）
家治	1771	伊勢御蔭参りが流行→p.208 2-①
	1772（安永元）	田沼意次, 老中となる 2-①
		目黒行人坂の大火, 南鐐弐朱銀を発行, 各種産業で大規模に株仲間を許可 3
	1774	杉田玄白ら『解体新書』刊行
	1782（天明2）	幕府, 印旛沼・手賀沼干拓に着手 4
		各地で打ちこわし, 天明の飢饉（〜87）
	1783	浅間山大噴火→p.191 4
	1784	佐野政言, 田沼意知を刺殺
	1786	最上徳内ら蝦夷地を探査 5
		老中田沼意次ら, 失脚

△徳川家重（1711〜61）

△徳川家治（1737〜86）

2 田沼の政治

特色		財政再建, 商業資本の積極的な利用（→賄賂の横行）
政策	商業	株仲間の積極的な公認（運上・冥加の増徴）
		幕府の専売拡張（銅・鉄・真鍮・朝鮮人参など設置）
		定量の計数銀貨鋳造（南鐐弐朱銀・明和五匁銀）
	新田開発	印旛沼・手賀沼の干拓工事（1782〜86）→利根川の大氾濫で挫折
	蝦夷地開発	工藤平助『赤蝦夷風説考』の意見採用→最上徳内らの蝦夷地派遣（1786）
	貿易	長崎貿易の制限緩和（俵物・銅の輸出）
結果		民間の学問・文化・芸術の発展 / 賄賂政治への批判の強まり / 天明の飢饉・浅間山の大噴火 / 一揆・打ちこわしの頻発	10代将軍家治の死去 / 田沼意知の暗殺（1784）/ 田沼意次の罷免（1786）

△田沼意次（1719〜88）　徳川家重の小姓となって昇進をとげ, 家治の側用人・老中となり, 政治の実権を握った。

4 印旛沼の干拓

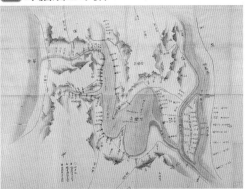

△印旛沼絵図

△解説 印旛沼の干拓
田沼意次は, 下総国利根川下流の印旛沼（上は印旛沼絵図, 下は現在の印旛沼）を干拓し, 新田開発の計画をおこなったが, 利根川の大洪水で挫折してしまった。印旛沼干拓は天保の改革でも大名におこなわせようとしたが, 不成功であった。

3 株仲間の公認

運上と冥加　運上とは, 中世において年貢を荘園領主に運送・上納することを意味したが, 江戸時代には小物成の一種として, 税率一定の各種営業税を意味した。冥加は税率がなく, 願いにより営業鑑札を得た者が上納する献金であった。田沼時代には商業利潤から増収をめざし, 株仲間が積極的に認められ, 冥加の上納が盛んになった。

▷南鐐二朱銀（実物大, 左側は表, 右側は裏）
1772年に鋳造された定量の計数銀貨。二朱金と等価交換（8枚で小判1両）できることを表記した最初の銀貨である。「銀座常是」は大黒常是家が, 銀貨の鋳造にあたったことを示す。銀貨はもともと秤量貨幣であったが, 田沼政権は銀貨を計数貨幣とすることで, 金を中心とする貨幣制度への一本化をはかろうとした。

△株仲間の鑑札　幕府や諸藩から交付された株仲間の鑑札。株仲間は, 営業の独占権を与えられた商工業者の同業組合で, 運上・冥加を上納するかわりに特権を得た。

3-① 株仲間の変遷

時期	幕府の政策
17世紀前半	楽市政策によって, 金座・銀座などを除いて座は禁止
17世紀後半	1694年, 江戸に十組問屋が成立。仲間の存在については黙認
18世紀前半〈享保の改革〉	享保改革では1721年, 物価の引き下げをはかるため, 商人・職人の株仲間結成を命じる
18世紀後半〈田沼時代〉	田沼意次は運上・冥加を増収するため, 株仲間の結成を積極的に公認
19世紀前半〈天保の改革〉	天保改革では物価引き下げをねらって1841年, 株仲間解散令を出すが, 効果がなかった
19世紀半ば	市場の混乱による物価騰貴に対し, 1851年に株仲間再興令が出る
19世紀後半	1872年, 明治政府は株仲間を廃止し, 近代産業の育成をはかる

6 銅の輸出

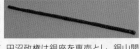

△出島銅検査（『唐蘭館絵巻』）と棹銅　田沼時代には, 輸入が金351貫余り, 銀8853貫余りと推定され, その代償として, 田沼政権は銅座を専売とし, 銅山開発を進めた。棹銅（約23cm, 重さ約300g）は, 輸出用に鋳造された棒状の純度の高い精銅で, 木箱に収められて輸出された。産出額の減少した銅に代わり, 中国への主要な輸出品として注目されたのが, 俵物（→p.176 3-②）であった。

田沼時代をどう評価するか？　田沼時代については, 次の寛政の改革を主導した松平定信の反田沼キャンペーンの影響もあり, 賄賂政治の横行や士風の退廃を強調されることが多いが, 一方で田沼政治の重商主義的な積極政策は, 新時代の気運としても評価されている。ただし, この時代に起きた冷害や浅間山の噴火・大飢饉などの天災も田沼政治の批判の的となり, 1786年, 将軍家治の死の直後, 意次は老中を解任, 改易・蟄居謹慎となった。

5 蝦夷地調査

△最上徳内（1755〜1836）
出羽出身の北方探検家。1785年以降, 数回にわたり蝦夷地の調査にあたった。

『赤蝦夷風説考』（工藤平助著）　赤蝦夷・赤人とはロシア人をさす。蝦夷地の現状とその開発, および対ロシア貿易の献策は, 田沼意次に取り上げられ, 最上徳内らが蝦夷地に派遣されることになった。

Question 田沼時代, 二朱金と等価交換が可能な銀貨が発行されたが, どのような銀貨か, p.192 3 を見て答えよう。

第3部 近世

第3部 近世

1 洋学の始まり

1-① 洋学の特色

特色	儒学や本草学などで，実証的・博物学的関心が高揚
	将軍吉宗が漢訳洋書の輸入制限をゆるめ，洋学が発達
	医学をはじめ，天文・暦学・力学・地理学などが発達

1-② おもな洋学者

西川如見 (1648～1724)	天文暦算家。長崎出身で吉宗に招かれて江戸へ。長崎で見聞した海外事情を『華夷通商考』に記述
新井白石 (1657～1725)	イタリア人宣教師シドッチの尋問で得た世界の地理・風俗を『西洋紀聞』『采覧異言』で著述
青木昆陽 (1698～1769)	吉宗の命でオランダ語を学び，甘藷（さつまいも）も栽培を勧める。『蕃薯考』『和蘭文字略考』
野呂元丈 (1693～1761)	本草学者。吉宗の命でオランダ薬物学を研究。『阿蘭陀本草和解』
山脇東洋 (1705～62)	古医方（実験を重んじる漢代の医方）による日本初の解剖書『蔵志』を著した。
前野良沢 (1723～1803)	杉田玄白と『解体新書』を訳述
杉田玄白 (1733～1817)	前野良沢と『解体新書』を訳述。『蘭学事始』
大槻玄沢 (1757～1827)	蘭医。江戸に芝蘭堂を開く。『蘭学階梯』
宇田川玄随 (1755～97)	日本初のオランダ内科書『西説内科撰要』を著述
宇田川榕庵 (1798～1846)	イギリスの化学書を翻訳。『舎密開宗』

2 国学の発達と尊王論

2-① 国学の特色

特色	元禄時代の古典の実証的な研究が国学に発達
	日本古来の思想を追究（荷田春満・賀茂真淵）
	事実を尊重する自由な学風を確立し，国学を大成（本居宣長）
	尊王論が儒学と結びつき，水戸学などで主張される

2-③ 国学者の系統図

1680	1700	1720	1740	1760	1780	1800	1820

契沖
戸田茂睡
加藤千蔭
村田春海
伴信友
荷田春満
荷田在満
本居宣長
平田篤胤
荷田春満
賀茂真淵
塙保己一

◀国学者たち
本居宣長　契沖　賀茂真淵

▲高山彦九郎(1747～93)　京都三条大橋の袂にある銅像。三条大橋で御所を拝し逸話などがある。寛政の三奇人の一人。

▲塙保己一　7歳で失明するが，1793年，江戸に和学講談所を設け，『群書類従』などを編纂。

1-③ 洋学者の系統図

1760	1780	1800	1820	1840

前野良沢
杉田玄白
大槻玄沢
稲村三伯
宇田川玄真
宇田川榕庵
箕作阮甫
坪井信道
緒方洪庵
桂川甫周
宇田川玄随
吉田長淑
高野長英
小関三英

◀エレキテル　平賀源内が製作した摩擦起電器。外部は木製で，外のハンドルを回すと内部でガラスが摩擦され，電気を発生して銅線を通じて放電した。

▶詳しくみてみよう！
平賀源内

稲村三伯 (1758～1811)	最初の蘭日対訳辞書『ハルマ和解』（ハルマの蘭仏辞典を和訳）を作成
平賀源内 (1728～79)	本草学者・科学者・戯作者。エレキテルなどを発明。洋画にもすぐれ『西洋婦人図』を描く

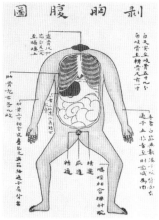

『圖腹胸剖』

▲『蔵志』（山脇東洋著）　1754年，京都の医師後藤艮山に古医方を学んだ山脇東洋が，死刑囚の解剖を観察してまとめた日本最初の解剖書。1759年に刊行された。

▶解体新書　杉田玄白・前野良沢らが蘭書『ターヘル＝アナトミア』を翻訳した解剖書。

2-② おもな国学者とその著作・尊王論

国学	戸田茂睡 (1629～1706)	歌学の革新を主張し，古今伝授・制の詞（歌に用いてはならない語句）の拘束を排斥し，自由な研究を進める。『梨本集』
	契沖 (1640～1701)	『万葉集』『古今和歌集』『伊勢物語』など，古典古歌の注釈を研究。『万葉代匠記』
	北村季吟 (1624～1705)	貞門俳諧・和歌を学び，幕府の歌学方に。国学発展の先駆。『源氏物語湖月抄』
	荷田春満 (1669～1736)	古典・国史を研究。国学の学校建設を将軍吉宗に建言。『創学校啓』
	賀茂真淵 (1697～1769)	『万葉集』『古事記』を研究し，古道を説く。『国意考』（儒仏の影響をうけない純粋な日本固有の道で，復古思想を主張）『万葉考』（『万葉集』の注釈書）
	本居宣長 (1730～1801)	「もののあはれ」を提唱。国学の基礎を固める。『古事記伝』（日本古来の「真心」の精神に返ることを主張）『玉勝間』（宣長の随想集）
	塙保己一 (1746～1821)	和漢の学に通じ，和学講談所を設ける。『群書類従』（古代から江戸初期までの国書の叢書）『武家名目抄』
	平田篤胤 (1776～1843)	復古神道を説く。農村有力者にも信奉され，尊王攘夷論に影響。『古史成文』『古史徴』『古史伝』
尊王論	前期水戸学	2代藩主徳川光圀のもと，徳をもっておさめる王者は，力をもって支配する覇者にまさるという大義名分論をもとに，尊王斥覇の考えを主張。
	竹内式部 (1712～67)	尊王斥覇の思想に基づき，1758（宝暦8）年に京都で公家に神書・儒書を講じ，翌59年，幕府により重追放（宝暦事件）。
	山県大弐 (1725～67)	1767（明和4）年，江戸で尊王斥覇を説き，死罪（明和事件）。『柳子新論』
	高山彦九郎 (1747～93)	上野の人。全国で尊王思想を遊説する。寛政の三奇人の一人。
	蒲生君平 (1768～1813)	下野の人。各地の荒廃した歴代天皇の陵墓を調査し『山陵志』を著す。寛政の三奇人の一人。
	頼山陽 (1780～1832)	安芸の人。『日本外史』『日本政記』で勤王思想を主張した。

1 生活から生まれた思想　1-① 政治・社会思想家

心学	石田梅岩 (1685〜1744)	丹波の百姓の子として生まれる。その後、神・仏・儒を学んで、1729年より京都で心学を広め、商業への理解を示した『都鄙問答』を著した。
封建社会批判	安藤昌益 (1707?〜62)	八戸で医者を開業。医学・本草学・儒仏に通じ、万人直耕の『自然世』を理想とし、封建制度を厳しく批判。『自然真営道』『統道真伝』
合理主義	富永仲基 (1715〜46)	仏教思想に歴史的変遷のあることを主張。懐徳堂に学ぶ。『出定後語』は、出定(仏の夢幻)から現実にめざめることを説く
	山片蟠桃 (1748〜1821)	豪商升屋に仕える。懐徳堂で中井竹山・履軒に儒学を学んだ町人学者。無鬼論・無神論、地動説を主張。合理主義思想の先駆。『夢の代』
海防論	林子平 (1738〜93)	『三国通覧図説』(朝鮮・琉球・蝦夷地を図示して解説)『海国兵談』を著し、海岸防備を主張。1792(寛政4)年、仙台に蟄居させられる。幕府は『海国兵談』『三国通覧図説』の版木を没収。寛政の三奇人の一人
開国論	工藤平助 (1734〜1800)	仙台藩医。1783(天明3)年『赤蝦夷風説考』を著し、ロシアとの貿易や蝦夷地開拓の必要性を説き、田沼意次に献上
国学	只野真葛 (1763〜1825)	工藤平助の娘で、名は綾子。仙台藩士只野行義の後妻となる。経世済民を志し、儒学に批判を加え男女の才知の平等等を主張。『むかしばなし』『独考』

1-② 心学
▼心学の講義(『男子女子前訓』)

◀解説

心学とは、広く心性の究明を事とする学問である。創始者は石田梅岩で、1729年、京都車屋町の自宅に講席を設け、一般庶民の聴講をよびかけた。商人を低くみる風潮に対して、梅岩は商業行為の正当性を強調し、倹約・正直などの日常に即した徳目を説いた。

3 寺子屋の増加

306.6
300
(年平均開業数)
239.8
200
141.7
100
56.3
19.3
27.4
2.0　3.8　12.6
1744　64　81 1801　1830　54
〜　〜　〜　〜　〜　〜
50　71　88　03　2943　67年
(『国史大辞典』による)

▲解説　江戸時代に入ると、文書主義などにより都市や農村で寺子屋が普及していった。江戸時代中期以降少しずつ増加し、19世紀以降、著しく増加していったことがわかる。

▲芝蘭堂新元会図　大槻玄沢が、1795年に江戸の蘭学塾芝蘭堂で開いた新元会(オランダ正月)の様子を描く。寛政6年閏11月11日が西暦1795年1月1日にあたることから、たくさんの知識人が集まって新元会が開かれた。

▲明倫館の水練池　萩藩の明倫館内に設けられた水練池。水馬練習のための池で、東西40m、南北16m。明倫館は、5代藩主毛利吉元が1719(享保4)年に設けた藩校。

▲造士館(『三国名勝図会』) 8代藩主島津重豪が、1773(安永2)、鹿児島城に開設した藩校。

2 藩校(藩学)・私塾

◆官立の学校
■藩校　●私塾
寺子屋数(慶応年間)
　未調査
　50未満
　50以上
　100以上
　300以上

弘前
■稽古館

秋田
■明徳館

盛岡
■作人館

鶴岡
■致道館

米沢
■興譲館

仙台
■養賢堂

会津
稽古堂のち■日新館

水戸
■弘道館

金沢
■明倫堂

◆藤樹書院

江戸
◆昌平黌
●芝蘭塾
●蘐園塾

彦根
■弘道館

名古屋
■明倫堂

京都
◆古義堂

大坂
◆懐徳堂
●適塾(適々斎塾)

松江
■修道館

鳥取
■尚徳館

松下村塾
萩
■明倫館

■修猷館

広島
■修道館

福山
■弘道館
(のち誠之館)

岡山
花畠教場
●好古堂

姫路

福岡
佐賀
■弘道館

長崎
鳴滝塾

熊本
■時習館

鹿児島
■造士館

閑谷学校

▲養賢堂(高橋由一筆『宮城県庁門前図』) 1736(天文元)年、5代藩主伊達吉村が開設した藩校で、1772年に養賢堂と改称した。藩校唯一の遺構である正門(現、泰心院山門)が移築されている。宮城県立美術館蔵／宮城県

▲日新館天文台跡　日新館は、5代藩主松平容頌が1799(寛政11)年より5年の歳月をかけて建設した藩校で、天文台は日新館天文方の天文観測の場として設けられたものである。

▲本居宣長の私塾鈴屋の書斎　柱に鈴をかけていたことから鈴屋とよばれ、掛け軸の「縣居大人」とは、師の賀茂真淵のこと。

▲閑谷学校　1670〜71年、岡山藩主池田光政が閑谷村に建てた藩の郷学。岡山県→p.171 [6]

▲懐徳堂の額　大坂町人が出資した学塾で、扁額は1724年に学主となった三宅石庵の筆によるもの。懐徳堂は江戸後期、大坂における学芸の中心となった。

鳴滝塾　シーボルトが1824年、長崎郊外の鳴滝に建てた医学塾。高野長英らが出た。→p.205 [3]

	藩	藩学(藩校)	藩士教育(学問と武芸稽古所) 儒学中心、兵学も教授
		郷学	藩士・庶民教育
民間		私塾	漢学塾・国学塾・洋学塾など
		寺子屋	民間の経営、日常生活のための読み・書き・そろばんが主体
		心学舎	心学の塾

Question p.194 [3]のグラフを見て、18世紀半ばから19世紀半ばにかけての寺子屋の増加の変化について説明しよう。

1 文学　1-① 江戸時代の文芸の系統

	17世紀中頃〜18世紀中頃	18世紀後半	19世紀前半
	前期（元禄〜享保）	中期（宝暦・天明・寛政）	後期（文化・文政・天保）

小説:
- 仮名草子　浮世草子　井原西鶴 → 洒落本　山東京伝 → 滑稽本　式亭三馬／十返舎一九
- 寛政の改革で弾圧
- 人情本　為永春水
- 草双子（赤本・青本・黒本）→ 黄表紙　恋川春町 → 合巻　柳亭種彦
- 天保の改革で弾圧
- 読本　上田秋成 → 読本　曲亭馬琴

俳諧・川柳:
- 貞門派 — 談林派 — 松尾芭蕉 → 与謝蕪村 → 小林一茶
- 松永貞徳　西山宗因
- 柄井川柳 → 天保の改革で廃絶

1-② おもな文学作品

洒落本	江戸の遊里を描く短編小説	仕懸文庫（山東京伝） 1-③
黄表紙	風刺のきいた絵入り小説	金々先生栄花夢（恋川春町）／江戸生艶気樺焼（山東京伝）
読本		雨月物語（上田秋成）
脚本		菅原伝授手習鑑（竹田出雲ら）／仮名手本忠臣蔵（〃）／本朝廿四孝（近松半二ら）
俳諧		蕪村七部集（与謝蕪村）
川柳		誹風柳多留（柄井川柳ら撰）

1-③ 洒落本

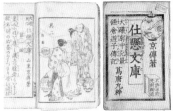

▲仕懸文庫（山東京伝著，1791年刊）曽我物語に題材をとった深川遊女の物語。山東京伝は寛政の改革で処罰された。

▲黄表紙（左，『早道節用守』）・幼児向けの赤本（右,『さるかに合戦』）・やや程度を高めた青本（中央,『御ぞんじの兎』）

▷耕書堂の店先（「画本東都遊」） 蔦屋重三郎（1750〜97）が江戸日本橋に開いた絵草子店は，恋川春町の黄表紙，山東京伝の洒落本・黄表紙，喜多川歌麿・東洲斎写楽の浮世絵などの出版をおこなった。寛政の改革により山東京伝が処罰され，蔦屋重三郎は過料により財産の半分を没収された。

2 芸能　2-① 歌舞伎と文楽

◁歌舞伎（左）と文楽（右）（左右とも「仮名手本忠臣蔵」） 1748（寛延元）年，竹田出雲らが脚本にした人形浄瑠璃『仮名手本忠臣蔵』が大坂で上演され，大ヒットし，すぐさま歌舞伎の演目として繰り返し上演されることになった。写真は7段目「祇園一力茶屋」の場面。大星由良之助が敵方を欺くため，一力茶屋で遊興三昧の生活を送っていたが，顔世御前（塩谷判官＝浅野内匠頭の妻）からの文に目を通している様子。→p.182 ❸ ❺

2-② 芝居小屋

▲中村座（復元） 江戸・京都・大坂には常設の芝居小屋が設けられた。歌舞伎の芝居小屋では，中村座・市村座・森田座の三座が設置されたが，天保の改革で三座とも浅草の猿若町に移された。→p.203 ❷

3 江戸時代の絵画の系統図

	1600〈初期の文化〉	1650〈元禄文化〉	1700	1750	1800〈化政文化〉	1850年
狩野派	幕府や大名などの御用絵師	狩野探幽　久隅守景		英一蝶		
大和絵 土佐派	朝廷絵所預	土佐光起				
住吉派		住吉如慶・具慶	幕府御用絵師			
装飾画 琳派	本阿弥光悦　俵屋宗達	尾形光琳				
浮世絵	肉筆画・木版画　菱川師宣	鈴木春信	錦絵（多色刷版画）		喜多川歌麿（大首絵）／東洲斎写楽／葛飾北斎（風景版画）／歌川広重（安藤）
写生画 円山派		円山応挙				
四条派		呉春（松村月溪）				
文人画		（南宋画）	池大雅・与謝蕪村・田能村竹田／浦上玉堂・谷文晁・渡辺崋山			
洋風画		平賀源内・司馬江漢・亜欧堂田善				

浮世絵は，初期の浮世絵版画に加え，18世紀後半には多色刷版画（錦絵）が創作され，美人画・役者絵・風景画などが生まれた。ヨーロッパの印象派の画家に影響をあたえ，ジャポニスムを生んだ。→p.207 ❶

第❸部 近世

第3部 近世

❶ おもな絵画作品

浮世絵	美人画	弾琴美人・三十六歌仙「僧正遍昭」(鈴木春信) 婦女人相十品〔ポッピンを吹く女〕(喜多川歌麿) 扇屋内蓬莱仙(喜多川歌麿)
	役者絵	市川鰕蔵・初代尾上松助の松下造酒之進(東洲斎写楽)
	相撲絵	大童山の土俵入り(東洲斎写楽)
写生画		雪松図屏風・保津川図屏風(円山応挙)
文人画		十便十宜図(池大雅・与謝蕪村)
西洋画		不忍池図(司馬江漢) 西洋婦人図(平賀源内) 不忍池図(小田野直武)

◀**弾琴美人**(鈴木春信筆) 鈴木春信は, 肉筆美人画から版画に進んだが, 紅や緑の色版を使う紅摺絵のあとをうけて, **錦絵**とよばれる多色刷極彩色の版画を創作し, 浮世絵の黄金時代を築いた。図は上流家庭の娘と思える人物が, 打掛を着て琴を弾じている錦絵。
縦29.3cm 東京国立博物館蔵

▶**大童山文五郎土俵入り**(東洲斎写楽筆) 大童山文五郎は, 山形県出身で, 最高位が西前頭5枚目(1805年)の江戸後期の相撲力士。数え7歳(3尺9寸7分=120cm, 19貫=71kgあったという)で江戸で初土俵を踏んだことから人気が出て, 東洲斎写楽はこの力士を4点描いている。
平木浮世絵美術館蔵／東京都

▶**雪松図屏風**(円山応挙筆, 1786年) 応挙は, 狩野派の画法を学んだほか, 西洋画の透視的な写実法と, 明・清の絵画の理想主義的な写実法とを学び, それに日本画の装飾的表現法を融合させて, 新しい画法をつくり出した。
6曲1双 各縦155.5cm 横362.0cm 三井記念美術館蔵／東京都 国宝

❷ 浮世絵

△**ポッピンを吹く女**(喜多川歌麿筆『婦女人相十品』) ガラス製の笛(ポッピン)を吹く, 町屋の娘を描いている。歌麿の美人版画『婦女人相十品』の5枚のうちの1枚。
縦39cm 横27cm 東京国立博物館蔵

▷**市川鰕蔵**(東洲斎写楽筆) 「恋女房染分手綱」の重の井の父竹村定之進に扮した市川鰕蔵を描いた。写楽は役者絵や相撲絵を**大首絵**の手法で描いた。
縦37.5cm 横25.1cm 東京国立博物館蔵

❸ 写生画

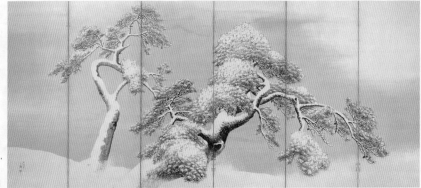

△**保津川図屏風**(円山応挙筆, 1795年) 応挙の晩年の作品で, 京都保津川の急流を, 遠近法を取り入れて, 平明に描いている。また, 片ぼかしの手法を用い, 立体感を出している。8曲1双 各縦155.5cm 横362.0cm 部分 株式会社千總蔵

Question p.196 ❷の浮世絵を見ると, 喜多川歌麿と東洲斎写楽の絵には共通点がある。どのような点か考えてみよう。

宝暦・天明期の文化⑤…絵画3

4 文人画

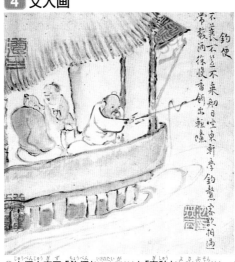

▲**十便十宜図「釣便」**(池大雅筆)と**「宜秋」**(与謝蕪村筆) 十便十宜図は，池大雅・与謝蕪村の合作になる画集で，南画(文人画)を大成した。清の詩に基づき，十便(10の便利)を大雅が，十宜(10のよいところ)を蕪村がそれぞれ10図ずつ描いた。各縦17.7cm 横17.7cm 川端康成記念会蔵／神奈川県 国宝

▲**三代目大谷鬼次の奴江戸兵衛**(東洲斎写楽筆)
大首絵の手法を用いて，金を奪おうとする奴江戸兵衛を演じる三代目大谷鬼次を描く。東京国立博物館蔵

5 西洋画

◀**西洋婦人図**(伝平賀源内筆)
日本の洋風画の先駆的作品。長崎に渡来した絵を，油絵具を工夫して模写したもの。
縦41.5cm 横30.5cm 神戸市立博物館蔵

▲**東叡山不忍池図**(小田野直武筆) 筆者の小田野直武は秋田藩士で，平賀源内から洋画を学び，秋田蘭画とよばれる一派を形成した。直武は源内のもとで，日本画と西洋画を融合した画風を確立し，『解体新書』の扉絵を描いたことでも知られる。秋田県立近代美術館蔵／秋田県

Answer 上半身を中心にした構図とし，顔を大きく描く「大首絵」の手法がとられている点。

1 家斉時代略年表

1787 (天明7)	5	天明の打ちこわし
	6	松平定信, 老中首座に就任
1789	9	囲米の制。棄捐令 3 7
1790 (寛政2)	2	人足寄場を江戸石川島に設立 4
	5	寛政異学の禁→p.199 1
	11	江戸からの帰村を奨励(旧里帰農令)
1791	12	江戸に町会所を建て, 七分積金の制を設ける 5
1792 (寛政4)	5	幕府, 林子平に蟄居を命じる。『海国兵談』を絶版→p.199 2
	9	ロシア使節ラクスマン, 根室に来航
	11	尊号一件(典仁親王の尊号宣下を停止)
	12	海防強化を諸大名に命ず。松平定信, 蝦夷地防備策をたてる
1793 (寛政5)	3	尊号一件により, 武家伝奏・議奏らを処分。定信, 海防のために伊豆・相模の海岸を巡視
	7	定信, 老中を解任される

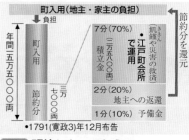

▲徳川家斉(1773～1841)

2 寛政の改革 2-① 改革の特徴

特色	①享保の改革を理想とした復古的理想主義 ②農村の復興と都市政策の強化 ③士風の引き締め, 幕府権威の再建
政策 農村復興	囲米・社倉・義倉を設置(1789発令) 出稼ぎ制限, 旧里帰農令(1790)
政策 都市	勘定所御用達の登用(江戸の豪商10名) 江戸石川島人足寄場に無宿人を収容(1790) 七分積金の制度化(1791)
政策 財政	倹約令(1787) 棄捐令(1789, 旗本・御家人の救済)
政策 思想・出版統制	寛政異学の禁(1790) 寛政の三博士の登用 出版統制令(1790) ①林子平への弾圧…『三国通覧図説』『海国兵談』(1792) ②洒落本作者の山東京伝, 黄表紙作者の恋川春町, 出版元の蔦屋重三郎らを弾圧
その他	海防政策…ラクスマンの来航を機に, 幕府は諸藩に江戸湾・蝦夷地の海防の強化を命令(1792～93)
結果	一時的に幕府が引き締められ, 厳しい統制・倹約で, 民衆の反発を招く 尊号一件(1789～93, 定信は天皇の実父への尊号宣下を拒否)→幕府と朝廷の協調関係崩壊 1793, 定信は家斉と対立し退陣(老中在職6年)

▲松平定信(1758～1829) 吉宗の孫。白河藩主として藩政改革に成功し, 老中首座となり, 寛政の改革(1787～93)を指導した。鎮国守国神社蔵 三重県

2-② 定信関係略系図

```
8          9      10     11
吉宗────家重───家治───家斉
  │      │            ┊
  │    田安家       清水家
  │  たやす          しみず
  │    宗武           重好
  │  むねたけ       はるよし
  │    一橋家       治察
  │  ひとつばし     はるさだ
  │    宗尹─────定信
  │  むねただ     (松平・白河)
  │  はるさだ
  │    治済────家斉
5 将軍  (数字は就任順)  ┈┈ 養子関係  三卿
```

3 囲米

◀社倉(広島県竹原市, 福田社倉) 1780年に設置された社倉で, 1874年まで利用されていた。松平定信は囲米を実施し, 凶作にそなえた穀物倉として, 社倉や義倉を設置させた。

6 札差

◀浅草御蔵(三井文庫蔵『浅草御米蔵図』) 全国の幕領からの年貢米は, 本所と浅草の米蔵(3万6650坪)に集められた。御蔵の北側が, 旗本や御家人の代理として蔵米を売却する商人, 札差が住んだ蔵前である。

4 人足寄場

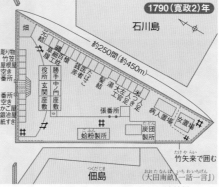

1790(寛政2)年

石川島

約250間(約450m)

佃島 (大田南畝『一話一言』)

🔲解説 人足寄場 江戸の石川島沿いの葭原に設置された, 一種の授産所(敷地は約5万2800m²)。江戸の治安対策と授産更正の場を与えようと, 無宿人や軽犯罪者を収容し, 職業技術を学ばせて, 教化をおこなった。

▲佃島公園内に復元された石川島の灯台 1866年, 人足寄場奉行が隅田川河口や品川沖を航行する船舶の安全のため, 石川島南東角に灯台を建設した。人足寄場は, 石川島と佃島間の三角州に設けられた。

5 七分積金 5-① 七分積金とは

町入用(地主・家主の負担)

年間五万五〇〇〇両	町入用
	節約分 七〇〇〇両

7分(70%) 積立金 (三万五〇〇〇両)
飢饉や災害の救済・江戸町会所で運用
節約分を還元

2分(20%) 地主への返還

1分(10%) 予備金

●1791(寛政3)年12月布告

5-② 明治になってからの七分積金の用途一覧

収入	町会所積金収入	63万5549円余
支出	町会所積金支出	46万8223円余
支出	社会事業費(養育院費諸経費)	4万5102円余
支出	ガス灯などの事業費	17万3804円余
支出	教育費(商法講習所, のちの一橋大学の経費)	2万3213円余
支出	その他(公債証書や貸金など)	約22万5000円余

(東京都『都市紀要7 七分積金』による)

🔲解説 七分積金 幕府は, 町入用の節約分の7割を積立させ, 江戸町会所に運用させた。明治に入り, 当時まだ地方財政が確立し得ない状況において, 東京府では, 町会所積金が上の表のように, 社会事業費やガス灯などの事業費, 教育費, その他に利用されていた。

7 棄捐令

①札差は貸金放棄(棄捐)	1784年以前の貸金=年利18%とすると1789年で利子が元本を超えている
②年利18%→6%に下げて年賦返還	元本を回収していない1785～89年8月分までの貸金
③年利12%で営業	1789年9月からの貸金

🔲解説 棄捐令 札差の棄捐令の損害は約120万両といわれているが, 札差の営業については配慮している。③については幕府から営業資金を融資する。

長谷川平蔵 池波正太郎の小説『鬼平犯科帳』の主人公鬼平は, 火付盗賊改の長谷川平蔵(1745～95)がモデルである。火付盗賊改とは, 江戸市中の火災・盗難の防止に当たった役目で, 平蔵は江戸石川島の人足寄場設置を建議し, 1790年に松平定信より管理を任された。当時, 江戸に徘徊する無宿人らを強制収容して, 打ちこわしの発生を防ぐことを目的とした。

Question p.198 4 の人足寄場の図を見て, 無宿人たちに, どのような授産更生の場を与えていたかを読み取ってみよう。

第3部 近世

1 寛政異学の禁

柴野栗山の建言→朱子学の官営化

聖堂学問所(林家の家塾)において,朱子学を正学とし,それ以外の異学を教授することを禁止

儒者 柴野栗山・尾藤二洲・岡田寒泉(寒泉のあとに古賀精里)を登用(寛政の三博士)

↓

寛政の改革後の1797年に幕府直轄の学問所となり,昌平坂学問所と改称

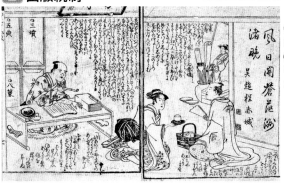

◀◀湯島聖堂(『聖堂絵図』,左)と聖堂学問所での講義(『聖堂講釈図』,下) 1790年,定信は朱子学を正学とし,それ以外の学派を異学とした。これにより聖堂(1797年に官学となる)の学問所では異学を教授することが禁止された。

2 出版統制

▶山東京伝(東京都立中央図書館蔵『堪忍袋緒〆善玉』) 京伝(1761～1816)の黄表紙に出てくる京伝本人(左)と蔦屋重三郎。寛政の改革により,京伝は処罰された。

▶『海国兵談』(林子平著,1791年刊) 子平は江戸湾岸の防備を強調する海防論を主張したが,幕府は幕政批判として,翌年に子平を処罰,版木を没収した。

3 尊号一件

3-① 天皇家略系図

```
         1        2        3          5
        東山 ─ 中御門 ─ 桜町 ──── 後桜町
         (東山)  (中御門)  (桜町)    (後桜町)
                                   6
                          桃園 ─ 後桃園
         (閑院宮家祖)             (桃園)(後桃園)
                         4        7
        直仁親王 ─ 典仁親王 ─ 光格
        (直仁親王) (典仁親王) (光格)
```

数字は皇位継承順　　赤字は女性天皇

▲光格天皇
(1771～1840)

▲尊号一件関係文書入箱「決而不可開封」と定信の自筆があるが,尊号一件関係の文書は三重箱に秘し収められ,厳封して一切の他見を許さなかった。この箱はその中箱にあたる。天理大学附属天理図書館蔵／奈良県

■解説 尊号一件と大御所問題 閑院宮典仁親王の子であった光格天皇は,父典仁親王の序列は摂関家よりも下であることに不満を抱き,実父に太上天皇の尊号を贈ろうとした。1788年に議奏の中山愛親らが幕府に通達すると,翌年松平定信は皇位についていない者に尊号を贈るのは先例のない事として反対。1791年12月,朝廷は,参議以上40名の公卿のうち大半の公卿の賛意を得て尊号宣下の強行を決定。定信は議奏の中山・武家伝奏の正親町公明ら2名を江戸に招換し,その後に公家の処罰をおこなった(尊号一件)。同時期,幕府内では11代将軍家斉が実父の一橋治済に対して大御所の尊号を贈ろうとしていた。定信は,将軍に対しても同様に対処せざるをえず(大御所問題),結果,家斉の機嫌を損ね,事件後に松平定信が解任される遠因となった。

4 藩政改革

天明～寛政期の藩政改革の特色

①藩財政の引締め…藩士の綱紀の引締めと倹約
②農村の復興…田畑の再開発,特産物の生産
③財政収入の増加…専売制の強化
④藩校設立による人材の登用

佐竹義和(1775～1815) 秋田藩主

天明の飢饉後,疋田定常・大越範国らの補佐を得て,藩政改革を断行した。人材登用による政務の刷新をおこない,郡奉行をおいて農村の振興をはかった。また,藩校明道館(のち明徳館)を設立して,人材育成をはかった。桑・藍・紅花などの商品作物の栽培を奨励し,藩内の産業発展に寄与した。

▲明徳館 秋田藩主佐竹義和が1789年に設立した藩校で,藩政を支える優秀な人材を育成しようとした。

上杉治憲(鷹山)(1751～1822) 米沢藩主

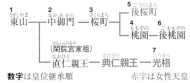

大倹約令を出して財政整理をおこない,米沢織の振興,商品作物の栽培などの殖産興業をおこなった。藩校興譲館を創設し,折衷学派の儒学者細井平洲を招き,藩士・百姓の文教教化を進めた。

◀元禄の聖堂 1697年米沢藩主上杉綱憲が築いた聖堂「感麟殿」。米沢藩主上杉治憲(鷹山)は,この聖堂と学問所を継承し,1776年藩校「興譲館」を創設した。

細川重賢(銀台)(1720～85) 熊本藩主

宝暦の改革をおこない,御用人堀勝名を大奉行に登用し,法制を整備した。藩校時習館を設立して人材育成にもつとめ,医学校再春館を設立した。また,再検地をおこなったほか,櫨方役所を設置して商品作物の専売を強化し,藩政改革の成果をあげた。

▶時習館跡(熊本城二の丸広場) 1755年細川重賢が創設した藩校で,武士や町人の身分を問わず入学を許し,朱子学を中心に学問させて人材を養成した。

松平治郷(不昧)(1751～1818) 松江藩主

天災と飢饉で疲弊した藩財政に対して,家老朝日茂保は,藩の負債の棒引き,年貢増徴政策,倹約などにより,財政再建をおこなった。松江塗を奨励した上,出雲焼を復興するなど,殖産興業につとめ,藩校を明教館と改称して,学問も奨励した。

Answer「縄細工」「髪結」「大工」「左官」「人足」などの文字が見え,いわば職業訓練による自立支援がおこなわれていたことがわかる。

第**3**部 近世

第3部 近世

1 19世紀前半の社会

1-① 19世紀前半の社会の流れ

1776	アメリカ独立宣言
1789	フランス革命（〜99）
1796	白蓮教徒の乱（〜1804，清）
1804	ナポレオン，皇帝に即位（仏）
1806	大陸封鎖令
1812	ナポレオン，ロシア遠征
1814	ウィーン会議（〜15）
1823	モンロー教書（米）
1830	七月革命（仏）
1840	アヘン戦争（〜42，清）
1846	アメリカ＝メキシコ戦争（〜48）
1849	ゴールドラッシュ（米）
1851	太平天国の乱（〜64，清）
1856	第2次アヘン戦争（〜60，清）

1-② 19世紀前半の世界

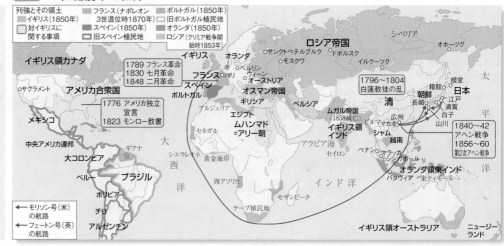

2 ロシア船の来航 2-① ロシアの領土拡大

◀エカチェリーナ2世（1729〜96）　ヨーロッパでの勢力を拡大したロシアの女帝。皇帝ピョートル3世の皇后であったが，クーデタで皇帝を廃位させ，自ら女帝として即位した。

◀ラクスマン（1766〜96？）と大黒屋光太夫（1751〜1828，『幸太夫と露人蝦夷ネモロ滞居之図』）　光太夫は，1782年，アリューシャン列島に漂流した。その後，ラクスマン（右端）は，1792年エカチェリーナ2世の命で，通商要求を目的に光太夫（左から3人目）らの漂流民をともない根室に来航したが，通商は拒否され長崎入港を許可する信牌をうけて，帰国した。

◀大黒屋光太夫と磯吉（『大黒屋光太夫・磯吉画帖』）　金のメダルをかけた青い服が光太夫，赤い服はともに漂流した磯吉。鈴鹿市蔵

▼レザノフ上陸（『レザノフ来航絵巻』）　1804年，レザノフは長崎に来航して通商を要求したが拒否され，翌年の退去時に部下に択捉島・樺太南部を攻撃させた。下図はレザノフが長崎奉行所に出頭している様子。

▶レザノフ（1764頃〜1807）　ロシアの貴族で，ロシア領アメリカ会社総支配人。第2次ロシア使節として，1804年に通商を求めるため長崎に来航したが，幕府の拒否にあい失敗。日本人の応接の非礼に憤激した。

3 北方領土探検 3-① 北方探査図

	凡例
——	最上徳内1786
----	最上徳内・近藤重蔵 1798〜99
——	伊能忠敬1800
——	近藤重蔵1807
——	間宮林蔵1808
----	間宮林蔵1808〜09
●	運上屋・会所

ゴローウニン事件（露）1811〜13年

ラクスマン来航（露）1792年

◀近藤重蔵（1771〜1829）　幕臣。1798年，松前蝦夷御用取扱となり，1807年まで4回にわたり蝦夷地の探査に当たった。択捉島には「大日本恵土（登）呂府」の標柱を立てた。

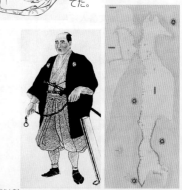

◀間宮林蔵（松岡映丘筆，1775？〜1844）　江戸後期の北方探検家・測量家。1808年の幕命により，樺太を調査し，樺太が島であることを確認し，海峡（間宮海峡）を発見した。右上の樺太地図（『北夷分界余話』）は，間宮が実測したもので，樺太が島であることを示している。

1 列強の接近と幕府の対応

	列強の接近		幕府の対応	
家治	1778〜79（安永7・8） 露船ナタリア号が，蝦夷地に来航（通商を求めたが，松前藩は拒否）	天明間	1783 工藤平助の『赤蝦夷風説考』の意見採用→p.194	1
			1784 田沼意次による蝦夷地開拓を計画	
			1785 最上徳内を蝦夷地へ派遣	
家斉	1792（寛政4） ロシア使節ラクスマン根室に来航。漂流民（大黒屋光太夫ら）を伴い，エカチェリーナ2世の命で通商を要求（幕府は通商を拒絶。長崎入港を許可する証書〈信牌〉を渡し，帰国させる）	寛政・享和年間	1792（寛政4） 林子平が『三国通覧図説』『海国兵談』で海防を説いたことを幕府批判として処罰	
			1798（寛政10） 近藤重蔵・最上徳内ら，択捉島を探査（「大日本恵土（登）呂府」の標柱をたてる）	
			1800 伊能忠敬，蝦夷地を測量	
			1802（享和2） 東蝦夷地を直轄地とする	
	1804（文化元） ロシア使節レザノフ，長崎に来航（通商を要求するが，幕府は拒絶）	文化・文政年間	1806 文化の撫恤令（薪水給与令）	
	1806 ロシア船が樺太を襲撃		1807（文化4） 松前藩と蝦夷地をすべて直轄（松前奉行の支配下のもとにおき，東北諸藩を警護に当たらせる）。近藤重蔵，西蝦夷地を探査	
	1807 ロシア船が千島を襲撃			
	1808（文化5） フェートン号事件（英軍艦フェートン号，長崎に侵入）❶		1808〜09 間宮林蔵，樺太とその対岸を探査（間宮海峡の発見）	
	1811（文化8） ゴローウニン事件（ロシア軍艦長ゴローウニン，国後島に上陸して捕らえられ，箱館・松前に監禁）		1810 白河・会津両藩が江戸湾防備を命じられる	
			1813（文化10） 高田屋嘉兵衛の送還でゴローウニンを釈放	
	1824（文政7） 英船員，大津浜に上陸（常陸）❷。英船員，宝島に上陸（薩摩）❸。		1821 蝦夷地を松前藩に還付	
			1825 異国船打払令（無二念打払令）	
			1828 シーボルト事件	
家慶	1837（天保8） モリソン号事件（米船モリソン号，浦賀と山川で砲撃される）❹	天保年間	1839（天保10） 蛮社の獄（渡辺崋山・高野長英らを処罰）4	
	1842（天保13） アヘン戦争（1840〜42。清が英に敗れ，南京条約を締結）		1842（天保13） 天保の薪水給与令（異国船打払令を緩和）	
	1846（弘化3） 米東インド艦隊司令長官ビッドル，浦賀に来航❻	弘化・嘉永年間	1844 オランダ国王開国勧告（幕府は拒絶）❺	
			1846 ビッドルの通商要求拒絶	
家定	1853（嘉永6） 米東インド艦隊司令長官ペリー，浦賀に来航❼。露使節プチャーチン，長崎に来航❽		1853（嘉永6） 大船建造の禁を解く	
			1854 日米和親条約・日露和親条約・日英和親条約締結	
			1855 日蘭和親条約締結	

ゴローウニン事件と高田屋嘉兵衛

ロシア海軍軍人ゴローウニン（1776〜1831，左）は，1811年，ディアナ号艦長として千島列島を測量中，国後島で松前奉行支配下の南部藩士に捕らえられた。これに対して，翌年，ロシアが淡路の商人高田屋嘉兵衛（右）を抑留し，1813年送還された嘉兵衛の尽力と釈明で，ゴローウニンは釈放，嘉兵衛も帰還した。

2 蝦夷地支配の変遷

1669	シャクシャインの戦い
1786	最上徳内，千島を調査する
1789（寛政元）	クナシリ・メナシの蜂起←松前藩により鎮圧
1792	ロシア使節ラクスマン，根室に来航
1798（寛政10）	近藤重蔵・最上徳内ら，択捉島に「大日本恵土（登）呂府」の標柱を設置
1799	幕府，東蝦夷地を直轄地にする
1800（寛政12）	伊能忠敬，蝦夷地を測量する 八王子千人同心100人が入植
1802（享和2）	幕府，蝦夷奉行（のち箱館奉行）設置
1804	ロシア使節レザノフ，長崎に来航
1806（文化3）	ロシア船，翌年にかけて樺太・択捉などを襲う
1807（文化4）	幕府，西蝦夷地を直轄地にする。箱館奉行を廃し，松前奉行をおく
1821	幕府，東西蝦夷地を松前藩に返す
1854	幕府，箱館地方を直轄地にする

第❸部 近世

3 列強の接近

❶フェートン号事件（英）
1808年 英軍艦フェートン号が蘭船を捕獲の目的で長崎湾内に侵入。薪水などを強奪して退去。長崎奉行松平康英は自刃。

❿対馬占拠事件（露）
1861年 ロシア軍艦がポサドニック号が対馬を占拠，租借権を要求した。英公使オールコックの干渉で，約半年後に退去。

❺オランダ国王開国勧告（蘭）
1844年 ウィレム2世が将軍家慶へ開国勧告するが，翌年，幕府は鎖国を貫き拒絶。

❸英船員宝島上陸（薩摩藩）
宝島に上陸し，牛を奪おうとした英船員を島民が射殺。

❼ペリー来航（米）
1853年 東インド艦隊司令長官ペリーは，サスケハナ号を旗艦として浦賀に来航。久里浜に上陸し，米大統領フィルモアの国書を提出。翌1854年，ポーハタン号を旗艦として再来日し，日米和親条約の締結に成功。

❷英船員大津浜上陸（常陸）
1824年 英捕鯨船員が大津浜に上陸し，薪水・食料を要求。水戸藩は彼らを捕え，会沢安が取り調べた。翌年，幕府は対応措置として異国船打払令を発令。

❻ビッドル来航（米）
1846年 浦賀沖にコロンバス号で来航。通商を要求するが，幕府は拒絶。

❾ハリス着任（米）
1856年 初代駐日総領事として，下田に着任。清が第2次アヘン戦争の結果，英・仏と天津条約を結んだことを利用して通商を迫り，58年，日米修好通商条約の調印に成功。

❽プチャーチン来航（露）
1853年 長崎に来航。54年下田にディアナ号で来航し，日露和親条約を調印。58年，江戸で日露修好通商条約を締結。

❹モリソン号事件（米）
1837年 アメリカの貿易商社が，日本人漂流民7人の返還と貿易交渉のためモリソン号を日本に派遣。浦賀に到着したが砲撃をうけ，退去。薩摩の山川でも，再び砲撃をうけ，マカオに引き返した。この事件について，渡辺崋山は『慎機論』，高野長英は『戊戌夢物語』を書いて幕府の対外政策を批判したため，翌年蛮社の獄がおこった。

（地図中の地名）
箱館／新潟／大津浜／水戸／神奈川（横浜）／江戸／兵庫（神戸）／京都／大坂／対馬／下関／浦賀／戸田／下田／長崎／鹿児島／山川／宝島／奄美大島

4 蛮社の獄

△渡辺崋山（1793〜1841）三河田原藩の江戸年寄役。蘭学の研究に打ち込み，『慎機論』を著したが，蛮社の獄で自刃した。谷文晁に絵画を学び，肖像画の作品をのこしている。

△高野長英（1804〜50）陸奥水沢の医師・蘭学者。『戊戌夢物語』を著す。蛮社の獄で永牢処分となり，のち逃亡の末，自害した。

◁モリソン号 アメリカの帆船であったが，渡辺崋山らは，船名のモリソンを著名な英学者のことと誤解していた。

Answer 1808年のフェートン号事件に加え，1824年に大津浜と宝島で事件が起きて，日本人と異国人との接触を遮断する意図があった。

1 大御所時代(1793〜1841)

特色	11代将軍家斉の治世 大御所としても実権を握る(大御所時代)
政治と政策	老中水野忠成の賄賂政治→政治の腐敗 奢侈な生活→財政破綻，貨幣改鋳の利益 関東農村の治安混乱(無宿人の増加)→関東取締出役の設置(1805)→寄場組合の結成(1827)
結果	放漫な政治→商品貨幣経済・農村工業の進展，都市人口の増加 天保の飢饉(1833〜39頃) →物価騰貴，生活の破綻 →百姓一揆・打ちこわしが頻発 大塩の乱(1837)：「窮民救済」を掲げ，大坂で挙兵 →幕府の威信は失墜 化政文化の開化：江戸を中心に開化，町人文化の爛熟

◀徳川家斉(1773〜1841) 11代将軍(在職1787〜1837)。一橋家から将軍に就任。寛政の改革後の1793〜1841年，将軍または大御所として実権をにぎる大御所時代を現出した。

▶東京大学赤門(旧加賀藩御守殿門) 朱塗りの門は，1827年，家斉の女子溶姫の加賀前田家輿入れのためにつくられたもの。

1-① 大奥

▶解説 江戸城は表・奥・大奥の三つからなり，大奥には将軍の正室や側室が居住した。

2 江戸っ子と「いき」

▶助六 18世紀後半より史料にあらわれる「江戸っ子」といわれる人々は，「いき」を身上とし，歌舞伎十八番の一つ『助六由縁江戸桜』の主人公「花川戸助六」に憧れ，助六の扮装をまねた。

◀「江戸両国橋夕涼大花火之図」 川開きとして始まった両国の花火は江戸の夏の風物詩。

3 博徒

◀博徒(『徳川幕府刑事図譜』) 博打を渡世とする者で，多くは人別帳からはずれた無宿人たちであった。博徒の親分として国定忠治や清水次郎長は有名。
明治大学博物館蔵

◀国定忠治(1810〜50) 上野国の国定村出身。若くして博徒となり，赤城山中を根城に，上州・信州一帯で活動した。碓氷の関所を破った罪で磔となった。

4 関東取締出役と寄場組合

4-① 寄場組合

関東農村の荒廃・治安悪化
貧農の拡大→無宿人の増大
↓
関東取締出役＝広域警察力の強化

大組合(10前後の小組合)
大惣代(寄場役人)

小惣代(名主)	小惣代(名主)	小惣代(名主)
5〜6カ村 小組合	5〜6カ村 小組合	5〜6カ村 小組合

治安維持

▲解説 寄場組合(改革組合村) 1827年，幕府は関東のすべての農村に対し，寄場組合(改革組合村)を結成させた。近隣3〜6カ村で小組合(10前後の小組合を大組合とした)をつくり，世話役の名主を小組合は小惣代，大組合は大惣代とよんだ。

4-② 上州の寄場組合

▶解説 上州の寄場組合 上州の1102カ村は，37の寄場組合に編成され，各組合は関東取締出役の指示のもとに連携し，治安維持にあたった。図の木崎・尾島・伊勢崎の寄場組合では，支配組織が入り組んだ状況にあり，国定忠治は，その間隙をついて活発に活動していた。

□ 幕府直轄領	□ 伊勢崎藩領 □ 譜代小藩領
□ 旗本知行所	□ 旗本相給地
□ 幕府・旗本・(藩領)相給地	(1827年)

5 天保の飢饉

◀救い小屋(『荒歳流民救恤図』) 幕府は天明の大飢饉の経験を活かして，江戸神田佐久間町などに21棟の小屋を建てて，5800人を収容した。国立国会図書館蔵

6 大塩の乱

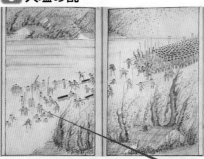

◀▲大塩平八郎(左)と大塩の乱(上，『出潮引汐奸賊聞集記』) 大坂町奉行所の元与力大塩平八郎(1793〜1837)は，家塾洗心洞で陽明学を教授していたが，天保の飢饉の時，大坂町奉行の無策ぶりに憤り，1837年，周辺農民と「救民」の旗(右下の図)を掲げて武装蜂起した。乱は半日で鎮圧され，大塩は自害した。

7 天保期頃のおもな一揆

▼解説 各地の一揆—
大塩の乱は半日で鎮圧されたが，幕府や諸藩に大きな衝撃を与えた。国学者生田万は，大塩門弟と称して越後柏崎で陣屋を襲撃した(生田万の乱)。郡内騒動と加茂一揆は，いずれも「世直し」を求めて起こした大規模な一揆である。その後，近江一揆や三閉伊一揆をはじめ，幕末にかけ，各地に一揆が頻発していった。

世直し一揆
加茂一揆 1836(天保7) 三河
生田万の乱 1837(天保8) 越後
大塩の乱 1837(天保8) 摂津
三閉伊一揆 1853(嘉永6) 陸奥
近江一揆 1842(天保13) 近江
郡内騒動 1836(天保7) 甲斐 世直し一揆

Question p.203 ⑤の上知令が出されたねらいは，どのようなところにあったのだろうか。

天保の改革，経済の変化 203

1 天保の改革 (1841～43, 12代将軍家慶，老中水野忠邦)

特色	復古理想主義	享保・寛政の改革にならい，支配体制をゆるがす内憂外患に対応するため，幕府権力の強化をめざす
政策	生活緊縮	倹約令(1841，ぜいたく品や華美な衣服を禁止) 歌舞伎の江戸三座を場末の浅草に移転を命じる(1841) 人情本の為永春水，合巻の柳亭種彦を処罰(1842)
	社会・経済統制	株仲間の解散(1841)貨幣改鋳。棄捐令 人返しの法(1843，貧民の帰村を強制する)
	政治統制	西洋砲術の採用(1841，高島秋帆が徳丸が原で練兵) 天保の薪水給与令(1842，異国船打払令の緩和) 印旛沼の干拓工事→水野の失脚で中止(1843) 三方領知替え(1840年発令，1841年撤回) 上知令(1843，江戸・大坂周辺を直轄地とする→撤回)
結果		諸層の不満が激化し，改革に失敗。幕府権力は衰退

◁水野忠邦
(1794～1851) 浜松藩主。老中首座となり，天保の改革を断行した。上知令の失敗で老中失脚となった。

◁徳川家慶
(1793～1853) 12代将軍(在職1837～53)。水野忠邦に，天保の改革を実施させた。忠邦の失脚後，阿部正弘を任用し，時局に対処したが，ペリー来航時に死去。

2 江戸三座の浅草移転

△三座の移転　天保の改革における風俗取締令によって，中村座・市村座・森田座のいわゆる江戸三座は，郊外の浅草寺裏手の猿若町へと移転が命じられた。　早稲田大学演劇博物館蔵／東京都→p.195 2-②

3 人返しの法

	江戸生まれ	他国生まれ
1832(天保3)年 (54万5,623人)	76.0%	24.0%
1843(天保14)年 (55万3,257人)	70.2%	29.8%

(南和男『幕末江戸社会の研究』による)

解説　天保の大飢饉にともない，他国生まれの百姓たちが，大量に江戸に流入したことがうかがえる。天保の改革では，江戸の人別改めを強化し，百姓の出稼ぎを禁じて，江戸に流入した人々を強制的に帰農させようとした。

4 三方領知替え

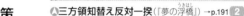

△三方領知替え反対一揆(『夢の浮橋』)→p.191 2

解説　1840年，幕府は武蔵川越藩の松平家を出羽庄内藩に，庄内藩の酒井家を越後長岡藩に，長岡藩の牧野家を川越藩に転封させることを計画した。ところが，酒井家や庄内・水戸藩は反対。庄内藩領民の老中への駕籠訴をともなう反対一揆が起こった。

5 上知令

御料所の内薄地多く，納免合相劣り，……当時御料所より私領の方高免を得え共，三ツ五ツよりも宜敷候。御定免の通りも之無く候間，折角上知相願候得共，右の儀も存じ奉り候。此度江戸大坂最寄御取締として上知仰せ付けられ候。合の儀も多く之有り候もの，不必都て土地多く之有り，其の余の飛地の領分にも高免の場所之有り，御沙汰次第差上ヶ，代知の処は如何ニも苦しからず候得共，三ツ五ツの折角上知相願候詮も之無く候間，御料所の内薄地多く，り三ツ五分二過ぎざる土地下され候得ば，有難く安心仕るべく候。
(『天保法制』)

| 上知令 |

解説　1843年，幕府は江戸・大坂周辺の土地あわせて約50万石を直轄領とし，それを江戸・大坂周辺から全国におよぼし，大名の飛地を整理しようとした。その結果，年貢課税率の高い私領を幕領とすることで，幕府財政を補塡するだけでなく，領知替えの実施によって将軍の権威を再認識させ，海防の強化を意図していたといわれている。

6 海防政策

◁大砲による実射訓練(『徳丸原演習図』)　1841年，江戸郊外の徳丸が原でおこなわれた，銃隊99人，砲隊24人による西洋式戦術訓練の様子を描いたものである。幕府は，長崎町年寄兼鉄砲方の家に生まれ，オランダ人より近代西洋砲術を学んだ高島秋帆を長崎から招き，実射と野戦砲の訓練をおこなった。秋帆は，当時，清がアヘン戦争に敗れたことは，西洋砲術の差によるものだとする進言をおこない，水野忠邦に採用されたのである。

7 経済の変化

問屋制家内工業
地主・問屋商人
(原料・器具の前貸)
→ 製品 農家 / 製品 農家 / 製品 農家

工場制手工業
(マニュファクチュア)
地主・問屋商人
作業場(工場)
分業(奉公人)―分業(奉公人)
分業(奉公人)―分業(奉公人)
協業で製品化

江戸前期－酒造業(伊丹・池田・灘)
江戸後期 絹織物業(西陣・桐生・足利)
　　　　 綿織物業(尾張)

解説　手工業の発達　19世紀に入ると，分業と協業による手工業的生産の工場制手工業(マニュファクチュア)がおこなわれるようになった。

◁織屋の図(『尾張名所図会』)　19世紀前半，糸繰りから高機を用いた綿織物の生産まで，女性たちが分業と協業をおこなっている様子である。

二宮尊徳と大原幽学

△二宮尊徳　　△大原幽学

二宮尊徳(1787～1856)は，諸藩の農村の復興を手がけて手腕を発揮し，1842年，水野忠邦に抜擢されて幕臣となり，農村復興につとめた。勤労・倹約を中心とする事業法が報徳仕法で，その活動は尊徳の死後も報徳運動として続けられた。一方，大原幽学(1797～1858)は，諸国を遍歴したのち，下総香取郡長部村に土着し，土地共有組織である先祖株組合をつくり，相互扶助を説き，農村復興を指導した。

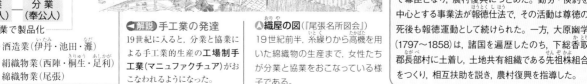

Answer　江戸・大坂周辺の約50万石の地を直轄にすることで，年貢課税率の高い私領を幕領にし，財政の安定や対外防備の強化を図ろうとした。

第3部 近世

1 朝廷の動き

▶復活した天皇号（『雲上明覧』）村上天皇以来絶えていた天皇号は、874年ぶりに光格天皇から復活した。国立国会図書館蔵／東京都

2 藩政改革

① 薩摩（鹿児島）

藩主島津重豪が調所広郷を登用。500万両の負債を無利息250年という長期年賦返済で棚上げ。奄美三島（大島・徳之島・喜界島）の黒砂糖の専売制強化。琉球王国との貿易増大。島津斉彬は洋式工場群（集成館）を建設。

② 長州（萩）

藩主毛利敬親が村田清風を登用。銀8.5万貫（約140万両）の負債を37カ年賦で整理。紙・蠟の専売制を改革。下関に越荷方をおいて、廻船の積荷の委託販売をして利益を得る。

③ 肥前（佐賀）

藩主鍋島直正（閑叟）が均田制を実施し、本百姓体制を再建。陶磁器の専売を進め、反射炉を備えた大砲製造所を設けるなど、藩権力を強化。

④ 土佐（高知）

藩主山内豊信（容堂）の改革。改革派おこぜ組が支出の緊縮をおこない財政再建につとめるが失敗。その後、吉田東洋らを登用し、紙・木材などの専売を強化する。

⑤ 水戸

藩主徳川斉昭が藤田東湖・会沢安らを登用し、全領の検地、弘道館を設立。藩内保守派の反対で改革は不成功。

⑥ 宇和島

藩主伊達宗城の改革。紙・楮・蠟の専売強化。強兵策として、村田蔵六（大村益次郎）を招いて兵備の近代化を図る。

⑦ 越前（福井）

藩主松平慶永（春嶽）が橋本左内・由利公正らを登用し、教育の普及や軍備改革をおこない、貿易振興策によって財政を再建。

3 藩政改革と藩専売制

西南雄藩といわれるが、西日本の諸藩を中心に藩政改革が進められていたことがわかる。そこでは、中・下級武士の有能な人材を登用して、財政再建と藩権力の強化が進められた。また、雄藩で設置された洋式工場は、明治維新後に官営の模範工場となった。

藩専売品・国産品・統制品（10万石以上の藩、幕末期をのぞく）

弘前 漆・織物
秋田 材木・漆・銅・蚕種 蚕・桑・椿・絹・海産物
盛岡 紫根（染料の原料） 鉄・海産物
庄内 漆・蠟・蚕
米沢 漆・蠟・青苧 桑・楮・縮・蚕
仙台 塩・漆・鉄 紅花・海産物
二本松 蚕種
会津 漆・蠟・人参 糸・塗物・陶器
高田 漆・炭
金沢 絹・紙
大聖寺 陶器
松代 糸・紬
富山 薬・陶器・塗物
前橋 生糸
水戸 ⑤ 紙・漆・塗物 煙草・薪炭 こんにゃく
福井 ⑦ 紙・糸布・蠟
小浜 木綿糸
宮津 縮緬
名古屋 材木・染物・縮緬 木綿・陶器・藍
小田原 漆
佐倉 炭
韮山
鳥取 鉄・蠟 木綿・藍
松江 鉄・蠟・櫨 漆・鍋釜 人参・木綿
岡山 木綿・塩・織物・繰綿
明石 菜種・木綿
安濃津 油
彦根 縮緬・生糸・蚊帳 麻布・布
萩 ② 塩・菜種 紙・蠟 藍・木綿
福山 綿 畳表
松山 塩・紙
高松 木綿・塩 砂糖
広島 綿・鉄・実綿 繰綿・楮 紙・木材 油・藍
和歌山 蜜柑・縐糸 砂糖・寒天
姫路 塩・木綿・陶器 砂糖・絹織物・藍 竜安石・革
対馬 人参
小倉 蠟・石炭
久留米 蠟・紙
福岡 塩・紙 石炭
佐賀 ③ 陶器・櫨 肥前
長崎
熊本 紙・楮・櫨・蠟
高知 ④ 楮・砂糖 紙
宇和島 ⑥ 紙・蠟
徳島 櫨・塩・藍・楮 紙・薬種・綿・砂糖
鹿児島 ① 蠟・樟脳・砂糖・煙草・藍玉・紬

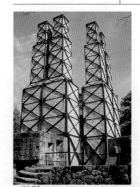

▲韮山の反射炉　幕末期、大砲製造のためにつくられた溶解炉の一種で、江川太郎左衛門（担庵）が佐賀藩につづいて製造した。

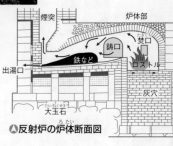

▲反射炉の炉体断面図

（図内）煙突　炉体部　鋳口　焚口　鉄など　ロストル　出湯口　大玉穴　灰穴　大玉穴

▲村田清風
（1783〜1855）
長州藩士。越荷方をおき、37カ年賦返済による財政再建を断行。

▲調所広郷
（1776〜1848）
薩摩藩の財政担当家老。下級武士から登用された調所は、1827年から藩政改革に着手し、黒砂糖の専売強化や長期年賦で財政再建をおこなった。

▲尚古集成館　1852年、島津斉彬は富国強兵・殖産興業を目的に洋式工場群を設立した。写真は、その跡地に忠義がつくった機械工場で、現在は尚古集成館となっている。

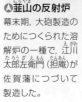

▲徳川斉昭
（1800〜60）
水戸藩主。人材の登用、藩校弘道館（→p.171 ⑥）の設立、貯穀の奨励、海防強化など、藩政改革を実施した。
（財）水府明徳会・彰考館
徳川博物館蔵／東京都

Question p.204 3 の「反射炉」の名称の由来を「炉体断面図」を見ながら考えてみよう。

第3部 近世

化政文化❶…学問・思想の動き，教育 205

1 化政文化の特色

時代	文化・文政時代中心（18C末～19C初）
中心地	江戸中心（各地に伝播）
担い手	江戸の中小商工業者
特色	・文化の庶民化と地方化 ・都市生活・文化の多様化 ・批判的精神の高揚（学問・思想）

1-① 幕府の蘭学政策

1797	寛政暦を頒行 高橋至時，『寛政暦書』を著す
1811	蛮書和解御用の設置
1821	『大日本沿海輿地全図』完成 （伊能忠敬は1818年に死去，弟子たちが完成）
1856	蕃書調所に改称

1-② 洋学の発達

幕府

1858	1860	1861	1863	1868
種痘館	種痘所	西洋医学所	医学所	医学校

1630	1690	1797		1868	1869	1877
忍岡学塾	湯島聖堂学問所	昌平坂学問所（昌平黌）		昌平学校	大学校	東京大学

1811 蛮書和解御用

1855	1856	1862	1868
洋学所	蕃書調所	洋書調所	開成学校

1863 開成所

→p.224

2 学問・思想の動き 2-① 思想家

〈化政期，封建制の維持または改良を説く経世論〉

経世論	海保青陵 (1755～1817)	藩営専売制の採用など重商主義を説き，他藩より利を取る方策を主張。『稽古談』（流通経済の仕組みなどを平易に説明）
	本多利明 (1743～1820)	開国による重商主義的国営貿易を主張。『西域物語』『経世秘策』（ともに開国交易を提案）
	佐藤信淵 (1769～1850)	諸国を遊歴し，著述につとめる。『経済要録』（産業振興・国家専売・貿易の展開を主張）『農政本論』

水戸藩の『大日本史』編纂事業（1657～1906）を中心に興った学派

9代藩主徳川斉昭を中心に，藤田幽谷・東湖父子，会沢安（正志斎）らの尊王斥覇の理論から攘夷論を展開。藤田東湖『弘道館記述義』，会沢安『新論』→影響：尊王論と攘夷論とを結びつけ，尊王攘夷論（尊王：将軍は天皇を王者として尊ぶ，攘夷：諸外国を打払う）を説き，幕末の思想に影響

後期水戸学	藤田幽谷 (1774～1826)	彰考館総裁として，『大日本史』編纂にあたる
	藤田東湖 (1806～55)	幽谷の子。徳川斉昭の側用人として藩政改革にあたり，弘道館を設立。『弘道館記述義』
	会沢安 (1782～1863)	会沢正志斎ともいう。藤田幽谷に師事し，彰考館総裁として，徳川斉昭の藩政改革に尽力。『新論』で尊王攘夷論を唱えた
尊王論	頼山陽 (1780～1832)	安芸の人。『日本政記』『日本外史』を著し，勤王思想を主張。源平から徳川氏にいたる武家盛衰を記述
国学	平田篤胤 (1776～1843)	大政委任論の立場に立つ尊王論で，幕府を否定していない。篤胤の大成した復古神道は，儒仏に影響されない純粋な古道を明らかにし，幕末の尊王攘夷論に影響をあたえた。『古道大意』『古史伝』（国学書）

19世紀初めから幕末期に広がった民衆宗教

不二道	松下千代 (1799～1872)	信州飯田出身。醤油醸造業吉本屋を営む。不二道の指導者小谷三志の教えをうけ，男女の対等と和合を説く不二道の布教，社会教化に努めた

2-② 学問研究や教育の動き

伊能忠敬 (1745～1818)	全国の沿岸を測量。『大日本沿海輿地全図』
志筑忠雄 (1760～1806)	蘭医・科学者。『暦象新書』を著し地動説を紹介
緒方洪庵 (1810～63)	蘭医。適塾を開き，福沢諭吉・大村益次郎・橋本左内らを指導
佐久間象山 (1811～64)	陽明学・蘭学・砲学を学び，開国論提唱

◁地方測量の様子　測量には里程車も用いられたが，多くは歩測を採用。忠敬は高橋至時に測量を学び，その正確さは驚異的である。

3 教育

▷松下村塾
1842年設立。長州の萩郊外にある私塾。吉田松陰門下より，高杉晋作らの尊攘倒幕派人材を輩出。

▷咸宜園　折衷学派の儒者広瀬淡窓の私塾。1817年に豊後日田に創建。高野長英・大村益次郎らも学ぶ。大分県

◁適塾（適々斎塾）　蘭医の緒方洪庵が，1838年，大坂に開いた蘭学塾。福沢諭吉ら多くの俊才を輩出。大阪府

▷鳴滝塾　シーボルトが1824年，長崎郊外の鳴滝に建てた医学塾。シーボルトは診療のかたわら西洋医学等の講義をおこなった。高野長英や伊東玄朴らが出た。

▷シーボルト(1796～1866)　ドイツ人であったが，オランダ商館の医師として1823年に来日し，鳴滝塾で医学を教授した。1828年の帰国時に，国外持出禁止の日本地図を所持していたことが発覚し（シーボルト事件），翌年に追放となった。

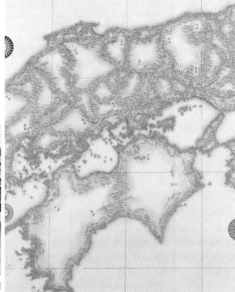

◁大日本沿海輿地全図　伊能忠敬は，隠居後に学問を本格的に開始し，1800～16年に全国の沿岸を測量した。大日本沿海輿地図は忠敬の死後3年たった1821年に，弟子たちが完成した。大日本沿海輿地とは地球または世界の意味。

▷詳しくみてみよう！
大日本沿海輿地全図

第**3**部 近世

Answer 燃焼室で発生させた熱を壁や天井に「反射」させ，隣の炉床に送って鉄を溶融・精錬したので。

第❸部 近世

1 文学

1-① おもな文学作品

滑稽本	滑稽さをもとに庶民生活を描いた小説	浮世風呂・浮世床(式亭三馬) 東海道中膝栗毛(十返舎一九)
合巻	黄表紙を数冊綴じ合わせた絵入り小説	修紫田舎源氏(柳亭種彦)
人情本	町人の恋愛を扱った読物	春色梅児誉美(為永春水)
読本	勧善懲悪を説いた歴史的伝奇小説	南総里見八犬伝・椿説弓張月(曲亭(滝沢)馬琴)
脚本		東海道四谷怪談(鶴屋南北)
俳諧		おらが春(小林一茶)
その他		菅江真澄遊覧記(菅江真澄) 北越雪譜(鈴木牧之)

1-② 滑稽本

▶東海道中膝栗毛(十返舎一九著, 1802～09年刊) 江戸っ子の弥次郎兵衛と喜多八の東海道中での失敗滑稽談。

1-③ 人情本

▶春色梅児誉美(為永春水著, 1832～33年刊) 男女の愛欲生活を描き, 女性の人気を得た。天保の改革で絶版の処分。

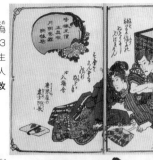

1-④ 合巻

▶修紫田舎源氏(柳亭種彦著, 1829～42年刊) 偽の紫式部, 『源氏物語』をベースにして, 大奥を描写。天保の改革で絶版。

1-⑤ 読本

▶南総里見八犬伝(曲亭馬琴著, 1814～41年刊) 八犬士による里見家再興の伝奇小説。

1-⑥ 地方の文化

◬『菅江真澄遊覧記』(菅江真澄著) 百姓の生活や風俗を記録した紀行文。

◬『北越雪譜』(鈴木牧之著, 1835～42年刊) 雪国の自然や生活を描いた随筆集。

1-⑦ 俳諧

俳諧

めでたさも中ぐらいなりおらが春
雀の子そこのけそこのけお馬が通る
うら店はいんきん蚤も外へとぶ
とく暮れよことしのやうな悪どしは

小林一茶

1-⑧ 歌舞伎の脚本

▶東海道四谷怪談の「戸板返し」 伊右衛門が戸板のお岩を引き寄せる場面。

2-② 浮世絵

◀富嶽三十六景・凱風快晴(葛飾北斎筆) 夏から秋にかけて南風の吹く快晴のもと, 朝焼けで富士山が赤く染まる。

▶東海道五十三次・金谷(歌川広重筆) 大名らの駕籠が川越人足らにより大井川を渡る様子を描く。右手山腹が金谷宿。

2 美術

2-① おもな美術作品

浮世絵	富嶽三十六景〔神奈川沖浪裏〕〔金谷〕〔凱風快晴〕(葛飾北斎) 東海道五十三次・名所江戸百景(歌川広重) 朝比奈小人嶋遊(歌川国芳)
文人画	鷹見泉石像・一掃百態(渡辺崋山)
写生画	柳鷺群禽図屏風(呉春(松村月溪))
洋風画	浅間山図屏風(亜欧堂田善)

Question p.206 2-②の浮世絵には, 大井川の川越が描かれているが, 人足らはどのように川越をおこなっていたか, 絵を見て答えよう。

1 浮世絵とジャポニスム

◀解説　19世紀後半のフランスで流行した，日本の美術品などに対する関心，いわゆる日本趣味は「ジャポニスム」とよばれた。日本の浮世絵はゴッホやマネ・モネらフランス印象派の画家たちに影響を与え，右のゴッホの「ジャポネズリー，花咲く梅の木（広重を模して）」は，歌川広重の「名所江戸百景 亀戸梅屋敷」を模倣して描かれた。

◀歌川広重「名所江戸百景 亀戸梅屋敷」(左)，ゴッホ「ジャポネズリー，花咲く梅の木（広重を模して）」(右)　広重の浮世絵は，ゴッホら印象派の画家に影響を与えた。梅の枝や花を超近景として描く奇抜な構図と，赤色から白色，緑色（赤色と補色関係）へと変化を示す鮮明な色彩にひかれたといわれる。　左 東京国立博物館蔵／東京都，右 ファン＝ゴッホ美術館／オランダ

2 文人画

▲鷹見泉石像（渡辺崋山筆，1837年）　崋山の代表的肖像画。鷹見泉石は下総古河藩家老で，渡辺崋山らと交流があった。縦115.5cm　横57.2cm　東京国立博物館蔵　国宝

▲一掃百態（渡辺崋山筆）　渡辺崋山の風俗画集で，ユーモラスな筆致で庶民の様子を描いている。渡辺崋山は，谷文晁に学び，洋画の技法も取り入れて独自の画風をつくった。画冊　縦27.0cm　横33.5cm　愛知県田原市蔵

▲みかけはこはゐがとんだいい人だ（歌川国芳筆）　奇妙な男をよく見てみると，多くの人から作られている。こうした絵は「寄せ絵」とよばれる。丸に三引の紋の人物は，鎌倉初期の朝比奈三郎義秀。斬新なデザイン力を発揮した国芳は，幕府を風刺した絵も残している。山口県立萩美術館・浦上記念館蔵／山口県

4 洋風画

▷のぞき眼鏡　眼鏡絵をみるための道具で，下においた絵を45度の角度に設置した鏡に映し，それを凸レンズで拡大して見た。

3 写生画

▲柳鷺群禽図屏風（呉春〈松村月溪〉筆）　松村月溪の代表作で，柳と岩にとまっている鳥の情景を描いている。6曲屏風　縦164.0cm　横366.0cm　京都国立博物館蔵

▲浅間山図屏風（亜欧堂田善筆）　白河藩主松平定信に才能をみいだされ，その命をうけて，洋風画・銅版画を学んだ。浅間山を写実的に描いた作品で，泥絵具を利用した肉筆の西洋画である。縦149.0cm　横342.4cm　部分　東京国立博物館蔵

Answer　数名の人足で人や駕籠を担いだり，駕籠を蓮台に載せて運んだりした。

1 民衆文化の成熟

娯楽	芝居小屋(歌舞伎・人形浄瑠璃)・猿廻し・万歳 見世物小屋・遊郭・銭湯・髪結床 読本・人情本・滑稽本・勧進相撲 縁日・開帳・富突など
旅行	湯治・物見遊山など庶民の旅，江戸・京都・浪速などの『名所図会』が刊行される

信仰	講	農山漁村などにおける同業者集団が結んだ組織 寺社参詣では代参もおこなわれる(富士講・伊勢講など)
	寺社参詣	伊勢参詣(御蔭参り)・善光寺参り・金毘羅参りなど
	巡礼	西国三十三カ所(観音信仰)・坂東三十三カ所・四国八十八カ所遍路など
	民間信仰	荒神信仰・七福神信仰・流行神・氏神などの信仰 日待講・月待講・庚申講など 五節句の祝賀＝人日(1/7)，上巳(3/3)，端午(5/5)，七夕(7/7)，重陽(9/9)

1-① 開帳

▲開帳(嵯峨開帳『猿猴庵合集』) 秘仏や秘宝を直に拝観させることで，寺社境内でおこなう場合を居開帳，他所に出張しておこなうことを出開帳といった。寺社の修造費・経営費獲得が目的で，江戸後期に盛んとなった。

1-② 富くじ

▲富突(富くじ) 賞金当ての興行。抽選は箱のなかの木札を錐で突き当てておこなうので富突といった。江戸では谷中天王寺・目黒不動・湯島天神のものを三富といった。長さ15cmほどの富札(写真右)には，興行日・興行場所などが書かれた。

1-③ 相撲

▲勧進相撲(「勧進大相撲土俵入りの図」，歌川豊国筆) 両国の回向院で開かれた勧進相撲。寺社が本堂の造営や修繕などの募金を目的として，境内において興業相撲を開催した。特設された仮小屋は，2階席，3階席まで設けられ，大勢の観客が取組を楽しんだ。18世紀後半からは頻繁に開催され，谷風・小野川・雷電などの名力士が登場すると，人気を博した。

2 信仰　2-① 御蔭参り

▲伊勢参宮宮川の渡し(歌川広重筆) 伊勢神宮への集団参拝のことを御蔭参りと称し，親や主人の許可も得ず，旅行手形も用意せずに家を出たので，抜参りともいった。江戸時代の参詣者の数としては，1705年の約370万人(この数字は，武士をのぞく全人口の約14%に当たる)，1771年の約200万人，1830年の約500万人という記録がある。この年はとくに御利益があるとされた「御蔭年」で，おおむね60年周期で回ってくると信じられていた。図は伊勢参詣者の禊の川である宮川の渡し(現，伊勢市)の賑わう様子。

2-② 四国八十八カ所巡礼

①～　札所
―　巡礼ルート
(全行程約1400km)

▶解説 四国八十八カ所巡礼
弘法大師信仰に基づいた四国にある弘法大師の霊場八十八カ所をたどる旅で，四国遍路，四国巡礼ともいった。このほか，坂東三十三カ所，西国三十三カ所などの巡礼がある。

2-③ 庚申塔

青面金剛

邪鬼

三猿

▶明和九年銘庚申塔 招福除災のため庚申の夜に集会し，夜を明かす民間信仰の組織を庚申講という。邪鬼を踏み，剣・矛・弓・矢を持つ青面金剛立像の下部に不聞・不見・不言の三猿・鶏などを刻む。光源寺／東京都

Question p.209 5-① について，1853年，ペリーが清から日本の浦賀に来航する際，どこに寄ってから来航しているだろうか。

1 開国から通商条約締結へ

将軍	老中	列強の動き	幕府の対応
12代 徳川家慶	水野忠邦	1840〜42 アヘン戦争（42 南京条約締結）	1842. 7 天保の薪水給与令
		1844. 7 オランダ国王ウィレム2世が，開国勧告の親書を提出	1845. 6 オランダ国王の開国勧告を拒絶（弘化2）
		1846.閏5 米使節ビッドル，浦賀に来航	
		1851〜64 太平天国の乱	
		1853. 6 ペリー，軍艦（「黒船」）4隻を率いて，浦賀に来航	1853. 老中首座阿部正弘，ペリー来航を朝廷に伝える（嘉永6）安政の改革始まる
13代 徳川家定	阿部正弘	7 露使節プチャーチン，長崎に来航	8 江戸湾の台場の築造に着手
			9 大船建造の禁をとく
		1854. 1 ペリー，浦賀に再来（7隻）	1854. 3 日米和親条約に調印（下田・箱館の港を開く）（安政元）
		2 ペリー上陸。条約交渉を開始	4 韮山の反射炉築造開始（57.6完成）
		10 プチャーチン，下田に来航	8 日英和親条約に調印
			12 日露和親条約に調印（国境画定）
		▶ペリー（1794〜1858）アメリカ東インド艦隊司令長官。1853年蒸気軍艦サスケハナ号に乗り浦賀に来航。	1855. 1 長崎に海軍伝習所を設置。洋学所設置（安政2）
		1855. 3 仏艦隊，下田に来航。英艦隊，箱館に来航（クリミア戦争の影響）	12 日蘭和親条約に調印
	堀田正睦	1856. 7 米総領事ハリス，下田に着任	1856. 2 洋学所を，蕃書調所と改称（安政3）
		9 第2次アヘン戦争（〜60）	4 江戸に講武所
		11 露と清の間に北京条約締結	
		1857. 5 シパーヒーの反乱（〜59）	1858. 2 老中首座堀田正睦，上京。条約勅許得られず（安政5）
		10 ハリス，将軍に米大統領の親書を提出	4 井伊直弼，大老に就任
	井伊直弼	11 ハリス，通商条約交渉を開始	6 幕府，日米修好通商条約を無勅許で調印（違勅調印）
		1858. 6 露・米・仏・英と清の間に，天津条約締結	7 幕府，蘭・露・英と修好通商条約締結
			8 外国奉行の設置
			9 幕府，仏と修好通商条約締結（安政の五カ国条約），安政の大獄
14代 家茂	安藤信正	1859. 5 英使オールコック着任	1860. 1 安藤信正老中に就任（万延元）新見正興ら条約批准のため渡米（〜60.9），咸臨丸，太平洋横断
		1860.10 英・仏と清の間に北京条約締結	

2 アヘン戦争（1840〜42年）

ネメシス号

◀アヘン戦争　英に敗北した清は，1842年南京条約を締結。清は上海など5港を開港し，香港を割譲した。図は広州で清船を攻撃する英の鉄甲艦ネメシス号。

3 アメリカの捕鯨

◀アメリカの捕鯨の図　鯨油をとるための米の捕鯨は，19世紀中頃最盛期をむかえた。捕鯨船は帆船が主流で，太平洋における寄港地の必要性があった。

4 ビッドル来航

◀ビッドル艦隊の帆走戦艦コロンバス号　1846年，ビッドルは米・中間で望厦条約締結後，開国を打診するため浦賀に来航した。まわりには日本船が取りまいた。

5 ペリー来航

5-① 艦隊の経路

◀琉球来航図（『ペリー提督日本遠征記』）ペリーは浦賀に来航する前，琉球に寄航。このほか，小笠原諸島にも寄航している。

セントヘレナ島（ジェームズタウン）53.1.10
ケープタウン 53.1.24
マデイラ島 52.12.12
ノーフォーク 1852.11.24発
モーリシャス諸島（ポートルイス）53.2.18
セイロン島 53.3.10
シンガポール 53.3.25
上海
浦賀
54.5.17 箱館
54.4.18 下田
53.5.4 上海
53.7.8 浦賀（嘉永6年6月3日）
53.4.7 香港
53.6.14 小笠原諸島
53.5.26 那覇

*江戸（浦賀・下田），那覇，香港間は1853〜54年にかけて数回往復している
*日付は最初の到着日（太陽暦）

5-② 黒船来航

▲黒船（「武州潮田遠景」）　1854年，ペリー艦隊7隻が再来航した時のものとされる。旗艦はサスケハナ号。

6 プチャーチン来航

▲▲プチャーチン（上）とヘダ号の進水式（『露国軍艦建造絵巻』）（左）　1853年，ロシア極東艦隊司令長官プチャーチンは，レザノフにならい長崎に入港。54年ディアナ号で下田に入港した際，船が安政の大地震にともなう津波で大破した。左図は55年，伊豆国の戸田村で日露が協力して新しく建造したヘダ号の進水式。

Answer ペリーは上海から琉球王国の那覇に寄り，首里城で開国を促す大統領親書を手渡した後，小笠原諸島にも渡っている。

1 安政の改革　1-① 挙国一致政策

目的	日米和親条約後の公武協調路線のもと，国防の強化など，諸外国に対する対応策を重点とした

▶阿部正弘（1819～57）備後福山藩主。

内容	新体制	①前水戸藩主徳川斉昭を幕政に参画させる ②朝廷へ報告，諸大名・幕臣への意見聴取。福井（越前）藩主松平慶永・薩摩藩主島津斉彬・宇和島藩主伊達宗城らの政治参与
	幕府の人材登用	川路聖謨〔勘定奉行〕，岩瀬忠震・永井尚志〔目付・外国奉行など〕，勝海舟（義邦）〔長崎海軍伝習所伝習生〕，江川太郎左衛門（坦庵，英龍）〔韮山代官〕らの登用
	海防策	①江戸湾品川沖に台場を築造 ②大船建造の禁を解く ③江戸に洋学所（のち蕃書調所）・講武所→p.216 1-① を設置，長崎に海軍伝習所→p.216 1-② を設置。韮山に反射炉→p.204 3 を築造

1-② 江戸湾の警備

武蔵／江戸／品川／内海／神奈川／相模／腰越／猿島／富津／久里浜／荒崎／箸山／大浦山／剣山／三崎／安房崎／洲ノ崎／大房崎／安房／上総／旗山／走水／十石崎／観音崎／鳶ノ巣／亀ヶ崎／鳥ヶ崎／明神崎／見魚崎／亀甲岸／千代ヶ崎／羽根山／ペリー上陸地／久里浜湾／千駄崎／会津藩／川越藩／浦賀／浦賀奉行所／彦根藩／忍藩／池之台／竹ヶ岡

■弘化年間以前（〜1844）に完成
■弘化年間（1844〜48）に完成
■嘉永年間以前（1848〜54）に完成
■安政年間以降（1854〜）に完成

『ビジュアルNIPPON 江戸時代』小学館より

1-③ 台場の建設

第6台場／第3台場（現，お台場海浜公園）

▶品川台場　江川太郎左衛門の献策・指揮で築造を開始。第1〜3，第5・6台場が完成した。当初，11基計画されたが，資金不足のため，第4・7は工事中止，第8以下は未着手となった。現在第3・6台場が，国史跡として保存されている。

品川台場

▶江戸湾の警備　1847年以降，江戸湾の海外警備は川越藩・彦根藩・会津藩・忍藩が担当した。

2 ハリスの来航

▶ハリス（1804〜78）初代アメリカ駐日総領事。第2次アヘン戦争中に，清が天津条約を結んだことを機に江戸幕府に通商をせまり，日米修好通商条約の調印に成功した。

▲ハリス登城の図

3 第2次アヘン戦争（1856〜60）

◀天津条約の締結　第2次アヘン戦争中の1858年6月に英・仏・米・露と清が結んだ講和条約の調印式の様子。翌年，批准書交換のため北京に入った英・仏使節が砲撃されて，戦闘が再開した。

4 不平等条約の締結と批准

	日米和親条約（全12カ条）（1854年3月31日調印）	日米修好通商条約（全14カ条）（1858年7月29日調印）
調印者	日本全権：林韑（大学頭）／米国全権：ペリー	日本全権：岩瀬忠震・井上清直／米国全権：ハリス
内容	①永世不朽の和親，②下田・箱館の港を開く，③難破船乗組員の救助，④燃料・食料の供給，⑤片務的最恵国待遇の容認，⑥領事駐在の認可	①神奈川・長崎・箱館・新潟・兵庫の開港（下田港の閉鎖），江戸・大坂の開市，②通商は自由貿易，③開港地に居留地を設置，一般外国人の国内旅行禁止，④日本滞在のアメリカ国民への領事裁判権の容認（治外法権），⑤関税を別councの相互協定（貿易章程）で決定する協定関税（関税自主権の欠如）
列強との条約	英・露・蘭とも締結	蘭・露・英・仏とも締結（安政の五カ国条約）

◀日米修好通商条約の批准書交換　1860（万延元）年，外国奉行新見正興は日米修好通商条約批准のため，米艦ポーハタン号で渡米した。同年，新見はブカナン大統領と謁見し，正使として礼装を着用して将軍の親書を提出した。

5 おもな開港地と開市

▶ペリー箱館来航（『ペリー提督日本遠征記』）1854年4月22日，婦女子外出禁止の触が出るなか，提督副官ベンテらと奉行が会談を持った。

◀長崎の様子　1857年11月，フランスで刊行された『ル・モンド・イリュストレ』の挿絵に掲載されたもの。

箱館 1859.6 開港　1869 函館と改称
新潟 1868.11 開港
江戸 1868.11 開市
横浜（条約では神奈川）1859.6 開港
兵庫（神戸）1867.5 開港勅許　1867.12 開港
長崎 1859.6 開港
大坂 1867.12 開市
下田

▶アメリカ領事館玉泉寺（ヒュースケン『日本日記』）1856年上陸したハリスと通訳ヒュースケンらは玉泉寺を領事館とした。図にあるように，前庭には星条旗がかかげられた。下田は1854年3月に港が開かれ，1859年12月に閉鎖となった。

Question 日米修好通商条約（1858年）で開港が決められた神奈川（のち横浜）・長崎・箱館・新潟・兵庫は，いつ開港したのだろうか。

第4部 近代・現代

1 開港と貿易

貿易額	1860年以降，幕末の貿易額は急増。66年まで輸出超過。66年の改税約書による税率引き下げにより，67年は輸入額が輸出額を上まわった
貿易品	輸出品の8割以上が生糸と蚕卵紙 輸入品の8割が繊維品
貿易港	横浜港の扱高が70%以上
貿易国	イギリスが圧倒的に支配

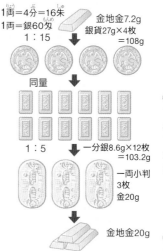

△ 開港地の横浜　横浜の町は，運上所と遊郭をはさんで奥(西側)が日本人居住区，手前(東側)が外国人居留地として形成された。波止場は当初，東西二つ設けられ，外国貿易と内国貿易は区別された。英一番館(ジャーディン・マセソン商会)をはじめ，居留地の建物は大きかった。横浜の繁栄により，生糸など輸出品の多くは生産地から横浜に直送されるようになったので，幕府は1860年閏3月五品江戸廻送令を命じて統制したが，列国の反対で効果が上がらなかった。

詳しくみてみよう！ 開港地の横浜

2 貿易の開始

2-① 貿易額・貿易品

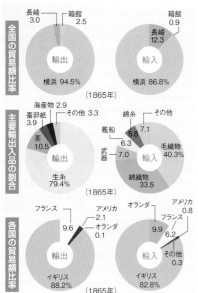

全国の貿易額比率
輸出　横浜94.5%　長崎3.0　箱館2.5
輸入　横浜86.8%　長崎12.3　箱館0.9

主要輸出入品の割合
輸出(1865年)　生糸79.4%　茶10.5　蚕卵紙3.9　海産物2.9　その他3.3
輸入(1865年)　毛織物40.3%　綿織物33.5　武器7.0　艦船6.3　綿糸5.8　その他7.1

各国の貿易額比率
輸出(1865年)　イギリス88.2%　フランス9.6　アメリカ2.1　オランダ0.1
輸入(1865年)　イギリス82.8%　フランス9.9　オランダ6.2　アメリカ0.8　その他0.3

(石井孝『幕末貿易史の研究』による)

△ 解説　取引相手国は，開国させたアメリカではなくイギリスが第1位。アメリカは，南北戦争(1861〜65年)によって，貿易額は激減した。

2-② 輸出入商と蚕卵紙

△ 輸出入商　外国人への輸出商品を扱う売込商らが，横浜で生糸を売りこんだ。また，外国人から輸入品を買い，売りさばく商人を引取商とよんだ。

△ 蚕卵紙(蚕種紙)と蛾輪　一般的には一つの紙をいくつかに区切り，その上に蛾輪をおき，それぞれの蛾輪のなかに蛾を入れ，卵を産みつけさせた。当時，仏・伊で蚕の病気が流行して生糸の値が高騰しており，生糸とともに蚕卵紙は重要な輸出品となった。

3 金銀比価の違い

1両＝4分＝16朱
1両＝銀60匁
1：15

金地金7.2g
銀貨27g×4枚＝108g

同量

1：5
一分銀8.6g×12枚＝103.2g
一両小判3枚　金20g

金地金20g

◁ 天保小判　1837〜43年鋳造。文政小判より小型となった。1859年鋳造の安政小判は重さがさらに2割減った。3匁＝約11.25g

△ 万延小判　1860年鋳造。金貨の流出を防ぐため，海外の金銀比価にあわせて鋳造した。そのため重さも，金の含有量も通用小判である天保小判の3分の1となった。0.88匁＝約3.3g
縦約56mm
縦約36mm

△ 解説　外国人はメキシコ銀などの洋銀(金1：銀15)を持ちこんで，1分銀(金1：銀5)と交換し，それを天保小判・安政小判(金貨)にかえて持ち帰った。幕府はあわてて金含有量の少ない万延小判に改鋳した。(→教科書p.224参照)

4 物価の高騰　茶 麦 酒 米

奉公人

△ 物価の高騰　1866年，輸出の急増により，生糸の生産が追いつかなくなったため，生糸価格は騰貴し，米価などの物価高騰にもつながった。図は，当時流行した「時世のぼり凧」と名づけられた瓦版。生活必需品の値段は高くなり，奉公人の賃金などは下落している。

5 攘夷事件

1860 (万延元)	12	ヒュースケンの暗殺
1861	2	露艦対馬占拠事件
	5	東禅寺事件
1862 (文久2)	8	生麦事件
	12	英公使館焼打ち事件(品川御殿山に建設中の英公使館を全焼させる)
1863 (文久3)	5	長州藩外国船砲撃事件
	7	薩英戦争
1864	8	四国艦隊下関砲撃事件
1868 (慶応4)	1	神戸事件
	2	堺事件。英公使パークス襲撃事件(京都)

△ 東禅寺事件　1861年5月，英公使オールコックが，長崎から帰還した翌日の夜，英公使館のあった高輪の東禅寺が水戸浪士14名によって襲われた。この結果，公使館は品川御殿山に移転。絵は，ワーグマンが描いた『絵入りロンドンニュース』の挿絵。

第4部 近代・現代

Answer　横浜・長崎・箱館は1859年開港。兵庫は1867年，新潟は1868年開港と遅れた(p.210 5)。

1 開国後の幕府の動き

		年	月	事項
13代 徳川家定		1854〈安政元〉	3	日米和親条約(神奈川条約)調印
		1855	10	堀田正睦, 老中首座に就任
		1856	7	米総領事ハリス, 下田に着任
		1857	10	将軍継嗣問題おこる 2
		1858〈安政5〉	4	井伊直弼, 大老に就任
			6	日米修好通商条約を無勅許調印
				徳川慶福を将軍継嗣に決定 2
			7	将軍家定病没
孝明天皇			9	安政の大獄(〜59) 3
			10	徳川慶福, 家茂と改名し14代将軍に就任
		1859	6	横浜・長崎・箱館の開港と自由貿易の許可
		1860〈万延元〉	1	安藤信正, 老中に就任
			3	桜田門外の変(井伊直弼の暗殺) 4
14代 徳川家茂			閏3	五品江戸廻送令
			4	日米修好通商条約批准書を交換
			10	朝廷, 和宮降嫁を勅許(公武合体政策)
		1862〈文久2〉	1	坂下門外の変(安藤信正を襲撃) 5
			2	将軍家茂と和宮の婚儀挙行
			4	安藤信正の罷免。寺田屋事件
				島津久光, 勅使大原重徳を奉じて江戸に下る
			7〜閏8	文久の改革(島津久光) 6
			8	生麦事件

2 将軍継嗣問題 (1857〈安政4〉年10月〜58〈安政5〉年10月)

背景 病弱で子供がいない13代将軍徳川家定の跡継ぎ問題(1857〜58)
ハリスが通商条約の締結を迫る

経過

一橋派	将軍候補		将軍候補	南紀派
越前藩主 松平慶永	一橋家 徳川(一橋)慶喜	対立	紀伊藩主 徳川慶福(家茂)	彦根藩主 井伊直弼 譜代大名
薩摩藩主 島津斉彬				将軍側近の幕臣 関白九条尚忠 大奥
前水戸藩主 徳川斉昭				
土佐藩主 山内豊信				水戸藩に反発する井伊直弼らが中心。将軍の血筋に近い慶福を推す
宇和島藩主 伊達宗城				

松平慶永を中心に, 雄藩が幕政に参画, 諸侯連合と攘夷の実行をめざし, 慶喜を推す→老中阿部正弘の死後, 挫折

結果

大老に就任 井伊直弼 1858.4	→	安政五年の政変

①日米修好通商条約の無勅許(違勅)調印(58.6.19)
②一橋派に傾いた老中堀田正睦の罷免(58.6.23)
③慶福を跡継ぎとした決定を公表(58.6.25)
④反発した松平慶永・徳川斉昭・徳川慶喜らを処分(58.7.5)
⑤13代将軍家定が病没(58.7.6)
⑥安政の大獄始まる(58.9)
⑦徳川慶福が家茂と改名し, 14代将軍の宣下をうける(58.10)

△井伊直弼(1815〜60)

3 安政の大獄 (1858〈安政5〉〜59〈安政6〉)

宮家	青蓮院宮(隠居・永蟄居)	
公卿	近衛忠熙(左大臣, 辞官・落飾〈剃髪〉・慎〈謹慎〉)	鷹司政通(前関白, 落飾・慎)
	鷹司輔熙(右大臣, 辞官・落飾・慎)	三条実万(前内大臣, 落飾・慎)ら10名
諸侯(大名)	徳川斉昭(前水戸藩主, 永蟄居)	徳川慶篤(水戸藩主, 差控〈登城停止〉)
	徳川慶喜(一橋家主, 隠居・慎)	徳川慶勝(尾張藩主, 隠居・慎)
	松平慶永(越前藩主, 隠居・慎)	山内豊信(土佐藩主, 隠居・慎)
幕臣	岩瀬忠震(作事奉行, 隠居・慎)	永井尚志(軍艦奉行, 隠居・慎)
	川路聖謨(勘定奉行, 隠居・慎)	
志士	橋本左内(越前藩士, 刑死), 吉田松陰(長州藩士, 刑死), 鵜飼吉左衛門・幸吉父子(水戸藩士, 刑死), 梅田雲浜(元小浜藩士, 獄死), 頼三樹三郎(頼山陽の子, 儒者, 刑死)ら50余名	

△橋本左内(1834〜59)
越前藩士。藩主松平慶永をたすけ一橋派として活躍した。

4 桜田門外の変

△桜田門外の変 1860年, 安政の大獄に憤激した尊攘派志士(水戸浪士17名・薩摩藩士1名)が, 大雪のなか登城する井伊直弼を桜田門外で襲った。上図は直弼が駕籠から引き降ろされ, 首を討たれようとする場面。

▷吉田松陰(1830〜59) 長州藩士。佐久間象山に師事。海外渡航計画の失敗で幽閉中, 萩の松下村塾で久坂玄瑞・高杉晋作らを育てる。幕府の対外政策を批判し, 安政の大獄により江戸で刑死。

6 文久の改革

1862年, 勅命により実施された幕政改革。薩摩藩主島津忠義の父島津久光が, 勅使大原重徳とともに江戸に下って幕政改革を要求したことを機に実施。公武合体, 雄藩連合を画策した。

△島津久光(1817〜87)

政策	職制改革	政事総裁職	越前藩主 松平慶永
		将軍後見職	一橋家 徳川(一橋)慶喜
		京都守護職	会津藩主 松平容保
	政治改革	○参勤交代制の緩和 隔年→3年に1度, 在府は100日 妻子の帰国を許可	
	軍制改革	○西洋式軍制の採用 洋式陸軍の設置(洋式の歩・騎・砲3兵の設置, 陸軍奉行が統轄) ○オランダへ留学生を派遣	
	学制改革	○学問所奉行の設置 ○蕃書調所→洋書調所として改編(翌63年に開成所) ○西洋医学所→医学所と改称(1863年)	

5 公武合体政策

性格 朝廷(公)と幕府(武)の融和

経過

幕府		朝廷
中心 老中安藤信正 老中久世広周	攘夷実行の約束→ ←和宮降嫁の承諾	中心 孝明天皇 岩倉具視ら
目的 ・尊攘派の批判をおさえ込む ・幕府権威の回復		目的 ・攘夷の実行 ・条約の破棄

結果 1862 坂下門外の変→尊攘派の水戸脱藩士が安藤信正を襲う→信正の失脚

△安藤信正(1819〜71)

△和宮降嫁(『源氏御祝言図』) 1860年10月, 皇女の降嫁奏請をしていた幕府に孝明天皇の勅許がおりた。62年2月, 天皇の妹和宮は有栖川宮熾仁親王との婚約を破棄して将軍家茂と結婚した。

Question 江戸幕府は, 外国に有利となる改税約書(p.213 3)になぜ調印したのだろうか。

第4部 近代・現代

1 尊王攘夷運動の年表

14代 徳川家茂	孝明天皇	1863 (文久3)	3	将軍家茂の上洛（家光以来229年ぶり）
			4	幕府，5月10日の攘夷決行を上奏
			5	長州藩外国船砲撃事件（下関）❶
			6	高杉晋作，奇兵隊を編成
			7	薩英戦争 ❷
			8	八月十八日の政変 ❸，天誅組の変 ❹
			10	生野の変 ❺
		1864 (元治元)	4	仏公使ロッシュ着任。天狗党の乱（〜12月）❻
			6	池田屋事件（新撰組による襲撃）❼
			7	禁門の変（蛤御門の変）❽
				長州征討（第1次，〜12月）❾
			8	四国艦隊下関砲撃事件 ❿
		1865 (慶応元)	閏5	英公使パークス着任
			9	長州再征の勅許
			10	条約勅許（兵庫開港は不許可）
		1866 (慶応2)	1	薩長連合（同盟）成立
			5	改税約書に調印，江戸・大坂で大規模な打ちこわしがおこる
			6	長州征討（第2次，〜8月）⓫
			7	家茂，病没
			12	徳川慶喜，将軍に就任。孝明天皇，急死
15代慶喜		1867	5	兵庫開港の勅許

2 尊王攘夷運動の展開

❸ 1863.8 八月十八日の政変
薩摩・会津の公武合体派が朝廷内の同派と結んで長州藩主体の急進的尊攘派を京都から追放。その結果，三条実美や沢宣嘉ら尊攘派の公家7名も長州にのがれた（七卿落ち）。

▷七卿落ち

❽ 1864.7 禁門の変
八月十八日の政変で京都を追われた長州藩は池田屋事件を機に入京。薩摩・会津・桑名藩と交戦したが敗走。図の左上は長州藩の旗（毛利家の家紋「一文字に三つ星」）。

▼禁門の変（『蛤御門合戦図屏風』）

❼ 1864.6 池田屋事件

◀近藤勇（1834〜68）新撰組局長。武蔵国多摩郡出身。京都守護職のもと，京都三条河原町での池田屋事件など，土方歳三らとともに尊攘派の取り締まりをした。

赤色 ……おもな親藩・譜代大名
水色 ……おもな外様大名
【紫】▶尊王攘夷運動
【黒】▶諸外国の報復戦争
【橙】▶尊攘運動の鎮圧

松平容保 会津藩 若松
徳川斉昭 水戸藩 水戸・那珂湊
松平慶永（春嶽）越前藩 福井・新保
松平定敬 桑名藩
徳川慶喜 江戸・神奈川
徳川慶勝 尾張藩 名古屋・桑名・吉田
鵜沼・中津川・下諏訪・下仁田・筑波山
浅野茂勲（のち長勲）芸州藩 広島
徳川慶福（家茂）紀伊藩 和歌山・五条・兵庫
毛利敬親 長州藩 萩・下関
鍋島直正（閑叟）肥前藩 佐賀
伊達宗城 宇和島藩 宇和島
山内豊信（容堂）土佐藩 高知
島津忠義（忠義の父島津久光）薩摩藩 鹿児島

❻ 1864.3〜12 天狗党の乱
水戸藩の尊攘派である天狗党は，筑波山で挙兵したが失敗。武田耕雲斎・藤田小四郎らは京をめざしたが，途中で加賀藩に降伏。

❶ 1863.5 長州藩外国船砲撃事件

メジュサ号

長州藩は朝命をうけ，攘夷決行期日の5月10日に下関の海峡を通る米・仏・蘭船を砲撃した。図は5月26日の蘭軍艦メジュサ号砲撃の場面。

❺ 1863.10 生野の変
元福岡藩士平野国臣らが沢宣嘉らを擁し，生野代官所を襲撃。

1866年1月 薩長連合
1867年6月 薩土盟約

❹ 1863.8〜9 天誅組の変
土佐藩士吉村虎（寅）太郎らが公家の中山忠光を擁し，五条代官所を襲撃。

❿ 1864.8 四国艦隊下関砲撃事件

長州藩外国船砲撃事件の報復。英・仏・米・蘭の四国連合艦隊が下関を砲撃。陸戦隊が上陸し下関砲台を占拠。幕府は300万ドルの賠償金を支払った。

1865.10 条約勅許

▲孝明天皇 英・仏・米・蘭の圧力により条約を勅許。しかし兵庫開港は認めず。

❾ 1864.7〜12 長州征討（第1次）
禁門の変を理由に幕府が長州を攻撃。長州は恭順。

⓫ 1866.6〜8 長州征討（第2次）
長州藩内の実権を握った高杉晋作らが倒幕の動きを強めたため，幕府は再度長州を攻撃したが失敗。家茂の死を理由に，中止。

❷ 1863.7 薩英戦争
生麦事件の報復に端を発し，英軍艦7隻が鹿児島湾に来航して交戦（手前は薩摩藩の沿岸砲台）。

3 貿易の不平等

●改税約書
1866年，英公使パークスの主導で幕府と英・仏・米・蘭が締結。安政の五カ国条約の関税（輸出5%，輸入5〜35%で平均20%）のうち，輸入税を一律5%に引き下げ，外国に有利となった。また，商品価格に対する従価税から，数量に対する従量税となり，同一品目であれば価格の高いものを輸入すれば有利となり，自由貿易が促進された。

【イギリス】▶対立◀【フランス】
パークス（1828〜85）駐日英公使。大名連合政権の樹立を期待して，薩長に接近した。
ロッシュ（1809〜1900）駐日仏公使。徳川慶喜に幕政改革を進言するなど，幕府を支援した。

第4部 近代・現代

Answer 幕府は英・米・仏・蘭との条約の勅許に成功したが，兵庫開港が認められなかった。その代償として改税約書に調印した（p.213 ①）。

1 幕末の動き

14代 徳川家茂	孝明天皇	1866 (慶応2)	1	薩長連合(同盟)が成立 **4**
			5	改税約書に調印。江戸・大坂の打ちこわし
			6	長州征討(第2次)開始 **3**
				武州世直し一揆・信達騒動がおこる
			7	将軍家茂，死去
			8	長州征討(第2次)中止
			12	徳川慶喜，将軍に就任。孝明天皇，急死
15代 徳川慶喜	明治天皇	1867 (慶応3)	1	明治天皇，即位。パリ万国博覧会に遣欧使節派遣(正使は徳川昭武，2月万博開会)
			5	兵庫開港の勅許。ヘボン，『和英語林集成』を刊行
			6	坂本龍馬，「船中八策」を後藤象二郎に提示 **5**。薩土盟約
			7	中岡慎太郎，陸援隊を組織
			8	「ええじゃないか」の発生
			9	薩・長・芸3藩，倒幕を約束
			10	山内豊信，幕府に大政奉還を建白
			10-14	薩長に討幕の密勅
				慶喜，大政奉還の上表を朝廷に提出 **6**
			11	坂本龍馬・中岡慎太郎，暗殺される
			12	兵庫開港，大坂開市。王政復古の大号令 小御所会議 **7**(慶喜に辞官納地を命ず)
				江戸幕府の滅亡
		1868 (慶応4)	1	鳥羽・伏見の戦い(戊辰戦争始まる)

安政の大地震

1855(安政2)年10月2日，江戸でおこった安政の大地震は多くの武家屋敷や町屋を倒壊・焼失させた。マグニチュード6.9の江戸直下型地震で，死者は7000人以上にのぼり，水戸の学者藤田東湖も圧死した。

鯰絵 当時，大鯰が地震を引きおこすため，鹿島大明神が要石で大鯰を押さえているとされ，鹿島大明神がいない神無月(10月)に地震がおこると信じられた。安政の大地震の直後，鯰を配した鯰絵が大量に出版された。

6 大政奉還

(1867年)

▶**大政奉還** 1867年10月，土佐藩主山内豊信が大政奉還を建白。慶喜は，徳川中心の雄藩連合政権を模索し，10月13日，京都二条城に重臣を招集して諮問し，翌日に上表した。

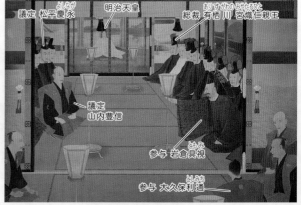

老中 板倉勝静／将軍 徳川慶喜／京都守護職 松平容保／京都所司代 松平定敬／若年寄 永井尚志

2 長州藩の動き

高杉晋作(1839～67) 長州藩士。四国艦隊下関砲撃事件後，藩の主導権を握っていた保守派(俗論派)に対し，長州征討(第1次)後，諸隊を率いて挙兵。保守派を倒して藩論を倒幕に転じさせた。また，1863年に晋作の組織した奇兵隊は身分を問わず編成されたため，隊員の30%が庶民であった。

3 長州征討(第2次)

▲**第2次長州征討** 1865年，幕府は倒幕派が主導権を握った長州藩に対し，長州再征の勅許を得て，翌66年第2次長州征討をおこなった。しかし，薩摩藩は薩長連合を守って出兵を拒否した。図は，将軍**家茂**の江戸進発の様子。幕府軍の旧式装備では新型小銃装備の長州藩には勝てず，家茂の死を機に休戦となった。

5 坂本龍馬と「船中八策」

▲**坂本龍馬**(1835～67)

▶**解説** 船中八策 1867年，坂本龍馬が起草した国家体制論。龍馬は長崎から京都に向かう船中で，後藤象二郎に示し，後藤はこれをもとに前土佐藩主山内豊信に大政奉還を説いた。大政奉還を前提に，議会開設(上下議政局からなる二院制)・官制刷新・外国交際・法典制定・海軍拡張・親兵設置・貨幣整備の8カ条を提唱した。

船中八策

一、天下ノ政権ヲ朝廷ニ奉還セシメ、政令宜シク朝廷ヨリ出ヅベキ事。

一、上下議政局ヲ設ケ、議員ヲ置キテ万機ヲ参賛セシメ、万機宜シク公議ニ決スベキ事。

一、有材ノ公卿・諸侯及ビ天下ノ人材ヲ顧問ニ備ヘ、官爵ヲ賜ヒ、宜シク従来有名無実ノ官ヲ除クベキ事。

一、外国ノ交際広ク公議ヲ採リ、新ニ至当ノ規約ヲ立ツベキ事。

一、古来ノ律令ヲ折衷シ、新ニ無窮ノ大典ヲ撰定スベキ事。

一、海軍宜シク拡張スベキ事。

一、御親兵ヲ置キ、帝都ヲ守衛セシムベキ事。

一、金銀物貨、宜シク外国ト平均ノ法ヲ設クベキ事。

(『坂本龍馬関係文書』)

4 薩長連合(同盟)の成立

武力倒幕派	薩摩藩 西郷 大久保	1866 薩長同盟 ←仲介→	長州藩 高杉 桂	討幕の密勅(1867)
		坂本 中岡 「船中八策」の提示(1867)		朝廷
公武合体派	土佐藩 後藤 山内	大政奉還の建白(1867)	幕府 慶喜	大政奉還の上表(1867)

7 小御所会議 (1867年)

議定 松平慶永／明治天皇／総裁 有栖川宮熾仁親王／議定 山内豊信／参与 岩倉具視／参与 大久保利通

▲**小御所会議** 王政復古の大号令により，摂関・幕府が廃絶され，維新政府の最初の官職となる三職(総裁・議定・参与)が創設された。1867年12月9日，京都御所内でひらかれた三職による**小御所会議**では，慶喜の内大臣辞任と領地の一部返納(辞官納地)が決定された。

Question p.214 **5**の「船中八策」にある「金銀物貨，宜シク外国ト平均ノ法ヲ設クベキ事」の背景には，どのようなことがあるのだろうか。

第4部 近代・現代

1 新政府の発足

1868 (慶応4)	1	鳥羽・伏見の戦い❶。慶喜追討令。相楽総三の赤報隊の東進❷。 列強6カ国、局外中立を宣言
	3	相楽、偽官軍として処刑❷ 五箇条の誓文公布。五榜の掲示
	4	江戸城無血開城❸
	閏4	政体書の制定
	5	奥羽越列藩同盟結成 上野戦争(彰義隊壊滅)❹
	7	江戸を東京と改称 長岡の戦い終わる❺
	8	天長節を制定 明治天皇、即位の礼
1868 (明治元)	9	明治と改元(一世一元の制) 会津の戦い終わる(若松城落城)❻
1869 (明治2)	3	東京行幸
	5	五稜郭の戦い(箱館戦争)終わる (戊辰戦争終結)❼

2 戊辰戦争

7 五稜郭の戦い(箱館戦争)
1869(明治2)年5月
旧幕府軍をひきいた**榎本武揚**らが降伏、土方歳三らは戦死。五稜郭は開城となり戊辰戦争が終了。

◀五稜郭

錦御旗(錦旗)
天皇が「朝敵」の征討を命じる際、軍事的指揮権を委任する意味で、下賜された旗。「日之御旗」と「月之御旗」の二つ1組。

官軍の進路
― 東海道軍・東山道軍
― 北陸道軍
--- 奥羽総督府軍
--- 蝦夷地征討部隊
--- 山陰道鎮撫使
● 官軍に出兵したおもな藩

奥羽越列藩同盟
● 同盟藩
○ 同盟脱落藩
··· 庄内兵最大進出線
--- 会津兵最大進出線
数字 帰順・降伏の月日

地名:
乙部 ❼
箱館
福山(松前)
青森
弘前 7.15
八戸
秋田 7.4
盛岡 9.24
亀田 本庄
横手
矢島
酒田
庄内
山形
新庄
一関
新発田 7.21
村上
仙台 9.15
天童
相馬8.6
黒川
米沢
福島
三根山
村松
二本松 7.29
下手渡
三春7.26
長岡
会津 9.22
守山
高田
白河
平 7.14
日光
今市
棚倉6.24
泉
湯長谷
松代
高崎
館林
宇都宮
黒羽
平潟
金沢
富山
上田
忍
❸❹
福井
松本
甲府
江戸
大垣
彦根
桑名
名古屋
駿府
小田原
京都 ❶
大坂
津
和歌山

① 鳥羽・伏見の戦い
1868(慶応4)年1月
慶喜の辞官納地に憤激した旧幕府の兵が入京し、薩長兵と交戦。しかし新政府軍の大砲や新しい銃に苦戦した。

6 会津の戦い
1868(慶応4)年8〜(明治元)9月
会津・庄内藩への追討令に対し、東北諸藩は奥羽越列藩同盟を結んで抵抗。会津藩は白虎隊・娘子軍も参加したが、会津若松城は攻め落とされた。図は白虎隊自刃の場面。

会津若松城

5 長岡城の戦い
1868(慶応4)年5〜7月
局外中立を唱えた長岡藩家老河井継之助は停戦を拒否されたため戦ったが、7月落城。

4 上野戦争(彰義隊の戦い)
1868(慶応4)年5月
旧幕臣は彰義隊を結成して、上野寛永寺に拠り反抗したが、大村益次郎指揮の総攻撃により1日で壊滅。

3 江戸城無血開城の会談
1868(慶応4)年3月13〜14日
江戸薩摩藩邸でおこなわれた西郷と勝の会談により、15日に予定の江戸城総攻撃は中止、4月、無血開城となった。

西郷隆盛   勝海舟(義邦)

3 政体書による新政府組織図
(1868年閏4月、→p.217 5)

```
            太政官
              │
   ┌──────┼──────┐
 (司法)   (行政)   (立法)
 刑法官    行政官    議政官
(大原重徳) 三条実美
   ┌────────┼────────┐
          岩倉具視
   ┌────┬────┼────┬────┐
 外国官  軍務官 会計官 神祇官  下局    上局
(伊達宗城)(小松宮嘉彰)(万里小路博房)(鷹司輔煕)(大木喬任)
                           │
                    参与        議定
                (大久保利通・  (三条実美・
                 岩倉具視・    岩倉具視・
                 木戸孝允・    中山忠能ら)
                 由利公正ら)
```

解説 政体書に基づき、基本的政治組織(七官制)を規定。アメリカの制度を参考に、**太政官**への**中央集権、三権分立、官吏公(互)選**が骨子。1869年4月、行政官の下に**民部官**を設置し八官制となる。同年7月、二官六省制へ移行。

② 赤報隊の東進
1868(慶応4)年1〜3月
赤報隊の**相楽総三**は年貢半減令をかかげて東山道を進撃したが、偽官軍とされ、諏訪で処刑された。1870年、相楽らをいたみ下諏訪に**魁塚**がたてられた。

▲魁塚(相楽塚)

4 明治天皇の東京行幸

▲**東京行幸** 1868年7月、江戸を東京と改称、翌年3月には天皇が東京に移り、東京遷都となった(**東京行幸**)。図は、橋のかかっていない多摩川に、舟橋を浮かべてわたった時の様子。

5 五榜の掲示

▲**五榜の高札** 五箇条の誓文を発布した翌日に掲げた五種の高札で、人民の心得を示した。写真の第3札では旧幕府の方針を継承して、**キリスト教の禁止**などが定められた。

Answer 国内と海外での金銀比価の違いから金貨が大量流出したため(p.211 3)、交換レートの統一化を主張した。

第4部 近代・現代

1 科学技術の進歩

西洋近代文化の摂取

近代化推進事業	●海軍伝習所(1855) ●講武所(1856) ●蕃書調所(1856) 　→洋書調所(1862)→開成所 　　　　　　　　　　　(1863) ●種痘所(1858)→医学所
海外派遣	●留学生の派遣 ●遣外使節の派遣
海外交流	●外国人教師(お雇い外国人)の来日 ●日本文化の紹介 　ロンドン世界産業博覧会 　　　　　　　　　(1862) 　パリ万国博覧会(1867)

1-① 講武所

△講武所の軍事訓練　講武所は、1856年、江戸築地に幕府の武術訓練機関として開設された。西洋砲術・銃隊訓練を導入した砲術は、洋式軍制の中核になった。

1-② 海軍伝習所の建設

海軍伝習所　オランダ国旗　出島　観光丸

詳しくみてみよう!　海軍伝習所

△海軍伝習所の建設　1855年、長崎西役所(図中央)に設置。オランダ寄贈の軍艦観光丸を使い、訓練を実施した。

1-③ 太平洋横断

△咸臨丸(「咸臨丸難航図」複製)　1860(万延元)年、幕府は日米修好通商条約批准のため外国奉行新見正興を首席全権とする遣米使節を派遣。この時、随行した幕府軍艦咸臨丸は太平洋の横断に成功。勝海舟(義邦)のほか、福沢諭吉・中浜万次郎(通訳)らが乗りこんだ。勝は船酔いで、ほとんど寝ていたという。

2 海外留学生

井上勝　伊藤博文　井上馨

◀長州藩イギリス留学生(1863年5月密航)

▶幕府の遣外使節(1864年、全権池田長発)

3 遣外使節団　3-① 幕末の遣外使節

使節/正使	おもな参加者	人員	訪問国	出発と帰国	おもな任務と成果
遣米使節 新見正興	村垣範正(副使) 小栗忠順(立合)	77名	アメリカ ハワイ	1860.2.13(安政7.1.22)〜 1860.11.9(万延元.9.27)	日米修好通商条約の批准書交換
遣米使節 新見正興	木村喜毅(芥舟、提督) 勝海舟(艦長) 中浜万次郎(通弁方) 福沢諭吉(木村従者)	96名	アメリカ ハワイ	1860.2.10(安政7.1.19)〜 1860.6.23(万延元.5.5)	咸臨丸による遣米使節の警護、航海術の実地訓練 1-③
遣欧使節 竹内保徳	松平康直(副使) 福地源一郎(定役通詞) 福沢諭吉(備通詞)	38名	ヨーロッパ	1862.1.21(文久元.12.22)〜 1863.1.28(文久2.12.9)	江戸・大坂・兵庫・新潟の開市・開港延期および、樺太における日露境界問題の協議
遣欧使節 池田長発	河津祐邦(副使)	33名	フランス	1864.2.6(文久3.12.29)〜 1864.8.19(元治元.7.18)	横浜鎖港を協議
遣露使節 小出秀実	石川利政(目付)	16名	ロシア	1866.11.18(慶応2.10.12)〜 1867.6.9(慶応3.5.7)	樺太における日露境界協議の再開
遣欧使節 徳川昭武	向山隼人 (勘定・外国奉行)	30名	ヨーロッパ	1867.2.15(慶応3.1.11)〜 1868.12.16(明治元.11.3)	パリ万国産業博覧会への参加

3-② パリ万博(1867年)

◀第4回パリ万国産業博覧会　日本は初参加。葛飾北斎らの浮世絵はフランス印象派に影響を与え、ジャポニスムがおこった。→p.207 1

4 来日外国人

ハリス (米、1804〜78) 滞在1856〜62	初代駐日総領事(のち公使)。日米修好通商条約を締結。『日本滞在記』を著す
ヒュースケン (蘭、1832〜60) 滞在1856〜60	駐日アメリカ公使館の通訳官。1860年赤羽橋付近で浪士に暗殺される
オールコック (英、1809〜97) 滞在1859〜64	駐日総領事(のち公使)。四国艦隊下関砲撃を主導。『大君の都』を著す
パークス (英、1828〜85) 滞在1865〜83	駐日公使。フランス公使ロッシュと対立し、薩長ら倒幕派を支援
アーネスト=サトウ (英、1843〜1929) 滞在1862〜69,70〜82	駐日領事官。条約勅許に尽力。『英国策論』、回顧録『一外交官の見た明治維新』を著す
ロッシュ (仏、1809〜1901) 滞在1864〜68	駐日公使。イギリス公使パークスと対立し、幕府を支援して将軍慶喜に幕政改革を建言

△ヘボン(1815〜1911)　アメリカ人宣教師。横浜居留地で医療や伝道に従事。ヘボン式ローマ字を考案。日本初の和英辞書を出版し、明治学院(現、明治学院大学)を開設。

△フルベッキ(1830〜90)　宣教師。長崎にて英学を教授。その後、政府顧問として翻訳や法律制度の調査をおこなった。

△「ええじゃないか」　「ええじゃないか」と叫び、熱狂的に集団乱舞する民衆運動。地域によりさまざまおよび名がある。東海道吉田宿近郊の農村が発端とされる。『近世珍語』より京都の図。

5 民衆宗教(教派神道)の誕生 →p.264 2

	開祖	内容
黒住教	黒住宗忠 (備前の神職)	1814年の創始。天照大神信仰を中心とし、神人合一を説く。1876年、神道黒住派として公認、1882年に黒住教と改称
天理教	中山みき (大和の農民)	1838年の創始。天理王命を主神とし、奉仕と相互扶助により、幸福を得ると説く。1908年、教派神道の一派として公認
金光教	川手文治郎 (備中の農民)	1859年の創始。天地金乃神への尊信による、現世利益の付与を説く。1900年、教派神道の一派として公認

Question p.217 5 の図を見て、太政官制における神祇官の位置づけの変化について説明してみよう。

詳日 第12章 1 p.236～237

1 府県制実施までの動き

年	月	内容
1868 (慶応4)	閏4	政体書の制定→府藩県三治制(藩のほか,府・県を設置)
		府(9府)…旧幕府の直轄都市,知府事
		県(22県)…旗本領や幕領,知県事 藩(274藩)…諸侯
		太政官制(七官制,行政官・刑法官・議政官による三権分立)
	10	藩治職制(明治新政府が藩に公布した最初の組織方針)
		…藩への統制
1869 (明治2)	1	薩・長・土・肥4藩主が版籍奉還を上表 2
	4	太政官制を一部改正(八官制)
	6	版籍奉還(諸侯を知藩事に任命,知府事・知県事→知事)
	7	太政官制を改正(二官六省制)。開拓使の設置
	8	蝦夷地を北海道と改称
1871 (明治4)	2	薩・長・土3藩より御親兵を徴集
	4	戸籍法公布(区の新設,戸長・副戸長の任命)
	7	廃藩置県(開拓使,3府302県) 3
		太政官制を改正(三院制,正院・左院・右院の設置)
	8	樺太開拓使を開拓使に合併。神祇官を神祇省に格下げ
	11	1使3府72県(府に知事,県に県令を任命)
1872	—	大区・小区制の確立(大区に区長,小区に戸長を任命)
1878	7	三新法(郡区町村編制法,府県会規則,地方税規則)公布
1879	4	琉球処分(琉球藩を廃し,沖縄県を設置)
1882	2	開拓使廃止(札幌・函館・根室の3県を設置)
1885	12	内閣制度を制定(内閣の外に宮内省,宮中に内大臣設置)
1886	1	北海道庁を設置(北海道3県の廃止)
1888	4	市制・町村制を公布(1道3府43県)
1890	5	府県制・郡制を公布

4 藩閥政府の形成

正院	太政大臣	三条実美(公家)	参 議	木戸孝允(長)
	左大臣	—	〃	西郷隆盛(薩)
	右大臣	—	〃	板垣退助(土)
			〃	大隈重信(肥)
左院	議 長	—	副議長	江藤新平(肥)
右院	神祇卿	—	大 輔	福羽美静(津和野)
	外務卿	岩倉具視(公家)	〃	寺島宗則(薩)
	大蔵卿	大久保利通(薩)	〃	井上馨(長)
	兵部卿	—	〃	山県有朋(長)
	文部卿	大木喬任(肥)		
	工部卿	—	〃	後藤象二郎(土)
	司法卿	—	〃	佐々木高行(土)
	宮内卿	—	〃	万里小路博房(公家)
	開拓長官	東久世通禧(公家)	次 官	黒田清隆(薩)

◀解説
薩摩・長州・土佐・肥前4藩の出身者が,政府高官の要職を独占した。この政府の状態は,1871年廃藩置県後の太政官制の改正時から固まり,藩閥政府とよばれた。とくに薩長は多く,内閣制度成立後も同様の状態が続いた。

2 版籍奉還

◀『版籍奉還の上表への沙汰書』(1869〈明治2〉年1月20日)
大久保利通と木戸孝允らが推進した版籍奉還の上表文を,薩・長・土・肥4藩主が提出した。写真は4藩主の忠誠をたたえ,天皇の東京再幸後,公議をつくして指示する旨の行政官からの通知。

3 廃藩置県

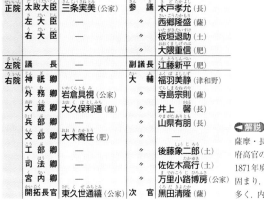

(地図中の地名)
青森 陸奥 秋田 盛岡 秋田 羽後 陸中 一ノ関(水沢) 一ノ関 酒田 山形 置賜 相川 新潟 佐渡 新潟 福島 磐前(平) 若松 福島 柏崎 越後 宇都宮 茨城 七尾 魚津 長野 群馬 栃木 水戸 金沢 新川 高崎 土浦 埼玉 福井(足羽) 松本 入間 浦和 新治 敦賀 甲府 本行徳 山梨 神奈川 東京 木更津 笠松 岐阜 静岡 小田原 額田 浜松 木更津 岡崎 浜松 定柄 東京

松江 島根 浜田 備後 広島 安芸 高松 香川 徳島 和歌山 紀伊 伊万里 山口 山口 周防 阿波 名東 和歌山 対馬 壱岐 福岡 小倉 大分 宇和島 高知 長崎 平戸 宇和島 松山 愛媛 高知 伊万里 万里 長崎 熊本 日向 大分 三瀦 八代 八代 美々津 美々津 鹿児島 肥後 都城 大隅 都城 鹿児島 薩摩

(内側の拡大図)
敦賀 豊岡 福知 名古屋 丹後 尾張 鳥取 豊岡 若狭 近江 京都 長浜 鳥取 但馬 京都 大津 安濃津 因幡 播磨 摂津 大阪 伊勢 伊賀 北条 津山 美作 兵庫 山田 深津 備前 河内 大和 度会 岡山 和泉 堺 奈良 笠岡 備中 大阪 奈良

屋久島 種子島 鹿児島 奄美諸島 大隅 徳之島 大島 琉球 首里 沖縄島 先島諸島 沖縄諸島 石垣島 宮古島

府県界(府県名)
◻府庁所在地 ◦県庁所在地
--- 旧国境(旧国名)
地図は1871(明治4)年11月当時

1872.9	琉球藩を設置。政府の直轄
1879.4	沖縄県の設置(琉球処分)

5 中央官制の変遷 →p.215 3

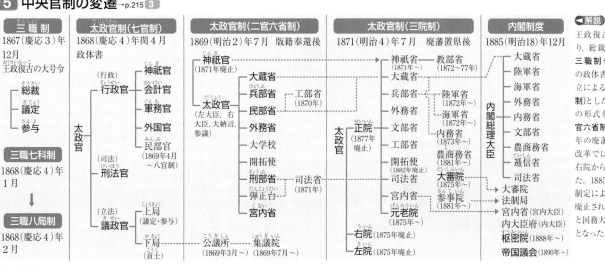

三職制
1867(慶応3)年12月
王政復古の大号令
- 総裁
- 議定
- 参与

三職七科制
1868(慶応4)年1月

三職八局制
1868(慶応4)年2月

太政官制(七官制)
1868(慶応4)年閏4月 政体書
太政官
- (行政) 行政官
  - 神祇官
  - 会計官
  - 軍務官
  - 外国官
  - 民部官(1869年4月～八官制)
- (司法) 刑法官
- (立法) 議政官
  - 上局(議定・参与)
  - 下局(貢士)
  - 公議所(1869年3月～)
  - 集議院(1869年7月～)

太政官制(二官六省制)
1869(明治2)年7月 版籍奉還後
- 神祇官(1871年廃止)
- 太政官(左大臣,右大臣,大納言,参議)
  - 大蔵省
  - 兵部省
  - 民部省
  - 外務省
  - 大学校
  - 開拓使
  - 刑部省
  - 弾正台
  - 宮内省
- 工部省(1870年)
- 司法省(1871年)
- 右院(1875年廃止)
- 左院(1875年廃止)

太政官制(三院制)
1871(明治4)年7月 廃藩置県後
- 正院(1877年廃止)
- 太政官
  - 神祇省(1871年～) → 教部省(1872～77年)
  - 大蔵省
  - 兵部省 → 陸軍省(1872年～) 海軍省(1872年～)
  - 外務省
  - 文部省
  - 工部省 → 内務省(1873年～)
  - 開拓使(1882年廃止) → 農商務省(1881年～)
  - 司法省
  - 宮内省
  - 大審院(1875年～)
  - 参事院(1881年～)
  - 元老院(1875年～)

内閣制度
1885(明治18)年12月
内閣総理大臣
- 大蔵省
- 陸軍省
- 海軍省
- 外務省
- 内務省
- 文部省
- 農商務省
- 逓信省
- 司法省
- 大審院
- 法制局
- 宮内省(宮内大臣)
- 内大臣府(内大臣)
- 枢密院(1888年～)
- 帝国議会(1890年～)

◀解説
王政復古の大号令により,総裁・議定・参与の三職制を採用。1868年の政体書により,三権分立による太政官制(七官制)とした。翌年,大宝令の形式を復活させて二官六省制をとった。1871年の廃藩置県後の官制改革では,正院・左院・右院からなる三院制とした。1885年内閣制度の制定により,太政官制は廃止され,内閣総理大臣と国務大臣からなる体制となった。

第4部 近代・現代

Answer 1868年,神祇官は行政官の下に設置。翌年,祭政一致で太政官の上位となったが,神道国教化の退潮で,1871年神祇省に格下げ。

1 軍事制度の変遷

年	月	事項
1869(明治2)	7	兵部省を設置
	9	兵部大輔大村益次郎，襲撃される
1870(明治3)	1	長州藩脱隊騒動。府藩県に徴兵規則を達する(1万石につき5人)
1871(明治4)	2	薩・長・土3藩による御親兵を組織
	7	廃藩置県(藩兵は解散)
	8	鎮台(東京・大阪・熊本・仙台)をおく
1872(明治5)	2	兵部省を廃止。陸軍省・海軍省を設置。山県有朋が陸軍大輔
	3	御親兵を廃し，近衛兵を設置
	11	全国徴兵の詔。徴兵告諭
1873(明治6)	1	全国を6軍管区にわけ，2鎮台(名古屋・広島)を追加設置 2 徴兵令公布 3-①
	5	各地で血税一揆(血税騒動)が頻発
	6	山県有朋，陸軍卿に就任
1877	1	西南戦争始まる
1878(明治11)	8	竹橋事件(近衛兵による反乱)。軍人訓戒を示す
	12	参謀本部の設置(陸軍)
1879	9	北海道を第7管区とする
1882	1	軍人勅諭を発布
	8	戒厳令・徴発令の制定
1883	12	徴兵令改正(代人料を廃止)
1885(明治18)	12	陸軍卿・海軍卿を陸軍大臣・海軍大臣と改称
1888	5	鎮台を師団に改編
1889(明治22)	1	徴兵令改正(多くの徴兵免役規定を廃止。国民皆兵の原則が確立)
	2	軍隊の統帥権が独立(明治憲法)
1893(明治26)	5	海軍軍令部の設置

4 警察制度の変遷

年	月	事項
1871	10	東京府に邏卒3000人による取締組設置
1872(明治5)	8	司法省に警保寮を設置(司法卿は江藤新平)
	11	違式詿違条例制定(軽犯罪法)
1873	11	内務省設置(内務卿大久保利通)
1874(明治7)	1	警保寮を内務省に移管(警察制度を中央集権化する)。東京に警視庁を設置(大警視は川路利良)
1875	10	全国の邏卒を巡査と改称
1876	4	警保寮を内務省警保局と改称
1877(明治10)	1	東京警視庁を廃止。内務省警保局を警視局と改称(西南戦争への体制の整備)，警察署の設置(府・県)
1880(明治13)	4	各府県の警察官庁を警察本署に統一(90年警察部となる)
1881(明治14)	1	内務省警視局を警保局と改称。警視庁の再設置(警視総監樺山資紀)
	11	警部長，警察本署長として府県警察事務を総轄
1882		警部長の全国配置が完了
1911	8	警視庁に特別高等課を新設
1928	7	全府県に特別高等警察課を設置
1947	12	警保局の廃止(内務省の廃止)

2 初期の軍配置(6鎮台の設置)

- ● 鎮台(営所も併設)
- ◉ 営所
- ⚓ 提督府
- ── 軍管境界
- ┄┄ 営所管轄区域境界

1873(明治6)年頃

青森／第二軍管／新潟／仙台／金沢／第一軍管／東京／佐倉／横須賀／第三軍管／名古屋／姫路／大津／大阪／広島／第四軍管／丸亀／小倉／第五軍管／熊本／第六軍管

師団制への移行

1888.5		1899.9	
第1師団	東京	近衛師団	東京
第2師団	仙台	第1師団	東京
第3師団	名古屋	第2師団	仙台
第4師団	大阪	第3師団	名古屋
第5師団	広島	第4師団	大阪
第6師団	熊本	第5師団	広島
		第6師団	熊本

第7師団	旭川
第8師団	弘前
第9師団	金沢
第10師団	姫路
第11師団	丸亀
第12師団	小倉

竹橋事件 1878(明治11)年

△竹橋事件の図 東京竹橋にある近衛兵隊の兵士が中心となっておこした反乱事件。西南戦争の恩賞の不公平による不満などが原因とされた。鎮圧されたが，刑死者55人におよぶ大事件となった。

西南戦争 1877(明治10)年
熊本鎮台は攻撃されたが，政府軍が鎮圧

△熊本鎮台 明治初期，常備の陸軍として鎮台を設置。1871年東京・大阪・熊本(鎮西)・仙台(東北)に，73年の徴兵令発布とともに名古屋・広島に設置された。

△参謀本部

3 兵制

△近衛兵 1872年3月，山県有朋の意見により天皇の護衛兵である御親兵が廃止され，発足した。図は練兵風景。

5 初期の警察官と警察機構

△1874年当時の警察官

川路利良(1834～79) 1872年，全国の警察事務を統率する警保寮を司法省内に設置。74年に内務省に移管され，76年警保局と改称した。また74年，川路利良の建議で東京の警察行政官庁として，東京警視庁創設。川路は警視庁の初代大警視(長官)。

3-① 徴兵免役

徴兵令1873(明治6)年1月10日

服役年限	常備軍	3年
	第一後備軍	2年
	第二後備軍	2年
	国民軍	17～40歳

免役制	身長5尺1寸(約154.5cm)未満者 不具廃疾者
	官吏，医科学生 海陸軍生徒 官公立学校生徒 外国留学者
	「一家ノ主人タル者」 嗣子，承附(家の跡継)の孫 独子独孫，養子 父兄病弱のため家を治める者 徴兵在役の兄弟
	「徒」(懲役1～3年)以上の罪科者

代人料	270円 上納者は常備後備両軍を免ぜられる

志願制，予備幹部養成	規程なし

(加藤陽子『徴兵制と近代日本』による)

△『徴兵免役心得』(明治12〈1879〉年12月22日出版御届) 徴兵令には，左表のように徴兵免役規定(兵役免除規定)があり，兵役についたのはほとんどが農村の二男以下であった。なかには上図のような徴兵忌避(徴兵逃れ)の手引書まであらわれた。その後，83年の改正では廃疾・不具による終身役以外の免役制や代人料は全廃され，89年の改正で国民皆兵の原則がいちおう確立した。

内務省の警察機構

内務省(内務大臣)

〔道府県〕		〔東京〕
知事	→指揮監督→	警視庁(警視総監)
↓警察事務の管理		
警部部(警部長のち警察部長)		
↓指揮監督	→指揮監督→	
警察署(警察署長)		警察署(警察署長)
↓指揮監督		↓指揮監督
駐在所・派出所(巡査)		駐在所・派出所(巡査)

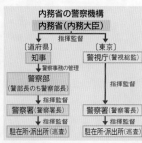

解説 邏卒(警察官)は71年東京府に3000人おかれ，その後各地に設置。東京府の邏卒は，74年から東京警視庁の管轄となり，巡査と改称，翌年には地方邏卒も巡査となる。

Question p.219 3-② の秩禄処分の階層別実態の表における華族・領主層と下級士族の利子の違いを読み取ってみよう。

1 封建制度撤廃・秩禄処分年表

年		内容
1869 (明治2)	6	維新の功労者に賞典禄を下賜。版籍奉還。 公家・武士を華族・士族・卒とし，それぞれ家禄を定める
1870 (明治3)	9	平民に苗字の使用を許可
	12	平民へ帯刀禁止令を出す 4
1871 (明治4)	4	戸籍法を公布（華族・士族・平民の3族籍とし，1872.2に施行）2
	8	散髪脱刀令（断髪・廃刀の自由を許可）4。華族・士族・平民相互の結婚を許可。解放令（賤称廃止令）7。10宗門改（寺請制度）の廃止
	12	華族・士族・卒に職業の自由を認可
1872 (明治5)	2	壬申戸籍（初の全国統一戸籍を編成）。卒を士族または平民に編入。10人身売買を禁止
1873 (明治6)	12	秩禄奉還の法を制定（奉還希望者に現金と秩禄公債証書を支給）3
1874	3	秩禄公債証書発行条例を制定
1875 (明治8)	1	東北3県の士族を募り，屯田兵とする
	8	秩禄公債証書発行条例を廃止（士族授産の失敗）5
	9	秩禄（家禄・賞典禄）を現物支給から金禄に改正
1876 (明治9)	3	廃刀令 4
	8	金禄公債証書発行条例を制定（秩禄処分）3
1878 (明治11)	7	金禄公債証書の発行を開始
	9	金禄公債証書の質入れ・売買を解禁
1884	7	華族令を制定（公・侯・伯・子・男の5爵）
1906	4	金禄公債の償還完了

2 四民平等

2-① 人口構成 1873(明治6)年

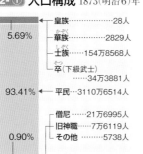

- 5.69%
  - 皇族……………28人
  - 華族……………2829人
  - 士族……………154万8568人
  - 卒（下級武士）……34万3881人
- 93.41%
  - 平民……3110万6514人
- 0.90%
  - 僧尼……21万6995人
  - 旧神職……7万6119人
  - その他……5738人

総計……3330万672人

（『明治史要』による）

3 秩禄処分 3-① 秩禄の廃止

▶金禄公債証書 1876年，華・士族の秩禄（家禄と賞典禄）の廃止に当たり，その代償として発行されたのが金禄公債である。8種類の証書が発行され（写真は10円公債），証書に満たない端金は通貨で支給された。秩禄は現物支給制から金禄となっていたが，政府歳出の3割を占めるなど，大きな負担となっていた。

2-② 戸籍法の制定

▶壬申戸籍による全国統計 壬申戸籍は1872年，壬申の年に編成された全国民の戸籍で，前年に戸籍法が制定され，戸籍作成の規則を統一したことをうけ，つくられた。壬申戸籍には，「えた」・非人も平民の族籍に入れられたが，差別的な記載もみられ，1968年に閲覧禁止となった。

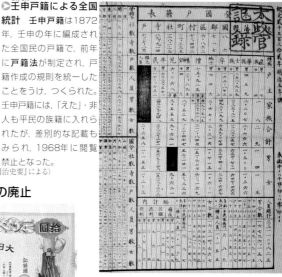

4 廃刀令

▶帯刀を巡査にとがめられる士族（『東京絵入新聞』明治9年4月4日） 1870年に平民への帯刀禁止令が出され，翌年には断髪・脱刀が自由とされた（散髪脱刀令）。76年，山県有朋の建議により廃刀令が出され，原則として軍人・警察官以外の帯刀が禁止された。これにより士族の不満が高まり，敬神党の乱などの士族反乱の要因となった。

5 士族授産

1876 秩禄処分（金禄公債証書発行条例の制定）
↓
諸物価が高騰（士族反乱を鎮圧する費用として不換紙幣を濫発），「士族の商法」の失敗

士族授産の必要性
①授産政策以前の事業
　移住開墾事業，道府県勧業委託金による事業，内務省交付金による事業，府県交付金による事業
②本格的士族授産政策の開始
　1878 内務卿大久保利通が太政大臣に「一般増殖及華士族授産ノ儀ニ付伺」を提出
　1879 士族授産政策の開始
　1879〜82 起業基金による授産事業
③「勧業資本金」「勧業委託金」による授産事業（1882〜96）
　37道府県，167授産業場18万3531戸（全士族の4割強）に授産金交付
　・養蚕・製糸関係　6万4757戸
　・絹・綿紡織　5万6278戸
　・雑工業（傘・足袋など）　3万1763戸
　・開墾事業　2万1492戸　例：屯田兵制度による北海道の開拓，安積疎水（福島県）の開削

結果 大部分の事業は失敗。蚕糸業・雑工業・開墾事業関係（全体の3割程度）で成果があがる

3-② 秩禄処分の階層別実態

(1876年8月)

金禄高 （階層別）	公債の種類		公債受取 人員(人・%)	公債総発行額 （円・%）	1人平均 （円）	1年間 利子収入
	利子	金禄高に 乗ずる年数				
1000円以上 （華族・領主層）	5分	5〜7.5	519 (0.2)	3141万3586 (18.0)	6万 527	3,026円 35銭
100円以上 （上・中級士族）	6分	7.75〜11	1万5377 (4.9)	2503万8957 (14.3)	1628	97円68銭
10円以上 （下級士族）	7分	11.5〜14	26万2317 (83.7)	1億833万8013 (62.3)	415	29円5銭
売買家禄 （その他）	1割	10	3万5304 (11.3)	934万7657 (5.4)	265	26円50銭
合　計			31万3517 (100)	1億7413万8213 (100)	557	

（東京大学出版会『講座日本歴史』による）

▶解説 図にあるように，華族・領主層は5〜7.5年間5分の利子で1000円以上の公債をうけとれる。元金は5年間据えおきで，6年目から抽選で30年間で償還された。一見，上級層に厳しくみえるが，金禄高の低い下級士族の生活は，実際に利子で自活できたのは，領主層と上級士族の一部にすぎなかった。

6 士族の商法

▲士族が経営する菓子屋 商業に従事した士族は，商売になじめず，「士族の商法」といわれ，失敗する者が多かった。上図では西南戦争への風刺や士族の不満などが読みとれる品書きがみられる。❶「日々出ぱん店費鳥せんべい」（出張が多い官僚となった士族）❷「毎日新製瓦斯提遍」（西南戦争に行く巡査に応募した士族）❸「新製得有平党」（不平士族）❹「お芋の頑固り不平おこし」（薩摩の不平士族の反乱）❺「三菱形西洋風蒸洋艦」（西南戦争の輸送を請け負う三菱）❻「困弊盗」（西南戦争に乗じて横行した強盗）

7 解放令 (1871年8月)

解放令

付
同十二相成候様取扱可シ。尤モ地租其外除蠲（課税シない）ノ
穢多非人等ノ称廃セラレ候条一般民籍ニ編入シ身分職業共
太政官布告
明治四（一八七一）年八月二十八日（新暦一八七一年十月十二日）

仕来モ之有リ候ハ、引直シ方見込ミ取調大蔵省ヘ伺出可キ事
辛未八月
太政官

（太政官類典）

Answer 華族・領主層の利子は，下級士族の7分に比べ5分と少ないが，1年間の利子収入は3000円以上で，下級士族の100倍以上あった。

1 地租改正の流れ

封建的土地制度の撤廃

1871.9	田畑勝手作りの許可
1872.2	田畑永代売買の禁令を解く

↓

封建的土地領有制の解体

1872.7	地価の決定・地券（壬申地券）の交付 →土地所有者の確定

↓

1873.7 地租改正条例の公布

〈改正前〉		〈改正後〉
収穫高	**課税基準**	地価
約30～40%（幕領）	**税率**	地租（地価の3%）
物納・村単位	**納入方法**	金納・個人
年貢負担者 （耕作者）	**納税者**	地券所有者 （地主）

↓

地租改正の結果

国　家…全国一律の基準で、豊凶にかかわらず、一定の貨幣収入を確保→財政の安定

地　主…土地所有権の確立、高率の現物小作料収入→米価の高騰もあり、寄生地主制の確立

自作農…高率の地租→米価下落により小作農へ没落

小作農…高率の現物小作料→窮乏化

その他…入会地の官有地編入

↓

1876.11～12	地租改正反対一揆の高揚（伊勢暴動〈三重〉・真壁騒動〈茨城〉など）→p.229
1877.1	地租の引下げ（3％→2.5％）

↓

1880	地租改正事業の終了

▲解説 1870年、大久保利通らが地租改正意見書を提出し、封建的土地制度の撤廃がおこなわれた。72年には**地券**が発行され、土地所有者が確定した。73年の**地租改正条例**では、課税基準は**地価**（税率3％）とし、地券所有者が金納することが定められた。この**地租**を地価の3％とすることは、旧来の歳入を減らさないことで設定された。76年におこった**地租改正反対一揆**により、税率は2.5％となったが、改正作業は80年ごろに、山林・原野をのぞいていちおう終了した。

6 地租改正反対一揆

◁**地租改正反対一揆**（松雪斎銀光画「三重県暴徒一覧」） 1876年、まず茨城県で、ついで三重・愛知・岐阜・堺（現、大阪府の一部と奈良県）にかけて地価の引下げと地租の米納を求めて**地租改正反対一揆**がおこった。翌年、内務卿大久保利通の建議により、税率が**3％から2.5％**へと下げられたため、「竹槍でドンとつき出す二分五厘」といわれた。図は三重県でおこった**伊勢暴動**の様子。

2 土地調査

▷**土地丈量の様子** 地租改正にともなう土地丈量（調査）は厳格におこなわれ、村ごとに土地台帳を作成して地価が算出された。地租改正条例が出された1873年から実施され、80年ごろに終了した。秋田県立博物館蔵

▽**土地丈量（調査）の成就を祈願して奉納された絵馬**
間竿と間縄による十字法で測量する様子を描いたもので、農民が一区画ごとにおこなった。吉田八幡神社蔵／山形県

3 地券の交付

▷**壬申地券**
1872（明治5）年、土地所有者を確認する地券が発行された。この年は壬申の年に当たり、壬申地券とよばれたが、まだ地租の額は記載されていない。1886年の登記法の実施により、地券は廃止された。

4 地券の表示と地租算出法

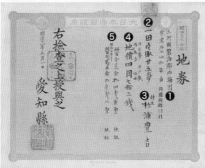

❶番地、❷面積、❸所有者、❹地価、❺地租を表面に、所有者の変遷を裏面に記すようになっている。

1873（明治6）年7月28日付「地方官心得」地租算定検査例

```
田1段歩 此収穫米  1石6斗……収穫高
   代金  4円80銭 但1石ニ付代金三円……売却益
    内  金72銭 種籾肥代1割5分引………肥料代など
   残金  4円8銭 ……………………………地租算定の基準
    内 〔金40銭8厘〕〔地租3分ノ1 村入費引〕
                 …………………村入費（1%）
       〔金1円22銭4厘〕〔地租〕……………地租（3%）
        〔小以  金1円63銭2厘〕
   残金  2円44銭8厘 但仮ニ6分ノ利ト見做ス
                 ………農民の収入（6%）
      此地価40銭80銭……（地価）  此100分ノ3……（税率）
       1円22銭4厘…地租
```

▲解説 右上に示したのは、1873年7月28日付の「地方官心得」に示された、自作農の場合の地租算定の検査例である。その方法は、まず収穫米代金（4円80銭）から種籾肥代（72銭）を引いた額（4円8銭）を基準とする。農民の収入は6％の2円44銭8厘で、地租は3％の1円22銭4厘ということになる。

5 国税における地租の割合

▷解説 地租改正直後の1875・76年の国税総額に占める地租総額の割合は、80%以上と非常に高い。77年には地租の税率が3%から2.5%に下げられたため、国税総額・地租総額とも落ち込んだ。これは地租が国税の多くを占め、財政安定の基盤になっていたことを物語っている。

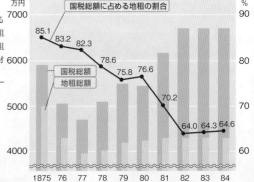

国税総額に占める地租の割合

85.1 / 83.2 / 82.3 / 78.6 / 75.8 / 76.6 / 70.2 / 64.0 / 64.3 / 64.6

国税総額 / 地租総額

1875 76 77 78 79 80 81 82 83 84
（明8）（9）（10）（11）（12）（13）（14）（15）（16）（17）

（三和良一『近現代日本経済史要覧』による）

Question p.220 4 にある地券の写真の❺の部分に地租の税率が2つ書かれているのはなぜだろうか。

1 列強の接近

凡例:
- 最上徳内1786
- 最上徳内・近藤重蔵 1798～99
- 伊能忠敬1800
- 近藤重蔵1807
- 間宮林蔵1808
- 間宮林蔵1808～09

北方探査については→p.200 **3**

- 1807 幕府, 西蝦夷地・松前藩領を直轄(松前奉行の支配下)
- 1789 クナシリ・メナシの蜂起
- 1811 ゴローウニン事件(国後島)
- 1792 ラクスマン, 根室に来航
- 1799 幕府, 東蝦夷地を直轄
- 1821 幕府, 蝦夷地を松前藩に還付

蝦夷地／東蝦夷地／西蝦夷地／石狩／国後島／択捉島／根室／松前／箱館

日本海　太平洋　0 ─ 300km

2 近代の北海道

年		事項
1869(明治2)	7	開拓使設置(東京)
	8	蝦夷地を北海道と改称
1871	5	開拓使庁を札幌に移管
1874	10	屯田兵制度を制定 **3-①**
1876(明治9)	8	札幌農学校を開校
	8	札幌麦酒醸造所設立
1881	8	開拓使官有物払下げ事件
1882(明治15)	2	札幌・函館・根室の3県を設置(開拓使廃止)
	11	手宮・札幌・幌内間に鉄道全通
1886	1	北海道庁を設置(3県を廃止)
1897	11	支庁制を施行(19支庁の設置)
1899	3	北海道旧土人保護法を制定 **4**
1900		北海道旧土人教育会を設立
1904	9	屯田兵制度を廃止
1946	2	北海道ウタリ協会が設立
1950	6	北海道開発庁を設置
1997(平成9)	5	アイヌ文化振興法が成立(北海道旧土人保護法は廃止) **4**

松浦武四郎 (1818～88)

伊勢国出身。1845年の蝦夷地探査を皮切りに, 6度も蝦夷地を探査し, 多くの地図や日誌を残した。1855年には蝦夷地御用掛に就任し, 場所請負制に苦しむアイヌの人々の実情を明らかにした。59年に辞任後も, 『蝦夷紀行』や『東西蝦夷山川取調紀行』などの著作により蝦夷地を紹介をした。1869年明治新政府から開拓判官に任じられ, 「北海道」の名づけ親となった。『蕗下コロボックルの図』はアイヌ伝説をもとに武四郎が描いたもので, 「北海道人」の号が書かれている。

△蕗下コロボックルの図

3 北海道の開拓と移住

3-① 屯田兵 → p.223 **4-③**

△屯田兵人形　1923年, 屯田兵の功労をたたえて北見市信善光寺に奉納された75体の屯田兵人形。北海道の開拓にあたった屯田兵は軍人でもあり, 軍人勅諭などを記した屯田兵手牒の所持が義務づけられていた。

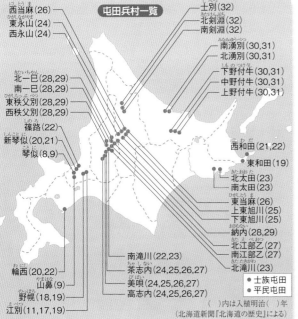

屯田兵村一覧

- 西当麻(26)
- 東永山(24)
- 西永山(24)
- 士別(32)
- 北剣淵(32)
- 南剣淵(32)
- 南湧別(30,31)
- 北湧別(30,31)
- 下野付牛(30,31)
- 中野付牛(30,31)
- 上野付牛(30,31)
- 北一已(28,29)
- 南一已(28,29)
- 東秩父別(28,29)
- 西秩父別(28,29)
- 篠路(22)
- 新琴似(20,21)
- 琴似(8,9)
- 西和田(21,22)
- 東和田(19)
- 北太田(23)
- 南太田(23)
- 東当麻(26)
- 上東旭川(25)
- 下東旭川(25)
- 納内(28,29)
- 北江部乙(27)
- 南江部乙(27)
- 北滝川(23)
- 南滝川(22,23)
- 茶志内(24,25,26,27)
- 美唄(9)
- 高志内(24,25,26,27)
- 輪西(20,22)
- 山鼻(9)
- 野幌(18,19)
- 江別(11,17,19)

( )内は入植明治( )年
(北海道新聞『北海道の歴史』による)

● 士族屯田
● 平民屯田

3-② 北海道への移住

△『北海道移住手引草』　北海道庁は, 北海道移住の奨励を目的に, 移住者向け手引書を多く刊行した。『北海道移住手引草』(1900～23年刊)もその一つで, 広げると表面に北海道全図と渡航案内図, 裏面に北海道の概況や移住の心得などが記されている。

解説 屯田兵制度

1874年, 屯田兵制度が制定され, 翌年琴似村(現, 札幌市)に最初の屯田兵村が設置され, 198戸965人の屯田兵が入植した。当初は, 札幌・室蘭・根室など防衛的色彩の強い地域が主であったが, 1890年応募資格を士族から平民に広げると, 士族授産から内陸を中心とする開拓興農を目的とした屯田兵村となり, 開発も広まった。1904年, 屯田兵制度が廃止されるまでの25年間に入植した屯田兵村数は37か所, 戸数7337戸, 家族を含めた総人員は3万9901人におよんだ。

4 北海道旧土人保護法とアイヌ新法

アイヌ文化振興法

第一条　この法律は, アイヌの人々の誇りの源泉であるアイヌの伝統及びアイヌ文化が置かれている状況にかんがみ, アイヌ文化の振興並びにアイヌの伝統等に関する知識の普及及び啓発を図るための施策を推進することにより, アイヌの人々の民族としての誇りが尊重される社会の実現を図り, あわせてわが国の多様な文化の発展に寄与することを目的とする。
(官報)

アイヌ文化の振興並びにアイヌの伝統等に関する知識の普及及び啓発に関する法律

解説 北海道旧土人保護法

1899年の制定。「旧土人」とよばれたアイヌの保護を目的としたが, 実際はアイヌに対する同化政策の法律。13条からなり, アメリカの先住民の同化を目的としたドーズ法(1887年)の強い影響をうけている。法律には, 農地の下付, 救恤や教育への援助が明記されている。しかし, 実際には狩猟・漁労を禁じられて農耕を強制され, 日本式教育の徹底が図られた。

解説 アイヌ文化振興法

1997年制定のアイヌ民族の自立と人権保護, アイヌ文化の振興などを目的とした法律。アイヌ新法ともいう。これにより, 北海道旧土人保護法は廃止された。

第4部　近代・現代

Answer この地券は明治11年発行であり, 地租率は前年に3%から2.5%に引下げられているため, 2つ書かれている。

第4部 近代・現代

1 工部省と内務省

工部省	1870年設置 〔初代工部卿〕伊藤博文 官営事業の払下げにより1885年に廃止	殖産興業の中心官庁 鉱工業・交通部門の管掌 工部大学校での技術者養成
内務省	1873年設置 〔初代内務卿〕大久保利通 1881年の農商務省の設立により，殖産興業部門を分離→1947年に廃止	地方行政・土木・勧業・警察を任とする政府の最高権力機関 勧農・牧畜・製糸・紡績部門の管掌

2 お雇い外国人

	学術教師	技術	事務	その他	計
1872（明治5）	102	127	43	97	369
1874（明治7）	151	213	68	92	524
1875（明治8）	144	205	69	109	527
1878（明治11）	101	118	51	51	321
1881（明治14）	52	62	29	23	166
1884（明治17）	52	40	44	15	151

（安藤良雄編『近代日本経済史要覧』による）

◀解説 幕末期には，長崎海軍伝習所をはじめ軍事分野で雇われた。明治に入り，近代化政策を推進するための政府雇いは1875年をピークに減少した。一方，私成外国人は88年588人，97年765人と激増した。

3 鉄道の開業

▲新橋駅 1872年，イギリス人モレルの指導の下，東京（新橋）・横浜間に鉄道が開通した。所要時間は53分。上図は1875年ごろの新橋停車場で，現在，東京汐留にプラットホームなどが復元されている。

▲大阪・神戸間に開業した鉄道 1874年，大阪・神戸間，77年に京都・大阪間に鉄道が開通し，開港地と大都市を結びつけた。上図右側は大阪梅田駅。

▶詳しくみてみよう！ 鉄道の開業

4 官営事業

▼堺紡績所

■堂島紡績所 1880
■大阪紡績会社 1883
■日本板硝子製造会社 1883
■大阪摺付木製造会社 1886

○造幣局 1869
○大阪砲兵工廠 1879
●堺紡績所 1870〈72・政府〉

○広島鉱山 1875
●広島紡績所〈1882・広島錦糸移籍〉

長崎造船所 1868〈87・三菱〉

三池鉱山 1873〈89・三井〉

高島炭鉱 1874〈74・後藤象二郎，81・三菱〉

別子銅山 1690

生野銀山 1868〈96・三菱〉

播州葡萄園 1880〈88・前田〉

堺紡績所 1869〈78〉

兵庫造船所 1871〈87・川崎〉

小野浜造船所 1884

愛知紡績所 1881〈86〉

富岡製糸場 1872〈93・三井〉

神岡鉱山 1874〈三井〉

佐渡（相川）金山 1869〈96・三菱〉

岩鼻火薬製造所 1882

新町紡績所 1875〈87・三井〉

足尾銅山 1877

東京

神戸 大阪 広島

下総種畜場 1876

日本郵船会社鉄工所

横須賀造船所 1868

※工廠…軍直属の工場

幌内炭鉱 1878〈89・北炭〉

札幌麦酒醸造所 1876〈86・大倉〉

紋別製糖所 1880〈90・伊達〉

小坂銀山 1869〈84・久原〉

小真木鉱山 1884

尾去沢鉱業会社〈1872〉

阿仁鉱山 1875〈85・古河〉

院内銀山 1875〈85・古河〉

釜石鉄山 1874〈87・田中〉

■印刷局 1871
■兵器製造所 1875
○千住製絨所 1876
○三田育種場 1877〈87・子安〉
駒場農学校 1878
○東京砲兵工廠 1879
○板橋火薬製造所 1876
○石川島造船所 1870〈76・平野〉
○深川セメント製造所（のち深川工作局）1874〈84・浅野〉
○品川硝子製造所 1876〈85・西村〉
■秀英社（印刷）1876
■新燧社（マッチ）1876

○官営事業場
●払下げ工場・鉱山
■民営工場・鉱山
〈払下げ年・払下げ先〉
※数字は設立年
労働者1000人以上の事業所

▲横須賀造船所

▲品川硝子製造所（明治村に現存）　深川工作分局

5 郵便制度の発達

1871	郵便制度開始，郵便切手発売，ポストの設置
1872	郵便を全国に実施。書留，外国郵便の取扱い開始
1873（明治6）	全国均一料金制を実施。郵便事業の政府専掌（民間の飛脚便禁止）。郵便葉書の発行
1875	郵便為替・郵便貯金の開始
1877	万国郵便連合条約に加盟

札

▲初期の郵便ポスト 出発済の札が掲げられているのがみえる。

▲前島密（1835～1919）1871年，駅逓権正に就任し，郵便制度を立案・発足させた。電話の開設にも尽力。

▶1871年発行の最初の郵便切手 4種のうちの200文切手。

▲郵便局 明治10年代末の東京郵便局。左側が窓口で，右側に私書箱も設置されている。

6 電信事業の発足

1869（明治2）	東京・横浜間に電信開通（公衆電報の取扱い開始）
1871（明治4）	長崎・上海間に海底電線を敷設
1873（明治6）	東京・長崎間に電信開通 大阪・京都間に電信開通
1877（明治10）	九州～北海道まで電信開通。電話の輸入
1878	工部省電信中央局の設立
1889（明治22）	公衆用市外電話の通話開始（東京・熱海間）
1900（明治33）	上野・新橋間に公衆電話の設置開始

▲電信線 キリシタンの魔法として嫌うものも多く，架設工事の妨害や電線の破壊行為も少なくなかった。

◀ブレゲ電信機 1869年から使用。

Question 新貨条例では，なぜ金本位制を採用することができなかったのだろうか。p.211 3 を参考に，考えてみよう。

詳日 第12章1 p.240〜241

1 岩崎弥太郎

◁岩崎弥太郎 (1834〜85) 土佐藩の郷士出身の実業家で、譲り受けた土佐藩営の大阪商会(のち九十九商会)を海運業中心の三川商会として新設。1873年、三菱商会と改称して軍事輸送を独占し、1875年には三菱汽船会社(のち郵便汽船三菱会社)に拡張した。特に、海運業は上海航路を開設して独占状態であった。その後、海運業は共同運輸会社と合併して日本郵船会社となり、他の事業は、のちに三菱会社として様々な部門に進出し、三菱財閥の基礎となった。
三菱経済研究所付属三菱史料館蔵

3 内国勧業博覧会

△第1回内国勧業博覧会 1877年に内務省が主催し、第1回が東京の上野公園で開催された。以後5回まで開催。第4・5回は京都岡崎公園、大阪天王寺公園で開かれた。図はガス灯のイルミネーションが輝く夜の会場(小林清親画)。

詳しくみてみよう！
内国勧業博覧会

5 新貨条例

Ⓐ Ⓑ

Ⓓ50銭銀貨

Ⓒ1円金貨

Ⓕ半銭銅貨

Ⓔ1銭銅貨

Ⓖ1厘銅貨

Ⓗ10円券

Ⓐ太政官札(不換紙幣、1868年発行)。 Ⓑ民部省札(不換紙幣、1869年発行)。 Ⓒ〜Ⓖ新硬貨(新貨条例により鋳造、1871年発行)。 Ⓗ新紙幣(太政官札にかわり発行された明治通宝札。ドイツで印刷されたため、通称ゲルマン紙幣とよばれる。不換紙幣、1872年発行)。

2 富岡製糸場

△富岡製糸場 1872年、群馬県富岡に開設した官営模範工場。仏人技師ブリューナの指導の下、仏製機械を300台設置して操業を開始。工女は士族の子女が多く、「富岡工女」とよばれた。信濃松代藩士の子女、横田(和田)英の『富岡日記』は有名。

4 北海道の開拓

4-① 開拓関係年表 → p.221 2 〜 4

年	月	事項
1869 (明治2)	7	開拓使を設置(東京に開拓使庁)
	8	蝦夷地を北海道と改称(松浦武四郎の発案)。箱館を函館と改称
1870	2	樺太開拓使を分置(開拓使は北海道開拓使と改称)
1871 (明治4)	5	開拓使を統合し、開拓使庁を札幌に移転
	7	開拓使顧問として米からケプロンが来日
	8	樺太開拓使を開拓使に合併
1873	12	屯田兵創設が決定(開拓次官黒田清隆の建議)
1874 (明治7)	8	黒田清隆、参議兼開拓長官に就任
	10	屯田兵制度の制定
1875	5	最初の屯田兵198戸965人が入植。樺太・千島交換条約
1876	8	札幌農学校開校(初代教頭にクラーク就任)
1881 (明治14)	8	開拓使官有物払下げ事件。天皇の北海道巡幸
	10	明治十四年の政変
1882	2	開拓使の廃止。札幌・函館・根室3県の設置
1886 (明治19)	1	北海道庁設置(3県は廃止、屯田兵も移管) 4-②
1896	5	第7師団の設置(日清戦争後)
1898	1	北海道に徴兵令施行
1899	3	北海道旧土人保護法の公布
1900		屯田兵の募集を中止
1904	9	屯田兵制度の廃止
1905	7	樺太占領(軍政を施行)
1907	4	樺太庁の設置

4-② 開拓使と北海道庁

△開拓使 1869年、北海道を開発する行政機関として、東京に使庁を設置。翌年分置された樺太開拓使と71年に統合され、札幌に移された。82年に廃止。

△北海道庁 1886年に設置され、札幌・函館・根室3県は廃止。同年の土地払下げ規定により、土地の払下げをおこなった。

4-③ 屯田兵制度

▷屯田兵 屯田兵は、北海道の開拓と、ロシアなどの脅威に対する北方の警備にあたった農兵で、1873年、開拓次官の黒田清隆の建議により、翌年制度化。75年、屯田兵村(札幌郊外の琴似村)が設置され、宮城・青森・酒田3県の士族を中心に、198戸965人が入植した。1900年に募集は中止となり、1904年に屯田兵条例は廃止された。

Answer 幕末に、外国との金銀比価の違いから、大量の金が国外に流出し、金を準備できなかった。

1 明治初期の教育関係年表 →p.265 1

1868	4	福沢諭吉，私塾(1858～)を慶應義塾と改称
1869 (明治2)	6	政府，大学校を設立
	12	大学校を，大学・大学南校・大学東校に分置
1871 (明治4)	7	文部省設置
	9	熊本洋学校が開校
	12	津田梅子ら，女子留学生の欧米派遣
1872 (明治5)	8	「学事奨励に関する太政官布告」(被仰出書)
		学制公布(フランスの学校制度にならう)
	11	東京に女学校を設立
1874		東京に官立女子師範学校を設立
1875	11	新島襄，同志社英学校を設立
1876	8	札幌農学校が開校
1877	4	東京大学設立
1879 (明治12)	9	教育令公布(学制廃止，アメリカの教育制度にならう)
1880	12	改正教育令公布
1882 (明治15)	7	東京に最初の高等女学校設立
	10	大隈重信，東京専門学校を開校

2 啓蒙思想

福沢諭吉	西洋事情	欧米諸国の実情を紹介した啓蒙書	
	学問のすゝめ	開化期に大ベストセラーとなった啓蒙書	
	文明論之概略	文明発達の事例を紹介した文明論	
中村正直	西国立志編	スマイルズの『自助論』の翻訳書	
	自由之理	ミルの『自由論』の翻訳書	
中江兆民	民約訳解	ルソーの『社会契約論』の一部を漢訳	
森有礼ら	明六雑誌	啓蒙的思想団体明六社(森有礼の発議)の機関誌	
西 周	万国公法	国際法を幕命で翻訳	
加藤弘之	国体新論・真政大意	立憲政治の知識や天賦人権論を紹介	
	人権新説	社会進化論を説き，天賦人権論を否定	
西村茂樹	日本道徳論	皇室中心の国民道徳の興隆を説く	
津田真道	泰西国法論	日本初の西洋近代法学の啓蒙的な概説書	
植木枝盛	民権自由論	自由民権思想を平易に解説	
	天賦人権弁	天賦人権論を否定した加藤弘之の『人権新説』を批判	
馬場辰猪	天賦人権論		
田口卯吉	日本開化小史	古代から廃藩置県までを叙述した日本史論	

▲福沢諭吉
(1834～1901)

▲解説 『学問のすゝめ』は1872～76年に17編まで刊行された福沢諭吉の啓蒙書。天賦人権思想に基づき，実学の奨励などを説いた。

▲帝国大学工科大学
(現在の東京大学工学部)

4 東京大学の変遷

- 忍岡学塾 1630
- 湯島聖堂学問所 1690
- 昌平坂学問所(昌平黌) 1797
- (私営)種痘館 1858
- 種痘所(官) 1860
- 西洋医学所 1861
- 医学所 1863
- 医学校 1868
- 蛮書和解御用 1811
- 洋学所 1855
- 蕃書調所 1856
- 洋書調所 1862
- 開成所 1863
- 昌平学校 1868 / 開成学校 1868
- 大学校 1869
- (分校)1869 大学東校 / (本校)1869 大学 / (分校)1869 大学南校
- 東校 1871 / 廃止 1870 / 南校 1871
- (第一大学区)医学校 1872 / (第一大学区)開成学校 1873
- 東京医学校 1874 / 東京開成学校 1874
- 東京大学 1877
- 帝国大学 1886
- 東京帝国大学 1897
- 東京大学 1947

3 学制の公布と学校の設立

— 大学区界 (1873<明治6>年4月)
⊙ 帝国大学所在地 (1897<明治30>年以降)
[おもな官立大学]
[おもな私立大学]
(創立年・現在の大学名)

▲旧開智学校

- 北海道帝国大学 (1918)
- 京都帝国大学 (1897)
- 同志社英学校〔新島襄〕(1875・同志社大学)
- 京都法政専門学校 (1900・立命館大学)
- ▶新島襄 (1843～90)
- 大阪帝国大学 (1931)
- 関西法律学校 (1886・関西大学)
- 神戸女学院 (1875・神戸女学院大学)
- 関西学院 (1889・関西学院大学)
- 九州帝国大学 (1910)
- 熊本洋学校 (1871)

- 第七大学区
- 東北帝国大学 (1907)
- 第六大学区
- 第二大学区
- 第一大学区
- 第四大学区
- 第三大学区
- 第五大学区

- 神宮皇学館 (1882・皇学館大学) ※現在は私学

- 帝国大学(1886)
- 東京帝国大学(1897)
- 東京職工学校 (1881・東京工業大学)
- 東京商業学校 (1884・一橋大学)
- 慶應義塾〔福沢諭吉〕(1858・慶應義塾大学)
- 立教学校 (1874・立教大学)
- 学習院 (1877・学習院大学)
- 東京法学社 (1880・法政大学)
- 専修学校 (1880・専修大学)
- 明治法律学校 (1881・明治大学)
- 東京専門学校〔大隈重信〕(1882・早稲田大学)
- 東京英和学校 (1883・青山学院大学)
- 英吉利法律学校 (1885・中央大学)
- 明治学院 (1886・明治学院大学)
- 哲学館〔井上円了〕(1887・東洋大学)
- 日本法律学校〔山田顕義〕(1889・日本大学)
- 国学院 (1882・皇典講究所)(1890・国学院大学)
- 女子英学塾〔津田梅子〕(1900・津田塾大学)

5 学校教育

▲学校教育 1872年に学制が公布され，小学生男女を身分にかかわりなく学ばせる国民皆学の方針が打ち出されたが，翌年の就学率は男子40%，女子15%にとどまった。授業内容は図にあるように，掛図と問答が中心となった。

6 女子教育の歴史 →p.265 1

1872	11	東京に最初の女学校が創立
1874	3	東京に官立女子師範学校を設立
1882 (明治15)	7	東京女子師範学校付属高等女学校を設立(最初の高等女学校)
1885	8	女子師範学校，東京師範学校に合併
1886	4	高等師範学校女子部となる
1890 (明治23)	3	女子部が分離・独立し，女子高等師範学校を設立
1899	2	高等女学校令公布
1900	9	津田梅子，女子英学塾を創立
1901	4	日本女子大学校の創立
1908 (明治41)	4	奈良女子高等師範学校を設立 女子高等師範学校，東京女子高等師範学校と改称
1910	10	実科高等女学校が発足(高等女学校令改正)

▲慶應義塾の本館

▲女子師範学校 1874年，官立最初の女子師範学校として，東京に設立。85年，東京師範学校に合併されるが，90年に女子部は独立して女子高等師範学校となる。1908年，奈良女子高等師範学校の設立にともない，東京女子高等師範学校と改称する。

Question p.225 6の年表内にある「乗合馬車」と「鉄道馬車」とは，どのように違うのだろうか。

第4部 近代・現代

1 明治初期の宗教界の動き

2 神仏分離令

神仏分離令 一八六八（明治元）年三月

今般，諸国大小ノ神社ニオイテ神仏混淆ノ儀ハ御廃止ニ相成リ候ニ付，別当社僧ノ輩ハ還俗ノ上，神主社人等ノ称号ニ相転シ，神道ヲ以テ勤仕致スヘキ候事。若シ亦，拠無ク差支之有リ，且仏教信仰ニテ還俗ノ儀，不得心ノ輩ハ神勤相止メ，立退キ申スヘク候事。

若シ又，拠無ク差支之有リ，且仏教信仰ニテ還俗ノ儀，不得心ノ輩ハ神勤相止メ，立退キ申スヘク候事。

（法令全書）

3 廃仏毀釈

◀廃仏毀釈（『開化の入口』1873年）　1868年に神道国教化の方針をとり，神仏分離令を公布したことで，仏教を排斥する廃仏毀釈の風潮が強まった。図は寺を小学校にするため，経文などを焼いている様子を描いたもの。

4 神社制度

官社	・大中小の**官幣社**（神祇官がまつった神社，神饌幣帛料を皇室費から拠出），**別格官幣社**（功臣をまつる，官幣小社と同格） ・大中小の**国幣社**（地方官がまつった神社，神饌幣帛料を国庫から拠出）
諸社	府県社・郷社・村社・無格社

◀解説　1871年，明治新政府は全国の神社を神祇省行政下におき，官社・諸社の別と社格を定め，祭式を統一した。社格制度は1946年まで存続した。

5 浦上教徒弾圧事件

▲**大浦天主堂** 国宝 世界遺産

▶**浦上教徒弾圧事件**　1865年，長崎居留地内に落成した**大浦天主堂**を訪れた長崎浦上村の隠れキリシタンの人々が，神父に信仰を告白した。しかし，明治新政府は禁教政策を維持し，68年の五榜の掲示に沿い，村民約3400余人を配流した（**浦上教徒弾圧事件**，浦上崩れ）。その後，列国からの抗議をうけ，73年にキリシタン禁制の高札を撤去し，信徒も釈放した。

6 生活様式の変化

7 太陽暦の採用

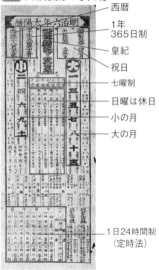

西暦／1年365日制／皇紀／祝日／七曜制／日曜は休日／小の月／大の月／1日24時間制（定時法）

▲**太陽暦**　1872年に**太陰太陽暦**（旧暦）を廃して，**太陽暦**（新暦，グレゴリオ暦）を採用した。また，昼夜をそれぞれ6等分して1刻とする不定時法を廃止し，1日を24等分して1時間とする定時法がとられた。

8 ガス灯

▲**ガス灯**　1872年，横浜の居留地ではじめて使われ，74年には東京銀座通りに点灯した。歩道が設けられ，街路樹に桜が植えられている。

9 牛鍋

▲**牛鍋**　帽子をかたわらにおき，ざんぎり頭に洋服を着た男が，**牛鍋**（すき焼き）を食べている様子。仮名垣魯文は『安愚楽鍋』で「牛肉食わねば開化不進奴」と記している。

詳しくみてみよう！　銀座煉瓦街

10 銀座煉瓦街

鉄道馬車　人力車　ガス灯

▲**銀座通りの煉瓦街**　銀座通りの朝野新聞社前の様子で，右側にはガス灯がみえる。1882年に日本橋・新橋間に開通した鉄道馬車，和泉要助らが発明した人力車もみえる。

Answer 鉄道馬車は，p.225 [10]の錦絵に描かれているように線路上を走る馬車。その10年以上前に開業している乗合馬車には，線路がない。

1 明治初期の国際関係年表

※1872年12月3日が1873年1月1日に。1873年以降の月は,太陽暦で示す。

2 岩倉使節団 2-① おもな構成員

(公)公家 (幕)幕臣

特命全権大使	右大臣	岩倉具視(公)
副使	参議	木戸孝允(長)
副使	大蔵卿	大久保利通(薩)
副使	工部大輔	伊藤博文(長)
副使	外務少輔	山口尚芳(肥)
一等書記官	大蔵一等出仕	福地源一郎(幕)
大使随行	権少外史	久米邦武(肥)
理事官	司法大輔	佐佐木高行(土)
理事官	侍従長	東久世通禧(公)
理事官	陸軍少将	山田顕義(長)
会計兼務	戸籍頭	田中光顕(土)
会計兼務	文部大丞	田中不二麿(尾)

岩倉使節団

◀岩倉使節団の出帆の様子

2-② 使節団の行路

リヴァプール 72.8.17
マルセイユ 73.7.20
パリ
サンクト=ペテルブルグ
スエズ運河
セイロン
インド洋
シンガポール 73.8.18
サイゴン
厦門
上海
横浜 1871.12.23出発(旧暦では11.12)
1873.9.13着
大西洋
ボストン 72.8.6
ニューヨーク
ワシントン 72.2.29
シカゴ
大陸横断鉄道
サンフランシスコ 72.1.15
太平洋

(A)解説 1871年12月(旧暦の11月),岩倉具視を特命全権大使とする遣外使節団は,アメリカの船で横浜を出帆。使節団の構成は藩閥政府の実力者を大使副使にすえ,国際的な知識を持つ旧幕臣や有能な人材を起用し,平均年齢も約30歳と若かった。12カ国を歴訪して欧米制度などを視察したが,条約改正交渉はできなかった。逆に,欧米諸国から信教の自由や内地開放を要請され,キリシタン禁制の高札撤廃につながった。その記録は随行の久米邦武により『特命全権大使米欧回覧実記』にあらわされた。

2-③ 女子留学生

永井繁子 上田悌子 吉益亮子 津田梅子 山川捨松

▲シカゴでの女子留学生(1872年2月)

女子留学生	年齢	経歴
山川捨松 (大山捨松)	12	旧会津藩士の娘。大山巌元帥と結婚し「鹿鳴館の貴婦人」とよばれた。社会奉仕に尽力
吉益亮子	15	旧幕臣の娘。眼病にかかり翌年に帰国
津田梅子	8	旧幕臣津田仙の二女。女子英学塾(現,津田塾大学)の創設。女子教育に尽力
上田悌子	15	士族(新潟)の娘。病にかかり帰国
永井繁子	10	旧幕臣の娘。華族女学校教員,海軍大将瓜生外吉と結婚

(A)解説 開拓次官黒田清隆の建議により派遣された5名の女子留学生は,幕臣や下級官吏の娘たちであった。皇后は彼女らに,帰国後には「婦女の模範になれ」との沙汰書を下している。このほか,留学生には金子堅太郎・団琢磨・中江兆民らがおり,多彩な顔ぶれであった。

3 日本と清との関係

3-① 台湾出兵(征台の役) → p.238

▲台湾遭害者之墓(那覇市)

④1874.10北京
和議(日清互換条款)成立
・日本の台湾出兵を正当な行動と認める
・清が50万両(約77万円)の賠償金を支払う

長崎
②1874.5 西郷従道らが長崎を出発
奄美大島
沖縄諸島
琉球藩
先島諸島
宮古列島
漂流地点
台湾 八重山列島
上陸地点
①1871.11 琉球漂流民殺害事件
③1874.5 社寮に上陸→蕃地の平定
⑤1874.12 台湾撤退

(A)解説 1871年,宮古島から那覇へ向かう船が難破し,66名が台湾東南岸に漂着。うち54名が殺害された(琉球漂流民殺害事件)。清が先住民を「化外の民」(王化のおよばないところの住民)として,責任をとらなかったので,台湾出兵となった。

▶台湾出兵をめぐる日清交渉(『事情明治太平記』) 台湾出兵をめぐって,日清の交渉は7回におよんだ。全権の大久保利通は交渉不調のため,帰国を決意したが,駐清英公使ウェードの調停により,日清互換条款の調印にいたった。

▶『台湾征討図』 1874年,日本は西郷従道の指揮の下,熊本鎮台兵・鹿児島県士族など3686人の兵力で,台湾出兵をおこなった。従軍した写真師の写真や記者の話をもとに下岡蓮杖が描いた。

Question 日清両属関係にあった琉球王国を帰属させるため,日本は琉球漂流民殺害事件をどう利用したのだろうか。

第4部 近代・現代

1 琉球問題　1-① 琉球処分関係年表

年	月	事項
1871	7	琉球を鹿児島県の管轄とする
1872 (明治5)	9	琉球藩を設置し，国王尚泰を琉球藩王(華族)とする(外務省直轄)
1874 (明治7)	2	琉球藩を内務省の直轄とする(台湾出兵の影響)
	11	琉球藩，進貢使を清に派遣(最後の派遣)
1875 (明治8)	7	清への朝貢(進貢使の派遣)と清からの冊封(冊封使の来航)を禁止。清との関係断絶を強要→琉球藩は日清両属関係を希望，明治政府は拒否
1876	5	裁判権を接収。警察権の制約
1879 (明治12)	3	首里城の接収(尚泰は東京居住)。4 琉球藩を廃し，沖縄県を設置(琉球処分)
	8	グラントによる先島分島案の提示
1880	10	分島・改約案の合意(のち廃案)
1892	8	奈良原繁知事の県政開始
1895	4	下関条約を調印(日本の沖縄領有の確定)
1898	1	徴兵令の施行
1899 (明治32)	1	謝花昇，沖縄倶楽部を結成。4 土地整理事業開始
	12	農民の海外移住(ハワイ)始まる(～1903)
1903	1	人頭税の廃止(地租条例・国税徴収法施行)
1910		ブラジルなどへの移民増加
1912	5	最初の衆議院議員選挙
1920	4	県・市町村への本土なみの自治を付与
1921 (大正10)		黒糖相場の大暴落。「ソテツ地獄」(飢餓による貧困)の始まり→沖縄農民の本土移住増加
1940		柳宗悦による方言論争開始

1-② 琉球処分後の領有問題

1879.4	明治政府は琉球藩を廃し，沖縄県を設置
1879.5	清の李鴻章が前アメリカ大統領グラントに調停を依頼

グラントの調停案(先島分島案，東京で伊藤博文に提示)
①沖縄を2分し，宮古・八重山の先島諸島を清に割譲する
②日清修好条規の改正(西欧なみの条約特権を日本に認める)

李鴻章の案(沖縄3分案)
沖縄を3分轄し，先島諸島を清に，奄美諸島を日本に割譲し，沖縄本島は独立させる

↓
| 1880.10 | グラント案に近い分島・改約案で合意→清国内で異議がおこり，廃案へ |
| 1895.4 | 日清戦争の勝利(下関条約の調印)日本の沖縄領有の確定 |

1-③ 沖縄の近代化

◆ **奈良原繁**(1834～1918)　1892年，沖縄県知事に任命され，1903年まで土地整理事業をおこない，近代化を推進。反面，人頭税の存続など旧慣温存策をとったため，諸制度の改革は遅れた。その専制的な行政で，「琉球王」とよばれた。

◆ **謝花昇**(1865～1908)　1898年，奈良原県政と対立して，沖縄県庁職員を辞任。99年沖縄倶楽部を結成し，参政権獲得運動を展開，独裁的県政を批判して，弾圧をうけた。

▶ **征韓論争**(『征韓論之図』)　1873年5月，朝鮮の地方官が日本を侮辱する掲示をおこなったことが報じられると，西郷隆盛が非武装使節としての渡韓が内決された。しかし，岩倉使節団帰国後，内治を優先する岩倉具視や大久保利通ら(内治派)が使節派遣の見送りを決めたため，派遣を支持した西郷・板垣退助・後藤象二郎・江藤新平・副島種臣らの征韓派は参議を辞任した。

2 日本と朝鮮との関係　2-① 征韓論

(征韓派) (内治派) 板垣退助 西郷隆盛 岩倉具視 江藤新平 木戸孝允

2-② 江華島事件と日朝修好条規

現，朝鮮民主主義人民共和国　平壌(ピョンヤン)　元山(ウォンサン)　臨津(イムジン)　漢江　漢城　仁川(インチョン)　現，大韓民国　江華府　江華島(カンファド)　草芝鎮砲台　金浦　(現，ソウル)漢城　釜山(プサン)　対馬　(江華島砲台)　永宗鎮砲台　仁川(済物浦)

▶ **解説**　江華島事件を機に，1876年2月，江華島にある江華府で日朝修好条規が締結された。第一款で「朝鮮国ハ自主ノ邦」と明記して，清の宗主権(国の政治を決定する権利)を否定し，第十款で領事裁判権を認可させた。通商章程では朝鮮の関税自主権が欠如しており，無関税を強制した。また開港は釜山を含む3港とされ，のち仁川・元山と決まった。

3 日本とロシアとの関係

ロシア領　カムチャツカ　ラバッカ岬(ロパトカ岬)　古守島　間宮海峡　沿海州　樺太(サハリン)　オホーツク海　新知島　千島列島(クリル群島)　得撫島　宗谷海峡　択捉島　国後島　色丹島　薗舞群島　日本海　太平洋

1854 (安政元)	日露和親条約で両国人雑居の地
1869	開拓使所管
1870	樺太開拓使所管
1875 (明治8)	樺太・千島交換条約

| 1854 | 日露和親条約でロシア領 |
| 1875 | 樺太・千島交換条約で日本領 |

| 1869 | 開拓使設置 |
| 1886 | 北海道庁設置 |

---- 1854年の国境
—·— 1875年の国境

◀ **解説**　1854年の日露和親条約で，千島は択捉・得撫島間を国境，樺太は両国人雑居の地とした。69年，新政府は開拓使を設けて樺太の管理もおこない，その後に買収をはかったが失敗。73年，開拓次官黒田清隆の樺太放棄の建白を機に，政府もその方針に傾き，75年5月に榎本武揚を全権として樺太・千島交換条約を結んだ。

◀尚泰(1843～1901)

4 小笠原の領有

1593 (文禄2)	信濃深志城主小笠原貞頼が，発見したとされる
1675	江戸幕府，同島を調査する
1827 (文政10)	英艦ブロッサム号，父島に入港英国領宣言
1830 (天保元)	米人サボリーらが移住し，開拓に着手
1853 (嘉永6)	米国ペリーが父島に寄港，貯炭所の敷地を買収
1861	幕府，外国奉行水野忠徳を派遣
1875	政府，開発に着手し，日本領有を宣言
1876 (明治9)	寺島宗則外務卿，日本の領有を各国に宣言(英米は反対せず)，内務省所管とする
1880 (明治9)	東京府に移管

◀**江華島に上陸した日本軍**(『明治太平記』)　江華島事件により，日本は仁川港対岸の永宗城を占領した。

第❹部 近代・現代

Answer 琉球人を日本国民とする日本は，清が処罰しない先住民を討伐するとして台湾出兵をおこなった。

本書参照頁　p.128, 163, 227, 300, 323～324

1 琉球の歴史

1100頃	按司(地方の小領主)が居城のグスク(城)を造営。各地を統治
13世紀後半～ 14世紀前半	グスク時代(按司が群雄割拠)
14世紀	山北・中山・山南の小王国が形成される(三山時代) 2-①
1372	明の使者が朝貢をうながす。中山王，明へ進貢(冊封の開始) 2-②
1380	山南王，明へ進貢
1383	山北王，明へ進貢
1406	尚巴志，中山王武寧を滅ぼす(この頃，拠点を首里城に移す)
1416	尚巴志，山北を滅ぼす(今帰仁城落城) 2-①
1422	尚巴志，中山王位につく
1429	尚巴志，山南を滅ぼし三山を統一。琉球王国の成立
1458	万国津梁鐘つくられる
1531	『おもろさうし』第1巻を編集
1606 (慶長11)	薩摩藩主島津家久，徳川家康より琉球王国への征服を許可される
1609 (慶長14)	薩摩藩(島津家久)，琉球王国を征服(琉球国王尚寧が降伏)
	琉球は日明(のち清)両属関係を維持 3-①
1611 (慶長16)	薩摩藩，検地を実施。琉球王国が守る「掟」15条を制定
	薩摩藩，奄美諸島を直轄
1634	慶賀使・謝恩使をはじめて江戸に派遣(～1850) 3-②
1650	羽地朝秀，『中山世鑑』(琉球最初の正史)を編集
1853	アメリカ東インド艦隊司令長官ペリーが来琉
1854	琉米修好条約を締結
1866	最後の冊封使が来琉
1871	琉球を鹿児島県の管轄とする。琉球漂流民殺害事件
1872	琉球藩を設置(尚泰を藩王とする)
1874	清への最後の進貢使派遣
1879	沖縄県を設置(琉球藩の廃止，琉球処分) 4-①
1892	奈良原繁知事の県政開始。旧慣温存策の実施
1895	下関条約を調印(沖縄が日本の領土として確定)
1898	徴兵令の施行。謝花昇，参政権獲得運動を開始
1899	土地整理事業開始(～1903)。海外移民の開始
1903	人頭税の廃止(地租条例。国税徴収法施行) 4-②
1912	最初の衆議院議員選挙
1921	「ソテツ地獄」(飢饉による貧困)の始まり
1945	沖縄戦 5-① 。琉球米国軍政府設置
1946	沖縄民政府の設置
1948	通貨を軍票B円とする(～58)
1950	米国軍政府を琉球列島米国民政府と改称
1952	琉球政府の発足
1960	沖縄県祖国復帰協議会の結成
1969	佐藤・ニクソン会談で返還に合意(「核抜き・本土なみ」)
1971	沖縄返還協定に調印
1972	沖縄，日本へ復帰(屋良朝苗知事) 5-②

第4部　近代・現代

2 中世の琉球　2-① 三山の分立

▶今帰仁城跡　山北王の居城で，琉球王国成立以前の14世紀につくられていた。尚巴志によって落城したが，琉球王国の北の要所として活用された。そのため，薩摩藩による琉球征服の目標とされた。

2-② 中国への冊封体制

▲冊封使　「冊封」とは中国皇帝が周辺諸国の君主に冊書(詔)と称号を授け，国王として封じることで，明からの使者を冊封使といった。絵は冊封使が国王の称号や冠・衣服を授けている様子。

2-③ 琉球王国の成立→ p.128 1

▲守礼門　琉球王国の正殿がある首里城近くに冊封使を出迎えるために設けられた楼門で，冊封使滞在中，「守禮之邦」の扁額が掲げられた。

3 近世の琉球

3-① 薩摩藩の琉球支配

▶琉球館跡　1606年，徳川家康から琉球征討の許可を得た薩摩藩主島津家久は，1609年に首里城を攻め，尚寧王を降伏させた。琉球館は薩摩藩への貢納などを取り扱う琉球王国の鹿児島在番役所で，1784年までは琉球仮屋とよばれていた。

3-② 琉球使節の派遣→ p.163 1-②

▲琉球使節(「琉球中山王両使者登城行列図」)　琉球使節は1634～1850年にかけて18回，将軍の代替わりに慶賀使が，琉球国王の代替わりに謝恩使が江戸に派遣された。図は1710年の慶賀・謝恩使。

4 近代の沖縄

4-① 琉球処分→ p.227 1

▲琉球藩設置の図　琉球王国は1871年，鹿児島県に編入され，72年琉球藩が設置された。79年に琉球藩は廃され，沖縄県となった。図は73年，明治政府への使節が那覇港に帰ってきたときの光景。

5 現代の沖縄

5-① 沖縄戦→ p.300 3

▲ガマに爆弾を投げこむ米兵　1945年4月，米軍の沖縄本島上陸が始まり，6月まで80余日間戦闘が続いた。残存兵が最後まで抵抗した南部には，住民が避難したガマ(洞穴)など，多くの戦跡が残されている。

5-② 沖縄の日本復帰→ p.323 6 , p.324 5

▲宜野湾市にある海兵隊基地　第二次世界大戦後，日米安保体制により，米軍の駐留と施設の無償提供が定められた。1950年代後半，各地で基地反対闘争がおこって一部返還されたが，72年に日本へ復帰したのちも，米軍基地は多く残された。

4-② 沖縄の民権運動→ p.227 1-③

◀解説
琉球処分で沖縄県が設置されたが，奈良原繁らの県政では，土地・租税・地方制度などで旧慣温存策がとられ，県民は本土との格差に苦しんだ。謝花昇らが参政権獲得運動を展開したが，衆議院議員選挙の実施は1912(大正元)年まで遅れた。

▲人頭税石　人頭税は宮古・八重山住民に課された重税で，年齢・性別が基準となった。17世紀前半から実施され，沖縄県設置後の1903年まで存続。この石の高さ(142～145cm)になると税を課されたとの伝承が残る。平良市

Question p.229 2 などを参考に，士族の反乱がおこった背景について考えてみよう。

1 留守政府の動きと明治六年の政変

留守政府と岩倉使節団のおもな構成員

留守政府		岩倉使節団	
太政大臣	三条実美	右大臣	岩倉具視
参議	西郷隆盛（薩）	参議	木戸孝允（長）
参議	板垣退助（土）	大蔵卿（のち参議）	大久保利通（薩）
参議	大隈重信（肥）	工部大輔	伊藤博文（長）

留守政府と岩倉使節団による約定書の一部

1. 重要案件の使節団への報告
2. 新規の改正の禁止
3. 卿の欠員は参議が兼任し，客員を増員しない

1871	12（旧暦11）岩倉使節団の派遣

留守政府による開化政策→約定書の無視

1872 (明治5)	8 学制公布　11 国立銀行条例公布，山城屋和助事件（兵部省公金流用事件）　12 太陽暦の採用
1873 (明治6)	1 徴兵令公布
	4 後藤象二郎（土，左院議長）・大木喬任（肥，文部卿）・江藤新平（肥，司法卿）が参議に就任，山県有朋陸軍大輔（長）・井上馨大蔵大輔（長）が辞任
	7 地租改正条例を公布 副島種臣（肥，外務卿）が参議に就任 →土佐・肥前藩出身者を中心とする政権の確立

征韓論争

背景	1873.5〜8 徴兵令反対一揆の高揚 .5 大久保帰国。.7 木戸帰国。.8 西郷隆盛の朝鮮派遣を内定。.9 岩倉使節団の帰国

留守政府（征韓派）	対立	使節団派（内治派）
征韓論（朝鮮への武力による開国）を主張		内治優先論（国内政治の優先を主張）

明治六年の政変

1873.10 西郷の朝鮮派遣を閣議で決定

↓

しかし岩倉は，天皇に派遣論と持論の反対論の両方を奏上
→天皇は朝鮮派遣中止を裁可

↓

征韓派参議（西郷・板垣・副島・後藤・江藤）の下野（辞任）

大久保政権の成立（薩長出身者による政権の確立）

参議兼内務卿	大久保利通（薩）	参議兼工部卿	伊藤博文（長）
参議	木戸孝允（長）	参議兼海軍卿	勝安芳（海舟，幕）
参議兼大蔵卿	大隈重信（肥）	参議兼外務卿	寺島宗則（薩）
陸軍卿	山県有朋（長）	開拓次官	黒田清隆（薩）

3 西南戦争

凡例	
←	政府軍の進路
←	西郷隆盛の敗出路
⇤	西郷軍最大進出路
▶1	西郷軍本営（数字は移動順序）
●	西郷軍事務所
●	呼応決起発生地点（鹿児島県以外）

博多着 2.22／福岡／中津／田原坂 2.25〜3.20／大分／久留米／山鹿／竹田／臼杵／佐伯／熊本攻囲戦 2.22〜4.15／可愛岳／植木／木山／長井／延岡／高瀬／浜町／人吉／高鍋／日奈久／八代／江代／宮崎／都城／奇襲上陸 3.19〜25／水俣／横川／西郷軍背路 発行 6.25／福島／西郷軍出撃開始 2.14／鹿児島／志布志／西郷，城山で自刃 9.24／喜撰丈 3.8／神戸発 2.20

0 80km

▶私学校跡　西郷隆盛は，1874年士族の子弟を教育するため私学校を設立した。その跡には，今でも西南戦争の弾痕が残る。

▶**西郷札（50銭）** 1877年，西南戦争の軍費を調達するために，西郷軍が発行した紙幣。10円・5円・1円・50銭・20銭・10銭の6種がある。

（表）
（裏）

2 士族の反乱と農民一揆

▲敬神党の乱（永島孟斎筆）

2-① 各地の士族反乱と農民一揆

③ わっぱ騒動（1874.6）
酒田県の過納租税の返還を求めた一揆。県令三島通庸によって弾圧。わっぱ（木でできた弁当箱）で配分できるほど過納租税があるという意味からついた名称。

⑦ 真壁騒動（1876.11）
茨城県真壁郡一帯におこった地租改正反対一揆。

④ 敬神党（神風連）の乱（1876.10）
太田黒伴雄を中心に，熊本県士族が廃刀令に反対して挙兵。

⑥ 萩の乱（1876.10）
前参議前原一誠を中心に山口県士族らがおこした士族の反乱。広島鎮台兵により鎮圧。

⑤ 秋月の乱（1876.10）
宮崎車之助を中心とする福岡県旧秋月藩士族による反乱。征韓と国権拡張を主張。

凡例	
■ 紫…士族反乱	
● 橙…農民一揆	
■	おもな農民一揆
■	地租改正反対
●	徴兵令反対
○	その他

数字は発生年

⑧ 佐賀の乱（1874.2）
征韓を主張する征韓党が下野した前参議江藤新平を擁しておこした士族の反乱。

⑨ 西南戦争（1877.2〜9）
西郷隆盛を擁しておこした最大の士族反乱。

② 伊勢暴動（1876.12）
三重県からおこった地租改正反対一揆で，愛知・堺・岐阜の3県にも波及。→p.220 ⑥

① 赤坂喰違の変（1874.1）
右大臣岩倉具視が征韓派の高知県士族武市熊吉らに襲撃された事件。

⑩ 紀尾井坂の変（1878.5）
内務卿大久保利通が石川県士族島田一良らに暗殺された事件。

2-② 農民一揆の状況

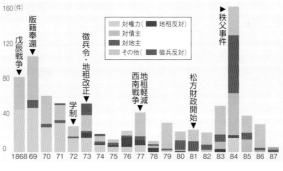

凡例：対権力（地租反対／その他／徴兵反対），対債主，対地主，その他

戊辰戦争▼ 版籍奉還▼ 学制▼ 徴兵令・地租改正▼ 地租軽減▼ 西南戦争▼ 松方財政開始▼ 秩父事件▶

1868 69 70 71 72 73 74 75 76 77 78 79 80 81 82 83 84 85 86 87

◀解説▶
明治前期の一揆は，近世の百姓一揆に対し，農民一揆とよばれる。1868〜77年の一揆のほぼ半数が，明治新政府の施策に対する反権力闘争であった。これに対し，1878〜87年の一揆の半数は，対債主・対地主への闘争で，その変化を読みとることができる。

▲**田原坂の戦い（永濯「田原坂激戦之図」）** 西南戦争は，1877年2〜9月に鹿児島の私学校生が中心となり西郷隆盛を擁し，挙兵した最大の士族反乱である。2〜3月にかけての**田原坂の戦い**は，そのゆくえを決した最大の戦い。熊本城に籠城する鎮台兵を救援するために派遣された政府軍と，西郷軍の主力が田原坂一帯（熊本市の北郊）で交戦。半月にわたる攻防を制した政府軍は，3000名以上の死傷者を出しつつ，戦局の主導権を握った。

第4部 近代・現代

Answer 廃刀令や秩禄処分等の士族の特権を奪う政策に士族が反発。彼らが支持する征韓派が明治六年の政変で下野すると，士族の反乱が頻発した。

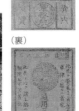

第4部 近代・現代

1 自由民権運動関係年表

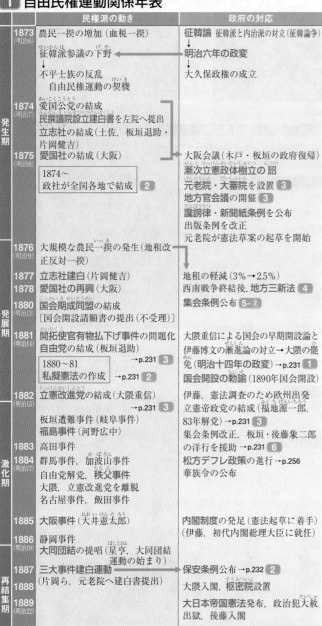

		民権派の動き	政府の対応
発生期	1873(明治6)	農民一揆の増加(血税一揆) 征韓派参議の下野 不平士族の反乱 　自由民権運動の契機	征韓論 征韓派と内治派の対立(征韓論争) 明治六年の政変 大久保政権の成立
	1874(明治7)	愛国公党の結成 民撰議院設立建白書を左院へ提出 立志社の結成(土佐, 板垣退助・片岡健吉)	
	1875(明治8)	愛国社の結成(大阪)	大阪会議(木戸・板垣の政府復帰) 漸次立憲政体樹立の詔
		1874～ 政社が全国各地で結成 2	元老院・大審院を設置 3 地方官会議の開催 3 讒謗律・新聞紙条例を公布 出版条例を改正 元老院が憲法草案の起草を開始
発展期	1876(明治9)	大規模な農民一揆の発生(地租改正反対一揆)	
	1877(明治10)	立志社建白(片岡健吉)	地租の軽減(3%→2.5%)
	1878(明治11)	愛国社の再興(大阪)	西南戦争終結後, 地方三新法 4
	1880(明治13)	国会期成同盟の結成 〔国会開設請願書の提出(不受理)〕	集会条例公布 5-②
	1881(明治14)	開拓使官有物払下げ事件の問題化 自由党の結成(板垣退助) 1880～81 私擬憲法の作成 →p.231	大隈重信による国会の早期開設論と伊藤博文の漸進論の対立→大隈の罷免(明治十四年の政変)→p.231 1 国会開設の勅諭(1890年国会開設)
激化期	1882(明治15)	立憲改進党の結成(大隈重信) →p.231 3 板垣遭難事件(岐阜事件) 福島事件(河野広中)	伊藤, 憲法調査のため欧州出発 立憲帝政党の結成(福地源一郎, 83年解党)→p.231 3 集会条例改正, 板垣・後藤象二郎の洋行を援助 →p.231 6
	1883	高田事件	
	1884(明治17)	群馬事件, 加波山事件 自由党解党, 秩父事件 大隈, 立憲改進党を離脱 名古屋事件, 飯田事件	松方デフレ政策の進行→p.256 華族令の公布
	1885	大阪事件(大井憲太郎)	内閣制度の発足(憲法起草に着手) (伊藤, 初代内閣総理大臣に就任)
再結集期	1886(明治19)	静岡事件 大同団結の提唱(星亨, 大同団結運動の始まり)	
	1887	三大事件建白運動 (片岡ら, 元老院へ建白書提出)	保安条例公布 →p.232 2
	1888		大隈入閣, 枢密院設置
	1889(明治22)		大日本帝国憲法発布, 政治犯大赦出獄, 後藤入閣
	1890	立憲自由党の結成	第1回総選挙, 帝国議会開設

4 地方三新法の成立 (1878年)

郡区町村編制法	府県会規則	地方税規則
戸籍法により定められた大区・小区の廃止	各地の地方民会の制度化	従来の府県税・民費の地方税化
府(東京・大阪・京都) 府知事 / **県**(県令)	• 府県会の設置 〔選挙権〕地租5円以上納付の満20歳以上の男子 〔被選挙権〕地租10円以上納付の満25歳以上の男子 〔権限〕地方税の審議, 予算案の議定(議決には府知事・県令の認可必要)	明治初期 雑税(府県経費のみ)+民費(府県, 大・小区, 町村) 1875年 雑税→府県税 地方税規則 府県税・雑税→地方税
区 区長(官選) / 郡 郡長(官選) / 郡 郡長(官選)		
町村 区長が戸長を兼務 / 町村 戸長 / 町村 戸長		

2 政社の結成

総数2043社

■	200以上
■	100～199
■	50～99
■	10～49
□	10未満

※明治23(1890)年までの結社数, 沖縄のみ明治21(1888)年

北海道 7 / 青森 26 / 秋田 20 / 岩手 35 / 山形 50 / 宮城 80 / 新潟 82 / 福島 62 / 石川 17 / 富山 20 / 長野 48 / 群馬 40 / 栃木 62 / 茨城 120 / 福井 10 / 岐阜 54 / 埼玉 34 / 東京 78 / 島根 53 / 鳥取 8 / 京都 20 / 滋賀 27 / 山梨 20 / 神奈川・千葉 69 / 静岡 85 / 愛知 141 / 山口 18 / 広島 28 / 岡山 25 / 兵庫 59 / 大阪 40 / 奈良 20 / 三重 32 / 福岡 47 / 佐賀 9 / 大分 15 / 愛媛 24 / 香川 26 / 徳島 20 / 和歌山 10 / 高知 234 / 長崎 17 / 熊本 53 / 宮崎 4 / 鹿児島 9 / 沖縄 1

玄洋社 1879年結成の向陽社を81年玄洋社と改称。旧福岡県士族による政社。向陽社は立志社と連携したが, 玄洋社は国権拡張に力点をおく。来島恒喜は条約改正反対運動の際, 大隈外相に爆弾を投じた。

△板垣退助 (1837～1919)

立志社 1874年, 板垣退助・片岡健吉・林有造らが中心となり, 高知で結成した政社。愛国社創設の母体となる。

嚶鳴社 1877年結成。沼間守一・田口卯吉らによって東京で結成された政社。『嚶鳴雑誌』『東京横浜毎日新聞』を発行し, 「嚶鳴社憲法案」も起草した。

3 元老院・大審院・地方官会議の設置

◁**元老院**(『団団珍聞』1880年5月29日号) 元老院は左院にかわる立法機関で, 憲法草案「日本国憲按」を起草した。図は御用提灯処(元老院)に持ち込まれた大量の提灯(法案)に対し, 職人(議官)が黙々と作業して仕上げている。法案審議のみに権限が弱体化した元老院に対する風刺画。

◁**地方官会議** 1875年, 民撰院設立論に対応して設置され, 地方三新法(4)や地方民会などを審議するため, 府知事・県令が招集された。図は1880年2月開会の最後の地方官会議の様子。

5 国会開設の要求

5-① 民権派演説会

△**演説会の様子**(『絵入り自由新聞』) 民権派の演説会において, 政府や警官を批判する弁士に対し, 臨席警官が演説を中止させると, ものが飛ぶ大騒ぎとなった。

5-② 集会条例

△**集会条例の風刺画**(『団団珍聞』1880年10月2日号) 左側の自由民権運動側から歓丸(嘆願)・請丸(請願)が打ち込まれるなか, **集会条例**を盾に防いでいる政府の対応を示す。

Question 植木枝盛の私擬憲法「東洋大日本国国憲按」(p.231 2)には, 人民の権利としてどのようなものを定めているだろうか。

1 明治十四年の政変 1-① 政変の流れ

1881年1月 参議ら，熱海会議で国会開設を合意
政府，各参議に意見書提出を命じる

憲法制定・国会開設問題

漸進論		急進論
伊藤博文・井上馨（長） 黒田清隆（薩） プロイセン型の立憲構想	**対立**	大隈重信（肥） イギリス流議院内閣制を主張 ・1881年憲法制定 ・1883年国会開設

開拓使官有物払下げ事件 **対立の激化**

1881年8～10月北海道巡幸（参議大隈・黒田ら随行）

明治十四年の政変

10月11日大隈を除く御前会議
①開拓使官有物払下げの中止 ②参議大隈重信の罷免を決定 ③国会開設の勅諭（1890年国会開設）

薩長藩閥政府の出現

大隈，立憲改進党を結成（1882）

札幌麦酒醸造所 開拓使の払下げ対象となった醸造所は，大林組に払い下げられた後，1888年設立の札幌麦酒会社に買収された。

1-② 開拓使官有物払下げ事件

背景	北海道開拓使の廃止を決定 →1400万円を投じた官営事業の払下げ
経過	①参議兼開拓長官黒田清隆（薩）が，約38万7000円，無利息30年賦の好条件で払下げ決定（1881.7.21閣議決定） 〔払下げ先〕北海社（開拓使の官吏が設立） ②『郵便報知新聞』による開拓使官有物払下げ事件の暴露（1881.7.26～28） →各地で政府を批判する演説会開催（官僚と政商の癒着，有司専制政治の弊害を攻撃） ③払下げ発表（1881.8.1）
結果	明治十四年の政変（1881.10） →開拓使官有物払下げの中止

開拓使官有物払下げ事件の風刺画（『団団珍聞』1881年10月22日号） 開拓長官黒田清隆（クロタコ）と，これに対する大隈重信（クマ）の対決をあらわしている風刺画。

2 私擬憲法

名称	発表年月	起草者	要点
嚶鳴社（憲法）案	1879	嚶鳴社	二院制・イギリス流立憲主義・制限選挙
私擬憲法意見	1879.3	共存同衆	嚶鳴社案の修正
国憲意見	1881.3～4	福地源一郎	主権在君
私擬憲法案	1881.4	交詢社（矢野竜溪ら）	立憲君主制・二院制・議院内閣制・制限選挙
日本帝国憲法（五日市憲法草案）	1881.4	千葉卓三郎ら	君民同治・二院制・議院内閣制・三権分立・基本的人権の保障
日本国憲按	1881.7	元老院	二院制・天皇大権
東洋大日本国国憲按（日本国国憲按）	1881.8	植木枝盛	主権在民・連邦制・一院制・抵抗権・革命権
日本憲法見込案	1881.9	立志社	主権在民・一院制・基本的人権の保障

植木枝盛（1857～92） 高知出身の自由民権運動家。彼が起草したとされる「東洋大日本国国憲按」は，主権在民，一院制，抵抗権（71条），革命権（72条）を規定した，もっとも民主的な私擬憲法である。また，日本は連邦制をとり，行政権は天皇に（89条），立法権は国民に（114条）あるとしている。

3 政党の結成

政党	代表者	主要人物	主張内容	支持層	機関紙
自由党 1881～84	板垣退助 （総理＝党首）	星亨 中島信行 後藤象二郎	フランス流の急進的な自由主義，一院制，主権在民，普通選挙	士族 豪農 自作農	『自由新聞』
立憲改進党 1882～96	大隈重信 （総理＝党首）	犬養毅 尾崎行雄 矢野竜溪	イギリス流の漸進的立憲主義，二院制，君民同治，制限選挙	知識層 実業家	『郵便報知新聞』
立憲帝政党 1882～83	福地源一郎	丸山作楽	国粋主義の欽定憲法論，二院制，主権在君，制限選挙	官吏 神官 僧侶	『東京日日新聞』

4 米・生糸価格の下落

横浜生糸（ドル／斤） ◆解説

グラフ：東京定期取引米（円／石）／横浜生糸（ドル／斤）
東京期米／米商会所閉鎖／横浜生糸／日本銀行創設／松方財政開始／秩父事件
1879（明12） 80（明13） 81（明14） 82（明15） 83（明16） 84（明17）

（『新聞集成明治編年史』による）

松方正義大蔵卿による緊縮財政と紙幣整理を柱とするデフレ政策は，不況を招き，米・繭・生糸などの価格が暴落した。そのうえ，地価は据えおかれたため，農民の税負担率は増大した。その結果，自作農や中小地主までが小作農に転落した。軍事費は削減されず，歳出総額における陸・海軍費の割合は増加していった。

5 自作農の没落

（単位：％）

年度	自作	自小作	小作	小作地率
1883・84	37.3	41.8	20.9	35.5
1888	33.3	45.1	21.6	39.5
1899	35.4	38.4	26.2	44.5
1908	32.9	39.9	27.2	45.5

（岩波講座『日本歴史』による）

6 騒擾事件の背景 6-① 集会条例改正

集会条例改正の風刺画（『団団珍聞』1882年7月8日号） 1882年に集会条例は改正され，学会などを含むいっさいの集会を政府の監視下におくことになった。図はなまず顔の役人が「集会条例」と書かれた長い竿で，自由党や立憲改進党などと書かれた鳥を，たたき落としている様子をあらわしている。

6-② 板垣の洋行問題

タイ（板垣退助）とゾウ（後藤象二郎）の洋行の風刺画（『団団珍聞』1883年5月16日号） 1882年11月，板垣退助は後藤象二郎とともに欧州外遊に出発した。しかし，この外遊資金の出所問題を機に，自由党と立憲改進党の非難合戦となった。

第4部 近代・現代

1 騒擾事件とおもな政社

❶ 板垣遭難事件（岐阜事件）(1882.4)

板垣退助 / 内藤魯一

「板垣君遭難之図」（一陽斎豊宣筆）
1882年4月、岐阜遊説中の自由党総理板垣退助が、暴漢におそわれ負傷した事件。**「板垣死すとも自由は死せず」**の言葉で有名。

❽ 飯田事件(1884.12)

愛知県と長野県飯田の急進派自由党員による政府転覆未遂事件。首謀者の村松愛蔵らは、内乱陰謀罪で処罰。

❷ 福島事件(1882.11～12)

新潟県 / 米沢 / 山形 / 宮城県 / 新潟県 / 福島 / 正ヶ嶺 / 喜多方 / 小浜町 / 会津若松 / 猪苗代湖 / 郡山 / 三春町 / 田島 / 白河 / 福島県 / 栃木県 / 石川 / 平

＝＝＝ 三方道路 ✕ 峠

山形県から福島県に転任した県令**三島通庸**は、庄内～米沢の道路を会津若松につなげ、さらに新潟・栃木方面にも延ばす会津三方道路の開削事業を計画。県会議長**河野広中**を中心とする自由党は、反対運動を展開。1882年、会津喜多方で農民数千人が蜂起。鎮圧した三島は、農民を支援した河野ら自由党員を多数検挙した。

❹ 群馬事件(1884.5)

急進派の自由党員が農民を結集して、妙義山麓で蜂起。

❸ 高田事件(1883.3)

自由党員赤井景韶らが、政府高官暗殺の嫌疑で逮捕。

❼ 名古屋事件(1884.12)

自由党員が政府転覆を企てたが、未然に発覚。

石陽社(1875)

河野広中

❺ 加波山事件(1884.9)

自由党員が福島県令を兼任していた栃木県令三島通庸の暗殺を計画したが、失敗。茨城県加波山で蜂起。

❻ 秩父事件(1884.10～11)

椋神社 秩父地方では、松方デフレ政策による繭価の暴落から倒産する養蚕農家が続出したため、**借金党・困民党**が組織された。

1884年10月、田代栄助を中心に約1万人の農民が蜂起した。椋神社は農民たちが決起した場所で、困民軍二大隊が編成され、軍律も発表された。

共同会
自主社
弘前
米沢
喜多方❷
北立社
妙義山
石川村
加波山
潮来社(潮来)
高田❸
飯田❽
秩父
東京
噲鳴社(1877)
沼間守一

自郷社(1879)
杉田定一

共立社
自治社
福井
鳥取
篠山
岐阜❶
名古屋❼ ❿重原
静岡
三河交親社
愛国社(1875)
愛国公党(1874)

副島・江藤・板垣・後藤ら日本最初の政党。**民撰議院設立建白書**を提出。佐賀の乱を機に解体。

愛国公党(1874)

板垣のよびかけで全国の有志が結成。板垣の政府復帰で解散。1878年再興。

自助社(1874)
小室信夫

立志社(1874)

板垣退助・片岡健吉らが設立した士族中心の政社。民権思想の普及につとめ、愛国社・国会期成同盟へと発展する民権運動の中心として活動。

❿ 静岡事件(1886.6)

最後の激化事件。旧自由党員が政府高官の暗殺を計画したが、未然に発覚。

福岡
徳島
福岡
高知
鹿児島
鹿児島同志会

玄洋社(1881)
頭山満ら

❾ 大阪事件(1885.11)

1885年、旧自由党員の**大井憲太郎**らは、甲申事変の失敗を機に、朝鮮独立党政権の樹立をめざした。しかし、朝鮮渡航直前に計画が発覚し、大井らは逮捕。検挙者のなかに女性民権家の**景山（福田）英子**もいたため、注目をあびた。

おもな事件 **おもな政社**
▨ 1880年4月に国会開設請願に参加した地方（『自由党史』）

2 保安条例(1887年)

退去命令をうけて警官の誘導で駅に向かう活動家（『夢路の記』1891年）1887年に制定された保安条例により、民権派を3年間、皇居外3里の地に追放した。

4 思想界の動き

朝鮮問題の勃発：国権論の伸長
欧化主義 対 国権論
条約改正問題：対立が激化

明治10年代

貴族的欧化主義
政府が条約改正のためにとった極端な西欧化（鹿鳴館の建設）

平民的欧化主義（新平民主義）
徳富蘇峰が政府の欧化主義に対し、平民による生産的社会の建設と西欧化の達成を提唱。1887年、蘇峰は**民友社**を設立し、機関誌『**国民之友**』を発行。蘇峰が国家主義に転じたため、『国民新聞』に吸収される。

▲『国民之友』

▲**徳富蘇峰**(1863～1957)

近代的民族主義

国粋保存主義
三宅雪嶺らは、西欧文化の摂取を批判し、日本的な伝統や美意識を強調する**国粋保存主義**を唱えた。1888年、三宅雪嶺らは**政教社**を設立し、機関誌『**日本人**』を創刊、1907年に『日本及日本人』と改題した。

国民主義
陸羯南はナショナリズム思想に基づき、国家の独立、国民の統一を唱える**国民主義**を提唱した。1889年、『東京電報』を改題して日刊新聞『**日本**』を発行。藩閥政府を批判し、国民主義を提唱した。

▲**三宅雪嶺**(1860～1945)
▲**陸羯南**(1857～1907)

日清戦争の勝利と三国干渉：国家主義の台頭
個人の利益よりも、国家の利益を優先

徳富蘇峰：対外膨張論

陸羯南：対露強硬論へ転換

日本主義
高山樗牛や井上哲次郎らは、欧化主義の反動でおこった国粋主義的な**日本主義**を唱え、海外進出も主張した。1895年発刊の総合雑誌『**太陽**』は、写真を多く取り入れた特徴を持ち、高山樗牛を主幹として発行した。

▲**高山樗牛**(1871～1902)

3 おもな新聞

新聞名	創刊年	内容
横浜毎日新聞	1870	神奈川県令の尽力で発刊された**日本最初の日刊新聞**。民権派
日新真事誌	1872	英人ブラックが東京で創刊。『**民撰議院設立建白書**』を掲載
東京日日新聞	1872	岸田吟香・福地源一郎らが入社。長州閥系御用新聞
郵便報知新聞（のち報知新聞）	1872	**大新聞**（自由民権運動期の政治評論を中心とする新聞）の代表。前島密の支持により創刊。立憲改進党機関紙となる
朝野新聞	1874	大新聞。民権派の政論新聞。立憲改進党の機関紙的存在となる
読売新聞	1874	**小新聞**（社会の事件を庶民に伝える新聞）の元祖。東京で創刊
朝日新聞（のちに大阪朝日新聞）	1879	大阪で創刊された小新聞。東京にも進出。
時事新報	1882	福沢諭吉が創刊。商工業者が支持。『**脱亜論**』の掲載
自由新聞	1882	最初は馬場辰猪・田口卯吉らが中心。自由党の機関紙
東京朝日新聞	1888	『朝日新聞』の東京支局がおかれ、新聞を発行
大阪毎日新聞	1888	大阪実業界の有力者が創刊。『東京日日新聞』を買収
日 本	1889	**陸羯南**が発行の日刊新聞。国民主義を掲げ、藩閥政府を攻撃
国民新聞	1890	**徳富蘇峰**が発行の日刊新聞。のち山県・桂系の御用新聞
万朝報	1892	**黒岩涙香**が東京で創刊。日露戦争前、幸徳秋水・堺利彦・内村鑑三が反戦論・非戦論を展開
二六新報	1893	東京で秋山定輔により創刊。通俗性が強い
平民新聞	1903	平民社の機関紙。再三、発禁処分をうける

Question p.233 **1**・**3**を見ると、憲法などの制定に際し、日本は外国のどのような人物から指導を受けているだろうか。

第4部 近代・現代

1 憲法制定の経過　1-① 憲法制定関連年表

背景

国会開設の勅諭　1881(明治14)年10月
1890(明治23)年の国会開設を公約

経過

①憲法調査　1882年3月〜83年8月

> 伊藤博文ら欧州に派遣　1882〜83年
> ベルリン大学の**グナイスト**,ウィーン大学の**シュタイン**に師事。ドイツ流の憲法理論を学ぶ

②憲法制定・国会開設の準備　1884年3月〜

> 1884年3月　宮中に制度取調局を設置
> 長官-伊藤博文・井上毅・伊東巳代治・金子堅太郎ら憲法制定にともなう諸制度の調査・改革に着手

③華族令の制定　1884年7月

> 公・侯・伯・子・男の5爵。旧公卿・旧諸侯と維新の功労者を華族に加え,上院(貴族院)の土台づくり1887年時点で533名

④内閣制度の制定　1885年12月

> 太政官制を廃止。**初代総理大臣に伊藤博文**
> 内閣の外に,宮内大臣(宮内省の長官)・内大臣(天皇を常侍輔弼,天皇御璽・日本国璽を保管)をおく(府中〔行政府〕と宮中を区別),制度取調局を廃止

⑤憲法草案の起草　1886年11月〜

> 伊藤博文・井上毅・伊東巳代治・金子堅太郎らが起草
> ロエスレル(ドイツ人)の助言

⑥地方制度の確立　1888年〜90年

> 市制・町村制公布　1888年4月
> 府県制・郡制公布　1890年5月
> モッセ(ドイツ人)の助言,山県有朋を中心に推進

⑦枢密院※で憲法草案を審議　1888年6〜7月,1889年1月
　※1888年設置,天皇の諮問機関,初代議長に伊藤博文

⑧大日本帝国憲法の発布　1889年2月11日
皇室典範制定,衆議院議員選挙法を公布

1-② 憲法調査

▲ビスマルクと伊藤博文　憲法調査のため渡欧した伊藤博文は,ドイツを統治するビスマルクを訪ねたのち,ドイツ・オーストリアで憲法の研究にあたった。図はフランス人ビゴーが描いた風刺画で,日本のビスマルクを気取った伊藤が,その肖像画の前で新年の挨拶をおこなっている。

1-④ 内閣制度の創設(第1次伊藤内閣の閣僚,1885年12月22日成立)

官職	氏名	出身	年齢	爵位
総理	伊藤博文	長州藩	45	伯
外務	井上馨	〃	51	伯
内務	山県有朋	〃	48	伯
大蔵	松方正義	薩摩藩	51	伯
陸軍	大山巌	〃	44	伯
海軍	西郷従道	〃	43	伯
司法	山田顕義	長州藩	42	伯
文部	森有礼	薩摩藩	39	子
農商務	谷干城	土佐藩	49	子
通信	榎本武揚	幕臣	50	

(年齢は数え年)

解説　閣僚10名のうち8名が薩摩・長州出身者であり,藩閥内閣との批判をあびた。平均年齢は数え年で46歳余りで,壮年の実力者がそろっていた。

1-③ 華族令

▲華族令(『団団珍聞』1887年6月18日号)　1884年制定の**華族令**により新しく華族になった者には,伯・子・男爵の爵位が授与された。図は「華の宴」を催している新しい華族たちを風刺したもの。「白爵」「子爵」「男爵」と書かれた酒を「名誉」という盃で飲んでいる。

	1884年(明治17年)	1912年(明治45年)
公爵	11人	17人
侯爵	24	37
伯爵	76	101
子爵	324	378
男爵	74	386
合計	509	919

(小田野雄次『華族』による)

1-⑤ 内大臣の設置

▶**解説**　天皇御璽は天皇の公印で,諸国に発する公文書に用いる。現在のものは,1874(明治7)年から使用されており,曲尺方三寸(約9cm)の黄金製で鈕がある。日本国璽は,日本の国家の印章で,条約書・国書などに用いる。現在のものは,御璽同様1874年から使用されている金印である。1886年,公文式により天皇御璽・日本国璽ともに,内大臣が保管することになった。

▶天皇御璽(上)と日本国璽(下)

3 憲法の起草

◀ロエスレル(1834〜94)　ドイツの法学者。1878年,外務省顧問として来日。ついで内閣顧問となり,井上毅の憲法意見に大きな影響をあたえた。1887年,彼が提出したドイツ流の君主権の強い「日本帝国憲法草案」を参考に,大日本帝国憲法の最終的基本案(夏島草案)が起草された。△枢密院

2 地方制度の確立

2-① 市制・町村制

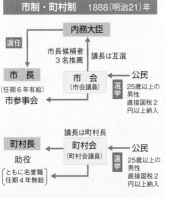

市制・町村制　1888(明治21)年

内務大臣 ←選任
　市長候補者3名推薦／議長は互選

市長(任期6年有給)
市参事会

市会(市会議員) ←公民 25歳以上の男性 直接国税2円以上納入（選挙）

町村長
助役
（ともに名誉職 任期4年無給）

町村会(町村会議員) ←公民 25歳以上の男性 直接国税2円以上納入（選挙）
議長は町村長

郡長・府県知事・内務大臣が監督

2-② 府県制・郡制

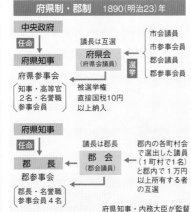

府県制・郡制　1890(明治23)年

中央政府 →任命→ 府県知事
府県会(府県会議員)
府県参事会（知事・高等官2名・名誉職参事会員）

議長は互選
被選挙権 直接国税10円以上納入

府県会議員 選挙
市会議員／市参事会員／郡会議員／郡参事会員

府県知事 →任命→ 郡長
郡会(郡会議員)
郡参事会（郡長・名誉職 参事会員4名）

議長は郡長
郡内の各町村会で選出した議員(1町村で1名)と郡内で1万円以上所有する者の互選

府県知事・内務大臣が監督

解説　山県有朋内務卿(のち内務大臣)のもと,ドイツ人法律顧問モッセの助言で,ドイツの制度をもとに地方自治制を取り入れた。ついで三新法にかわり,1888年に**市制・町村制**,1890年に**府県制・郡制**を公布,中央政府のもとに地方有力者を組み込んだ地方自治が制度的には確立した。

△枢密院会議　1888年設置の**枢密院**は,天皇の「最高顧問の府」とされた。同年5月25日〜6月15日に皇室典範,6月18日〜7月13日に憲法草案を天皇臨席のもと審議した。初代議長は伊藤博文。

第4部 近代・現代

Answer 伊藤博文は憲法理論をグナイストやシュタインに学び,ロエスレル指導の下,憲法を起草。また,地方制度はモッセの指導を受けた。

1 大日本帝国憲法　1-① 憲法の制定

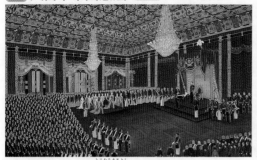

▲「憲法発布式之図」（床次正精筆）　憲法発布の儀式の記録を残すため，宮内省が床次に作画を依頼した。

1-③ 大日本帝国憲法下の国家機構

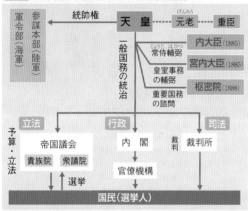

1-② 大日本帝国憲法と日本国憲法の比較

	大日本帝国憲法	日本国憲法
発布	1889（明治22）年2月11日　欽定憲法	1946（昭和21）年11月3日　民定憲法
主権	主権在君	主権在民
天皇	神聖不可侵の元首。統治権のすべてを握る総攬者として天皇大権を持つ	日本国および日本国民統合の象徴
内閣	各国務大臣は天皇の輔弼機関。天皇に対して責任を負う　内閣総理大臣その他の国務大臣は天皇が任命	議院内閣制　行政権を行使し，国会に対して責任を負う　内閣総理大臣は国会で指名
議会	天皇の立法権行使の協賛機関　帝国議会…衆議院・貴族院の二院制　両院の権限は対等（予算先議権は衆議院）	国権の最高機関，唯一の立法機関　国会…衆議院・参議院の二院制　衆議院の優位
選挙	衆議院議員は公選	普通選挙
国民の権利	「臣民」として法律の範囲内で所有権の不可侵などを保障	永久不可侵の権利として基本的人権の尊重
軍隊	臣民に兵役義務・統帥権の独立（陸海軍統帥権は天皇に直属）	平和主義・戦争放棄，戦力不保持
裁判	天皇の名においておこなう	司法権の行使，裁判官の独立
改正	天皇に発議権	国会の発議で，国民投票

2 帝国議会

2-① 帝国議会の様子

▶「帝国国会議事堂之図　貴族院議場」（歌川国利筆）　第一議会（→p.235 1）の開院式は，1890年11月29日に玉座のある貴族院でおこなわれた。現在の国会開会式が参議院でおこなわれるのは，その名残りである。

3 諸法典の整備　3-① おもな法典の制定

□ は六法

法典名	公布年	施行年	内容
大日本帝国憲法	1889	1890	欽定憲法（主権在君，天皇大権を明文化）
皇室典範	1889制定		皇位の継承・即位，皇室・皇族経費などを定めた皇室関係の法規（公式的な公布は1907年）
新律綱領	1870布告		明治政府が作成した刑法典。1882年廃止
改定律例	1873	1873	新律綱領の修正と増補。1882年廃止
刑法（旧刑法）	1880	1882	ボアソナード起草のフランス法系の近代的刑法典（皇室に対する大逆罪や不敬罪のほか，内乱罪・姦通罪を規定）
刑法（新刑法）	1907	1908	ドイツ法系の刑法典へ改正
治罪法	1880	1882	ボアソナード起草の近代的刑事訴訟法。1890年廃止
刑事訴訟法	1890	1890	治罪法を改訂。ドイツ法系の影響
民法（旧民法，ボアソナード民法）	1890	延期	ボアソナード起草のフランス法系の民法（個人主義の重視）→民法典論争おこる
民事訴訟法	1890	1891	民事の争い解決のための手続法（ドイツ法系）
（修正）民法			ドイツ法系の民法（新民法，明治民法）
〈1〜3編〉	1896	1898	強大な戸主権（男性長子が単独相続，家族の婚姻の同意権や居所指定権を持つ）。家父長
〈4〜5編〉	1898	1898	中心の家族制度が温存（女性の地位は低い）
商法	1890	延期	ロエスレル起草。外国法の模倣傾向が強く，旧来の商慣習に合わないとして論争がおこり，施行延期（一部は1893年施行）
（修正）商法	1899	1899	1890年の商法をドイツ法系に改正（新商法）

2-② 貴族院議員身分別表

身分別分類		年齢	性別	選出法	任期	定数（第1回帝国議会の人数）
皇族議員		成年者	男子	全員	終身	なし（10名）
有爵（華族）議員	公・侯爵議員	満25歳以上（のちに満30歳以上）	〃	全員	終身	なし（31名）
	伯・子・男爵議員		〃	互選	7年	それぞれの同爵者の中から定数の議員を選挙。定数は時代により変更あり（104名）
勅任議員	勅選議員	満30歳以上	〃	勅選	終身	国家に勲功ある者または学識ある者から勅選され，定数は125名を超えてはならなかった（61名）
	多額納税者議員		〃	互選	7年	各道府県で多額の直接国税を納める者を100名の中から1名選出し，総数は67名以内とする（45名）

（『議会制度百年史』による）

3-② 民法典論争

▲ボアソナード（1825〜1910）フランスの法学者。1873年，明治政府の招きで来日。ボアソナードの民法は個人主義的で国情に適さないとして，民法典論争がおこった。

民法（ボアソナード起草〔フランス法の影響〕）（個人の自由と独立を重視）
1890 公布　　1893 施行予定

↓

民法典論争

〔反対派〕
穂積八束（帝国大学教授）
施行の延期を主張
「民法出デテ忠孝亡ブ」

×

〔賛成派〕
梅謙次郎（帝国大学教授）
施行の断行を主張
「家父長権は封建制の遺産」

〔結果〕施行の延期（1892 第三議会での修正を前提）

↓

新民法（明治民法）1896・1898 公布，1898 施行
戸主権を絶対化し，家父長的家族制度を維持

Question p.235 3 にある第2回衆議院議員総選挙でおこなわれた選挙干渉について，その影響を考えてみよう。

第4部 近代・現代

1 初期議会のあゆみ

内閣	年代	月	（□□□は会期） 事　項
第1次山県有朋内閣	1890（明治23）	7	第1回衆議院議員総選挙（300議席のうち171議席は民党） **2** ・民党とは民権派の流れをくむ野党勢力
		11	第一議会（第1回帝国議会）　→ **5-①** ・山県有朋首相，施政方針演説で軍事力増強を主張 ・民党は「政費節減」「民力休養」を主張し，対立する
	1891（明治24）	3	・政府は立憲自由党の一部を切崩し，一部予算を可決
第1次松方正義内閣			第二議会 ・民党は軍艦建造費を含む予算案に反対
		11	・樺山資紀海相，「蛮勇演説」で藩閥政府を擁護 **3-①**
		12	・政府は予算削減に同意せず→最初の議会解散
	1892（明治25）		第2回衆議院議員総選挙 ・品川弥二郎内相による選挙干渉→吏党は勝利できず **3-②**　・吏党は政府系の党派
			第三議会　→ **5-①**
		6	・軍艦建造費などの追加予算を否決する
第2次伊藤博文内閣（元勲内閣）		11	第四議会 ・衆議院で軍艦建造費削減を決定→政府は同意せず
	1893（明治26）		・天皇が「和衷協同の詔書」を示し，予算成立
		2	第五議会 ・衆議院議長星亨（自由党）の議員除名処分
		11	・立憲改進党，現行条約励行を政府に要求し，対外的 　に強硬方針を主張して，対外硬を唱える
		12	・条約改正方針をめぐり民党と政府が対立。議会解散
	1894（明治27）	3	第3回衆議院議員総選挙（民党の勝利）**5-①**
		5	第六議会 ・内閣弾劾上奏案の可決
		6	・甲午農民戦争に対する出兵決定→議会解散
		8	日清戦争勃発

2 第1回衆議院議員総選挙

▲第1回衆議院議員総選挙（ビゴー『国会議員の本』）
1890年7月におこなわれ，投票率は93.9%と高かった。

（図中）立会人　警官　有権者

3 第2回衆議院議員総選挙と選挙干渉

3-① 蛮勇演説

樺山資紀の蛮勇演説

現政府ハ此ノ如ク内外国家多難ノ艱難ヲ切抜ケテ，今日迄来タ政府デアル。薩長政府トカ何政府トカ言ッテモ，今日国ノ此安全ヲ保チ，四千万ノ生霊ニ関係セズ，誰ガ功力デアルカ……御笑ニ成ル様ノ事デハゴザイマスマイ。（笑声起ル）甚ダ……御笑ニ成ル様ノ事デハ
ヲ保ッタト云フコトハ，

（『帝国議会衆議院議事速記録』）

3-② 選挙干渉

▲品川弥二郎（1843〜1900）　第1次松方正義

	府県名	死亡	負傷
1	佐賀	8人	92人
2	高知	10人	66人
3	福岡	3人	65人
4	千葉	2人	40人
5	熊本	2人	39人
	その他	0人	86人
	合計	25人	388人

▲選挙干渉による死傷者の数（東京法令『日本史資料上』による）

▲樺山資紀（1837〜1922）
1891年12月の第二議会で，樺山資紀海相は，民党による軍事予算削減要求に対し，藩閥政府擁護の「蛮勇演説」をおこなった。第二議会は予算削減案について政府に同意を求めたが，解散させられた。

内閣の品川弥二郎内相は，1892年2月の第2回選挙において，地方官吏・警察官を動員し，民党候補者に対して大規模な選挙干渉をおこなった。とくに，板垣・大隈の故郷である高知と佐賀では多くの死傷者が出た。

4 「元勲総出」の内閣

1892.8成立 第2次伊藤内閣			
総　理	伊藤博文　長州藩	海　軍	仁礼景範　薩摩藩
外　務	陸奥宗光　和歌山藩	司　法	山県有朋　長州藩
内　務	井上馨　長州藩	文　部	河野敏鎌　土佐藩
大　蔵	渡辺国武　高島藩	農商務	後藤象二郎　土佐藩
陸　軍	大山巌　薩摩藩	通　信	黒田清隆　薩摩藩

解説　伊藤は松方内閣が閣外にいた元勲（有力な藩閥政治家）の動向により，閣内の意見がまとまらなかったことをうけ，「元勲総出」で内閣を組織した。

▲「高知県民吏両党の激戦」（香朝楼筆）

5 初期議会における政党

5-① 政党の勢力分野

第1回総選挙（1890.7.1）
無所属 45
国民自由党 5
大成会 79
立憲改進党 41
立憲自由党 130
第一議会 1890〜91 計300人

第2回総選挙（1892.2.15）
無所属 42
自由党 94
中央交渉部 95
独立倶楽部 31
立憲改進党 38
第三議会 1892 計300人

第3回総選挙（1894.3.1）
国民協会 26
中立倶楽部 5
大日本協会派 9
中国進歩党 5
立憲革新党 37
立憲改進党 48
自由党 119
無所属 51
第六議会 1894 計300人

□民党　□中間派　□吏党（岩波講座『日本歴史』による）

解説　初期議会（1890.11〜1894.6までの第一議会から第六議会）において，3回にわたる総選挙が実施された。いずれも立憲自由党（のち自由党）や立憲改進党などの政費節減・民力休養をとなえる民党が政府を支持する吏党を圧倒した（第2回の総選挙では，民党・吏党とも過半数を得られず，中間派の独立倶楽部の動向が議決を左右した）。

5-② 政党の内容

民　党		吏　党
立憲自由党 1890.9 民党の中心 （旧自由党3派を中心に結成） ↓ **自由党 1891.3** 総理　板垣退助 ・藩閥政府に対抗 ・第2次伊藤内閣に接近 ・板垣が内相として入閣（1896.4）	**立憲改進党 1882.3** 民党の中心 総理（党首）**大隈重信** ↓ ・自由党と民党連合を結成 ・自由党の内閣接近により連合解消 ・対外硬連合を結成（国民協会と連携） ・進歩党結成（1896）	**大成会 1890.8** 吏党の中心 杉浦重剛・津田真道（旧帝政党系などを中心に結成） **中央交渉部 1892.4** 穏健派の支持議員中心（第三議会前に結成） **国民協会 1892.6** 中央交渉部を改組 会頭　西郷従道 副会頭　品川弥二郎 立憲改進党と連携して，対外硬連合を結成

Answer　選挙の結果，吏党は議席を増やしたが，過半数には至らなかった。独立倶楽部は内部で吏党派と民党派に分裂した。

1 条約改正の流れ

内閣	担当者	内容と経過	年表	
三条実美(太政大臣)	**岩倉具視** 右大臣	1872〜73年 **背景** 岩倉を全権とする岩倉使節団の派遣 **目的** 条約改正の予備交渉の実施 **経過** 外国人の内地雑居や日本の輸出税撤廃を要求され,交渉は中止。欧米視察にとどまる	1871 1873 (明治6)	12 岩倉使節団出発 9 岩倉使節団帰国
	寺島宗則 外務卿	1876〜78年 **背景** 輸入超過,関税収入が見込めないことによる地租依存度の増加(→地租改正反対一揆) **目的** 関税自主権の回復(対米) **経過** 日米間で合意し,日米関税改定約書に調印→しかし,英・独が同意せず無効(他国とも同様の改正をおこなうことが条件のため)	1878 (明治11) 1879 (明治12)	7 日米関税改定約書に調印 9 英・独などの反対 ハートレー事件判決(英人ハートレーのアヘン密輸入が無罪)
第1次伊藤博文	**井上馨** 外務卿 のち外務大臣	1882〜87年 **背景** 極端な欧化主義 **目的** 領事裁判権の撤廃と輸入関税の一部引上げ **改正案** ①外国人内地雑居の許可 ②領事裁判権の撤廃〈条件:外国人を被告とする裁判へ半数以上の外国人判事を任用〉③関税自主権の一部回復(5%→11%)④欧米同様の「泰西主義」の諸法典の整備 **経過** ボアソナードの反対,欧化主義への反感。ノルマントン号事件などもあり,交渉は無期延期→井上,外相辞任 **影響** 民権運動の盛り上がり→三大事件建白運動	1882 1883 (明治16) 1886 (明治19) 1887 (明治20)	1 予備会議の開催 11 鹿鳴館の完成(鹿鳴館時代の現出) 5 集団会議方式で条約改正会議開始 10 ノルマントン号事件 6 ボアソナード(法律顧問)が改正案に反対 7 谷干城(農商務相)も反対,会議延期
黒田清隆	**大隈重信** 外務大臣	1888〜89年 **改正案** ①外国人内地雑居と土地所有の許可 ②領事裁判権の撤廃(条件を改正)〈条件:大審院への外国人判事の任用を認可〉③関税権は井上案を踏襲 ④西欧的な法典の整備を案から削除 **経過** 各国別の個別交渉を展開。米・独・露と改正条約に調印。しかし条文以外の条件をロンドンタイムズが報じると反対運動が高揚し,大隈外相遭難事件で交渉中止(黒田内閣総辞職)	1888 1889 (明治22)	11 国別交渉で会議開始 2 米と新条約調印 6 独と新条約調印 8 露と新条約調印 10 大隈外相遭難事件(玄洋社の来島恒喜らが大隈外相に爆弾を投げ負傷させる)→辞職
第1次山県有朋／第1次松方正義	**青木周蔵** 外務大臣	1891年 **目的** 外国人判事大審院任用および諸法典の公布・実施の回避などを条件に,東アジアに進出する露を警戒する英と交渉 **改正案** ①領事裁判権の撤廃 ②関税自主権の一部回復 **経過** 英は理解を示したが,大津事件により青木が引責辞任し,交渉は中断	1890 1891 (明治24)	9 英が改正案に同意 5 大津事件→青木が引責辞職
	榎本武揚 外務大臣	**経過** 青木の交渉を引き継ぐが,本格化せず		
第2次伊藤博文	**陸奥宗光** 外務大臣	1894年 **改正案** ①領事裁判権の撤廃 ②関税自主権の一部回復(関税率の引上げ)③相互対等の最恵国待遇 **経過** 青木元外相による交渉→日英通商航海条約の調印(1894,1899発効)→他の欧米諸国と同様の改正案に調印	1894 (明治27)	7 日英通商航海条約調印 8 日英通商航海条約公布
山県第2次有朋	**青木周蔵** 外務大臣	1899年 **経過** 日英通商航海条約ほか,12カ国との条約を実施	1899 (明治32)	7 日英通商航海条約施行 (有効期限12年)
第2次桂太郎	**小村寿太郎** 外務大臣	1911年 **背景** 日露戦争の勝利,韓国併合→政府,1894年に英など12カ国と調印した通商条約の廃棄を列国に通告(1910) **目的** 条約満期にともない,新条約の締結 **改正案** 関税自主権の完全回復 **経過** 新条約(日米・日英通商航海条約)の調印(1911)→条約改正の達成	1911 (明治44)	2 日米新通商航海条約調印 7 日米新通商航海条約施行

Question p.237 5-4 の円グラフから,日清戦争の勝利で得た賠償金はどのくらいで,何に使ったのかを考えてみよう。

2 条約改正の背景

1858年締結の安政の五カ国条約の不平等な内容

①領事裁判権の認可(治外法権)
②関税自主権の欠如(協定関税制)
③片務的最恵国待遇の許可
④条約の有効期限および廃棄条項の欠如

明治政府は戊辰戦争の最中に,王政復古とともに安政の五カ国条約の内容継承を諸外国に通告した。1872年からの改正交渉に先がけて,前年に政府は外務省に条約改正取調掛を設置し,①②を最重点の目標に改正の具体的な検討を開始した。

3 欧化主義と鹿鳴館

▲▷鹿鳴館(上)**と舞踏会の様子**(右)
1883年,東京日比谷に建てられた鹿鳴館(J. コンドル設計)は,外国の外務官を招いて舞踏会が開かれ,欧化(主義)政策の象徴とされた。この時期は鹿鳴館時代とよばれた。

4 ノルマントン号事件

▲ノルマントン号事件 1886年10月,英貨物船ノルマントン号が紀伊半島沖で難破した際,イギリス人の船長や乗客員は脱出したが,日本人乗客25名は全員溺死した。神戸領事での裁判の結果,船長は無罪となり,国民は法権回復の必要性を痛感させられた。

大津事件

▲津田三蔵
(1854〜91)　　**▲ニコライ2世**
(1868〜1918)　　**▲児島惟謙**
(1837〜1908)

1891年5月,滋賀県大津で,シベリア鉄道の起工式にのぞむ途中に来日したロシア皇太子ニコライ(のち皇帝ニコライ2世)が,警備の津田三蔵巡査に襲われ負傷した。成立直後の第1次松方内閣や元老は日露関係の悪化をおそれ,皇族に対する大逆罪を適用し,津田の死刑を要請した。しかし,大審院長児島惟謙は,担当判事に通常の謀殺未遂罪での無期徒刑の判決を下させ,司法権の独立をまもった。

1 朝鮮問題と日清戦争

朝鮮支配への契機

1875	江華島事件
1876	日朝修好条規（日本による不平等条約）

朝鮮国内の親日派と親清派の対立

1882	壬午軍乱（壬午事変）2
背景	大院君（攘夷・親清派）と閔氏政権（開国・親日派）の対立
経過	大院君，閔氏追放のクーデタ　日本公使館を包囲（漢城）
結果	失敗したが，閔氏政権は親清派へ
1882	済物浦条約（朝鮮の賠償と謝罪，日本軍の漢城駐留）
1884	甲申事変 3
背景	事大党政権（閔氏，親清派）と独立党（金玉均・朴泳孝ら，親日改革派）の対立
経過	金玉均ら独立党のクーデタ
結果	清国側の反撃で失敗
1885	漢城条約（朝鮮の謝罪と賠償，公使館護衛のための日本軍の駐留を承認）

朝鮮をめぐる日清の対立

1885	天津条約（日本全権：伊藤博文，清国全権：李鴻章）
	①日清両国の朝鮮からの撤兵
	②朝鮮派兵時の相互事前通告
1889	防穀令事件
背景	朝鮮が防穀令（米・大豆の対日輸出禁止）を発令
経過	日本側が賠償請求し，外交問題化
結果	1890年，防穀令解除。1893年，日本へ賠償金11万円
1894	甲午農民戦争（東学の乱）4
背景	農民が民族教団（東学）に率いられて蜂起
経過	朝鮮政府は清国に救援を要請
結果	清国軍出兵。天津条約に基づき日本に通告，日本軍も出兵
1894～95	日清戦争 5　↓

朝鮮国内の親露派の台頭

1895 4.17	下関条約（日本側全権：伊藤博文・陸奥宗光，清国側全権：李鴻章）
	①清国は朝鮮の独立を認可
	②遼東半島・台湾・澎湖諸島の割譲　③賠償金2億両
1895 4.23	三国干渉（ロシア・ドイツ・フランスが，遼東半島の返還を勧告）
	清国へ遼東半島を返還（清国より3000万両賠償）
1895 10.8	閔妃殺害事件
背景	三国干渉後，朝鮮における日本の地位低下，親露政策で閔妃が政権を奪回
経過	日本軍による閔妃殺害
結果	日本の勢力が後退し，ロシアが台頭

△大院君
（1820～98）
国王高宗の父として権力を握るが，閔妃の台頭で一時失脚。壬午軍乱でクーデタをおこすが失敗。

2 壬午軍乱（1882年）

◁壬午軍乱　親日派の閔妃政権に対し，大院君らがクーデタをおこし，日本公使館も襲われた。

3 甲申事変

△甲申事変の主役たち　壬午軍乱の謝罪使であった独立党の金玉均（右）や朴泳孝（左）は親日派となり，1884年，日本公使竹添進一郎と結んでクーデタを漢城でおこした。事大党政権を追放したが，清国軍の来援で，3日間で失敗し，金らは日本へ亡命した。後列は徐光範（左），徐載弼（右）。

4 甲午農民戦争 →p.244 2-②

凡例：▨農民軍活動地域

清／平安道／咸鏡道／平壌／元山／黄海道／江原道／海州／仁川／漢城／春川／京畿道／牙山／忠清道／公州／慶尚道／安東／大邱／全州／古阜／釜山／全羅道／対馬／済州島／日本／黄海／日本海

0 200km

▶解説　1894年3月，全羅道古阜で全琫準率いる農民が蜂起すると，民族宗教である東学の教団組織を通して，反乱はその後朝鮮半島南部一帯に広がった。

5 日清戦争 →p.246 3

△「魚釣り遊び」（ビゴー「トバエ」1887年2月15日号）　朝鮮と書かれた魚を釣りあげようとする日清に対し，その横取りをたくらむロシアの野心を描いた風刺画。

5-① 戦力の比較

	日本	清国
出兵兵士数	240,616人	不明
死者総数	13,488人	不明
病死者数	11,894人	不明
臨時戦費	2億48万円	不明
軍艦数	28隻	82隻

（「週刊朝日百科日本の歴史」による）

▶解説　戦死者のうち，ほとんどが赤痢・コレラ・腸チフス・脚気などによる戦病死者であった。また，臨時戦費は開戦前年（1893年）の国家歳出の2倍以上にのぼった。

5-② 日清戦争要図

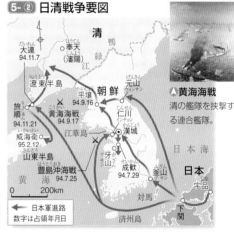

清／大連 94.11.7／奉天（瀋陽）／鴨緑江／旅順 94.11.21／遼東半島／元山ウォンサン／平壌 94.9.16／朝鮮／黄海海戦 94.9.17／仁川インチョン／漢城／江華島／牙山／成歓 94.7.29／釜山／山東半島／威海衛 95.2.12／豊島沖海戦 94.7.25／黄海／日本海／対馬／済州島／下関／宇品／日本

△黄海海戦　清の艦隊を挟撃する連合艦隊。

← 日本軍進路　数字は占領年月日

5-③ 下関条約

伊東巳代治／日本全権（外相）陸奥宗光／日本全権（首相）伊藤博文／北洋大臣直隷総督李鴻章

◁下関条約　1895年4月，下関の春帆楼にて会談した。日本全権伊藤博文・陸奥宗光と清国全権李鴻章との間で，下関条約が調印された。

5-④ 賠償金の使途

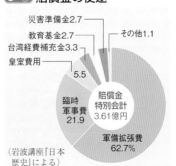

災害準備費 2.7／教育基金 2.7／その他 1.1／台湾経費補充金 3.3／皇室費用 5.5／臨時軍事費 21.9／賠償金特別会計 3.61億円／軍備拡張費 62.7%

（岩波講座『日本歴史』による）

5-⑤ 日清戦争後の領土拡大

凡例：■新領土　■還付地　●新開港場

遼東半島／奉天／大連／旅順／北京／漢城／清／黄河／済南／朝鮮／蘇州／上海／沙市／南京／長江（揚子江）／重慶／杭州／日本／台北／台湾／澎湖諸島 1895

Answer　下関条約の賠償金は2億両（約3.1億円）で，遼東半島還付の代償などを加えると3.61億円。おもに軍備拡張費や軍事費に使われた。

第4部 近代・現代

1 台湾関係年表

年	月	事項
1871	11	琉球漂流民殺害事件
1874 (明治7)	5	台湾出兵 2
	10	日清互換条款に調印
1894 (明治27)	3	甲午農民戦争（東学の乱）
	8	日清戦争勃発（清に宣戦布告）
1895 (明治28)	4	下関条約調印（台湾・澎湖諸島を日本に割譲）3
	5	海軍大将樺山資紀を台湾総督に任命。台湾巡撫唐景崧を総統として台湾民主国独立を宣言。日本軍台湾上陸
	6	台湾総督府を設置 4-②
	8	台湾総督府条例を制定（軍政実施,翌年民政に移行）
	10	台南の陥落
	11	台湾全島の平定宣言
1897 (明治30)	10	台湾総督府官制の公布
1898 (明治31)	3	第4代台湾総督に児玉源太郎中将就任。後藤新平,民政局長に就任（のち民政長官）
	9	土地調査事業開始（～1905.3）
1899	9	台湾銀行営業開始
1900	12	台湾製糖会社設立 4-④
1913	8	苗栗事件（羅福星による革命未遂事件）
1915	8	西来庵事件（余清芳による武装蜂起未遂事件）
1919 (大正8)	10	台湾教育令公布。台湾総督府官制改正（武官総督→文官総督,民政長官は総務長官と改称）
1922	12	治安警察法,台湾に施行
1930	10	霧社事件（台湾先住民が日本人134名を殺害。先住民も多数死亡）
1936	9	武官総督制の復活
1940	2	改姓名規則公布（台湾人の改姓名始まる）
1941	4	「皇民化」推進の「皇民奉公会」発足
1944	9	台湾人に対する徴兵制実施
1945	8	第二次世界大戦終了（台湾は中国に返還）
1947	2	二・二八事件（台湾民衆が国民党支配に抵抗）
1949	12	中国国民党台湾へ,中華民国（総統：蔣介石）を存続
1952	4	日華平和条約調印
1972	9	日中国交正常化（日華平和条約の失効を宣言）

日清互換条款
①清は台湾出兵を「保民の義挙」と認める。
②日本軍の撤兵を条件に清は日本に賞金50万両を支払う。

4-③ 明治期の台湾総督一覧

氏名	就任年月日	在任期間	軍籍	民政長官
樺山資紀	1895. 5.10	1年1カ月	海軍大将	水野遵
桂太郎	1896. 6. 2	4カ月	陸軍中将	水野遵
乃木希典	1896.10.14	1年4カ月	陸軍中将	水野遵・曽根静夫
児玉源太郎	1898. 2.26	8年2カ月	陸軍中将・大将	後藤新平
佐久間左馬太	1906. 4.11	10年	陸軍大将	後藤新平ほか

▲児玉源太郎
(1852～1906)

▲後藤新平
(1857～1929)

解説 第4代総督の児玉源太郎の時代には,民政長官後藤新平の方針もあって,その植民地経営が転換された。土地調査事業,縦貫鉄道建設,基隆築港が三大経営施策とされ,台湾銀行の設立や阿片・食塩・樟脳の専売法がしかれた。

▶台湾製糖会社 1900年,総督府の要請に三井物産などが出資して設立され,1902年から操業。同年糖業奨励規則も出されるなど,国家からも手厚い保護をうけ,台湾は日本への砂糖供給地として編成されていった。

Question p.239 3 について,伊藤博文は,なぜ政党である立憲政友会を設立したのだろうか。

2 台湾出兵 →p.226 3-①

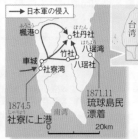
→ 日本軍の侵入
楓港 牡丹社 八瑤湾 竹社 八瑤社 車城 社寮湾 八瑤社 南灣
1871.11 琉球島民漂着
1874.5 社寮に上港
20km

▲大久保利通帰国の図 1874年5月,西郷従道らは社寮に上陸し,翌月には牡丹社などの基地を平定した。一方,これに対する日清間の主張は平行線であったが,英公使ウェードの斡旋により,10月31日,日清互換条款が調印された。日本の行為が認められ,賠償金50万両（約77万円）を清が支払った。北京での交渉を成功裡に終わらせた日本全権大久保利通に対し,明治天皇がさしむけた馬車での凱旋パレードが横浜港から催された。

3 台湾平定

解説 下関条約により台湾をゆずりうけた日本は,1895年,樺山資紀を初代台湾総督に任命し,近衛師団に接収を命じた。しかし約10万人の台湾人の義勇軍による抵抗は激しく,全島を制圧するのに約半年をついやし,近衛師団長であった北白川宮能久親王がマラリアで病没したのをはじめ,4642名の戦病死者を出した。

▶台湾平定の図

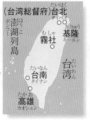
▲北白川宮能久親王 (1847～95)

北白川宮能久親王

4 台湾統治　4-① 支配機構

解説 朝鮮総督が天皇に直属していたのに対し,台湾総督の地位は一段低く,日本政府の監督者もしばしば変更された。

（台湾総督府）台北 基隆 澎湖列島 霧社 台南 高雄 台湾

1895～1945
台湾総督府（台北）
長官：台湾総督
一般行政担当：民政長官（のち総務長官）

- 総督府評議会（諮問機関）
- 総督官房
- 文教局
- 財務局
- 鉱工局
- 農務局
- 警務局
- 外事部
- 法務部
- 所属官署（法院・交通・地方など）

（黄昭堂『台湾総督府』による）

4-② 台湾総督府

▲台湾総督府 1895年,日本が台湾統治のための行政府として台北に設置。現在も中華民国の総統府として使用されている赤煉瓦5階建ての建造物は,1916年に完成したものである。

4-④ 台湾の近代化

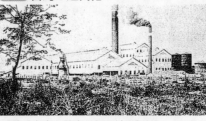

4-⑤ 台北の日本式町名

淡水河 台北駅 北門町 市役所 築地町 浜町 末広町 寿町 大和町 本町 京町 表町 博物館 栄町 文 州庁 文 明石町 幸町 乃木町 総督府 文 文武町 文 東門町 若竹町 書院町 八甲町 老松町 新富町 兵営 旭町

解説 台北市の中心部では,鉄道路線の西側には末広・寿・築地・浜・若竹・老松・新富など,日本と同じ町名が並ぶ。また,東側には,乃木・明石（明石元二郎）と,台湾総督の姓をとった町名もみられる。

立憲政友会の成立 239

1 日清戦争後の政治と政党の流れ

背景	①初期議会における政府と民党の対立 ②日清戦争における政府と議会の対立解消へ ③日清戦争後は政党の妥協と連携の時代へ

第2次 伊藤博文 内閣 1892.8〜96.9	板垣が内相で入閣，自由党は軍拡予算を支持 ①「日清戦後経営」 ②第九議会−地租増徴ではなく営業税・酒造税での増税
第2次 松方正義内閣（松隈内閣） 1896.9〜98.1	大隈が外相で入閣，進歩党は増税を支持 ①第十議会−貨幣法成立，金本位制確立（1897） ②第十一議会−政府の地租増徴策に進歩党反対（政府と提携中止）
第3次 伊藤博文 内閣 1898.1〜6	挙国一致内閣をめざすが，自由・進歩党協力せず ①第5回総選挙−自由党との連携断絶 ②第十二議会−地租増徴案否決，議会解散 ③自由党系と進歩党系，合同して憲政党結成（1898） ④第6回総選挙−憲政党が圧勝
第1次 大隈重信内閣（隈板内閣） 1898.6〜11	日本初の政党内閣（板垣退助が内相で入閣） ①尾崎行雄文相「共和演説事件」で辞任→後任をめぐって憲政党は分裂（憲政党と憲政本党） ②各種増税策も実現できず
第2次 山県有朋 内閣 1898.11〜 1900.10	憲政党（旧自由党系）と連携 ①第十三議会−地租増徴案成立（2.5%→3.3%）（1898） ②文官任用令改正（1899）−文官分限令・懲戒令 ③治安警察法公布（1900） ④衆議院議員選挙法改正−直接国税10円以上 ⑤軍部大臣現役武官制施行（1900） ⑥憲政党，山県内閣との連携断絶。憲政党の星亨と伊藤博文により立憲政友会が結成（1900）
第4次 伊藤博文 内閣 1900.10〜01.6	立憲政友会が基盤 ①第十五議会−増税法案成立（酒税・砂糖税など） →山県系議員・貴族院の反発
第1次 桂太郎 内閣 1901.6〜06.1	官僚，貴族院の支持（桂園時代の始まり，伊藤・山県が元老となる） ①第十七〜十八議会（1902〜03）−地租増徴案を否決 ②日英同盟協約締結（1902）−日露対立が進行 ③日露戦争勃発（1904） ④非常特別税法で地租増徴（5.5%）
第1次 西園寺公望 内閣 1906.1〜08.7	立憲政友会が基盤 ①「日露戦後経営」−軍備拡充，植民地経営 ②鉄道国有法公布（1906）−17私鉄を買収

政党の流れ

```
自由党 1881          立憲改進党 1882      立憲帝政党 1882
総理 板垣退助        党首 大隈重信        福地源一郎
                                         1883 解党
1884 解党            1884 大隈脱党

立憲自由党 1890                          大成会 1890

自由党 1891          1891 大隈復党        国民協会 1892
総理 板垣退助                            西郷従道
                    進歩党 1896          品川弥二郎
                    党首 大隈重信

        民党の大合同

        憲政党 1898
        総務委員松田正久，
        尾崎行雄ら
```

▲尾崎行雄

```
憲政党 1898          憲政本党 1898
旧自由党系           旧進歩党系           帝国党 1899
板垣退助             大隈重信

立憲政友会 1900                          1905
総裁  伊藤博文                           大同倶楽部
星亨，   西園寺
公望らが参加         ▲立憲政友会の発会式

        1903                1910            1910
        総裁 西園寺公望      立憲国民党        中央倶楽部

                            立憲同志会 1913
                            総理 加藤高明
```

2 隈板内閣

総理大臣兼 外務大臣	大隈重信	進歩党系
内務大臣	板垣退助	自由党系
大蔵大臣	松田正久	自由党系
陸軍大臣	桂太郎	
海軍大臣	西郷従道	
司法大臣	大東義徹	進歩党系
文部大臣	尾崎行雄	進歩党系
農商務大臣	大石正巳	進歩党系
逓信大臣	林有造	自由党系

解説 第1次大隈重信内閣は，憲政党を基盤とした。進歩党党首の大隈重信首相と自由党総理の板垣退助内相が中心であり，隈板内閣とよばれた。陸海軍の大臣を除くすべてが憲政党員で占める最初の政党内閣である。

3 立憲政友会の設立

自由党を祭る文（幸徳秋水）一九〇〇（明治三十三）年八月三十日

自由党を祭る文よ今や諸君自由党は歳ハ庚子（一九〇〇年）に在り八月某夜，星忽焉として墜ちて声あり，嗚呼自由党死す矣，而して其光栄ある歴史ハ全く抹殺されぬ。……汝自由党の起るや，集会ハ禁止せられたり，請願ハ防止せられたり，言論ハ箝制せられぬ。……汝自由党の死を視る路人の如く，孤塁に拠つて尚ほ自由平等文明進歩の為めに奮闘しつゝあることを，吾人独り朝報『万朝報』発布の総理伊藤侯，退去令発布の内相山県侯の忠実なる政友として，汝自由党の死を視る路人の如く，吾人独り朝報『万朝報』に追首撫今の情なきを得んや。死を弔し霊を祭るに方つて，吾人豈に追首撫今の情なきを得んや。（『万朝報』）

解説 1900年，伊藤博文を総裁に官僚と憲政党（旧自由党系）が中心となって立憲政友会が設立された。幸徳秋水は，自由党の後身である憲政党が藩閥に妥協したことを『万朝報』に「自由党を祭る文」と題して批判した。

4 第2次山県内閣

4-① 文官任用令

高級官吏	勅任官	親任官（大臣・大使など）
		勅任官（各省の次官など）
		1893年の文官任用令では，自由任用（第1次大隈内閣では政党員なども任用）→奏任者からの昇任へ変更（政党勢力の排除）
	奏任官	文官高等試験合格者から任用（各省の事務官など）
下級官吏	判任官	文官普通試験合格者から任用
		1913 文官任用令の緩和（第1次山本内閣）
		勅任官の特別枠の拡大（政党への配慮）
		1946 廃止

文官分限令（1899）
文官の身分と職務の保障を規定（政党内閣成立などによる理由で，官吏の免官を防止するため）

文官懲戒令（1899）
文官に対する懲戒の事由・種類を限定

4-② 軍部大臣現役武官制の変遷

背景	陸海軍大臣は陸海軍の武官という制限のみ
第2次 山県内閣 （1900）	軍部大臣現役武官制施行 ①大臣は大・中将，総務長官（次官のこと）は中・少将とする ②大臣と総務長官は現役の将官をあてる（政党内閣の登場→政党寄りの予備役軍人の任用をできない制度の決定）
第2次西園寺 公望内閣 （1912）	2個師団増設要求が閣議で否決 上原勇作陸相が辞職し，軍部大臣現役武官制により後任を推薦せず→〔結果〕内閣総辞職
第1次山本 権兵衛内閣 （1913）	軍部大臣現役武官制改正 ②の現役規定を削除→予備・後備役の将官も資格ありとする
広田弘毅 内閣（1936）	軍部大臣現役武官制復活 〔背景〕二・二六事件後，陸軍の政治的発言力が強まる

5 元老（明治・大正・昭和）

氏名	出身	在任期間	元老以前のおもな地位
伊藤博文	長州	1889〜1909	参議・工部卿・内務卿・首相
黒田清隆	薩摩	1889〜1900	参議・開拓長官・首相
山県有朋	長州	1891〜1922	参議・兵部卿・陸軍卿・首相
松方正義	薩摩	1898〜1924	参議・内務卿・大蔵卿・首相
井上馨	長州	1904〜1915	参議・工部卿・外相・蔵相・内相
西郷従道	薩摩	？〜1902	参議・文部卿・陸海相・内相
桂太郎	長州	1911〜1913	台湾総督・陸相・首相
大山巌	薩摩	1912〜1916	参議・陸軍卿・陸相
西園寺公望	公家	1912〜1940	首相

Answer 伊藤は超然主義ではなく，政党内閣制をめざしていた。ただし，立憲政友会は，国家を優先した反政党的な政党であった。

1 列強の進出　1-① 列強の進出関係年表　1-② 列強の中国進出(租借地)

年		事項
1894	8	日清戦争勃発
1895 (明治28)	4	下関条約(台湾・澎湖諸島・遼東半島を日本に割譲)。三国干渉(露・独・仏の要求→日本は遼東半島を返還)
	7	朝鮮で閔妃派による親露派の政権が樹立
	10	閔妃殺害事件
1896 (明治29)	2	朝鮮で親露政権樹立
	5	小村・ウェーバー覚書。露、東清鉄道敷設権を清国から獲得
	6	露清密約締結。山県・ロバノフ協定 3-③
1897 (明治30)	10	朝鮮、国号を大韓帝国(韓国)に改称(清国の宗主権を否定) 3-①
1898 (明治31)	3	独、膠州湾を租借。露、旅順・大連の租借と東清鉄道南支線(ハルビン・旅順間)敷設権を清国から獲得
	4	西・ローゼン協定 3-③
		英、九龍半島(6月)・威海衛(7月)を租借
1899 (明治32)	3	各地で義和団が蜂起
	9	米国務長官ジョン=ヘイによる門戸開放宣言(門戸開放・機会均等・領土保全)
	11	仏、広州湾を租借
1900 (明治33)	2	義和団戦争拡大(北京公使館を包囲) 2-①
	6	北清事変(清国、列強に宣戦布告)→8カ国の共同出兵により、鎮圧 2-② 2-③
1901 (明治34)	9	北京議定書調印→露、満洲駐留を継続 東清鉄道完成
1902	1	日英同盟協約の締結(日英同盟の成立)

地図:
東清鉄道 / ロシア / 樺太 / 沿海州 / 南満州鉄道 / ハルビン / 長春 / 外蒙古 / 内蒙古 / 奉天 / 大連 1898〔露租〕旅順 1905〔日租〕 / 北京 / 天津 / 朝鮮 / 江華島 / 釜山 / 威海衛 1898〔英租〕 / 青島 1898〔独租〕 / 膠州湾 / 山西省 / 直隷省 / 黄河 / 河南省 / 陝西省 / 甘粛省 / 西安 / 四川省 / 重慶 / 貴州省 / 雲南省 / 湖北省 / 湖南省 / 江西省 / 安徽省 / 江蘇省1898〔独租〕 / 蘇州 / 呉淞 / 上海 / 杭州 / 寧波 / 浙江省 / 福建省 / 福州 / 基隆 / 台湾 1895〔日〕 / 澎湖諸島 / 広東省 / 広西省 / 広州 / 汕頭 / 香港 1842〔英〕 / 九龍半島南部(九竜市)1860〔英〕 / 新界(九竜半島と付属諸島)1898〔英租〕 / 広州湾 1899〔仏租〕 / マカオ 1887〔ポ〕 / 仏領インドシナ / フィリピン / 日本 / 太平洋

列国の勢力範囲:
〔日〕日本 / 〔露〕ロシア / 〔独〕ドイツ / 〔英〕イギリス / 〔仏〕フランス / 〔米〕アメリカ / 〔ポ〕ポルトガル / 1905年以後の日本の勢力範囲 / 〔租〕租借地

2 義和団戦争　2-① 義和団

▲義和団宣伝隊　義和団は「扶清滅洋(清を扶けて外国勢力を駆逐する)」をスローガンに排外運動を展開。その啓蒙活動のために、人形芝居やビラを活用した。

2-② 北清事変

▲北清事変に出兵した連合軍　1900年、義和団は天津の外国人居留地を攻撃し、さらに北京の各国公使館を包囲した。これに対し、8カ国による列強の連合軍が形成され、救援することになった。なかでも日本は、1個師団を出兵させ、連合軍の主力であった。

2-③ 列強の共同出兵

(1900. 6. 20～9. 21)

国 名	a 参加兵士(人)	b 戦死者(人)	b/a (%)
日本	21,634	349	1.61
ロシア	15,570	160	1.02
イギリス	10,653	64	0.60
フランス	7,080	50	0.70
ドイツ	8,401	60	0.71
アメリカ	5,608	48	0.85
オーストリア	429	8	1.86
イタリア	2,545	18	0.70
計	71,920	757	1.05

(『週刊朝日百科　日本の歴史』による)

3 大韓帝国　3-① 大韓帝国の成立

▶独立門　1897年、高宗は国名を大韓帝国と改称し、清との宗主関係を否定した。翌年には、中国の使臣を迎える迎恩門を壊し、独立門を建てた。この門は、パリの凱旋門をモデルとし、両側には韓国の国旗が描かれた。
高14.28m
→ p.244 3-②

第4部 近代・現代

3-② 親露政権の成立

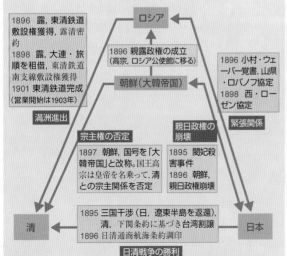

図(フロー図):

ロシア
- 1896 露、東清鉄道敷設権獲得、露清密約
- 1898 露、大連・旅順を租借、東清鉄道南支線敷設権獲得
- 1901 東清鉄道完成(営業開始は1903年)
- 満洲進出

- 1896 親露政権の成立(高宗、ロシア公使館に移る)

朝鮮(大韓帝国)
- 1896 小村・ウェーバー覚書、山県・ロバノフ協定
- 1898 西・ローゼン協定
- 緊張関係

宗主権の否定
- 1897 朝鮮、国号を「大韓帝国」と改称。国王高宗は皇帝を名乗って、清との宗主関係を否定

親日政権の崩壊
- 1895 閔妃殺害事件
- 1896 朝鮮、親日政権崩壊

- 1895 三国干渉(日、遼東半島を返還)、清、下関条約に基づき台湾割譲
- 1896 日清通商航海条約調印

清 ← → 日本

日清戦争の勝利

3-③ 日露関係

▲山県・ロバノフ協定　1896年、ロシア皇帝の戴冠式に出席した山県有朋(前列中央)と露外相ロバノフによって調印された朝鮮に関する日露協定。その内容は日露の権利が同等であったが、並行してロシアは清国の李鴻章との間で露清密約も結んでいた。

▼

西・ローゼン協定　1898年、西徳二郎外相と駐日露公使ローゼンが東京で結んだ韓国に関する日露協定。韓国の独立と内政不干渉などを相互に約した。また、日本がロシアの旅順・大連の租借権を認めるかわりに、ロシアは日本の韓国における商工業の発展を承認するなど、この協定によって日本は韓国進出の足場を得た。

3-④ ロシアの満洲進出

地図:
ロシア / シベリア鉄道 / 満洲里 / 外蒙古 / 内蒙古 / 満洲 / ハルビン / ハバロフスク / 綏芬河 / 長春 / 奉天 / 大連 / 旅順 / ウラジヴォストーク / 日本海 / 日本

- 東清鉄道本線 1896 露、鉄道敷設権獲得 1903 全線開通
- 東清鉄道南満洲支線 1898 露、鉄道敷設権獲得 1904 全線開通
- ※1905年のポーツマス条約により、長春以南を日本に譲渡し、南満洲鉄道となる。
- 1898 露、旅順・大連の租借権獲得 ※1905年のポーツマス条約により、日本に租借権を譲渡。

▶東清鉄道警備のロシア兵　1900年の義和団戦争に際し、満洲に出兵したロシアは、その鎮圧後も撤兵せずに占領を続けた。イギリスとの外交に不満を持つ伊藤博文は「満韓交換」をおこなう日露協商論を主張したが、桂内閣は日英同盟協約を締結して日英同盟を成立させ、韓国の権益をまもる方針をとった。

Question p.241 3の日英同盟協約の第2条を理由に日本が参戦した戦争と、その結果、何を得たかを答えよう。

1 日露戦争前の世界情勢

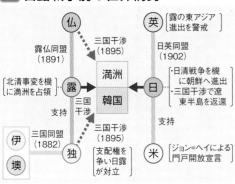

仏

英 〔露の東アジア進出を警戒〕

露仏同盟（1891）
三国干渉（1895）
日英同盟（1902）

〔北清事変を機に満洲を占領〕

露

満洲
韓国

・日清戦争を機に朝鮮へ進出
・三国干渉で遼東半島を返還

三国干渉 支持

日

三国干渉（1895）

支持

伊
墺

三国同盟（1882）

独

支配権を争い日露が対立

米 ジョン＝ヘイによる門戸開放宣言

◁1904年の世界情勢を風刺した世界地図 鷲にみたてられたロシアが，その爪で清国（豚）や中東諸国をねらっている。日本は金鵄（黄金色のトビ）として描かれている。

NEW COMICAL ATLAS
滑稽欧亜外交地図

◁「火中の栗」（『中央新聞』1903年10月13日） 日露戦争直前の情勢を欧米の新聞が風刺する。コサック兵（露）の焼いている栗（韓国）を，英に押されて日本が取りにいこうとしている。

日英同盟協約 一九〇二年一月締結

第一条　両締約国ハ相互ニ清国及韓国ノ独立ヲ承認シタルヲ以テ，該二国孰レニ於テモ全然侵略的趣向ニ制セラルルコトナキヲ声明ス，然レトモ両締約国ノ特別ナル利益ニ鑑ミ，即チ其利益タル大不列顛国ニ取リテハ主トシテ清国ニ関シ，又日本国ニ取リテハ其清国ニ於テ有スル利益ニ加フルニ，韓国ニ於テ政治上並ニ商業上及工業上格段ニ利益ヲ有スルヲ以テ，……

第二条　若シ日本国又ハ大不列顛国ノ一方カ上記各自ノ利益ヲ防護スルニ於テ別国ト戦端ヲ開クニ至リタル時ハ，他ノ一方ノ締約国ハ厳正中立ヲ守リ併セテ其同盟国ニ対シテ他列国カ交戦ニ加ハルヲ妨クルコトニ努ムヘシ

（日本外交文書）

2 日露戦争前の日英露の動き

ロシアの満洲・朝鮮への進出

1895.4 三国干渉
　　 7 朝鮮に閔妃派による親露派の政権樹立
　　10 →三浦梧楼の指示による閔妃殺害事件
1896.5 露，清国から東清鉄道敷設権を獲得

列強による中国分割

1898.3 露，旅順・大連を租借
　　 7 英，威海衛を租借

中国の抵抗

1900.2 義和団の蜂起が拡大
1900.6 北清事変（清国が列強に宣戦布告）
1901.9 北京議定書調印

結果 露，満洲を事実上占領（朝鮮への影響も増大）→日，露への反発が高まる

日本の外交路線

日露協商論	日英同盟論
・伊藤博文・井上馨らが提唱 ・「満韓交換」の実施	・山県有朋・桂太郎・小村寿太郎らが提唱

日英同盟の成立

1902.1 日英同盟協約の締結（第1次桂太郎内閣）

結果 露，満洲駐兵の継続→日露対立の深まり

日露開戦への道

主戦論	非戦論・反戦論
・戸水寛人ら東京帝国大学などの七博士が意見書を提出 ・対露同志会の結成（1903.8） ・『万朝報』の黒岩涙香と『国民新聞』の徳富蘇峰	・内村鑑三の非戦論 ・幸徳秋水・堺利彦ら平民社による反戦論 ・与謝野晶子「君死にたまふこと勿れ」（『明星』1904.9開戦後）

日露戦争（1904.2〜05.9）

3 日英同盟の成立

内閣総理大臣
桂太郎

大臣

大臣

貴族院議員

△桂首相の日英同盟協約締結の報告演説

4 非戦論と反戦論

◁内村鑑三（1861〜1930）『万朝報』の主筆であった内村鑑三は，1903年6月30日号に「戦争廃止論」を掲載し，非戦論を唱えた。社内の主戦論と非戦論の対立のなかで，同年10月，幸徳秋水・堺利彦らとともに辞職。

4-① 内村鑑三の戦争廃止論

内村鑑三の戦争廃止論

余ハ日露非開戦論者である許りでない，戦争絶対的廃止論者である。戦争は人を殺すことである。爾うして人を殺すことハ大罪悪である。爾うして大罪悪を犯して個人も国家も永久に利益を収め得やう筈ハない。世にハ戦争の利益を説く者がある。然り，余も一時ハ斯かる愚人であった。然しながら今に至て其愚なりしを表白する。戦争の利益ハ其害毒を贖ふに足りない，戦争の利益ハ強盗の利益である。……勿論サーベルが政権を握る今日の日本に於てハ余と雖も戦争廃止論ハ直に行はれやうとハ余も望まない。然しながら戦争廃止論ハ今や文明国の識者の輿論となりつゝある。

（万朝報）

4-② 与謝野晶子

◁与謝野晶子（1878〜1942） 情熱的で華麗な歌風の歌人で，新詩社に入り，与謝野鉄幹と結婚。1900年創刊の文芸雑誌『明星』において，鉄幹と共にロマン主義文学運動を展開した。1901年に出版された歌集『みだれ髪』は，藤島武二が描いた7葉の挿絵も有名である。日露戦争の旅順包囲戦に従軍している弟を想い，晶子は1904年9月号の『明星』に，反戦長詩「君死にたまふこと勿れ」を発表した。詩では，戦場にいる弟の無事を祈る切ない気持ちと戦争への疑問を表現した。

5 開戦論

◁戸水寛人（1861〜1935） 1903年6月，東京帝国大学の戸水寛人教授が中心となり，七博士（東大の富井政章・戸水寛人・寺尾亨・高橋作衛・金井延・小野塚喜平次と学習院の中村進午）による日露開戦に関する対露強硬論を唱える意見書が桂首相に提出された。

Answer 日本は日英同盟を理由に第一次世界大戦に参戦。結果として中国でのドイツの根拠地青島と山東省の権益を接収した（p.249 5）。

第❹部 近代・現代

1 日露戦争関係年表

1904 (明治37)	2	仁川沖海戦(仁川港内の露巡洋艦全滅)
		仁川上陸❶,日露両軍宣戦布告
	5	鴨緑江渡河作戦(日,朝鮮半島を確保し,満洲に進出)
		遼東半島上陸(南山と大連を占領)❸
	6	満洲軍総司令部設置
	8	黄海海戦,第1回旅順総攻撃
		遼陽の会戦❹→9 遼陽占領
	10	沙河の会戦(第2回旅順総攻撃)
	11	第3回旅順総攻撃→12 203高地占領
1905 (明治38)	1	旅順陥落❺。血の日曜日事件(第1次ロシア革命の発端)
	3	奉天会戦(日露両軍の主力戦)❻
	5	日本海海戦(東郷平八郎率いる連合艦隊が,バルチック艦隊に勝利)❼
	6	米大統領セオドア=ローズヴェルトが両国に講和を勧告
	7	日本軍,樺太上陸
	9	ポーツマス条約(日露講和条約)締結❹❺ 米ポーツマスにて調印
		日比谷焼打ち事件❻

2 日露戦争要図

▲旅順陥落 ロシア太平洋艦隊の基地である旅順に対し,1904年8月から乃木希典司令官は3回にわたる総攻撃を実施したが失敗。12月,203高地を占領すると,05年1月,守備軍司令官ステッセルは降伏した。写真は陥落後の旅順港の状況で,港外には閉鎖作戦のため日本軍が自沈させた沈没船がみえる。

▲日本海海戦 東郷平八郎元帥を司令長官とする日本連合艦隊は,欧州から回航してきたロシア最大のバルチック艦隊を迎え撃ち,対馬海峡で壊滅的打撃を与えた。図は旗艦である戦艦三笠艦橋の図。

詳しくみてみよう！ 日露戦争

日本軍の進路
←第1軍(黒木)　◁←第4軍(野津)
←第2軍(奥)　◁←日本艦隊
←第3軍(乃木)　数字は占領年月日

3 日露軍事力の比較

	日本	ロシア
出兵兵士数	約108万人	約129万人
死者数	約84,000人	約50,000人
負傷者数	約143,000人	20数万人(諸説あり)
臨時戦費	17億1644万円	約20億円
軍艦数	106隻	63隻(太平洋艦隊)
軍艦総トン数	233,200トン	191,000トン(同上)

(『明治大正財政詳覧』,横手慎二『日露戦争史』などによる)

4 ポーツマス会議

主席全権外務大臣 小村寿太郎
主席全権 ウィッテ
駐米特命全権公使 高平小五郎
全権大使 ローゼン

▶ポーツマス会議(日露講和会議) 1905年9月,日露講和会議で調印されたポーツマス条約において,日本は①韓国に対する日本の指導監督権(2条),②遼東半島の旅順・大連の租借権(5条),③長春以南の鉄道とその付属利権の譲渡(6条),④樺太の南半分の譲渡(9条),⑤沿海州・カムチャツカの漁業権の許与(11条),をロシアに認めさせた。

▶奉天会戦 日本25万人,露32万人の主力を投入した,南満洲の要地奉天(現,瀋陽)での戦いに勝利した日本は,奉天を占領した。図は大山巌元帥(満洲軍総司令官)らが占領した奉天城の南大門から入城する光景。

総参謀長 児玉源太郎
満洲軍総司令官 大山巌

5 領土の拡大

5-① 1905年以降の領土

ロシア
北緯50°以南の樺太
旅順・大連
北緯50°
豊原(樺太庁)1908(←1907大泊)
長春
清
旅順 大連
大韓帝国
日本
台湾
0　1000km

5-② 南樺太の領有

▲北緯50度線の境界標石 樺太における北緯50度線以南を占領した日本は,国境線を引き,国境を示す標石をおいた。

6 日比谷焼打ち事件

◀日比谷焼打ち事件 1905年9月5日,賠償金がとれないポーツマス条約に対して,東京の日比谷公園で講和反対国民大会が開かれ,暴動化した。図は群衆が警察官と衝突しているところを描いたもので,実際に17名の死者を出した。

Question p.243 ❶の年表にあるように,1907年に韓国において義兵運動が本格化したのはなぜだろうか。

詳日 第13章 1 p.263〜264

1 日朝関係年表 →p.244 1

1894 (明治27)	3	甲午農民戦争(東学の乱)	
	8	日清戦争勃発	
1895 (明治28)	4	下関条約(清は朝鮮の独立を認可)	
	10	閔妃殺害事件(公使館守備隊による閔妃殺害)	
1897	10	朝鮮,国号を大韓帝国(韓国)と改称	
1904 (明治37)	2	日露戦争勃発(〜05)	
		日韓議定書調印(日本は事実上必要な土地の収用など,便宜供与を約する)。	
1905 (明治38)	8	第1次日韓協約調印(日本政府推薦の財政・外交顧問の設置)	
	7	桂・タフト協定(米が日本の韓国保護国化を承認)	
	8	第2次日英同盟協約(英が日本の韓国保護国化を承認)	
	9	ポーツマス条約(露が韓国に対する日本の指導・保護・監理を承認)	
	11	第2次日韓協約(日本が外交権を掌握して韓国を保護国化)	
	12	漢城に統監府を設置 2	
1906	2	統監府開庁(初代統監は伊藤博文)	
1907 (明治40)	7	ハーグ密使事件(韓国皇帝高宗の退位,純宗の即位) 3	
		第3次日韓協約(内政権を接収し韓国軍隊を解散)	
	8	義兵運動が本格化 4	
1908	12	東洋拓殖会社(東拓)設立	
1909 (明治42)	7	韓国併合を閣議決定	
	10	伊藤博文暗殺事件(安重根がハルビン駅頭で殺害) 5	
1910 (明治43)	8	韓国併合(韓国併合条約調印) 6 。大韓帝国(韓国)を朝鮮と改称	
	9	土地調査事業の開始(〜18) 7	
	10	朝鮮総督府の設置(初代朝鮮総督は寺内正毅)	
1911	4	土地収用令制定。8 朝鮮教育令(同化教育の推進)公布	
1919	3	三・一独立運動(パゴダ公園で独立宣言)	
1923	9	関東大震災(関東全域で「朝鮮人狩り」)	
1925 (大正14)	4	治安維持法を朝鮮・台湾・樺太に公布,5 施行 朝鮮神宮の創建	

第1次桂内閣 / 第1次西園寺 / 第2次桂内閣

2 統監府の設置 →p.244 4-1

▶統監府 1905年,第2次日韓協約に基づき,漢城に統監府がおかれた。初代統監は伊藤博文で,韓国の外交権を掌握し,内政にも関与した。統監府のおかれた南山中腹の倭城台は1592年の文禄の役で増田長盛が陣をはったところ。

▶伊藤博文の鵺亀(『東京パック』1908年11月1日号) 甲羅に「統監政治」と刻まれた伊藤の鵺亀(妖怪の亀)が,前足で「イロハニホヘト」と日本語を読む韓国皇太子をかかえ,尻尾の蛇が韓国民衆に噛みついている。第3次日韓協約により内政権まで手中におさめられた状況を風刺している。

📷詳しくみてみよう!
伊藤博文の鵺亀

3 ハーグ密使事件

▶韓国王族たち 1907年のハーグ密使事件により,韓国初代皇帝高宗(右から2人目)は退位させられ,純宗(高宗の左)が即位した。

4 義兵運動

▶抗日運動に決起した義兵たち 独立を訴える義兵運動に,第3次日韓協約により解散させられた韓国軍隊の兵士が加わり,1908年頃に運動はピークに達した。しかし,日本軍の近代兵器と焦土戦術により,09年までにほとんどが鎮圧された。

5 伊藤博文の暗殺 →p.244 4-2

▶安重根(1879〜1910) シベリア鉄道と満鉄の接点であるハルビン駅に1909年10月,下車した伊藤博文は,韓国の独立運動家安重根に殺された。翌年,安は旅順監獄で死刑となった。伊藤は,露蔵相との交渉で渡満し,列車内で会談を終えた直後であった。

遭難地点

△伊藤博文遭難当時のハルビン駅

6 韓国併合 →p.244 4-3 4-4

△韓国併合に対する風刺画(『東京パック』1910年4月15日号) 説明文に「届出さへすれば事は足る 日本と韓国とは内縁の夫婦故 合邦は一片の婚姻届さへすれば天で事が足りるのだ」とある。併合は度重なる日韓協約による植民地化の最後の儀式であるという意味。

景福宮の光化門 / 旧朝鮮総督府

△朝鮮総督府 1910年,韓国併合後の朝鮮統治のため,京城(漢城を改称,現在のソウル)に設立され,天皇に直属して,軍事・行政を統轄した。初代朝鮮総督は,陸軍大将寺内正毅。総督府の建物は,1926年,監視目的も踏まえ,韓国皇帝のいる景福宮の隣に移された。1996年取壊し完了。

		1907	1908	1909	1910	計
衝突回数(回)		323	1451	898	147	2819
衝突義兵数(人)		4万4116	6万9832	2万5763	1892	14万1603
義兵側損害	死亡(人)	3627	1万1562	2374	125	1万7688
	負傷(人)	1592	1719	453	54	3818
	捕虜(人)	139	1417	329	48	1933
	捕獲銃(丁)	1235	5081	1329	116	7761
日本側損害	戦死(人)	29	75	25	4	133
	戦傷(人)	63	170	30	6	269

(海野福寿『韓国併合』による)

7 土地調査事業

(日本人地主所有地) 10万町 20万町

1909	692人	5万2436町	所有地の約80%が田畑 1人平均32町所有
1910	2254	8万6952	
1911	3839	12万6146	土地収用令
1912	4938	13万0800	土地調査令
1913	5916	18万4245	
1914	6049	19万7934	
1915	6969	20万5538	

(日本人地主数) 1万人

(三和良一『近現代日本経済史要覧』による)

▶解説 朝鮮総督府に臨時土地調査局を設け,土地所有権とその価格を確定するため,土地調査事業に着手。1911年の朝鮮土地収用令,12年の土地調査令で本格化した。

第4部 近代・現代

Answer 1907年の第3次日韓協約で解散となった韓国軍が義兵運動に加わったため。翌年運動はピークに達したが,義兵側の損害は甚大だった(p.243 4)。

1 近代日朝関係年表

1873 (明治6)	8	西郷隆盛, 朝鮮派遣内定
	10	征韓論争(西郷の朝鮮派遣中止) 明治六年の政変(征韓派の下野)
1875	9	江華島事件
1876	2	日朝修好条規(江華条約)
1880		日本公使館設置(漢城)
1882 (明治15)	7	壬午軍乱(大院君のクーデタ)
	8	済物浦条約
1884	12	甲申事変(金玉均ら独立党のクーデタ)
1885 (明治18)	1	漢城条約, 福沢諭吉「脱亜論」を発表
	4	天津条約(日清関係の打開)
	11	大阪事件
1889	10	朝鮮, 防穀令を発令(1890年にも発令)
1894 (明治27)	3	金玉均暗殺(上海)
	3	甲午農民戦争(東学の乱) 2-②
	8	日清戦争(〜95)
1895 (明治28)	4	下関条約(清国が朝鮮の独立を承認), 三国干渉
	10	閔妃殺害事件(三浦梧楼) 3-①
1896	6	山県・ロバノフ協定(朝鮮の財政改革援助に関わる日露協定)
1897	10	朝鮮, 国号を大韓帝国(韓国)と改称(高宗は皇帝を名乗る)
1898	4	西・ローゼン協定(韓国の独立と内政不干渉に対する日露協定)
1902	1	第1次日英同盟協約(韓国における利益の相互尊重)
1904 (明治37)	2	日露戦争勃発(〜05), 日韓議定書
	8	第1次日韓協約(日本政府推薦の財政・外交顧問の任用❶)
1905 (明治38)	7	桂・タフト協定(米が日本の韓国保護国化を承認)
	8	第2次日英同盟協約(英が日本の韓国保護国化を承認)
	9	ポーツマス条約(露が日本の韓国への指導・監督権を承認)
	11	第2次日韓協約(韓国の外交権を接収して保護国化)❷
	12	統監府の設置(初代統監: 伊藤博文) 4-①
1907 (明治40)	7	ハーグ密使事件(高宗の退位), 第3次日韓協約(韓国の内政権も掌握, 韓国軍隊の解散)❸, 第1次日露協約(露が日本の韓国保護国化を承認)。 8 義兵運動の本格化
1908	12	東洋拓殖会社の設立
1909	10	伊藤博文暗殺事件(ハルビン駅, 安重根) 4-②
1910 (明治43)	8	韓国併合条約(韓国併合による植民地化)❹, 韓国を朝鮮と改称
	9	土地調査事業の開始(〜18, 土地所有権の確定, 地税の確保)
	10	朝鮮総督府の設置(初代朝鮮総督: 寺内正毅)
1911 (明治44)	4	土地収用令
	8	朝鮮教育令(同化教育の推進)
1919	3	高宗死去, 三・一独立運動

▲江華島の城門 江華島は朝鮮の首都漢城近くの漢江河口にある。江華島事件以前, 仏・米が開国を迫ったときも戦場となった。

2 朝鮮問題
2-① 朝鮮における政権の動き

閔氏政権(開国, 親日派)の成立
1882.7 **壬午軍乱**
大院君派(攘夷, 親清派)によるクーデタ→鎮圧→閔氏政権成立
1882.8 済物浦条約

閔氏政権(事大党)の変容(親清派へ)
1884.12 **甲申事変**
独立党(金玉均ら, 親日派)によるクーデタ→閔氏政権は親清派へ
1885.1 漢城条約

日清関係悪化の打開
1885.4 **天津条約**(伊藤博文と李鴻章)
①日清両国軍の朝鮮撤兵 ②日清両国軍事顧問派遣中止 ③出兵時の相互通告

朝鮮の内政改革をめぐる日清の対立
1885.11 大阪事件(大井憲太郎)
1889.10 **防穀令発令**(防穀令事件〈〜1893〉)
日本が朝鮮に賠償を求めて紛糾
1894.3 **甲午農民戦争**(東学の乱)
日清両国の出兵(清国は朝鮮への宗主権を主張し, 日本と対立)

親露政権の成立
1894.8 日清戦争勃発(〜95)
1895.4 **下関条約**(清国は朝鮮の独立を認可)→閔妃による親露派政権の成立
1895.10 **閔妃殺害事件**(閔妃の反日内閣を倒し, 大院君による親日内閣結成)
1896.2 高宗による親露政権の樹立

4 日露戦争後の日韓関係
4-① 統監府と伊藤博文 → p.243 2

▶伊藤博文と韓国皇太子 第3次日韓協約後, 伊藤は韓国皇太子(李王世子)に日本の教育をうけさせるため, 東京に連れてきた。写真は統監服の伊藤と和服を着た皇太子。

2-② 甲午農民戦争 → p.237 4

▲東学 東学はカトリックを西学とよぶのに対するもので, 崔済愚が創始。西洋の脅威や平等思想を説いて, 貧しい人たちからの支援を得た。幹部の全琫準らが農民たちを率いて**甲午農民戦争**(1894年は甲午の年)をおこした。

3 日清戦争後の朝鮮
3-① 閔妃殺害事件

◀三浦梧楼(1846〜1926) 朝鮮皇帝高宗の妃である閔妃が親露反日政策へ転換していったため, 駐朝公使の三浦梧楼は公使館守備隊を指揮して閔妃を殺害した。

3-② 大韓帝国の成立 → p.240 3-①

◀高宗 12歳で朝鮮王朝第26代王となるが, 父大院君と王妃の閔妃の政権争いで苦しんだ。1897年に国号を大韓帝国と改称して初代皇帝と名乗り, 清の宗主権も否定した。

4-② 抗日運動 → p.243 5

◀伊藤の国葬 1909年, 東京日比谷公園で伊藤博文の国葬がおこなわれた。殺害時, 伊藤は統監を辞任し枢密院議長であった。

4-③ 日韓協約と韓国併合条約 → p.243 6

併合に関する条約
第二条 日本国皇帝陛下ハ前条ニ掲ケタル譲与ヲ受諾シ且全然韓国ヲ日本帝国ニ併合スルコトヲ承諾ス (『日本外交文書』)
第一条 韓国皇帝陛下ハ韓国全部ニ関スル一切ノ統治権ヲ完全且永久ニ日本国皇帝陛下ニ譲与ス

第3次日韓協約
第二条 韓国政府ノ法令ノ制定及重要ナル行政上ノ処分ハ予メ統監ノ承認ヲ経ルコト
第一条 韓国政府ハ施政改善ニ関シ統監ノ指導ヲ受クルコト (『日本外交文書』)

第2次日韓協約
第三条 日本国政府ハ, 其代表者トシテ韓国皇帝陛下ノ闕下ニ一名ノ統監(レヂデントゼネラル)ヲ置ク, 統監ハ専ラ外交ニ関スル事項ヲ管理スル為京城ニ駐在シ親シク韓国皇帝陛下ニ内謁スルノ権利ヲ有ス……
第二条 日本国政府ハ, 在東京外務省ニ依リ今後韓国ノ外国ニ対スル関係及事務ヲ監理指揮スヘク, 日本国ノ外交代表者及領事ハ外国ニ於ケル韓国ノ臣民及利益ヲ保護スヘシ
第一条 日本国政府ハ, (『日本外交文書』)

第1次日韓協約
一 韓国政府ハ日本政府ノ推薦スル日本人一名ヲ財務顧問トシテ韓国政府ニ傭聘シ, 財務ニ関スル事項ハ総テ其意見ヲ詢ヒ施行スヘシ
二 韓国政府ハ日本政府ノ推薦スル外国人一名ヲ外交顧問トシテ外部ニ傭聘シ, 外交ニ関スル要務ハ総テ其意見ヲ詢ヒ施行スヘシ (『日本外交文書』)

4-④ 韓国併合

▲「はじめての天長節」(『大阪朝日新聞』1910年11月3日) 韓国併合後, 最初の天皇誕生日に, 朝鮮で日章旗があがっている様子が描かれている。

韓国の全統治権の日本への譲渡(韓国併合)	内政権の掌握(韓国軍隊の解散)	・日本は外交権を接収して保護国化(条約締結権などを持たない半主権国) ・統監府の設置	日本政府推薦の財政顧問と外交顧問の任用
❹ 1910.8 調印	❸ 1907.7 調印	❷ 1905.11 調印	❶ 1904.8 調印

Question p.245 1-④などを参考に, 満洲支配の中核的な存在であった南満洲鉄道株式会社(満鉄)は, どのような会社であったか答えよう。

1 日本の満洲への進出

1-① 満洲進出関係年表

年	月	事項
1905（明治38）	9	ポーツマス条約 旅順・大連を含む遼東半島の租借 長春以南の鉄道と付属利権の譲渡 撫順炭鉱など獲得→清国承認（北京条約，桂・ハリマン協定）
1906（明治39）	8	関東都督府設置 関東州の管轄と満鉄の保護・監督 初代関東都督：大島義昌陸軍大将
	11	南満洲鉄道株式会社設立（1907年開業） 半官半民の国策会社で，鉄道や撫順炭鉱の経営をおこなう 初代総裁：後藤新平
1907（明治40）	7	第1次日露協約（日本の南満洲と露の北満洲の勢力範囲を確認）
1909（明治42）	12	米，満洲鉄道中立化提案 門戸開放を唱える米が満鉄の国際財団による運営を提案→日・露・英・仏が拒否
1910（明治43）	7	第2次日露協約（満洲の現状維持と両国の鉄道権益確保）
1912	7	第3次日露協約（内蒙古の勢力範囲の確認）
1916	7	第4次日露協約（第三国の中国支配阻止）
1919（大正8）	4	関東庁設置（旅順，関東州の行政を担当） 関東軍設置（旅順，関東州と満鉄の警備）

2 日露関係年表

年	月	事項
1904	2	日露戦争勃発（〜05）
1905	9	ポーツマス条約（日露講和条約）
1907（明治40）	7	第1次日露協約（日露における南・北満洲の勢力範囲，日本の韓国保護国化と露の外蒙古に関する特殊権益を相互承認）
1910（明治43）	7	第2次日露協約（満洲の現状維持と両国の鉄道権益確保協力確認）
1912（大正元）	7	第3次日露協約（日露による東西内蒙古の勢力範囲分割を確認）
1916（大正5）	7	第4次日露協約（中国の第三国による支配の防止と日露の軍事同盟化を約束）
1917（大正6）		ロシア革命（日露協約の廃棄→親露外交の転換）

1-② 関東州支配の変遷

1905.9〜	1906.8〜	1919.4〜34	1919.4〜
関東総督府 （遼陽→旅順）	関東都督府 （旅順）	関東庁 （旅順）	関東軍 （司令部：旅順）
関東総督	関東都督	関東長官	関東軍司令官
内容 ・遼東半島における諸部隊の統轄 ・関東州および満洲鉄道沿線の守備 ・民政署・軍政署・軍務署の管轄	内容 ・民政部（外務大臣の監督）一般行政・司法行政の政務を統轄 ・陸軍部駐留の諸部隊を統轄し，陸軍一般事務を分掌 ・満鉄業務を統轄（南満洲鉄道株式会社）	内容 ・関東州を管轄し，南満洲の鉄道線路の警務上の取締りをおこなう ・満鉄業務を監督 ・「官房」「民政部」「外事部」を設置 ・関東軍への出兵請求権を持つ	内容 ・陸軍諸部隊を統率 ・関東州の防備 ・南満洲の鉄道線路の保護

1-③ 関東州

下関条約での割譲地（1895）

1906〜19 関東都督府
1919〜34 関東庁

解説 関東州の関東とは，もともと万里の長城の東端から東の地方である「満洲」をさしていた。日本は，ロシアが遼東半島の一部をさす名称として用いていたのにならい，遼東半島南部を関東州とよんだ。

3 日英関係年表

年	月	事項
1902（明治35）	1	日英同盟協約（日英同盟の成立，清国・韓国における利益の相互尊重，締約国の一方が他国と交戦した場合は中立，2国以上のときは参戦）
1905（明治38）	8	第2次日英同盟協約（日本の韓国保護権の承認，軍事同盟を強化）
1911（明治44）	7	第3次日英同盟協約（独の進出に対応。英・米接近により米を対象から除外）
1914（大正3）	8	日本，第一次世界大戦参戦（日英同盟が根拠）
1921（大正10）	12	四カ国条約（日英同盟の廃棄決定）
1923（大正12）	8	日英同盟廃棄

1-④ 満鉄設立当初の鉄道網（1906年）

凡例
― 南満洲鉄道
― ロシアの鉄道
― 清国の鉄道
― 日本敷設の鉄道

南満洲鉄道株式会社 約625kmにおよぶ鉄道と撫順炭鉱や鞍山製鉄所など，付属地の経営も握る国策会社。本社は大連にあり，初代総裁は後藤新平。

4 日米関係年表

年	月	事項
1905（明治38）	5	サンフランシスコ市で日本人排斥大会開催
	7	桂・タフト協定（日本の韓国指導権と米のフィリピン統治を相互承認）
	9	ポーツマス条約調印（米大統領セオドア＝ローズヴェルトの斡旋）
	10	桂・ハリマン協定（米の鉄道王ハリマンによる満鉄共同経営を桂首相が内約）。小村外相の反対
1906（明治39）	10	日本人学童の入学拒否事件（サンフランシスコ）。日本人移民排斥運動の激化
	11	カリフォルニア州議会，日本人学童の転学・隔離案を可決
1908（明治41）	2	日米紳士協約（米向労働者移民禁止）
		高平・ルート協定（中国の領土保全・機会均等を確認）
1909（明治42）	12	米，南満洲鉄道中立化提案（米国務長官ノックスが7カ国に提案→4カ国が拒否）

第④部 近代・現代

5 中華民国の成立 →p.246 6

解説 1895年 日本に亡命した孫文は清国内で何度か蜂起をくわだてるが，失敗。1905年，東京で中国同盟会を結成して，三民主義を提唱し，四大綱領を採択した。1911年辛亥革命により中華民国臨時大総統に就任したが，その後，袁世凱に政権を追われ，13年ふたたび日本に亡命し，中国国民党の前身となる中華革命党を結成した。日本の友人も多く，大隈重信や犬養毅らの政治家をはじめ，右翼・実業家・軍人と幅広い友好関係をもっていた。

孫文（1866〜1925）

華中・華南の秘密結社

1894・孫文	1903・黄興	1904・蔡元培
興中会	華興会	光復会
ハワイ	湖南	浙江

1905 中国同盟会（東京）

三民主義
- 民族主義（民族の独立）
- 民権主義（民権の伸長）
- 民生主義（民生の安定）

四大綱領
- 駆除韃虜（満洲人である清朝の打倒）
- 恢復中華（漢人による中華の再興）
- 創立民国（中華民国の建国）
- 平均地権（土地所有権の平均化）

機関紙
- 『民報』

第2次日英同盟記念の絵葉書 1905年8月に改定された第2次日英同盟協約により，日本の韓国保護権はイギリスにより承認された。図は新同盟協約を祝った記念の絵葉書。

移 民

明治政府は当初，海外移住を厳しく制限した。そのため，本格的な移民は，1885年のハワイへの甘蔗耕地・製糖工場での労働者としての移民からとなる。1891年に最初の移民会社が設立されると，鉱山・農業労働を主とするアメリカへの移民が増加した。しかし，1906年からカリフォルニアを中心に日本人移民排斥運動が深刻化したため渡航は制限され，1913年の排日土地法や24年の排日移民法により，アメリカ移民は終了した。このほか，中国・東南アジアへの移民は，第一次世界大戦を機に数も飛躍的に増加し，昭和に入ると，ソテツ地獄（ソテツしか食べるものがない状況）から抜け出そうと沖縄からブラジルへの移民が急増した。

南米移民をよびかけるポスター

1 近代日中関係略年表

1840	6 アヘン戦争(〜42)
1842	8 南京条約(5港開港, 香港島の割譲)
1856 (安政3)	10 アロー号事件
	第2次アヘン戦争(〜60)
1858	6 天津条約
1860 (万延元)	10~11 北京条約
	太平天国の乱を鎮圧→洋務運動の推進
1871 (明治4)	7 日清修好条規調印(最初の対等条約,〈日〉伊達宗城,〈清〉李鴻章) **2**
	11 琉球漂流民殺害事件
1873	4 日清修好条規批准書交換
1874	5 台湾出兵(英の調停で, 清国が賠償金を支払う)
1879	4 琉球処分→沖縄分島案の提示(清国は3分案を提示)
1880 (明治13)	10 沖縄分島案(グラント案)で日清合意→清国が調印を回避し, 廃案
1882 (明治15)	7 壬午軍乱(大院君派軍隊反乱, 清国が朝鮮に出兵して鎮静化)→閔氏政権は親日派から親清派へ
1884 (明治17)	6 清仏戦争(〜85)
	12 甲申事変(金玉均らによる政変, 日清関係の悪化)
1885 (明治18)	4 天津条約(〈日〉伊藤博文,〈清〉李鴻章)
1894 (明治27)	3 甲午農民戦争(朝鮮政府は鎮圧できず, 日清両国が出兵)
	日清戦争(〜95) **3**
	7 豊島沖海戦　8 清に宣戦布告
	9 平壌の戦い, 黄海海戦
	11 旅順・大連占領。孫文, ハワイで興中会を組織
1895 (明治28)	2 威海衛占領
	4 下関条約調印(〈日〉伊藤博文・陸奥宗光〈清〉李鴻章, 遼東半島・台湾などの割譲)
	三国干渉(遼東半島の返還)
1896	7 日清通商航海条約調印
1898 (明治31)	9 戊戌の政変(保守派によるクーデタ)→西太后政権の復活 **4-②**
	中国進出(〜09)の進行 **4-①**
1900 (明治33)	2 義和団戦争広がる(「扶清滅洋」)→6 北清事変(清国が列国に宣戦布告)→8カ国連合軍により鎮圧
1901	9 北京議定書調印(辛丑和約, 巨額の賠償金)

5 中華民国関係年表

1894	11 孫文, 興中会を組織(ハワイ)
1905	8 孫文らが, 中国同盟会を結成(東京) **1**
1911	10 武昌新軍の蜂起(辛亥革命開始) **2**
1912 (大正元)	1 中華民国臨時政府成立(南京, 臨時大総統に孫文が就任) **3**
	2 袁世凱, 宣統帝溥儀を退位させ, 清朝崩壊 **4**
	3 袁が臨時大総統に就任(北京)
1913	10 袁, 正式に大総統に就任
1915 (大正4)	5 袁, 二十一カ条の要求を承認
	12 帝政の復活(袁が皇帝に就任)
1916	3 帝政復活取消し(以後, 軍閥混戦状態)
1919	10 孫文, 中国国民党結成(中華民国党改組)
1928 (昭和3)	6 張作霖爆殺事件(満洲某重大事件)
	12 易幟(張学良, 満洲全土で五色旗にかえて国民党の青天白日旗を掲げる)

2 日清修好条規

▲日清修好条規原本署名

解説 1871年, 日清修好条規は日本全権伊達宗城と清国全権李鴻章の間で, 清国天津で調印された(批准書交換は73年4月)。領事の駐在や領事裁判権を相互に認めた日清間の対等条約であった。しかし, 朝鮮の宗主国である清国と対等条約を結んだことは, 朝鮮に対し優位に立つことになった。また, 1870年代から, 清国の外交・軍事・経済の中心として洋務運動(西洋技術の導入による富国強兵運動)を推進した李鴻章は, 日本に対し協調路線をとり, 壬午・甲申事変の際も日清間の衝突の回避につとめた。下関条約の全権としても有名。

4-② 清国内の国政改革

▲康有為　　　　▲西太后
(1858〜1927)　(1835〜1908)

解説 19世紀末, 日清戦争に敗れて洋務運動からの転換を迫られた清国は, 康有為らを中心に明治維新を範に議会政治を基本とする立憲君主制をめざす変法運動を展開した。しかし, 西太后によって変法運動は弾圧され, 義和団戦争を招くこととなった。

6 辛亥革命(1911年)→p.245 **5**

④1912年2月
宣統帝溥儀が退位, 清朝崩壊。3月, 袁世凱が臨時大総統に

外蒙古
内蒙古
張作霖
奉天
朝鮮 1910(日)
東京
関東州 1905(日)
北京
袁世凱
①1905年8月
孫文らが中国同盟会を結成

成都・重慶
漢口　南京
漢陽　安慶
武昌
醴陵　萍郷
広州　潮州
恵州
台湾 1895(日)
フランス領インドシナ連邦

②1911年10月10日
武昌新軍の蜂起
辛亥革命開始

③1912年1月
中華民国臨時政府成立。孫文が臨時大総統に

独立の動きがあった省
　10月中
　11月中　人名 おもな軍閥

3 日清戦争→p.237 **5**

◁広島大本営に着いた明治天皇(楊斎延一『広島県御安着之図』) 1894年8月, 日本は清国に宣戦布告し, 日清戦争が開始された。翌9月, 戦時の最高統帥機関である大本営が広島におかれ, 天皇も到着, そのため10月の第七議会は広島でおこなわれた(東京以外での実施はこの時のみ)。

4 列強の中国進出 4-① 中国進出→p.240 **1-②**

◁中国進出 欧米列強は, 日清戦争に敗北し, 「眠れる獅子」とよばれた清国に対して, 要地・要港の租借や鉄道敷設権を獲得した。左から, ヴィルヘルム2世(独), ルーベ大統領(仏), ニコライ2世(露), 明治天皇(日), セオドア=ローズヴェルト(米), エドワード7世(英)が, 中国というケーキを分けあっている。

4-③ 日本の列強入り→p.240 **2**

▲列強クラブの新入り(ビゴー『一八九七年の日本』1897年)

解説 1899〜1900年にかけて, 列強の中国進出に反対して宗教結社義和団が乱をおこすと, 乱を鎮圧するために英・米・日・仏・露・独・伊・オーストリアの8カ国の連合軍が出兵した(北清事変)。清国も義和団と同調したが, 鎮圧され謝罪した。ビゴーの風刺画は, 北清事変への共同出兵により, 日本が欧米列強と肩を並べる帝国へと成長するであろうことをあらわしている。椅子にすわる6人は, 共同出兵した日本とイギリスを除く6カ国をあらわしている。扉を開く日本人は下駄履きで, その横に列強クラブ入りを紹介したイギリス人がみえる。

▲宣統帝溥儀　　▲袁世凱
(1906〜67)　　(1859〜1916)

◁解説 三民主義(民族・民権・民生主義)を主張する孫文は, 1905年東京で中国同盟会を組織。1911年10月10日, 中国同盟会の影響下にあった武昌新軍が蜂起し, 翌年2月清朝を崩壊させた(辛亥革命)。1908年, 3歳で清朝皇帝に即位していた溥儀は在位4年で退位。1912年, 中華民国が南京に成立し, 孫文が臨時大総統に就任した。その後, すぐに臨時大総統に就任した袁世凱は北方軍閥と連携して大総統に就任し, 専制支配を確立した。

Question p.246 **4-③** の風刺画で, イギリスはなぜ日本を紹介する役を担っているか考えてみよう。

1 桂園時代

第1次桂太郎内閣 1901.6〜1906.1	1902. 1	第1次日英同盟協約(日英同盟の成立)
	1903. 8	対露同志会結成(頭山満)
	11	平民社結成(幸徳秋水・堺利彦)
	1904. 2	仁川上陸。日露戦争勃発
	8	第1次韓協約
	1905. 7	桂・タフト協定
	8	第2次日英同盟協約
	9	ポーツマス条約。日比谷焼打ち事件
	11	第2次日韓協約
第1次西園寺公望内閣 1906.1〜1908.7 (与党)立憲政友会	1906. 1	日本社会党結成(堺利彦・片山潜)
	2	統監府開庁(初代統監は伊藤博文)
	3	鉄道国有法公布
	8	関東都督府の設置
	11	南満洲鉄道株式会社(満鉄)設立
	1907. 1	明治40年恐慌
	4	帝国国防方針を決議
	7	第2次日露協約。第1次日露協約
第2次桂太郎内閣 1908.7〜1911.8	1908.10	戊申詔書発布 3
	1909. 1	内務省,地方改良運動を推進 5
	10	伊藤博文暗殺事件(前統監伊藤博文,ハルビン駅頭で安重根に暗殺される)
	1910. 3	立憲国民党結成
	5	大逆事件(6 幸徳秋水の逮捕)
	7	第2次日露協約
	8	韓国併合条約(韓国併合)。韓国を朝鮮と改称
	10	朝鮮総督府設置(初代朝鮮総督は寺内正毅)
	11	帝国在郷軍人会の設立 4
	1911. 2	日米通商航海条約調印(関税自主権回復)
	8	工場法公布(16.9 施行)
第2次西園寺公望内閣 1911.8〜1912.12 (与党)立憲政友会	1912. 7	第3次日露協約。明治天皇没(大正に改元)
	8	友愛会結成(鈴木文治)。内大臣兼侍従長に桂太郎を任命
	11	陸軍2個師団増設案を閣議で否決
	12	上原勇作陸相,帷幄上奏権を使い,単独で天皇に辞表提出。内閣総辞職
第3次桂太郎内閣 1912.12〜1913.2	12	第1次護憲運動の展開(「憲政擁護・閥族打破」)
	1913. 2	内閣不信任案が提出されるなか,内閣は53日で退陣

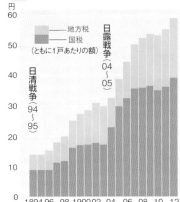

△ああ増税 第1次桂内閣は,日露戦争の戦費捻出のため,非常特別税法などの新設税のほか,数多くの増税をおこなった。そのため左のグラフのように,一戸当たりの税負担は非常に重いものとなった。図は,ムチをふるう桂と重い負担(税)を背負った民衆を描いた風刺画。

2 日露戦争のための増税

地方税 国税(ともに1戸あたりの額)
日清戦争(94〜95) 日露戦争(04〜05)
(東洋経済新報社『明治大正財政評覧』による)

3 戊申詔書(1908年)

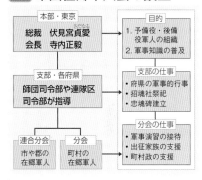

△戊申詔書 1908年発布。日露戦争後の個人主義・享楽的風潮をいましめ,勤倹貯蓄・産業奨励を求める国民の心構えを諭した詔書。

4 帝国在郷軍人会の設立(1910年)

本部・東京		
総裁 伏見宮貞愛 会長 寺内正毅	→	目的 1. 予備役・後備役軍人の組織 2. 軍事知識の普及
支部・各府県 師団司令部や連隊区司令部が指導	→	支部の仕事 ・府県の軍事的行事 ・招魂社祭祀 ・忠魂碑建立
連合分会 分会 市や郡の在郷軍人 町村の在郷軍人	→	分会の仕事 ・軍事演習の接待 ・出征家族の支援 ・町村政の支援

▲解説 戦時に対応できる予備軍人の育成を目的とし,軍国主義の普及につとめた。小学校教員は1913(大正2)年の規約改正で正会員,1914年から海軍も参加,1915年には市町村青年会も在郷軍人分会に自動的に加入。

5 地方改良運動

誌雑関機会年方地 民良 発武警察試験 東京 社民良

△源村の貯蓄運動(左)と『良民』(右) 第2次桂内閣は,戊申詔書発布の翌日の地方官会議(1908.10.14)で地方改良運動の精神の徹底を求め,推進させた。1905年に内務省から模範村の指定をうけていた千葉県山武郡源村では全村あげての貯蓄運動を展開した。また広島県沼隈郡立実習補習学校の校長山本瀧之助が編集した『良民』(挿絵は竹久夢二)は,地方改良運動の推進者である農村青年向けに刊行された。

6 社会主義政党の結成

6-① 社会主義政党関連年表

1898.10	社会主義研究会	(安部磯雄・村井知至・片山潜ら) 最初の社会主義研究団体
1900.1	社会主義協会	(幸徳秋水・安部・片山ら) 社会主義研究会を社会主義団体として改組
1901.5	社会民主党	(幸徳・片山・安部・木下尚江ら6人) 最初の社会主義政党。治安警察法により,結成直後に禁止
1903.11	平民社	(幸徳・堺利彦ら) 『平民新聞』の発行 1904.11 禁止
1905.10	解散(1907.1 再興されたが,07.4 禁止)	
1906.1	日本社会党	(堺・西川光二郎・幸徳・片山ら) 政府公認の最初の社会主義政党 1907.2 片山らの議会政策派と幸徳らの直接行動派が対立。 1907.2 禁止
1920.12	日本社会主義同盟	(山川均・堺) 1921.5 禁止

6-② 社会民主党

河上清 木下尚江 西川光二郎 安部磯雄 片山潜 幸徳秋水

△社会民主党結成時の党員 社会主義協会の中心メンバーであった6人が,1901年に結党した。しかし,前年に制定された治安警察法により,結党の2日後に結社禁止を命じられた。

6-③ 平民社

▷平民社社屋前の社員 1903年,平民社が結成され,週刊の『平民新聞』を発行した。後列右端が木下尚江,左から2人目が堺利彦。

△桂と西園寺 写真は,1912年7月6日,後藤新平をともない欧州視察に出かける桂太郎を,西園寺公望が見送りのため新橋停車場にきたところ。

桂太郎 後藤新平 西園寺公望

第4部 近代・現代

第4部 近代・現代

1 大正政変から第2次大隈重信内閣へ

年		月	事項
第2次西園寺公望内閣 1911.8～1912.12	1911 (明治44)	8	第2次西園寺公望内閣成立 →与党：立憲政友会
		10	辛亥革命がおこり，清が滅亡
	1912 (明治45)	1	孫文，中華民国を建国 →臨時大総統には袁世凱が就任
		7	明治天皇没 大正天皇即位
		11	2個師団増設問題おこる
		12	陸軍大臣上原勇作が帷幄上奏権 により，天皇に単独辞表提出 →第2次西園寺公望内閣，総辞職
第3次桂太郎内閣 1912.12～1913.2	1912 (大正元)	12	桂太郎，組閣（第3次桂太郎内閣） 内大臣で侍従長でもある桂太郎の組閣は，「宮中・府中の別」を乱す，との批判がおこる 2
	1913 (大正2)	2	第3次桂太郎 内閣総辞職（大正政変）
第1次山本権兵衛内閣 1913.2～1914.4	1913	2	山本権兵衛組閣→与党：立憲政友会
		6	軍部大臣現役武官制を改正 予備役・後備役の将官まで可能に
		8	文官任用令の再改正 政党員にも高級官僚の任用を可能に
	1914 (大正3)	1	シーメンス事件おこる 3 海軍の汚職事件←野党・民衆が政府に対し抗議
		3	山本権兵衛内閣，退陣
第2次大隈重信内閣 1914.4～1916.10	1914	4	大隈重信内閣（第2次）成立→与党：立憲同志会 4
		6	サライェヴォ事件おこる
		7	第一次世界大戦が勃発
	1915 (大正4)	3	総選挙で，立憲同志会が圧勝
		6	2個師団増設が決定

【立憲同志会 ←→ 【第1次護憲運動】
護憲運動に対抗　スローガン：「憲政擁護・閥族打破」
立憲国民党：犬養毅
立憲政友会：尾崎行雄
尾崎行雄の反政府演説がおこなわれる

△大正天皇（1879～1926）

△軍備拡大の風刺画
（『東京パック』1912年7月）緊縮財政をおこなおうとしている西園寺の畑へ陸軍が2個師団増設を要求して踏みこんできた風刺画。

△上原勇作（1856～1933）

△立憲国民党の犬養毅（左）と立憲政友会の尾崎行雄（右）第1次護憲運動の先頭に立つ2人。

2 第1次護憲運動

△衆議院を包囲する民衆　桂が内大臣・侍従長から第3次桂内閣を組織したことに対して，立憲政友会の尾崎行雄，立憲国民党の犬養毅を中心に，全国の商業会議所の商工業者，一般民衆をも巻きこんで，第1次護憲運動が盛りあがった。

◁桂太郎を問いつめる尾崎行雄　衆議院における桂内閣不信任決議案の提案理由を述べる尾崎行雄。この時，桂太郎は顔面そう白になり，一瞬揺らいだといわれている。桂は西園寺公望に勅語を下すことで，内閣不信任案の撤回を画策したが，辞職に追い込まれた。

桂太郎　尾崎行雄

3 シーメンス事件

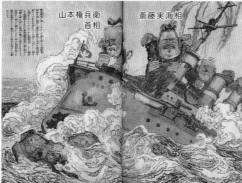
山本権兵衛首相　斎藤実海相

◁シーメンス事件の風刺画（『東京パック』1914年2月号）海軍高官が船舶無線電信所の設置に関連して，ドイツの電機会社シーメンス社から賄賂をもらったシーメンス事件。翌月，軍艦「金剛」建造の発注に対して，イギリスの造船会社ヴィッカース社から賄賂をとったヴィッカース事件が発覚した。この2つの事件で暗礁に乗りあげて，今にも沈没しそうになっている山本内閣（海相・斎藤実）を風刺したものである。

▷山本権兵衛（1852～1933）薩摩出身の海軍軍人として長く海相をつとめた海軍の重鎮である。

4 大隈重信内閣の選挙運動

◁列車の展望車に立ち，選挙演説をする大隈重信
大隈は「民衆政治家」のイメージをつくりあげるため，1915年3月の第12回総選挙では，レコードに演説を吹きこみ，列車の展望車から各駅ごとに応援演説をおこなう戦術に出て，立憲政友会に勝利した。

5 大正デモクラシー期の憲法理論

△上杉慎吉（1878～1929）
天皇主権を主張するだけでなく，東大の新人会に対抗して興国同志会・七生社を育成するなど，保守主義者の中核であった。

△美濃部達吉（1873～1948）

△『憲法撮要』
美濃部達吉著　憲法撮要　全　東京書肆有斐閣

▲解説　美濃部達吉は，天皇は国家の最高機関として憲法に基づいて統治権を行使するという天皇機関説（国家法人説）を主張し，対して上杉慎吉は君権絶対主義の立場から天皇主権の絶対性を主張した「国体に関する異説」を発表した。

Question p.248 3のシーメンス事件の風刺画では，なぜ山本権兵衛首相と斎藤実海相が沈没しかかった軍艦に乗っているのだろうか，考えてみよう。

1 第一次世界大戦と日本

	年	月	出来事
第2次大隈重信内閣	1914（大正3）	6	サライェヴォ事件おこる
		7	第一次世界大戦が始まる
		8	日本が，ドイツに宣戦布告
		10	日本が，ドイツ領南洋諸島を占領
		11	日本が中国におけるドイツの根拠地，山東省青島を占領 **5-②**
	1915（大正4）	1	日本が袁世凱政府へ二十一カ条の要求
		4	ドイツ軍がはじめて毒ガス兵器を使用
		5	袁世凱政府が，日本の要求の大部分を承認（5月9日を国恥記念日とする）
	1916（大正5） 1914.4〜1916.10	7	第4次日露協約に調印
		9	イギリス軍が新兵器の戦車を投入 **4**
寺内正毅内閣 1916.10〜1918.9	1917（大正6）	1	ドイツが無制限潜水艦作戦を宣言 段祺瑞政権へ西原借款を始める
		2	日本艦隊がイギリスの要請で地中海へ出動
		3	ロシアで二月（三月）革命，ケレンスキー政権が成立
		4	アメリカがドイツに宣戦布告
		11	ロシアで十月（十一月）革命，ソヴィエト政権が成立。石井・ランシング協定を結ぶ
	1918（大正7）	1	アメリカ大統領ウィルソンが，「ウィルソンの14カ条」を発表
		8	日本がシベリア出兵を宣言（〜1922）
原敬内閣 1918.9〜1921.11		11	キール軍港事件おきる（ドイツ革命）ドイツが休戦協定に調印 第一次世界大戦の終結

2 第一次世界大戦前の国際関係

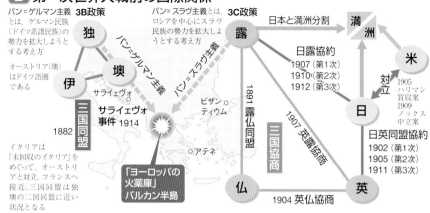

パン＝ゲルマン主義とは，ゲルマン民族（ドイツ系諸民族）の勢力を拡大しようとする考え方

3B政策

オーストリア（墺）はドイツ語圏である

パン＝スラヴ主義とは，ロシアを中心にスラヴ民族の勢力を拡大しようとする考え方

3C政策

独　墺　伊

パン＝ゲルマン主義

三国同盟 1882

イタリアは「未回収のイタリア」をめぐって，オーストリアと対立，フランスへ接近。三国同盟は独・墺の二国同盟に近い状況となる

サライェヴォ事件 1914

「ヨーロッパの火薬庫」バルカン半島

露　満洲　米　日　英　仏

日本と満洲分割

日露協約 1907（第1次）1910（第2次）1912（第3次）

対立 1905 ハリマン買収案 1909 ノックス中立案

日英同盟協約 1902（第1次）1905（第2次）1911（第3次）

1891 露仏同盟

1907 英露協商

三国協商

1904 英仏協商

ビザンティウム　アテネ

3 ドイツの3B政策とイギリスの3C政策

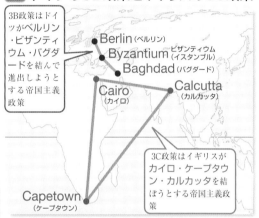

3B政策はドイツがベルリン・ビザンティウム・バグダードを結んで進出しようとする帝国主義政策

Berlin（ベルリン）
Byzantium（ビザンティウム／イスタンブル）
Baghdad（バグダード）
Cairo（カイロ）
Calcutta（カルカッタ）
Capetown（ケープタウン）

3C政策はイギリスがカイロ・ケープタウン・カルカッタを結ぼうとする帝国主義政策

5 日本の参戦と進出　5-① 日本の参戦

五・四運動
三・一運動
シベリア出兵（1918〜22）
日本軍の進路
旧ドイツ権益山東半島
旧ドイツ領南洋諸島
抗日運動

ハルビン　長春　ウラジヴォストーク　奉天　大連　旅順　北京　済南　朝鮮　京城　釜山　敦賀　東京　佐世保　長崎　中華民国　南京　上海

1919.5
1919.3

中国に二十一カ条の要求 1915.1

石井・ランシング協定 1917.11

1920 膠済鉄道下に入れる

青島占領 1914.11

1917.2 日本艦隊，地中海へ出動

マリアナ諸島　ウェーク島（アメリカ領）　フィリピン島（アメリカ領）　グアム島（アメリカ領）　南洋諸島 1914.10占領　マーシャル諸島　パラオ諸島　カロリン諸島（旧ドイツ領南洋諸島）

5-② 青島占領

天津　旅順　1906日本租借　大連　1898英租借　芝罘　威海衛（ウェイハイウェイ）1914.9.2 上陸　竜口（ロンコウ）　山東半島　中立地帯　済南　張店　潍県　高密　中立地帯　青島 1896独租借　1914.10.7　1914.9.21　1914.11.7占領　膠州湾　渤海　黄河　黄海　山東省

ドイツの勢力範囲
日本軍の進路

4 第一次世界大戦の新兵器

▶**戦車** キャタピラーで塹壕や鉄条網を乗りこえて，敵陣を突破する戦車。タンクともいう。

◀**軍用機** 第一次世界大戦直前にライト兄弟が発明した飛行機は，はじめは空中からの偵察がおもな任務だったが，すぐに爆撃や飛行機同士の空中戦に使用された。

▲**潜水艦** ドイツは，潜水艦を連合国の通商破壊に使用した。1915年イギリス客船ルシタニア号がドイツ潜水艦に撃沈され，アメリカ人乗客100人以上が犠牲になった事件は，ドイツとアメリカの関係を悪化させた。

▲**毒ガス** 毒ガスは，風上から敵陣に対して放出することで，塹壕に立てこもる兵士の皮膚や呼吸器・目などの粘膜に深い損傷を与えた。写真は，毒ガスで目が見えなくなったイギリス兵。

植民地放棄を主張したジャーナリスト

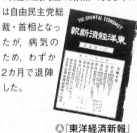

▲石橋湛山（1884〜1973）

『東洋経済新報』は，1895（明治28）年11月に渋沢栄一ら，財界人の援助を得て創刊された経済雑誌である。それ以来，第二次世界大戦中も，一貫して自由主義的な立場を貫いた。大正期には，日本の植民地放棄を提案し，その後も普通選挙の実施，シベリアからの撤兵を主張し，昭和初期の金解禁問題では新平価解禁論を展開した。その中心にいたのが石橋湛山である。戦後，第1次吉田茂内閣の蔵相，1956年には自由民主党総裁・首相となったが，病気のため，わずか2カ月で退陣した。

▲『東洋経済新報』

Answer 山本首相も斎藤海相も海軍の重鎮であるが，その海軍の汚職事件で山本内閣が退陣を迫られていることを表している。

1 日本の参戦と外交

| 1915.1 | 二十一カ条の要求 2 | 中華民国の袁世凱政府に対し、山東省のドイツ権益の継承、南満洲および東部内蒙古の権益延長などを要求。最後通牒を発し、4項16カ条を承認させる |

↓

| 1916.7 | 第4次日露協約調印 | 両国による満蒙独占の秘密協約で、第三国（アメリカを想定）による中国支配の防止のため、相互に援助することを定める。1917年、ロシア革命により消滅 |

↓

| 1917〜18 | 西原借款 3 | 袁世凱のあとを継いだ北京の段祺瑞政権に対して、寺内正毅内閣が西原亀三を通じて総額1億4500万円の借款を供与 |

↓

| 1917.2 | 日本艦隊を地中海に派遣 | イギリスの要請に応じて、9隻の艦隊を派遣（のちに増派）。マルタ島を基地として、ドイツの無制限潜水艦作戦から、連合国側の輸送船を護衛。戦死者59名 |

↓

| 1917.11 | 石井・ランシング協定成立 | 石井菊次郎特派大使とアメリカのランシング国務長官が交渉。日本はアメリカが主張する中国の領土保全・門戸開放の原則を確認し、アメリカは中国における日本の特殊権益を承認。九カ国条約により、1923年に廃棄 |

↓

| 1918.8〜1922 | シベリア出兵 5 | 社会主義を危険視する列国が、ロシア革命へ干渉。チェコスロヴァキア兵の救援を名目に、日・米・英・仏が共同出兵を提唱。日本は、東部シベリアを占領。大戦終了後、米・英・仏の列国は撤退したが、日本は1922年まで駐屯した。7万2000人を派遣した日本の戦費は約10億円、約3000人の死者と2万人以上の負傷者を出した |

尼港事件

黒竜江河口の要衝ニコラエフスク（尼港）に駐屯する日本軍守備隊と居留民が、4000人のパルチザン（労働者・農民のゲリラ部隊）と衝突した事件。1920年2月5日、日本軍守備隊は降伏したが、3月12日夜、日本側がパルチザン司令部を奇襲して反撃したが失敗し、700人が全滅。残った130人も投獄された。日本軍の救援部隊がくる前にパルチザン側は5月25日捕虜全員を殺害して撤退した。これを理由に日本は北樺太の保障占領をおこなった。

2 二十一カ条の要求

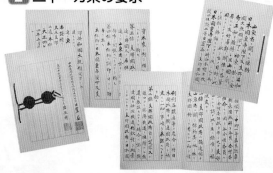

◁1915年5月に承認された二十一カ条要求（山東に関する条約）　第5号の中国政府への日本人顧問・日本人警察官雇用をのぞき、調印された。第3号の漢冶萍公司は、漢陽の製鉄所、大冶の鉄鉱石、萍郷の石炭で構成される中国の大規模な民間製鉄会社。日本は日本興業銀行などから資本を大量に輸出する。二十一カ条の要求で日中の共同経営を要求して、事実上、日本の支配下に置いた。

3 西原借款と段祺瑞

◁西原亀三（1873〜1954）　西原亀三は寺内内閣の私設秘書官として勝田主計蔵相と協力し、段祺瑞政権への日本の勢力扶植のため総額1億4500万円の西原借款を供与した。

▷段祺瑞（1865〜1936）　袁世凱政府の陸軍総長・国務総理代理。袁世凱の死後、内閣を組織して安徽派の実権を掌握、寺内正毅内閣の対中政策に積極的に対応した。

4 ロシア革命とソ連の成立

△演説するレーニン　レーニン（1870〜1924）の右下はトロツキー。1920年、モスクワ。

5 シベリア出兵

ソヴィエト連邦　シベリア　9.23
イルクーツク　尼港事件 9.9
チタ9.8　ゼーヤ　1920.3〜5　ニコラエフスク
ブラゴヴェシチェンスク　アレクサンドロフスク
9.21
8.22　満洲　9.18　沿海州
満洲里　ブラゴヴェシチェンスク　ハバロフスク
外蒙古　チチハル　9.5
1924独立　ハルビン
五・四運動　樺太
1919.5
中　天津　ウラジヴォストーク
華　北京　8.11
民　洛陽　奉天　長春
国　張家口　旅順　朝鮮　三・一独立運動
大連　京城　1919.3
青島　釜山　日
威海衛　本
南京　東京
上海　敦賀
杭州　佐世保　長崎

←シベリア出兵の日本軍（1918〜22年）
数字　1918年の日本軍の進路月日

◁シベリア出兵（1918年）　連合国はソヴィエト政権打倒をめざし、反革命の白軍を支援するためソヴィエト領内に軍隊を侵入させ、日本軍もシベリアに派遣された。図はそのウラジヴォストーク港上陸の光景を国威発揚のために描いた絵。

△シベリア出兵の風刺漫画（北沢楽天画）❶10億円の軍費をシベリア（西伯利）という底なし井戸に投げ込んでいる日本。❷日本軍が過激な熊（ロシア共産党＝ボリシェヴィキ）にてこずっている様子。❸すでにシベリアから撤兵した連合国が、暖炉の前で日本のことを談論している。

Question p.250 5 のシベリア出兵の風刺漫画❸で、撤兵した米・英・仏は暖炉の前で日本について何を話していたのか考えてみよう。

1 寺内正毅内閣の内政・外交

寺内正毅内閣		
1916 (大正5)	10	憲政会の結成
		寺内内閣の成立－非立憲内閣と批判
1917 (大正6)	1	西原借款の開始　衆議院解散
	7	寺内内閣，段祺瑞政権援助を決定
	9	金輸出禁止　立憲政友会第1党に
	11	石井・ランシング協定
		・中国における機会均等と日本の
		特殊権益を認める
		25個師団，八・八艦隊案発表
1918 (大正7)	8	シベリア出兵を宣言。
		富山県に米騒動発生，
		1道3府32県へ波及。
		70万人参加 [2]
	9	寺内内閣，総辞職

▶寺内正毅
(1852〜1919)
陸軍大将。大正デモクラシー思想が拡大するなかで，非立憲内閣と非難される。アメリカで流行していた幸福の神像ビリケンに似ていたので非立憲とかけた。

▲ビリケン

3 原敬内閣の内政・外交

原内閣の特色
1. 本格的な政党内閣
①政党総首（第3代立憲政友会総裁）が首相
②原敬は衆議院議員（岩手県選出）
③陸・海・外相以外の閣僚は立憲政友会員
④原敬は華族の爵位を持っていない（平民宰相）
2. 四大政綱による積極主義
①教育の充実（大学令・改正高等学校令）
②交通機関の整備（鉄道院から鉄道省へ格上げ）
③産業の奨励
④国防の充実（海軍，八・八艦隊の完成）
3. ワシントン体制へ順応
①西原借款を停止
②シベリア出兵は継続（尼港事件おこる）
③国際連盟へ加盟　④三・一独立運動おこる
⑤ワシントン会議への参加決定

▶原敬
(1856〜1921)
盛岡藩出身。外務次官などを経て，1914年，第3代立憲政友会総裁に就任。華族の爵位を持たないで，はじめて首相になったことから「平民宰相」とよばれた。

原敬内閣		
1918 (大正7)	9	原敬内閣成立
	12	大学令，改正高等学校令公布
1919 (大正8)	3	朝鮮で三・一独立運動
	5	衆議院議員選挙法改正，公布（小選挙区制，納税資格3円以上）
	6	ヴェルサイユ条約調印
1920 (大正9)	1	国際連盟が発足し，日本も加盟（常任理事国）東京帝国大学助教授森戸辰男を休職処分
	2	慶應義塾大学・早稲田大学，大学令により初の私立大学として許可
		東京で数万人規模の普選要求大示威行進 [4]
	3	尼港（ニコラエフスク）事件（〜5月）→p.250コラム
		株価大暴落，戦後恐慌始まる
	5	第14回総選挙で立憲政友会大勝（立憲政友会278議席，憲政会110議席，国民党29議席など）
	7	日本軍，北樺太へ出兵，保障占領をおこなう
		衆議院，憲政会提出の普選法案を否決
	8	海軍八・八艦隊建造予算公布
	10	第1回国勢調査実施（内地人口約5596万人，外地人口約2103万人）
	11	東京市疑獄事件おこる
	12	日本軍，ハバロフスクより撤退完了
1921 (大正10)	5	日本社会主義同盟，解散処分
	8	ワシントン会議への参加を決定
	11	原首相，東京駅で中岡艮一に刺殺される。原内閣総辞職。全閣僚留任のまま，高橋是清内閣成立

2 米騒動　2-① 小売米価の高騰

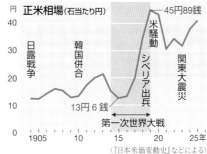

円　正米相場（石当たり円）
40 ── 45円89銭
30
20
10
0
1905　10　15　20　25年
13円6銭
第一次世界大戦
日露戦争　韓国併合　米騒動　シベリア出兵　関東大震災
（『日本米価変動史』などによる）

米騒動発生地（1918〈大正7〉年）
● 7月22日〜8月10日
・ 8月11日〜8月20日
・ 8月21日〜8月31日
・ 9月1日〜10月25日
→ 米騒動の波及経路
× 鎮圧のための軍隊出動地

件数別小作争議（1921年の例）
□ 10件以下
□ 11〜30件
□ 31〜100件
□ 101件以上
● おもな発生地

▶富山の女一揆
1918年7月23日，富山県魚津町の漁民の主婦がおこなった県外移出米積込み阻止は，8月3日の西水橋の女一揆へと拡大し，米騒動となる。

▲滑川警察

▶米騒動の全国的拡大

▶名古屋の米騒動
（『米騒動絵巻』）
1918年8月11日 夜，名古屋の鶴舞公園に結集した数万の群集は，出動した騎兵や抜刀した警察官と衝突した。このように米騒動は全国的に燃えあがっていった。

4 普選運動の展開

▲普選要求デモ　普選運動は1919〜20年にかけて，もっとも盛りあがった。それに対し，原内閣は1919年の選挙法改正で選挙人の納税資格を3円に引き下げ，小選挙区制にしただけであった。写真は1922年の普選大示威行進（デモ行進）で，東京・日本橋本町交差点の行進。

5 非政党内閣の時代

	内閣	
立憲政友会	高橋是清 (1921.11〜22.6)	ワシントン会議へ参加（四カ国条約，九カ国条約，海軍軍備制限条約）
非政党内閣	加藤友三郎 (1922.6〜23.9)	シベリアから撤兵 石井・ランシング協定廃棄
	第2次山本権兵衛 (1923.9〜24.1)	関東大震災からの復興，虎の門事件で総辞職
	清浦奎吾 (1924.1〜24.6)	政友本党（床次竹二郎）を与党とする

護憲三派（憲政会・立憲政友会・革新倶楽部）結成
普選断行・貴族院改革・枢密院改革を要求
→総選挙で大勝

吉野作造(1878〜1933)　1904年，東京帝国大学法科大学を卒業し，袁世凱の長男の家庭教師をつとめたのち東京帝大の助教授に就任し政治史を担当。1910〜13年までヨーロッパへ留学し，デモクラシーが世界の大勢で，その担い手は労働者階級であるとの確信を得て帰国。1916年『中央公論』に「憲政の本義を説いて其有終の美を済すの途を論ず」を発表。「デモクラシー」に「民本主義」の訳語を与え，目標を普通選挙と政党政治の確立と考えた。友愛会の評議員として鈴木文治を支え，東大に新人会を組織するなど，大正デモクラシーの中心人物となった。

第4部 近代・現代

Answer 例えば「ロシア革命に武力干渉するのは泥沼だ」「日本はシベリアへの領土的野心をあきらめた方がいいだろう」など。

1 協調外交と民族運動

寺内	1917 (大正6)	1	西原借款開始
		11	石井・ランシング協定
	1918 (大正7)	1	米大統領ウィルソン,14カ条発表
		11	第一次世界大戦終わる
原	1919 (大正8)	1	パリ講和会議開催
		3	朝鮮で三・一独立運動おこる
		5	中国で五・四運動おこる
		6	ヴェルサイユ条約調印
	1920 (大正9)	1	国際連盟の発足
高橋	1921 (大正10)	11	ワシントン会議開催(～翌22.2)
		12	四カ国条約調印
	1922 (大正11)	2	日中両国,山東懸案解決条約調印。 九カ国条約調印。ワシントン海軍 軍備制限条約調印
加藤友		10	日本,シベリアから撤兵完了
加藤高	1925 (大正14)	1	日ソ基本条約調印(日ソ国交樹立)
		5	中国の上海で五・三〇事件おこる
田中	1927 (昭和2)	6	ジュネーヴ会議開催 東方会議の開催
	1928 (昭和3)	8	パリ不戦条約調印,「人民の名に於て」問題化
浜口	1930 (昭和5)	4	ロンドン海軍軍備制限条約調印,統帥権干犯問題おこる
		11	朝鮮で光州学生運動おこる

2 ウィルソンの14カ条とヴェルサイユ条約

2-① ウィルソンの14カ条

①秘密外交の禁止
②公海の自由
③関税障壁の除去
④軍備縮小
⑤植民地についての公平な調整
（民族自決）
⑥ロシア領土からの撤兵
⑦ベルギーの主権回復
⑧アルザス・ロレーヌの仏への返還
⑨イタリア北部国境の調整
⑩オーストリア・ハンガリーの帝国内民族自決
⑪バルカン諸国の独立
⑫オスマン帝国支配下の民族の自治
⑬ポーランドの独立
⑭国際連盟を設立

▲ウィルソン
大統領(米,在任1913～21)

▶新渡戸稲造(にとべいなぞう)(1862～1933) 札幌農学校の2期生,キリスト教徒。東京帝大教授,東京女子大初代学長。1919～26年,国際連盟事務局次長に就任して活躍。

2-② ヴェルサイユ条約

ドイツに対するもの
●国際連盟の設置　　●多額の賠償金
●アルザス・ロレーヌをフランスに割譲
●ポーランドなど近隣諸国への領土割譲
●オーストリアとの合併禁止
●ザール地方(ザール炭田の採掘権はフランスに)
●ダンツィヒ・ラインラント(ライン川両岸)の非武装
●ドイツ陸海軍の軍備縮小,空軍の禁止
●ドイツは海外植民地のすべての権利・要求を放棄
●ロシア革命政府と締結した条約の無効

◀**解説** アメリカ大統領ウィルソンが,1918年1月に発表した第一次世界大戦後の世界秩序構想の原則。レーニンの「平和に関する布告」に対抗。翌年のパリ講和会議の指針とされたが,英仏の利害の方が優先され,ドイツにとって苛酷なヴェルサイユ条約へと帰結した。

2-③ 国際連盟への加盟

アメリカ(上院の反対により不参加)

	1920	30	40	46
ソ　連		34	39(除名)	
日　本		33(脱退)		
ドイツ	26	33(脱退)		
イタリア		37(脱退)		
フランス				
イギリス				

世界恐慌　第二次世界大戦

◀**解説** 国際連盟は,アメリカが上院の反対で不参加となったため,英・仏・伊・日の4カ国が常任理事国となった。ソ連はフィンランド侵攻により除名。

3 ヴェルサイユ体制によるドイツの封じ込め

3-① 第一次大戦後のドイツ

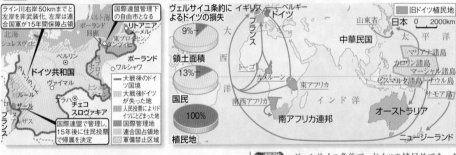

ライン川右岸50kmまでと左岸を非武装化,左岸は連合国軍が15年間保障占領

国際連盟管理下の自由市となる

■大戦後のドイツ国境
□大戦後ドイツが失った地
人民投票によりドイツにとどまった地
■国際管理地
■連合国領地
■軍備禁止区域

国際連盟で管理し,15年後に住民投票で帰属を決定

3-② ドイツが失った海外領植民地

ヴェルサイユ条約によるドイツの損失

■旧ドイツ植民地

領土面積 13% / 9%
国民 100%
植民地

◀**解説** ヴェルサイユ条約で,ドイツの植民地であった赤道以北の南洋諸島は国際連盟から日本の委任統治領と認められ,日本は南洋庁を設置すると,東アジアと太平洋の広大な領域を支配する植民地帝国になっていった。

4 南洋庁の設置

南洋庁 6支庁
1922～45
南洋庁長官(文官)

■日清戦争前の日本の領土
■下関条約(1895)により領有
■ポーツマス条約(1905)で領有,または租借
■韓国併合条約(1910)で領有

5 中国の五・四運動

▲五・四運動　五・四運動は,1919年5月4日に北京の大学生によってはじまった。北京大学の学生をはじめ1000余名の学生が親日派の曹汝霖の邸宅に放火し,帰国中の駐日公使章宗祥を襲い,重傷を負わせるなど運動が拡大したため,中国政府はヴェルサイユ条約への調印を拒否した。

6 朝鮮の三・一独立運動

▲柳寛順(りゅうかんじゅん)(1904～20)　三・一独立運動で先頭に立ち,日本の憲兵の前でもひるまず,「朝鮮のジャンヌ=ダルク」とたたえられている。

三・一独立運動の弾圧
200万人以上の参加
死者約7500人
逮捕者約4万6000人
(『韓国独立運動之血史』より)

↓

斎藤実総督の文化政治
会社令の撤廃(朝鮮人の会社設立を許可)
憲兵警察の廃止
文官の朝鮮総督容認
新聞・雑誌の統制を緩和

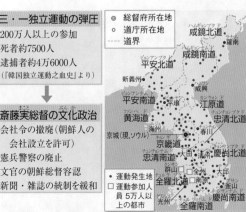

◎総督府所在地
○道庁所在地
----道界

Question p.253 2のワシントン会議の日本全権代表者たちは,どうして日本への盛りだくさんの軍縮要求をすべて呑みこんだのだろうか。

1 国際協調時代の条約

内閣	会議・条約名	参加国	日本全権	条約の内容と関連事項
原敬	ヴェルサイユ条約 (1919.6)パリ	27カ国	西園寺公望 牧野伸顕	第一次世界大戦後の処理。国際連盟の成立(1920年)。日本,常任理事国となる
高橋是清	ワシントン会議 四カ国条約 (1921.12)	英・米・日・仏	加藤友三郎 幣原喜重郎 徳川家達	太平洋の現状維持に関する条約で,これにより日英同盟は廃棄される(1923年)
高橋是清	ワシントン会議 九カ国条約 (1922.2)	英・米・日・仏・伊・ベルギー・ポルトガル・蘭・中	加藤友三郎 幣原喜重郎 徳川家達	中国問題に関する条約で,中国の主権尊重,門戸開放,機会均等などを規定(1923年石井・ランシング協定廃棄)
高橋是清	ワシントン会議 ワシントン海軍軍備制限条約 (1922.2)	英・米・日・仏・伊	加藤友三郎 幣原喜重郎 徳川家達	主力艦(戦艦・巡洋戦艦)・航空母艦保有量の制限。今後10年間(1931年まで)は主力艦の建造禁止
高橋是清	ワシントン会議 山東懸案解決条約 (1922.2)	日・中	加藤友三郎 幣原喜重郎	日本が第一次世界大戦中に獲得した山東省における旧ドイツ権益を返還
田中義一	ジュネーヴ会議 (1927.6)	英・米・日 (仏・伊,不参加)	斎藤実	補助艦制限を目的とするが,仏・伊が総トン数制限案の拒否を理由に不参加,不成立
田中義一	不戦条約 (1928.8)パリ	15カ国 (のち63カ国)	内田康哉	戦争の放棄を「人民ノ名ニ於テ」取り決めることが問題化。この条項は日本には適用なきものとして,調印
浜口雄幸	ロンドン海軍軍備制限条約(1930.4)	英・米・日・仏・伊	若槻礼次郎 財部彪	主力艦の保有制限・建造禁止を1936年末まで延長。英・米・日の補助艦保有量を制限

2 ワシントン会議と海軍軍備制限会議

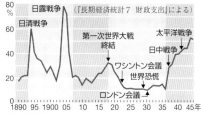

△ワシントン会議の風刺画(『東京パック』1921年11月号) 3人の全権代表(加藤友三郎海相・幣原喜重郎駐米大使・徳川家達貴族院議長)が,日本への盛りだくさんの軍縮要求をすべて呑みこんでいる様子。

◀解説 ワシントン会議
1921年11月〜22年2月,アメリカ大統領ハーディングの提唱で開催され,アジア・太平洋地域の平和,海軍軍縮が話し合われた。海軍軍備制限条約で主力艦・航空母艦が制限され,日・米・英の建艦競争が抑制された。この会議の結果,アジア・太平洋地域の新しい国際秩序が成立し,この体制をワシントン体制という。

2-① ワシントン海軍軍備制限条約による軍艦の保有制限

	主力艦	各国比	航空母艦	各国比
英	52万5000t	5	13万5000t	5
米	52万5000t	5	13万5000t	5
日	31万5000t	3	8万1000t	3
仏	17万5000t	1.67	6万0000t	2.22
伊	17万5000t	1.67	6万0000t	2.22

◀解説 この条約を「国辱条約」と受けとめた海軍強硬派は米・英に対する反発を高めた。主力艦以外の補助艦については,フランスの反対で協定が成立せず,補助艦の増強競争に入った。

3 幣原外交

内閣	年代	おもな事項
加藤高明 (憲政会)	1924〜26	日ソ基本条約調印。中国で五・三〇事件おこり民族運動激化
若槻礼次郎① (憲政会)	1926〜27	中国への内政不干渉政策継続。日貨排斥運動が高まる。北伐始まる
浜口雄幸 (立憲民政党)	1929〜31	ロンドン海軍軍備制限条約調印。中国の関税自主権を承認する日中関税協定調印
若槻礼次郎② (立憲民政党)	1931	満洲事変の不拡大を表明するが事態の収拾に失敗,軍部の独走を許す

◀解説
幣原外交の特色は,中国内政不干渉政策と対英米協調政策を両輪とする。中国の日貨排斥などの民衆運動が活発化して,中国への内政不干渉政策が限界に達すると強硬外交が表面化し,中国を支援することで利権を守ろうとした英米との対立も深まり対英米協調も困難になった。

—一切を乗つるの覚悟— 総てワシントン会議にあたつて
若し政府と国民に,覚悟もすべき政治そのものは,会議そのものは,必ずしも我れに有利に導き得るとは相違ない。その例え例,もし満洲を棄てる,山東を棄てる,其の他支那が我国から受けつつありと考ふる一切の圧迫を棄てる。其結果は何うなるか。例へば朝鮮に,台湾に自由を許す。英国にせよ,米国にせよ,何となれば,彼等は日本にのみ斯くの如き自由主義を採られては,世界に於ける其道徳的地位を保つを得ぬに至るからである。其時に我国は,支那を始め,世界の小弱国は一斉に我国に向かつて信頼の頭を下ぐるであらう。
(『東洋経済新報』一九二一年七月二十三日号,『石橋湛山全集』)

4 財政支出における軍事費の比率の推移

(『長期経済統計7 財政支出』による)

日清戦争 日露戦争 第一次世界大戦終結 太平洋戦争 日中戦争 ワシントン会議 世界恐慌 ロンドン会議

◀解説 外交的にはワシントン会議からロンドン会議までの1920〜30年代前半における国際的な軍縮政策が基調の時代は,軍事費の国家財政に占める比率がきわめて低いことがわかる。

▷戦艦「土佐」 すでに三菱長崎造船所で進水を終えていた八・八艦隊の4番艦「土佐」は,海軍軍備制限条約によって廃棄処分となり,軍艦の砲弾破壊実験に使用され,1925年2月,土佐宿毛湾に沈められた。

5 陸軍の軍縮

山梨軍縮(1922年)

人員・馬	将校	2168人
	准士官	5万7296人
	馬匹	1万3000頭
単位	中隊	252個
	野戦砲兵連隊	6個

廃止

◀山梨半造(1864〜1944) 陸軍大将。加藤友三郎内閣の陸相。

結果
・予算額1年平均3600万円を減額
・5個師団分の人員削減
・装備の近代化は軽機関銃・歩兵砲・高射砲などで不徹底

宇垣軍縮(1925年)

人員・馬	将校 兵士	3万3894人
	馬匹	6000頭
単位	4個師団(高田・豊橋・岡山・久留米の各師団)	

廃止

▷宇垣一成(1868〜1956) 陸軍大将。第1次加藤高明内閣の陸相で,大規模な軍備縮小を敢行した。

結果
・軍事費の削減は近代的装備の充実でほとんどなし
・戦車隊・高射砲連隊・飛行連隊・通信学校・自動車学校の新設で陸軍を近代化

△中学生の軍事教練 陸軍は将来の総力戦を予想し,1925年4月に陸軍現役将校学校配属令を公布し,中学生以上に軍事教練を課した。高等学校や大学生を将来の予備役将校として養成し,人員削減された失業将校の救済をねらったもの。

第❹部 近代・現代

Answer 1920年の戦後恐慌によって財政収入も悪化し,軍事費への支出が困難となっていたため。

1 社会運動の動き

1911	6 平塚らいてう(明)ら青鞜社を結成 3-②
1916(大正5)	1 吉野作造,『中央公論』に「憲政の本義を説いて其有終の美を済すの途を論ず」発表(民本主義の提唱)
1918(大正7)	8 米騒動が全国へ拡大 12 吉野作造ら黎明会を結成。新人会結成
1919(大正8)	8 北一輝・大川周明ら猶存社を結成 普通選挙運動高揚(～1920)
1920(大正9)	1 森戸辰男東京帝大助教授,クロポトキンの研究をとがめられ休職処分(森戸事件) 3 東京株式相場大暴落。戦後恐慌おこる。平塚らいてう・市川房枝ら新婦人協会を結成 3-③ 12 日本社会主義同盟結成 2-①
1921(大正10)	4 伊藤菊枝・山川菊栄ら赤瀾会を結成 3-④
1922(大正11)	3 西光万吉ら全国水平社を結成 4 7 堺利彦ら日本共産党を非合法に結成
1923	9 関東大震災。亀戸事件・甘粕事件おこる 5
1924(大正13)	12 市川房枝ら婦人参政権獲得期成同盟会を結成
1925(大正14)	3 治安維持法・普通選挙法成立

2 社会主義運動の発展

2-① 日本社会主義同盟と日本共産党

1910(明治43).10 大逆事件	1911年,幸徳秋水ら処刑。社会主義運動は「冬の時代」となる 「冬の時代」とは社会主義運動がまったくできなかった10年間をいう

↓

ロシア革命・米騒動後の社会運動の高揚で息を吹き返す

↓

1920(大正9).12 日本社会主義同盟結成	資本主義に反対する勢力を結集して成立

社会主義者(堺利彦・山川均・荒畑寒村)・無政府主義者(大杉栄)を中心に,友愛会や新人会などの労働団体・学生団体を結集

1921(大正10).5 解散を命じられ解体

1922(大正11).7 日本共産党結成	非合法・コミンテルン日本支部(委員長・堺利彦)として結成

3 女性運動

3-① 女性団体の結成

青鞜社	新婦人協会	婦人参政権獲得期成同盟会	婦選獲得同盟	
1911年結成 平塚らいてう	1920年結成 平塚らいてう 奥むめお 市川房枝	1924年結成 市川房枝ら	1925年に改称	1940年解散 大政翼賛会へ吸収
女性の感性の解放をめざす文学団体 1916『青鞜』廃刊	女性の政治的地位向上をめざす。治安警察法第5条撤廃に1922年成功。1922年解散	女性の選挙権獲得をめざす。1925年,男子普選実現	最盛期の会員1500人。雑誌『婦選』創刊(のち『女性展望』)	

3-② 青鞜社の結成

▶雑誌『青鞜』創刊号 「青鞜」とは,18世紀にイギリスで黒い絹の靴下のかわりに青い毛糸の靴下をはいた学識のある女性をさす。平塚らいてうらを発起人に,与謝野晶子ら7人の文学者が賛助会員。ミュシャを思わせる女性の全身像で飾られた表紙は,長沼智恵子(高村智恵子)が制作した。発刊の辞は平塚が執筆。1916年廃刊。

▶平塚らいてう(1886～1971) 本名奥村明。青鞜社を設立し,新婦人協会の結成に加わった女性解放の先駆者。

3-③ 新婦人協会の結成

△新婦人協会第1回総会で挨拶する市川房枝 1920年3月に設立された新婦人協会は,男女同権,母性保護,女性の権利擁護にとり組んだ。左から3人目が平塚らいてう。

▶市川房枝(1893～1981) 新婦人協会,婦人参政権獲得期成同盟会を結成。大政翼賛会婦人部にかかわったとして戦後の1947年に公職追放となるが(～50年),その後,参議院議員となり女性の地位向上に一生を捧げた。

3-④ 赤瀾会の結成

山川菊栄 伊藤野枝

◀赤瀾会の結成(1921年4月) 堺真柄(堺利彦の娘)ら40余名の女性で結成した,最初の女性社会主義団体。山川菊栄(山川均の妻)・伊藤野枝が顧問格で加わったが,弾圧をうけて1年足らずで消滅した。「赤瀾」の意味は「赤いさざなみ」。第二次世界大戦後,山川菊栄は初代の労働省婦人少年局長に就任し,女性の地位向上につくした。

4 水平社結成

△全国水平社の創立(1922年3月) 創立大会で西光万吉起草の水平社宣言が採択。右から2人目が西光万吉。部落差別に苦しんでいた人々は,自らの解放を求めて立ちあがった。

△水平社の荊冠旗 黒は差別,荊は受難の象徴。

全國水平社總本部

水平社宣言 全国に散在する吾が特殊部落民よ団結せよ。長い間虐められて来た兄弟よ,……吾々の祖先は自由,平等の渇仰者であり,実行者であった。陋劣なる階級政策の犠牲者であり,男らしき産業的殉教者であったのだ。……吾々はかならず卑屈なる言葉と怯懦なる行為によって,祖先を辱しめ人間を冒瀆してはならぬ。そうして人の世の冷たさが何んなに冷たいか,人間を勧る事が何であるかをよく知っている吾々は,心から人生の熱と光を願求礼讃するものである。水平社は,かくして生れた。人の世に熱あれ,人間に光あれ。(『綱領・宣言・決議』1922年3月)

5 関東大震災

5-① 被害状況

住家被害棟数	
焼失	21万2353棟
流失・埋没	1301棟
全・半潰	15万9005棟
合計	37万2659棟

死者数(行方不明含む)	
火災	9万1781人
そのほか	1万3604人
合計	10万5385人

*全潰・半潰は,焼失や流失・埋没以外の数。
(諸井孝文・武村雅之『関東地震(1923年9月1日)による被害要因別死者数の推定』による)

◀解説 1923年9月1日午前11時58分,震源地相模湾西部,マグニチュード7.9の激震が関東地方を襲った。死者・行方不明者は10万人以上に達した。首都東京では4割強の建物が崩壊・焼失し,本所の被服廠跡だけで約4万人が焼死した。混乱のなかで多数の在日朝鮮人も虐殺された。

◀「大正十二年九月一日」(鹿子木孟郎筆)

甘粕事件 1923年9月16日,関東大震災の混乱のなかで,無政府主義者大杉栄と妻伊藤野枝,それに甥が甘粕正彦憲兵大尉に虐殺された。また,東京の下町の労働活動家,川合義虎・平沢計七らが亀戸警察署で殺される亀戸事件もおこった。

Question p.254のコラム甘粕事件にあるように,関東大震災直後に無政府主義者の大杉栄や,労働活動家らが殺された社会的背景を考えてみよう。

1 護憲三派内閣の成立

清浦奎吾内閣(1924.1〜6)
- 貴族院・官僚勢力の支持
- 衆議院-政友本党(床次竹二郎)の支持　149議席
  ↑ 憲政擁護運動

第2次護憲運動
- 護憲三派の結成
  - 憲政会
    (加藤高明)　103議席
  - 立憲政友会
    (高橋是清)　129議席
  - 革新倶楽部
    (犬養毅)　43議席
- スローガン
  「普選断行,貴族院改革,行政整理」
  ↓
総選挙の実施―護憲三派の勝利
- 憲政会　152議席
  立憲政友会　102議席
  革新倶楽部　30議席
- 政友本党　111議席へ激減・敗北
  ↓
護憲三派内閣(1924.6〜25.8)
首相―加藤高明
外相―幣原喜重郎
- 日ソ国交樹立―日ソ基本条約
- 治安維持法 4 ・衆議院議員選挙法改正(男性普通選挙)公布
- 宇垣軍縮の実施　・貴族院令改正

▲清浦奎吾(1850〜1942)
熊本県出身,司法省に入り刑事訴訟法・保安条例の制定に参画。山県直系の政治家。枢密院議長から首相になる。外相・陸海相をのぞく大臣全員が貴族院議員の内閣を組織。

2 「憲政の常道」(政党内閣)の時代

護憲三派

第1次加藤高明内閣(護憲三派内閣)
↓(1924.6〜25.8)

護憲三派の提携が崩壊
立憲政友会(総裁 田中義一)と革新倶楽部(犬養毅)の合同
↓

憲政会

第2次加藤高明内閣(憲政会単独)
↓(1925.8〜26.1)

第1次若槻礼次郎内閣
(1926.1〜27.4)
- 1926.12.25―大正天皇死去(元号を昭和とする)
- 1927 金融恐慌おこる

立憲政友会

田中義一内閣(1927.4〜29.7)
- モラトリアム(支払猶予令.1927)
- 山東出兵(1927.5〜28.5)
- 東方会議(1927.6)
- 第1回普通選挙→三・一五事件,四・一六事件
- 張作霖爆殺事件で辞職

立憲民政党

浜口雄幸内閣(1929.7〜31.4)
- 金解禁(1930)→昭和恐慌へ
- ロンドン海軍軍備制限条約(1930)
- 統帥権干犯問題→浜口首相狙撃

第2次 若槻礼次郎内閣(1931.4〜31.12)
- 金解禁の継続
- 柳条湖事件(満洲事変)勃発

立憲政友会

犬養毅内閣(1931.12〜32.5)
- 金輸出再禁止
- 五・一五事件(1932)
  8年間の政党内閣時代が終わる

3 普通選挙

※地租・所得税など(総務庁統計局監修『日本長期統計総覧』などによる)

選挙法の公布		年総選挙の	選挙区制	選挙人の資格			選挙人	
年	内閣	年総選挙の	選挙区制	年齢	性別	直接国税	人数(万人)	選挙人比率(対全人口比)
1889(明治22)	黒田清隆	1890(明治23)	小選挙区	満25歳以上	男	15円以上	45	1.1%
1900(明治33)	第2次山県有朋	1902(明治35)	大選挙区	25歳以上	男	10円以上	98	2.2
1919(大正8)	原敬	1920(大正9)	小選挙区	25歳以上	男	3円以上	307	5.5
1925(大正14)	第1次加藤高明	1928(昭和3)	中選挙区	25歳以上	男	制限なし	1241	19.8
1945(昭和20)	幣原喜重郎	1946(昭和21)	大選挙区	20歳以上	男女	制限なし	3688	48.7

◀第1次加藤高明内閣　前列左から犬養毅(革新倶楽部・逓信),高橋是清(政友会・農商務),加藤高明(憲政会・首相),加藤の後ろが幣原喜重郎(憲政会・外務)。

▲普選即時断行を求める自動車宣伝隊

4 治安維持法の公布

諸君,我々は……普通選挙を断行せんとし,貴族院改革を致さんとする現政府を支持している一人であります。然るにその与党に,属する私どもが突如この法案にしかも反対の意思を以て質疑しなければならぬ……この法案の一条を踏みつぶすことができる。もし普通選挙がしかれた後におきまして,無産政党ができるならば,これを解散し,これをふん縛ることもできる……

(『衆議院議事速記録』)

第五〇議会における衆議院議員　星島二郎の反対演説

▲解説　治安維持法第1条にある「国体ヲ変革」とか「私有財産制度ヲ否認」が意味するものは,天皇制の打倒と資本主義体制の否定である。普通選挙の成立と日ソ基本条約締結による日ソ国交樹立が社会主義・共産主義の拡大を促すことを恐れたのである。しかし,衆議院議員星島二郎の演説にあるように,「結社」の組織・加入を犯罪行為とし,思想まで弾圧するこの法律はまったく新しい弾圧法となった。

▲普選法成立を報じる新聞(『東京日日新聞』)
1925年3月30日

5 政党内閣時代の外相と蔵相(協調外交と財政運営との関連)

内閣・政党	外相・出身	外交方針・内容		蔵相・出身	財政方針・内容
①②加藤高明(護憲三派→政友会)	幣原喜重郎(外務官僚)	協調:日ソ基本条約調印		浜口雄幸(大蔵官僚)	緊縮:金解禁への準備
①若槻礼次郎(憲政会)	幣原喜重郎(外務官僚)	協調:中国に対し不干渉政策をとる		浜口雄幸→片岡直温(大蔵官僚)(実業界)	緊縮:震災手形の処理 金融恐慌おこる
田中義一(立憲政友会)	首相兼任	協調:対英米協調は継続,不戦条約には調印 積極:中国へは強硬外交		高橋是清→三土忠造(財政家)(政党人)	積極:モラトリアム実施 金融恐慌を鎮静化
浜口雄幸(立憲民政党)	幣原喜重郎(外務官僚)	協調:ロンドン海軍軍備制限条約・日中関税協定調印		井上準之助(財政家)	緊縮:金解禁実施 昭和恐慌おこる
②若槻礼次郎(立憲民政党)	幣原喜重郎(外務官僚)	協調:満洲事変不拡大方針をとるも失敗		井上準之助(財政家)	緊縮:金解禁継続するも昭和恐慌は深刻化
犬養毅(立憲政友会)	首相兼務のち芳沢謙吉	協調:「満洲国」の建国に反対		高橋是清(財政家)	積極:金輸出再禁止 管理通貨制度

Answer p.263 3-② のグラフから読み取れるように,第一次世界大戦後に労働争議の発生件数や参加人員が激増していた。

第4部 近代・現代

1 大隈財政から松方財政へ

| 大隈財政 1873〜80 | 積極財政政策・殖産興業政策 |

①国立銀行条例改正(1876)　②西南戦争(1877)の戦費調達
(正貨兌換の義務廃止)

国立銀行の設立増加　　　　不換紙幣(政府)の濫発
不換紙幣(国立銀行)の濫発
〔不換/銀行券〕

インフレーションの勃発
歳入の実質的減少，紙幣価値下落，
輸入超過のため正貨(金)保有高の減少

| 松方財政 1881〜92 | 緊縮財政・紙幣整理 |

①歳入の増加
・増税政策→醤油税・菓子税の新設，酒造税，煙草税の増徴
・地租の定額金納→自作農の没落(小作農への転落)・寄生
地主の成長
・米・繭価などの物価の下落(1884)→全国的に深刻な不況
・自由民権運動の激化
②歳出の削減策
・行政費削減(ただし軍事費は増加)官営工場の払下げ方針
の決定(工場払下げ概則の公布)
・不換紙幣の処分→紙幣価値の安定化
・工場払下げ概則の廃止(1884)→官営事業払下げの本格化
③日本銀行の設立(1882)
1883　国立銀行条例改正(国立銀行から銀行券発行権を
とりあげ，国立銀行を普通銀行に転換)
1884　兌換銀行券条例制定
1885　日本銀行，銀兌換の銀行券発行
1886　政府紙幣の銀兌換開始

紙幣流通高の
減少
正貨蓄積へ

銀本位の貨幣
制度(銀本位
制)の確立

松方正義
(1835〜1924)

結果	影響
①寄生地主制の進展 ②賃金労働者の現出 ③民間資本の成長 (政商→財閥へ発展する 基盤が確立)	資本主義化の促進・産業革命の開始 ①貿易の輸出超過 ②銀本位制の確立→物価の安定 ③金利の低下→株式取引の活発化 ④会社設立ブーム(1886〜89 最初の企業勃興) …鉄道・紡績が中心 1890年恐慌(金融機関の資金不足，前年の凶作 と生糸輸出の半減) 資本主義の本格的成立(日清戦争による企業勃興)

第4部 近代・現代

2 国立銀行条例と渋沢栄一

2-① 国立銀行設立状況

年	行数
1873(明治 6)	2
1874(明治 7)	4
1875(明治 8)	4
1876(明治 9)	6
1877(明治10)	27
1878(明治11)	95
1879(明治12)	153
1880(明治13)	153
1881(明治14)	148

第一国立銀行	東京	1873.7開業
第二	〃	横浜 1874.8
第四	〃	新潟 1874.3
第五	〃	大阪 1873.12

(朝倉孝吉『明治前期日本金融構造史』による)

第一国立銀行　1873年，東京日本橋兜町に設立。1896年，第一国立銀行と改称された。清水喜助設計の5階建ての擬洋風建築として，注目をあびた。

解説 1872年，米のナショナル＝バンクの制度にならい，国立銀行条例を制定。兌換銀行券を発行する正貨兌換が義務づけられたため，設置は当初4行にとどまった。76年にその義務が解除されたため，設立は急増し，79年の第百五十三国立銀行設立まで続いた。

国立銀行紙幣(10円券，1873年)

渋沢栄一(1840〜1931)　大蔵省の一員として，新貨条例・国立銀行条例などの諸制度の改革を実施。第一国立銀行をはじめ，王子製紙・大阪紡績会社など，多くの会社設立に関与した。

3 通貨流通量の変化

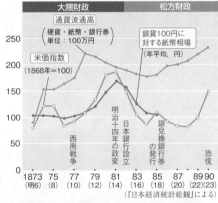

大隈財政　松方財政

通貨流通高
硬貨・紙幣・銀行券
単位：100万円

銀貨100円に
対する紙幣相場
(年平均，円)

米価指数
(1868年=100)

250
200
150
100
50

西南戦争
明治十四年の政変
日本銀行設立
銀兌換の銀行券の発行
恐慌

1873 75 77 79 81 83 85 87 89 90
(明6) (8) (10) (12) (14) (16) (18) (20) (22)(23)
(『日本経済統計総観』による)

解説 西南戦争の戦費のため，政府は不換紙幣を増発し，1876年に兌換義務が取り除かれた国立銀行も，不換紙幣を発行した。そのため，政府紙幣流通量が増加し，インフレーションがおきた。これにともない，貿易の輸入超過が進み，銀が流出して，銀相場も高騰した。1881年，松方正義が大蔵卿に就任すると，デフレ政策により物価は下落し，不換紙幣を回収し，銀貨と紙幣価値の差を縮めた。

4 日本銀行の設立

設立当初の日本銀行本店(井上安治画「永代橋際日本銀行の雪」)　1882年設立。国立銀行や企業の資金力を拡張し，金利を低下させ，兌換銀行券を発行して，政府の金融機関としての機能をはたすことを目的とした。1885年，銀兌換の銀行券を発行し，1897年金本位制の確立により，金兌換が実現した。最初の本店はJ.コンドルが設計した，北海道開拓使東京出張所の建物。

1円銀貨
直径38mm

国立銀行紙幣(不換紙幣)

日本銀行兌換銀券

解説 日本銀行は，1884年の兌換銀行券条例の制定により，85年に4種(100円・10円・5円・1円)の銀兌換ができる銀行券を発行した。これにより，図の10円兌換銀券(大黒天の肖像はキヨソネによる)は，10円銀貨と交換できた。券の中央部分には銀兌換の説明が記されている。

「此券引かへに銀貨拾圓
相渡可申候 也」

Question p.256 4 について，中央銀行である日本銀行を設立するために，松方正義大蔵卿はどのような施策をとったのだろうか。

1 産業革命の進展

殖産興業期（一八七〇年代）	●工部省（1870, 鉄道・鉱山分野）と内務省（1873, 製糸・紡績分野）が主体 〔紡績業・製糸業〕官営模範工場の設立 1872 富岡製糸場の開業 〔鉄道〕1872 新橋・横浜間に開業（大都市と開港場を結ぶ）
産業革命の開始（一八八〇年代）	●松方財政による官営事業の払下げ→政商が財閥に成長 1884 工場払下げ概則廃止で払下げが本格化 ●会社設立ブーム（1886〜89）……最初の企業勃興 〔紡績業〕手織機の改良（飛び杼の採用）。ガラ紡の普及 1883 大阪紡績会社の開業 〔製糸業〕座繰製糸の普及 〔鉄道〕1881 日本鉄道会社の設立 〔炭鉱〕1880 筑豊で排水用蒸気ポンプの導入に成功
産業革命の進展（一八九〇年代、軽工業中心）	●日清戦争の賠償金で戦後経営→資本主義の成立 ●貨幣法制定→金本位制採用（1897），特殊銀行の設立 〔紡績業〕手紡・ガラ紡→機械制生産へ転換 1890 綿糸の生産量＞綿糸の輸入量 1897 綿糸の輸出量＞綿糸の輸入量 〔製糸業〕座繰製糸→器械製糸へ転換 1895頃 器械製糸の生産量＞座繰製糸の生産量 〔鉄道〕民間鉄道の発展 1889 官営の東海道線（新橋・神戸間）が全通 1889 民営の営業キロ数＞官営の営業キロ数 1891 日本鉄道会社，上野・青森間全通 1901 青森・下関間の鉄道が連絡
産業革命の進展（一九〇〇年代、重工業中心）	●官営軍事工場の拡充と鉄鋼の国産化 ●日露戦後の軍備拡張中心の戦後経営→大幅な赤字 〔鉄鋼業〕官営八幡製鉄所操業開始（1901），日本製鋼所の設立（1907），池貝鉄工所，旋盤の国産化に成功（1908） 〔紡績・織物業〕大型力織機による生産，豊田佐吉による国産力織機の考案，綿布輸出額＞綿布輸入額（1909） 〔製糸業〕世界最大の製糸輸出国となる（1909） 〔鉄道〕鉄道国有法制定（1906）…民営鉄道17社を買収 〔その他〕電力事業の勃興，財閥によるコンツェルン形態の整備（1909，三井合名会社設立）

2 恐慌の歴史

1890年恐慌（1890）	企業勃興の反動によりおきた，最初の恐慌。株価の暴落や新興企業の解散につながる。紡績連合会による第1回操業短縮を実施
資本主義的恐慌（1900〜01）	日清戦争後の企業勃興と株価高騰の反動 企業の倒産や銀行の休業。紡績業における操業短縮につながる
明治40年の恐慌（1907〜08）	日露戦後の反動。金融・産業部門での倒産や休業が続出し，不況が慢性化反面，財閥による企業集中も進む
戦後恐慌（1920）	大戦景気の反動。1920年3月の株式市場の大暴落が契機
震災恐慌（1923）	関東大震災が契機となり発生した恐慌。震災手形（震災により決済不能となった手形）の処理が進まず，金融恐慌の原因となる
金融恐慌（1927）	慢性的不況と震災手形処理問題が原因となり，鈴木商店が倒産し，台湾銀行が休業した。金輸出禁止は継続され，財閥支配が強まった。モラトリアムにより収束
世界恐慌（1929）	ニューヨークの株式大暴落が発端となり，世界中に拡大した
昭和恐慌（1930〜31）	世界恐慌の波及と金解禁の断行によりおこった第二次世界大戦前最大の恐慌農業恐慌を併発した。金輸出再禁止（1931）により収束した

3 金本位制の採用

此券引換ニ金貨拾圓相渡可申候也

●**十円札** 1897年貨幣法が制定され，日清戦争の賠償金2億3000万両（日本円で約3億6000万円，三国干渉により2億両から増額された）を準備金に，**金本位制**が採用された。純金の量目2分（0.75g）を1円とし，1円金貨を本位貨幣とした。これにともない，最初の**金兌換**できる**日本銀行券**も発行された。

10円 20円

貨幣法に基づく金貨

4 特殊銀行

銀行名	設立年	内　容
横浜正金銀行	1879	1880年開業。貿易金融が目的。1887年に特殊銀行。1946年，東京銀行と改称し，普通銀行になる。現在の三菱UFJ銀行
日本勧業銀行	1897	農・工業の発展のため，長期貸付が目的。1950年，普通銀行になる。現在のみずほ銀行
農工銀行	1898〜1900	地方の農工業発展のための長期貸付が目的。各府県に設立され，のちに日本勧業銀行に合併。現在のみずほ銀行
北海道拓殖銀行	1900	北海道の開拓事業への資金供給が目的。1950年，普通銀行になる
日本興業銀行	1902	産業資本の長期融資が目的。外資導入や資本輸出に貢献。1952年，長期信用銀行に転換。現在のみずほ銀行
台湾銀行	1899	日本統治下の台湾における中央銀行。台湾の近代化や開発に貢献
朝鮮銀行	1911	日本統治下の朝鮮における中央銀行。殖産興業・満蒙開拓に貢献
産業組合中央金庫	1923	産業組合金融の全国機関。小規模農業経営への資金貸付が目的。1943年，農林中央金庫と改称

●**旧横浜正金銀行本店本館** 巨大なドーム状の屋根のついた重厚なバロック様式の建物。妻木頼黄の設計で，1904年に完成。現在は神奈川県立歴史博物館になっている。

第4部 近代・現代

Answer 正貨蓄積のため，増税や地租の金納を徹底して歳入を増加させ，官営事業払下げや不換紙幣を整理して歳出を削減する緊縮財政をおこなった。

1 紡績・製糸業の変遷

紡績・製糸・機械業

1867	鹿児島紡績所に洋式機械を導入
1872（明治5）	堺紡績所が官営として操業開始
	富岡製糸場（官営模範工場）開業
1873（明治6）	臥雲辰致、ガラ紡を発明
	ウィーン万国博で、飛び杼が紹介される
1877（明治10）	第1回内国勧業博覧会開催（東京上野、ガラ紡改良機が最高の賞をとる）
	新町紡績所（官営模範工場）開設
1879（明治12）	千住製絨所設立（官営模範工場、ラシャ製造）
	広島紡績所建設に着手（落成に至らず払下げ）
1881（明治14）	愛知紡績所設立（官営模範工場）
	第2回内国勧業博覧会開催（上野）
1882	最初の紡績連合会が発足
1883	大阪紡績会社開業（渋沢栄一らが中心）
1886	鐘淵紡績会社開業
1889	池貝庄太郎、池貝工場（池貝鉄工所の前身）設立（東京芝）
1890（明治23）	綿糸の生産量が輸入量を上まわる。豊田佐吉、豊田式木製人力織機を発明。第3回内国勧業博覧会開催（上野）
1893	田中久重、田中製作所を芝浦製作所と改称
1894（明治27）	綿糸輸出関税免除法公布
1895	第4回内国勧業博覧会開催（京都）
	このころ器械製糸の生産量が座繰製糸の生産量を上まわる
1896	綿花輸入関税免除法公布
1897（明治30）	綿糸の輸出量が、輸入量を上まわる
	豊田佐吉、豊田式木製動力織機を発明
	官営八幡製鉄所の着工
1901	官営八幡製鉄所が操業開始
1902	大日本紡績連合会が発足
1903	第5回内国勧業博覧会開催（大阪）
1905	池貝工場、先進国なみの精度をもつ旋盤を完成
1906	池貝工場、池貝鉄工所と改称
1907（明治40）	綿布の輸出量が輸入量を上まわる
	日本製鋼所設立（北海道・室蘭）
1909（明治42）	世界最大の生糸輸出国となる
	綿布の輸出額が輸入額を上まわる

2 大阪紡績会社

▶**大阪紡績会社**　1883年、渋沢栄一を中心に大倉喜八郎や藤田伝三郎らが加わり、大阪府西成郡に開業。英国製ミュール紡績機16台1万500錘が設置された。のち、能率の高いリング紡績機（写真）が導入され生産も飛躍的に伸びた。

3 紡績業の発展

▲**手紡糸車**

```
綿糸紡績業              綿織物業
  手 紡                手織機（高機・地機）
   ↓                     ↓
ガラ紡（手動・水力）    飛び杼の導入
1873 臥雲辰致が発明    1873年のウィーン万国
                       博覧会が契機
   ↓                     ↓
機械紡績（ミュール紡績  動力織機
機・リング紡績機）      1897 豊田佐吉が国産
1883 大阪紡績会社開業    動力織機を発明
   ↓                     ↓
1890                   1907
綿糸生産量>綿糸輸入量   綿布輸出量>綿布輸入量
1897
綿糸輸出量>綿糸輸入量
```

▲**ガラ紡**　1873年、臥雲辰致が発明。その音からガラ紡とよばれる。

▲**高機**　近世中期以降、全国に普及した手織機。

▲**飛び杼**　1873年のウィーン万国博を機に日本に普及。緯糸を通す手織機の付属具である杼を、紐を引くだけで、左右に自動的に動かすことを可能にした。1733年、ジョン゠ケイが発明。

▲**ミュール紡績機**　1779年、イギリスのクロンプトンが発明。ハーグリーヴズのジェニー紡績機とアークライトの水力紡績機の長所を結合し、細くて強い糸が紡げたため、製品の質が向上した。大阪紡績会社に導入。

▲**豊田佐吉の動力織機**　1890年、豊田佐吉は木製の人力織機を発明して能率を4～5割あげ、97年には国産初の木製の動力織機を発明。人力以外で動く織機で、豊田式の動力は水車から石油へ転換した。

4 製糸業

4-① 座繰製糸と器械製糸

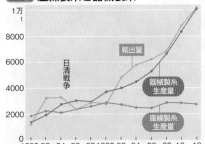

（三和良一『近現代日本経済史要覧』による）

A 解説　10釜以上の器械製糸工場が1893年には84年の2倍以上に増加した。1890年代半ばには、輸出増により、器械製糸の生産量が座繰製糸の生産量を上まわった。

4-② 座繰機

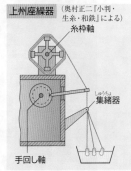

上州座繰器（奥村正二『小判・生糸・和鉄』による）

- 糸枠軸
- 集緒器
- 手回し軸

A 解説　従来の手指で繭から糸を繰る手挽きではなく、ハンドルの手回しにより、ベルト・歯車じかけの糸枠が回転して、糸を繰る。

5 小工場の設立

（1902年末現在）

	職工数	うち女工数	工場数（A）	創業1876年以前	1877～85年	1886～94年	1895～1902年（B）（B/A：%）
製糸業	126,535	118,872	2,478	82	304	796	1,296（52.3）
紡績業	78,882	62,607	207	1	22	59	125（60.4）
発火物	54,530	38,053	212	6	21	70	115（54.2）
織物業	53,555	46,638	1,630	123	94	454	959（58.8）
船舶車両	19,169	16	73	18	10	15	30（41.1）
煙草業	16,605	11,418	363	77	23	79	184（50.7）
窯業	13,559	2,151	435	116	59	104	156（35.9）
印刷製本	10,023	1,212	214	12	44	70	88（41.1）
醸造業	8,047	422	364	208	21	59	76（20.9）
機械製造	7,180	71	136	8	17	51	60（44.1）
製紙業	5,239	1,934	82	5	4	22	51（62.2）
計	393,324	283,394	6,194	656	619	1,779	3,140（50.7）

（石井寛治『日本の産業革命』による）

A 解説　豊田佐吉が考案した小型の国産動力織機により、問屋制家内工業生産がおこなわれていた農村の綿織物業は、小工場に転換する動きが進んだ。

Question p.258 3の豊田佐吉の動力織機の発明は、農村地域を中心にどのような変化をもたらしたか考えてみよう。

詳日 第14章 1 p.283

1 鉄道業の変遷

鉄道業

1872(明治5)	新橋・横浜間に鉄道開通
1874(明治7)	神戸・大阪間に鉄道開通
1877	大阪・京都間に鉄道開通
1881	日本鉄道会社設立
1888	山陽鉄道会社設立，九州鉄道会社設立
1889(明治22)	東海道線全線開通(新橋・神戸間)，民営鉄道の営業キロ数が官営鉄道を上まわる，九州鉄道会社開業
1891	日本鉄道会社，上野・青森間全通
1892	鉄道敷設法公布
1901	青森・下関間が鉄道全通
1906	鉄道国有法公布(民営鉄道17社を買収)
1908	鉄道院の設置

▶解説 **民営鉄道と官営鉄道** 1881年に設立された**日本鉄道会社**の経営が好調なため，企業勃興がおこり，88年以降，山陽鉄道・関西鉄道・九州鉄道・北海道炭鉱鉄道が設立された。その結果，89年には**民営鉄道**の営業キロ数は，**官営鉄道**を上まわった。日清戦争後の1892〜1902年までの間に民営鉄道の営業距離は2.3倍となり，1900年の恐慌後，買収・合併がつぎつぎとおこなわれた。

2 鉄道の発達

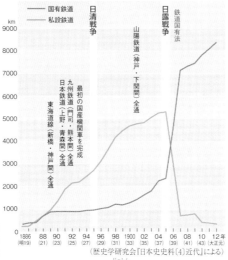

凡例：
── 国有鉄道
── 私設鉄道

縦軸：km（0〜9000）
横軸：1886(明19)〜1912年(大正元)

（縦書きの注記）
日清戦争
日露戦争
鉄道国有法
最初の国産機関車を完成
東海道線(新橋・神戸間)全通
日本鉄道(上野・青森間)全通
九州鉄道(門司・熊本間)全通
山陽鉄道(神戸・下関間)全通

（歴史学研究会『日本史史料〔4〕近代』による）

▲**東海道線全線開通** 官営鉄道は東京・京都のルートを中山道線から東海道線へ変更し，1889年に全通した。写真は静岡県の安倍川鉄橋を列車が渡るところで，1893年頃に元江戸幕府15代将軍徳川慶喜が撮影したもの。

▲**鉄道国有化**(『東京パック』1906年3月15日号) 威圧される雰囲気のなかを，大きな股の下をくぐって乗客が駅に入っていく様子が描かれている。鉄道の国有化によってサービスが低下するのではないかと，庶民の不安を表している。

3 鉄道国有法

3-① 鉄道開設関係地図

鉄道の開設
線種	年度
── 官営	
---- 民営(のち国有)	1872〜1892年度
∴∴∴ 民営	
── 官営	
---- 民営(のち国有)	1893〜1905年度
── 民営	
── 国有	1906〜20年度

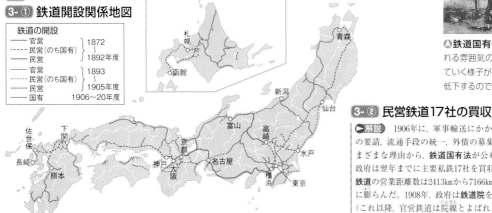

（地図中地名）札幌，函館，青森，新潟，仙台，富山，高崎，水戸，京都，名古屋，神戸，大阪，横浜，東京，下関，佐世保，長崎，熊本

3-② 民営鉄道17社の買収

▶解説 1906年に，軍事輸送にかかわる陸軍の要請，流通手段の統一，外債の募集など，さまざまな理由から，**鉄道国有法**が公布された。政府は翌年までに主要私鉄17社を買収し，**官営鉄道**の営業距離数は2413kmから7166kmへ約3倍に膨らんだ。1908年，政府は**鉄道院**を設置して(これ以降，官営鉄道は院線とよばれた)，北陸線や中央西線の敷設を推進し，鉄道の国内貨物輸送量は海運を凌駕するようになった。

社名	買収年月	社名	買収年月
北海道炭礦	1906.10	阪鶴	1907. 8
甲武	1906.10	北越	1907. 8
日本	1906.11	総武	1907. 9
岩越	1906.11	房総	1907. 9
山陽	1906.12	七尾	1907. 9
西成	1906.12	徳島	1907. 9
九州	1907. 7	関西	1907.10
北海道	1907. 7	参宮	1907.10
京都	1907. 8		(買収年月)

（三和良一『近現代日本経済史要覧』による）

4 海運奨励政策

4-① 海運奨励関係年表

1873	岩崎弥太郎，三菱商会を設立
1875	三菱商会，三菱蒸汽船会社(のち郵便汽船三菱会社)と改称
1882	共同運輸会社の設立(三井による半官半民の会社)
1885	日本郵船会社の設立(郵便汽船三菱会社と共同運輸会社の合併)
1893(明治26)	日本郵船会社，ボンベイ(インド)航路を開く(インド綿花の輸送が主目的)
1896(明治29)	日本郵船会社，欧米航路(アントワープ航路，北米シアトル航路)や豪州航路(横浜・メルボルン間)を開設
	造船奨励法(大型船の国内建造奨励策)・航海奨励法(海外航路拡張策，外国航路就航船に奨励金を交付)公布

4-② 遠洋航路の開設

（地図凡例）
── 日本郵船開設航路
── 大阪商船開設航路
── 東洋汽船開設航路

（地名）ロンドン，ヨーロッパ，アントウェルペン，マルセイユ，ポートサイド，アフリカ，アデン，アジア，カルカッタ，ボンベイ，インド洋，シンガポール，オーストラリア，シドニー，メルボルン，天津，大連，ウラジヴォストーク，上海，香港，マニラ，横浜，長崎，太平洋，北アメリカ，シアトル，サンフランシスコ，南アメリカ，バルパライソ

5 日本郵船会社

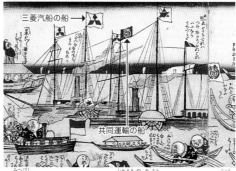

（図中注記）三菱汽船の船，共同運輸の船

▲**三菱と共同運輸の競争** 岩崎弥太郎がおこした**三菱蒸汽船会社**(のち郵便汽船三菱会社)は，上海航路の開設など，政府の保護で海運を独占した。これに対し，三井を中心に1882年に設立された**共同運輸会社**は，その独占打破をめざし，激しい競争を展開した。なかには速力を競ったため，衝突事故もおこった。1885年，政府の調停で両者は合併し，**日本郵船会社**が設立された。

▲**土佐丸** 1893年，日本郵船会社は日本初の**遠洋航路**であるボンベイ航路を開設。96年には，欧州航路を開き，その第1船となった土佐丸は，3月15日，横浜港から出帆した。土佐丸は日本初の5000t級の貨客船で，船名は岩崎の出身地土佐からとった。

第**4**部 近代・現代

1 鉱山業の変遷

鉱山業	
1869	小坂鉱(銀)山, 官営となる(1884, 久原庄三郎に払下げ)
1873	三池炭鉱, 官営となる(1888, 佐々木八郎に払下げ)
1874 (明治7)	高島炭鉱, 官営となる(1874, 後藤象二郎に払下げ)
	釜石鉱(鉄)山, 官営となる(1887, 田中長兵衛に払下げ)
1875	院内銀山, 官営となる(1885, 古河市兵衛に払下げ)
	阿仁銅山, 官営となる(1885, 古河に払下げ)
1887	長崎造船所を三菱に, 兵庫造船所を川崎に払下げ
1890 (明治23)	鉱業条例公布
	筑豊炭田一帯で排水用蒸気ポンプを導入
1896	佐渡金山・生野銀山を三菱に払下げ

4 鉄鋼・機械工業の動き

1887 (明治20)	釜石鉱(鉄)山, 田中長兵衛へ払下げ(田中製鉄所〈通称釜石製鉄所〉を設立)
1889 (明治22)	池貝庄太郎, 池貝工場(池貝鉄工所の前身)を設立(東京芝)
1893 (明治26)	田中久重, 田中製作所を芝浦製作所と改称
	三菱合資, 三菱合資会社を設立
1894	釜石製鉄所, 初のコークス製銑に成功
1897	官営八幡製鉄所の着工
1901	官営八幡製鉄所が操業開始 **5**
1905 (明治38)	池貝工場, 先進国なみの精度を持つ旋盤を完成
	神戸製鋼所の設立(鈴木商店の傘下)
1906 (明治39)	池貝工場, 池貝鉄工所と改称 **8**
	川崎財閥, 川崎定徳合資会社を設立
1907	日本製鋼所設立(北海道・室蘭)
1908	漢冶萍公司の設立(中国の民間大製鉄会社)
1909	三井財閥, 三井合名会社(持株会社)を設立
1912	安田財閥, 安田保善社を設立
1917 (大正6)	三菱財閥, 三菱合資会社(持株会社)を持株会社とする
	古河財閥, 古河合名会社(持株会社)を設立
1918	浅野財閥, 浅野同族会社を設立。鞍山製鉄所の設置
1921	住友財閥, 住友合資会社(持株会社)を設立

6 銑鉄供給高の推移

(単位:千t)

年次	総計Ⓐ	全国生産Ⓑ	Ⓑ/Ⓐ(%)	八幡Ⓒ	Ⓒ/Ⓑ(%)	輸入Ⓓ	Ⓓ/Ⓐ(%)
1900	45	23	51	0.8	3	22	49
1901	99	57	58	30	53	42	42
1902	69	40	58	10	25	29	42
1903	68	31	46	0	0	37	54
1904	131	68	52	32	47	63	48
1905	228	80?	35?	88?	?	148	65
1906	242	141	58	100	71	101	42
1907	236	140	59	96	69	96	41
1908	241	146	61	103	71	95	39
1909	282	164	58	116	71	118	42
1910	293	188	64	129	69	105	36
1911	400	203	51	147	72	197	49

(大江志乃夫『日本の産業革命』による)

▲解説 1900年時点では, 鋼材の自給率が1%にも満たず, 銑鉄は釜石鉱山田中製鉄所が中心で, ほとんど輸入に頼っていた。日露戦争前後の軍備拡張と鉄道拡張に対応した八幡製鉄所の操業は, その輸入依存度を低下させた。

▶解説 1911年に水力の発電量が火力を上まわり, 発電量も1905年から13年にかけて11倍に増大した。またタングステン電球の製造もあり, 大都市を中心に電灯が急速に広まった。

2 官営事業の払下げ

(単位:円, 小林正彬『日本の工業化と官業払下げ』による)

払下年	事業所	官業時投下資本	払下げ価格	払下げ先	のちの所属	
1874	高島炭鉱	39万3848	55万0000	後藤象二郎(のち三菱)	三菱鉱業	大隈財政 1881
1882	広島紡績所	5万4205	1万2570	広島綿糸紡績会社		
1884 (明治17)	深川セメント製造所	10万1559	6万1741	浅野総一郎	日本セメント	
	小坂銀山	54万7476	27万3659	久原庄三郎	同和鉱業	松方財政
1885 (明治18)	院内銀山	70万3093	10万8977	古河市兵衛	古河鉱業	
	阿仁銅山	167万3211	33万7766	古河市兵衛	古河鉱業	
	品川硝子	29万4168	7万9950	西村勝三・磯部栄一	1892年廃止	
1887 (明治20)	新町紡績所	13万8984	14万1000	三井	鐘淵紡績	
	長崎造船所	113万0949	45万9000	三菱	三菱重工業	
	兵庫造船所	81万6139	18万8029	川崎正蔵	川崎重工業	
	釜石鉱山	237万6625	1万2600	田中長兵衛	新日本製鉄	
1888	三池炭鉱	75万7060	459万0439	佐々木八郎	三井鉱山	
1889	幌内炭鉱・鉄道	229万1500	35万2318	北海道炭礦鉄道	北海道炭礦汽船	1892
1893	富岡製糸場	31万0000	12万1460	三井	片倉工業	
1896 (明治29)	佐渡金山	141万9244	256万0926	三菱	三菱金属工業	
	生野銀山	176万0866				

▲解説 官営事業の払下げは1880年の工場払下げ概則の公布により実施されたが, 条件が厳しく進展しなかった。1884年, 同概則が廃止されると, 軍事工場と鉄道を除く払下げ事業は本格的に進展し, 三井・三菱・古河などの政商は鉱工業の基盤を持つ財閥へと成長していった。

詳しくみてみよう！ 八幡製鉄所

5 官営八幡製鉄所の設立

▲官営八幡製鉄所 ドイツの技術をもとに, 清国の大冶鉄山の鉄鉱石と筑豊炭田の石炭(のち満洲の撫順炭田の石炭も使用)を使用し, 製鉄の生産は国内の約80%を占めた。写真は操業当時のもの。

漢冶萍公司(1908年合併)

清 ナンキン南京 シャンハイ上海 漢陽製鉄所 大冶鉄山 萍郷炭鉱 日本 八幡製鉄所

▲解説 漢冶萍公司は中国の民間大製鉄会社で, 1908年に漢陽の製鉄所, 大冶鉄山, 萍郷の炭鉱を合併して設立された。

7 電力事業の動向

年次	発電能力(1000kW)			消費電力(100万kW時)			
				電気事業			自家用
	水力	火力	合計	電灯	電力	合計	電力
1905	12	27	39	–	–	–	–
1907	26	47	73	95	54	149	84
1909	57	60	117	174	65	239	130
1911	116	103	219	322	125	447	206
1913	286	168	454	617	309	926	286

(南亮進『鉄道と電力』による)

3 石炭生産の拡大

3-① 石炭の生産量

注)輸出量には外国船の船用炭は含まれていない。

八幡製鉄所操業 日清戦争

生産量: 56.7 / 5.1 ... 243.8 / 648.9 / 1568.1
輸出量: 281.3

1875 80 85 90 95 1900 05 10年
(明8)(13)(18)(23)(28)(33)(38)(43)

(三和良一『概説日本経済史 近現代』による)

▲解説 幕末・開港期に, 船舶用・輸出用として扱われていた石炭は, 1890年代からの蒸気機関を使用する近代工業化が進み, 財閥系資本の進出と地場企業家の出現により, その生産量を飛躍的に伸ばした。

3-② 筑豊炭田

▼解説 福岡県にある日本最大の炭田。江戸前期に開発された小炭田であったが, 1900年頃, 三井・三菱・古河・住友などの財閥系資本が進出し, 日清戦争後には国内産出量の過半数を占める産炭地となり, 八幡製鉄所にも石炭を供給。

▲山本作兵衛の炭坑記録画 明治～昭和初期の炭坑の姿が描かれており, 2011年に世界記憶遺産に登録された。労力がいる男性の先山と補助的作業の女性の後山の2人組を単位としておこなう作業は, 重労働であった。

8 工作機械の発達

▶池貝鉄工所 1889年に池貝庄太郎が創設した池貝工場は, 1905年に高精度な旋盤の国内生産に成功し, 翌年, 池貝鉄工所と改称した。

▶最古の国産旋盤(1889年12月) 旋盤とは, 加工すべき物を回転させて所要の形に切り削る際に使う工作機械のこと。

Question p.260 **2** のような官営事業の払下げは, どのような過程で促進されたのだろうか。

第❹部 近代・現代

1 コンツェルンの形成 　1-① 財閥の形成

カルテル（企業連合）

同種商品を供給する企業が，価格・生産量などについて協定を結び，競争を回避すること。現在は独占禁止法で禁止。

（価格，販路，生産量）

トラスト（企業合同）

競争関係にあった複数企業が，実質的に一つの企業体になること。その典型が合併。

A企業
合併

コンツェルン

持株会社や銀行が中心となり，さまざまな産業分野の企業を株式取得や金融などで支配する独占の最高形態。この時期の**財閥**はこの形態をとった。

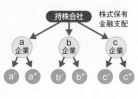

持株会社　株式保有金融支配

2 関東州・朝鮮・台湾との貿易（1908年）

対関東州
| 移入 | 1位 大豆粕（62.5%） | 2位 大豆（27.0%） |
| 移出 | 1位 綿布（12.8%） | 2位 木材板（10.6%） |

対朝鮮
| 移入 | 1位 米（44.4%） | 2位 大豆（31.1%） |
| 移出 | 1位 綿布（18.7%） | 2位 綿糸（9.2%） |

対台湾
| 移入 | 1位 米（41.5%） | 2位 砂糖（38.7%） |
| 移出 | 1位 木材板（10.4%） | 2位 綿布（9.6%） |

解説 朝鮮・台湾・関東州から移入したものの1位は農産物で，米や大豆が中心であった。一方，移出したものの1位は綿布で，中国大陸から輸入した綿花を加工して移出した。

3 輸出入品の割合

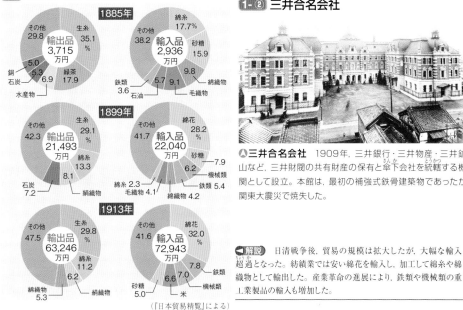

1885年
輸出品 3,715万円：生糸 35.1%，緑茶 17.9，水産物 6.9，石炭 5.3，銅 5.0，その他 29.8
輸入品 2,936万円：綿糸 17.7%，砂糖 15.9，綿織物 9.8，毛織物 9.1，石油 5.7，鉄類 3.6，その他 38.2

1899年
輸出品 21,493万円：生糸 29.1%，綿糸 13.3，絹織物 8.1，石炭 7.2，その他 42.3
輸入品 22,040万円：綿花 28.2%，砂糖 7.9，機械類 6.2，鉄類 5.4，綿織物 4.2，毛織物 4.1，綿糸 2.3，その他 41.7

1913年
輸出品 63,246万円：生糸 29.8%，綿糸 11.2，絹織物 6.2，綿織物 5.3，その他 47.5
輸入品 72,943万円：綿花 32.0%，鉄類 7.8，機械類 7.0，米 6.6，砂糖 5.0，その他 41.6

（『日本貿易精覧』による）

解説 日清戦争後，貿易の規模は拡大したが，大幅な輸入超過となった。紡績業では安い綿花を輸入し，加工して綿糸や綿織物として輸出した。産業革命の進展により，鉄類や機械類の重工業製品の輸入も増加した。

1-② 三井合名会社

三井合名会社 1909年，三井銀行・三井物産・三井鉱山など，三井財閥の共有財産の保有と傘下会社を統轄する機関として設立。本館は，最初の補強式鉄骨建築物であったが，関東大震災で焼失した。

4 農業関係年表

1874	7	内藤新宿に農事修学場を設置
1877（明治10）	8	第1回内国勧業博覧会開催（東京・上野）
	9	三田育種場（東京）を設立（1886，民間に払下げ）
1878（明治11）	1	東京駒場に，駒場農学校開校（1890，帝国大学に統合）
1879（明治12）	9	横浜で第1回製茶共進会を開催（共進会のはじめ）
1881（明治14）	4	大日本農会の成立（初代幹事長：品川弥二郎）農商務省の設置（農林・商工行政の中央官庁）
1891（明治24）	1	小岩井農場（岩手県）の設立（大農法経営を実施）
1893	4	農事試験場の設置（東京西ケ原）
1894	12	第1回全国農事大会開催
1895		全国農事諸会成立（代表：前田正名）
1898（明治31）	1	静岡農工銀行の開業（農工銀行のはじまり）
1899（明治32）		耕地整理法公布（区画整理）
	6	農会法公布（農民の福利目的の農会の設立と補助金交付）
1900（明治33）	3	産業組合法公布（信用組合・販売組合・購買組合・生産組合の設立を認可）
1908（明治41）	10	戊申詔書発布→地方改良運動の推進→p.247 5
1910	11	帝国農会（農会の全国的中央機関）
1922（大正11）	4	日本農民組合結成（神戸）改正農会法公布

5 農業の改良

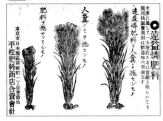

ベルギーから輸入された化学肥料の広告 無肥料（左）・人糞（中）と比較して，その成長の良さを示している。

6 主要農産物の生産と価格の変化

（　）内は構成比（%）で，当年価格により算出

項目	品名	1882〜84 (明治15〜17)平均	1887〜89 (明治20〜22)平均	1892〜94 (明治25〜27)平均	1897〜99 (明治30〜32)平均	1902〜04 (明治35〜37)平均
農業生産	米（万石）	3,338（51.3）	3,799	4,019	4,004	4,495（52.7）
	麦（万石）	1,491（ 9.5）	1,549	1,748	1,930	1,899（10.2）
	棉（10万貫）	147（ 1.9）	198	126	66	30（ 0.2）
	菜種（1000石）	1,016（ 1.7）	1,120	1,017	1,069	1,089（0.8）
	野菜（100万円）	42（ 5.7）	51	55	60	68（ 5.7）
	繭（10万貫）	120（ 8.6）	119	166	222	266（ 9.9）
	他とも生産額合計（100万石）	790（100.0）	902	977	1,034	1,144（100.0）
価格指数	農産物	100	83	115	175	192
	米	100	93	117	195	209
	繭	100	105	112	130	143
	工業製品	100	85	92	133	149

（『日本歴史大系』による）

7 養蚕業の発達

養蚕業の発達 図は，成長した蚕に繭をつくらせるため，藁族に入れる作業をおこなっている様子。

8 寄生地主制の進展

寄生地主制の進展 写真は新潟県新発田の大地主の蔵に小作米が納められる様子。この家には，1年に4400俵（約264t）がおさめられ，寄生地主制の進展が顕著となっていった。

Answer 1880年，松方財政での歳出の削減のため，工場払下げ概則が制定された（**p.256 1**）が，その条件が厳しかったためあまり進まなかった。1884年概則の廃止により政商への払下げが本格化した。

1 明治期の社会問題・労働運動

1886	6	雨宮製糸スト(日本最初のストライキ)。東京婦人矯風会の設立
1888	6	高島炭鉱(長崎県)問題(『日本人』が発表)
1891	12	足尾鉱毒事件(栃木県)発生(1901年田中正造の直訴)
1894	1	天満紡績スト(大阪天満紡績工場の女工ストライキ)
1895	9	日本救世軍の創設(宗教家山室軍平入軍)→p.264 4-⑤
1897 (明治30)	4	高野房太郎、職工義友会結成→7 労働組合期成会に改組
	12	鉄工組合結成
1898 (明治31)	2	富岡製糸場スト。日本鉄道の機関手争議
	4	日本鉄道矯正会結成 10 社会主義研究会発足→p.247 6
1899 (明治32)	4	横山源之助『日本之下層社会』3 10 木下尚江ら、普通選挙期成同盟会を結成 11 活版工組合結成
1900	1	社会主義研究会、社会主義協会に改組 3 治安警察法公布
1901	5	社会民主党結成(最初の社会主義政党。直後禁止)
1903 (明治36)	3	農商務省編『職工事情』
	11	平民社結成(幸徳秋水・堺利彦ら)。『平民新聞』発刊
1906 (明治39)	1	日本社会党結成(政府公認の最初の社会主義政党、翌年禁止)
1907	2	足尾銅山争議 6 別子銅山争議、軍隊が鎮圧
1908	6	赤旗事件(社会主義者を弾圧)
1910	5	大逆事件(翌年、幸徳秋水らの死刑執行)
1911 (明治44)	3	工場法公布(16年施行)→p.263 2 8 警視庁に特別高等課設置
	12	東京市電スト
1925	7	細井和喜蔵『女工哀史』

2 工場労働者数の増加

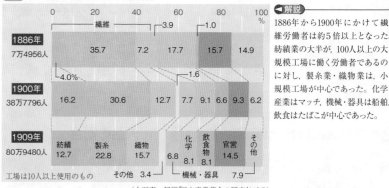

	繊維								
	紡績	製糸	織物		化学	飲食物	官営	その他	
1886年 7万4956人	35.7	7.2	17.7	3.9		15.7	1.0	14.9	
1900年 38万7796人	16.2	30.6	12.7	7.7	9.1	6.6	9.3	6.2	
1909年 80万9480人	12.7	22.8	15.7	6.8	8.1	8.1	14.5	3.4

4.0% 1.6
機械・器具 7.9
工場は10人以上使用のもの その他

(大石嘉一郎編『日本産業革命の研究』による)

▷解説
1886年から1900年にかけて繊維労働者は約5倍以上となった。紡績業の大半が、100人以上の大規模工場に働く労働者であるのに対し、製糸業・織物業は、小規模工場が中心であった。化学産業はマッチ、機械・器具は船舶、飲食はたばこが中心であった。

3 製糸工女の実態

製糸工女の実態

余嘗て桐生・足利の機業地に遊び、聞いて極楽、観て地獄、職工自身が然かく口にせると同じく、余も亦たその境遇の甚しきを見て之を案外なりとせり。而かも足利・桐生を辞して前橋に至り、製糸職工に接し、更に驚くべき、甚しきに驚きたり。糸女職工に接するの忙しきに、食物はワリ麦六分に米四分、寝室は豚小屋に類し、醜陋見るべからず。特に驚くべきは、其地方の如き、業務の閑なる時は復た期を定めて奉公に出だし、一ケ年支払ふ賃銀は多きも二十円を出でざるなり(一日六銭弱=米約半升)。…若し各種労働に就き、其の職工の境遇にして憐むべき者を挙ぐれば製糸職工第一たるべし。

(横山源之助『日本之下層社会』)

3-① 製糸工場での労働時間

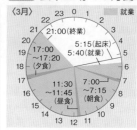

〈3月〉
21:00(終業)
5:15(起床)
5:40(就業)
17:00〜17:20(夕食)
11:30〜11:45(昼食)
7:00〜7:15(朝食)
就業

(『長野県立歴史館展示案内』による)

▷解説
長野県諏訪郡の製糸工場では、1日14時間20分の労働時間で、土・日曜や休日もなく、休みは盆と正月のみであった。

4 社会・労働問題の発生

高島炭鉱問題 1888.6
労働者虐待の実態が、雑誌『日本人』に発表され問題化

甲府雨宮製糸工場スト 1886.6
工場側の管理強化に女工たちが反発。日本最初のストライキ

足尾銅山争議 1907.2
会社側が待遇改善要求を拒否したことに対して、労働者が暴徒化

別子銅山争議 1907.6
労働者が賃上げを要求し、全山に及ぶ暴動が発生。軍により鎮圧化

大阪天満紡績工場スト 1889.9〜10・1894.1
賃上げと待遇改善を要求した

幌内炭鉱
日本製鋼所
釜石製鉄所
常磐炭田
野田醤油
東洋モスリン
東京砲兵工廠
浦賀ドック
日本楽器
大阪鉄工所
呉海軍工廠
八幡製鉄所
筑豊炭田
三池炭鉱
長崎造船所

●おもな労働争議の発生

5 足尾鉱毒事件 5-① 足尾銅山

5-② 鉱毒被害地図

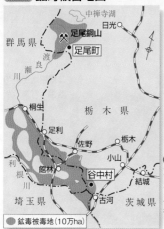

中禅寺湖
日光
足尾銅山
足尾町
群馬県
渡良瀬川
桐生
足利
佐野
栃木
小山
館林
谷中村
古河
結城
利根川
埼玉県
茨城県
栃木県

●鉱毒被害地(10万ha)

▷足尾銅山 1877年、足尾銅山を買収した古河市兵衛は、最新技術を導入し、91年には産銅量1500万斤(約3840t)を超える全国一の銅山とした。一方、1890年頃から鉱毒は流出していた。

▷解説
1896年夏、2度にわたる大洪水が渡良瀬川流域を襲い、鉱毒被害地は10万haにもおよんだ。

5-③ 田中正造

◁田中正造(1841〜1913)
第1回衆議院議員選挙で選出された正造は足尾鉱毒事件の解決に奔走し、1901年12月10日、議会開院式から帰る天皇の馬車に向かって直訴した。

▷田中正造直訴の情景

Question 日本最初の労働者保護法である工場法が制定(p.263 2)されても、労働状況が改善されなかった理由を考えてみよう。

第4部 近代・現代

1 大正期の労働運動

1912	8 鈴木文治が友愛会を結成。12 第1次護憲運動おこる
1916 (大正5)	9 工場法施行 ❷
1918 (大正7)	8 米騒動が全国へ拡大
1919 (大正8)	9 友愛会が大日本労働総同盟友愛会と改称
1920 (大正9)	2 八幡製鉄所争議
	3 東京株式相場大暴落。戦後恐慌おこる
	5 第1回メーデー ❸-①
1921 (大正10)	7 神戸三菱・川崎両造船所争議 ❸-②。10 日本労働総同盟友愛会を日本労働総同盟に改称
1922 (大正11)	4 杉山元治郎ら日本農民組合を結成 ❹-②
	11 新潟県木崎村小作争議おこる
1923 (大正12)	9 関東大震災
1924 (大正13)	9 小作調停法公布
1925 (大正14)	4 日本労働総同盟が分裂、5 左派は日本労働組合評議会を結成。12 農民労働党即日結社禁止
1926 (大正15)	3 労働農民党など無産政党結成。4 労働争議調停法公布

3 大正・昭和期の労働組合

3-① 組合の流れ

```
1912.8
友愛会 ----- 鈴木文治，労資協調と労働者の地位向上をめざす
  ↓
工場労働者の増加，労働争議の激増，ILO（国際労働機関）設立の影響で急成長
  ↓
1919.8
大日本労働総同盟友愛会 --- 8時間労働制・治安警察法の改正・労働組合の公認・普選の実施などを要求。1920年には第1回メーデーを実施
1920.5
第1回メーデー実施
1920.10
日本労働総同盟友愛会
1921.10
日本労働総同盟（総同盟） --- 階級闘争主義へ転換
  ↓
  分裂（左派を除名）
```

左派
1925.5
日本労働組合評議会（評議会）
日本労働総同盟を除名された左派が結成。日本共産党の影響が強い。三・一五事件で共産党活動家をいっせい逮捕
↓
1928.4に解散命令

右派
日本労働総同盟（総同盟）
社会民衆党（委員長安部磯雄，書記長片山哲）の支持基盤。1940年，産業報国会成立に同調。大政翼賛会に合流
↓
1940.7に解散

2 工場法（1911年公布，1916年施行）

工場法

第一条　本法ハ左ノ各号ノ一ニ該当スル工場ニ之ヲ適用ス
一　常時十五人以上ノ職工ヲ使用スルモノ
二　事業ノ性質危険ナルモノ又ハ衛生上有害ノ虞アルモノ……
第二条　工業主ハ十二歳未満ノ者ヲシテ工場ニ於テ就業セシムルコトヲ得ズ……
第三条　工業主ハ十五歳未満ノ者及女子ヲシテ、一日ニ付十二時間ヲ超エテ就業セシムルコトヲ得ズ
　本法施行後十五年間ヲ限リ前項ノ就業時間ヲ二時間以内延長スルコトヲ得。……《官報》

◭工場法の風刺画（『二六新報』1910年11月12日号）　工場主が工場法案の提出を防ごうとしている。右側のランプに「夜業」の文字があるように少年・少女の深夜業の禁止が法案の争点であった。しかし，実際には工場法制定後も深夜業はさまざまな形で認められた。

3-② 労働争議と参加人員

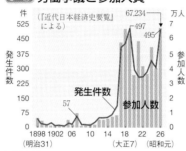

◭解説　第一次世界大戦中の急速な産業の発展で工場労働者は増加したが，労働者の生活は物価が上昇したためいっそう苦しくなり，労働争議の件数が急激に増加した。

◭1921年7月，神戸の三菱・川崎両造船所の争議　応援に訪れた鈴木文治（右から2人目）と吉野作造（その左）。

4 小作争議と日本農民組合

4-① 小作争議と小作人組合

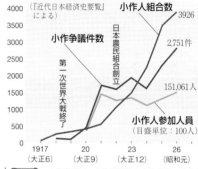

◭解説　小作争議は，小作料減額や小作条件の改善をめざした。1922年の日本農民組合の結成，小作調停法が施行（1924年12月）されるにおよんで，争議が多発した。

4-② 農民組合結成の新聞

◭杉山元治郎（1885〜1964）

◭賀川豊彦（1888〜1960）

◭日本農民組合結成を報じる新聞記事（『万朝報』1922年4月9日）　杉山元治郎（組合長）・賀川豊彦を指導者として神戸で結成された。

◁第1回メーデー（1920年5月）　大日本労働総同盟友愛会のよびかけで，第1回メーデーが5月2日に東京の上野公園で開催。約5000人の労働者が参加。

Answer　工場法では深夜業の禁止は，適用範囲が15人以上使用の工場に限定された。また製糸業で14時間労働，紡績業で深夜業を制限付きで認めていた。

1 明治文化の特色

背景	近代国家の成立（議会政治と資本主義・欧米文化の摂取と消化）
時期	19世紀後半〜20世紀初め
特色	①欧米文化の急速な受容…日本と西洋の混在 ②政府の強い指導性…思想・教育面 ③国民による近代文化の発展…教育・交通・マスコミの発達

2 教派神道 →p.216 5

教祖教説系3派

教名	成立	創始者	公認		
黒住教	1814	黒住宗忠	1876	岡山，天照大神信仰	
金光教	1859	川手文治郎（赤沢文治）	1900	岡山，天地金乃神の尊信	
天理教	1838	中山みき	1908	大和，天理王命が教神	

山岳信仰系3派

扶桑教	1873	宍野半	1882	富士講からおこる
実行教	1878	柴田花守（咲行）	1882	富士講からおこる
御嶽教	1873	下山応助	1882	木曾御嶽の講からおこる

神道系7派

神道本局	1875	神道事務局	1882	神道事務局の後身。のち神道大教
神道修成派	1873	新田邦光	1876	キリスト教対策。山岳信仰者中心
出雲大社教	1873	千家尊福	1882	出雲大社の講
（神道）大成教	1879	平山省斎	1882	種々の教会の集合体的性格
神習教	1881	芳村正秉	1882	東京，神道国教化を主張
神理教	1880	佐野経彦	1894	福岡，三条教則が教理
（神道）禊教	1840	井上正鉄	1894	天照大神，禊祓の修行重視

3 仏教の復興

◀島地黙雷（1838〜1911）真宗の僧侶。明治初期の廃仏毀釈の風潮に抵抗し，宗教行政を司る教部省の開設などに奔走。神道国教化に対しては，政教分離・信教の自由を主張し，大教院（神仏合同布教の中枢機関）から浄土真宗を離脱させるなど，仏教の復興を達成した。

◀井上円了（1858〜1919）仏教思想家。1887年，東京湯島に哲学館（現，東洋大学）を設けた。政教社創設に参加するなど，国粋主義的立場からキリスト教を批判したが，仏教の体系化にもつとめた。

4 キリスト教の浸透

4-① バンドの結成

札幌バンド	横浜バンド	熊本バンド
札幌農学校1・2期生らによるキリスト教信者集団。内村鑑三と新渡戸稲造らを輩出。農学校教頭クラーク（米）の影響を大きくうけ，1876年，「イエスを信ずる者の契約」に署名した。	明治初期，横浜においてブラウン（米）やヘボン（米）の指導の下，プロテスタント・キリスト教の信者となった集団。日本基督教会の中心的な役割をはたした牧師である植村正久らを輩出。	熊本洋学校教師ジェーンズ（米）の教えをうけ，キリスト教を広めようと，1876年に誓約をおこなった集団。のち，ともに同志社の総長となった海老名弾正，小崎弘道，徳富猪一郎（蘇峰）らを輩出。

▲農学校時代の内村鑑三と新渡戸稲造

▲植村正久（1857〜1925）

▲海老名弾正（1856〜1937）

4-② 札幌農学校とクラーク

▲札幌農学校 1876年，高等農業教育機関として開校。北海道開拓の指導者の育成をめざし，アメリカから教頭としてクラークを招き，大農場方式を導入した教育をおこなった。

◀クラーク（1826〜86）→p.266

4-③ ジェーンズ

◀ジェーンズ（1838〜1909）1871年，熊本洋学校に招かれて来日したアメリカ教師で，聖書についての授業をおこなった。1876年，洋学校の生徒の一部がキリスト教信仰のグループである熊本バンドを結成したため，ジェーンズは解任され，洋学校も閉鎖された。その後，ジェーンズとその生徒は，京都の同志社英学校に転校して活動を続け，熊本バンドの系統を維持した。

4-④ 廃娼運動

存続していた公娼制度や私娼を問わず売春の廃止に取り組む運動。日本では，矢島楫子が1886年に設立した東京婦人矯風会などが運動の中心になった。

▲矢島楫子（1833〜1925）

4-⑤ 救世軍

◀救世軍の活動 1877年，イギリスで創設されたキリスト教の一派。1895年，日本にも創設され，翌年に山室軍平を救世軍士官に任命。廃娼運動などの社会改良運動に取り組む。社会鍋による募金活動は現在でも続く。

Question 学制の後，なぜ教育令や学校令を出すことになったのだろうか。

第4部 近代・現代

1 明治期の教育制度の変遷 →p.224 1 6

年	月	事項
1858	10	福沢諭吉, 慶應義塾を開く
1871	7	文部省の設置
1872 (明治5)	8	「学事奨励に関する被仰出書」(太政官布告)
		学制発布(フランス系の学校制度)
		東京女学校設立
1874 (明治7)	3	東京に女子師範学校設立
		工部省が工学校を開設
1875	11	新島襄, 同志社英学校創立(翌年, 同志社)
1877 (明治10)	4	東京大学設立
		工学校, 工部大学校と改称
		学習院創立(華族の教育機関)
1879 (明治12)	8	教学聖旨(教学大旨などを元田永孚が起草)
	9	教育令公布(アメリカ系の学校制度) 4
1880	12	改正教育令公布(中央集権化の強化)
1882	10	大隈重信, 東京専門学校(のち早稲田大学)創立
1886 (明治19)	3	帝国大学令公布(学校令の一つ, 初代文相森有礼)。東京大学, 帝国大学と改称 4
	4	師範学校令・中学校令・小学校令公布
		義務教育3〜4年〔小学校に3年以内の簡易科設置〕
1890 (明治23)	10	教育に関する勅語(教育勅語)発布 6
1891	1	内村鑑三不敬事件
1894	6	高等学校令公布(文相井上毅)
1899	2	実業学校令, 高等女学校令公布
1900 (明治33)	3	義務教育期間の授業料廃止 8 尋常小学校を4年制に統一(義務教育4年制の確立)
	9	津田梅子, 女子英学塾(のち津田塾大学)設立
1902	-	義務教育の就学率が90%を超える(91.6%)
1903 (明治36)	3	専門学校令公布
	4	小学校で国定教科書制度を導入(1904年から使用開始, 国家統制の強化)
1907	3	義務教育を6年間に延長
1911	-	小学校の就学率が98.1%となる

2 義務教育制度の変遷

	1	2	3	4	5	6	7	8	9年
1872 学制公布	下等小学校				上等小学校				
1881 小学校教則綱領制定	初等科			中等科			高等科		
1886 小学校令公布	尋常小学校				高等小学校				
1890 小学校令改正	尋常小学校				高等小学校				
1900 小学校令改正	尋常小学校(義務教育)				高等小学校				
1907 小学校令改正	尋常小学校(義務教育)						高等小学校		

(小学館『明治時代館』による)

▲解説 **義務教育**は1872年の学制で方針が出され, 79年の教育令では最低16カ月とされた。小学校令では90年の改正で尋常小学校の3〜4年間とされたが, 1900年の改正で4年制が確立し, 07年には6年間に延長された。

4 教育令と学校令

教育令

1879年 (自由)教育令公布。アメリカの自由主義教育制度を参考に学制を改正。小学校の設置・管理を地方に移管し, 就学義務は4年間に16カ月と緩和した。

1880年 改正教育令公布。小学校教育に対する府知事・県令の監督権限を強化し, 中央集権化した。

学校令

1886年 森有礼文相により公布された学校諸制度に関する法令の総称。国家主義的教育のドイツ式。帝国大学令, 師範学校令(教員養成機関, 尋常4年・高等3年), 中学校令(尋常5年・高等2年), 小学校令(尋常4年・高等2年, 義務教育3〜4年, 教科書検定制度)からなる。

▲森有礼 (1847〜89)

3 義務教育における就学率の向上

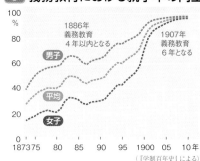

1886年 義務教育 4年以内となる
1907年 義務教育 6年となる

男子
平均
女子

(『学制百年史』による)

▲解説 学制発布の翌年, 就学率は男子40%, 女子15%にすぎなかった。教育令・改正教育令を通して義務教育の年限が明確になったが, 1890年における就学率は男子65%, 女子31%に過ぎなかった。これは, 1・2年次の退学率の多さに原因があった。日清戦争後, 在学年数も延びて就学率が向上し, 日露戦争後には全体で95%に達した。

5 おもな教育機関

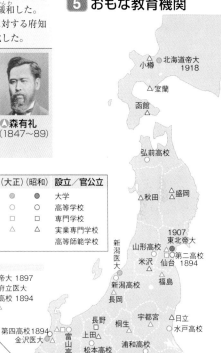

おもな私立大学

東京
慶應義塾 1858
学習院 1877
専修学校(専修大学) 1880
東京法学社(法政大学) 1880
明治法律学校(明治大学) 1881
東京専門学校(早稲田大学) 1882

伊勢
神宮皇學館 1882

大阪
関西法律学校(関西大学) 1886
関西学院 1889

京都
立命館 1869
同志社英学校 1875

▶東京専門学校
東京牛込区早稲田の田園に建つ校舎。左手奥が大隈重信寄贈の大講堂。

英吉利法律学校(中央大学) 1885
明治学院 1886
哲学館(東洋大学) 1887
和仏法律学校(法政大学) 1889
日本法律学校(日本大学) 1889
國學院 1890
女子英学塾(津田塾大学) 1900
日本女子大学校 1901

(明治)(大正)(昭和) 設立/官公立
● ● ● 大学
○ ○ ○ 高等学校
□ □ □ 専門学校
△ △ △ 実業専門学校
☆ 高等師範学校

地図内:
小樽
●北海道帝大 1918
△室蘭
函館
弘前高校
△秋田 △盛岡
△新潟医大
山形高校
1907 ●東北帝大
米沢 △第二高校 仙台 1894
●新潟医大
新潟高校
長岡
長野 △上田 桐生
松本高校 △宇都宮 ●日立 水戸高校
●京都帝大 1897
○京都府立医大
△第三高校 1894
□△○△△
○富山高校
金沢医大
福井
岐阜
甲府 横浜
浦和高校
千葉医大
第四高校 1894
鳥取
姫路高校
神戸商大 大阪 津
彦根 浜松 静岡高校
松江高校
第六高校 1900
岡山医大
和歌山 1908
奈良女高師
堺
山口高校
広島
松山高校
高松 徳島
松山 新居浜
高知高校
九州帝大 1910
福岡高校 北九州
佐賀高校 △久留米
長崎医大 大分 熊本医大 宮崎 △第五高校 1894
その他
●旅順工大
●京城帝大 1924
●台北帝大 1928
台北高校
旅順高校
第七高校 (造士館, 1901) 宮崎
鹿児島

東京:
●帝国大学 1886 →東京帝大 1897
●東京商大
●東京工大
●東京文理大
☆東京高師
○第一高中 1886 →第一高校 1894
○東京高校
○府立高校
☆女子高師 1890 →東京女高師 1908
□東京美術学校 1887
□東京音楽学校 1887

名古屋:
●名古屋帝大 1939
○第八高校 1908

大阪:
●大阪帝大 1931
●大阪商大
○大阪高校
○浪速高校

広島:
●広島文理大
☆広島高師 1902
○広島高校

6 教育勅語

御名 御璽
明治二十三年十月三十日

▲教育勅語 1890年, 地方官会議で徳育の混乱が指摘され, 起草された。封建的儒教理念の強い「教学大旨」(1879年)とは異なり, 家族主義的国家観に立ってつくられた。謄本が小学校に分けられ, 式日には奉読を義務づけた。

▶解説
内村鑑三不敬事件
1888年, 第一高等中学校の嘱託教員となった内村鑑三は, 91年下賜された教育勅語の奉読式にあたり, 「拒否ではなく実

▲教育勅語の奉戴

はためらいと良心のとがめ」から天皇の署名のある教育勅語に拝礼をせず, 国賊と非難され, 退職した。

Answer 最初の教育令は地方に任せる形をとったが, 小学校の就学率減少などがおこり, 国家主導の学校令が制定された。

1 おもな在日外国人と業績

	業績	国名	滞日期間
宗教	**ヘボン** 宣教師として来日し、横浜の居留地で医療や伝道に従事。ヘボン式ローマ字を考案。開いた英語塾をもとに、1886年、明治学院(のちの明治学院大学)を創設。	米	1859～92
宗教	**フルベッキ** 幕末に宣教師として来日し、英学を教授。維新後、開成学校(のちの東京大学)の経営や政府の外交・教育・法律の顧問として活躍。のち伝道に専念し、1879年東京一致神学校を設立。	米	1859～98
宗教	**ジェーンズ** 熊本洋学校教師として来日。1876年生徒の一団が花岡山においてキリスト教信仰の盟約をおこない、熊本バンドを結成したが、解任された。	米	1871～99
教育	**クラーク** 開拓使の招きで、札幌農学校教頭として来日。農学校の組織化と農学・植物学・英語の教授をおこなう。生徒のなかには内村鑑三や新渡戸稲造のようにキリスト教を信仰し、札幌バンドを結ぶ者も出た。滞在9カ月で帰国の際、"Boys, be ambitious"の言葉を残したことは有名。	米	1876～77
自然科学	**モース** 東京大学で動物学・生理学を教え、ダーウィンの「進化論」をはじめて本格的に日本に紹介。1877年、大森貝塚を発見し、初の考古学的調査もおこなった。→p.16コラム	米	1877～79
自然科学	**ナウマン** 政府の招きで来日し、開成学校で地質学を教え、全国の地質調査を実施。フォッサ=マグナを指摘し、ナウマンゾウの化石も発見した。	独	1875～85
自然科学	**ミルン** 地質学者。工部省の招きで来日し、工部大学校・東京大学で地質学を教える。地震学も研究して地震計を考案したほか、日本地震学会の創設(1880年)にも貢献した。	英	1876～95
医学	**ベルツ** 内科医。政府の招きで来日。東京医学校・東京帝大で内科・産科を講義し、ドイツ医学の移植につとめる。滞在中に記した『ベルツの日記』は日本の政治・社会をするどく批判しており、明治を知る好史料の一つ。	独	1876～1905
医学	**ホフマン** 内科医として来日。東京医学校でドイツの内科学・病理学・薬物学を教え、はじめて病理解剖をおこなった。	独	1871～75
文芸	**フェノロサ** 東洋・日本美術研究家。東京大学の招きで来日し、哲学などを教授。日本古来の美術を高く評価して、その復興に尽力し、岡倉天心とともに東京美術学校の設立にかかわった。	米	1878～90
文芸	**ケーベル** ドイツ哲学者。東京大学教授として招かれ、西洋哲学・古典語学・ドイツ文学を教授。日本哲学の基礎を築く。	露	1893～1923
美術	**ラグーザ** 彫刻家。工部美術学校に招かれて来日し、はじめて西洋彫刻法を教えた。日本西洋彫刻の基礎を築く。滞在中、清原玉と結婚。玉とともにイタリアで工芸学校を創立した。	伊	1876～82
美術	**フォンタネージ** 工部美術学校に招かれた画家で、油絵などの洋画を教えた。門下生として浅井忠らを輩出し、明治洋画の基礎を築いた。	伊	1876～78
美術	**ワーグマン** 画家。『絵入りロンドンニュース』の特派員として来日。幕末の諸事件をレポートする一方、風刺雑誌『ジャパン=パンチ』を創刊。	英	1861～91
美術	**キヨソネ** 銅版画家。大蔵省に招かれて来日し、各種の紙幣や郵便切手の原版をつくり、またその技術を教えた。明治天皇や西郷隆盛の肖像画を描いたことでも有名。	伊	1875～98
建築	**コンドル** 建築家。政府の招きで来日し、工部大学校や帝国大学で西洋建築学を教える。辰野金吾や片山東熊らを育てるとともに、自ら70を超える作品を残す。鹿鳴館・ニコライ堂が代表作。	英	1877～1920

2 おもな自然科学者の業績

医学	**北里柴三郎** 細菌学者。ドイツに留学してコッホに師事。1889年に破傷風菌の純培養に成功し、翌年免疫抗体を発見して血清療法の道を開く。92年福沢諭吉の援助で伝染病研究所を創設し、94年にはペスト菌を発見した。のち北里研究所を設立し、日本細菌学の基礎を築く。	
医学	**志賀潔** 細菌学者。伝染病研究所で北里柴三郎に師事。1897年赤痢菌を発見して世界的に有名となり、留学して生物科学・免疫学も研究。のち、北里研究所の設立に尽力し、1929年京城帝国大学総長に就任した。	
薬学	**高峰譲吉** 化学者。1890年渡米。1894年麹菌から消化薬タカジアスターゼの創製に成功し、胃腸薬として商品化した。1900年に副腎から血圧を高くする作用をもつアドレナリンの分離に成功し、ニューヨークに高峰研究所を創設した。	
薬学	**鈴木梅太郎** 化学者。東京帝大教授となり、米糖から脚気予防に有効なオリザニン(ビタミンB₁)を発見した。グルタミン酸やサルチル酸の製造、乳酸菌の研究、合成酒の発明など、生活に密着した応用化学の面で成果をあげた。	
薬学	**秦佐八郎** 細菌学・化学療法学者。伝染病研究所勤務後ドイツに留学。1910年エールリッヒとともに、梅毒の化学療法剤サルバルサンを創製。帰国後、北里研究所に入り、のち慶應義塾大学で細菌学を教えた。	
地震学	**大森房吉** 地震学者。東京帝大教授。余震・地震帯・地震史など地震に関する幅広い研究をおこない、大森式地震計も考案した。震災予防調査会の設立にも尽力し、近代地震学の確立につとめた。	
天文学	**木村栄** 地球物理学者。岩手県水沢の緯度観測所長として、地球の緯度変化の観測に従事。1902年、緯度変化の計算式にZ項を加えるべきことを発見した。	
物理学	**長岡半太郎** 物理学者。東京帝大教授。磁気歪の研究をおこない、1903年には土星形原子模型を提唱するなど、原子構造の研究で有名となった。実験物理・数理物理・地球物理研究のパイオニア。	
物理学	**田中館愛橘** 物理学者。東京帝大教授。日本全国の地磁気の測定をおこない、震災予防調査会の設立に尽力。そのほか、メートル法やローマ字の普及につとめ、航空物理学に寄与するなど、日本物理学の基礎を築く。	
植物学	**牧野富太郎** 植物学者。帝国大学助手・講師。独学で植物学を学び、全国を調査。1000種以上の新種を発見して命名するなど、植物分類学の権威。編纂した『牧野植物図鑑』は現代も使用されている。	

3 人文・社会科学の発達

歴史学	**田口卯吉** 歴史学者・経済学者。歴史学では、ギゾーのヨーロッパ文明史の影響をうけた日本史論である『日本開化小史』を1877年に刊行した。経済学では、1879年に『東京経済雑誌』を刊行し、自由主義経済の立場から保護貿易を批判して、自由貿易を主張した。
歴史学	**帝大史料編纂掛** 1869年の史料編輯国史校正局にはじまり、1888年、修史事業が帝国大学に移管されて、95年に史料編纂掛(現、東京大学史料編纂所)となる。1901年から『大日本史料』(六国史の後から明治維新までの日本史関係基礎史料集)、『大日本古文書』(編纂所が編纂した古文書集成)を刊行。
歴史学	**久米邦武** 歴史学者。岩倉使節団に随行し、記録係として『特命全権大使米欧回覧実記』を編纂。帰国後、帝国大学教授として史料編纂事業に従事した。1891年『史学会雑誌』に発表、1892年に『史海』に転載された「神道は祭天の古俗」が神道家や国学者から非難を浴び、教授を辞職した(久米事件)。
法学	**梅謙次郎** 法学者。帝国大学教授としてフランス法を研究。民法典論争では、フランス民法の導入を主張していたことから、ボアソナード民法を支持した。民法・商法の開拓者で、法典整備に尽力した。
法学	**穂積八束** 法学者。帝国大学教授として憲法を教授。民法典論争に際し、1891年『法学新報』に論文「民法出デヽ忠孝亡ブ」を発表し、ボアソナード民法(旧民法)に反対する立場をとった。また、天皇機関説に対しても君主主権説を主張。兄の陳重も法学者。

Question お雇い外国人のキヨソネ(p.266 1)が描いたとされる紙幣には、どのようなものがあるのだろうか。

第4部 近代・現代

1 おもな雑誌

雑誌名	創刊年	内容
明六雑誌	1874	明六社の機関誌。啓蒙思想を紹介
団団珍聞	1877	週刊雑誌(東京)。ビゴーが挿絵。政治・社会を風刺批判する
我楽多文庫	1885	尾崎紅葉・山田美妙らが結成した硯友社の文芸同人誌
女学雑誌	1885	日本最初の本格的女性雑誌。巌本善治が編集した
国民之友	1887	民友社の機関誌。徳富蘇峰らが平民主義を主張したが、蘇峰の国家主義への転向で『国民新聞』に吸収
日本人	1888	政教社の機関誌。三宅雪嶺らが国粋保存主義を主唱。のち『日本及日本人』と改称
文学界	1893	北村透谷らが創刊した文芸誌。一葉の小説、藤村の詩を紹介
太陽	1895	東京博文館発行の総合雑誌。高山樗牛が日本主義を主唱

雑誌名	創刊年	内容
少年世界	1895	東京博文館が発行した明治の代表的少年雑誌
ホトトギス	1897	松山で創刊された俳句雑誌。正岡子規や高浜虚子が協力
労働世界	1897	労働組合期成会・鉄工組合の機関誌。日本最初の労働組合雑誌
中央公論	1899	社会評論・学術・思想・文芸などの総合雑誌。滝田樗陰が協力
明星	1900	明星派・新詩社の機関誌。与謝野鉄幹・晶子夫妻が中心
アララギ	1908	伊藤左千夫が創刊した短歌雑誌
白樺	1910	武者小路実篤や志賀直哉らや白樺派の同人誌
青鞜	1911	青鞜社の機関誌。創刊号で平塚らいてうは、「元始、女性は実に太陽であった」と宣言

2 近代文学の流れ① —近代小説

明治初期〜10年代	明治20年代前半	明治20年代後半	明治30年代	明治末〜大正期
戯作文学・翻訳小説・政治小説	写実主義	ロマン主義	自然主義	反自然主義・その他
戯作文学(江戸後期の遊戯的文芸)が残るなか、文明開化の風潮から翻訳小説(西洋文学の翻訳)が流行し、自由民権運動の影響で政治小説(政治思想の宣伝と啓蒙)も書かれた。	坪内逍遙の主張に始まる。戯作や勧善懲悪ではなく、現実をありのままに表現。近代文学の出発点となった。	ヨーロッパのロマン主義の影響。感情の優位を強調し、自己個性の尊重と封建道徳からの解放を主張。	仏や露の自然主義文学の影響。人間社会の現実をありのままに表現することを重視。島崎藤村の『破戒』と田山花袋の『蒲団』で確立。	高踏派…時流にとらわれず理知的立場で表現 耽美派…官能的な美の追求を第一義とする 白樺派…人道主義を追求し、個性の尊重や自我の確立などをうたう
戯作文学…仮名垣魯文『安愚楽鍋』 翻訳…川島忠之介『八十日間世界一周』 政治小説…矢野竜渓『経国美談』 東海散士『佳人之奇遇』 末広鉄腸『雪中梅』	坪内逍遙『小説神髄』『当世書生気質』 二葉亭四迷『浮雲』『あひびき』 幸田露伴『五重塔』(理想主義) 尾崎紅葉『金色夜叉』 山田美妙『夏木立』	森鷗外『舞姫』『即興詩人』 樋口一葉『たけくらべ』『にごりえ』 島崎藤村『若菜集』 泉鏡花『高野聖』、徳冨蘆花『不如帰』『自然と人生』 北村透谷、雑誌『文学界』	国木田独歩『牛肉と馬鈴薯』『武蔵野』 島崎藤村『破戒』 田山花袋『蒲団』『田舎教師』 徳田秋声『黴』『あらくれ』、正宗白鳥『何処へ』、長塚節『土』	高踏派…夏目漱石『吾輩は猫である』 森鷗外『雁』『阿部一族』 耽美派…永井荷風『あめりか物語』 白樺派…武者小路実篤ら、『白樺』創刊

◀坪内逍遙(1859〜1935) 写実主義を提唱。『小説神髄』で論壇の中心となる。『早稲田文学』を創刊。

◀『浮雲』(二葉亭四迷) 坪内逍遙の名を借りて出版。言文一致体(口語体で文章表現する試み)で書かれた日本近代小説の先駆。

▲『金色夜叉』(尾崎紅葉) 1897年から6年間「読売新聞」に掲載された。主人公間貫一と鴫沢宮の愛情と物質の軽重を問うた。

◀樋口一葉(1872〜96) 女流作家。東京の下町生活の哀感を描く。代表作に『たけくらべ』『にごりえ』がある。

◀『破戒』 1906年に刊行された島崎藤村の作品。被差別民の青年教師瀬川丑松の生き方を描いた。自然主義文学の確立に貢献した。

▲『蒲団』(田山花袋) 自然主義文学作品。内弟子芳子への欲情を描き、私小説の先駆となる。

▲『吾輩は猫である』(夏目漱石) 猫の眼から社会観や文明批判を述べた作品。

3 近代文学の流れ② —詩歌・俳句・短歌

近代詩	新体詩	外山正一『新体詩抄』	新体詩(西洋の詩にならいつくられた詩)の先駆
		森鷗外ら『於母影』	鷗外を中心とする新声社による訳詩集
		島崎藤村『若菜集』	七五調の叙情詩が中心
		土井晩翠『天地有情』	「荒城の月」などがおさめられている
		薄田泣菫『白羊宮』	ロマン的文語定型詩をおさめる
	象徴詩	上田敏『海潮音』	ヨーロッパ近代詩の訳詩集
		北原白秋『邪宗門』	異国情緒と官能美の象徴詩
俳句		正岡子規	俳句雑誌	俳句革新運動を展開
		高浜虚子『ホトトギス』	伝統を重んじ、写生句を主唱
短歌		落合直文 新体詩「孝女・白菊の歌」	短歌革新をめざし、浅香社を結成
		与謝野鉄幹 雑誌『明星』	新詩社を創立し、しだいにロマン主義運動を展開
		与謝野晶子 歌集『みだれ髪』	情熱的な恋愛と官能的な「生」への賛歌をうたった
		石川啄木 歌集『一握の砂』	過去・現在の生活感情をうたう
		歌集『悲しき玩具』	生活苦・病苦をうたう。肺結核で死亡後、刊行
		正岡子規 歌論『歌よみに与ふる書』	根岸短歌会を設立。万葉調の復興を主張し、古今調を否定して短歌革新運動を展開
		伊藤左千夫 短歌雑誌『アララギ』	万葉調と写生が基本。小説『野菊の墓』も有名
		長塚節 根岸短歌会機関誌『馬酔木』	写生文を基調とする近代農民文学『土』も有名

▲森鷗外(1862〜1922)

ドイツに留学して衛生学を学んだ軍医で、『舞姫』などのロマン主義的な作品を残した小説家でもある。『舞姫』は、1890年に発表された鷗外の処女作で、ベルリン留学の主人公と踊り子エリスとの恋愛と離別をロマン的に描いた。

▲正岡子規(1867〜1902)

伊予松山に生まれた俳人・歌人で、写生に基づく俳句・短歌革新運動を提唱した。1895年日清戦争に従軍した帰路に吐血して、病床にある中、俳句では1897年創刊の俳句雑誌『ホトトギス』で活躍し、万葉調の復活を論じた短歌の歌論書『歌ゆみに与ふる書』も著した。

Answer 例えば、「大黒札」とも呼ばれた p.256 ④ の日本銀行兌換銀券の「大黒天」像は、キヨソネが描いたものである。

第4部 近代・現代

1 演劇 1-① 明治の演劇と音楽

歌舞伎	**特色** 演劇改良運動の展開 脚本①河竹黙阿弥の散切物（散切頭の俳優による文明開化の新風俗を主題とする演劇・活歴物（史実を重んじ写実的な歴史演劇）②坪内逍遙『桐一葉』（新史劇、歌舞伎に西洋近代劇の作法をとり入れる） 俳優…団菊左時代（1890年代）　九代目市川団十郎・五代目尾上菊五郎・初代市川左団次の活躍 その他…歌舞伎座の建設（1889年竣工）
新派劇	**特色** 古い歌舞伎に対し、明治中期におこった演劇。写実的で大衆的 壮士芝居…川上音二郎がオッペケペー節で政府批判。日清戦争の戦闘場面を舞台で上演、人気を得る 現代劇…尾崎紅葉の『金色夜叉』や徳冨蘆花の『不如帰』を脚本化
新劇	**特色** 西洋近代演劇を摂取 ①文芸協会（1906〜13）…坪内逍遙・島村抱月が文芸全般の革新を目的に設立 →松井須磨子主演、イプセンの作品などを公演 ②自由劇場（1909〜19）…二代目市川左団次と小山内薫が結成。翻訳劇や若手の戯曲を上演
音楽	①洋楽…軍隊などで導入、軍楽隊の編成 ②伊沢修二…唱歌（「小学校唱歌」）を小学校教育に採用 ③東京音楽学校の設立…音楽取調掛の拡充、滝廉太郎（「荒城の月」「花」）らを輩出

1-② 歌舞伎

△**団菊左時代** 明治中期の九代目**市川団十郎**・五代目**尾上菊五郎**・初代**市川左団次**によって築かれた歌舞伎の黄金時代。団十郎は「暫」などの当たり芸を残す。菊五郎は散切物・世話物を得意とし、左団次は河竹黙阿弥らの新作物に新境地を開き、歌舞伎界の刷新をはかった。

1-③ 新派劇

▽**文芸協会第2回公演**（1911年11月）イプセン作『人形の家』の一場面。**松井須磨子**の魅力と古い社会秩序へ抗議する女性の姿は反響をよび、新劇の基礎を築いた。

△**川上音二郎** 自由と民権を宣伝する**オッペケペー節**を創始。芝居の合間に演じて有名となった。その後、妻の川上貞奴とともに壮士芝居をおこし、**新派劇**の創始者となった。

1-④ 新劇

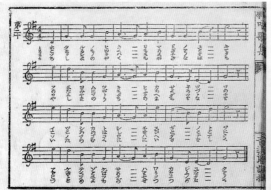

2 音楽 2-① 唱歌の採用

△**伊沢修二**

△**滝廉太郎**
（1879〜1903）

△『**小学唱歌集**』 伊沢修二は、文部省の教育行政官として、唱歌などの西洋音楽を小学校教育にとり入れた。1882〜84年に刊行した『小学唱歌集』では、「ちょうちょ」「蛍の光」「庭の千草」などの名曲が生まれた。

2-② 東京音楽学校

△**東京音楽学校** 1887年に創立した官立の音楽教育機関。初代校長は伊沢修二で、「荒城の月」「箱根八里」などで有名な**滝廉太郎**らを輩出した。

Question 新劇と新派劇の違いはなんだろうか。

1 おもな彫刻一覧

彫刻
- 老猿（高村光雲）
- ゆあみ（新海竹太郎）
- 坑夫・女（荻原守衛（碌山））
- 墓守（朝倉文夫）
- 伎芸天（竹内久一）
- 日本婦人（ラグーザ）

2 彫刻

◁老猿　高村光雲作の木彫。老いた猿が鷲をとらえようとしている様子を描いた作品で、表情や毛並みは写実的。シカゴ万国博覧会（1893年）に出品された。像高90.9cm　東京国立博物館蔵

◁ゆあみ　新海竹太郎作の石膏像。洋風彫塑の技術のなかに、東洋の古典（とくに天平美術）の理想美を表現した秀作で、第1回文展に出品された。像高189.0cm　東京国立近代美術館蔵

◁日本婦人　ラグーザ作のブロンズ像。工部美術学校で彫刻を教えたイタリア人ラグーザは、日本における西洋彫刻の基礎を築いた。作品のモデルは夫人の清原玉。像高61.8cm　東京藝術大学蔵

◁伎芸天　竹内久一作の木像。久一は東京美術学校で木彫を教授。極彩色に仕上げられた伎芸天は、シカゴ万国博覧会（1893年）に出品して評判となった。像高214.5cm　東京藝術大学蔵

▲女　荻原守衛の遺作（ブロンズ像）。内に秘めた情感をみごとに表現し、日本女性の個性を十分に示した名作。像高98.5cm　東京国立近代美術館蔵

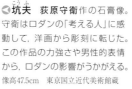

◁坑夫　荻原守衛作の石膏像。守衛はロダンの「考える人」に感動して、洋画から彫刻に転じた。この作品の力強さや男性的表情から、ロダンの影響がうかがえる。像高47.5cm　東京国立近代美術館蔵

◁墓守　朝倉文夫作の石膏像。文夫の居宅近くの東京谷中天王寺の顔なじみの老墓守を描いた作品。写実性を持ち、なおかつ人生の種々相を感じさせる名作といわれる。第4回文展で入賞した文夫の出世作。像高176cm　朝倉彫塑館蔵／東京都

Answer　新劇はシェークスピアなどの西洋翻訳劇で、新派劇は歌舞伎に対して明治中期から始まった大衆小説を題材とした。

1 絵画　1-① おもな絵画一覧　1-② 明治絵画界の流れ

日本画	悲母観音（狩野芳崖） 竜虎図（橋本雅邦） 落葉・黒き猫（菱田春草） 無我（横山大観） 大原御幸（下村観山）
洋画	鮭（高橋由一） 収穫（浅井忠） 湖畔・読書（黒田清輝） 南風（和田三造） 天平の面影（藤島武二） 海の幸（青木繁） 渡頭の夕暮（和田英作） 夜汽車（赤松麟作）

1887　　　　　　　　　　　　　　　　1949
東京美術学校 ──────────────── 東京芸術大学
フェノロサ
岡倉天心・橋本雅邦ら

1898
日本美術院
岡倉・橋本・下村観山
横山大観・菱田春草ら

1914
再興
横山・下村
安田靫彦ら

院展
（日本美術院展覧会）
官立の文展に対抗して始まる

1907　　　1919　　　1919　1946　1947
文展 ─────── 帝国美術院 ─ 帝展 ── 日展 ─ 新日展
（文部省美術展覧会）日本画・　（帝国美術院　（日本美術
洋画を含む総合展覧会　　　　美術展覧会）展覧会）

1914
二科会
梅原龍三郎ら

1912　　　1915　　　1922
フューザン会　草土社　春陽会
高村光太郎・　岸田劉生ら　岸田・萬鉄五郎ら
岸田劉生ら

1876　1883閉鎖 1896　　1912
工部美術学校 ─ 白馬会 ── 光風会
フォンタネージ　黒田清輝・久米桂一郎
　　　　　　藤島武二ら

1889　　　1901　　　　　　　　　1957
明治美術会 ─ 太平洋画会 ──────── 太平洋美術会
浅井忠ら　　中村不折ら

2 日本画

▷悲母観音（狩野芳崖筆）　芳崖は狩野派絵画の近代化につとめ、岡倉天心やフェノロサからも認められた。洋画の手法をとり入れた仏画で、人間の母性愛を描いた遺作。
縦195.8cm　横86.1cm
東京藝術大学蔵

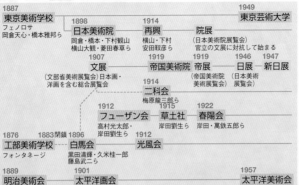

◁大原御幸（下村観山筆）　この作品は題材を『平家物語』の「大原御幸」にとり、6〜7枚の絵巻とした。落髪した建礼門院徳子を後白河法皇が訪ねる場面で、詩情にあふれている。
縦52.0cm　横790.0cm
部分　東京国立近代美術館蔵

▲落葉（菱田春草筆）　春草は日本美術院の創立に参加した日本画家で、西洋的色彩を取り入れた。東京代々木付近の写生をもとに、洋画の技法を取り入れ描いた、近代日本画の名作。縦157.0cm　横362.0cm　部分　永青文庫蔵／東京都

◁黒き猫（菱田春草筆）　柏の幹に座り、何かに緊張している黒猫を描いたこの作品には香気が漂う。縦151.0cm　横51.0cm　永青文庫蔵／東京都

▲無我（横山大観筆）　新日本画の創造をめざす日本絵画協会の第2回共進会への出品作。早春の川べりに大きすぎる着物を着た無邪気な子供を描いたもので、世俗にとらわれない素直な気持ちが新鮮に描かれている。縦143.0cm　横84.6cm　部分　東京国立博物館蔵

▽竜虎図（橋本雅邦筆）　6曲1双屏風。雅邦は、岡倉天心らに認められ、東京美術学校・日本美術院の創立に参画。この絵は第4回内国勧業博覧会（1895年）の参加作品で、伝統的な狩野派の題材（竜と虎）をとりあげながらも、新しい構成と色彩で注目を浴びた。各縦163.0cm　横366.0cm　静嘉堂文庫美術館蔵／東京都

Question 西洋文化の流入により洋画の作品（p.271）が生まれた一方で、伝統的な日本画（p.270）の復興はどのようにおこなわれただろうか。

第4部 近代・現代

3 洋画

▲湖畔（黒田清輝筆）　清輝は，久米桂一郎らと洋画団体白馬会を結成。その清新で明るい色調は外光派とよばれ，西洋画の発展に貢献した。『湖畔』のモデルは清輝の夫人で，場所は箱根芦ノ湖畔。縦69.0cm 横84.7cm　東京国立博物館蔵／東京都

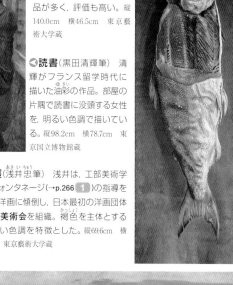

鮭（高橋由一筆）　由一は蕃書調所で川上冬崖に師事し，ワーグマン（→p.266 1）にも指導をうけた。写実的技法を重視し，静物画に迫力ある作品が多く，評価も高い。縦140.0cm 横46.5cm　東京藝術大学蔵

◀読書（黒田清輝筆）　清輝がフランス留学時代に描いた油彩の作品。部屋の片隅で読書に没頭する女性を，明るい色調で描いている。縦98.2cm 横78.7cm　東京国立博物館蔵

◀収穫（浅井忠筆）　浅井は，工部美術学校でフォンタネージ（→p.266 1）の指導をうけて洋画に傾倒し，日本最初の洋画団体の明治美術会を組織。褐色を主体とする柔らかい色調を特徴とした。縦69.6cm 横98.2cm　東京藝術大学蔵

▲天平の面影（藤島武二筆）　武二は日本画から洋画に転じて，白馬会に所属。この作品は箜篌（竪琴）を持ち，唐服を着た天平の官女をロマン的画風で描いた。縦197.5cm 横94.0cm　ブリヂストン美術館蔵／東京都

▲南風（和田三造筆）　第1回文展で入賞した三造の出世作。伊豆大島を背景に，荒れた海を力強く走る船と海の男たちが描かれている。外光派。縦151.5cm 横182.4cm　東京国立近代美術館蔵

▲渡頭の夕暮（和田英作筆）　東京美術学校の卒業制作の作品。多摩川の夕暮の川面と対岸をながめる人びととの姿を，写実のなかに十分な叙情を込めて描いている。縦126.6cm 横189.3cm　東京藝術大学蔵

▲海の幸（青木繁筆）　繁は黒田清輝に師事し，白馬会に所属。この作品は，房州（千葉県）布良の海で大魚をかついで歩くたくましい10人の漁師を，リズミカルな構図，力強いデッサンと褐色の色調で描いている。右から4人目は青木繁の恋人福田たねと言われる。縦70.2cm 横181.2cm　アーティゾン美術館蔵／東京都

▲夜汽車（赤松麟作筆）　白馬会に属した麟作は，風俗を主題とした作品が多い。この絵は明治30年代の三等車両内の情景で，黄色みがかった落ち着いた色調のなかに旅の疲れた雰囲気が描き出されている。縦161.0cm 横200.0cm　東京藝術大学蔵

Answer お雇い外国人であったフェノロサが主張し，岡倉天心とともに東京美術学校を設立（p.270 1-②）して日本画の復興を推進した。

第4部 近代・現代

1 おもな建築一覧

建築
- 旧岩崎邸（コンドル）
- 日本銀行本店（辰野金吾）
- 旧東宮御所
  （現，迎賓館赤坂離宮，片山東熊）
- 慶應義塾図書館（曾禰達蔵）
- 占勝閣（曾禰達蔵）
- 旧日本郵船小樽支店（佐立七次郎）

△解説 コンドルと4人の弟子たち
1877年，イギリスから来日した建築家ジョサイア＝コンドルは，工部大学校で西洋建築を教えた。最初に教えをうけた辰野金吾・曾禰達蔵・片山東熊・佐立七次郎は，西洋建築を取り入れた日本近代建築の礎を築いた。今でもコンドルと4人の弟子たちが手掛けた建築物が残っている。

2 建築

△ニコライ堂 1891年，ギリシア正教の露人宣教師ニコライが，神田駿河台に建てた日本ハリストス正教会の聖堂。ビザンチン様式を主体とする煉瓦造りで，設計は**コンドル**。関東大震災後，再建された。東京都

△旧岩崎邸 1896年竣工。三菱の岩崎弥太郎の長男久弥の邸宅。木造2階建て，地下室付き。**コンドル**が設計した西洋風住宅建築では，現存する最古の建物。東京都

△旧東宮御所（現，迎賓館赤坂離宮）とその内部 1908年竣工。宮廷建築家**片山東熊**の設計による，フランスのヴェルサイユ宮殿を模したネオ＝バロック様式の華麗な洋風宮殿建築物。当初は明宮（のち大正天皇）の東宮御所として建設され，1973年，迎賓館となる。東京都

△日本銀行本店 1896年竣工。コンドルの教えをうけた**辰野金吾**が設計。ルネサンス様式を基調とする重厚な建造物で，明治の銀行建築の代表作。東京都

△旧日本郵船小樽支店 1906年竣工。北海道小樽市に佐立七次郎の設計により建てられた。近世ヨーロッパ復興様式。北海道

△占勝閣 1904年，曾禰達蔵の設計により長崎に建てられた占勝閣は，複雑な屋根構成やベランダなど，アメリカカントリー風ラスティックスタイルの建物。2015年，明治日本の産業革命遺産の一つとして世界遺産に登録された。長崎県 **世界遺産**

◁慶應義塾図書館 1912年竣工。**曾禰達蔵**の設計により，東京三田に建てられた慶應義塾図書館。赤煉瓦と花崗岩の白い窓枠，柱が調和している重厚な建物。内部にある「ペンは剣より強し」のステンドグラスも有名。東京都

Question p.272 **2**のニコライ堂や旧岩崎邸を設計したコンドルの建築物で，条約改正の舞台の一つとなったものは何だろうか。

第**4**部 近代・現代

1 生活様式の変化

衣	1870	洋服(背広)の着用
	〃	靴の国産製造開始(西村勝三)
	〃	コウモリ傘の普及
	1871	散髪脱刀許可令
	1872	帽子の流行
食	1862	牛鍋屋の開業(横浜)
	1867	牛肉店の開業(東京)
	1869	ビールの醸造(横浜)
	1871	西洋料理店の開業
	1873	巻煙草の使用
	1884	サイダーの販売
	1899	ビヤホールの開業(東京新橋)
住	1868	築地ホテル館開業(居留地)
	1871	椅子・テーブル使用の習慣
	1872	銀座煉瓦街の建設
	〃	ガス灯(横浜)使用
	1873	第一国立銀行設立(渋沢栄一)
	1874	マッチ生産開始,銀座でガス灯
	1882	電灯の設置(銀座通り・アーク灯)
交通通信	1869	乗合馬車の開業(東京・横浜間)
	〃	電信の実用化(東京・横浜間)
	1870	人力車(和泉要助)の開業
	〃	自転車の普及
	1871	郵便制度の確立(前島密)
	1872	鉄道の開業(新橋・横浜間)
	1877	電話の開通
	1882	鉄道馬車(日本橋・新橋間)
	1895	路面(市街)電車の開業(京都)
	1898	自動車の利用
その他	1866	競馬の開催(横浜の根岸)
	1868	新聞の発行(『中外新聞』)
	1869	灯台の建設(神奈川観音崎)
	1870	日刊新聞の発行(『東京横浜毎日新聞』)
	1872	近代図書館の建設(東京湯島)
	〃	博覧会の開催(東京湯島)
	〃	太陽暦の採用
	1873	野球の実施
	1876	日曜休暇制の採用
	〃	近代公園の開園(東京上野)
	1877	第1回内国勧業博覧会(東京上野)
	1882	動物園の設立(東京上野)
	1883	鹿鳴館の開館
	1885	水族館(東京浅草)の設立
	1904	デパート(三越)の開業

5 日本髪と束髪

▶島田髷(左)と束髪(右)　若い未婚の女性がおもに結った島田髷など,日本髪が明治初期には依然として多かった。しかし明治10年代より,簡単に結え,斬新な束髪を結う動きが高まり,東京女子師範学校の教師・生徒が採用すると,全国的に広まった。

2 東京の変容

▲淀橋浄水場の開設(『風俗画報』1893年11月10日号)　1886年,東京でコレラにより9800人もの死者が出たことを機に,玉川上水を浄化する浄水場建設がおこなわれた。上図はその水道起工式の様子を描いたもので,完成は1899年。

▶日比谷公園　1903年,日比谷公園は最初の西洋式庭園として開園。写真にある現在の大噴水は,1905年の日比谷焼打ち事件がおこったところとされる。

3 西洋風の生活様式

▲電灯　1882年,東京の銀座通りに電灯(アーク灯)が実用化された。その明るさに新聞は「近傍ほとんど真昼のごとし」と報じた。

▲新橋駅待合室(3代歌川広重「東京汐留鉄道館蒸気車待合之図」)　洋服・帽子・靴といった西洋風の生活様式を身につけた人たちがみえる反面,チョンマゲに和服を着た人もいる。

▶人力車(「東京九段坂上招魂社定燈之晴景」,部分)　人力車は1869年,東京日本橋の和泉要助が馬車をモデルに考案したとされる。営業の開始は1870年からで,76年には東京で2万台を超えたといわれる。しかし,大正期に入ると,市街電車の発展などにより,急速に衰えた。図は東京九段坂上の人力車の賑わいを描いたもの。

水道橋付近を走る甲武鉄道の電車

1889年,新宿・八王子間に開通した甲武鉄道は,東京西部の多摩地方と都心とをつなぐ重要な交通手段であった。1904年には飯田町・中野間が電化され,国有化後の1912年頃には,この区間においておよそ10分間隔での頻繁な運転が実現した。

▲帝国劇場　1911年,渋沢栄一や大倉喜八郎らによって,東京丸の内に最初の西洋風劇場として開業した。大正期には東京名物となり,「今日は三越,明日は帝劇」の流行語も生まれた。

4 鉄道馬車と路面電車

▶鉄道馬車　1882年,新橋・日本橋間にはじめて鉄道馬車が開通した。1903(明治36)年,東京にも路面電車が走るようになり,写真は1903年,東京電車鉄道の試運転の様子。

◀路面電車(石井行昌撮影写真)　1895年,京都の塩小路東洞院・伏見下油掛間にはじめて路面電車(市街電車)が開業。これ以降,名古屋・大阪・東京・横浜の大都市や川崎・江ノ島・伊勢などに登場した。

6 人力車

Answer 1883年,コンドルは条約改正を円滑に進める欧化政策の象徴として,舞踏会などをおこなう鹿鳴館を建てた(p.236 3)。

274 大戦景気

1 第一次世界大戦期の経済年表

第2次 大隈重信 内閣 1914.4～16.10	1914 (大正3)	8 日本，第一次世界大戦へ参戦
	1915 (大正4)	3 猪苗代・東京間高圧送電開始 **5**．大戦景気始まる。輸出超過へ **3**
寺内正毅 内閣 1916.10～18.9	1917 (大正6)	3 日本工業倶楽部設立 9 暴利取締令（買占め・売惜しみ処罰）金輸出禁止（金本位制停止）
	1918 (大正7)	8 米騒動が富山県から全国へ拡大 11 第一次世界大戦終結
原敬 内閣 1918.9～21.11	1919 (大正8)	1 輸入超過へ **3**
	1920 (大正9)	3 株価大暴落，戦後恐慌始まる 4 日本銀行，財界救済のため非常貸出しをおこなう
高橋是清 内閣 1921.11～22.6	1921 (大正10)	10 株式，綿糸・米穀相場下落 慢性不況つづく
加藤友三郎 内閣 1922.6～23.9	1922	8 日本経済連盟会設立
	1923 (大正12)	9 関東大震災，京浜工業地帯壊滅。震災恐慌おこる 支払猶予令公布，モラトリアム30日間
第2次 山本権兵衛 内閣 1923.9～24.1		震災手形割引損失補償令公布

5 水力発電の発展

旧猪苗代第一発電所
1915年，福島県の猪苗代水力発電所から東京の田端変電所まで，215kmをつなぐ長距離送電が始まった。これ以後，水力発電による長距離高圧送電時代を迎え，電力需要の拡大にこたえることになった。

猪苗代
白河
宇都宮
古河
田端
— 送電線ルート
0　　100km

7 産業構造の変化

▼解説
日本の生産総額は，1914年の30.9億円から19年の118.7億円と，約4倍近くの急成長を示した。そのなかで，工業生産額は生産総額の44.4%から56.8%となって農業生産額を上回ったばかりでなく，生産総額の半分を超えて，工業国となった。また，まだ繊維産業が主とはいえ，重化学工業の生産額は工業生産額の30%を占めるようになった。

鉱業5.1　水産業5.1%
1914年（大正3） 工業44.4 農業45.4　生産総額30.9億円

生産総額118.7億円
1919年（大正8） 工業56.8%　農業35.1　3.8 / 4.3

『日本資本主義発達史年表』による）

2 大戦景気

債務国から債権国へ→貿易黒字の蓄積

生糸	アメリカ市場への輸出増加（アメリカが戦争で景気良好のため）
綿織物	アジア市場への輸出増加（戦争によりヨーロッパ列強が後退したため）
軍需品	ヨーロッパ諸国への輸出増加（戦争当事国への輸出）

農業国から工業国へ

1. 重化学工業の発達（工業生産額の30%に）
   海運・造船業
   　大戦中の船舶不足（船成金）→世界第3位の海運国
   鉄鋼業　八幡製鉄所の拡張
   　満鉄による鞍山製鉄所の設置（1918）
   化学工業の発達（薬品・染料・肥料）
   　ドイツからの輸入途絶のため発達
   電力業　猪苗代・東京間（約200km）の長距離高圧送電に成功（水力発電が拡大）。電灯の普及・工業原動力が蒸気力から電力へ
2. 工業生産額が農業生産額を上まわる
3. 工業労働者が100万人を超える
   →工業国へ脱皮

経済矛盾の拡大
・都市労働者の賃金上昇が物価騰貴に追いつかず
・寄生地主制の下で農業は停滞

6 電力への転換

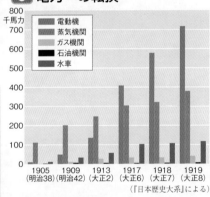

■電動機　■蒸気機関　■ガス機関　■石油機関　■水車
800 千馬力
1905（明治38）　1909（明治42）　1913（大正2）　1917（大正6）　1918（大正7）　1919（大正8）
『日本歴史大系』による

8 生活の窮乏

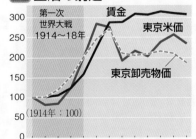

第一次世界大戦 1914～18年
賃金
東京米価
東京卸売物価
（1914年：100）
1914 15 16 17 18 19 20 21 22 23 24 25 26（大正3）
『日本経済統計総観』による

▲解説　大戦景気は，同時に激しい物価上昇を招いた。労働者の賃金上昇がそれに追いつかなかったことが，賃金上昇より米価・物価上昇が高いことでわかる。

3 貿易額の推移

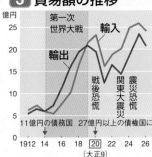

億円
第一次世界大戦
輸入
輸出
戦後恐慌
震災恐慌
関東大震災
25
20
15
10
5
0
1912 14 16 18 20（大正9）22 24 26
11億円の債務国　27億円以上の債権国に
（『日本貿易精覧』による）

◀解説
第一次世界大戦以前の貿易は，日清戦争以来，1909年をのぞいて連年輸入超過（入超）だったが，1915年から輸出超過（出超）に転じた。輸入額も増加したが，輸出額はいっそう急増し，1914～19年に輸出額が約4倍に達した。また，海運運賃などの貿易外収入も貿易黒字に並ぶほど巨額に達した。その結果，1914年には11億円の債務国だった日本は，1920年には27億円以上の債権国になった。
　しかし，第一次世界大戦が終わり，ヨーロッパ諸国が復興してくると，日本の経済力の弱さから輸出が減少し，1919年から輸入超過となる。こうしたなかで1920年，戦後恐慌にみまわれた。

4 造船業の発達　4-① 造船業の急成長

	1913(A)	1918(B)	B/A(倍)
造船業者数	5	52	10.4
造船工場数	6	57	9.5
造船台数	17	157	9.2
工場労働者数	2万6139	10万7260	4.1
建造汽船総トン数	5万1525	62万6695	12.2

（三和良一『近現代日本経済史要覧』による）

▲解説　世界的船舶不足のなかで日本の海運業は急成長し，船成金が続出。日本は英・米につぐ世界第3位の海運国となった。

9 成金の出現

◀成金の風刺漫画（和田邦坊筆）　小学校教員の初任給が20円だったとき，成金が百円札を燃やして靴を探させている。1915（大正4）年に内田汽船を設立した内田信也などが，鉄鋼・海運で巨額の利益をあげた。

・初任給（月給）
小学校教員	12～20円
銀行員（大卒）	40円

金子直吉（1866～1944）

1886（明治19）年，神戸の砂糖・樟脳商の鈴木商店に雇われ，番頭となった。日清戦争後，台湾樟脳の専売制実施にともない販売権を獲得。また大里製糖所を創設し，買収した製鋼所を神戸製鋼所と改めた。その後，大里製糖所を大日本製糖へ売却した資金で事業を拡大させた。とくに第一次世界大戦中に貿易は16億円に達し，50数社を支配下におき，三井・三菱に匹敵する勢力となった。1920年の戦後恐慌で業績が悪化し，1927年の金融恐慌で台湾銀行との取引が停止されると，鈴木商店は破綻した。

Question p.274　**8**の賃金と東京米価の上昇のグラフを見て，第一次世界大戦後，労働運動が激しくなった理由を考えてみよう。

第4部 近代・現代

1 市民文化の形成

大正	1912（大正元）	7	第5回ストックホルムオリンピック初参加
		9	日本活動写真株式会社（日活）設立
	1913	9	中里介山『大菩薩峠』，『都新聞』に連載開始
	1914（大正3）	3	「カチューシャの唄」流行（翌年レコード化）
		4	宝塚少女歌劇，第1回公演。11『少年倶楽部』創刊
	1915	8	第1回全国中等学校優勝野球大会（豊中球場）。浅草オペラ（藤原義江ら）設立。2『主婦之友』創刊。「コロッケの唄」流行
	1917（大正6）		
	1918	7	鈴木三重吉，児童文芸雑誌『赤い鳥』創刊
	1919	3	上野・新橋間に青バス運行
	1922	2	初の週刊誌『週刊朝日』『サンデー毎日』創刊
	1923	2	東京駅前に丸の内ビル（丸ビル）完成
	1924（大正13）	1	『大阪毎日新聞』『大阪朝日新聞』発行部数100万部突破を発表。6 築地小劇場開場。8 甲子園球場完成
	1925（大正14）	1	『キング』（講談社）創刊（74万部）。3 ラジオ放送開始
昭和	1926（昭和元）	8	日本放送協会（NHK）設立。東京に青山アパート完成。12 改造社『現代日本文学全集』（円本）刊行，円本時代の到来
	1927（昭和2）	7	岩波文庫刊行（文庫本時代始まる）
		12	上野・浅草間に初の地下鉄開通
	1928（昭和3）	7	第9回アムステルダムオリンピックで織田幹雄（三段跳）・鶴田義行（200m平泳ぎ）が日本人初の金メダル獲得
	1929（昭和4）	4	初のターミナルデパート阪急百貨店（大阪）開店（食堂にライスカレー）
	1930	10	東京・神戸間に特急「燕号」運転
	1931	8	有声映画（トーキー）「マダムと女房」封切
	1932	2	ラジオ聴取契約者100万人突破

2 サラリーマンの増加

◁1923年に完成した丸の内ビル（丸ビル）アメリカの建設会社の施工による，地上8階・地下2階建てのオフィスビル。5000人が通勤した。ビル1階の通路には喫茶店や洋服屋・理髪店・レストランが並ぶ商店街もあり，一つの街であった。

3 「職業婦人」の出現とモダンガール（モガ）

▷バスガール（女性車掌）の登場 東京や大阪などの大都会では，都市交通として私鉄や市電とともに，乗合自動車（バス）も拡充。1924年，東京にはじめてバスガール（赤襟）が登場。「職業婦人」の花形となる。

▷電話交換手 電話の開通は1889年，翌年から官営の電話交換事業が始まった。当時は電話番号を聞き，相手につなぐ電話交換が必要だった。1901年に男性交換手が全廃され，電話交換事業はすべて女性がおこなうようになった。写真は昭和初期のもの。

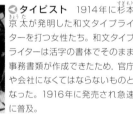

▷タイピスト 1914年に杉本京太が発明した和文タイプライターを打つ女性たち。和文タイプライターは活字の書体でそのまま事務書類が作成できたため，官庁や会社になくてはならないものとなった。1916年に発売され急速に普及。

▷モダンガール（モガ） 昭和初期の銀座の街角を歩くモダンガール。パリやニューヨークの時代の最先端のトップモードに身をつつんだ。彼女たちはコルセットのような重い下着や太い帯で締めつける和服を脱ぎ捨てた。職業婦人の拡大とともに女性の服装革命は進んだ。モダンガールの姿は，大正デモクラシーを経験した日本における女性の社会進出を反映している。

4 文化住宅

応接間（洋間）
台所
玄関

戸ブクロ
出マド
6. 書斎
応接間
玄関
ベッド
台所
浴室
4.5 茶の間
押入
戸ブクロ
8. 居間
押入 床
洋服ダンス
戸ブクロ
（新宿歴史博物館パンフレットによる）

△文化住宅の復元模型 文化住宅とは，大正時代に中産階級のために大都市の郊外に建てられた和洋折衷住宅をいう。玄関脇の洋風応接間と貫通する中廊下が特徴。次の間にあたる小さな小部屋は「茶の間」とよばれ，そこでチャブ台を囲んでの一家だんらんが営まれるようになる。

応接間（洋間）

茶の間とチャブ台

5 地下鉄の開通

東洋唯一の地下鐵道

△解説 人口の急増した東京には，高速で大量の人員を輸送する交通機関がぜひとも必要となった。ロンドンの地下鉄を参考にして，1927年12月に東京の浅草・上野間に開業した早川徳次の東京地下鉄道が日本で最初の地下鉄となった。「君は地下鉄に乗ったか」の言葉が示すように流行の最先端となり，1934年には上野・新橋間も開通した。大阪では1933年5月に大阪市営高速軌道が梅田・心斎橋間の繁華街を結んで開業した。

Answer 1920年までは米価の上昇に賃金上昇が追いつかず労働者の生活が苦しかったから。1920年以後は経済不況の連続で失業者が増大した。

276 大衆文化の誕生❶

1 高等教育の拡充(大学と大学生の急増)

年次	大学				学生総数		
	計	国立	公立	私立	計	男	女
明治 1877	1	1			1750	1750	
1880	1	1			2006	2006	
1885	3	3			1720	1720	
1890	1	1			1312	1312	
1895	1	1			1620	1620	
1900	2	2			3240	3240	
1905	2	2			5821	5821	
1910	3	3			7239	7239	
大正 1915	4	4			9696	9693	3
1920	16	6	2	8	2万1915	2万1913	2
1925	34	11	4	19	4万6690	4万6666	24
昭和 1930	46	17	5	24	6万9605	6万9524	81
1935	45	18	2	25	7万1607	7万1427	180
1940	47	19	2	26	8万1999	8万1788	211
1943	49	19	2	28	10万4699	10万4437	262
1946	48	18	3	27	11万3320	11万2992	328

(東京堂出版「学校」による)

🔺解説 1918年に新しく「大学令」が制定された。私立大学や公立大学がみとめられ、大学数は一挙に増加した。1915年に約1万人だった大学生は、1935年には7万人を突破した。

2 マスメディアの発展
2-① 新聞の拡大

🔺解説 関東大震災後、『大阪毎日』と『東京日日』、『大阪朝日』と『東京朝日』の系列は全国紙の地位を確立。『東京朝日』と『東京日日』『読売』は昭和のはじめに発行部数100万部を突破した。満洲事変・日中戦争の戦争報道でさらに発行部数を伸ばした。

2-② 週刊誌の創刊

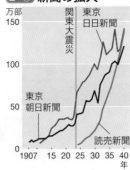
◁「サンデー毎日」創刊号(1922年4月2日) サンデー毎日は、1922年4月2日に大阪毎日新聞社(現、毎日新聞大阪本社)の新社屋の落成記念の一環として創刊された。グラビア4頁、本文24頁で定価は10銭であった。創刊号の表紙は第一次世界大戦後に上野公園を中心に開会された平和博覧会と上野広小路の賑いである。

▷「旬刊朝日」創刊号(1922年2月25日) 旬刊朝日は創刊当時は旬刊(上・中・下旬の10日ごと)で5・15・25日に発売された。4月2日発売分(第5号)から週刊誌となった。36頁で定価は10銭。創刊号の表紙は、第一次世界大戦の作戦計画を立てたフランスの英雄ジョフル元帥が大阪朝日新聞社を訪問した時の様子。

3 ラジオの普及

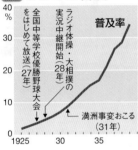

🔺解説 ラジオ放送が開局した年の契約者数は36万人であった。全国中等学校優勝野球大会や大相撲の実況中継で契約者数は伸びた。満洲事変が始まると契約者は100万人を超えた。

東京中央放送局

◁解説 大電力放送開始 ラジオ放送は1925年3月1日からJOAKのコールサインで始まり、22日から仮放送となった。本放送は同年7月22日から東京・芝の愛宕山放送局の落成で始められた。

詳しくみてみよう! 芝の愛宕山放送局

◁さぐり式鉱石受信機と両耳レシーバー 初期の受信者の7割が使用。

🔺6球スーパーヘテロダイン受信機 6本の真空管を使用して機能を高めた、米国製の高級受信機である。写真は1920年代のもの。

4 都市生活の楽しみと洋食の普及

🔺三越の大食堂(1925年) デパートの食堂が、和洋折衷料理の大衆化に大きく貢献した。女性の姿が多くみられる。
◁銀座三越の開店(1930年) 銀座四丁目の交差点に開店した銀座三越は、向き合った和光ビルとともに銀座を象徴するビルとなった。

🔺大正・昭和初期の家庭料理(復元) 大正・昭和初期には都市中間層を中心に一般家庭にも西洋の肉料理を日本風にアレンジした洋風料理が広がってきた。都会の文化住宅の台所に氷で冷やす冷蔵庫やガスコンロが普及するようになってコロッケやビーフステーキ、オムライスやトンカツなどが手軽にできるようになった。中産階級の家庭では朝食にパンと紅茶の家もあった。写真のようにコンビーフの付け合わせにセロリなどの西洋野菜も使われ始めた。

Question p.276 4 の三越食堂の様子を見ると、女性はまだ和服が多いのはなぜだろうか。

詳日 第14章3 p.297〜298

1 出版文化の隆盛

	創刊年	出版物	内容・特色
明治	1879 (明治12)	東京経済雑誌	田口卯吉が創刊。日本初の経済雑誌 1923年の震災で廃刊
	1895 (明治28)	東洋経済新報 太陽	経済雑誌。1919年から週間。1924年に石橋湛山主幹 博文館発行。日本初の総合雑誌
	1899 (明治32)	中央公論	総合雑誌。1916年1月, 吉野作造の「憲政の本義を 説いて其有終の美を済すの途を論ず」
大正	1918	赤い鳥	鈴木三重吉創刊。児童文学の隆盛
	1919 (大正8)	改造	総合雑誌。山本実彦が創刊。社会主義系の論文を載 せる
	1921	種蒔く人	小牧近江らが創刊。プロレタリア文学の出発点
	1923 (大正12)	文藝春秋	インテリ向けの総合雑誌。菊池寛主幹 1935年から芥川賞・直木賞制定
	1924	文芸戦線	プロレタリア文学運動の雑誌
	1925 (大正14)	キング	講談社発行の大衆雑誌
昭和	1926	現代日本文学全集	改造社刊行。円本ブームおこる
	1927 (昭和2)	岩波文庫	岩波茂雄が発刊。古今の名作・佳作を小型化。文庫 本の始まり
	1928 (昭和3)	戦旗	プロレタリア文学運動の雑誌。全日本無産者芸術連 盟(ナップ)発行
	1938	岩波新書	はじめての新書を刊行

▲『少年倶楽部』
月刊誌。講談社が
1914年に創刊。児
童向け雑誌。

▲『主婦之友』
1917年に創刊。主
婦を対象とした実生
活の話題を提供。

▲『中央公論』
月刊誌。1899年創
刊の総合雑誌。民本
主義を鼓吹。

▲『赤い鳥』
児童雑誌。1918年,
鈴木三重吉が創刊。

▲『改造』
月刊誌。1919年に
改造社(社長山本実
彦)が創刊。

▲『文藝春秋』
月刊誌。1923年,菊
池寛の主幹で創刊。

▲『キング』 大衆雑
誌。大日本雄弁会講談
社が1925年に創刊。
2年後100万部を達成。

▲『現代日本文学
全集』 1926年改
造社刊行の円本。

2 大衆娯楽の拡大

2-① 映画の発展

▲解説 新潟県長岡市の電気館
第一次世界大戦を契機とする日本の経
済発展は, 地方都市にも波及し, 産業・
流通・娯楽にも大きな飛躍をもたらし
た。新潟県長岡市にも日本活動写真株
式会社の直営映画館である電気館が開
業した。地方都市の賑わいがわかる。

◀東京・浅草六区の映画街 1903年,浅草に日本最初の常設映画館が開業し,関東大震災以降,
浅草は映画館, 喜劇・オペラを演じる劇場, 寄席が軒をつらねた。1929年からのトーキー映画の時
代には映画館が林立した。(『浅草公園六区活動街・新大東京名所』東京都立中央図書館蔵)

2-② 学生野球の拡大

▲全国中等学校優勝野球大会 新聞の発行部数が多くな
ると, 新聞社の活動は社会・文化・家庭・スポーツなどの分野に
広がり, 読者の興味を引き付けるイベントが企画された。野球も
その一つである。1915年, 第1回大会が大阪朝日新聞社の主催
で開始。1924年, 第10回大会(写真)から球場は甲子園に移る。

3 宝塚少女歌劇団の発展

▲宝塚少女歌劇 阪急電鉄の小林一三が, 1913年に兵庫県宝塚温
泉の余興のために少女の唱歌隊を結成したのが始まり。写真は1914
年の第1回公演。©宝塚歌劇団

▲解説 モン=パリ 宝塚少女歌劇団の公演は, はじめは「桃太郎」などのお伽話を劇に構成したものが多かっ
た。1918年5月, 宝塚少女歌劇が東京に進出して帝国劇場(帝劇)で初公演をおこない注目された。1927年,「モ
ン=パリ〈吾が巴里よ〉」が現在のレビューの形を完成させた公演となった。豪華な衣装や舞台上の大階段など, 現
代の宝塚歌劇団につながる舞台に着目しよう。©宝塚歌劇団

Answer 経済活動や社会を担うのがまだ男性中心で, より活動的な洋装で社会的進出をする女性がまだ少数であったから。

❶ 人文・社会科学の発展

分野	人物	内容	分野	人物	内容
哲学	西田幾多郎	『善の研究』(1911年)などで，独創的な哲学を構築。東洋の伝統的思考を西洋哲学に対決させ，西田哲学といわれる独自の体系を構築	民俗学	柳田国男	民間伝承・風習・祭礼などから，民衆の文化・意識を研究する日本民俗学を創始。『郷土研究』創刊。岩手県遠野地方の民間伝承を集めた『遠野物語』などがある
倫理学	和辻哲郎	ニーチェ・キルケゴールらを紹介。『古寺巡礼』『風土』『鎖国』などで，日本文化論も展開。戦後，文化勲章を受章	経済学	河上肇	『貧乏物語』を『大阪朝日新聞』に連載。その後，マルクス主義経済学を研究して，雑誌『社会問題研究』を創刊。1928年，京都帝大教授を追われる
歴史学	津田左右吉	『古事記』『日本書紀』の分析と批判に基づく日本古代史研究。『神代史の研究』『古事記及日本書紀の研究』などは1940年に発禁となる		森戸辰男	無政府主義者クロポトキンの社会思想の研究で弾圧される
				野呂栄太郎	マルクス主義経済学。『日本資本主義発達史講座』を刊行

『善の研究』 西田幾多郎著 東京 弘道館発行

『貧乏物語』 一の一 法学博士 河上肇

❷ 自然科学の発展

分野	人物・機関	内容
研究機関の設立	北里研究所	1915年，北里柴三郎設立の私立の医学研究所
	理化学研究所	1917年設立の半官半民の財団法人。物理化学を研究
	航空研究所	1918年設立の東京帝大付属研究所。航空科学を研究
	鉄鋼研究所	1919年，本多光太郎の主唱で東北帝国大学に設立 1922年に金属材料研究所になる
	地震研究所	1925年設立の東京帝大付属研究所。地震とその予知の研究
数学	髙木貞治	代数的整数論における類体論を完成
医学	野口英世	北里柴三郎の伝染病研究所で細菌学を研究。ガーナで黄熱病の研究中に死去
金属学	本多光太郎	強力な磁石鋼であるKS磁石鋼を発明（KSは資金を援助した住友吉左衛門の頭文字）
	三島徳七	MK磁石鋼の発明
工学	八木秀次	宇田新太郎と超短波アンテナ（八木アンテナ）を発明。テレビアンテナやレーダーアンテナの原型となる

▲理化学研究所（東京・文京区本駒込）1917年に財界からの寄付金と国庫補助，皇室下賜金とで財団法人として設立された研究所。欧米に対抗できる物理学や化学の研究をおこない，その発明や数百種におよぶ特許・実用新案をもとにして，理研コンツェルンに成長。1940年には主任研究員33人，研究員42人，総勢1858人の大研究所となる。

❸ 文学と作品

	特徴		内容
高踏派	自然主義に反発。西欧的教養を背景とした作風。知識人の内面を国家のなかでとらえる	森 鷗外	『阿部一族』『高瀬舟』『渋江抽斎』
		夏目漱石	『こころ』『明暗』
白樺派	同人雑誌『白樺』を発行 人道主義・新理想主義・個人主義を尊重。大正文学の主流となる	有島武郎	『カインの末裔』『或る女』
		志賀直哉	『城の崎にて』『和解』『暗夜行路』
		武者小路実篤	『その妹』『友情』『人間万歳』
		倉田百三	『出家とその弟子』
耽美派	自然主義を否定。官能的美を追求する芸術至上主義を主張	永井荷風	『腕くらべ』『濹東綺譚』
		谷崎潤一郎	『痴人の愛』『春琴抄』
		佐藤春夫	『田園の憂鬱』
新思潮派	同人雑誌『新思潮』を発行 現実の矛盾を理知的に直視。個人主義的な合理主義で見直す	山本有三	『波』『女の一生』『路傍の石』
		菊池寛	『父帰る』『恩讐の彼方に』
		芥川龍之介	『羅生門』『鼻』『河童』『歯車』
プロレタリア文学	無産階級解放のための文学運動 『種蒔く人』『文芸戦線』『戦旗』などの機関誌を発行	葉山嘉樹	『海に生くる人々』
		徳永直	『太陽のない街』
		小林多喜二	『蟹工船』『党生活者』
新感覚派	雑誌『文芸時代』で活躍 感覚的表現を重視	横光利一	『日輪』『機械』
		川端康成	『伊豆の踊子』『雪国』
大衆文学	『キング』などの娯楽雑誌や新聞に連載された大衆受けする通俗小説	中里介山	『大菩薩峠』
		直木三十五	『南国太平記』
		吉川英治	『鳴門秘帖』『宮本武蔵』
		江戸川乱歩	『心理試験』『陰獣』
		大佛次郎	『鞍馬天狗』『赤穂浪士』
		林芙美子	『放浪記』
児童文学	子どもの感性を豊かにする近代童話を追求	鈴木三重吉	児童文芸雑誌『赤い鳥』を創刊
		宮沢賢治	『風の又三郎』『銀河鉄道の夜』
俳句・詩歌	近代的な詩の確立 近代的感覚と伝統にねざした俳句・短歌の完成	短歌 斎藤茂吉	『赤光』
		俳句 髙浜虚子	『ホトトギス』主宰
		詩歌 高村光太郎	『道程』
		萩原朔太郎	『月に吠える』

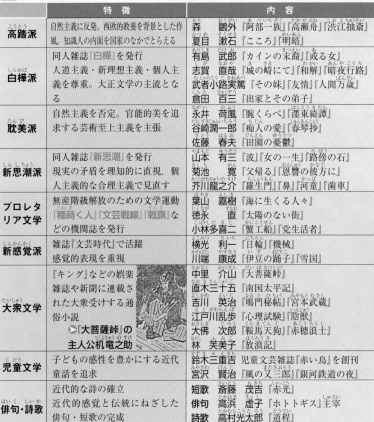
▷『大菩薩峠』の主人公机竜之助

●白樺派
▷白樺派と『白樺』1910〜23年発刊。おもに学習院出身者が創刊。トルストイらの外国文学，ロダンの彫刻などを紹介。

武者小路実篤 高村光太郎 志賀直哉 柳宗悦

●新思潮派
▷『新思潮』創刊号と芥川龍之介（1892〜1927）第19次まで発刊される。1914年の第3次，1916〜17年の第4次に山本有三・芥川龍之介（写真）・菊池寛・久米正雄らが活躍した。東大文科学生の同人誌として発行。

●プロレタリア文学
◁『蟹工船』(小林多喜二)　カムチャツカで操業する蟹工船に乗る労働者のストを描くプロレタリア文学の傑作。

▷『太陽のない街』(徳永直)東京・小石川の共同印刷争議の体験をもとに小説化。

●新感覚派
▷1924年創刊の『文芸時代』同人たち（左から菊池寛，川端康成，片岡鉄平，横光利一）と『伊豆の踊子』（川端康成）

第❹部 近代・現代

1 近代演劇の流れ

歌舞伎 ────(歌舞伎の改良)

河竹黙阿弥(脚本)「団菊左時代」
九代 市川団十郎／五代 尾上菊五郎／初代 市川左団次

川上音二郎・貞奴

・壮士芝居
自由民権運動の宣伝芝居
川上音二郎のオッペケペー節

新派劇

*歌舞伎に対して明治時代の現代劇を新派劇という。
*歌舞伎や新派劇に対する西洋近代劇を新劇という。
*新国劇は歌舞伎を革新,わかりやすく,おもしろい大衆演劇をめざす。

新劇

| | 1906 | 1913 | 1917 新国劇 | 1987 解散 |

文芸協会 ─── 芸術座
坪内逍遙   島村抱月
島村抱月   松井須磨子

1906 文芸協会 ─ 1913 芸術座 ─ 1919 ----- 自然消滅 一時解散

1909 自由劇場 ─ 1924 築地小劇場
小山内薫   土方与志
二代 市川左団次 小山内薫

1929 新築地劇団 ─ 1940 解散
1930 劇団築地小劇場 ─ 分裂
1945 劇場焼失

花柳章太郎・水谷八重子
1917 沢田正二郎・辰巳柳太郎・島田正吾 1987 解散

前期	中期	後期	大正	昭和
	明治			

1-① 大正期の演劇

劇団	内容
芸術座 (新劇)	1913年,島村抱月・松井須磨子が結成。「復活」など。1918年抱月の死,19年須磨子の自殺で解散
築地小劇場 (新劇)	1924年,小山内薫・土方与志が結成した劇団・劇場。劇団は1929年,新築地劇団と劇団築地小劇場に分裂
新国劇	芸術座を脱退した沢田正二郎が1917年に結成。「月形半平太」「国定忠治」などのリアルな殺陣を創造して大衆化に成功

1-② 松井須磨子と芸術座

松井須磨子

△松井須磨子(1886〜1919) 島村抱月と芸術座を結成。「復活」の劇中歌「カチューシャの唄」が大流行した。

1-③ 築地小劇場の発展─新劇の実験劇場

△築地小劇場 1924年,小山内薫・土方与志が東京の築地に設立した新劇の常設劇場。500席の小劇場だが,最新設備を誇った。

△築地小劇場のポスター(複製) 築地小劇場で上演された脚本の大半は,ロシアのゴーリキーやドイツのゲーリングなどの翻訳劇である。上演する劇を知らせるポスターもパリの劇場のポスターを思わせる西洋風のものが使われた。

2 洋楽の普及

人物	内容
三浦環 (1884〜1946)	ソプラノ歌手。オペラ「蝶々夫人」で世界的に有名になる
山田耕筰 (1886〜1965)	「赤とんぼ」「この道」「からたちの花」を作曲。東京フィルハーモニーの創立者。日本交響楽協会設立
近衛秀麿 (1898〜1973)	作曲家・指揮者。新交響楽団(現,NHK交響楽団)を結成
中山晋平 (1887〜1952)	流行歌・童謡の作曲家。「カチューシャの唄」「東京行進曲」「波浮の港」を作曲
宮城道雄 (1894〜1956)	箏曲家。尺八の吉田晴風と協力し,新日本音楽をめざす。『春の海』を作曲

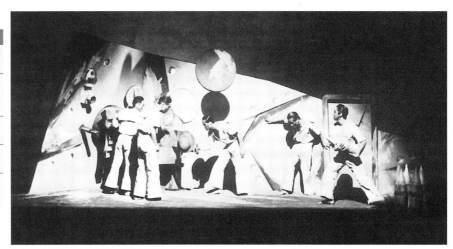

△築地小劇場第1回公演「海戦」の舞台(1924年) ドイツのゲーリングの作品。軍艦の船底で苦悩する兵士の姿を描く。土方与志演出によるヨーロッパ最新のドイツ表現主義の舞台構成や表現は,観客に衝撃的な感動を与えた。

◀三浦環(1884〜1946) 三浦環は日本オペラ創成期のプリマドンナである。1903年,東京音楽学校在学中に日本人によるオペラ初公演となる歌劇「オルフォイス」に出演し,翌1904年に卒業すると東京音楽学校の助教授となった。ドイツへ留学し,第一次世界大戦中には欧米各地で「蝶々夫人」を演じて好評を博し,イタリアでは作曲家プッチーニの知遇を得た。1935年,イタリアのパレルモで「蝶々夫人」2000回出演の記録をつくった。写真はアメリカ海軍軍人ピーカートンの日本帰国を待つ蝶々夫人とその子である。

▶山田耕筰(1886〜1965) 1908年に東京音楽学校声楽科を卒業し,1910年にはドイツのベルリンへ留学し,1914年に帰国すると,わが国最初の交響楽団である東京フィルハーモニーを創設した。また,日本楽劇協会・日本交響楽協会(現,NHK交響音楽団)の設立など,日本のオーケストラやオペラの普及に意欲的な活動をおこなった。その活動によって1956年には文化勲章を受章した。作曲家としては「赤とんぼ」「からたちの花」「この道」などが有名である。

Answer 両方とも労働者(プロレタリア)の実態を描きその解放をめざすプロレタリア文学の小説であり,これを工場やハンマーで象徴したから。

① 大正期の絵画

	人物	特徴・作品名
洋画	岸田劉生	フューザン会・草土社。「麗子微笑」
	石井柏亭	二科会創立に参加。「女車掌」
	萬鉄五郎	モチーフの形態と構成に重点をおく立体派（キュービズム）の画家。「もたれて立つ人」
	安井曽太郎	ピサロやセザンヌから影響。「金蓉」は「現代写実主義の模範作」と激賞される
	梅原龍三郎	二科会・春陽会に参加。「紫禁城」
	古賀春江	シュールレアリスム風の作品「海」が有名
日本画	横山大観	岡倉天心亡きあと，日本美術院の中心。「生々流転」は大観の水墨画の代表作
	土田麦僊	国画創作協会を設立。「大原女」
	安田靫彦	歴史画の名手。「卑弥呼」「黄瀬川の陣」「夢殿」
	竹内栖鳳	近代京都画壇の指導者。「斑猫」
	小林古径	安田靫彦らと並ぶ再興院展同人。「髪」
	竹久夢二	ロマン的な女性風俗画。「黒船屋」

② 大正期の洋画

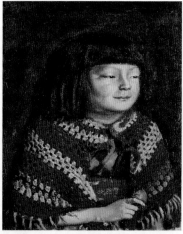

▷麗子微笑(岸田劉生筆，1921年) 劉生の娘麗子をモデルとした連作の一枚。毛糸の肩掛けの緻密な描写が印象的である。岸田劉生は，セザンヌらの後期印象派から，北欧ルネサンス期の自己表現を内に秘めた写実主義へ転じた。縦45.2cm 横36.4cm 東京国立博物館蔵

▽紫禁城(梅原龍三郎筆，1940年) フランスでルノアールに師事した梅原龍三郎は，帰国後，その色彩感覚を日本化し，重厚華麗な世界を開いた。縦115cm 横90cm 大原美術館蔵／岡山県

▷金蓉(安井曽太郎筆，1934年) 大正後半期から昭和初年，ヨーロッパの動向に影響された反動で，日本的表現を求める動きが顕著となった。「金蓉」も日本画の絵肌と浮世絵版画の色面構成を思わせる。縦96.5cm 横74.5cm 東京国立近代美術館蔵

③ 大正期の日本画

▲大原女(土田麦僊筆，1915年) 土田麦僊は，ルノアール・ゴーギャンの色彩を採り入れると同時に，智積院の長谷川等伯らの安土・桃山時代の装飾性に注目した。文展の閉鎖性にあきたらなくなり，村上華岳・小野竹喬と京都で国画創作協会を創立した。縦175.0cm 横370.0cm 山種美術館蔵／東京都

▷海(古賀春江筆，1929年) 潜水艦・飛行船などの画面は，シュールレアリスム的。縦130cm 横162.5cm 東京国立近代美術館蔵

▲生々流転(横山大観筆，1923年) 山から流れ出た谷川が大河となり海へ注ぎ，洋上で竜となるまでを描く，長さ40mにおよぶ水墨画の作品である。横山大観は，1914年9月に日本美術院を再興し，在野・反文展の立場を明確にしながら，大正・昭和の日本画をリードした。縦55.3cm 横4,070.0cm 東京国立近代美術館蔵

▷髪(小林古径筆，1931年) 大和絵の伝統を受け継ぎつつ，繊細な隈取り，華麗な色彩で情感豊かな女性像を描き出した。小林古径は明治～昭和期の日本画家。1914年，再興日本美術院の同人となる。安田靫彦・前田青邨らと院展三羽烏と称された。1950年，文化勲章を受章。縦172.4cm 横107.4cm 永青文庫蔵／東京都

▲斑(斑)猫(竹内栖鳳筆，1924年) 沼津を散歩していた作者は，八百屋の店先の荷車の上に伝徽宗皇帝の「猫図」に似た猫を見つけた。毛並の艶と柔らかな感触が伝わってくる。縦81.9cm 横101.6cm 山種美術館蔵／東京都

◁黒船屋(竹久夢二筆，1919年) つぶらな瞳，憂いをおびた表情の「夢二式美人」は，数多くの雑誌や画集で大正時代の人々をとらえた。竹久夢二は明治・大正期の画家・詩人。1914年に東京の呉服橋に自作の絵や絵葉書を扱う絵草紙店「港屋」を開く。詩人としても「宵待草」など多くの抒情詩を作る。縦130.0cm 横51.0cm 竹久夢二伊香保記念館蔵／群馬県

Question p.281 ②-❶の平櫛田中の「転生」に影響を与えた天平期の仏像を p.62 から考えてみよう。

第④部 近代・現代

1 大正期の彫刻・建築

	人物	特徴・作品名
彫刻	高村光太郎	彫刻家，詩人。「手」「鯰」
	平櫛田中	再興日本美術院の彫刻部をになう。「転生」「五浦釣人」
建築	辰野金吾	東京駅
	F.ロイド・ライト	旧帝国ホテル
	岡田信一郎	明治生命館・歌舞伎座

2 彫刻 2-① 平櫛田中

▶転生（1920年）「生ぬるいものは鬼も喰わぬ，喰うには喰ったが，気持ち悪く，さすがの鬼でもはき出してしまう」という話がモチーフ。造形面では，天平や鎌倉の仏像研究が背後にある。像高239.3cm 東京藝術大学蔵

2-② 高村光太郎

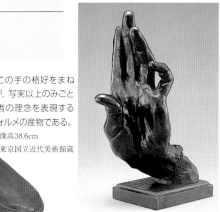

▶手（1913年）この手の格好をまねることはできないが，写実以上のみごとな手の構成は，作者の理念を表現するデフォルメの産物である。
像高38.6cm
東京国立近代美術館蔵

▲鯰（1926年）小品ながらも，ヨーロッパの自然主義的な教養に裏付けられ，一個の作品に小宇宙を求める東洋の自然観が凝縮されている。長42.5cm
東京国立近代美術館蔵

五浦の風景 詳しくみてみよう！

◀五浦釣人（1943年）日本美術院を茨城県の五浦へ移した岡倉天心が，釣りに出かける様子である。
総高187.2cm 東京藝術大学蔵

3 大正期の建築 3-① 東京駅（辰野金吾）

▲東京駅（辰野金吾設計，1908年着工，1914年完成）オランダのアムステルダム中央駅をモデルとしたという。辰野式とよばれる赤い煉瓦と白い大理石のにぎやかな表現は，駅舎というより街並みを思わせる。

3-② 帝国ホテル（フランク・ロイド・ライト）

▲旧帝国ホテル（フランク・ロイド・ライト設計，1923年完成）帝国ホテルとしては2代目。建築史上，巨匠ライトの設計でアメリカ大陸風の水平のラインを強調し，中南米の古代文明をイメージした装飾でもっとも美しいホテルといわれた。1923年9月1日のオープニングの日が関東大震災であったが，被害はごくわずかであった。

3-③ 明治生命館（岡田信一郎）

▲明治生命館（岡田信一郎・岡田捷五郎設計，1934年完成）明治生命館は明治生命保険会社本社本館として旧社屋を取り壊して建設された。5階部分まであるコリント式列柱が並ぶ古典主義様式ながら，内部は最新の空調設備も入るオフィスビルである。太平洋戦争後はGHQが接収し，対日理事会が使用した。

第4部 近代・現代

Answer p.62 の 3 の新薬師寺十二神将像のうち，伐折羅大将像の写実性が大きな影響を与えた。

1 昭和初期の経済の動き

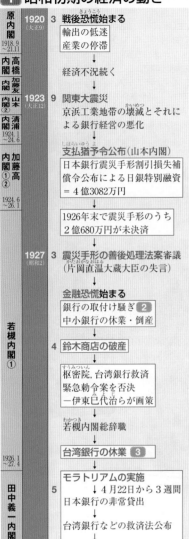

内閣	年	出来事
原内閣 1918.9～21.11	1920（大正9）	**戦後恐慌始まる** 輸出の低迷 産業の停滞 ↓ 経済不況続く
高橋内閣 加藤友内閣 山本内閣(2) 清浦内閣 1924.1～24.6 加藤高内閣(2) 1924.6～26.1	1923（大正12） 9	**関東大震災** 京浜工業地帯の壊滅とそれによる銀行経営の悪化 ↓ **支払猶予令公布（山本内閣）** 日本銀行震災手形割引損失補償令公布による日銀特別融資＝4億3082万円 ↓ 1926年末で震災手形のうち2億680万円が未決済
若槻内閣(1) 1926.1～27.4	1927（昭和2） 3	**震災手形の善後処理法案審議** （片岡直温大蔵大臣の失言） ↓ **金融恐慌始まる** 銀行の取付け騒ぎ 2 中小銀行の休業・倒産 ↓
	4	**鈴木商店の破産** ↓ 枢密院，台湾銀行救済緊急勅令案を否決 ―伊東巳代治らが画策 ↓ 若槻内閣総辞職 ↓ **台湾銀行の休業 3**
田中義一内閣 1927.4～29.7		5
	5	**モラトリアムの実施** ↓ 4月22日から3週間 日本銀行の非常貸出 ↓ 台湾銀行などの救済法公布 ↓ 金融恐慌の鎮静化

▶解説 鉱業，鉄鋼，金属・機械，運輸・通信，商事・貿易の各部門については三大財閥・八大財閥の支配が進んでいることがわかり，紡績や電力・電灯は財閥支配が進んでいないことがわかる。銀行では，金融恐慌で中小企業の整理・合併が進行した。

第4部 近代・現代

2 銀行の取付け騒ぎ

🅐取付け騒ぎで川崎銀行に殺到した預金者
金融恐慌では，ほとんどの銀行が預金者の取付けにあった。

金融恐慌の発生と拡大 1927年3月14日の衆議院予算委員会で，震災手形善後処理法案の審議中，野党の追及に怒った片岡直温蔵相は，東京渡辺銀行の倒産を発言した（実際は金策に成功していた）。この発言から預金者が支払いを求めて殺到し（これを取付け騒ぎという），金融恐慌の引き金となった。その後，台湾銀行の鈴木商店への膨大な不良貸付けも表面化し，金融恐慌は全国的に拡大した。

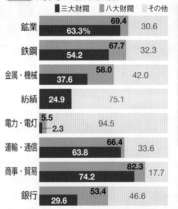

🅐台湾銀行の休業通知

3 銀行の休業・倒産

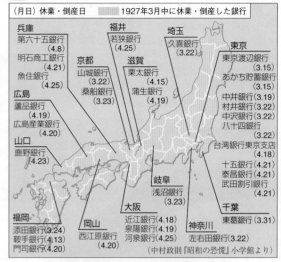

（月日）休業・倒産日 ▨1927年3月中に休業・倒産した銀行

兵庫
第六十五銀行（4.8）
明石商工銀行（4.21）
魚住銀行（4.25）

福井
若狭銀行（4.25）

埼玉
久喜銀行（3.22）

京都
山城銀行（3.22）
桑陽銀行（3.23）

滋賀
栗太銀行（4.15）
蒲生銀行（4.19）

広島
藘品銀行（4.19）
広島産業銀行（4.20）

山口
鹿野銀行（4.23）

岐阜
浅沼銀行（3.23）

大阪
近江銀行（4.18）
泉陽銀行（4.19）
河泉銀行（4.20）

東京
東京渡辺銀行（3.15）
あかぢ貯蓄銀行（3.15）
中井銀行（3.19）
村井銀行（3.22）
中沢銀行（3.22）
八十四銀行（3.22）
台湾銀行東京支店（4.18）
十五銀行（4.21）
泰昌銀行（4.21）
武田割引銀行（4.21）

神奈川
左右田銀行（3.22）

千葉
東葛銀行（3.31）

福岡
添田銀行（3.24）
鞍手銀行（4.13）
門司銀行（4.20）

岡山
西江原銀行（4.20）

（中村政則『昭和の恐慌』小学館より）

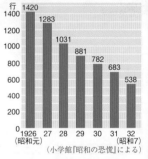

🅐**裏白紙幣** 田中義一内閣は1927年4月22日にモラトリアムを出したが，その3日後の4月25日までに500万枚印刷された紙幣。印刷が間に合わず，裏は白いままであった。

4 財閥支配の進展

4-① 財閥の産業支配

■三大財閥 ▨八大財閥 □その他

部門	三大財閥	八大財閥	その他
鉱業	63.3%	69.4	30.6
鉄鋼	54.2	67.7	32.3
金属・機械	37.6	58.0	42.0
紡績	24.9		75.1
電力・電灯	2.3	5.5	94.5
運輸・通信	63.8	66.4	33.6
商事・貿易	74.2	82.3	17.7
銀行	29.6	53.4	46.6

（柴垣和夫『三井・三菱の百年』による）

4-② 大銀行の支配

年	預金高 億円（%）	
	5大銀行	中小銀行
1926（昭和元）	22.3（24.3）	69.6（75.7）
1927（〃 2）	28.2（31.2）	62.1（68.8）
1928（〃 3）	31.3（33.5）	62.1（66.5）
1929（〃 4）	32.1（34.5）	60.9（65.5）
1930（〃 5）	31.9（36.5）	55.4（63.5）
1931（〃 6）	31.7（38.3）	51.0（61.7）
1932（〃 7）	34.3（41.2）	49.0（58.8）

（三和良一『近現代日本経済史要覧』による）

🅐解説 昭和初期の7年間で，大銀行の預金高は22.3億円から34.3億円と154%の増となり，五大銀行の金融支配が強化された。銀行数は62%に減少し，吸収や合併で弱体の中小銀行が淘汰されたことがわかる。

4-③ 銀行数の変化

年	行数
1926（昭和元）	1420
27	1283
28	1031
29	881
30	782
31	683
32（昭和7）	538

（小学館『昭和の恐慌』による）

持株会社の設立

三井財閥―三井合名会社（1909）
安田財閥―安田保善社（1912）
三菱財閥―三菱合資会社（1917）
住友財閥―住友合資会社（1921）

4-④ 財閥の発展

三大財閥	三井・三菱・住友
四大財閥	三井・三菱・住友・安田
（五大銀行）	三井・三菱・住友・安田・第一
八大財閥	三井・三菱・住友・安田・浅野・川崎・古河・大倉

🅐解説 第一次世界大戦前後に，三井・三菱（岩崎家）らの政商は，傘下に入れた企業の株式を一族で所有する持株会社をつくり，複数の業種にまたがる巨大コンツェルン＝財閥を形成した。コンツェルンとは，親会社が株式保有を通じて，各分野の企業を子会社・孫会社（系列会社）として形成する企業集団であり，いくつもの産業分野にまたがる企業が1つの大資本のもとに統合される独占組織である。三井・三菱に住友・安田を加えた四大財閥は，金融恐慌・昭和恐慌を乗り越え，確固とした地位を築き，戦前の経済界を支配した。

4-⑤ 三井系諸会社の系統図（1928年頃）

三井合名会社

直系会社

三井物産
├ 直系子会社 大正海上火災・東洋レーヨンなど17社
├ 傍系子会社 日本製粉・湯浅電池など20社
├ 船舶部
└ 造船部

三井生命
三井銀行
三井信託 神中鉄道など2社
三井鉱山 釜石鉱山・東洋窒素工業など11社
東神倉庫 南洋倉庫など2社

傍系会社

王子製紙 富士製紙・樺太鉄道など18社
北海道炭礦汽船 日本製鋼所など4社
鐘淵紡績 上海製造絹糸など3社
芝浦製作所 内外電熱器
台湾製糖 森永製菓など2社
郡是製糸 神戸生糸
小野田セメント・三越 など6社

（高橋亀吉『日本財閥の解剖』による）

Question p.282 4-② 4-③ のように，なぜ大銀行が預金高を伸ばし，銀行数が減ったのだろうか，考えてみよう。

1 無産政党と社会主義運動関連年表

内閣	年	事項
加藤内閣①②	1920	12 日本社会主義同盟結成
	1922	7 日本共産党，非合法に結成(24解党)
若槻内閣①	1925(大正15)	12 農民労働党が結成されるが，即日禁止
	1926(大正15)	3 労働農民党(労農党)結成
		10 労働農民党(労農党)分裂
		12 労働農民党(労農党)は社会民衆党(右派)・日本労農党(中間派)・労働農民党(左派)の3派に分裂，支持組合も分裂
田中義一内閣	1928(昭和3)	2 日本共産党が『赤旗』創刊，公然と活動を開始。
		第1回普通選挙で無産政党8人当選
		3 三・一五事件，日本共産党員多数逮捕
		4 労働農民党(労農党)・日本労働組合評議会に解散命令
		6 治安維持法改正(最高刑を死刑とする)
		7 特別高等課(特高)設置を全国に拡大
		12 日本大衆党の結成
1927.4～1929.7	1929(昭和4)	3 旧労農党代議士山本宣治暗殺
		4 四・一六事件，日本共産党に大打撃
浜口内閣	1930	7 全国大衆党の結成
	1931	9 柳条湖事件おこる
	1932(昭和7)	5 社会民衆党を離脱した赤松克麿らは日本国家社会党を結成
		7 社会大衆党の結成(社会民衆党と全国労農大衆党の合同)
	1937	12 日本無産党を結社禁止とする
	1940(昭和15)	7 社会大衆党解党
		10 大政翼賛会発会式

2 無産政党の成立と分裂

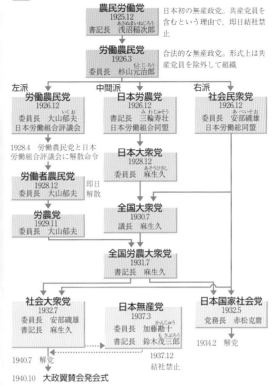

農民労働党 1925.12　書記長 浅沼稲次郎
日本初の無産政党。共産党員を含むという理由で，即日結社禁止

労働農民党 1926.3　委員長 杉山元治郎
合法的な無産政党。形式上は共産党員を除外して組織

（左派）労働農民党 1926.12　委員長 大山郁夫　日本労働組合評議会
（中間派）日本労農党 1926.12　書記長 三輪寿壮　日本労働組合同盟
（右派）社会民衆党 1926.12　委員長 安部磯雄　日本労働総同盟

1928.4 労働農民党と日本労働組合評議会に解散命令

労働者農民党 1928.12　委員長 大山郁夫　即日解散

日本大衆党 1928.12　委員長 麻生久

労農党 1929.12　委員長 大山郁夫

全国大衆党 1930.7　議長 麻生久

全国労農大衆党 1931.7　書記長 麻生久

社会大衆党 1932.7　委員長 安部磯雄　書記長 麻生久
日本無産党 1937.3　委員長 加藤勘十　書記長 鈴木茂三郎
日本国家社会党 1932.5　党務官 赤松克麿　1934.2 解党

1940.7 解党　1937.12 結社禁止
1940.10 大政翼賛会発会式

3 第1回普通選挙 (1928年2月20日)

党派名	候補者数	当選者数	得票数
立憲政友会	432	218	4,250,848
立憲民政党	437	216	4,270,497
中立	143	17	607,229
革新倶楽部系	17	3	91,250
実業同志会	31	4	166,250
無産政党	86	8	480,124
社会民衆党	17	4	120,044
労働農民党	40	2	193,027
日本労農党	15	1	91,170
日本農民党	9	0	35,750
地方無産党	5	1	40,133
計	1,146	466	9,866,198

(『史料による日本の歩み 近代篇』による)

▲第1回普通選挙投票の様子

5 田中内閣の外交政策

5-① 対英米政策と対中政策

対英米政策─協調外交の継続
- ジュネーヴ会議へ参加(1927年)
　日・英・米で補助艦削減─不成立
- パリ不戦条約へ調印(1928年)
　「其ノ各自ノ人民ノ名ニ於テ」が問題化→この部分を適用しないで批准

対中国政策─強硬(積極)外交へ転換
- 東方会議(1927年)
　満蒙の日本権益を確保
- 山東出兵(1927～28年)─第1～3次
　国民革命軍と武力衝突
- 張作霖爆殺事件(1928年)

5-② 東方会議のおもな出席者

内閣	田中義一	首相兼外相
	森恪	外務次官
陸軍省	畑英太郎	陸軍次官
海軍省	大角岑生	海軍次官
統帥部	南次郎	参謀本部次長
	野村吉三郎	軍令部次長
関東軍	武藤信義	関東軍司令官
外務省	芳沢謙吉	駐中国公使
	吉田茂	奉天総領事

解説 1927年6月27日～7月7日まで，田中義一内閣が第1次山東出兵後の対中国基本政策を決定するために開いた会議。田中兼任外相が主宰し，「満蒙は中国領土にあらず」とする，対支政策綱領を決定した。

4 三・一五事件，四・一六事件

◀三・一五事件(『東京朝日新聞』1928年4月11日) 非合法の日本共産党が第1回普選のときに，左派の労農党の背後で積極的な活動をおこなったことに対する大検挙。事件から約1カ月後の4月10日に記事は解禁された。

◀四・一六事件(『東京日日新聞』1929年11月6日号外) 三・一五事件に続く日本共産党への大弾圧事件。日本共産党は大打撃により，力を失った。のちに転向する共産党幹部鍋山貞親は4月26日，佐野学は6月16日に検挙。5カ月をすぎた11月5日になってやっと記事は解禁。

6 北伐と山東出兵・張作霖爆殺事件

6-① 1920年代の中国

モンゴル人民共和国 1924成立
満洲国(1932成立)1933
張作霖爆殺事件 1928
柳条湖1931
内蒙古
北京 1936
盧溝橋 1937
熱河 1933
奉天
関東州
大連 旅順
朝鮮(日本領)
通州
太原
呉起鎮
延安
閻錫山
張作霖
張宗昌
1928 山東出兵
1927 山東出兵
青島 山東出兵
済南
京城
洛陽
西安
呉佩孚
徐州
南京
1932
孫伝芳
上海
東シナ海
四川
重慶
武漢
遵義
長沙
馮玉祥
井崗山
周蔭人
瑞金
蒋介石
陸豊
海豊
広州
南シナ海
フランス領インドシナ連邦

凡例：
北方軍派閥
国民政府派
国民革命軍北伐路
共産党軍長征路(1934～36)
共産党軍解放区
冀東防共自治政権区(1935～38)
日本軍侵入路

張作霖爆殺事件
詳しくみてみよう！

6-② 張作霖爆殺事件

▲張作霖(1873～1928) 軍閥の巨頭。日本の支援で満洲を統一，北京へ進出。

◀張作霖爆殺事件によって苦境に立つ田中義一内閣を報じる新聞(『東京朝日新聞』1929年1月26日)

満洲重大事件をもって田中首相に致命傷を
民政党必死の猛撃
論戦の中心豫算懸念に移る
号外 東京朝日新聞

Answer 人々が金融恐慌や昭和恐慌を経験し資本金が少ない中小銀行に不安を感じ，財閥系の大銀行に預金をしたから。

1 浜口内閣(1929.7～31.4)の政策

首相	浜口雄幸
外相	幣原喜重郎
蔵相	井上準之助

十大政綱	政治の公明 綱紀の粛正 軍縮の促進 非募債と減税 社会政策の確立 国民精神の作興 対支外交の刷新 財政の整理・緊縮 金輸出解禁の断行 教育の更新
対英米政策	●協調外交の継続 　ロンドン海軍軍備制限条約(1930) 　統帥権干犯問題おこる
対中国政策	●内政不干渉を継続 　日中関税協定調印(1930) 　中国に関税自主権を認める
財政政策	●金輸出解禁(金解禁)の実施(1930) ●重要産業統制法の公布(1931) 　カルテル活動の保護，生産・価格の制限

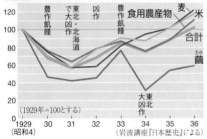
◎浜口雄幸(1870～1931)　エネルギッシュな風貌から，ライオン宰相といわれ，庶民からしたわれた。

4 昭和恐慌
4-① 農業恐慌(農産物価格の推移)

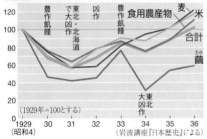

(1929年=100とする)　(岩波講座『日本歴史』による)

東北の飢饉

農産物価格は，1930年秋の豊作を契機に暴落し，農村不況は深刻化した(豊作飢饉)。米価は半分，繭価は3分の1，農家所得は半分となり，農家の借金は平均900円になった。養蚕農家の多い長野県，地主支配の強い東北地方は惨たんたる状況を示し，娘の身売り・欠食児童を数多く生み出した。1934年の東北地方の冷害は大飢饉をまねき，鉄道沿線では乗客の捨てる弁当にすら子どもたちがむらがった。

◎落穂を集める子どもたち

2 金輸出解禁(金解禁)政策
2-① 金解禁の理論(旧平価による金解禁・新平価による金解禁)

旧平価解禁論	新平価解禁論
蔵相・井上準之助	石橋湛山・高橋亀吉ら経済学者
・金輸出禁止(1917.9)以前の法定の円為替相場で解禁 **対米100円=49.85ドル**	・1928(昭和3)年の平均為替相場で解禁 **対米100円=46.46ドル**

●旧平価で解禁すると，新平価より円の為替相場は高くなり，円高となる(円の切上げ)

- 日本にとって—100円で49.85ドルのものが買える → 輸入しやすい
- 外国にとって—49.85ドル出さないと100円のものが買えない → 輸出しにくい

準備—輸出しやすいようにするためには，製品の価格をさげることが必要
　生産性の向上(産業合理化)，生産費の引下げ(人員整理，賃金カットで対応) → 金解禁準備不況

実施後—輸出の減少，輸入の増加→貿易赤字の増加で金流出増加
　製品が売れない→物価の下落(デフレがおこる)→通貨量の縮小の悪循環となる → 昭和恐慌

●新平価で解禁すると，旧平価より円の為替相場は低くなり，円安となる(円の切下げ)

- 日本にとって—100円で46.46ドルのものしか買えない → 輸入しにくい
- 外国にとって—46.46ドルで100円のものが買える → 輸出しやすい

円安の方が輸出増加が期待できる

5 協調外交の挫折

◎ロンドン会議で発言する若槻礼次郎代表　1930年1月21日から4月22日まで開催された。日本全権は若槻礼次郎(元首相)・財部彪(海相)・松平恒雄(駐英大使)・永井松三(駐ベルギー大使)であった。

5-① ロンドン海軍軍備制限条約による補助艦の保有量

	イギリス	アメリカ	日本	日米比(%)
大型巡洋艦(甲級)	14万6800t	18万0000t	10万8400t	60.2
小型巡洋艦(乙級)	19万2200t	14万3500t	10万0450t	70.0
駆逐艦	15万0000t	15万0000t	10万5500t	70.3
潜水艦	5万2700t	5万2700t	5万2700t	100.0
合計	54万1700t	52万6200t	36万7050t	69.8

【解説】日本は大型巡洋艦は対米60.2%で妥協し，小型巡洋艦や駆逐艦は対米70%以上であったが，合計すると69.8%で0.2%海軍軍令部の要求にみたなかった。

◎重傷を負って運ばれる浜口雄幸　補助艦を制限するロンドン海軍軍備制限条約を，海軍軍令部長加藤寛治や野党立憲政友会，右翼が統帥権を犯すものだと批判する統帥権干犯問題がおきた。1930年11月，条約の調印・批准を積極的に推進した浜口首相は右翼の佐郷屋留雄によって東京駅のホームで狙撃されて重傷を負い，翌年に死亡した。

(右段)

▷井上準之助(1869～1932)　日銀総裁，第2次山本権兵衛内閣の蔵相となり，1929(昭和4)年に浜口内閣の蔵相として金解禁とデフレ政策を推進。血盟団事件で暗殺された時は，立憲民政党の総務委員長であった。

2-② 各国の金解禁

国名	金輸出禁止	解禁	再禁止
日本	1917.9	1930.1	1931.12
イギリス	1919.4	1925.4	1931.9
アメリカ	1917.9	1919.7	1933.4
ドイツ	1915.11	1924.10	1931.7
フランス	1915.7	1928.6	1936.9
イタリア	1914.8	1927.12	1934.5

(三和良一『近現代日本経済史要覧』)

【解説】日本の金解禁は各国と比較して，もっとも遅れた。関東大震災や金融恐慌で，その準備ができなかったためである。金輸出再禁止は，英・独についで早かった。

3 世界恐慌の発生

◎1929年10月，株価暴落で混乱するウォール街　アメリカ・ニューヨークの証券取引所があったウォール街でおこった株価の大暴落から世界恐慌が始まった。

5-② 統帥権干犯問題

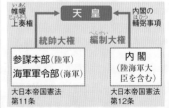

	天皇	
帷幄上奏権		内閣の輔弼事項
統帥大権		編制大権
参謀本部(陸軍) 海軍軍令部(海軍) 大日本帝国憲法第11条		内閣(陸海軍大臣を含む) 大日本帝国憲法第12条

【解説】大日本帝国憲法の第12条により，陸海軍の編制やそれに伴う予算額は編制大権として内閣の輔弼事項であり，第11条に基づく作戦・用兵をおこなう統帥大権とは別であった。

しかし，浜口内閣の倒閣をめざす立憲政友会・枢密院・右翼は，海軍軍令部の反対を押し切ってロンドン海軍軍備制限条約に調印したので，統帥権を侵害する(統帥権干犯)と批判した。

大日本帝国憲法
第一条　統帥ス　天皇ハ陸海軍ヲ
第二条　編制及常備兵額ヲ定ム　天皇ハ陸海軍ノ

Question p.284 2-②にみるように，なぜ1931年7～12月に金輸出を再禁止した国が3つもあるのだろうか，考えてみよう。

第4部 近代・現代

1 満洲事変関係年表

内閣	年	月日	事項
第2次若槻礼次郎内閣	1931 (昭和6)	1.22	満鉄,張学良と満蒙鉄道交渉開始
		6.27	中村震太郎,興安嶺で殺害(中村大尉事件)
		7.2	万宝山で中国・朝鮮の農民が衝突(万宝山事件)
		9.18	柳条湖事件おこる(満洲事変) 3
		9.21	朝鮮駐屯軍(司令官,林銑十郎),満洲へ越境
		9.24	日本政府,不拡大方針を発表
		10.8	関東軍,錦州を爆撃,戦線を拡大
	1931.4〜1931.12	10.24	国際連盟理事会,満洲撤兵勧告
		12.11	第2次若槻内閣総辞職
		12.13	犬養毅内閣成立
犬養毅内閣	1932 (昭和7)	1.7	米国務長官,スチムソン=ドクトリンを発表(日本の満洲での行動を不承認)
		1.28	第1次上海事変起こる(日中両国軍衝突) 4
		2.29	リットン調査団来日(2〜7月調査) 5
	1931.12〜1932.5	3.1	満洲国建国(執政,溥儀)
		5.5	上海での停戦協定成立
		5.15	五・一五事件で,犬養内閣崩壊
		9.15	日本政府,満洲国承認(日満議定書)
斎藤実内閣		9.16	関東軍撫順郊外,平頂山で村民を虐殺(平頂山事件)
		10.2	日本政府,リットン報告書公表
	1933 (昭和8)	2.23	関東軍,熱河作戦開始
		2.24	国際連盟,日本軍の満洲撤兵勧告案を42対1,棄権1で可決(代表,松岡洋右退場)
		3.27	日本,国際連盟脱退を通告
		5.31	塘沽停戦協定(長城以南を非武装化)
	1932.5〜1934.7	1934 3.31	満洲国帝政を実施(皇帝,溥儀)

2 満蒙の危機

▲石原莞爾(1889〜1949)

▲「満蒙の危機」の新聞記事(『東京日日新聞』1931年10月27日) 中国で張学良が満鉄包囲線を計画し,国権回復運動が活発になると,日本国内では軍部・右翼などが「満蒙の危機」を叫びはじめた。関東軍作戦主任参謀の石原莞爾は「満蒙問題私見」で満洲を占領し,その資源によって日米による世界最終戦争を遂行することを主張した。その意味で「満蒙は日本の生命線」であった。

3-② 中国の国権回復運動

①不平等条約撤廃
②鉄道権益の回復
③外国人の租界や租借地の回復
④外国軍隊の撤兵

年	月	事項
1927 (昭和2)	1	漢口英租界事件おこる。国民政府の英租界回収の契機となる
1928 (昭和3)	7	関税自主権承認の中米条約調印
	12	英とも関税自主権承認に調印
1929	7	ソ連より中東鉄道を強行回収,後に返還
1930 (昭和5)	5	外相幣原喜重郎,日中関税協定を結び,中国の関税自主権を承認
	5	満鉄並行線の吉林〜海龍線開通
1931	9.18	満洲事変おこる

3 満洲事変の展開 3-① 満洲事変関連地図

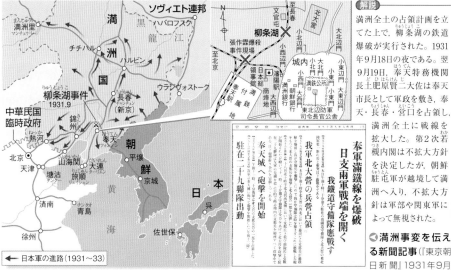

← 日本軍の進路(1931〜33)

解説
満洲全土の占領計画を立てた上で,柳条湖の鉄道爆破が実行された。1931年9月18日の夜である。翌9月19日,奉天特務機関長土肥原賢二大佐は奉天市長として軍政を敷き,奉天・長春・営口を占領し,満洲全土に戦線を拡大した。第2次若槻内閣は不拡大方針を決定したが,朝鮮駐屯軍が越境して満洲へ入り,不拡大方針は軍部や関東軍によって無視された。

▶満洲事変を伝える新聞記事(『東京朝日新聞』1931年9月19日) 奉軍(奉天軍=中国軍)が満鉄線を爆破したため,関東軍が応戦したと報じている。以後マスコミは戦争熱をあおった。

▲第2次若槻内閣の不拡大方針を報道する新聞記事(『東京朝日新聞』1931年9月20日) 政府が,正式に不拡大方針を発表したのは9月24日である。日本政府の不拡大方針はアメリカにも伝えられた。しかし,アメリカ国務長官スチムソンが不拡大方針にもかかわらず戦闘が継続していることを批判すると,スチムソンの言葉に怒った関東軍は日本政府の方針を無視したのであった。

4 第1次上海事変の発生

▲▶上海事変での海軍陸戦隊の戦闘(1932年1月) 満洲事変は,中国全土に激烈な反日運動をおこさせた。とくにそれが激しかった上海で,陸軍は列国の目をそらせるために日本人僧を殺害し,海軍陸戦隊は中国軍を攻撃したが,逆に中国側の激しい抵抗にあい,陸軍の部隊を増派した。しかし,なすところなく5月に撤退した。写真左は装甲車を背に応戦する海軍陸戦隊,右は砲撃中の海軍陸戦隊。

5 リットン調査団の派遣

▲爆破地点の線路を調べるリットン調査団 1932年2月,国際連盟は,イギリスのリットン卿を団長とするリットン調査団を中国へ派遣した。その報告書は,柳条湖事件以後の日本の軍事行動を正当と認めなかった。→p.286 6

リットン調査団のおもな報告
1 満洲事変以降の日本の軍事行動を正当な自衛の行動とは認めない
2 「満洲国」はその地の民族の自発的な独立運動によって成立したものではない
3 中国の主権を認め,満洲に自治政府を樹立する
4 満洲における日本の経済的権益の保障(後略)

第4部 近代・現代

Answer 世界恐慌で日本だけでなく,イギリスやドイツからも金があまりにも多く急激に国外へ流出してしまったから。

1 クーデタ・テロ事件の頻発

| 浜口雄幸内閣 1929.7〜1931.4 | 1930 (昭和5) | 9 | 陸軍中佐橋本欣五郎ら、桜会を結成 |
| | | 11 | 佐郷屋留雄、浜口首相を東京駅で狙撃 |

第2次若槻礼次郎内閣 1931.4〜1931.12

| | 1931 (昭和6) | 3 | 三月事件（戦後になって発覚） |

橋本欣五郎（桜会）、小磯国昭（陸軍）
大川周明（右翼指導者）、亀井貫一郎（社会民衆党）
↓
宇垣一成首班の軍事政権樹立

| | | 10 | 十月事件　未遂 |

橋本欣五郎（桜会）
大川周明・西田税（右翼）
↓
若槻首相のほか政財界の要人を殺害
荒木貞夫首班の軍事政権樹立

| | 1932 (昭和7) | 2 | 血盟団事件 3 |
| | | 3 | 井上日召と農村青年 |

政財界要人20数名の暗殺計画
実行　井上準之助（前蔵相・立憲民政党総務委員長）
　　　団琢磨（三井合名会社理事長）

犬養毅内閣 1931.12〜1932.5

| | | 5 | 五・一五事件 4 |

三上卓（海軍青年将校、愛郷塾生）
後藤映範（陸軍士官候補生）
↓
首都機能停止による国家改造
首相官邸（犬養首相殺害）、警視庁・日本銀行・
立憲政友会本部などを襲撃

2 国家改造運動

▶北一輝（1883〜1937）
北の国家改造運動は、クーデタによって軍部独裁政権を樹立し、新政権のもとで私有財産の制限、企業の国営、貴族院廃止などの**国家社会主義**的政策をおこない、天皇と国民との間にあって日本を誤らせていると考えた、政党・財界・官僚を排除することであった。

「日本改造法案大綱」骨子　一九二三年刊行
9 天皇は国家改造のため三年間憲法を停止し、軍・吏・財・党閥を排除した国家改造内閣の組織
8 在郷軍人会議を国家改造内閣の直属とする
7 華族制度の廃止
6 二十五歳以上の男子に選挙権
5 国民の私有財産限度を百万円とする
4 児童・女性・老人の擁護、義務教育の延長
3 労働省の設置、私企業純益を労働者に還元
2 二〇年後に朝鮮人に参政権を与えること
1 「国家又ハ民族」のために開戦する権利を持つ

```
            天 皇
国家     戒厳令に    ←親 政→   クーデタによる
改造     よる国家              官吏・財界人・
         改造       国 民      政党人の排除
```

目的　欧米から抑圧されている民族・国家が、欧米への開戦を準備し、世界を再分割すること

3 井上日召と血盟団事件

△井上日召（1886〜1967）
1928年より茨城県で国家改造をめざす農村の青年を指導し、一人一殺の血盟団を組織した。

△三井銀行本館跡

◁団琢磨暗殺を伝える新聞記事（『東京朝日新聞』1932年3月6日）　前蔵相**井上準之助**と三井合名会社理事長**団琢磨**の暗殺が同一組織でおこなわれたことを伝えた新聞。いずれも井上日召が率いる血盟団のテロだった。団琢磨は東京・日本橋の三井銀行本館玄関で射殺された。

5 斎藤実内閣の閣僚（挙国一致内閣）

内閣	氏名	略歴	出身	人数
首相 外務	斎藤実 斎藤実（兼任）	子爵・海軍大将・元朝鮮総督		
大蔵 文部 鉄道	高橋是清 鳩山一郎 三土忠造	子爵・元首相 衆議院議員 衆議院議員・元蔵相	立憲政友会 立憲政友会 立憲政友会	3名
内務 拓務	山本達雄 永井柳太郎	男爵・貴族院議員 衆議院議員	立憲民政党 立憲民政党	2名
農林 商工 逓信	後藤文夫 中島久万吉 南弘	男爵・貴族院議員 男爵・貴族院議員 貴族院議員	官僚・貴族院 実業・貴族院 貴族院	3名
司法	小山松吉	元検事総長	官僚	1名
陸軍 海軍	荒木貞夫 岡田啓介	陸軍中将 海軍大将	陸軍軍人 海軍軍人	2名

▶解説
五・一五事件で倒れた犬養毅内閣の後継内閣選びは、難航した。政党内閣の継続に陸軍が難色を示したためである。元老の西園寺公望は、退役海軍大将・元朝鮮総督斎藤実を後継首相に推薦し、**政党内閣でも軍部内閣でもない最初の挙国一致内閣**が成立した。表のように各勢力のバランスをとったもので、これを挙国一致とよんだ。1924（大正13）年成立の護憲三派内閣以来8年続いた政党内閣は崩壊した。

4 五・一五事件

◁五・一五事件を報じる新聞記事（『東京朝日新聞』1932年5月16日）　1932年5月15日、血盟団のテロに続いて、海軍青年将校は大川周明から資金援助をうけ、陸軍士官学校生徒を加え、首相官邸・警視庁・内大臣牧野伸顕邸・日本銀行を襲撃し、写真の犬養首相を射殺した。

6 国際連盟からの脱退と満洲国の成立

◁国際連盟脱退を報じる新聞記事（『東京朝日新聞』1933年2月25日）　満洲事変を日本の侵略行為としたリットン調査団の報告書が国際連盟で採択されると、日本は連盟を脱退した。写真上が松岡洋右。

国際連盟脱退
▶詳しくみてみよう！

▶愛新覚羅溥儀（1906〜67）
3歳で清国最後の皇帝（宣統帝）となり、1911年の辛亥革命で退位。26歳のとき、満洲国執政となり、1934年の帝政移行とともに皇帝（康徳帝）となる。日本の敗戦直後に退位した。→p.246 6

▶解説　満洲国において、関東軍司令官は日本国全権大使を兼任し、事実上の権力を握っていた。満洲国は、総務庁長や国務院各部の次長・司長にも日本人が就任し、実権を握る傀儡国家であった。

6-① 満洲国組織図

（『戦前期日本官僚制の制度・組織・人事』などによる）

- 総長＝大臣
- 次長＝次官
- 司長＝局長
- 首府は「新京」（長春）と改名

■満洲人が就任　■日本人が就任　■満洲人・日本人とも就任

Question　p.287 4 の綿織物の輸出額は1932年から1934年で1.7倍に伸びている。その理由を p.287 3 の為替相場から考えてみよう。

第4部 近代・現代

1 高橋財政の運営

年代	1931～36(昭和6～昭和11)年 高橋蔵相在職1931.12～34.7, 34.9～36.2
首相	犬養毅・斎藤実・ 岡田啓介
方法	積極財政(支出)に よる需要の創出

△高橋是清(1854～1936)

政策運営
①金輸出再禁止(金貨兌換停止令)
・管理通貨制度の導入(円安へ移行)
②財政支出の増大
・時局匡救事業(公共土木事業による雇用促進・農村救済)
・軍事費の増大(満洲事変と海軍拡張)

政策運営①の結果
・円安による輸出促進。国外ではソーシャル=ダンピングと批判される
・綿織物の輸出世界第1位
・世界恐慌からの脱出

政策運営②の結果
・重工業の発展(重化学工業国へ脱皮)
(国内)1938年重工業生産額50%超える
(国外)石油・くず鉄の対米依存強まる
・時局匡救事業の打切り(3年継続事業)
(国内)農山漁村経済更生運動の開始

△解説 高橋蔵相は金輸出再禁止の断行, 公債発行によるインフレ政策によって, 為替相場を下落させた。

5 世界恐慌からの脱出

5-① 各国の鉱工業生産力

(三和良一『近現代日本経済史要覧』による)

△解説 日本は, 世界恐慌発生時(1929年)の工業生産指数を1933年に超え, 恐慌から脱出した。ドイツでは急激な生産力回復によって, ヒトラー政権の人気が高まった。

5-② 各国の失業率

(三和良一『近現代日本経済史要覧』による)

△解説 外国の失業率は世界恐慌で急上昇したが, 1932年から失業率は明らかに下がっている。

2 高橋財政の展開

単位:億円

	1931 (昭和6)	1932 (昭和7)	1933 (昭和8)	1934 (昭和9)	1935 (昭和10)	1936 (昭和11)	1937 (昭和12)
一般会計歳出	14.77	19.50	22.45	24.80	25.66	26.66	52.07
うち軍事費	4.55	6.86	8.73	9.42	10.32	10.78	32.71
陸軍費	2.28	3.74	4.63	4.59	4.97	5.11	22.50
海軍費	2.27	3.12	4.10	4.83	5.36	5.67	10.21
軍事費割合(%)	30.8	35.2	38.7	38.0	40.3	40.4	62.8
時局匡救事業費		2.64	3.66	2.35			

(東京大学社会科学研究所編『ファシズム期の国家と社会』2による)

△解説 蔵相の高橋是清は犬養・斎藤・岡田の3代にわたり財政運営をおこなった。赤字国債の発行によって財政支出を増加させ, 農村救済の時局匡救事業費と軍事費を増加させた。時局匡救事業が打ち切られた後も, 満洲事変やロンドン海軍軍備制限条約・ワシントン海軍軍備制限条約の失効による建艦競争で, 軍事費は増大していった。

3 対米為替相場の推移

ドル／100円当たりの月平均

関東大震災　金解禁　金輸出再禁止

1922 23 24 25 26 27 28 29 30 31 32 33 34年
(岩波ブックレット『昭和恐慌』による)

△解説 日本は, 第一次世界大戦中の1917年に, 金本位制を停止した。それ以後, 金本位制へ復帰する機会をさぐっていたが, 戦後恐慌・関東大震災・金融恐慌と, あいつぐ経済不安で機会を失っていた。100円=49.85ドルで金解禁したが, 金輸出再禁止によっていっきに円安となり, 一時は100円=20ドルまで下がり, ほぼ30ドルで安定した。

5-③ アメリカのニューディール政策

△テネシー川流域開発公社(TVA)によるダム アメリカ連邦政府はダムや水路の建設を中心に総合開発をおこない, 事業に失業者を吸収し, 購買力をふやし, 産業の振興, 生産の増大, 消費者物価の低下などをめざした。

▷フランクリン=ローズヴェルト(1882～1945) 1910年に, ニューヨーク州上院議員として政界入り。世界恐慌の最中に民主党から大統領選出馬, 当選。恐慌対策として, ニューディール政策を推進した。外交では, 台頭するファシズムに対抗し, 民主主義のリーダーとなった。

5-④ イギリスのブロック経済圏

特恵関税制度
英連邦の各国間で関税協定を結び, 外国品に対しては高関税を課し, 連邦内の商品に対しては無税あるいは低関税とした。

意義
①連邦内の貿易は活況を取り戻す。
②国際経済で競争激化の一因となる。

スターリング=ブロック
イギリス連邦経済会議(1932)

4 主要繊維製品輸出額の推移

単位:万円

年次	綿織物	生糸	絹織物	人造絹織物
1928	35,221.8	73,269.7	13,405.9	
1930	27,211.7	41,664.7	6,577.5	3,493.5
1932	28,871.3	38,236.6	5,028.8	6,054.0
1934	49,234.3	28,679.4	7,748.8	11,348.4
1936	48,359.1	39,280.9	6,802.7	14,917.0
1938	40,424.0	36,412.4	4,935.2	11,576.2
1940	39,913.8	44,606.0	3,769.9	11,611.2
1941	28,418.1	21,570.6	4,216.2	6,045.9

(総理府統計局『日本長期統計総覧』による)

△解説 世界恐慌で生糸の輸出が激減し, 絹織物にかわり綿織物の輸出が増加し, イギリスを抜いて世界1位となった。化学繊維(人造絹織物)の生産も伸びた。

6 産業構成の重化学工業化

(%)

年次	工業総生産額 億円(指数)	化学	金属	機械	重化学工業	紡績
1929	107.4(100)	12.2	8.6	9.4	30.2	35.1
1931	78.8 (73)	12.7	7.8	8.8	29.3	32.5
1933	111.7(104)	13.7	11.3	10.5	35.5	32.5
1935	149.7(139)	14.4	12.8	16.3	43.5	29.1
1937	210.7(196)	16.1	16.8	16.7	49.6	26.7
1938	252.5(235)	16.3	18.5	20.0	54.8	22.2
1939	307.3(286)	16.3	17.9	23.9	58.1	18.1
1940	322.5(310)	16.6	16.4	25.9	58.9	16.8

(東京大学出版会『講座日本歴史10』による)

△解説 1937～38年には重化学工業の生産額が総生産額の50%を超え, 日本は日中戦争をてこにして, 重化学工業国へと脱皮した。

7 新興財閥の成長

名称	創始者	持株会社と傘下会社数
日産	鮎川義介	日本産業　日産自動車など77社
日窒	野口遵	日本窒素肥料　日窒鉱業など26社
日曹	中野友礼	日本曹達　日曹人絹パルプなど42社
森	森矗昶	森興業　昭和電工など28社
理研	大河内正敏	理化学興業　理研特殊鉄鋼など63社

△1933年ダットサン12型 日産コンツェルンの日産自動車の製品。日産自動車(株)提供

△朝鮮に進出した新興財閥 日窒コンツェルンの朝鮮窒素肥料会社の興南工場(1932年)。

第**4**部 近代・現代

Answer 日本の金輸出再禁止によって1931年から円安が進み, 輸出するのに有利な条件となったため。

1 社会主義勢力の転向

1932（昭和7）
5 日本国家社会党結成
社会民衆党書記長赤松克麿が党を離脱し，「一君万民」（天皇の下での国民の平等）の日本社会の実現をめざして結成。満洲事変は，民族の利益のためであると支持した。
社会民衆党は，全国労農大衆党と合同し，社会大衆党（委員長安部磯雄，書記長麻生久）を結成

1933（昭和8）
6 獄中の日本共産党最高幹部佐野学・鍋山貞親，連名で転向を声明
コミンテルン（ソ連共産党の指導下につくられた国際共産主義の組織）が指示した「天皇打倒」の方針は誤りで，天皇制の下での一国社会主義の実現を提唱
→以後，大量の共産主義者が転向

△佐野学（1892～1953）日本共産党の結成に参加。三・一五事件や四・一六事件の統一公判で代表陳述。

△鍋山貞親（1901～79）日本共産党に入党。四・一六事件で逮捕され，無期懲役。佐野学とともに転向声明。

> 転向とは，国家権力が加える暴力や圧迫によって，それまで理想としていた社会主義・共産主義思想を放棄することを意味した。

1934（昭和9）
社会大衆党書記長・麻生久「陸軍パンフレット」を評価
→社会大衆党の国家社会主義化

2 学問の弾圧と統制

年代	事件	弾圧対象者	専攻・地位	弾圧の概要
1933	滝川事件（京大事件）	滝川幸辰（1891～1962）	刑法学 京都帝大教授	著書『刑法読本』が自由主義的学説と批判され，休職となる
1935	天皇機関説事件	美濃部達吉（1873～1948）→p.248 5	憲法学 東京帝大教授	天皇機関説が反国体的と批判。『憲法撮要』など3著書の発禁
1937	矢内原事件	矢内原忠雄（1893～1961）	植民地政策 東京帝大教授	1937年『中央公論』に発表した「国家の理想」が反戦的だと批判され辞職
1937	第1次人民戦線事件	加藤勘十（1892～1978）山川均（1880～1958）鈴木茂三郎（1893～1970）	衆議院議員 社会主義者 日本無産党書記長	反ファシズム人民戦線を企画したとして，左の3人をはじめ検挙
1938	河合栄治郎の弾圧	河合栄治郎（1891～1944）	経済学 東京帝大教授	『社会政策原理』『ファシズム批判』『時局と自由主義』など発禁。休職，起訴
1938	第2次人民戦線事件	大内兵衛（1888～1980）有沢広巳（1896～1988）美濃部亮吉（1904～84）	労農派 東京帝大教授 経済学 東京帝大助教授 美濃部達吉の長男	労農派の経済学者たちが，治安維持法違反で検挙

△矢内原忠雄（1893～1961）
東京帝国大学教授として植民地政策を担当し，日本の大陸政策を批判して軍部ににらまれた。戦後復帰して東京大学総長となる。

△滝川事件を報じる新聞（『帝国大学新聞』1933年5月15日）京都帝大教授滝川幸辰の刑法学説が，国体に反するという理由で発禁処分となり，滝川自身も休職となった。戦後は京都大学総長に復帰。

△美濃部達吉の反論を報じる新聞記事（『東京日日新聞』1935年2月26日）

2-① 天皇機関説事件

> 【解説】明治時代以来，美濃部達吉の天皇機関説は，政府公認の憲法理論であった。1935年，貴族院で軍人出身の菊池武夫が反国体的な学説であると攻撃して，政治問題となった。岡田啓介内閣は美濃部の著書を発禁とし，美濃部に貴族院議員を辞任させ，日本は古代から天皇が主権を持っていることは明白だとの「国体明徴声明」で事態の収拾をはかった。

3 二・二六事件の勃発

3-① 陸軍内の対立

皇道派
荒木貞夫・真崎甚三郎ら。陸軍の派付き青年将校が中心。直接行動による国家改造・軍部政権の樹立，天皇親政の実現をめざす

△荒木貞夫（1877～1966）

統制派
永田鉄山・東条英機ら。陸軍省・参謀本部の中堅幕僚が中心。革新官僚・政財界と提携。軍部統制の下で国家権力を掌握し，総力戦体制樹立をめざす

△永田鉄山（1884～1935）

相沢事件の発生
皇道派相沢三郎中佐が統制派の永田鉄山軍務局長を斬殺

→ 二・二六事件で皇道派排除

3-② 二・二六事件の発生

▶警視庁を占拠した反乱軍 1936年2月26日未明，陸軍皇道派の青年将校が，兵士1400名を率いて首相官邸や警視庁を襲撃。軍部政権の樹立をねらい，内大臣斎藤実・蔵相高橋是清・陸軍教育総監渡辺錠太郎を殺害した。青年将校たちは2月29日，反乱軍として鎮圧された。

△戒厳司令部が反乱軍に原隊復帰をよびかけたアドバルーン

4 広田内閣から近衛内閣へ

広田弘毅内閣（1936.3～37.2）

△広田弘毅（1878～1948）

内政
- 広義国防国家の建設 将来の戦争は，軍事力のほかに外交，思想戦や経済統制（資本主義の修正）が並行的に展開される広義の戦争となる
- 軍部大臣現役武官制復活
- 国策の基準←帝国国防方針の改定 南進論（南方資源の獲得）と北進論（対ソ戦）を併記
- 馬場鍈一の財政（馬場財政）公債の増発と新税による大軍拡予算

外交
- ワシントン海軍軍備制限条約の失効（1936.12）→建艦競争へ突入（戦艦「大和」「武蔵」の建造）
- 日独防共協定（1936.11）→ソ連を仮想敵国とする

立憲政友会浜田国松と寺内寿一との「腹切り問答」で，広田内閣総辞職

宇垣流産内閣＝宇垣一成の組閣失敗，陸軍が陸軍大臣を推薦せず

林銑十郎内閣（1937.2～6）
- 軍部の支持
- 軍財抱合＝蔵相結城豊太郎が軍拡と財界の調整をはかる
- 立憲政友会・立憲民政党の不支持
- 予算案成立後に解散したので，「食い逃げ解散」と批判される
- 近衛擁立計画の進行で総辞職

Question p.289 2-① の第1次近衛声明の「国民政府を対手とせず」とは，具体的にどのようなことを意味しているのだろうか。

1 三国防共協定の成立

1-① ヴェルサイユ・ワシントン体制の崩壊

ヴェルサイユ・ワシントン体制の条件
①世界経済の安定と拡大
②世界平和の維持・軍縮の継続

平和的条件の喪失
世界恐慌の発生→不況の拡大→軍事的対立へエスカレート

英・仏のブロック経済，米のニューディール政策

ソ連の5カ年計画（社会主義経済）

反ファシズム連合

対立

・日本：満洲事変
・ドイツ：ヒトラー政権（1933年）＝ナチズムの樹立
・イタリア：ムッソリーニのファシスト党の独裁（1928年）

反ソ連→枢軸

1-② 日独伊三国防共協定の成立

日本・ドイツ・イタリア

1936年 日独防共協定調印（広田弘毅内閣）
↓
ソ連の国際共産主義運動に対抗
（日独防共協定にイタリア参加）
1937年 日独伊三国防共協定成立（第1次近衛文麿内閣）
東京＝ベルリン＝ローマ枢軸の形成

共産主義拡大への恐れ

ソ連
①第1次5カ年計画（1928〜32年）による重工業化・農業集団化の推進→社会主義国家の充実
②アメリカのソ連承認（1933年）
③ソ連の国際連盟加入（1934年）｝国際的地位上昇

ソ連は社会主義国として国力向上

1-③ ヒトラーとムッソリーニ

△アドルフ＝ヒトラー（1889〜1945）ナチ党（国民社会主義ドイツ労働者党）を率いて，1933年に政権を奪取。第二次世界大戦を起こし，ドイツ敗北直前に自殺。

△ムッソリーニ（1883〜1945）1919年にファシスト党を結成。1922年にローマ進軍により政権を奪取。イタリアのファシズム化を推進。

2 日中戦争

2-① 日中戦争の展開

広田弘毅	**1936**（昭和11）	11 日独防共協定に調印
		12 西安事件→国共停戦の成立❶ 2-③
林銑十郎 1937.2〜6		ワシントン海軍軍備制限条約が失効
	1937（昭和12）	7 盧溝橋事件（日中戦争始まる）❷ 2-④
		8 第2次上海事変❸
		9 第2次国共合作（抗日民族統一戦線）
第1次近衛文麿 1937.6〜1939.1		11 日独伊三国防共協定に調印
		12 日本軍が南京を占領（南京事件）❹
	1938（昭和13）	1 第1次近衛声明（「国民政府を対手とせず」）
		7 張鼓峰事件（日ソの軍事衝突）❺
		10 日本軍が広東・武漢3鎮を占領
		11 第2次近衛声明（東亜新秩序建設）
		12 第3次近衛声明（善隣友好など日中国交調整についての3原則）
平沼騏一郎	**1939**（昭和14）	5 ノモンハン事件（関東軍に打撃）❻
		7 米，日米通商航海条約廃棄を通告
阿部信行		9 第二次世界大戦始まる
米内光政	**1940**（昭和15）	3 汪兆銘が南京に新国民政府を樹立❼
		9 日本軍が北部仏印に進駐
		日独伊三国同盟が成立
		11 汪兆銘政権と日華基本条約に調印
第2次・第3次近衛文麿 1940.7〜1941.10	**1941**（昭和16）	4 日ソ中立条約に調印
		日米交渉を開始（野村吉三郎・ハル）
		7 米，在米日本資産を凍結
		日本軍が南部仏印に進駐
		8 米，対日石油輸出を停止
東条英機 1941.10〜1944.7		11 米，ハル＝ノートを提示
		12 日本軍がハワイ真珠湾を攻撃
		対米英蘭宣戦布告
		太平洋戦争始まる

△近衛文麿（1891〜1945）

2-② 日中戦争関連地図

日本軍の進路
── 日本軍の進路（1937〜45）
数字 戦闘または占領年月
---- 援蒋ルート

⑥ノモンハン事件 1939.5〜9
柳条湖事件 1931.9
⑤張鼓峰事件 1938.7〜8
満洲国 長春（新京）

❶西安事件 1936.12
共産党政権根拠地 延安
中華民国臨時政府 1937.12
❹南京事件 1937.12
❼新国民政府（汪政権）1940.3
中華民国政府（蔣政権）1937.11
第1次上海事変 1932.1
❸第2次上海事変 1937.8

新疆ルート
ビルマルート
重慶
仏印ルート
南寧
香港ルート 41.12
海南島

37.11 37.12 38.1 38.5 38.10 39.3 40.6 44.8 45.1 39.2

0 4km

2-③ 西安事件

▷張学良（1901〜2001）父の張作霖爆殺後，国民政府へ合流。1936年の西安事件で蔣介石を監禁，抗日と内戦停止を要求した。

▷国民政府を閲兵する蔣介石
西安事件の翌1937年9月，蔣介石の国民党と毛沢東の共産党は抗日民族統一戦線をつくり，第2次国共合作をおこなった。

△西安事件を報じる新聞（『東京朝日新聞』）1936年12月13日）

2-④ 盧溝橋事件

△盧溝橋 北京郊外の盧溝橋は，マルコ＝ポーロの『世界の記述』（『東方見聞録』）にもある。1937年7月7日夜，この橋付近で夜間演習中の日本軍に数発の銃弾が発射されたことから，日本軍と中国軍の戦闘が発生し，日中戦争へ発展した。

3 援蒋ルートの遮断

3-① 援蒋ルート

▷援蒋ルート 重慶の中華民国政府へ軍需物資を援助するルートを，援蒋ルートという。写真はビルマルート。このほか，新疆ルート・香港ルート・仏印ルートがあった。日本軍は仏印ルート遮断のため，北部仏印進駐（1940年）をおこなった。

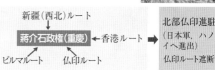

新疆（西北）ルート
蔣介石政権（重慶）← 香港ルート →北部仏印進駐（日本軍，ハノイへ進出）仏印ルート遮断
ビルマルート 仏印ルート

Answer 国民政府を日中戦争終結に向けての交渉相手としないということ。日本は汪兆銘に親日の政権を樹立させたが，弱体で失敗に終わった。

第4部 近代・現代

第4部 近代・現代

1 戦時統制の強化

1937(昭和12)	7	盧溝橋事件→日中戦争が泥沼化
	9	臨時資金調整法公布
		戦時における金融統制をおこなう。軍需産業や生産力拡充に優先的に融資をおこなう
		輸出入品等臨時措置法公布
		貿易に関する物資を統制する法令。対象は輸出入品のみではなく，需給調整を要する物資については，政府がその輸入の制限・禁止ができる。配給・使用・消費・生産・価格まで命令事項に入る
		軍需工業動員法発令
		(1918.4公布→国家総動員法で廃止)
	10	企画院設置 5
1938(昭和13)	4	国家総動員法公布 4
		電力管理法公布
1939(昭和14)	3	賃金統制令公布
		国家総動員法に基づく勅令で，業種別に初任給を公定した。これ以後，地域別・男女別・職業別・業種別・年令別・経験別の賃金公定が進む
	7	国民徴用令公布
		国家総動員法に基づく勅令。国民を強制的に徴発，重要産業に就労させた。16歳以上45歳未満の男性，16歳以上25歳未満の女性を，軍需工場へ徴用できる
	10	価格等統制令公布
		国家総動員法に基づく勅令。1939年の9月18日に価格を据えおいて値上げを禁止し，公定価格を実施した
	12	小作料統制令公布
1940(昭和15)	7	奢侈品等製造販売制限規則公布（七・七禁令）7
	10	米穀管理規則公布→p.298 4（米の強制的買上制度=供出制の実施）
	11	砂糖・マッチ切符制の全国実施
1941(昭和16)	4	生活必需物資統制令公布→p.298 3
		米穀配給通帳制

左欄内閣：第1次近衛文麿内閣（1937.6～1939.1）／平沼騏一郎内閣／阿部信行内閣（1939.1～1939.8）／米内光政内閣／第2次近衛文麿内閣

2 国家財政の膨張

2-① 財政支出の増大

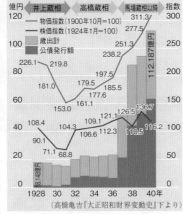

井上蔵相／高橋蔵相／馬場蔵相以降

物価指数（1900年10月=100）／株価指数（1924年1月=100）／歳出計／公債発行額

226.1 219.8 311.3
277.5
251.3
238.2
197.5
181.0 179.5 185.5
177.6
153.0 161.1 136.7
121.1 126.5
108.4 104.3 109.1 110.5 116.2
90.1 106.6 112.3
71.1 68.8
112,187億円
8.148億円

1928 30 32 34 36 38 40年

（高橋亀吉『大正昭和財界変動史』下より）

解説 井上準之助蔵相・高橋是清蔵相・馬場鎮一蔵相の財政運営の違いを，軍事費への対応・公債発行額から考えることができる。

2-② 国家予算に占める軍事費の割合

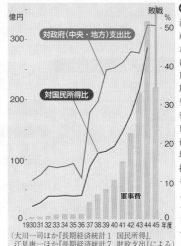

対政府（中央・地方）支出比／対国民所得比／軍事費／敗戦

1930 31 32 33 34 35 36 37 38 39 40 41 42 43 44 45年度

（大川一司ほか『長期経済統計1 国民所得』，江見康一ほか『長期経済統計7 財政支出』による）

解説 浜口内閣の井上準之助蔵相は緊縮財政をとったため，政府財政支出は縮小傾向にあった。1932～36年の高橋財政期には，軍事費の公債発行を認めず，公債発行額は抑えられていた。1936年の二・二六事件以後，広田弘毅内閣の馬場鎮一蔵相は，軍部に押されて軍事拡張予算を認めた。戦争拡大による膨大な歳出をまかなうため，公債発行が激増し，紙幣増発によるインフレを昂進し，物価も急上昇している。

3 戦時生産と生活物資の欠乏

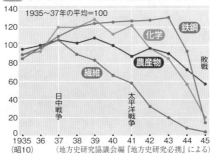

1935～37年の平均=100

鉄鋼／化学／繊維／農産物／日中戦争／太平洋戦争／敗戦

1935 36 37 38 39 40 41 42 43 44 45
（昭10）

（地方史研究協議会編『地方史研究必携』による）

解説 繊維生産は1937年から，農産物生産は1939年から減少しはじめた。日中戦争勃発時から，国民生活の困窮は始まっていた。鉄鋼・化学などの工業生産も，敗戦時には壊滅的な状況になっていたことがわかる。

4 国家総動員法による統制勅令

人的資源の統制および利用に関するもの
従業員雇入制限令(1939.3) 国民徴用令(39.7)
学徒勤労令(44.8) 女子挺身勤労令(44.8) など

物的資源の統制および利用に関するもの
価格等統制令(39.10) 小作料統制令(39.12)
賃金統制令改正(40.10) 生活必需物資統制令(41.4)
地代家賃統制令(40.10) 物資統制令(41.12) など

資金の統制および運用に関するもの
株式価格統制令(41.8) 銀行等資金運用令(40.10)
金融統制団体令(42.4)

文化の統制および運用に関するもの
新聞紙等掲載制限令(41.1) 出版事業令(43.2) など

5 企画院の設置

1927(昭和2) 内閣資源局	1935(昭和10) 内閣調査局 初代長官・吉田茂 調査官・和田博雄ら
	1937 企画庁
1937～43(昭和12～18) 企画院（革新官僚の拠点＝経済の参謀本部） 物資動員計画 生産拡充計画	
1941 企画院事件(和田博雄・勝間田清一らを逮捕)	
1943 軍需省動員局	

6 大日本産業報国会

1936.1 1939.1 1940.11（成立）→1945.9（解散）

全日本労働総同盟（《全総》自由戦争に協力）→組合に残留→日本労働総同盟（《総同盟》組合は存続）→1940.7 解散

大日本産業報国会
- 産業報国会
- 産業報国会
- 産業報国会
- 産業報国会

分裂／合流→産業報国連盟／産業報国会（警察の指導 組織の拡大）→新体制へ順応

1938

- 1941年 産業報国会数→16万4000団体 会員数→約547万人

7 国民精神総動員運動

「贅沢は敵だ」のプラカードを持って街頭行進する町内婦人部のモンペ部隊 1940年10月6日，大阪。1940年7月には奢侈品等製造販売制限規則（七・七禁令）で，西陣織の金糸や銀糸などいたく品が禁止された。モンペは和服を再生利用して足首をくくれるようにしたズボン状の女性の労働着。

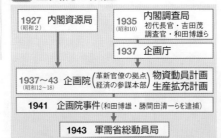

興亜奉公日 日中戦争が泥沼化して，国民生活に負担がのしかかってきた1939年9月1日から毎月1日は興亜奉公日とされ，節約貯蓄が強制された。この日は食堂・喫茶店・風呂屋まで休業した。

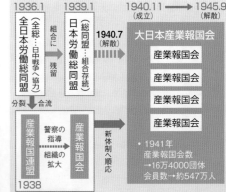

銃後後援強化週間のポスター（傷兵保護院・国民精神総動員中央連盟，1938年）銃後後援強化運動は，傷痍軍人への慰問，出征した兵士を出した家族援護を目的として，1938年からはじめられた。中央の背広に戦闘帽姿の男性の胸には，負傷して帰還したことを示す「傷痍軍人記章」が付けられている。

Question p.290 7 について，興亜奉公日になぜ，食堂・喫茶店・風呂屋が休業したのか考えてみよう。

1 昭和初期の生活・文化年表

1927 (昭和2)	4 嵐寛寿郎の映画「鞍馬天狗」シリーズの上映開始
	7 岩波文庫発刊…最初の文庫本
	12 東京で地下鉄開業(浅草・上野間)
1928 (昭和3)	1 大相撲ラジオ実況中継始まる。11 ラジオ体操始まる
1929 (昭和4)	3 映画「大学はでたけれど」,不況で庶民の共感よぶ
	4 阪急百貨店開業(最初のターミナルデパート)
	7 浅草で「カジノ=フォーリー」(榎本健一)発足
	「東京行進曲」のレコード大ヒット
1930 (昭和5)	5 浅草松竹座公演「男装の麗人」,水の江滝子が人気
	6 エロ・グロ・ナンセンスの流行
1931 (昭和6)	1 「のらくろ二等卒」連載開始
	8 映画「マダムと女房」(最初のトーキー映画)
	12 浅草オペラ館,新宿ムーラン=ルージュオープン
	古賀政男「酒は泪か溜息か」ヒット
1933 (昭和8)	小唄勝太郎が歌う「島の娘」大ヒット。小唄の流行
	「東京音頭」の盆踊り流行
1934 (昭和9)	1 東京宝塚劇場オープン,「花詩集」を上演
	12 大日本東京野球倶楽部創立(最初のプロ野球チーム)
	日産自動車が小型自動車ダットサンの量産開始
1935 (昭和10)	9 第1回芥川賞(石川達三「蒼氓」)・直木賞(川口松太郎「鶴八鶴次郎」)選定

2 社会不安のなかの大衆文化

▲宝塚少女歌劇 兵庫県宝塚温泉の余興であった少女歌劇は,健全な大衆娯楽として人気を集めた。1934年1月1日東京宝塚劇場は「花詩集」の上演で開場した(上の写真は宝塚での公演のポスター)。

▲「酒は泪か溜息か」(1931年) 古賀政男(1904〜78,→p.336)の作曲。昭和初めの不景気や軍国化への不安が,哀調をおびた「古賀メロディー」を生み出した。

▲「のらくろ」 1931〜41年まで「少年倶楽部」に連載された田河水泡(1899〜1989)の漫画。のら犬の黒吉による軍隊生活の失敗が笑いをさそった。

▲カジノ=フォーリー 浅草水族館の客集めの余興として始められた劇団。フランス語で「馬鹿げた遊び場」の意味。川端康成は『浅草紅団』(1930年)でそのナンセンスな笑いを絶賛している。

▲東京音頭 1933年,日本ビクターが発表,西条八十作詞,中山晋平作曲。東京の公園や社寺・校庭・原っぱは,毎夜踊る群集で満ちあふれた。不安な時代が近づきつつあった。

3 戦時下の文化

3-① 文学の動向

	特徴	作家	おもな作品(発表年など)
転向文学	プロレタリア文学から転向した苦悩を小説的に書く	村山知義 中野重治 島木健作	『白夜』(1934) 『村の家』(1935) 『生活の探求』(1937)
戦争文学	戦争を主題とし,戦争の実態を描く。反戦文学化する	火野葦平 石川達三 丹羽文雄	『麦と兵隊』(1938) 『生きてゐる兵隊』(1938,発禁) 『海戦』(1942)
既成作家の大作	自己を売り渡さず純粋な芸術・文学を守る	島崎藤村 谷崎潤一郎	『夜明け前』(1929〜35) 『細雪』(1943)連載禁止(1948年完成)
文芸評論	伝統芸術の復興をめざす	保田与重郎 亀井勝一郎	雑誌『日本浪曼派』創刊(1935〜38)

3-③ 戦争文学

◁『生きてゐる兵隊』冒頭(石川達三著,『中央公論』1938年3月号) 石川達三は,中央公論特派員として南京攻略に参加,1938年『中央公論』に発表。中国戦線における日本軍の残虐行為の実態や兵隊の心理を市民的倫理観に立って描いたために反戦的だとして新聞紙法違反で発禁処分となった。

▷『麦と兵隊』表紙(火野葦平著,1938年刊) 火野葦平(陸軍伍長)は,陸軍報道部員として徐州作戦に従軍,1938年『改造』に発表。徐州作戦など中国大陸における日本軍の戦闘状況や日本軍兵士の姿をリアルにとらえ,戦争記録文学のベストセラーになった。

3-② 転向文学

▲『生活の探求』表紙(島木健作著,1937年) 東北帝大を中退後,農民運動に参加し,日本共産党に入党。1928年検挙され,翌29年転向して出獄。農民の生活を描くことで,自己を再生することを求めた作品。

3-④ 戦時下の絵画—戦争記録画

▲山下・パーシバル両司令官会見図(宮本三郎筆,1942年) 1942年2月15日,シンガポールの水源を占領した山下奉文司令官は,イギリス軍パーシバル司令官と会談。山下が「イエスかノーか」と無条件降伏を迫った有名な場面。第1回大東亜戦争美術展に出品。縦180.7cm 横225.5cm 東京国立近代美術館蔵

▲娘子関を征く(小磯良平筆,1941年) 小磯良平は清冽な女性像を得意とした。中国戦線の兵士も同じように描いている。縦260.0cm 横193.0cm 東京国立近代美術館蔵

◁神兵パレンバンに降下す(鶴田吾郎筆,1942年) 1942年2月14日,インドネシアのスマトラ島の油田を制圧するために,パレンバンに降下した日本軍のパラシュート部隊。縦194.0cm 横255.0cm 東京国立近代美術館蔵

第4部 近代・現代

Answer ぜいたくを抑制して国民に緊張感を与えるとともに,戦争のために燃料などの資源の節約をはかろうとした。

1 第二次世界大戦の勃発から太平洋戦争へ

年代	ヨーロッパ地域	アジア・太平洋地域
1938 (昭和13)	3 独, オーストリア併合 9 ミュンヘン会談 　（英・仏・独・伊）	7 張鼓峰事件 11 「東亜新秩序」声明
1939 (昭和14)	3 チェコスロヴァキア解体 8 独ソ不可侵条約 9 独, ポーランド侵攻 　英・仏, 独への宣戦布告 　ソ連, ポーランド侵攻 　（第二次世界大戦始まる） 11 ソ連, フィンランドに宣戦	5 ノモンハン事件（～9月） 7 米, 日米通商航海条約などの廃棄通告
1940 (昭和15)	5 独, オランダ・ベルギー侵入 　チャーチル, 英首相となる 5 英軍, ダンケルク撤退 6 伊, 英・仏に宣戦 　独, パリ占領	3 汪兆銘, 南京に国民政府 5 近衛, 新体制運動開始 　英国へビルマルート閉鎖を要求 9 日本軍, 北部仏印進駐
	9 日独伊三国同盟	
1941 (昭和16)	3 米, 武器貸与法 6 独ソ戦開始 7 英・ソ, 相互援助協定調印 8 大西洋憲章発表（英・米） 12 独・伊, 対米宣戦	4 日ソ中立条約 　日米交渉開始 7 関東軍特種演習 　日本軍, 南部仏印進駐 8 米, 対日石油輸出禁止 12 日本軍, ハワイ・マレー半島奇襲

2 ヨーロッパの情勢

2-① ヒトラーの対ソ戦争の決意

▶ドイツ軍のパリ占領　1940年6月14日, ドイツ軍はパリに無血入城した。写真は, シャンゼリゼ通りを行進するドイツ軍兵士。

▶ドイツのポーランド侵攻　1939年9月1日, ドイツは150万人の兵力, 2000両の戦車, 2000機の飛行機を投入し, ポーランドに侵攻した。ドイツ軍の進駐をよろこぶドイツ系の人々。

2-② 第二次世界大戦中のヨーロッパ

凡例：
← 連合国の反撃
1943年10月の戦線
ドイツ軍降伏時の戦線

ドイツ・イタリアおよびその同盟国（1941年）

国名 連合国
中立国

枢軸国占領地域
1939～40年
1941～42年

3 内閣の変遷

第1次近衛文麿内閣（1937.6～39.1）

1937.7	盧溝橋事件
1938.1	「国民政府を対手とせず」声明
7	張鼓峰事件
11	東亜新秩序声明

↓

平沼騏一郎内閣（1939.1～8）

1939.5	ノモンハン事件（～9月）
7	アメリカ, 日米通商航海条約廃棄通告
8	独ソ不可侵条約

↓

阿部信行内閣（1939.8～40.1）

| 9 | 第二次世界大戦起こる（大戦不介入を宣言） |

↓

米内光政内閣（1940.1～7）（大戦不介入を継承）

| 1940.6 | 近衛, 新体制運動はじめる |
| 7 | 米内内閣総辞職 |

↓

1940.7 第2次近衛文麿内閣の成立

4 ノモンハン事件と張鼓峰事件

ノモンハン事件

1939年5月, モンゴル人民共和国と満洲との境ハルハ川沿岸のノモンハン地区で, 関東軍とソ連軍・モンゴル軍が軍事衝突し, ソ連の機械化部隊に関東軍の精鋭部隊が大打撃を受けた。対ソ開戦論は後退した。

ソ連・モンゴルが主張する国境線

ノモンハン

満洲国

日本が主張する国境線

モンゴル人民共和国

0　　50km

1911 露国参謀本部発行地図による国境線

1915～20 東三省発行地図による国境線

1886琿春界約による国境線

張鼓峰事件

張鼓峰は朝鮮北部の国境不明確地点であった。日本軍は1938年7月, ソ連軍の実力を偵察するために限定戦闘をこころみ, 大損害を受けた。

『戦史叢書 関東軍1』による

朝鮮（日本領）
0　4km

5 平沼内閣の総辞職

平沼内閣総辞職

後継内閣組織の大命
阿部大将に降下せん
内府け・ふ関公ごと協議

独ソ条約の責任痛感

然るに今回締結せられたる独ソ不可侵条約に依り, 欧州の天地は複雑怪奇なる新情勢を生じたので, 我が方は之に鑑み従来準備し来った政策は之を打切り, 更に別途の政策樹立を必要とするに至りました。

（『朝日新聞』昭和十四年八月二十九日）

平沼内閣辞職理由発表

▲平沼内閣総辞職を報じる新聞記事（『朝日新聞』）1939年8月29日　1939年8月23日, 独ソ不可侵条約が結ばれた。満蒙国境ノモンハン事件の最中であった。平沼騏一郎は「欧州情勢は複雑怪奇」として総辞職した。

▲平沼騏一郎（1867～1952）

6 日本の軍需物資の国別輸入額

1940（昭和15）年

機械類
ドイツ 5600万円
総額 2億2500万円
アメリカ 1億4900万円

石油
蘭領東インド 5100万円
その他
総額 3億5200万円
アメリカ 2億7000万円

鉄類
中国 6000万円
その他
蘭領インド
総額 3億8500万円
アメリカ 2億6900万円

（岩波新書『昭和史』による）

⚠解説　日本は, 軍需物資である機械類・石油・鉄類の3分の2以上をアメリカに依存していたことがわかる。1939年に日米通商航海条約が廃棄通告されると, 戦略物資を確保するために南進論が力を持ってきた。

Question p.293 **3**の大政翼賛会はなぜ, 治安警察法では一般団体として扱う公事結社で, 政治結社にはならなかったのだろうか。

1 新体制運動と第2次近衛内閣

米内光政内閣（1940.1〜7）

1940.6 近衛新体制運動提唱

> 近衛，枢密院議長を辞職
> ↓
> **新体制の構想**
> 国務と統帥の分裂を克服
> 国民組織の再編
> 独自の新党構想

7 畑俊六陸相の単独辞職によって，米内内閣辞職

第2次近衛文麿内閣（1940.7〜41.7）

1940.9.23 北部仏印進駐
.27 日独伊三国同盟調印
10.12 大政翼賛会発足
1941.4.13 日ソ中立条約調印
.16 日米交渉開始（野村吉三郎・ハル会談）
6.22 独ソ戦始まる
7.2 御前会議

帝国国策要綱

> 「対ソ戦を準備，南方進出のため対英米戦を辞さず」（北進論と南進論を併記）

↓

関東軍特種演習

> 関特演を発動，9月までに70万人の兵力集中

7.16 松岡洋右外相を更迭するため，第2次近衛内閣総辞職

2 日独伊三国同盟

日独伊三国同盟（1940.9.27調印）

1. 日本は，ドイツ・イタリアのヨーロッパにおける指導的地位を認め，尊重する
2. ドイツ・イタリアは，日本の大東亜における新秩序建設の指導的地位を認め，尊重する
3. ヨーロッパにおける戦争，日中の戦争に第3国が参戦する時，日・独・伊は相互援助する
4. ソ連への適用は除外する（アメリカを仮想敵国とする軍事同盟）

> アメリカは，くず鉄・鉄鋼の対日輸出禁止の経済制裁措置をとった

△日独伊三国同盟調印直後の来栖三郎駐独大使，チアノ伊外相，ヒトラー総統（1940年9月27日，ベルリン）　1940年4〜5月，ドイツ軍はオランダ・ベルギー・ルクセンブルクを席捲し，6月14日，パリが陥落した。独・伊との連携強化がさけばれるなかで，三国同盟が締結された。また，フランスやオランダの植民地占領をはかる南進論も盛んとなった。

（写真中のラベル：来栖三郎駐独大使／チアノ伊外相／ヒトラー総統）

3 大政翼賛会の成立

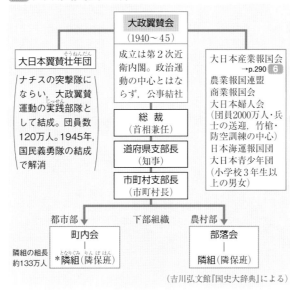

```
                    大政翼賛会
                    （1940〜45）
        成立は第2次近衛内閣。政治運動の中心とはならず，公事結社
                        │
                      総　裁
                    （首相兼任）
                        │
                   道府県支部長
                     （知事）
                        │
                   市町村支部長
                    （市町村長）
                        │
都市部 ←──────── 下部組織 ──────→ 農村部
    │                              │
  町内会                          部落会
    │                              │
隣組（隣保班）                  隣組（隣保班）
```

大日本翼賛壮年団
ナチスの突撃隊にならい，大政翼賛運動の実践部隊として結成。団員数120万人。1945年，国民義勇隊の結成で解消

大日本産業報国会 →p.290 **6**
農業報国連盟
商業報国会
大日本婦人会（団員2000万人・兵士の送迎，竹槍・防空訓練の中心）
日本海運報国団
大日本青少年団（小学校3年生以上の男女）

隣組の組長約133万人

*隣組（隣保班）

（吉川弘文館『国史大辞典』による）

△常会記録簿　上意下達を徹底するため，隣組では会議録も残され，情報の管理が徹底された。

△大政翼賛会の発会式（1940年10月12日）　一国一党の政治体制をめざしたが，ドイツやイタリアのように下からのファシズム体制は構築できなかった。

▷隣組　町内会・部落会の下に，5〜10軒で編成された。政府の方針や指令・配給・防空演習を伝達する常会には，全員が出席しなければならなかった。

4 国民学校

期間	1941（昭和16）〜47（昭和22）
性格	皇国民の錬成教育をおこなう
義務教育	初等科6年，高等科2年の計8年
科目	国民科・理数科・芸能科・体錬科・実業科（高等科のみ）

・戦争激化により，高等科の義務制実施は無期延期

△国民学校の新聞記事（『朝日新聞』1941年4月2日）　1941年3月1日の国民学校令公布によって，従来の小学校を改めて成立。国民学校は「国民ノ基礎的錬成ヲ為ス」ものとされた。

▶詳しくみてみよう！
戦時下の国民学校

5 朝鮮・台湾における「皇民化」政策

朝鮮──「内鮮一体」を強調
①神社強制参拝・日の丸掲揚・宮城遥拝・「君が代」の斉唱・日本語常用などの強要
②「皇国臣民の誓詞」の制定（暗唱を強制，1937年）
③改正朝鮮教育令（1938年）──「内鮮共学」の強調　日本と同じ教科書，同じ教育方針などを規定
④国民精神総動員朝鮮連盟の発足（1938年）
⑤創氏改名（朝鮮人の古来からの姓名をやめ，日本式の氏名に変えさせること）の強要（1940年2月より実施）
⑥志願兵制（1938年）から徴兵制へ（1943年施行）

台湾
①神社強制参拝・日本語常用などの強要
②改姓名（日本式の氏名を使用）
③志願兵制（1941年）から徴兵制（1944年施行）へ

> ▲解説　朝鮮・台湾では，早くから「臣民化」「皇民化」教育がおこなわれていたが，戦争の深刻化とともに，学校内だけではなく一般庶民にまで「皇民化」が強制されるようになった。朝鮮では「京城」（現，ソウル郊外）に建立され，1925年に鎮座した朝鮮神宮を中心に，1945年までに約80の神社がつくられた。今は廃止され，朝鮮神宮の敷地は植物園となっている。1938年から朝鮮語教育が廃止され，日本語で日本の国語や日本歴史を教材として教えた。1940年2月に実施された創氏改名は，朝鮮総督府による圧力によって約80％が届出をしたという。

皇民化
・「皇国臣民ノ誓詞」（成人用）
一、我等ハ皇国臣民ナリ　忠誠以テ君国ニ報ゼン
二、我等皇国臣民ハ互ニ信愛協力シ以テ団結ヲ固クセン
三、我等皇国臣民ハ忍苦鍛錬力ヲ養イ以テ皇道ヲ宣揚セン

・「皇国臣民ノ誓詞」（児童用）
一、私共ハ大日本帝国ノ臣民デアリマス
二、私共ハ心ヲ合セテ天皇陛下ニ忠義ヲ尽シマス
三、私共ハ忍苦鍛錬シテ立派ナ強イ国民トナリマス
（三省堂新書『近代日本と朝鮮』）

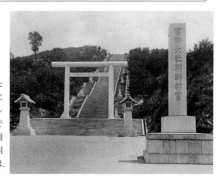

△「京城」郊外の朝鮮神宮

第4部 近代・現代

Answer 一党独裁の政治結社では，大政翼賛会が政治のすべてを決定できるため，明治憲法の天皇主権を犯し，憲法違反になると考えられるから。

294 太平洋戦争の始まり

1 太平洋戦争の勃発まで

第3次近衛文麿内閣（1941.7〜10）

1941.7.18 第3次近衛内閣成立

7.28 日本軍，南部仏印進駐
↑（6.25に決定）

アメリカの対抗処置
7.25 在米日本資産を凍結
8.1 米，対日石油禁輸措置

9.6 御前会議

帝国国策遂行要領
10月上旬までに日米交渉が不調の場合，対米開戦を決定

10.2 米，4原則の確認と仏印・中国からの撤兵覚書を手交
↓
近衛首相―日米交渉継続
東条陸相―日米交渉打切り
　　　　　対英米開戦を主張

10.16 第3次近衛内閣総辞職

東条英機内閣（1941.10〜44.7）

1941.11.5 御前会議
・対米交渉，甲案と乙案を決定
・来栖三郎特使の米国派遣
・12月上旬の武力発動を決意

11.7 野村吉三郎大使，米国へ甲案を提示 4-①

11.20 野村・来栖両大使，乙案を提示 4-① 4-②

11.26 米国，ハル＝ノートを提示

11.27 大本営政府連絡会議でハル＝ノートを最後通牒と結論

12.1 御前会議（対英米開戦を決定）

12.8 日本軍，マレー半島コタバル上陸（日本時間午前2時），ハワイ真珠湾攻撃（日本時間午前3時）5 →開戦の詔書

2 太平洋戦争前の国際関係

独ソ不可侵条約 1939.8
日独伊三国同盟 1940.9.27
日ソ中立条約 1941.4.13
通商航海条約廃棄通告 1939.7
石油禁輸 1941.8
資産凍結 1941.7
日中戦争
独 ソ 仏 中C China スペイン 伊 英B Britain 蘭D Dutch 日 米A America
援蒋ルート
北部仏印進駐 1940.9
南部仏印進駐 1941.7
資産凍結 1941.7

解説 日本はドイツ・イタリアと三国同盟を締結して，枢軸国を形成した。日中戦争が泥沼化するにしたがい，中国の国民政府を支持・援助するアメリカ・イギリスとの対立が深刻化した。日本が援蒋ルートの遮断や戦略物資の確保をめざして南進を強行すると，対日経済封鎖が強まった。日本の軍部はこれを，A（米）・B（英）・C（中国）・D（蘭）包囲陣と国民に宣伝し，戦争をあおった。

4 日米交渉

野村大使 ハル国務長官 来栖特使

▶野村吉三郎駐米大使・ハル国務長官・来栖三郎特使　東条首相の特使である来栖三郎は，三国同盟に調印した人物で，アメリカはその派遣を歓迎しなかった。

▶「ハル＝ノート」を報じる新聞記事（『朝日新聞』1941年11月28日）1941年11月26日にアメリカ側が提示した「ハル＝ノート」は，中国を満洲事変以前の状態に戻すことを要求したもので，日本には受け入れられない要求であった。これにより，日本は開戦を決意し，日本海軍の機動部隊はハワイ攻撃のため出港した。写真上から野村，来栖，ハル。

米國 交書を手交
日米會談最高潮に達す

3 日米戦力の比較

3-① 日米の主要物資の生産高比較

		1929	1933	1938	1941	1944
日本		1	1	1	1	1
アメリカ	石炭	16.1	10.5	7.2	9.3	13.8
	石油	501.2	468.0	485.9	527.9	956.3
	鉄鉱石	416.8	55.6	37.5	74.0	26.5
	銑鉄	38.9	9.2	7.3	11.9	15.9
	鋼塊	25.0	7.4	4.5	12.1	13.8
	銅	12.4	3.1	5.3	10.7	11.3
	亜鉛	26.0	9.5	7.5	11.7	9.5
	鉛	208.0	37.9	31.3	27.4	11.6
	アルミニウム	—	—	8.7	5.6	6.3

（『近現代日本経済史要覧』による）

解説 日本の資源を1とすると，アメリカの資源はすべて日本を上まわる。石油は，500倍近い格差があった。

3-② 拡大する戦力差

航空機生産の比較（1941〜44）（単位：機）

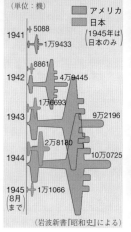
アメリカ　日本
1941 5088 / 1万9433
1942 8861 / 4万9445
1943 1万6693 / 9万2196
1944 2万8180 / 10万0725
1945（8月）まで 1万1066（1945年は日本のみ）

（岩波新書『昭和史』による）

4-① 日米交渉における日本側最終提案（11.4）

甲案
1. 排他的通商はおこなわない
2. 三国同盟の自衛権は拡大解釈しない
3. 撤兵問題
　①北支や蒙古の撤兵は平和成立より2年以内におこなう
　②仏印からの撤兵は日中戦争解決後，ただちに実施

乙案
1. 日米両国は東南アジアや南太平洋への武力進出をおこなわない
2. 日米両国は蘭印の戦略物資獲得を保障する
3. 日米両国は通商関係を資産凍結前の状態に戻す　アメリカは日本への石油輸出をおこなう
4. アメリカは日支関係に不介入

4-② 日米交渉におけるアメリカ側最終提案（11.26）（いわゆるハル＝ノート）

1. 日・米・英・ソ・蘭・中国・タイ間の相互不可侵条約
2. 日・米・英・ソ・蘭・中国・タイ間の仏印不可侵と，貿易・通商の平等，不干渉
3. 中国・仏印からの日本軍撤退
4. 重慶の中華民国国民政府以外の中国政府・政権を認めない
5. 中国における治外法権や租界の放棄
6. 最恵国待遇を基礎とする日米間の新通商協定締結
7. 日米両国は両国の資産凍結解除
8. 円・ドル為替安定
9. 三国同盟を骨抜きとする

5 太平洋戦争の勃発

▼真珠湾（パール・ハーバー）攻撃　1941年12月8日早朝，日本軍によるマレー半島コタバル上陸，ハワイの真珠湾攻撃から太平洋戦争が開始された。オアフ島真珠湾に在泊していた米太平洋艦隊の戦艦9隻のうち，5隻が沈没，2隻が中大破した。空母3隻は出動中であった。

カーティス タンジール　フォード島　ネバダ　アリゾナ　ベスタル　テネシー　ウェストバージニア　メリーランド　オクラホマ　ネオショー　カリフォルニア

（児島襄『太平洋戦争（上）』（中公新書）より）

▲真珠湾に停泊中のアメリカ太平洋艦隊　沈没した5隻の戦艦は，ウェスト＝バージニア，アリゾナ，カリフォルニア，オクラホマ，ネバダ。中大破はメリーランド，テネシー。

▲マレー沖海戦　1941年12月10日，イギリス東洋艦隊の主力戦艦「プリンス＝オブ＝ウェールズ」と「レパルス」は，日本艦隊と輸送船を迎撃するために北上中，日本海軍航空隊により撃沈された。

解説 1941年12月にハワイを攻撃して太平洋の制海権を得た。マレー沖海戦では，英海軍を制圧し，香港を奪って，マレー半島・ルソン島に上陸。1942年2月にはシンガポールを占領し，予定通りの国防圏を築いた。

Question p.295 2 の「太平洋戦争開戦時の戦争指導者」から東条英機がどのような権力を握ったかを考えてみよう。

第4部 近代・現代

1 戦局の推移

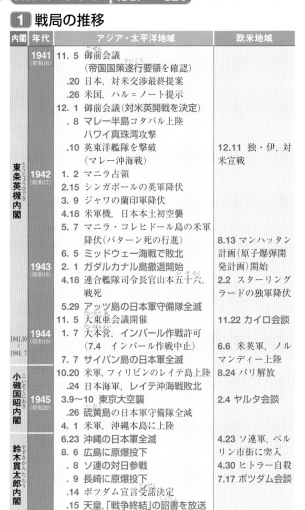

内閣	年代	アジア・太平洋地域	欧米地域
東条英機内閣	1941(昭和16)	11. 5 御前会議 （帝国国策遂行要領を確認） .20 日本, 対米交渉最終提案 .26 米国, ハル＝ノート提示 12. 1 御前会議（対米英開戦を決定） . 8 マレー半島コタバル上陸 ハワイ真珠湾攻撃 .10 英米洋艦隊を撃破 （マレー沖海戦）	12.11 独・伊, 対米宣戦
	1942(昭和17)	1. 2 マニラ占領 2.15 シンガポールの英軍降伏 3. 9 ジャワの蘭印軍降伏 4.18 米軍機, 日本本土初空襲 5. 7 マニラ・コレヒドール島の米軍降伏（バターン死の行進） 6. 5 ミッドウェー海戦で敗北	8.13 マンハッタン計画（原子爆弾開発計画）開始
	1943(昭和18)	2. 1 ガダルカナル島撤退開始 4.18 連合艦隊司令長官山本五十六, 戦死 5.29 アッツ島の日本軍守備隊全滅 11. 5 大東亜会議開催	2.2 スターリングラードの独軍降伏 11.22 カイロ会談
1941.10〜1944. 7	1944(昭和19)	1. 7 大本営, インパール作戦許可 （7.4 インパール作戦中止） 7. 7 サイパン島の日本軍全滅 10.20 米軍, フィリピンのレイテ島上陸 .24 日本海軍, レイテ沖海戦敗北	6.6 米英軍, ノルマンディー上陸 8.24 パリ解放
小磯国昭内閣	1945(昭和20)	3.9〜10 東京大空襲 .26 硫黄島の日本軍守備隊全滅 4. 1 米軍, 沖縄本島に上陸	2.4 ヤルタ会談
鈴木貫太郎内閣		6.23 沖縄の日本軍全滅 8. 6 広島に原爆投下 . 8 ソ連の対日参戦 . 9 長崎に原爆投下 .14 ポツダム宣言受諾決定 .15 天皇, 「戦争終結」の詔書を放送	4.23 ソ連軍, ベルリン市街に突入 4.30 ヒトラー自殺 7.17 ポツダム会談

2 太平洋戦争開戦時の戦争指導者

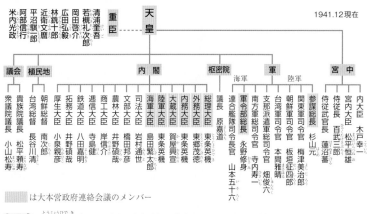

1941.12現在

は大本営政府連絡会議のメンバー

解説 東条英機内閣は, 当初, 東条首相が内務大臣と陸軍大臣を兼任していた。その後半期には, 統帥権の最高責任者である参謀総長も兼ね, 独裁政治に近い状況となった。東条内閣の成立から崩壊直前まで, 東条英機を支えたのは内大臣の木戸幸一であった。

3 翼賛政治会（一国一党体制の成立）

翼賛議員同盟（1941.9〜42.5）
政党が解散し, 大政翼賛会結成後, 衆議院議員定数466人のうち, 326人が参加して結成

→ **翼賛選挙（1942.4）**
翼賛政治体制協議会の推薦で当選した者は381人, 非推薦候補は85人であった

→ **翼賛政治会（1942.5〜45.3）**
政府公認の唯一の政治結社。衆議院から458人, 貴族院から326人が参加（不参加53人）

→ **大日本政治会（1945.3〜9）**
翼賛政治会は1944年の夏以降, 内部対立が激化し, 45年3月に大日本政治会に改組

得票数
非推薦 4,059,951 33.8
推薦 7,958,179票 66.2%

当選者内訳 計466人
翼賛議員同盟
他21 無26 38 85
推薦 381 翼賛議員同盟176人
非推薦 191
その他14

解説 開戦後, 政府は言論・出版・集会・結社などに対して臨時取締法を制定して言論を封鎖し, 1942年4月, 総選挙では翼賛政治体制協議会推薦の議員を多数当選させた。5月, 政府は貴衆両院議員や各界代表を含めた翼賛政治会を結成し, ほかの政治結社を禁止, 一国一党体制を成立させた。

4 戦局の変化 4-① 太平洋戦争戦局地図

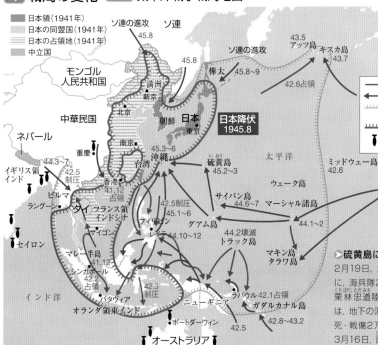

- 日本領（1941年）
- 日本の同盟国（1941年）
- 日本の占領地（1941年）
- 中立国

→ 日本軍の攻撃
← 連合国の反撃
‖‖ 日本軍の最大進出地域（1942年）
—— 終戦時の日本の勢力線
↟ 日本軍の空襲・挺身攻撃の対象地

東太平洋の敵根拠地を強襲
米空母二隻撃沈
わが二空母, 巡艦に損害

▲ミッドウェー海戦を報じる新聞記事（『朝日新聞』1942年6月11日） 1942年6月5日におこなわれたミッドウェー海戦で, 日本海軍の機動部隊は空母4隻を失う大敗を喫した。

▲山本五十六（1884〜1943） 日米開戦には反対であったが, 日本海軍の連合艦隊司令長官として, 真珠湾攻撃やミッドウェー海戦を指揮した。山本五十六は日本海軍のシンボルであったが, 南太平洋ブーゲンビル島上空で戦死した。

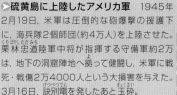

▶硫黄島に上陸したアメリカ軍 1945年2月19日, 米軍は圧倒的な砲爆撃の援護下に, 海兵隊2個師団（約4万人）を上陸させた。栗林忠道陸軍中将が指揮する守備軍約2万は, 地下の洞窟陣地へ拠って健闘し, 米軍に戦死・戦傷2万4000人という大損害を与えた。3月16日, 訣別電を発したあと玉砕。

Answer 東条英機は内閣総理大臣であるとともに, 国内行政を掌握する内務大臣や陸軍の軍政を統轄する陸軍大臣も兼任し, 独裁化した。

第❹部 近代・現代

1 「大東亜共栄圏」の実態

1-① 大東亜共栄圏

名目	アジア民族自身による欧米植民地からの解放と，アジア民族の共存共栄をはかる
占領支配の実態	日・満・中と南太平洋地域に建設 軍政による労働力調達が優先 軍票による軍事用資材の調達 現地の生活・文化を無視した「皇民化」政策 土木作業や鉱山労働への強制動員 住民に対する暴力的支配

1-② 「大東亜共栄圏」関係図（1943年秋）

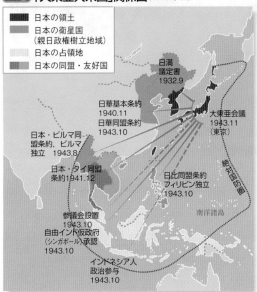

- ■ 日本の領土
- ■ 日本の衛星国（親日政権樹立地域）
- ▨ 日本の占領地
- ■ 日本の同盟・友好国

日満議定書 1932.9
日華基本条約 1940.11
日華同盟条約 1943.10
日本・ビルマ同盟条約，ビルマ独立 1943.8
日本・タイ同盟条約1941.12
参議会設置 1943.10
自由インド仮政府（シンガポール承認）1943.10
インドネシア人政治参与 1943.10
大東亜会議 1943.11（東京）
日比同盟条約フィリピン独立 1943.10
絶対国防圏
南洋諸島

2-① 中国における生体実験

▷731部隊 細菌戦の研究・実行のため，日本陸軍が創設した特殊部隊。関東軍防疫給水部といい，部隊長石井四郎の名をとって石井部隊ともいう。本部は満洲国のハルビン近郊の平房にあった。ペスト・コレラ・赤痢の細菌を研究，中国人やロシア人捕虜による生体実験をおこなった。写真はボイラー室跡。

2-③ 泰緬鉄道の建設

▽泰緬鉄道 日本軍がインド侵攻作戦のために敷設した，タイ・ビルマ（現，ミャンマー）間の鉄道。連合国軍捕虜6万8000人と東南アジア各地から集めた労務者30万人を動員。1年3カ月間の建設工事で，多数の死者を出した。

1-③ 「大東亜共栄圏」の面積と人口

地域	面積（万km²）	人口（万人）
日本	38.26	7,142.0
朝鮮	22.08	2,432.6
台湾	3.60	587.2
樺太	3.60	41.5
関東州	0.35	136.7
南洋諸島	0.25	13.1
中国		
満洲国	130.31	4,320.3
蒙古連合自治政府	61.54	550.8
中華民国臨時政府	60.27	11,630.6
中華民国維新政府	35.01	7,864.4
東南アジア		
タイ	62.00	1,571.8
仏領インドシナ	63.00	2,385.4
英領マレー	13.60	533.0
英領ボルネオ	21.13	93.1
ビルマ	60.50	1,611.9
蘭領インド	190.43	6,072.7
フィリピン	29.63	1,600.0
計	795.52	48,587.1

（『岩波ブックレット シリーズ昭和史7』による）

▲解説 大東亜共栄圏 日・中・満に東南アジア・南太平洋地域をふくむ広大なものである。1942年1月，東条英機首相は議会で，大東亜共栄圏建設の根本方針は大東亜各国・各民族がおのおのそのところで自立し，白人支配を排除するところにあると演説した。

2 アジア各地の実態

731部隊
ソ連
モンゴル
ハルビン
満洲
中華民国
洛陽
重慶
長沙
朝鮮
広島
長崎
日本
香港
台湾
沖縄島
硫黄島
タムピサヤ
タイ
インプラドック
バターン半島
マニラ
フィリピン
レイテ島
コレヒドール島
グアム島
カロリン諸島
トラック島
泰緬鉄道
マレー半島
スマトラ
シンガポール
ボルネオ
スラウェシ
血債の塔
ジャワ
ニューギニア
ラエ
オーストラリア

■ 日本領／日本の占領地

2-② バターン死の行進

△「バターン死の行進」 1942年5月，フィリピンのバターン半島で日本軍の捕虜となった7万8400人のアメリカ軍とフィリピン軍は，捕虜収容所までの約100kmを炎天下に行軍させられ，1万6000人が死亡した。

1-④ 大東亜会議

ビルマ 満洲国 南京国民政府 日本 タイ フィリピン 自由イン仮政府

△大東亜会議 「大東亜共栄圏」内の占領地域で戦争協力体制を強化するため，1943年11月に東京で開催。互恵的経済発展・人種差別撤廃をうたった大東亜共同宣言が採択された。ビルマはバー＝モー，満洲国は張景恵，中国南京国民政府は汪兆銘，日本は東条英機，タイはワンワイ＝タヤコーン，フィリピンはラウレル，自由インド仮政府はチャンドラ＝ボースが代表として東京に集まった。

THE JAPANESE GOVERNMENT
PROMISES TO PAY THE BEARER ON DEMAND
FIVE DOLLARS
MR

△軍票 1942年にマレー方面で発行された軍票。ヤシの木の図柄をデザインに使用している。ドル表示だがドルの裏付けがまったくないため，軍票は現地の人々からきらわれた。流通手段としてはあまり使用されず，現地は急激なインフレとなった。

キャンプオドンネル
カパス
（鉄道）
クラークフィールド
サン＝フェルナンド
死の行進のルート
ルソン島
ナチブ山
モロン
マニラ湾
サマット山
バターン半島
マリベレス山
マリベレス
コレヒドール島
0 10km

2-④ シンガポール華僑虐殺

▷血債の塔 1942年2月15日，日本軍はシンガポールを占領。イギリス軍に協力して日本軍に抵抗したとされる華僑を，抗日分子として多数虐殺した。シンガポール国会議事堂近くに，「日本占領時期死難人民紀念碑」が建立され，「血債の塔」とよばれている。

Question p.296 2-② のコレヒドール島の「バターン死の行進」はなぜおこったのか考えてみよう。

第4部 近代・現代

本書参照頁　p.285, 289

1 満洲移民関係年表

1931	9	満洲事変おこる
1932 (昭和7)	2	関東軍統治部「移民方策案」「日本人移民案要綱」「屯田兵移民案要綱」を策定
	3	満洲国建国
	8	第63臨時議会で満洲移民案可決
	9	日満議定書締結
	10	第1次武装移民団佳木斯到着（→のち弥栄村建設）
1933 (昭和8)	8	第2次武装移民団七虎力到着（→のち千振村建設）

1936年度，広田弘毅内閣，満洲100万戸進出計画を策定→長野，東北の農家の次・三男の分村で実行→開拓総数27万人へ

| 1937 (昭和12) | 7 | 日中戦争始まる |

日中戦争の戦争景気により満洲移民への応募が激減

	12	近衛内閣「満洲青年移民実施要綱」を閣議決定
1938 (昭和13)	1	拓務省「満蒙開拓少年義勇軍募集要綱」を作成
	1	満蒙開拓青少年義勇軍第1次募集：16～19歳の6500人が応募

青少年を茨城県内原訓練所で訓練ののち，満洲の各訓練所で訓練
・1941　義勇隊開拓団へ移行
・1945　第5次義勇軍の開拓団までに8万6000人を送り出す

1941	12	太平洋戦争勃発
1945	7	関東軍，開拓団の男子を根こそぎ動員
1945		8.8. ソ連参戦により満洲移民崩壊

3 第1次武装移民団と満蒙青少年義勇軍の役割

3-① 第1次武装移民の入植

第1次武装移民団

到着した移民団は，到着の即日即ち昭和七年一〇月十四日夜，匪賊（抗日パルチザン）の大襲撃を受けたのである。其の後，移民団の到着と入れ違いに〈佳木斯に駐屯していた〉現役の一ケ大隊が哈爾濱へ引揚げることとなったので，いまだ行李も解かぬ移民団の警備負担は更に加重されることとなった。……日本軍，吉林軍共に全力を挙げて討伐に出動し相当長期間に亘る場合があり，斯かる際は，全市街は勿論，現役兵舎の警備と云ふ工合で，最も繁しい時期には全団員の三分の一が服務することなると云ふ状態であった。彼等は酷寒の昼夜の別なく市内の警備に就いた。

（『弥栄村五ケ年史』）

▲解説 満洲移民ははじめから中国人の激しい反感を買っていたことがわかる。また，武装移民団の到着とともに関東軍はハルビンに撤退したため，佳木斯の守備をまかされ，抗日パルチザンとの戦闘の前線をまかされた。

4 満洲移民の悲劇

▼▲ソ連軍の侵攻　1945年8月8日，ソ連は日ソ中立条約を無視して，対日宣戦布告をおこない，翌9日からソ満国境を越えて侵攻してきた。

▲第1次弥栄村開拓団殉難者の碑　1932年10月15日佳木斯に到着。翌33年2月11日に永台鎮に入植と記されている。東京都多摩市聖蹟桜ヶ丘公園内。

2 満洲農業移民の入植地（1938年まで）

凡例：
- □ 首府
- ◎ 省公署所在地
- 鉄道総局鉄道自警村
- --- 国界
- ……… 省界
- ── 鉄道
- ▲ 農業自由移民
- ①②□ 集団移民地（数字は入植次）
- ● 青年義勇隊訓練所
- ★ 義勇隊開拓団入植地

0　　　200km

（『満洲移民提要』による）

▲解説　満洲事変後，政府は政治上・軍事上の観点から満洲への移民を積極的に推進した。当時の陸軍大尉東宮鉄男や関東軍参謀石原莞爾，農民指導者加藤完治らの考えのもと，はじめは在郷軍人を主体とし，機関銃まで備えた武装移民として送られた。初期の移民はソ連国境に配置され，まさに対ソ戦を想定した予備兵力であった。

3-② 満蒙開拓青少年義勇軍

満蒙青少年義勇軍の中隊日誌

七月五・七日　二日間匪賊ノ報険悪ナリシ為守備隊ヨリ曹長殿一名派遣サル
七月二九日以来現在ノ我ガ中隊ノ地鎮祭ヲ行フ二至ル
一二月一六日ヨリ一月二日迄ノ名伐採ニ出動ス
一二〇名伐採ニ出動ス
一月一八日　第一回匪賊討伐ニ二〇〇名出動守備隊ト協力ス
一月三〇日　第四次討伐令ヲ受ケ第二警備場ヲ担当シ，又二月七日午後八時川崎保君，柳郷幸夫君匪弾ニ倒ル

（『満洲開拓青少年義勇隊鉄驪訓練所概要』）

▲解説　満蒙青少年義勇軍は現地の関東軍の兵力不足を補う少年たちからなる予備兵力として扱われ，戦死する者もあった。

▲満蒙開拓青少年義勇軍募集のポスター　日中戦争による軍需景気によって開拓団への応募が減少すると，その不足を青少年の募集に求めた。

5 満洲移民の帰結

（1956年末現在，単位：人）

種別	開戦時在団数	死亡者	未引揚者（不明）	帰還者
開拓団	19万6200	6万7680	9550	11万8970
義勇隊	2万2000	3200	1000	1万7800
報国農場	4800	1120	450	3200
計	22万3000	7万2000	2000	14万0000

（明石書店『国家と教育』による）

▲解説　満洲移民は，まさに大きな犠牲をはらって終わったことがこの表からわかる。

6 中国残留孤児問題

▲日本で肉親と対面する中国残留日本人孤児　ソ連参戦により開拓団は崩壊し，入植者は悲惨な引揚げを余儀なくされ，中国に日本人孤児が残されることになった。1981年3月から身元調査のための集団来日が開始された。

Answer 日本軍は7万8400人ものアメリカ兵やフィリピン兵の捕虜を運ぶ輸送手段をもたず，炎天下を歩かせたため。

第**4**部　近代・現代

1 戦争の激化と国民生活の窮迫

1-① 国民生活の動向

1937 (昭和12)	4	正木ひろし、『近きより』創刊
	5	文部省編『国体の本義』を全国配布
	10	朝鮮人に「皇国臣民の誓詞」を配布
1938 (昭和13)	2	石川達三「生きてゐる兵隊」(『中央公論』3月号)発禁
	4	国民健康保険法公布
	10	東京帝大教授河合栄治郎の4著書発禁
1939	9	第1回興亜奉公日実施(以後毎月1日実施)
1940 (昭和15)	1	津田左右吉、早稲田大学教授辞任
	2	『神代史の研究』など発禁
	8	東京に「ぜいたく品は敵だ」の立看板
	11	砂糖・マッチ切符制全国実施。紀元2600年祝賀行事
1941 (昭和16)	3	国民学校令公布
		朝鮮総督府、朝鮮語の学習禁止
	7	全国の隣組、いっせいに常会を開く(以後毎月1日実施)
		文部省教学局『臣民の道』刊行
	11	国民勤労報国協力令公布
1942 (昭和17)	1	第1回大詔奉戴日(以後毎月8日実施)
	1	衣料・味噌・醤油切符制実施
	5	日本文学報国会結成(会長・徳富蘇峰)
	12	第1回大東亜戦争美術展
		大日本言論報国会設立(会長・徳富蘇峰)
1943 (昭和18)	1	ジャズなどの米英音楽、約1000曲演奏禁止
	3	谷崎潤一郎「細雪」(『中央公論』)連載禁止
	10	学徒出陣壮行会(東京・明治神宮外苑競技場)
1944 (昭和19)	1	緊急学徒勤労動員方策要綱決定
	2	東京に雑炊食堂を開設
	6	大都市の学童集団疎開決定
	8	女子挺身勤労令、学徒勤労令公布
1945 (昭和20)	3	決戦教育措置要綱決定(国民学校初等科をのぞき4月から1年間授業停止)
	6	花岡事件おこる(秋田県花岡鉱山で強制連行された中国人850人蜂起)
	7	主食の配給1割減(2合1勺)をおこなう

1-② 各種の生産指数

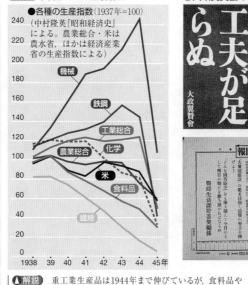

●各種の生産指数(1937年=100)(中村隆英『昭和経済史』による。農業総合・米は農水省、ほかは経済産業省の生産指数による)

機械／鉄鋼／工業総合／化学／農業総合／米／食料品／繊維

解説 重工業生産品は1944年まで伸びているが、食料品や繊維などの日常生活品は日中戦争時から生産の低下が始まった。1945年には、食料品・繊維製品の生産の落ち込みが著しい。

2 隣組と町内会

▼大政翼賛会のポスター

欲しがりません勝つまでは 足らぬ足らぬは工夫が足らぬ 大政翼賛会

◁隣組回報 戦前からあった町内会は、1940年には大政翼賛会の下部組織となり、その下に数軒から十数軒ずつで構成された隣組も発足した。さらに1943年、町内会は地方行政機関の一部に組み込まれた。隣組は配給や生活統制をにない、戦時の国民生活全般に監視の目を広げていった。写真は、1日戦死したつもりで1日の生活費を貯金する、一日戦死貯蓄の励行を呼びかけた1943年の回報。

3 生活統制令

▷家庭用小麦粉購入券 購入券は、購入者・家族数を町会長が記入して、数量をごまかせないようになっていた。配給は町内会・隣組の統制下にあった。

▷衣料切符 各個人へ決められた点数の切符しか配られなく、背広などの高級品は点数が高く、それを購入すると、そのほかの衣料品は購入できなかった。

4 米の供出と配給

▷米穀供出強制措置を報じる新聞記事 (右、『朝日新聞』1940年5月11日)と米穀通帳(左) 農民の出征による労働力不足や肥料不足で、米の生産力が低下したため、政府は各農家へ強制的な供出を実施。都市では米穀通帳で配給された。

供出米強制措置 砂糖・マッチに切符制決定

5 代用食と代用品──物不足の深刻化

▷「東京都壁回覧板」の「何がなんでもカボチャを作れ」 食料不足が深刻化すると、家の庭を家庭菜園にした。線路の脇や空き地でもカボチャ作りなどが奨励された。

▷「おいもは大切な主食物」(『朝日新聞』1943年7月17日) 米の生産が低下すると、米飯に「さつまいも」を混ぜたごはんを食べることが奨励された。米がなくなると、「さつまいも」がまさに主食となった。

▷陶製のアイロン・紙製の洗面器 金属回収令で家庭にある金属類も供出された。家庭用品も代用品が多くなった。

6 金属回収令

△供出された梵鐘 政府は1941年8月、金属回収令を公布し、金属類の国家への供出を定めた。太平洋戦争が勃発すると、寺の梵鐘・マンホールの蓋・スチーム鍋や釜などが兵器や砲弾にするために集められた。

◁「家庭鉱脈根こそぎ動員」のポスター(1943年頃、東京都) 金属回収令によって家庭内で使用されていた銅や鉄の製品を回収するための宣伝。銅・釜・鉄びん・火箸・金属製置物からネクタイピンにまでおよんだ。鍋や釜まで国家に収容され、家庭生活は崩壊させられた。

△木炭自動車 車体に木炭ガス発生器を装置し、そこから発生する木炭ガスを燃料とする自動車。ガソリン不足から1938年に登場。

Question p.298の 3・4・5 から、主食の米や小麦のかわりに食べるようにすすめられたものを考えよう。

1 戦時下の子どもや女性

年		
1941（昭和16）	1	大日本青少年団設立
	3	国民学校令公布
1942（昭和17）	3	大日本婦人会発会
	8	中・高・大学等の学年短縮決定
1943	9	17職種に男子就業制限
1944（昭和19）	1	女子挺身隊結成
	3	中学生の勤労動員大綱決定
	6	大都市の学童集団疎開決定
	8	学徒勤労令・女子挺身勤労令公布（25〜40歳の未婚女姓の労働強制）
1945（昭和20）	3	国民学校初等科をのぞき4月から1年間授業停止

2 戦時下の学童

△国民学校の軍事教練（東京中目黒国民学校，1942年5月） 学童も戦時体制に組みこまれ，軍事教練をおこなった。天皇の写真が安置されている奉安殿の前で軍隊式の敬礼をおこなう生徒たち。

△学童疎開 戦局が悪化すると，東京などでは高学年の国民学校生徒を地方に分散させる学童疎開がはじまった。サイパン島が陥落し，本土空襲が必至となった1944年7月には，国民学校3年生以上の集団学童疎開も開始された。学童疎開の児童は，はじめ地元から歓迎されていたが，しだいにきびしい生活へ変化していった。

△学童疎開へ出発前の子と母

▶詳しくみてみよう！ 学童疎開

3 学徒勤労動員

3-① 学徒勤労動員数（1945年3月）

種別	区分	軍需生産	その他	計
大学・高等学校・専門学校など	男	11万0000人	3万7000人	14万7000人
	女	2万7000	6000	3万3000
	計	13万7000	4万3000	18万0000
中等学校	男	66万9000	27万1000	94万0000
	女	55万1000	13万8000	68万9000
	計	122万0000	40万9000	162万9000
国民学校高等科	男	32万8000	36万2000	69万0000
	女	25万9000	34万8000	60万7000
	計	58万7000	71万0000	129万7000
合計	男	110万7000	67万0000	177万7000
	女	83万7000	49万2000	132万9000
	計	194万4000	116万2000	310万6000

（文部省『学制八十年史』による）

決戦教育措置要綱

第2 措置
1 全学徒ヲ食糧増産，軍需生産、防空防衛、重要研究其ノ他ニ直接決戦ニ緊要ナル業務ニ総動員ス
2 右目的達成ノ為国民学校初等科ヲ除キ学校ニ於ケル授業ハ昭和二十年四月一日ヨリ昭和二十一年三月三十一日ニ至ル期間原則トシテ之ヲ停止ス

（明石書店『国家と教育』）

■解説 1945年3月，国民学校初等科をのぞく学校授業が1年間停止された。学徒勤労動員で根こそぎの動員がおこなわれ，311万人に達した。

△軍服を縫う女学生（1944年6月6日大阪堺市立高等女学校） 成人男性は徴兵され，労働力不足が深刻化した。1944年には学徒勤労動員で1年間を通じて動員されるようになり，学校も軍需工場となった。

4 学徒出陣

◀学徒出陣壮行会で訓示する東条英機首相（1943年10月21日 明治神宮外苑競技場） 太平洋戦争における学生・生徒の軍隊への入隊・出征を学徒出陣という。太平洋戦争の動向が悪化した1943年9月，政府は文科系大学生の徴兵猶予を停止したため，12月から陸海軍部隊への入営が始まった。

▶赤紙 軍人を召集する命令書を召集令状という。赤い色の紙を用いたので「赤紙」といわれる。

5-② 銃後の女性

▶千人針 千人の人に赤い糸で結び玉をつくってもらった布の腹巻き（左）。戦闘の際，これを腹に巻いていると銃弾に当たらないとされた。右は千人針をおこなっている女性。

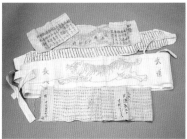

5 戦時下の女性

5-① 女子挺身隊の結成

▶女子挺身隊を報じる新聞記事（『中部日本新聞』1945年1月21日） 労働力不足をおぎなうため，勤労動員された女性を女子挺身隊という。1943年9月，販売店員など17職種に男子就業制限がおこなわれて男性が働くことを禁止されると，男性のかわりに25歳未満の女性を勤労挺身隊として動員。さらに，翌44年8月，女子挺身勤労令で25〜40歳のすべての未婚女性の職場進出が強制された。終戦時の隊員は，約47万人にのぼる。

▶女性の竹槍訓練 1944年8月，政府は閣議で「一億国民総武装」を決定し，全国で婦人会などを中心とした女性の竹槍訓練が始まった。「竹槍では間に合わぬ飛行機だ」の記事をのせた『毎日新聞』は発禁となり，記者は徴兵された。

Answer 家庭の菜園ではカボチャの栽培が奨励され，米のかわりにさつまいもを食べることがすすめられた。

第4部 近代・現代

1 敗戦への道

第4部 近代・現代

2 本土空襲

2-① 空襲による被災者数

- 100万人以上
- 50〜100万人
- 10〜50
- 1〜10
- 1万人未満
- 原子爆弾被災地
- 地上戦闘による死傷10万人以上
- 焼失・破壊家屋2万以上の都市
- 焼失・破壊家屋1万以上の都市

日本本土空襲

▲解説 1944（昭和19）年末，マリアナ諸島の米軍基地からB29による本土空襲が始まった。1945（昭和20）年3月以降，空襲で東京・名古屋・大阪・神戸などの大都市や県庁所在地をはじめとする地方都市が焼け野原になった。

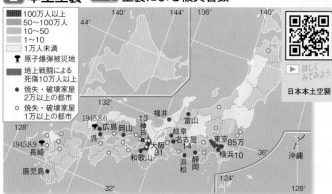

▶焼夷弾を投下するB29の東京大空襲
（1945年3月10日）
B29長距離爆撃機は出撃延べ3万機。焼夷弾は鉄製の筒のなかに，ゼリー状の発火剤をいれたもので，木造家屋が多い日本の都市爆撃に効果があった。

◀黒く焼けた死体が折り重なる東京の下町
（1945年3月10日）

3 沖縄戦

3-① 沖縄の戦闘

上陸前の日本軍配置 1945（昭和20）年
米軍の進路

◀解説 沖縄戦
沖縄本島の中部に上陸したアメリカ軍は，付近の2つの飛行場を制圧し，島を南北に分断した。沖縄を守備していた日本軍は，アメリカ軍を内陸に引き込んで反撃をする持久戦態勢をとったため，住民をまき込んでの激しい地上戦となり，住民に対する残虐行為・集団自決などが生じた。6月23日，組織的な戦闘は終了した。日本軍は戦死者は6万5000人に達し，一般県民も10万人以上が戦没した。沖縄県は1995年，沖縄戦で亡くなった全戦没者（アメリカ側も含む）の名を刻印した「平和の礎」を建設した。

3-② 沖縄戦での戦死者数

日本 24万4136人		アメリカ 1万2520人	
正規軍（県外出身日本兵）	6万5908人	陸軍	4675人
沖縄県民出身者 防衛隊	2万8228人	海軍	4907人
戦闘協力者	5万5246人	海兵隊	2938人
一般住民	9万4754人		

（大田昌秀『沖縄戦とは何か』による）

▶平和の礎
（糸満市摩文仁）

◀沖縄師範健児の塔（糸満市摩文仁） 沖縄師範学校の生徒や教職員を慰霊。→p.324 2

▶ひめゆりの塔（糸満市伊原） 県立第一高等女学校と沖縄師範学校女子部は，陸軍病院の看護婦として動員。野戦病院であった天然洞窟（ガマ）から脱出直前に攻撃をうけ，多くの生徒・教員が犠牲となった。

4 広島への原爆投下

4-① 原爆による被害地図

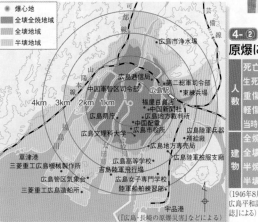

- 爆心地
- 全焼全壊地域
- 全壊地域
- 半壊地域

▶平和の礎
（糸満市摩文仁）

4-②

原爆による被害数

人数	死亡者	11万8661人
	生死不明者	3677人
	重傷者	3万0524人
	軽傷者	4万8606人
	当時の人口	32万0081人
建物	全焼	4万7969戸
	全壊	3818戸
	半焼	253戸
	半壊	1万8107戸

（1946年8月10日広島市調査課推定，広島平和記念資料館『広島原爆戦災誌』による）

▲解説 1945年8月6日午前8時15分，広島県産業奨励館（現，原爆ドーム）の上空約580mで，米重爆撃機B29エノラ・ゲイによって運ばれた原子爆弾が投下炸裂した。閃光は直径100m，表面温度9000〜1万度の大火球となり，広島市を一瞬のうちに破壊した。

▲原爆ドーム（旧広島県産業奨励館） ほぼ爆心の真下にあった産業奨励館は，真上からの爆風でドーム型の屋根の鉄骨のみが残った。原子爆弾の悲惨な被害を伝えるものとして，世界遺産に指定された。世界遺産

▲原爆死没者慰霊碑（広島市） 中央の石室には25万3008人（2007年8月現在）の名簿を収める。遠くに原爆ドームを臨む。

1 ソ連の対日参戦

1-① ソ連軍の侵入

- 義勇隊開拓団
- 一般開拓団
- ← ソ連軍の侵入

ソ連　ザバイカル方面軍　第2極東方面軍　ハバロフスク　満洲国　第1極東方面軍　ウラジヴォストーク　太平洋艦隊　ソ蒙連合機動軍　チチハル　ハルビン　長春　吉林　奉天　鞍山　朝鮮　大連　平壌　京城　中華民国　大連

●解説 ソ連の参戦 1945年8月8日，ソ連は日本へ宣戦を布告した。翌8月9日，150万の兵力で満洲・南樺太へ侵入した。満洲の関東軍は，太平洋戦線へ引き抜かれて弱体化し，ソ連参戦前に満洲南東部へ後退していた。そのため，開拓団の多数は関東軍防衛線の外に置き去りにされた。また，武装解除された満洲の日本軍兵士はシベリアへ抑留された。

2 長崎への原爆投下

2-① 原爆による被害地図

- ● 爆心地
- ▨ 家屋全壊半壊地帯
- ▨ 鉄筋建築破壊地帯
- 灰燼地帯
- 火災地帯

長崎師範学校　三菱重工長崎兵器製作所大橋工場　長崎工業学校　長崎本線　城山国民学校　長崎医科大学付属病院　浦上駅　淵国民学校　三菱製鋼長崎製鋼所第一工場　三菱重工長崎造船所幸町工場　長崎駅　長崎港　長崎県庁

1km　2km　3km　4km

（『広島・長崎の原爆災害』などによる）

●解説 1945年8月9日午前11時2分，長崎市浦上天主堂付近の上空で，プルトニウム239の原子爆弾が投下された。死者数を長崎市は7万3884人としたが，『原水爆被害白書』では，約12万2000人と推定している。

2-② 原爆による被害者数

人数		建物	
死者	7万3884人	全焼	1万1574戸
重軽傷者	7万4904人	全壊	1326戸
罹災人員	12万0820人	半壊	5509戸
		罹災戸数	1万8409戸

（『長崎市勢要覧』昭和32年版による）

▲平和祈念像（長崎市）

▲原爆投下で破壊された長崎の浦上天主堂

3 大戦終結に向けて

3-① 大戦終結までの会談・宣言

ローズヴェルト（米）
チャーチル（英）　スターリン（ソ）

```
1944.8〜10 ⑤
ダンバートン＝オークス会議
（米・英・ソ・中）

1945.2 ⑥
ヤルタ会談（米・英・ソ）

1941.8 ①
大西洋上会談
（米・英）

1943.11〜12 ④
テヘラン会談
（米・英・ソ）

1945.7〜8 ⑦
ポツダム会談（米・英・ソ）

1943.1 ②
カサブランカ会談
（米・英）

1943.11 ③ カイロ会談（米・英・中）
```

ダンバートン＝オークス（ワシントン郊外）　ポツダム　ヤルタ　テヘラン　カサブランカ　カイロ

トルーマン（米）
チャーチル（英）　スターリン（ソ）

▨ 日本に直接関係する会談

●解説 連合国首脳は，太平洋戦争開始前にもたれた大西洋上会談以降，戦争中もしばしば会談をおこなった。その会談で，対イタリア，対ドイツ，対日本への戦争方針を継続的に話し合っていた。戦後の冷戦構造もしだいに明らかになってきたが，日本軍の無条件降伏までは米英とソ連の対立も表面化しなかった。

会談名	年月	出席者	内容
① 大西洋上会談	1941.8	ローズヴェルト（米）チャーチル（英）	ファシズムの打倒をめざし，戦後の平和構想〈大西洋憲章〉をつくる
② カサブランカ会談	1943.1	ローズヴェルト（米）チャーチル（英）	対伊作戦をおこない，枢軸国に対する「無条件降伏」の原則を確認
③ カイロ会談	1943.11	ローズヴェルト（米）チャーチル（英）蔣介石（中）	対日戦争方針を明確化，対日領土問題，朝鮮の独立，日本の無条件降伏まで戦う〈カイロ宣言〉
④ テヘラン会談	1943.11〜12	ローズヴェルト（米）チャーチル（英）スターリン（ソ）	対独戦争の方針（北フランス上陸作戦により，ヨーロッパに新たな戦線を開くことを確認）
⑤ ダンバートン＝オークス会議	1944.8〜10	ローズヴェルト（米）チャーチル（英）スターリン（ソ）蔣介石（中）	国際連合設立の原則と具体案の作成をおこなう
⑥ ヤルタ会談	1945.2	ローズヴェルト（米）チャーチル（英）スターリン（ソ）	対独戦争処理問題，国際連合設立問題，ヤルタ協定でソ連の対日参戦と南樺太・千島領有を米・英が了承
⑦ ポツダム会談	1945.7〜8	トルーマン（米）チャーチル→アトリー（英）スターリン（ソ）	ヨーロッパの戦後処理，日本軍への無条件降伏の勧告・戦後処理〈ポツダム宣言は米・英・中で発表〉最初はチャーチル首相。総選挙の結果，新首相アトリーと交替

▶詳しくみてみよう！
ミズーリ号での降伏文書調印

4 降伏から占領へ

4-① 敗戦のラジオ放送

●終戦の玉音放送を聞く人々 1945年8月15日，NHKの正午のニュースで，昭和天皇が読み上げる終戦の詔勅が流された。日本国民は茫然となりながら，戦争の終結を受け入れた。

▲降伏文書の調印 1945年9月2日，東京湾上の戦艦「ミズーリ号」で，降伏文書の調印式がおこなわれた。日本政府代表重光葵外相，軍部代表梅津美治郎参謀総長とマッカーサー連合国軍最高司令官と9カ国の代表が署名し，3年8カ月の太平洋戦争が終結した。

4-② 太平洋戦争の被害

犠牲者数	（経済安定本部調べ）	
	死　亡	不傷行方不明
軍人軍属損害	155万5308人	30万9402人※
銃後人口被害	29万9485人	36万8830人

※ほか陸軍の行方不明約24万人あり

国富の被害	
種　類	被害率（%）
建築物	25
工業用機械器具	34
船舶	82
電気ガス供給設備	11
生産品	24
家具家財	21

（中村隆英『昭和経済史』による）

Answer 日ソが開戦した時にソ連軍が満洲へ進入するルートを想定し，それを防衛する予備兵力として配置されていた。

第❹部 近代・現代

1 国際連合成立への道

年代	成立過程
1941 (昭和16)	**8 大西洋憲章** ・ローズヴェルト(米)とチャーチル(英)の会談 ・戦後世界の構想と国際連合の基礎確立
1942 (昭和17)	**1 連合国共同宣言** ・大西洋憲章の原則を確認
1943 (昭和18)	**10 平和機構設立宣言** ・モスクワでの外相会議における宣言(米・英・ソの外相—宣言は中国も参加) ・国際連合設立の一般原則
1944 (昭和19)	**7 ブレトン=ウッズ会議** ・44カ国参加 ・国際通貨基金(IMF)・国際復興開発銀行(世界銀行, IBRD)の設立決定 **8〜10 ダンバートン=オークス会議** ・米・英・ソ・中の参加 ・国際連合憲章の草案作成(拒否権問題はヤルタ会談で決定)
1945 (昭和20)	**4〜6 サンフランシスコ会議** ・国際連合憲章採択 ・連合国50カ国(ポーランドが入り, 原加盟国51カ国)の憲章署名
	10.24 国際連合成立

大西洋憲章

アメリカ合衆国大統領およびイギリス総理大臣は下記の共同宣言について合意をとげ……

第一に, 両国は領土の拡大, その他のいかなる膨張をも欲しない。

第二に, 両国は, 関係する人民が自由に表明した願望に一致しないいかなる領土的変更をも欲しない。

第三に, 両国は, すべての人民はその政府形体を選択しうる権利を尊重する……両国は, 経済的分野におけるすべての国の最大限の協力の達成を欲する。

第五に, 両国は,

第六に, ナチス専制主義を最終的破壊したのち, 両国は……平和を確立することを欲する。

(『西洋史料集成』による)

解説 連合国共同宣言は1942年1月1日に発表され, 連合国の第二次世界大戦の戦争目的を明らかにし, 単独講和をおこなわないことを宣言した。現在の「国際連合」と同語である「連合国」The United Nations の語が, ここにはじめて使用された。

▲国連本部ビル(アメリカ, ニューヨーク)

Question p.303 4 の五大改革の指令は, どの程度実現したのだろうか。

2 国連加盟国の推移

1945年 51カ国	9 14 22		4	2
1960年 99カ国	23 26 26	22		2
2007年 192カ国	アジア 47	アフリカ 53	43	南北アメリカ 35 14

ヨーロッパ旧ソ連　オセアニア

解説 国際連合は, 1945年に51カ国の原加盟国で始まった。その後, 第二次世界大戦の敗戦国のイタリアは1955年に, 日本は56年, 東西ドイツは73年に加盟した。1960年前後には, 独立を達成したアフリカ諸国の加盟があいつぎ, 2007年現在の加盟国は192カ国である。

3 国際連合の組織

総会

- 国際司法裁判所
- 安全保障理事会
- 信託統治理事会
- 事務局
- 経済社会理事会

国連関係機関
国連児童基金(UNICEF)
国連大学(UNU)
難民高等弁務官事務所(UNHCR)

国連支援の機関
国際原子力機関(IAEA)

専門機関
国際労働機関(ILO)
国連教育科学文化機関(UNESCO)
国際復興開発銀行(IBRD)
国際通貨基金(IMF)
世界保健機関(WHO)など

総会	全加盟国が参加。平等の原則から各国1票の投票権を持つ。多数決制
安全保障理事会	国際的平和・安全の維持を目的とする。5常任理事国と10非常任理事国からなる
経済社会理事会	国連諸活動の中心的機関。社会的不平等や貧困問題, 衛生問題などに取り組む
信託統治理事会	信託統治地域の施政監督などをおこなうが, 94年のパラオ独立で任務は事実上終了した
国際司法裁判所	国連の主要な司法機関。国際紛争を裁判により解決
事務局	国連各機関の運営に関する事務を担当。事務総長と国連職員により構成, 運営される

4 国際連盟と国際連合の比較

国際連盟(本部:ジュネーヴ)		国際連合(本部:ニューヨーク)
1920年発足。原加盟国42カ国。4大国は英・仏・日・伊。米は不参加, ソ連の加盟遅延	加盟国	1945年発足。原加盟国51カ国。5大国は米・英・ソ(現, ロシア)・中・仏
総会, 理事会(常任理事国:英・仏・日・伊), 事務局, 国際司法裁判所, 国際労働機関	主要機関	総会, 安全保障理事会(5大国が常任理事国で, 拒否権を持つ), 事務局, 経済社会理事会, 国際司法裁判所, 信託統治理事会
全会一致(加盟国の全部の同意が必要)	表決手続	総会は多数決(安全保障理事会は, 常任理事国が拒否権を行使すると議決できない)
国際紛争が発生した場合, 理事会の報告後, 3カ月間は戦争に訴えることを禁止	戦争の禁止	安全保障理事会による軍事行動(国連平和維持軍)と加盟国の自衛権行使以外は禁止
経済封鎖(通商上・金融上の関係を断絶し, 違約国の国民との交通を禁止する)が中心	制裁措置	経済制裁・武力制裁もある。安全保障理事会による国連平和維持軍の派遣

5 アジア諸国の独立

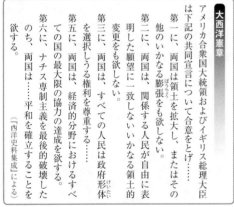

凡例:
- 戦前からの独立国
- 1945〜49年の独立国
- 1950〜59年の独立国
- 数字は国家の成立年

ベトナム社会主義共和国
ベトナム独立同盟(ホー=チ=ミン)
1945 ベトナム民主共和国(北)建国宣言
1949 ベトナム国(南)成立
1955 ベトナム共和国(南)成立
1976 南北ベトナム統一(共和国成立)

ミャンマー
反ファシスト人民自由連盟(アウン=サン)
1948 ビルマ連邦共和国として独立
1974 ビルマ連邦社会主義共和国
1989 ミャンマー連邦と改称

朝鮮民主主義人民共和国 1948
中華人民共和国
大韓民国 1948
ネパール ブータン
インド
1947 インド連邦独立
1950 インド共和国成立
ラオス 1953
バングラデシュ 1971
タイ
フィリピン 1946
スリランカ
1948 セイロン独立
1972 スリランカ共和国成立
カンボジア 1953
インドネシア 1945
マレーシア
1957 マラヤ連邦独立
1963 マレーシア連邦結成
シンガポール 1965

解説 民族運動の高揚から独立へ
日本の占領と支配が動揺しはじめると, アジア各地で欧米による植民地支配からの独立をめざし, 民族運動が高揚した。とくに東南アジアでは, 欧米が植民地支配を再建する前に独立宣言を出そうとする地域もあった。

アウン=サン(1915〜47)
太平洋戦争中, 日本軍と提携して12人の仲間とともにビルマ人民独立軍を結成。1944年に人民自由連盟を結成し, 対日闘争をおこない, 戦後, 対英独立闘争をおこなう。1947年にイギリスと独立協定を調印。アウン=サン=スー=チーは娘。

ホー=チ=ミン(1890〜1969)
フランス滞在中, ロシア革命が起こり, 共産主義に共鳴する。帰国後, ベトナム独立同盟(ベトミン)を結成。ベトナム独立をめざし, フランスとインドシナ戦争, アメリカとベトナム戦争を戦った。

第4部 近代・現代

1 戦後の内閣と政治の始まり

鈴木貫太郎内閣（1945.4〜8）

1945（昭和20）
- 8. 6 広島へ原爆投下
- 8. 8 ソ連の参戦
- 8. 9 長崎へ原爆投下
- 8.14 御前会議でポツダム宣言の受諾決定
- 8.15 天皇の「戦争終結」の詔書，玉音放送

東久邇宮稔彦内閣（1945.8〜10）
- 8.30 マッカーサー厚木へ到着 3
- 9. 2 降伏文書の調印
  - 陸海軍の解体，復員開始
  - 戦犯逮捕開始
- 10. 4 GHQ，人権指令を発す
  - 人権指令を実行できず，内閣総辞職

幣原喜重郎内閣
- 10.11 五大改革指令 4
- 11. 6 財閥解体指令
- 12.15 神道指令
- 12.17 衆議院議員選挙法（男女20歳以上の選挙権）改正
- 12.22 労働組合法公布
- 12.28 農地調整法改正公布（第1次農地改革）

1946（昭和21）
- 1. 1 天皇の人間宣言
- 1. 4 公職追放令
- 2.17 金融緊急措置令
- 4.10 戦後初の総選挙
  - 総選挙で日本自由党が第1党となったため，内閣総辞職（1945.10〜1946.5）

2 連合国の日本管理
2-① 日本管理の命令系統

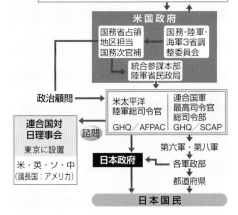

- **極東委員会**（ワシントンに設置）
  米・英・仏・ソ・中・カナダ・オーストラリア・インド・オランダ・フィリピン・ニュージーランド（議長国：アメリカ）
- **米国政府**
  - 国務省占領地区担当国務次官補
  - 国務・陸軍・海軍3省調整委員会
  - 統合参謀本部　陸軍省民政局
- 政治顧問
- **米太平洋陸軍総司令官** GHQ／AFPAC
- **連合国軍最高司令官総司令部** GHQ／SCAP
- **連合国対日理事会**（東京に設置）米・英・ソ・中（議長国：アメリカ）── 諮問
- 第六軍・第八軍
- 各軍政部
- 都道府県
- **日本政府**
- **日本国民**

2-② アメリカの初期対日方針
（1945年9月22日に公表）

究極の目的　非武装・民主化（日本がアメリカの脅威，世界平和の脅威とならないこと）

連合国の権限（間接占領の方法）
①占領軍は最高司令官の指揮下に入る
②連合国の政策不一致の時は米国の政策にしたがう
③天皇・日本政府は最高司令官に従属し，最高司令官は天皇や日本政府を通じて権限を行使する

3 マッカーサーと昭和天皇

▶**バターン号で厚木に降り立つマッカーサー元帥**（1945年8月30日）
連合国軍最高司令官として太平洋戦争を指揮。朝鮮戦争の作戦指導をめぐってトルーマン大統領と対立し，1951年に解任。リッジウェーと交代した。

▶**アメリカ大使館にマッカーサーを訪問した昭和天皇**
1945年9月27日，モーニングコートに正装した昭和天皇は，戦争責任を負う覚悟でマッカーサーを訪問した。東久邇宮内閣は，この写真を不敬罪として新聞掲載を禁止したが，GHQがこれを許可した。

4 五大改革指令と日本の民主化

五大改革指令（1945.10）
〈幣原喜重郎内閣〉

①女性参政権の付与
衆議院議員選挙法を改正し，女性に参政権（1945.12）

②労働組合の結成奨励
労働三法制定（1945.12〜47.4）
- 労働組合法（1945.12）
- 労働関係調整法（1946.9）
- 労働基準法（1947.4）

③教育の自由主義的改革
教育三法制定（1947.3〜48.7）
- 教育基本法（1947.3）
- 学校教育法（1947.3）
- 教育委員会法（1948.7）

④秘密警察などの廃止
政治犯釈放・治安維持法・特別高等警察廃止（1945.10）

⑤経済機構の民主化
財閥の解体（1945.11〜51.7）
農地改革（1946.10〜50.7）

解説 幣原内閣に対してGHQが出した五大改革の指令は，ほとんどが実施され，戦後日本の民主化政策に反映された。五大改革こそが，民主主義国への根幹であった。

5 極東国際軍事裁判（東京裁判）
A級戦犯と裁判結果

絞首刑 7名（1948.12執行）
- 東条英機（陸軍大将。首相・内相・軍需相・陸軍参謀総長）
- 広田弘毅（斎藤・岡田・近衛内閣の外相。二・二六事件後の首相）
- 松井石根（陸軍大将。日中戦争開始当時の中支方面軍司令官）
- 土肥原賢二（陸軍大将。満洲事変時の奉天特務機関長）
- 板垣征四郎（陸軍大将。満洲事変時の関東軍高級参謀）
- 木村兵太郎（陸軍大将。近衛・東条両内閣の陸軍次官）
- 武藤 章（陸軍中将。日米開戦時の陸軍省軍務局長，東条の腹心）

終身禁固 16名
- 木戸幸一（内大臣・天皇の側近）
- 平沼騏一郎（首相・枢密院議長）
- 賀屋興宣（蔵相）
- 嶋田繁太郎（海軍大将・海相）
- 白鳥敏夫（駐伊大使）
- 大島 浩（駐独大使）
- 星野直樹（満洲国総務長官）
- 荒木貞夫（陸軍大将・陸相）
- 小磯国昭（陸軍大将・首相）
- 畑 俊六（元帥・支那派遣軍総司令官）
- 梅津美治郎（参謀総長）
- 南 次郎（陸軍大将・陸相）
- 鈴木貞一（企画院総裁）
- 佐藤賢了（陸軍中将・陸軍軍務局長）
- 橋本欣五郎（陸軍大佐・桜会の中心メンバー）
- 岡 敬純（海軍中将）

禁固20年　東郷茂徳（駐ソ大使・駐独大使・開戦と終戦時の外相）

禁固7年　重光 葵（駐ソ大使・駐英大使・外相）

裁判中に松岡洋右（外相）・永野修身（軍令部総長）は死亡。大川周明（右翼・国家主義者）は精神障害で免訴。

▲**東京裁判**（1946年5月3日）　A級戦犯に問われた東条英機ら戦争指導者。

解説 極東国際軍事裁判
1946年5月3日，東京・市ヶ谷の旧陸軍士官学校講堂を改修した法廷で開廷され，「平和に対する罪」としてA級戦犯28名の裁判が開始された。米・英・ソ・中など11カ国を代表する裁判長は，オーストラリアのウェッブ判事，首席検事はアメリカのキーナンがつとめた。大川周明は精神を病み免訴，松岡洋右と永野修身は死亡し，1948年11月12日の最終判決で25名が有罪となった。インドのパル判事は，全員無罪の少数意見を提出した。

6 公職追放
（1948年5月10日現在，単位：人）

A項	戦争犯罪人	3422
B項	職業軍人	12万2235
C項	超国家主義団体有力者	3438
D項	大政翼賛会関係者	3万4396
E項	開発金融機関役員	433
F項	占領地行政長官	89
G項	その他軍国主義者	4万5993
	合計	20万1577

（岩波書店『日本史史料5 現代』による。合計数は各項合計と合わない。）

解説 公職追放
1946年1月4日，GHQは「好ましくない人物よりの除去に関する覚書」で，A〜Gの公職追放の範囲を規定した。その後，政治家，地方財界，財界，言論界へ拡大され，追放処分をうけた者は約20万人に達した。

▲**B・C級戦犯**　戦争犯罪に対する命令者がB級，虐待などの実行者がC級。各地の軍事法廷で裁判がおこなわれた。5700余人が有罪とされ，984人が死刑となった。

第4部 近代・現代

Answer 法律整備の時間がかかった労働・教育関係は遅れたが，ほぼすべて実現した。

1 民主化政策の理由と目的

	理由	目的
財閥解体	最大の戦争支持勢力の一つで、戦争によって巨利を得たと考えられる財閥を解体することは、日本の非軍事化にとって不可欠	持株会社による財閥の傘下企業支配を除去し、独占企業をなくして、企業による自由な競争で経済を活性化
農地改革	日本における寄生地主は農民層を窮乏させ、それが日本の対外侵略の重要な動機となった	寄生地主制の解体によって、自作農が多数を占める安定した農村を創立する

◎財閥の株券引き渡しに立ち会うGHQ
(1946年10月8日) 財閥解体で三菱本店より運び出される株券。三井・三菱などの株券は、日本勧業銀行の倉庫へ保管された。

▽銀行改変の広告 財閥系銀行は解体されず、再建整備法によって名称をかえて再出発。安田銀行は富士銀行へ、野村銀行は大和銀行、三井銀行は帝国銀行となった。

2 財閥解体　2-① 財閥解体への道

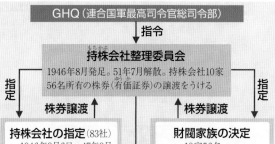

```
GHQ（連合国軍最高司令官総司令部）
        │指令
        ▼
持株会社整理委員会
1946年8月発足。51年7月解散。持株会社10家
56名所有の株券（有価証券）の譲渡をうける
```

↙指定　株券譲渡　　　株券譲渡　指定↘

持株会社の指定(83社)
1946年9月6日〜47年9月26日

三井・三菱・住友・安田など4大財閥本社や浅野・日本窒素肥料などその他の財閥が指定をうけ、28社が解体

財閥家族の決定
10家56名
1947年2月20日

三井(11名)	岩崎(11名)
住友(4名)	安田(10名、のち1名追加)
浅野(4名)	野村(4名)
中島(5名)	大倉(4名)
古河(2名)	鮎川(1名)

↓

一般・民間への株式売却

↓

独占体制の排除

1947.4	独占禁止法
12	過度経済力集中排除法
1948.1	財閥同族支配力排除法

問題点
1. 過度経済力集中排除法では、325社を指定したが、実施は11社のみ
2. 財閥系銀行は解体されず、残る

のちに銀行を中心とする企業集団(→p.325)を形成

Ⓐ解説 1946年8月、持株会社整理委員会が発足し、4大財閥をはじめ83社が持株会社に指定された。そのうち、財閥本社とみなされた28社が解体され、残りは分割されたり、再建されて存続が認められた。1947年3月、財閥家族10家56名の持株1億6600万株は、持株会社整理委員会によって一斉に売り出された。持株会社や財閥家族などからの持株会社整理委員会に譲渡された株式は、日本の総発行株式総額の42%にのぼった。しかし、銀行は解体されず、経済再建の中核となり、財閥系の銀行資本は企業集団を形成し、経済の復興・成長とともに支配的地位へ復帰した。

2-② 独占体制を排除する法律

法律	内容	その後の展開
独占禁止法(1947年4月公布)	持株会社などの私的独占、カルテル・トラストを禁止。監視のため公正取引委員会設置	1949年、53年に改正。規制内容を大幅にゆるめる。1997年の改正で持株会社を原則自由とした
過度経済力集中排除法(1947年12月公布)	同一部門で過度に事業を集中している独占的な企業体を分割	1948年2月に325社を指定。実際に分割されたのは11社のみ。55年7月廃止
財閥同族支配力排除法(1948年1月公布)	財閥関係者の関係会社役員就任を禁止	2192人を指定したが、大幅にゆるめられて1952年1月廃止

2-③ 三菱財閥の解体

三菱本社	解散。ただし不動産部門は、陽和不動産・関東不動産設立(1950年)
三菱商事	解散して約140社に分割し、新発足
三菱化成工業	日本化成・旭硝子・新光レイヨンに分割(1950年)
三菱鉱業	石炭部門を残し、金属部門を分離して太平鉱業を設立(1950年)
三菱重工業	東日本重工・中日本重工・西日本重工に分割(1950年)

2-④ 集中排除法の適用による分割・その後の再合併

指定企業(11社のうち)	企業の分割	その後の再合併
日本製鉄	八幡製鉄・富士製鉄ほか2社	1970年3月合併 新日本製鉄
三菱重工業	東日本重工業・中日本重工業・西日本重工業	1964年6月合併 三菱重工業
王子製紙	苫小牧製紙(のち王子製紙)・十条製紙・本州製紙	1996年10月、王子製紙・本州製紙が合併して王子製紙、十条製紙は現日本製紙
大日本麦酒	日本麦酒・朝日麦酒	現サッポロビール・アサヒビール

(三和良一『近現代日本経済史要覧』による)

3 農地改革　3-① 農地改革の実施と結果

		第1次農地改革(案) 農地調整法改正	第2次農地改革 自作農創設特別措置法
実施方法	内閣	1945(昭和20)年12月 幣原喜重郎	1946(昭和21)年10月 吉田茂(第1次)
	不在地主 在村地主(小作地保有制限)	小作地保有は認めない 隣接市町村居住者を含める 5町歩内(約5ha)	小作地保有は認めない 農地のある市町村に居住する者 内地1町歩(北海道4町歩)
	面積計算単位(自小作地の制限)	個人単位 なし	世帯単位 内地3町歩(北海道12町歩)
	譲渡方式 農地委員会	地主・小作農の協議 地主・自作・小作各5人で構成	国家が買収、小作農に売り渡す 地主3・自作2・小作5人で構成
	小作料	金納(物納も可)	金納(田は収穫価格の25%以内)
	経過	1945年12月のGHQによる農地改革実施の指令による。	1947(昭和22)年3月から売渡し実施、1950(昭和25)年7月に完了
	結果	しかし、GHQの承認を得られず、実施できなかった。第2次農地改革へうつる	地主は経済力と社会的威信を失い、寄生地主制は崩壊

Ⓐ農地改革ポスター

◁解説 農地改革の結果、全農地の半分近くを占めていた小作地が、1割程度にまで減少し、1町歩未満の零細経営規模の自作農が農家の大半を占めた。一方、大地主は、従来の大きな経済力と社会的威信を喪失した。こうして、寄生地主制は解体され、小規模な自作農が大量に創出され、保守政党の支持基盤となった。

3-② 農地改革表

（0　20　40　60　80　100%）

自作地と小作地
1938: 自作地 53.2% ／ 小作地 46.8
1949: 87.0 ／ 13.0

自小作別の農家割合
1938: 自作 30.0 ／ 自小作 44.0 ／ 小作 26.0
1949: 56.0 ／ 36.0 ／ 8.0

経営耕地別農家比率
1941: 5反以下 32.9 ／ 5反〜1町 30.0 ／ 1〜2町 27.0 ／ 2町以上 10.1
1950: 40.8 ／ 32.0 ／ 21.7 ／ 5.5

1反=9.917a　10反=1町
(農林省統計調査局資料による)

Question p.304 3-② で農地改革後、自作地は87%になったが、戦後の自作農家はどのような問題をかかえていたのか考えよう。

1 労働運動

1-① 戦後の労働組合とその系譜

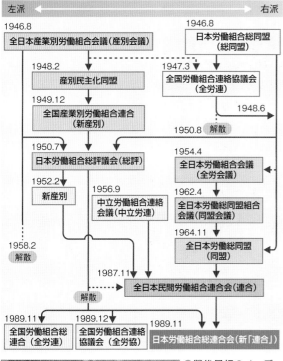

左派 ◀ ▶ 右派

1946.8
全日本産業別労働組合会議（産別会議）

1946.8
日本労働組合総同盟（総同盟）

1948.2
産別民主化同盟

1947.3
全国労働組合連絡協議会（全労連）

1949.12
全国産業別労働組合連合（新産別）

1948.6

1950.8 解散

1950.7
日本労働組合総評議会（総評）

1954.4
全日本労働組合会議（全労会議）

1952.2
新産別

1956.9
中立労働組合連絡会議（中立労連）

1962.4
全日本労働総同盟組合会議（同盟会議）

1964.11
全日本労働総同盟（同盟）

1958.2 解散

1987.11
全日本民間労働組合連合会（連合）

解散

1989.11
全国労働組合総連合（全労連）

1989.12
全国労働組合連絡協議会（全労協）

1989.11
日本労働組合総連合会（新「連合」）

◆戦後最初のメーデー（1946年5月1日） 日中戦争・太平洋戦争をはさんで、11年ぶりに第17回メーデーがおこなわれた。二重橋をのぞむ皇居前広場を「人民広場」とし、約50万人が集まった。

1-② 労働の民主化─労働法の成立とその結果

労働組合法 1945（昭和20）年12月公布
労働者の団結権・団体交渉権・争議権を保障。1947年5月施行の日本国憲法第28条で明記

労働関係調整法 1946（昭和21）年9月公布
労働争議の自主的解決が原則。労働委員会による斡旋・調停・仲裁を規定

労働基準法 1947（昭和22）年4月公布
労働者保護のため、8時間労働制など、労働条件の最低基準を制定。時間外労働の制限、賃金割増など

	戦前	戦後
労働組合	労働組合法未成立	労働組合法
労働争議の調停	労働争議調停法	労働関係調整法
労働者の保護	工場法	労働基準法
労働者保護行政	なし	労働省（片山哲内閣）
労働者の状況	低賃金など劣悪な労働条件	労働条件の改善手段を獲得

1-③ 戦後の労働組合結成と組合員数

（単位：人）

区分　　　　年月	結成 組合数	結成 組合員数	解散 組合数	解散 組合員数	月末現在数 組合数	月末現在数 組合員数
1945年 9月	2	1077	—	—	2	1077
10月	7	3995	—	—	9	5072
11月	66	6万3458	—	—	75	6万8530
12月	434	31万2147	—	—	509	38万0677
1945年小計	509	38万0677	—	—	595	45万5356
1946年 1月	1008	52万2074	—	—	1517	90万2751
2月	1726	63万4855	—	—	3243	153万7606
3月	3297	103万1361	2	454	6538	256万8513
4月	2006	45万8737	13	3271	8531	302万3979
5月	2074	42万4695	64	3万3976	1万0541	341万4699
6月	1598	29万8781	132	3万2463	1万2007	368万1017
1946年上半期計	1万1709	337万0504	211	7万0164		
1946年下半期計	5578	88万5382	703	21万2460		
1946年合計	1万7287	425万5886	914	28万2624		

（岩波書店『日本近現代史 4』による）

⚠ **解説** 敗戦の月、1945年8月には早くも各地で労働組合の組織化に向け準備が始まったが、実際にはなかなか創立まではいかなかった。1945年12月に公布され、46年3月施行の労働組合法が大きな影響を持ったことがわかる。

2 教育の民主化

2-① 教育の民主化関係年表

1945（昭和20）
9 文部省、教科書の戦時教材の墨塗りを指示
12 修身・日本歴史・地理の授業を一時禁止

1946（昭和21）
3 GHQの要請により、米国教育使節団が来日、報告書を提出。教育の民主化を勧告
9 文部省が『くにのあゆみ』を発行

1947（昭和22）
3 教育基本法・学校教育法公布
4 新学制による小学校・中学校が発足

1948（昭和23）
4 新制高校（全日制・定時制）発足
7 教育委員会法（公選制）公布

2-② おもな教育法とその特色

教育基本法 1947.3公布
民主主義教育の目的・理念、教育行政の大綱を示す法律
①教育の目的は人格の完成、教育の機会均等　②9年間の義務教育　③男女共学

学校教育法 1947.3公布
教育基本法に基づき学校教育の系統・実施などを定めた法律
①6・3・3・4の単線型教育体系
②義務教育を小・中学校の9ヵ年に延長
③男女共学の実施

教育委員会法 1948.7公布 → 1956.任命制となる
教育基本法第10条に基づいて教育の民主化、地方分権化、官僚統制からの独立を定めた法律
①住民公選の委員からなる教育委員会の設置を定める
②従来の知事・市町村長の教育に関する権限を教育委員会へ移譲することを定める

2-③ 戦中・戦後の学制の比較

1944年 / 1948年 （■ 義務教育）

（『日本近代教育史事典』などによる）

第❹部 近代・現代

◀『くにのあゆみ』 1946年、第二次世界大戦後はじめて発行された最後の国定歴史教科書。編集には文部省外の家永三郎・森末義彰・岡田章雄・大久保利謙の研究者が執筆にあたり、歴史の始まりを神話から考古学へ転換させ、戦後の歴史教科書の原型となった。

◀墨塗り教科書 子どもたちに、軍国主義的な表現を墨で塗りつぶさせた。写真では「何十台の戦車が通る」を「何十台の自動車が通る」に、「何万トンのほら軍艦だ」を「何万トンのほら貨物船だ」に直し、軍国主義的表現を変えている。ほとんど墨を塗られたページもある。

◉明治神宮の芝生広場で青空授業をうける生徒（1946年3月15日） 空襲で多くの校舎が焼失した。明治神宮の芝生広場まで遠足して、青空授業をうける鳩森小学校の児童。

Answer 農家の経営規模は1町歩以下が多く、5反以下の農家が40％もあり、小規模経営が多かった。

① 政党政治の復活

1-① 戦後の政党

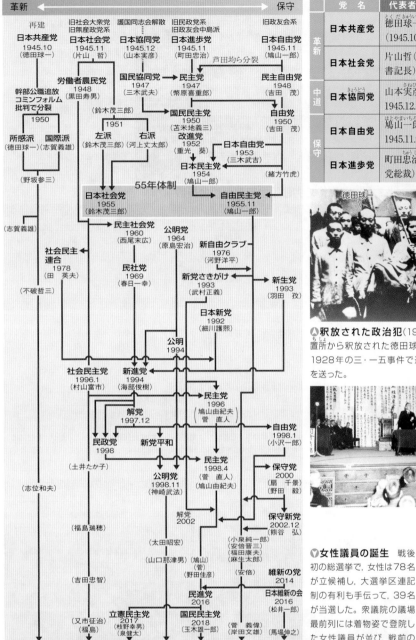

革新 ← → 保守

- 再建
  - 日本共産党 1945.10（徳田球一）
  - 幹部公職追放 コミンフォルム批判で分裂 1950
    - 所感派（徳田球一）
    - 国際派（志賀義雄）
    - （野坂参三）
- 旧社会大衆党 旧無産政党系
  - 日本社会党 1945.11（片山 哲）
  - 労働者農民党 1948（黒田寿男）
  - 左派 1951（鈴木茂三郎）
  - 右派（河上丈太郎）
  - 日本社会党 1955（鈴木茂三郎）
- 護国同志会解散
  - 日本協同党 1945.12（山本実彦）
  - 国民協同党 1947（三木武夫）
- 旧民政党系 旧政友会中島派
  - 日本進歩党 1945.11（町田忠治）
  - 芦田均ら分裂
  - 民主党 1947（幣原喜重郎）
  - 国民民主党（苫米地義三）
  - 改進党 1952（重光 葵）
  - 日本自由党 1953（三木武吉）
  - 日本民主党 1954（鳩山一郎）
- 旧政友会系
  - 日本自由党 1945.11（鳩山一郎）
  - 民主自由党 1948（吉田 茂）
  - 自由党 1950（吉田 茂）
  - （緒方竹虎）

55年体制

- 自由民主党 1955.11（鳩山一郎）

- 民主社会党 1960（西尾末広）
- 公明党 1964（原島宏治）
- 新自由クラブ 1976（河野洋平）
- 社会民主連合 1978（田 英夫）
- 民社党 1969（春日一幸）
- 新党さきがけ 1993（武村正義）
- 新生党 1993（羽田 孜）
- 日本新党 1992（細川護熙）
- 公明 1994
- 社会民主党 1996.1（村山富市）
- 新進党 1994（海部俊樹）
- 民主党 1996（鳩山由紀夫・菅 直人）
- 解党 1997.12
- 民政党 1998（土井たか子）
- 新党平和
- 公明党 1998.11（神崎武法）
- 民主党 1998.4（菅 直人・鳩山由紀夫）
- 自由党 1998.1（小沢一郎）
- 保守党 2000（扇 千景・野田 毅）
- 解党 2002（太田昭宏）
- 保守新党 2002.12（熊谷 弘）
- （小泉純一郎・安倍晋三・福田康夫・麻生太郎）
- （山口那津男・菅）
- （鳩山・菅）
- （安倍）
- 維新の党 2014
- 民進党 2016（野田佳彦）
- 日本維新の会 2016（松井一郎）
- 立憲民主党 2017（枝野幸男・泉健太）
- 国民民主党 2018（玉木雄一郎）
- （馬場伸幸）
- （又市征治・福島）
- （志位和夫）
- （不破哲三）
- （志賀義雄）
- （福島瑞穂）
- （吉田忠智）
- （岸田文雄）

1-② 政党の復活・結成

	党 名	代表者・結成年月日	経 緯
革新	日本共産党	徳田球一（1945.10.10出獄）	反戦を貫いた徳田球一が出獄後，合法政党として活動を再開
革新	日本社会党	片山哲（元社会民衆党書記長）1945.11.2	戦前の旧無産政党の右派・中間派を中心に統合。社会民主主義をめざす
中道	日本協同党	山本実彦（改造社社長）1945.12.18	大日本政治会の一部，農林・中小商工業者議員中心の中間保守政党（労使協調を主張）
保守	日本自由党	鳩山一郎（元文部大臣）1945.11.9	翼賛体制に非協力的であった旧立憲政友会が中心。国体護持と自由主義を主張
保守	日本進歩党	町田忠治（元立憲政友会総裁）1945.11.16	翼賛体制を担った旧立憲民政党系の大日本政治会が母体。社会政策・資本主義の修正

Ⓐ釈放された政治犯（1945年10月10日）府中拘置所から釈放された徳田球一と志賀義雄。徳田球一は1928年の三・一五事件で逮捕され，獄中18年の生活を送った。

Ⓐ日本社会党の結党大会（1945年11月2日）日本社会党の綱領・政策・党則などを発表する中央執行委員の鈴木茂三郎。結党直後は，社会民主主義者の西尾末広らの右派が優勢であった。1947年4月の総選挙で，第1党となる。

◀日本自由党の結党大会（1945年11月9日）日本自由党の結党大会で挨拶する総裁の鳩山一郎。戦前の翼賛選挙で，非推薦の旧立憲政友会系議員が中心。国体護持と自由主義を唱えた保守政党。

② 戦後初の衆議院総選挙（第22回）

党派名	立候補者	当選者	女性当選者	得票率
日本自由党	485人	140人	5人	24.4%
日本進歩党	376	94	6	18.7
日本社会党	331	92	8	17.8
日本協同党	92	14	0	3.2
日本共産党	143	5	1	3.8
諸派	570	38	10	11.7
無所属	773	81	9	20.4
計	2770	464	39	100.0

（自治省資料などによる）

▼女性議員の誕生 戦後初の総選挙で，女性は78名が立候補し，大選挙区連記制の有利も手伝って，39名が当選した。衆議院の議場最前列には着物姿で登院した女性議員が並び，戦前の衆議院とは違う風景をみせ，民主化を実感させた。

▶解説 1946年4月10日の衆議院議員選挙には，定数466名に対して2770名が立候補した。女性の立候補者も78名あった。日本共産党は，再建されたが指導の空白が影響して，当選者は5名であった。女性の当選者は39名であったが，半分は諸派や無所属であった。

③ 女性代議士の誕生

Ⓐ女性参政権 「五大改革の指令」をうけて，1945年12月17日，衆議院議員選挙法が改正公布され，翌年4月10日には，女性がはじめて選挙権を行使した。

▶公職追放をうける鳩山一郎（1946年5月4日）1946年4月10日の総選挙で第1党となった日本自由党総裁鳩山一郎に対して，公職追放がなされた。GHQに対して，鋭い批判をあびせたことによる報復とされた。

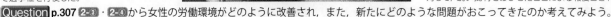

Question p.307 2-③・2-④から女性の労働環境がどのように改善され，また，新たにどのような問題がおこってきたのか考えてみよう。

1 現代の女性史年表

1945	衆議院議員選挙法改正(女性参政権を含む)公布
1946 (昭和21)	第22回総選挙で39名の女性議員が誕生
	日本国憲法(男女平等など)公布
1947 (昭和22)	教育基本法・学校教育法(男女共学など)公布
	労働省発足,山川菊栄が婦人少年局初代局長に就任
	改正刑法・改正民法(男女同権・夫婦平等の原則など)
1948	主婦連合会(主婦連,会長:奥むめお)結成
1952 (昭和27)	全国地域婦人連絡協議会(地婦連,会長:山高しげり)結成
1953	日本婦人団体連合会(会長:平塚らいてう)結成
1955	第1回日本母親大会開催(東京豊島公会堂)
1956	売春防止法公布
1960	中山マサ,女性初の大臣(第1次池田勇人内閣)に就任
1963	高校女子の家庭科必修になる
1969	女子の高校進学率,はじめて男子を上回る
1975	国連国際婦人年第1回世界会議開催(メキシコシティ)
1976	緒方貞子,日本女性初の国連代表部公使に就任
1978	総理府(現,内閣府),初の『婦人白書』を発表
1979	国連が女子差別撤廃条約を採択
1985	男女雇用機会均等法公布。女子差別撤廃条約を批准
1986	土井たか子,日本女性初の政党党首(日本社会党)に就任
1989	福岡市の女性,初セクハラ訴訟(1992年原告勝訴)
1991	緒方貞子,国連難民高等弁務官に就任
1993	土井たか子,女性初の衆議院議長に就任
1994 (平成6)	高校家庭科,男女とも必修に移行
	向井千秋,スペースシャトルで日本女性初の宇宙飛行
1995	育児・介護休業法公布(2002年に改正)
1997	改正男女雇用機会均等法公布(99年に施行)
1999	男女共同参画社会基本法公布・施行
2000	太田房江,女性初の知事(大阪府)に就任

2 女性と法律

2-① 明治民法と現行民法

	明治民法(新民法)1898年施行	現行民法 1947年改正
戸主規定	戸主は一家の長であり,扶養の義務を負う(747条)	戸主権の規定なし
婚姻	25歳以下の女子は戸主の同意が必要(772条)	20歳以上は親の同意は不要(737条)
貞操義務	妻の姦通は離婚事由になるが,夫は姦通罪の適応がないと離婚事由にならない(813条)	配偶者(夫・妻の区別なし)の不貞行為で離婚可能(770条)
財産	夫は妻の財産を管理し,無償で使用する(810条)	該当条文なし
親権	親権は父親にある(877条)	親権は両親にある(818条)
相続	家督相続は直系男子優先,単独相続(970条)	遺産相続は男女平等(900条)

2-② 工場法と労働基準法 (1947年)

	工場法 1911年公布・1916年施行	労働基準法 1947年公布
労働時間	15歳未満および女子は1日12時間以上の就業禁止	女子の週6時間,年間150時間以上の時間外・休日労働禁止
深夜業	15歳未満および女子は午後10時から午前4時まで就業禁止	午後10時から午前5時まで原則禁止
賃金	該当条文なし	男女同一賃金
産休育休	育児中の女子への制限・禁止が可能	産前6週間,産後6週間の休業を保障

2-③ 男女雇用機会均等法の制定

	内容	改正前	改正後
男女雇用機会均等法	募集・採用・配置・昇進	男女差別の防止は企業の努力義務	男女差別禁止
	定年・退職・解雇,教育訓練・福利厚生	男女差別禁止	変更なし
	違反企業への制裁措置	なし	企業名公表
	職場のセクハラ防止	なし	企業に防止義務

◀解説 1985年に成立した男女雇用機会均等法は,1997年に大幅に改正・強化された。それまで企業の努力義務とされていた募集・採用・配置・昇進に関する男女差別が禁止され,新たにセクシャル=ハラスメント(セクハラ)防止条項が盛り込まれた。

2-④ 労働基準法の改正 (1997年)

	内容	改正前	改正後
労働基準法の女性保護規定	女性の時間外労働	原則年間150時間以内	撤廃
	女性の休日労働	原則禁止	撤廃
	女性の深夜業	特定業種(看護師など)以外禁止	撤廃

◀解説 労働基準法に定められた女性保護規定も改正された。これは女性の職域を広げる反面,女性に男性並みの長時間労働を強いる面もある。

3 女性をめぐる労働状況

3-① 女性雇用者の雇用状況の推移

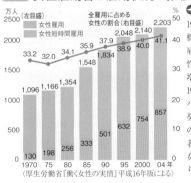

(厚生労働省『働く女性の実情』平成16年版による)

◀解説 1985年の男女雇用機会均等法以降,全雇用者に占める女性の割合は着実に増えている。しかし,1990年以降,女性のパート・アルバイト・契約社員・嘱託などの女性短時間雇用者の伸びに比較し,女性雇用者はあまり増えていない。

3-② 所定内給与額と男女間賃金格差の推移

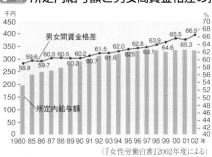

(『女性労働白書』2002年度による)

◀解説 1980年まで着実に伸びていた女性の賃金は,バブル経済の崩壊と平成不況のなかで,足踏み状況となっている。女性賃金は男性賃金と比較すると,男性に対する比率は上昇しているとはいえ,まだ60%台である。

3-③ 女性の労働力率の推移

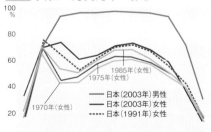

日本(2003年)男性
日本(2003年)女性
日本(1991年)女性

(『世界国勢図会』2005/06年版などによる)

▲解説 女性の年齢的労働力率は,「M字型」の就労曲線をとる。日本の女性は,20～30歳代の出産や子育ての時期にいったん就労を中断し,育児が終わった頃に再就職するからである。1970年から,M字曲線が上方へ移動しているのは,女性の社会進出が進んだことを示している。

高群逸枝(1894～1964)

高群逸枝は熊本県の小学校長の娘に生まれた。県立熊本師範学校で退学処分をうけ,熊本女学校4年を修了して,小学校の代用教員をつとめた。文学青年の橋本憲三との恋愛関係がこじれ,四国遍路に出たが,この時の「娘巡礼記」で文名をあげ,詩集『日月の上に』『放浪者の詩』で天才詩人といわれた。その後,憲三と和解し,正式に結婚する。東京・世田谷の「森の家」で30年間,1日10時間の女性史研究に打ち込み,日本の家族制度と女性の存在に迫った。その成果は『母系制の研究』『招婿婚の研究』にまとめ,父系制の日本家族制度を固有のものとする通念を打ち破った。

◎高群逸枝

Answer 男女差別禁止がいっそう徹底化された反面,労働基準法の女性保護規定がなくなり,労働環境の全体的見直しが必要となった。

第4部 近代・現代

1 日本国憲法の制定関係年表

緑字は政府以外の動き，茶字はGHQの動き

1945 (昭和20)	7.26	ポツダム宣言発表
	8.10	ポツダム宣言受諾決定
	8.14	日本政府，再度ポツダム宣言受諾を決定
	8.15	天皇の「戦争終結」の詔書，玉音放送
	10. 4	マッカーサー，近衛国務相に改憲を示唆
	10.11	マッカーサー，幣原内閣に五大改革を指令
	10.27	憲法問題調査委員会（委員長：松本烝治）初総会
	11.11	共産党，「新憲法の骨子」を発表
	12.26	憲法研究会，「憲法草案要綱」を発表 3
	12.28	高野岩三郎，「改正憲法私案要綱」を発表
1946 (昭和21)	1. 1	天皇の「人間宣言」，神格を否定
	1.21	自由党，「憲法改正要綱」を発表
	2. 1	『毎日新聞』，政府の憲法改正案をスクープ
	2. 3	マッカーサー，GHQ民政局にマッカーサー三原則に基づく憲法原案の作成を指示
	2. 8	政府，憲法改正要綱（松本案）GHQに提出
	2.13	GHQ，松本案を否定し，GHQ案（マッカーサー草案）を日本政府に手交
	2.14	進歩党，GHQ案の受入れを決定
	2.22	閣議，GHQ案の受入れを決定
	2.23	社会党，「新憲法要綱」を発表
	2.26	極東委員会，ワシントンで第1回会合
	3. 2	政府，GHQ案に基づく憲法改正案を作成
	3. 6	政府，「憲法改正案要綱」を発表
	4.10	新選挙法による衆議院議員選挙（戦後第1回）
	4.17	日本政府，「日本国憲法草案」発表
	6.20	政府，第90回帝国議会に憲法改正案を提出
	8.24	憲法改正案，衆議院議員本会議で修正可決
	10. 6	憲法改正案，貴族院議員本会議で修正可決
	10. 7	衆議院本会議，貴族院の回付案を可決
	11. 3	日本国憲法公布
1947	5. 3	日本国憲法施行

（右側縦区分）
- I 政府の憲法改正作業
- II GHQ案の作成
- III 議会での審議

2 新憲法の制定過程

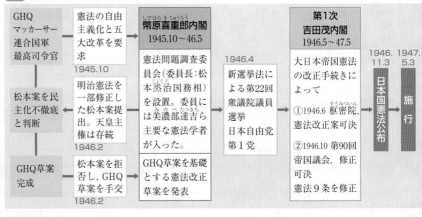

GHQ マッカーサー 連合国軍最高司令官

→ 憲法の自由主義化と五大改革を要求 1945.10

幣原喜重郎内閣 1945.10〜46.5
憲法問題調査委員会（委員長：松本烝治国務相）を設置。委員には美濃部達吉ら主要な憲法学者が入った。

明治憲法を一部修正した松本案提出。天皇主権は存続 1946.2

松本案を民主化不徹底と判断

GHQ草案完成 1946.2

GHQ草案を拒否し，GHQ草案を手交

松本案を基礎とする憲法改正草案を発表

1946.4 新選挙法による第22回衆議院議員選挙 日本自由党 第1党

第1次 吉田茂内閣 1946.5〜47.5
大日本帝国憲法の改正手続きによって
①1946.6 枢密院，憲法改正案可決
②1946.10 第90回帝国議会，修正可決 憲法9条を修正

1946.11.3 日本国憲法公布
1947.5.3 施行

3 新憲法への道

憲法研究会「憲法草案要綱」

根本原則（統治権）
一，日本国ノ統治権ハ日本国民ヨリ発ス
一，天皇ハ国政ヲ親ラセス国政ノ一切ノ最高責任者ハ内閣トス
一，天皇ハ国民ノ委任ニヨリ専ラ国家的儀礼ヲ司ル
一，天皇ノ即位ハ議会ノ承認ヲ経ルモノトス

国民権利義務
一，国民ハ法律ノ前ニ平等ニシテ出生又ハ自分ニ基ク一切ノ差別ハ之ヲ廃止ス
一，国民ノ言論学術芸術宗教ノ自由ヲ妨ケル如何ナル法令ヲモ発布スルヲ得ス
一，国民ハ健康ニシテ文化的水準ノ生活ヲ営ム権利ヲ有ス

議会
一，議会ハ二院ヨリ成ル
一，第一院ハ全国ヲ一区ノ大選挙区制ニヨリ満二十歳以上ノ男女平等直接秘密選挙（比例代表ノ主義）ニヨリテ……其ノ権限ハ第二院ニ優先ス

内閣
一，総理大臣ハ両院議長ノ推薦ニヨリテ決ス
一，各省大臣国務大臣ハ総理大臣任命ス

（『高野岩三郎伝』岩波書店）

解説 高野岩三郎が鈴木安蔵によびかけ，室伏高信が幹旋して結成したのが憲法研究会である。この案は，フランス人権宣言やアメリカ独立宣言，合衆国憲法などに人権保障を求め，ポツダム宣言が日本国民に課した課題を正しく認識していた。憲法研究会の重要な部分は，マッカーサー草案に吸収された。

マッカーサー・メモ（1946.2.3）	松本案
1「天皇は，国家の元首の地位にある（at the head of the state）。皇位の継承は，世襲である。天皇の義務および機能は……人民の基本的意思に対し責任を負う。」	第3条 天皇ハ至尊ニシテ侵スヘカラス
2「国家の主権的権利としての戦争を放棄する。日本は，紛争解決のための手段としての戦争，および自己の安全を保持するための手段としてのそれをも，放棄する。……」	第11条 天皇ハ軍ヲ統帥ス 軍ノ編制及常備兵額ハ法律ヲ以テ之ヲ定ム
3「日本の封建制度は，廃止される。皇族を除き華族の権利は，現在生存する者一代以上に及ばない。……」	第56条 枢密顧問ハ天皇ノ諮詢ニ応ヘ重要ノ国務ヲ審議ス
（憲法調査会『憲法調査会資料』による）	第57条 司法権ハ天皇ノ名ニ於テ法律ニ依リ裁判所之ヲ行フ

4 政府原案の修正

政府原案の修正

第一条 天皇は日本国の象徴であり日本国民統合の象徴であって，この地位は，主権の存する日本国民の総意に基く。

第九条 日本国民は，正義と秩序を基調とする国際平和を誠実に希求し，国権の発動たる戦争と，武力による威嚇又は武力の行使は，国際紛争を解決する手段としては，永久にこれを放棄する。国の交戦権は，前項の目的を達するため，陸海空軍その他の戦力は，これを保持しない。これを認めない。

解説 衆議院の審議で，吉田茂首相は「非武装平和」の理念をのべたが，第9条については芦田均の発案で，「陸海空軍その他の戦力は，これを保持しない」の前に，「前項の目的を達するため」と追加し，将来における自衛のための戦力保持の可能性を残した。赤字が修正部分である。

5 象徴天皇制

昭和天皇をさがすおばあさん（1946年5月） 地方巡幸する昭和天皇の姿を一目見ようとさがすおばあさん。隣にいる人が天皇と気づいていない。地方巡幸で政府は新しい象徴天皇制の天皇を定着させようとした。

6 法律の改正・公布（1947〜48年）

地方自治法 1947.4	内務省の役人が任命されていた都道府県知事を公選制とする。市町村長の公選制・リコール制も規定
警察法 1947.12	国家地方警察と自治体警察の2本立ての警察制度。公安委員会により管理（1954年の改正で自治体警察を改め，警察庁指揮下の都道府県警察に一本化）
改正民法 1947.12	男女同権・夫婦平等の原則で新しい家族制度を定めた。旧民法の戸主が家族を支配する家督相続制度は廃止された。財産の均分相続制を定め，婚姻・家族関係は近代的な男女平等の規定となった（戸籍制度は存続）
改正刑事訴訟法 1948.7	人権尊重を主眼に改正。予審の廃止。令状主義や自白の証拠能力の制限・黙秘権を定めた
改正刑法 1947.10	刑法を改正し，皇室に関する罪（不敬罪・大逆罪）を削除。妻の不倫のみを罰する姦通罪も廃止された

Question p.309 3-① で戦前より1人当たりの米の供給量は減少している。人々は何を食べてしのいだのだろうか。

1 インフレ・食糧難の時代

内閣	年代		経済		生活
東久邇	1945 (昭和20)			8	灯火管制解除 天気予報復活
幣原 1945.10～1946.5	1946 (昭和21)	11	GHQ，持株会社解体を指令	―	軍需工場閉鎖・復員・引揚げによる失業者が増大
		12	第1次農地改革案		
		2	金融緊急措置令		
		3	物価統制令		
吉田 (第1次) 1946.5～1947.5	1947 (昭和22)	8	持株会社整理委員会発足	5	食糧メーデー（飯米獲得人民大会）開催
		10	自作農創設特別措置法公布（翌年，第2次農地改革開始）		
		12	傾斜生産方式を採用		
		1	復興金融金庫開業（復金インフレ誘発）	4	学校教育法による6・3・3・4制を実施
		4	独占禁止法公布		
片山 1947.5～1948.3		12	過度経済力集中排除法公布 臨時石炭鉱業管理法公布	11	共同募金始まる
				12	日本勧業銀行，宝くじ発売開始
芦田	1948 (昭和23)	6	昭和電工事件おこる	4	新制高等学校が発足
				7	国民の祝日に関する法律公布
吉田 (第2次)	1949 (昭和24)	12	経済安定九原則	5	新制大学発足
		3	ドッジ＝ライン実施	12	お年玉つき年賀はがき発売
		4	1ドル＝360円の単一為替レート		
		8	シャウプ勧告		
	1950	―	朝鮮特需おこる	1	新千円札発行

2 失業者の増大 2-① 復員および引揚げ者数

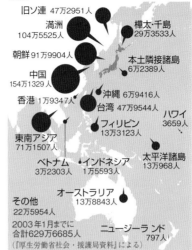

旧ソ連 47万2951人
満洲 104万5525人
樺太・千島 29万3533人
朝鮮 91万9904人
本土隣接諸島 6万2389人
中国 154万1329人
沖縄 6万9416人
香港 1万9347人
台湾 47万9544人
ハワイ 3659人
東南アジア 71万1507人
フィリピン 13万3123人
ベトナム 3万2303人
インドネシア 1万5593人
太平洋諸島 13万968人
オーストラリア 13万8843人
その他 22万5954人
ニュージーランド 797人
2003年1月までに 合計629万6685人
（『厚生労働省社会・援護局資料』による）

◀解説
終戦時，外地には軍人・軍属が約310万人，一般の日本人が約320万人居住していた。軍人・軍属が武装解除されて帰国することを復員，一般の日本人が帰国することを引揚げといっている。これらの復員業務は，1945年12月から陸軍省を廃止・改編した第一復員省，海軍省を改編した第二復員省でおこなわれ，首相が復員大臣を兼務した。復員は内地部隊は1945年10月15日に完了し，外地の310万人は1945年9月のアメリカ占領地区から始まり，ソ連・中国地区を除き48年中に完了し，56年までにはほぼ完了した。ソ連領におけるシベリア抑留では，約6万人の死者を出し，満洲からの引揚げでは中国残留孤児問題などが起こった。

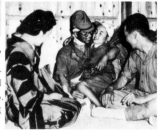

▶復員軍人が宿泊所で肉親と再会（1949年7月5日） この日，復員船で門司に着いた復員軍人は1978人であった。門司に到着後，宿泊所で肉親と対面し，喜びあっているところである。しかし，一方で多くの日本人が海外の土になったことを忘れてはならない。

3 国民生活の窮迫 3-① 1人当たりの物資供給量

	単位	戦前 (1934～36年平均)	1946	1947	1948	1949	1950
米	1人当たりg	361	254	294	287	295	302
小麦	〃	26	40	58	69	71	73
さつまいも	〃	65	131	93	130	125	93
じゃがいも	〃	11	35	41	41	42	43
味噌	〃	28	19	15	14	20	18
醤油	〃	38	20	21	24	25	32
砂糖	〃	34	2	1	14	13	9
魚介類	〃	40	26	27	27	32	40
果物	〃	56	19	24	33	36	42
鶏卵	〃	6.3	1.0	1.1	1.2	1.8	2.3
清酒	〃	31	7	7	6	6	6
衣料品	ポンド	9.4	2.0	2.1	2.3	1.9	3.9
革靴	1000人当たり足	56	27	33	33	40	28
陶磁器	kg	6.1	0.8	1.2	2.3	2.4	1.9
木炭	〃	22	16	16	16	15	15
薪	層積石	0.8	0.7	0.7	0.6	0.7	0.7
石けん	kg	1.7	0.1	0.1	0.1	0.2	0.9
鉛筆	本	6.1	3.3	3.6	4.1	4.9	4.6
新聞用紙	ポンド	9.2	2.9	2.4	2.8	3.0	3.4
国民1人当たり指数総合	戦前=100	100	57	64	67	71	80

（内野達郎『戦後日本経済史』による）

3-② 終戦直後の闇価格の暴騰

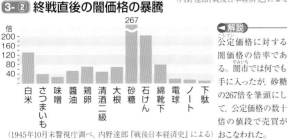

倍
267
白米 さつまいも 味噌 醤油 鶏卵 清酒二級 大根 砂糖 石けん 綿靴下 電球 ノート 下駄

◀解説
公定価格に対する闇価格の倍率である。闇市では何でも手に入ったが，砂糖の267倍を筆頭にして，公定価格の数十倍の値段で売買がおこなわれた。

（1945年10月末警視庁調べ，内野達郎『戦後日本経済史』による）

▲空襲から焼け残った国会議事堂（1945年9月23日撮影） 焼け跡に建つ国会議事堂は窮乏生活の象徴といえよう。

▲焼け跡に建てられたバラック（1945年11月） 「バラック」とは英語で粗末な仮小屋をいう。1945年10月現在，東京では60万世帯のうち，9万世帯がバラック住まいであった。

▲買い出し列車に乗る人々 農家から苦労して買うことができたさつまいもなどをリュックにつめ込み，満員の列車に乗って家へ食糧を持ち帰ろうとする人々。

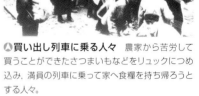

▲DDTの散布（1947年5月） 戦後の不衛生な状況で感染病も流行・拡大した。駅や街頭ではアメリカ軍が放出したDDTが散布され，シラミの駆除がおこなわれた。現在，DDTは環境ホルモンの一つとされて，その危険性が指摘されている。現在，日本では使用禁止である。

▶東京・新宿の闇市（1946年11月） 闇市では旧日本軍の隠匿物資や米軍の横流し品が売られた。高い価格ながら，金さえ出せば日用品から食糧・高級洋酒までも手に入った。

第4部 近代・現代

Answer 小麦やさつまいも，じゃがいもの1人当たりの供給量は上昇している。それらが主食の代用となっていた。

1 インフレ対策の実施

インフレーションの発生

①失業者の急増——復員や引揚げ
②食糧・日用品の不足（1945年における米の総収穫量が減少）
③通貨発行量の増大（企業へ多額の軍需補償支払い，国民の預金引出し）

⬇

金融緊急措置令（1946.2.17）

（幣原喜重郎内閣）

1. 金融機関の預金の封鎖（預金封鎖）をおこなう
2. 預金の現金引出しは世帯主1カ月300円，世帯員1人当たり100円まで
3. 3月2日限りで5円〜1000円の日銀券（旧円）の流通禁止→3月3日から新円発行（新円切り替え）

物資の生産を軌道にのせる政策をとらず，戦後補償打切りの不徹底。終戦処理費の支払いで通貨発行増加

経済安定本部の設置（1946.8.12）

終戦後の経済危機を克服するための政策を企画・立案。各省の上にあって経済行政の総合調整をおこなう。1952年，経済審議庁→1955年経済企画庁となる

傾斜生産方式（1946.12.27）

（第1次吉田茂内閣）

鉄と石炭の増産に力を入れて経済の活発化をうながす（提唱者・有沢広巳）。鋼材14万tの増産，石炭生産年3000万tを達成し，これを各重点産業に配分する

傾斜生産方式の実施政策

1. 価格差補給金　重点的に基礎物資に補給金を支給して，原価割れを防ぎ生産再開を促す
2. 復興金融金庫（復金）　石炭・鉄鋼・電力などの基幹産業を復興させるために，1947年1月に設置。「復金インフレ」を誘発

5 二・一ゼネストの中止

▲二・一ゼネストの中止を報じる新聞記事（『朝日新聞』1947年2月1日）　国家公務員を中心とする労働者は，1946年11月に全官公庁労働組合共同闘争委員会（議長伊井弥四郎）を結成し，公務員の賃上げを要求するとともに，翌47年2月1日に吉田茂内閣打倒，人民政府樹立を掲げて無期限のストをおこなうと宣言した。しかし，GHQのマッカーサーは徹底的な弾圧を表明し，ストを中止させた。議長伊井弥四郎は，ラジオで涙ながらに中止を放送した。右は共闘本部に戻って報告する伊井。

2 インフレ昂進とその対策

2-① 終戦直後の生産力

（昭和9〜11年＝100とする）

	1945	1946	1947
※実質国民総生産	‥	62	65
※1人当たり実質国民総生産	‥	55	56
※　〃　実質個人消費	‥	57	60
実質賃金（製造業）	‥	‥	30
鉱工業生産	60	31	37
（石炭生産）	78	53	71
（鋼材生産）	24	10	15
（繊維生産）	7	7	10
農業生産	60	79	76
輸出数量	‥	‥	7
輸入数量	‥	‥	4
総人口	104	109	113
卸売物価（東京）	350	1,630	4,820
消費者物価（〃）	‥	5,000	10,910
日銀券（年末）	1,805	5,488	12,889

※印は年度。その他は暦年。‥は不明　（内野達郎『戦後日本経済史』による）

3 食糧メーデーの発生

▶食糧メーデー　1946年5月19日，皇居前広場に約25万人の人々が集まって，飯米獲得人民大会が開かれた。終戦の年の農業生産は戦前の6割に落ち込み，翌47年は国民にとって「空腹の年」であり，各地に「米よこせデモ」が発生した。

◀食糧メーデーのプラカード　「詔書，国体はゴジされたぞ，朕はタラフク食ってるぞ，ナンジ人民飢えて死ね，ギョメイギョジ」と書かれている。これは不敬罪で起訴されたが，米軍の意向で名誉毀損に変更された。

2-② インフレ昂進

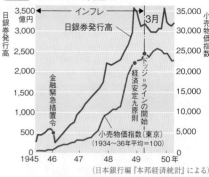

（日本銀行編『本邦経済統計』による）

△解説　終戦直後の生産力は，日中戦争勃発以前と比較すると，その落ち込みが激しい。国民総生産は6割であり，とくに鉱工業生産は3割で，繊維生産は1割にもみたない。農業生産の減少から，食糧難となった。こうしたなかで，当然物価は急騰し，インフレが昂進する。金融緊急措置令の効果は一時的であり，ドッジ＝ライン（→p.312）がインフレを収束させた。

4 金融緊急措置令と新円切換え

▶金融緊急措置令　1946年2月17日公布。旧円の預金封鎖，新円発行によってインフレを収束させる政策であった。3月3日に旧円の通用は禁止されたが，新円の印刷が間にあわず，同額の新円証書を貼って使用した。これにより一時的にインフレの進行はくいとめたが，占領経費や生産資金を新円払いとしたために，インフレは再発。48年7月，預金封鎖は解除。

▶新円証書を貼った十円札　この十円札は太平洋戦争前に発行された旧円の紙幣。右上に新円証書を貼り，流通させた。

6 片山内閣と芦田内閣

片山哲内閣	1947	4.25 第23回衆議院議員総選挙（社会143，自由131，民主124，国民協同31）
		5. 3 日本国憲法施行
		6. 1 片山哲内閣（社会・民主・国民協同の3党連立）成立
		7. 5 経済安定本部，新価格体系を発表
		8.31 労働省設置法公布，9.1 実施
		9. 5 閣議，炭鉱国家管理法案決定
		11.20 衆議院，炭鉱国家管理法案審議で混乱
		12.20 臨時石炭鉱業管理法公布（炭鉱の国家管理）
	1947.5 1948.3 1948	2.10 片山内閣総辞職
芦田均内閣		3.10 芦田均内閣成立（民主・社会・国民協同の連立維持）
		6.23 昭和電工社長日野原節三，贈賄容疑（昭和電工事件起こる）
		7.31 政令201号（国家・地方公務員の団体交渉権・ストライキ権否認）
	1948.3	10. 6 昭和電工事件で，前副総理西尾末広逮捕
	1948.10	10. 7 芦田均内閣総辞職

Question p.310 2-① の終戦直後の生産力で，石炭生産と農業生産が回復基調にある。その理由を考えてみよう。

（左欄外）第❹部　近代・現代

1 冷戦構造の成立

西側
アメリカ・西欧諸国

東側
ソ連・東欧諸国

ソ連，東欧諸国を勢力下に入れる 1944年
「鉄のカーテン」
1947年 トルーマン=ドクトリン／ソ連封じ込め
ヨーロッパ経済復興援助計画（マーシャル=プラン）
ソ連，東欧は受け入れ拒否
社会主義化
コミンフォルム結成
1947〜48年
冷戦の開始
1949年 北大西洋条約機構(NATO)設立
朝鮮戦争
ワルシャワ条約機構結成 1955年
(WTO)
冷戦の激化へ
キューバ危機など

5 冷戦下のヨーロッパ

（地図）
フィンランド
ノルウェー
スウェーデン エストニア
北海 ラトヴィア ソ連
デンマーク リトアニア
オランダ シュテッティン ベラルーシ
ドイツ ベルリン ポーランド ウクライナ
ベルギー ドイツ民主共和国
ルクセンブルク ドイツ連邦共和国
フランス チェコスロヴァキア
スイス オーストリア
トリエステ ハンガリー ルーマニア
サラィエヴォ ドナウ川 黒海
イタリア ユーゴスラヴィア ブルガリア
アルバニア
ギリシア トルコ
アテネ

□ ワルシャワ条約
機構加盟国
‥‥‥ 1933年の国境
――― 1947年の国境

◀解説 冷戦下の欧州
第二次世界大戦後，直接占領下におかれたドイツは米・英・仏・ソに分割占領され，米英仏占領地域は西ドイツに，ソ連占領地域は東ドイツとなった。ベルリンも４カ国の占領下におかれ，米英仏管理下は西ベルリン，ソ連管理下は東ベルリンとなった。ソ連軍が占領した東欧諸国は共産主義体制が強要され，東欧の共産党の連絡組織としてコミンフォルムが結成された。それに対してアメリカはトルーマン=ドクトリンとマーシャル=プランで対抗した。

成立	北大西洋条約機構 NATO 1949年	ワルシャワ条約機構 WTO 1955年
加盟国	西側の軍事同盟 アメリカ・カナダ・イギリス・フランス・ベルギー・デンマーク・イタリア・アイスランド・オランダ・ルクセンブルク・ノルウェー・ポルトガルの12カ国で発足。のちトルコ・ギリシア・西ドイツ（ドイツ連邦共和国）・スペインが加盟，冷戦終結後の99年，ポーランド・チェコ・ハンガリーが2004年にはバルト3国・スロヴァキア・スロヴェニア・ブルガリア・ルーマニアが正式に加盟し26カ国に拡大	東側の軍事同盟 ソ連・ブルガリア・チェコスロヴァキア・東ドイツ（ドイツ民主共和国）・ハンガリー・ポーランド・ルーマニア・アルバニア。中国はオブザーバー。1968年9月に，アルバニア脱退。91年には軍事的機能が停止し，7月1日解散
意図	北大西洋を囲む加盟国に攻撃があった場合に，全加盟国が軍事的に援助する	NATOに対抗して設立。加盟国に攻撃があった場合に，全加盟国が軍事的に援助する

2 チャーチル「フルトン（鉄のカーテン）」演説

いまやバルチック海のシュテッティンからアドリア海のトリエステまで，一つの鉄のカーテンがヨーロッパ大陸を横切っておろされている。このカーテンの背後には，中部及び東部ヨーロッパの古くからの首都がある。ワルシャワ，ベルリン，プラハ，ウィーン，ブタペスト，ベオグラード，ブカレスト，ソフィア，これらすべての有名な都市とその周辺の住民たちは，ソ連の勢力圏内に入っている。そして，何らかのかたちでソ連の影響をうけているのみならず，モスクワからのきわめて強力でかつ増大しつつある支配に服している。 〔若泉敬訳『世界の歴史16』中央公論社〕

△チャーチル
(1874〜1965)
1940〜45, 51〜55年, イギリスの首相。

3 アメリカの共産主義封じ込め政策 3-① トルーマン=ドクトリン

もしギリシアが武装した少数派の支配に陥るのならば，その隣国であるトルコへの影響は緊急かつ重大なものであろう。混乱と無秩序は，中東全体に波及するであろう。
さらに独立国家としてのギリシアが消滅するならば，戦争の損害を回復しつつ自国の自由と独立の維持のために大きな困難と闘っているヨーロッパ諸国に，深刻な影響を与えるであろう。世界の自由な人民は，われわれが彼らの自由を維持することに支持を与えるよう熱望している。もしわれわれがわれわれの指導性にためらいを示すならば，われわれが世界の平和を危機にさらし，われわれ自身の国家の安寧を危うくするであろうことは明らかである。 〔杉江栄一編『現代国際政治資料集』法律文化社〕

△トルーマン
(1884〜1972)
第33代アメリカ大統領。

3-② マーシャル=プラン

今後3〜4年の間に，ヨーロッパが必要とする外国――主としてアメリカ――からの食糧その他の重要物資は，ヨーロッパの現在の支払能力よりはるかに大きいので，莫大な援助を必要としている。さもなければ，重大な性格をおびた経済的・社会的・政治的退歩に直面せざるをえない。 〔山極晃訳『西洋史料集成』平凡社〕

4 ソ連の対抗――コミンフォルムの結成

この会議は，会議に参加した諸国共産党間に接触が欠けていることが現在の情勢下にあって重大な欠陥であることを表明する。かような諸国共産党間の接触の不足が誤りであり，また有害であることは経験の示すところである。諸党の経験の交換および行動の自主的調整の必要は，戦後国際情勢がますます複雑化したことに照らして，現情勢下ではとくに痛切に感じられるところである。この情勢にあっては諸国共産党間の連絡を欠くことは労働者階級にとって有害となるであろう。このような見地から，この会議に参加した諸党は以下の諸点について合意に達した。
1. ユーゴスラヴィア共産党，ブルガリア労働者党〔共産主義者〕，ルーマニア共産党，ハンガリー共産党，ポーランド労働者党，ソヴィエト同盟共産党〔ボルシェヴィキ〕，フランス共産党，チェコスロヴァキア共産党およびイタリア共産党の各代表者より成る情報局を設置すること。
2. この情報局に，相互の協定の上に立って諸国共産党の経験の交換，および必要があれば活動の調整の組織を委任すること。 〔斉藤孝『西洋史料集成』平凡社〕

6 戦後アジアの動向

△毛沢東
(1893〜1976)
1949年10月，北京の天安門楼上で，中華人民共和国の成立を宣言する。

（地図）
モンゴル国 ●ウランバートル
1924 共和国成立
1946 完全独立
1992 改称（旧モンゴル人民共和国）

中華人民共和国 ●北京
1949 成立 旅順 平壌

朝鮮民主主義人民共和国 1948
大韓民国 1948 ●ソウル 日本 ●東京
1953 青島 大阪
ラオス人民民主共和国 釜山
1949 ラオス王国
1953 ●上海
カンボジア王国 重慶
1949 王国として独立（シアヌーク国王）
1976 民主カンプチア成立（ポル=ポト政権）
昆明 広州 厦門
台湾（中華民国政府）
ミャンマー連邦 ●台北
1948 独立 香港（英→1997返還）
1962 ネ=ウィン政権 マカオ
（社会主義化） （ポ→1999返還）
1989 ミャンマー ハノイ 沖縄
連邦と改称 ●ヴィエンチャン フィリピン共和国
ヤンゴン タイ王国 ●マニラ 1946 完全独立
（ラングーン）●バンコク 1965 マルコス政権
●プノンペン 1986 アキノ政権
ベトナム
社会主義共和国 1976
△李承晩(1875〜1965) 朝鮮王朝（李朝）

△李承晩(1875〜1965)
末期の改革運動に参加。三・一独立運動の際，上海に大韓民国臨時政府を樹立。1948年大韓民国の初代大統領となる。

△金日成(1912〜94)
1930年代から中国・朝鮮国境地帯で抗日ゲリラをおこなったとされる。ソ連に擁立されて朝鮮民主主義人民共和国の首相となる。

中国農民の強い支持をうけた中国共産党は国民党軍を打ちやぶり，1949年10月，毛沢東を国家主席，周恩来を首相とする中華人民共和国の成立を宣言した。翌50年2月，ソ連と中ソ友好同盟相互援助条約を調印し，東側陣営に入った。国民党の蔣介石は台湾にのがれ，中華民国政府を維持した。

Answer 石炭生産は傾斜生産方式により援助されつつあり，農業は農地改革によって自作農が増えて生産力が上昇しつつあった。

1 占領政策の推移

第4部 近代・現代

2 占領政策の転換と日本経済の自立

2-① 経済自立への道

占領政策転換の背景

- 国際関係 — 冷戦構造のアジア波及
  大韓民国・朝鮮民主主義人民共和国の成立（1948）
  中華人民共和国の成立（1949）
- 国内状況 — インフレ助長，不健全な日本経済
  日本政府の補助金拡大 — 復興金融金庫・価格差補給金
  アメリカ政府の経済支援 — ガリオア（占領地行政救済資金）・エロア（占領地域経済復興援助資金）

↓

経済安定9原則（1948.12）の指令

目的 日本経済の自立化と悪性インフレの鎮静

①経費節減・財政の均衡
②徴税計画の改善強化
③融資の制限
④賃金の安定
⑤物価統制の強化
⑥貿易・為替管理の改善
⑦輸出の振興
⑧重要国産原料・製品の増産
⑨食糧集荷計画の改善

ドッジ＝ライン（1949.3）

①赤字のない超緊縮予算作成
②1ドル＝360円の単一為替レートの設定など

シャウプ勧告（1949.9）

①直接税中心主義
②累進課税制
③地方税を独立税とする
④地方平衡交付金制度

↓

経済復興政策の結果

①超均衡予算によってインフレ収束（ドッジ＝デフレ），統制経済からの解放，闇市場の消滅
②ドッジ不況（安定恐慌）によって，行政整理，中小企業の倒産，企業合理化，大量解雇，失業者の増大
③単一為替レートによって，円の国際経済への復帰
④シャウプ勧告によって，戦後税制の基本的制度確立
⑤労働運動の激化と抑圧

2-② 商品別商品為替レートの例

輸出品	為替レート	輸入品	為替レート
綿織物	240～480円	綿花（輸出用）	250円
絹織物	315	羊毛	120～140
生糸	420	鉄鉱石	125
缶詰	300	強度結炭	178
茶	330	小麦	165
鋼船	500	砂糖	177
ラジオセット	550	生ゴム	154
自動車タイヤ	570	原皮	120
板ガラス・陶磁器	600	石炭	178～267
皮革類	580		（1ドル当たり）

（経済企画庁編『現代日本経済の展開』）

解説 商品によって，為替レートは異なっていた。輸出品のレートは円安，輸入品のレートは円高に設定されていた。

◁1ドル＝360円の単一為替レートを伝える新聞記事（『朝日新聞』1949年4月23日号外）1ドル＝360円は経済発展に絶妙の設定だった。

一ドル三百六十圓 総司令部指令 あすから実施

3 ドッジとシャウプの来日

増田甲子七官房長官
池田勇人蔵相
デトロイト銀行頭取ドッジ

◁ドッジの来日（1949年2月）「日本経済は，アメリカの援助と日本政府の補助金という二本の足に乗った竹馬」であるといって，日本経済の自立を促した。

▷シャウプ使節団 シャウプ博士を中心とする財政・税制の専門家7人は，直接税中心主義に切り換え，累進課税で公平感を広げ，永続的な日本税制を提案した。

4 ドッジ不況下の社会不安

◁中小企業危機突破国民大会（1950年3月，東京）ドッジ不況下におけるデフレによって，国内は恐慌状態となった。企業の倒産があいつぎ，大量の失業者を生み出した。とくに，中小企業は悲惨な状況であった。

4-① 下山・三鷹・松川事件

▷下山事件 1949年7月5日，国鉄総裁下山定則が行方不明となり，翌日，東京・常磐線の北千住・綾瀬間で轢死体となって発見された。政府は他殺説をとり，大量の人員整理に反対する国鉄労組を弾圧した。

▷三鷹事件 1949年7月15日夜，東京の国電三鷹駅で，車庫から無人電車が暴走し，民家まで飛び込んだ。国鉄労組組合員らによるものとされた。

▷松川事件 1949年8月17日，東北本線松川駅（福島県）付近で列車の転覆事件が起きた。労働組合員や共産党員らが逮捕されたが，1963年に全員無罪を勝ちとった。小説家の広津和郎らが支援した。

Question p.313 4-①の特需景気の内容をみると，物資調達よりサービスが多いことがわかる。これから特需景気の特徴を考えよう。

詳日 第16章2 p.335〜336

1 朝鮮戦争関係年表

1950 (昭和25)	6.25	北朝鮮軍, 北緯38度線を越え, 韓国に突然侵攻(朝鮮戦争勃発)
	6.28	北朝鮮軍, ソウル占領
	7.7	国連安全保障理事会(ソ連欠席), 国連軍指揮決定
	8.18	韓国政府, 釜山に臨時遷都
	9.15	国連軍, 仁川に逆上陸
	9.26	国連軍, ソウルを奪回
	10.20	国連軍, 平壌を占領し, 鴨緑江に迫る
	10.25	中国軍, 人民義勇軍の名目で参戦
	12.5	北朝鮮・中国軍, 平壌奪回
1951 (昭和26)	1.4	北朝鮮・中国軍, ソウル突入(3月7日占領)
	3.17	国連軍, ソウル再奪回
	4.11	国連軍最高司令官マッカーサーを大統領トルーマンが解任
	6.6	戦線が北緯38度線でほぼ膠着
	7.10	開城で休戦会談開始(10月, 板門店で再開)
1953	7.27	板門店で朝鮮休戦協定調印

▶38度線 38度線は朝鮮戦争の象徴である。ここを境界として国連軍と北朝鮮・中国軍との一進一退が繰り返された。1951年6月頃には戦線がこの北緯38度線付近で膠着した。

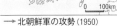

1-① 朝鮮戦争の経緯

❶1950年9月14日
中華人民共和国
朝鮮民主主義人民共和国
ピョンヤン
元山
板門店
仁川
ソウル 50.6.28占領
大韓民国
大邱
釜山
北朝鮮軍最南進戦線 1950.8
38°
→ 北朝鮮軍の攻勢(1950)

❷1950年11月26日
国連軍最北進戦線 1950.11
清津
ピョンヤン
元山
板門店
仁川
ソウル 奪回50.9.26
大邱
釜山
→ 国連軍の反攻(1950)

❸1951年6月24日以降
0 100km
ピョンヤン
元山
停戦ライン 1953.7
板門店
仁川
ソウル
人民義勇軍の最南下線 1951.3
大邱
釜山
→ 人民義勇軍の攻勢(1951)
→ 国連軍の攻勢(1951〜)

▲解説 1950年6月25日, 北朝鮮は突然38度線を越えて南下し, 朝鮮戦争が勃発した。北朝鮮の金日成首相がソ連のスターリンの承諾をうけたとされる。アメリカ軍を中心とした国連軍の参戦, 中国の人民義勇軍参戦, ソ連の北朝鮮援助と, 戦況はめまぐるしい展開をみせた。まさに冷戦構造のなかでおこなわれた戦争であった。

▶朝鮮戦争での休戦協定の調印 1951年7月10日, 開城で始まった休戦会談は中断し, 南北軍事境界線上の板門店で再開された。1953年7月27日, 国連軍首席代表ハリソン中将と北朝鮮首席代表南日大将が休戦協定に調印した。

1-② 戦争による死傷者(推定)

北朝鮮
軍死傷者 52万人
民間死傷者 200万人

中国
軍死傷者 90万人

韓国
死者・行方不明者 76万人
負傷者 23万人

アメリカ
軍戦死者 3万3629人
軍負傷者 10万3284人

『日本歴史大系による』

2 警察予備隊から自衛隊へ

警察力増強を指令
— マ元帥, 政府へ書簡 —

▲警察予備隊新設を報じる新聞記事(『朝日新聞』1950年7月9日) 1950年6月, 朝鮮戦争が始まると, 在日米軍は朝鮮半島へ出動した。その軍事的空白を補うため, マッカーサーは吉田首相へ書簡を送り, 警察予備隊の新設を指令した。

予備隊七萬五千名 政府直属で新設

2-① 警察予備隊から自衛隊への流れ

	1950.8 (昭和25)	警察予備隊令公布 警察予備隊 定員7万5000人
第3次吉田内閣	1952.4 (昭和27)	海上警備隊 海上保安庁内に設置
	1952.8	保安庁設置 保安庁 警備隊←海上警備隊 保安隊(10月)←警察予備隊
第5次吉田内閣	1954.3	MSA協定─防衛力の充実
	1954.6 (昭和29)	防衛庁設置法・自衛隊法公布 防衛庁・自衛隊(7月発足) 陸上─13万人, 海上─1万5000人, 航空─6000人

◀解説 1950年8月に警察予備隊が新設され, 講和条約発効後の保安庁法に基づき1952年10月保安隊が発足した。警備隊とともに保安庁長官の下におかれた。吉田茂首相は発足時の訓示で, 保安隊を新国家の土台と位置づけた。1954年7月, 防衛庁の下に陸上・海上・航空の3自衛隊が発足した。装備・組織ともにアメリカに依存した。

▲警察予備隊の創設 1950年8月10日, 警察予備隊令がマッカーサー指令として公布され, 即日施行。8月23日には, 第1陣約7000人が入隊した。

3 労働運動の抑圧と共産主義の追放

3-① 労働運動の抑圧 (レッドパージ)

1947	2.1	二・一ゼネスト計画中止
1948	7.31	政令201号。公務員の争議行為を禁止など
1949 (昭和24)	6.1	日本国有鉄道(国鉄)・日本専売公社が発足
	7.4	国鉄, 第1次人員整理3万7000人の通告を開始
	7.5	下山事件(下山定則国鉄総裁, 轢死体で発見)
	7.12	国鉄, 第2次人員整理6万3000人の通告を開始
	7.15	三鷹事件(三鷹駅で無人電車が暴走, 6人死亡《共産党ら10人逮捕, 9人無罪》)
	8.17	松川事件(松川駅《福島県》付近で列車が転覆, 3人死亡《日本共産党ら20人逮捕,全員無罪》)
1950 (昭和25)	6.25	朝鮮戦争始まる
	7.11	反共の日本労働組合総評議会(総評)結成
	7.28	レッドパージ始まる

3-② レッドパージ(1950年)
(講談社『昭和2万日の全記録第9巻』による)

民間産業			民間産業		
新聞放送	704人		木材	11人	
電力	2137		銀行	20	
映画	113		生保	19	
日通	515		計	1万0972	
石炭	2020		国警	2人	
金属鉱山	302		電波管理	6	
石油	91		調達庁	2	
私鉄	525		法務府	2	
車両	94		大蔵	35	
造船	601		厚生	7	
鉄鋼	1002		農林	201	
自動車	147		通産	45	
印刷出版	160		郵政	118	
電工	381		電通	217	
化学	1410		労働・建設	7	
機器	438		運輸	22	
電線	31		専売	43	
非鉄金属	46		国鉄	467	
食糧	15		公団	3	
繊維	144		海保庁	19	
医療	46		計	1196	

(民間産業/各官庁・公共企業体)

4 経済の復興・特需ブーム

4-① 特需景気の内容(1950.6〜55.6)

	物 資			サービス	
1	兵 器	14,849	建物の建設	10,764	
2	石 炭	10,438	自動車修理	8,304	
3	麻 袋	3,370	荷役・倉庫	7,592	
4	自動車部品	3,111	電信・電話	7,121	
5	綿 布	2,957	機械修理	4,822	

(単位:万ドル, 三和良一『近現代日本経済史要覧』による)

▲朝鮮特需・兵器生産にはげむ女性工員 ドッジ不況に陥っていた日本は, 朝鮮特需によって好況となり, 1951年の鉱工業生産は戦前の水準にまで回復した。

Answer 日本の労働力需要を増加させ, ドッジ=ラインによる多数の失業者を吸収し, 経済の回復を加速させた。

1 戦後の日韓・日朝関係史年表

年	月	事項
1945	9	日本の植民地から解放，米ソの南北分割管理下におかれる
1948（昭和23）	8	大韓民国成立（大統領李承晩）
	9	朝鮮民主主義人民共和国成立（首相金日成）
1950	6	朝鮮戦争始まる→p.313
1953	7	朝鮮戦争休戦協定調印，10 米韓相互防衛条約
1961	5	韓国，朴正煕クーデタ
1965	6	日韓基本条約調印（12 発効）
1972	7	自主的平和統一をうたった南北共同声明発表
1973	8	金大中事件（KCIAによる拉致事件）
1979	10	朴大統領暗殺，全斗煥大統領に就任（80.8）
1983	11	第18富士山丸事件発生（北朝鮮による日本船拿捕事件）
1984	9	全斗煥大統領，元首として初訪日，日韓共同声明
1987（昭和62）	11	ビルマ上空で大韓航空機行方不明
	12	韓国盧泰愚，大統領に就任（16年ぶりの選挙で民主化進む）
1988	9	ソウルオリンピック，竹下登首相，開会式に出席
1990（平成2）	5	盧泰愚大統領訪日，初の国会演説
	9	自民・社会両党の北朝鮮訪問代表団，植民地支配を謝罪，国交正常化へ始動
1991	9	国連に南北同時加盟
1992	1	南北，朝鮮半島の非核化に関する共同宣言調印
1994（平成6）	6	北朝鮮，国際原子力機関脱退　7 金日成主席死去
	10	ジュネーヴ協定（北朝鮮，核開発の凍結で米朝合意）
1997	10	北朝鮮，金正日が労働党総書記に就任
1998（平成10）	8	北朝鮮，中距離弾道ミサイルテポドン1号発射
	10	韓国金大中大統領来日。韓国，日本の大衆文化開放へ
2000	6	初の南北首脳会談
2002（平成14）	6	日韓共催のFIFAサッカー・ワールドカップ開催。9 小泉純一郎首相，日本の首相としてはじめて訪朝，日朝平壌宣言。北朝鮮が日本人拉致事件認める。10 5人の拉致被害者帰国
2003		
2004	2	韓国，盧武鉉大統領が就任，「太陽政策」を継続。8 6カ国協議開始
2006（平成18）	10	拉致被害者5人の家族，日本に帰国。日朝正常化交渉，再開へ
	7	北朝鮮，テポドン2号を含むミサイル発射実験
	10	北朝鮮，地下核実験を強行　11 6カ国協議再開
2008	10	アメリカは北朝鮮のテロ支援国家指定を解除

2 朝鮮半島の南北分断

非武装地帯

韓国側

△**韓国・北朝鮮の国境地帯**　1945年8月15日，朝鮮は日本の植民地支配から解放されたが，北緯38度線の北側はソ連軍，南側は米軍の占領下に入った。朝鮮の南北分断を決定的にしたのは，1948年5月10日に実施された南朝鮮地域だけの単独選挙，それに基づく同年8月15日の大韓民国の成立，9月8日の朝鮮民主主義人民共和国の成立であった。

➡**解説**　竹島は，もともと江戸時代から日本の漁民が漁業の根拠地にしていた島である。1905年，日本政府は閣議で日本領に編入した。しかし，1952年，韓国は「李承晩ライン」を設け，54年6月，「独島義勇軍守備隊」が上陸して占拠，その後も警備隊による占領によって，韓国が実効支配している。

3 竹島問題

3-① 竹島問題関連図

大韓民国
日本が主張する国境線
ウルルン島 鬱陵島
竹島
李承晩ライン（1952〜65年）
釜山
隠岐
日本海
対馬
北九州
壱岐

3-② 竹島問題の経緯

17世紀以来	日本人渡航し，漁業をおこなう
1905	日本，閣議で島根県に編入を決定
1946（昭和21）	連合国軍総司令部（GHQ）の覚書によって，竹島は日本から分離（日本は，GHQの覚書は暫定的なものとして，領有権を主張）
1952（昭和27）	韓国が「李承晩ライン」を引き，竹島を韓国領とする
1954	韓国の警備隊が常駐，占拠
1965	日韓基本条約調印。李承晩ライン撤廃
1999（平成11）	日韓新漁業協定，竹島付近を暫定水域として，共同で資源管理
2004（平成16）	韓国が竹島の自然をモチーフにした切手を発行。それに対し日本が抗議

4 日韓基本条約

➡**解説**　韓国との国交正常化

正式には「日本国と大韓民国との間の基本関係に関する条約」という。1951年からの日韓会談は決裂を繰り返したが，佐藤栄作内閣と朴正煕政権との間で結ばれた。前文及び7カ条からなる。南の大韓民国を唯一の合法政府と認め，国交正常化をはかった。同時に，在日韓国人の法的地位，漁業，請求権・経済協力，文化協力など4つの協定が成立した。

日韓基本条約　一九六五年六月二十二日調印

第一条【外交及び領事関係】　両締約国間に外交関係が開設される。両締約国は，大使の資格を有する外交使節を遅滞なく交換するものとする。また，両締約国は両国政府により合意される場所に領事館を設置する。

第二条【旧条約の効力】　一九一〇年八月二十二日以前に大日本帝国と大韓帝国との間で締結されたすべての条約及び協定は，もはや無効であることが確認される。

第三条【韓国政府の地位】　大韓民国政府は，国際連合総会決議第一九五号（Ⅲ）に明らかに示されているとおりの朝鮮にある唯一の合法的な政府であることが確認される。

（『日本外交主要文書・年表』）

5 韓国と北朝鮮

5-① 南北朝鮮の国力比較

朝鮮民主主義人民共和国	項目	大韓民国
2578万人（2020）	人口	5127万人（2020）
642ドル（2019）	1人当たりGNI	32,422ドル（2019）
2億8000万ドル（2020）	輸出額	5126億ドル（2020）
128万人（2021）	兵力	60万人（2021）

『世界国勢図会』

5-② 南北共同宣言

南北共同宣言のおもな内容（2000.6）

- 南北は統一問題を自主的に解決
- 朝鮮戦争による離散家族の相互訪問
- 社会・文化・体育などの分野で協力と交流を活性化
- 早期の当局者対話（金正日総書記が韓国を訪問）

△**南北首脳会談**　北朝鮮の金正日（左）と韓国の金大中（右）。

6 日本と北朝鮮

△**日朝首脳会談**（2002年9月17日）　小泉首相と金正日総書記の間で「日朝平壌宣言」が調印された。しかし，拉致問題・核問題のために日朝国交正常化は進展していない。

6-① 日朝平壌宣言

日朝平壌宣言　二〇〇二年九月十七日

1. 日朝国交正常化交渉を再開する
2. 植民地支配について反省と謝罪をおこない，経済協力の協議，財産請求権を放棄する
3. 日朝相互の安全を保障
4. 核問題・ミサイル問題の解決の必要性を確認し，北朝鮮のミサイル発射中断を延長

6-② 6カ国協議

△**6カ国協議**　日本・韓国・北朝鮮・中国・米国・ロシアによる6カ国協議の最大の課題は，北朝鮮の安定による北東アジア地域全体の安定化ということである。そのためには北朝鮮による核開発の停止が大前提であり，その後，北朝鮮への経済援助問題がくる。

6-③ 核・ミサイル問題

米，安保理に制裁案
北朝鮮が核実験
首相「重大な脅威」

北朝鮮ミサイル発射
6発日本海に着弾
テポドン2失敗

△**核ミサイル関連の新聞記事**（『朝日新聞』〈上〉2006年7月5日，〈左〉2006年10月10日）　北朝鮮は2006年7月にミサイルを発射し，また，10月に地下核実験をおこなうなどの外交路線をとっている。

Question p.315 1-② について，なぜ右派社会党は平和条約には賛成したのだろうか。

第4部　近代・現代

詳日 第16章 2 p.336～337

1 サンフランシスコ平和条約の調印

1-① サンフランシスコ平和条約

要点

1. 日本と各連合国との間の戦争状態は、この条約発効の日（1952.4.28）に終わる
2. 日本は、朝鮮・台湾・澎湖諸島・千島列島・樺太の一部およびこれに近接する諸島に対するすべての権利・権原・請求権を放棄する
3. 日本は、北緯29度以南の南西諸島・小笠原群島・沖の鳥島・南鳥島をアメリカを唯一の施政権者とする信託統治制度の下におくことに同意する
4. 連合国のすべての占領軍は、条約発効後90日以内に日本から撤退する
5. 日本と他の国の条約が結ばれた結果として日本に外国軍隊が駐留できる

1951年9月8日調印、52年4月28日発効

日本との調印国（48カ国）

アルゼンチン、オーストラリア、ベルギー、ボリビア、ブラジル、カンボジア、カナダ、セイロン（現、スリランカ）、チリ、コロンビア、コスタリカ、キューバ、ドミニカ、エクアドル、エジプト、エルサルバドル、エチオピア、フランス、グアテマラ、ギリシア、ハイチ、ホンジュラス、インドネシア、イラク、イラン、ラオス、リベリア、レバノン、ルクセンブルク、メキシコ、オランダ、ニュージーランド、ニカラグア、ノルウェー、パキスタン、パナマ、パラグアイ、ペルー、フィリピン、サウジアラビア、シリア、トルコ、南アフリカ連邦（現、南アフリカ共和国）、イギリス、アメリカ、ウルグアイ、ベネズエラ、ベトナム（条約の署名国順）

調印拒否国（3カ国）

ソ連（現、ロシア）、ポーランド（1957年国交回復協定）、チェコスロヴァキア（1957年国交回復。現在はチェコとスロヴァキアに分かれている）

会議不参加国（3カ国）

インド（1952年日印平和条約）、ビルマ（1954年日本・ビルマ平和条約、現、ミャンマー）、ユーゴスラヴィア（1952年国交回復、現、セルビア・モンテネグロ）

会議に招かれなかった国

中華人民共和国（1978年日中平和友好条約）、中華民国（*台湾、1952年日華平和条約、1972年失効）

▲サンフランシスコ平和条約に調印する吉田茂首相（1951年9月8日）　平和重視の調印式で、日本の主席全権吉田茂首相が調印国の最後に署名した。右から2人目が池田勇人蔵相。

▲吉田首相の非難に激怒する東大の南原繁総長（那須良輔筆）　講和をめぐり、交戦国すべてと講和する「全面講和論」と、西側陣営とのみ講和する「単独講和論」に国論は分かれていた。吉田首相は国際情勢からみて不可能な「全面講和」を主張する南原繁を、「曲学阿世の徒」と非難した。

1-② 衆議院での平和条約・安保条約の批准投票結果

党派名	平和条約		安保条約	
	賛成	反対	賛成	反対
自由党	221	0	234	0
国民民主党	49	3	44	4
右派社会党	24	0	0	23
左派社会党	0	16	0	16
日本共産党	0	22	0	22
その他	13	6	11	6
計	307	47	289	71

1-③ 左・右社会党の分裂

1951.10 分裂 → 左派社会党（鈴木茂三郎）
日本社会党（片山哲）
→ 右派社会党（浅沼→河上丈太郎）
1955.10 統一 → 日本社会党（鈴木茂三郎）

◀解説▶
日本社会党は平和条約を批准する国会で党内対立が激化した。左の表のように平和条約に反対する左派社会党と、賛成する右派社会党に分裂した。日米安保条約には左派・右派とも反対した。

2 日本の領土

- --- サンフランシスコ平和条約による日本の領域
- □ 太平洋戦争前の日本領
- ■ 他国と係争のある地域

カムチャツカ半島
ソ連
樺太
占守島
千島列島
国後島
択捉島
色丹島
歯舞群島
北方領土問題
中華人民共和国
朝鮮民主主義人民共和国
大韓民国
竹島
済州島
奄美諸島
日本
伊豆諸島
八丈島
鳥島
1968 小笠原復帰
1953 奄美諸島返還
奄美大島
尖閣諸島
沖縄
琉球諸島
北大東島
南大東島
南鳥島
小笠原諸島
硫黄列島
硫黄島 1968返還
沖大東島
北回帰線
台湾（国民政府）
1972 沖縄復帰
沖の鳥島
1968返還
フィリピン共和国
0　500km　マリアナ諸島

▲解説　サンフランシスコ平和条約によって、日本は朝鮮・台湾・南樺太・千島列島などの領土と南洋諸島の統治権を放棄した。また、奄美諸島・琉球諸島・小笠原諸島がアメリカを単独施政権者とする信託統治下に入ることを認めたが、アメリカはそれを国連に提案せず、施政権下においた。

4 アメリカ軍の日本駐留

◀解説▶　平和条約と同じ日に、日米安全保障条約が調印され、翌1952年2月、日米行政協定が締結された。その結果、日本は米軍の駐留権を認め、米駐留軍の費用を分担するなど、広範な協力を義務づけられた。また、駐留軍将兵の公務執行中の犯罪には、事実上の治外法権を認めるなどの特権を与えた。

3 日米安全保障条約と日米行政協定

日米安全保障条約
（1951年9月8日調印、1952年4月28日発効）前文と5カ条

内容
①第1条　米軍を日本国内およびその付近に配備することを日本は許与する。米軍は極東（東アジア・東南アジアをさす）における国際の平和と安全の維持に寄与し、日本国における大規模な内乱および騒じょうを鎮圧するため、外部からの武力攻撃に対する日本国の安全に寄与するためなどに使用される
②第3条　米軍の日本国内およびその付近における配備を規律する条件は、両政府間の行政協定で決定する

日米行政協定（1952年2月調印。4月発効）前文と29カ条

内容
①米軍への施設・区域の無償提供
②米軍によるその使用・運営・防衛の権利を承認
③米軍人とその家族は刑事裁判上の特権を持つ
④防衛分担金を負担する

横田（極東陸軍司令部）
立川
市ヶ谷（在日米軍司令部）
座間
上瀬谷
厚木
横須賀（極東海軍司令部）
千歳
三沢
松ヶ崎
仙台
キャンプ・コートニー
キャンプ・ハンセン
キャンプ・シュワブ
佐世保
板付
美保
小倉
岩国
伊丹
小牧
トリイ
瑞慶覧
嘉手納
熊本
別府
富士山麓
普天間
沖縄

▲ 飛行場
■ 軍港
● その他

0　20km
1953年時点

5 アジア諸国への賠償
（外務省資料による）

支払いの区分	国	国交回復年	供与期間	金額（億円）
賠償	フィリピン	1956	1956.7～76.7	1902
	（南）ベトナム	1959	1960.1～65.1	140.4
	インドネシア	1958	1958.4～70.4	803.1
	ビルマ（ミャンマー）	1965	1955.4～65.4	720
	合計			3565.5
経済技術協力協定等無償援助	ラオス	1958	1959.1～65.1	10
	カンボジア	1959	1959.7～66.7	15
	タイ	1962	1962.5～69.5	96
	ビルマ（ミャンマー）	1965	1965.4～77.4	473.4
	韓国	1965	1965.12～75.12	1020.9
	マレーシア	1967	1968.5～72.5	29.4
	シンガポール	1967	1968.5～72.3	29.4
	ミクロネシア	1969	1972.5～76.10	18
	合計			1692.1
総合計				5257.6

賠償請求を放棄した国

アメリカ・イギリス・インド・オーストラリア・オランダ・ソ連・中華人民共和国・中華民国（台湾）

▲解説　平和条約によって日本は交戦国の戦争被害に対して賠償の義務が定められた（青字はサンフランシスコ平和条約により、日本が賠償支払い義務を持つ国々である）。冷戦激化の情勢に応じて、アメリカをはじめ連合国側の多くの国が賠償請求権を放棄した。賠償支払いは現金だけでなく建設工事や物資提供の形をとったため、日本の経済発展により東南アジア進出の足がかりとなった。

Answer 自由主義的考え方に同調できる社会民主主義的な考え方をもち、単独講和であっても早期の国際社会復帰をのぞんでいたから。

1 占領期の学問と文学

	アメリカ文化の流入 2	ダンスホール，英会話の流行，アメリカ映画
従来の価値観・権威の否定　個人の解放	新聞・雑誌の復活・創刊 3	『中央公論』復刊，『世界』(岩波書店)，『展望』(筑摩書房)，『思想の科学』(思想の科学研究会)創刊
	人文・社会・自然科学の発展 4	丸山真男の政治学 大塚久雄の経済史学 川島武宜の法社会学 湯川秀樹のノーベル物理学賞受賞(1949)
	学問・芸術の奨励	文化勲章の復活(1946) 5 日本学術会議の設立(1949) 文化財保護法公布(1950)
	戦争体験の記録	大岡昇平『俘虜記』(1948) 野間宏『真空地帯』(1952)
	文学 6　無頼派の文学	坂口安吾『堕落論』『白痴』(1946)，太宰治『斜陽』(1947)，織田作之助『夫婦善哉』(1940)
	その他	石坂洋次郎『青い山脈』(1947) 三島由紀夫『仮面の告白』(1949)

2 アメリカ文化の流入

▲映画「風と共に去りぬ」ポスター

▲解説 映画「風と共に去りぬ」は，日本で日中戦争が泥沼化してきた1939(昭和14)年につくられた，映画原作料5万ドル，制作費600万ドル，総天然色で上映時間4時間の大長編映画であった。貧しい当時の日本映画界にとっては想像を絶する映画であった。日本軍占領下のシンガポールでイギリス軍から接収したこの映画をみた日本の映画監督小津安二郎は，太平洋戦争には勝利できないと思ったという。

3 雑誌の創刊

▲『展望』　　▲『世界』　　▲『思想の科学』

▲解説 『展望』は筑摩書房から，『世界』は岩波書店から，ともに1946年1月に発刊された総合雑誌である。『思想の科学』は46年5月，武谷三男・武田清子・都留重人・鶴見和子・鶴見俊輔・丸山真男・渡辺慧の7人の同人により発刊。

4 人文・社会・自然科学の発展

▲湯川秀樹
(1907〜81)
太平洋戦争前の1935年に中間子の存在を予言したことで1949年に日本人として最初のノーベル物理学賞を受賞。その後，核兵器廃絶をめざすラッセル＝アインシュタイン宣言の共同署名者となる。

▲川島武宜
(1909〜92)
法社会学者。『日本社会の家族的構成』で，近代市民社会と対比させた日本社会の歴史的特性を考察した。民法改正をはじめとする戦後改革を思想的にリードした1人である。

▲丸山真男
(1914〜96)
政治学者。『超国家主義の論理と心理』で，日本的ファシズムの特性を考察した。講和問題や「逆コース」(民主化・非軍事化に逆行する動き)のなかで，民主主義の社会的定着に貢献した。

▲大塚久雄
(1907〜96)
西洋経済史学者。『近代欧州経済史序説』で，資本主義発展の特徴を考察した。マックス・ウェーバーの影響を受けつつアカデミックな立場からの歴史分析は「大塚史学」とよばれた。

5 文化勲章

1回(1937)

長岡半太郎(物理学)	本多光太郎(物理学)	木村栄(天文学)
佐佐木信綱(国文学)	幸田露伴(文学)	岡田三郎助(洋画)
竹内栖鳳(日本画)	横山大観(日本画)	藤島武二(洋画)

2回(1940)

高木貞治(数学)	西田幾多郎(哲学)	川合玉堂(日本画)
佐々木隆興(医学)		

3回(1943)

伊東忠太(建築学)	鈴木梅太郎(生物化学)	朝比奈泰彦(薬学)
湯川秀樹(物理学)	徳富蘇峰(評論・歴史)	三宅雪嶺(社会思想)
和田英作(洋画)		

4回(1944)

田中館愛橘(物理学)	岡部金治郎(電気工学)	志賀潔(細菌学)
稲田竜吉(医学)	狩野直喜(漢学)	楠楠順次郎(仏教学)

5回(1946)

中田薫(法制史学)	宮部金吾(植物学)	俵国一(金属学)
仁科芳雄(原子物理学)	梅若万三郎(能楽)	岩波茂雄(出版)

6 文学の動向

▲坂口安吾
(1906〜55)　太宰治らとともに無頼派の1人。代表作『堕落論』『白痴』。

▲太宰治
(1909〜48)　生活や人生の苦悩を訴える私小説を書く。『斜陽』は代表作。

▲大岡昇平
(1909〜88)　フィリピンのミンドロ島の戦いから帰還。その体験が『俘虜記』。

▲三島由紀夫
(1925〜70)　自伝的な『仮面の告白』が出世作。『潮騒』『金閣寺』がある。

▲野間宏
(1915〜91)　『真空地帯』で日本軍の非人間性を活写した。

金閣炎上

1950年7月2日午前3時頃，京都・鹿苑寺金閣から出火，3層の金閣は内部に安置してあった国宝の足利義満像とともに全焼した。警察は鹿苑寺の徒弟，林養賢を放火の疑いでその日のうちに逮捕した。1398(応永5)年の完成以来3回にわたる大修理によって室町の美を伝えていた金閣は，灰燼に帰した。1950年5月に成立した文化財保護法違反事件第1号となった。この青年僧による金閣放火事件に取材して，三島由紀夫は名作『金閣寺』を発表した。

▲燃えさかる金閣 (『京都新聞』1950年7月3日)

Question p.317 6 を参考に，日本最初のプロ野球のナイターを見た当時の日本人の気持を考えてみよう。

第4部 近代・現代

詳日 第16章2 p.338

1 占領期の大衆文化

映画	1949	「青い山脈」(今井正)
		「晩春」(小津安二郎)
	1950	「羅生門」(黒澤明)
	1952	「西鶴一代女」(溝口健二)
	1953	「雨月物語」(溝口健二)
	1954	「七人の侍」(黒澤明)
歌謡曲	1945	「リンゴの歌」(並木路子)
	1947	「東京ブギウギ」(笠置シヅ子)
	1949	「悲しき口笛」(美空ひばり)
ラジオ	1951	民間ラジオ放送の開始
	1953	ドラマ「君の名は」始まる
漫画	1946	「サザエさん」(長谷川町子)，『夕刊フクニチ』に連載開始
	1951	「アトム大使」(手塚治虫)，『少年』に連載開始(翌年「鉄腕アトム」と改称)

3 歌謡曲

▶「リンゴの歌」の楽譜 1945年10月に公開された，松竹映画「そよかぜ」の挿入歌が「リンゴの歌」(サトウ・ハチロー作詞，万城目正作曲)である。敗戦の暗い世相に打ちひしがれた人々に，明るくさわやかな歌声がしみ渡り，爆発的なヒットとなった。

▶美空ひばり(1937〜89) 3歳の頃から流行歌好きの母が聞くレコードを聞き覚える才能をみせた。1948年，NHK素人のど自慢大会に応募したが，あまりにうますぎて不合格になったという。1948年5月1日，10歳で横浜国際劇場でデビュー，喝采をうけた。同年にコロムビアからレコードデビュー，映画「悲しき口笛」に出演し，スター街道をばく進した。

▲NHK素人のど自慢大会 1946年1月19日から，NHKラジオが「のど自慢大会」の放送を始めた。戦後の文化開放を示すラジオ番組として，人気を博した。

2 映画

◀黒澤明(1910〜98) 1943年に「姿三四郎」で監督デビュー。戦後，1951年「羅生門」でヴェネツィア国際映画祭金獅子賞を受賞し，世界の映画界の巨匠の1人となる。52年「生きる」，1954年「七人の侍」などを製作。

▲「七人の侍」 戦国時代の貧しい村を七人の侍が守る話。ダイナミックなアクションと真摯な人間の生き様が描かれている。
©1954 TOHO CO.,LTD

▲「羅生門」 芥川龍之介の小説『藪の中』などをもとにした作品。日本での封切りはあまり芳しいものではなかった。
©1950 角川映画

4 ラジオ

◀「君の名は」 菊田一夫原作のNHKラジオドラマ(1952年4月10日〜54年4月8日)の映画化。空襲警報下の東京・数寄屋橋で知り合った若い男女の運命を描いて，記録的な大ヒットとなった。

▶「ゴジラ」 「ゴジラ」は水爆実験で南太平洋の海底からめざめ，東京を破壊する恐竜の生き残りの怪獣という設定。
©1954 TOHO CO.,LTD

▲NHK ラジオ体操 ラジオ体操は軍国主義的だとして中断されていたが，1951年5月6日の放送から復活した。

6 プロ野球ブーム

Answer

◀溝口健二(1898〜1956) 1952年，「西鶴一代女」でヴェネツィア国際映画祭国際賞，1954年，「山椒太夫」でヴェネツィア国際映画祭銀獅子賞。

▲「西鶴一代女」
©1952 TOHO CO.,LTD

◀今井正(1912〜91) 石坂洋次郎の原作を映画化。戦後の学生を開放的に明るく描いた「青い山脈」は大ヒットとなった。

▲「青い山脈」のポスター
©1949 TOHO CO.,LTD

5 戦後のマンガの始まり

◀「鉄腕アトム」 手塚治虫(1928〜89)の人気漫画。少年ロボット・アトムが活躍する物語。将来の科学技術や科学万能への批判を含み，日本アニメの原点となる。1963年には初の国産テレビアニメ化され，手塚漫画のなかでもっとも広く親しまれた。
© 手塚プロダクション

◀日本最初のナイター 8基の照明塔が放つ総光量約40万kwの下で，日本プロ野球初のナイターが，巨人対中日の試合でおこなわれた。試合は3対2で中日が勝った(1948年8月・横浜ゲーリッグ球場)。

Answer 明るく照らされた野球場から，平和になった日本を感じ，太平洋戦争後の経済復興に期待できると感じた。(解答例)

第4部 近代・現代

1 戦後の国際政治

協調	1945 (昭和20)	2 ヤルタ会談(米・英・ソの3国巨頭)
		8 第二次世界大戦終結
冷戦	1946	3 チャーチル「鉄のカーテン」演説→p.311 2
	1947 (昭和22)	3 トルーマン=ドクトリン発表→p.311 3-①
		6 米、マーシャル=プラン提唱→p.311 3-②
		9 コミンフォルム結成(〜56)→p.311 4
	1948	5 ソ連、ベルリン封鎖(〜49.5)→p.311 5
	1949	8 北大西洋条約機構(NATO)成立
緊張緩和(デタント)	1950 (昭和25)	2 中ソ友好同盟相互援助条約調印
		6 朝鮮戦争起こる(〜53.7)→p.313
	1951	9 日米安全保障条約調印
	1954	4 ジュネーヴ会議(〜7月調印)
	1955 (昭和30)	4 アジア=アフリカ会議(バンドン会議)
		5 ワルシャワ条約機構(WTO)結成
	1956	2 スターリン批判(第20回ソ共産党大会)
	1957	3 ヨーロッパ経済共同体(EEC)成立
	1959	9 米ソ首脳会談(キャンプ=デーヴィッド)
	1961	8 「ベルリンの壁」建設
	1962	10 キューバ危機 3
	1963 (昭和38)	7 部分的核実験禁止条約(PTBT)調印
		8 米ソ直接電話(ホットライン)開通
	1965	2 米、北ベトナム爆撃(北爆)開始 5
多極化	1966	5 中国、文化大革命始まる
	1967	7 ヨーロッパ共同体(EC)発足
	1968 (昭和43)	7 核兵器拡散防止条約
		8 ソ連、チェコスロヴァキアに侵入
	1971	10 中華人民共和国、国連代表権を獲得
	1972	2 ニクソン米大統領、中国訪問
	1975	4 ベトナム戦争終結

2 冷戦構造の国際関係

①2つの世界の対立(冷戦)→米ソを中心とする2大勢力の対立

大戦後の社会主義勢力(ソ連・東欧・アジア)が拡大
資本主義諸国(米・西欧諸国)にとって大きな脅威
→国際的な緊張状態(軍拡競争・地域紛争など)が展開

②平和共存

要因 核の恐怖に対する認識の増大、米ソの軍事負担増大、
第三世界の台頭→平和共存へ

③第三世界の形成→大戦後、アジア・アフリカを中心に

アジア・アフリカの植民地で独立達成
新興独立国の国連加盟が増加→新興国の発言権が拡大(第三世界を形成)

④世界の多極化

米ソの対立とその緩和などから、両国の影響から離脱する国が出現
西側 フランスのNATO軍脱退・核兵器開発、ECの形成
　　　日本・西ドイツの経済的躍進
東側 中国の独自路線(中ソ対立・米中国交正常化)、中・東欧諸国の自由化要求

△ソ連の人工衛星スプートニク 1957年
10月に1号の打ち上げに成功し、11月には、は
じめて生物(ライカ犬)をのせた2号(写真)が打
ち上げられた。

△アメリカのアポロ11号月
面着陸(1969年)

3 冷戦から限定的平和共存へ

△ベルリン封鎖(1948年6月〜1949
年5月) 米英仏管理地区の西ベルリン
を、ソ連が完全に封鎖。西側は空輸によ
る物資補給で、西ベルリン市民の生活を
支えた。大戦終結3年で、再び世界戦争
の危機が訪れた。

△ジュネーヴ4巨頭会談(1955年7
月) 1950年代半ばから、東西対立を緩
和する動き=「雪どけ」が始まった。4巨
頭会談はそれを象徴するものであった。
左からブルガーニン(ソ連)・アイゼンハ
ワー(米)・フォール(仏)・イーデン(英)。

△キューバ危機(1962年10月)
1962年10月22日、米大統領ケネ
ディは、ソ連がキューバにミサイル基
地を建設中と発表。キューバの海上
封鎖を声明し、米ソ核戦争の危機が
迫った。ソ連のフルシチョフは譲歩し、
ミサイル撤去を言明、危機は回避され
た。写真はキューバへ向かうソ連のミ
サイル運搬船。

4 第三世界の台頭

4-① 平和原則と平和十原則

平和五原則(1954.6)	
1. 領土・主権の尊重	4. 平等互恵
2. 相互不可侵	5. 平和共存
3. 内政不干渉	

↓

平和十原則(バンドン精神)(1955.4)
1. 基本的人権と国連憲章の尊重
2. すべての国家の主権と領土の尊重
3. すべての人種および国家の平等の承認
4. 他国の内政不干渉
5. 国連憲章による個別・集団的自衛権の尊重
6. 大国の特定の利益のために集団防衛の取決めを利用しないこと
7. 武力侵略の否定
8. 国際紛争の平和的手段による解決
9. 相互の利益と協力の増進
10. 正義と国際義務の尊重

↓

非同盟国の基準(1961.9)
1. 平和共存と非同盟の原則に基づく自主的政策の追求
2. 民族解放運動の無条件支持
3. いかなる集団的軍事ブロックにも不参加
4. いかなる大国との双務的軍事条約も結ばない
5. 自国領内に外国の軍事基地不許可

△ネルー・周恩来会談(1954年6月
28日) インド首相ネルーと中国総理周
恩来は、中印両国の国交の五原則を表明。
これを「平和五原則」とした。

▷詳しく
みてみよう!
キューバ
危機

◁アジア=アフリカ会議
1955年4月18日から24日ま
で、インドネシアのバンドンでア
ジア23カ国、アフリカ6カ国が、
世界平和の実現を話し合い、「平
和十原則」を発表した。これらの
米ソに属さない新独立国は、非
同盟の第三勢力となった。

5 ベトナム戦争の拡大

△ベトナムの農村を爆撃するアメリカ軍機(1965年2月7日)
アメリカによる北爆開始でベトナム戦争は泥沼化した。アメリカ
軍は枯葉剤散布や家屋を燃やしつくすナパーム弾によって、ベト
ナムの農村を破壊したが、勝利しなかった。

△「安全への逃避」(1965年9月) 写真家沢田教一に
よる、戦争の悲惨さを広く世界にアピールした作品。ピュ
リッツァー賞を受賞した。

第4部 近代・現代

Question 一時力をもった第三世界=非同盟諸国は、なぜ全体として国際社会での影響力を失っていったのだろうか。

1 近代の日露関係年表

年		内容
1798		近藤重蔵らが択捉島に「大日本恵土(登)呂府」の標柱
1854（安政元）	12	日露和親（通好）条約（下田条約）調印 日本の国境を千島列島、得撫島と択捉島の間に画定。樺太は日露両国人雑居地
1875（明治8）	5	樺太・千島交換条約 樺太全島をロシア領、千島列島の得撫島から占守島までの18島を日本領とする
1905（明治38）	9	日露講和条約（ポーツマス条約）調印 南樺太を日本領とする
1943（昭和18）	12	カイロ宣言発表→p.301 3 日本から「第一次世界大戦開始以後奪取し、又は占領した太平洋におけるいっさいの島嶼を剥奪」
1945（昭和20）	2	ヤルタ協定 2 、→p.301 3 ソ連の対日参戦の条件として「千島列島がソ連に引き渡されること」を米英が密約
	7	ポツダム宣言→p.301 3 「日本国の主権は本州、北海道、九州、四国並びにわれわれの決定する諸小島に局限」と宣言
	8	ソ連対日参戦→p.301 1 ソ連軍は9月までに4島を占領。翌年2月南樺太とともに領土編入を布告
1951（昭和26）	9	サンフランシスコ平和条約 「日本は、千島列島並びに……樺太の一部及びこれに近接する諸島に対するすべての権利、権原及び請求権を放棄する」と規定（ただし千島の帰属先は決めていない）
1956（昭和31）	10	日ソ共同宣言（鳩山一郎・ブルガーニン） 4 、→p.321 ソ連は平和条約締結後に、日本の利益を考慮し歯舞・色丹を引き渡すことに同意
1960（昭和35）	1	日米新安保条約調印→p.322 ソ連のグロムイコ外相は、同条約調印直後、「日本領土から全外国軍が撤退しない限り歯舞・色丹を引き渡せない」と一方的に通告
1973（昭和48）	10	田中・コスイギン共同声明 領土問題を平和条約交渉での「未解決の諸問題」のなかに含めることで合意
1981	2	2月7日を「北方領土の日」とする
1991（平成3）	4	日ソ共同声明（海部俊樹・ゴルバチョフ） 領土画定問題を含む平和条約の諸問題について、話し合いを進めることを確認
1993（平成5）	10	日ロ東京宣言（細川護熙・エリツィン） 領土問題を含む日ロ間のすべての条約その他国際的な約束事項は、日ロ間で引き継ぐことを確認
1997（平成9）	11	クラスノヤルスク合意（橋本龍太郎・エリツィン） 東京宣言に基づき、2000年までに平和条約を締結するように努力することを確認。「橋本・エリツィンプラン」を作成
1998（平成10）	11	モスクワ宣言（小渕恵三・エリツィン） 「2000年までに平和条約を締結するように全力を尽す」と明記
2000（平成12）	9	ロシア大統領プーチン来日 領土問題に実質的な進展はなし
2001（平成13）	3	イルクーツク声明（森喜朗・プーチン） 7-① 歯舞・色丹の2島返還を明記した日ソ共同宣言の有効性確認
2003（平成15）	6	日ロ行動計画（小泉純一郎・プーチン） 北方領土の帰属を解決し、平和条約を締結する決意を確認
2005（平成17）	11	ロシア大統領プーチン来日 領土問題に実質的な進展はなし

2 ヤルタ会談 (1945年)

ヤルタ協定

三大国即チ「ソヴィエト」連邦、「アメリカ」合衆国及英国ノ指揮者ハ、「ドイツ」国カ降伏シ、且「ヨーロッパ」ニ於ケル戦争カ終結シタル後二月又ハ三月ヲ経テ日本ニ対スル戦争ニ参加スヘキコトヲ協定セリ

一、外蒙古（蒙古人民共和国）ノ現状ハ維持セラルヘシ

二、千九百四年ノ日本国ノ背信的攻撃ニ依リ侵害セラレタル「ロシア」国ノ旧権利ハ左ノ如ク回復セラルヘシ
（イ）樺太ノ南部及之ニ隣接スル一切ノ島嶼ハ「ソヴィエト」連邦ニ返還セラルヘシ……

三、千島列島ハ「ソヴィエト」連邦ニ引渡サルヘシ……

《日本外交主要文書・年表》

3 ソ連の樺太・千島への侵攻

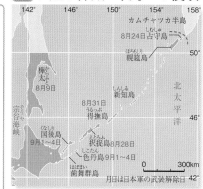

解説 1945年8月8日対日宣戦布告をおこなったソ連は、8月9日に北緯50度を越えて樺太に侵攻。千島列島への侵攻は8月15日の終戦後であり、国後島占領はミズーリ号上での降伏文書調印の9月2日、歯舞群島占領は9月3日であった。

4 日ソ共同宣言 (1956年)

日ソ共同宣言 一九五六年十月十九日調印

一、日本国とソヴィエト社会主義共和国連邦との間の戦争状態は、この宣言が効力を生ずる日に終了し、両国の間に平和及び友好善隣関係が回復される。

二、日本国とソヴィエト社会主義共和国連邦との間に外交及び領事関係が回復される。

四、ソヴィエト社会主義共和国連邦は、国際連合への加入に関する日本国の申請を支持するものとする。……

五、ソヴィエト社会主義共和国連邦において有罪の判決を受けたすべての日本人は、この共同宣言の効力発生とともに、日本国へ送還されるものとする。……

九、……ソヴィエト社会主義共和国連邦は、日本国の要望にこたえ、かつ日本国の利益を考慮して、歯舞群島及び色丹島を日本国に引き渡すことに同意する。ただし、これらの諸島は、日本国とソヴィエト社会主義共和国連邦との間の平和条約が締結された後に現実に引き渡されるものとする。

《日本外交主要文書・年表》

5 北方領土に対する両国の公式態度

日本
ポツダム宣言やサンフランシスコ平和条約で「ソヴィエトに引渡した」千島列島は、択捉の北までであって、択捉以南は当然日本に返還されるべき日本の領土である

ロシア（ソ連）
北方領土問題は、すでに戦時および戦後の国際諸協定によって解決済み。国後・択捉は返還の意思がない。また、歯舞・色丹は、平和条約締結後に引き渡す

6 北方領土問題

1854 日露和親条約

1875 樺太・千島交換条約

1905 ポーツマス条約

1951 サンフランシスコ平和条約

7 現代の日露関係

7-① イルクーツク声明 (2001年)

7-② 日露の経済関係

▶サハリンの天然ガスをめぐる記事（『朝日新聞』2006年12月2日）樺太の天然ガス開発に投資した日欧の企業に、利権回収をせまるロシア。

◀イルクーツク声明を伝える記事（『朝日新聞』2001年3月26日）森喜朗首相とプーチン大統領は日ソ共同宣言を再確認した。

Answer 中国・インドが大国化した一方、他の国々は財政力が弱く、非同盟の理想を掲げることがむずかしくなったため。

第4部 近代・現代

1 吉田内閣による国内再編(逆コース)

	1952 (昭和27)	4 サンフランシスコ平和条約発効 ＝GHQ指令による法令は失効
第3次吉田茂内閣		5 血のメーデー事件(皇居前広場事件) 第23回メーデーのデモ隊6000人が皇居前広場に乱入し、警官隊5000人と衝突。2人死亡、約1500人負傷、1232人検挙
		7 破壊活動防止法(破防法)・公安調査庁設置法公布 暴力的破壊活動をおこなう団体の取締り。その調査機関として公安調査庁がおかれる 保安庁法公布 警察予備隊を保安隊に、海上警備隊を警備隊に改編
1949.2～1952.10		10 保安隊発足
第4次吉田内閣	1953 (昭和28)	6 閣議で石川県内灘の米軍演習場の使用決定 米軍、試射開始
		8 スト規制法公布 電気・石炭業などのストライキを制限
	1954 (昭和29)	3 日米相互防衛援助協定など4協定(MSA協定)調印 ①日本はアメリカから軍事的・経済的援助をうける ②日本は防衛力強化の義務を負う
第5次吉田内閣		6 教育二法公布 「義務教育諸学校における教育の政治的中立の確保に関する臨時措置法」「教育公務員特例法の一部改正法」の二法により公立学校教員の政治活動・政治教育を禁止した
		6 改正警察法公布 自治体警察を廃止し、警察庁の指揮下の都道府県警察に一本化
1953.5～1954.12		6 自衛隊法、防衛庁設置法公布→p.313 2
		8 原水爆禁止運動が始まる

2 米軍基地反対闘争の拡大

△砂川事件 1956年10月12・13日、米軍立川基地拡張のため、砂川町2次強制測量で警官隊と地元の反対派農民・支援の労働組合員や学生とが衝突し、1000人以上の負傷者を出した。政府は10月14日、測量を中止した。

△内灘事件 1952～53年。石川県の内灘村の砂丘地帯を米軍試射場の着弾地として接収することが通告されると、村民をはじめとする労働組合員や学生の支援をうけた反対運動が盛りあがった。

3 第五福竜丸の被爆から原水爆禁止世界大会の開催

邦人漁夫ビキニ原爆実験に遭遇
23名が原子病
一名は東大で重症と診断
死の灰つけ遊び回る
焼け

原水爆禁止世界大会
WORLD CONFERENCE AGAINST ATOMIC & HYDROGEN BOMBS

▷詳しくみてみよう！
ビキニ水爆実験

▼△第五福竜丸事件 1954年3月1日、アメリカは南太平洋のビキニ環礁で水爆実験をおこなった。その時、東方160kmの海上でマグロ漁船第五福竜丸が放射能をおびた「死の灰」をあび、乗組員23人が原爆症となり、9月に無線長久保山愛吉が死亡した。

△第1回原水爆禁止世界大会 1955年8月6日、広島で第1回原水爆禁止世界大会が開催され、13カ国50名余りの代表も参加。東京杉並区の主婦の原水爆禁止を求める署名運動から始まった平和運動である。

自衛隊の成立と現状

❶ 自衛隊関係年表

青字が日米関係の事項

1950	8	警察予備隊発足
1951	9	日米安全保障条約締結
1952	10	保安隊発足
1954	7	自衛隊発足
1958	5	第1次防衛力整備計画開始(58～60年度)
1960	1	日米安全保障条約調印
1962	5	第2次防衛力整備計画開始(62～66年度)
1967	5	第3次防衛力整備計画開始(67～71年度)
1970	6	日米安全保障条約、自動延長
1972	5	沖縄返還
	10	第4次防衛力整備計画開始(72～76年度)
1976	10	防衛計画の大綱を決定
1978	11	日米防衛協力のための指針(ガイドライン)
1986		中期防衛力整備計画開始(86～90年度)
1987	1	防衛関係費の1%枠撤廃
1990		新中期防衛力整備計画決定(91～95年度)
1991	6	湾岸戦争後、自衛隊掃海艇、初の海外派遣
1992	6	国連平和維持活動(PKO)協力法成立
1997	4	新日米防衛協力の指針(新ガイドライン)
1999	4	新ガイドライン関連法成立
2001	10	テロ対策特別措置法成立
2003	6	改正自衛隊法など有事関連3法成立
2004	6	国民保護法など有事関連7法成立
2007	1	防衛庁、防衛省に昇格

❷ 自衛隊の成立

東西(米・ソ)冷戦の激化 ━━▶ アメリカの対日占領政策転換

1950.6～ 朝鮮戦争 (日本の軍事的空白を埋める)	▶ 1950.8～ 警察予備隊(7000人) 設置内容 朝鮮戦争勃発直後、第3次吉田茂内閣により、マッカーサー指令による警察予備隊令により設置。定員7万5000名。
1951.9～ 対日平和条約 (日本の占領終結) 日米安保条約 (在日米軍の日本駐留継続)	▶ 1952.8～10 警備隊(7590人)・保安隊(11万人) 設置内容 保安庁法に基づき、海上警備隊を警備隊とし、保安隊とともに保安庁長官の下におかれた。新国軍創設の土台としての役割が強調された。
1953.8 池田・ロバートソン会議 (防衛力増強約束) 1954.3 MSA協定 (日米相互防衛援助協定など)	▶ 1954.7～ 自衛隊(陸・海・空、23万8579人) 設置内容 自衛隊法により設置。首相の指揮下、防衛庁(現、防衛省)が管理・運営にあたる。装備・組織ともにアメリカに依存し、アメリカの戦略の下に成長。

注：( )内は自衛隊員数。ただし事務官などは除く。自衛隊は2004年、それ以外は発足時の人数。
(前田哲男『自衛隊は何をしてきたのか?』による)

❸ 自衛隊の兵力

陸上自衛隊		航空自衛隊	
自衛官定員[1]	150,863	自衛官定員	46,940
即応予備自衛官	8,075	兵力現員[2]	43,099
兵力現員[2]	138,168	作戦用航空機	340
戦車	680	戦闘機	260
装甲車	970	偵察機	10
主要火砲	520	輸送機	50
作戦用航空機	340	空中給油・輸送機	4
地対空誘導弾[3]	7個群/1個連隊	早期警戒機	20
		地対空誘導弾[4]	6群

海上自衛隊	
自衛官定員	45,364
兵力現員[2]	42,209
艦艇	138
護衛艦	48
潜水艦	20
その他	70
作戦用航空機	150

注：2015年度完成時見込み。定員、現員ともに予備自衛官と統合幕僚監部や情報本部などを含まず。
1) 常備自衛官の数。
2) 2014年度末現在。
3) 改良ホーク、新中距離対空ミサイル。
4) パトリオット(PAC-2、PAC-3)など。
(『日本国勢図会』2016/17による)

Question p.321 「自衛隊の成立と現状❻防衛費の推移」から日本の防衛費の額とGNP比の関連を読み取ってみよう。

1 55年体制の動向

内閣	年代	国内情勢	国際情勢
鳩山一郎（第2次）1955.3〜1955.11	1955（昭和30）	9 日本，関税及び貿易に関する一般協定（GATT）に正式加盟 10 社会党統一大会 ② 11 自由・日本民主両党合同，自由民主党（自民党）結成，保守合同なる（55年体制始まる）②	5 ソ連と東欧7カ国，ワルシャワ条約に調印 9 ソ連・西独共同コミュニケで国交樹立
鳩山一郎（第3次）1955.11〜1956.12	1956（昭和31）	7 『経済白書』発表，「もはや戦後ではない」と記す 10 モスクワで日ソ共同宣言に調印，ソ連と国交回復 ③ 12 国連総会，日本の国連加盟を全会一致で承認 ③	2 ソ連フルシチョフ第一書記，スターリン批判 7 ナセル，スエズ運河会社の国有化を宣言 10 ブダペストで反政府暴動おこる（ハンガリー事件の発端）イスラエル軍，エジプト侵攻（スエズ戦争）
石橋湛山			

2 55年体制の成立

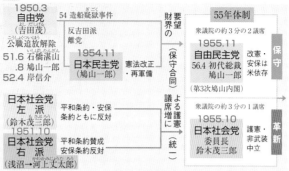

```
1950.3 自由党（吉田茂） ── 54 造船疑獄事件
                       ── 反吉田派離党
公職追放解除
51.6 石橋湛山
.8 鳩山一郎 ── 1954.11 日本民主党（鳩山一郎）憲法改正・再軍備
52.4 岸信介

日本社会党 左派（鈴木茂三郎）平和条約・安保条約ともに反対
1951.10
日本社会党 右派（浅沼→河上丈太郎）平和条約賛成 安保条約反対
```

財界の要望（保守合同）→ 55年体制
衆議院の約3分の2議席
1955.11 自由民主党 56.4 初代総裁 鳩山一郎（第3次鳩山内閣）改憲・安保は米依存【保守】

議席増による護憲（統一）→ 衆議院の約3分の1議席
1955.10 日本社会党 委員長 鈴木茂三郎 護憲・非武装中立【革新】

▶解説
吉田内閣の「逆コース」や鳩山内閣の自衛力増強・憲法改正を阻止するため，1951年以来分裂していた左・右日本社会党は，1955年10月，改憲阻止・革新陣営の結束をめざして再統一し，改憲を阻止できる衆議院の3分の1の議席を確保。自由党と日本民主党も1955年11月に保守合同を遂げ，衆議院の安定多数となる3分の2弱をとり，政策決定を安定的に実行できる保守政党となった。

▶日本社会党統一大会（1955年10月13日）左右の社会党合同で，改憲阻止ができる衆議院議席を確保。委員長には左派の鈴木茂三郎，書記長には右派の浅沼稲次郎が就任した。

▶自由民主党の成立（1955年11月15日）政策安定をめざす財界の圧力で，日本民主党と自由党が合同。翌年，初代総裁に鳩山一郎が就任。

3 日ソ共同宣言と国際連合の復帰

3-① 日ソ共同宣言のおもな内容

①日本の国連加盟を支持
②対日賠償請求権を放棄
③日ソ漁業条約の発効
④抑留日本人を返還
⑤平和条約締結後に歯舞群島・色丹島を日本へ返還

▶日本の国際連合加盟（1956年12月18日）日ソ共同宣言をうけて，国連総会は全会一致で日本の加盟を承認。国連に掲揚された日の丸を見上げる重光葵外相。

▶日ソ共同宣言調印式（1956年10月19日）モスクワで，鳩山一郎（左）・ブルガーニン（右）の両国首相が調印。日ソの戦争状態が終結した。

④ 各国の国防支出

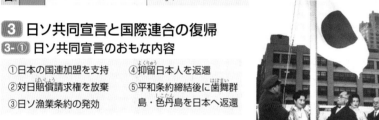

（2017年，『世界国勢図会』2018/19年版による）

国	国防費（億ドル）	GDP比（%）
アメリカ	6,028	3.11
中国	1505	1.26
フランス	486	1.89
ロシア	456	3.10
日本	357	0.94
韓国	460	2.33
イスラエル	185	5.33

（国防費＝上目盛，GDP比＝下目盛）

⑥ 防衛費の推移

年度	防衛費	GNP比
1955		1.78
60		
65		
70		
75		0.84
80		
85		0.997
90		
95		
2000		
04		

（防衛費＝上目盛，GNP比＝下目盛）（防衛省資料による）

⑤ 自衛隊の海外派遣に関する法律

成立年	法律名	活動内容	国会の承認
1992	PKO協力法	冷戦後の国際秩序の維持・形成に日本が国際貢献するための法律。	事前承認
1999	周辺事態安全確保法（周辺事態法）	自衛隊が米軍へ補給・輸送・通信・修理・医療などで支援できる。	事前承認
2001	テロ対策特別措置法	アメリカの同時多発テロ事件をきっかけにアメリカ軍への後方支援活動を可能にした。2007年11月に期限切れ。	事後承認
2003	イラク人道復興支援特別措置法	イラクの非戦闘地域への自衛隊の派遣を可能にした特別立法。	事前承認
2015	国際平和支援法平和安全法制整備法	集団的自衛権を認め，自衛隊の活動範囲や使用武器を拡大。米艦防護が可能。	原則事前承認（緊張時は事後可）

⑦ 自衛隊の配備

◎ 防衛省，陸・海・空幕僚監部

陸上自衛隊	海上自衛隊	航空自衛隊
◎ 方面総監部 * 師団司令部	◎ 自衛艦隊司令部 ● 地方総監部	◎ 航空総隊司令部 ● 航空方面隊司令部

*旅団指令部・混成団本部も含む。

（防衛省HPなどによる）

地図ラベル：稚内，札幌，札幌（真駒内），旭川，帯広，千歳（東千歳），むつ（大湊），三沢，青森，東根（神町），仙台，榛東（相馬原），狭山（入間），東京都練馬区（朝霞），東京都練馬区，東京都新宿区（市ヶ谷），横須賀，府中，善通寺，舞鶴，名古屋（守山），伊丹，伊丹（千僧），海田，呉，春日（福岡），春日，佐世保，熊本（健軍），熊本（北熊本），那覇

Answer 1995年頃から防衛費総額は5兆円近くになっている。1987年に防衛費のGNP1％枠が撤廃されたが，GNP比に変化はない。

1 安保条約改定関係年表

第2次岸信介内閣

1959 (昭和34)	3.28	社会党・総評・原水協など、日米安保条約改定阻止国民会議を結成
	4.10	皇太子明仁親王と正田美智子結婚
	11.27	安保改定阻止第8次統一行動、国会請願デモ隊約2万人、国会構内に突入
	12.11	三井三池鉱山、指名解雇通告、三池争議始まる
1960 (昭和35)	1.19	日米相互協力及び安全保障条約（新安保条約）・日米地位協定など、ワシントンで調印
	1.24	民主社会党結成（委員長西尾末広）
	5.20	衆議院本会議、新安保条約を強行採決（以後、国会は空白状態、連日国会周辺にデモ）
	6.10	米大統領秘書ハガチー来日、デモ隊に包囲され米軍ヘリコプターで脱出（アイゼンハワー大統領訪日中止）
	6.15	全学連主流派、国会突入をはかり警官隊と衝突、東京大学の学生である樺美智子、国会構内で死亡
	6.19	新安保条約、自然成立（衆議院通過30日後）
	6.23	新安保条約批准書交換、発効。岸首相、退陣表明
	9.5	自民党、所得倍増など新政策発表（「政治の季節」から「経済の季節」へ）
	10.12	浅沼稲次郎日本社会党委員長、3党首立会演説会で刺殺される

1958.6～1960.7 第1次池田勇人内閣

2 新安保条約の強行と安保闘争

◁新安保条約の調印（1960年1月19日、ワシントン）ホワイトハウスで調印する藤山愛一郎外相・岸信介首相・アイゼンハワー大統領・ハーター国務長官（前列右から）。同時に日米行政協定を改定した日米地位協定も結ばれた。

▲安保条約反対のデモを報じる新聞記事（『毎日新聞』1960年6月16日）5月20日の衆議院における強行採決以後、安保反対運動は急激に高揚し、岸内閣の打倒をさけんだ。自然承認前日の6月18日には、国会周辺のデモ隊は33万人を数えた。

▲新安保条約の強行採決（1960年5月20日）衆議院議長清瀬一郎は、国会内へ500人の警官を導入して採決を阻止しようとする野党議員の座り込みを排除し、条約の批准を自由民主党が単独で強行採決した。

3 日米安保体制　3-① 日米安保体制の変遷

旧安保条約（1951.9.8調印）	新安保条約（1960.1.19調印）	日米防衛協力のための指針（ガイドライン）(1978)	新日米防衛協力のための指針（新ガイドライン）(1997)
①米軍の駐留を認める（1条） ②駐留軍の出動（1条）一次の場合駐留軍は出動できる。但し義務は負わず ・極東の平和と安全の維持 ・内乱・騒擾の鎮圧を日本政府が要請した場合 ・日本への外部からの武力攻撃 ③日本の自衛力漸増を期待（前文） ④日本の基地提供義務、「日米行政協定」で米軍に与えられる特権、日本の防衛分担金などを規程 ⑤条約の期限明示せず	①「日本国の安全」と「極東における国際の平和及び安全」のため、米軍の駐留を認める（6条） ②米の日本防衛義務を明示、日米共同作戦行動をとる（5条） ・内乱鎮圧事項は削除 ③日本の防衛力増強を義務付ける（3条） ④基地提供義務（6条、地位協定） ⑤有効期限10年間、以後、一方の通告があれば1年後に廃棄（10条） ⑥日米経済協力（2条） ⑦事前協議制度（交換公文）	①日本に対する侵略を未然に防ぐための姿勢 ②日本に対する武力攻撃に際しての対処行動など ③日本以外の極東における事態で日本の安全に重大な影響を与える場合の日米間の協力 以上3部門について、両国の部隊の配備・共同訓練・役割分担などの基本方針を定めたもの（具体化） →日本有事研究・極東有事研究 ・日米共同訓練の実施	①平時における協力 ②日本に対する武力攻撃に際しての対処行動など ③日本周辺地域における事態で日本の平和と安全に重要な影響を与える場合（「周辺事態」）の協力 以上3部門についての指針 「周辺事態」の際の日本の役割 ・避難民の救助、船舶の臨検 ・米軍への施設供与（湾岸・空港など） ・米軍への後方地域支援（武器・弾薬を除く物資・燃料の提供、人員・物資の輸送）など
・アメリカの極東軍事戦略への編入 ・片務的性格＝米は軍隊駐留の権利を確保、日本防衛の義務は負わず	・極東軍事戦略への加担 ・双務性は強化、同時に軍事同盟条約としての性格を強める	アメリカ極東軍事戦略の一端を、日本が現実的に分担	アメリカの軍事戦略への一体化、民間を含めた総動員体制づくり

4 政治対立の終焉

▲三井三池争議（1959～60年）エネルギー革命によって石炭需要が減少。経営が悪化した会社が大量の指名解雇を提示したことから282日の全面ストに突入。組合側の敗北に終わる。

▲岸信介首相襲われる（1960年7月14日）7月14日の池田勇人自民党新総裁誕生祝賀会で右翼に刺された。

3-② 日米安保条約第6条の「極東の範囲」

▲長崎の佐世保港に寄港した原子力空母ジョージ・ワシントン（2011年4月）全長333m、最大排水量10万4000t。乗員は5000人を超え戦闘爆撃機85機を運用。

▶解説「極東」の範囲については、明確には定められていないが、台湾・フィリピンを含むものとされている。

（地図ラベル）国後島　択捉島　歯舞・色丹島　38度線　韓国　中国　日本「極東」と推定されている地域　馬祖島　沖縄　台湾　金門島　海南島　フィリピン

Question 旧安保条約と新安保条約とのおもな違いは何か答えよう。

第4部 近代・現代

1 岸信介〜佐藤栄作内閣関連年表

内閣	年代	国内情勢	国際情勢
岸信介（第1次・第2次）1957.2〜1960.7	1957（昭32）	6 岸首相、米大統領アイゼンハワーと会談、日米新時代を強調 9 文部省、教員勤務評定の徹底を通達 12 日教組、勤評反対闘争で「非常事態宣言」	3 欧州経済共同市場（EEC）条約調印 10 ソ連、人工衛星スプートニク1号打上げに成功
	1958（昭33）	9 藤山・ダレス会談、日米安保条約改定に同意 10 政府、警察官職務執行法（警職法）改正案を国会に提出 　社会党・総評を中心に警職法改悪反対国民会議結成 　（安保闘争の高揚）	2 エジプト・シリアが合併し、アラブ連合共和国成立 8 中国で人民公社建設運動が全国化
池田勇人 1960.7〜1964.11	1960（昭35）	11 三井三池争議終わる（スト282日） 12 国民所得倍増計画発表	12 経済協力開発機構（OECD）条約調印
	1961（昭36）	6 農業基本法公布	4 ソ連、有人宇宙船ウォスホート1号打上げに成功
	1962（昭37）	5 新産業都市建設促進法公布 10 全国総合開発計画を決定 11 日中、LT貿易協定調印	8 東西ベルリンの壁構築 10 ケネディ米大統領、キューバにソ連がミサイル基地建設中と発表、キューバ海上封鎖を声明（キューバ危機）
	1963（昭38）	2 GATT11条国に移行 8 第9回原水爆禁止世界大会、分裂	8 米英ソ3国核実験停止会議、部分的核実験禁止条約調印 11 ケネディ大統領、暗殺される
	1964（昭39）	4 国際通貨基金（IMF）8条国に移行 　経済協力開発機構（OECD）に加盟 10 東海道新幹線開通 　東京オリンピック開催	10 ソ連、フルシチョフ第一書記兼首相を解任 　中国、初の核実験
佐藤栄作 1964.11〜1972.7	1965（昭40）	5 ILO87号条約、国会承認 6 日韓基本条約調印 7 名神高速道路全通 8 佐藤首相、沖縄訪問	2 米軍、北ベトナムのドンホイを爆撃（北爆の開始）
	1966（昭41）	12 建国記念の日公布	5 中国で文化大革命本格化（〜76）
	1967（昭42）	8 公害対策基本法公布 12 非核三原則を表明	6 第3次中東戦争 7 欧州共同体（EC）発足 8 東南アジア諸国連合（ASEAN）結成
	1968（昭43）	4 小笠原諸島返還協定調印 　（この年GNP資本主義国2位）	1 OAPEC結成 7 核兵器拡散防止条約調印
	1969（昭44）	7 同和対策事業特別措置法公布 11 佐藤首相訪米、安保堅持 　沖縄72年返還の日米共同声明	6 南ベトナム共和国臨時革命政府樹立
	1970（昭45）	2 核拡散防止条約に調印 6 日米安保条約自動延長	5 米軍、北爆を再開
	1971（昭46）	6 沖縄返還協定調印 7 環境庁発足 12 1ドル＝308円	
	1972	5 沖縄の施政権返還、沖縄県発足	

2 池田内閣の成立と日中準政府間貿易

△第1次池田勇人内閣　安保条約をめぐる国内対立を、「寛容と忍耐」を掲げて回避し、所得倍増政策に重点を移した。中山マサ厚生大臣は、女性最初の閣僚。

国民所得倍増計画

1960年、池田内閣が打ち出した国民所得倍増計画は、10年間で国民所得が2倍になるよう、年7.2％の経済成長率を設定した。「国民生活の顕著な向上と完全雇用の達成、及び貿易自由化と先進国の仲間入りを果たす。そのための経済の安定的成長の極大化」が目的とされた。目標が高すぎて実現は困難という当初の予想に反し、予想を上まわる毎年10.5％の成長率を達成し、早くも1967年度には計画目標を達成。この倍増計画によって、日本の経済社会に高度成長主義が定着した。計画が想定した以上の民間設備投資の増大や技術革新で生活が向上し、社会の急激な変化が訪れた。

◁LT貿易の開始（1962年11月）　まだ国交が回復していない中国との準政府間貿易をいう。協定を結んだ中日友好協会会長の廖承志と自民党の高碕達之助の頭文字からLT貿易という。

3 佐藤栄作内閣の成立と日韓基本条約の調印

△日韓基本条約調印　池田勇人内閣による高度経済成長下での経済の安定をうけて、佐藤栄作内閣は戦後の外交課題の解決をおこなった。数次にわたる日韓会談の決裂後、韓国の朴正煕政権との間で、国交正常化のための日韓基本条約が結ばれた。しかし、この条約は、韓国を「朝鮮にある唯一の合法的な政府」と認め、日本領である竹島の帰属を積み残すなど、多くの問題をかかえた。→p.314 3 4

4 小笠原諸島の返還

▷小笠原諸島の日本返還を報じる新聞記事（『毎日新聞』1968年6月26日）　1953年12月24日にアメリカから施政権返還をうけた奄美諸島についで、小笠原諸島が日本へ返還された。東京都小笠原村が誕生。

5 ベトナム戦争反対と大学闘争

△沖縄・嘉手納基地のB52　B52は、10t以上の爆弾を積載し、1万km以上の航続距離を持つ世界最大の長距離戦略爆撃機である。1965年から北ベトナムの爆撃（北爆）へ、沖縄の基地から飛び立った。

小田実

△ベ平連のデモ（1970年6月）　作家小田実は、ベトナム反戦を訴える「ベトナムに平和を！市民連合」（ベ平連）を結成し、市民もベトナム反戦を訴えた。

△東大紛争・安田講堂の攻防（1969年1月18〜19日）　東京大学安田講堂を占拠する全共闘（全学共闘会議）の学生を8000人の機動隊が排除、374人が検挙された。

6 沖縄の日本復帰へ

△佐藤栄作首相の沖縄訪問（1965年8月19日）　佐藤首相は、「沖縄が祖国へ復帰しない限り、日本の戦後は終わらない」と述べた。

Answer　新安保条約では、旧安保条約にはなかったアメリカの日本防衛の義務を明示し、日米の軍事同盟としての性格が強まった。

第4部 近代・現代

1 沖縄現代史年表

1945 (昭和20)	4. 1	沖縄本島に米軍上陸
	6.23	日本軍壊滅・組織的戦争終了
1946 (昭和21)	1.29	GHQ, 北緯30度以南の南西諸島を日本より分離, 統治
1948	7.16	沖縄の通貨を軍票B円に統一(1B円＝3円) 4
1949	10.27	米軍基地建設本格化(本土の土木建設業者進出)
1951	9. 8	サンフランシスコ平和条約(米の施政権下に)
1952	4. 1	琉球政府発足(主席任命制)
1953	4. 3	土地収用令公布
1956	6.20	島ぐるみ闘争展開
1957	6. 5	沖縄高等弁務官の設置
1958	9.19	通貨のドル切り換え
1960	4.28	沖縄県祖国復帰協議会結成
1968 (昭和43)	2. 5	B52爆撃機, ベトナム戦争のため常駐化
	11.11	初の主席公選, 革新候補屋良朝苗圧勝で当選
1969	11.21	佐藤・ニクソン会談, 「核抜き・本土並み」に合意
1970	12.20	コザ騒動
1971	6.17	沖縄返還協定調印
1972	5.15	沖縄の本土復帰 5
1975	7.20	沖縄国際海洋博覧会の開催
1980 (昭和55)	11.17	米軍用地特別措置法による強制使用の手続き開始
1987	2.24	沖縄県収用委, 10年間の強制使用を裁決
1995 (平成7)	9.28	大田昌秀知事, 代理署名拒否の方針表明
	10.21	米軍兵少女暴行事件→日米地位協定見直し要求
1996 (平成8)	4.12	普天間飛行場全面返還に合意
	9. 8	基地の整理縮小と日米地位協定見直しに関する沖縄県民投票実施
1997	4.17	米軍用地特別措置法改正。米軍用地の継続使用
2000	7.21	九州・沖縄サミット開催
2002 (平成14)	4. 1	沖縄特別措置法施行
	5.15	沖縄復帰30周年記念式典
2006 (平成18)		米軍再編(普天間移設, 海兵隊のグアム移転)

2 沖縄戦における学徒動員

鉄血勤皇隊

学校名	動員数(人)	戦死者(率)
沖縄師範学校男子部	386	224(58.0%)
県立第一中学校	398	210(56.6%)
県立第二中学校	143	127(88.2%)
県立第三中学校	405	89(21.9%)
那覇市立商業学校	99	72(72.7%)
県立工業学校	94	85(90.4%)
県立農林学校	173	41(23.7%)
その他	150	94(46.9%)
合　計	1,848	942(50.9%)

男女生徒合計2,440人が動員され, 1,298人が戦死

女子学徒隊

学校名	通称	動員数(人)	戦死者(率)
沖縄師範学校女子部	ひめゆり	149	114(76.5%)
県立第一高等学校		148	96(64.8%)
県立第二高等女学校	白梅	67	36(53.7%)
県立第三高等女学校	名護蘭	10	1(10.0%)
私立積徳高等女学校	積徳	55	28(50.9%)
県立首里高等女学校	瑞泉	83	50(60.2%)
私立昭和高等女学校	梯梧	80	31(38.7%)
県立宮古高等女学校	—	—	—
合　計		592	356(60.1%)

(大田昌秀『沖縄戦とは何か』による)

解説　日本軍は, 現地で召集した郷土防衛隊や, 満14歳以上の男子中学生, 師範学校生徒らによる部隊で応戦し, 多大な死者を出した。女子師範学校や女学校生徒も看護婦となり, 多くの犠牲者を出した。上の表のように, 沖縄には11校の男子の中等学校があり, その男子生徒は鉄血勤皇隊に組織され, 日本軍の各部隊に配属されて, 半数以上の戦死者を出した。表の数字は近似値で, 戦死者の数には, 自決した者も含まれている。県立第二中学校の動員数は, 表記のほかに, さらに150名いたという説もある。
→p.300

3 アメリカの沖縄統治機構

(I) 米軍の直接統治 (1945〜52)	(II) 米民政府の間接統治 (1952〜57)	(1957〜71)
米軍政府 (太平洋陸軍総司令官 のち極東軍総司令官)	**①米国民政府** (極東軍総司令官)	**②米国民政府** (沖縄高等弁務官)
↓指令	行政主席 ↓任命・指令	行政主席 ↓任命・指令
沖縄県民	**琉球政府** 沖縄県民	**琉球政府** 沖縄県民

4 米軍政下の沖縄

◁**軍票B円**
1948〜58年に使用された円表示の米軍軍票で, 法定通貨とされた。1958〜72年は米のドルがそのまま使用された。

◁**「島ぐるみ闘争」の始まり**　1956年にアメリカ下院軍事委員会のプライス調査団は, 基地拡大のため沖縄の絶対的所有権の獲得, 新規の土地接収を勧告。沖縄の怒りをまねいた。

◁**沖縄県祖国復帰協議会(復帰協)結成大会**(1960年4月28日)　米軍の軍政に苦しむ沖縄の人々は, 教職員会や沖縄県青年団協議会, 沖縄官公庁労働組合が中核となり, ほとんどの政党や団体が参加する復帰協を結成した。

5 沖縄返還の実現　5-① 沖縄の本土復帰

▷**沖縄の本土復帰を報道する新聞記事**(『日本経済新聞』1972年5月15日)

1952.2.4 北緯29度以北の十島列島, 本土復帰
1953.12.25 奄美諸島, 本土復帰
1972.5.15 琉球諸島および大東諸島, 本土復帰
1946.1.29北緯30度以南の南西諸島を日本から分離

(『沖縄歴史地図』による)

◁**沖縄返還記念式典**(1972年5月15日)　前年の1971年の佐藤首相とニクソン大統領による沖縄返還協定をうけて, 1972年5月15日に沖縄が祖国復帰を果たした。写真は東京の日本武道館での記念式典。

5-② 沖縄の米軍基地

米軍基地(1972年)

北部訓練場
安波訓練場
八重岳通信所
伊江島補助飛行場
金武ブルービーチ訓練場
金武レッドビーチ訓練場
読谷補助飛行場
嘉手納補助飛行場
普天間飛行場
辺野古弾薬庫
浮原島訓練場
津堅島訓練場
ホワイトビーチ地区
那覇サービスセンター
牧港補給地区・補助施設
牧港住宅地区

▷**屋良朝苗琉球主席と佐藤首相**(1968年)　屋良朝苗はアメリカの施政権下で沖縄初の公選主席。祖国復帰後も, 初の沖縄県知事となった。

▲**アメリカ軍兵士による少女暴行事件に抗議する沖縄県民総決起大会**(1995年10月)

Question p.325 4-② の高度経済成長期の6大メガバンクは現在どうなっているか調べてみよう。

第4部 近代・現代

詳日 第17章2 p.344〜348

1 経済復興と高度経済成長

	年	事項	景気
吉田茂内閣 第3〜5次	1950	6 朝鮮戦争始まる(〜53)。金属・繊維業界活況	特需景気
	1951	●鉱工業生産が戦前水準に回復	
	1952	8 国際通貨基金(IMF)・世界銀行(IBRD)に加盟	不況
	1953	9 独占禁止法改正(合理化・不況カルテル容認)	
	1954	3 MSA(日米相互防衛援助協定など)協定調印	
鳩山一郎内閣 第1〜3次	1955	9 GATT加盟。景気回復，産業活発化	神武景気
	1956	7 経済企画庁，『経済白書』に「もはや戦後ではない」と記す	
		●技術革新・設備投資ブーム，造船高世界一	
石橋湛山内閣	1957	●国際収支悪化，金融引締め。株価暴落	不況 なべ底
		= 高度成長期	
岸信介内閣 第1・2次	1958	●消費革命進行，耐久消費財普及へ	岩戸景気
	1959	4 最低賃金法成立	
	1960	12 国民所得倍増計画・高度経済成長政策を発表	
第1〜3次池田勇人内閣	1961	6 農業基本法成立。●国際収支悪化	不況
	1962	5 新産業都市建設促進法公布。11 日中準政府間(LT)貿易開始。貿易自由化率88%	
	1963	2 GATT11条国移行。日ソ貿易協定調印	景気 オリンピック景気
	1964	4 IMF8条国移行，経済協力機構(OECD)加盟	
		●OECDは先進国の経済協力組織。開発途上国援助促進や調整をおこなう	
		10 オリンピック東京大会開催。貿易自由化率93%	
第1〜3次佐藤栄作内閣	1965	●不況慢性化と証券不況	不況
	1966	1 戦後初の赤字国債発行。ベトナム特需	いざなぎ景気
	1967	6 資本自由化実施	
	1968	●GNP(国民総生産)，アメリカにつぎ第2位	
	1969	●インフレ対策で金融引締め	
	1971	8 ドル=ショック，株価大暴落。12 10カ国蔵相会議，円切上げで1ドル=308円に(スミソニアン協定)	ドル=ショック
田中角栄内閣 第1・2次	1972	6 田中角栄通産相，『日本列島改造論』発表。日本列島の大都市を新幹線と高速道路で結び，東京の一極集中を解消	列島改造ブーム
	1973	2 円の変動相場制移行。10 第1次石油危機	石油危機
	1974	●経済成長率，戦後はじめてマイナス	
		●スタグフレーションの時代。不況のなかの物価上昇おこる	

2 朝鮮特需と経済復興

2-① 援助にかわる特需の支え

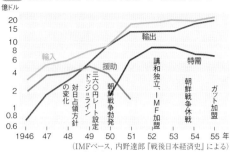

(IMFベース，内野達郎『戦後日本経済史』による)

▶解説
3年間の朝鮮戦争で，狭義の「特需」だけでも累計約10億ドルにのぼったが，その約7割が物資調達で，残る3割がサービス調達であった。アメリカの対日援助は，1951年6月末をもって打ち切られたが，援助累計総額の約30億ドルと比較しても，いかに朝鮮戦争に関連した特需が大きかったかがわかるだろう。

2-② 主要経済指標が戦前水準を超えた年

	1955年の水準 (1934〜36年=100)	戦前水準に達した年	戦前水準の2倍になった年
※実質国民総生産	136	**1951年**	1960年
工業生産	158	1951年	1957年
農業生産	148	1949年	1967年
輸出数量	75	1959年	1964年
輸入数量	94	1957年	1961年
※一人当たり実質国民総生産	105	**1955年**	1960年
同個人消費	114	1953年	1965年
同工業生産	122	1953年	1960年
同農業生産	115	1952年	無

1) ※印は会計年度，その他は暦年。
2) 農業生産は林業・水産業を含まない。

▶解説
1956年の『経済白書』にあった「もはや戦後ではない」が，時代潮流を象徴するキャッチフレーズとして，一般に使われた。すでに多くの経済指標が1955年の始まりまでには，戦前の水準を上回る状態にあった。実質国民総生産が戦前水準に達したのが1951年，国民1人当たりのそれが戦前並みの水準になったのが1955年のことであった。

3 産業構造の高度化

3-① 就業構造の推移

▶解説
高度経済成長にともない，第1次産業の比重が急速に低下し，農業従事者の比率が5%以下になった。一方，第3次産業の比率は70%に迫りつつある。知識・情報・サービスを中心とする，いわゆる「ソフト」産業が経済の主流となった。

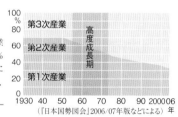

(『日本国勢図会』2006/07年版などによる)

3-② 重化学工業の発展

	重化学工業			軽工業		(単位：%)
1955	金属 17.0	機械 14.7	化学 12.9	食料品 17.9	繊維 17.5	その他 20.0
1960	18.8	25.8	11.8	12.4	12.3	18.9
1970	19.3	32.3	10.6	10.4	7.7	19.7
1980	17.1	31.8	15.5	10.5	5.2	19.9
1990	13.8	43.1	9.7	10.2	3.9	19.3

(『日本国勢図会』1990年版・1999/2000年版・2007/08年版などによる)

▶解説
1960年には重化学工業の生産額は，全生産額の過半を占め，90年にはその比率は75%を超えている。産業の重化学工業化は着実に進行した。

3-③ 専業・兼業別農家数の推移

(三和良一『近現代日本経済史要覧』による)

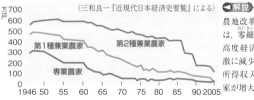

▶解説
農地改革によって成立した自作農は，零細農家が多かった。しかし，高度経済成長下に専業農家は急激に減少し，農業収入がその他の所得収入より少ない第2種兼業農家が増大した。

3-④ エネルギー革命

	石炭	石油	水力	天然ガス	
1953	47.7%	15.3	29.0	0.2 7.8その他	
1960	41.2	37.6	15.7 0.9	4.6 原子力	
1970	19.9	71.9	5.6	0.3 1.0	
2000	17.8	51.0	3.3 13.1 12.3	−2.4	

(三和良一『近現代日本経済史要覧』による)

▶解説
1950年代，中東からの安い原油供給によって，石炭によるエネルギー供給が激減し，石油がそれにかわった。

4 日本経済の発展

4-① GNPの急成長

(単位：億円，%)

▶解説
神武景気が始まった1955年と，いざなぎ景気が終息する1970年のGNPを比較すると，日本は8倍を超える成長を示している。同じくドイツも4倍を超える成長率を示した。資本主義諸国のなかでも，日本とドイツが群を抜いた成長であった。

	1955年	1970年	年平均成長率
日　本	86,236	709,849	15.1
日　本※	16,901	70,635	10.0
アメリカ	1,432,800	3,506,760	6.1
西ドイツ	154,078	671,602	10.3
イギリス	194,695	434,497	5.5
フランス	175,371	531,265	7.7
イタリア	86,709	337,815	9.5

※は実質GNP(1970年基準)
(岩波書店『日本経済史8 高度成長』による)

4-② 高度経済成長期の6大企業集団

グループ名	メインバンク	系列会社
第一勧銀行グループ	第一勧銀	富士通・川崎重工業・古河機械金属・伊藤忠商事
芙蓉グループ	富士銀行	日産・日立製作所・安田海上火災・東武鉄道
三菱グループ	三菱銀行	三菱重工業・三菱商事・日本郵船・キリンビール
三和グループ	三和銀行	日商岩井・大林組・帝人・高島屋・阪急・サントリー
三井グループ	三井銀行	三井不動産・三井物産・三越・東芝・石川島播磨重工業
住友グループ	住友銀行	住友金属・住友商事・NEC・アサヒビール・マツダ

Answer 第一勧銀と富士はみずほ銀行に，三菱と三和は三菱UFJ銀行，三井と住友は三井住友銀行となり，3大メガバンクに統合された。

第4部 近代・現代

1 国民生活の変貌

1950 (昭和25)	● 特需景気。物資の配給・価格統制撤廃。千円札発行
1952 (昭和27)	● 1人当たり実質国民総生産が，1934～36年水準を超える
1953 (昭和28)	2 テレビ放送開始。熊本県水俣市で水俣病が発生しはじめる
1955	● 電気洗濯機が普及，家庭の電化時代が到来する
1956	11 東海道本線の電化完成
1958 (昭和33)	9 神戸にスーパーマーケット「主婦の店ダイエー」開店，流通革命の到来。8 インスタントラーメン発売。12 1万円札発行
1959	3 『少年マガジン』『少年サンデー』創刊
1960 (昭和35)	● 三重県四日市でぜんそく患者発生
	9 カラーテレビ放送開始
1961	● 坂本九「上を向いて歩こう」流行
1962 (昭和37)	2 東京が世界初の1000万人都市となる。3 テレビの受信契約者数が1000万人突破
1964 (昭和39)	4 海外旅行自由化。10 東海道新幹線開業。オリンピック東京大会開催。新潟県阿賀野川流域で新潟水俣病発生
1965	7 名神高速道路が全線開通。大学生数100万人突破
1967 (昭和42)	● 富山県神通川下流域に発生のイタイイタイ病は，鉱毒が原因と判明。8 公害対策基本法成立。● 主要工業生産水準が，資本主義国で第2位となる
1968 (昭和43)	4 東京で最初の高層ビル霞が関ビル完成
	● GNPが，アメリカにつぎ第2位となる
1970 (昭和45)	● 光化学スモッグ問題化。3 日本万国博覧会開催
	8 自動販売機・自動サービス機が100万台突破。マイカーが4世帯に1台となる
1971	7 環境庁発足

2 耐久消費財の普及

2-① 家電製品の普及

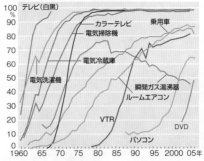

2-② 都市家庭における耐久消費財の普及率

	20%を超えたもの	50%を超えたもの
1955年以前	カメラ	ラジオ，ミシン，自転車
1956～60年	白黒テレビ，洗濯機，扇風機，電気炊飯器	洋ダンス
1961～65年	冷蔵庫，掃除機，石油・ガスストーブ	カメラ，洗濯機，電気こたつ
1966～70年	カラーテレビ，乗用車，応接セット，ステンレス流し台	掃除機，石油・ガスストーブ
1971～75年	ベッド，オルガン	カラーテレビ，ステレオ，ステンレス流し台，ガス湯沸器

(経済企画庁調べによる)

◀三種の神器　1950年代の後半，電化製品のなかで白黒テレビ・洗濯機・冷蔵庫は，皇位継承のシンボルにちなんで「三種の神器」といわれた。洗濯機や電気冷蔵庫は，女性の家事労働を減らした。1960年代後半からはカラーテレビ・クーラー・カー（自動車）が「3C」と称され，国民生活の豊かさの代名詞となった。

3 国民生活の変化

▲東京オリンピックの開会式（1964年10月10日）

◀新幹線の開通　1950年代，東海道線の輸送量増大によって，戦前に着手されていた新幹線計画がふたたび浮上した。1959年工事に着手し，東京オリンピック開催にあわせ，64年10月1日，東京・新大阪間が開通した。在来線より約40cm広い143.5cmの標準軌を採用し，最高時速210km，東京・新大阪間を4時間で結んだ。

◀大阪万国博覧会　1970年3月15日から「人類の進歩と調和」をテーマとして，183日間開催された。出展国は77カ国，入場者は6422万人を数えた。1日平均35万人の入場者である。

4 公害の発生

名古屋新幹線の騒音
大阪空港航空機騒音
豊島産業廃棄物の投棄
別子銅山の亜硫酸ガス（明治中・後期）
田子浦港へどろ
足尾銅山の鉱毒（明治中・後期）
日立鉱山の煙害（明治末期～大正）

◀解説　公害とは，「事業活動その他の人の活動に伴って生ずる相当範囲にわたる大気の汚染，水質の汚濁，土壌の汚染，騒音，振動，地盤の沈下及び悪臭によって，人の健康又は生活環境に係る被害が生ずることをいう」（環境基本法第2条）

	熊本水俣病 (1950年代～)	四日市ぜんそく (1960年ころ)	富山イタイイタイ病 (明治末期～昭和)	新潟水俣病 (1964年ころ)
病状	有機水銀中毒による神経障害	ぜんそくなどの呼吸器疾患	腎臓障害と骨がもろくなる病状。咳をしただけで骨折した例もある	有機水銀中毒による神経障害
原因	チッソ水俣工場から不知火海への排水	四日市の石油コンビナートを中心とする工場群から排煙中の硫黄酸化物など	三井金属神岡鉱山から神通川へ流出したカドミウム	昭和電工鹿瀬工場から阿賀野川への排水
判決	患者側全面勝訴			

◀水俣病　熊本県水俣市にあるチッソの工場排水に含まれる有機水銀によって引きおこされた。1950年代前半から，水俣市を中心とする地域で発生した。

▶四日市ぜんそく　1960年代に三重県四日市市の大気汚染によって引きおこされたぜんそく・呼吸困難の症状。昭和石油四日市工場などのコンビナート周辺でおきた。

Question p.326 2-① の「三種の神器」「新三種の神器（3C）」の耐久消費財の中で普及率が100%近くになったもの，そうならなかったものは何か。

第4部 近代・現代

1 1970年代の国内・国際情勢

内閣	年代	国内情勢	国際情勢
第3次佐藤栄作	1971（昭和46）	6 沖縄返還協定調印 7 環境庁発足 12 10カ国蔵相会議で1ドル＝308円に（スミソニアン協定）	8 ニクソン米大統領，金・ドル交換の一時停止
第1・2次田中角栄	1972（昭和47）	5 沖縄の施政権返還 田中角栄通産相，『日本列島改造論』発表 9 田中首相訪中，日中国交正常化を実現 4	2 ニクソン米大統領訪中 5 米・ソ両国，戦略兵器制限交渉（SALT I）に調印
	1973（昭和48）	2 円，変動相場制移行 10 国際石油資本，原油価格の30％値上げを通告（第1次石油危機始まる）2-③	1 ベトナム和平協定調印 10 第4次中東戦争
三木武夫	1975（昭和50）		4 ベトナム戦争終結 11 第1回先進国首脳会議（サミット），仏のランブイエで開催 3 6 ベトナム社会主義共和国成立（ベトナム統一）
	1976（昭和51）	2 ロッキード事件発覚 5 7 東京地検，ロッキード事件で田中前首相を逮捕 11 防衛費のGNP1％枠を決定	
福田赳夫	1978（昭和53）	8 日中平和友好条約調印 11「日米防衛協力のための指針」を決定	
第1次大平正芳	1979（昭和54）	1 国際石油資本，原油供給の削減通告（第2次石油危機）	2 イラン革命 6 米・ソ両国，SALT Ⅱに調印
	1980（昭和55）	6 第5回先進国首脳会議（東京サミット）開催	12 ソ連軍，アフガニスタンへ侵攻

2 2つのショックと日本の状況

2-① 70年代の流れ

1971　ドル＝ショック（ニクソン＝ショック）
金・ドル交換の一時停止
（IMF体制の崩壊）

↓

円の切上げ（1ドル＝308円）

1973　**変動相場制への移行**

円高不況→金融緩和政策

1973　第4次中東戦争　**物価高騰 = 狂乱物価**　**1972**　田中角栄内閣＝「日本列島改造論」
第1次石油危機（オイル＝ショック）

↓

世界同時不況

IMF体制の崩壊・原油価格の高騰による経済成長の条件喪失

1975　**先進国首脳会議（サミット）**

貿易・通貨問題や先進国間の経済政策を調整

↓

日本の安定成長へ

省エネ技術開発，先進国への輸出，公共投資の拡大による景気回復策

解説　ベトナム戦争によるアメリカの大幅な財政赤字はニクソン大統領による金・ドル交換停止（ドル＝ショック）となり，ドルを世界通貨の基軸とするIMF体制が崩壊した。日本経済は第1次石油危機と田中角栄の「日本列島改造論」で狂乱物価を招き，世界経済は不況と物価上昇が共存するスタグフレーションとなった。こうしたなかで世界経済を調整するために先進国首脳会議が開催された。

2-② 原油価格の推移

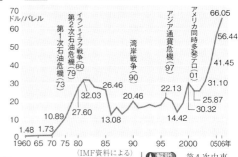

（IMF資料による）

解説　第4次中東戦争で，石油輸出国機構の石油戦略による第1次石油危機，イラン革命による第2次石油危機は，先進国の経済に深刻な影響を与えた。日本は省エネと技術革新で乗り切り，安定成長の時代を迎えた。

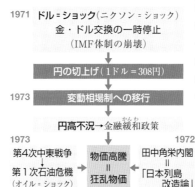

◁円切上げを報じる号外

2-③ 第1次石油危機の深刻さ

	鉱工業生産	生産者製品在庫率	稼働率	全産業常用雇用
1954年不況	−5.1%	＋31.5%	……	−1.3%
1958年不況	−9.4	＋58.2	−19.9	−0.2
1962年不況	−3.3	＋33.7	−10.7	−1.4
1965年不況	−2.9	＋13.3	−8.2	−1.2
1971年不況	−2.7	＋27.8	−8.8	−1.4
石油危機不況	−20.2	＋78.1	−24.0	−4.0

（内野達郎『戦後日本経済史』による）

解説　上の表にみるように，第1次石油危機による不況は戦後の不況のなかでもっとも深刻なものとなった。鉱工業生産は20％も落ち込み，製品の販売はとどこおった。工場の稼働率も下がり，雇用も減少した。

3 先進国首脳会議の開催

△**第1回先進国首脳会議**　先進国首脳会議（サミット）は，石油危機以降の世界同時不況に対して，先進工業国間の貿易や経済調整をおこなうために開催された。米・英・仏・西独・伊・日の6カ国が，フランスのランブイエ城に集まった。右端が日本の三木武夫首相。

4 日中国交正常化

▷**第1次石油危機と狂乱物価**　石油製品の高騰と品不足は，消費者のパニックに拍車をかけた。

◁**日中国交正常化**　1972年2月のニクソン訪中に刺激され，1972年9月，田中角栄首相が訪中し，9月29日，田中首相と中国の周恩来首相との間で日中共同声明が調印された。写真は，田中首相と握手する中国共産党の毛沢東主席。

▷詳しくみてみよう！
石油危機

5 保守政権の動揺

△**田中金脈問題**（『朝日新聞』1974年10月10日の広告）　雑誌『文藝春秋』1974年11月号で，立花隆「田中角栄研究」が田中角栄の人脈や政治資金づくりを暴露した。

△**ロッキード事件を報じる新聞記事**（『朝日新聞』1976年7月27日）

△『日本列島改造論』

6 経済大国への道

6-① 国民総生産の推移

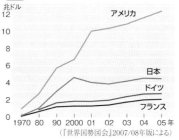

（『世界国勢図会』2007/08年版による）

解説　日本が国民総生産（GNP）で，アメリカにつぐ世界第2位となったのは1968年。1987年には1人当たりの国民所得で，アメリカを抜いて経済大国となった。しかし，バブル経済の崩壊で，アメリカに水をあけられている。

第4部 近代・現代

Answer 電気冷蔵庫・電気洗濯機・電気掃除機・カラーテレビは100％近くになったが，乗用車・クーラーは100％近くにはならなかった。

第4部 近代・現代

1 戦後の日中関係史年表

2 日華平和条約締結に向けて

在ワシントン国務省
ジョン・フォスター・ダレス殿
（『日本外交主要文書・年表』）

一九五一年十二月二十四日

吉田　茂

国際連合において中国の議席、発言権及び投票権をもち、若干の領域に対して現実に施政の権能を行使し、及び国際連合加盟国の大部分と外交関係を維持している中華民国国民政府とこの種の関係を発展させて行くことが現在可能であると考えます。この目的のためわが政府は、一九五一年十一月十七日、中国国民政府の同意をえて日本政府在外事務所を台湾に設置することができます。……

なお、一九五〇年モスクワにおいて締結された中ソ友好同盟及び相互援助条約は、実際上日本に向けられた軍事同盟でありまして、わたくしは、日本政府が中国の共産政権と二国間条約を締結する意図を有しないことを確信しました。

3 米中共同宣言と日中共同声明

3-① 米中共同宣言（1972年2月）

米中共同宣言（骨子）

1　平和5原則を確認し、国際紛争は武力の行使、脅迫によらず、この原則で解決する。

1　米中関係は平和5原則により、双方はアジア太平洋地域での支配権を求めず、第三国の支配にも反対する。双務的な貿易の積極的拡大をはかる。科学、技術、文化、スポーツ、ジャーナリズムなど、人民と人民の交流を促進する。

〈台湾・インドシナ・朝鮮・日本は互いの立場を併記〉

台湾　〈米国〉中国の主張は認める。米軍は、段階的に減少。〈中国〉台湾は中国の一省で、台湾解放は中国の国内問題。米軍の撤退を要求。

インドシナ〈米国〉米軍の撤退をめざす。〈中国〉インドシナ人民首脳会議宣言を支持。

朝鮮〈米国〉韓国との協力を保ち、朝鮮半島の緊張緩和に反対し、平和をめざす日本人民を支持。〈中国〉北朝鮮が71年4月に提案した朝鮮統一復興国連委の廃止を求めた立場を支持。

日本〈米国〉日本との友好を保つ。〈中国〉日本の軍国主義復活に反対し、平和をめざす日本人民を支持。

解説　米中外交関係の樹立

ニクソン大統領は、従前の対中国敵視政策を大転換し、1972年2月、北京を訪問した。これは中華人民共和国成立以来、最初の公式接触で、両国関係正常化のための共同宣言が出された。

3-② 日中共同声明（1972年9月）

日中共同声明

一、日本国と中華人民共和国との間のこれまでの不正常な状態は、この共同声明が発出される日に終了する。

二、日本国政府は、中華人民共和国政府が中国の唯一の合法政府であることを承認する。

三、中華人民共和国政府は、台湾が中華人民共和国の領土の不可分の一部であることを重ねて表明する。……

（『日本外交主要文書・年表』）

解説

日本側は、過去において日本国が戦争を通じて中国国民に重大な損害を与えたことについての責任を痛感し、深く反省する。また、日本側は、中華人民共和国政府が提起した「復交三原則」を十分理解する立場に立って国交正常化の実現をはかるという見解を再確認する。中国側は、これを歓迎するものである。

1972年2月のニクソン訪中では、長年にわたり日中正常化を阻んできた米国の鍵が解き放たれたことを意味していた。同年9月、田中角栄首相が訪中し、中華人民共和国を唯一の合法政府として承認し、外交関係を樹立。同日、1952年の日華平和条約は終了したとの公式見解が示され、中華民国（台湾）と断交した。

4 日中平和友好条約（1978年8月）

日中平和友好条約　一九七八年八月調印

第一条　両締約国は、主権及び領土保全の相互尊重、相互不可侵、内政に対する相互不干渉、平等及び互恵並びに平和共存の諸原則の基礎の上に、両国間の恒久的な平和友好関係を発展させるものとする。

第二条　両締約国は、そのいずれも、アジア・太平洋地域においても又は他のいずれの地域においても覇権を求めるべきではなく、また、このような覇権を確立しようとする他のいかなる国又は国の集団による試みにも反対することを表明する。

第三条　両締約国は、善隣友好の精神に基づき、かつ、平等及び互恵並びに内政に対する相互不干渉の原則に従い、両国間の経済関係及び文化関係の一層の発展並びに両国国民の交流の促進のために努力する。

（『日本外交主要文書・年表』）

解説　和解と協調の時代へ

正式には「日本国と中華人民共和国との間の平和友好条約」という。前文と5カ条からなる。ソ連（現, ロシア）のアジア進出を牽制する「覇権条項」（第2条）が交渉の焦点であった。

解説

尖閣諸島は魚釣島・南小島・北小島など五つの島と三つの岩礁からなり、いずれも無人島で行政上は石垣市に属す（1895年日本領土に編入）。1970年頃, 海底油田の存在がわかると中国が領有を主張しはじめた。尖閣諸島は日本固有の領土で, 領土問題自体が存在しないというのが日本の立場である。

5 尖閣諸島の日本領有・支配

1895 (明治28)	1月14日, 閣議決定により, 領土編入
1932 (昭和7)	内務大臣は魚釣島・久場島・南小島・北小島を古賀善次に払い下げ, 4島は私有地となる
1970 (昭和45)	外務大臣が改めて尖閣諸島は日本の領土と公式表明
1974 (昭和49)	南小島, 北小島を埼玉県在住の個人が古賀善次から買い取る
1978 (昭和53)	古賀善次が死去し, 妻花子から埼玉県在住者が魚釣島を買収
1979 (昭和54)	魚釣島にヘリポート建設, 沖縄開発庁の「尖閣諸島利用開発調査団」が上陸調査
2012 (平成24)	尖閣諸島（石垣市）は日本の国有地となる

▲尖閣諸島　日本の行政区画は石垣市である。

▶尖閣諸島の領海を守る海上保安庁の巡視船（下）と中国海警局の船

Question 1972年に日華平和条約が失効して日本と台湾が断交したのはなぜだろうか。

詳日 第18章 1 p.356 〜 359

1 1980年代の国内・国際情勢と中曽根康弘内閣

内閣	年代	国内情勢	国際情勢
鈴木善幸	1981(昭和56)	土光敏夫を会長とする臨時行政調査会初会合	12 ポーランドに戒厳令
	1982(昭和57)	8 韓国政府, 教科書における日本の植民地支配の記述に抗議	4 アルゼンチン軍, 英国とフォークランド紛争(〜6月)
第1次中曽根康弘	1983(昭和58)	1 中曽根首相訪米,「日米は運命共同体」と表明	9 大韓航空機, サハリン沖で領空侵犯, ソ連軍機に撃墜される
		10 東京地裁, ロッキード裁判の田中角栄被告に実刑判決	10 米軍, グレナダ侵攻
	1984(昭和59)	3 グリコ事件発生(社長誘拐, 脅迫)	3 アフリカで飢餓深刻化, 世界各地で救援活動おこる
		8 臨時教育審議会発足	
		9 全斗煥韓国大統領来日	
第2次中曽根康弘	1985(昭和60)	4 NTTとJTが発足	3 ソ連共産党書記長にゴルバチョフ就任。ペレストロイカに着手
		8 日航ジャンボ機墜落, 死者520人	
		9 G5, プラザ合意	
	1986(昭和61)	4 男女雇用機会均等法施行	2 アキノ, フィリピン大統領就任
		9 社会党委員長に土井たか子が当選, 初の女性党首誕生	4 ソ連, チェルノブイリ原子力発電所事故おこる
第3次中曽根康弘	1987(昭和62)	1 政府予算案で, 防衛関係費がGNP1%枠を突破	
		4 国鉄が分割民営化, JR7社発足	
		6 IMFの統計で, 日本の4月末の外貨準備高が西独を抜いて世界一に	12 米ソ首脳, 中距離核戦力(INF)全廃条約に調印
		11 「連合」発足	
竹下登	1988(昭和63)	7 リクルート疑惑	5 ソ連軍, アフガニスタンから撤退開始
		12 消費税導入を柱とする税制改革6法成立	8 イラン=イラク戦争停戦
	1989(平成元)	1 昭和天皇死去,「平成」始まる	
		4 消費税スタート	6 中国で天安門事件おこる
宇野/第1次海部		11 総評が解散, 日本労働組合総連合「新連合」が発足	11 ベルリンの壁が崩壊
			12 米ソ首脳, マルタ会談。「冷戦の終結」を宣言

2 減量経営と安定成長

① 景気浮揚政策	公共事業費の拡大, 金融緩和, 赤字国債の発行
②「減量経営」の推進	省エネルギー, 人員削減, パート労働への切り替え
③ 技術革新・産業構造転換の推進	コンピュータや産業用ロボットなどのME(マイクロ=エレクトロニクス)を利用した工場, オフィスの自動化
④ 輸出の強化と矛盾	自動車・電気機械・ハイテク分野の輸出増大→貿易黒字拡大→貿易摩擦発生, 円高定着
⑤ 石油依存からの脱却	代替エネルギー(原子力・液化天然ガスなど)
⑥ その他	民間大企業労組の賃上げ自粛ムード, 労使協調的な「連合」発足

3 新保守主義の政治

新保守主義の特徴
1. イギリスのサッチャー首相, アメリカのレーガン大統領, 日本の中曽根首相がおこなう
2. 公共事業支出の抑制による「小さな政府」をめざす
3. 経済不振対策として, 企業活力の導入, 国有企業の民営化

中曽根内閣の政策	
1982	国鉄・電電・専売の3公社の分割民営化発表
1985	日本電電公社→NTT, 専売公社→JTへ
1987	国鉄民営化→JR7社へ分割

▶**国鉄民営化の実現** 1987年4月1日, 国鉄は分割民営化され, 新しくJRグループとして再出発した。国鉄は地方ごとの6つの旅客鉄道会社と1つの貨物鉄道会社の7つ(JR北海道, JR東日本, JR東海, JR西日本, JR四国, JR九州, JR貨物)に分割された。この日, 旧汐留駅では, 国鉄総裁と運輸大臣がそれぞれ1度ずつ蒸気機関車の汽笛を鳴らしてJRグループの門出を祝った。

4 貿易摩擦の拡大と対応

4-① 日本の対米貿易額

(日本関税協会「外国貿易概況」による)

▶**解説** アメリカはベトナム戦争による膨大な戦費支出以来, 財政赤字に悩んでいた。1980年代に入るとアメリカの輸入が増加し, 貿易赤字も増えた。この「双子の赤字」が増加するなかで日本とアメリカの貿易摩擦が恒常化した。

4-② 自動車の生産

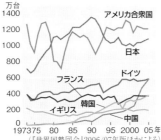

『世界国勢図会』2006/07年版ほかによる

4-③ 日米貿易摩擦

1960年代	繊維製品
	1967—日本とアメリカの貿易収支が逆転
1970年代	鉄鋼, カラーテレビ, 牛肉, オレンジ
1980年代	自動車, 半導体, コンピュータ
1985	プラザ合意(G5による円高ドル安誘導)
	日本市場の開放圧力(スーパー301条)
	1989〜91—日米構造協議(日本の商慣行見直し)
1990年代	政府調達, 保険, 板ガラス, 自動車部品
	1993〜94—日米包括経済協議(米が数値目標設定)

▶**解説** 日米貿易摩擦の推移 60年代の日米繊維交渉から, 日本とアメリカとの貿易摩擦が連続している。1960年代以後, 貿易摩擦は軽工業から重工業, ハイテク部門へ移った。

5 日本がODAを供与したことのある国・地域

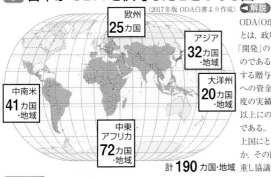

(2017年版ODA白書より作成)

欧州	25カ国
アジア	32カ国・地域
大洋州	20カ国・地域
中南米	41カ国・地域
中東アフリカ	72カ国・地域
計	**190**カ国・地域

▶**解説** ODA(Official Development Assistance)とは, 政府開発援助として開発途上国の「開発」のために資金や技術を提供するものである。具体的には発展途上国に対する贈与や低利子での貸付, 国際機関への資金の拠出である。日本の2017年度の実績は支出純額ベースで114億ドル以上にのぼる。日本の国際貢献の一つである。援助総額もさることながら, 途上国にとってどのような援助が必要なのか, その国の歴史や文化・環境などを尊重し協議することが必要である。

◀**日本製自動車を破壊する米国の全米自動車労働組合の組合員** アメリカの対日貿易赤字が増加するなかで, 日本の自動車や電化製品の輸出に対する非難が高まった。アメリカの自動車会社の労働組合員らによって, 日本車や日本製品をハンマーでたたくといったパフォーマンスが, たびたび報道された。

第4部 近代・現代

Answer p.328 3-②のように, 日中共同声明で日本が「中華人民共和国政府が中国の唯一の合法政府」と認めたから。

1 ソ連の崩壊

1-① ソ連の崩壊と東欧の民主化

1985 (昭和60)	ゴルバチョフソ連共産党書記長の就任 ペレストロイカ(建直し＝政治改革) グラスノスチ(情報公開)・新思考外交 (冷戦の終結)
1986 (昭和61)	チョルノービリ原子力発電所事故→グラスノスチの必要性確認
1987	中距離核戦力(INF)全廃条約
1989 (平成元)	2 アフガニスタン撤退完了 4 バルト3国独立運動(リトアニア・ラトヴィア・エストニア) 5 ゴルバチョフ訪中,中ソ対立解消→アメリカ「封じ込め」政策の終了宣言 12 マルタ会談→冷戦終結宣言
1991 (平成3)	6 ロシア共和国大統領選挙でエリツィン圧勝 12 ソ連ゴルバチョフ大統領辞任(ソ連崩壊)

1-② ソ連社会主義経済の破綻

◎ソ連経済の停滞 アメリカのレーガン大統領の宇宙からの防衛構想に対応して過度の軍備拡大に走ったブレジネフ政権末期以降のソ連では,計画経済の硬直化や流通の不備による食料品や日用品の不足がしばしばおこった。写真は,商品のまったくおかれていないスーパーマーケットの様子。

1-③ アフガニスタン侵攻の失敗

▷1979年以来,駐留していたアフガニスタンから撤退するソ連軍(1989年) 1979年,アフガニスタン政権内部の対立に乗じて進行したソ連は,親ソ派の社会主義政権を樹立した。しかし,アメリカに支援されたイスラーム勢力の抵抗にあって1万人以上の戦死者を出し,軍事費はソ連経済を圧迫していた。

1-④ ソ連の解体

凡例:
□ソ連から離脱した国々
▨ロシア人が少数派として居住している地域
ソ連時代の国境

▲ソ連消滅以後のロシアと周辺の国家 1991年,バルト3国が独立を回復し,同年末,ロシア連邦を中心とする11の独立国家共同体(CIS)が発足して,ソ連は消滅した。しかし,ソ連時代に周辺へ居住を拡大したロシア人の保護を名目に,ロシア大統領プーチンはジョージア(グルジア)やアゼルバイジャンの民族紛争にロシア軍を介入させてロシアの領土拡大をねらった。2022年2月24日,プーチンは突然ウクライナの征圧をめざして軍事侵攻した。

1-⑤ 東欧の民主化(1989年の激動)

地図中のラベル:
- 1989年11月 ベルリンの壁崩壊 1990年10月ドイツ統一
- 1989年6月 共産党から独立した労働組合組織「連帯」が政権につく
- 1989年12月 共産党の一党独裁を放棄
- 1989年5月 オーストリアとの国境のフェンスを取り除く →ベルリンの壁の無意味化
- 1989年12月 独裁政治をおこなっていた大統領夫妻の殺害

□社会主義国家

◀東欧の共産党支配の崩壊 1989年は東欧の激動の年となった。ポーランドでは,自主管理労組「連帯」主導の内閣が成立し,共産党独裁が崩壊した。ハンガリーは共和国となり,ハンガリーとオーストリアの国境フェンスが撤去されると,東ドイツの人々がチェコスロヴァキア・ハンガリーを大きく迂回して西ドイツへ大量に脱出した(当時,これをヨーロッパ＝ピクニックとよんだ)。ベルリンの壁は意味がなくなった。チェコスロヴァキアでは,民主化の象徴ハヴェルが大統領に就任した。ルーマニアでは,共産党の独裁者チャウシェスクが処刑された。

2 冷戦の終結

2-① ベルリンの壁崩壊

▲解説 ソ連の改革(ペレストロイカ)は東欧の社会主義諸国の民主化へと波及した(東欧革命)。1989年5月,ハンガリー・オーストリア間の往来が自由化されると西ドイツへ脱出する東ドイツ市民が激増した。同年11月,ベルリンを東西に分けていたベルリンの壁が開放された。

2-② マルタ会談

ブッシュ(米)
ゴルバチョフ(ソ)

▲解説 ソ連のゴルバチョフは,ソ連の改革(ペレストロイカ)をおこないつつ東西の緊張緩和を進めた。1989年12月,アメリカのブッシュと地中海のマルタ島で会談し,冷戦の終結を宣言。

Question 東欧が民主化される大きな要因は,何だったのだろうか,考えてみよう。

1 昭和から平成へ

激動の昭和終わる

明仁親王 ご即位

新元号は「平成」(へいせい)

十二指腸乳頭周囲がんで 87歳ご在位最長

△昭和天皇崩御を報じる新聞記事(『毎日新聞』1989年1月7日) 1989年1月7日, 昭和天皇が死去し, 「平成」が始まった。

▷「平成」の元号を発表する小渕恵三官房長官 「平成」の元号は, 「内平かに外成る」(史記), 「地平かに, 天成る」(書経)の語句よりとられて制定された。

消費税スタート

商品・サービスに3%課税

転嫁で混乱は必至

▷消費税実施を報じる新聞記事(『朝日新聞』1989年4月1日) 中曽根内閣が大型間接税(売上税)の導入に失敗したのを受け, 竹下登内閣は税制改革の一環としてすべての商品・サービスを対象にした消費税3%を導入した。1950年度から実施された直接税中心主義のシャウプ税制改革に, はじめて変更を迫るものであった。1997年に税率が5%に引き上げられた。その後, 2014年から8%となり, 2019年10月からは10%となった。

2 日本のPKO活動

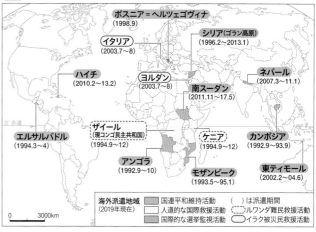

ボスニア=ヘルツェゴヴィナ (1998.9)
イタリア (2003.7〜8)
シリア(ゴラン高原) (1996.2〜2013.1)
ハイチ (2010.2〜13.2)
ヨルダン (2003.7〜8)
ネパール (2007.3〜11.1)
南スーダン (2011.11〜17.5)
ザイール (現コンゴ民主共和国) (1994.9〜12)
ケニア (1994.9〜12)
カンボジア (1992.9〜93.9)
エルサルバドル (1994.3〜4)
アンゴラ (1992.9〜10)
モザンビーク (1993.5〜95.1)
東ティモール (2002.2〜04.6)

海外派遣地域 (2019年現在)
国連平和維持活動　　　( )は派遣期間
人道的な国際救援活動　　〔 〕はルワンダ難民救援活動
国際的な選挙監視活動　　〇はイラク被災民救援活動

0 3000km

▷カンボジアへ派遣される自衛隊の出航 湾岸戦争後の1992年6月, PKO協力法が成立した。写真は同年9月, カンボジアのPKO活動に派遣される自衛隊第一陣の出港風景である。カンボジアでは道路の復旧や地雷の撤去などをおこなった。

3 同時多発テロ事件

◁同時多発テロの発生 (2001年9月11日) イスラームの過激派組織アル=カーイダは旅客機を乗っ取って, 2機が世界金融の中心にあるニューヨークのウォール街に隣接する世界貿易センタービルに突入し, 炎上・崩壊させた。同じ頃, ワシントンの国防総省ビル(ペンタゴン)にも1機の航空機が突入した。また, ホワイトハウスをねらった他の1機は, 乗客の抵抗でピッツバーグ近郊に墜落した。

△カンボジアで道路の補修をおこなう自衛隊員 (1992〜93年)

4 55年体制の崩壊と細川内閣の成立

55年体制の成立	➡	55年体制の崩壊
保守 自由民主党	38年間の55年体制	**細川護熙内閣の成立**
1955(昭和30)年11月, 自由党と日本民主党が保守合同。約3分の2議席の安定多数を確保		1993(平成5)年8月, 社会党・新生党・日本新党・新党さきがけ・民社党・公明党・社民連などによる連立内閣。自民党の単独政権時代から連立政権の時代に入る
革新 日本社会党		**△解説** 宮沢喜一内閣への不信任決議案可決により衆議院解散, 1993年7月の総選挙で, 自由民主党は過半数割れした。政権を維持できなくなった自由民主党にかわって, 日本新党の細川護熙を首相とする8党派による連立内閣が誕生し, 自由民主党単独政権の時代は終わった。
1955(昭和30)年10月, 日本社会党左派と右派が統一。改憲阻止に必要な約3分の1議席を確保		

社民連　民社党　公明党　社会党　新生党　日本新党　さきがけ　民主改革連合
江田　大内　石田　山花　羽田　細川　武村　星川

△細川護熙内閣の誕生 日本共産党をのぞく非自民8党派による連立政権である。米(コメ)の部分開放を認めたウルグアイ=ラウンドを受諾し, 小選挙区比例代表並立制の導入を決めた政治改革関連4法を成立させたが, 佐川急便から細川首相個人への1億円の資金提供疑惑により8カ月で退陣した。それを引き継いだ羽田孜内閣は社会党と新党さきがけの連立離脱で議会運営が難航し, 不信任案が可決されて2カ月で辞職した。非自民の連立政権は1年ももたなかった。

Answer アメリカとの軍拡競争に負けたソ連の国力低下で, 共産党支配を嫌悪し民主化を求める東欧の人々を押さえ込めなくなったから。

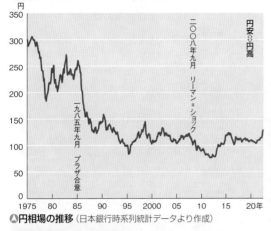

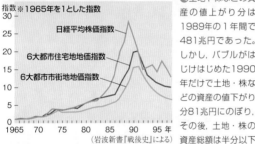

第4部 近代・現代

1 円高不況からバブル経済へ

1-① 円高の進展と円高不況

◆円相場の推移（日本銀行時系列統計データより作成）

（グラフ内）
- 二〇〇八年九月 リーマン＝ショック
- 一九八五年九月 プラザ合意
- 円安⇕円高

1-② 資産価格の動向

指数※1965年を1とした指数
- 日経平均株価指数
- 6大都市住宅地地価指数
- 6大都市市街地地価指数

（岩波新書『戦後史』による）

土地や株などの資産の値上がり分は1989年の1年間で481兆円であった。しかし，バブルがはじけはじめた1990年だけで土地・株などの資産の値下がり分81兆円にのぼり，その後，土地・株の資産総額は半分以下となった。

▲解説　1986年から91年にかけての平成景気をバブル経済という。超低金利政策による金余りのため，巨額の資金が土地と株に流れ込んでおこった。地価と株価の異常な高騰で，泡（バブル）のようにふくらんだ経済の実態とはかけ離れた好景気であった。地価と株価の暴落で，このバブル経済は吹き飛んで，不良債権だけが残った。土地と株へ資金を供給した金融機関は，資金を回収できず，倒産していった。

2 バブル経済の崩壊

2-① 金融機関の破綻

年	月	金融機関名	本店所在地
1991	7	東邦相互銀行	松山市
1992	8	東洋信用金庫	大阪市
1993（平成5）	5	釜石信用金庫	岩手県釜石市
1994（平成6）	6	大阪府民信用組合	大阪市
	9	信用組合岐阜商銀	岐阜市
	12	東京協和/安全信用組合	東京都
1995（平成7）	2	友愛信用組合	横浜市
	7	コスモ信用組合	東京都
	8	兵庫銀行	神戸市
		木津信用組合	大阪市
	11	福井県第一信用組合	福井市
	12	大阪信用組合	大阪市
1996（平成8）	3	太平洋銀行	東京都
	4	山陽信用組合	兵庫県山崎町
		けんみん大和信用組合	神戸市
	11	三福信用組合	大阪市
		阪和銀行	和歌山市
1997（平成9）	3	阪神労働信用組合	兵庫県尼崎市
	4	東海信用組合	岐阜市
		土岐信用組合	岐阜県土岐市
		北九州信用組合	北九州市
		神奈川県信用組合	横浜市
		日産生命	東京都
	5	田辺信用組合	大阪市
		朝銀大阪信用組合	大阪市
	10	京都共栄銀行	京都市
	11	三洋証券	東京都
		北海道拓殖銀行	札幌市
		山一証券	東京都
		徳陽シティ銀行	仙台市

（『平成不況10年史』による）

▲解説　地価と株式が異様な高騰をみせたバブル経済は，それらの大暴落で吹き飛んだ。土地と株へ資金を投入した金融機関には不良債権が残り，資金を回収できず，つぎに倒産していった。

2-② 山一証券の破綻

（新聞見出し）山一証券 経営破たん／自主廃業を検討 簿外債務2000億円超／顧客資産，日銀特融で保護／市場の淘汰／四者会

▲山一証券の経営破綻を報じる新聞（『朝日新聞』1997年11月22日）

（新聞見出し）拓銀，破たん 解体へ／預金，日銀特融で保護 北洋銀に営業権譲渡／混乱回避へ窮余の策／預金保険機構に／サッカー 日本 W杯初出場

▲北海道拓殖銀行の経営破綻を報じる新聞（『朝日新聞』1997年11月17日夕刊）

3 阪神淡路大震災

▲阪神淡路大震災　1995年1月17日午前5時46分，震源地淡路島北部。マグニチュード7.3の地震がおそった。死者・行方不明者6437人，家屋の全半壊24万9180軒，家屋の焼損7574軒を数えた。

▲地震でずれた淡路島の野島断層

4 地下鉄サリン事件の発生

◀地下鉄サリン事件　1995年3月20日，午前8時すぎの通勤時間帯をねらって，オウム真理教は東京の都心を通る地下鉄3路線5列車で毒ガスのサリンを撒き，死者11人，重軽傷者5500人の被害を出した。

▲化学物質の分析に向かう消防庁職員

Question p.333 4 に関連して，福島第一原子力発電所の事故は，その後の日本のエネルギー供給にどのような影響を与えただろうか。

1 北朝鮮による日本人拉致問題

△拉致問題の解決を訴える家族 日朝平壌宣言で北朝鮮は「拉致」を認め，2002年10月15日，5人の拉致被害者の帰国をみた。しかし，2004年5月の小泉純一郎首相の2度目の訪朝でも，その他の拉致被害者については何も明らかになっていない。

△拉致被害者の帰国 2002年の日朝首脳会談の結果，1978年に北朝鮮に拉致された5名の日本人が帰国を果たした。

3 民主党政権の誕生と崩壊

▷2009年8月の総選挙後，民主党への政権交代を報じる新聞（『朝日新聞』2009年8月31日） 鳩山由紀夫内閣は辺野古への米軍基地移設の問題で信頼を失い，次の菅直人内閣では，東日本大震災への対応に失敗して，民主党政権は国民の支持を失った。

4 東日本大震災の発生

△東日本大震災を報じる新聞
（『朝日新聞』2011年3月12日）

△東京電力・福島第1原発の惨状 巨大地震による強い揺れと津波で福島第1原子力発電所は原子炉内の燃料棒が溶けて制御できなくなるメルトダウンを起こし，水素爆発による大量の放射性物質の飛散が周辺の市町村に大きな損害を与え続けた。

◁東北地方をおそう巨大津波
2011年3月11日午後2時46分，太平洋で発生したマグニチュード9.0の巨大地震によって，各地を津波がおそい，2万5000人以上の死者・行方不明者を出した。

2 リーマン＝ショックによる金融不安

△リーマン＝ショックを報じる新聞
（『朝日新聞』2008年9月16日夕刊） 2008年9月，アメリカの世界的な証券会社・投資銀行であるリーマン＝ブラザーズがサブプライム＝ローンと呼ばれる低所得者向けの住宅ローン債権が暴落したことにより破綻し，世界的金融危機となった。

5 平成から令和へ

5-① 日本の少子化と人口減

■ 0〜14歳　■ 15〜64歳　■ 65歳以上

年	0〜14歳	15〜64歳	65歳以上	総人口
2015	12.5%	60.8%	26.6%	総人口 1億2710万人
2020	12.0	59.1	28.9	1億2533万人
2025	11.5	58.5	30.0	1億2254万人
2030	11.1	57.7	31.2	1億1913万人
2035	10.8	56.4	32.8	1億1522万人
2040	10.8	53.9	35.3	1億1092万人
2050	10.6	51.8	37.7	1億192万人
2060	10.2	51.6	38.1	9284万人
2065	10.2	51.4	38.4	8808万人

△日本の将来の年齢別推計人口（中位推計）

5-② 新型コロナウイルスの流行

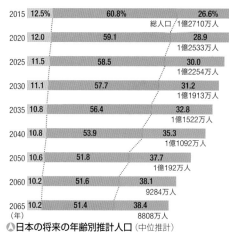

△新型コロナウイルスの感染拡大にともなう緊急事態宣言を報じる新聞（『朝日新聞』2020年4月8日）

第4部 近代・現代

Answer 原子力発電の信頼が下がり，太陽光などの再生可能エネルギーへの移行が目指される一方，化石燃料による火力発電が増加した。

第4部　近代・現代

2 外食の普及とコンビニの拡大

▲ファミリーレストラン1号店
1970年に国立市で開店した「すかいらーく」1号店。

▲コンビニエンスストアの開店
1974年，東京都江東区に「セブン・イレブン」の1号店が開店。アメリカで短期間に発達し，日本へ持ち込まれたコンビニは，都会生活に定着していった。消費者に便利（コンビニエンス）を与える店という意味からコンビニとよばれた。

◀「マクドナルド」の開店　1971年，東京の銀座4丁目三越銀座店の1階に「マクドナルド」1号店が開店し，若者の食生活を変化させた。

3 モータリゼーションの展開

▲スバル360　　▼フェアレディZ　▲パブリカ　　▼スーパーカブ

▶解説
神武景気のなかで，1950年代後半から日本にもモータリゼーションの波が押し寄せてきた。1955年，通産省は国産乗用車の開発・普及をめざす政策を展開し，家庭に乗用車を普及させようとした。58年の「スバル360」はそれに応えたもの。66年の「パブリカ」は本格的な国民車である。69年の「フェアレディZ」は「ダットサン・240Z」として，欧米のスポーツカーの性能をしのぎ，アメリカでも人気となる。1958年のホンダのスーパーカブは，現代でも使用されている小型バイクの傑作である。

4 電子機器の拡大

①

②

③

④

⑤

⑥

⑦

⑧

▲電子機器　①インベーダーゲーム機　②ファミコン　③初期の携帯電話（1988年）　④ケイタイ（2001年）　⑤日本最初のテープレコーダー（1950年）　⑥ウォークマン（1979年）　⑦アイポッド（2010年）　⑧スマートフォン（2012年）

Question p.334 2 に関連して，東京都江東区豊洲に1号店を開店した「セブン・イレブン」の名称の由来を考えてみよう。

1 マンガからアニメーションへ

▶『少年サンデー』と『少年マガジン』の創刊号 1959年3月、小学館の『少年サンデー』、講談社の『少年マガジン』が同時に創刊。『少年サンデー』の表紙は巨人軍長嶋茂雄、『少年マガジン』の表紙は第46代横綱朝潮太郎。

▶『ゲゲゲの鬼太郎』 水木しげるの漫画。『ゲゲゲの鬼太郎』は「妖怪漫画」ながら、日本人のなつかしさにあふれた漫画である。

▶『テニスの王子様』 天才テニス少年、越前リョーマがテニスの名門校で成長して行く漫画。

▶『宇宙戦艦ヤマト』 製作・指揮西村義展、監督松本零士のテレビアニメ『宇宙戦艦ヤマト』は、劇場版で大ヒットとなる。アニメブームの原点となった伝説的な作品である。

▶『ベルサイユのばら』 池田理代子が1972年より『週刊マーガレット』に連載した「ベルサイユのばら」は、フランス革命を時代背景とするロマンあふれる大歴史漫画として大ヒット。主人公である男装の麗人オスカルが魅力的で、宝塚歌劇やテレビアニメ化された。

▶『ジャングル大帝』 手塚治虫の漫画。1950年から『漫画少年』に連載された。この年の前後に「アトム大使」などを発表し、人気漫画家となる。「ジャングル大帝」はディズニーの「ライオン・キング」のモデルとされた。
©手塚プロダクション

2 スポーツ・芸能

▶力道山(1924〜63) 得意の空手チョップで外国人レスラーをマットに沈めた。

▶大鵬(1940〜2013) 第48代横綱。優勝32回、6連覇2回、45連勝、不世出の大横綱。2013年、国民栄誉賞。

▶長嶋茂雄(1936〜) 読売巨人軍の4番、サードの「燃える男」は、王貞治とともに9年連続日本一(65〜73年)をもたらした。

▶王貞治(1940〜) 読売巨人軍V9(1965〜73年連続優勝)の立役者。1977年、ベーブ=ルースの714本、ハンク=アーロンの755本を抜いて本塁打世界一に。初の国民栄誉賞受賞。通算本塁打868本。

▶山口百恵(1959〜) 「青い果実」「ひと夏の経験」のヒット後、宇崎竜童・阿木燿子の「横須賀ストーリー」で頂点へ。1980年に引退し、家庭生活へ入る。

▶イチロー(1973〜) 本名は鈴木一朗。アメリカの大リーグでシーズン最多安打、10年連続200本安打を記録。2016年8月、大リーグ通算3000本安打達成。

3 科学技術の発展

▶茨城県東海村の国産原子炉第1号 1962年9月12日、国産原子炉の臨界が確認され、国産で最初の原子の火がともった。

▶東京タワーと東京スカイツリー 東京タワーは1958年に完成。高度経済成長期のシンボル。東京スカイツリーは2012年5月22日に開業。自立式電波塔として高さ世界一(634m)。

▶南極観測船「宗谷」 1957年の国際地球観測年の一環として、はじめて南極へ派遣、昭和基地での越冬観測をおこなった。

▲日本初の人工衛星「おおすみ」の発射台 1970年、打ち上げ。

▲H-IIAロケット 宇宙航空研究開発機構(JAXA)と三菱重工が開発した人工衛星打ち上げ用大型ロケット。

▲日本人初の宇宙飛行士毛利衛(1948〜) 1992年、NASA(アメリカ航空宇宙局)のスペースシャトルで宇宙飛行をおこなった。

▲日本人女性初の宇宙飛行士向井千秋(1952〜) 1994年と98年の2度、スペースシャトルで宇宙飛行をおこなった。

第4部 近代・現代

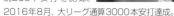
Answer 開店当時、朝7時から夜11時までが営業時間だったから。当時、夜11時までやっている店はほとんどなかったから便利だった。

1 ノーベル賞受賞者

受賞年	人名（生没年）	分野
1949	湯川秀樹（1907～81）	物理学
1965	朝永振一郎（1906～79）	物理学
1968	川端康成（1899～1972）	文学
1973	江崎玲於奈（1925～　）	物理学
1974	佐藤栄作（1901～75）	平和
1981	福井謙一（1918～98）	化学
1987	利根川進（1939～　）	医学・生理学
1994	大江健三郎（1935～　）	文学
2000	白川英樹（1936～　）	化学
2001	野依良治（1938～　）	化学
2002	小柴昌俊（1926～2020）	物理学
2002	田中耕一（1959～　）	化学
2008	南部陽一郎（1921～2015）	物理学
2008	小林誠（1944～　）	物理学
2008	益川敏英（1940～2021）	物理学
2008	下村脩（1928～2018）	化学
2010	根岸英一（1935～2021）	化学
2010	鈴木章（1930～　）	化学
2012	山中伸弥（1962～　）	医学・生理学
2014	赤﨑勇（1929～2021）	物理学
2014	天野浩（1960～　）	物理学
2014	中村修二（1954～　）	物理学
2015	大村智（1935～　）	医学・生理学
2015	梶田隆章（1959～　）	物理学
2016	大隅良典（1945～　）	医学・生理学
2018	本庶佑（1942～　）	医学・生理学
2019	吉野彰（1948～　）	化学
2021	眞鍋淑郎（1931～　）	物理学

▲湯川秀樹　中間子理論で日本人初のノーベル賞を受賞。

▲朝永振一郎　量子力学を研究。超多時間理論を完成して受賞。

▲川端康成　新感覚派の小説家。日本の近代文学を世界へ発信。

▲江崎玲於奈　半導体の理論によりエサキ＝ダイオードを開発。

▲佐藤栄作　非核三原則などで世界平和に貢献したことで受賞。

▲福井謙一　化学反応を電子の軌道から説明したフロンティア電子論を提唱。

▲利根川進　免疫遺伝学、とくに抗体遺伝子の解明に取り組んだ。

▲大江健三郎　現代における人間を衝撃的に描いて世界的に評価される。

▲白川英樹　ヨウ素と反応させたポリアセチレンのすぐれた導電性を発見。

▲野依良治　医薬品合成に必要なタイプの化合物を人工合成。

▲小柴昌俊　物質を構成する素粒子ニュートリノの検出に成功。

▲田中耕一　生命化学のカギをにぎるタンパク質の分析法を開発。

▲南部陽一郎　宇宙の成り立ちを素粒子の対称性が失われることから説明。

▲小林誠　クオーク6種以上の存在、物質と反物質の対称性の破れを予言。

▲益川敏英　クオーク6種以上の存在、物質と反物質の対称性の破れを予言。

▲下村脩　オワンクラゲの発光原理を解明、広範な応用に道を開いた。

▲根岸英一　有機合成におけるクロスカップリングの研究。

▲鈴木章　有機合成におけるクロスカップリングの研究。

▲山中伸弥　IPS細胞で多大な業績をあげ、再生医療への道を開いた。

▲赤﨑勇　青色発光ダイオード（LED）の発明と実用化に貢献した。

▲天野浩　青色発光ダイオード（LED）の発明と実用化に貢献した。

▲中村修二　青色発光ダイオード（LED）の発明と実用化に貢献した。

▲大村智　線虫感染症の新しい治療法の発見。

▲梶田隆章　素粒子ニュートリノの質量や「ニュートリノ振動」の実証。

▲大隅良典　細胞が不要なタンパク質などを分解する「オートファジー」の解明。

▲本庶佑　免疫抑制システムの阻害因子を発見し、がん療法を進展させた。

▲吉野彰　携帯電話などに使われているリチウムイオン電池の開発。

▲眞鍋淑郎　地球気候システムのモデル化による地球温暖化予測。

2 国民栄誉賞受賞者

受賞年月	人名（生没年）	受賞理由
1977.9	王貞治（1940～　）	プロ野球で本塁打世界記録の756本達成
1978.8	古賀政男（1904～78）	「古賀メロディー」で歌謡曲多数を作曲
1984.4	長谷川一夫（1908～84）	国民的人気で人々を魅了した俳優
1984.4	植村直己（1941～84）	世界五大陸最高峰登頂、北極点を踏破した
1984.10	山下泰裕（1957～　）	柔道で公式戦203連勝を達成
1987.6	衣笠祥雄（1947～2018）	プロ野球で史上初2215試合連続出場を達成
1989.7	美空ひばり（1937～89）	大衆の圧倒的支持をうけた大スター
1989.9	千代の富士貢（1955～2016）	相撲で史上初の通算1000勝
1992.5	藤山一郎（1911～93）	歌謡曲を明るく歌い続けた歌手
1992.7	長谷川町子（1920～92）	「サザエさん」など戦後日本の家庭漫画家
1993.2	服部良一（1907～93）	3000曲にのぼる流行歌、映画音楽をつくる
1996.9	渥美清（1928～96）	映画「男はつらいよ」の演技で、国民を魅了
1998.7	吉田正（1921～98）	作曲家、多くのヒット曲をつくった
1998.10	黒澤明（1910～98）	世界の映画史に輝く映画監督
2000.10	高橋尚子（1972～　）	五輪女子マラソンで、初の金メダル
2009.1	遠藤実（1932～2008）	54年間の作曲活動で国民に希望を与えた

受賞年月	人名（生没年）	受賞理由
2009.7	森光子（1920～2012）	舞台俳優、『放浪記』主演2000回をこえた
2009.12	森繁久彌（1913～2009）	芸能分野において、広く国民に愛された
2011.8	なでしこジャパン	困難に直面している国民に勇気をあたえた
2012.11	吉田沙保里（1982～　）	レスリング世界大会13連覇、前人未踏の業績
2013.2	大鵬幸喜（1940～2013）	大相撲優勝32回達成の大横綱
2013.5	長嶋茂雄（1936～　）	闘志あふれるプレーで野球を輝かせた
2013.5	松井秀喜（1974～　）	日米の野球で世界的な功績と足跡
2016.10	伊調馨（1984～　）	オリンピック史上初の女子個人種目4連覇
2018.2	羽生善治（1970～　）	将棋界初の永世七冠達成
2018.2	井山裕太（1989～　）	囲碁界初の2度の七冠同時制覇
2018.7	羽生結弦（1994～　）	オリンピックのフィギュアスケート男子2連覇

▲解説　国民栄誉賞は1977年読売巨人軍の王貞治選手が、アメリカ大リーグのハンク＝アーロン選手のホームラン世界記録（当時）の755本にあと1本と迫ったとき、福田赳夫首相の発案で創設された。日本国民全体に敬愛される人柄で、国民的・世界的な業績をあげ、明るい話題を提供した人物を、首相が表彰する。

1 干支

干支と十二支を組み合わせた六十干支で，年月日を特定する方法。
十干とは**陰陽五行説**に基づいたもので，この世のすべては五行＝五つの物質（木火土金水）の相反関係（陽と陰，正と負，男と女，兄と弟など）すなわち十の状態にあるとした考え。干支や十二支を「えと」と読むのは「兄と弟」から。

干支順位表の並びの規則性

一の位が1（11・41等）は十干が必ず甲（きのえ，こう）である。
十干と十二支の数の差から，十二支は各段二つずれる（子は1，13，25，37，49等）。

五行	木		火		土		金		水	
兄弟	兄	弟	兄	弟	兄	弟	兄	弟	兄	弟
	①	②	③	④	⑤	⑥	⑦	⑧	⑨	⑩ ⑪ ⑫ ⑬・・・59 60
十干	甲	乙	丙	丁	戊	己	庚	辛	壬	癸 甲 乙 丙・・・壬 癸
十二支	子	丑	寅	卯	辰	巳	午	未	申	酉 戌 亥 子・・・戌 亥

干支順位表

木		火		土		金		水	
兄	弟	兄	弟	兄	弟	兄	弟	兄	弟
甲		丙	丁	戊	己	庚	辛	壬	癸
①	②	③	④	⑤	⑥	⑦	⑧	⑨	⑩
きのえね 甲子 コウシ	きのとうし 乙丑 イッチュウ	ひのえとら 丙寅 ヘイイン	ひのとう 丁卯 テイボウ	つちのえたつ 戊辰 ボシン	つちのとみ 己巳 キシ	かのえうま 庚午 コウゴ	かのとひつじ 辛未 シンビ	みずのえさる 壬申 ジンシン	みずのととり 癸酉 キユウ
⑪	⑫	⑬	⑭	⑮	⑯	⑰	⑱	⑲	⑳
きのえいぬ 甲戌 コウジュツ	きのとい 乙亥 イツガイ	ひのえね 丙子 ヘイシ	ひのとうし 丁丑 テイチュウ	つちのえとら 戊寅 ボイン	つちのとう 己卯 キボウ	かのえたつ 庚辰 コウシン	かのとみ 辛巳 シンシ	みずのえうま 壬午 ジンゴ	みずのとひつじ 癸未 キビ
21	22	23	24	25	26	27	28	29	30
きのえさる 甲申 コウシン	きのととり 乙酉 イツユウ	ひのえいぬ 丙戌 ヘイジュツ	ひのとい 丁亥 テイガイ	つちのえね 戊子 ボシ	つちのとうし 己丑 キチュウ	かのえとら 庚寅 コウイン	かのとう 辛卯 シンボウ	みずのえたつ 壬辰 ジンシン	みずのとみ 癸巳 キシ
31	32	33	34	35	36	37	38	39	40
きのえうま 甲午 コウゴ	きのとひつじ 乙未 イツビ	ひのえさる 丙申 ヘイシン	ひのととり 丁酉 テイユウ	つちのえいぬ 戊戌 ボジュツ	つちのとい 己亥 キガイ	かのえね 庚子 コウシ	かのとうし 辛丑 シンチュウ	みずのえとら 壬寅 ジンイン	みずのとう 癸卯 キボウ
41	42	43	44	45	46	47	48	49	50
きのえたつ 甲辰 コウシン	きのとみ 乙巳 イツシ	ひのえうま 丙午 ヘイゴ	ひのとひつじ 丁未 テイビ	つちのえさる 戊申 ボシン	つちのとり 己酉 キユウ	かのえいぬ 庚戌 コウジュツ	かのとい 辛亥 シンガイ	みずのえね 壬子 ジンシ	みずのとうし 癸丑 キチュウ
51	52	53	54	55	56	57	58	59	60
きのえとら 甲寅 コウイン	きのとう 乙卯 イツボウ	ひのえたつ 丙辰 ヘイシン	ひのとみ 丁巳 テイシ	つちのえうま 戊午 ボゴ	つちのとひつじ 己未 キビ	かのえさる 庚申 コウシン	かのととり 辛酉 シンユウ	みずのえいぬ 壬戌 ジンジュツ	みずのとい 癸亥 キガイ

西暦から干支を算定する方法

1853年，ペリー来航の年の干支は？
　1853÷60＝30…53　余りの53－3＝50
　干支順位表の50番目は「癸丑」

干支表と西暦には「3」のずれがある
補正のために西暦からは「3」を引き，
干支から換算する場合は「3」を足す

干支から西暦を算定する方法

戊辰戦争の年は西暦で何年？
戊辰の順位は5番目。つまり，余りは
　5＋「3」＝8　60×□＋8＝戊辰の年
　□にどの数字が入るか→幕末は19世紀後半なので□に入る数字は31
　31なら，60×31＋8＝1868

2 時刻

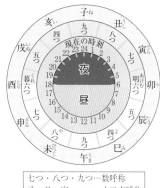

| 七つ・八つ・九つ…数呼称 |
| 子・丑・寅………十二支呼称 |

昼夜それぞれ6分した時間を一刻とよぶ。時のよび方には十二支呼称と**数呼称**があり，十二支呼称では真夜中を子の刻，真昼を午の刻（正午）とし，午の刻以前が午前，以降を午後と称した。約2時間ある各刻はさらに4分して丑三刻などとよんでいる。一方，数呼称は九つ・八つ・七つ・六つ・五つ・四つと進め（三つ以下は各刻の細分に使用），九つに戻った。基準は日の出時刻の明け六つ，日の入時の暮れ六つにおいた。「おやつ」は八つ刻の間食をさす。

単位時間が一定（1時間＝60分）の**定時法**に対し，季節により変化する昼夜の長さを基準とするのが**不定時法**である。

江戸時代の不定時法

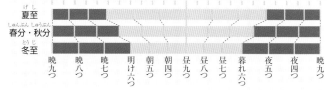

3 方位

十二支であらわす方角

方位	八卦の方位	十二支の方位
北	坎 かん	子 ね
東北	艮 ごん	丑寅 うしとら
東	震 しん	卯 う
東南	巽 そん	辰巳 たつみ
南	離 り	午 うま
西南	坤 こん	未申 ひつじさる
西	兌 だ	酉 とり
西北	乾 けん	戌亥 いぬい

方位も十二支で表示した。南北を示す子午線や，鬼門（鬼＝悪霊の入り込む方角）の北東方向を艮（丑寅）とよぶ。平安京では鬼門封じに比叡山延暦寺がおかれた。また，城郭の乾櫓（戌亥＝北西）・巽門（辰巳＝南東）などの名称ともなっている。

4 太陽暦と太陰暦

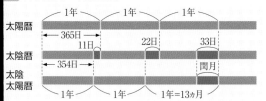

太陽の公転（365日周期）に従い，季節に沿った**太陽暦**と，月の満ち欠け（29.5日周期）をもとに大の月（30日）・小の月（29日）を設けた純粋**太陰暦**（354日）のずれは，1年間に11日，3年で約1カ月太陽暦とずれることになる。太陰太陽暦では季節感のずれが出ないよう，19年間に7回の閏月を設けて補正した。なお，明治政府は太陰太陽暦の明治5年12月2日（1872年12月31日）の翌日を，明治6年1月1日（1873年1月1日）として，太陽暦に転換した。

旧暦月齢表

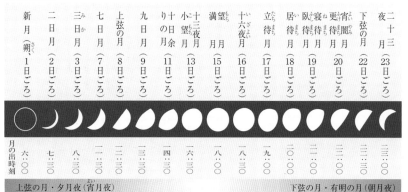

| 新月（朔，さく）1日ごろ | 二日月 2日ごろ | 三み日か月 3日ごろ | 七日月 7日ごろ | 上弦の月 8日ごろ | 九日月 9日ごろ | 十日余の月 11日ごろ | 小望月 13日ごろ | 満望月 15日ごろ | 十六夜いざよい月 16日ごろ | 立待月 17日ごろ | 居待月 18日ごろ | 臥寝待月 19日ごろ | 更待宵闇月 20日ごろ | 下弦の月 22日ごろ | 二十三夜月 23日ごろ |

月の出時刻：六：〇〇／七：三〇／八：三〇／一二：〇〇／一三：〇〇／一四：〇〇／一六：〇〇／一八：〇〇／一八：三〇／一九：三〇／二〇：三〇／二二：三〇／二三：三〇

上弦の月・夕月夜（宵月夜）　　　　　　下弦の月・有明の月（朝月夜）

時代	年号	年代
飛鳥時代	大化（たいか）	645〜650
	（白雉）（はくち）	650〜654
	（朱鳥）（しゅちょう）	686〜701
	大宝（たいほう）	701〜704
	慶雲（けいうん）	704〜708
奈良時代	和銅（わどう）	708〜715
	霊亀（れいき）	715〜717
	養老（ようろう）	717〜724
	神亀（じんき）	724〜729
	天平（てんぴょう）	729〜749
	天平感宝（てんぴょうかんぽう）	749
	天平勝宝（てんぴょうしょうほう）	749〜757
	天平宝字（てんぴょうほうじ）	757〜765
	天平神護（てんぴょうじんご）	765〜767
	神護景雲（じんごけいうん）	767〜770
	宝亀（ほうき）	770〜781
	天応（てんおう）	781〜782
平安時代	延暦（えんりゃく）	782〜806
	大同（だいどう）	806〜810
	弘仁（こうにん）	810〜824
	天長（てんちょう）	824〜834
	承和（じょうわ）	834〜848
	嘉祥（かしょう）	848〜851
	仁寿（にんじゅ）	851〜854
	斉衡（さいこう）	854〜857
	天安（てんあん）	857〜859
	貞観（じょうがん）	859〜877
	元慶（がんぎょう）	877〜885
	仁和（にんな）	885〜889
	寛平（かんぴょう）	889〜898
	昌泰（しょうたい）	898〜901
	延喜（えんぎ）	901〜923
	延長（えんちょう）	923〜931
	承平（じょうへい）	931〜938
	天慶（てんぎょう）	938〜947
	天暦（てんりゃく）	947〜957
	天徳（てんとく）	957〜961
	応和（おうわ）	961〜964
	康保（こうほう）	964〜968
	安和（あんな）	968〜970
	天禄（てんろく）	970〜973
	天延（てんえん）	973〜976
	貞元（じょうげん）	976〜978
	天元（てんげん）	978〜983
	永観（えいかん）	983〜985
	寛和（かんな）	985〜987
	永延（えいえん）	987〜989
	永祚（えいそ）	989〜990
	正暦（しょうりゃく）	990〜995

時代	年号	年代
平安時代	長徳（ちょうとく）	995〜999
	長保（ちょうほう）	999〜1004
	寛弘（かんこう）	1004〜1012
	長和（ちょうわ）	1012〜1017
	寛仁（かんにん）	1017〜1021
	治安（じあん）	1021〜1024
	万寿（まんじゅ）	1024〜1028
	長元（ちょうげん）	1028〜1037
	長暦（ちょうりゃく）	1037〜1040
	長久（ちょうきゅう）	1040〜1044
	寛徳（かんとく）	1044〜1046
	永承（えいしょう）	1046〜1053
	天喜（てんぎ）	1053〜1058
	康平（こうへい）	1058〜1065
	治暦（じりゃく）	1065〜1069
	延久（えんきゅう）	1069〜1074
	承保（じょうほう）	1074〜1077
	承暦（じょうりゃく）	1077〜1081
	永保（えいほう[旧]）	1081〜1084
	応徳（おうとく）	1084〜1087
	寛治（かんじ）	1087〜1094
	嘉保（かほう）	1094〜1096
	永長（えいちょう）	1096〜1097
	承徳（じょうとく）	1097〜1099
	康和（こうわ）	1099〜1104
	長治（ちょうじ）	1104〜1106
	嘉承（かしょう）	1106〜1108
	天仁（てんにん）	1108〜1110
	天永（てんえい）	1110〜1113
	永久（えいきゅう）	1113〜1118
	元永（げんえい）	1118〜1120
	保安（ほうあん）	1120〜1124
	天治（てんじ）	1124〜1126
	大治（だいじ）	1126〜1131
	天承（てんしょう）	1131〜1132
	長承（ちょうしょう）	1132〜1135
	保延（ほうえん）	1135〜1141
	永治（えいじ）	1141〜1142
	康治（こうじ）	1142〜1144
	天養（てんよう）	1144〜1145
	久安（きゅうあん）	1145〜1151
	仁平（にんぺい）	1151〜1154
	久寿（きゅうじゅ）	1154〜1156
	保元（ほうげん）	1156〜1159
	平治（へいじ）	1159〜1160
	永暦（えいりゃく）	1160〜1161
	応保（おうほう[旧]）	1161〜1163
	長寛（ちょうかん）	1163〜1165
	永万（えいまん）	1165〜1166

時代	年号	年代
鎌倉時代	仁安（にんあん）	1166〜1169
	嘉応（かおう）	1169〜1171
	承安（じょうあん）	1171〜1175
	安元（あんげん）	1175〜1177
	治承（じしょう）	1177〜1181
	養和（ようわ）	1181〜1182
	寿永（じゅえい）	1182〜1184
	元暦（げんりゃく）	1184〜1185
	文治（ぶんじ）	1185〜1190
	建久（けんきゅう）	1190〜1199
	正治（しょうじ）	1199〜1201
	建仁（けんにん）	1201〜1204
	元久（げんきゅう）	1204〜1206
	建永（けんえい）	1206〜1207
	承元（じょうげん）	1207〜1211
	建暦（けんりゃく）	1211〜1213
	建保（けんぽう）	1213〜1219
	承久（じょうきゅう）	1219〜1222
	貞応（じょうおう）	1222〜1224
	元仁（げんにん）	1224〜1225
	嘉禄（かろく）	1225〜1227
	安貞（あんてい）	1227〜1229
	寛喜（かんぎ）	1229〜1232
	貞永（じょうえい）	1232〜1233
	天福（てんぷく）	1233〜1234
	文暦（ぶんりゃく）	1234〜1235
	嘉禎（かてい）	1235〜1238
	暦仁（りゃくにん）	1238〜1239
	延応（えんのう）	1239〜1240
	仁治（にんじ）	1240〜1243
	寛元（かんげん）	1243〜1247
	宝治（ほうじ）	1247〜1249
	建長（けんちょう）	1249〜1256
	康元（こうげん）	1256〜1257
	正嘉（しょうか）	1257〜1259
	正元（しょうげん）	1259〜1260
	文応（ぶんおう）	1260〜1261
	弘長（こうちょう）	1261〜1264
	文永（ぶんえい）	1264〜1275
	建治（けんじ）	1275〜1278
	弘安（こうあん）	1278〜1288
	正応（しょうおう）	1288〜1293
	永仁（えいにん）	1293〜1299
	正安（しょうあん）	1299〜1302
	乾元（けんげん）	1302〜1303
	嘉元（かげん）	1303〜1306
	徳治（とくじ）	1306〜1308
	延慶（えんきょう）	1308〜1311
	応長（おうちょう）	1311〜1312

時代	年号	年代
	正和（しょうわ）	1312〜1317
	文保（ぶんぽう）	1317〜1319
	元応（げんおう）	1319〜1321
	元亨（げんこう）	1321〜1324
	正中（しょうちゅう）	1324〜1326
	嘉暦（かりゃく）	1326〜1329
	元徳（げんとく）	1329〜1331

南北朝時代

〈北朝〉	年代	〈南朝〉	年代
元徳（げんとく）	1329〜1331	元弘（げんこう）	1331〜1334
正慶（しょうきょう）	1332〜1333		
建武（けんむ）	1334〜1338	建武（けんむ）	1334〜1336
暦応（りゃくおう）	1338〜1342	延元（えんげん）	1336〜1340
康永（こうえい）	1342〜1345	興国（こうこく）	1340〜1346
貞和（じょうわ）	1345〜1350	正平（しょうへい）	1346〜1370
観応（かんおう）	1350〜1352		
文和（ぶんな）	1352〜1356		
延文（えんぶん）	1356〜1361		
康安（こうあん）	1361〜1362		
貞治（じょうじ）	1362〜1368		
応安（おうあん）	1368〜1375	建徳（けんとく）	1370〜1372
永和（えいわ）	1375〜1379	文中（ぶんちゅう）	1372〜1375
康暦（こうりゃく）	1379〜1381	天授（てんじゅ）	1375〜1381
永徳（えいとく）	1381〜1384	弘和（こうわ）	1381〜1384
至徳（しとく）	1384〜1387	元中（げんちゅう）	1384〜1392
嘉慶（かきょう）	1387〜1389		
康応（こうおう）	1389〜1390		
明徳（めいとく）	1390〜1394		

時代	年号	年代
室町時代	応永（おうえい）	1394〜1428
	正長（しょうちょう）	1428〜1429
	永享（えいきょう）	1429〜1441
	嘉吉（かきつ）	1441〜1444
	文安（ぶんあん）	1444〜1449
	宝徳（ほうとく）	1449〜1452
	享徳（きょうとく）	1452〜1455
	康正（こうしょう）	1455〜1457
	長禄（ちょうろく）	1457〜1460
	寛正（かんしょう）	1460〜1466
	文正（ぶんしょう）	1466〜1467
	応仁（おうにん）	1467〜1469
	文明（ぶんめい）	1469〜1487
	長享（ちょうきょう）	1487〜1489
	延徳（えんとく）	1489〜1492
	明応（めいおう）	1492〜1501
	文亀（ぶんき）	1501〜1504
	永正（えいしょう）	1504〜1521
	大永（だいえい）	1521〜1528
	享禄（きょうろく）	1528〜1532
	天文（てんぶん）	1532〜1555
	弘治（こうじ）	1555〜1558

時代	年号	年代
	永禄（えいろく）	1558〜1570
	元亀（げんき）	1570〜1573
安土桃山時代	天正（てんしょう）	1573〜1592
	文禄（ぶんろく）	1592〜1596
江戸時代	慶長（けいちょう）	1596〜1615
	元和（げんな）	1615〜1624
	寛永（かんえい）	1624〜1644
	正保（しょうほう）	1644〜1648
	慶安（けいあん）	1648〜1652
	承応（じょうおう）	1652〜1655
	明暦（めいれき）	1655〜1658
	万治（まんじ）	1658〜1661
	寛文（かんぶん）	1661〜1673
	延宝（えんぽう）	1673〜1681
	天和（てんな）	1681〜1684
	貞享（じょうきょう）	1684〜1688
	元禄（げんろく）	1688〜1704
	宝永（ほうえい）	1704〜1711
	正徳（しょうとく）	1711〜1716
	享保（きょうほう）	1716〜1736
	元文（げんぶん）	1736〜1741
	寛保（かんぽう）	1741〜1744
	延享（えんきょう）	1744〜1748
	寛延（かんえん）	1748〜1751
	宝暦（ほうりゃく[旧]）	1751〜1764
	明和（めいわ）	1764〜1772
	安永（あんえい）	1772〜1781
	天明（てんめい）	1781〜1789
	寛政（かんせい）	1789〜1801
	享和（きょうわ）	1801〜1804
	文化（ぶんか）	1804〜1818
	文政（ぶんせい）	1818〜1830
	天保（てんぽう）	1830〜1844
	弘化（こうか）	1844〜1848
	嘉永（かえい）	1848〜1854
	安政（あんせい）	1854〜1860
	万延（まんえん）	1860〜1861
	文久（ぶんきゅう）	1861〜1864
	元治（げんじ）	1864〜1865
	慶応（けいおう）	1865〜1868
明治時代	明治（めいじ）	1868‐1912
大正時代	大正（たいしょう）	1912〜1926
昭和時代	昭和（しょうわ）	1926〜1989
平成時代	平成（へいせい）	1989〜2019
令和時代	令和（れいわ）	2019〜

解説 一世一元の制

明治の改元とともに天皇一代に年号（元号）は一つと定めた制度。

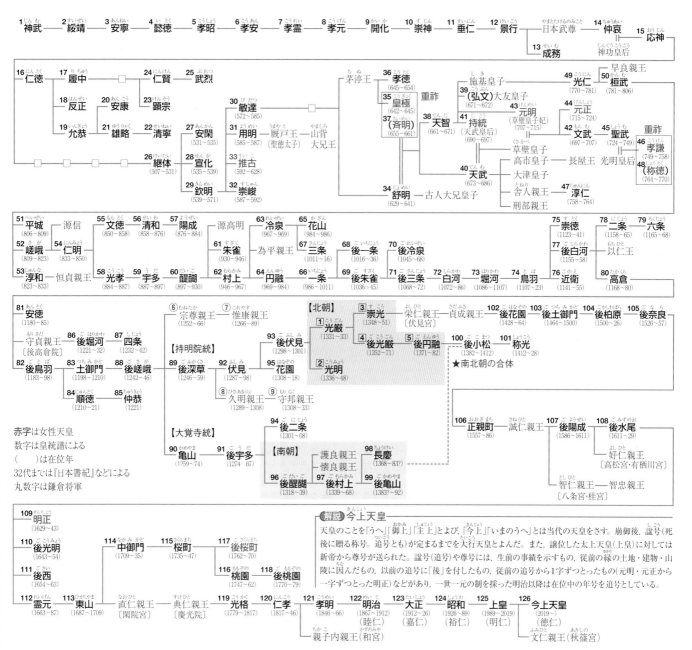

赤字は女性天皇
数字は皇統譜による
（　）は在位年
32代までは『日本書紀』などによる
丸数字は鎌倉将軍

解説 今上天皇

天皇のことを「うへ」「御上」「主上」とよび、「今上」「いまのうへ」とは当代の天皇をさす。崩御後、諡号（死後に贈る称号。追号とも）が定まるまでを大行天皇とよんだ。また、譲位した太上天皇（上皇）に対しては新帝から尊号が送られた。諡号（追号）や尊号には、生前の事績を示すもの、従前の縁の土地・建物・山陵に因んだもの、以前の追号に「後」を付したもの、従前の追号から1字ずつとったもの（元明・元正から一字ずつとった明正）などがあり、一世一元の制を採った明治以降は在位中の年号を追号としている。

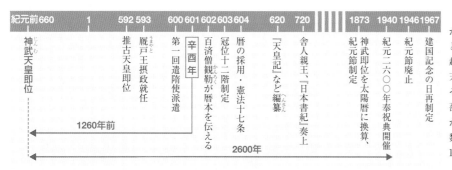

古代中国では六十干支のうち、辛酉年は、天命が改まり王朝が交代する革命の年で、1元＝60年ごとに小革命が、1蔀＝21元＝1260年ごとに大革命が起こるとされた（辛酉革命説）。『日本書紀』は神武天皇が「辛酉年春正月庚辰朔」の即位と記しており、それを推古天皇治世の西暦601年＝辛酉年から1蔀遡った西暦紀元前660年と設定した。初代神武から33代推古までの歴代天皇のうち後半の在位年数が明らかな分、初期の天皇では在位102年や年齢150歳超など存在の不自然さは否めない。

1873年、明治政府は神武即位の年月日を太陽暦に換算し2月11日を**紀元節**として祝祭日に定めた。なお、第二次大戦前の皇紀表示は神武即位を基準としている。たとえば零戦（零式艦上戦闘機＝ゼロ戦）は、制式採用された1940（昭和15）年が皇紀2600年にあたることから命名された。

戦後、紀元節はGHQの意向で廃止されたが、1967年、佐藤栄作内閣が建国記念の日として再制定している。

第1次伊藤博文内閣（長州閥）1885（明治18）.12〜88.4

性格 日本最初の内閣
薩長出身者による藩閥内閣
概要・井上外相による条約改正（欧化政策）
・松方蔵相による松方財政
・旧民権派への弾圧
終焉 伊藤は辞任し，枢密院議長に就任

1885.12	**内閣制度成立**
86. 5	条約改正会議の開始
.10	大同団結運動開始
87. 6	憲法起草開始
.9〜12	三大事件建白運動
.12	保安条例公布
88. 4	市制・町村制公布 枢密院設置

黒田清隆内閣（薩摩閥）1888（明治21）.4〜89.12

性格 薩長藩閥内閣
概要・政党政治を拒む**超然主義**を声明
・大隈外相による条約改正
終焉 大隈外相遭難事件で辞職

1889. 2	**大日本帝国憲法発布 衆議院議員選挙法公布**
.10	大隈外相遭難事件
89.10〜12	三条実美が首相兼任

第1次山県有朋内閣（長州閥）1889（明治22）.12〜91.5

性格 薩長藩閥内閣（超然主義の継続）
概要・第1回総選挙の実施
・最初の帝国議会
・軍拡予算で民党と対立
・青木外相による条約改正
終焉 自由党土佐派を切り崩し，予算案成立→閉会後，退陣

1890. 5	府県制・郡制公布
. 7	**第1回衆議院議員総選挙**
. 9	立憲自由党の結成
.10	教育に関する勅語発布
.11	第1回帝国議会（第一議会）
91. 1	内村鑑三不敬事件

第1次松方正義内閣（薩摩閥）1891（明治24）.5〜92.8

性格 藩閥内閣
概要・青木外相の条約改正→大津事件で頓挫
・第二議会を解散し総選挙実施→品川内相らが**選挙干渉**をおこなったが，**民党が勝利**
終焉 第三議会で軍事予算が否決。議会終了後，内閣不統一のため総辞職

1891. 5	**大津事件**
.12	田中正造が**足尾鉱毒事件**を問題化。樺山資紀海相による蛮勇演説（第二議会）
92. 1	久米事件
. 2	第2回総選挙（品川内相による選挙干渉）
. 5	第三議会

第2次伊藤博文内閣（長州閥）1892（明治25）.8〜96.9

性格「元勲総出」の内閣
概要・海軍軍備の拡張に成功（自由党と接近，和衷協同の詔書）
・政府と衆議院の対立が継続
・陸奥外相による条約改正→**領事裁判権の撤廃に成功**
・日清戦争の勝利
・自由党の板垣退助を内相に迎え，戦後経営を実施
終焉 大隈外相入閣をめぐって閣内が不統一となり辞職

1893. 2	和衷協同の詔書（建船詔書）提出（第四議会）
.11	対外硬派連合が条約改正交渉を攻撃（第五議会）
94. 6	第六議会で政府弾劾上奏案が可決し，解散
. 7	**日英通商航海条約締結**
. 8	**日清戦争開始**（〜95.）
.10	第七議会を広島の大本営で開催（臨時軍事費可決）
95. 4	**下関条約締結，三国干渉**
96. 3	大隈重信，進歩党を結成

第2次松方正義内閣（薩摩閥）1896（明治29）.9〜98.1

性格 松隈内閣（進歩党の大隈重信が外相として入閣）
概要 金本位制の確立
終焉 与党の進歩党が地租増徴案・軍備増強予算に反対したため，議会を解散し，総辞職

1897. 3	**貨幣法公布（金本位制確立）**
. 7	労働組合期成会の結成
.10	台湾総督府官制公布

第3次伊藤博文内閣（長州閥）1898（明治31）.1〜98.6

性格 超然主義内閣（自由党との提携を中止→超然主義）
概要 地租増徴案の提出→自由党と進歩党に反対され，衆議院解散
終焉 憲政党が結成されたため，退陣

1898. 3	第5回総選挙
. 4	自由党の板垣退助入閣要求を内閣が拒否
. 6	地租増徴案否決（自由党と進歩党が連携して反対） **憲政党の結成**（自由党と進歩党の合併）

第1次大隈重信内閣（憲政党）1898（明治31）.6〜98.11

性格・隈板内閣（憲政党の大隈首相〔外相兼任〕と板垣内相が中心）
・最初の政党内閣
概要 憲政党内の旧自由党・旧進歩党間の対立が継続
終焉 憲政党の分裂により退陣

1898. 8	共和演説事件（尾崎行雄文相）→憲政党内の対立激化
.10	憲政党分裂
.11	旧進歩党系が憲政本党を結成

第2次山県有朋内閣（長州閥）1898（明治31）.11〜1900.10

性格 憲政党（旧自由党）を与党とする内閣
概要・地租増徴案の可決（2.5%→3.3%）
・官僚・軍部の権力強化・政治・労働運動の規制強化
終焉 憲政党との対立などにより総辞職

1898.12	地租増徴案可決
99. 3	**文官任用令改正**
. 7	日英通商航海条約ほか改正条約実施
1900. 3	**治安警察法公布** 選挙法改正（15円→10円）
. 5	**軍部大臣現役武官制**制定
. 6	北清事変
. 9	立憲政友会結成

第4次伊藤博文内閣（立憲政友会）1900（明治33）.10〜01.6

性格 立憲政友会を基盤とする内閣
概要・北清事変後の財政・外交に苦慮→増税案は山県系貴族院議員が反対
終焉 予算をめぐる閣内不統一により退陣

1901. 1	増税案提出
. 2	官営八幡製鉄所操業開始
. 3	増税案を勅令により可決
. 5	社会民主党結成

第1次桂太郎内閣（長州閥）1901（明治34）.6〜06.1

性格・山県系官僚中心の内閣
・桂園時代の始まり
・元老による影響力増大
概要・日英同盟の成立
・日露戦争の勝利
・日韓協約の推進
終焉 日露講和の際，政友会協力の約束により政権を移譲（日比谷焼打ち事件で国民の支持が急落）

1901.12	田中正造，足尾鉱毒事件で天皇に直訴
02. 1	**日英同盟協約締結**
03.11	平民社結成
04. 2	**日露戦争開戦**（〜05.7）
. 8	第1次日韓協約調印
05. 9	**ポーツマス条約調印** 日比谷焼打ち事件
.11	第2次日韓協約調印

第1次西園寺公望内閣（立憲政友会）1906（明治39）.1〜08.7

性格 立憲政友会内閣
概要・日露戦後の経営を推進
・帝国国防方針による財政圧迫と恐慌の勃発
・社会主義運動への対応
終焉 元老による内閣批判や財政逼迫で，総辞職

1906. 1	日本社会党結成
. 2	統監府開庁
. 3	**鉄道国有法公布**
.11	満鉄の設立
07. 4	帝国国防方針を決議
. 6	明治40年恐慌
. 7	第3次日韓協約調印
08. 6	赤旗事件

第2次桂太郎内閣（長州閥）1908（明治41）.7〜11.8

性格 山県系官僚中心の内閣
概要・財政再建の推進
・地方改良運動の推進
・社会主義運動の弾圧と配慮
・対外進出政策の強化（韓国併合の強行）
・小村外相による条約改正の達成（関税自主権回復）
終焉「情意投合」（立憲政友会との円満な政権授受の約束）を表明して，政権を移譲

1908.10	戊申詔書発布
09. 7	地方改良運動開始
.10	**伊藤博文暗殺**
10. 3	立憲国民党結成
. 5	**大逆事件**
. 8	**韓国併合条約調印**（韓国併合）
11. 2	日米通商航海条約改正
. 3	工場法公布

第2次西園寺公望内閣（立憲政友会）1911（明治44）.8〜12.12

性格 立憲政友会内閣
概要・緊縮財政（軍備拡張と財政安定の調和）の推進
・陸軍2個師団増設問題で陸軍と対立
終焉 陸軍が軍部大臣現役武官制をたてに，辞任した上原勇作陸相の後任を推薦せず，内閣総辞職

1911.10	**辛亥革命**勃発
12. 1	中華民国成立
. 7	明治天皇没，**大正**に改元
.11	陸軍の2個師団増設案を閣議で否決
.12	上原勇作陸相が帷幄上奏権を使って，単独辞職

第3次桂太郎内閣（長州閥，内大臣・侍従長）1912（大正元）.12〜13.2

性格 桂が内大臣・侍従長を辞し，長州閥と陸軍の長老として組閣
概要・議会無視の姿勢→第1次護憲運動の全国的な広がり
終焉 大正政変により53日で退陣

1912.12	**第1次護憲運動始まる**
13. 2	内閣弾劾決議案の提出
	立憲同志会宣言
	大正政変（桂園時代の終焉）

第1次山本権兵衛内閣（薩摩閥，海軍大将）1913（大正2）.2〜14.4

性格 立憲政友会が与党
概要・行政整理の断行
・官僚・軍部に対する政党影響力の拡大
終焉 海軍軍拡への反対運動勃発→シーメンス事件を機に総辞職

1913. 6	**軍部大臣現役武官制改正**
. 8	文官任用令改正
.12	立憲同志会結成（総裁：加藤高明）
14. 1	廃税運動
	シーメンス事件

第2次大隈重信内閣 1914（大正3）.4〜16.10

性格 立憲同志会と中正会が与党（長州閥や陸軍も支援）
概要・総選挙は与党が圧勝→2個師団増設案を可決
終焉 大浦内相の選挙干渉や元老との対立が深まり，総辞職

1914. 8	独に宣戦布告，**第一次世界大戦参戦**
15. 1	**二十一カ条の要求**
. 6	2個師団増設案可決
16. 7	第4次日露協約調印

寺内正毅内閣（陸軍大将）1916（大正5）.10〜18.9 ビリケン内閣（非立憲内閣）

性格 非立憲の藩閥内閣
概要・大正デモクラシーの風潮に対抗→超然内閣
・中国における日本権益の拡大
・憲政会結成に対抗して衆議院解散→総選挙の結果，立憲政友会が第一党に
終焉 米騒動を契機に総辞職

1916.10	憲政会の結成
1917. 1	西原借款開始
. 3	ロシア革命（二月革命）
. 9	金輸出禁止
.11	**石井・ランシング協定**
	ロシア革命（十月革命）
18. 8	シベリア出兵
	米騒動

原敬内閣（立憲政友会総裁）1918（大正7）.9〜21.11 平民宰相として期待

性格 日本最初の本格的政党内閣（軍部・外務大臣以外は立憲政友会員）
概要・産業開発と高等教育普及政策を推進
・普通選挙制導入には冷淡
・積極政策による財政的ゆきづまり
終焉 首相の暗殺により総辞職

1918.11	第一次世界大戦終結
.12	大学令公布
19. 3	三・一独立運動（朝鮮）
. 5	五・四運動（中国）選挙法改正（10円→3円）
. 6	ヴェルサイユ条約調印
20. 1	国際連盟に加盟
. 3	戦後恐慌始まる
21.11	原敬暗殺→総辞職

高橋是清内閣（立憲政友会総裁）1921（大正10）.11〜22.6

性格 原敬内閣の継承
概要・協調外交の基盤づくり→ワシントン体制の受容
終焉 普通選挙や地方利益などで閣内不一致となり総辞職

1921.11	ワシントン会議
.12	四カ国条約調印（日英同盟廃棄）
22. 2	**ワシントン海軍軍備制限条約・九カ国条約調印**
. 3	全国水平社結成

加藤友三郎内閣（海軍大将）1922（大正11）.6〜23.9

性格 立憲政友会が与党。官僚・貴族院中心の非政党内閣
概要・協調外交の推進→山梨軍縮の断行
終焉 首相の病死により総辞職

1922.10	シベリア撤兵完了
23. 4	石井・ランシング協定廃棄
. 8	加藤首相の病死

第2次山本権兵衛内閣（海軍大将）1923（大正12）.9〜24.1

性格 革新倶楽部の支持を得た非政党内閣
概要・「地震内閣」（関東大震災の混乱を処理）
終焉 虎の門事件により，総辞職

1923. 9	関東大震災亀戸事件・甘粕事件
.12	**虎の門事件**

清浦奎吾内閣（貴族院議員，枢密院議長）1924（大正13）.1〜24.6

性格 貴族院・官僚を背景とした超然内閣（政党からの閣僚がいない非政党内閣，政友本党の支持）
概要 議会無視の態度→政友本党とは連携
終焉 第2次護憲運動と総選挙の敗北で総辞職

1924. 1	**第2次護憲運動おこる**第1次国共合作（中国）
. 5	総選挙で護憲三派（憲政会・革新倶楽部・立憲政友会）圧勝

加藤高明内閣（憲政会総裁）
第1次（護憲三派）1924（大正13）.6〜25.8　第2次（憲政会）1925（大正14）.8〜26.1

〔第1次〕**性格** 護憲三派（連立）内閣（憲政会・革新倶楽部・立憲政友会の連立内閣）
・「憲政の常道」の始まり
概要・普通選挙法・治安維持法の成立
・幣原外相による協調外交
・宇垣軍縮の断行

〔第2次〕**性格** 憲政会単独内閣
終焉 加藤首相の病死により総辞職

1925. 1	日ソ基本条約調印
. 4	治安維持法公布
. 5	普通選挙法公布（政党内閣の慣例である**「憲政の常道」の始まり**）

第1次若槻礼次郎内閣（憲政会総裁）1926（大正15）.1〜27.4

性格 憲政会内閣
概要・金融恐慌（片岡蔵相の失言が契機）
終焉 台湾銀行救済の緊急勅令の了承が得られず，総辞職

1926.12	大正天皇没，**昭和**に改元
27. 1	震災手形処理法案提出
. 3	金融恐慌おこる
. 4	枢密院は台湾銀行救済の緊急勅令を了承せず

田中義一内閣（立憲政友会総裁）1927（昭和2）.4～29.7

- **性格** 立憲政友会内閣
- **概要**・金融恐慌の処理
- ・社会主義への弾圧（三・一五事件，四・一六事件）
- ・積極外交へ転換（山東出兵など）
- **終焉** 張作霖爆殺事件で天皇の不興をかい，総辞職

1927.4	モラトリアム
.5	第1次山東出兵
.6	立憲民政党結成（憲政会と政友本党が合併）
1928.2	第1回普通選挙
.6	張作霖爆殺事件
	治安維持法改正
.7	特別高等課の設置
.8	パリ不戦条約

浜口雄幸内閣（立憲民政党総裁）1929（昭和4）.7～31.4　ライオン宰相

- **性格** 立憲民政党内閣
- **概要**・緊縮財政と産業合理化の促進→金解禁の実施
- ・昭和恐慌→統制経済へ
- ・農業恐慌→労働・小作争議の増大
- ・協調外交の復活（幣原外相）
- ・統帥権干犯問題で軍部・右翼と対立
- **終焉** 浜口首相が狙撃され，その後病状が悪化し総辞職

1929.10	世界恐慌
30.1	金（輸出）解禁（昭和恐慌）
.4	ロンドン海軍軍備制限条約調印（統帥権干犯問題）
.11	浜口首相，狙撃される
31.3	三月事件
.4	重要産業統制法公布

第2次若槻礼次郎内閣（立憲民政党総裁）1931（昭和6）.4～31.12

- **性格** 立憲民政党内閣
- **概要**・緊縮財政と行政整理の継承
- ・満洲事変には不拡大方針
- **終焉** 関東軍は戦争を拡大したため閣内不一致で総辞職

1931.9	柳条湖事件（満洲事変の開始）
.10	十月事件

犬養毅内閣（立憲政友会総裁）1931（昭和6）.12～32.5

- **性格** 立憲政友会内閣
- **概要**・金本位制→管理通貨制度へ
- ・金輸出再禁止
- ・軍部の台頭→犬養首相は満洲国建国に反対したが，関東軍は満洲国建国
- **終焉** 五・一五事件で犬養首相が射殺され，総辞職→政党内閣の終焉

1931.12	金輸出再禁止
32.1	第1次上海事変
.2	リットン調査団，来日
.2～3	血盟団事件
.3	満洲国建国宣言
.5	五・一五事件

斎藤実内閣（海軍大将）1932（昭和7）.5～34.7

- **性格** 挙国一致内閣
- **概要**・日本の満洲経営と開発の推進
- ・国際的に孤立化（満洲国の承認，国際連盟脱退）
- **終焉** 帝人事件により，総辞職

1932.9	日満議定書調印
.10	リットン報告書
33.3	国際連盟から脱退
	塘沽停戦協定調印
34.3	満洲国，帝政実施（皇帝は溥儀）

岡田啓介内閣（海軍大将）1934（昭和9）.7～36.3

- **性格** 海軍穏健派内閣
- **概要**・軍部・右翼の政治力増大
- ・天皇機関説を否定
- ・国際的孤立化が進む→海軍軍縮の放棄（海軍無条約時代へ）
- **終焉** 二・二六事件で，総辞職

1934.10	陸軍パンフ「国防の本義と其強化の提唱」配布
35.1	天皇機関説問題
.8	国体明徴声明，相沢事件
36.1	ロンドン会議脱退
.2	二・二六事件

広田弘毅内閣（外交官）1936（昭和11）.3～37.2

- **性格** 挙国一致内閣（内閣に対する軍介入の端緒）
- **概要**・「広義国防国家」を目標に軍備拡張計画を推進
- **終焉** 立憲政友会の浜田国松と寺内寿一陸相との「腹切り問答」を機に，総辞職

1936.5	軍部大臣現役武官制復活
.8	「国策の基準」決定
.11	日独防共協定調印
.12	ワシントン・ロンドン海軍軍備制限条約失効

宇垣一成（陸軍大将）1937（昭和12）.1

- **性格** 流産内閣
- **概要**・組閣の大命は陸軍穏健派の宇垣にくだるが，反対の陸軍が陸相を推挙せず
- **終焉** 軍部大臣現役武官制が復活しており，宇垣は組閣を断念

林銑十郎内閣（陸軍大将）1937（昭和12）.2～37.6

- **性格** 挙国一致内閣
- **概要**・「軍財抱合」（財界と軍部が調整し合う考え方）の方針
- ・財界から結城蔵相を起用（結城財政）
- **終焉** 元老や軍部の圧力で総辞職

1937.2	結城蔵相の「軍財抱合」演説
.3	政党を排撃し，「祭政一致」の方針を推進
.4	総選挙では政党側が大勝

第1次近衛文麿内閣（貴族院議長）1937（昭和12）.6～39.1

- **性格** 挙国一致内閣
- **概要**・日中戦争に不拡大方針→軍部の圧力で戦争は拡大。和平交渉も失敗→近衛声明の発表
- ・巨額な軍事予算の編成
- ・直接的な生活・経済統制の実施
- ・戦時体制の整備（国家総動員法など）
- **終焉** 閣内が対立し，総辞職

1937.7	盧溝橋事件
.8	国民精神総動員運動実施要綱を閣議決定
.11	日独伊三国防共協定調印
38.1	第1次近衛声明
.4	国家総動員法公布
.7	張鼓峰事件（～38.8）
.11	東亜新秩序建設の声明
.12	近衛三原則を声明

平沼騏一郎内閣（枢密院議長）1939（昭和14）.1～39.8

- **性格** 挙国一致内閣
- **概要**・日独軍事同盟締結の可決で閣内対立
- **終焉** 独ソ不可侵条約をみて，「欧州情勢は複雑怪奇」と声明して総辞職

1939.5	ノモンハン事件
.7	国民徴用令公布
	日米通商航海条約廃棄通告
.8	独ソ不可侵条約

阿部信行内閣（陸軍大将）1939（昭和14）.8～40.1

- **性格** 挙国一致内閣
- **概要**・第二次世界大戦に対し不介入方針。軍部は，独伊との軍事同盟を希望
- **終焉** 政党の倒閣運動や軍部とのあつれきもあり，総辞職

1939.9	第二次世界大戦勃発
.10	価格等統制令公布

米内光政内閣（海軍大将）1940（昭和15）.1～40.7

- **性格** 挙国一致内閣
- **概要**・親英米派首相であり，独との軍事同盟に消極的→陸軍は独伊接近を画策
- **終焉** 軍部の畑俊六陸相が単独辞職。後任を推薦せず総辞職

1940.1	日米通商航海条約失効
.2	立憲民政党の斎藤隆夫による反軍演説
.3	汪兆銘，南京政府樹立
.6	近衛，新体制運動推進を表明

第2・3次近衛文麿内閣（大政翼賛会総裁）1940（昭和15）.7〜41.7〜41.10

〔第2次〕**性格** 新体制運動の推進
・政党を解散させ，大政翼賛会を組織
概要・欧州大戦参加へ
・日本への経済制裁の本格化
終焉 松岡外相更迭のため総辞職
〔第3次〕**概要**・対米開戦への準備
・帝国国策遂行要領の決定→日米交渉の失敗
終焉 近衛首相と開戦を主張する東条陸相の対立により，総辞職

1940. 9	北部仏印進駐
	日独伊三国同盟締結
.10	**大政翼賛会発足**
41. 4	日ソ中立条約調印
	日米交渉開始
. 7	帝国国策要綱決定
	関東軍特種演習（関特演）
	南部仏印進駐
. 8	米，対日石油輸出全面禁止
. 9	**帝国国策遂行要領決定**

東条英機内閣（陸軍大将）1941（昭和16）.10〜44.7

性格 東条首相の独裁内閣
概要・太平洋戦争への突入
・翼賛選挙で東条を支持する翼賛議員一色となる
終焉 木戸内大臣らによる倒閣運動→サイパン島陥落の責任を負い，総辞職

1941.11	米，ハル＝ノート提案
.12	**太平洋戦争開始**
42. 4	翼賛選挙
. 6	ミッドウェー海戦
43.11	**大東亜会議開催**
.12	カイロ宣言，学徒出陣
44. 7	サイパン島陥落

小磯国昭内閣（陸軍大将）1944（昭和19）.7〜45.4

性格 陸海軍の連立内閣（海軍の米内光政の協力）
概要・戦局の危機が拡大
・本土空襲の激化と沖縄戦
終焉 和平工作に失敗し，閣内不統一で総辞職

1944.10	レイテ沖海戦
45. 2	ヤルタ会談
. 3	東京大空襲
	硫黄島の戦い
. 4	**沖縄戦開始**

鈴木貫太郎内閣（元侍従長，海軍大将）1945（昭和20）.4〜45.8

性格 挙国一致内閣
概要・戦争終結を画策し成立
・主戦派を抑え，ポツダム宣言受諾を決定→終戦
終焉 ポツダム宣言受諾とともに総辞職

1945. 5	独，無条件降伏
. 8	**広島に原爆投下**
	ソ連，対日参戦
	長崎に原爆投下
	ポツダム宣言受諾

東久邇宮稔彦内閣（皇族，陸軍大将）1945（昭和20）.8〜45.10

性格 唯一の皇族内閣
概要・「一億総懺悔」「国体護持」を唱えて戦後処理にあたり，占領政策と対立
終焉 人権指令の実行をためらい，総辞職

1945. 9	降伏文書調印（ミズーリ号）
	陸海軍解体指令
.10	**人権指令**

幣原喜重郎内閣（元外相）1945（昭和20）.10〜46.5

性格 戦後処理内閣
概要・五大改革指令の実行
・憲法草案の作成
・戦後初の総選挙を実施
終焉 選挙で日本自由党が第一党となり，総辞職

1945.10	**五大改革指令**
.11	**財閥解体指令**
.12	第1次農地改革
46. 1	天皇の人間宣言，公職追放令
. 2	金融緊急措置令公布
. 4	**新選挙法による総選挙**
. 5	極東国際軍事裁判開廷

第1次吉田茂内閣（日本自由党総裁）1946（昭和21）.5〜47.5

性格 日本自由党内閣（日本進歩党と連携）
概要・日本国憲法の公布
・経済再建（傾斜生産方式）
終焉 新憲法下の最初の総選挙で第2党となり，総辞職

1946.10	第2次農地改革
.11	**日本国憲法公布**
47. 1	二・一ゼネスト中止指令
. 3	教育二法公布
. 4	独占禁止法公布
	新憲法下，初の総選挙

片山哲内閣（日本社会党委員長）1947（昭和22）.5〜48.3

性格・日本社会党・民主・国民協同党との連立内閣
・初の日本社会党首班内閣
概要・社会主義政策は未実行
終焉 炭鉱国家管理問題などで左派に攻撃され，総辞職

1947. 7	公正取引委員会発足
. 9	労働省設置
.10	国家公務員法公布
.12	**過度経済力集中排除法公布**
	臨時石炭鉱業管理法公布

芦田均内閣（民主党総裁）1948（昭和23）.3〜48.10

性格 民主党・日本社会党・国民協同党の連立内閣
概要 中道政治の推進
終焉 昭和電工事件により総辞職

1948. 5	海上保安庁設置
. 6	昭和電工事件
. 7	教育委員会法公布
	政令201号公布

第2〜5次吉田茂内閣（民主自由党総裁，のち自由党総裁）1948（昭和23）.10〜54.12

〔第2次〕
性格 民主自由党内閣
概要・安定した保守政権
・経済安定九原則の実行
〔第3次〕**性格** 民主自由党内閣→自由党内閣
概要・親米・反共・再軍備路線
・主権回復（平和条約調印）
〔第4次〕**性格** 自由党内閣
概要・与党が過半数を割る
終焉 バカヤロー解散
〔第5次〕**性格** 自由党内閣
概要・日米防衛協力の実施（MSA協定）
・自衛力の増強（自衛隊発足）
終焉 造船疑獄で世論の批判を浴び，総辞職

1948.11	極東国際軍事裁判判決
.12	経済安定九原則指令
49. 3	ドッジ＝ライン
. 4	単一為替レートに変更
. 9	シャウプ勧告
50. 6	朝鮮戦争，特需景気
. 8	警察予備隊令公布
51. 9	サンフランシスコ平和条約
	日米安全保障条約調印
52. 2	日米行政協定調印
. 7	破壊活動防止法公布
. 8	IMF・世界銀行に加盟
54. 3	MSA協定調印
. 6	教育2法公布
. 7	防衛庁・自衛隊発足

第1〜3次鳩山一郎内閣（日本民主党総裁，のち自由民主党初代総裁）1954（昭和29）.12〜56.12

〔第1・2次〕**性格** 日本民主党内閣
概要・憲法改正・再軍備を主唱→「逆コース」への批判増大
・社会党左右両派の統一→保守合同の実現（55年体制の確立）
〔第3次〕**性格** 自由民主党内閣
概要・防衛力増強と憲法改正の推進
・「自主外交」（日ソ国交回復・国連加盟）
終焉 首相の引退により，総辞職

1955. 8	第1回原水爆禁止世界大会（広島）
.10	日本社会党統一
.11	**自由民主党結成**（民主党と自由党による保守合同）
56.10	日ソ共同宣言
.11	国連，日本加盟を可決

石橋湛山内閣（自由民主党総裁）1956（昭和31）.12〜57.2

性格 自由民主党内閣
終焉 病気のため2カ月で辞任

1957. 1	ジラード事件

第1・2次岸信介内閣（自由民主党総裁） 1957（昭和32）.2～60.7

性格 自由民主党内閣
概要・革新勢力との対決
・「日米新時代」の提唱→安保改定
終焉 日米新安保条約批准書交換直後に総辞職

1958.10	日教組勤務評定闘争
.11	警職法改正案提出→反対闘争激化で断念
60. 1	日米新安保条約調印
. 5	自民党，新安保条約を単独可決→**60年安保闘争**

第1～3次池田勇人内閣（自由民主党総裁） 1960（昭和35）.7～64.11

性格 自由民主党内閣
・最初の女性大臣の実現
概要・「寛容と忍耐」を提唱
・高度経済成長政策を展開→国民所得倍増計画
・「政経分離」の方針→中華人民共和国との貿易拡大（LT貿易）
終焉 首相の病気で総辞職

1961. 6	農業基本法公布
62.11	LT貿易の取り決め締結
63. 8	部分的核実験停止条約調印
64. 4	IMF8条国に移行 OECDに加盟
.10	東海道新幹線営業開始 オリンピック東京大会

第1～3次佐藤栄作内閣（自由民主党総裁） 1964（昭和39）.11～72.7

性格 自由民主党内閣
・安定した保守政権（7年半以上の長期政権）
概要・**自由民主党による一党優位体制**（野党の多党化）
・懸案の外交問題の処理→「非核三原則」の明確化→小笠原・沖縄返還
終焉 首相の引退表明で総辞職

1965. 2	米，ベトナムでの北爆開始
. 6	日韓基本条約調印
67. 8	公害対策基本法公布
68. 4	小笠原諸島返還協定調印
70. 6	日米新安保条約自動延長
71. 6	沖縄返還協定調印
. 7	環境庁発足
. 8	ドル=ショック
72. 5	沖縄県発足

第1・2次田中角栄内閣（自由民主党総裁） 1972（昭和47）.7～74.12

性格 自由民主党内閣
概要・日中国交正常化を実現
・「日本列島改造」政策
・インフレの発生→狂乱物価によるマイナス成長→高度経済成長の終焉
終焉 金脈問題で総辞職

1972. 9	日中共同声明
73. 2	変動為替相場制へ移行
. 8	金大中拉致事件
.10	第4次中東戦争（第1次石油危機）
74. 6	国土庁設置

三木武夫内閣（自由民主党総裁） 1974（昭和49）.12～76.12

性格 自由民主党内閣
概要・安定成長と「クリーン政治」を提唱
終焉 ロッキード事件解明の中，党内の「三木おろし」と総選挙の敗北で総辞職

1975. 7	政治資金規正法改正公布
.11	第1回サミット（フランス）
76. 2	ロッキード事件
. 7	田中角栄前首相，逮捕

福田赳夫内閣（自由民主党総裁） 1976（昭和51）.12～78.12

性格 自由民主党内閣
概要・「保革伯仲」の状況
・内需拡大の経済政策→貿易赤字や円高不況に対処
終焉 自由民主党総裁選で敗北，退陣

1977. 5	海洋2法公布（領海12カイリ，漁業水域200カイリ）
78. 8	日中平和友好条約調印
.12	OPEC原油値上げ決定（第2次石油危機）

第1・2次大平正芳内閣（自由民主党総裁） 1978（昭和53）.12～80.7

性格 自由民主党内閣
概要・「保革伯仲」と与党内紛
・**第2次石油危機への処置と財政再建に尽力**
・革新自治体の退潮
終焉 首相が選挙中に急死

1979. 6	元号法公布 東京サミット開催
80. 6	初の衆参同日選挙（自民党安定多数獲得）

鈴木善幸内閣（自由民主党総裁） 1980（昭和55）.7～82.11

性格 自由民主党内閣
概要・行政改革と財政再建
・「増税なき財政再建」をスローガンに第2次臨調を設置
・シーレーン防衛の約束
終焉 首相，総裁選に出ず退陣

1981. 3	第2次臨時行政調査会
82. 7	臨調，3公社の分割・民営化を答申
. 8	公職選挙法改正（参議院全国区を比例代表制に）

第1～3次中曽根康弘内閣（自由民主党総裁） 1982（昭和57）.11～87.11

性格 自由民主党内閣
概要・「戦後政治の総決算」を唱え，行財政改革を推進（3公社の分割・民営化実現）
・大型間接税は廃案
・**日米貿易摩擦の激化**
・列島の「不沈空母」化表明
終焉 首相，後継総裁に竹下を指名して退陣

1983.10	ロッキード事件判決
84. 7	総務庁発足
85. 4	日本たばこ産業株式会社（JT）・日本電信電話株式会社（NTT）設立
. 9	プラザ合意
86. 5	東京サミット
.10	国鉄分割民営化（民営化関連8法案可決）

竹下登内閣（自由民主党総裁） 1987（昭和62）.11～89.6

性格 自由民主党内閣
概要・税制改革→消費税導入
終焉 消費税への反発とリクルート事件への批判で退陣

1988. 7	**リクルート事件**
.12	消費税法公布
89. 1	昭和天皇没，平成と改元
. 4	消費税実施（3%）

宇野宗佑内閣（自由民主党総裁） 1989（平成元）.6～89.8

性格 自由民主党内閣
概要・「改革前進」をうたって組閣
終焉 参院選で与野党が逆転し，68日で総辞職

1989. 6	首相の女性スキャンダル発覚
. 7	参院選で自民党大敗（社会党の躍進）

第1・2次海部俊樹内閣（自由民主党総裁） 1989（平成元）.8～91.11

性格 自由民主党内閣
概要・日米外交への苦慮（湾岸戦争への対応）
・日米経済摩擦の解消
終焉 政治改革3法案が党内の反発を受け退陣

1989.11	連合の成立
90.11	即位の礼
91. 1	湾岸戦争（～91. 3）
. 4	自衛隊掃海艇をペルシア湾に派遣

宮沢喜一内閣（自由民主党総裁） 1991（平成3）.11～93.8

性格 自由民主党内閣
概要・国際貢献への対応を重視した外交
終焉 政治改革に失敗し，総選挙で敗れ，総辞職

1992. 2	佐川急便事件
. 6	PKO協力法公布
. 9	自衛隊，カンボジア派遣
93. 6	皇太子結婚
. 7	総選挙（自民党敗北）

細川護熙内閣（日本新党代表） 1993（平成5）.8～94.4

性格 非自民8党派による連立政権（55年体制の崩壊）
概要・政治改革の断行
終焉 首相個人の佐川急便からの資金提供疑惑で総辞職

1993.12	コメの部分開放（ウルグアイ=ラウンド）受諾
94. 1	政治改革関連4法案公布（小選挙区比例代表並立制の導入）

羽田孜内閣（新生党党首） 1994（平成6）.4～94.6

性格 非自民8党派による連立政権
概要・社会党・新党さきがけの連立離脱で，議会運営が難航
終焉 自民党提出の不信任案に社会党も同調し，総辞職

1994. 6	松本サリン事件

村山富市内閣（日本社会党委員長）1994（平成 6）.6～96.1

性格 日本社会党・自由民主党・新党さきがけの保革3党による連立政権	1994.12 原爆被害者援護法公布 新進党の結成
	95. 1 阪神・淡路大震災発生
概要 ・社会党の路線変更（安保・自衛隊・消費税容認）	. 3 **地下鉄サリン事件**
	. 6 日米自動車協議合意
終焉 人心一新として総辞職	

第1・2次橋本龍太郎内閣（自由民主党総裁）1996（平成 8）.1～98.7

性格 自由民主党・社会民主党・新党さきがけの保革連立	1996. 4 日米安保共同宣言
	97. 4 **消費税5％に**
概要 ・日米安保体制の継続	. 5 アイヌ文化振興法成立
・行財政改革の推進→消費税の引上げなどで景気が後退	. 9 新ガイドライン
	.11 **財政構造改革法成立**
終焉 参院選敗北で総辞職	98. 6 中央省庁等改革基本法

小渕恵三内閣（自由民主党総裁）1998（平成 10）.7～2000.4

性格 自由民主党単独内閣として成立（99. 1自由党、99.10公明党連立参加→00. 4自由党離脱）	1999. 5 **周辺事態法などガイドライン関連法成立**
	. 6 男女共同参画社会基本法成立
・「経済再生内閣」	. 8 国旗・国歌法公布
概要 ・バブル不況からの脱出	2000. 4 介護保険制度発足
終焉 首相の病気で総辞職	

第1・2次森喜朗内閣（自由民主党総裁）2000（平成 12）.4～01.4

性格 自由民主党・公明党・保守党の連立政権	2000. 7 金融庁の発足 九州・沖縄サミット開催
概要 ・小渕内閣の政策継承→財政破綻の進行	01. 1 **中央省庁の再編**
	. 4 情報公開法の施行
終焉 国民の支持率が低下	

第1～3次小泉純一郎内閣（自由民主党総裁）2001（平成 13）.4～06.9

性格 自由民主党・公明党・保守（新）党（～03.11）による連立政権	2001. 9 米で同時多発テロ
	.11 **テロ対策特措法公布**
	02. 9 **日朝平壌宣言**
概要 ・「聖域なき構造改革」	03. 3 イラク戦争開始
・派閥の解消、郵政・道路公団の民営化を推進	. 4 日本郵政公社発足
	04. 1 **自衛隊、イラク派遣**
・日朝国交正常化交渉	. 6 有事関連7法案成立
終焉 総裁選に出馬せず、退陣	05.10 **郵政民営化法成立**

安倍晋三内閣（自由民主党総裁）2006（平成 18）.9～07.9

性格 自由民主党・公明党の連立政権	2006.12 教育基本法改正
	07. 1 **防衛省発足**
概要 ・「美しい国づくり」	. 5 国民投票法成立
・小泉改革の継承	. 6 教育改革関連3法成立
終焉 体調不良で総辞職	. 7 参院選、自民党大敗

福田康夫内閣（自由民主党総裁）2007（平成 19）.9～08.9

性格 自由民主党・公明党の連立政権・「背水の陣内閣」	2008. 1 新テロ対策特措法成立 ガソリン国会
概要 ・「希望と安心の国づくり」の提唱	. 5 道路特定財源廃止を閣議決定
終焉 首相が突然の総辞職	. 7 洞爺湖サミット

麻生太郎内閣（自由民主党総裁）2008（平成 20）.9～09.9

性格 自由民主党・公明党の連立政権	2008.11 金融サミット（ロンドン）
	.12 国籍法改正案成立
概要 ・景気対策の重視→定額給付金配付	09. 3 定額給付金の配付開始
終焉 衆院選で大敗、総辞職	

鳩山由紀夫内閣（民主党代表）2009（平成 21）.9～10.6

性格 民主党・社民党・国民新党の連立政権	2009.11 行政刷新会議の実施
	10. 3 子ども手当法成立。高校授業料無償化法案成立
概要 ・民主党に政権交代	
終焉 普天間基地移設問題で混乱し、総辞職	. 5 社民党の福島大臣を罷免

菅直人内閣（民主党代表）2010（平成 22）.6～11.9

性格 民主党・国民新党の連立政権	2010. 6 宮崎の口てい疫被害拡大
	. 7 参院選で、与党過半数割れ
概要 ・ねじれ国会への対応	
終焉 震災への対応で支持率低下し、総辞職	11. 3 東日本大震災。福島第一原子力発電所事故

野田佳彦内閣（民主党代表）2011（平成 23）.9～12.12

性格 民主党と国民新党との連立政権	2012. 8 消費税関連法案成立
	. 9 尖閣諸島の国有財産化
概要 ・震災への早期対応が課題	.12 総選挙（民主党大敗）
終焉 衆院選で大敗、総辞職	

第2～4次安倍晋三内閣（自由民主党総裁）2012（平成 24）.12～20.9

性格 自由民主党・公明党の連立政権	2013. 9 2020年東京オリンピック・パラリンピック開催決定
概要 ・自民党に政権交代	14. 4 消費税8％に
・アベノミクス（大胆な金融政策）の推進	15. 9 安保関連法成立
・国家安全保障会議の推進	19. 4 天皇退位
・感染拡大したコロナウイルスへの対応	. 5 令和と改元
	.10 消費税10％に
終焉 体調不良で総辞職	20. 3 東京オリンピック・パラリンピックを一年延期
	20. 4 全国に緊急事態宣言

菅義偉内閣（自由民主党総裁）2020（令和 2）.9～21.10

性格 自由民主党・公明党の連立政権	2021. 1 大学入学共通テスト実施
	. 7～9 東京オリンピック・パラリンピック開催
概要 ・早期のコロナウイルス感染対策（ワクチン接種）	. 9 デジタル庁発足
終焉 総裁選に出馬せず、退陣	

第1・2次岸田文雄内閣（自由民主党総裁）2021（令和 3）.10～

性格 自由民主党・公明党の連立政権	2022. 2 露、ウクライナへの侵攻開始
概要 ・「新しい資本主義」の提唱	. 7 安倍晋三銃撃事件
・ロシアのウクライナ侵攻への対応	

「政治・外交(社会)」欄の青字は外交関係,「文化」欄の赤字は芸術...

時代	天皇	政治・社会		中国	世界史

縦の時代区分（左端）: 旧石器時代／縄文時代／弥生時代／古墳時代

政治・社会

旧石器時代
約35000年前　この頃，後期旧石器文化始まる。
約18000年前　この頃，沖縄地方の港川人が活動。
約14000年前　細石器(細石刃)文化が日本列島に広がる。

縄文文化
約13000年前　この頃，縄文時代が始まる。
前4000　この頃，気温上昇がピークに達する(縄文海進)。
前3000　この頃，巨大な貝塚や環状集落が造営される(青森県三内丸山遺跡・千葉県加曽利貝塚など)。
前1500　この頃，稲作開始が確実視できる(岡山県南溝手遺跡など)。

弥生文化
前400　この頃，北部九州で水稲農耕が本格化(福岡県板付遺跡)。
前250　この頃，東北地方北部で水田を造成(青森県砂沢遺跡)。北海道では縄文時代から続縄文時代へ，南西諸島では貝塚時代へ移行。

政治・外交 ／ **社会・経済**

政治・外交	社会・経済
	前200　この頃，西日本の拠点集落で高床式大型建物が造営される(奈良県唐古・鍵遺跡)。

小国の分立と邪馬台国連合
この頃，倭人は百余国に分かれ，その一部が楽浪郡に朝貢(『漢書』地理志)。

57　倭の奴国王，後漢に朝貢し，光武帝から印綬を授けられる(『後漢書』東夷伝)。
107　倭国王(倭面土国王)帥升ら，後漢安帝に生口160人を献上(『後漢書』東夷伝)。
147〜188　この頃，「倭国大乱」おこる(『後漢書』東夷伝)。のち，倭の諸国，卑弥呼を共立し女王とする(『魏志』倭人伝)。
239　倭の女王卑弥呼，大夫難升米らを帯方郡に派遣。明帝，卑弥呼を親魏倭王とし，金印紫綬を授与し，銅鏡100枚などを賜う(『魏志』倭人伝)。
247?　卑弥呼没し，径100余歩の家をつくり，奴婢100余人を殉葬。卑弥呼の宗女壱与(または台与，13歳)，王となり国中定まる。
壱与，魏帝に男女生口30人，白珠5000などを献上する(『魏志』倭人伝)。

古墳の出現とヤマト政権

政治・外交	社会・経済
266　倭の女王，使を西晋に派遣し朝貢(『晋書』)。 372　百済肖古王，七枝刀1口・七子鏡1面などをおくる(石上神宮七支刀)。	奈良県の箸墓古墳をはじめとする前方後円墳が出現し，古墳時代が始まる。

東アジア諸国との交渉
391　倭軍，渡海して百済・新羅を攻撃する(好太王碑文)。
400　高句麗，倭軍を撃退，任那・加羅を追撃(好太王碑文)。
404　倭，もとの帯方郡の地域に出兵し，高句麗軍に撃退される(好太王碑文)。
413　この年，倭国，東晋に朝貢(『晋書』)。
421　倭王讃，宋に朝貢(『宋書』倭国伝)。
438　倭王珍，宋に朝貢。宋文帝，安東将軍倭国王とする(『宋書』倭国伝)。
443　倭王済，宋に朝貢し，安東将軍倭国王の称を授けられる(『宋書』倭国伝)。
451　宋，倭王済を使持節都督倭新羅任那加羅秦韓慕韓六国諸軍事安東将軍倭国王とする(『宋書』倭国伝)。
462　宋，倭王興を安東将軍倭国王とする(『宋書』)。
478　倭王武，宋に使を遣わす。宋，武を使持節都督倭新羅任那加羅秦韓慕韓六国諸軍事安東大将軍倭国王とする(『宋書』倭国伝)。
479　斉，倭王武を鎮東大将軍とする(『南斉書』)。
502　梁の武帝，倭王武を征東将軍とする(『梁書』)。

社会・経済（下段）:
近畿・中国地方で群集墳が造営され，6〜7世紀には各地に出現する。
鉄製農具の曲刃鎌やU字形鍬・鋤先が現われる。

天皇（右列・古墳時代）: 応神(讃?)／仁徳(讃?)／履中(讃?)／反正(珍?)／允恭(済?)／安康(興?)／雄略(武)／清寧〜武烈

中国（王朝区分）: 殷／周(西周)／東周／春秋／戦国／秦／漢(前漢)／新／後漢／魏・蜀・呉／西晋／五胡十六国／東晋／北魏・宋

世界史
前6500　この頃，中国長江中下流域で稲作が始まる。
前3000　エジプトに統一国家。
前1600　この頃，殷おこる。
前1120　この頃，殷滅び，周おこる。
前770　周平王，洛陽に東遷(東周)。春秋時代開始(〜前403)。
前403　戦国時代開始(〜前221)。
前264　ポエニ戦争(〜前146)。
前221　秦始皇帝，中国を統一(〜前206)。
前202　劉邦(高祖)，項羽を敗死させ，漢(前漢)をおこす(〜後8)。
前108　前漢武帝，衛氏朝鮮を滅ぼし，楽浪・真番・臨屯・玄菟の4郡を置く。
前27　ローマ，元首政(帝政)となる。
8　王莽，前漢滅ぼし，新をおこす(〜23)。
25　劉秀(光武帝)，後漢をおこす(〜220)。
36　光武帝，中国を統一。
184　後漢，黄巾の乱おこる。
204　この頃，遼東の公孫氏，楽浪南部を割き帯方郡を設置。
220　後漢が滅亡。
226　パルティア滅び，サ サン朝おこる(〜65...)。
265　司馬炎(武帝)，晋(西晋)をおこす(〜3...)。
391　高句麗好太王(広開土王)即位。
395　ローマ帝国，東西に分かれる。
414　好太王碑(広開土王碑)建立。
439　北魏，華北を統一。
476　ゲルマン人傭兵隊長オドアケル，西ローマ帝国を滅ぼす。
481　フランク王国建国。
485　北魏の孝文帝，均田制を実施。

天皇	政治・外交	社会・経済	文化	朝鮮	中国	世界史

ヤマト政権と政治制度

大陸文化の受容

天皇	政治・外交	文化	中国	世界史
─507─ 継体	507 大伴金村，男大迹王を越前の三国より迎える。男大迹王（継体天皇）即位。 512 百済の要請に応じ，加耶の4県（上哆唎・下哆唎・娑陀・牟婁）を割譲。 527.6 加耶復興のため，近江臣毛野を遣わす。筑紫国造磐井，新羅と通じ，近江毛野軍を遮る。 528.11 物部麁鹿火，磐井を斬殺。12 磐井の子筑紫葛子，糟屋屯倉を献上。	513 百済，五経博士段楊爾をおくる。 516 百済，段楊爾にかえて五経博士漢高安茂をおくる。 522 大唐の司馬達止（達等），草堂をつくり，本尊を安置して帰依礼拝する。 538 百済聖（明）王，仏像・経論などをおくる（戊午年，仏教伝来。『日本書紀』では552（欽明天皇13）年とする）。 552 崇仏論争がおこる。 554.2 百済から五経・易・暦・医博士などが派遣される。	斉 梁 東魏・西魏・北斉 北周 陳	527 ビザンツ（東ローマ）帝国，ユスティニアヌス帝即位。 528 新羅，はじめて仏法を行う。 532 加耶（加羅）の金官国，新羅に服属。 548 高句麗，南下して百済に侵入。 551 百済・新羅・加耶，高句麗を討つ。

東アジアの動向とヤマト政権の発展

飛鳥文化

天皇	政治・外交	文化	中国	世界史
─531─ 安閑 宣化 欽明 ─572─ 敏達 ─585─ 用明 崇峻 ─592─	554.12 日本・百済両軍，新羅と戦う。百済聖（明）王敗死。 562 新羅，加耶諸国官家を滅ぼす。 585.2 蘇我馬子，大野丘の北に塔を建て仏舎利を納める。3 物部守屋，塔を倒し，仏像・仏殿を焼き，残った仏像を難波の堀江に棄てる。 587 馬子・厩戸王（聖徳太子）ら，守屋を滅ぼす。 588 百済，僧・仏舎利・寺工・露盤博士・瓦博士・画工をおくる。 592.11 蘇我馬子，東漢直駒に崇峻天皇を殺害させる。12 額田部皇女（推古天皇）即位。 593（推古元）.4 厩戸王（聖徳太子）を皇太子に立て，政治に参画させる。	588 蘇我馬子，法興寺（飛鳥寺）建立開始。 594.2 三宝興隆の詔（仏教興隆の詔）を出す。		589 隋，陳を滅ぼし中国統一。 592 隋，均田法を実施。

律令国家への道（※見出し配置は後述）

天皇	政治・外交	文化	朝鮮	中国	世界史
推古 628 629 舒明 641	600（推古8）隋に使者を遣わす（最初の遣隋使）。 603（推古11）.12 冠位十二階を制定。 604（推古12）.4 厩戸王（聖徳太子），憲法十七条をつくる。 605（推古13）.10 厩戸王（聖徳太子），斑鳩宮に入る。 607（推古15）.7 小野妹子らを隋に遣わす。 608（推古16）.4 小野妹子，答礼使裴世清とともに帰国。9 隋使裴世清，帰国。小野妹子をまた隋に遣わし，高向玄理・旻・南淵請安を留学させる。 614（推古22）.6 犬上御田鍬らを隋に遣わす。 621（推古29）新羅，朝貢。初めて上表。 622（推古30）.2 厩戸王（聖徳太子），斑鳩宮で没。 626（推古34）蘇我蝦夷が大臣となる。 630（舒明2）.8 犬上御田鍬を唐に遣わす（第1回遣唐使）。 631（舒明3）.3 百済王，王子豊璋を日本に送る。 632（舒明4）.8 遣唐使犬上御田鍬，唐使高表仁とともに帰国。 640（舒明12）.10 入唐学問僧南淵請安・留学生高向玄理，帰国。	601.2 厩戸王（聖徳太子），斑鳩宮を建てる。 602.10 百済僧観勒，暦本・天文地理書などを伝える。 603.11 秦河勝，蜂岡寺（広隆寺）を建立。 604.1 初めて暦日を用いる。 607 法隆寺（斑鳩寺）建立。 609.4 鞍作鳥，丈六釈迦像を完成，法興寺（飛鳥寺）に安置。 610.3 高句麗僧曇徴，紙・墨・絵具などの製法を伝える。 612 百済人味摩之，呉の伎楽舞を伝える。 620 厩戸王（聖徳太子）・蘇我馬子，『天皇記』『国記』『臣連伴造国造百八十部幷公民等本記』を録す。 621 この年，中宮寺創建し，菩薩半跏像なるか。 622 厩戸王（聖徳太子）妃橘大郎女，王のために天寿国繡帳をつくる。	高句麗・百済・新羅	隋 唐	604 隋，煬帝即位。 610 隋，大運河完成。 618 隋滅び，唐おこる（〜907）。 622 ムハンマド，メッカからメディナに遷る（ヒジュラ）。

大化改新

天皇	政治・外交	文化	朝鮮	中国	世界史
642 皇極 ─645─ 孝徳 654	642（皇極元）.1 皇極天皇即位。蘇我蝦夷の子入鹿，国政を執る。 643（皇極2）.11 蘇我入鹿，山背大兄王らを襲う。 645（大化元）.6 中大兄皇子・中臣鎌足ら，蘇我入鹿を大極殿で暗殺。蘇我蝦夷，自殺（乙巳の変）。孝徳天皇即位。中大兄皇子を皇太子とし，初めて左大臣・右大臣・内臣を立て，旻・高向玄理を国博士に任じる。初めて年号を立て，大化とする。8 男女の法を定め，良賤の別を厳しく区別する。東国国司を派遣。9 吉野に隠れた古人大兄皇子，謀反の罪で殺される。12 都を難波長柄豊碕宮に移す。 646（大化2）.1 改新の詔を発する。3 東国へ国司を派遣。墳墓・葬送の制（薄葬令）を定める。 647（大化3）渟足柵を設け，柵戸をおく。 648（大化4）磐舟柵を設け，柵戸をおく。 649（大化5）.2 冠位十九階を制定。八省・百官を設置。3 蘇我日向，蘇我石川麻呂に叛意があると讒言。 654（白雉5）.10 孝徳天皇，難波宮で没。	623.3 法隆寺金堂釈迦三尊像つくる（光背銘）。 641 山田寺造営開始。 645.6 蝦夷，『天皇記』『国記』などを焼く。8 仏法興隆の詔を下す。 649 法隆寺玉虫厨子完成か。法隆寺観音菩薩像（百済観音）造立か。 653 旻，没。	高句麗・百済・新羅	唐	

律令国家への道

天皇	政治・外交	文化	世界史
654 655 （斉明） （皇極重祚）	655（斉明元）.1 皇極天皇，飛鳥板蓋宮で重祚（斉明天皇）。 658（斉明4）.4 阿倍比羅夫，齶田（秋田）・渟代（能代地方か）の蝦夷を攻撃。11 有間皇子，謀反のかどで捕らえられ紀伊国藤白坂で処刑される。 660（斉明6）.3 阿倍比羅夫，粛慎を討つ。9 百済使，新羅・唐軍の侵攻による百済滅亡を伝える。	**白鳳文化** 657.7 飛鳥寺の西に須弥山の像をつくり，盂蘭盆会を設ける。 660.5 中大兄皇子，漏刻をつくる。	660 唐・新羅連合軍，百済の王城を陥落させ百済滅亡。

天皇	政治・外交	社会・経済	文化	朝鮮	中国	世界史
中大兄称制	661(斉明7).1 斉明天皇・中大兄皇子・大海人皇子，百済救済のため征西の途につく。7 天皇，朝倉宮で没し，中大兄皇子，称制。 662(天智元).5 阿曇比羅夫らを百済に派遣し，余豊璋を王位に就かせる。 663(天智2).8 倭・百済軍，唐・新羅軍と白村江で戦い，大敗。 664(天智3).2 冠位二十六階に改制し，氏上・民部・家部を定める(甲子の宣)。対馬・壱岐・筑紫などに防人・烽を設置し，筑紫に水城を築く。 665(天智4).8 百済遺臣に，長門国の城(山口県下関市か)，筑紫大野城・椽(基肄)城を築かせる。 667(天智6).3 近江大津宮に移る。	665.2 百済の男女400人余を，近江国神前郡に移す。 666冬 百済の男女2000人余を東国へ移す。		高句麗・新羅	唐	668 唐，高句麗を滅す。
天智	668(天智7).1 中大兄皇子(天智天皇)即位。中臣鎌足に律令を撰定させ，条令ほぼなる(近江令か)。 669(天智8).10 中臣鎌足に大織冠と大臣の位を授け，藤原姓を賜う。鎌足，没。 670(天智9).2 戸籍(庚午年籍)をつくる。	668.7 越国，石炭・石油を献上。	670.4 法隆寺全焼。			
(弘文)	671(天智10).1 大友皇子を太政大臣とする。10 大海人皇子，吉野に向かう。12 天智天皇，大津宮で没。					
672 673	672(天武元).6 大海人皇子，吉野を脱出し東国に入る(壬申の乱開始)。7 近江朝廷軍，近江瀬田で大敗。大友皇子，山崎で自殺。	674.3 対馬国，銀を貢上(国内産銀の初見)。	673 百済大寺を高市に移し，高市大寺とする。 677 高市大寺を大官大寺とする。			676 新羅，朝鮮半島統一。
天武	673(天武2).2 大海人皇子(天武天皇)，飛鳥浄御原宮で即位。 681(天武10).2 律令の編纂を開始。草壁皇子立太子。 683(天武12).2 大津皇子，初めて朝政に参画。 684(天武13).10 八色の姓(真人・朝臣・宿禰・忌寸・道師・臣・連・稲置)を制定。	675.2 甲午年(664年)，諸氏の部曲を廃止。 683.4 銅銭を用い，銀銭の使用を禁じる(富本銭とする説あり)。	678.12 山田寺本尊の丈六仏像(山田寺仏頭)の鋳造を開始。 680.11 皇后の病気回復を願い，薬師寺建立を発願。 685.3 山田寺本尊丈六仏像(山田寺仏頭)開眼。法起寺三重塔建立(塔露盤銘)。			
持統称制	686(朱鳥元).9 天皇没し，皇后鸕野讃良皇女称制。10 大津皇子の謀反発覚。 689(持統3).4 皇太子草壁皇子没する。6 飛鳥浄御原令を施行。				周	690 唐，則天武后即位，国号を周と改める。 698 大祚栄，震国を建てる(のちの渤海国)。
持統	690(持統4).1 皇后鸕野讃良皇女(持統天皇)即位。9 戸令により，戸籍をつくる(庚寅年籍)。 694(持統8).12 藤原京に移る。 この頃，「日本」の国号と「天皇」号が正式に定められる。	692 6年ごとの班田収授始まる。	690.11 勅により初めて元嘉暦と儀鳳暦とを併用。 698.10 薬師寺の建立ほぼ終わる。			
697	697(文武元).8 文武天皇即位。					
文武	**大宝律令と官僚制** 701(大宝元).8 大宝律令制定。 707(慶雲4).7 元明天皇即位。 708(和銅元).1 武蔵国秩父郡の和銅献上により改元。	708.5 銀銭(和同開珎)を発行。8 銅銭(和同開珎)を発行。	700.3 僧道昭没し，初めて火葬にされる。 この頃，高松塚古墳造営か。 710.3 藤原不比等，厩坂寺を平城京に移し，興福寺とする。	新羅		705 則天武后退位し，中宗復位(唐朝再興)。 711 西ゴート王国滅亡。 712 唐，開元の治が始まる。震国の大祚栄，国号を渤海と改める。
元明	710(和銅3).3 平城京に遷都。 712(和銅5).9 越後国出羽郡を割き，出羽国をおく。 713(和銅6).4 丹後国・美作国・大隅国を新たに設置。 717(養老元) 里を郷に改称し，郷の下に里をおく(郷里制の施行，715年説もある)。	711.1 山背・河内・摂津・伊賀に6駅をおく。10 蓄銭叙位令を定める。	712.1 太安万侶，『古事記』を撰上。 713.5 諸国に『風土記』の撰進を命ずる。			
元正	**藤原氏の進出と政界の動揺** 718(養老2) 藤原不比等らに養老律令各10巻を撰定させる。 720(養老4).3 隼人反乱し，大伴旅人を征隼人持節大将軍に任命。9 陸奥の蝦夷反乱。	**民衆と土地政策** 722.閏4 良田100万町歩の開墾を計画。 723.4 三世一身法を定め，開墾を奨励する。	716.5 大官大寺を移建。 717.4 百姓の違法な出家，行基らの民間宗教活動を禁じる。 この頃，薬師寺を移す。 720.5 舎人親王，『日本書紀』30巻・系図1巻を奏上。		唐	
聖武	724(神亀元).2 聖武天皇即位。陸奥国に多賀城設置。 727(神亀4).9 渤海使，出羽国に来着(渤海使初来日)。 729(天平元).2 長屋王，謀反の疑いにより妻子とともに自刃(長屋王の変)。8 天平と改元。藤原夫人(光明子)を皇后とする。 735(天平7).3 吉備真備，玄昉が帰朝。 737(天平9) 天然痘により藤原四子没。4 藤原房前没。7 藤原麻呂・藤原武智麻呂没。8 藤原宇合没。 738(天平10).1 阿倍内親王(孝謙)が皇太子。橘諸兄右大臣となる。 740(天平12).9 藤原広嗣の乱。大野東人を大将軍とし，広嗣征討を命じる。12 山背国恭仁京に行幸，新都造営を開始。前年末からこの年前半頃に，郷里制から郡郷制に移行。 744(天平16).2 難波宮を都とする。11 紫香楽に遷都。	730.4 皇后宮職に施薬院をおく。 737 春に筑紫から疫瘡(天然痘)が伝染，夏から秋にかけて大流行。 739.5 封戸の租を封主に全給する。 743.5 墾田を私財とし，位階に応じた面積の墾田私有を認める(墾田永年私財法)。	720.5 舎人親王，『日本書紀』30巻・系図1巻を奏上。 726 行基，山崎橋をつくる。 **天平文化** 730.3 薬師寺東塔建立。 733.2 『出雲国風土記』なる。 741.2 諸国に国分寺・国分尼寺を建立させ，その名は金光明四天王護国之寺・法華滅罪之寺とする(国分寺建立の詔)。 743.10 盧舎那仏金銅像の造立を発願(大仏造立の詔)。	新羅		732 トゥール・ポワティエ間の戦い。

天皇	政治・外交	社会・経済	文化	朝鮮	中国	世界史
聖武 －749 孝謙 －758 淳仁 －764 （孝謙重祚） 称徳 －770 光仁	745(天平17).5　平城に遷都。11　玄昉を筑紫に左遷。 749(天平感宝元／天平勝宝元).7　聖武天皇譲位，孝謙天皇即位。 　8　紫微中台の長官紫微令に藤原仲麻呂を任じる。 754(天平勝宝6).1　入唐副使大伴古麻呂，鑑真を伴い帰着。 756(天平勝宝8).2　左大臣橘諸兄辞任。5　聖武太上天皇，没。 757(天平宝字元).5　養老律令を施行。7　橘奈良麻呂らの仲麻 　呂打倒謀議が露顕（橘奈良麻呂の変）。 758(天平宝字2).8　孝謙天皇譲位，淳仁天皇即位。藤原仲麻呂 　を大保（右大臣）に任じ，恵美押勝の名を賜い，官名・省名な 　どを唐風に改める。10　国司任期を4年から6年とする。 760(天平宝字4).1　恵美押勝を大師（太政大臣）とする。6　光明 　皇太后，没。 764(天平宝字8).9　恵美押勝，謀反発覚（恵美押勝の乱）。10 　淳仁天皇を廃して淡路国に幽閉し，孝謙太上天皇重祚（称徳 　天皇）。 765(天平神護元).閏10　道鏡を太政大臣禅師とする。 766(天平神護2).10　道鏡を法王とする。 767(神護景雲元).10　陸奥の伊治城なる。 769(神護景雲3).9　道鏡を皇位に即かせよとの宇佐八幡の神託 　があり，天皇は和気清麻呂を宇佐に派遣。道鏡，清麻呂を大 　隅国に，姉広虫を備後国に配流（宇佐八幡神託事件）。 770(宝亀元).8　称徳天皇，没。道鏡を下野国薬師寺別当として 　追放。10　光仁天皇即位。	749.2　陸奥国，黄金を 　献上（国内初の産金）。 7　諸大寺の墾田地を 　制限。 757.8　雑徭を半減（のち， 　もとにもどる）。 758.1　京畿内・七道に 　問民苦使を派遣。 759.5　諸国に常平倉を 　おく。 765.3　寺院を除き，墾 　田開発を禁止。	745.1　行基を大僧正とする。 747.3　光明皇后，新薬師寺 　を建立。9　東大寺大仏の 　鋳造を始める。 751.11　『懐風藻』なる。 752.4　盧舎那仏開眼供養。 754.4　鑑真，東大寺に戒壇 　を築く。太上天皇・天皇・ 　皇太子らに戒を授ける。 755.9　東大寺戒壇院建立。 756.6　聖武太上天皇の遺品 　を東大寺など18寺に施入。 759.8　鑑真，戒壇院を設け， 　唐律招提寺（のち唐招提寺） 　と称する。 761.1　下野薬師寺・筑紫観 　世音寺に戒壇を建立。 763.8　儀鳳暦を廃し，大衍 　暦を用いる。			751　唐，タラス河畔の 　戦いでアッバース朝に 　敗れる。製紙法が西方 　に伝わる。 755　唐，安禄山叛す（安 　史の乱）。 762　李白，没。 763　唐，安史の乱終わ 　る。 768　カール大帝，フラ 　ンク国王となる。
	平安京の確立と政治改革		**弘仁・貞観文化**			
光仁 －781 桓武	780(宝亀11).3　陸奥国伊治郡大領伊治呰麻呂が反乱を起こし， 　按察使紀広純らを殺害。 781(天応元).4　光仁天皇，譲位，桓武天皇即位。 784(延暦3).11　長岡京に遷都。 785(延暦4).9　藤原種継，没。皇太子早良親王，種継暗殺に関 　与の疑いで幽閉され，淡路への移送途中に死亡。 792(延暦11).6　陸奥・出羽・佐渡・大宰府などを除き，諸国兵 　士を停廃。諸国に健児をおく。 794(延暦13).10　天皇，新京に移る。11　山背国を山城国と改 　め，新京を平安京と号する。 797(延暦16).9　藤原内麻呂を勘解由長官とする（この時，勘解 　由使設置か）。11　坂上田村麻呂を征夷大将軍とする。	771.10　武蔵国の所属を 　東山道から東海道に改 　める。 772.10　天平神護元年の 　開墾禁止令を解除。 **地方と貴族社会の変貌** 784.11　国司による公廨 　田以外の私田経営・ 　墾田開発を禁じる。 795.閏7　公廨稲出挙の 　利息を3割に減らす。 　雑徭の日数の上限を 　60日から30日に半減 　する。	770.1　遣唐留学生・唐朝官 　吏阿倍仲麻呂，没。4　三重 　小塔百万塔陀羅尼を納め， 　諸寺に分置。 この頃，石上宅嗣，芸亭創設。 779.2　淡海三船，『唐大和上 　東征伝』を撰する。 785.7　最澄，比叡山に草堂 　を構える。 788　最澄，比叡山寺（のちの 　延暦寺）を創建。 797.2　菅野真道ら，『続日本 　紀』を完成し撰進。12　空 　海『三教指帰』。	新 羅	唐	780　唐，両税法を施行。
－806 平城 －809 嵯峨 －823 淳和 －833 仁明 －850	802(延暦21).1　坂上田村麻呂，陸奥に胆沢城を築造。 804(延暦23).6　能登国に渤海使のための客院を造らせる。7 　遣唐使船，再出発，最澄・空海・橘逸勢ら同行。 805(延暦24).6　最澄らが乗船した遣唐第一船，対馬に帰着。12 　藤原緒嗣と菅野真道に天下徳政を相論させ（徳政相論），緒嗣 　の意見で平安京造営を停止。 806(大同元).3　桓武天皇，没。5　平城天皇即位。10　空海・ 　橘逸勢ら帰国。 809(大同4).4　平城天皇譲位，嵯峨天皇即位。12　平城上皇， 　旧都平城京に行幸。 810(弘仁元).3　蔵人所を創設，巨勢野足・藤原冬嗣を頭とする。 　9　平城太上天皇，平城遷都を表明する。藤原仲成を拘禁し， 　尚侍藤原薬子を解任（平城太上天皇の変，薬子の変）。太上天 　皇出家。 811(弘仁2).4　文室綿麻呂を征夷将軍とする。 816(弘仁7).2　左衛門大尉興世書主に，検非違使のことを兼行 　させる（検非違使の初見）。 820(弘仁11).4　藤原冬嗣，『弘仁格』『弘仁式』を撰進。 823(弘仁14).4　嵯峨天皇譲位。淳和天皇即位。 838(承和5).6　遣唐使船，大宰府を出発。円仁ら同行。	801.6　畿内班田を12年 　に1度（一紀一班）に 　改める。 803.2　『延暦交替式』を 　撰上。 812.5　国司の墾田買い 　占めを禁じる。 821.5　空海，讃岐に満 　濃池を再興。 823.2　大宰府管内に公 　営田を設置する。 828.11　伊勢国員弁郡の 　空閑地100町を勅旨田 　とする（以降，勅旨田 　の設置が盛ん）。	805.6　最澄，帰国（翌年，天 　台宗を開く）。 806.10　空海，帰国（真言宗 　を開く）。 809　この頃，和気広世，弘 　文院をおく。この年以降， 　空海『文鏡秘府論』なる。 812　空海『風信帖』なるか。 814　小野岑守らにより『凌 　雲集』なる。 815.7　『新撰姓氏録』再撰上。 818　藤原冬嗣，『文華秀麗 　集』を撰上。 819.5　空海，高野山金剛峰寺 　を建立。 820.2　最澄『顕戒論』を進上。 821　藤原冬嗣，勧学院創立。 822.6　比叡山に戒壇建立を 　許す。 823.1　東寺を空海に賜う。2 　比叡山寺を改め，延暦寺の 　名を賜う。		唐	
	藤原北家の発展					
仁明	842(承和9).7　嵯峨上皇，没。伴健岑・橘逸勢ら，謀反を企み， 　発覚（承和の変）。 847(承和14).10　入唐僧円仁，帰国。 850(嘉祥3).3　仁明天皇，没。4　文徳天皇即位。		827.5　良岑安世ら，『経国集』 　を撰上。 828.12　空海，綜芸種智院を 　創設。			843　ヴェルダン条約（フ 　ランク王国3分）。

天皇	摂政	関白	政治・外交	社会・経済	文化	朝鮮	中国	世界史
文徳 〜858			853(仁寿3).7 円珍, 唐へ向けて出発。 857(天安元).2 藤原良房を太政大臣とする。 858(天安2).6 入唐僧円珍, 帰国。8 文徳天皇, 没。11 **清和天皇**即位(9歳, 初の幼帝)。		833.2 清原夏野ら, 『**令義解**』を撰進。 840.12 藤原緒嗣ら, 『**日本後紀**』を撰上。 847 円仁『入唐求法巡礼行記』なるか。	新	唐	
清和 876	藤原良房	〜866〜 〜872〜	866(貞観8).閏3 応天門炎上。8 **藤原良房**に「天下之政」を摂行させる。9 応天門に放火した罪により, 伴善男・中庸父子らを配流する(**応天門の変**)。 869(貞観11).5 新羅海賊が博多津に来襲。9 **貞観格**を施行する。 870(貞観12).11 大宰少弐藤原元利麻呂らが新羅国王と通じ, 謀反を企てたことが発覚。 873(貞観15).4 皇子・皇女に源姓を賜う(**清和源氏**)。嵯峨院を大覚寺とする。	861.11 武蔵国の郡ごとに検非違使1人設置。	862 宣明暦を実施。 866.7 最澄に伝教大師, 円仁に慈覚大師の諡号。 868 この年, 惟宗直本『令集解』を撰進。 869.4 藤原氏宗ら, 『**貞観格**』を撰上。8 藤原良房ら, 『**続日本後紀**』を撰上。——初めて祇園御霊会を行う。			875 唐, 黄巣の乱おこる。
877 陽成 884 光孝 887 宇多 897	藤原基経 藤原基経	〜884〜 〜890〜	878(元慶2).3 出羽国夷俘が反乱し, 秋田城などを焼く。 884(元慶8).6 万事まず太政大臣**藤原基経**へ諮問し, そののち奏上させる(事実上の関白)。 887(仁和3).閏11 **阿衡の紛議**(〜888)。 889(寛平元).5 高望王らに平朝臣の姓を賜う(**桓武平氏**)。 891(寛平3).2 **菅原道真**を蔵人頭とする。 893(寛平5).3 僧中瓘, 商人を通じ, 唐の凋弊を報告。 894(寛平6).8 **菅原道真**を遣唐大使に任命。9 遣唐使を停止。 897(寛平9) 寛平年中, 初めて滝口の武者をおく。 899(昌泰2).2 **藤原時平**を左大臣, **菅原道真**を右大臣。	879.12 畿内5国の4000町を割いて公用にあてる(**元慶官田の設置**)。 896.4 諸宮・王臣家・五位以上の私営田を禁じる。	871.8 藤原氏宗ら, 『**貞観式**』を撰上。 879.11 藤原基経ら, 『**日本文徳天皇実録**』を撰上。 881 在原行平, 奨学院創立。 892.5 菅原道真, 『**類聚国史**』を撰進する。 899 東寺の**両界曼荼羅**(伝真言院曼荼羅)なる。	羅		
醍醐 〜930〜	藤原忠平	〜930〜	901(延喜元).1 菅原道真を大宰権帥に左遷(**昌泰の変**)。 **国司の地方支配と荘園の発達** 914(延喜14).4 三善清行, 『**意見封事十二箇条**』を奏上。 920(延喜20) 皇子高明らに源姓を賜う(**醍醐源氏**)。 930(延長8) 藤原忠平を摂政とする。	902.3 延喜の荘園整理令。	901.8 藤原時平, 『**日本三代実録**』を撰上。 **国風文化** 905.4 紀貫之ら, 『**古今和歌集**』を撰上。 907.11 藤原時平ら, 『**延喜格**』を奏進。		五代十国	907 朱全忠, 唐を滅ぼし後梁を建国(五代十国時代, 〜979)。 916 遼建国。 918 高麗建国。 926 渤海滅亡。 935 新羅滅亡。
朱雀 〜946〜 村上 〜967〜 冷泉 〜969〜	藤原忠平	藤原忠平 〜941〜 〜949〜 〜967〜 藤原実頼 〜969〜 藤原実頼	**地方の反乱と武士の成長** 935(承平5).2 **平将門**, 伯父の常陸大掾平国香・前大掾源護と対立, 国香を殺害。 939(天慶2).12 将門, 上野国府を攻略(**平将門の乱**), ここで**新皇**と称し除目を行う。**藤原純友**の郎等, 藤原子高の一行を襲撃。(天慶の乱始まる) 940(天慶3).2 **平貞盛**, 下野押領使**藤原秀郷**らとともに, 下総国猿島で平将門を討つ。 941(天慶4).5 伊予国で, 小野好古・**源経基**, 藤原純友を討つ。11 藤原忠平, 関白就任。 957(天徳元).12 菅原文時, 「意見封事三箇条」を奏上。 967(康保4).7 『**延喜式**』施行。12 源高明, 左大臣就任。 969(安和2).3 源満仲ら, 源連・橘繁延らの謀反を密告。**源高明**らにも嫌疑が及び, 高明を大宰権帥に左遷(**安和の変**)。	933.12 海賊追捕のため, 南海道諸国に警固使を派遣。 934年末 海賊, 伊予国喜多郡の不動穀3000余石を奪う。 937.11 富士山噴火。 958.3 **乾元大宝**を鋳造(本朝十二銭の最後)。	921.10 空海に**弘法大師**の諡号を賜う。 927.12 藤原忠平ら, 『**延喜式**』を奏進。 928.11 小野道風, 「屏風土代」を書く。 この頃, 紀貫之『**土佐日記**』。 この頃, 源順, 『和名類聚抄』を撰述。 938 **空也**, 京に入り市で阿弥陀号を唱える。 947.6 菅原道真の祠を北野に移す(『北野天神縁起』)。	高 麗		960 趙匡胤, 宋(北宋)を建国。 962 神聖ローマ帝国成立。
円融	藤原実頼 〜970〜 藤原伊尹 〜972〜 藤原兼通		970(天禄元).5 藤原実頼, 没。藤原伊尹, 摂政となる。 972(天禄3).11 藤原伊尹の死で, 権中納言藤原兼通が関白内大臣となる。 974(天延2).2 藤原兼通, 太政大臣となる。	974.5 尾張国の百姓らの訴えで国守藤原連貞罷免。	951.10 清原元輔らに『**後撰和歌集**』を編修させる。 この頃, 『**大和物語**』の原形。 960.3 天徳内裏歌合を行う(内裏歌合)。 963 空也, 西光寺(六波羅蜜寺)建立。 974 『**蜻蛉日記**』, この年まで。			
〜984〜 花山 〜986〜 一条	藤原頼忠 藤原兼家 〜989〜 藤原兼家 〜990〜 藤原道隆 〜993〜 藤原道隆 〜995〜	〜977〜 藤原頼忠 〜984〜 〜986〜 藤原兼家	**摂関政治** 977(貞元2).10 藤原兼通, 病により関白を辞任。藤原頼忠に関白を譲り, 右大将藤原兼家を治部卿に左遷。 978(天元元).10 藤原頼忠が太政大臣, 源雅信が左大臣, 藤原兼家が右大臣となる。 983(永観元).8 奝然, 宋商人の船で宋に向かう。 986(寛和2).6 花山天皇, 花山寺で出家。7 外祖父藤原兼家, 摂政となる。 989(永祚元).7 太政大臣藤原頼忠, 没。12 藤原兼家, 太政大臣となる。 990(正暦元).1 藤原定子, 入内。5 藤原兼家を関白とする。兼家出家, 藤原道隆を関白とする。 995(長徳元).5 **藤原道長**に内覧の宣旨を賜う。	988.11 尾張国の郡司・百姓ら, 国守藤原元命の非法を訴え解任を要求(尾張国郡司百姓等解)。 989.4 尾張国守藤原元命を解任。	982 この頃, 源高明『西宮記』を撰述か。 984.11 丹波康頼『医心方』。 985.4 源信『**往生要集**』。 986 奝然帰国。宋より釈迦如来像を請来。 永観〜寛和 『**日本往生極楽記**』なるか。 991.5 藤原佐理「離洛帖」を書く。			979 宋が中国を統一。

| 平安時代 |

天皇	院	摂政・関白	政治・外交	社会・経済	文化	朝鮮	中国	世界史
一条		藤原道兼 ——995—— 藤原道長 （内覧）	996（長徳2）.1 藤原伊周・隆家の従者，花山法王を射る。 4 伊周を大宰権帥，隆家を出雲権守に左遷。7 藤原道長，左大臣となる。 999（長保元）.10 藤原彰子，入内。	999.9 淡路国の百姓の訴えで，国守讃岐扶範を罷免。	998 藤原道長『御堂関白記』を記す。			
——1011—— 三条 ——1016——		藤原道長 ——1016—— ——1017—— 藤原頼通 ——1019——	1000（長保2）.2 藤原定子を皇后，藤原彰子を中宮とする（一帝二后の初例）。 1016（長和5）.1 三条天皇譲位，藤原道長を摂政とする。2 後一条天皇即位。 1017（寛仁元）.3 藤原頼通，内大臣となる。12 藤原道長を太政大臣とする。 1018（寛仁2）.2 藤原道長，太政大臣を辞す。10 中宮藤原妍子を皇太后，女御藤原威子を中宮とする。 1019（寛仁3）.3 刀伊の賊船，壱岐島・筑前国怡土郡・志摩郡・早良郡・能古島などに来襲（刀伊の来襲）。4 刀伊，肥前国松浦郡に襲来，大宰権帥藤原隆家ら，これを撃退。12 藤原頼通，関白となる。 1027（万寿4） 藤原道長，没。	1015.11 内裏焼失。	1001 『枕草子』なる。 1004.1 この月以降，『和泉式部日記』なる。 1008 この年，『源氏物語』の一部なり，流布か。 1010 この年，『紫式部日記』なるか。 1018.8 藤原行成，『白氏詩巻』を書写。 この頃，『和漢朗詠集』なるか。 1020.2 藤原道長，無量寿院（のちの法成寺）を建立。 1022.7 藤原道長，無量寿院を法成寺と改める。			1004 宋，遼と和す（澶淵の盟）。 1016 デーン人クヌート，イングランドを支配（〜42）。
後一条		藤原頼通	**源氏の進出** 1028（長元元）.6 平忠常，東国で反乱（平忠常の乱）。 1051（永承6） 安倍頼時（頼良）追討のため，源頼義を陸奥守とする（前九年合戦，始まる）。 1062（康平5）.9 源頼義，厨川柵を陥れ，安倍貞任を討つ（前九年合戦，終る）。	1040.6 長久の荘園整理令。 1045.10 寛徳の荘園整理令。 1055.3 天喜の荘園整理令。	1032 『小右記』の記述終る。 1052.3 藤原頼通，宇治別業を寺とし，平等院と号す。 末法初年に入る（末法思想流行する）。 1053.3 藤原頼通，平等院阿弥陀堂を供養。			1038 セルジューク朝成立。 1054 ローマ・カトリックとギリシア正教，完全に分裂。
——1036—— 後朱雀 ——1045—— 後冷泉		——1067—— ——1068—— 藤原教通 ——1072—— ——1075—— 藤原師実	**後三条天皇の政治と院政** 1067（治暦3）.12 藤原頼通，関白を辞任。 1068（治暦4）.4 後冷泉天皇，没。後三条天皇即位。藤原教通，関白就任。 1072（延久4）.12 後三条天皇譲位，白河天皇即位，実仁親王（同母弟）立太子。 1073（延久5）.1 院蔵人所設置。5 後三条法皇，没。 1083（永保3）.3 源義家，陸奥守兼鎮守府将軍として赴任。9 後三年合戦（〜87，出羽清原一族の内紛に介入）。	**延久の荘園整理令と荘園公領制** 1069（延久元）.2 延久の荘園整理令（1045年以後の新立荘園の券契不明のものを停止）。閏10 初めて記録荘園券契所設置。 1072.8 沽価法制定。9 石清水八幡宮領荘園13/34荘停止。斗枡法制定（延久の宣旨枡）。	1060 この年，『更級日記』成立か。 1063.8 源頼義，鶴岡八幡宮創建。 この頃，『陸奥話記』なる。 1068 大江匡房『江記』（〜1108）。 1072.3 成尋，入宋。	高 麗	契丹（遼）	1066 イギリスでノルマン朝成立（ノルマン＝コンクェスト）。 1069 宋の王安石の改革始まる（〜76，失脚）。 1075 叙任権闘争（〜1122）。
——1068—— 後三条 ——1072—— 白河 ——1086——		——1086—— 藤原師実 ——1090—— 藤原師実 ——1094——	1086（応徳3）.11 白河天皇譲位，堀河天皇，8歳で即位（院政の開始）。この年，北面の武士をおく。 1088（寛治2）.2 白河上皇，高野山に御幸。 1090（寛治4）.1 白河上皇，熊野に御幸（熊野信仰盛んとなる）。 1093（寛治7） 興福寺僧徒，春日大社神木を奉じ強訴（神木動座の初例）。 1094（嘉保元）.5 藤原伊房，遼との私貿易で処罰。	1069.8 石清水八幡宮領荘園 1072.8 …… 1075.2 延暦寺・園城寺，戒壇設立めぐり対立。 1081.9 源義家に命じ，園城寺僧徒を追捕。 1083.3 富士山噴火。 1091.6 源義家への荘園寄進停止。	1072.3 …… 1077.12 白河天皇，法勝寺の落慶供養。 1081.3 丹波雅忠『医略抄』。 1086.9 藤原通俊，『後拾遺和歌集』を撰進。 1087.2 鳥羽殿完成。一藤原宗忠『中右記』（〜1138）。 **院政期の文化**	麗	宋（北宋）	1077 カノッサの屈辱事件。 1095 クレルモン宗教会議。
堀河	白河	藤原師通 ——1099——	1095（嘉保2）.10 延暦寺僧徒，日吉神社神輿を奉じ強訴（神輿動座の初例）。 1096（永長元）.8 白河上皇，出家（法皇となる）。 1098（承徳2）.10 源義家，院昇殿を許される。 1099（康和元）.1 仁和寺宮覚行（白河法皇皇子）を親王とする（法親王の初例）。	1097 この年，平正盛，荘園を六条院に寄進し，院へ接近。 1099.5 康和の荘園整理令。	1092.1 藤原師実，興福寺北円堂再建。2 『栄花物語』続編成立か。 1094.10 清水寺再建供養。 1096.6 永長の大田楽（京中で田楽大流行）。			1096 第1回十字軍（〜99）。 1099 十字軍，イェルサレム王国建国（〜1291）。
鳥羽	白河	——1105—— 藤原忠実 ——1107—— 藤原忠実 ——1113—— 藤原忠実 ——1121—— 藤原忠通 ——1123——	1101（康和3）.7 対馬守源義親が九州で乱行。 1102（康和4）.12 源義親を隠岐国に配流。 1105（長治2）.8 宋船，博多に来着。 1107（嘉承2）.7 堀河天皇，没。鳥羽天皇（5歳）即位。12 流人源義親，隠岐を脱し出雲で反乱（源義親の乱）。 1108（天仁元）.1 平正盛，源義親を出雲で討つ。3 延暦寺・園城寺僧徒が強訴。4 源平両氏が入京阻止。 1113（永久元）.4 検非違使平正盛，興福寺・延暦寺僧徒の入京を阻止。 1116（永久4）.5 宋国より牒状到来。 1120（保安元）.4 法皇，延暦寺・園城寺間の対立につき，僧徒の濫行を制止。 1123（保安4）.1 法皇，鳥羽天皇に退位を迫り，崇徳天皇（5歳）即位。7 延暦寺僧徒の入京を平忠盛・源為義が阻止。	1108.7 浅間山噴火，上野国被害。 1125.12 京都大火（六角堂など焼亡）。	1102.7 堀河天皇，尊勝寺の落慶供養。 1105.2 藤原清衡，陸奥国平泉に中尊寺造立。 1107 浄瑠璃寺本堂建立（57現在地に移転）。 1118.12 鳥羽天皇，最勝寺で落慶供養。 この頃，『大鏡』なるか。 1124.6 良忍，融通念仏を始める。8 藤原清衡，中尊寺金色堂を建立。			1125 遼滅亡。 1126 靖康の変（〜27）。

天皇	院	摂政 関白	政治・外交	社会・経済	文化	朝鮮	中国	世界
		藤原忠通	**平氏の進出**	1127.5 大治の荘園整理令。	1128.3 待賢門院(鳥羽后),発願の円勝寺を供養。		...	1127 北宋滅南宋成立。
崇徳	1129	1129	1129(大治4).3 平忠盛,山陽道・南海道の海賊追捕。7 白河法皇,没。鳥羽上皇,院政開始。					
			1132(長承元).3 **平忠盛,院昇殿を許可**される。		1132.3 平忠盛,鳥羽上皇発願の得長寿院千体観音堂を建立。			
		藤原忠通	1133(長承2).8 鳥羽院司平忠盛が**院領肥前国神埼荘**来着の宋船と交易,統轄していた大宰府と対立。		1136 藤原頼長『台記』(~55)。			
			1135(保延元).6 平忠盛,海賊追捕の功績により,子の清盛,従四位下に叙す。		1137.10 鳥羽殿の安楽寿院落慶供養。			
1141	鳥羽	1141	1141(永治元).3 鳥羽上皇,出家。12 法皇,崇徳天皇に譲位を迫り,近衛天皇(3歳)即位。	1141.3 **八条院領**の成立(鳥羽上皇出家の際に荘園を譲渡)。	1139.10 崇徳天皇,**成勝寺**の落慶供養。			1143 ポルトガル王国,成立
		藤原忠通	1146(久安2).1 源為義,左衛門尉・検非違使就任。2 平清盛,安芸守就任。		1140.9 鳥羽僧正覚猷,没。10 北面の武士佐藤義清(西行),出家。			1147 第2回十字軍(~49)。
近衛		1150	1150(久安6).9 藤原忠実(父)・頼長(弟)と忠通(兄)が対立,頼長を氏長者とする。		1149.3 近衛天皇,**延勝寺**の落慶供養。			
			1151(仁平元).1 藤原頼長,内覧就任。		1151 藤原顕輔『詞花和歌集』。			1154 プランタジネット朝成立(英)。
		藤原忠通	1154(久寿元).11 源為朝の鎮西での乱行により,父源為義を解官。					
1155			1155(久寿2).7 後白河天皇即位,頼長の内覧を解任。		1152 **平清盛,厳島神社社殿修築。**			
後白河	1156		1156(保元元).7 鳥羽法皇,没。**保元の乱**。	1157.2 大内裏造営の雑徭を社寺領・諸家荘園に課す。	1155 藤原為経『後葉和歌集』。			
1158	1158		1158(保元3).8 二条天皇に譲位,後白河上皇,院政開始。		1156 常明『両界曼荼羅図』(高野山金剛峰寺)。			
二条		藤原基実	1159(平治元).12 **平治の乱**。					
			1160(永暦元).1 源義朝,尾張国内海荘で謀殺される。3 源頼朝を伊豆へ配流。6 清盛,正三位に叙られ公卿に列す。		1160 **白水(願成寺)阿弥陀堂**建立。			
1165		1165	1166(仁安元).11 清盛,内大臣就任。					
六条		藤原基実 1166	1167(仁安2).2 **平清盛,太政大臣**就任(5月,辞任)。	1167.8 清盛に大功田として播磨・肥前・肥後などの地を与える。	1164.9 清盛,厳島神社に法華経など奉納(**平家納経**)。12 清盛,後白河上皇発願の蓮華王院建立。	高	南	1169 エジプトにアイユーブ朝成立。
1168	後白河		1168(仁安3).2 清盛,出家。					
		藤原基房	1169(嘉応元).6 後白河上皇,出家。		1167 重源,入宋。			
高倉			1170(嘉応2).5 **藤原秀衡,鎮守府将軍**となる。9 法皇,福原で宋使と引見。10 平資盛,摂政藤原基房と対立。		1168.4 栄西,入宋。一富貴寺大堂建立。		金	
			1171(承安元).12 **清盛の娘徳子,高倉天皇に入内**(翌年2月,中宮となる)。		1170? 藤原為経『今鏡』。			
		1172	1172(承安2).9 宋使,法皇・平清盛に贈物。					
		藤原基房	1173(承安3).3 宋国に返牒,法皇・清盛,進物を贈る。清盛,摂津国兵庫島を築く。		**鎌倉文化**	麗	宋	
			1174(承安4).3 法皇・平清盛,厳島に参詣。	1177.4 京都の大火(太郎焼亡),大極殿など焼亡。	1175.3 **法然房源空,専修念仏**を唱える。			1177 朱熹『書集註』。
1179		1179	1177(治承元).6 **鹿ヶ谷の陰謀**発覚。					
			1179(治承3).11 **清盛,法皇を鳥羽殿に幽閉,院政を停止。**		1180.12 平重衡,南都焼打ち。			
		藤原基道	**源平の争乱と鎌倉幕府の成立**					
1180	1180	1180	1180(治承4).2 清盛,大輪田泊修築。4 **以仁王,平氏追討令旨**を発す。5 以仁王・源頼政挙兵,宇治で敗死。6 福原京遷都。8 源頼朝挙兵。9 源(木曽)義仲挙兵。10 頼朝,鎌倉に入る。**富士川の戦い**。11 **侍所(別当和田義盛)**設置。京都還都。12 後白河法皇,院政再開。	1180.2 清盛,大輪田泊修築の勅許を受ける。				
安徳	高倉							
		藤原基道 1180	1181(養和元).閏2 平清盛,没。8 平宗盛,頼朝が院に申し入れた和睦案を拒否。	1181 **養和の飢饉**(~83)。	1181.8 重源,東大寺勧進職となり,再建始まる。			
1183			1183(寿永2).5 **倶利伽羅峠の戦い(砺波山の戦い)**。7 義仲,入京。10 **寿永二年十月宣旨**(頼朝,東国支配権承認される)。		1183.5 宋人陳和卿,東大寺大仏を鋳造。			
		藤原師家	1184(元暦元).1 宇治川の戦い。義仲,近江粟津で敗死。2 **一の谷の戦い**。10 **公文所(別当大江広元)・問注所(執事三善康信)**設置。	1184.3 頼朝,**平家没官領(荘園500余)**与えられる。6 頼朝,**関東御分国(知行国)**3カ国与えられる。	1185.8 東大寺大仏開眼供養。この頃,『保元物語』『平治物語』。後白河法皇『梁塵秘抄』。			
安徳		1184	1185(文治元).2 屋島の戦い。3 **壇の浦の戦い(平氏滅亡)**。10 法皇,義経に頼朝追討の宣旨。11 法皇,頼朝に義経追討の宣旨。**守護・地頭の設置,兵粮米の徴収。**	1185.8 頼朝,関東御分国(知行国)6カ国与えられる。	1187.3 栄西,再入宋。9 **藤原俊成『千載和歌集』**。			
1185		藤原基通	1186(文治2).3 諸国荘園の兵粮米徴収を停止。		1189.9 康慶,不空羂索観音像(興福寺南円堂)。			
	後白河		1187(文治3).2 源義経,陸奥平泉の藤原秀衡のもとに逃れる。10 藤原秀衡,没。	1187.8 源頼朝,院宣に応じて群盗鎮圧。	1190.2 西行,没(生前『山家集』)。			
後鳥羽		藤原兼実 (九条兼実)	1189(文治5).4 藤原泰衡,義経を討つ。9 頼朝,藤原泰衡を討つ(**奥州平定**)。		1191.7 栄西帰国,**臨済宗広**める。			1189 第3回十字軍(~92)。
			1190(建久元).11 頼朝,権大納言・右近衛大将就任(12月,辞任)。		1192.9 **重源,播磨に浄土寺浄土堂建立。**			
		1191	1191(建久2).1 頼朝,**前右大将家政所開設**。					

天皇	院	将軍	摂政・関白執権	政治・外交	社会・経済	文化	朝鮮	中国	世界史
後鳥羽	1192	1192 源頼朝 1196	藤原兼実	1192(建久3).3 後白河法皇, 没。7 **源頼朝, 征夷大将軍**就任。 1193(建久4).5 富士の巻狩(曽我兄弟の仇討)。8月頃, 源範頼を殺害。 1196(建久7).11 藤原(九条)兼実, 関白罷免。	1193.7 宋銭の通用を停止。 1194.3 守護による国衙領への乱妨禁止。11 東海道に新駅を増置。	1194.7 朝廷, 延暦寺の訴えで, 禅宗を禁止。12 石山寺多宝塔建立。 1195.3 東大寺再建供養。 1198.3 **法然房源空『選択本願念仏集』**。栄西『**興禅護国論**』。			1198 インノケンティウス3世, 教皇即位。
	1198	1199		**北条氏の台頭と執権政治** 1199(正治元).1 源頼朝, 没。**頼家, 継承**。4 頼家の親裁停止, 北条時政ら13人の合議で裁決する。		1199.4 俊芿, 入宋。6 東大寺南大門再建。			
土御門	後鳥羽	1202 頼家 1203 以下執権 1203 北条時政 1205 実朝		1200(正治2).1 梶原景時, 敗死。 1203(建仁3).8 頼家, 病のため, 総守護職と関東28国の地頭職を子一幡に, 関西38国の地頭職を弟千万(実朝)に譲る。9 比企氏の乱(時政, 比企能員・一幡を謀殺)。**源実朝, 征夷大将軍**就任とともに, 外祖父**北条時政, 執権**(政所別当)就任。頼家を伊豆修禅寺に幽閉。 1204(元久元).7 **源頼家, 伊豆修禅寺で殺される。** 1205(元久2).6 畠山重忠, 敗死。閏7 時政, 女婿の平賀朝雅の将軍擁立に失敗し失脚。**北条義時, 執権**就任。 1207(承元元).4 九条兼実, 没。 1210(承元4).3 幕府, 武蔵国の大田文を作成(国衙機能の吸収)。	1204.10 幕府, 諸国地頭の違濫を禁制。 1206.1 幕府, 大罪を犯さぬかぎり, 源頼朝恩賞地を没収しない旨定める。	1201.12 快慶, 東大寺僧形八幡神像。 1202 栄西, 建仁寺創建。 1203.10 運慶・快慶ら, 東大寺南大門金剛力士像。一九条兼実『玉葉』記述終わる(1164～)。 1205.3 藤原定家ら『**新古今和歌集**』。 1206.11 明恵房高弁, 栂尾高山寺創建。 1207.12 承元の法難(念仏禁止, 法然を土佐(実際は讃岐)国, 親鸞を越後国に配流)。			1202 第4回十字軍(～04)。 1204 十字軍, コンスタンティノープルを占領し, ラテン帝国を樹立。 1206 チンギス＝ハン即位。
順徳		実朝 義時 1219		1213(建保元).5 和田義盛, 敗死(和田合戦)。**執権義時, 侍所別当**を兼任。 1216(建保4).6 源実朝, 宋人陳和卿を引見。11 実朝, 渡宋を計画し, 陳和卿に造船を命じる(翌年失敗)。 1219(承久元).1 **実朝, 公暁に殺される**(源氏嫡流断絶)。2 後鳥羽上皇に皇子の将軍就任を要請, 拒否される。6 九条道家の子三寅(**藤原頼経**), 鎌倉下向。7 政子聴政(**尼将軍**)。		1211.1 栄西『**喫茶養生記**』。 1212.3 鴨長明『**方丈記**』。 11 明恵『**摧邪輪**』。一運慶, 無著像・世親像。 1213.12 源実朝『**金槐和歌集**』。 1215.4 康弁, 天灯鬼像・竜灯鬼像(興福寺)。	高	南	1215 大憲章(マグナ＝カルタ)制定(英)。
仲恭	後高倉			1221(承久3).5 **承久の乱**。6 **六波羅探題**設置。7 後鳥羽上皇を隠岐国, 順徳上皇を佐渡国に配流。閏10 土御門上皇を土佐国に配流。 1222(貞応元).5 幕府, 六波羅探題に西国守護・地頭の濫妨糾明を命じる。		1220 慈円『**愚管抄**』。 1221一順徳天皇『禁秘抄』。 7 藤原信実『後鳥羽上皇像』。	麗	金 宋	
後堀河		1224	泰時	1223(貞応2).6 新補地頭の得分を定める(**新補率法**)。 1224(元仁元).6 北条義時, 没。**北条泰時, 執権**に就任。 1225(嘉禄元).6 大江広元, 没。7 北条政子, 没。北条時房, **連署就任**。12 **評定衆**設置, 鎌倉大番役制定。 1226(嘉禄2).1 **藤原頼経, 征夷大将軍**就任(**摂家将軍**)。 1232(貞永元).8 **御成敗式目(貞永式目)**51条を制定。 1237(嘉禎3).6 幕府, 社寺・国司・領家の訴訟は, 御成敗式目に依拠しない旨定める。 1238(暦仁元).6 洛中警護のため篝屋を設置。	1223 幕府, 諸国に大田文作成を命じる。 1231 寛喜の飢饉。 1239.4 幕府, 人身売買を禁止。 1240.5 幕府, 御家人の非御家人への恩地・私領売却禁止。 1242.7 西園寺公経の渡宋船, 銭貨10万貫などを積み帰国。	1223.2 道元・加藤景正, 入宋。この年『海道記』。 1224 **親鸞, 浄土真宗**開く。この頃, 親鸞『**教行信証**』。 1226.11 平泉毛越寺焼亡。 1227 道元帰国, 曹洞宗を開く。一加藤景正帰国, 瀬戸焼を始める。 1235.5 藤原定家『小倉百人一首』。 1242 『東関紀行』なるか。			1228 第5回十字軍(～29)。 1234 モンゴル軍, 金を滅ぼす。 1241 ワールシュタットの戦い。
四条 後嵯峨	後堀河	1232 藤原頼経 1242 経時 1244 1246 藤原頼嗣 時頼	泰時 時頼	1242(仁治3).1 幕府, 皇位継承に介入。 1246(寛元4).閏4 **宮騒動**(名越光時, 前将軍藤原頼経を擁し執権北条時頼排除をはかる)。7 頼経を京へ送還。8 関東申次九条道家(頼経父)罷免。 1247(宝治元).6 **宝治合戦**(北条時頼, 三浦泰村を討滅)。 1249(建長元).12 **引付衆**設置。	1247.11 守護・地頭の私的検田を禁止。 1249.3 京都大火(蓮華王院焼亡)。	1244.7 越前大仏寺(1246永平寺と改称)創建。 1246.3 信濃善光寺落慶。一蘭溪道隆来日。			
後深草	後嵯峨	1252 宗尊親王 1256 (赤橋)長時		1252(建長4).2 将軍藤原頼嗣を廃し京へ送還。4 **宗尊親王, 将軍就任(皇族将軍)**。 1254(建長6).4 幕府, 宋船入港数を5隻に制限。 1256(康元元).11 北条時頼出家, 執権を長時に譲るが, 以後も実権を掌握(**得宗の実質的始まり**)。 1258(正嘉2).9 諸国での悪党蜂起につき, 守護に警護を命じる。 **モンゴル襲来** 1263(弘長3).4 高麗, 日本人による沿岸侵略の禁止を要請。	**社会の変動** 1258 正嘉の飢饉(～59)。	1251.10 藤原為家『続後撰和歌集』。 1252.10 『**十訓抄**』。 1253.4 **日蓮, 日蓮宗**を開く。11 建長寺創建。 1254.1 湛慶, 千手観音像(蓮華王院)。10 橘成季『**古今著聞集**』。 1255.6 東福寺創建。 1260.7 **日蓮『立正安国論』**。一兀庵普寧, 来日。			1250 エジプト, マムルーク朝成立。 1256 大空位時代(～73, 独)。 1260 フビライ(世祖)即位。
亀山		1264 1266 政村		1264(文永元).10 幕府, 越訴奉行を設置(～67)。 1266(文永3).3 引付廃止(～69), 評定衆が訴訟を扱う。		1261.5 日蓮, 伊豆に配流。			

天皇	院	将軍	執権	政治・外交	社会・経済	文化	朝鮮	中国	世界史
			政村	7 将軍宗尊親王を廃し，惟康親王，将軍に就任。モンゴルの使者（フビライ国書持参），巨済島より引返す。		1265.12 藤原為家『続古今和歌集』。	モンゴル	南	
亀山	後嵯峨		-1268	1268(文永5).1 高麗使，モンゴルの国書を大宰府に持参。		1266.4 蓮華王院再建。9 鶴岡八幡宮弁財天像。			
		惟康王		1269(文永6).3 モンゴルの使者黒的，返書を求める。					1270 高麗で三別抄がモンゴル支配に抵抗(～
		1270賜姓 源惟康	時宗	1270(文永7).1 朝廷，モンゴルへの返牒をつくるが，幕府は送らず。	1270.8 幕府，本所一円荘園での狼藉禁止。	1271.9 日蓮，佐渡に配流。			1271 元建国。
-1274	-1274	1272親王宣下 惟康親王		1271(文永8).9 幕府，九州に所領を持つ御家人に，異国警固を命じる。モンゴルの使者趙良弼，大宰府に至る。12 朝廷，伊勢神宮に異国調伏を祈願させる。		1272 大谷本願寺建立。		宋	
		1287		1274(文永11).10 文永の役。11 幕府，本所一円地・非御家人の動員を命じる。		1274.5 日蓮，身延山久遠寺を建立。			
後宇多	亀山			1275(建治元).2 幕府，鎮西御家人による異国警固番役を定める。9 元使杜世忠，鎌倉竜の口で斬首。	1275.10 紀伊国阿氏河荘民訴状。	——一遍，時宗を開く。ト卜部兼方『釈日本紀』。			1275 マルコ=ポーロ，大都に到着。
				1276(建治2).3 幕府，防塁築造を賦課。					
			-1284	1278(弘安元).11 元，日本商船の交易を許可。		1279.6 無学祖元，来日。この年から，阿仏尼『十六夜日記』。——一遍，念仏踊始める。			
				1279(弘安2).7 元使周福を博多で斬首。					
-1287	1287 後深草	1289	貞時	1281(弘安4).5 弘安の役。閏7 元軍，暴風雨で敗退。					
	-1290			1284(弘安7).4 北条時宗，没。貞時(13歳)執権就任。		1282.12 円覚寺創建。			
伏見				1285(弘安8).11 霜月騒動（安達泰盛敗死）。岩門合戦（少弐景資敗死）。		1283.8 無住『沙石集』。			
				1286(弘安9).12 幕府，鎮西御家人に異国警固を厳命。		1291 南禅寺創建。			
				1292(正応5).10 高麗使金有成，来日し，国書呈上。					
-1298	1298 伏見	久明親王		1293(永仁元).3 鎮西探題設置。4 平頼綱の乱。10 引付廃止(～95)，執奏設置（貞時直断）。	1293.4 鎌倉大地震。1297.3 永仁の徳政令。	1293.2 『蒙古襲来絵詞』。1294 日像，京都に日蓮宗を布教。			
後伏見				**鎌倉幕府の滅亡**	1298.2 永仁の徳政令を停止。	1299.8 円伊『一遍上人絵伝』。			
				1299(正安元).10 元使一山一寧，国書を持ち鎌倉に至る。					
-1301 後二条 -1308 花園 -1318 後醍醐	-1301 後宇多 伏見 -1313 後伏見 -1318 後宇多 -1321	-1301 師時 -1311 宗宣 熙時 基時 高時(金沢) 貞顕 -1326		1301(正安3).1 幕府，皇位継承に介入（両統送立）。1306(徳治元).4 日本商船，元の慶元（寧波）に到り貿易。1317(文保元).4 文保の和談。1321(元亨元).12 後醍醐天皇の親政，記録所を再置。1322(元亨2) この年，蝦夷管領安藤（安東）氏の乱(～28)。1324(正中元).9 正中の変。1325(正中2).7 幕府，建長寺造営料船を元に派遣。1327(嘉暦2).12 尊雲法親王（護良親王），天台座主となる。1331(元弘元).5 元弘の変。8 天皇，笠置寺に行幸。9 楠木正成挙兵。幕府，光厳天皇擁立。1332(元弘2).3 天皇，隠岐国に配流。11 護良親王，挙兵。	1310.6 刈田狼藉を所務沙汰から検断沙汰の対象とする。1314.9 伊予国弓削島荘民，預所代官の非法訴え逃散。1319 この年，地頭に悪党捕追を命じる。1328.8 大山崎神人の荏胡麻，関銭免除。1330.6 米価高騰。	1309.3 高階隆兼『春日権現験記』。1320.1 度会家行『類聚神祇本源』。1322.8 虎関師錬『元亨釈書』。この頃，大徳寺創建。1325.8 夢窓疎石，南禅寺住持に就任。1329.8 夢窓疎石，円覚寺住持に就任。10 備後国尾道浄土寺多宝塔再建。この頃，兼好法師『徒然草』。	高 元 麗		1302 三部会招集(仏)。1303 アナー二事件。1309 教皇のアヴィニョン捕囚(～77)。この頃，イブン=バットゥータ，世界旅行に出発。1328 ヴァロワ朝成立(仏)。
			-1333	**建武の新政**		この頃，兼好法師『徒然草』。			
光厳		守邦親王		1333(元弘3).1 赤松則村（円心），挙兵。閏2 天皇，隠岐国を脱出。5 足利尊氏，六波羅探題を攻略。新田義貞，鎌倉を攻略（鎌倉幕府滅亡）。6 天皇，帰京。記録所・恩賞方設置。9 雑訴決断所・武者所設置。					
-1333 後醍醐	-1333	-1333		1334(建武元).11 護良親王，鎌倉に配流。1335(建武2).7 中先代の乱（直義，護良親王を殺害）。10 足利尊氏，建武政権に叛す。	1334.1 大内裏造営料を地頭に賦課。3 乾坤通宝鋳造か。8 二条河原落書。	1334.1 南禅寺を五山の上におく。——後醍醐天皇『建武年中行事』。			
-1336 南朝 北朝				**南北朝の動乱**					
後醍醐 光明		-1338		1336(建武3)(延元元).1 尊氏，入京するも敗北，九州へ下向。3 多々良浜の戦い。5 湊川の戦い（楠木正成戦死）。8 尊氏，光明天皇擁立。11 尊氏，建武式目制定。12 後醍醐天皇，吉野に移る（南北朝分立）。1338(暦応元)(延元3).5 石津の戦い（北畠顕家戦死）。閏7 藤島の戦い（新田義貞戦死）。8 足利尊氏，征夷大将軍就任。		1337 妙心寺創設。1339.4 西芳寺庭園。北畠親房『神皇正統記』。10 暦応寺(1341年に天龍寺)創建。			
後村上		足利尊氏		1339(暦応2)(延元4).8 後醍醐天皇，没。1341(暦応4)(興国2).12 天龍寺造営費用捻出のため天龍寺船の派遣決定（翌年，天龍寺船派遣）。1345(貞和元)(興国6).2 光厳上皇，国ごとに設置の寺塔を安国寺・利生塔と定める。1348(貞和4)(正平3).1 四条畷の戦い，高師直，吉野攻略。1349(貞和5)(正平4).閏6 足利直義，高師直と不和。9 足利基氏，鎌倉公方に就任。	1340.1 阿蘇山噴火。	1340.2 北畠親房『職原抄』。1342.4 五山・十刹の制。1345.8 天龍寺落慶供養。1347 飛騨守惟久『後三年合戦絵巻』。1348 『峯相記』なるか。1349 『梅松論』なるか。			
崇光									

天皇	将軍	政治・外交	社会・経済	文化	朝鮮	中国	世界史
崇光	足利尊氏	1350(観応元)(正平5).10 **観応の擾乱**(～52, 尊氏・義詮と直義・直冬の対立)。12 直義, 南朝に降る。					
		1351(観応2)(正平6).2 尊氏, 直義と和睦(高師直殺害)。10 尊氏, 南朝に降り, 直義追討綸旨を得る(正平一統)。	**守護大名の成長**		元		
		1352(文和元)(正平7).2 尊氏, 直義を鎌倉で毒殺。閏2 南朝, 正平一統を破り, 京都の義詮を攻撃。	1352.7 **観応半済令**(近江・美濃・尾張3国に当年一作半済)。	1356.3 二条良基『菟玖波集』。9 尊円法親王(青蓮院流の祖), 没。			
後村上		1354(文和4)(正平9).4 北畠親房, 没。					
		1358(延文3)(正平13).4 足利尊氏, 没。					
	義詮	1359(延文4)(正平14).8 筑後川の戦い(懐良親王・菊池武光勝利)。					
		1361(康安元)(正平16).8 征西将軍懐良親王, 大宰府に入る。12 南朝, 京都攻略(義詮, 直後に奪還)。		1364.5 道祐『論語集解』(正平版)刊行。			
後光厳		1367(貞治6)(正平22).2 高麗使, 幕府に倭寇禁圧を要請。12 足利義詮, 没(後継となった義満(11歳)を管領細川頼之が補佐)。	1368.6 **応安半済令**(皇室領・殿下渡領・寺社一円領以外の諸国本所領での半済)。		高		1368 **朱元璋**, **明**建国。
	1368	1368(応安元)(正平23).11 **足利義満**, 征夷大将軍に就任。					1370 ティムール朝成立。
		1369(応安2)(正平24).3 洪武帝, 懐良親王に国書を呈し, 倭寇禁止を要請。					
		1371(応安4)(建徳2).2 **今川了俊(貞世), 九州探題**に着任。	1371.11 幕府, 即位式のため, 諸国で段銭, 洛中で酒屋役・土倉役を賦課。	1372.12 二条良基『応安新式』。			
長慶	後円融	1372(応安5)(文中元).8 了俊, 大宰府を攻略。		1373.10 鎌倉五山の制定。	麗		1378 教会大分裂(大シスマ, ～1417)。
		1377(永和3)(天授3)―高麗使鄭夢周, 倭寇禁圧を要請。		1374 足利義満, 観阿弥・世阿弥の猿楽をみる(今熊野神社)。			
		室町幕府の成立		1379.10 春屋妙葩, 僧録に就任。			1381 ワット=タイラーの乱(英)。
	義満	1378(永和4)(天授4).3 義満, **室町殿(花の御所)**に移る。		1382.11 義満, 相国寺創建。			
		1379(康暦元)(天授5).閏4 **康暦の政変**(義満, 細川頼之の管領職を罷免)。		1386.7 五山の座位を改定。			
		1381(永徳元)(弘和元).7 「日本国王良懐」, 洪武帝に遣使。					
		1383(永徳3)(弘和3).6 義満, 准三宮となる。					
後亀山		1388(嘉慶元)(元中5) この年, 義満, 富士山遊覧。					
		1389(康応元)(元中6).3 義満, 厳島遊覧。					
		1390(明徳元)(元中7).閏3 土岐康行の乱。					
		1391(明徳2)(元中8).12 **明徳の乱**(山名氏清敗死)。					
		1392(明徳3)(元中9).閏10 **南北朝の合体**。					1392 朝鮮建国。
		1394(応永元).12 義満, 義持に将軍職を譲り, 太政大臣に就任(翌年6月, 辞任)。	1393.11 **土倉・酒屋役**の制定。	**北山文化**			
		1395(応永2).8 九州探題今川了俊を罷免。					
		1398(応永5).8 義満, 朝鮮使朴敦之に倭寇禁圧を約す。―三管領・四職の家格定まる。	1397.5 大山崎神人の公事・土倉役を免除。	1398 義満, 鹿苑寺金閣建立。		明	1399 靖難の役。
		1399(応永6).12 **応永の乱**(大内義弘, 堺で敗死)。					
後小松	義持	1400(応永7).7 義満, 今川了俊を討伐, 了俊降る。		1400 世阿弥, 『風姿花伝』著すか。			
		日明貿易の開始					
		1401(応永8).5 義満, 同朋衆祖阿・博多商人肥富を明に派遣。		1402.2 今川了俊『難太平記』。			1402 永楽帝即位。
		1402(応永9).8 義満, 倭寇禁圧命じる。9 義満, 明使を引見, 「日本国王源道義」の国書を受く。					
		1404(応永11).5 義満, 明使を引見, 日本国王之印・永楽勘合を受ける(勘合貿易開始)。					1405 鄭和, 南海遠征(～33)。
		1406(応永13).12 義満の室日野康子, 後小松天皇准母となり, 准三后宣下を受ける。					
		1408(応永15).3 後小松天皇が北山殿に行幸, 義満, 天皇と並座する。4 足利義嗣(義満次子), 内裏で親王に准じて元服。5 足利義満, 没。義持, 義満への「太上法皇」追号辞退。	1408.12 幕府, 土倉・酒屋役の制を再交付。	1408.6 明兆「涅槃図」(東福寺蔵)。	朝鮮		
		1409(応永16).7 足利持氏, 鎌倉公方就任。					
		1411(応永18).9 足利義持, 明使の入京拒否(日明貿易中断)。					
		幕府の動揺と応仁の乱		1414 万里小路時房『建内記』(～55)。			1414 コンスタンツ公会議(～18)。
称光		1415(応永22).5 鎌倉公方持氏, 関東管領上杉氏憲(禅秀)と対立。		1416.1 後崇光院(貞成親王)『看聞御記』(～48)。			
		1416(応永23).10 上杉禅秀の乱。					
		1419(応永26).6 応永の外寇(朝鮮の兵船, 対馬に来襲)。	**惣村の形成と土一揆**	1420.10 宋希璟『老松堂日本行録』。			
		1420(応永27).6 朝鮮使宋希璟, 義持に謁見。	1420 飢饉・疫病(～21)。	1422.1 一条兼良『公事根源』。			
	義量	1423(応永30).8 幕府, 鎌倉公方持氏を追討, 持氏謝罪。	1428.9 正長の徳政一揆(畿内諸国の土民, 徳政を要求して蜂起)。	1423.5 朝鮮から義持に大蔵経が贈られる。			
		1428(正長元).1 義持, 没。石清水八幡宮神前の籤引きで後嗣は青蓮院義円(**足利義教**)に決定。					

南北朝時代

室町時代

室町時代

天皇	将軍	政治・外交	社会・経済	文化	朝鮮	中国	世界史

政治・外交

- 1429(永享元) 尚巴志, 琉球王国を建国。
- 1432.8(永享4) 義教, 道淵を明に派遣(明との国交回復)。
- 1438(永享10).8 永享の乱(義教, 持氏を追討。翌年, 持氏自害)。
- 1440(永享12).3 結城合戦(結城氏朝, 持氏遺児を擁し挙兵)。
- 1441(嘉吉元).6 **嘉吉の変**(赤松満祐, 義教を謀殺)。
- 1443(嘉吉3) 対馬主宗貞盛, 朝鮮と癸亥約条(嘉吉条約)調印。
- 1449(宝徳元).1 足利成氏, 鎌倉公方就任。8 琉球商人, 幕府に薬種・銭を進上。
- 1452(享徳元).12 細川勝元, 管領就任。
- 1453(享徳2).3 長谷寺・多武峰・天龍寺船, 明に渡航。
- 1454(享徳3).4 畠山義就・政長の家督争い。12 **享徳の乱**(～82, 鎌倉公方成氏, 関東管領上杉憲忠謀殺)。
- 1455(康正元).6 関東管領上杉房顕, 足利成氏を下総古河に逐う(**古河公方のはじめ**)。—建仁寺, 勧進船を朝鮮に派遣。
- 1457(長禄元).4 太田道灌, 武蔵江戸城を築く。5 **コシャマインの戦い**。12 足利義政, 異母兄政知を関東に派遣, 伊豆堀越を拠点とする(**堀越公方のはじめ**)。
- 1464(寛正5).11 畠山政長, 管領に就任。12 義政の弟, 浄土寺義尋を還俗させて**足利義視**と改名。
- 1465(寛正6).11 義政の妻**日野富子**, 義尚出産。
- 1466(文正元) この年, 斯波義敏・義廉の家督争い。
- 1467(応仁元).1 上御霊社の戦い(畠山義就・政長)。5 **応仁の乱**(東軍細川勝元・西軍山名持豊)。
- 1468(応仁2).7 細川勝元, 管領に就任。9 義視, 東軍に入る。11 義視, 義政と不和になり西軍に入る。
- 1471(文明3).3 古河公方足利成氏, 伊豆三島で堀越公方足利政知と戦う。
- 1473(文明5).3 山名宗全(持豊), 没。5 細川勝元, 没。
- 1476(文明8) 今川氏内紛。伯父の伊勢新九郎(北条早雲)の助力で, 今川氏親が家督継承。
- 1477(文明9).11 **応仁の乱終息**。

戦国大名の登場

- 1481(文明13) 朝倉孝景, **『朝倉孝景条々』**を制定。
- 1482(文明14).11 享徳の乱終結(都鄙合体)。
- 1486(文明18).7 扇谷上杉定正, 太田道灌を誘殺。
- 1493(明応2).4 細川政元, 足利義澄(政知の子)を擁し挙兵。—伊勢宗瑞(北条早雲), 堀越公方茶々丸(政知の子)を滅ばす。
- 1495(明応4).9 **伊勢宗瑞(北条早雲)**, 小田原城を奪う。
- 1510(永正7).4 **三浦の乱**(恒居倭人による反乱)。
- 1512(永正9)一壬申約条。
- 1513(永正10).6 アイヌ蜂起。
- 1516(永正13).4 幕府, 遣明船管理を大内義興に委ねる。
- 1517(永正14).6 今川氏親, 遠江攻略。
- 1519(永正16).8 伊勢宗瑞(北条早雲), 没。
- 1521(大永元).3 後柏原天皇, 践祚後22年目に即位礼を行う。
- 1523(大永3).4 寧波の乱(大内・細川の遣明使, 寧波で抗争)。7 毛利元就, 家督継承。
- 1526(大永6).4 今川氏親, **『今川仮名目録』**を制定。
- 1536(天文5).4 伊達稙宗, **『塵芥集』**。
- 1541(天文10).6 武田晴信(信玄), 父信虎を追放。
- 1542(天文11).8 斎藤道三, 国主土岐氏を追放。
- 1543(天文12).8 **鉄砲伝来**(ポルトガル人, 種子島に来航)。
- 1547(天文16).6 武田晴信, **『甲州法度之次第』**を制定。
- 1549(天文18).11 松平竹千代(徳川家康), 今川家人質となる。
- 1550(天文19).6 ポルトガル船, 肥前平戸に入港。
- 1551(天文20).8 陶晴賢, 大内義隆に背き, 自害させる(勘合貿易断絶)。
- 1553(天文22).2 今川義元, 『仮名目録追加』を制定。8 川中島の戦い。
- 1555(弘治元).4 織田信長, 清洲城に移る。10 厳島の戦い(毛利元就, 陶晴賢を破る)。

社会・経済

- 1429.1 播磨の土一揆。
- 1430.9 洛中洛外酒屋土倉条々を定める。
- 1441.8 **嘉吉の徳政一揆**。閏9 幕府, 徳政令を公布。
- 1448.11 近江今堀郷で惣掟を定める。
- 1454.9 享徳の徳政一揆(分一徳政令)。
- 1455.10 分一徳政令禁制。
- 1459.8 京都七口に新関を設ける。
- 1460 **寛正の大飢饉**(～61, 死者8万2000人)。
- 1461.7 近江菅浦荘, 惣庄置文を定める。
- 1465.11 山城西岡の徳政一揆。

商工業の発達

- 1472.9 坂本の馬借一揆。
- 1474.10 加賀一向一揆, 守護富樫政親と対立。
- 1481.9 京都で徳政一揆。
- 1485.4 大内氏, 撰銭令制定。12 **山城の国一揆**(～1493)。
- 1486.2 山城国一揆, 国中掟を制定。
- 1488.6 **加賀の一向一揆**, 富樫政親を討つ(～1580)。
- 1500.10 幕府, 撰銭令。
- 1506.7 越前で一向一揆。9 越中で一向一揆。
- 1526.3 博多商人神谷寿禎, **石見銀山**発見。
- 1532.8 京都で**法華一揆**。
- 1533—神屋寿禎, 石見銀山で灰吹法による銀精錬に成功。
- 1536.7 **天文法華の乱**。
- 1542.3 **但馬生野銀山**発見。
- 1549.12 六角定頼, 近江石寺に楽市令。

文化

- 1430.11 観世元能『申楽談儀』。
- 1434.5 世阿弥, 佐渡に配流。
- 1439.閏1 **上杉憲実, 足利学校再興**。6 飛鳥井雅世『新続古今和歌集』。
- 1440 **日親『立正治国論』**(義教を批判, 弾圧される)。

東山文化

- 1450.6 細川勝元, 龍安寺を創建。
- 1456.1 金春禅竹『歌舞髄脳記』。
- 1464 雪舟, 周防雲谷庵に住する。
- 1465.1 延暦寺衆徒の襲撃で本願寺焼亡。
- 1467 雪舟・桂庵玄樹, 入明。
- 1468.8 一条兼良, 息子の興福寺大乗院門跡尋尊を頼り, 奈良に下向。
- 1469.10 土佐光信, 絵所預就任。
- 1470.12 瑞渓周鳳『善隣国宝記』。
- 1471.7 蓮如, 越前吉崎御坊設立。
- 1472.5 東常縁, 宗祇に**古今伝授**を行う。12 一条兼良『花鳥余情』。
- 1474.2 一休宗純, 大徳寺住持に就任。
- 1475.8 蓮如, 越前吉崎を退去。
- 1479.4? 蓮如, 山科本願寺建立。
- 1480.7 一条兼良『樵談治要』。
- 1481.6 桂庵玄樹『大学章句』。
- 1482.2 足利義政, 東山山荘造営開始。
- 1485.12 慈照寺東求堂。
- 1486.12 雪舟『四季山水図巻(山水長巻)』。
- 1488.1 **肖柏・宗祇・宗長, 『水無瀬三吟百韻』**。
- 1495.9 宗祇ら『新撰菟玖波集』。
- 1500.6 祇園会再興。
- 1501.9 宗祇, 三条西実隆に古今伝授を行う。
- 1503 土佐光信『北野天神縁起絵巻』。
- 1518.8 『閑吟集』。
- 1524.8 『真如堂縁起絵巻』。
- 1528.7 阿佐井野宗瑞, 『医書大全』刊行。
- 1531 『おもろさうし』。
- 1543 狩野元信『山水花鳥図』(妙心寺霊雲院蔵)。
- 1549.7 **ザビエル, 鹿児島に上陸**(キリスト教の伝来)。
- 1550.9 ザビエル, 山口で布教。
- 1551.1 ザビエル上洛(将軍・天皇に会えず)。
- 1559.8 ガスパル=ヴィレラ上洛。

朝鮮・中国

朝 / 朝鮮 / 明 / 鮮

世界史

- 1429 ジャンヌ=ダルク, オルレアン解放
- 1449 土木の変
- 1453 ビザンツ(東ローマ)帝国滅亡。
- 1455 バラ戦争(～85)。
- 1461 ヨーク朝成立(英)。
- 1479 スペイン王国成立。
- 1485 テューダー朝成立(英)。
- 1488 バルトロメウ=ディアス, 喜望峰に到達。
- 1492 レコンキスタ完了。コロンブス, バハマ諸島に到達。
- 1498 ヴァスコ=ダ=ガマ, インド航路発見。
- 1517 **マルティン=ルター**, 宗教改革(独)。
- 1519 マゼラン, 大航海に出発(～22)。
- 1521 コルテス, アステカ王国征服。
- 1526 ムガル帝国建国。
- 1533 ピサロ, インカ帝国を征服。
- 1553 嘉靖の大倭寇(～57)

天皇欄: 後花園 / 後土御門 / 後柏原 / 後奈良

将軍欄: 義教 / 義勝 / 義成 / 義政(義成改名) / 義尚 / 義稙 / 義高(義澄) / 義稙 / 義晴 / 義輝

左端年号: 1429 / 1441 / 1442 / 1443 / 1449 / 1453 / 1464 / 1473 / 1489 / 1490 / 1493 / 1494 / 1500 / 1508 / 1521 / 1526 / 1546 / 1557

天皇	将軍	政治・外交	社会・経済	文化	朝鮮	中国	世界史
正親町	義輝	**織豊政権の成立**	**信長の社会経済政策**	**桃山文化**			1562 ユグノー戦争おこる(〜98, 仏)。
		1560(永禄3).5 桶狭間の戦い(信長, 今川義元を破る)。	1563.10 三河で一向一揆(〜64)。	1563 大村純忠, 受洗。			
	−1565− 義栄	1561(永禄4).閏3 長尾景虎(上杉謙信), 関東管領就任。	1567.9 信長, 美濃加納に楽市令。	1565.9 狩野永徳『洛中洛外図屏風』。			1565 スペイン, フィリピン征服を開始。
	−1568−	1562(永禄5).1 信長・松平元康(徳川家康), 同盟する。	1568.10 信長, 分国中の諸関諸役を廃止。	1566 狩野永徳, 聚光院の襖絵を描く。			
	義昭	1567(永禄10).8 信長, 美濃国を攻略し, 岐阜城に移る。	1569.1 堺の会合衆, 信長に銀2万貫を上納。	1567.10 松永久秀, 三好三人衆を東大寺に破る。大仏殿炎上。			1568 オランダ独立戦争(〜1609)。
		1568(永禄11).9 信長, 足利義昭を奉じて入京。	3 信長, 撰銭令。	1569.4 フロイス, 信長に謁見, 京都滞在を許される。			
		1569(永禄12).2 信長, 二条城の造営開始。	1574.9 信長, 伊勢長島一向一揆を鎮圧。	永禄年中, 琉球より三味線伝来。			1570 アメリカ大陸から欧州にジャガイモ伝播。
	−1573−	1570(元亀元).6 姉川の戦い。9 石山戦争(〜80)。	1575.8 信長, 越前一向一揆を鎮圧。	1574.6 信長,『洛中洛外図屏風』を上杉謙信に贈る。			1571 レパントの海戦。スペイン, マニラを占領。
		1571(元亀2).9 信長, 延暦寺を焼打ち。	1577.2 信長, 根来・雑賀一揆を攻撃。6 信長, 安土に楽市令。	この頃, 南京芋(ジャガイモ)が長崎に渡来。			
		1572(元亀3).12 信玄, 三方ヶ原の戦いで徳川家康を破る。		この頃, トウモロコシ・スイカ・カボチャの種子, 渡来。			1580 スペイン, ポルトガルを併合。
		1573(天正元).7 室町幕府滅亡(信長, 将軍義昭を追放)。		この頃, 安土で宗論。一オルガンティノ, 安土に教会建設。			1581 オランダ, 独立宣言。
		1575(天正3).5 長篠の戦い(信長・家康, 武田勝頼に大勝)。	**検地と刀狩**	1580 安土と肥前国有馬にセミナリオ開設。			1582 教皇, グレゴリウス暦を制定。
		1576(天正4).2 信長, 安土城の築城開始。	1582.7 太閤検地(〜98)。	1582 太田牛一『信長公記』。			1583 女真族ヌルハチ, 挙兵。
		1577(天正5).11 信長, 右大臣に任官。					
		1580(天正8).閏3 信長, 本願寺顕如と講和(石山戦争終る)。6 イギリスの商船, 平戸に来航。					1585 イギリス, ヴァージニアに植民地建設を開始。
		1582(天正10).1 天目山の戦い(武田氏の滅亡)。3 天正遣欧使節。6 本能寺の変(信長敗死)。羽柴秀吉, 明智光秀を破る(山崎の合戦)。		1587.9 聚楽第完成。10 秀吉, 北野大茶湯を催す。			
		1583(天正11).4 賤ヶ岳の戦い(秀吉, 柴田勝家を破る)。一大坂城築城開始。	1585.3 秀吉, 根来・雑賀一揆を鎮圧。		朝		
−1586−		1584(天正12).4 小牧・長久手の戦い。6 スペイン人, 平戸に来航。		1590.6 ヴァリニャーニ, 長崎帰着。印刷機伝来。一狩野永徳『唐獅子図屏風』			
	豊臣秀吉(関白)	1585(天正13).7 秀吉, 関白叙任。長宗我部元親, 秀吉に降伏。10 秀吉, 九州に停戦の命令を出す。	1588.7 刀狩令。この年, 秀吉, 天正大判などを鋳造。			明	
		1586(天正14).12 秀吉, 太政大臣になり豊臣姓を賜る。					
		1587(天正15).5 秀吉, 九州平定。6 秀吉, 朝鮮国王へ入貢要求。バテレン追放令。12 秀吉, 関東・奥羽に惣無事令を出す。					
		1588(天正16).4 天皇, 聚楽第に行幸。7 海賊取締令。					
		1589(天正17).9 秀吉, 諸大名に妻子の在京を命じる。					
		1590(天正18).7 小田原攻め(北条氏滅亡)。8 家康, 江戸城に入る。奥州平定(伊達政宗服属)。11 秀吉, 聚楽第にて朝鮮通信使を引見。	1591.8 人掃令(身分統制令)。	1591.2 千利休, 自刃。一キリシタン版の印刷始まる。	鮮		
−1591−		1591(天正19).7 秀吉, ゴアのポルトガル政庁に入貢要求。9 秀吉, マニラのスペイン政庁に入貢を促す。12 豊臣秀次, 関白となる。一秀吉, 諸国の御前帳・国絵図・郡図を徴収。					
	秀次(関白)	1592(文禄元).3 文禄の役(〜93)。	1592.3 全国的な戸口調査(人掃)を行う。	1593.9 方広寺大仏殿, 上棟。一天草版『伊曽保物語』			
		1593(文禄2).11 秀吉, 高山国(台湾)に入貢を催促。小笠原諸島発見。					
−1595−		1594(文禄3).8 秀吉, 伏見城に移る。					
		1595(文禄4).7 秀次, 自刃。					
後陽成		1596(慶長元).9 サン=フェリペ号事件。12 26聖人殉教。	1596.閏7 近畿大地震。	1597.7 慶長勅版刊行(朝鮮より活字印刷術伝わる)。この年, 秀吉, 醍醐寺で花見。			1598 ナントの王令(仏)。
		1597(慶長2).1 慶長の役(〜98)。					1599 ヌルハチ, 満洲文字を創始。
		1598(慶長3).7 五大老・五奉行設置。8 秀吉, 没。12 朝鮮の日本軍の撤退完了。					
		1599(慶長4).1 豊臣秀頼, 伏見城より大坂城に移る。					
		江戸幕府の成立	**幕藩体制の社会**	1600一狩野信信『花下遊楽図屏風』			1600 イギリス, 東インド会社設立。
		1600(慶長5).3 オランダ船リーフデ号, 豊後に漂着。ウィリアム=アダムズ, ヤン=ヨーステン, 徳川家康に謁見。9 関ヶ原の戦い。	1600 慶長金銀を鋳造。	1601.1 東海道に伝馬制。6 家康, 佐渡金山を直轄。	1602.2 東本願寺建立。5 二条城の修築に着手。		1602 オランダ, 東インド会社設立。
−1603− 徳川家康		1603(慶長8).2 家康が征夷大将軍となり, 江戸幕府を開く。広橋兼勝, 武家伝奏に任じられる。		一海北友松『山水図屏風』。			
		1604(慶長9).5 幕府, 糸割符制度を定める。	1606.8 角倉了以, 山城大堰川を開削。	1603.4 出雲阿国, 京都でかぶき踊りを演じる。			
−1605−		1605(慶長10) この年, 幕府, 国絵図・郷帳を作らせる。	1607 角倉了以, 富士川を開削。	**寛永文化**			
		1607(慶長12).5 朝鮮使節, 将軍に謁して国書を呈上。	1609.7 金1両＝銀50匁＝銭4貫文と定める。	1607.4 幕府, 林羅山を儒者として任用。			
		1609(慶長14).2 島津家久, 琉球出兵。対馬藩, 朝鮮と己酉約条。7 幕府, オランダ船に貿易を許可。平戸に商館を許す。9 前ルソン総督ドン=ロドリゴ上総に漂着。					
	秀忠	1610(慶長15).8 田中勝介らをメキシコへ派遣。	1611.11 角倉了以, 賀茂川(高瀬川)を開削。				
−1611−		1611(慶長16).11 幕府, 明国商人に長崎貿易を許可。	1612 幕府, 駿河の銀座を江戸に移す。				
		1612(慶長17).3 直轄領に禁教令。					
		1613(慶長18).6 公家衆法度。8 イギリスとの通商を許可。9 慶長遣欧使節(〜20)。12 禁教令, 全国に及ぶ。					1613.7 ロマノフ朝成立(露)。

天皇	将軍	政治・外交	社会・経済	文化	朝鮮	中国	世界史
後水尾	秀忠	1614(慶長19).7 方広寺鐘銘事件。9 高山右近ら海外追放。10 大坂冬の陣。			明		
		1615(元和元).4 大坂夏の陣(豊臣氏滅亡)。閏6 一国一城令。7 武家諸法度(元和令)。禁中並公家諸法度。		1615 本阿弥光悦, 洛北鷹峰の地を拝領。			
		1616(元和2).4 家康没, 翌年, 東照大権現の神号授与。8 中国船を除く外国船の寄港地を長崎・平戸に限定。	1617.3 江戸吉原遊郭の開設を許可。	1617.4 日光東照宮, 神殿竣工。			1616.1 ヌルハチ, 後金を建国。
		1617(元和3).9 公家衆・諸大名に領地の判物・朱印状を下賜。		1619.9 藤原惺窩, 没。			1618.5 三十年戦争勃発(〜48)
		1619(元和5).6 広島城無断修築を理由に福島正則を改易。8 町奉行・城代・城番を大坂におく。	1619 菱垣廻船の初め。	1620 桂離宮の造営に着手。		後	
		1620(元和6).6 徳川秀忠の娘和子入内。					
		1622(元和8).8 元和の大殉教。—幕府, 外様大名の妻子を江戸におかせる。					
	─1623─	1623(元和9).2 松平忠直を改易。8 禁裏御料1万石を献上(計2万石)。閏8 シャム国使, 来日。11 イギリス, 平戸の商館を閉鎖し撤退。				金	1623 アンボイナ事件。
─1629─		1624(寛永元).3 スペイン船の来航を禁止。	1625.8 関所の規則を定め, 伝馬の規則を改定。	1624.2 初代中村勘三郎, 江戸に猿若座を建てる。			1627.1 後金軍, 朝鮮に侵入。
		1629(寛永6).7 沢庵らを配流(紫衣事件)。11 後水尾天皇, 興子内親王に譲位(明正天皇)。		1626 狩野探幽, 二条城の襖絵を描く。			1628.6 権利の請願(英)。
		1630(寛永7) この年, 山田長政, シャムで毒殺される。		1627 吉田光由『塵劫記』。			1631.6 李自成の乱。
明正	家光	1631(寛永8).6 奉書船制度。閏10 糸割符に江戸・大坂の商人を加入させて5カ所とする。		1629.10 女歌舞伎を禁止。			
		1632(寛永9).5 熊本藩主加藤忠広を改易。10 徳川忠長を改易。12 大目付をおく。		1630.4 日樹・日奥ら不受不施派を配流。	朝		
		1633(寛永10).2 奉書船以外の海外渡航を禁止。	1633.3 黒田騒動(栗山大膳を南部へ流刑)。	1633.1 金地院崇伝, 没。			
		1634(寛永11).3 老中・六人衆(のちの若年寄)の分掌を定める。8 譜代大名の妻子を江戸におかせる。					
		1635(寛永12).3 柳川一件(柳川調興を津軽に配流)。5 日本人の海外渡航・帰国を禁じる。6 武家諸法度(寛永令, 参勤交代・大船建造の禁止)。8 将軍の対外称号を「大君」と定める。11 寺社奉行をおく。	1636.6 寛永通宝の鋳造。				1636.4 後金, 清と改称。
		1636(寛永13) この年, 長崎出島完成。	1637.10 島原の乱(〜38)。				
		1639(寛永16).7 ポルトガル船の来航禁止。	1638.1 板倉重昌, 原城を攻め, 戦死。2 原城陥落。				1642.8 イギリス革命。
		1640(寛永17) この年, 宗門改役をおく。		1641 熊沢蕃山, 岡山に花畠教場を創立。			1644.1 明滅亡。9 清, 北京に遷都。
		1641(寛永18).5 平戸のオランダ商館職員, 出島に移る。—初めてオランダ風説書を提出。	**農民統制の強化**		鮮		
		1642(寛永19).5 譜代大名に参勤交代を命じる。	1641 寛永の飢饉。				
─1643─		1643(寛永20).9 大名火消の制を定める。	1643.3 田畑永代売買の禁令。8 田畑勝手作りの禁。				1648.10 ウェストファリア条約。
		1644(正保元) この年, 幕府, 明国の援兵要請を拒否。					
		1646(正保3).3 朝廷, 家光の要請を受け, 日光奉幣使派遣を決定。4 朝廷, 伊勢例幣使を再興。	1649.2 農民への教諭書32カ条を公布。				1649.5 共和政宣言(英)。
後光明		1649(慶安2).10 鄭成功, 再度幕府に援軍を請う。					
	─1651─	1651(慶安4).4 家光, 没。老中堀田正盛・阿部重次ら殉死。7 由井(比)正雪の乱(慶安の変)。12 末期養子の禁を緩和。	1653.8 下総の佐倉惣五郎, 幕府に直訴。	1652.6 若衆歌舞伎を禁じる。		清	1652.6 イギリス=オランダ戦争勃発(〜54)。
		1652(承応元).9 戸次(別木)庄左衛門ら謀反未遂(承応事件)。	1654.6 玉川上水完成。	1654.7 隠元隆琦, 長崎に来る(黄檗宗を伝える)。			
─1654─		1655(明暦元).1 新院御所造営。2 かぶき者を取り締まる。4 糸割符制度を廃止。10 朝鮮通信使, 家綱に謁見。	1657.1 明暦の大火(振袖火事)。8 吉原を浅草に移転(新吉原)。	1657.2 徳川光圀,『大日本史』の編纂に着手。			
後西		1659(万治2).7 道中奉行を設置(大目付の兼帯)。8 江戸城本丸の御殿竣工(天守は再建されず)。		1659.4 修学院離宮に後水尾法皇御幸。—朱舜水, 来日し帰化。			1660.5 王政復古(英)。
		1660(万治3).7 伊達騒動。	1661 福井藩, 藩札発行。	1662 伊藤仁斎, 古義堂開設。			
─1663─	家綱	1661(寛文元).閏8 徳川綱重を甲府, 綱吉を館林に封じる。	1671.7 河村瑞賢, 東廻り海運を整備。	1666.10 山鹿素行『聖教要録』, 赤穂に配流・幽閉。			1661.3 ルイ14世親政開始(仏)。
		1663(寛文3).5 武家諸法度を改定, 殉死の禁止。6 清の冊封使, 琉球到着。	1672 西廻り海運を整備。この頃, 樽廻船始まる。	1670 閑谷学校創設。			
		1665(寛文5).7 諸宗寺院法度。諸大名の人質(証人)制を廃止。	1673.6 分地制限令。8 三井高利, 江戸で越後屋呉服店を開業。	1673.5 初代市川団十郎, 江戸で荒事を演じる。—北村季吟『源氏物語湖月抄』。			1673.3 審査法制定(英)。
		1668(寛文8).7 京都町奉行を設置。					三藩の乱(〜81)。
霊元		1669.6 シャクシャインの戦い。	1674.2 銭4貫文＝金1両と定める。	1674 関孝和『発微算法』。			
		1671(寛文11).10 宗門改帳の作成を命じる。					
		1675(延宝3).6 代官伊奈忠易, 小笠原諸島を探検。					1679.5 人身保護法を制定(英)。
		1678(延宝6) 草梁に倭館完成。		**元禄文化**			
─1680─		1679(延宝7).8 石清水八幡宮, 放生会を再興。		1682.10 井原西鶴『好色一代男』。			
	綱吉	1681(天和元).6 綱吉, 越後騒動を再審し, 松平光長を改易する。11 上州沼田藩農民の幕府直訴(磔茂左衛門一揆)で藩主改易。12 堀田正俊を大老, 牧野成貞を側用人に任じる。					

天皇	将軍	政　治　・　外　交	社　会　・　経　済	文　化	朝鮮	中国	世　界　史
霊元 —1687— 東山	綱吉	1682(天和2).6　勘定吟味役設置。 1683(天和3).7　**武家諸法度（天和令）**。 1684(貞享元).2　服忌令を制定。8　若年寄稲葉正休，大老堀田 　　正俊を江戸城中で刺殺。 1685(貞享2).1　糸割符制度を復活。7　最初の**生類憐みの令**。 1687(貞享4).1　生類憐みの令を発令（この後，1709年まで繰り 　　返し布令）。11　大嘗会再興。 1688(元禄元).11　柳沢吉保を側用人に任じる。—長崎の唐人屋 　　敷設営に着手（翌年4月，完成）。 1690(元禄3).8　ドイツ人ケンペル，オランダ商館医師として来 　　日。 1694(元禄7).4　賀茂葵祭再興。12　柳沢吉保，老中格となる。 1695(元禄8).9　中野に犬小屋を設置し，野犬を収容。 1696(元禄9).4　荻原重秀を勘定奉行に任じる。 1697(元禄10).4　諸大名・寺社へ国絵図改訂につき令達。	**町人の台頭** 1682.12　江戸大火（八百 　屋お七の火事）。 1683.4～5　三井高利， 　江戸に両替店を開く。 1686.9　かぶき者200余 　名を逮捕。10　嘉助騒 　動。 1691.閏8　住友友芳，伊 　予国別子銅山の採鉱。 1694　江戸十組問屋仲間 　結成。 1695.8　元禄金銀の発行。 1698.9　江戸大火（勅額 　火事）。	1684.10　**貞享暦**に改める。 　12　渋川春海，初代天文方。 1686.2　井原西鶴『好色五人 　女』。6　井原西鶴『好色一 　代女』。 1688.1　井原西鶴『日本永代 　蔵』。—契沖『万葉代匠記』。 1689.3　松尾芭蕉，『奥の細 　道』に出立。12　北村季吟 　を歌学方に任命。 1690.7　林鳳岡に邸内の孔子 　廟の湯島移転を命じる。 1691.1　林鳳岡，大学頭就任。 1692.1　西鶴『世間胸算用』。 1693　松尾芭蕉『奥の細道』。 1697　宮崎安貞『農業全書』。			1682.4　清，尚貞 　を琉球国王に封 　じる。 1683　清，台湾を 　領有。 1688.11　名誉革命 　（〜89，英）。 1689.2　権利の章 　典（英）。7　ネ 　ルチンスク条約 　（清・ロシア）。
中御門 —1709— —1735—	綱吉 家宣 1712 1713 家継 —1716— 吉宗	1700(元禄13).8　日光奉行設置。9　酒造半減令。 1702(元禄15).12　赤穂事件（大石良雄ら，吉良義央を討つ）。 1705(宝永2).1　禁裏御料を1万石増進し，3万石とする。 1708(宝永5).8　宣教師シドッチ，屋久島に上陸。 **正徳の政治** 1709(宝永6).1　生類憐みの令を廃止。新井白石を登用。 1710(宝永7).8　閑院宮家創設。 1711(正徳元).2　通信使の待遇簡素化を決定。 1712(正徳2).2　江戸に大名火消を設置。 1715(正徳5).1　海舶互市新例（長崎新令）。 **享保の改革** 1716(享保元).8　吉宗，将軍宣下。享保の改革（〜45）。 1717(享保2).2　**大岡忠相**を江戸町奉行に任じる。 1719(享保4).11　**相対済し令**。 1720(享保5)　キリスト教以外の漢訳洋書の輸入制限を緩和。 1721(享保6).8　目安箱を設置。小石川薬園を設置。 1722(享保7).7　上げ米の制。**新田開発**を奨励（日本橋に高札）。 　12　小石川薬園内に**養生所**を設置。—幕領で**定免法**の施行開 　始。 1723(享保8).6　**足高の制**。 1724(享保9).6　諸大名・幕臣に倹約令。 1729(享保14).12　相対済し令廃止。 1730(享保15).4　上米の制を停止し，参勤交代を旧に復する。 　11　田安家創始。 1732(享保17).5　吉宗，尾張藩主徳川宗春の奢侈を叱責。 1735(享保20).8　桜町天皇即位の祝儀として5万石以上の大名 　に献銀を命じる。 1736(元文元).6　長崎来航の中国船を年間25隻に限定。 1737(元文2).6　神尾春央を勘定奉行に任じる。 1738(元文3).11　大嘗会復活（1687年再興後，中断）。 1739(元文4).3　青木昆陽を登用。5　陸奥・安房など諸国の沿 　海にロシア艦隊出没。 1740(元文5).11　吉宗，4男宗尹に一橋門の宅地を与える（一橋 　家創始）。—新嘗祭再興。 1742(寛保2).4　『公事方御定書』2巻完成（下巻を「御定書百箇 　条」と称す）。	1700.11　金銀銭三貨の 　比価を金1両＝銀60匁 　＝銭4貫文と定める。 1705.閏4　御蔭参り（〜 　5月，約370万人）。 1706.6　宝永金銀の発行。 1707.10　諸国大地震（宝 　永地震）。11　富士山 　噴火。 1713.4　分地制限令を改 　定。 1714.3　絵島・生島事件。 　5　正徳金銀。 1720.8　江戸町火消「い 　ろは」47組設置。 1721.12　質流地禁止令。 1723.2　出羽長瀞質地騒 　動。 1726.8　新田検地条目31 　カ条。 1730.8　大坂堂島の米市 　場を公認。 1732　享保の飢饉（西国）。 1733.1　江戸の窮民，米 　問屋高間伝兵衛を襲撃。 1735.10　米価調整令。 1736.5　元文金銀を鋳造。 1738.9　元文一揆。	1702.3　新井白石『藩翰譜』。 1703.5　近松門左衛門作『曽 　根崎心中』，初演。 1709.3　東大寺大仏殿再建。 　5　貝原益軒『大和本草』。 1711.3　近松門左衛門作『冥 　途の飛脚』，初演。 1713.1　貝原益軒『養生訓』。 　3　新井白石『采覧異言』。 1715.11　近松門左衛門作 　『国姓爺合戦』，初演。 新井白石『西洋紀聞』。 1716.3　白石『古史通』なる。 　10　白石『折たく柴の記』。 1720.12　近松門左衛門作 　『心中天網島』，初演。 1721.2　田中丘隅『民間省要』。 1728　荷田春満『創学校啓』。 1729.3　太宰春台『経済録』。 —石田梅岩，京都で心学の 　講義を始める。 1735.2　青木昆陽『蕃藷考』。 1739　石田梅岩『都鄙問答』。 1744.9　神田佐久間町に天文 　台を設置。 1745　富永仲基『出定後語』。 1747.11　竹田出雲『義経千 　本桜』。	朝 鮮	清	1700.5　北方戦争 　（〜21）。 1701.1　プロイセ 　ン王国成立。2 　スペイン継承戦 　争。 1707.5　グレート 　ブリテン王国成 　立（英）。 1713.3　ユトレヒ 　ト条約。 1714.8　ハノーヴ 　ァー朝成立（英）。 1733.5　ジョン＝ 　ケイ，飛び杼を 　発明。 1740.5　オースト 　リア継承戦争 　（〜48）。
	—1745—	1744(延享元).5　七社奉幣使再興。11　『御触書寛保集成』なる。 1746(延享3).3　オランダ船2隻，中国船10隻に制限。	1745　京都西陣の高機屋 　仲間結成。	1748.8　竹田出雲『仮名手本 　忠臣蔵』。			
桃園 —1762—	家重 —1760—	1751(宝暦元).6　吉宗，没。12　大岡忠相，没。 **田沼意次の政治** 1755(宝暦5).7　朝鮮貿易不振により，対馬藩に年額1万両下賜 　（〜57）。 1758(宝暦8).7　宝暦事件（竹内式部が捕らえられ，翌年追放）。12 　**清水家**創始，三卿の成立。 1763(宝暦13).11　江戸神田に朝鮮人参座を設置。	**一揆・打ちこわし激化** 1754.8　宝暦郡上一揆。 1756.6　米価高騰につき， 　米商の囲売・占売を禁 　じる。11　徳島藩の農 　民，藍専売制に反対し 　て一揆。	**国学・蘭学の発達** 1754.閏2　山脇東洋ら，京都 　で死体を解剖させる。 1755.2　安藤昌益『自然真営 　道』。 1759.1　山脇東洋『蔵志』。2 　山県大弐『柳子新論』。			1756.5　七年戦争 　（〜63）。 1757.6　プラッシ 　ーの戦い。 1762　ルソー『社 　会契約論』。

天皇	将軍	政治・外交	社会・経済	文化	世界史
後桜町 後桃園 光格	家治 家斉	1764(明和元).3 長崎貿易不振につき、俵物の生産を奨励。 1766(明和3).6 銅座を設置し、諸国の産銅を廻送させる。 1767(明和4).7 田沼意次、側用人就任。8 明和事件(山県大弐・藤井右門を処刑、竹内式部を流罪)。—上杉治憲(鷹山)、藩政改革に着手。 1769(明和6).8 意次、老中格となる。 1770(明和7).4 徒党・強訴・逃散禁止の高札を立てる。 1771(明和8) ロシア船、阿波・奄美大島に漂着。 1772(安永元).1 意次、老中就任。 1773(安永2).9 江戸炭薪仲買組合を定める。 1778(安永7).6 ロシア船、蝦夷地に来航して、松前藩に通商を要求(翌年、松前藩拒否)。 1779(安永8).1 南鐐弐朱銀を専用し、小判金貨を蓄える傾向を戒める。11 閑院宮典仁親王の男子(光格天皇)践祚。 1781(天明元).閏5 家治、一橋治済の子(家斉)を養嗣子とする。 1782(天明2).7 印旛沼の干拓に着手。 1783(天明3).7 大黒屋光太夫ら、カムチャツカに漂流。11 田沼意知を若年寄に任じる。 1784(天明4).3 佐野政言、江戸城中で意知を刺殺。 1786(天明6).8 意次を罷免。 **寛政の改革** 1787(天明7).6 松平定信を老中首座に任じる。7 定信、寛政の改革(〜93)。 1788(天明8).3 老中松平定信を将軍補佐とする。 1789(寛政元).2 尊号一件。9 棄捐令。囲米の制。 1790(寛政2).2 江戸石川島に人足寄場設置。5 寛政異学の禁。9 オランダ貿易制限(年1隻、銅60万斤)。 1791(寛政3).5 最上徳内ら、択捉島を探査。 1792(寛政4).9 ラクスマン、大黒屋光太夫を護送して根室に来航、通商を求める。 1793(寛政5).3 議奏中山愛親ら処罰(尊号一件落着)。定信、伊豆・相模などの沿岸巡視を命じる。7 定信の老中解任。 **文化・文政の時代** 1796(寛政8).8 イギリス人ブロートン、室蘭に来航。 1797(寛政9).11 ロシア人、択捉島に上陸。 1798(寛政10).7 近藤重蔵・最上徳内ら、択捉島に「大日本恵土(登)呂府」の標柱を立てる。 1799(寛政11).1 松前藩の東蝦夷地を7カ年の直轄地とする。7 高田屋嘉兵衛、択捉航路を開設。 1800(寛政12).4 八王子千人同心100人が蝦夷地に入植。閏4 伊能忠敬、蝦夷地測量のため江戸出立。 1801(享和元).7 富山元十郎ら、得撫島に渡り、「天長地久大日本属島」の標柱を立てる。 1802(享和2).2 蝦夷奉行(のち箱館奉行)をおく。7 幕府、東蝦夷地を直轄地とする。この冬、近藤重蔵、択捉島を視察。 1803(享和3).7 アメリカ船、長崎に来航して貿易を要求。 1804(文化元).9 レザノフ、長崎に来航し、通商を要求。 1805(文化2).6 関東取締出役を創置。 1806(文化3).1 文化の撫恤令(薪水給与令)。 1807(文化4).2 幕府、西蝦夷地を直轄。4 ロシア船、択捉島を襲撃。6 ロシア船、利尻島を襲撃。10 松前奉行を設置。 1808(文化5).4 間宮林蔵、樺太に赴き、樺太が島であることを確認。8 フェートン号事件。長崎奉行松平康英、引責自刃。 1809(文化6).6 樺太を北蝦夷地と改称。7 間宮林蔵、黒竜江下流を探査し、海峡を発見。 1810(文化7).2 幕府、白河・会津両藩に江戸湾防備を命じる。 1811(文化8).5 対馬で通信使を迎える(易地聘礼)。6 ロシア艦長ゴローウニンらを捕らえる。 1812(文化9).8 ロシア船、高田屋嘉兵衛らを捕らえる。 1813(文化10).9 ゴローウニン事件解決。 1816(文化13).10 イギリス船、琉球に来航し貿易を求める。 1817(文化14).9 イギリス船、浦賀に来航。 1818(文政元).5 イギリス人ゴルドン、浦賀に来航。	1760.2 江戸連日大火。 1761.12 上田騒動。 1764.閏12 伝馬騒動。 1765.9 五匁銀を新鋳。 1768.1 大坂で、打ちこわし。 1771.4〜7 御蔭参り盛ん(約200万人)。 1772.2 江戸大火(目黒行人坂火事)。諸国凶作。4 甲州道中に内藤新宿を再興。9 南鐐弐朱銀を鋳造。一樽廻船問屋株を公認。 1773.閏3 大原騒動(飛騨で百姓一揆)。4 菱垣廻船問屋株を公認。 1777 三原山大噴火。 1778.1 江戸の札差を109軒に限定。 1779.10 桜島噴火。 1780.8 大坂に鉄座、江戸・大坂・京に真鍮座を新設。 1781.8 上州絹一揆。 1782 天明の飢饉(〜87)。 1783.7 浅間山大噴火。 1784.8 大坂の二十四組江戸積問屋株を公認。 1787.5 天明の打ちこわし(江戸、大坂)。 1788.1 京都大火。 1789.5 松前藩、クナシリ・メナシ蜂起。 1790.11 旧里帰農令。 1791.12 七分積金。 1795.10 江戸の女髪結を禁止。 1798.12 諸藩の米札発行を制限。 1805.9 女浄瑠璃を禁止。 1806.10 江戸町人らに御用金を課す。12 江戸上水道修復。 1813.5 鴻池善右衛門ら大坂町人に100万両の御用金を命じる。	1760.7 賀茂真淵『万葉考』。 1764.2 平賀源内、火浣布。 1765.5 医学館(躋寿館)を江戸神田に設立。7 柄井川柳『誹風柳多留』。 1766.1 近松半二ら合作『本朝廿四孝』、初演。 1771.3 杉田玄白・前野良沢ら、千住小塚原で刑死体の解剖を見る。8 池大雅・与謝蕪村『十便十宜図』。 1774.8 前野良沢・杉田玄白『解体新書』。 1775 恋川春町『金々先生栄花夢』(黄表紙の始まり)。 1773.閏3 米沢藩、藩校興譲館を再興。11 平賀源内、エレキテルを完成。—上田秋成『雨月物語』。 1783.1 工藤平助『赤蝦夷風説考』。—大槻玄沢『蘭学階梯』。—司馬江漢、初の銅版画を制作。 1785 林子平『三国通覧図説』。 1786 林子平『海国兵談』。大槻玄沢、芝蘭堂を設立。 1790 本居宣長『古事記伝』。 1791.3 山東京伝、手鎖50日。 1792.5 林子平、禁錮。—宇田川玄随『西説内科撰要』。 1793.1頃 本居宣長『玉勝間』起筆。7 塙保己一、和学講談所設立。 1794.閏11 大槻玄沢ら、江戸の芝蘭堂で新元会。 1795.11 高橋至時、天文方に。 1796 稲村三伯『ハルマ和解』。 1797.12 聖堂学問所を昌平坂学問所とする。 1798.7 本多利明『西域物語』。 1802.10 志筑忠雄『暦象新書』。—十返舎一九『東海道中膝栗毛』。 1805.10 華岡青洲、初めて麻酔剤を用い、乳癌を手術。 1807.1 曲亭馬琴『椿説弓張月』前編。 1809.1 式亭三馬『浮世風呂』前編。 1811.5 蛮書和解御用設置。 1812.12 『寛政重修諸家譜』。 1813 海保青陵『稽古談』。 1814.9 伊能忠敬、「大日本沿海実測全図」。曲亭馬琴『南総里見八犬伝』第1輯。 1815.4 杉田玄白『蘭学事始』。 1817.2 広瀬淡窓、家塾を移し咸宜園と名づける。 1819.12 小林一茶『おらが春』。—塙保己一『群書類従』正編。 1820.8 山片蟠桃『夢の代』。	1763 パリ条約(七年戦争終結)。 1765.3 印紙法(英)。 1769 アークライト、水力紡績機を発明。ワット、蒸気機関を改良。 1773.12 ボストン茶会事件。 1775.4 アメリカ独立戦争(〜83)。 1776.7 アメリカ独立宣言。 1779 クロンプトン、ミュール紡績機を発明。 1783.9 パリ条約。アメリカの独立承認。 1785 カートライト、力織機を発明。 1789 フランス革命おこる(〜99)。 1792.9 第一共和政(仏)。 1796.1 白蓮教徒の乱。 1798.5 ナポレオン、エジプト遠征に出発。 1802.3 アミアン和約。6 阮福映、阮朝をたてる。 1804.2 阮朝、国号をベトナムと定める。ナポレオン、皇帝即位。 1806.8 神聖ローマ帝国消滅。11 大陸封鎖令。 1815.6 ワーテルローの戦い。 1819.2 イギリス、シンガポールを獲得。

江戸時代

天皇	将軍	政治・外交	社会・経済	文化	世界史
仁孝	家斉	1821(文政4).12 東西蝦夷地を松前藩に還付。		1821.7 伊能忠敬, 『大日本沿海輿地全図』を完成(伊能忠敬, 没後3年目)。	
		1822(文政5).3 小田原藩, 二宮尊徳を登用する。	1822.8〜10 西国にコレラ流行。	1822 大蔵永常『農具便利論』。	1823.12 モンロー宣言。
		1824(文政7).5 イギリス捕鯨船員, 常陸国大津浜に上陸。8 イギリス捕鯨船員, 薩摩国宝島に上陸。	1823.5〜6 摂津・河内両国1007カ村, 綿の直売を要求し, 国訴。7 摂津・河内・和泉国1307カ村, 菜種売買の自由を要求し国訴。	1824 シーボルト, 長崎鳴滝塾を開く。	1825.12 ニコライ1世即位(露)。12 デカブリストの反乱。
		1825(文政8).2 異国船打払令(無二念打払令)。		1825.3 会沢安(正志斎)『新論』。7 鶴屋南北作『東海道四谷怪談』, 初演。	
		1827(文政10).2 関東全域に寄場組合(改革組合村)の結成を命じる。3 家斉, 太政大臣に任じられる。—調所広郷, 鹿児島(薩摩)藩の財政改革に着手。		1826 頼山陽『日本外史』。佐藤信淵『経済要録』。	
		1828(文政11).10 シーボルト事件(翌年, 国外追放)。		1829 葛飾北斎「富嶽三十六景」。佐藤信淵『農政本論』。柳亭種彦『偐紫田舎源氏』初編。	1830.7 七月革命(仏)。
		1830(天保元) 水戸藩主徳川斉昭, 藩政改革に着手。薩摩藩, 砂糖専売を強化。	1830.閏3〜8 御蔭参り大流行(約500万人)。		1831 ベルギー王国成立。
		1831(天保2).2〜5 江戸町会所, 窮民27万8000人余へ施米。			1833.8 工場法制定(英)。
		1832(天保3) 村田清風, 長州藩に藩政改革案を上申。7 琉球にイギリス船漂着。	1833 天保の飢饉(〜39)。	1832.1 為永春水『春色梅児誉美』初編。	1834.11 ドイツ関税同盟なる。
		1834(天保5).3 水野忠邦, 老中就任。	1835.9 天保通宝(百文銭)を鋳造。	1833 歌川広重「東海道五十三次」。	
		1835(天保6).12 諸大名に国絵図の作成を命じる。	1836.8 郡内騒動。9 加茂一揆。10 江戸神田佐久間町に御救小屋設置。	1835 鈴木牧之『北越雪譜』初編。滑稽本・人情本流行。	1839.3 林則徐, アヘン貿易を禁圧。
—1837—		1836(天保7).7 ロシア船, 漂流民を護送し択捉島に来航。	1837.10 一分銀を新鋳。	1837.3 宇田川榕庵『舎密開宗』。4 渡辺崋山「鷹見泉石像」。	1840 アヘン戦争(〜42)。
		1837(天保8).2 大塩の乱。6 生田万の乱。モリソン号事件。			
		1838(天保9).8 徳川斉昭, 内憂外患についての意見書起筆。長州藩, 村田清風を登用し改革開始。			
		1839(天保10).5〜12 蛮社の獄。			
		1840(天保11).11 三方領知替え(翌年撤回)。オランダ商館長, アヘン戦争を報告。			
		天保の改革		1838.10 中山みき, 天理教を開く。高野長英『戊戌夢物語』。渡辺崋山『慎機論』。一緒に洪庵, 大坂に適塾を開く。	
		1841(天保12).3 徳川斉昭, 大砲を鋳造。5 高島秋帆, 徳丸が原で西洋式砲術実演。天保の改革に着手(〜43)。6 中浜万次郎, 太平洋を漂流しアメリカ捕鯨船に救われる。	1841.12 株仲間解散。		
		1842(天保13).7 天保の薪水給与令(異国船打払令の緩和)。8 川越・忍両藩に相模・房総海岸の警備を命じる。		1841.7 『御触書天保集成』。8 水戸藩, 弘道館を開設。12 歌舞伎三座, 浅草移転。	1842.8 南京条約(香港割譲, 5港開港など)。
		1843(天保14).3 人返しの法。6 印旛沼干拓に着手。9 上知令を発布。閏9 上知令を撤回。水野忠邦を罷免。		1842.6 市川団十郎, 江戸10里四方追放。為永春水・柳亭種彦を処罰。	
		開国へ		1843.12 『徳川実紀』。	
	家慶	1844(弘化元).5 徳川斉昭, 謹慎。6 印旛沼干拓中止。忠邦, 老中再任。7 オランダ国王開国勧告。			1844.7 望厦条約(清・米)。10 黄埔条約(清・仏)。
		1845(弘化2).2 阿部正弘, 老中首座に就任。6 幕府, オランダの開国勧告を拒否。7 海防掛を設置。		1846.1 藤田東湖『弘道館記述義』。	
—1846—		1846(弘化3).3 江川太郎左衛門(坦庵), 伊豆七島を巡視, 海防意見提出。閏5 アメリカ東インド艦隊司令長官ビッドル, 浦賀に来航。10 幕府, 京都所司代を通じて朝廷に異国船来航の状況を報告。	1846.1 江戸大火。	1847 佐賀藩主鍋島直正, 伊東玄朴の建言により, オランダ人に牛痘苗の購入を依頼。	1846 穀物法・航海法廃止(英)。4 アメリカ=メキシコ戦争(〜48)
		1847(弘化4).2 幕府, 相模・安房・上総の沿岸防備を命じる。3 江戸湾入口に砲台築造を決定。		1848.11 本木昌造ら, オランダから鉛製活字印刷機を購入。	1848.1 カリフォルニアで金鉱発見。2 二月革命(仏)。マルクス『共産党宣言』刊。
		1848(嘉永元).12 調所広郷, 琉球貿易の責任を問われて自殺。		1849.8 鍋島直正, 佐賀藩内で種痘を実施。10 長州藩, 種痘を実施。	
		1849(嘉永2).5 幕府, 異国船打払令復活の可否を諮問。12 諸大名に沿岸防備の強化を命じる。			
孝明		1850(嘉永3).3 オランダ商館長, 最後の江戸参府。4 朝廷, 伏見稲荷ほか7社・7寺に祈禱を命じる。12 国定忠治に磔刑。	1850.10 佐賀藩, 反射炉築造開始。		1851.1 太平天国の乱(清, 〜64)。
		1851(嘉永4).1 中浜万次郎(ジョン万次郎)ら, アメリカ船に送られ琉球に上陸。	1851.3 株仲間の再興を許可。8 島津斉彬, 製錬所を設置。		
		1852(嘉永5).8 オランダ, アメリカ使節の来航を予告。		1852.2 水戸藩『大日本史』を朝廷と幕府に献上。	
—1853—		**ペリーの来航と開国**	1853.5 三閉伊一揆。8 幕府, 品川台場の築造に着手(〜54)。		1853.3 太平天国軍, 南京占領。10 クリミア戦争(〜56)。
		1853(嘉永6).6 ペリー, 浦賀に来航, 久里浜に上陸。7 ロシア使節プチャーチン, 軍艦4隻を率い長崎に来航。			
	家定	1854(安政元).1 ペリー, 浦賀に再来航。3 日米和親条約(神奈川条約)を調印。吉田松陰, 下田で米艦に密航を求めるが, 拒否される。8 日英和親条約調印。12 日露和親条約調印(国境画定, 樺太は両国雑居)。	1854.4 韮山で反射炉築造開始(江川太郎左衛門)。7 日章旗を日本国総船印に制定。	1855.1 江戸で洋学所設置に着手。7 長崎に海軍伝習所を設置。	1855.5 パリ万国博覧会開催。
		1855(安政2).2 蝦夷地全土を再び直轄。10 堀田正睦, 老中首座に就任。12 日蘭和親条約調印。	1855.10 安政の大地震(江戸)。	1856.2 洋学所を蕃書調所と改称。4 江戸築地に講武所を設置。9 長州藩, 吉田松陰に松下村塾の再興許可。	1856.9 第2次アヘン戦争(〜60)。
		1856(安政3).7 アメリカ総領事ハリス, 下田に着任。	1856.6 渋染一揆(岡山)。		

362 年表

天皇	将軍	政治・外交	社会・経済	文化	世界史
江戸時代 — 孝明	—1858 家茂	1858(安政5).2 堀田正睦，約約勅許ならず。4 井伊直弼，大老就任。6 日米修好通商条約を無勅許調印。将軍継嗣を徳川慶福(家茂)に決定。7 幕府，徳川斉昭・松平慶永・徳川慶喜ら処分。徳川家定，没。日蘭修好通商条約，日露修好通商条約，日英修好通商条約調印。8 戊午の密勅。9 日仏修好通商条約調印。安政の大獄始まる(～59)。 1859(安政6).5 イギリス総領事オールコック来日。9 梅田雲浜，江戸で獄中死。10 橋本左内・頼三樹三郎・吉田松陰ら死罪。12 下田港閉鎖。 1860(万延元).1 安藤信正，老中就任。遣米使節外国奉行新見正興ら，条約批准に出発(咸臨丸同行)。3 桜田門外の変。10 和宮降嫁勅許。12 日独修好通商条約調印。 1861(文久元).2 ロシア艦(ポサドニック号)対馬占拠事件。12 幕府遣欧使節出発。 1862(文久2).1 坂下門外の変。2 将軍家茂と皇妹和宮の婚儀。5 島津久光，東下。7 文久の改革。徳川慶喜を将軍後見職，松平慶永を政事総裁職に任命。閏8 会津藩主松平容保を京都守護職に任命。参勤交代制を緩和。 1863(文久3).3 将軍家茂，上洛。4 家茂，攘夷を5月10日とする旨を天皇に上奏。5 長州藩外国船砲撃事件(下関)。7 薩英戦争。8 八月十八日の政変。七卿落ち。 1864(元治元).3 フランス公使ロッシュ着任。7 禁門の変。第1次長州征討(～12)。8 四国艦隊下関砲撃事件。11 長州藩恭順。 1865(慶応元).閏5 イギリス公使パークス，横浜に着任。9 将軍家茂に長州藩再征の勅許。10 条約勅許(兵庫開港は不可)。	1857.閏5 薩摩藩，工場群を集成館と命名。 1858.6 長崎にコレラ発生，のち全国に流行。 1859.6 横浜・長崎・箱館3港で露・仏・英・蘭・米との自由貿易を許可。この年，金貨の流出。 **攘夷運動の激化** 1860.閏3 五品江戸廻送令。12 アメリカ通訳官ヒュースケン，斬殺される。 1861.5 東禅寺事件。 1862.4 寺田屋事件。8 生麦事件。12 イギリス公使館で焼打ち事件。 1863.8 天誅組の変。10 生野の変。 1864.3 天狗党の乱。6 池田屋事件。7 佐久間象山，京都で暗殺。 1865.9 横須賀製鉄所の起工式。	1858.5 伊東玄朴ら，江戸に種痘館を開設。10 福沢諭吉，築地に蘭学塾を開設。 1859.7 シーボルト，長崎に再来航。9 ヘボン来日。 1860 箱館に五稜郭なる。 1861.10 種痘所を西洋医学所と改称。 1862.5 幕府，蕃書調所を洋書調所と改称。9 幕府派遣の初の海外留学生らオランダへ出発。 1863.2 西洋医学所を医学所と改称。5 長州藩士ら，イギリスへ留学。8 洋書調所を開成所と改称。 1865.1 長崎大浦天主堂，完成。3 鹿児島藩士ら，イギリス留学へ出発。	1857.5 インド大反乱(印，～59)。 1858.5 アイグン条約調印(露・清)。6 天津条約(清・露など4国)。8 インドはイギリスの直接統治下に入る。 1859 ダーウィン『種の起源』刊。 1860.10 北京条約調印(清と英・仏・露)。 1861.3 イタリア王国成立。4 南北戦争(米，～65)。 1862.9 ビスマルク，「鉄血政策」を表明(独)。 1863.1 奴隷解放宣言(米)。 1864.9 第1インターナショナル結成(～76)。 1865.4 アメリカ大統領リンカン，暗殺。
—1866	—1866 慶喜	1866(慶応2).1 薩長連合。5 改税約書。6 第2次長州征討開始。7 将軍家茂，急死。12 徳川慶喜，征夷大将軍・内大臣となる。孝明天皇，死去。 1867(慶応3).5 兵庫開港勅許。10 後藤象二郎ら，前土佐藩主山内豊信の大政奉還の建白書を幕府に提出。討幕の密勅。慶喜，大政奉還の上表を提出。12 兵庫開港。大坂開市。王政復古の大号令。小御所会議(徳川慶喜の辞官納地を決定)。	1866.4 海外留学を許可。10 幕府派遣のイギリス留学生中村正直ら，出発。12 福沢諭吉『西洋事情』刊。 1867.1 遣欧特使徳川昭武ら，パリ万博参加のため出発。 **文明開化**	1866.6 プロイセン=オーストリア戦争(7月)。 1867.3 アメリカ，ロシアからアラスカを買収。―マルクス『資本論』(～94)。
明治	—1867		1866.5 江戸・大坂で大規模な打ちこわし。6 武州世直し一揆。奥州信達騒動。 1867.8 「ええじゃないか」おこる。11 坂本龍馬・中岡慎太郎，暗殺。		
明治時代		**明治維新** 1868(慶応4／明治元).1 鳥羽・伏見の戦い(戊辰戦争開始，～69.5)。徳川慶喜征討令。3 五箇条の誓文。五榜の掲示公布。4 江戸城開城。最初のハワイ移民。閏4 政体書公布。5 奥羽越列藩同盟成立。彰義隊壊滅。7 江戸を東京と改称。8 会津若松城を攻撃。9 明治と改元。一世一元の制。10 藩治職制。11 東京開市，新潟開港。 1869(明治2).1 薩長土肥の4藩主，版籍奉還を上表。3 公議所開設。東京行幸。5 箱館五稜郭の榎本武揚軍降伏(戊辰戦争終結)。6 版籍奉還(諸大名を知藩事に任命)。7 二官六省制，集議院・開拓使を設置。8 蝦夷地を北海道と改称。12 各国領事，浦上キリシタン処分に抗議。 1870(明治3).1 長州藩脱隊騒動。2 樺太開拓使分置。10 常備兵員の制。閏10 工部省設置。12 新律綱領布告。 1871(明治4).2 御親兵の編成。7 廃藩置県。太政官制改正(正院・左院・右院の設置)。日清修好条規。8 東京・大阪・鎮西(熊本)・東北(仙台)に4鎮台を設置。10 東京府に遷平。11 1使3府72県として府知事・県令を設置。琉球漂流民殺害事件。11 岩倉使節団出発。 1872(明治5).2 陸軍省・海軍省を設置。3 御親兵廃止，近衛兵設置。7 マリア=ルス号事件。9 琉球藩設置。11 徴兵告諭。 1873(明治6).1 名古屋・広島に鎮台設置(6鎮台)。徴兵令公布。6 改定律例。集議院廃止。9 岩倉使節団，帰国。10 西郷・板垣ら参議を辞職(明治六年の政変)。11 内務省設置。12 秩禄奉還の法。 **自由民権運動おこる** 1874(明治7).1 愛国公党結成。赤坂喰違の変。東京警視庁設置。民撰議院設立建白書を左院に提出。2 佐賀の乱。4 立志社結成。5 台湾出兵(征台の役)。10 日清互換条款調印。	**四民平等と殖産興業** 1870.9 平民に苗字使用を許可。10 岩崎弥太郎，九十九商会(のちの三菱商会)創立。 1871.4 戸籍法公布。5 新貨条例公布(円・銭・厘の十進法)。8 華族・士族・平民間の結婚を許可。えた・非人の称を廃止。9 田畑勝手作りを許可。 1872.2 戸籍法施行(壬申戸籍)。田畑永代売買の解禁。10 官営富岡製糸場開業。11 国立銀行条例公布。 1873.6 第一国立銀行設立。7 地租改正条例公布。	1868.3 神仏分離令，廃仏毀釈おこる。4 福沢諭吉，英学塾を慶應義塾と改称。6 昌平学校の設置。8 天長節を制定。9 開成所の復興。 1869.6 昌平学校を大学校と改称。東京招魂社設置。7 宣教使設置。12 和泉要助，人力車を創案。東京・横浜間で電信開通。 1870.1 大教宣布の詔。12 『横浜毎日新聞』創刊(日本最初の日刊新聞)。 1871.1 郵便制度の開始。4 仮名垣魯文『安愚楽鍋』。7 文部省設置。9 熊本洋学校開校。 1872.2 福沢諭吉『学問のすゝめ』。5 東京に師範学校を設立。8 学制。9 新橋・横浜間鉄道開業。12 太陽暦の採用(12月3日を明治6年1月1日とする)。 1873.1 天長節を祝日と定める。2 キリシタン禁制高札撤廃。8 明六社設立。10 祝祭日を制定。 1874.3 官立女子師範学校設立。4 『明六雑誌』創刊。9 『朝野新聞』創刊。11 『読売新聞』創刊。	1869.5 アメリカ，最初の大陸横断鉄道完成。11 スエズ運河開通。 1870.7 ドイツ=フランス戦争。10 イタリア王国，教皇領占領し，イタリア統一。 1871.1 ドイツ帝国成立。3 ビスマルク，ドイツ帝国初代宰相に就任。パリ=コミューン成立。 1873.10 三帝同盟(独・墺・露)。 1874.10 万国郵便連合条約。

内閣総理大臣	政治・外交	社会・経済	文化	世界史
	1875(明治8).1～2 大阪会議。愛国社結成(大阪)。4 漸次立憲政体樹立の詔、元老院・大審院・地方官会議設置。5 樺太・千島交換条約調印。6 第1回地方官会議、讒謗律・新聞紙条例公布。9 出版条例改正公布。江華島事件。	1875.2 平民も必ず姓を称することを布告。9 三菱蒸汽船会社、郵便汽船三菱会社と改称。	1875.6 東京気象台設立。8 福沢諭吉『文明論之概略』。11 同志社英学校設立。	1875.11 イギリス、スエズ運河買収。
	1876(明治9).2 日朝修好条規。8 金禄公債証書発行条例(家禄・賞典禄の廃止)。10 小笠原諸島領有。敬神党(神風連)の乱(熊本)・秋月の乱(福岡)・萩の乱(山口)。	1876.3 廃刀令公布。7 三井銀行開業(日本最初の私立銀行)。8 国立銀行条例改正。9 臥雲辰致、ガラ紡を完成。11 真壁騒動(茨城)。12 伊勢暴動。―地租改正反対一揆が激化。	1876.5 上野公園開園。6 ベルツ来日。8 札幌農学校開校。11 工部美術学校設立。1877.4 東京大学設立。5 博愛社設立(のちの日本赤十字社)。9 モース、大森貝塚発掘に着手。田口卯吉『日本開化小史』。	1876.12 オスマン帝国憲法(ミドハト憲法)公布(トルコ)。ベル、電話機を発明。
	1877(明治10).2 西南戦争開始。3 田原坂の戦い。6 立志社建白。9 西南戦争終結(西郷隆盛敗死)。	1877.1 地租軽減(地価の2.5%)。6 万国郵便連合条約に加盟。8 第1回内国勧業博覧会(東京上野公園)。	1878.1 駒場農学校開校。4 工部大学校開校。5 パリ万国博覧会開催。6 フェノロサ来日。1879.1 『朝日新聞』創刊(大阪)。9 教育令。	1877.1 ヴィクトリア女王、インド皇帝を宣言。4 ロシア=トルコ戦争。
	1878(明治11).4 愛国社再興。7 郡区町村編制法・府県会規則・地方税規則(地方三新法)制定。寺島宗則の条約改正交渉。12 参謀本部設置。	1878.5 紀尾井坂の変(大久保利通暗殺)。8 竹橋事件。1879.10 猪苗代湖(安積)疏水事業着工。コレラ大流行。		1878.6 ベルリン会議。―エジソン、電球を発明。
	1879(明治12).3 東京府会開会(府県会の最初)。4 沖縄県設置(琉球処分)。7 アメリカ前大統領グラント来日。		1880.4 日本地震学会創立。10 宮内省、「君が代」作曲。12 改正教育令。	1879.10 独墺同盟成立。
	1880(明治13).3 愛国社第4回大会(大阪)で国会期成同盟結成。4 集会条例公布。7 刑法・治罪法公布。12 元老院、「日本国憲按」を天皇に提出、不採択。	1880.1 交詢社発会。2 横浜正金銀行開業。11 工場払下げ概則公布(～84)。1881.2 玄洋社設立。7 開拓使官有物払下げ事件。10 松方財政、始まる。11 日本鉄道会社設立。	1881.3 『東洋自由新聞』創刊。8 植木枝盛、「東洋大日本国国憲按」起草。1882.3 『時事新報』創刊。上野動物園開園。10 東京専門学校開校(のち早稲田大学)。加藤弘之『人権新説』。	1881.2 イリ条約改定調印(清・露)。
	1881(明治14).1 熱海会議。4 農商務省設置。10 開拓官有物払下げ中止、大隈重信参議罷免(明治十四年の政変)。国会開設の勅諭。自由党結成。この年、政社設立、私擬憲法起草が活発化。			1881.10 独墺同盟成立。
	1882(明治15).1 軍人勅諭発布。2 開拓使を廃止(札幌・函館・根室3県設置)。3 伊藤博文らを憲法調査に欧州派遣。立憲改進党結党。立憲帝政党結党。6 集会条例改正公布。7 壬午軍乱(壬午事変)。8 済物浦条約。11 板垣退助・後藤象二郎、渡欧。	**激化事件の発生** 1882.4 岐阜事件(板垣退助遭難)。5 大阪紡績会社設立(翌年開業)。10 日本銀行設立。11～12 福島事件。1883.3 高田事件。5 国立銀行条例改正公布。	1883.7 『官報』創刊。11 鹿鳴館開館。1884.3 弥生土器を発見(向ヶ岡貝塚)。1885.2 硯友社結成。3 『時事新報』に「脱亜論」。5 硯友社『我楽多文庫』刊。9 坪内逍遥『小説神髄』刊。	1882.5 独・墺・伊、三国同盟成立。9 エジプト、イギリスに敗北。
	1883(明治16).4 新聞紙条例改正公布。12 徴兵令改正公布(代人料制度廃止)。			1884.6 清仏戦争。
	1884(明治17).3 制度取調局設置。7 華族令。10 自由党解党。12 甲申事変。大隈、立憲改進党を脱党。	1884.5 群馬事件。兌換銀行券条例制定。9 加波山事件。10 工場払下げ概則廃止。10～11 秩父事件。12 名古屋事件。飯田事件。	1886.3 帝国大学令(東京大学を帝国大学と改称)。4 学校令。7 子午線標準時公布(1889年より実施)。	1885.12 インド、第1回国民会議。
1885.12	1885(明治18).1 漢城条約。4 天津条約。5 屯田兵条例制定。11 大阪事件。12 内閣制度創設。	1885.5 日本銀行、銀兌換銀行券発行(銀本位制)。9 日本郵船会社設立。	1887.2 徳富蘇峰、民友社を結成し、『国民之友』創刊。4 鹿鳴館で舞踏会開催(欧化主義として批難)。10 東京美術学校、東京音楽学校設立。―二葉亭四迷『浮雲』。	1886.7 ビルマ条約調印(清・英)。
伊藤博文 (第1次)	1886(明治19).1 北海道庁設置。5 井上馨外相、第1回条約改正会議開催。8 長崎清国水兵事件。10 大同団結運動始まる。ノルマントン号事件。11 伊藤博文ら、憲法起草に着手。	1886.6 雨宮製糸スト。静岡事件。―企業勃興(～89)。		1887.10 フランス領インドシナ連邦成立。
	1887(明治20).7 井上外相、条約改正会議の無期延期を通告。9 井上外相辞任。10 高知その他の民権代表、「三大事件建白書」を元老院に提出。12 保安条例公布。新聞紙条例改正公布。	**資本主義の発展とその矛盾** 1887.5 博愛社、日本赤十字社と改称。7 文官高等試験の制を制定。	1888.4 三宅雪嶺ら、政教社を創設し、『日本人』創刊。11 『大阪毎日新聞』創刊。川上音二郎、「オッペケペー節」を演じる。	1888.6 ドイツ皇帝にヴィルヘルム2世即位。
1888.4	1888(明治21).4 市制・町村制公布。枢密院設置(議長、伊藤博文)。5 鎮台を師団に改編。6 枢密院で憲法草案の審議開始。12 1道3府43県となる。	1888.6 高島炭鉱問題。	1889.6 明治美術会結成。1890.3 女子高等師範学校。4 琵琶湖疏水開通式。10 『教育勅語』。11 帝国ホテル開業。12 北里柴三郎、破傷風の血清治療発見。	
黒田清隆	**憲法発布と初期議会** 1889(明治22).2 大日本帝国憲法、皇室典範、衆議院議員選挙法。森有礼文相刺殺。黒田清隆首相、超然主義発表。	1889.5 民法典論争(～92)。7 東海道線全通。9 大阪天満紡績会社職工スト。		1889.7 第2インターナショナル結成(～1914)。10 第1回パン=アメリカ会議。朝鮮、防穀令発令。
1889.10	4 大隈重信外相の条約改正案をイギリス紙が報道。10 大隈外相、遭難事件。内大臣三条実美が首相兼任。	1890.4 この年、日本最初の経済恐慌(1890年恐慌)。	1891.1 内村鑑三不敬事件。10 濃尾大地震。12 田中正造、衆議院に足尾鉱毒事件の質問書を提出。	1890.3 ビスマルク、宰相を辞任。
1889.12 山県有朋 (第1次)	1890(明治23).4 民事訴訟法、商法公布。5 府県制・郡制公布。7 第1回衆議院議員総選挙。9 立憲自由党、結党。10 刑事訴訟法公布。11 第1回帝国議会開会。			
1891.5 松方正義 (第1次)	1891(明治24).3 立憲自由党を自由党と改称する。5 大津事件。7 樺山資紀の蛮勇演説。大隈重信、立憲改進党に再入党。	1892.1 久米邦武、「神道は祭天の古俗」が筆禍事件に発展、帝大辞職。	1892.2 大本教開教。11 『万朝報』創刊。伝染病研究所を設立。	1891.5 シベリア鉄道建設勅書。
1892.8 伊藤博文 (第2次)	1892(明治25).2 第2回臨時総選挙、品川弥二郎内相の選挙干渉。6 国民協会結党。8 勲功尊の内閣。	1893.9 富岡製糸場、三井に払下げ。11 日本郵船会社、ボンベイ航路を開始。	1893.1 『文学界』創刊。4 碓氷峠にアプト式線路を採用。日本基督教、婦人矯風会結成。7 黒田清輝、フランスより帰国、外光派の画風を紹介。	1892.8 露仏軍事協定締結。1893.1 ハワイ、アメリカの保護領化。
	1893(明治26).5 防穀令賠償問題、妥結。7 条約改正案決定(内地雑居承認、領事裁判権廃棄、関税率改正)。10 文官任用令公布。			

内閣総理大臣	政治・外交	社会・経済	文化	世界史

明治時代

政治・外交

日清戦争

伊藤博文（第2次）

1894(明治27).3　甲午農民戦争（東学の乱）。7　日英通商航海条約調印。豊島沖海戦。8　日清戦争宣戦布告。9　大本営，広島に移設。平壌占領。黄海海戦。11　大連占領。旅順占領。日米通商航海条約調印。
1895(明治28).2　威海衛を占領。4　下関条約調印。三国干渉。5　遼東半島の返還。日本軍，台湾占領。6　台湾総督府設置。10　閔妃殺害事件。11　自由党，伊藤内閣と提携。
1896(明治29).3　進歩党結成（総裁大隈重信）。4　民法公布。5　小村・ウェーバー覚書。6　山県・ロバノフ協定。7　日清通商航海条約。8　伊藤博文，辞表提出。

── 1896.9 ──

松方正義（第2次）

1897(明治30).10　台湾総督府官制公布。

── 1898.1 ──
伊藤博文（第3次）
── 1898.6 ──
大隈重信（第1次）

1898(明治31).4　福建省不割譲に関する日清交換公文。西・ローゼン協定。6　自由・進歩両党，地租増徴案を否決。憲政党結成。隈板内閣成立（日本最初の政党内閣）。8　共和演説事件。10　尾崎行雄文相，辞職。憲政党分裂。11　憲政党旧進歩党派，憲政本党を結成。

── 1898.11 ──

山県有朋（第2次）

1899(明治32).3　新商法公布。文官任用令改正，文官分限令・文官懲戒令公布。7　日英通商航海条約など改正条約発効。10　普通選挙期成同盟会結成。

── 1900.10 ──
伊藤博文（第4次）
── 1901.6 ──

1900(明治33).3　治安警察法公布。衆議院議員選挙法改正公布（直接国税10円以上）。5　軍部大臣現役武官制。6　北清事変。8　北米移民の禁止。9　立憲政友会設立。
1901(明治34).3　政府増税諸法案の成立。6　第1次桂太郎内閣成立（桂園時代の始まり）。11　イギリス外相，日英同盟条約試案を提出。12　日露協定交渉。
1902(明治35).1　第1次日英同盟協約調印（日英同盟成立）。2　初の普通選挙法案を衆議院に提出。4　衆議院議員選挙法改正公布（市選出議員数増加）。
1903(明治36).6　東京帝大法科大学教授戸水寛人ら，七博士意見書提出。8　対露同志会結成。日露協商をロシアに提示。10　小村・ローゼン会談。

桂太郎（第1次）

日露戦争と韓国併合

1904(明治37).1　御前会議（対露最終案を決定）。2　日露戦争。日韓議定書調印。5　遼東半島上陸。8　黄海海戦。第1次日韓協約調印。9　遼陽占領。徴兵令改正公布。11　第3回旅順総攻撃。12　203高地占領。
1905(明治38).1　旅順陥落。3　奉天会戦。5　日本海海戦。7　樺太に上陸。桂・タフト協定。8　第2次日英同盟協約。9　ポーツマス条約調印。日比谷焼打ち事件。戒厳令施行。

韓国併合へ

11　第2次日韓協約（韓国の外交権掌握）調印。

── 1906.1 ──

1906(明治39).2　韓国統監府開庁。3　英・米，満洲での門戸開放・機会均等を申入れ。8　関東都督府官制公布。9　旅順鎮守府条例。10　山県有朋，「帝国国防方針案」を上奏。

西園寺公望（第1次）

1907(明治40).3　樺太庁官制公布。4　「帝国国防方針」を決議。新刑法公布。6　日仏協約。7　ハーグ密使事件。第3次日韓協約（韓国の内政権掌握）。第1次日露協約調印。8　韓国軍解散（義兵運動本格化）。

社会・経済

1894.1　大阪天満紡績，職工スト。8　軍事公債条例。
1895.2　初の市電開通（京都）。9　三菱合資会社銀行設立（のちの三菱銀行）。住友銀行設立。10　清国より賠償金受領。
1896.3　航海奨励法・造船奨励法公布。日清戦争後の第1次増税（酒造税，葉煙草専売法など）。6　三陸地方に大津波。
1897.3　貨幣法（金本位制確立）。6　日本勧業銀行設立（8月開業）。7　労働組合期成会設立。

社会主義運動の展開

1898.2　富岡製糸場スト。日本鉄道会社スト。8　豊田佐吉，動力織機の特許取得。10　社会主義研究会発足。12　地租増徴（地租2.5％→3.3％）。
1899.3　北海道旧土人保護法公布。6　農会法公布。9　台湾銀行設立。11　活版工組合結成。

1900.1　社会主義研究会，社会主義協会に改組。3　産業組合法公布。
1901.2　官営八幡製鉄所操業開始。5　社会民主党結成（5.20　禁止）。12　田中正造，足尾鉱毒事件で直訴。
1902.1　八甲田遭難事件。3　商業会議所法公布。日本興業銀行設立。10　鈴木商店設立。12　教科書疑獄事件。
1903.3　6　内村鑑三，『万朝報』などで非戦論を主張。10　内村鑑三・幸徳秋水・堺利彦，開戦論に転じた万朝報を退社。11　平民社結成。『平民新聞』創刊。
1904.11　『平民新聞』に「共産党宣言」を訳載（発禁）。社会主義協会，結社禁止。12　三越呉服店設立。
1905.3　大日本産業組合中央会設立。10　平民社解散。
1906.1　堺利彦ら，日本社会党を結成。3　鉄道国有法公布。6　池貝鉄工所設立。11　南満洲鉄道株式会社（満鉄）設立。＝アメリカでカリフォルニア州を中心に日本人移民排斥運動高まる。
1907.2　足尾銅山争議。日本社会党，議会政策派と直接行動派が対立。4　幌内炭坑争議。6　別子銅山争議。11　日本製鋼所設立。

文化

1894.6　高等学校令。8　北里柴三郎，ペスト菌を発見。12　『報知新聞』創刊。
1895.1　高山樗牛ら，雑誌『太陽』創刊。樋口一葉『たけくらべ』。4　帝国大学に史料編纂掛設置。9　日本救世軍創設。
1896.5　外国人との最初の野球試合。6　白馬会を発会。
1897.1　『ホトトギス』創刊。6　京都帝国大学設立，帝国大学を東京帝国大学と改称。12　志賀潔，赤痢菌を発見。

1898.10　岡倉天心・橋本雅邦・横山大観ら，日本美術院を創立。

1899.1　『中央公論』創刊。2　中学校令・実業学校令。高等女学校令。4　横山源之助『日本之下層社会』。6　最初の日本製映画，歌舞伎座で公開。8　私立学校令。

1900.4　『明星』創刊。8　義務教育4年制　9　津田梅子，女子英学塾を設立（のち津田塾大学）。
1901.2　愛国婦人会結成。東京大学史料編纂所編『大日本史料』。7　高峰譲吉，アドレナリンの特許取得。12　日本赤十字社条例。
1902.2　木村栄，Z項を発見。

1903.3　専門学校令。農商務省『職工事情』刊。4　国定教科書制度。5　第一高等学校生徒藤村操，日光華厳滝に投身自殺。一岡倉天心『東洋の理想』。
1904.4　国定教科書の使用開始。5　『新潮』創刊。8　桂田富士郎，日本住血吸虫を発見。9　与謝野晶子，『明星』に「君死にたまふこと勿れ」を発表。
1905.1　夏目漱石『吾輩は猫である』。8　日比谷公園内音楽堂開堂式。10　上田敏『海潮音』。
1906.2　文芸協会発会。水戸藩『大日本史』完成。3　関西美術院開院。島崎藤村『破戒』。4　夏目漱石『坊っちゃん』。
1907.3　小学校令改正（修業年限尋常小学校6年）。9　田山花袋『蒲団』。10　文部省，第1回美術展覧会（文展）開催。

世界史

1894.1　露仏同盟成立。8　日清戦争。10　レフュス事件（仏）。
1895　レントゲン，Ｘ線を発見。
1896.4　第1回近代オリンピック（アテネ）。露清秘密条約。
1897.10　朝鮮，国号を大韓帝国と改称。
1898.3　ドイツ，膠州湾租借。ロシア，旅順・大連租借。4　アメリカ＝スペイン戦争。康有為ら，戊戌の変法を開始。7　イギリス，威海衛租借。アメリカ，ハワイ併合。9　ファショダ事件（英仏）。戊戌の政変（清）。
1899.3　義和団蜂起。第1回国際平和会議（ハーグ）。9　アメリカ国務長官ジョン＝ヘイ，中国の門戸開放・機会均等を提案。10　ブール戦争。11　フランス，広州湾を租借。
1900.2　義和団事件拡大（～01）。6　清，日・露・英・米・独・仏・墺・伊の列国に宣戦布告（北清事変）。
1901.1　オーストラリア連邦成立。9　北京議定書。

1904.4　英仏協商調印。

1905.1　血の日曜日事件（露）。8　孫文ら中国同盟会を結成（東京）。

1906.2　イギリス労働党成立。12　印，全インド=ムスリム連盟創立。

1907.6　第2回国際平和会議（ハーグ）。8　英仏露，三国協商成立。

内閣総理大臣	政治・外交	社会・経済	文化	世界史
─ 1908.7 ─ 桂太郎 （第2次）	1908（明治41）.2 移民に関する日米紳士協約公布。5 アメリカと仲裁裁判条約。10 戊申詔書発布。11 高平・ルート協定。 1909（明治42）.6 伊藤博文，枢密院議長に就任。7 地方改良運動。10 安重根，ハルビン駅で伊藤博文射殺。12 アメリカ，満洲鉄道中立化提案。 1910（明治43）.1 日・露，アメリカの満洲鉄道中立化案不同意。3 立憲国民党結成。5 大逆事件の検挙開始（幸徳秋水逮捕）。7 第2次日露協約。8 韓国併合条約締結。10 朝鮮総督府設置。11 帝国在郷軍人会，発会。	1908.1 外務省，ハワイ移民停止。4 第1回ブラジル移民出発。6 赤旗事件。 12 東洋拓殖株式会社設立。 1909.3 遠洋航海補助法公布。4 種痘法公布。10 三井合名会社設立。生糸の輸出量，中国を上回り世界第1位となる。一綿布の輸出額，輸入額を上回る。 1910.9 朝鮮の土地調査事業始まる（～18）。	1908.10 『アララギ』創刊。一女子高等師範学校，東京女子高等師範学校と改称。 1909.1 『スバル』創刊。2 小山内薫，自由劇場を創立。4 高峰譲吉，タカジアスターゼの特許を取得。 1910.4 秦佐八郎，サルバルサンを創製。武者小路実篤ら，『白樺』創刊。11 白瀬矗中尉ら南極探検に出港。12 石川啄木『一握の砂』。	1908.7 青年トルコ革命。 1910.5 南アフリカ連邦，イギリス自治領として成立。11 メキシコ革命。
─ 1911.8 ─ 西園寺公望 （第2次） ─ 1912.12 ─ 桂太郎 （第3次） ─ 1913.2 ─ 山本権兵衛 （第1次） ─ 1914.4 ─	1911（明治44）.1 幸徳・管野スガら12名の死刑執行。2 日米通商航海条約改正（関税自主権の回復。条約改正の達成）。7 第3次日英同盟協約。8 警視庁，特別高等課を設置。 1912（明治45〈大正元〉）.7 第3次日露協約。明治天皇，没。皇太子嘉仁親王が践祚（大正天皇）。大正と改元。9 乃木希典大将夫妻殉死。11 上原勇作陸相，2個師団増設案を閣議に提出（否決）。12 陸相の後任推薦なく，西園寺内閣総辞職。第1次護憲運動始まる。 1913（大正2）.2 桂首相，立憲同志会を結成。桂内閣総辞職。山本権兵衛内閣成立。6 軍部大臣現役武官制改正。8 文官任用令改正。12 立憲同志会結党（総裁加藤高明）。 1914（大正3）.1 シーメンス事件おこる。3 山本内閣総辞職。4 第2次大隈重信内閣成立。	1911.3 工場法公布（1916.9施行）。5 済生会設立。11 職業紹介所を設置（東京）。 1912.1 保善社，合名会社となる（のち安田財閥）。8 鈴木文治ら，友愛会を設立。10 『近代思想』創刊。 1914.6 東洋紡績株式会社設立（大阪紡績と三重紡績の合併）。	1911.1 西田幾多郎『善の研究』。鈴木梅太郎，オリザニン発見。3 帝国劇場開場。11 野口英世，スピロヘータ培養に成功。9 平塚らいてうら，『青鞜』創刊。 1912.3 美濃部達吉「憲法講話」発表。上杉慎吉，天皇機関説を批判。7 第5回オリンピック（ストックホルム）に日本初参加。 1913.7 文芸協会解散。芸術座結成。9 中里介山『大菩薩峠』。	1911.7 第2次モロッコ事件。10 辛亥革命。 1912.1 中華民国臨時政府成立（孫文，臨時大総統に就任）。2 清の宣統帝が退位（清朝の滅亡）。 1913.5 アメリカ，外国人土地所有禁止法（排日土地法）を可決。 1914.6 サライェヴォ事件。7 第一次世界大戦始まる。
大隈重信 （第2次） ─ 1916.10 ─ 寺内正毅 ─ 1918.9 ─	**第一次世界大戦への参戦** 10 日本軍，赤道以北のドイツ領南洋諸島を占領。11 青島占領。 1915（大正4）.1 中国に二十一カ条の要求を提出。5 日本，最後通牒を中国に渡す（同月9日，中国政府，承諾の回答）。6 2個師団増設，公布。 1916（大正5）.7 第4次日露協約に調印。10 大隈内閣が総辞職。憲政会結成（総裁加藤高明）。 1917（大正6）.1 西原借款開始（～18）。2 日本艦隊，地中海へ出動。11 石井・ランシング協定。 1918（大正7）.4 軍需工業動員法を公布。8 寺内正毅内閣，シベリア出兵を宣言。9 原敬内閣成立。	**大戦景気** 1915.3 東京・猪苗代間長距離高圧送電成功。一大戦景気始まる。この年，年間貿易収支，輸出超過に転じる。 1916.1 吉野作造『憲政の本義を説いて其有終の美を済すの途を論ず』。 1917.3 日本工業倶楽部設立。9 金輸出禁止。 1918.5 満鉄，鞍山製鉄所を設置。7 富山県下新川郡魚津町から米騒動が始まる。12 大学令。黎明会結成。東大新人会結成。 **大正デモクラシー期の社会** 1919.1 河上肇『社会問題研究』創刊。4 都市計画法・市街地建築物法を公布。8 大川周明・北一輝ら，猶存社を結成。友愛会，大日本労働総同盟友愛会と改称。この年，年間貿易収支，5年ぶり輸入超過となる。 1920.1 森戸辰男東京帝大助教授，「クロポトキンの社会思想の研究」で休職。3 戦後恐慌始まる。新婦人協会発会。5 日本最初のメーデー開催。12 日本社会主義同盟結成（翌年禁止）。	**大正期の文化** 1914.3 芸術座，トルストイ作「復活」を帝劇で初演。東京中央停車場完成。4 宝塚少女歌劇養成会第1回公演。9 日本美術院再興。10 三越呉服店，新築開店。二科会第1回展。 1915.8 第1回全国中等学校優勝野球大会開催（大阪朝日新聞社主催）。12 北里研究所設立。 1916.1 中央公論社『婦人公論』創刊。 1917.3 理化学研究所の設立を認可。河上肇『貧乏物語』。4 沢田正二郎，新国劇を結成。6 本多光太郎KS磁石鋼発明。 1918.7 鈴木三重吉『赤い鳥』創刊。11 武者小路実篤ら，「新しき村」建設。12 大学令公布。 1919.2 長谷川如是閑ら『我等』創刊。4 『改造』創刊。10 帝国美術院第1回美術展覧会（帝展）。 1920.9 賀川豊彦『死線を越えて』刊。	1915.5 イギリス客船ルシタニア号，ドイツ潜水艦により撃沈。 1916.6 袁世凱，没。この年，アインシュタイン，一般相対性理論を定式化。 1917.1 ドイツ，無制限潜水艦作戦決定。11 ソヴィエト政権樹立を宣言（ロシア十月革命）。 1918.1 アメリカ大統領ウィルソン，十四カ条を発表。3 ブレスト＝リトフスク講和条約に調印。11 第一次世界大戦終わる。 1919.1 ドイツ労働者党結成（ナチ党）。3 ムッソリーニ，ファシスト党を結成。 1920.1 国際連盟発足。
原 敬 ─ 1921.11 ─ 高橋是清 ─ 1922.6 ─ 加藤友三郎	**国際協調の時代** 1920（大正9）.1 国際連盟に加入。2 数万人による普選要求デモ行進。4 日本銀行，非常貸出しを行う。5 尼港事件。8 海軍八・八艦隊建造予算公布。 1921（大正10）.4 郡制廃止法公布。11 原首相，東京駅頭で中岡艮一に刺殺される。ワシントン会議開催（～22.2）。12 四カ国条約調印（翌年，日英同盟の廃棄）。 1922（大正11）.2 山東懸案解決条約調印。海軍軍備制限条約・九カ国条約調印。南洋庁官制公布。6 加藤友三郎内閣成立。8 陸軍，山梨軍縮を公示。	1921.4 借地法・借家法を公布。赤瀾会結成。10 日本労働総同盟友愛会が，日本労働総同盟に改称。 1922.3 全国水平社創立大会，京都で開催。4 日本農民組合，神戸で結成。治安警察法改正公布（女性の政談集会への参加を許可）。7 日本共産党，非合法に結成。	1921.2 第1次大本教事件。『種蒔く人』創刊。11 信濃自由大学設立。 1922.11 アインシュタイン来日，相対性理論ブームおこる。	1921.11 ワシントン会議（～1922.2）。 1922.10 イタリア，ムッソリーニ組閣。12 ソヴィエト社会主義共和国連邦成立。

366 年表

大正時代 / 昭和時代

内閣総理大臣	政治・外交	社会・経済	文化	世界史
加藤友三郎 —1923.9— 山本権兵衛(第2次) —1924.1— 清浦奎吾 —1924.6— 加藤高明(第1次) —1925.8— 加藤高明(第2次) —1926.1— 若槻礼次郎(第1次) —1927.4—	1923(大正12).4 石井・ランシング協定廃棄。9.1 関東大震災。第2次山本権兵衛内閣成立。日銀震災手形割引損失補償令公布。11 国民精神作興に関する詔書。12 難波大助, 摂政裕仁親王を狙撃(虎の門事件)。この年, 美濃部達吉『憲法撮要』初版刊。 1924(大正13).1 清浦奎吾内閣成立。第2次護憲運動始まる。政友本党を結成。6 加藤高明護憲三派内閣成立。以後, 8年間政党内閣続く。7 小作調停法公布。 1925(大正14).1 日ソ基本条約調印。3 衆議院議員選挙法改正(男性普通選挙)公布。治安維持法可決。4 陸軍現役将校学校配属令公布。5 陸軍, 宇垣軍縮を公示。8 加藤高明憲政会単独内閣。12 農民労働党結成(書記長浅沼稲次郎), 即日結社禁止。 1926(大正15/昭和元).3 労働農民党, 大阪で結成(委員長杉山元治郎)。4 労働争議調停法公布。12 社会民衆党結成(委員長安部磯雄)。日本労農党結成(書記長三輪寿壮)。大正天皇, 没。摂政宮裕仁親王践祚, 昭和と改元。 1927(昭和2).3 金融恐慌。4 兵役法公布。期間3週間のモラトリアム。5 田中義一内閣, 山東出兵を声明。6 憲政会・政友本党, 合同して立憲民政党を結成(総裁浜口雄幸)。東方会議。7 対支政策綱領を発表。	1923.7 日本航空(株)設立, 大阪・別府間定期航路開設。9 竜戸事件。支払猶予令(9.1から30日間のモラトリアム実施)。甘粕事件。 1924.12 婦人参政権獲得期成同盟会結成(1925.5選挙権獲得同盟に改称)。 1925.7 細井和喜蔵『女工哀史』刊。11 東京環状線電車全通。 1926.1 共同印刷争議。4 日本農民組合分裂, 全日本農民組合同盟結成。 1927.12 東京地下鉄道, 浅草・上野間開業(日本初の地下鉄)。	1923.1 菊池寛主宰『文藝春秋』創刊。2 丸の内ビルディング(丸ビル)完成。9 ライト設計の帝国ホテル完成。 1924.6 築地小劇場, 開場。『文芸戦線』創刊。8 阪神甲子園球場竣工。 1925.1 講談社『キング』創刊。3 ラジオ放送開始。山田耕筰・近衛秀麿ら, 日本交響楽会を結成。10 京城(現ソウル)に朝鮮神宮創建。 **昭和前期の文化** 1926.8 日本放送協会(のちのNHK)設立。12 改造社, 『現代日本文学全集』を頒価1円で発刊。円本時代の幕開け。 1927.7 岩波文庫, 刊行開始。8 日本放送協会, 甲子園から第13回全国中等学校優勝野球大会をラジオ放送。	1923.10 トルコ, アンカラで共和国宣言。 1924.1 第1次国共合作成立。5 アメリカ議会, 排日移民法を可決。 1925.5 五・三〇事件。10 ロカルノ会議開催(～16日)。この年, ヒトラー『わが闘争』刊行。 1926.7 蒋介石, 国民革命軍総司令に就任, 北伐を開始。9 ドイツ, 国際連盟に加入。 1927.7 上海クーデタ。第1次国共合作崩壊。
田中義一 —1929.7—	1928(昭和3).2 初の普通選挙実施。3 三・一五事件。4 田中内閣, 第2次山東出兵を決議。5 済南事件。第3次山東出兵。6 張作霖爆殺事件。治安維持法改正。7 特別高等課, 全府県設置を公布。8 パリ不戦条約調印。12 日本大衆党結成。 1929(昭和4).4 四・一六事件。6 政府, 中国国民政府を正式承認。この年, 産業合理化政策, 本格的に開始。 **ファシズムの台頭**	1928.5 全国農民組合(全農), 日本農民組合・全日本農民組合の合同により創立。 **世界恐慌の波及** 1930.1 金輸出解禁実施, 金本位制に復帰。9 ドル買い問題化。10 特急「燕」号, 東京・神戸を8時間55分。台湾霧社事件。この年, 昭和恐慌。	1928.3 全日本無産者芸術連盟(ナップ)結成。5『戦旗』創刊。7 第9回オリンピック(アムステルダム)。織田幹雄(3段跳)・鶴田義行(200m平泳ぎ)が日本選手初の金, 人見絹枝(800m走)が女性で最初の銀メダル。 1929.4 ターミナルデパート阪急百貨店, 開店。5 小林多喜二「蟹工船」,『戦旗』に発表。6 徳永直「太陽のない街」,『戦旗』に発表。7 榎本健一ら, カジノ=フォーリーを発足。 1930 この年, 「エロ・グロ・ナンセンス」の語流行。	1928.4 北伐再開。8 パリで不戦条約調印。 1929.2 ムッソリーニ, ラテラン条約に調印。10 ニューヨーク株式市場大暴落(暗黒の木曜日), 世界恐慌始まる。
浜口雄幸 —1931.4— 若槻礼次郎(第2次) —1931.12—	1930(昭和5).4 日英米3国, ロンドン海軍軍備制限条約調印。統帥権干犯問題おこる。5 日中関税協定調印。9 桜会結成。11 浜口首相, 狙撃され重傷。 1931(昭和6).3 三月事件(軍部政権樹立を企図)。4 第2次若槻礼次郎内閣成立。7 万宝山事件。9 柳条湖事件(満洲事変始まる)。10 十月事件。12 若槻内閣, 閣内不一致で総辞職。	1931.1 日本農民組合結成。4 重要産業統制法公布。工業組合法公布。9 清水トンネル開通(9702m, 当時日本最長)。12 金輸出再禁止を決定(金本位制停止, 管理通貨制度へ移行)。 **ファシズム期の社会**	1931.4 国立公園法公布。7 三島徳七, MK磁石鋼発明。8 日本初の本格トーキー(有声映画)「マダムと女房」封切。	1931.11 中華ソヴィエト共和国臨時政府樹立(瑞金政府, 主席毛沢東)。
犬養毅 —1932.5— 斎藤実 —1934.7—	1932(昭和7).1 第1次上海事変。2 井上準之助前蔵相暗殺(3月, 団琢磨三井合名会社理事長暗殺, 血盟団事件)。リットン調査団来日。3 満洲国, 建国宣言, 溥儀, 執政。5.15 犬養首相を射殺(五・一五事件)。5 斎藤実挙国一致内閣成立。日本国家社会党成立。7 社会大衆党結成(委員長安部磯雄, 書記長麻生久入)。9 日本政府, 日満議定書を調印。 1933(昭和8).2 日本軍・満洲国軍, 熱河省に進攻。3 国際連盟脱退通告(満洲事変終結)。8 第1回関東地方防空大演習。 1934(昭和9).3 満洲国帝政を実施, 皇帝溥儀。10 陸軍省「国防の本義と其強化の提唱」(陸軍パンフレット)。	1932.9 撫順炭鉱を襲撃(平頂山事件)。農山漁村経済更生運動始まる。満洲への第1次武装移民出発。12 大日本国防婦人会。 1933.4 滝川事件。この年, 日本の綿布輸出量, イギリスを抜き世界1位。ソーシャル=ダンピングと国際的非難。 1934.1 日本製鉄(株)設立。11 満鉄, 大連・新京間に特急「あじあ」号を運転。12 丹那トンネル開通。	1932.2 ラジオ聴取契約, 100万を突破。野呂栄太郎ら編集『日本資本主義発達史講座』刊。7 第10回オリンピック(ロサンゼルス), 7個の金メダルを獲得。 1933.2 小林多喜二, 築地署の取調べで死亡。11 野呂栄太郎検挙。この夏, 「東京音頭」, 東京で熱狂的流行。 1934.3 内務省, 瀬戸内海・雲仙・霧島を最初の国立公園に指定。	1932.2 ジュネーヴ軍縮会議。7 イギリス, 英国経済会議, オタワで開催。 1933.1 ヒトラー, ドイツ首相に就任。3 アメリカ大統領ローズヴェルト, ニューディール政策を開始。 1934.8 ヒトラー, 総統となる。9 ソ連, 国際連盟に加入。
岡田啓介 —1936.3— 広田弘毅	1935(昭和10).2 天皇機関説問題化。4 美濃部達吉, 不敬罪で起訴。美濃部の『憲法撮要』など3著書を発禁処分。6 梅津・何応欽協定。土肥原・秦徳純協定。8 政府, 第1次国体明徴声明。永田鉄山陸軍省軍務局長, 相沢三郎に斬殺される(相沢事件)。11 冀東防共自治委員会成立。12 冀察政務委員会, 北平に設置(華北分離工作)。 1936(昭和11).1 ロンドン会議脱退。2.26 二・二六事件(2.29に反乱軍帰順)。5 軍部大臣現役武官制復活。8 国策の基準。11 日独防共協定調印。12 ワシントン海軍軍備制限条約失効。 **日中戦争と戦時体制**	1934.11 満鉄… 1935.5 第16回メーデー開催(戦前最後のメーデー)。 1936.3 メーデーを禁止。 1937.5 文部省『国体の本義』刊。10 国民精神総動員中央連盟結成。11 矢内原事件。12 第1次人民戦線事件。日本産業(株), 満洲重工業開発(株)に改組。	1935.2 湯川秀樹, 中間子理論を発表。9 第1回芥川賞, 石川達三『蒼氓』に。第1回直木賞, 川口松太郎『鶴八鶴次郎』に。12 第2次大本教事件。 1936.8 第11回オリンピック(ベルリン)。前畑秀子, 女子200m平泳で初の金メダル。11 国会議事堂完成。 1937.2 文化勲章制定。4 ヘレン=ケラー, 来日。9 文学座を結成。10 第1回(新)文展開催(～11.20)。	1935.8 中国共産党, 八・一宣言(「抗日救国のために全同胞に告げる書」)。10 イタリア, エチオピアに侵攻。 1936.3 ドイツ, ラインラントに進駐。5 イタリア, エチオピア併合を宣言。7 ローマ=ベルリン枢軸成立。12 西安事件。
—1937.2— 林銑十郎 —1937.6— 近衛文麿(第1次)	1937(昭和12).1 「腹切り問答」で, 広田内閣総辞職。7 盧溝橋事件。8 第2次上海事変。10 朝鮮で「皇国臣民の誓詞」を配布。企画院設置。11 トラウトマン和平工作。12 日本軍, 南京を占領(南京事件)。			1937.9 第2次国共合作成立。12 イタリア, 国際連盟を脱退。

内閣総理大臣	政 治・外 交	社 会・経 済	文 化	世 界 史
近衛文麿（第1次）	1938(昭和13).1「国民政府を対手とせず」声明(第1次近衛声明)。4 国家総動員法成立。7 張鼓峰事件。11 東亜新秩序建設を声明(第2次近衛声明)。12 汪兆銘、重慶を脱出。近衛3原則を声明(第3次近衛声明)。	1938.2 第2次人民戦線事件(労農派の教授グループ検挙)。4 農地調整法公布。電力管理法を公布。10 河合栄治郎東京帝大教授の『ファシズム批判』『社会政策原理』などを発禁処分。	1938.2 石川達三『生きてゐる兵隊』発禁処分。8 火野葦平『麦と兵隊』。11 岩波新書、刊行。	1938.2 朝鮮人男子陸軍特別志願兵令を公布。3 ドイツ、オーストリアを併合。9 ミュンヘン会談。
1939.1 平沼騏一郎	1939(昭和14).5 ノモンハン事件。7 アメリカ、日米通商航海条約廃棄を通告。	1939.4 米穀配給統制法公布。7 零式艦上戦闘機(零戦)試験飛行。9 初の「興亜奉公日」。10 価格等統制令などを公布。12 朝鮮総督府、創氏改名公布(翌年2月実施)。	1939.6 文部省、法隆寺金堂壁画模写始まる。	1939.8 独ソ不可侵条約調印。9 ドイツ軍、ポーランド侵攻開始(第二次世界大戦始まる、〜45)。
1939.8 阿部信行	1940(昭和15).1 日米通商航海条約失効。2 立憲民政党斎藤隆夫、衆議院で戦争政策を批判(反軍演説)。6 近衛文麿、新体制運動推進。7 アメリカ、石油・屑鉄の輸出を許可制(航空用ガソリン輸出禁止)。9 北部仏印進駐。日独伊三国同盟調印。10 大政翼賛会発会。	1940.2 津田左右吉『古事記及び日本書紀の研究』『神代史の研究』など発禁。11 紀元2600年奉祝典開催。		1940.6 フランス政府(ペタン内閣)、ドイツに降伏。7 ソ連、バルト三国を併合。
1940.1 米内光政		1939.4 米穀配給統制法公布。		
1940.7 近衛文麿（第2次）	1941(昭和16).1「戦陣訓」を示達。3 改正治安維持法公布(予防拘禁制)。4 日ソ中立条約締結。日米交渉(〜12月)。7「帝国国策要綱」。関東軍特種演習(関特演)。南部仏印進駐開始。8 アメリカ、対日石油輸出の全面的禁止。9「帝国国策遂行要領」。10 ゾルゲ事件。11 ハル=ノートを提示。	1940.7 奢侈品等製造販売制限規則(七・七禁令)を公布。11 砂糖・マッチ切符制実施。大日本産業報国会結成。	1941.3 国民学校令を公布。7 文部省『臣民の道』刊行。12 言論出版集会結社等臨時取締法を公布。	1941.6 独ソ戦始まる。8 大西洋憲章。12 アメリカ・イギリス、日本に宣戦布告。
1941.7 近衛文麿（第3次）		1941.4 生活必需物資統制令公布(11.2 全国実施)。大都市で、米穀配給通帳制。	1942.1 大詔奉戴日を実施(毎月8日、興亜奉公日は廃止)。5 日本文学報国会結成。12 第1回大東亜戦争美術展(東京府美術館)。大日本言論報国会設立総会。	1942.2 日系人約11万人を収容所に収容。8 アメリカ、マンハッタン計画を開始。スターリングラードの戦い(〜43.2)。
1941.10 東条英機	**太平洋戦争** 12 日本軍、マレー半島上陸。ハワイ真珠湾攻撃。マレー沖海戦。 1942(昭和17).2 翼賛政治体制協議会結成。4 日本本土初空襲。翼賛選挙。6 ミッドウェー海戦。12 大本営、ガダルカナル島撤退を決定(翌年2月開始)。 1943(昭和18).3 朝鮮に徴兵制施行。連合艦隊司令長官山本五十六、戦死。5 アッツ島の日本軍守備隊全滅。6 学徒戦時動員体制確立要綱(勤労動員)。10 学生・生徒の徴兵猶予停止。11.5 大東亜会議開催(大東亜共同宣言を発表)。12 学徒出陣。 1944(昭和19).1 大本営、インパール作戦を始める。6 マリアナ沖海戦。7 大本営、インパール作戦中止を命令。サイパン島の日本軍守備隊全滅。8 大本営政府連絡会議、最高戦争指導会議と改称。10 レイテ沖海戦。海軍神風特別攻撃隊、初めての攻撃。	1942.2 味噌・醤油切符制、衣料点数切符制実施。大日本婦人会発会式。食糧管理法を公布。 1943.10 学徒出陣壮行大会挙行(神宮外苑競技場)。12 徴兵適齢を1年繰り下げる(19歳)。 1944.6 学童疎開決定。8 学徒勤労令を公布、女子挺身勤労令を公布。	1943.1 内務省情報局、米英楽曲約1000種を禁じる。3 谷崎潤一郎『細雪』連載禁止。7 登呂遺跡を発見。 1944.2 東京歌舞伎座・大阪歌舞伎座など19劇場が休場。7 情報局、中央公論社・改造社廃刊命令。	1943.1 カサブランカ会議開催。7 ムッソリーニ首相失脚。9 イタリア降伏。11「カイロ宣言」(.12宣言)。テヘラン会談。 1944.6 連合軍、ノルマンディーに上陸。7 ブレトン=ウッズ会議開催(国際通貨基金・国際復興開発銀行の創設につき討議)。
1944.7 小磯国昭	1945(昭和20).2 近衛上奏文。アメリカ軍、硫黄島に上陸。3.9 東京大空襲(〜3.10)。4.1 アメリカ軍、沖縄本島上陸(6.23 守備隊全滅)。8.6 広島に原子爆弾投下。8.8 ソ連参戦。8.9 長崎に原子爆弾投下。8.14 ポツダム宣言受諾を決定。8.15 戦争終結の詔書を放送(玉音放送)。	**戦後の経済難** 1945.11 財閥解体。12 労働組合法を公布。農地調整法を改正(第1次農地改革)。	**民主主義思想の拡大** 1945.9 プレス=コードに関する覚書。12 GHQ、国家神道の分離など指令。修身・日本歴史・地理の授業を停止。	1945.2 ヤルタ会談。5 ドイツ、無条件降伏。7 ポツダム会談。9 ベトナム民主共和国成立宣言(臨時政府主席ホー=チ=ミン)。10 国際連合の成立。
1945.4 鈴木貫太郎				
1945.8 東久邇宮稔彦	**太平洋戦争の終結と戦後の民主化** 9 ミズーリ号上で降伏文書に調印。GHQ、戦争犯罪人39人の逮捕を命じる。GHQ、「初期の対日方針」。10 人権指令。五大改革指令。日本共産党再建。11 日本社会党、日本自由党、日本進歩党結成。12 衆議院議員選挙法を改正(女性参政権が実現)。	1946.2 金融緊急措置令。5 第17回メーデー(11年ぶりに復活)。食糧メーデー。8 持株会社整理委員会発足。9 労働関係調整法を公布。10 自作農創設特別措置法(第2次農地改革)。12 傾斜生産方式を採用。	1946.1 岩波書店、『世界』創刊。2 第5回文化勲章授与(戦後初)。9 『くにのあゆみ』発行。	1946.3 チャーチル、アメリカで「鉄のカーテン」演説。
1945.10 幣原喜重郎	1946(昭和21).1 天皇の人間宣言。GHQ、公職追放を指令。4 新選挙法による第22回衆議院総選挙を実施。5 極東国際軍事裁判(東京裁判)開廷(〜48.11)。8 経済安定本部令公布。10 自作農創設特別措置法を公布(12月施行)。11.3 日本国憲法公布。	1947.1 マッカーサー、「二・一ゼネスト」の中止を命じる。4 労働基準法、独占禁止法を公布。7 公正取引委員会発足。12 農業協同組合法を公布。児童福祉法を公布。過度経済力集中排除法を公布。	1947.3 教育基本法・学校教育法を公布。4 新学制による小学校・中学校発足(六・三制、男女共学)。7 静岡県登呂遺跡の発掘開始。	1947.2 台湾台北で反国民政府暴動(二・二八事件)。3「トルーマン=ドクトリン」を宣言。6 マーシャル=プラン。9 コミンフォルム結成(露)。
1946.5 吉田茂（第1次）	1947(昭和22).3 国民協同党結成。民主党結成(総裁芦田均)。4 地方自治法公布。5.3 日本国憲法施行。9 労働省設置。10 改正刑法公布(大逆罪・不敬罪・姦通罪を廃止)。12 警察法公布。改正民法公布。内務省廃止。			
1947.5 片山哲	1948(昭和23).3 ロイヤル米陸軍長官、日本の共産主義に対する防壁と演説。3 民主自由党結成。6 昭和電工疑獄事件。7 改正刑事訴訟法・警察官等職務執行法・改正民事訴訟法を公布。12 GHQ、経済安定九原則実施を指令。	1948.1 財閥同族支配力排除法を公布。7 教育委員会法。国民の祝日9日を制定。	1948.4 新制高等学校発足(全日制・定時制)。7 日本学術会議法を公布。教育委員会法公布。	1948.8 大韓民国建国。9 朝鮮民主主義人民共和国建国。
1948.3 芦田均				
1948.10 吉田茂（第2次）	1949(昭和24).3 ドッジ=ラインを発表。5 シャウプ税制使節団が来日。8 シャウプ勧告。	1949.4 1ドル=360円の単一為替レートの設定。7 下山事件。三鷹事件。8 松川事件。	1949.1 法隆寺金堂焼損。4 日本民俗学会発会式。5 新制国立大学69校を設置。11 湯川秀樹の中間子理論にノーベル物理学賞。	1949.1 経済相互援助会議(COMECON)の設立。4 北大西洋条約に調印(8月発効)。10 中華人民共和国成立。
1949.2 吉田茂（第3次）				
	1950(昭和25).3 自由党結成。7 警察予備隊創設指令。9 公務員のレッド=パージ方針を決定。10 公職追放解除開始。	1950.7 日本労働組合総評議会(総評)結成。この年、特需景気おこる。	1950.5 文化財保護法を公布。7 鹿苑寺金閣全焼。	1950.2 中ソ友好同盟相互援助条約調印。6 朝鮮戦争始まる。

昭和時代

内閣総理大臣	政治・外交	社会・経済	文化	世界史
吉田茂（第3次） ―1952.10― 吉田茂（第4次） ―1953.5― 吉田茂（第5次） ―1954.12― 鳩山一郎（第1次） ―1955.3― 鳩山一郎（第2次） ―1955.11― 鳩山一郎（第3次） ―1956.12― 石橋湛山 ―1957.2― 岸信介（第1次） ―1958.6― 岸信介（第2次） ―1960.7― 池田勇人（第1次） ―1960.12― 池田勇人（第2次） ―1963.12― 池田勇人（第3次） ―1964.11― 佐藤栄作（第1次） ―1967.2― 佐藤栄作（第2次）	1951(昭和26).4 連合国軍最高司令官マッカーサーを解任（後任にリッジウェイ陸軍中将）。6 国際労働機関(ILO)に加盟。9 サンフランシスコ講和会議で，対日平和条約・日米安全保障条約を調印。10 日本社会党，左右両派に分裂。 **日本の独立と国際社会への復帰** 1952(昭和27).2 日米行政協定調印。4 海上警備隊設置。対日平和条約・日米安全保障条約発効。中国国民政府（台湾）と日華平和条約調印。7 破壊活動防止法成立。保安庁法公布。10 警察予備隊を保安隊に改組。 1953(昭和28).10 池田・ロバートソン会談。12 奄美群島，本土復帰。この年，韓国，「李承晩ライン」での日本漁船捕獲を展開。 1954(昭和29).3 MSA(日米相互防衛援助など)協定調印。6 教育二法公布(教員の政治活動と政治教育禁止)。6 防衛庁設置法・自衛隊法(陸上・海上・航空)公布。11 日本民主党結成。 1955(昭和30).2 第27回衆議院総選挙(革新勢力，改憲阻止に要する3分の1議席を確保)。10 日本社会党統一大会。11 自由民主党，民主・自由両党合同により結成(保守合同)。 1956(昭和31).6 新教育委員会法。プライス勧告。10 日ソ共同宣言に調印，ソ連と国交回復。12 日本，国連加盟。 1957(昭和32).8 憲法調査会発足。10 日本，国連の安全保障理事会非常任理事国となる。 1958(昭和33).11 警察官職務執行法(警職法)改正案廃案。 1959(昭和34).3 日米安保条約改定阻止国民会議結成。4 皇太子明仁親王・正田美智子成婚。 1960(昭和35).1 日米相互協力及び安全保障条約(新安保条約)・日米地位協定調印。5 衆議院本会議で新安保条約強行採決。6 新安保条約，自然承認。10 浅沼稲次郎社会党委員長刺殺。12 国民所得倍増計画を発表。 1961(昭和36).6 防衛二法改正公布。農業基本法公布。11 池田勇人首相，領土問題未解決とソ連に通告。 1962(昭和37).5 新産業都市建設促進法公布。11 高碕達之助・廖承志，日中準政府間貿易覚書(LT貿易覚書)調印。 1963(昭和38).7 閣議，新産業都市13，工業整備地域6を指定。生存者叙勲復活。8 部分的核実験禁止条約調印。 1964(昭和39).5 部分的核実験禁止条約を批准。11 池田内閣総辞職。12 佐藤栄作内閣成立。公明党結成。 1965(昭和40).5 ILO87号条約国会承認。6 日韓基本条約。7 東京都議会議員選挙で社会党第1党。8 佐藤首相，首相として戦後初の沖縄訪問。 1966(昭和41).7 新東京国際空港建設を成田市三里塚に計画決定。12 衆議院解散(「黒い霧」解散)。 1967(昭和42).4 東京都知事に革新の美濃部亮吉当選。10 吉田茂元首相の国葬(戦後初の国葬)。12 非核三原則を表明。 1968(昭和43).2 B52爆撃機が沖縄嘉手納基地に移駐。4 小笠原諸島返還協定に調印。10 明治百年記念式典。11 琉球政府主席初の公選(屋良朝苗当選)。 1969(昭和44).7 同和対策事業特別措置法公布。11 佐藤・ニクソン会談(安保堅持，1972年沖縄施政権返還，韓国と台湾の安全重視など)。	1951.7 持株会社整理委員会解散令公布。日本航空(株)設立。 1952.5 血のメーデー事件。8 日本，国際通貨基金(IMF)・国際復興開発銀行(世界銀行，IBRD)に加盟。 1953.6 石川県内灘試射場，アメリカ軍試射開始。 1954.3 第五福竜丸，ビキニ環礁で被爆。5 原水爆禁止署名運動杉並協議会発足。 1955.5 砂川闘争始まる。8 第1回原水爆禁止世界大会広島大会開催(10日，長崎大会)。9 日本の関税及び貿易に関する一般協定(GATT)加盟発効。原水爆禁止日本協議会(原水協)結成。この年，神武景気を迎える(〜57上期)。 1956.5 水俣病の公式確認。7 経済企画庁，経済白書「もはや戦後ではない」。8 佐久間ダム竣工。 1957 この年，なべ底不況(1957下期〜58下期)。 1958.11 東京・神戸間特急「こだま」運転。 1959 この年，いわゆる岩戸景気(1959下期〜61下期)。 1960.1 三池炭鉱争議。4 沖縄県祖国復帰協議会，結成。7 北富士演習場で地元農民300人座り込み。 1961.6 イタイイタイ病のカドミウム原因説を発表。8 松川事件，全員無罪。 1962.8 中型旅客機YS11の初飛行に成功。 1963.2 GATT11条国に移行。6 黒部川第4発電所(黒四ダム)完工。8 原水禁運動分裂。 1964.4 IMF8条国に移行。経済協力開発機構(OECD)に加盟。10 東海道新幹線開通(東京・新大阪間)。 1965.11 2590億円の国債発行を決定(戦後初の赤字国債，翌年実施)。 1966.6 敬老の日・体育の日制定。12 建国記念日公布。 1967.4 8 公害対策基本法を公布(即日施行)。 1968.5 イタイイタイ病を公害病に認定。6 大気汚染防止法・騒音規制法を公布。この年のGNP，資本主義諸国で第2位となる。 1969.1 東大安田講堂に機動隊突入。5 東名高速道路全通。12 東京都，老人医療費無料化。	1951.6 ユネスコ，日本の加盟を正式承認。9 「羅生門」(黒澤明監督)ヴェネツィア映画祭でグランプリ。 1952.4 NHK「君の名は」ラジオ放送開始。8 『アサヒグラフ』8月6日号，原爆被害写真を初公開。 1953.2 NHK東京テレビ局，本放送開始。8 日本テレビ，放送開始。12 NHK，紅白歌合戦テレビ放送。 1954.1 平城宮跡を発掘。11 法隆寺金堂，昭和大修理。 1955.1 人間国宝25件30人告示。5 新村出編「広辞苑」初版刊。8 東京通信工業㈱(のちのソニー)，初のトランジスタラジオ発売。この年，「三種の神器」流行。 1956.1 猪谷千春，第7回冬季オリンピック(コルチナ)のスキー回転で銀メダル。7 飛鳥寺を発掘。7 気象庁改組発足。 1958.3 関門国道トンネル開通。5 NHKテレビ受信契約，100万件を突破。12 東京タワー完工。この年，日清食品，「即席チキンラーメン」を発売。 1959.1 メートル法施行。 1960.9 カラーテレビ本放送を開始。この年，「新三種の神器」流行語となる。 1961.1 平城宮跡官衙跡から紀年(天平宝字6年)銘を有する木簡発見。 1962.3 テレビ受信契約者数，1000万人を突破。 1963.11 日米間テレビ宇宙中継受信実験に成功。 1964.10.10 第18回オリンピック(東京)(〜10.24)。 1965.10 朝永振一郎，ノーベル物理学賞を受賞。 1966.6 ビートルズ来日。11 国立劇場開場(東京三宅坂)。 1967.1 理研，世界最大級のサイクロトロン完成。この年秋頃，女性のミニスカート，ブームに。 1968.4 霞が関ビル完成。6 文化庁発足。10 川端康成，ノーベル文学賞受賞。 1969.6 初の国産原子力船「むつ」，進水式。	1951.10 アメリカ，互安全保障法(MSA 1952.1 韓国政府，「承晩ライン」を設定11 アメリカ，水爆験を実施。 1953.7 朝鮮戦争休戦定。8 ソ連，水爆有。 1954.7 ジュネーヴ協調印。9 東南アシ条約機構(SEATO)設。 1955.4 アジア＝アフ力会議(バンドン会議5 ワルシャワ条約構を結成。7 ジュヴ4巨頭会談。 1956.2 フルシチョ一書記，スターリン判演説。10 ハンカ一事件。スエズ戦争 1957.3 ヨーロッパ組共同体(EEC)。連，大陸間弾道(ICBM)の実験成功10 ソ連，人工衛星プートニク1号の打上げに成功。 1959.1 キューバ革命3 ダライ＝ラマ，ンドへ亡命。 1960.6 中ソ論争公然12 西側20カ国，経協力開発機構(OEC 1961 ケネディ，第35アメリカ大統領に就8 ベルリンの壁。9第1回非同盟諸国首会議。 1962.10 キューバ危機 1963.8 部分的核実験止条約調印。11 アリカでケネディ大統暗殺。 1964.8 トンキン湾事10 中国，初の原爆験に成功。 1965.2 アメリカ軍，爆を開始。 1966.5 中国，プロレリア文化大革命(〜7 1967.6 第3次中東戦7 ヨーロッパ共同(EC)発足。 1968.7 核兵器拡散防条約。8 チェコ事 1969.7 アポロ11号，面着陸。

内閣総理大臣	政治・外交	社会・経済	文化	世界史
1970.1 佐藤栄作 （第3次）	1970（昭和45）.2 核拡散防止条約調印を決定。6 政府、日米安保条約の自動延長を声明。10 防衛白書発表。	1970.3 新日本製鉄（株）発足。よど号事件おこる。この年、「いざなぎ景気」終わる。	1970.2 初の国産人工衛星「おおすみ」打ち上げ成功。3 大阪万国博覧会。11 三島由紀夫、自殺。	1971.8 アメリカ大統領ニクソン、金とドルの交換一時停止。10 中国の国連代表権獲得。
1972.7 田中角栄 （第1次）	1971（昭和46）.6 沖縄返還協定に調印。7 環境庁設置。	1971.8 ドル＝ショック、政府、暫定的に円の変動相場制移行。12 10カ国蔵相会議で円切り上げ（スミソニアン合意、1ドル＝308円）。	1971.9 日本初の科学衛星「しんせい」打ち上げに成功。	1972.2 ニクソン、中国訪問。12 アメリカ軍、北爆再開。
	1972（昭和47）.1 日米繊維協定調印。5 沖縄の施政権返還、沖縄県発足。6 田中角栄通産相、「日本列島改造論」発表。9 日中共同声明調印。	1972.2 浅間山荘事件。	1972.2 第11回冬季オリンピック（札幌）。3 高松塚古墳の壁画発見。	1973.1 ベトナム和平協定調印。10 第4次中東戦争。OPEC、OAPEC、石油戦略発動。
1972.12 田中角栄 （第2次）	**安定成長の時代へ**			
	1973（昭和48）.8 金大中事件。9 札幌地裁、長沼ナイキ基地訴訟で自衛隊の違憲判決。10 日ソ首脳会談（田中・コスイギン）、共同声明。	1973.1 70歳以上の老人医療無料化を実施。2 円の変動為替相場制移行を実施。	1973.10 江崎玲於奈、ノーベル物理学賞受賞。	
1974.12	1974（昭和49）.1 日韓大陸棚協定に調印。6 国土庁発足。11 田中首相の金脈問題おこる。12 三木内閣成立。	1974 GNP、戦後初のマイナス成長。第1次石油危機。	1974.10 佐藤栄作、ノーベル平和賞受賞。	1974.7 中国、兵馬俑発掘。
三木武夫	1975（昭和50）.5 イギリスのエリザベス女王来日。7 政治資金規正法改正。公職選挙法改正。8 三木首相、個人資格で戦後初の靖国神社参拝。11 三木首相、フランスで開催の先進国首脳会議（サミット）に出席。	1975.3 山陽新幹線開通。	1975.7 沖縄国際海洋博覧会。1976.4 薬師寺金堂落慶式。7「重要伝統的建造物群保存地区」として7カ所（妻籠宿など）選定。	1975.4 北ベトナム軍、サイゴンへ無血入城。11 先進国首脳会議、ランブイエ宣言。
1976.12	1976（昭和51）.7 ロッキード事件に関連して田中角栄を逮捕。10 政府、昭和52年度以降の「防衛計画の大綱」を決定。11 政府、毎年度の防衛費を国民総生産（GNP）の1％以内と決定。12 三木首相、退陣を自民党の3役に正式表明。福田赳夫内閣成立。	1976.11 昭和天皇在位50年記念式典。1977.7 最高裁、津地鎮祭に合憲判決。	1977.2 日本初の静止衛星「きく2号」打ち上げ成功。9 王貞治、通算756本塁打を記録、初の国民栄誉賞受賞。	1977.8 文化大革命終結宣言。
福田赳夫	1977（昭和52）.1 ロッキード事件初公判。2 日米漁業協定調印（200海里漁業水域の初の協定）。5 領海法（12海里）・漁業水域暫定措置法（200海里）を公布。日ソ漁業暫定協定調印。	1978.5 新東京国際空港（現、成田国際空港）開港式。10 円高が進み、1ドル＝175円となる。	1978.4 植村直己、犬ぞり単独行で北極点到達。5 板付遺跡で縄文晩期の水田跡発掘。9 稲荷山古墳出土の鉄剣に刻まれた115文字を解読と発表。	
	1978（昭和53）.4 中国漁船多数、尖閣列島沖日本領海内に入り、日本巡視船が退去させる。8 日中平和友好条約調印。10 靖国神社、A級戦犯（14人）を合祀。	1979.10 木曽御岳山、有史初噴火。この年、第2次石油危機。	1979.1 奈良市で太安万侶の墓誌出土。	1979.1 アメリカ・中国、外交関係を正式樹立。12 ソ連軍、アフガニスタンに侵攻。
1978.12 大平正芳 （第1次）	1979（昭和54）.6 元号法を公布。省エネルギー法公布。第5回先進国首脳会議、東京で開催。	1980.5 民法及び家事審判法改正公布。この年、自動車生産台数世界第1位。	1980.4 京都の冷泉家、『明月記』など初公開。9 東大寺大仏殿、昭和大修理落慶法要。	
1979.11 大平正芳 （第2次）	1980（昭和55）.6 初の衆参同日選挙。	1981.3 中国残留孤児47人、厚生省の招待で初の正式来日。	1981.10 福井謙一、ノーベル化学賞受賞。	1981.1 アメリカ大統領にレーガン就任。
1980.7 鈴木善幸	1981（昭和56）.2 初の「北方領土の日」。3 臨時行政調査会（第2次臨調、会長土光敏夫）、初会合。1982（昭和57）.8 参議院全国区に拘束名簿式比例代表制を導入。	1982.6 東北新幹線大宮・盛岡間開通。11 上越新幹線大宮・新潟間開通。1983.1 青函トンネル開通。10 東京地裁、田中角栄元首相に実刑判決（懲役4年）。	1982.11 奈良県桜井市の山田寺跡から連子窓出土。1983.11 キトラ古墳、石槨内の彩色壁画を確認。	1982.4 フォークランド紛争。1983.9 ソ連、大韓航空機を撃墜。
1982.11 中曽根康弘 （第1次）	1983（昭和58）.1 中曽根首相の「日本列島を不沈空母とする」発言。6 第13回参院議員選挙、全国区初の比例代表制。			
1983.12	1984（昭和59）.1 中曽根首相、現職首相として戦後初の靖国神社年頭参拝。中曽根首相、「戦後政治の総決算」。8 日本専売公社民営化関連5法成立。12 電電公社民営化三法成立。	1984.4 日米農産物交渉決着。11 一万円札（福沢諭吉）・5000円札（新渡戸稲造）・1000円札（夏目漱石）の新札発行。	1984.1 島根県松江市の岡田山1号墳出土の鉄製大刀「額田部臣」解読。7 島根県神庭荒神谷遺跡で銅剣が大量出土（358本）。	1984.12 1997年の香港返還正式調印。
中曽根康弘 （第2次）	1985（昭和60）.4 日本電信電話株式会社（NTT）・日本たばこ産業株式会社（JT）発足。8 中曽根首相、戦後の首相として初の靖国神社公式参拝。9 日米英仏独5カ国蔵相会議によるプラザ合意。	1985.3 青函トンネル本坑貫通。6 大鳴門橋（本州四国連絡橋神戸・鳴門ルート）開通。男女雇用機会均等法公布。8 日航ジャンボ機墜落し、死者520人。	1985.3 国際科学技術博覧会（科学万博―つくば'85）開幕。9 奈良県斑鳩町の藤ノ木古墳から、朱塗り家形石棺発見。10 奈良県明日香村の伝飛鳥板蓋宮跡付近、木簡1082点発見。飛鳥御浄原宮と確定。	1985.3 ゴルバチョフ、ソ連共産党書記長に選出。
1986.7 中曽根康弘 （第3次）	1986（昭和61）.4 天皇在位60年記念式典。5 第12回先進国首脳会議（東京サミット）開催。9 社会党委員長選挙で土井たか子が当選（日本の大政党で初の女性党首）。	1986.4 男女雇用機会均等法施行。 **バブル経済から平成不況へ**	1986.1 梅原竜三郎、没。3 群馬県黒井峯遺跡発掘。	1986.4 ソ連、チョルノービリ原子力発電所、大規模事故発生。
	1987（昭和62）.1 防衛関係費のGNP1％枠を外して総額明示の新基準を決定。4 国鉄、分割民営化、JRグループ各社（7社）が開業。	1987.11 全日本民間労働組合連合会（「連合」）結成。	1987.10 利根川進、ノーベル医学・生理学賞受賞。	1987.12 ソ連、アメリカ、中距離核戦力（INF）全廃条約に調印。
1987.11 竹下登	1988（昭和63）.7 リクルート事件。12 税制改革法・所得税法等改正・消費税法などの税制改革関連法成立。リクルート事件で竹下内閣総辞職。	1988.3 青函トンネル開業。4 瀬戸大橋開通。6 日米の牛肉・オレンジ輸入自由化問題合意。	1988.6 奈良県藤ノ木古墳で大量の副葬品の存在が判明。9 奈良市の長屋王邸宅跡から約3万5000点の資料発見。	1988.4 アフガニスタン和平合意4文書に調印。
1989.6 宇野宗佑	1989（昭和64、平成元）.1 昭和天皇、没。皇太子明仁親王即位。平成に改元。4 消費税（3％）実施。	1989.11 日本労働組合総連合の結成（新「連合」）。	1989.3 佐賀県吉野ヶ里遺跡の墳丘墓から有柄銅剣など発見。	1989.6 天安門事件。11 ベルリンの壁開放。12 マルタ会談（冷戦終結）。
1989.8 海部俊樹 （第1次）	1990（平成2）.7 ペルー次期大統領アルベルト＝フジモリ来日。9 自民・社会両党の北朝鮮訪問代表団（団長金丸信・田辺誠）、植民地支配を謝罪。共同声明を発表。	1990.3 北海道夕張市の三菱南大夕張炭鉱（夕張で最後の炭鉱）が閉山。	1990.4 国際花と緑の博覧会（大阪）開幕。	1990.10 東西ドイツの統一。

内閣総理大臣	政治・外交	社会・経済	文化	世界史
1990.2 海部俊樹 (第2次) ―1991.11	1991(平成3).1 政府，多国籍軍の90億ドル追加支出決定。4 ソ連ゴルバチョフ大統領来日。ペルシア湾岸への海上自衛隊の掃海艇派遣を決定。	1991.4 牛肉とオレンジ輸入自由化実施。5 高速増殖炉「もんじゅ」，福井県敦賀市に完成。	1991.5 鳥取県淀江町(現米子市)の上淀廃寺で壁画片を発見。	1991.1 湾岸戦争。12 ソ連邦崩壊。
宮沢喜一	1992(平成4).2 佐川急便事件。6 PKO協力法と国際緊急援助隊派遣法改正成立。9 自衛隊のカンボジアPKO派遣部隊出発。10 天皇・皇后，初の訪中。	1992.7 東京・山形間にミニ新幹線「つばさ」開業。	1992.5 奈良県唐古・鍵遺跡から楼閣の線刻土器片発見。9 日本人宇宙飛行士の毛利衛ら搭乗のスペースシャトル打ち上げ。	
	55年体制の崩壊			
―1993.8 細川護煕	1993(平成5).3 モザンビークへの自衛隊派遣。6 皇太子徳仁親王，小和田雅子と結婚。7 第19回先進国首脳会議(東京)。8 細川護煕の8派連立の非自民党内閣成立(38年続いた自民党政権中断)。土井たか子，衆議院議長となる(憲政史上初の女性議長)。11 環境基本法成立。	1993.7 北海道南西沖地震(奥尻島に大被害)。 1994.4 子どもの権利を保障する子供の権利条約批准。6 ニューヨーク市場で1ドル=99円85銭を記録，戦後初の100円割れ。松本サリン事件。	1993.12 屋久島と白神山地が自然遺産，法隆寺地域仏教建造物と姫路城を文化遺産に決定。 1994.7 日本人女性初の宇宙飛行士向井千秋搭乗のスペースシャトル打ち上げ。4 青森県三内丸山遺跡で巨大建造物発見。10 大江健三郎，ノーベル文学賞受賞。	
―1994.4 羽田孜 ―1994.6	1994(平成6).1 小選挙区比例代表並立制導入の政治改革4法成立。7 村山富市首相，自衛隊は合憲と答弁。社会党は「自衛隊は合憲」「日の丸・君が代を国旗・国歌」と認める。			
村山富市	1995(平成7).11 新食糧法施行，食糧管理法廃止(米の生産・流通・販売自由化)。12 新中期防衛力整備計画(次期防)決定。	1995.1 阪神・淡路大震災発生。3 地下鉄サリン事件。三菱銀行と東京銀行，合併合意(預貯金52兆円の世界最大の金融機関)。4 円高進み1ドル=79円。	1995.3 純国産大型ロケットH2，打ち上げ成功。5 文化財保護審議会，原爆ドームを史跡指定。	
―1996.1 橋本龍太郎 (第1次) ―1996.11	1996(平成8).1 日本社会党，「社会民主党」と改称。4 日米首脳会談，「日米安全保障宣言」(「日米防衛協力のための指針」の見直しなどを盛り込む)。	1996.4 らい予防法(1953年制定)を廃止。5 住専処理法・金融関連5法成立。	1996.10 島根県加茂町岩倉で弥生時代中期の銅鐸が30個以上出土(「加茂岩倉遺跡」と命名)。	1996.3 台湾で初の総統直接選挙。李登輝が当選。
橋本龍太郎 (第2次)	1997(平成9).5 アイヌ文化振興法成立。6 改正男女雇用機会均等法成立。11 橋本首相とエリツィン露大統領，クラスノヤルスクで会談。財政構造改革法成立。	1997.2 三井三池炭鉱，閉山を決定(3.30 閉山)。4 消費税5%スタート。6 改正独占禁止法成立，持株会社解禁へ。12 地球温暖化防止京都議定書採択。	1997.9 北野武監督の「HANA-BI」，ヴェネツィア国際映画祭で金獅子賞受賞。	1997.6 第23回主要国首脳会議(デンバー)，ロシアが初めて正式参加。7 香港，返還。
―1998.7	1998(平成10).4 民主・民政・新党友愛・民主改革連合，民主党を結成(代表菅直人，幹事長羽田孜)。11 中国江沢民国家主席，はじめて日本を公式訪問。	1998.4 政府，温暖化防止「京都議定書」に署名。6 金融システム改革法成立。「日本版ビッグバン」の金融システム改革法成立。	1998.1 奈良県天理市の黒塚古墳で三角縁神獣鏡が32枚，画文帯神獣鏡1枚が出土。2 第18回冬季オリンピック(長野)。3 キトラ古墳で「星宿」「白虎」の図など，新たに発見。	1998.4 英・仏，包括的核実験禁止条約(CTBT)批准。5 インド，2度目の地下核実験。5 パキスタン初の核実験。
小渕恵三	1999(平成11).3 北朝鮮の工作船に対して初の海上警備行動を発令。5 新ガイドライン関連法成立。7 中央省庁改革関連法と地方分権一括法成立。新農業基本法成立。8 国旗・国歌法成立。自衛隊を東ティモールへ派遣。	1999.4 改正男女雇用機会均等法・改正労働基準法施行。6 山一證券破産。9 茨城県東海村のJCO東海事業所で国内初の臨界事故。	1999.1 奈良県飛鳥池遺跡から富本銭出土。	1999.1 EUの単一通貨ユーロ導入。12 パナマ運河，アメリカからパナマに返還。
2000.4 森喜朗 (第1次) ―2000.7 森喜朗 (第2次) ―2001.4	2000(平成12).3 年金改革関連7法成立。4 介護保険制度スタート。小渕恵三内閣総辞職。森喜朗内閣成立。7 九州・沖縄サミット開催。9 ロシア・プーチン大統領来日。11 少年法改正。 2001(平成13).1 中央省庁，1府12省庁に再編。4 小泉純一郎内閣成立。10 テロ対策特別措置法成立。	2000.7 伊豆諸島の三宅島が噴火。 2001.5 埼玉県，浦和・与野・大宮市が合併，さいたま市となる。12 日本巡視船，北朝鮮工作船と交戦，沈没させる。	2000.2 奈良県明日香村で日本最古の流水・石造遺構を発掘。9 第27回オリンピック(シドニー)女子マラソンで，高橋尚子金メダル。11 旧石器時代の石器ねつ造が発覚。 2001.4 奈良県明日香村のキトラ古墳で「朱雀」の壁画発見。	2000.5 ロシア大統領にプーチンが就任。金大中，北朝鮮を訪問。 2001.1 ブッシュ(子)アメリカ大統領に就任。9 アメリカ，同時多発テロ発生。11 世界貿易機関(WTO)が，中国加盟を承認。
小泉純一郎 (第1次)	2002(平成14).8 住民基本台帳ネットワークシステムが稼働。9 小泉首相訪朝，日朝平壌宣言。10 北朝鮮の拉致被害者5人が帰国。	2002.4 みずほ銀行発足。5 日本，京都議定書を批准。	2002.5 日韓共催で，サッカーワールドカップを開催。	2002.1 「ユーロ」流通始まる。11 中国国家主席に胡錦濤が就任。
―2003.11	2003(平成15).4 日本郵政公社発足。6 有事関連3法成立。7 イラク人道復興支援特別措置法成立。11 駐イラク日本人外交官2人が銃撃で死亡。	2003.5 個人情報保護関連5法成立。 2004.3 九州新幹線，開業(新八代・鹿児島中央間)。6 年金改革関連法成立。10 新潟県中越地震。	2003.3 「千と千尋の神隠し」が，アカデミー賞受賞。	2003.3 イラク戦争がおこる。8 北朝鮮をめぐる6カ国協議開始。
小泉純一郎 (第2次)	2004(平成16).5 裁判員法成立。小泉首相，再度の訪朝，拉致被害者家族5人が帰国。6 有事法制関連7法成立。			2004.12 インドネシア・スマトラ沖で大地震・津波発生。
―2005.9 小泉純一郎 (第3次) ―2006.9	2005(平成17).6 小泉・盧武鉉，日韓首脳会談。9 衆議院選挙で自民党圧勝。10 郵政民営化法成立。	2005.3 愛知万博開催。4 JR西日本，福知山線の脱線事故。		2005.2 京都議定書発効。
安倍晋三 (第1次) ―2007.9	2006(平成18).7 陸上自衛隊，イラク撤退を完了。12 改正教育基本法が成立。 2007(平成19).1 防衛省が発足。5 国民投票法公布。7 参議院選挙で自民党大敗北。	2006.1 三菱東京UFJ銀行発足。 2007.7 新潟県中越沖地震。12 サブプライムローン問題から世界金融不安が拡大。	2006.1 H2Aロケットの打ち上げ成功。	2006.10 北朝鮮，核実験。 2007.1 EU加盟国27国。

内閣総理大臣	政　治　・　外　交	社　会　・　経　済	文　化	世　界　史
福田康夫 —2008.9—	2008（平成20）.1　新テロ対策特別措置法が成立。4　後期高齢者医療制度始まる。7　北海道洞爺湖サミット開催。	2008.6　岩手・宮城内陸地震。		2008.9　リーマン＝ショック起こる。
麻生太郎 —2009.9—	2009（平成21）.3　アフリカ・ソマリア沖へ海上自衛隊護衛艦派遣。5　裁判員制度開始。8　衆議院総選挙で民主党大勝。9　鳩山由紀夫内閣成立。		2010.6　小惑星イトカワから「はやぶさ」帰還に成功。	2009.1　バラク・オバマ，第44代アメリカ大統領に就任。
鳩山由紀夫 —2010.6—				2010.1　EU大統領にベルギーのファンロンパイ首相就任。
菅直人 —2011.9—		2011.3　**東日本大震災**。東京電力福島第一原子力発電所，事故発生。	2011　サッカー女子ワールドカップで日本優勝。	
野田佳彦 —2012.12—	2012（平成24）.8　消費税関連法案成立。9　尖閣諸島の国有財産化。12　衆議院総選挙で自民党大勝。安倍晋三内閣成立。		2012　東京スカイツリー開業。	2011.2　エジプト，ムバラク政権崩壊。
安倍晋三 （第2次） —2014.12—	2013（平成25）.7　自民党，参議院選で圧勝。			2013.3　習近平が中国の国家主席に就任。
安倍晋三 （第3次） —2017.11—	2014（平成26）.8　朝日新聞が慰安婦報道を一部撤回。 2015（平成27）.6　改正公職選挙法で選挙年齢を18歳以上に引下げ。9　安全保障関連法成立。この年，マイナンバー（個人番号）制度がスタート。 2016（平成28）.5　伊勢志摩サミット開催。	2014.4　消費税8％に。8　広島市北部の土砂災害で74人死亡。9　御嶽山噴火で死者57人・行方不明6人。 2015.3　北陸新幹線，金沢まで開業。		2015.7　アメリカ・キューバ国交回復。 2017.1　トランプ，第45代アメリカ大統領に就任。
安倍晋三 （第4次） —2020.9—	2019（平成31／令和元）.4　天皇退位。アイヌ施策推進法成立。 5　皇太子徳仁親王即位，**令和**と改元。	2016.4　熊本地震。 2019.10　消費税10％に。	2019　日本でラグビーのワールドカップ開催。首里城正殿などが焼失。	
菅義偉 —2021.10—	2020（令和2）.9　菅義偉内閣成立。	2020.4　新型コロナウイルスの感染拡大で初の緊急事態宣言。	2020.7　北海道に民族共生象徴空間「ウポポイ」開業。	2020.1　イギリス，EU離脱。
岸田文雄	2021（令和3）.10　岸田文雄内閣成立。		2021.7〜9　東京オリンピック・パラリンピック開催。	2021.1　バイデン，第46代アメリカ大統領に就任。

度量衡

前近代の度量衡については異説が多く，本表は一応の目安である

	度（長さ）	面積	量（容積）	衡（重さ）
和銅の制（七一三年）	大尺 ＝令小尺 ＝曲尺0.978尺 ＝小尺1.2尺	1歩＝方和銅大尺6尺 （＝令小尺6尺） 1束＝7.3歩の穫稲（成斤）	大升＝令大升 ＝新京枡0.396升 ＝小升3升 小升＝令小升	大両＝小両3両 ＝10匁 小両（湯薬のみ）
平安時代〜戦国時代	鉄尺 ＝曲尺 竹尺 ＝長尺 ＝曲尺1.15尺 裏尺 ＝曲尺1.41尺 古尺 ＝曲尺0.98尺 叡山尺＝曲尺0.76尺 高野尺＝曲尺0.79尺 菊尺 ＝曲尺0.45尺 北条氏分国 1里＝6町 今川氏分国 1里＝60町 武田氏分国 1里＝6または36町 山陽道 1里＝48または72町 筑前 1里＝50町	西国，北陸の一部 1段＝50代 1代＝6歩 播磨 1段＝50束 1束＝10把 加賀・能登 1段＝100束 北陸・東北 1段＝100刈 越後 1段＝600刈	宣旨枡 1升＝新京枡0.45升 民部省厨斗・武佐枡 1升＝新京枡0.8升 古京枡 1升＝新京枡0.96升 三井寺（山門枡・大津枡） 1升枡（方4.85寸・深2.3寸） 1升＝新京枡0.83升 供用枡（伊勢外宮） 大升（方4.8寸・深2.3寸） 大升1升＝新京枡0.82升 小升（方2.4寸・深1.4寸） 小升1升＝新京枡0.124升 安藤枡 1升＝新京枡1.2升	綿 1屯＝4両 絹 1疋＝350匁 稲 1束＝大10斤 （穀米1斗，舂米5升） 鉄 1挺＝3斤5両 京目 1両＝4.5匁 田舎目 1両＝4.7匁 唐目 1斤＝160匁（＝600g） 大和目 1斤＝180匁 口目 1斤＝200匁 山目 1斤＝230または250匁
江戸時代	曲尺 ＝鯨尺0.8尺（＝30.3cm） 鯨尺 ＝曲尺1.25尺 呉服尺＝曲尺1.2尺 又四郎尺＝曲尺0.938尺 享保尺＝曲尺0.978尺 折衷尺＝曲尺0.958尺 裏尺 ＝曲尺1.7142尺 菊尺 ＝曲尺0.64尺 文尺（足袋尺）＝曲尺0.8尺	太閤検地 1歩＝方1間 ＝方曲尺6.3尺（京間） 慶長以後 1歩＝方1間 ＝方曲尺6尺（江戸間）	新京枡 江戸枡 1升＝新京枡0.964升 甲州枡 1升＝新京枡3升 伊奈十合枡（対馬） 1升＝新京枡1.394升	
明治時代	1875年 法定尺＝折衷尺 1876年 1里＝36町（1町＝60間＝109.09m） （1間＝曲尺6尺＝181.81cm）	地租改正（1873年） 1町＝10段 1段＝10畝 1畝＝30坪 1坪＝方曲尺6尺（＝3.3058m²）	1875年 法定枡＝新京枡 ＝6,827立方分（約0.99升） 1石＝10斗＝100升＝1000合＝10000勺＝1000000撮＝180.39ℓ	1875年 1斤＝16両 1両＝4分 1分＝6銖（朱） （1貫＝1000匁＝10000分＝3.75kg）

長さ		［明治以降］
1丈	＝10尺	＝3.03m
1尺	＝10寸	＝30.3cm
1寸	＝10分	＝3.03cm
1分	＝10厘	＝3.03mm
1厘	＝10毫	＝0.30mm
大1里	＝36町	＝3,927m
小1里	＝6町	
1町	＝60間（歩）	＝109.09m
1間	＝6尺	＝1.8181m

地積		［太閤検地以降］	［明治以降］
1町	＝10段（反）		＝9,910m²
1段	＝360歩	＝300歩	＝991m²
大	＝240	＝200	
半(中)	＝180	＝150	
小	＝120	＝100	
1段		＝10畝	
1畝		＝30歩	＝99.1m²
1歩(坪)		＝方6尺3寸（京間）＝3.6m² ＝方6尺（江戸間）＝3.3m²	

容積		［明治以降］
1斛（石）	＝10斗	＝180.39ℓ
1斗	＝10升	＝18.04ℓ
1升	＝10合	＝1.80ℓ
1合	＝10勺	＝180.39mℓ

重さ		［明治以降］
1斤	＝16両	＝600g
1両	＝4分	＝37.5g
1分	＝6銖（朱）	＝9.4g
1銖		＝1.6g
1貫	＝1000匁	＝3.75kg
1両	＝10匁	